"十二五"普通高等教育本科国家级规划教材
国家级优秀教学团队教学成果
国家级线上线下混合式一流课程教学成果
教育部高等学校电工电子基础课程教学指导分委员会推荐教材

# 模拟电子技术
## （第3版）

◎ 主　编　王黎明　　毕满清　　高文华

◎ 副主编　韩跃平　　任青莲　　庞存锁

◎ 主　审　韩　焱

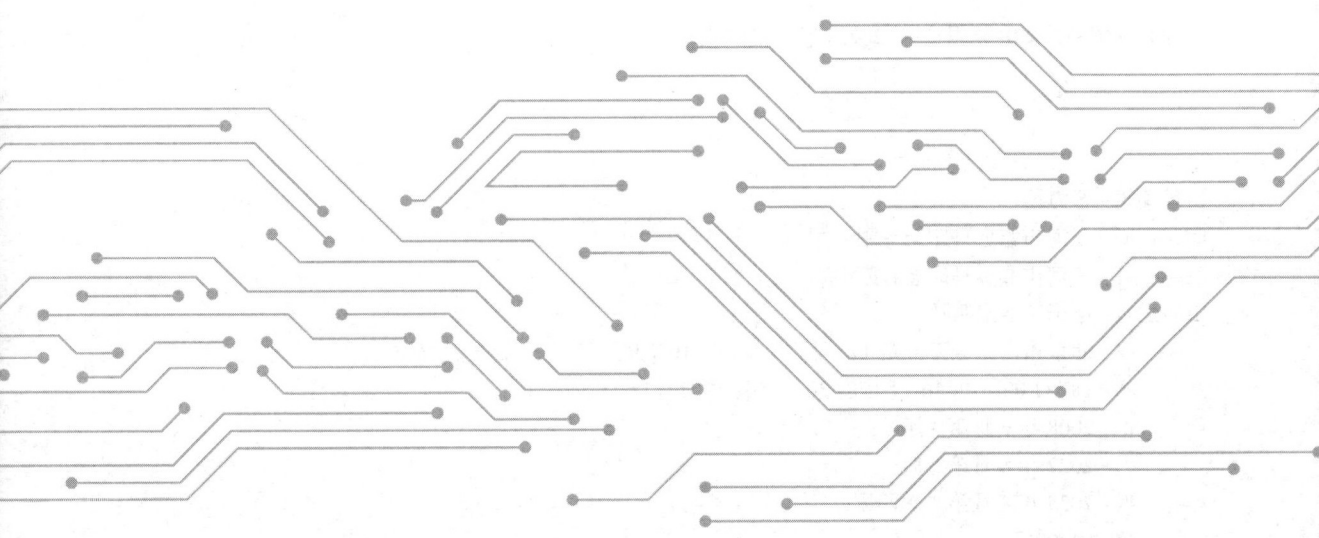

电子工业出版社·

**Publishing House of Electronics Industry**

北京·**BEIJING**

# 内 容 简 介

本书为"十二五"普通高等教育本科国家级规划教材,也是国家级优秀教学团队、国家级精品资源共享课、国家级线上线下混合式一流本科课程的教学成果,同时入选教育部高等学校电工电子基础课程教学指导分委员会推荐教材。

全书共11章,包括:半导体二极管及其基本电路、双极型晶体管及其基本放大电路、场效应管及其基本放大电路、多级放大电路和集成运算放大器、放大电路的频率特性、反馈及负反馈放大电路、集成运放组成的运算电路、信号检测与处理电路、波形发生电路、功率放大电路、直流电源。

本着保证基础、加强集成、体现先进、联系实际、便于教学的编写原则,本书在内容上强调基本概念,重视电路分析方法,注意电路与工程应用相结合,增加了项目导引的教学内容和设计要求。

本书保持了原有的特色,每章先综述该章介绍的内容、要讨论的主要问题、达到的目的,然后进行正文叙述,做到知识点与例题有机结合,每节后面有思考题,每章最后进行小结,并附有自测题和习题。

本书可作为高等学校电子信息类、电气类及其他相近专业本科生教材,也可作为有关工程技术人员的参考用书。

**图书在版编目(CIP)数据**

模拟电子技术/王黎明,毕满清,高文华主编 . —3 版 . —北京:电子工业出版社,2022.8(2025.8 重印)
ISBN 978-7-121-43962-9

Ⅰ . ① 模… Ⅱ . ① 王… ② 毕… ③ 高… Ⅲ . ① 模拟电路-电子技术-高等学校-教材 Ⅳ . ① TN710.4

中国版本图书馆 CIP 数据核字(2022)第 121997 号

责任编辑:章海涛
印　　刷:三河市鑫金马印装有限公司
装　　订:三河市鑫金马印装有限公司
出版发行:电子工业出版社
　　　　　北京市海淀区万寿路 173 信箱　邮编:100036
开　　本:787×1 092　1/16　印张:30　字数:902 千字
版　　次:2008 年 6 月第 1 版
　　　　　2022 年 8 月第 3 版
印　　次:2025 年 8 月第 8 次印刷
定　　价:64.00 元

凡所购买电子工业出版社图书有缺损问题,请向购买书店调换。若书店售缺,请与本社发行部联系,联系及邮购电话:(010)88254888,88258888。

质量投诉请发邮件至 zlts@phei.com.cn,盗版侵权举报请发邮件至 dbqq@phei.com.cn。

本书咨询联系方式:192910558(QQ 群)。

# 前　　言

本书为"十二五"普通高等教育本科国家级规划教材。

按照高等学校电子技术基础课程(模拟电子技术基础)教学基本要求和第 2 版使用情况及反馈意见,我们进行了详细认真的分析研究。我们一直关注国内外同类教材的新动态,并进行了教改研究,主持的"模拟电子技术基础"课程 2013 年被评为国家级精品资源共享课,并于 2017 年在 MOOC 上线。从 2019 年开始,课程以工程实例中的技术需求为牵引进行教学改革,将以往"基础→综合→应用"的教学过程转变为模块化的教学体系,转变理论教学和实验教学的所谓"主次"地位,实现了理论教学与实验、工程实践能力的有机融合,并进行了初步试点,取得了一定效果,2020 年"模拟电子技术基础"课程被评为国家级一流本科课程(线上线下混合式)。

全书共 11 章,包括:半导体二极管及其基本电路、双极型晶体管及其基本放大电路、场效应管及其基本放大电路、多级放大电路和集成运算放大器、放大电路的频率特性、反馈及负反馈放大电路、集成运放组成的运算电路、信号检测与处理电路、波形发生电路、功率放大电路、直流电源。

本书在总结第 1 版、第 2 版经验和保留原有特色的基础上,对教材内容进行了修订,主要体现在以下几方面:

① 整个课程引入导引项目,给出"五阶段、三层次"的过程设计任务与过程考核内容。教材将符合课程目标、覆盖面广、体现"两性一度"的典型工程项目-"主被动降噪音频放大电路设计"作为贯穿课程始终的导引项目,对应第 4、9、10、11 章增加了过程考核模块,并给出反映基本功能、工程化要求、创新性三个层次的过程设计任务与过程考核内容,具体包括放大电路模块、功率放大电路模块、波形产生电路模块、电源模块四个子过程模块和系统整体设计及优化共五个阶段。这样的编写引导学生从偏重知识的学习转变为"知识、能力、素质"并重的综合能力提高,增加了课程学习的挑战度,有利于培养学生的综合素质。

② 重视创新实践能力,强化工程应用。第 4、6、7、8、10 章增加了单元电路的设计以及典型工程实例电路的设计,为理论教学与实验、工程实践、创新能力、思政元素的有机融合奠定了基础。

③ 增加新型器件和新技术的内容。每章都增加了知识拓展内容,其中第 1、4、10 章增加了科技前沿,包括新器件和新技术的介绍;第 3、5、9、11 章对内容知识面进行了适当的拓宽,第 1、4、10 章增加了 Multisim 的仿真分析内容,在提升课程教学效果的同时,更大程度地拓宽了视野,培养了学生掌握先进技术的能力。

④ 增加课程思政内容。本着立德树人、培养全面发展的电子技术人才,第 2、3、4、6、10 增加了典型知识点的课程思政微视频,引导大学生树立正确的国家观、民族观、社会主义核心价值观,以激发辩证思维、爱国情怀和社会责任感,充分发挥全程育人、全方位育人的大思政格局。

⑤ 在编写上,贯彻"OBE 为导向"的教学理念。每章先提出该章对应的课程目标和讨论的主要问题,然后进行正文叙述,使读者带着目标和问题有针对性地学习。对前版教材中的正

文叙述、例题、思考题、随堂测验、习题做必要的修改,使它们与课程目标的充分对应。并以典型工程项目及其模块电路的设计任务导引整个课程和各模块内容,突出任务和问题为探究载体,引导读者自主探究与学习,便于重构以学为主的教学过程。

⑥ 实现"纸质+数字+网络教材"线上线下相结合的一体化。教材配套建设了大量优质线上课程,现已通过爱课程、中国 MOOC、学习通等平台实现了共享开放,学生通过二维码可以访问模拟电子技术数字课程网站优质资源,为教师开展"以学为主"的混合式教学提供了方便,也为贯彻"以学生为中心"的教育理念,实现教师从知识传播者到激发学生创新创造的引导者转变提供了实践平台。

书中标注"＊"部分为选学内容,教师可根据专业要求、学时数及学生层次的不同进行灵活处理。

参加本书修订编写工作的有:中北大学毕满清(第 6 章)、王黎明(第 8 章),韩跃平(第 4 章)、李瑞红(第 5 章)、赵英亮(第 9、11 章)、庞存锁(第 7 章),太原科技大学高文华(第 2 章)、任青莲(第 1、3 章)、曹俊琴(第 10 章)。王黎明、毕满清、高文华任主编,负责全书的组织、修改和定稿,韩跃平、任青莲、庞存锁任副主编,协助主编工作。

本书由教育部电子信息类专业教学指导委员会原委员、中北大学原副校长、博士生导师韩焱教授担任主审,对书稿进行了非常认真细致的审查,提出了许多宝贵意见,在此表示衷心的感谢。

本书提供配套教学资源(包含教学大纲、课程视频、电子教案、模块电路设计等),需要者可登录 http://www.hxedu.com.cn 进行免费下载,或者登录爱课程网、超星学习通进行查询。

在本书的编写过程中参考了一些教材和文献,在此表示衷心的感谢。

由于我们的能力和水平有限,书中难免会有不妥之处和错误,恳请广大师生和本书读者提出批评和改进意见。

作　者

# 目　　录

# 第1章 半导体二极管及其基本电路

### 内容提要

本章先介绍半导体的基础知识,然后重点阐述半导体二极管的单向导电性、伏安特性、主要参数及其在模拟电路中的应用,最后讨论在模拟电路中广泛应用的几种特殊二极管。

### 讨论的主要问题

- 杂质半导体为什么有两种载流子?
- PN 结是怎样形成的?
- PN 结的伏安特性满足欧姆定律吗? PN 结为什么具有单向导电性? PN 结的伏安特性与温度的关系怎样?
- 常用二极管的模型有哪些? 分别适用于哪些场合?
- 稳压管的稳压原理是什么?

## 1.1 半导体的基础知识

### 1.1.1 本征半导体

#### 1. 半导体及其特性

物质按照其导电能力可以分为导体、半导体和绝缘体三种类型。导电能力介于导体和绝缘体之间的物质叫作半导体。

半导体之所以被用来制造电子元器件是因为它具有不同于其他物质的特性。

(1) **光敏特性** 光照可以使半导体的导电能力改变。利用这种特性,半导体可以被制成各种光敏器件,如光敏电阻、光电耦合器和光电晶体管等。

(2) **热敏特性** 有些半导体对温度的反应特别灵敏,温度的变化会使半导体的导电能力产生变化。利用这种特性,半导体可以被制成各种热敏元件。

(3) **掺杂特性** 在纯净的半导体中掺入少量特定的杂质元素时,其导电能力具有可控性。控制掺入杂质元素的浓度,就可控制半导体的导电性能。利用这种特性,半导体可以被制成各种性能的半导体器件。

#### 2. 本征半导体的晶体结构

用物理方法,使半导体材料的原子按结晶方式规则地排列,形成的半导体晶体叫作单晶体。如果半导体材料中的原子排列不规则,则形成的半导体晶体叫作多晶体。高度提纯、结构完整的半导体单晶体叫作本征半导体。

常用的半导体材料是硅(Si)和锗(Ge)。硅和锗都是四价元素,每个原子的最外层具有 4 个电子。物理学中将最外层电子叫作价电子,把内层电子和原子核两部分合在一起称为惯性核,由此可得硅和锗的原子结构的简化模型,如图 1-1(a) 所示。外层表示价电子数,"+4" 表示惯性核,其电荷量(+4)是原子核以及除价电子以外的内层电子电荷量的总和。

硅和锗在使用时都要做成本征半导体。在组成本征半导体时,硅(锗)原子按一定规律整齐排列,组成一定形式的空间点阵。每个硅(锗)原子最外层的 4 个价电子与相邻的 4 个硅(锗)原子的各一个价电子形成 4 对共价键结构。共价键中的电子受两个原子核引力的束缚,使得每个硅(锗)原子最外层形成拥有 8 个共有电子的稳定结构。图 1-1(b)为晶体共价键结构的平面示意图。

### 3. 本征半导体中的两种载流子

（1）**在绝对零度和无外界激发时,本征半导体中无载流子**　共价键内的两个电子称为束缚电子。共价键有很强的结合力,如果没有足够的能量,则价电子不能挣脱原子核的束缚成为自由电子。此时,在本征半导体中,没有可以自由运动的带电粒子——载流子(Carrier),因而在外电场作用时不会产生电流。在这种条件下,本征半导体不能导电。

（2）**本征半导体受激发产生载流子——自由电子和空穴**　在获得一定的能量(热、光等)后,少量价电子即可挣脱共价键的束缚成为自由电子。同时,在共价键中留下一个空位,称为空穴(Hole)。空穴的出现是半导体区别于导体的一个重要特点。

① **本征半导体中的自由电子载流子**　价电子挣脱共价键后成为自由电子。自由电子带负电,在外电场的作用下,自由电子将逆着电场方向定向运动,形成电子电流。因此,自由电子是本征半导体中的一种载流子。

② **本征半导体中的空穴载流子**　由于空穴的存在,在外加电场的作用下,处于共价键上的价电子也按一定方向依次填补空穴。例如,在图 1-2 中,如果在 A 处出现一个空穴,则 B 处的电子填补 A 处的空穴,从而使空穴由 A 移到 B。如果 C 处电子再填补 B 处空穴,由此空穴又从 B 移到 C。因此,在半导体中出现了价电子填补空穴的运动,相当于空穴在与价电子运动相反的方向上运动。

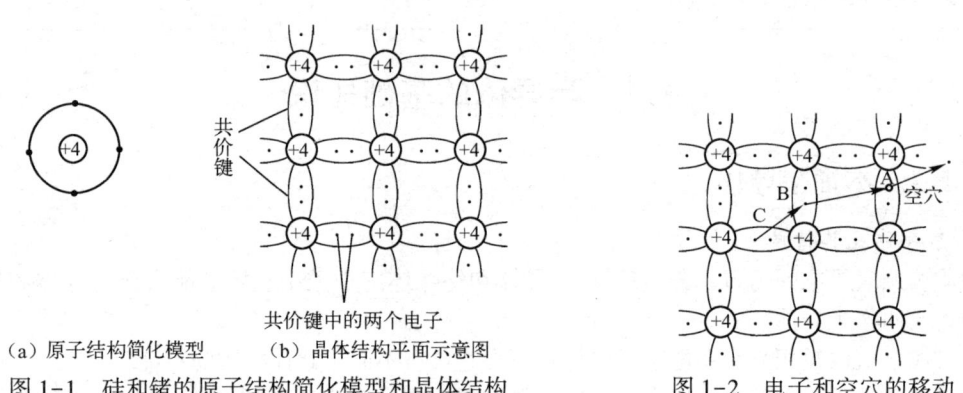

（a）原子结构简化模型　　　（b）晶体结构平面示意图

图 1-1　硅和锗的原子结构简化模型和晶体结构　　　图 1-2　电子和空穴的移动

从电荷平衡的角度看,可把空穴看成一个带正电的粒子,所带电量与自由电子相等,极性相反。分析时,把这种运动形成的电流叫作"空穴电流"。因此,空穴也是一种载流子。

由此可见,在本征半导体中有两种载流子:带负电荷的自由电子和带正电荷的空穴。它们是成对出现的,通常称为电子空穴对,其浓度相等。另外,由于两者电荷量相等,极性相反,所以本征半导体呈电中性。

### 4. 本征半导体中载流子的浓度

本征半导体受外界能量的激发产生电子空穴对,这种现象称为本征激发。自由电子在无规则的热运动中如果与空穴相遇就会填补空穴,使电子空穴对消失,这种现象称为复合。当温度一定时,由本征激发产生的电子空穴对与复合的电子空穴对数目相等,使激发和复合达到动态平衡。此时,本征半导体中自由电子和空穴的浓度(即载流子的浓度)是一定的,并且相等。

半导体中载流子的浓度用单位体积中载流子的个数来表示。通常,分别用自由电子浓度 $n_i$ 和空穴浓度 $p_i$ 表示本征半导体中载流子的浓度。在常温下,即 $T = 300$ K 时,本征硅的载流子浓度为 $n_i = p_i = 1.4 \times 10^{10}/\mathrm{cm}^3$,本征锗的载流子浓度为 $n_i = p_i = 2.5 \times 10^{13}/\mathrm{cm}^3$。

本征半导体的载流子浓度受温度的影响很大,随着温度的升高,载流子的浓度基本按指数规律增加。理论分析和实验表明:对于硅材料,温度每升高 8℃,硅的载流子浓度约增加 1 倍;对于锗材料,温度每升高 12℃,锗的载流子浓度约增加 1 倍。所以,温度是影响半导体导电性能的重要因素。

## 1.1.2　杂质半导体

本征半导体有自由电子和空穴两种载流子,但由于浓度很低,导电能力仍然很差,因而不宜在半导体器件制造中直接使用。如果在本征半导体中掺入微量的某种元素(杂质),就会使半导体的导电性能发生显著变化,而这种掺入杂质的半导体叫作"杂质半导体"。按掺入杂质元素的不同,杂质半导体可分为 N 型半导体(电子半导体)和 P 型半导体(空穴半导体)两大类。

### 1. N 型半导体

（1）**本征半导体中掺入微量的五价元素,构成 N 型半导体**　按照一定的工艺,在本征硅(锗)中掺入微量的五价元素,如磷(P)、砷(As)等。由于杂质原子的最外层有 5 个价电子,则在晶体点阵中的某些位置上,杂质原子取代硅(锗)原子,有 4 个价电子与相邻的硅(锗)原子的 4 个价电子组成共价键,多余的 1 个价电子处于共价键之外,如图 1-3 所示。这个多余的电子不受共价键的束缚,只需要很少的能量就能成为自由电子,但在产生自由电子的同时并不产生新的空穴。这样,每个杂质原子都能提供一个自由电子,从而使半导体中的自由电子数量大大增加。因此,杂质半导体的导电能力也大大增强。

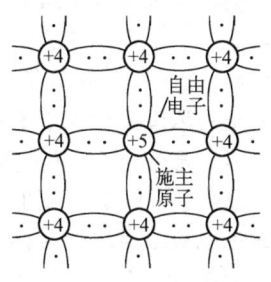

图 1-3　N 型半导体

（2）**N 型半导体中的"多子"(自由电子)和"少子"(空穴)**　除了杂质原子提供的自由电子外,在半导体中还有少量由本征激发产生的电子空穴对。但由于增加了许多额外的自由电子,因此在 N 型半导体中自由电子数远大于空穴数。这种半导体主要依靠自由电子导电,所以自由电子叫作"多数载流子",简称"多子";而空穴叫作"少数载流子",简称"少子"。掺入的杂质越多,多子(自由电子)的浓度就越高,N 型半导体的导电性能也就越强。

（3）**N 型半导体呈电中性**　在 N 型半导体中,杂质原子可以提供电子,故称为施主原子。杂质原子失去电子后成为带正电荷的正离子,由原子核以及核外电子组成,处在晶体结构当中不能自由移动。因此,正离子不是载流子。N 型半导体中的正电荷量(由正离子和本征激发的空穴所带)与负电荷量(由杂质原子施放的电子和本征激发的电子所带)相等,所以 N 型半导体呈电中性。

### 2. P 型半导体

（1）**本征半导体中,掺入微量的三价元素构成 P 型半导体**　在本征半导体中掺入少量的三价元素,如硼(B)、铟(In)等,由于杂质原子的最外层只有 3 个价电子,在与周围硅(锗)原子组成共价键时,因缺少 1 个电子而产生一个空位,如图 1-4 所示。当受能量激发时,相邻共价键上的电子就可能填补这个空位,在电子原来所处的位置上产生一个空穴。在常温下,每个杂质原子都能引起一个空穴,从而使半导体中的空穴数量大大增加。

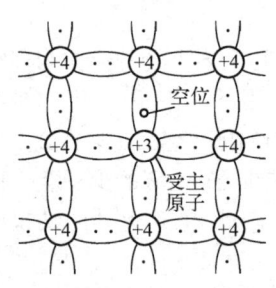

图 1-4　P 型半导体

（2）**P 型半导体中的"多子"(空穴)和"少子"(自由电子)**　在 P 型半导体中,尽管有本征激发产生的电子空穴对,但由于掺入的每个杂质原子都能引起一个空穴,因而空穴数远大于自由电子数。空穴导电成为这种半导体的主要导电方式,故空穴为多数载流子,而电子为少数载流子。控制掺入杂质的浓度,便可控制多数载流子空穴的数目。

（3）**P 型半导体呈电中性**　在 P 型半导体中,杂质原子中的空位可以吸收电子,故称为受主原子。杂质原子吸收电子后成为带负电荷的负离子,但不能自由移动。因此,负离子不是载流子。P 型半导体中的正电荷量(由硅(锗)原子失去电子形成的空穴和本征激发的空穴所带)与负电荷量(负离子和本征激发的电子所带)相等,所以 P 型半导体呈电中性。

在杂质半导体中,多子浓度主要取决于掺入杂质的浓度,掺入杂质越多,多子浓度就越大。而少子由本征激发产生,其浓度主要取决于温度,温度越高,少子浓度就越大。

### 1.1.3 PN 结及其特性

**1. PN 结的形成**

如果在一块本征半导体上,通过一定的工艺使其一边形成 N 型半导体,另一边形成 P 型半导体,那么在 P 型区和 N 型区的交界处就会形成一个极薄的空间电荷层,称为 PN 结。PN 结是构成半导体器件的基础。

**（1）扩散运动建立了空间电荷区和内电场**　如果半导体内载流子浓度分布不均匀,这时载流子便会从浓度高的区域向浓度低的区域运动。这种由于浓度差而引起的定向运动称为扩散运动,由载流子扩散运动形成的电流叫作扩散电流。当 P 型半导体和 N 型半导体结合到一起时,在它们的交界面,两种载流子存在很大的浓度差。P 区空穴的浓度远高于 N 区空穴的浓度,而 N 型半导体电子的浓度又远大于 P 型半导体电子的浓度。这种浓度差使 P 区的多子空穴向 N 区扩散,与 N 区的电子复合,在 P 区一侧留下不能移动的负离子薄层;而 N 的多子电子向 P 区扩散,与 P 区的空穴复合,在 N 区一侧留下不能移动的正离子薄层,如图 1-5(a)所示。交界面两侧的这些不能移动的带电离子薄层通常称为空间电荷。扩散作用越强,空间电荷区就越宽。

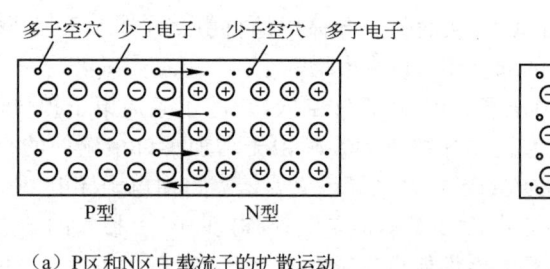

（a）P区和N区中载流子的扩散运动　　　　（b）平衡状态下的PN结

图 1-5　PN 结的形成

在空间电荷区中,一侧带正电,另一侧带负电。由于正、负电荷相互作用,在空间电荷区中形成一个电场,称为内电场,用 $\varepsilon_{内}$ 表示。随着扩散运动的进行,空间电荷区加宽,内电场增强,其方向由带正电的 N 区指向带负电的 P 区。

**（2）内电场阻止多子扩散,促使少子漂移**　多子的扩散形成内电场,这个内电场的方向与多子扩散的方向相反,因此它阻碍多子扩散运动的进行。另外,在内电场的作用下,P 区和 N 的少数载流子将做定向运动,这种运动称为漂移运动,由此引起的电流叫作漂移电流。P 区的少子自由电子向 N 区漂移,从而补充了原来交界面上 N 区所失去的电子,使正离子减少;而 N 区的少子空穴向 P 区漂移,从而补充了原来交界面上 P 区所失去的空穴,使负离子减少。因此,漂移运动的结果是使空间电荷区变窄,内电场减弱,其作用正好与扩散运动相反。

**（3）PN 结形成**　由此可见,扩散运动和漂移运动是互相联系又互相矛盾的,多子的扩散使空间电荷区加宽,内电场增强,而内电场的建立和增强又阻止多子扩散,促使少子漂移;少子漂移又使空间电荷区变窄,内电场减弱,从而使扩散容易进行。当漂移运动与扩散运动达到动态平衡时,通过空间电荷区的净电流为零。这时,空间电荷区的宽度和内电场的强度不再变化,至此,PN 结形成,如图 1-5(b)所示。

由于内电场的作用是阻止多子扩散,故又称空间电荷区为阻挡层;因为空间电荷区内几乎没有载流子,故又称其为耗尽层。

PN 结的内电场 $\varepsilon_{内}$ 所建立的电位差 $U_{ho}$ 是不同性质半导体的"接触电位差",其大小与半导体材料、掺杂浓度及环境温度有关。在常温下,硅材料的 $U_{ho} \approx 0.6 \sim 0.8\ \text{V}$,锗材料的 $U_{ho} \approx 0.1 \sim 0.3\ \text{V}$。

如果 P 区和 N 区的掺杂浓度相同,则两个区域里空间电荷区的宽度相同,称为对称 PN 结。如果两个区域的掺杂浓度不同,则掺杂浓度高的一侧离子密度大,空间电荷区较窄;相反,掺杂浓度低的一侧离子密度小,空间电荷区较宽,形成不对称 PN 结。若 P 区掺杂浓度高,记为 $P^+N$。上述两种结的外部特性是相同的。

### 2. PN 结的单向导电性

上面讨论的 PN 结处于平衡状态,扩散电流等于漂移电流,通过空间电荷区的净电流为零。如果在 PN 结两端外加电压,将打破原来的平衡状态,扩散电流不再等于漂移电流,PN 结将有电流流过。电流的大小与外加电压的极性有关,即 PN 结呈现出单向导电性。

**(1) PN 结外加正向电压**    PN 结外加正向电压是指:外加电源的正极接到 PN 结的 P 端,负极接到 PN 结的 N 端,也称为正向接法或正向偏置,简称"PN 结正偏",如图 1-6(a)所示。此时,外加电场与 PN 结内电场方向相反。在外加电场的作用下,PN 结的平衡状态被打破,P 区的多子空穴向 N 区移动,与空间电荷区的负离子中和。同时,N 区的多子自由电子向 P 区移动,与空间电荷区的正离子中和。这样,空间电荷数目减少,空间电荷区变窄,内电场减弱。这致使扩散运动加剧,漂移运动减弱,从而使扩散电流大于漂移电流。PN 结内的电流由起支配作用的扩散电流决定,在外电路上形成一个流入 P 区的电流,称为正向电流 $I_F$。当外加正向电压增大时,内电场进一步减弱,扩散电流随之增加,形成较大的 PN 结正向电流。

在正常工作范围内,导通时的 PN 结压降只有零点几伏。因此,不大的正向电压可以产生相当大的正向电流。而且,外加正向电压的微小变化便能引起正向电流的显著变化。由此,正偏的 PN 结表现为一个很小的电阻。

**(2) PN 结外加反向电压**    PN 结外加反向电压是指:外加电源的正极接到 PN 结的 N 端、负极接到 PN 结的 P 端,也称为反向接法或反向偏置,简称"PN 结反偏",如图 1-6(b)所示。此时,外加电场与 PN 结内电场方向相同,这将促使 P 区的多子空穴和 N 区的多子自由电子背离 PN 结运动,使空间电荷数目增多,空间电荷区变宽,内电场增强。这就使多子的扩散运动减弱,少子的漂移运动增强并占优势。流过 PN 结内的电流主要由少子的漂移电流决定。这一漂移电流的方向与扩散电流方向相反,表现在外电路上为流入 N 区的电流,称为反向电流 $I_R$。由于少子是由本征激发产生的,浓度很小,因此 PN 结的反向电流远小于正向电流。在一定温度下,少子的浓度基本不变,PN 结反向电流几乎与外加反向电压的大小无关,这时的反向电流 $I_R$ 称为反向饱和电流,用 $I_S$ 表示。当温度变化时,少子的浓度也要变化,因而 PN 结的反向电流同样随之变化。

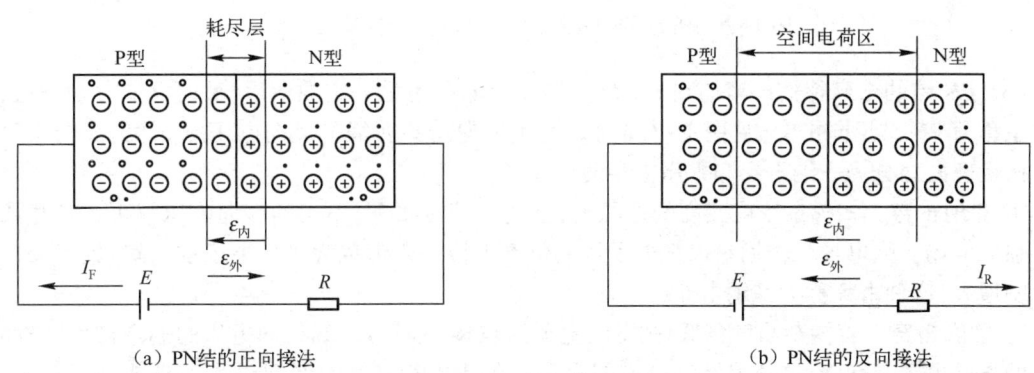

(a) PN结的正向接法               (b) PN结的反向接法

图 1-6   PN 结的单向导电性

由于 PN 结的反向电流很小,所以 PN 结在反向偏置时,可认为基本上是截止的,表现为一个很大的电阻。

由此可见,PN 结具有单向导电性。外加正向电压时,电阻很小,正向电流是多子的扩散电流,数值很大,PN 结导通;外加反向电压时,电阻很大,反向电流是少子的漂移电流,数值很小,PN 结几乎截止。

### 3. PN 结的伏安特性

PN 结的伏安特性是指 PN 结两端的外加电压 $U$ 与流过 PN 结的电流 $I$ 之间的关系。

根据理论分析，PN 结的伏安特性可由下式表示：

$$I = I_S(e^{U/U_T} - 1) \tag{1-1}$$

式中，$U$ 的参考方向为 P 区正、N 区负，$I$ 的参考方向为从 P 区指向 N 区；$I_S$ 在数值上等于反向饱和电流；$U_T = kT/q$，为温度电压当量，其中 $k$ 为玻耳兹曼常数，$T$ 为热力学温度，$q$ 为电子的电荷量。在常温下，$U_T \approx 26\ \text{mV}$。

由式（1-1）可画出 PN 结的伏安特性曲线，如图 1-7（a）所示。

（1）**正向特性**　其中 $U > 0$ 的部分称为正向特性。当 PN 结外加正向电压且 $U \gg U_T$ 时，$e^{U/U_T} \gg 1$，于是 $I \approx I_S e^{U/U_T}$。即在 $U$ 大于一定值后，PN 结的正向电流 $I$ 随正向电压 $U$ 按指数规律变化。

（2）**反向特性**　$U < 0$ 的部分称为反向特性。当 PN 结外加反向电压且 $|U| \gg U_T$ 时，$e^{U/U_T} \ll 1$，于是 $I \approx -I_S$。即反向电压达到一定值后，PN 结只流过很小的反向饱和电流，反向电流与反向电压的大小基本无关。

由式（1-1）可知，流过 PN 结的电流 $I$ 与反向饱和电流 $I_S$ 及温度电压当量 $U_T$ 有关，而 $I_S$ 和 $U_T$ 都是温度的相关函数，因此 PN 结的伏安特性与温度也有密切关系。反向饱和电流 $I_S$ 的数值取决于平衡状态下少子的数量。当温度升高时，半导体中本征激发增强，少子数量增多，故反向饱和电流 $I_S$ 数值增大。另外，相对于产生同样大小的正向电流，正向压降随温度升高而减小。研究表明，保持正向电流不变时，环境温度每升高 1℃，PN 结的正向压降约减小 2～2.5 mV。PN 结的伏安特性与温度的关系如图 1-7（b）所示。

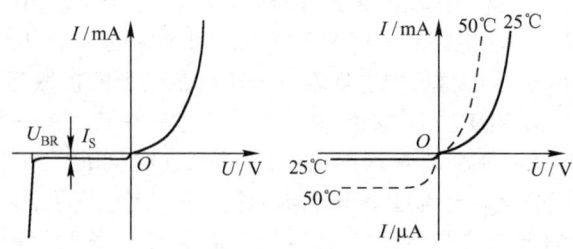

（a）PN结的伏安特性　　（b）PN结的伏安特性与温度的关系

图 1-7　PN 结的伏安特性及温度对伏安特性的影响

（3）**PN 结的击穿特性**　当加到 PN 结上的反向电压超过一定数值后，反向电流急剧增大，这种现象称为 PN 结反向击穿（见图 1-7（a））。发生反向击穿所需的反向电压 $U_{BR}$ 称为反向击穿电压。按机理击穿分为齐纳击穿和雪崩击穿两种情况。

① **齐纳击穿**　在掺杂浓度较高的情况下，空间电荷区很薄，不大的反向电压就可在耗尽层形成很强的电场。强电场的作用足以把电子从共价键中拉出来形成大量的电子空穴对，致使反向电流急剧增大，这种击穿称为齐纳击穿。

② **雪崩击穿**　若掺杂浓度较低，则空间电荷区较宽，随着 PN 结反向电压的逐渐增大，空间电荷区的电场也逐渐增强，这使得漂移过空间电荷区的少数载流子获得足够大的动能，它们能把共价键中的价电子撞出来，产生新的电子空穴对。新的载流子又被电场加速，再去碰撞其他离子，产生新的电子空穴对，形成连锁反应，造成载流子倍增，反向电流迅速增大，这种击穿称为雪崩击穿。

对于上述两种击穿，只要 PN 结不因电流过大导致过热而损坏，当外加反向电压降到低于击穿电压时，PN 结的性能都能恢复到击穿前的情况，这种击穿现象称为电击穿。电击穿过程是可逆的。此外，当反向电流过大时，消耗在 PN 结上的功率较大，引起 PN 结温度升高，直到 PN 结过热而造成永久性损坏的击穿,称为热击穿。热击穿是不可逆的,因此要避免热击穿的发生。

**4. PN 结的电容效应**

在一定条件下,PN 结具有电容效应,按产生的原因不同,分为势垒电容和扩散电容。

(1) **势垒电容** 当 PN 结上外加电压的极性和大小发生变化时,空间电荷区里存储的空间电荷量随之变化,空间电荷区的宽度也随之变化。这种现象与电容的充、放电过程相似,而 PN 结的这种电容效应称为势垒电容。在 PN 结加正向电压时,多子进入 PN 结,中和了部分空间电荷,使空间电荷区变窄,等效于 P 区和 N 区的多子充入了 PN 结。当 PN 结正向电压减小或加反向电压时,多子远离 PN 结,空间电荷区变宽,相当于多子从 PN 结放出。PN 结的势垒电容用 $C_B$ 表示。$C_B$ 是非线性电容,它的大小与 PN 结的结面积成正比,而与空间电荷区的宽度成反比。一般情况下,$C_B$ 为几皮法($10^{-12}$法)至一二百皮法。在现代电子设备中,常利用 $C_B$ 随反向电压变化而变化的特性制成各种变容二极管。

(2) **扩散电容** 当 PN 结外加正向电压时,N 区的多子电子扩散到 P 区后称为 P 区的非平衡少子。它们逐渐与 P 区的空穴复合,在 P 区形成浓度梯度,靠近空间电荷区交界面的地方浓度高,远离交界面的地方浓度低。同理,P 区的多子空穴也会向 N 区扩散成为 N 区的非平衡少子,在 N 区形成浓度梯度,如图 1-8 中的曲线①所示。当正向电压增大时,扩散到 P 区的电子和扩散到 N 区的空穴数量增加,扩散区内积累的非平衡少子电荷量增加,浓度分布曲线上移,如图 1-8 中的曲线②所示。当正向电压减小时,扩散区积累的非平衡少子电荷量减少,浓度分布曲线下移,如图 1-8 中的曲线③所示。扩散区内,电荷的积累和释放过程与电容器充、放电过程相似。PN 结的这种电容效应称为扩散电容,用 $C_D$ 表示。$C_D$ 也是非线性的。理论分析表明,PN 结的扩散电容 $C_D$ 与 PN 结的正向电流近似成正比。

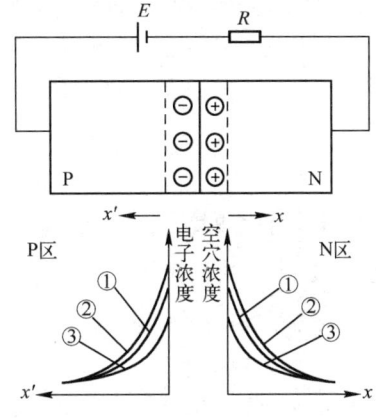

图 1-8　扩散电容形成示意图

PN 结的结电容 $C_J$ 为势垒电容 $C_B$ 和扩散电容 $C_D$ 之和

$$C_J = C_B + C_D \tag{1-2}$$

PN 结的势垒电容和扩散电容都很小,结面积小的为 1 pF 左右,结面积大的为几十至几百 pF。只有在信号频率较高时才考虑结电容的作用。当 PN 结正向偏置时,扩散电容 $C_D$ 起主要作用;当 PN 结反向偏置时,势垒电容 $C_B$ 起主要作用。

**【思考题】**

1. PN 结是如何形成的?在热平衡下,PN 结有无净电流流过?

2. PN 结为什么会有单向导电性?在什么情况下单向导电性会丧失?温度对 PN 结的正向特性和反向特性有何影响?

3. 设 $I_S = 1\ \mu A$,$T = 27℃$。试用 PN 结的伏安特性表达式计算在外加电压 $U$ 为 0.26 V 和 −1 V 时的电流。这些结果说明什么问题?

# 1.2　半导体二极管

## 1.2.1　半导体二极管的结构和类型

半导体二极管(简称二极管)是由 PN 结加上电极引线和管壳组成的,其符号如图 1-9(a)所示。由 P 区引出的电极为阳极(或称正极),由 N 区引出的电极为阴极(或称负极),箭头表示正向电流的方向。

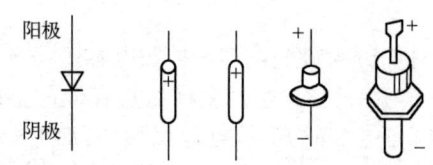

（a）二极管的符号　　（b）二极管的几种外形

图 1-9　二极管的符号及几种外形

二极管常见的外形如图 1-9（b）所示。二极管的种类很多，按材料来分，最常用的有硅管和锗管两种；按结构形式来分，有点接触型、面接触型和平面型几种。

（1）**点接触型二极管**　点接触型二极管的结构如图 1-10（a）所示。它由一根金属丝与半导体表面相接触，经过特殊工艺，在接触点上形成 PN 结，做出引线，加上管壳封装而成。其特点是 PN 结面积小，因此结电容小，一般在 1 pF 以下，工作频率可达 100 MHz 以上。其缺点是允许通过的正向电流和所能承受的正向电压都小。因此，点接触型二极管多用于高频检波和小功率整流，也用于数字电路中的开关元件。

（2）**面接触型二极管**　面接触型二极管的 PN 结是采用合金法工艺制成，结构如图 1-10（b）所示。其特点是 PN 结面积大，能够通过较大的正向电流，但其结电容也大，因此工作频率低，多用于低频整流。

（3）**硅平面型二极管**　硅平面型二极管采用扩散法制成，结构如图 1-10（c）所示。PN 结面积大的，结电容也大，适用于低频、大电流的电路，如大电流的整流电路；结面积小的，结电容也小，适用于高频、小电流的电路和脉冲数字电路。

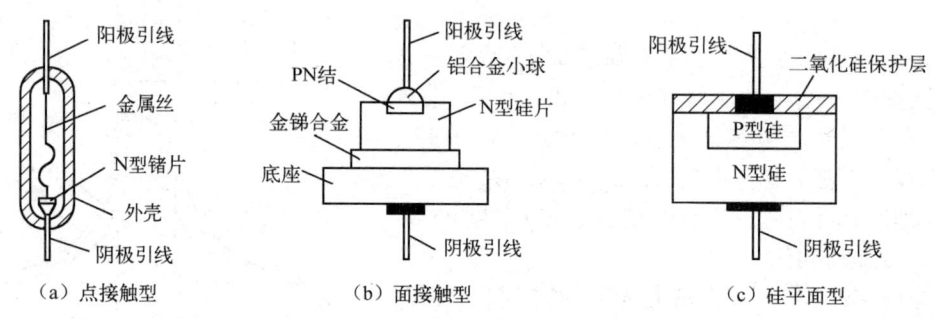

（a）点接触型　　　　　（b）面接触型　　　　　（c）硅平面型

图 1-10　二极管的几种常见结构

## 1.2.2　半导体二极管的伏安特性

半导体二极管的伏安特性是指二极管两端的电压 $u_D$ 和流过二极管的电流 $i_D$ 之间的关系。

半导体二极管的核心是一个 PN 结，其伏安特性与 PN 结的伏安特性基本相同，但又有一定的差别。实际的二极管的伏安特性如图 1-11 所示。

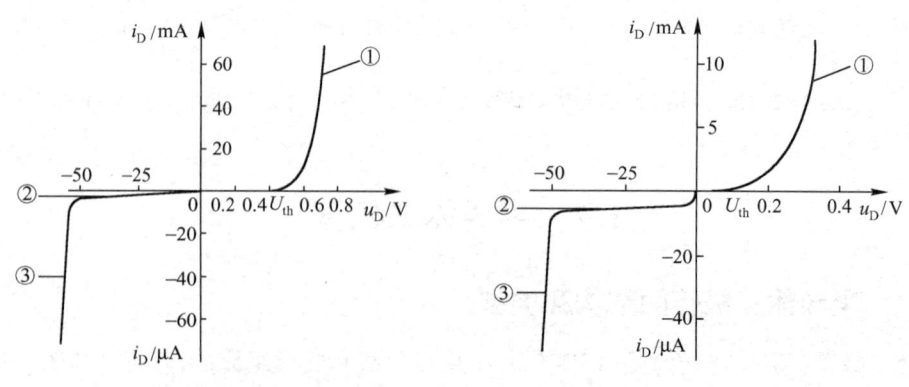

（a）2CP33硅二极管的伏安特性曲线　　　　　（b）2AP2锗二极管的伏安特性曲线

图 1-11　二极管的伏安特性曲线

**1. 正向特性**

对应图 1-11 的第①段称为正向特性。这时,二极管外加正向电压。

当正向电压较小时,外电场还不足以克服 PN 结的内电场,载流子的扩散运动尚未明显增强。因此,这时的正向电流很小,近似为零。只有当正向电压大于一定数值后,才有明显的正向电流。使正向电流从零开始明显增长的外加电压叫作开启电压或阈值电压,记为 $U_{th}$。在室温下,硅二极管的开启电压约为 0.5 V,而锗二极管的开启电压约为 0.2 V。

当正向电压大于开启电压后,正向电流近似按指数规律迅速增大,二极管呈现充分导通状态。在伏安特性的这一部分,当电流增到很大时,二极管的正向压降却变化很小。硅二极管的正向导通压降为 0.6~0.8 V,锗二极管的正向导通压降为 0.1~0.3 V。

在实际的二极管内存在半导体电阻、引线电阻和电极的接触电阻等。考虑到这些电阻上的电压降,实际作用到二极管内 PN 结上的电压比二极管正向电压小。所以,在外加正向电压相同的情况下,二极管的正向电流比 PN 结的正向电流小。在大电流情况下,这种趋势更明显。

**2. 反向特性**

伏安特性曲线的第②段称为反向特性。这时,二极管外加反向电压,反向电流很小。由于表面漏电流的存在,实际二极管的反向电流要比 PN 结的大。而且,随着反向电压的增加,反向电流也略有增加。一般小功率锗管的反向电流可达几十 μA,而小功率硅管的反向电流要小得多,一般小于 0.1 μA。

尽管有这些差别,在近似分析时,仍可采用 PN 结的伏安特性表达式(1-1)来描述二极管的伏安特性。

**3. 击穿特性**

伏安特性曲线的第③段称为反向击穿特性。当二极管承受的反向电压大于击穿电压 $U_{BR}$ 时,二极管的反向电流急剧增加,称为二极管反向击穿。其原因与 PN 结反向击穿相同。不同型号二极管的击穿电压差别很大,从几十伏到几千伏不等。

## 1.2.3 温度对二极管伏安特性的影响

环境温度的变化对二极管的伏安特性影响较大,其规律与 PN 结的温度特性相似。当环境温度升高时,二极管的正向特性曲线将左移。这说明产生同样大小的正向电流,正向压降随温度的升高而减小。

另外,二极管的反向电流是由少子漂移形成的,当温度升高时,半导体中本征激发增强,少子浓度升高,故反向电流增大。所以,二极管的反向特性曲线随温度的升高将向下移动。温度对二极管伏安特性的影响曲线如图 1-12 所示。

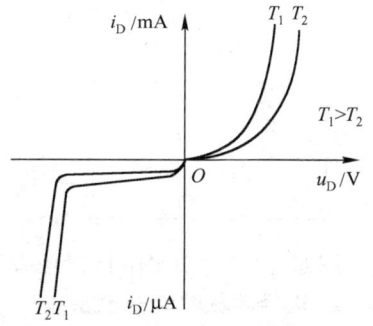

图 1-12 温度对二极管伏安特性的影响曲线

## 1.2.4 半导体二极管的主要参数

半导体器件的参数是对其特性和极限运用条件的定量描述,是设计电路时正确选择和合理使用器件的依据。各种器件的参数由生产厂家的产品手册给出。由于制造工艺所限,即使同一型号的二极管,参数也存在一定的分散性,因此手册上往往给出的是参数的上限值、下限值或范围。半导体二极管的主要参数有以下几种。

(1)**最大整流电流 $I_F$** 指二极管长期运行时允许通过的最大正向平均电流,其大小与 PN 结的面积和散热条件等有关。实际使用时,应注意,通过二极管的电流平均值不能大于这一数值,并且要满足规定的散热条件,否则会使二极管中 PN 结的温度超过允许值而导致损坏。

(2)**最高反向工作电压 $U_R$** 指二极管运行时允许施加的最大反向电压。为避免二极管反向击穿,通常 $U_R$ 取反向击穿电压 $U_{BR}$ 的一半。

（3）**反向电流 $I_R$** 指在室温和最大反向电压（或其他测试条件）下的反向电流。反向电流越小，二极管的单向导电性越好。反向电流对环境温度的影响非常敏感，使用时应特别注意。

（4）**最高工作频率 $f_M$** 指二极管工作的上限频率，主要取决于 PN 结的结电容的大小。使用时，如果信号频率超过此值，二极管的单向导电性将变差，甚至不复存在。

在实际使用时，应特别注意手册上每个参数的测试条件。当使用条件与测试条件不同时，参数也会相应发生变化。

### 1.2.5 半导体器件的型号及二极管的选择

#### 1. 型号

国家半导体器件的型号由一组数字和汉语拼音字母构成，用来表示器件的类型、材料和参数。表 1-1 给出了国家半导体器件型号的命名方法以及型号组成部分的符号及其意义。

表 1-1 半导体器件型号命名方法（国家标准 GB249-1989）

| 第一部分 | | 第二部分 | | 第三部分 | | 第四部分 | 第五部分 |
|---|---|---|---|---|---|---|---|
| 用数字表示器件的电极数目 | | 用汉语拼音字母表示器件的材料和极性 | | 用汉语拼音字母表示器件的类型 | | 用阿拉伯数字表示序号 | 用汉语拼音字母表示规格号 |
| 符号 | 意义 | 符号 | 意　义 | 符号 | 意　义 | | |
| 2 | 二极管 | A | N 型锗材料 | P | 小信号管 | | |
| | | B | P 型锗材料 | V | 混频检波管 | | |
| | | C | N 型硅材料 | W | 稳压管 | | |
| | | D | P 型硅材料 | C | 变容管 | | |
| 3 | 三极管 | A | PNP 型，锗材料 | Z | 整流管 | | |
| | | B | NPN 型，锗材料 | L | 整流堆 | | |
| | | C | PNP 型，硅材料 | S | 隧道管 | | |
| | | D | NPN 型，硅材料 | K | 开关管 | | |
| | | E | 化合物材料 | U | 光电管 | | |
| | | | | X | 低频小功率管（截止频率<3 MHz，耗散功率<1 W） | | |
| | | | | G | 高频小功率管（截止频率≥3 MHz，耗散功率<1 W） | | |
| | | | | D | 低频大功率管（截止频率<3 MHz，耗散功率≥1 W） | | |
| | | | | A | 高频大功率管（截止频率≥3 MHz，耗散功率≥1 W） | | |
| | | | | T | 晶体闸流管 | | |

例如，型号为 2CP10 的二极管表示是 N 型硅材料的小信号二极管，序号是 10。

#### 2. 选择二极管的一般原则

根据结构划分，二极管有点接触型和面接触型等；根据材料划分，有硅管和锗管两种。它们各自具有一定的特点，应根据实际使用要求选用。选用二极管的一般原则是：

① 要求导通后正向压降小时选锗管，要求反向电流小时选硅管。

② 要求工作电流大时选面接触型，要求工作频率高时选点接触型。

③ 要求反向击穿电压高时选硅管。

④ 要求温度特性好时选硅管。

然后，根据实际电路的技术要求，估算二极管应具有的参数，并考虑适当的余量，最后查手册确定管子的型号。

### 1.2.6 半导体二极管的模型

由于二极管的伏安特性是非线性的，因此二极管是一种非线性器件，含有二极管的电路就是非线性电路。为了简化分析,人们根据所要求的精度不同,对二极管进行了电路模拟,用若干线性电路元件来代替实际的二极管。即对二极管的非线性特性进行线性化或分段线性化处理,从而建立二极管的线性化模型,使非线性电路转化为线性电路。这样就可以用分析线性电路的方法分析二极管应用电路。这些元件组成的网络就是二极管的电路模型,简称二极管模型或二极管等效电路。

一般来说,模型精度越高,模型本身越复杂,要求的模型参数也越多,分析电路时的计算量就越大。因此,在实际工作中,要根据不同的工作条件和要求选择合适的模型。常用的二极管模型有以下几种。

### 1. 二极管的理想模型

在二极管电路中,如果二极管导通时的正向电压远远小于和它串联元件的电压,而二极管截止时的反向电流远小于与之并联元件的电流,那么可以忽略二极管的正向压降和反向电流,认为二极管是理想的。理想二极管的伏安特性如图 1-13(a) 中粗实线所示(虚线为二极管的实际伏安特性)。理想二极管相当于一个开关。当外加正向电压时,二极管导通,正向压降 $u_D$ 为零,相当于开关闭合;当外加反向电压时,二极管截止,反向电流 $i_R$ 为零,相当于开关断开。

理想二极管模型如图 1-13(b) 所示。这种模型最简单,但精度较低。

### 2. 二极管的恒压源模型

当二极管的工作电流较大时,二极管的正向压降 $U_{on}$ 变化不大,硅管电压约为 0.6~0.8 V,锗管电压为 0.1~0.3 V,因此可近似认为 $U_{on}$ 为常数(一般硅管取 0.7 V,锗管取 0.3 V),此时二极管可等效为恒压源模型,其伏安特性如图 1-14(a) 所示,可用图 1-14(a) 中的粗实线近似表示二极管的实际伏安特性,等效电路用开关串联电压源 $U_{on}$ 表示,如图 1-14(b) 所示。它的特点是:当二极管外加正向电压大于或等于 $U_{on}$ 时,二极管导通,二极管导通电压为 $U_{on}$;当外加电压小于 $U_{on}$ 时,二极管截止,反向电流为零。该模型提供了一种合理的近似,因此应用也较广。

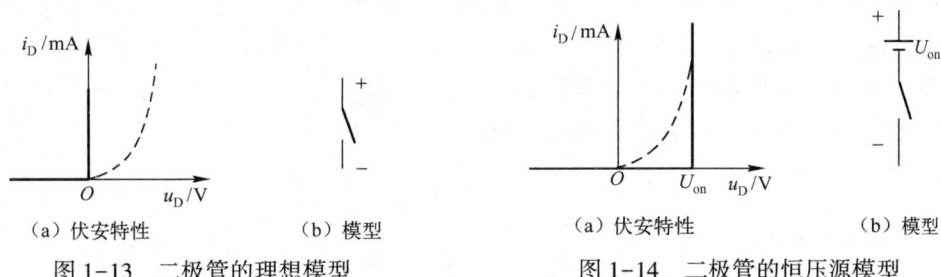

（a）伏安特性　　（b）模型
图 1-13　二极管的理想模型

（a）伏安特性　　（b）模型
图 1-14　二极管的恒压源模型

【例 1-1】 电路如图 1-15 所示,VD 为硅二极管,$R = 2 \text{ k}\Omega$,求出 $V_{DD} = 2 \text{ V}$ 和 $V_{DD} = 10 \text{ V}$ 时的 $I_0$ 和 $U_0$ 值。

**解:**

① 当 $V_{DD} = 2 \text{ V}$ 时　二极管 VD 为硅管,承受正向电压导通,导通电压 $U_{on} = 0.7 \text{ V}$,与电源电压 $V_{DD} = 2 \text{ V}$ 相比不能忽略,宜采用恒压源模型进行分析。因此,输出电压 $U_0 = V_{DD} - U_{on} = 2 \text{ V} - 0.7 \text{ V} = 1.3 \text{ V}$,电流 $I_0 = U_0/R = 1.3 \text{ V}/2 \text{ k}\Omega = 0.65 \text{ mA}$。

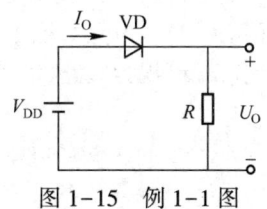

图 1-15　例 1-1 图

② 当 $V_{DD} = 10 \text{ V}$ 时　VD 正偏导通,导通电压与电源电压 $V_{DD} = 10 \text{ V}$ 相比很小,可以忽略导通电压对电路的影响,宜采用理想二极管模型分析。理想二极管相当于开关,二极管导通,相当于开关闭合,二极管的导通电压为零,所以输出电压 $U_0 = V_{DD} = 10 \text{ V}$,电流 $I_0 = U_0/R = 10 \text{ V}/2 \text{ k}\Omega = 5 \text{ mA}$。

### 3. 二极管的折线模型

为了进一步提高分析的精度,更真实地描述二极管的伏安特性,还可考虑二极管正向特性

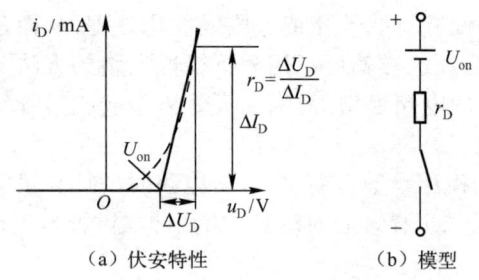

（a）伏安特性　　　（b）模型

图 1-16　二极管的折线模型

曲线的斜率，使用二极管的折线模型，其伏安特性如图 1-16(a)粗实线所示。在恒压源模型的基础上做一定修正，即认为二极管的管压降不是恒定的，而是随着通过二极管的电流增大而增大。所以，在折线模型中用开关、电压源 $U_{on}$ 和电阻 $r_D$( $r_D = \Delta U_D/\Delta I_D$，如图 1-16(a)所示)串联来做进一步的近似，如图 1-16(b)所示。其特点是：当二极管外加正向电压大于 $U_{on}$ 时，其电流 $i_D$ 与电压 $u_D$ 成线性关系，而其伏安特性的直线斜率为 $1/r_D$；当二极管外加正向电压小于 $U_{on}$ 时，二极管截止，电流为零。

#### 4. 二极管的微变信号模型

当二极管外加直流正向偏置电压时，二极管两端将承受直流电压 $U_{DQ}$ 并流过直流电流 $I_{DQ}$。二极管伏安特性曲线上反映该电压 $U_{DQ}$ 和电流 $I_{DQ}$ 的点为 $Q$ 点，这个 $Q$ 点称为二极管的直流工作点或静态工作点。$U_{DQ}$ 与 $I_{DQ}$ 之比称为二极管的直流电阻 $R_D$，即

$$R_D = \frac{U_{DQ}}{I_{DQ}} \tag{1-3}$$

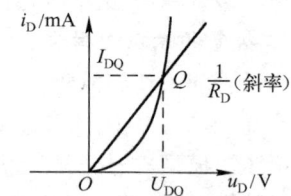

图 1-17　二极管的直流电阻 $R_D$

如图 1-17 所示，$R_D$ 由 OQ 线斜率的倒数来确定。应当指出，$Q$ 点越高，电流 $I_{DQ}$ 越大，OQ 线的斜率越大，$R_D$ 值越小。由于反向电流很小，因而反向直流电阻很大。二极管的正、反向直流电阻差别越大，说明二极管的单向导电性越好。

如果在二极管电路中，除了直流信号，再加入微小的变化信号，那么二极管的工作状态将只在直流工作点 $Q$ 附近做微小的变动。可以用伏安特性在 $Q$ 点处的切线近似表示实际二极管伏安特性上的这段曲线，如图 1-18(a)所示。该切线的斜率的倒数为电阻 $r_d$，$r_d$ 称为二极管在 $Q$ 点处的动态电阻。此时可将二极管等效成一个电阻 $r_d$，如图 1-18(b)所示，称为二极管的微变信号模型，则动态电阻 $r_d = \Delta u_D/\Delta i_D \big|_Q$。

$r_d$ 的值可由二极管的伏安特性表达式 $i_D = I_S(e^{u_D/U_T} - 1)$ 求出

$$\frac{1}{r_d} = \frac{\Delta i_D}{\Delta u_D}\bigg|_Q \approx \frac{di_D}{du_D}\bigg|_Q = \frac{I_S e^{u_D/U_T}}{U_T}\bigg|_Q \approx \frac{I_{DQ}}{U_T}$$

则

$$r_d = \frac{U_T}{I_{DQ}} \tag{1-4}$$

由于二极管正向特性为指数曲线，在温度一定时，$r_d$ 的值与静态工作点 $Q$ 的位置有关，$Q$ 点越高，$I_{DQ}$ 越大，$r_d$ 的数值就越小。

【例 1-2】　电路如图 1-19(a)所示，设二极管导通电压 $U_{on} = 0.7$ V，常温下 $U_T = 26$ mV，电容 $C$ 对交流信号可视为短路，输入信号 $u_i = 10\sin\omega t$(mV)。试计算流过二极管电流的交流分量。

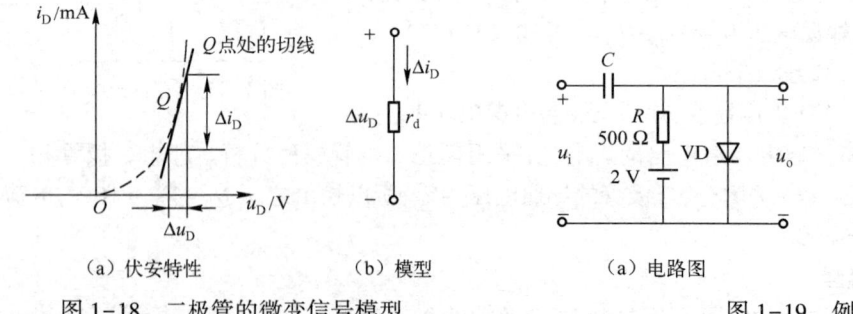

（a）伏安特性　　（b）模型

图 1-18　二极管的微变信号模型

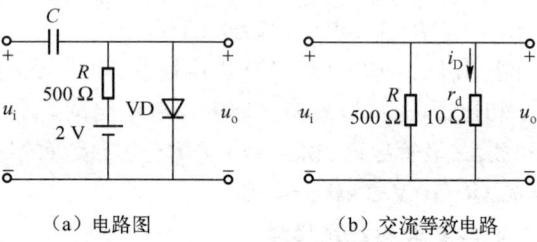

（a）电路图　　（b）交流等效电路

图 1-19　例 1-2 图

**解**:该二极管电路中同时存在较大的直流电压和微变的交流信号,应采用二极管的微变信号模型进行分析。首先,求出静态工作点 $Q$ 处流过二极管的直流电流 $I_{DQ}$,计算出在该点的动态电阻 $r_d$。然后,利用二极管的微变信号模型分析计算其交流分量。

只有直流电压作用时,流过二极管的电流为

$$I_{DQ} = \frac{2-0.7}{500}A = 2.6 \text{ mA}$$

所以动态电阻为

$$r_d = \frac{U_T}{I_{DQ}} = \frac{26 \text{ mV}}{2.6 \text{ mA}} = 10 \text{ } \Omega$$

在进行交流分析时,令直流电压和电容短路,二极管用交流等效电阻 $r_d$ 代替,此时电路可等效为图 1-19(b),可求得流过二极管的交流电流为

$$i_D = \frac{u_i}{r_d} = \frac{10\sin\omega t}{10} = 1\sin\omega t \text{ (mA)}$$

**【思考题】**

1. 二极管的直流电阻 $R_D$ 和交流电阻 $r_d$ 有何不同?如何在伏安特性上表示出来?
2. 若某电路中流过二极管的直流电流为 3 mA,则该二极管的交流电阻为多大?
3. 怎样用万用表判断二极管的正负极及其好坏?
4. 在用万用表测二极管的正向电阻时,用 $\Omega\times1$ 挡测出的电阻值小,而用 $\Omega\times100$ 挡测出的电阻值大,为什么?在测反向电阻时为了使电表试笔和二极管的两端接触良好,因而用手捏紧,结果测出的二极管反向电阻小,似乎不合格,但是用在设备上时却表现正常,为什么?

# 1.3　半导体二极管的应用

二极管在电路中有着广泛的应用,利用其单向导电性,可组成整流、限幅、检波电路,还可用于元件保护以及在数字电路中作为开关元件等。

## 1.3.1　二极管在限幅电路中的应用

限幅电路的作用是把输出信号幅度限定在一定的范围内,即当输入电压超过或低于某一参考值后,输出电压将被限制在某一电平(称为限幅电平),且不再随输入电压变化。

限幅电路常用于:① 整形,如削去输出波形顶部或底部的干扰;② 波形变换,如将输出信号中的正脉冲削去,只留下其中的负脉冲;③ 过压保护,如强的输出信号或干扰有可能损坏某部件时,可在这个部件前接入限幅电路。

限幅电路按功能分为串联限幅电路、并联限幅电路和双向限幅电路三种。

限幅电路中的二极管一般都工作在大电流范围,所以可以采用二极管的恒压源模型来分析电路的工作原理。

**1. 串联限幅电路**

串联限幅电路如图 1-20(a)所示。因二极管 VD 与输出端串联,故称为串联限幅电路。

设输入信号 $u_i$ 为正弦波,直流电压 $E>0$。当二极管开路时,二极管两端电压 $u_D = u_i - E$,当 $u_D \geq U_{on}$ 即 $u_i \geq E+U_{on}$ 时,二极管 VD 正偏导通,二极管两端的电压为 $u_D = U_{on}$,输出电压 $u_o = u_i - U_{on}$;当 $u_D < U_{on}$ 即 $u_i < E+U_{on}$ 时,二极管 VD 反偏截止,流过二极管的电流为零,输出电压 $u_o = E$。该电路的传输特性(或限幅特性)$u_o = f(u_i)$ 如图 1-20(b)所示,输出电压 $u_o$ 的波形如图 1-20(c)所示。可见,信号的下半波受到限制。

只要改变 $E$ 值就可改变限幅电平。当 $E = 0$ 和 $E < 0$(设 $|E| > U_{on}$ 时),输出电压 $u_o$ 的波形如图 1-20(d)和(e)所示。

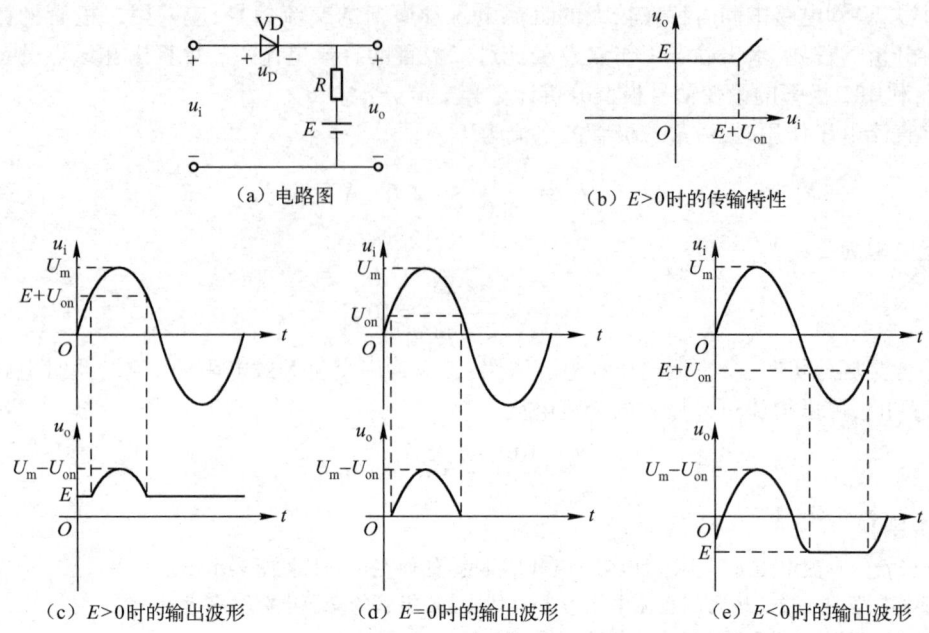

（a）电路图 　　　　　　　　　　　　　（b）E>0时的传输特性

（c）E>0时的输出波形　　　（d）E=0时的输出波形　　　（e）E<0时的输出波形

图 1-20　二极管串联限幅电路

## 2. 并联限幅电路

并联限幅电路如图 1-21(a)所示。因二极管 VD 和输出端并联,故称为并联限幅电路。

当二极管开路时,二极管两端电压 $u_D = u_i - E$,当 $u_D \geqslant U_{on}$ 即 $u_i \geqslant E + U_{on}$ 时,VD 正偏导通,$u_o = E + U_{on}$;当 $u_D < U_{on}$ 即 $u_i < E + U_{on}$ 时,VD 反偏截止,$u_o = u_i$。其传输特性如图 1-21(b)所示,输出电压的波形如图 1-21(c)所示。显然,信号的上半波受到了限制。

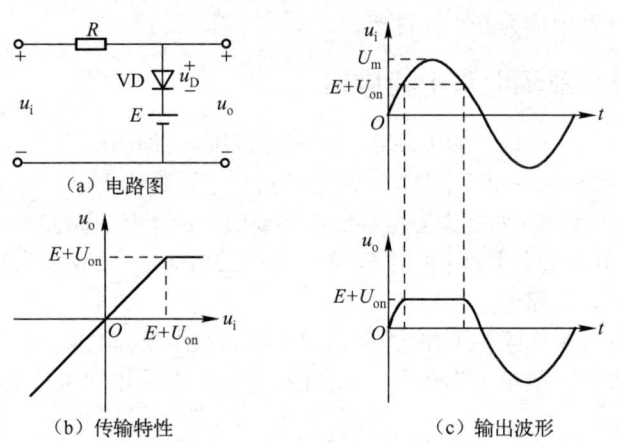

（a）电路图

（b）传输特性　　　　　　　　　（c）输出波形

图 1-21　二极管并联限幅电路

## 3. 双向限幅电路

图 1-22(a)为双向限幅电路。二极管 $VD_1$ 和 $VD_2$ 反向并联在电路的输出端。

根据并联限幅电路的工作原理,可得该限幅电路的传输特性如图 1-22(b)所示,输出电压 $u_o$ 的波形如图 1-22(c)所示。可见,双向限幅电路限制了输出信号的正负幅度。

【例 1-3】　在图 1-23(a)和(b)所示电路中,已知 $u_i = 10\sin\omega t(V)$,$E = 6\,V$,$R = 1\,k\Omega$,二极管为理想二极管。分别画出传输特性曲线 $u_o = f(u_i)$ 和输出电压 $u_o$ 的波形。

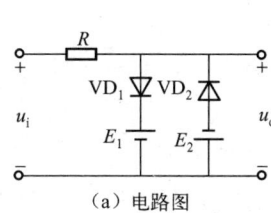
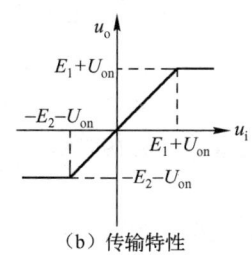
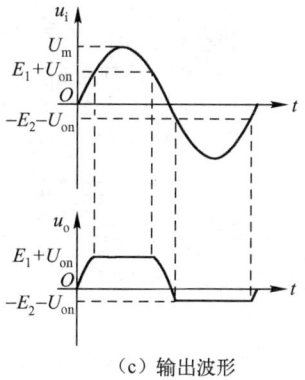

（a）电路图　　　　　　（b）传输特性　　　　　　　（c）输出波形

图 1-22　二极管双向限幅电路

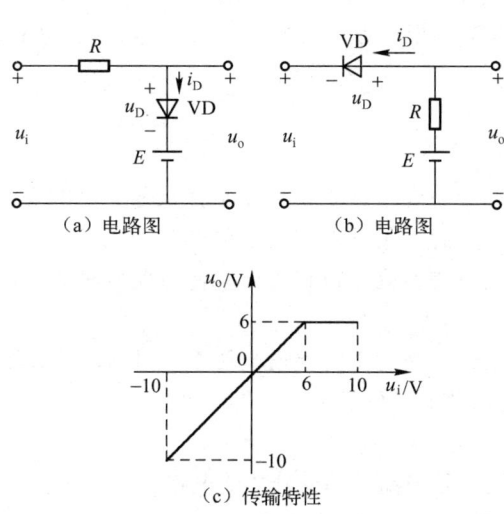
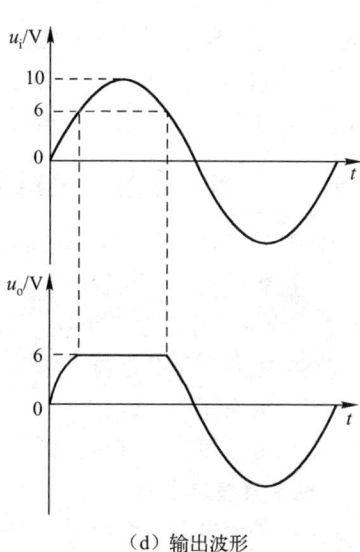

（a）电路图　　　　（b）电路图　　　　　　　　　　　（d）输出波形

（c）传输特性

图 1-23　例 1-3 图

　　**解**：在图 1-23（a）所示电路中，当二极管开路时，二极管两端的电压 $u_D = u_i - E = u_i - 6$ V；当 $u_D > 0$ 即 $u_i > 6$ V 时，二极管正偏导通，二极管两端的电压 $u_D = 0$，输出电压 $u_o = E = 6$ V；当 $u_D \leqslant 0$ 即 $u_i \leqslant 6$ V 时，二极管反偏截止，流过二极管的电流 $i_D = 0$，输出电压 $u_o = u_i$。传输特性如图 1-23（c）所示，输出电压的波形如图 1-23（d）所示。

　　在图 1-23（b）所示电路中，当二极管开路时，二极管两端的电压 $u_D = -u_i + E = -u_i + 6$ V；当 $u_D > 0$ 即 $u_i < 6$ V 时，二极管正偏导通，二极管两端的电压 $u_D = 0$，输出电压 $u_o = u_i$；当 $u_D \leqslant 0$ 即 $u_i \geqslant 6$ V 时，二极管反偏截止，流过二极管的电流 $i_D = 0$，输出电压 $u_o = E = 6$ V。传输特性如图 1-23（c）所示，输出电压的波形如图 1-23（d）所示。

　　**【例 1-4】**　电路如图 1-24 所示，判断图中各二极管是导通还是截止，并计算 A 和 B 两点之间的电压 $U_{AB}$。设二极管的正向导通压降和反向电流均可忽略。

　　**解**：本例的作用是巩固二极管单向导电性的基本概念。电路中二极管工作状态的判定方法是：先将二极管断开，再计算二极管两端的电压，如果外加的是正向电压，那么二极管导通，否则二极管截止。

　　在用上述方法判断的过程中，若出现两个或两个以上的二极管都承受正向电压，则承受正向电压高的优先导通，再判断其他二极管的工作状态。

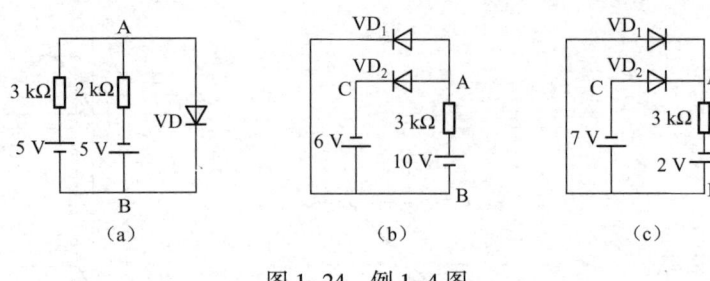

图 1-24  例 1-4 图

在图 1-24(a) 中,当二极管 VD 开路时,二极管两端的电压 $U_{AB} = \dfrac{5\text{ V}+5\text{ V}}{3\text{ k}\Omega+2\text{ k}\Omega}\times 2\text{ k}\Omega - 5\text{ V} = -1\text{ V}$,所以二极管反偏截止,输出电压 $U_{AB} = -1\text{ V}$。

在图 1-24(b) 中,二极管 $VD_1$ 和 $VD_2$ 开路时,$VD_1$ 端电压 $U_{AB} = 10\text{ V}$,$VD_2$ 端电压 $U_{AC} = 10\text{ V}+6\text{ V} = 16\text{ V}$。故 $VD_2$ 优先导通,输出电压 $U_{AB} = -6\text{ V}$,将二极管 $VD_1$ 钳制在截止状态。

在图 1-24(c) 中,二极管 $VD_1$ 和 $VD_2$ 开路时,$VD_1$ 端电压 $U_{BA} = 2\text{ V}$,$VD_2$ 端电压 $U_{CA} = -7\text{ V}+2\text{ V} = -5\text{ V}$。故 $VD_1$ 导通,输出电压 $U_{AB} = 0\text{ V}$,$VD_2$ 截止。

## 1.3.2  二极管在整流电路中的应用

电力网供给用户的是交流电,而各种无线电装置需要用直流电。整流就是把交流电变为单向脉动电压的过程。利用二极管的单向导电性,正弦交流电压可以变换为单向脉动电压。以电路形式区分,整流电路有半波整流电路、全波整流电路、桥式整流电路和倍压整流电路四种。下面主要介绍半波整流电路和全波整流电路。

在一般整流电路中,交流电压幅值都要远远大于二极管正向导通电压 $U_{on}$。因此,常忽略二极管的导通电压 $U_{on}$,可以用理想二极管模型来分析电路的工作原理。

**1. 单相半波整流电路**

单相半波整流电路的组成如图 1-25(a) 所示,这是最简单的一种整流电路。

基于二极管的单向导电性,在变压器副边电压 $u_2$ 的正半周,其极性为上正下负。即 A 点电位高于 B 点电位,二极管承受正向电压导通。有电流 $i_o$ 流过负载 $R_L$,电流路径是:从 A 点流出,经过二极管 VD 和负载电阻 $R_L$ 流入 B 点。因此,输出电压 $u_o = u_2$。而在电压 $u_2$ 的负半周,变压器副边电压 $u_2$ 的极性为上负下正。即 B 点的电位高于 A 点的电位,二极管承受反向电压而截止,相当于开关断开。此时输出电流 $i_o = 0$,输出电压 $u_o = 0$。输出电压的波形如图 1-25(b) 所示。由此可见,负载电阻 $R_L$ 的电压和电流都具有单一方向的脉动特性,达到了整流的目的。但 $R_L$ 上只有半个周期内有电压和电流,所以是半波整流电路。

单相半波整流电路结构简单,所用二极管少,但只利用了交流电压的半个周期,因而转换效率低。这种电路只适用于整流电流小、对脉动要求不高的场合。

**2. 全波整流电路**

图 1-26(a) 为变压器带中心抽头的全波整流电路。

设变压器副边电压 $u_{21} = u_{22} = u_2$。在 $u_2$ 的正半周,$u_{21}$ 极性为上正下负,即 A 点电位高于 C 点电位,二极管 $VD_1$ 导通;$u_{22}$ 极性为上正下负,即 B 点电位低于 C 点电位,二极管 $VD_2$ 截止。因此,输出电压 $u_o = u_{21} = u_2$。而在电压 $u_2$ 的负半周,$u_{21}$ 的极性为上负下正,即 A 点的电位低于 C 点的电位,二极管 $VD_1$ 截止;$u_{22}$ 的极性为上负下正,即 B 点的电位高于 C 点的电位,二极管 $VD_2$ 导通。因此,$u_o = -u_{22} = -u_2$。这样,无论在交流电的正半周还是负半周,通过负载电阻 $R_L$ 的电流 $i_o$ 和负载两端的电压 $u_o$ 的方向都是相同的。输出电压的波形如图 1-26(b) 所示,达到了全波整流的目的。

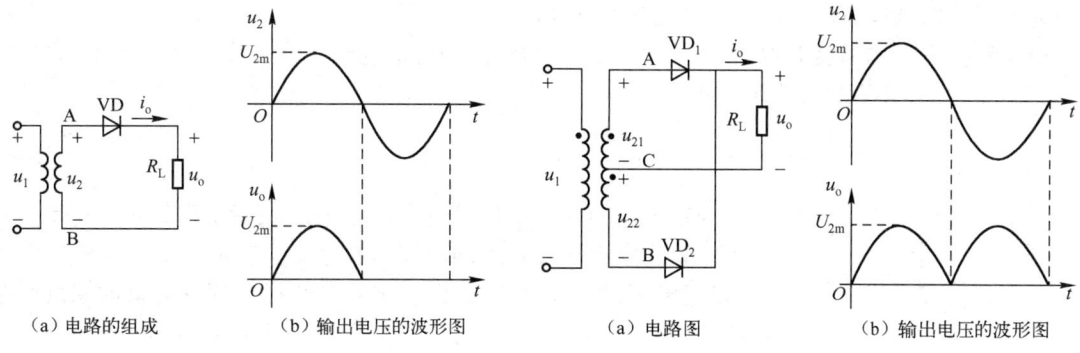

| （a）电路的组成 | （b）输出电压的波形图 | （a）电路图 | （b）输出电压的波形图 |

图 1-25　单相半波整流电路　　　　　　　　图 1-26　单相全波整流电路

# 1.4　特殊二极管

除了普通二极管,还有一些特殊二极管,如稳压二极管、发光二极管、光电二极管和变容二极管等,现分别介绍如下。

## 1.4.1　稳压二极管

稳压二极管(简称稳压管)是一种硅材料制成的面接触型晶体二极管,其符号如图 1-27(a)所示。稳压管是利用 PN 结的反向击穿特性来实现稳定电压的,正常使用时工作在反向击穿状态。稳压二极管广泛用于稳压电源与限幅电路中。

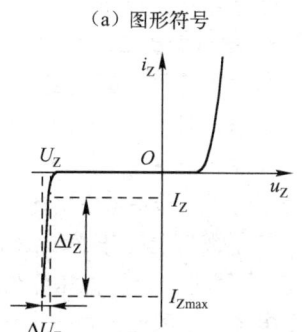

（a）图形符号

（b）伏安特性

图 1-27　稳压管的图形符号和伏安特性

**1. 稳压管的伏安特性**

稳压管的伏安特性如图 1-27(b)所示。其正向特性与普通硅二极管的相同,但其反向击穿特性更陡一些。当反向电压达到击穿电压 $U_Z$(同时也是稳压管的稳定电压)后,流过管子的反向电流会急剧增加。即使通过稳压管的反向电流在较大范围内变化,管子两端的反向击穿电压也几乎不变,表现出很好的稳压特性。

只要控制反向电流不超过一定值,稳压管就不会因过热而损坏。击穿特性曲线越陡,稳压管的稳压性能就越好。

**2. 稳压管的主要参数**

(1) **稳定电压 $U_Z$**　指流过稳压管的反向电流为规定值时,稳压管两端的电压值。由于制造工艺方面的原因,即使同一型号的稳压管,$U_Z$ 也会存在一定差别。例如,型号为 2CW55 稳压管的稳定电压为 6~7.5 V。但对某一只稳压管来说,$U_Z$ 应为确定值。

(2) **稳定电流 $I_Z$(或称为最小稳定电流 $I_{Zmin}$)**　指稳压管工作在稳压状态的参考电流,电流低于此值时,稳压效果变坏,甚至根本不能稳压;电流高于此值时,只要不超过额定功耗都可以正常工作。且电流越大,稳压效果越好,但稳压管的功耗要增加。

(3) **最大耗散功率 $P_{CM}$ 和最大工作电流 $I_{Zmax}$**　$P_{CM}$ 指稳压管不至于产生过热而损坏时的最大功率损耗值。

$$P_{CM} = U_Z I_{Zmax} \qquad (1-5)$$

对于一只具体的稳压管,可通过其 $P_{CM}$ 值求出 $I_{Zmax}$ 的值。使用时,应限制稳压管的工作电流,使之不超过最大工作电流 $I_{Zmax}$。

(4) **动态电阻 $r_z$**　指稳压管工作在稳压区时,两端电压变化量与其电流变化量之比,即

$$r_z = \Delta U_Z / \Delta I_Z \qquad (1-6)$$

$r_z$ 的大小与工作电流的大小有关。电流越大，$r_z$ 越小，稳压性能越好。

（5）**稳定电压的温度系数 $\alpha$**　指流过稳压管的电流是稳定电流 $I_z$ 时，温度每变化 1℃，稳定电压的相对变化量（用百分数表示），即

$$\alpha = \frac{\Delta U_Z}{U_Z \Delta T} \times 100\% (℃) \tag{1-7}$$

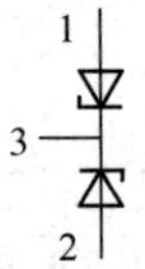

稳定电压的温度系数越小，稳压管的温度稳定性越好。稳定电压大于 7 V 的稳压管具有正的温度系数（属于雪崩击穿），即温度升高时，稳定电压值上升；稳定电压小于 4 V 的稳压管具有负的温度系数（属于齐纳击穿），即温度升高时，稳定电压值下降；稳定电压在 4~7 V 的稳压管，温度系数很小。要使用温度稳定性好的稳压管，可采用稳定电压在 4~7 V 的稳压管，还可采用温度补偿的措施。如 2DW7 型稳压管（如图 1-28 所示），由两个稳压值相同的管子反向串联起来。工作时，一个稳压管处于正向导通状态，具有负的温度系数；另一个稳压管处于反向击穿状态，具有正的温度系数，二者互相补偿，使温度系数减到最小。

图 1-28　具有温度补偿的稳压管

### 3. 稳压管稳压电路

在稳压管构成的电路中，稳压管正向偏置时，相当于一个普通二极管正向偏置的情况。稳压管反向偏置时，当外加反向电压小于稳压管的稳定电压 $U_Z$ 时，如果忽略其反向饱和电流，那么稳压管截止，可视为开路。当外加反向电压大于或等于 $U_Z$ 且流过稳压管的电流满足一定要求时，稳压管反向击穿稳压。若不考虑稳压管的动态电阻 $r_z$，则稳压管两端电压为 $U_Z$。

稳压管正常工作必须满足两个条件：一是必须工作在反向击穿状态（利用正向特性稳压除外）下；二是流过稳压管的电流要在最小稳定电流 $I_{Zmin}$ 和最大稳定电流 $I_{Zmax}$ 之间。

图 1-29 是由稳压管 $VD_Z$ 和限流电阻 $R$ 组成的最简单的稳压电路。输入 $U_I$ 为未经稳定的直流电压，稳压电路的输出是负载 $R_L$ 两端的电压 $U_O$，即稳压管两端的电压。

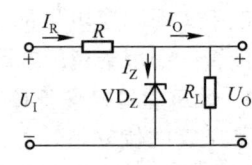

图 1-29　稳压管稳压电路

（1）**稳压原理**　引起输出电压不稳定的原因是输入电压 $U_I$ 的波动和负载电阻 $R_L$ 的变化。下面对这两种情况下电路的稳压过程进行分析。

由图 1-29 可知，负载上的输出电压为

$$U_O = U_I - RI_R \tag{1-8}$$

① 负载电阻 $R_L$ 不变，输入电压 $U_I$ 变化时：设输入电压 $U_I$ 增大，使输出电压 $U_O$ 也随之增大，$U_O$ 即为稳压管两端的电压。根据稳压管的伏安特性，当稳定电压稍有增大时，稳压管的电流 $I_Z$ 显著增大，使得流过限流电阻 $R$ 的电流 $I_R$ 也显著增大，导致 $R$ 上的压降 $U_R$ 增大，以抵偿 $U_I$ 的增大，从而使输出电压 $U_O$ 基本不变。这一过程可表示如下：

$$U_I\!\uparrow \longrightarrow U_O\!\uparrow \longrightarrow U_Z\!\uparrow \longrightarrow I_Z\!\uparrow \longrightarrow I_R\!\uparrow \longrightarrow U_R\!\uparrow$$
$$U_O\!\downarrow \longleftarrow \underline{\hspace{6cm}}$$

② 当输入电压 $U_I$ 不变，负载电阻 $R_L$ 变化时：设 $R_L$ 减小，则 $I_O$ 增大，电流 $I_R$ 也增大，引起限流电阻 $R$ 上的压降 $U_R$ 增大，使输出电压 $U_O$ 减小。由稳压管的伏安特性可知，当稳定电压稍有减小时，稳压管的电流 $I_Z$ 显著减小，使 $I_R$ 和限流电阻上的压降 $U_R$ 减小，最终使输出电压 $U_O$ 基本不变。这一过程可表示如下：

$$R_L\!\downarrow \longrightarrow I_O\!\uparrow \longrightarrow I_R\!\uparrow \longrightarrow U_R\!\uparrow \longrightarrow U_O\!\downarrow \longrightarrow I_Z\!\downarrow \longrightarrow I_R\!\downarrow \longrightarrow U_R\!\downarrow$$
$$U_O\!\uparrow \longleftarrow \underline{\hspace{6cm}}$$

综上所述,这种稳压电路之所以能使输出电压保持稳定,是利用稳压管工作在反向击穿区时,其端电压略有变化而使电流变化很大的特性,同时配合限流电阻 $R$ 的调整作用来实现稳压的。所以,限流电阻是必不可少的。它既限制稳压管中的电流使其正常工作,又与稳压管配合,以达到稳压目的。一般情况下,在电路中有稳压管,就必然有与之匹配的限流电阻。

(2) **限流电阻的选择**　在图 1-29 所示的稳压管稳压电路中,稳压管必须工作于反向击穿状态才能使输出电压稳定。所以,稳压管稳压电路中使输出电压稳定必须满足:稳压管两端所接结点,在稳压管断开时的电压大于等于其稳定电压,即

$$U_1 \frac{R_L}{R+R_L} \geqslant U_Z \qquad (1-9)$$

当满足上述条件时,稳压管击穿稳压。流过稳压管的电流为

$$I_Z = \frac{U_1-U_Z}{R} - I_0 \qquad (1-10)$$

另外,必须适当选择限流电阻 $R$ 的值,使流过稳压管的电流 $I_Z$ 在管子的参数——最小稳定电流 $I_{Zmin}$ 和最大稳定电流 $I_{Zmax}$ 之间。这样,稳压管才能正常工作。

当输入电压 $U_1$ 最高($U_1 = U_{1max}$)且负载电流 $I_0$ 最小($I_0 = I_{0min}$)时,流过稳压管的电流 $I_Z$ 最大。那么,$R$ 值必须足够大,以满足 $I_Z < I_{Zmax}$,即

$$\frac{U_{1max}-U_Z}{R} - I_{0min} < I_{Zmax}$$

由上式得

$$R > \frac{U_{1max}-U_Z}{I_{0min}+I_{Zmax}} \qquad (1-11)$$

当输入电压 $U_1$ 最低($U_1 = U_{1min}$)且负载电流 $I_0$ 最大($I_0 = I_{0max}$)时,流过稳压管的电流 $I_Z$ 最小。那么,$R$ 值必须足够小,以满足 $I_Z > I_{Zmin}$,即

$$\frac{U_{1min}-U_Z}{R} - I_{0max} > I_{Zmin}$$

由上式得

$$R < \frac{U_{1min}-U_Z}{I_{Zmin}+I_{0max}} \qquad (1-12)$$

因此,限流电阻 $R$ 的选择必须满足

$$\frac{U_{1max}-U_Z}{I_{Zmax}+I_{0min}} < R < \frac{U_{1min}-U_Z}{I_{Zmin}+I_{0max}} \qquad (1-13)$$

稳压管稳压电路结构简单,所用元件数量少,但输出电压不能调节,性能指标较低,因此只适用于负载电流较小,负载电压不变的场合。

【例 1-5】 稳压管稳压电路如图 1-29 所示。已知稳压管的稳定电压 $U_Z = 6\,\text{V}$,最小稳定电流 $I_{Zmin} = 10\,\text{mA}$,额定功耗 $P_{CM} = 200\,\text{mW}$,限流电阻 $R = 500\,\Omega$。稳压管的动态电阻和未击穿时的反向电流均可忽略。试求:

① 当 $U_1 = 20\,\text{V}$,负载电阻 $R_L$ 分别取 $1\,\text{k}\Omega$、$100\,\Omega$ 或开路时,电路的稳压性能怎样?输出电压 $U_0$ 等于多少?

② 当 $U_1 = 7\,\text{V}$,$R_L$ 变化时,电路的稳压性能又怎样?

**解:**

① 当 $R_L = 1\,\text{k}\Omega$ 时,$U_1 \times \frac{R_L}{R_L+R} = 20 \times \frac{1000}{1000+500} = 13.3\,\text{V} > 6\,\text{V}$。稳压管 $VD_Z$ 被反向击穿,使输出电压稳定,故输出电压为 $U_0 = U_Z = 6\,\text{V}$。

流过稳压管的电流 $I_Z = \dfrac{U_I - U_Z}{R} - \dfrac{U_Z}{R_L} = \dfrac{20-6}{500} - \dfrac{6}{1000} = 0.022 \ \text{A} = 22 \ \text{mA}$。

稳压管的最大稳定电流 $I_{Zmax} = \dfrac{P_{CM}}{U_Z} = \dfrac{200}{6} \times 10^{-3} \ \text{A} \approx 33.3 \ \text{mA}$。

因为 $I_{Zmin} < I_Z < I_{Zmax}$，所以稳压管稳压性能好。

当 $R_L = 100 \ \Omega$ 时，$U_I \times \dfrac{R_L}{R_L + R} = 20 \times \dfrac{100}{100+500} \approx 3.3 \ \text{V} < 6 \ \text{V}$，稳压管不能被击穿，电路不能稳压。此时，稳压管反向截止可视为开路，输出电压为 $U_O \approx 3.3 \ \text{V}$。

当负载开路时，稳压管被反向击穿，$U_O = U_Z = 6 \ \text{V}$，流过稳压管的电流 $I_Z = \dfrac{U_I - U_Z}{R} = \dfrac{20-6}{500} = 0.028 \ \text{A} =$ 28 mA。因为 $I_Z < I_{Zmax}$，所以稳压管能稳压，且稳压性能很好。

② 当 $U_I = 7 \ \text{V}$ 时，要使稳压管反向击穿稳压，必须满足 $I_{Zmin} < I_Z < I_{Zmax}$。当负载开路时，流过稳压管的电流最大，为 $I_Z = \dfrac{U_I - U_Z}{R} = \dfrac{7-6}{500} = 0.002 \ \text{A} = 2 \ \text{mA} < I_{Zmin}$，故稳压管不能稳压。

### 1.4.2 发光二极管

发光二极管是一种能直接把电能转变为光能的半导体器件，与普通二极管一样，由一个 PN 结构成，也具有单向导电性。在发光二极管 PN 结上外加正向电压时，空间电荷层变窄，载流子扩散运动大于漂移运动，致使 P 区的空穴注入 N 区，N 区的电子注入 P 区。当电子与空穴复合时，会释放出能量并以发光的形式表现出来。发光二极管的符号如图 1-30 所示。

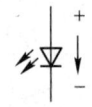

图 1-30 发光二极管的符号

发光二极管的种类很多，按发光颜色来分，有发红光、黄光、绿光以及眼睛看不见的红外发光二极管等；按功率来分，有小功率、中功率和大功率发光二极管。另外，还有多色、变色发光二极管等。

发光二极管工作时外加正向电压，并接入限流电阻以限制流过管子的电流不超过允许值。由于发光二极管最大允许工作电流随环境温度的升高而降低，因此发光二极管不宜在高温环境中使用。发光二极管的反向耐压（即反向击穿电压）值比普通二极管的小。所以，使用时为了防止击穿造成发光二极管不发光，在电路中要加接二极管来保护。

发光二极管具有工作电压低、功耗小、抗冲击和抗震性能好、可靠性高、寿命长、通过调节电流的大小可以方便地调节发光的强弱等优点，因此在显示电路中得到了广泛的应用。

### 1.4.3 光电二极管

光电二极管是将光信号变成电信号的半导体器件，其核心部分也是一个 PN 结。与普通二极管相比，在结构上的不同是，为了便于接受入射光照，光电二极管在管壳上留有一个能使光线照入的玻璃窗口。光电二极管的符号如图 1-31 所示。

图 1-31 光电二极管的符号

光电二极管是在反向电压作用下工作的。没有光照时，反向电流很小（一般小于 0.1 μA）。当有光照时，携带能量的光子进入 PN 结后，把能量传给共价键上的束缚电子，使部分电子挣脱共价键，从而产生电子空穴对。它们在反向电压的作用下参加漂移运动，使反向电流明显变大。而光的强度越大，反向电流就越大。光电二极管在一般照度的光线照射下所产生的电流叫做光电流。如果在外电路中接上负载，负载上就获得了电信号，并且这个电信号随着光的变化而相应变化。

### 1.4.4 变容二极管

变容二极管是根据 PN 结的结电容随反向电压改变而变化的原理设计的一种二极管。其结构、伏安特性与一般的二极管没有多大差别，不同的是，在外加反向偏压时，变容二极管呈现较大的结电容。这个结电容的大小能灵敏地随反向偏压改变而变化。反向偏压越高,则结电容越小,而且反向偏压与结电容之间的关系是非线性的。变容二极管的符号如图 1-32 所示。

图 1-32　变容二极管的符号

　　不同型号的变容管,其电容最大值可能是 5~300 pF。变容二极管在高频调谐、通信等电路中作为可变电容器使用。

# 1.5　半导体二极管特性仿真研究

　　半导体二极管是非线性器件,其伏安特性不是直线,且易受温度的影响,主要特点是单向导电性。本节以常用的整流二极管 1N4001 为例,应用 Multisim 对其特性进行测试仿真,并对仿真数据或曲线进行分析和研究。

## 1.5.1　二极管伏安特性仿真分析

### 1. 正向特性仿真分析

　　在 Multisim 中构建二极管正向特性仿真电路,如图 1-33 所示。U1 为直流电流表,U2、U3 为直流电压表,U1 测试流过二极管的电流 $I_D$,U2 测试二极管两端的电压 $U_D$。输入端加一直流电压 V0,按 A 键或 Shift+A 键改变电位器 $R_W$ 的大小,从而改变加在二极管两端的正向电压,启动仿真开关,将测得的 $U_D$、$I_D$ 和测算的电阻 $r_D$ 的数值填入表 1-2 中。

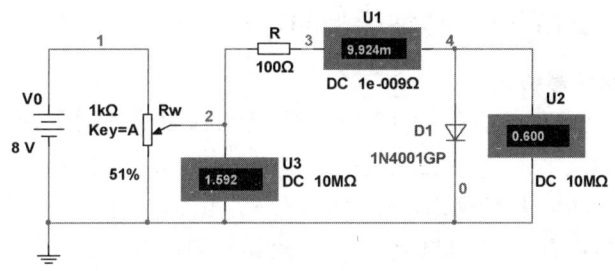

图 1-33　二极管正向特性仿真电路

**表 1-2　二极管正向特性仿真数据**

| $U_D/mV$ | 200 | 300 | 400 | 500 | 600 | 640 | 680 | 700 |
|---|---|---|---|---|---|---|---|---|
| $I_D/mA$ | 0.016 | 0.081 | 0.409 | 2.016 | 9.924 | 19 | 35 | 49 |
| $r_D = \dfrac{\Delta U_D}{\Delta I_D}/\Omega$ | 12500 | 1538 | 305 | 62 | 13 | 4 | 2.5 | 1.4 |

　　从仿真结果可以看出:当在二极管两端加正向电压时,若正向电压比较小,正向电流很小,二极管呈现很大的正向电阻,称为"死区";当二极管两端的电压达到 500 mV 左右时,电流明显增加,二极管导通,此时二极管工作在"正向导通区";二极管充分导通后,两端电压基本不变;当二极管导通后,呈现很小的电阻,并且正向电流越大,正向电阻越小。

### 2. 反向特性仿真分析

　　反向特性仿真电路如图 1-34 所示。按 B 键或 Shift+B 键改变电位器 $R_p$ 的大小,从而改变加在二极管两端的反向电压,启动仿真开关,将 U6 测得的二极管两端的反向电压 $U_D$、U5 测得的流过二极管的反向电流 $I_D$ 和测算的电阻 $r_D$ 的数值填入表 1-3 中。

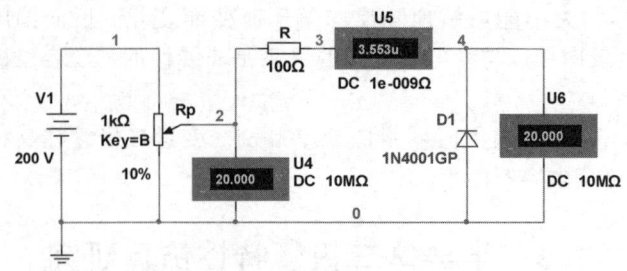

图 1-34　二极管反向特性仿真电路

**表 1-3　二极管反向特性仿真数据**

| $U_D/V$ | 5 | 10 | 20 | 40 | 50 | 50.117 | 50.151 |
|---|---|---|---|---|---|---|---|
| $I_D$ | 0.888 μA | 1.776 μA | 3.553 μA | 7.105 μA | 3.986 mA | 238 mA | 545 mA |
| $r_D = \dfrac{\Delta U_D}{\Delta I_D}$ | 5.631 MΩ | 5.631 MΩ | 5.627 MΩ | 5.631 MΩ | 2.513 kΩ | 0.5 Ω | 0.11 Ω |

从仿真结果可以看出：当在二极管两端加反向电压时，若反向电压小于击穿电压，反向电流几乎为零，二极管呈现很大的电阻，此时二极管工作在"反向截止状态"；当反向电压达到 50 V 时，反向电流急剧增加，二极管"反向击穿"；二极管反向击穿后，流过二极管的电流在很大范围变化，而两端电压基本不变，即反向击穿后，特性曲线很陡。

### 1.5.2　温度对二极管伏安特性影响的仿真分析

**1. 温度对正向特性的影响**

对图 1-33 电路进行温度扫描分析，将电位器 $R_w$ 调到 80%，选择分析菜单中的 Temperature Sweep 选项，Sweep Variation Type 选择 Linear，Start 设为 27℃，Stop 设为 67℃，# of point 设为 5，Increment 则自动变为 10℃；选择二极管两端电压（即节点 4 电位）为分析变量，单击 Simulate 按钮，仿真结果如图 1-35 所示。可以看出，温度升高时，在电流相同的条件下，二极管的正向压降减小，表明管压降 $U_D$ 具有负的温度系数。

**2. 温度对反向特性的影响**

对图 1-34 电路进行温度扫描分析，将电位器 $R_p$ 调到 15%，使二极管处于反向截止状态，选择分析菜单中的 Temperature Sweep 选项，Sweep Variation Type 选择 Linear，Start 设为 27℃，Stop 设为 67℃，# of point 设为 2，Increment 则自动变为 40℃；选择流过二极管电流为分析变量，单击 Simulate 按钮，仿真结果如图 1-36 所示。可以看出，温度升高，二极管的反向电流增大。

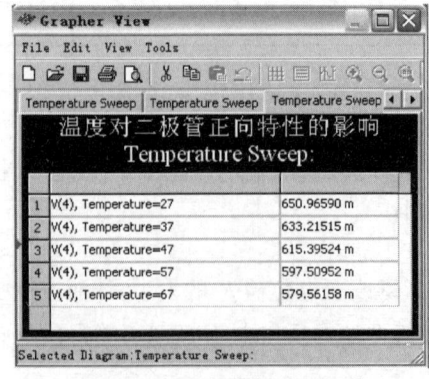

图 1-35　温度变化对二极管
正向特性影响的仿真结果

图 1-36　温度变化对二极管
反向特性影响的仿真结果

### 1.5.3 二极管单向导电性的仿真分析

**1. 限幅电路**

在 Multisim 中构建二极管双向限幅电路如图 1-37 所示。在输入端加一有效值为 5 V、频率为 50 Hz 的正弦波电压，直流电源 $E_1 = 3$ V，$E_2 = 1$ V，用虚拟双踪示波器 XSC1 观察输入、输出电压的波形，如图 1-38 所示，传输特性如图 1-39 所示。可以看出，利用二极管的单向导电性，电路的输出信号的幅度为 $-1.6$ V~$+3.6$ V。若将输入信号的有效值改为 1 V，则示波器观察到的输入、输出电压的波形如图 1-40 所示，传输特性如图 1-41 所示。

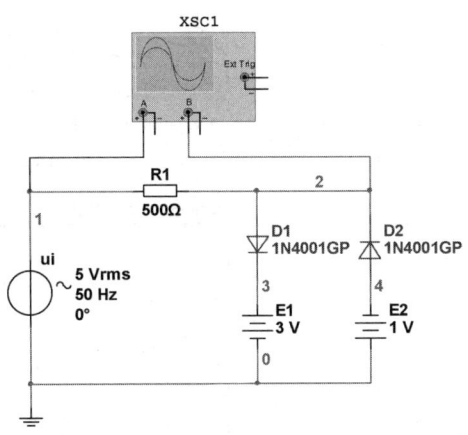

图 1-37 双向限幅仿真电路

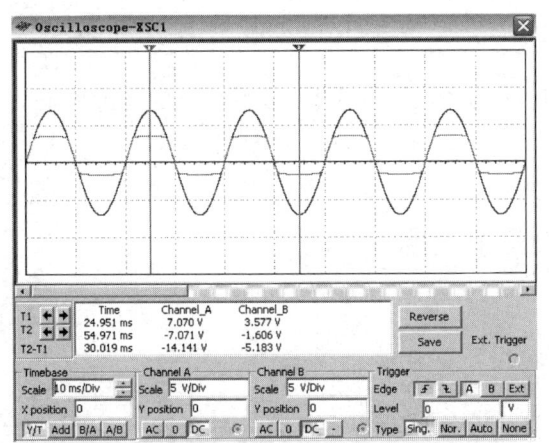

图 1-38 输入有效值为 5 V，频率为 50 Hz 的
正弦波电压时输入、输出电压仿真波形

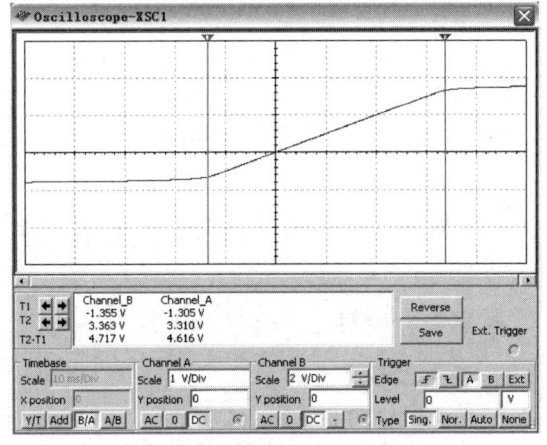

图 1-39 输入有效值为 5 V、频率为 50 Hz 的
正弦波电压时传输特性仿真曲线

从仿真结果可以看出，电路的输出电压等于输入电压，电路没有起到限幅的作用。所以，双向限幅电路输入信号的幅度应当满足表达式：$U_{imax} > E_1 + U_{D1(on)} > -E_2 - U_{D2(on)} > U_{imin}$。

**2. 整流电路**

在 Multisim 中构建二极管全波整流电路，如图 1-42 所示。用虚拟示波器 XSC1 观察输入、输出波形，如图 1-43 所示，由仿真结果可以看出，利用二极管的单向导电性将变压器二次侧的交流电变成了单一方向的全波脉动电压，电路起到了全波整流的作用。

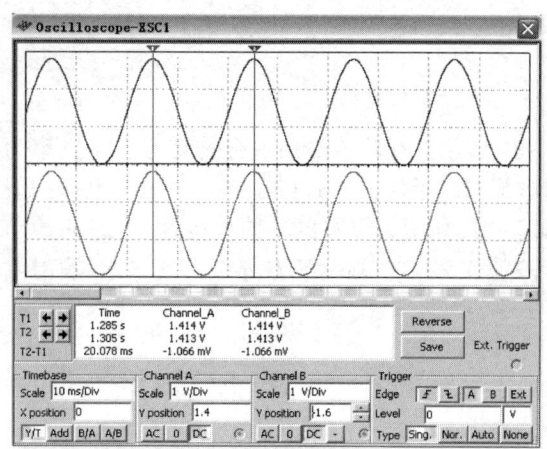

图 1-40　输入有效值为 1 V、频率为 50 Hz 的
正弦波电压时输入、输出电压仿真波形

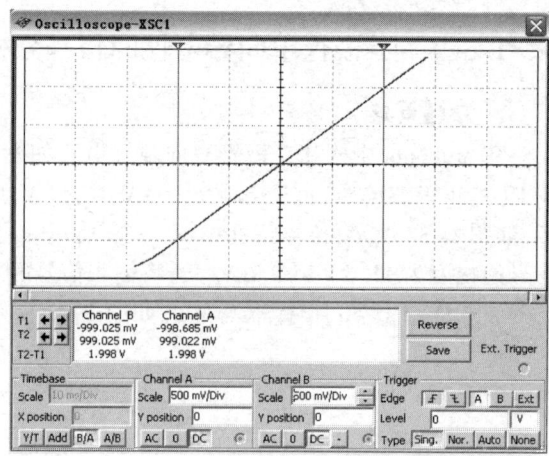

图 1-41　输入有效值为 1 V、频率为 50 Hz 的
正弦波电压时传输特性仿真曲线

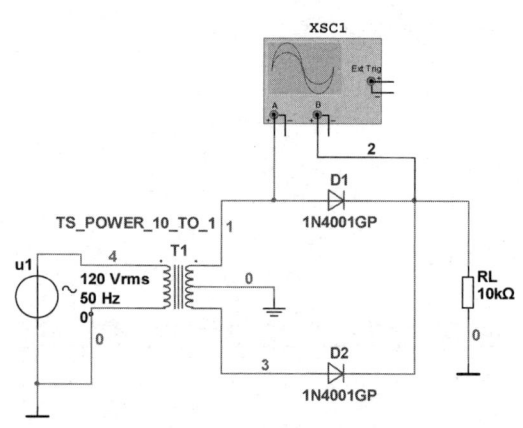

图 1-42　全波整流仿真电路

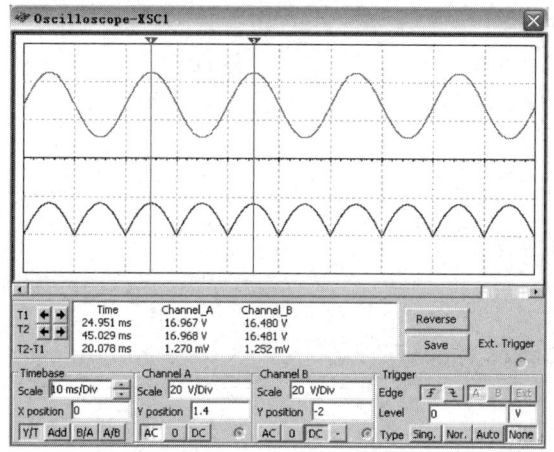

图 1-43　全波整流仿真结果

# *1.6　知　识　拓　展

## 1.6.1　特殊二极管应用举例

### 1. 发光二极管应用

发光二极管（Light Emitting Diode，LED）是由 Ⅲ－Ⅳ 族化合物，如 GaAs（砷化镓）、GaP（磷化镓）、GaAsP（磷砷化镓）等半导体制成的，其核心是 PN 结。发光二极管的正向工作电压（开启电压）比普通二极管高，一般为 1~2.5 V，当正向电流达到 1 mA 左右时开始发光，发光强度近似与工作电流成正比；但工作电流达到一定数值时，发光强度逐渐趋于饱和。一般小型发光二极管正向工作电流为 10~20 mA，最大正向工作电流为 30~50 mA，使用时必须串联限流电阻以控制通过二极管的电流。

由于发光二极管体积小、功耗低、光效高、寿命长，可靠性高，抗冲击和抗震性能好，在人们的生活、工作中得到广泛的应用。

（1）用于照明、灯饰

由于 LED 灯环保、节能等优点使得其在照明领域得到广泛应用。制作发光二极管的发光材料不含有汞等重金属材料，能耗是白炽灯的十分之一，是节能灯的四分之一。它的反应速度比较快，只要一接通电源,LED灯马上就会亮起来。还可以通过调节流过发光二极管电流的大小,方便地调节发光的强弱。并且LED灯属于冷光源,不会产生太多的热量,不会吸引那些喜光喜热的昆虫。

发光二极管不仅能闪烁,还能变色,所以用超高亮度LED做成的单色、多色乃至变色的发光柱配以其他形状的各色发光单元,装饰高大建筑物、桥梁、街道及广场等景观工程,给城市的环境装饰增添了靓丽的色彩。

（2）用于显示装置中

**LED数码管** 以发光二极管作为发光单元,通过对其不同的管脚输入相对应的电流,使其发亮,从而显示数字、字符和符号,在仪器仪表及各种控制系统中得到广泛的应用。

**LED显示屏** 是由LED点阵组成的电子显示屏,用来显示文字、图像、视频等各种信息的设备。户外广告、宣传栏、舞台背景等随处可见。利用运动的发光图文,其展示的信息量大,内容可以随时更新,并且有着非常好的告示效果,因此更加容易吸引人的注意力。

**LED作为液晶显示的背光源** 它不仅可作为绿色、红色、蓝色、白色,还可以作为变色背光源,已有许多产品进入生产及应用阶段。手机上液晶显示屏用LED制作背光源,提升了产品的档次,效果很好。

（3）作为交通信息引导

LED灯可作为交通灯、探照灯,超高亮LED可以做成汽车的刹车灯、尾灯和方向灯,也可用于仪表照明和车内照明,还可应用于飞机场作为标灯、投光灯和全向灯。

（4）温室补光

植物光合作用需要光线,不同波长的光线对于植物光合作用的影响是不同的,LED因为光谱可调等优点成为人工补光的最佳选择,通过适合植物所需光谱的LED灯照射,可以延迟光照时间,实现植物优质高产。

（5）生物医学工程

LED所发射的波长涉及红外、紫外和可见光,光束窄、指向性好、光谱纯、能方便地实现调色和调光,在生物医学工程上也有着巨大的发展前景。LED通过不同波长的光源对皮肤照射治疗皮肤炎症、将小体积的LED光源进行排列,形成低能量照射大面积伤口达到愈合的效果,牙医利用低温冷光的LED光源清洗牙齿,以及在医疗窥镜和医学照明等方面都有广泛的应用。

（6）光电耦合器

光电耦合器(简称光耦)是将发光元件(如红外发光二极管)和受光元件(如光电二极管、光电三极管、光敏电阻、光敏晶闸管等)共同封装在一个壳内,完成电-光-电的转换,使输入、输出间实现良好的隔离。图1-44所示为几种光电耦合器的图形符号。

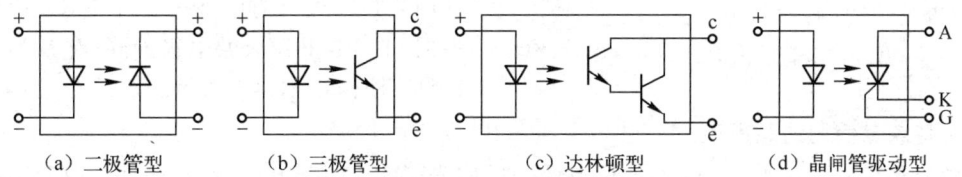

（a）二极管型　　　　（b）三极管型　　　　（c）达林顿型　　　　（d）晶闸管驱动型

图1-44　几种光电耦合器的图形符号

除此之外,LED还用于信息处理、图像传输、测距和传感等方面。

**2. 光电二极管应用**

光电二极管(Photo Diode,PD)工作时加反向电压,无光照时,光电二极管截止。有光照时,少子漂移产生反向电流,光的强度越大,反向电流也越大。光的变化引起电流变化,将光信号转换成电信号。

光电二极管可以暴露(探测真空紫外)或用窗口封装或由光纤连接来感光,可以应用于光强度探测、光控开关的感光元件、路灯亮度自动调节、烟雾探测器、彩色传感器、光电耦合器、线性图像传感器、分光光度计、照相机曝光计等。在医疗应用设备中,光电二极管可以用于X射线计算机断层成像以及脉搏探测器,还可用于红外遥控、计算机信息传输、光纤通信等。上千个光电二极管组成的一维管组可以用来构成位置传感器和角度传感器。

### 1.6.2 激光二极管,太阳能电池

#### 1. 激光二极管

激光二极管(Laser Diode,LD),也称为半导体激光器,基本结构是在垂直于PN结面的一对平行平面内部加了一个光学谐振腔。激光二极管发出的光是单色光(一个波长的光),频率范围极窄,强度大,有良好的相干性和方向性,几乎是一束平行线。

**(1)工作原理**

当PN结外加正向电压时,削弱PN结势垒,使N区的多子电子经PN结注入P区,P区的多子空穴经PN结注入N区,这些注入PN结附近的非平衡电子和空穴将会复合,释放出的能量变为光子,这种光子诱使其他已激发的载流子复合而发出新光子。如果注入的电流足够大,最终在耗尽区内随机漂移的光子垂直照射反射表面,从而沿着它们的原始路径反射回去,反射的光子再次从另一端反射回来,在光子往复反射运动中。由于雪崩效应,产生越来越多的光子,造成选频谐振正反馈。当满足阈值条件后,就可以发出频率、相位、偏振状态完全相同的单一波长的光—激光。这是激光二极管的简单工作原理,随着技术和工艺的发展,目前实际使用的半导体激光二极管具有复杂的多层结构。

为了产生一束激光,必须使激光二极管的电流超过一定的阈值电平。低于阈值电平的电流迫使二极管表现为LED,发出非相干光。

**(2)分类**

激光二极管本质上是一个半导体二极管,按照PN结材料是否相同,可以把激光二极管分为同质结、单异质结(SH)、双异质结(DH)和量子阱(QW)激光二极管。量子阱激光二极管具有阈值电流低,输出功率高的优点,是目前市场应用的主流产品。

**(3)内部结构电气符号**

激光二极管内包括两部分:一部分是激光发射部分(用LD表示),它的作用是发射激光,另一部分是激光接受部分(用PD表示),它的作用是接受、监测LD发出的激光(若不需要监测LD的输出,PD部分则可不用),这两个部分共用公共电极,因此,激光二极管有三个电极,根据LD、PD共用公共电极不同,有N型、M型、P型三种,如图1-45所示。

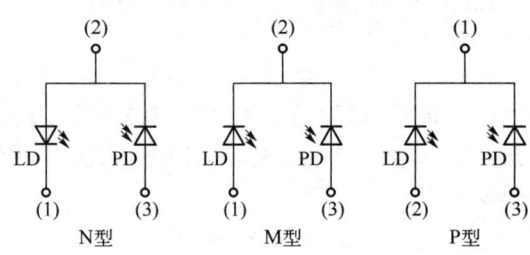

图1-45 激光二极管的内部结构电气图形符号

**(4)特点及使用注意事项**

激光二极管具有体积小、重量轻、耗电低、驱动电路简单、调制方便、耐机械冲击以及抗震动等优点,但它对过电流、过电压以及静电干扰极为敏感,因此,在使用时要特别注意,不要使其工作参数超过其最大允许值,可采用的方法如下:

① 用直流恒流源驱动激光二极管。

② 在激光二极管电路上串联限流电阻器,并联旁路电容器。

③ 由于激光二极管温度升高将增大流过它的电流值,因此必须采用必要的散热措施,以保证器件工作在一定的温度范围之内。

④ 为了避免激光二极管因承受过大的反向电压而造成击穿损坏,可在其两端反并联上快速硅二极管。

⑤ 激光二极管发射的激光有可能对人眼造成伤害。严禁直接注视其端面,不能透过镜片直视激光,也不能透过反视镜观察激光。

（5）应用

激光二极管由于具有直进性、微小光斑尺寸(数 μm)、单色性、高光密度、相干性等特点,在计算机上的光盘驱动器,激光打印机中的打印头,条形码扫描仪,激光测距、激光医疗,光通信,激光指示等小功率光电设备中得到了广泛的应用,在舞台灯光、激光手术、激光焊接和激光武器等大功率设备中也得到了应用。

### 2. 太阳能电池

太阳能电池是一种利用光伏效应将光能转换为电能的装置,是目前为止最有效的太阳能资源开发手段。太阳能电池本质上是一个大面积的半导体 PN 结,当前晶体硅材料(包括多晶硅、单晶硅、非晶硅)是最主要的光伏材料。

（1）工作原理

如图 1-46 所示,太阳光照在半导体 PN 结上,会在半导体中激发出光生电子-空穴对,在PN 结内建电场的作用下,N 区的光生空穴进入 P区,P 区的光生电子进入 N 区,光生电子在 N 区集结使 N 区带负电,光生空穴在 P 区集结使 P 区带正电,P 区和 N 区之间产生光生电场,其方向由 P 区指向 N 区,与 PN 结的内建电场方向相反,此电场使势垒降低,其减小量即光生电势差,P 端为正,N 端为负。当接通电路后就产生电流,电路中即可得到电能输出,这就是光电效应太阳能电池的工作原理。

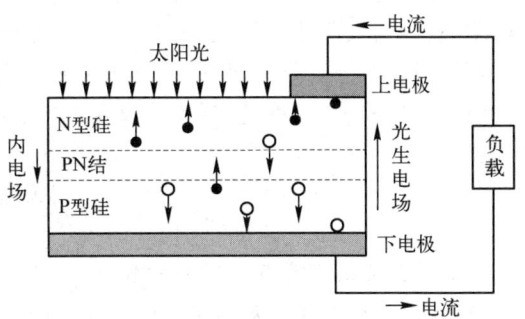

图 1-46 太阳能电池工作原理示意图

（2）太阳能电池的性能参数

① **开路电压 $U_{oc}$** 即将太阳能电池置于 AM1.5 光谱条件、100 mW/cm² 的光源强度照射下,在两端开路时,太阳能电池的输出电压值。

② **短路电流 $I_{sc}$** 就是将太阳能电池置于 AM1.5 光谱条件、100 mW/cm² 的光源强度照射下,在输出端短路时,流过太阳能电池两端的电流值。被内建电场分离的光生载流子的数目越多,开路电压 $U_{oc}$ 越大,短路电流 $I_{sc}$ 越大。

③ **最大输出功率 $P_M$** 太阳能电池的工作电压和电流是随负载电阻而变化的,当选择的负载电阻值使输出电压和电流的乘积最大时,可获得最大输出功率 $P_M$,此时的工作电压和工作电流称为最佳工作电压和最佳工作电流。

④ **能量转换效率( Power Conversion Efficiency , PCE )** 指在外部回路上连接最佳负载电阻时的最大能量转换效率,等于太阳能电池的输出功率与入射到太阳能电池表面的能量之比。太阳能电池的光电转换效率是衡量电池质量和技术水平的重要参数,与电池的结构、结特性、材料性质、工作温度、放射性粒子辐射损伤和环境变化等有关。目前,硅基太阳能电池在聚光条件下的能量转换效率为 27.6%(2020 年美国国家可再生能源实验室发布的最高认证效率),如何提高太阳能电池的能量转换效率成为现阶段的研究热点。

⑤ **填充因子( Fill Factor , FF )** 是最大输出功率与开路电压和短路电流乘积之比,是衡量太阳能电池输出特性的重要指标,是代表太阳能电池在带最佳负载时,能输出的最大功率的特性。其值越大,表示太阳能电池的输出功率越大。FF 的值始终小于 1。

（3）太阳能电池的应用

由于太阳能电池发电是一种可再生的环保发电方式,能源清洁、低碳环保无污染,太阳能取之不尽用之不竭并且不受地域限制,使得太阳能电池在各领域得到广泛应用。

目前,太阳能电池的应用已从航天领域和军事领域进入工业、农业、林业、交通、通信、气象、地质等领域。

**① 航天、宇宙太空开发及高科领域的应用** 空间站的桁架的两端安装了数对大型的太阳能电池帆板,它们是国际空间站动力和能源的主要提供装置,太阳电池阵系统(太阳能电池组成的阵列)还可为人造地球卫星、空间探测器、非载人和载人的空间飞行器等提供最经济和最安全的电源。

**② 通信领域的应用** 太阳能电池还可以为无人值守微波中继站、光缆通信系统及维护站、移动通信基站、广播、卫星通信和卫星电视接收系统、农村程控电话、载波电话光伏系统、小型通信机、部队通信系统等供电。

**③ 交通领域的应用** 例如太阳能灯塔、太阳能航标灯、太阳能路灯、太阳能交通信号灯、太阳能标志牌,为高速公路监控系统,高速公路、铁路无线电话亭供电等。

**④ 工业、农业、林业、气象、地质等领域** 太阳能发电系统,光伏水泵(饮水或灌溉),石油输油管道阴极保护,太阳能电围栏,太阳能黑光灭虫灯,为海洋检测设备,气象和水文观测设备、观测站提供电源等,尤其在深山、海岛、沙漠和边远地区太阳能电池更具有不可替代的优势。另外,利用太阳能电池对各种波长(颜色)响应灵敏度不同,还可制作光传感器。

# 本章小结

本章首先介绍了半导体的基础知识,讲述了半导体二极管的结构、特性、主要参数及其在电路中的应用;然后介绍了稳压二极管的稳压原理、主要参数及其应用;最后介绍了几种特殊二极管的工作原理。

**1. 半导体、杂质半导体与 PN 结**

硅和锗是两种常用的制造半导体器件的材料。在半导体中有自由电子和空穴两种载流子。在本征半导体中掺入不同的杂质就形成了 N 型半导体和 P 型半导体。N 型半导体的多子是自由电子,少子是空穴;P 型半导体的多子是空穴,少子是自由电子。多子的浓度主要取决于掺杂浓度,少子的浓度主要取决于温度。

将两种杂质半导体制作在同一个硅(或锗)片上,在它们的交界处就会形成 PN 结。PN 结具有单向导电性,是构成半导体器件的核心。

**2. 半导体二极管**

由一个 PN 结加上两个电极引线并进行封装就构成半导体二极管。半导体二极管的基本性能是单向导电性。利用这一特性,可用来进行整流、限幅和检波等。二极管的伏安特性有正向特性、反向特性和击穿特性。反映二极管性能的主要参数有:最大整流电流、最大反向工作电压、反向电流和最高工作频率等。

二极管是非线性器件,为简化分析,可利用二极管的等效模型。二极管的模型有理想二极管模型、恒压源模型、折线模型和微变信号模型。在不同的应用场合,可根据不同的分析要求选用其中的一种。

**3. 特殊二极管**

稳压二极管是一种在模拟电子电路中常用的特殊二极管,正常使用时工作在反向击穿状态,用来稳定直流电压。其稳压原理在于:当反向电压达到击穿电压 $U_Z$ 后,流过管子的反向电流在较大范围内变化时,相应管子两端的反向击穿电压几乎不变,表现出很好的稳压特性。

除此之外,还有光电二极管、发光二极管和变容二极管等,它们都是特殊二极管,同普通二极管一样具有单向导电性。发光二极管通以电流时能发出光来;光电二极管是一种将光能转换成电能的器件,它的反向电流与光照强度成正比;变容二极管是根据 PN 结的结电容随反向电压改变而变化这一原理设计的一种二极管,结电容的大小能灵敏地随反向偏压而变化。

# 自 测 题

**1.1　判断题**　分析下列说法是否正确(用"√"表示正确,用"×"表示错误)

1. 半导体中的空穴是带正电的离子。(　　)

2. 温度升高后,本征半导体内自由电子和空穴数目都增多,且增量相等。(　　)

3. 因为 P 型半导体的多子是空穴,所以它带正电。(　　)

4. 在 N 型半导体中如果掺入足够量的三价元素,可将其改型为 P 型半导体。(　　)

5. PN 结的单向导电性只有在外加电压时才能体现出来。(　　)

6. 二极管在工作频率大于最高工作频率时会损坏。(　　)

**1.2　填空题**

1. PN 结形成后,空间电荷区由_____构成。

2. PN 结正向偏置时,外电场的方向和内电场的方向_____,多子扩散运动_____少子漂移运动,空间电荷区_____,正向电流_____。PN 结反向偏置时,外电场的方向和内电场的方向_____,多子扩散运动____少子漂移运动,空间电荷区_____,反向电流_____。

3. 二极管的 P 区接外加电源的_____电位端,N 区接外加电源的_____电位端,称为正向偏置,二极管导通;反之,称为反向偏置,二极管截止,所以,二极管具有_____性。

4. 二极管按照 PN 结面积的大小分为点接触型和面接触型,_____型二极管适合高频、小电流的场合,_____型二极管适合低频、大电流的场合。

5. 温度升高时,二极管的正向特性曲线_____移,反向特性曲线_____移。

6. 要使稳压二极管正常稳压,必须满足:稳压管两端电压_____,流过稳压管的电流_____。

7. 发光二极管将_____能转化为_____能,正常工作时需加_____电压。

8. 光电二极管将_____能转化为_____能,正常工作时需加_____电压。

9. 变容二极管又称为可变电抗二极管,是根据 PN 结的结电容随反偏电压改变而变化的原理设计的,反偏电压越大,结电容_____。

10. 太阳能电池是一种将_____能转化为_____能的装置。

11. 有 A、B、C 三个二极管,测得它们的反向电流分别是 2 μA、0.5 μA、5 μA;在外加相同的正向电压时,电流分别为 10 mA、30 mA、15 mA。比较而言,_____管子的性能最好?

12. 如图 T1.2.12 所示为由三只普通二极管构成的简易直流稳压电路,设二极管为硅二极管,导通电压为 0.7 V,设 $V=6$ V,电路中二极管的工作状态_____,Y 点的电位 =_____。

13. 稳压管稳压电路如图 T1.2.13 所示,稳压管的稳定电压 $U_Z=7$ V,最小稳定电流 $I_{Zmin}=5$ mA,最大耗散功率 $P_{CM}=210$ mW,限流电阻 R 的取值范围为_____。

14. 如图 T1.2.14 所示电路,发光二极管 VD 的正向导通电压为 1.6 V,工作电流选择 10 mA,则限流电阻 $R=$_____。

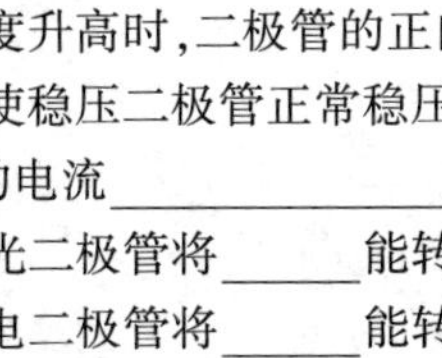

图 T1.2.12 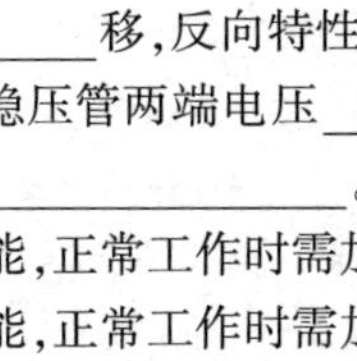　　　　　　　图 T1.2.13 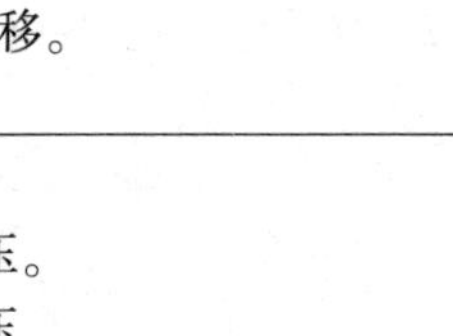　　　　　　　图 T1.2.14

**1.3　选择题**

1. N 型半导体中多数载流子是____;P 型半导体中多数载流子是____。

　　A. 自由电子　　　　　　B. 空穴

2. N 型半导体____;P 型半导体____。

　　A. 带正电　　　　　　B. 带负电　　　　　　C. 呈电中性

3. 在掺杂半导体中,多子的浓度主要取决于____,而少子的浓度则受____的影响很大。

    A. 温度                 B. 掺杂浓度          C. 掺杂工艺          D. 晶体缺陷

4. PN 结中扩散电流方向是____;漂移电流方向是____。

    A. 从 P 区到 N 区         B. 从 N 区到 P 区

5. 当 PN 结未加外部电压时,扩散电流____漂移电流。

    A. 大于                 B. 小于                C. 等于

6. 当 PN 结外加正向电压时,扩散电流____漂移电流,耗尽层____;当 PN 结外加反向电压时,扩散电流____漂移电流,耗尽层____。

    A. 大于                 B. 小于                C. 等于

    D. 变宽                 E. 变窄                F. 不变

7. 二极管的正向电阻____,反向电阻____。

    A. 大                  B. 小

8. 当温度升高时,二极管的正向电压____,反向电流____。

    A. 增大                B. 减小               C. 基本不变

9. 稳压管的稳压区是其工作在____状态。

    A. 正向导通         B. 反向截止         C. 反向击穿

# 习　题　1

**1.1** 试求图 P1.1 所示各电路的输出电压值 $U_O$,设二极管的性能理想。

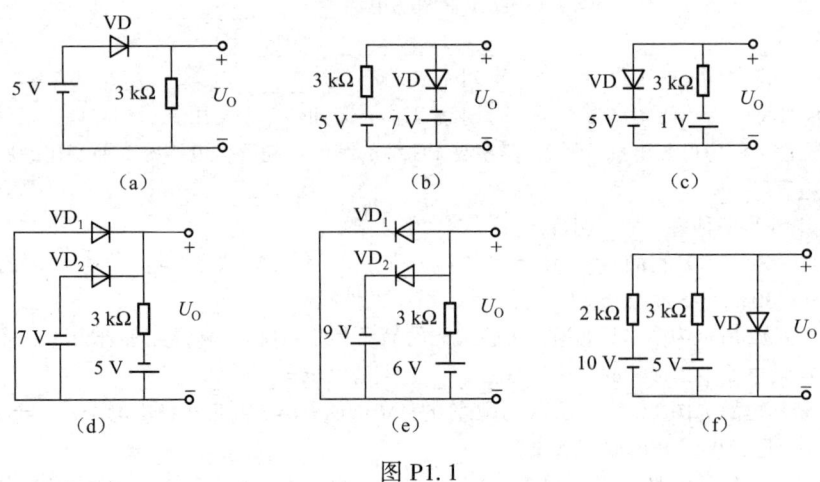

图 P1.1

  **1.2** 在图 P1.2 所示电路图中,试求下列几种情况下输出端 Y 点的电位及流过各元件的电流。(1) $U_A = U_B = 0\,V$;(2) $U_A = 3\,V$,$U_B = 0\,V$。设二极管的导通电压 $U_{on} = 0.7\,V$。

  **1.3** 分析图 P1.3 所示电路中各二极管的工作状态,试求下列几种情况下输出端 Y 点的电位及流过各元件的电流。(1) $U_A = U_B = 0\,V$;(2) $U_A = 5\,V$,$U_B = 0\,V$;(3) $U_A = U_B = 5\,V$。二极管的导通电压 $U_{on} = 0.7\,V$。

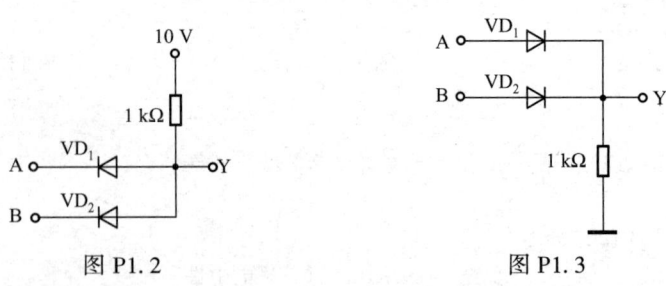

图 P1.2                                    图 P1.3

**1.4** 在图 P1.4 所示电路中,已知输入电压 $u_i = 5\sin\omega t(\text{V})$,设二极管的导通电压 $U_{on} = 0.7\text{ V}$。分别画出它们的输出电压波形和传输特性曲线 $u_o = f(u_i)$。

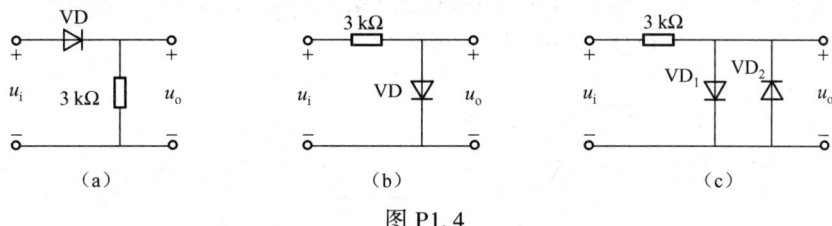

图 P1.4

**1.5** 在图 P1.5 所示电路中,已知 $u_i = 10\sin\omega t(\text{V})$,二极管的性能理想,分别画出它们的输入、输出电压波形和传输特性曲线 $u_o = f(u_i)$。

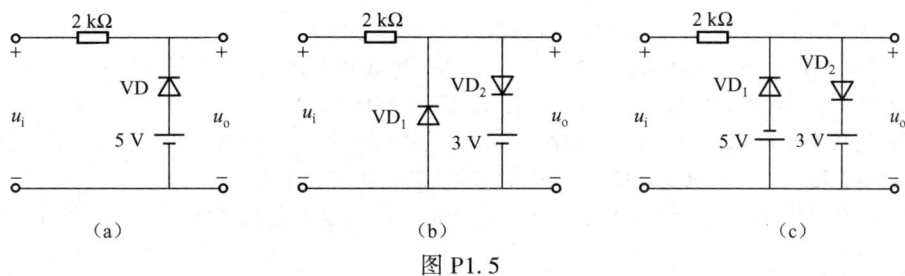

图 P1.5

**1.6** 图 P1.6 所示为一限幅电路,输入电压 $u_i = 10\sin\omega t(\text{V})$。试画出输出电压的波形和传输特性曲线。设 $VD_1$,$VD_2$ 的性能均理想。

**1.7** 电路如图 P1.7 所示。输入电压 $u_i = 10\sin\omega t(\text{mV})$,二极管的导通电压 $U_{on} = 0.7\text{ V}$,电容对交流信号的容抗可忽略不计。试计算输出电压的交流分量。

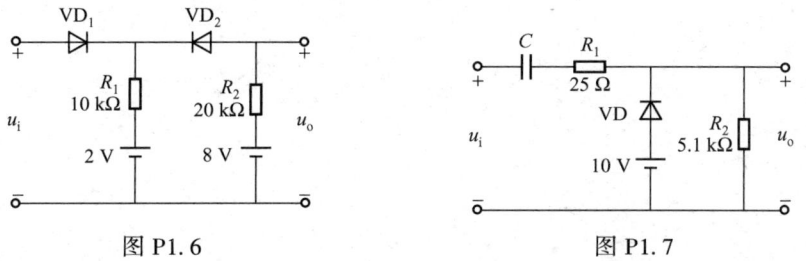

图 P1.6                                 图 P1.7

**1.8** 有两个硅稳压管 $VD_{Z1}$ 和 $VD_{Z2}$,它们的稳定电压分别为 6 V 和 8 V,正向导通电压为 0.7 V,稳定电流是 5 mA。求图 P1.8 中各电路的输出电压 $U_O$。

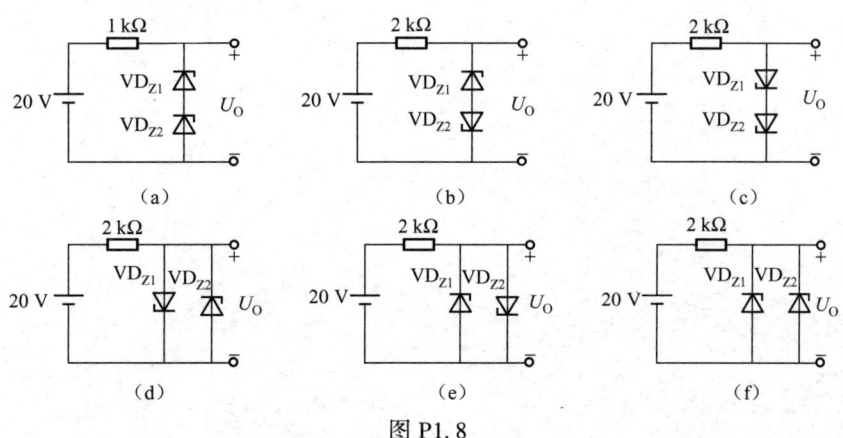

图 P1.8

**1.9** 已知稳压管的稳定电压 $U_Z = 6$ V，最小稳定电流 $I_{Zmin} = 5$ mA，最大功耗 $P_{ZM} = 150$ mW。试求图 P1.9 所示电路中限流电阻 $R$ 的取值范围。

**1.10** 图 P1.10 所示稳压管稳压电路中，稳压管的稳定电压 $U_Z = 6$ V，最小稳定电流 $I_{Zmin} = 5$ mA，最大功耗 $P_{ZM} = 125$ mW。限流电阻 $R = 1$ kΩ，负载电阻 $R_L = 500$ Ω。

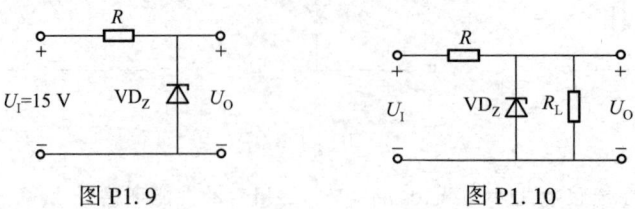

图 P1.9　　　　　　　　　　　　图 P1.10

（1）分别计算输入电压 $U_I$ 为 12 V 和 35 V 两种情况下输出电压 $U_O$ 的值。

（2）若输入电压 $U_I = 35$ V 时负载开路，会出现什么现象？为什么？

**1.11** 在图 P1.10 所示的稳压管稳压电路中，如果稳压管选用 2DW7B，已知其稳定电压 $U_Z = 6$ V，最大稳定电流 $I_{Zmax} = 30$ mA，最小稳定电流 $I_{Zmin} = 10$ mA，限流电阻 $R = 200$ Ω。

（1）假设负载电流 $I_L = 15$ mA，则允许输入电压的变化范围为多大，才能保证稳压电路正常工作？

（2）假设给定输入直流电压 $U_I = 13$ V，则允许负载电流 $I_L$ 的变化范围为多大？

（3）如果负载电流也在一定范围变化，$I_L = 10 \sim 15$ mA，那么输入直流电压 $U_I$ 的最大允许变化范围为多大？

# 第 2 章　双极型晶体管及其基本放大电路

## 内容提要

本章主要介绍双极型晶体管的工作原理、伏安特性、主要参数和等效电路,以及双极型晶体管构成的共发射极、共集电极、共基极三种基本放大电路的组成、工作原理、静态和动态参数的计算,并阐述静态工作点稳定电路和组合放大电路。

本章出现的基本概念:直流通路和交流通路、直流负载线和交流负载线、静态工作点、放大倍数、输入电阻、输出电阻、饱和失真以及截止失真等。

本章的基本分析方法:图解分析法、静态工作点估算法和微变等效电路分析法。

## 讨论的主要问题

- 双极型晶体管有几种工作状态? 各有什么特点?
- 双极型晶体管放大电路的实质是什么? 双极型晶体管能够起到放大作用的内部结构条件和外部条件是什么?
- 双极型晶体管放大电路为什么必须设置合适的静态工作点?
- 双极型温度对晶体管有什么影响? 为什么要介绍静态工作点稳定电路?
- 双极型晶体管的三种基本放大电路各自有什么特点? 又有什么区别?

## 2.1　双极型晶体管

晶体管分为单极型晶体管和双极型晶体管。单极型晶体管只有一种载流子参与导电,也称场效应管,在第 3 章介绍。双极型晶体管(Bipolar Junction Transistor,缩写是 BJT)有两种载流子参与导电,人们习惯把双极型晶体管简称为晶体管,它是组成各种放大电路和电子电路的核心器件。几种双极型晶体管的外形如图 2-1 所示。

课程思政

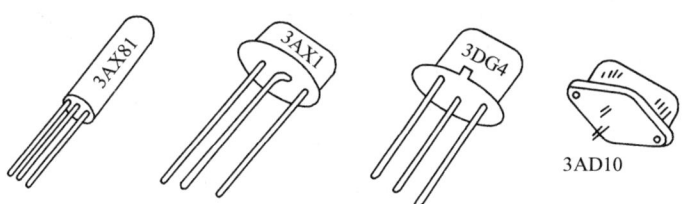

图 2-1　几种晶体管的外形

### 2.1.1　晶体管的结构及其类型

晶体管是在同一块半导体材料上,通过一定的工艺加工形成不同杂质类型和浓度的三个区以及两个 PN 结而制成的。因为杂质半导体有 P 型和 N 型两种,所以晶体管可组成 NPN 型和 PNP 型两种,其结构和符号如图 2-2 所示。NPN 型和 PNP 型晶体管表示符号的区别是发射极的箭头方向不同,这个箭头方向表示发射结正向偏置时的电流方向。

NPN 型和 PNP 型晶体管,其内部均包含三个区:**发射区(emitter)、基区(base)**和集电

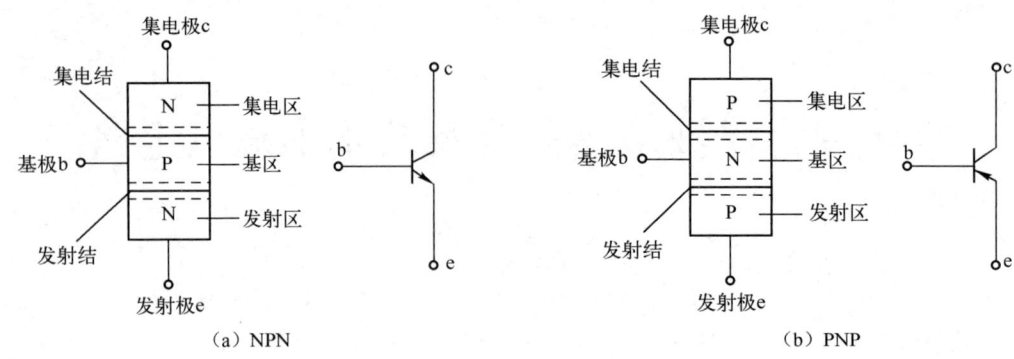

图 2-2 晶体管的结构示意图和符号

区(collector),相应地引出三个电极:**发射极(e)**、**基极(b)**和**集电极(c)**。同时,在三个区的两两交界处,分别形成两个 PN 结。发射区和基区交界处形成的 PN 结,称为**发射结(e 结)**;集电区和基区交界处形成的 PN 结,称为**集电结(c 结)**。

为了实现电流控制和放大作用,晶体管的三个区在制作时结构、尺寸和掺杂浓度要保证如下重要特点:① 基区很薄,厚度一般只有几微米,掺杂浓度很低;② 发射区和集电区虽然掺杂类型相同,但发射区掺杂浓度远大于集电区;③ 集电结面积大于发射结面积。以上三点是保证晶体管能够实现放大作用的内部结构条件。

晶体管有多种分类方法:按照频率高低,可分为高频管和低频管;按照功率大小,可分为大功率管、中功率管和小功率管;按照结构特点,可分为 NPN 型管和 PNP 型管;按照所用材料,可分为硅管和锗管;根据特殊要求,还可分为开关管、低噪声管和高反压管等。

晶体管按照结构和材料可组合成 4 种类型:锗 PNP 型晶体管、锗 NPN 型晶体管、硅 PNP 型晶体管、硅 NPN 型晶体管,其符号分别为 3A、3B、3C 和 3D。目前,国内生产的硅管多为 NPN 型(3D 系列),锗管多为 PNP 型(3A 系列)。

使用晶体管时必须搞清管脚,避免接错。

## 2.1.2 晶体管的三种连接方式

为了发挥晶体管的电流控制作用,把晶体管接入电路时必须涉及两个回路:一是控制电流所在的输入回路,二是受控电流所在的输出回路。晶体管有三个电极,因此在组成放大电路时必有一个电极作为输入端,另一个电极作为输出端,第三个电极作为输入、输出回路的公共端。根据所选择的公共端 e、c 和 b 的不同,晶体管在电路中分别有三种连接方式(如图 2-3 所示)。

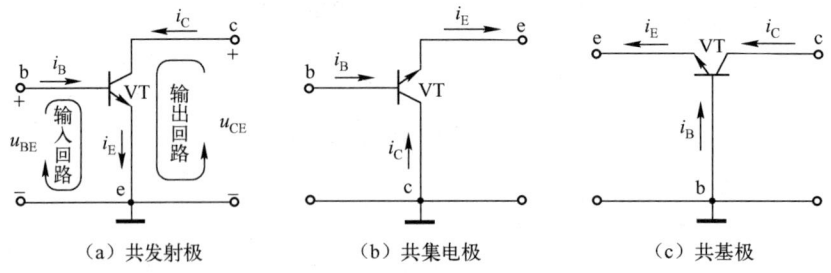

图 2-3 晶体管的三种连接方式

① 共发射极接法:以基极作为输入端,集电极作为输出端。

② 共集电极接法:以基极作为输入端,发射极作为输出端。

③ 共基极接法:以发射极作为输入端,集电极作为输出端。

### 2.1.3 晶体管的工作状态

NPN型和PNP型晶体管在工作原理上相同,只是在工作时外加电压极性和各极电流方向相反,下面以NPN管为例讨论晶体管的工作原理,所得结论对于PNP管同样适用。

晶体管在电路中工作时,依据两个PN结的偏置情况不同,其工作状态可分为3种:放大状态、饱和状态和截止状态。

**1. 放大状态——发射结正向偏置、集电结反向偏置**

(1) **放大状态下晶体管中载流子的传输过程** 以NPN型晶体管共发射极电路(如图2-4所示)为例,介绍在发射结正向偏置($U_{BE}>0$)、集电结反向偏置($U_{BC}<0$)的放大状态下晶体管中载流子的传输过程。

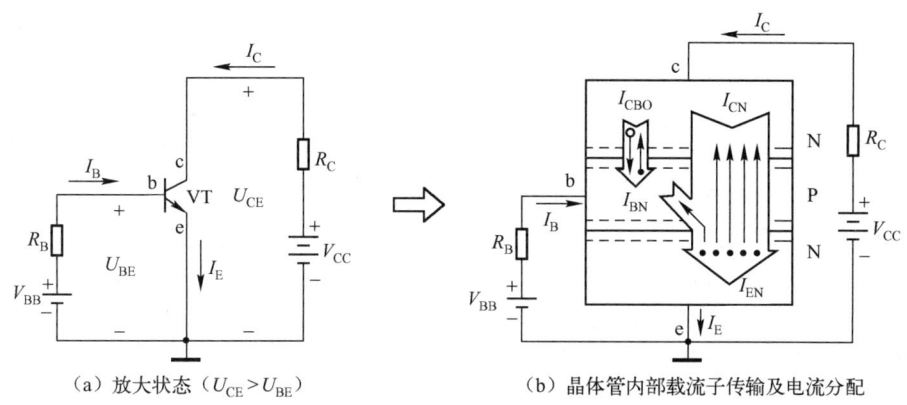

(a) 放大状态($U_{CE}>U_{BE}$)　　　(b) 晶体管内部载流子传输及电流分配

图2-4　晶体管的直流偏置及电流分配

① **发射结正向偏置向基区注入电子** 发射结外加正向电压(PN结正向偏置),其内电场被大大削弱,有利于多数载流子的扩散运动:发射区的多数载流子自由电子源源不断地越过发射结注入基区(发射区发射电子),形成电子注入电流$I_{EN}$。与此同时,基区多子空穴也向发射区扩散,形成空穴注入电流$I_{EP}$(图2-4(b)中未画出)。发射区杂质浓度远远大于基区杂质浓度,$I_{EP} \ll I_{EN}$,因而发射结的电流$I_E$主要取决于从发射区注入到基区的电子电流$I_{EN}$;而从基区注入发射区的空穴电流$I_{EP}$,因为其数值很小而被忽略,即$I_E = I_{EN} + I_{EP} \approx I_{EN}$。

因为电子带负电,而电流方向规定为正电荷移动的方向,所以发射极电流的方向与电子运动的方向相反,$I_E$流出发射极。NPN型管符号的箭头方向就是代表发射极电流的实际流向。

② **注入电子在基区复合与传输** 发射区的多数载流子自由电子注入基区后,称为基区的非平衡少子。它在发射结处浓度最大,而在集电结处浓度最小,在基区中形成了非平衡电子的浓度差。在该浓度差作用下,注入基区的电子将继续向集电结方向扩散。由于基区的多子空穴浓度较低,基区本身又非常薄,因此基区的非平衡少子电子在扩散过程中,绝大多数都能到达集电结边缘,只有极少量的电子与基区中的空穴复合。复合后基区带负电,电源$V_{BB}$的正极将从基区拉走电子(或者说补充空穴)。这样就形成了基区复合电流$I_{BN}$,它是基极电流$I_B$的主要部分。

③ **集电结反向偏置集电区收集电子** 由于集电结外加反向电压(PN结反向偏置),有利于少数载流子的漂移运动,使发射区发射到基区聚集在集电结边缘的非平衡少子电子很快漂移到集电区。到达集电区的电子被电源的正极拉走,形成集电区的收集电流$I_{CN}$,该电流是构成集电极电流$I_C$的主要部分。另一方面,集电区的少数载流子空穴向基区漂移,基区的少数载流子自由电子向集电区漂移,形成集电结反向饱和电流$I_{CBO}$,并流过集电极和基极支路,构成$I_C$和$I_B$的另一部分电流。$I_{CBO}$的数值很小,硅管的$I_{CBO}$比锗管的更小,在计算时常可忽略。$I_{CBO}$的大小取决于少数载流子的浓度,而少子浓度受温度的影响比较大,故$I_{CBO}$随温度升高而增大。

总之,由发射区发射的总电子数(对应 $I_{EN} \approx I_E$)中,绝大部分电子被集电区收集(对应 $I_{CN}$),只有极小的一部分电子在基区中与空穴复合(对应 $I_{BN}$)。

(2) **晶体管的电流分配关系**　根据以上分析,晶体管在满足放大的内部结构条件和发射结正向偏置、集电结反向偏置的外部条件下,晶体管三个电极上的电流与内部载流子传输形成的电流之间有如下关系

$$I_E \approx I_{EN} = I_{CN} + I_{BN} \tag{2-1}$$

基极电流 $$I_B \approx I_{BN} - I_{CBO} \tag{2-2}$$

集电极电流 $$I_C = I_{CN} + I_{CBO} \tag{2-3}$$

发射极电流 $$I_E = I_C + I_B \tag{2-4}$$

从外电路看,式(2-4)表示流入 NPN 型管的基极电流 $I_B$ 与集电极电流 $I_C$ 之和等于流出晶体管的发射极电流 $I_E$,满足基尔霍夫电流定律。

① **共射直流电流放大系数 $\overline{\beta}$**　定义 $\overline{\beta}$ 为

$$\overline{\beta} = \frac{I_{CN}}{I_{BN}} = \frac{I_C - I_{CBO}}{I_B + I_{CBO}} \tag{2-5}$$

$\overline{\beta}$ 称为共射直流电流放大系数,是集电极收集到的电子数 $I_{CN}$ 与在基区复合掉的电子数 $I_{BN}$ 之比,意味着基区每复合一个电子,就有 $\overline{\beta}$ 个电子扩散到集电区。$\overline{\beta}$ 值一般为几十到几百,说明 $I_{CN}$ 比 $I_{BN}$ 大得多。在共发射极电路中,只要稍稍改变输入电流 $I_B$ 就可以使输出电流 $I_C$ 有很大的变化,从而实现电流控制及放大作用。

已知 $\overline{\beta}$,由式(2-3)和式(2-4)可得电流关系式(2-6)和式(2-7)

$$I_C = \overline{\beta} I_B + (1+\overline{\beta}) I_{CBO} = \overline{\beta} I_B + I_{CEO} \tag{2-6}$$

$$I_E = (1+\overline{\beta}) I_B + I_{CEO} \tag{2-7}$$

$$I_{CEO} = (1+\overline{\beta}) I_{CBO} \tag{2-8}$$

在式(2-6)中,$(1+\overline{\beta}) I_{CBO}$ 具有特殊的意义,它是基极开路($I_B = 0$)时流经集电极和发射极的电流($I_C = I_E = I_{CEO}$)。因为 $I_{CEO}$ 直接穿过反向偏置的集电结和正向偏置的发射结,所以被称为穿透电流或失控电流(此时 $I_B$ 失去对 $I_C$ 的控制作用),是衡量晶体管质量的重要参数。$I_{CEO}$ 比 $I_{CBO}$ 大 $\overline{\beta}$ 倍,测量起来比较容易,故常用 $I_{CEO}$ 的测量值作为判定晶体管质量优劣的依据。$I_{CEO}$ 与 $I_{CBO}$ 一样,都随温度的升高而增加。在常温下,工程计算中多数情况下可以将 $I_{CEO}$ 忽略不计。但在考虑温度对晶体管的影响时,则必须考虑 $I_{CEO}$ 的影响。

因为 $I_C \gg I_{CBO}$,则忽略 $I_{CBO}$,可得一组常用电流关系

$$I_C \approx \overline{\beta} I_B \tag{2-9}$$

$$I_E \approx (1+\overline{\beta}) I_B \tag{2-10}$$

$$I_E = I_C + I_B$$

② **共基直流电流放大系数 $\overline{\alpha}$**　定义 $\overline{\alpha}$ 为

$$\overline{\alpha} = \frac{I_{CN}}{I_E} \tag{2-11}$$

$\overline{\alpha}$ 称为共基直流电流放大系数,是集电极收集的电子数与发射极发射的总电子数的比值。在结构、尺寸和掺杂浓度一定的晶体管中,这个比值是一定的。$\overline{\alpha}$ 的值小于 1 且接近于 1,一般为 0.95~0.99。通过 $\overline{\alpha}$ 表示式(2-3)和式(2-2),可得电流关系式(2-12)和式(2-13)

$$I_C = \overline{\alpha} I_E + I_{CBO} \tag{2-12}$$

$$I_B = (1-\overline{\alpha}) I_E - I_{CBO} \tag{2-13}$$

由式(2-12)可见,在共基极接法的电路中,改变输入电流 $I_E$ 可以控制输出电流 $I_C$,从而实现晶

体管的电流控制作用。当 $I_C \gg I_{CBO}$ 时，$\bar{\alpha} \approx \dfrac{I_C}{I_E}$。

③ **$\bar{\alpha}$ 与 $\bar{\beta}$ 的关系**　由于 $\bar{\alpha}$ 与 $\bar{\beta}$ 都是反映晶体管基区扩散与复合的比例关系，只是选取的参考量不同，所以两者之间必然有内在联系。由 $\bar{\alpha}$ 与 $\bar{\beta}$ 的定义可得

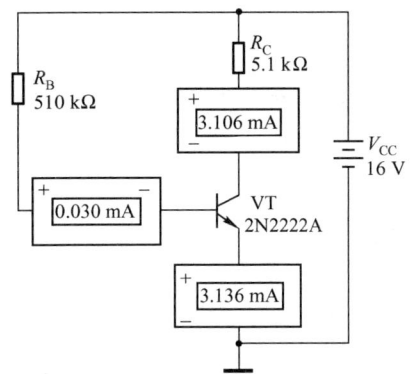

$$\bar{\beta} = \frac{I_{CN}}{I_{BN}} = \frac{I_{CN}}{I_E - I_{CN}} = \frac{\bar{\alpha} I_E}{I_E - \bar{\alpha} I_E} = \frac{\bar{\alpha}}{1 - \bar{\alpha}} \qquad (2-14)$$

$$\bar{\alpha} = \frac{I_{CN}}{I_E} = \frac{I_{CN}}{I_{BN} + I_{CN}} = \frac{\bar{\beta} I_{BN}}{I_{BN} + \bar{\beta} I_{BN}} = \frac{\bar{\beta}}{1 + \bar{\beta}} \qquad (2-15)$$

（3）**晶体管的放大作用**　晶体管实现电流放大的外部偏置条件：发射结正向偏置，集电结反向偏置，此时各电极电位之间的关系如下：

NPN 型　　$U_C > U_B > U_E$

PNP 型　　$U_C < U_B < U_E$

图 2-5 是一个 NPN 管组成的单电源共发射极电路 EDA 仿真电路图，保证发射结正向偏置，集电结反向偏置。当电源电压发生变化时，晶体管的电流随之发生变化。改变电源电压 $V_{CC}$，记录一组晶体管各极电流的实验数据，如表 2-1 所示。

图 2-5　晶体管电流关系
EDA 仿真电路

**表 2-1　晶体管电流关系的一组典型数据**

| $I_B$(mA) | 0.011 | 0.020 | 0.030 | 0.040 | 0.050 | 0.060 | 0.070 |
|---|---|---|---|---|---|---|---|
| $I_C$(mA) | 1.143 | 2.125 | 3.106 | 4.087 | 5.067 | 6.048 | 7.127 |
| $I_E$(mA) | 1.154 | 2.145 | 3.136 | 4.127 | 5.117 | 6.108 | 7.197 |

从表 2-1 中的实验数据可以看出：

① 晶体管三个电极的电流关系符合：$I_E = I_C + I_B$，$I_B \ll I_C$，$I_C \approx I_E$。

② 当晶体管的基极电流有一个微小变化量时，集电极电流产生了一个较大的变化量。这种现象称为晶体管的电流放大作用。

**电流放大作用的实质是通过改变基极电流 $I_B$ 的大小，达到控制 $I_C$ 的目的，而并非真正把微小电流放大了，因此称晶体管为电流控制型器件。**

定义 $\beta$：保持工作点处 $U_{CE}$ 不变，集电极电流变化量与基极电流变化量之比，称为共发射极交流电流放大系数 $\beta$，即

$$\beta = \left.\frac{\Delta I_C}{\Delta I_B}\right|_{U_{CE} = 常数} \qquad (2-16)$$

定义 $\alpha$：保持工作点处 $U_{CB}$ 不变，集电极电流变化量与发射极电流变化量之比，称为共基极交流电流放大系数 $\alpha$，即

$$\alpha = \left.\frac{\Delta I_C}{\Delta I_E}\right|_{U_{CB} = 常数} \qquad (2-17)$$

注意：$\beta$ 与 $\bar{\beta}$、$\alpha$ 与 $\bar{\alpha}$ 的含义是不同的，$\bar{\beta}$ 和 $\bar{\alpha}$ 是直流电流放大系数，$\beta$ 和 $\alpha$ 是交流电流放大系数。但是在多数情况下，在数值上，$\beta \approx \bar{\beta}$，$\alpha \approx \bar{\alpha}$。

表 2-1 中，在 $I_B = 0.04$ mA 附近，当基极电流 $I_B$ 有一个较小的变化量即从 0.030 mA 增大到 0.050 mA 时（$\Delta I_B = 0.02$ mA），集电极电流 $I_C$ 会产生一个较大的变化量即从 3.106 mA 增大到 5.067 mA（$\Delta I_C = 1.961$ mA），可求得

$$\beta = \frac{\Delta I_C}{\Delta I_B} = \frac{5.067 - 3.106}{0.050 - 0.030} = 98.05$$

$$\alpha = \frac{\Delta I_C}{\Delta I_E} = \frac{5.067 - 3.106}{5.117 - 3.136} = 0.9899$$

$$\bar{\beta} \approx \frac{I_C}{I_B} = \frac{4.087}{0.04} = 102.2$$

$$\bar{\alpha} \approx \frac{I_C}{I_E} = \frac{4.087}{4.127} = 0.9903$$

可见,在数值上,$\beta \approx \bar{\beta}$,$\alpha \approx \bar{\alpha}$,以后不再严格区分 $\beta$ 与 $\bar{\beta}$、$\alpha$ 与 $\bar{\alpha}$。

**2. 饱和状态——发射结正向偏置、集电结正向偏置**

在图 2-6 所示电路中,减小 $V_{CC}$,使集电极电位下降,晶体管发射结正向偏置($U_{BE} > 0$),集电结也正向偏置($U_{BC} > 0$),此时称晶体管工作于饱和状态。集电极电位低于基极电位,集电结正向偏置,不利于集电极从基区收集非平衡少数载流子。从发射区扩散到基区的非平衡少子在基区复合的数量增大,而进入集电区的数量减少。集电极电流 $I_C$ 不再随基极电流 $I_B$ 的增大而增大,基极电流失去了对集电极电流的控制作用(晶体管失去了放大能力),集电极电流好像饱和了。在这种偏置条件下,$I_C$ 主要受 $U_{CE}$ 的控制。随着 $U_{CE}$ 的增大,集电结由正向偏置向零偏变化的过程中,集电区收集电子的能力逐步增强,集电极电流 $I_C$ 随 $U_{CE}$ 的增大而增大。晶体管工作于饱和状态时的 $U_{CE}$ 称为集电极饱和电压降,记做 $U_{CES}$。处于深度饱和时,硅管 $|U_{CES}| \approx 0.3$ V,锗管 $|U_{CES}| \approx 0.1$ V。

**3. 截止状态——发射结反向偏置、集电结反向偏置**

在图 2-7 所示电路中,晶体管发射结反向偏置或零偏($U_{BE} \leqslant 0$),集电结反向偏置($U_{BC} < 0$),不利于发射极多数载流子的扩散运动,发射极电流几乎为零。此时,集电极流过反向饱和电流 $I_C = I_{CBO}$,基极电流 $I_B = -I_{CBO}$,$I_{CBO}$ 很小可忽略不计,认为晶体管处于截止状态。

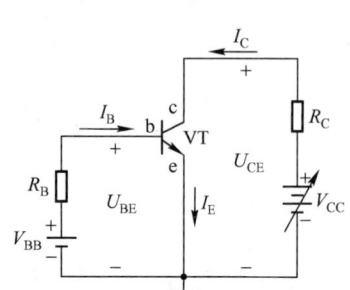

图 2-6 饱和状态($U_{BE} \geqslant U_{CE}$)

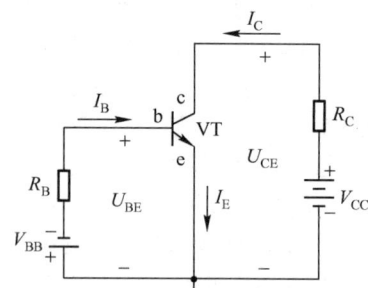

图 2-7 截止状态($U_{BE} \leqslant 0, U_{BC} < 0$)

**【例 2-1】** 在测得放大电路中,工作在放大状态的两只晶体管的直流电位如图 2-8(a)所示。在圆圈中画出管子,并分别说明它们是硅管还是锗管。

**解:** 分析:① 工作于放大状态的晶体管,发射结正向偏置、集电结反向偏置,并且有 NPN 型管 $U_C > U_B > U_E$,PNP 型管 $U_C < U_B < U_E$,基极电位总是居中,据此可确定基极;② 硅管的 $|U_{BE}|$ 为 0.6~0.8 V,锗管的 $|U_{BE}|$ 为 0.2~0.4 V,从而可判断出与基极相差这一数值的电极为发射极,并由这一差值的大小判断是硅管还是锗管;③ 余下一个电极为集电极;④ 集电极电位最高的为 NPN 型管,集电极电位最低的为 PNP 型管。

在图 2-8(a)中,晶体管都工作于放大状态。

$VT_1$ 管:11.7 V 的电极电位居中为基极;12 V 的电极与 11.7 V 的电极电位相差 0.3 V,因此 12 V 的电极是发射极,且 $VT_1$ 是锗管;0 V 的电极电位最低为集电极;这三个电极电位关系满足 $U_C < U_B < U_E$,所以 $VT_1$ 是 PNP 型管。

$VT_2$ 管:3.7 V 的电极电位居中为基极;3 V 的电极与 3.7 V 的电极电位相差 0.7 V,3 V 的电极是发射极，且 $VT_2$ 是硅管；12 V 的电极电位最高为集电极；这三个电极的电位关系满足 $U_C > U_B > U_E$，所以 $VT_2$ 是 NPN 型管。图 2-8(b)所示为画出的 $VT_1$ 和 $VT_2$ 晶体管。

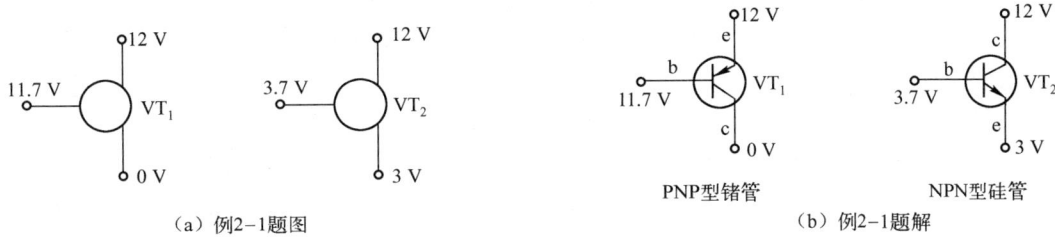

（a）例2-1题图　　　　　　　　　　PNP型锗管　　　　　　NPN型硅管

　　　　　　　　　　　　　　　　　　　　　　　　（b）例2-1题解

图 2-8　例 2-1 图

**【例 2-2】** 测得工作在放大状态的晶体管两个电极的电流如图 2-9(a)所示。

（1）求另一个电极的电流，并在图中标出实际方向。

（2）标出 e、b 和 c 极，并判断出该管是 NPN 型管还是 PNP 型管。

（3）若 $I_{CBO}$ 均为零，试求 $\bar{\alpha}$ 及 $\bar{\beta}$ 的值。

**解：** 分析：① 晶体管三个电极的电流关系为 $I_E = I_C + I_B$，其中 $I_B$ 最小，$I_C$ 居中，$I_E$ 最大；② 工作于放大状态时，对于 NPN 型管：$I_E$ 流出晶体管，$I_B$ 和 $I_C$ 流入晶体管；对于 PNP 型管：$I_E$ 流入晶体管，$I_B$ 和 $I_C$ 流出晶体管。

（1）在图 2-9(a)中，一个管脚的电流值较小（为 0.1 mA）流出晶体管，另一管脚的电流值较大（为 5.1 mA）且流入晶体管，剩下的管脚的电流必为流出晶体管，且大小为 5.1-0.1 = 5.0 mA。

（2）电流值最大的管脚为 e 极，电流值最小的管脚为 b 极，电流值居中的管脚为 c 极，如图 2-9(b)所示。又由于 e 极的电流为流入，故该管为 PNP 型晶体管。

（3）由于 $I_B = 0.1$ mA，$I_C = 5.0$ mA，则共基直流电流放大系数为

$$\bar{\alpha} = \frac{I_C}{I_E} = \frac{5.0}{5.1} \approx 0.98$$

共射直流电流放大系数为

$$\bar{\beta} = \frac{I_C}{I_B} = \frac{5.0}{0.1} = 50$$

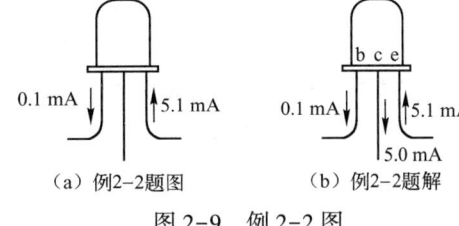

（a）例2-2题图　　　　（b）例2-2题解

图 2-9　例 2-2 图

## 2.1.4　晶体管的伏安特性曲线

晶体管伏安特性曲线用来描述晶体管外部各极电流与电压之间的关系。掌握晶体管伏安特性曲线是进行晶体管电路分析的基础。晶体管有三个电极，它的伏安特性要比二极管复杂，有输入特性和输出特性之分。晶体管的不同连接方式有不同的伏安特性曲线，其中共发射极接法应用最为广泛。下面以 NPN 型管共发射极接法为例讨论晶体管的输入特性和输出特性，其测试电路如图 2-10 所示。

**1. 输入特性**

在共射接法的晶体管电路中，当 $U_{CE}$ 为参变量时，输入回路中的电流 $I_B$ 与电压 $U_{BE}$ 之间的关系称为共发射极接法晶体管的输入特性，用函数关系表示为

$$i_B = f(u_{BE}) \big|_{U_{CE}=常数}$$

对应不同的 $U_{CE}$，有不同的输入特性。输入特性为一族曲线，如图 2-11 所示，可以看出：

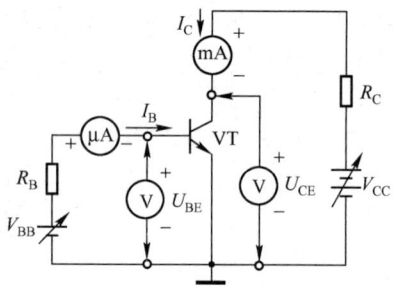
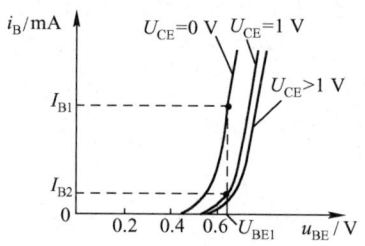

图 2-10　晶体管共发射极接法伏安特性测试电路　　　　图 2-11　晶体管的输入特性

① 输入特性曲线是非线性的,存在一段死区。当外加电压 $U_{BE}$ 小于阈值电压(或称死区电压) $U_{BE(th)}$ 时,晶体管不能导通,处于截止状态。硅管 $U_{BE(th)}$ 约为 0.5 V,锗管约为 0.1 V。

② 当 $U_{BE} > U_{BE(th)}$ 时,随着 $U_{BE}$ 的增大,$I_B$ 开始按指数规律增大,然后近似按直线上升。晶体管正常工作时,$U_{BE}$ 变化不大,硅管导通电压 $U_{BE(on)}$ 约为 0.7 V,锗管约为 0.3 V。

(1) $U_{CE} = 0 \text{ V}$　$i_B - u_{BE}$ 的伏安特性曲线和普通二极管的特性相似。当 $U_{CE} = 0$ 时,$U_{BE} = U_{BC}$,此时晶体管的发射结和集电结相当于两个并接的二极管;当 $U_{BE} \geqslant U_{BE(th)}$ 时,晶体管的伏安特性就是两个并接的二极管正向偏置时的伏安特性。

(2) $U_{CE} = 1 \text{ V}$　$i_B - u_{BE}$ 的伏安特性曲线与 $U_{CE} = 0 \text{ V}$ 时相比,特性曲线右移。当 $U_{CE}$ 从 0 V 增大到 1 V 时,对应同一个 $U_{BE}$ 的 $I_B$ 减小了。此时,集电结由 $U_{CE} = 0 \text{ V}$ 的正向偏置转化为 $U_{CE} = 1 \text{ V}$ 的反向偏置($U_{BC} \leqslant 0$)。它对发射区注入基区的非平衡少子电子的吸引能力增强,使电子在基区中的复合减少,因此 $I_B$ 减小。实际上,$U_{CE}$ 从零逐渐增大时,集电结的反向偏置程度逐渐增大。空间电荷区的宽度逐渐增加。由于基区掺杂浓度最低,因此集电结空间电荷区在基区的宽度比在集电区中的大得多。当 $U_{CE}$ 增大时,原来就极薄的基区的实际宽度将随之减少,来自发射区的电子在基区的复合减少,$I_B$ 也随之减小。$U_{CE}$ 的变化引起了基区实际宽度的变化,这种现象称为"基区宽度调制效应"。

(3) $U_{CE} > 1 \text{ V}$　当 $U_{CE}$ 从 1 V 继续增大时,特性曲线将继续右移,但是移动量不大了。对于不同的 $U_{CE}$,特性曲线基本重合。

$U_{CE} = 1 \text{ V}$ 时,反向偏置的集电结已经能把绝大部分来自发射区的电子吸引到集电区。$U_{CE}$ 继续增大时,$I_B$ 的减小已不显著。$U_{CE} > 1 \text{ V}$ 的输入特性曲线都非常靠近,因此在工程实践上,常用 $U_{CE} = 1 \text{ V}$ 的输入特性代替 $U_{CE} > 1 \text{ V}$ 的输入特性。

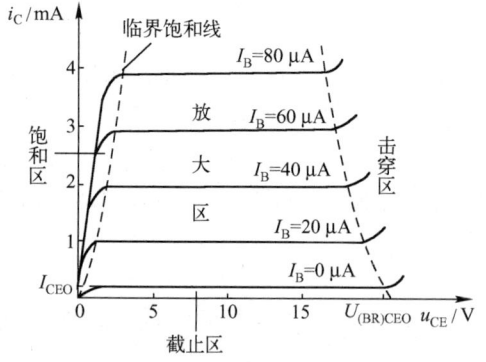

图 2-12　晶体管的输出特性

**2. 输出特性**

在共发射极接法的晶体管电路中,当 $I_B$ 为参变量时,输出回路中的电流 $I_C$ 与电压 $U_{CE}$ 之间的关系特性曲线称为输出特性,用函数关系表示为

$$i_C = f(u_{CE}) \big|_{I_B = 常数}$$

对应不同的 $I_B$,有不同的输出特性,因此输出特性是一族曲线,如图 2-12 所示。按照晶体管的工作情况,可把输出特性曲线分为 4 个区域,即截止区、放大区、饱和区以及击穿区。

(1) **截止区**　习惯上将 $I_B \leqslant 0$ 的区域称为截止区,此时 $I_C$ 也近似为零,晶体管没有放大作用。实际上,$I_B = 0$ 时,$I_C$ 并不真正等于零,而是等于穿透电流 $I_{CEO}$,如图 2-12 所示。一般,锗晶体管的穿透电流约为几十至几百微安,硅晶体管的穿透电流小于 1 μA,在特性曲线上无法表示出来,图 2-12 中的 $I_{CEO}$ 是一种夸张的画法。

当发射结电压 $U_{BE} = 0$ 时,发射区不再向基区注入电子,则晶体管处于截止状态。为了让晶体管可靠截止,一般让发射结处于反向偏置状态。即在截止区,晶体管的两个结均处于反向偏置状态(对于 NPN 晶体管,$U_{BE}<0$,$U_{BC}<0$),各电极电流很小,相当于一个断开的开关。

(2) **放大区** 对于 NPN 型晶体管,发射结正向偏置 $U_{BE} \geqslant 0.7\,V$,集电结反向偏置 $U_{BC}<0$,在输出特性曲线上有一段几乎是水平的部分称为放大区。这表明在 $U_{CE}$ 的一定范围内,$I_C$ 基本上不随 $U_{CE}$ 的变化而变化,而主要取决于 $I_B$。在放大区内,如果基极电流发生一个微小的变化量 $\Delta I_B$,那么相应的集电极电流将产生一个较大的变化量 $\Delta I_C$。此时,二者的关系为 $\Delta I_C = \beta \Delta I_B$,这就体现了晶体管的电流放大作用。

实际上,在放大区中,每条输出特性曲线不是完全水平的,而是随着 $U_{CE}$ 的增加略向上倾斜。

在放大区中,根据每条曲线对应的 $I_B$ 和 $I_C$ 值,就可以估算晶体管的直流共射集-基电流比 $\bar{\beta} = I_C/I_B$;另外,根据两条曲线对应的 $I_B$ 和 $I_C$ 的差值,就可以估算出晶体管的交流共射集-基电流比,即交流电流放大系数 $\beta = \Delta I_C / \Delta I_B$。在相同的 $I_B$ 值间隔下,各曲线之间的距离越大($I_C$ 变化值越大),则 $\beta$ 越大。

(3) **饱和区** 曲线靠近纵轴附近,$I_B > 0$,$U_{CE} < 0.7\,V$,各输出特性曲线的上升部分是晶体管的饱和工作区。饱和区输出特性的特点如下。

① 当 $I_B$ 固定时,$U_{CE}$ 从零逐渐增大,$I_C$ 就急剧上升,说明 $U_{CE}$ 对 $I_C$ 有强烈的控制作用。

② 当 $U_{CE}$ 固定时,$I_B$ 增大,$I_C$ 增大不多,出现"饱和"现象。继续增大 $I_B$,则 $I_C$ 几乎不变,不同 $I_B$ 的输出特性起始部分几乎重叠在一起,$I_B$ 对 $I_C$ 失去了控制作用,$I_C \leqslant \bar{\beta} I_B$,晶体管失去了放大作用。

晶体管工作在饱和区时,发射结和集电结都处于正向偏置状态。一般认为 $U_{CE} = U_{BE}$,即 $U_{CB} = 0$ 时,晶体管处于临界饱和状态,把输出特性上不同 $I_B(U_{BE})$ 时的临界饱和点连接起来,就得出临界饱和线,即放大区和饱和区的分界线。工程上的饱和区指临界饱和线左边的区域。当 $U_{CE} < U_{BE}$ 时称为深度饱和,用 $U_{CES}$ 表示晶体管饱和时的管压降。当深度饱和时,小功率硅管管压降一般为 $0.3\,V$,锗管为 $0.1\,V$。工作在饱和区的晶体管没有电流放大作用。

(4) **击穿区** 晶体管在放大区工作时,发射结正向偏置,集电结反向偏置。如果使 $U_{CE}$ 继续增大,当增加到某一值时,$I_C$ 会急剧上升,此时集电结发生了雪崩击穿。晶体管不允许工作在击穿区。观察击穿区的形状可以发现,击穿电压会随参变量 $I_B$ 的增加而减小。当基极开路($I_B = 0$)时,使集电极发生击穿的 $U_{CE}$ 值,记为 $U_{(BR)CEO}$(见图 2-12),它是晶体管的一个极限参数。

以上介绍的是 NPN 型晶体管共发射极接法下的特性曲线。如果是 PNP 型晶体管,其电压极性和电流方向都与 NPN 型晶体管相反。若以 NPN 型晶体管的电压极性和电流方向为准,则 PNP 型晶体管的输入特性和输出特性都将处于第三象限。

### 2.1.5 晶体管的直流模型

由晶体管的伏安特性曲线可知,晶体管的输入、输出特性是非线性的,它是一种复杂的非线性器件。当晶体管工作于直流时,其非线性主要表现为三种截然不同的工作状态,即放大、截止和饱和状态。在实际应用中,根据实现的功能不同,可通过外电路将晶体管偏置在需要的某一种状态。

在直流工作时,可将 NPN 型晶体管的输入、输出特性曲线(见图 2-11 和图 2-12)近似等效为图 2-13(a)和(b)所示的折线模型。**输入特性中,硅管的导通电压 $U_{BE(on)}$ 约为 0.7 V,锗管的约为 0.3 V;输出特性中,硅**

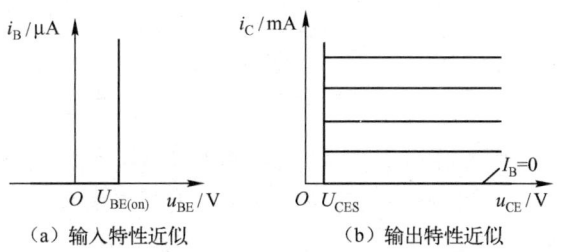

(a) 输入特性近似　　　(b) 输出特性近似

图 2-13　晶体管伏安特性曲线的折线近似

管的集-射极间饱和电压降 $U_{CES}$ 约为 **0.3 V**,锗管的约为 **0.1 V**。这样,NPN 型晶体管直流工作的三种状态可用其简单直流电路模型来等效,如图2-14所示;若是 PNP 型管,则等效模型中的电流、电压极性均与图2-14所示相反。

（1）**截止状态直流模型** 由图 2-13 可知,当外电路使 $U_{BE}<U_{BE(on)}$ 时,发射结不导通,晶体管截止。此时,$I_B=0$,$I_C=0$,晶体管 b、e 极之间和 c、e 极之间相当于开路,相应的直流电路等效模型如图 2-14(a)所示。

（2）**放大状态直流模型** 当外电路使晶体管 $U_{BE} \geqslant U_{BE(on)}$,且 $U_{BE}<U_{CE}$ 时,则发射结正向偏置,集电结反向偏置,晶体管工作于放大状态。此时,一般认为晶体管发射结导通电压 $U_{BE}=U_{BE(on)}$,集电极直流电流 $I_C=\beta I_B$,$I_C$ 受 $I_B$ 的控制,晶体管 c、e 极之间可等效为一个受 $I_B$ 控制的受控电流源 $\beta I_B$,相应的直流电路等效模型如图 2-14(b)所示。

（3）**饱和状态直流模型** 当外电路使晶体管 $U_{BE} \geqslant U_{BE(on)}$,且 $U_{BE} \geqslant U_{CE}$ 时,则发射结和集电结均正向偏置,晶体管工作于饱和状态。此时一般认为,晶体管发射结导通电压 $U_{BE}=U_{BE(on)}$,集-射极间电压为饱和电压降 $U_{CES}$,晶体管 c、e 极之间相当于接了一个恒压源 $U_{CES}$,相应的直流电路等效模型如图 2-14(c)所示。

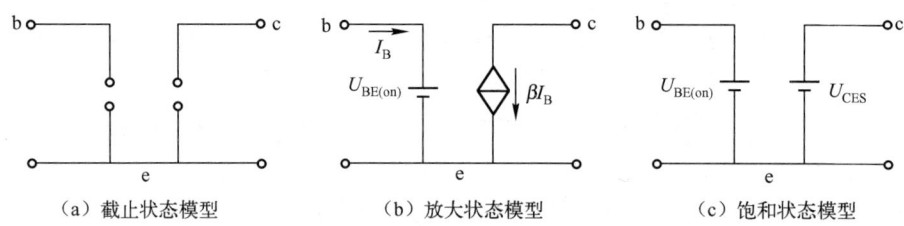

（a）截止状态模型　　　　（b）放大状态模型　　　　（c）饱和状态模型

图 2-14　晶体管三种状态直流模型

## 2.1.6　晶体管的主要参数

### 1. 电流放大系数

电流放大系数是反映晶体管电流放大能力的基本参数,主要有直流电流放大系数 $\overline{\alpha}$、$\overline{\beta}$ 和交流电流放大系数 $\alpha$、$\beta$。

（1）**直流电流放大系数 $\overline{\alpha}$ 和 $\overline{\beta}$** 共基极直流电流放大系数 $\overline{\alpha}$,在忽略反向饱和电流 $I_{CBO}$ 时,$\overline{\alpha} \approx I_C/I_E$;共发射极直流电流放大系数 $\overline{\beta}$,当 $I_C \gg I_{CEO}$ 时,$\overline{\beta} \approx I_C/I_B$,两者满足如下关系:

$$\overline{\beta} = \frac{\overline{\alpha}}{1-\overline{\alpha}}, \quad \overline{\alpha} = \frac{\overline{\beta}}{1+\overline{\beta}}$$

（2）**交流电流放大系数 $\alpha$ 和 $\beta$** 共基极交流电流放大系数 $\alpha$,体现共基极接法下的电流放大作用

$$\alpha = \frac{\Delta I_C}{\Delta I_E} \bigg|_{U_{CB}=\text{常数}}$$

共发射极交流电流放大系数 $\beta$,体现共发射极接法下的电流放大作用

$$\beta = \frac{\Delta I_C}{\Delta I_B} \bigg|_{U_{CE}=\text{常数}}$$

$\alpha$ 和 $\beta$ 分别是在共基极和共发射极接法时,输出端口电压不变的条件下,输出端电流变化量与输入端电流变化量的比值。两者满足以下关系:

$$\beta = \frac{\alpha}{1-\alpha}, \qquad \alpha = \frac{\beta}{1+\beta}$$

## 2. 极间反向电流

（1）**集电极–基极反向饱和电流 $I_{CBO}$**　在共基极运用时，发射极开路（$I_E = 0$）条件下测得的集电极电流 $I_C$ 称为集电极–基极间的反向饱和电流 $I_{CBO}$，其测试电路如图2-15（a）所示。$I_{CBO}$ 是少数载流子在集电结反偏电压作用下形成的漂移电流，随温度的升高而增加。晶体管工作的温度稳定性主要取决于 $I_{CBO}$，性能良好的小功率锗管 $I_{CBO}$ 为 $\mu A（10^{-6} A）$级，硅管更小为 $nA（10^{-9} A）$级。

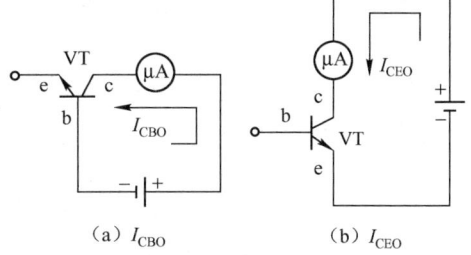

图 2-15　晶体管极间反向电流的测量

（2）**集电极–发射极反向穿透电流 $I_{CEO}$**　在共发射极运用时，基极开路（$I_B = 0$）条件下所测得的从集电极流到发射极之间的反向电流 $I_C$ 就是集电极反向穿透电流 $I_{CEO}$。其测试电路如图2-15（b）所示，$I_{CEO}$ 与 $I_{CBO}$ 之间的关系为

$$I_{CEO} = (1+\beta)I_{CBO}$$

$I_{CBO}$ 与 $I_{CEO}$ 都是温度的敏感函数，是使晶体管性能变坏的参数，工程上希望其值越小越好。

$I_{CEO}$ 受温度的影响更大。在选择晶体管时，应选 $I_{CEO}$ 小的管子。硅管的极间反向电流比锗管小2~3个数量级，因此在要求管子的温度稳定性高时，应采用硅管。

## 3. 极限参数

极限参数是为保证晶体管在放大电路中能正常安全工作所不能逾越的参数。

（1）**集电极最大允许电流 $I_{CM}$**　$\beta$ 与 $I_C$ 的大小有关，随着 $I_C$ 的增大，$\beta$ 会减小，如图2-16所示。$I_{CM}$ 一般指 $\beta$ 下降到正常值的 2/3 时对应的集电极电流。$I_C > I_{CM}$ 时，管子不至于损坏，但 $\beta$ 下降太多会使晶体管性能下降，放大的信号严重失真。因此，晶体管线性应用时，$I_C$ 不应超过 $I_{CM}$，而 $I_{CM}$ 是晶体管安全工作的上边界（如图2-17所示）。

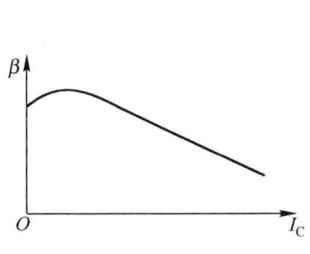

图 2-16　$\beta$ 与 $I_C$ 的关系曲线

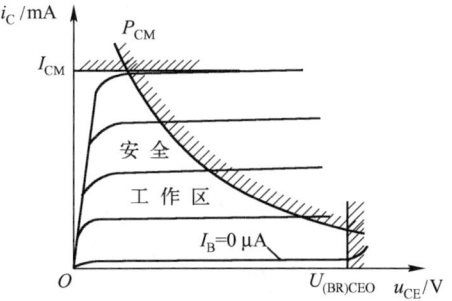

图 2-17　晶体管的安全工作区

（2）**集电极最大允许功率损耗 $P_{CM}$**　$P_{CM}$ 为集电极最大允许功率损耗，与管芯的材料、大小、散热条件及环境温度等因素有关。根据 $P_{CM} = I_C U_{CE}$，可在输出特性曲线上画出一条 $I_C$ 与 $U_{CE}$ 的关系曲线（如图2-17所示），$P_{CM}$ 为定值，它是晶体管工作的右上边界。

（3）**反向击穿电压**　$U_{(BR)CBO}$ 是指发射极开路时集电极–基极间的反向击穿电压。此电压一般为几十伏，高反压管可达几百伏甚至上千伏。

$U_{(BR)CEO}$ 是指基极开路时，集电极–发射极间的反向击穿电压。

$U_{(BR)CER}$ 是指基极与发射极间接有电阻 $R$ 时，集电极–发射极间的反向击穿电压。

$U_{(BR)CES}$ 是指基极与发射极间短路时，集电极–发射极间的反向击穿电压。

$U_{(BR)EBO}$ 是指集电极开路时，发射极–基极间的反向击穿电压。此电压一般较小，仅有几伏左右。

这些反向击穿电压存在如下关系：

$$U_{(BR)CBO} > U_{(BR)CES} > U_{(BR)CER} > U_{(BR)CEO} > U_{(BR)EBO}$$

为了使晶体管安全工作，$U_{CE}$ 不能超过 $U_{(BR)CEO}$，这是晶体管安全工作的右边界。晶体管的安全工作区见图 2-17。

**4. 频率参数**

特征频率 $f_T$ 是当 $\beta$ 的模等于 1（0 dB）时所对应的频率。此时，集电极电流增量与基极电流增量相等，共发射极接法的晶体管失去电流放大能力。根据 $f_T$ 的不同，晶体管可分为低频管、高频管和微波管。特征频率 $f_T$ 与工作点电流有关。在选用晶体管时，可选用特征频率比输入信号高 10 倍的管子作为放大管。

特征频率 $f_T$ 是晶体管最重要的频率参数。

## 2.1.7 温度对晶体管参数的影响

由于半导体的载流子浓度与温度有关，因而晶体管的参数也会受温度的影响。温度将严重影响晶体管电路的热稳定性。

（1）**温度对 $U_{BE}$ 的影响** 随着温度的升高，输入特性曲线将左移。当保持 $I_B$ 不变时，随着温度的升高，$U_{BE}$ 将减小，温度每升高 1 ℃，$U_{BE}$ 减小 2~2.5 mV。这一特性与 PN 结正向伏安特性相似。

（2）**温度对 $I_{CBO}$ 的影响** $I_{CBO}$ 是由少数载流子形成的。在室温下，晶体管的集电极反向饱和电流 $I_{CBO}$ 很小；当温度升高时，少数载流子浓度增加，$I_{CBO}$ 急剧增大。大约温度每升高 10 ℃，$I_{CBO}$ 增大 1 倍。$I_{CEO}$ 随温度变化规律大致与 $I_{CBO}$ 相同。在输出特性曲线上，温度上升，曲线上移。

（3）**温度对 $\beta$ 的影响** $\beta$ 随温度升高而增大，温度每升高 1℃，$\beta$ 值增大 0.5%~1%。在输出特性曲线上，曲线的间距随温度升高而增大。

综上所述：温度对 $U_{BE}$、$I_{CBO}$ 和 $\beta$ 的影响都将使 $I_C$ 随温度上升而增大，这将严重影响晶体管的工作状态。温度对晶体管特性曲线的影响如图 2-18 所示。

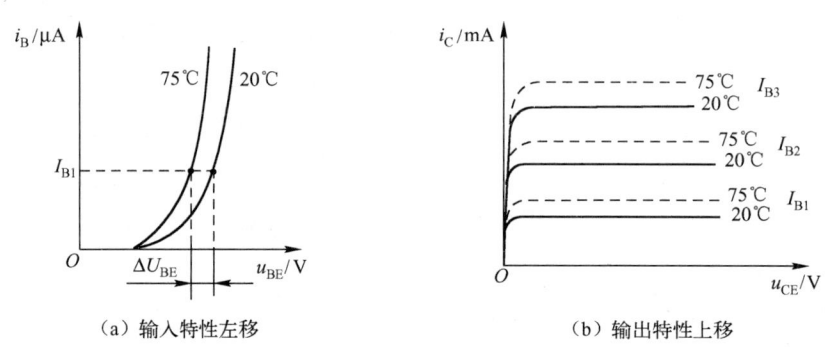

（a）输入特性左移　　　　　　（b）输出特性上移

图 2-18　温度对晶体管特性曲线的影响

【**例 2-3**】 晶体管 VT 的特性曲线如图 2-19（a）所示，确定 $\alpha$、$\beta$、$P_{CM}$、$I_{CEO}$ 和 $U_{(BR)CEO}$。在图 2-19（b）所示电路中，当开关 S 接在 $A$、$B$ 和 $C$ 三个触点时，判断晶体管 VT 的工作状态，并确定 $U_{CE}$ 的值。

**解：**（1）在输出特性曲线上确定 $P_{CM}$、$I_{CEO}$ 和 $U_{(BR)CEO}$

① 确定 $\beta$、$\alpha$　在图 2-19（a）输出特性曲线上，过 $U_{CE} = 15$ V 的点作横轴的垂线，与 $I_{B1} = 40$ μA、$I_{B2} = 60$ μA 的特性曲线分别交于点 $E$ 和点 $D$（如图 2-20（a）所示）。其集电极电流分别为 $I_{C1} = 2$ mA、$I_{C2} = 3$ mA，从而可求出晶体管的共射交流电流放大系数 $\beta$

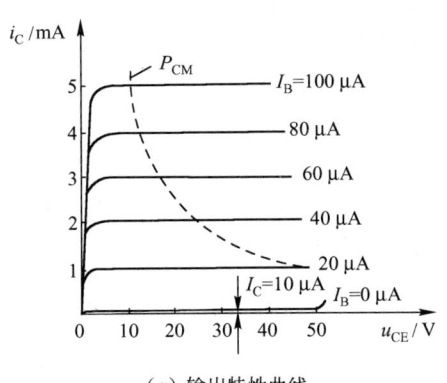

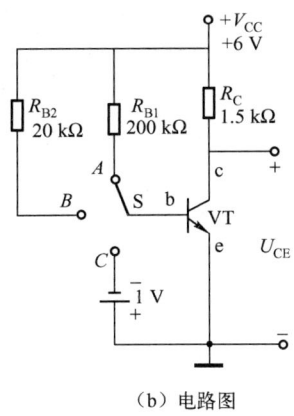

(a) 输出特性曲线　　　　　　　　　　(b) 电路图

图 2-19　例 2-3 题图

$$\beta = \frac{\Delta I_C}{\Delta I_B} = \frac{I_{C2}-I_{C1}}{I_{B2}-I_{B1}} = \frac{(3-2)\,\text{mA}}{(60-40)\,\mu\text{A}} = 50, \quad \overline{\beta} \approx \beta$$

共基交流电流放大系数 $\alpha$　　　　　$\alpha = \dfrac{\beta}{1+\beta} = \dfrac{50}{51} = 0.98, \overline{\alpha} \approx \alpha$

② 确定 $P_{CM}$　　在输出特性上，$P_{CM}$ 与 $I_{B1} = 40\ \mu\text{A}$ 的特性曲线交于点 $F(25\ \text{V}, 2\ \text{mA})$（如图 2-20(a) 所示），则

$$P_{CM} = U_{CE} \times I_C = 25\ \text{V} \times 2\ \text{mA} = 50\ \text{mW}$$

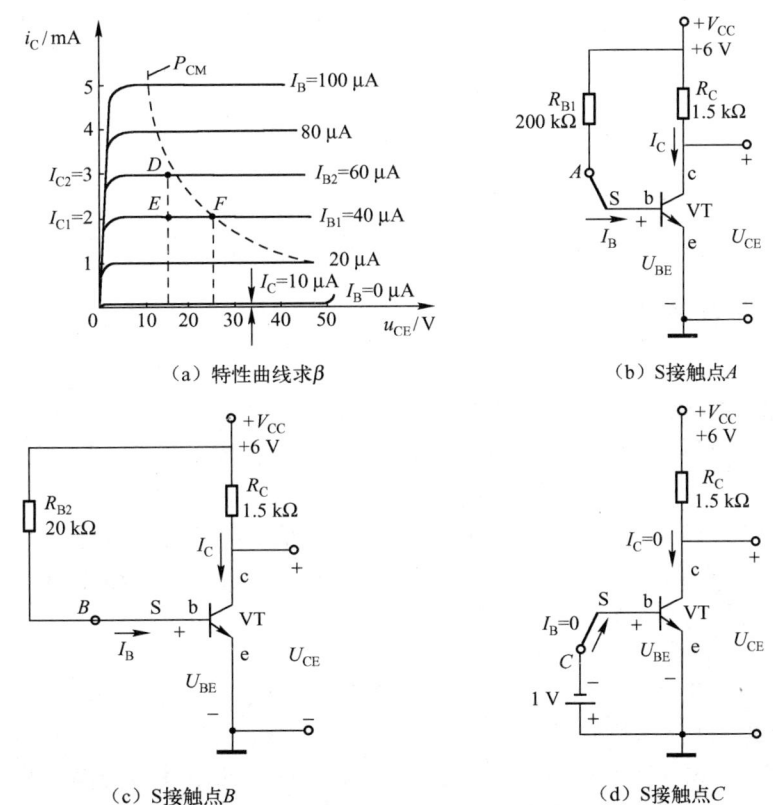

(a) 特性曲线求 $\beta$　　　　　　　　　　(b) S 接触点 $A$

(c) S 接触点 $B$　　　　　　　　　　(d) S 接触点 $C$

图 2-20　例 2-3 题解

③ 确定 $I_{CEO}$ 和 $U_{(BR)CEO}$  在图 2-19(a)中,输出特性 $I_B=0$ 的特性曲线对应的集电极电流为穿透电流 $I_{CEO}=10\ \mu A$,该曲线水平部分右端上翘的点对应的横坐标值为集-射极间反向击穿电压 $U_{(BR)CEO}=50\ V$。

（2）计算临界饱和电流 $I_{CS}$ 和 $I_{BS}$  受外电路的限制,晶体管能提供的最大集电极电流即集电极临界饱和电流 $I_{CS}$ 为

$$I_{CS}=\frac{V_{CC}-U_{CES}}{R_C}\approx\frac{V_{CC}}{R_C}=\frac{6\ V}{1.5\ k\Omega}=4\ mA$$

基极临界饱和电流 $I_{BS}$ 为

$$I_{BS}=\frac{I_{CS}}{\beta}=\frac{4\ mA}{50}=80\ \mu A$$

当 $I_B\leqslant I_{BS}$ 时,$I_C=\beta I_B$ 成立,晶体管处于放大区;当 $I_B>I_{BS}$ 时,$I_C<\beta I_B$,晶体管已进入饱和区,集电极电流不能跟随基极电流的变化而变化。

（3）分析晶体管的工作状态

① S 接在触点 $A$ 时,如图 2-20(b)所示,$V_{CC}$ 通过 $R_{B1}$ 为晶体管的发射结提供正偏电压,硅晶体管发射结导通电压 $U_{BE}=0.7\ V$,则

$$I_B=\frac{V_{CC}-U_{BE}}{R_{B1}}=\frac{6-0.7}{200}=26.5\ \mu A<I_{BS}$$

$$I_C=\beta I_B=50\times26.5\ \mu A=1.325\ mA$$

$$U_{CE}=V_{CC}-I_C R_C=6-1.325\times1.5=4.01\ V$$

$U_{BE}=0.7\ V$,$U_{CE}=4.01\ V$,$U_{BE}<U_{CE}$,所以晶体管工作于放大状态。

② S 接在触点 $B$ 时,如图 2-20(c)所示,$V_{CC}$ 通过 $R_{B2}$ 为晶体管的发射结提供正偏电压,$U_{BE}=0.7\ V$,则

$$I_B=\frac{V_{CC}-U_{BE}}{R_{B2}}=\frac{6-0.7}{20}=265\ \mu A>I_{BS}$$

晶体管工作于饱和区,硅管 $U_{CE}=U_{CES}\approx0.3\ V$。

③ S 接在触点 $C$ 时,如图 2-20(d)所示,$U_{BE}=-1\ V$,发射结反向偏置,晶体管处于截止状态,$I_B=0$,$I_C=10\ \mu A\approx0$。$R_C$ 上无电流,所以 $R_C$ 上也没有电压降,故 $U_{CE}=6\ V$。

## 2.1.8  晶体管的选用原则

**1. 手册的使用**

① 根据电路对晶体管的要求查阅手册,从而确定选用晶体管的型号,其极限参数 $I_{CM}$、$U_{(BR)CEO}$ 和 $P_{CM}$ 应分别大于电路对管子的集电极最大允许电流、集-射极间击穿电压和集电极最大允许功耗的要求。

② 在维修电子设备时,若发现晶体管损坏,则应该用同型号的管子替换。若找不到同型号的管子而需要用其他型号的管子来替换时,应注意要用同种材料、同种类型的管子替换,替换后管子的参数 $I_{CM}$、$U_{(BR)CEO}$ 和 $P_{CM}$ 一般不得低于原管。

**2. 选管的原则**

① 当晶体管的型号确定后,应选极间反向电流小的管子,这样的管子温度稳定性好。晶体管的 $\beta$ 值一般不超过100,太大则管子性能不稳定。

② 如果要求管子的反向电流小,工作温度高,就应选用硅管;如果要求导通电压较低,就应选用锗管。

③ 如果电路工作频率高,就必须选用高频管或超高频管;如果用于开关电路,就应选用开关管。

④ 必须保证管子工作在安全区。工作电压高时，应选用 $U_{(BR)CEO}$ 大的高反压管。由于 $U_{(BR)EBO}$ 一般较小，应注意发射结的反向电压不能超过 $U_{(BR)EBO}$。使用大功率管时要保证相应的散热条件。

**【思考题】**

1. 试说出晶体管是如何分类的。
2. 如何在晶体管输出特性曲线的放大区求出某一工作点的 $\bar{\beta}$ 和 $\beta$？
3. 如何判断晶体管所处的工作状态？
4. 如何判断晶体管是硅管还是锗管？

# 2.2 放大的概念及放大电路的性能指标

## 2.2.1 放大的基本概念

放大电路是一种用来放大电信号的装置，是电子设备中使用最广泛的一种电路，也是现代通信、自动控制、电子测量、生物电子等设备中不可缺少的组成部分。其主要功能是将微弱的电信号（电压、电流和功率）进行放大，以满足人们的实际需要。

在图 2-21 中，话筒作为信号源，当人们对着话筒讲话时，声音信号经过话筒（传感器）被转变成微弱的电信号（几毫伏），经过电压放大电路放大后，得到较大的电压信号（几伏），再经过功率放大电路，得到较大的功率信号，推动扬声器发出清晰、洪亮的声音。

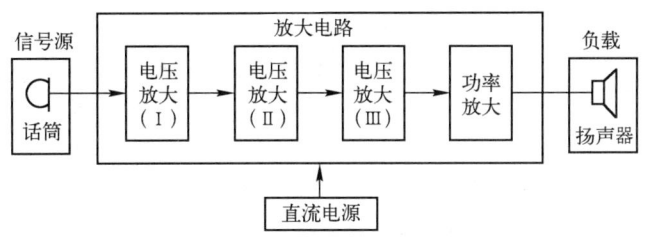

图 2-21 放大电路示例

放大电路主要用于放大微弱的电信号。电子技术中所说的"放大"，表面上看是将信号的幅度由小变大，实质是用较小的输入信号去控制较大的输出信号，且输出与输入之间的变化情况完全一致，实现所谓的"线性放大"且不能产生失真。

**放大的实质是能量的控制和转换**。在一个能量较小的输入信号作用下，放大电路将直流电源提供的能量转换成交流能量输出，驱动负载工作。负载（如扬声器）获得的这个能量大于信号源提供的能量，也就是用小的能量来控制大的能量。因此，放大电路的基本特征是功率放大，即负载上总是获得比输入信号大得多的电压或电流信号，也可能兼而有之。那么，由谁来控制能量转换呢？答案是具有能量控制作用的有源器件，如晶体管或场效应管等。

一个放大电路一般包含多个单级电压放大电路和一级功率放大电路（输出级），电压放大电路通常工作在小信号状态下，它的任务是把微弱的电压信号加以放大，从而推动功率放大电路，功率放大电路通常工作在大信号状态下，输出足够大的功率，推动执行元件如扬声器、电动机、继电器等动作。本章讨论电压放大电路，功率放大电路将在第 10 章介绍。

## 2.2.2 放大电路的主要性能指标

任何一个放大电路都可以看成一个二端网络，如图 2-22 所示。左边为输入端口，外接正弦信号源 $\dot{U}_s$，$R_s$ 为信号源的内阻，在外加信号的作用下，放大电路得到输入电压 $\dot{U}_i$，同时产生输入电流 $\dot{I}_i$。右边为输出端口，外接负载电阻 $R_L$，在输出端可得到输出电压 $\dot{U}_o$，输出电流 $\dot{I}_o$。

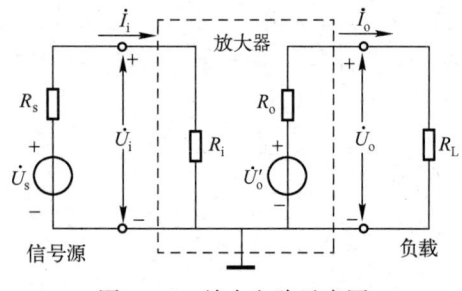

图 2-22  放大电路示意图

衡量放大电路质量的主要技术指标是放大倍数、输入电阻、输出电阻和频率响应等。它们通常都是对交流信号而言的,采用交流通路来分析。

**1. 放大倍数**

放大倍数是衡量放大电路放大能力的重要指标。根据放大电路输入信号的条件和对输出信号的要求,其输入、输出信号都可以有电压和电流两种形式。放大电路可分为 4 种,所以有 4 种放大倍数的定义。本章主要介绍电压放大倍数。

（1）**电压放大倍数（电压增益）**  电压放大倍数 $\dot{A}_u$ 是指放大电路的输出电压 $\dot{U}_o$（即负载上得到的电压）与放大电路的输入电压 $\dot{U}_i$ 之比,即

$$\dot{A}_u = \frac{\dot{U}_o}{\dot{U}_i} \tag{2-18}$$

源电压放大倍数 $\dot{A}_{us}$ 是指考虑信号源内阻时放大电路的输出电压 $\dot{U}_o$ 与信号源开路电压 $\dot{U}_s$ 之比,即

$$\dot{A}_{us} = \frac{\dot{U}_o}{\dot{U}_s} \tag{2-19}$$

空载时的电压增益 $\dot{A}_{uo}$ 是指负载开路时放大电路的输出电压 $\dot{U}_o{'}$ 与输入电压 $\dot{U}_i$ 之比,即

$$\dot{A}_{uo} = \frac{\dot{U}_o}{\dot{U}_i} \bigg|_{R_L \to \infty} = \frac{\dot{U}_o{'}}{\dot{U}_i} \tag{2-20}$$

（2）**电流放大倍数（电流增益）**  电流放大倍数 $\dot{A}_i$ 是指放大电路的输出电流 $\dot{I}_o$ 与输入电流 $\dot{I}_i$ 之比,即

$$\dot{A}_i = \frac{\dot{I}_o}{\dot{I}_i} \tag{2-21}$$

（3）**互阻放大倍数（互阻增益）**  互阻增益 $\dot{A}_r$ 是指放大电路的输出电压 $\dot{U}_o$ 与输入电流 $\dot{I}_i$ 之比,其量纲为电阻,即

$$\dot{A}_r = \frac{\dot{U}_o}{\dot{I}_i} \tag{2-22}$$

（4）**互导放大倍数（互导增益）**  互导增益 $\dot{A}_g$ 是指放大电路的输出电流 $\dot{I}_o$ 与输入电压 $\dot{U}_i$ 之比,其量纲为电导,即

$$\dot{A}_g = \frac{\dot{I}_o}{\dot{U}_i} \tag{2-23}$$

（5）**功率放大倍数（功率增益）**  功率增益 $\dot{A}_p$ 是放大电路的输出功率 $P_o$ 与输入功率 $P_i$ 的比值,即

$$\dot{A}_p = \frac{P_o}{P_i} = \frac{|\dot{U}_o \dot{I}_o|}{|\dot{U}_i \dot{I}_i|} = |\dot{A}_u| \cdot |\dot{A}_i| \tag{2-24}$$

有时为了方便,功率放大倍数也用分贝（dB）作为单位,即

$$A_p = 20\lg \left| \dot{A}_u \right| \left| \dot{A}_i \right| \, \mathrm{dB} = 20\lg \left| \frac{\dot{U}_o \dot{I}_o}{\dot{U}_i \dot{I}_i} \right| \, \mathrm{dB}$$

以上讨论了多种增益,而小信号放大电路最关心的是电压增益 $\dot{A}_u$。

**2. 输入电阻**

输入电阻是放大电路从输入端看进去的等效电阻。在图 2-22 中,放大电路的输入端外接信号源,对信号源来说,放大电路相当于信号源的负载,这个等效的负载电阻就是放大电路的输入电阻 $R_i$。通常,定义输入电阻 $R_i$ 为放大电路的输入电压 $\dot{U}_i$ 与输入电流 $\dot{I}_i$ 的比值,即

$$R_i = \frac{\dot{U}_i}{\dot{I}_i} \tag{2-25}$$

利用输入电阻的概念,由图 2-22 可得 $\dot{U}_i$ 与 $\dot{U}_s$ 的关系

$$\dot{U}_i = \frac{R_i}{R_i + R_S} \dot{U}_s \tag{2-26}$$

可求出 $\dot{A}_u$ 与 $\dot{A}_{us}$ 的关系

$$\dot{A}_{us} = \frac{\dot{U}_o}{\dot{U}_s} = \frac{\dot{U}_i}{\dot{U}_s} \frac{\dot{U}_o}{\dot{U}_i} = \frac{R_i}{R_i + R_S} \dot{A}_u \tag{2-27}$$

当 $R_i \gg R_s$ 时,$\dot{A}_u \approx \dot{A}_{us}$。对于低内阻电压源,$R_i$ 越大,表明放大电路从信号源索取的电流越小。放大电路输入端得到的电压 $\dot{U}_i$ 越接近信号源电压 $\dot{U}_s$,信号源电压损失越小。所以,从电压传输角度而言,希望输入电阻 $R_i$ 越大越好。对于高内阻电流源,$R_i$ 越小,放大电路从该信号源获取的电流越大。所以,从电流传输角度,输入电阻 $R_i$ 越小越好。

**3. 输出电阻**

输出电阻 $R_o$ 是从放大电路输出端看进去的等效电阻。放大电路的输出端电压在带负载时和空载时是不同的。带负载时的输出电压 $\dot{U}_o$ 比空载时的输出电压 $\dot{U}_o'$ 有所降低。这是因为从输出端看放大电路时,放大电路可等效成一个内阻为 $R_o$,大小为 $\dot{U}_o'$ 的电压源(见图 2-22)。这个等效电压源的内阻 $R_o$ 就是放大电路的输出电阻。在输出端接有负载时,内阻 $R_o$ 上的分压使输出电压降低,所以 $\dot{U}_o < \dot{U}_o'$。这就说明 $R_o$ 越小,$\dot{U}_o$ 与 $\dot{U}_o'$ 相差越小,即放大电路输出电压 $\dot{U}_o$ 受负载 $R_L$ 影响的程度越小。所以,一般用输出电阻 $R_o$ 来衡量放大电路的带负载能力。输出电阻 $R_o$ 越小,放大电路带负载能力越强,$\dot{U}_o$ 与 $\dot{U}_o'$ 就越接近。

计算输出电阻 $R_o$ 有两种方法。

**方法一** 将放大电路中信号源短路(即 $\dot{U}_s = 0$,但保留 $R_s$)、负载开路($R_L = \infty$),如图 2-23 所示。在放大电路的输出端外加电压 $\dot{U}$,产生相应的电流 $\dot{I}$,则 $\dot{U}$ 与 $\dot{I}$ 的比值为输出电阻 $R_o$,即

$$R_o = \frac{\dot{U}}{\dot{I}} \bigg|_{\substack{\dot{U}_s = 0 \\ R_L = \infty}} \tag{2-28}$$

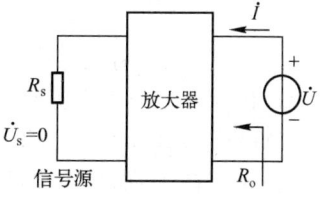

图 2-23 放大电路的
输出电阻计算

根据式(2-28),可以计算各种放大电路的输出电阻。

**方法二** 在实际工作中也可根据放大电路空载时测得的输出电压 $\dot{U}_o'$ 和带负载时测得的输出电压 $\dot{U}_o$ 来求得输出电阻 $R_o$。由图 2-22 可知,$\dot{U}_o'$ 和 $\dot{U}_o$ 的关系

如下

$$\dot{U}_{o} = \frac{R_{L}}{R_{o}+R_{L}}\dot{U}_{o}' \qquad (2-29)$$

从而可推导出 $R_o$ 为

$$R_{o} = \left[\frac{\dot{U}_{o}'}{\dot{U}_{o}}-1\right]R_{L} \qquad (2-30)$$

利用式(2-29)可求出 $\dot{A}_u$ 与 $\dot{A}_{uo}$ 的关系为

$$\dot{A}_{u} = \frac{\dot{U}_{o}}{\dot{U}_{i}} = \frac{\dot{U}_{o}}{\dot{U}_{o}'}\frac{\dot{U}_{o}'}{\dot{U}_{i}} = \frac{R_{L}}{R_{o}+R_{L}}\dot{A}_{uo} \qquad (2-31)$$

可见,$R_o$ 越小 $\dot{A}_u$ 越趋近于 $\dot{A}_{uo}$;当 $R_o \to 0$ 时,$\dot{A}_u \to \dot{A}_{uo}$,即输出电阻为零,放大电路带负载时的 $\dot{A}_u$ 等于空载时的 $\dot{A}_{uo}$。

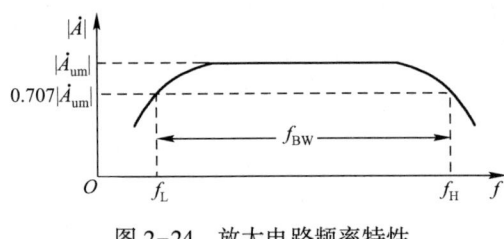

图 2-24　放大电路频率特性

### 4. 通频带

输入信号的频率往往是在一定范围内变化的,要使放大后的输出信号不失真,就要求放大电路对不同频率的输入信号具有相同的放大能力。频率特性是指放大电路的放大倍数与频率的关系。如图 2-24 所示,电压放大倍数几乎不变的频率范围叫做放大电路频率特性的中频段。

此时的 $\dot{A}_u$ 用 $\dot{A}_{um}$ 表示,叫做中频放大倍数。当放大倍数从 $|\dot{A}_{um}|$ 下降到 $|\dot{A}_{um}|/\sqrt{2}$(即 $0.707|\dot{A}_{um}|$)时,在高频段和低频段所对应的频率分别称为上限截止频率 $f_H$ 和下限截止频率 $f_L$。$f_H$ 与 $f_L$ 之间形成的频带宽度称为通频带,记为 $f_{BW}$,即

$$f_{BW} = f_H - f_L$$

通频带越宽表明放大电路对不同频率信号的适应能力越强。但是,通频带并非越宽越好。通频带超出信号所需的宽度会增加电路的成本,也会把有用信号以外的干扰和噪声信号一起放大。所以,应根据信号的频带宽度来要求放大电路应有的通频带。

**【思考题】**

1. 简述放大的概念。
2. 简述基本放大电路的工作原理。
3. 放大电路的主要性能指标有哪些?

# 2.3　共发射极放大电路的组成及工作原理

放大电路要具有放大作用,必须满足以下三个原则:

① 确保晶体管工作于放大区,即满足发射结正向偏置,集电结反向偏置的外部条件。

② 确保被放大的交流输入信号能够作用于晶体管的输入回路。

③ 确保放大后的交流输出信号能够传送到负载上去。

## 2.3.1　共发射极放大电路的组成

晶体管可以通过控制输入电流来控制输出电流,起到能量控制和转换的作用,从而达到放大的目的。晶体管有三种基本接法,下面以图 2-25(a)所示共发射极(Common Emitter,CE)接法为

例,说明单管共发射极放大电路的组成及元件的作用。

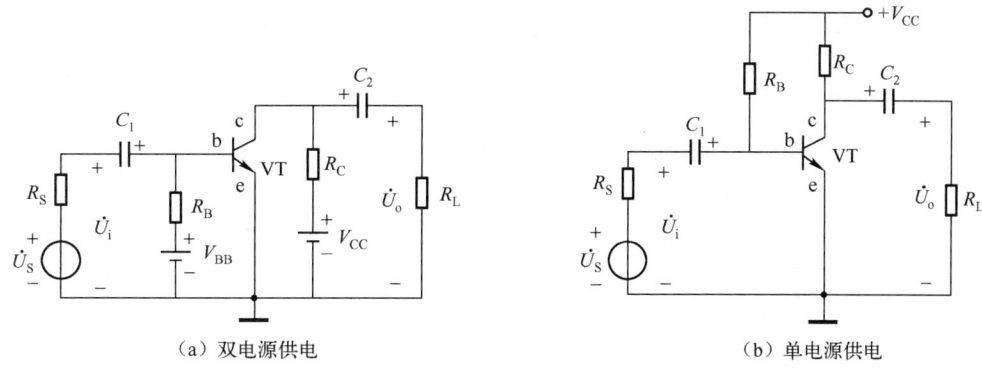

（a）双电源供电　　　　　　　　　　　（b）单电源供电

图 2-25　基本共发射极放大电路的组成

在图 2-25（a）中,基极 b 为放大电路的输入端,集电极 c 为放大电路的输出端,而发射极 e 是放大电路输入、输出信号的公共端。该电路是共发射极基本放大电路。

**1. 确保晶体管工作于放大区**

在图 2-25（a）中,VT 是 NPN 型晶体管,它是整个放大电路的核心器件,起放大作用。为了使晶体管 VT 工作在放大区,实现电流放大作用,必须使晶体管发射结正向偏置,集电结反向偏置。

在图 2-25（a）中,基极直流电源 $V_{BB}$,保证发射结正向偏置;基极偏置电阻 $R_B$,为放大电路提供合适的静态偏置 $I_B$ 和 $U_{BE}$;集电极直流电源 $V_{CC}$,保证集电结反向偏置,确保晶体管工作在放大状态,为电路提供能量;集电极负载电阻 $R_C$,将晶体管集电极电流的变化转变为电压的变化,以实现电压放大。

在图 2-25（a）中,$V_{BB}$ 也可以省去,采用单电源 $V_{CC}$ 给电路供电。方法是:去掉 $V_{BB}$,将基极偏置电阻 $R_B$ 原来接 $V_{BB}$ 正极的一端接到集电极直流电源 $V_{CC}$ 的正极,发射结正向偏置电压就可以由 $V_{CC}$ 提供。只要参数设置合适,就可以保证发射结正向偏置、集电结反向偏置。单电源供电电路如图 2-25（b）所示。图中的 $V_{CC}$ 是采用的一种简化画法,直流电源 $V_{CC}$ 的电池符号没有画出,只标出它对公共端地的电位大小和极性,以后会经常采用这种习惯画法。

**2. 确保输入交流信号 $\dot{U}_i$ 作用于发射结**

在图 2-25（a）中,$R_s$ 为信号源内阻,$\dot{U}_s$ 为信号源电压,$\dot{U}_i$ 为放大电路输入信号。电容 $C_1$ 为耦合电容,其作用是传输交流信号隔离直流信号。交流输入信号 $\dot{U}_i$ 通过 $C_1$ 加至放大电路的输入端基极,同时 $C_1$ 隔离了信号源与放大电路之间的直流联系。基极偏置电阻 $R_B$ 的存在,可确保输入信号 $\dot{U}_i$ 有效地加至放大电路的基极与发射极之间;若去掉 $R_B$,则 $V_{BB}$ 直接接于晶体管的基极和发射极之间,这样一方面静态偏置可能不合适,另一方面输入信号 $\dot{U}_i$ 将被短路,不能有效地加至放大电路的输入端(晶体管的发射结)。

**3. 确保输出交流信号 $\dot{U}_o$ 作用于负载**

耦合电容 $C_2$ 的作用与 $C_1$ 相似,其作用也是传输交流信号隔离直流信号。$C_2$ 使集电极输出的交流信号 $\dot{U}_o$ 顺利传输至负载 $R_L$,同时隔离了放大电路与负载之间的直流联系。集电极电阻 $R_C$ 可确保交流输出信号 $\dot{U}_o$ 有效地传输至负载 $R_L$;若去掉 $R_C$,则 $V_{CC}$ 直接接于晶体管的集电极和发射极之间,输出信号 $\dot{U}_o$ 将被短路,负载 $R_L$ 上得不到交流输出信号 $\dot{U}_o$。

耦合电容 $C_1$ 和 $C_2$ 一般选用容量大的电解电容,其值为 $10 \sim 50 \, \mu F$。电解电容是有极性的,使用时,它的正极与电路的直流正极相连,不能接反。

· 51 ·

### 2.3.2 共发射极放大电路的工作原理

本节通过定性地介绍交流信号的放大过程来说明放大电路的工作原理。为了讨论问题方便，对于图2-25(a)，把负载电阻$R_L$开路，将信号源看做理想电压源(其内阻$R_s=0$)，放大电路的交流输入信号$u_i=u_s$。

假设电路中的参数和晶体管的特性能保证晶体管工作在放大区。

**1. 输入信号为零时的工作情况**

当输入信号$u_i=0$时，放大电路工作情况如图2-26(a)所示，电路中各处的电压电流都是不变的直流信号，这时电路的工作状态称为直流工作状态，也称为静态。放大电路的输入端$u_i$短路，电容$C_1$与晶体管VT的发射结并联，$C_1$两端的直流电压$U_{C1}=U_{BE}$，极性为左负右正；电容$C_2$两端的电压$U_{C2}=U_{CE}$，极性为左正右负。基极电流，也称为基极偏置电流为直流电流$I_B$，集电极电流为直流电流$I_C$，集射极电压为直流电压$U_{CE}=V_{CC}-R_C I_C$。

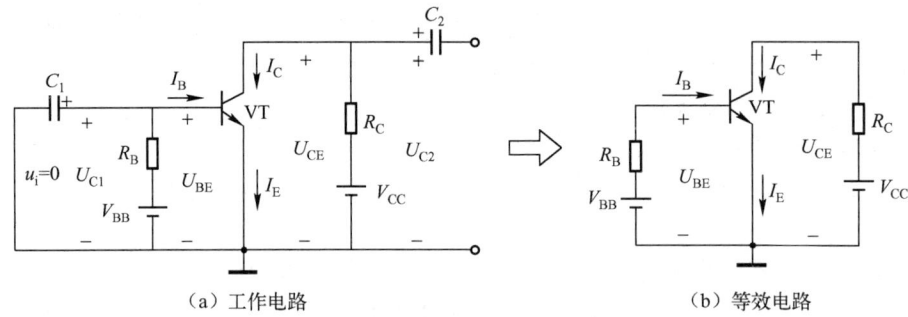

（a）工作电路　　　　　　　　（b）等效电路

图2-26　放大电路$u_i=0$时的工作情况

放大电路在输入$u_i=0$时，整个电路只有直流电源供电，$C_1$和$C_2$起隔离直流的作用，对直流可看做开路，其等效电路如图2-26(b)所示，这一等效电路也称为直流通路。在直流工作状态(静态)时，晶体管的各极直流电流和极间直流电压$I_B$、$U_{BE}$、$I_C$和$U_{CE}$的值，称为放大电路的直流工作点或静态工作点，常用$Q$表示。

**2. 输入信号不为零时的工作情况**

当输入信号$u_i\neq0$加入放大电路时，放大电路的工作情况是交直流信号共存，即在直流工作的基础上叠加了交流信号，放大电路的工作情况如图2-27所示。

**（1）输入信号$u_i\neq0$，基极电流$i_B$的变化**　输入的交流电压$u_i$通过电容$C_1$加在晶体管VT的基极和发射极之间。设输入的交流小信号为正弦波电压

$$u_i=U_{im}\sin\omega t \tag{2-32}$$

此时发射结上的瞬时电压$u_{BE}$为

$$u_{BE}=U_{C1}+u_i=U_{BE}+U_{im}\sin\omega t=U_{BE}+u_{be} \tag{2-33}$$

$$u_{be}=u_i=U_{im}\sin\omega t \tag{2-34}$$

式(2-33)表明晶体管发射结上的瞬时电压$u_{BE}$是直流电压$U_{C1}$和交流电压$u_i$的叠加，或者说，是在直流电压$U_{BE}$基础之上叠加了一个交流电压$u_{be}$。

在$u_{be}=U_{im}\sin\omega t$的作用下，基极电流产生相应的变化量$i_b$，基极瞬时电流$i_B$为基极直流电流$I_B$与基极交流电流$i_b$的叠加，即

$$i_B=I_B+i_b=I_B+I_{bm}\sin\omega t \tag{2-35}$$

$$i_b=I_{bm}\sin\omega t \tag{2-36}$$

**（2）集电极电流$i_c$的变化**　由于晶体管工作在放大区，VT的集电极电流$i_C$受基极电流$i_B$的控制，根据$i_C=\beta i_B$，则有

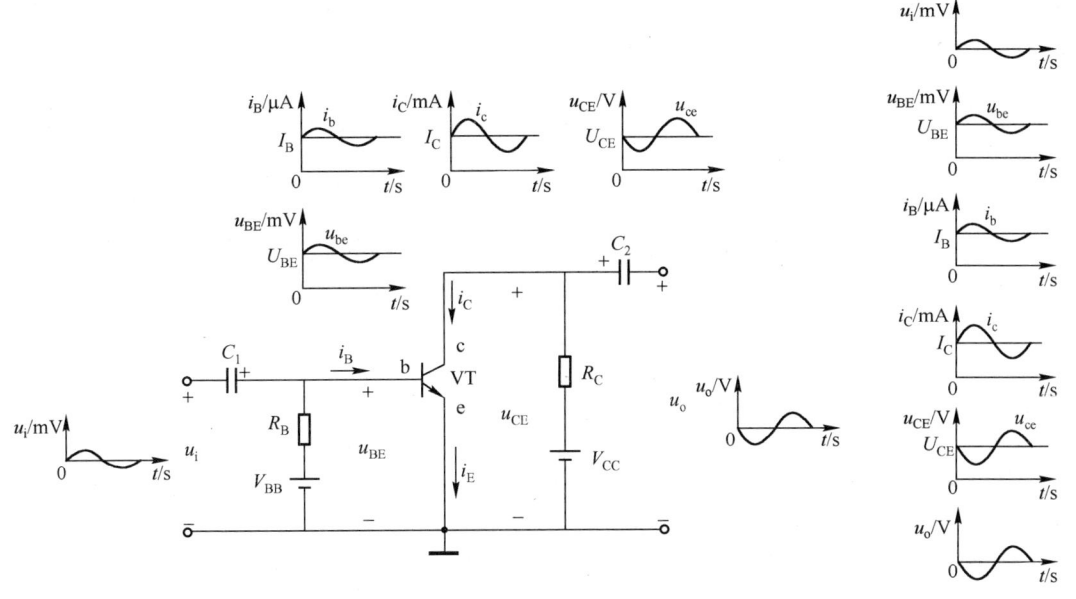

（a）工作电路　　　　　　　　　　　　　（b）电压、电流波形

图 2-27　放大电路 $u_i \neq 0$ 时工作情况

$$i_C = \beta I_B + \beta I_{bm} \sin\omega t = I_C + I_{cm} \sin\omega t = I_C + i_c \tag{2-37}$$

$$i_c = I_{cm} \sin\omega t \tag{2-38}$$

集电极电流产生相应的变化量 $i_c = I_{cm}\sin\omega t$，集电极瞬时电流 $i_C$ 为直流电流 $I_C$ 与交流电流 $i_c$ 的叠加。

（3）**集电极和发射极之间的电压 $u_{CE}$ 的变化**　从图 2-27 可知，集电极和发射极之间的电压 $u_{CE}$ 为

$$u_{CE} = V_{CC} - i_C R_C = V_{CC} - I_C R_C - i_c R_C = U_{CE} - i_c R_C \tag{2-39}$$

当输入信号 $u_i$ 增大时，交流电流 $i_c$ 增大，$R_C$ 上的电压增大，于是 $u_{CE}$ 减小；当 $u_i$ 减小时，$i_c$ 减小，$R_C$ 上的电压随之减小，故 $u_{CE}$ 增大。可见，$u_{CE}$ 的变化正好与 $i_c$ 的变化方向相反。因此，$u_{CE}$ 是在直流电压 $U_{CE}$ 基础上叠加了一个与 $u_i$ 变化方向相反的交流电压 $u_{ce} = -i_c R_C$，即

$$u_{CE} = U_{CE} + u_{ce} = U_{CE} - i_c R_C = U_{CE} - I_{cm} R_C \sin\omega t = U_{CE} - U_{cem} \sin\omega t \tag{2-40}$$

瞬时电压 $u_{CE}$ 中的交流分量 $u_{ce}$ 为

$$u_{ce} = -U_{cem} \sin\omega t \tag{2-41}$$

（4）**输出交流电压 $u_o$**　瞬时电压 $u_{CE}$ 中的交流分量 $u_{ce}$ 经电容 $C_2$ 耦合到放大电路的输出端，成为输出交流电压 $u_o$，实现了电压放大作用。如果放大电路的输出端接有负载 $R_L$，那么负载两端就得到被放大的交流电压 $u_o$，即

$$u_o = u_{ce} = -U_{cem} \sin\omega t \tag{2-42}$$

通过上述分析可知，晶体管的放大是对输入信号的变化量进行放大。即在输入端加一个微小的变化量 $u_i$，通过基极电流对集电极电流的控制作用，在输出端得到一个被放大的变化量 $u_o$，放大部分的能量由直流电源提供。

在输入正弦电压下，放大管各极电流和极间电压的波形如图 2-27（b）所示。观察这些波形，我们可得出以下结论：

① 放大电路输入交变电压时，晶体管各极电流的方向和极间电压的极性始终不变。二者只是围绕各自的静态值，按输入信号规律，近似呈线性变化。

② 晶体管各极电流、电压的瞬时波形中，只有交流分量才能反映输入信号的变化，因此需要放

大电路输出的是交流量。

③ 将共发射极放大电路输出与输入的波形对照,可知两者的变化规律正好相反。通常,这种波形关系被称为反相或倒相。

### 2.3.3 直流通路和交流通路

放大电路工作在放大状态时,电路中交直流信号并存。为了分析方便,将交流信号和直流信号分开研究。直流信号的工作情况称为静态,用直流通路来分析;交流信号的工作情况称为动态,用交流通路来分析。这样就需要根据电路的具体情况,正确地画出电路的直流通路和交流通路。

电路的**直流通路**是指在直流电源作用下,只有直流电流所流经的路径。画直流通路的原则是电路中的电容视为开路、电感视为短路,去掉交流信号源的作用,电路其他部分保留即得直流通路。电路的**交流通路**是指在交流输入信号的作用下,交流电流所流经的路径。画交流通路的原则是容量大的耦合电容视为短路,固定不变的直流电压源(忽略其内阻)视为短路,而固定不变的电流源视为开路,电路其他部分保留即得交流通路。

根据上述画直流通路和交流通路的原则,可以得到图 2-28(a)中的直流通路和交流通路如图 2-28(b)和(c)所示。

在图 2-28(b)所示直流通路中,$R_B$ 和 $R_C$ 同 $V_{CC}$ 一起,确保发射结正向偏置,集电结反向偏置,晶体管工作于放大区。在图 2-28(c)所示交流通路中,$R_B$ 的存在确保输入信号 $\dot{U}_i$ 有效地加至放大电路的基极与发射极之间,$R_C$ 的存在确保交流输出信号 $\dot{U}_o$ 有效地传输至负载 $R_L$。若去掉 $R_B$ 或 $R_C$,放大电路都不能正常放大信号。

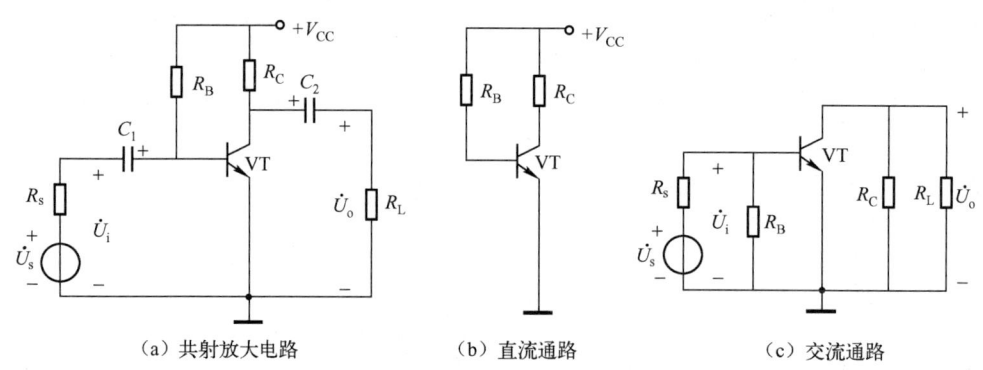

(a)共射放大电路　　　　(b)直流通路　　　　(c)交流通路

图 2-28　基本共发射极放大电路的交、直流通路

假设图 2-28(a)中不设置静态工作点,即将 $R_B$ 支路移去。当在输入端加入正弦交流电压信号时,由于晶体管发射结的单向导电作用,在输入信号的负半周发射结反向偏置,晶体管截止,基极电流和集电极电流均为零,输出端没有输出。在输入信号的正半周,由于输入特性呈非线性特性,存在死区电压且在起始处弯曲,使基极电流不能马上按比例随输入电压的大小而变化,导致输出信号失真。因此,放大电路中必须设置静态工作点 $Q$,即在没有输入信号时,就预先给晶体管设置一个合适的基极偏置电流 $I_B$,使晶体管发射结正向偏置。当加入交流信号后,交流小信号电压叠加在直流电压上,共同作用于发射结。只要基极电流选择适当,可确保加入输入信号时发射结上的电压也始终为正,晶体管始终工作在线性放大状态,不会使输出波形失真。静态工作点的合理设置是保证放大电路正常工作的必要条件。

**【例 2-4】**　画出图 2-29 所示电路的直流通路和交流通路。

**解:**① 画直流通路。将图 2-29 中的 $u_i$ 短路,电容开路,电路其他部分保留即得直流通路,如图 2-30(a)所示。

② 画交流通路。将图 2-29 中的电容短路,直流电源对地短路,电路其他部分保留即得交流通路,如图 2-30(b)所示。

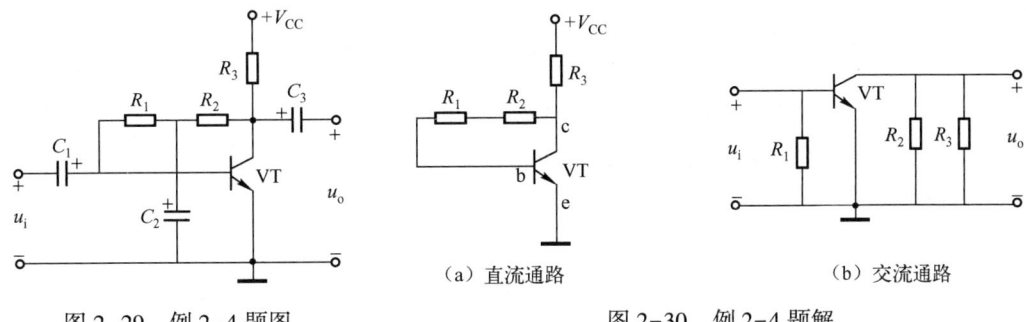

图 2-29　例 2-4 题图　　　　　　　　图 2-30　例 2-4 题解

为了计算方便和避免连线交叉,交、直流通路均可画成图 2-30 中的典型画法。

【**例 2-5**】　根据放大电路的组成原则,判断图 2-31 所示电路对交流信号是否具有放大作用。

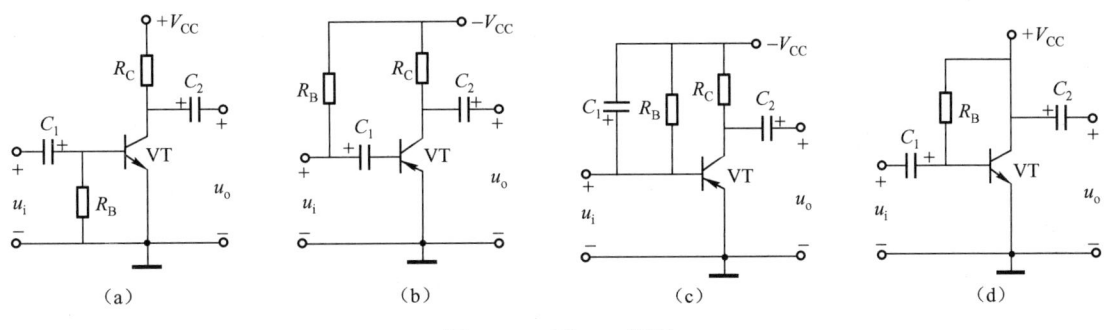

图 2-31　例 2-5 题图

**解**:可根据以下三点分析电路是否具有放大交流信号的能力。

① 必须根据所用放大管的类型提供直流电源,并且电阻取值要得当,以便设置合适的静态工作点,保证晶体管工作在放大区。

② 输入信号必须能够作用于放大管的输入回路。

③ 当负载接入时,必须保证放大管输出回路的动态电流能够作用于负载,从而使负载获得比输入回路信号大得多的信号电流或信号电压。

在图 2-31 中,电路对交流信号都不具有放大作用,原因如下:

① 图 2-31(a)中的发射结没有正向偏置电压,晶体管不能工作在放大区,其等效直流通路如图 2-32(a)所示。

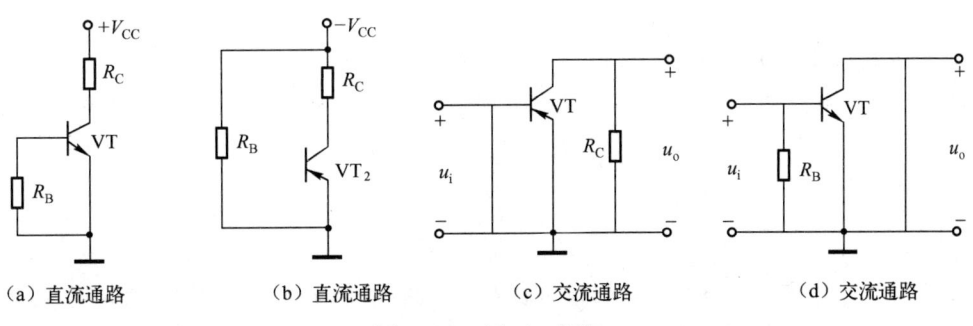

（a）直流通路　　　（b）直流通路　　　（c）交流通路　　　（d）交流通路

图 2-32　例 2-5 题解

② 在图2-31(b)中，$C_1$ 有隔离直流的作用，晶体管基极无直流偏置，晶体管不能工作在放大区，其等效直流通路如图2-32(b)所示。

③ 在图2-31(c)中，旁路电容 $C_1$ 对交流输入信号短路，使得输入信号电压 $u_i$ 无法加到放大电路的输入端。或者说，晶体管的发射结被短路从而得不到交流输入信号 $u_i$，其交流通路如图2-32(c)所示。

④ 在图2-31(d)中，由于没有集电极电阻 $R_C$，因此无交流电压信号输出。或者说，输出的交流电压信号无法取出送至负载，输出电压被短路，$u_o=0$，其交流通路如图2-32(d)所示。

【思考题】

1. 放大电路的组成原则及各元件的作用是什么？
2. 简述基本放大电路的工作原理。
3. 为什么要设置静态工作点？
4. 画电路交流通路和直流通路的原则是什么？

# 2.4  放大电路的图解分析法

所谓图解分析法，就是利用晶体管的输入、输出特性曲线，通过作图的方法对放大电路的性能指标进行分析。

## 2.4.1  静态分析

静态（直流）分析，是指对放大电路输入信号 $u_i=0$ 时的工作状态进行分析，求解晶体管的各极直流电流和极间直流电压。直流图解分析是在晶体管输入、输出特性曲线上，用作图的方法确定出直流工作点 $Q$，即在输入特性曲线上求出 $(U_{BEQ}, I_{BQ})$，在输出特性曲线上求出 $(U_{CEQ}, I_{CQ})$。

对于图2-33所示共发射极放大电路，其直流通路如图2-33(b)所示。此时，电路中只有直流信号，电路中的各极直流电流和极间直流电压值即为静态工作点 $Q$。

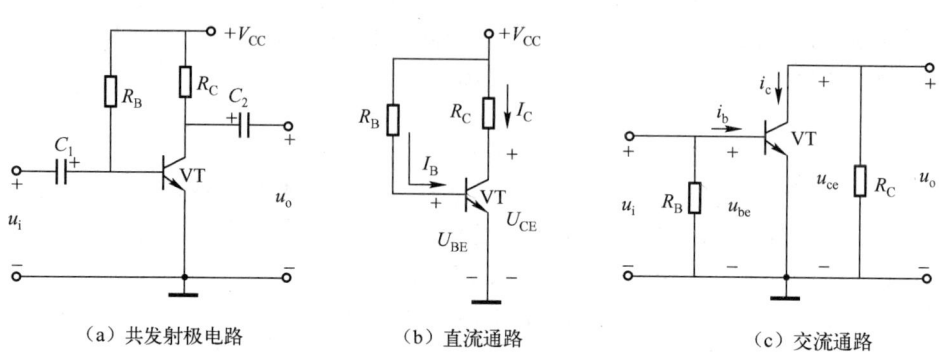

（a）共发射极电路        （b）直流通路        （c）交流通路

图2-33  共发射极放大电路

### 1. 在输入特性上确定 $Q(U_{BEQ}, I_{BQ})$

在图2-33(b)所示直流通路电路中，从输入回路可列出 $I_B$ 和 $U_{BE}$ 的回路电压方程

$$U_{BE}=V_{CC}-I_B R_B$$

即

$$I_B=-\frac{U_{BE}}{R_B}+\frac{V_{CC}}{R_B} \tag{2-43}$$

同时，$I_B$ 和 $U_{BE}$ 应满足该电路中晶体管的输入特性曲线 $I_B=f(U_{BE})$。式（2-43）是由电路参数决定的，在输入特性中是一条直线，该直线可由两个特殊点 $H(0, V_{CC}/R_B)$ 和 $L(V_{CC}, 0)$ 决定。由此可得到输入回路的直流负载线 $HL$，其斜率为 $-1/R_B$。该直线与输入特性曲线的交点可求得静态工作

点 $Q(U_{BEQ}, I_{BQ})$，如图 2-34（a）所示。

**2. 在输出特性上确定 $Q(U_{CEQ}, I_{CQ})$**

在图 2-33（b）所示直流通路电路中，从输出回路可列出 $I_C$ 和 $U_{CE}$ 的回路电压方程

$$U_{CE} = V_{CC} - I_C R_C$$

即
$$I_C = -\frac{U_{CE}}{R_C} + \frac{V_{CC}}{R_C} \tag{2-44}$$

同时，$I_C$ 和 $U_{CE}$ 应满足该电路中晶体管的输出特性曲线 $I_C = f(U_{CE})$。式（2-44）是由电路参数决定的，在输出特性中是一条直线，该直线可由两个特殊点 $M(0, V_{CC}/R_C)$ 和 $N(V_{CC}, 0)$ 决定，连接 $M$ 和 $N$ 两点便得到输出回路的直流负载线 $MN$，其斜率为 $-1/R_C$。该直流负载线与 $I_B = I_{BQ}$ 的那条输出特性曲线的交点，即静态工作点 $Q(U_{CEQ}, I_{CQ})$，如图 2-34（b）所示。

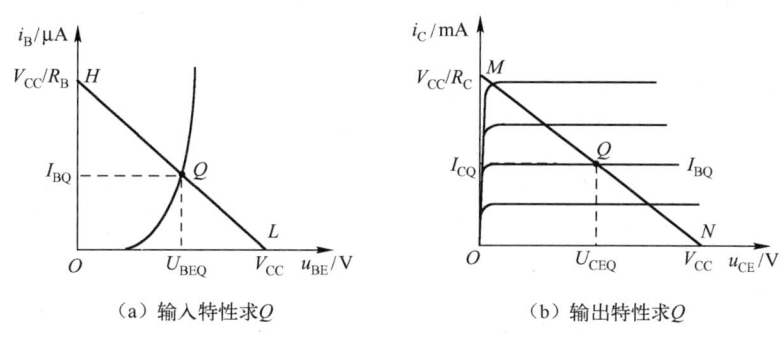

（a）输入特性求 $Q$　　　　　　（b）输出特性求 $Q$

图 2-34　图解法求静态工作点

## 2.4.2 动态分析

动态分析是指对放大电路加上输入信号后 $u_i \neq 0$ 时的工作状态进行分析，确定晶体管在静态工作点 $Q$ 处各极电流和极间电压的变化量，进而求出放大电路的各项交流指标。利用图解法进行动态分析，是在图解法确定了静态工作点的基础上，在输入、输出特性曲线上画出各极电流和极间电压随输入信号 $u_i$ 变化的波形。

**1. 空载（$R_L = \infty$）**

首先，对共发射极放大电路输出端空载（$R_L = \infty$）时（见图 2-33（a））的工作情况进行动态分析，其交流通路如图 2-33（c）所示。交流通路中的信号全部都是交流量，或者说在输入信号 $u_i$ 的作用下，在电路中引起的静态工作点 $Q$ 处的各极电流和电压的变化量。

（1）**在输入特性上画出 $i_B$ 和 $u_{BE}$ 的波形**　设输入信号为正弦波电压 $u_i = U_{im}\sin\omega t$（mV）加到放大电路图 2-33（a）所示的输入端。此时，基-射极的瞬时电压 $u_{BE}$ 是在其静态工作点 $Q$ 处基-射极直流电压 $U_{BEQ}$ 基础上叠加了交流电压 $u_i$，即 $u_{BE} = U_{BEQ} + u_i$。由图 2-33（c）所示交流通路可见，晶体管基-射极电压的变化量 $u_{be} = u_i$，从而引起基极瞬时电流 $i_B$ 的变化 $i_b$，$i_B = I_{BQ} + i_b$。

在输入特性上静态工作点 $Q$ 处画出 $u_{be} = u_i$ 的波形。若静态工作点设置合适，则 $u_{be}$ 的变化应该在输入特性曲线的线性段。这样 $i_b$ 与 $u_{be}$ 可认为是线性关系，从而使得 $i_b$ 的变化规律也是正弦波 $i_b = I_{bm}\sin\omega t$。基极瞬时电流 $i_B$ 将在 $I_{BQ} + I_{bm}$ 与 $I_{BQ} - I_{bm}$ 之间波动，如图 2-35（a）所示。$I_{bm}$ 为正弦交流电流 $i_b$ 的幅值。

（2）**在输出特性上画出 $i_C$ 和 $u_{CE}$ 的波形**　共发射极放大电路如图 2-33（a）所示，输出端空载（$R_L = \infty$）。若静态工作点 $Q$ 设置合适，则晶体管工作在放大状态，有 $i_C = \beta i_B$ 成立。集电极瞬时电流 $i_C$ 是在静态工作电流 $I_{CQ}$ 的基础上叠加了交流变化量 $i_c$（$i_c = \beta i_b = \beta I_{bm}\sin\omega t = I_{cm}\sin\omega t$ 按正弦规律变化），即 $i_C = I_{CQ} + i_c$，$i_c$ 也是正弦波。

由图 2-33（c）所示交流通路可见，空载时集电极电流变化量 $i_c$ 全部流过电阻 $R_C$，产生集-射极

交流电压 $u_{ce}$

$$u_{ce} = -i_c R_C = -I_{cm} R_C \sin\omega t \qquad (2-45)$$

即

$$i_c = -u_{ce}/R_C$$

$u_{ce}$ 就是送给负载的输出电压 $u_o$，也是正弦波。式（2-45）就是空载时放大电路的交流负载线，其斜率为 $-1/R_C$，与直流负载线斜率相同。并且，在 $u_i$ 过零时，$u_o$ 也过零，此时的工作点就是直流（静态）工作点 $Q$。所以，空载时的交流负载线（过点 $Q$，且斜率为 $-1/R_C$）与直流负载线重合。

在输出特性曲线上，$i_B$ 在 $I_{BQ}+I_{bm}$ 与 $I_{BQ}-I_{bm}$ 之间变化时，直流负载线 $MN$ 与 $i_B = I_{BQ}+I_{bm}$ 和 $i_B = I_{BQ}-I_{bm}$ 两条输出特性的交点分别为 $A$ 和 $B$。$i_C$ 和 $u_{CE}$ 沿负载线 $MN$ 在 $A$ 和 $B$ 之间变化，变化规律为 $Q \to A \to Q \to B \to Q$。$i_C$ 在 $I_{CQ}+I_{cm}$ 与 $I_{CQ}-I_{cm}$ 之间波动，$u_{CE}$ 在 $U_{CEQ}-u_{cem}$ 与 $U_{CEQ}+u_{cem}$ 之间波动，集-射极瞬时电压 $u_{CE} = U_{CEQ} + u_{ce}$，波形如图 2-35（b）所示。

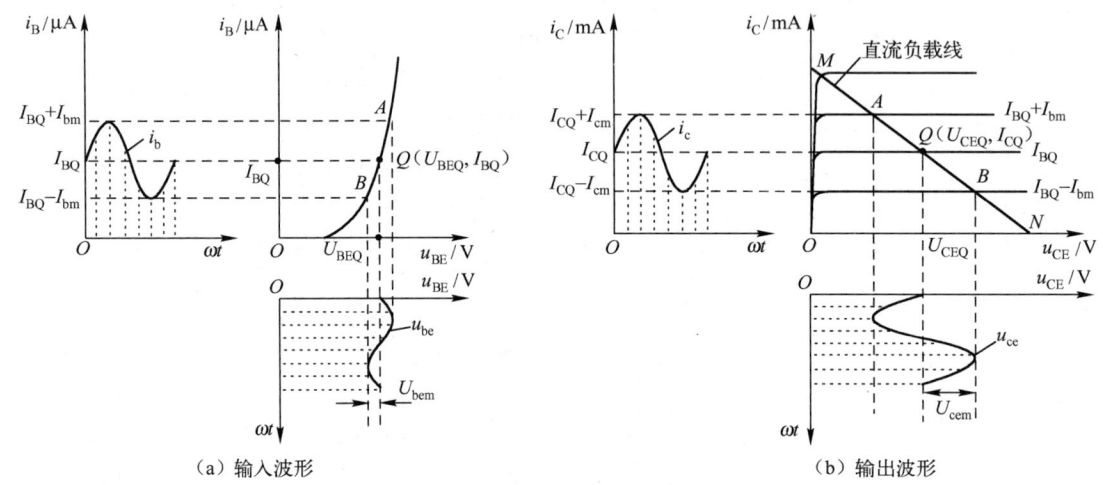

（a）输入波形　　　　　　　　　　　　（b）输出波形

图 2-35　图解法求各电极电流电压波形

由图 2-35 可知，输出电压 $u_{ce}$（即 $u_o$）与输入电压 $u_i$ 反相。

### 2. 带负载（$R_L$）

当放大电路工作时，图 2-33（a）的输出端接负载 $R_L$ 如图 2-36（a）所示。由于电容 $C_2$ 有隔直流作用，因而放大电路的直流通路与不接负载时一样，如图 2-33（b）所示，其静态工作点不受影响。而在动态情况下，电容 $C_2$ 对交流信号可看做短路，其交流通路如图 2-36（b）所示。

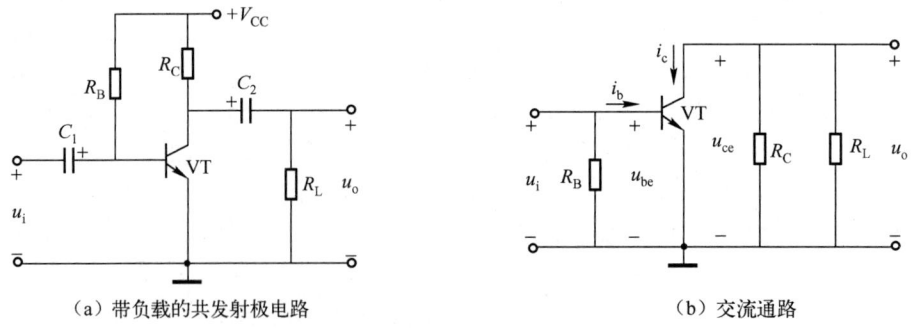

（a）带负载的共发射极电路　　　　　　　（b）交流通路

图 2-36　带负载的共发射极放大电路

从交流通路可知，带负载时输出回路中电阻 $R_C$ 与 $R_L$ 并联，其并联等效电阻称为放大电路的交流负载电阻 $R_L'$，即

$$R_L' = R_C /\!/ R_L \qquad (2-46)$$

在交流输入信号 $u_i$ 的作用下,集电极交流电流 $i_c$ 是流过交流负载电阻 $R_L'$ 的电流,而 $R_L'$ 两端的电压即输出电压 $u_o$,所以

$$u_{ce} = -i_c(R_C /\!/ R_L) = -i_c R_L' = u_o \tag{2-47}$$

交流负载线的斜率为 $-1/R_L'$。

交流负载线与直流负载线的公共点为静态工作点 $Q$。因为在线性工作范围内,输出电压 $u_o$ 的波形不失真,输入信号 $u_i$ 在变化过程中一定经过零点,$u_i = 0$ 时,输出信号 $u_o = 0$,该点就是静态工作点 $Q$。

**交流负载线是过静态工作点 $Q$ 且斜率为 $-1/R_L'$ 的直线,**如图 2-37(a)所示。因为 $R_L' < R_C$,带负载时的交流负载线比直流负载线(斜率为 $-1/R_C$)陡,所以对于同样的输入信号 $u_i$,带负载时 $i_b$ 和 $i_c$ 的变化情况与空载时的一样。但是,带负载时输出交流信号 $u_{ce} = -i_c R_L'$ 与空载时 $u_{ce} = -i_c R_C$ 的情况不同。带负载时输出电压 $u_o$ 的幅值 $u_{cem} = I_{cm} R_L'$ 小于空载时的输出电压幅值 $u_{cem} = I_{cm} R_C$,如图 2-37(b)所示。用图解法分析动态过程,带负载时应以交流负载线为准分析各极电流、电压的波形。

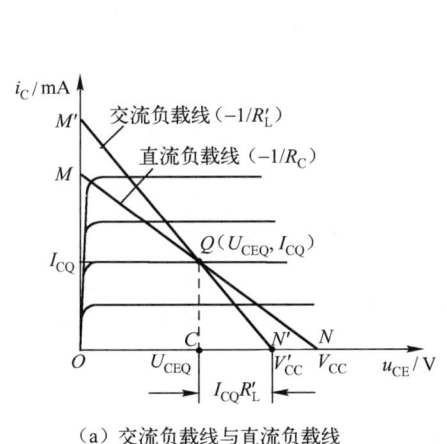

（a）交流负载线与直流负载线

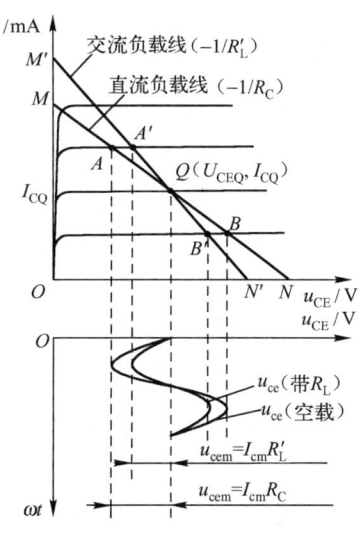

（b）带负载与空载输出波形比较

图 2-37　交流负载线及其输出波形

在图 2-37(a)中,静态工作点 $Q(U_{CEQ}, I_{CQ})$ 在横轴上的投影为点 $C(U_{CEQ}, 0)$,设交流负载线(斜率为 $-1/R_L'$)过 $Q$ 点与横轴相交于点 $N'(V_{CC}', 0)$,点 $Q$ 和 $N'$ 是交流负载线上的两个点,交流负载线的斜率 $K$ 可用这两个点的纵坐标之差与横坐标之差的比值来表示

$$K = \frac{Y_{N'} - Y_Q}{X_{N'} - X_Q} = \frac{0 - I_{CQ}}{V_{CC}' - U_{CEQ}} = -\frac{I_{CQ}}{V_{CC}' - U_{CEQ}} = -\frac{1}{R_L'}$$

即

$$V_{CC}' - U_{CEQ} = I_{CQ} R_L' \tag{2-48}$$
$$V_{CC}' = U_{CEQ} + I_{CQ} R_L'$$

**注意:**① 交流负载线是有交流输入信号时工作点的运动轨迹;② 空载时的交流负载线与直流负载线重合。

### 2.4.3　电路参数对静态工作点的影响

**1. 改变 $R_B$ 对静态工作点 $Q$ 的影响**

图 2-33(b)中的输入回路直流负载线 $U_{BE} = V_{CC} - I_B R_B$,它在横轴上的截距为 $V_{CC}$,在纵轴上的截

距为 $V_{CC}/R_B$。只改变 $R_B$，其他参数不变，输出回路直流负载线不变（$U_{CE} = V_{CC} - I_C R_C$），但因基极电流 $I_B$ 发生变化，静态工作点 $Q$ 的位置将受影响。

（1）**增大 $R_B$，$I_B$ 减小，$Q$ 趋近截止区** 增大 $R_B$，其他参数不变，输入回路直流负载线在输入特性上与纵轴的截距 $V_{CC}/R_B$ 将变小。它与纵轴的交点向下移动，静态工作点 $Q$ 将向下移动趋近于截止区，如图 2-38（a）中的 $Q''$，基极电流 $I_B$ 减小。在输出特性曲线上，静态工作点 $Q$ 将沿直流负载线向右下方移动趋近于截止区，如图 2-38（b）中的 $Q''$。

（2）**减小 $R_B$，$I_B$ 增大，$Q$ 趋近饱和区** 减小 $R_B$，其他参数不变，直流负载线在纵轴上的截距 $V_{CC}/R_B$ 将变大。它与纵轴的交点向上移动，静态工作点 $Q$ 将向上移动，如图 2-38（a）中的 $Q'$，基极电流 $I_B$ 增大。在输出特性曲线上，静态工作点 $Q$ 沿直流负载线向左上方移动趋近于饱和区，如图 2-38（b）中的 $Q'$。

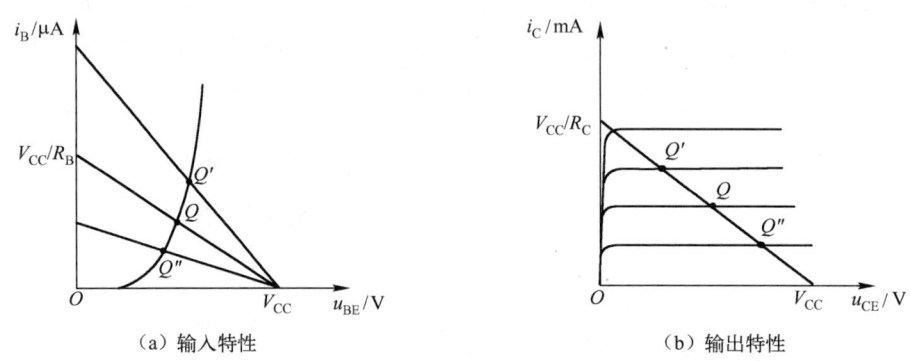

图 2-38 改变 $R_B$ 对静态工作点的影响

### 2. 改变 $R_C$ 对静态工作点 $Q$ 的影响

图 2-33（b）中的输出回路直流负载线 $U_{CE} = V_{CC} - I_C R_C$，它在横轴上的截距为 $V_{CC}$，在纵轴上的截距为 $V_{CC}/R_C$。因只改变 $R_C$，其他参数不变，故基极电流 $I_{BQ}$ 不变，如图 2-39（a）所示；直流负载线与输出特性上 $I_{BQ}$ 的那条特性曲线的交点为静态工作点 $Q$，如图 2-39（b）所示。

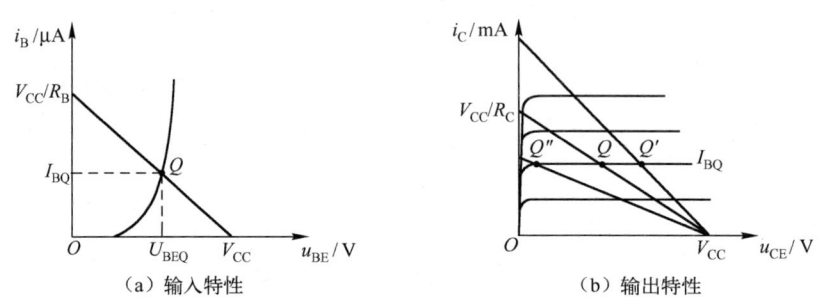

图 2-39 改变 $R_C$ 对静态工作点的影响

（1）**增大 $R_C$，$Q$ 趋近于饱和区** 增大 $R_C$，其他参数不变，直流负载线在纵轴上的截距 $V_{CC}/R_C$ 将变小。它与纵轴的交点向下移动，直流负载线变平坦，工作点 $Q$ 将沿 $i_B = I_{BQ}$ 这条特性曲线向左移趋近于饱和区，如图 2-39（b）中的 $Q''$。

（2）**减小 $R_C$，$Q$ 远离饱和区** 减小 $R_C$，其他参数不变，基极电流 $I_{BQ}$ 不变，直流负载线在纵轴上的截距 $V_{CC}/R_C$ 将变大，它与纵轴的交点向上移动，直流负载线变陡。工作点 $Q$ 将沿 $i_B = I_{BQ}$ 这条特性曲线向右移远离饱和区，如图 2-39（b）中的 $Q'$。

在实际中，直流电源和晶体管一旦确定，轻易不会改变。对图 2-33 所示的基本共发射极放大电路，静态工作点的调整主要通过调整基极偏置电阻 $R_B$ 和集电极电阻 $R_C$ 来实现。

### 2.4.4 非线性失真

直流工作点的位置如果设置不当,或者输入信号太大使放大电路的工作范围超出了晶体管特性曲线的线性工作范围,就会使放大电路输出波形产生明显的非线性失真。

**1. 静态工作点 $Q$ 过低引起截止失真**

在图 2-40 中,静态工作点 $Q$ 设置过低,在输入电压负半周的部分时间内,动态工作点进入截止区,使 $i_B$ 和 $i_C$ 不能跟随输入变化而恒为零,从而引起 $i_B$、$i_C$ 和 $u_{CE}$ 的波形产生失真。这种失真称为截止失真。对于 **NPN 型管,输出电压波形顶部失真为截止失真;对于 PNP 型管,输出电压波形底部失真为截止失真。**

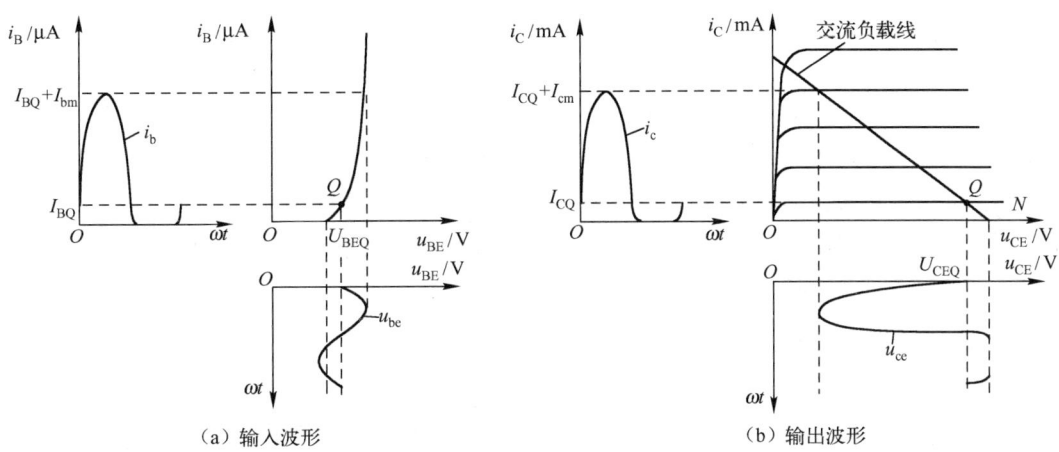

（a）输入波形  （b）输出波形

图 2-40  $Q$ 点过低引起截止失真

输出电压不产生截止失真的条件为 $I_{BQ} > I_{bm}$。

**2. 静态工作点 $Q$ 过高引起饱和失真**

若静态工作点 $Q$ 设置过高,如图 2-41 所示,则在输入电压正半周的部分时间内,动态工作点进入饱和区。此时,当 $i_B$ 增大时,$i_C$ 不能随之增大,从而引起 $i_C$ 和 $u_{CE}$ 波形的失真,这种失真称为饱和失真。**对于 NPN 型管,输出电压波形底部失真为饱和失真;对于 PNP 型管,输出电压波形顶部失真为饱和失真。**

输出电压不产生饱和失真的条件为 $I_{BQ} + I_{bm} < I_{BS}$,$I_{BS}$ 和 $I_{CS}$ 为基极、集电极临界饱和电流。对于图 2-33(a),$I_{BS}$ 为

$$I_{BS} = \frac{I_{CS}}{\beta} = \frac{V_{CC} - U_{CES}}{\beta R_C}$$

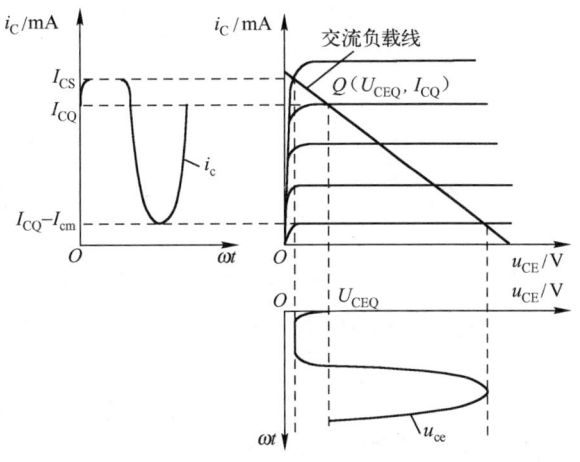

图 2-41  $Q$ 点过高引起饱和失真

**3. 静态工作点 $Q$ 的位置应适中**

静态工作点 $Q$ 的位置应该适中,既不能太高,又不能太低。$Q$ 的位置太高会引起饱和失真,太低会引起截止失真。$Q$ 应选取在输出特性曲线上交流负载线接近中央的位置,如图 2-42(b)所示,图(a)和图(c)都不合适。

静态工作点的选择还要考虑交流输入信号的大小。若输入信号幅度小,则可把静态工作点选得低一些,以减少管子在静态时的功率损耗;若交流输入信号幅度大,则可把静态工作点选得高一

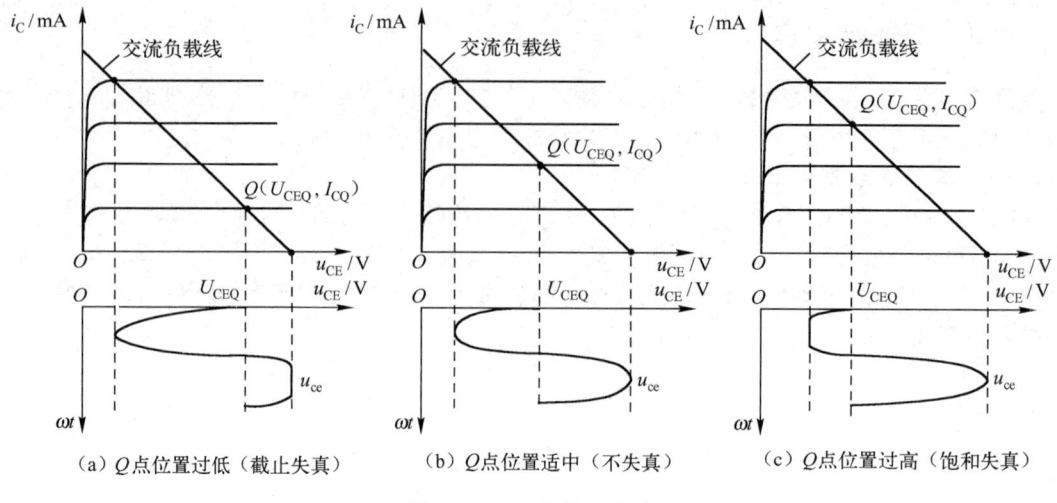

(a) $Q$ 点位置过低（截止失真）　　(b) $Q$ 点位置适中（不失真）　　(c) $Q$ 点位置过高（饱和失真）

图 2-42　$Q$ 点位置选取

些。这些都应以交流输出信号的波形不出现失真为准。

有时，尽管静态工作点位置适当，但当输入信号幅度过大时，输出信号会同时出现饱和失真和截止失真，称之为双向失真。

### 2.4.5　最大输出电压幅值

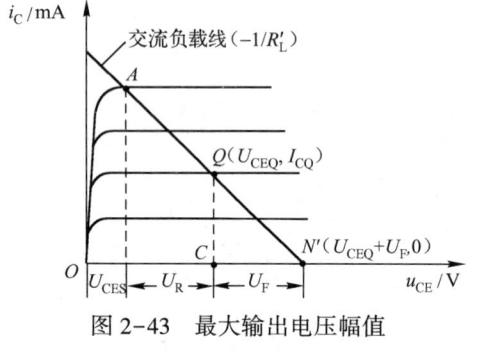

图 2-43　最大输出电压幅值

**1. 最大输出电压幅值**

放大电路在电路参数确定的条件下，输出端不发生饱和失真和截止失真的最大输出信号电压的幅值，称为最大不失真输出电压幅值$(U_{om})_M$。

（1）**受截止失真限制最大不失真输出电压 $U_F$ 的幅度**　带负载时，如图 2-43 所示，考虑截止失真的限制，最大不失真输出电压的幅度应该在交流负载线上求得，由式（2-48）得

$$U_F = I_{CQ} R_L'$$

（2）**受饱和失真限制最大不失真输出电压 $U_R$ 的幅度**

$$U_R = U_{CEQ} - U_{CES} \tag{2-49}$$

其中，$U_{CES}$ 表示晶体管的临界饱和压降。为了留有余地，一般取为 1 V。

（3）**最大不失真输出电压$(U_{om})_M$**　放大电路最大不失真输出电压的峰值$(U_{om})_M$ 为 $U_F$ 和 $U_R$ 所确定数值中较小的一个，即

$$(U_{om})_M = \min\{U_R, U_F\} = \min\{U_{CEQ} - U_{CES}, I_{CQ} R_L'\} \tag{2-50}$$

**2. 放大电路输出动态范围 $U_{OPP}$**

由于受晶体管截止和饱和的限制，放大电路的不失真输出电压有一个范围，其最大值称为放大电路输出动态范围 $U_{OPP}$。

输出动态范围 $U_{OPP}$ 为最大不失真输出电压的幅度$(U_{om})_M$ 的 2 倍，即

$$U_{OPP} = 2(U_{om})_M \tag{2-51}$$

为了充分利用晶体管的放大区，使输出动态范围最大，静态工作点 $Q$ 应选在交流负载线的接近中点处，使 $U_F = U_R$，输出动态范围达最大值：$U_{OPP} = 2U_F = 2U_R = U_F + U_R$。

**【例 2-6】**　共发射极放大电路如图 2-44（a）所示，晶体管的输出特性曲线如图 2-44（b）所示，

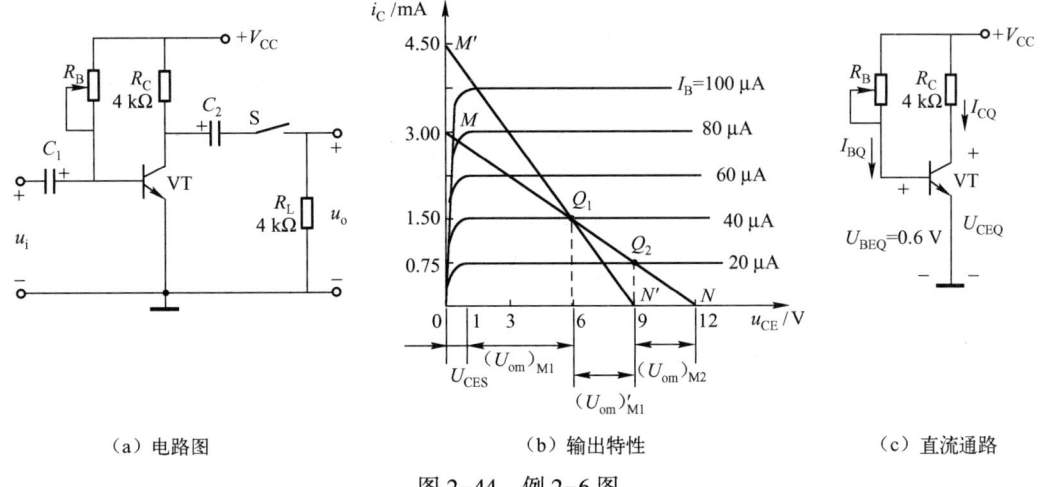

| （a）电路图 | （b）输出特性 | （c）直流通路 |

图 2-44　例 2-6 图

设晶体管的 $V_{CC} = +12\text{ V}$，$U_{BEQ} = 0.6\text{ V}$，$U_{CES} = 1\text{ V}$。试求：

（1）在输出特性曲线上分别画出当基极电阻为 $R_{B1} = 285\text{ k}\Omega$、$R_{B2} = 570\text{ k}\Omega$ 两种情况时的静态工作点 $Q_1$ 和 $Q_2$，当开关 S 断开时，分别求出这两种情况下的最大不失真输出电压幅值 $(U_{om})_{M1}$ 和 $(U_{om})_{M2}$。

（2）当开关 S 闭合，$R_{B1} = 285\text{ k}\Omega$ 时，求出最大不失真输出电压幅值 $(U_{om})'_{M1}$。

**解：**（1）在图 2-44（b）输出特性上作直流负载线 $MN$，求 $Q_1$、$Q_2$ 及 $(U_{om})_{M1}$ 和 $(U_{om})_{M2}$。

图 2-44（a）的直流通路如图 2-44（c）所示，输入回路满足

$$I_{BQ} = \frac{V_{CC} - U_{BEQ}}{R_B}$$

当 $R_{B1} = 285\text{ k}\Omega$ 时

$$I_{BQ1} = \frac{V_{CC} - U_{BEQ}}{R_{B1}} = \frac{(12 - 0.6)\text{ V}}{285\text{ k}\Omega} = 40\text{ μA}$$

当 $R_{B2} = 570\text{ k}\Omega$ 时

$$I_{BQ2} = \frac{V_{CC} - U_{BEQ}}{R_{B2}} = \frac{(12 - 0.6)\text{ V}}{570\text{ k}\Omega} = 20\text{ μA}$$

输出回路满足 $V_{CC} = I_{CQ}R_C + U_{CEQ}$，即 $12 = 4I_{CQ} + U_{CEQ}$。

过 $M(0,3\text{ mA})$ 和 $N(12\text{ V},0)$ 作输出回路的直流负载线 $MN$，它与 $I_{BQ1} = 40\text{ μA}$，$I_{BQ2} = 20\text{ μA}$ 的输出特性曲线的交点分别为静态工作点 $Q_1$ 和 $Q_2$。其中，$Q_1$ 对应 $U_{CEQ1} = 6\text{ V}$，$I_{CQ1} = 1.5\text{ mA}$；$Q_2$ 对应 $U_{CEQ2} = 9\text{ V}$，$I_{CQ2} = 0.75\text{ mA}$。

当开关 S 断开即空载时，$R_{B1} = 285\text{ k}\Omega$，$Q_1$ 距离饱和区较近，最大不失真输出电压幅值为

$$(U_{om})_{M1} = U_{CEQ1} - U_{CES} = 6 - 1 = 5\text{ V}$$

开关 S 断开，$R_{B2} = 570\text{ k}\Omega$ 时，$Q_2$ 距离截止区较近，最大不失真输出电压幅值为

$$(U_{om})_{M2} = V_{CC} - U_{CEQ2} = 12 - 9 = 3\text{ V}$$

（2）当开关 S 闭合即带负载 $R_L$ 时，$R_{B1} = 285\text{ k}\Omega$，过 $Q_1$ 做交流负载线 $M'N'$，其斜率为 $-1/R'_L$，$R'_L = R_C /\!/ R_L = 2\text{ k}\Omega$，$N'$ 点横坐标 $V'_{CC}$

$$V'_{CC} = U_{CEQ} + I_{CQ1}R'_L = 6 + 1.5 \times 2 = 9\text{ V}$$

最大不失真输出电压幅值 $(U_{om})'_{M1}$ 为

$$(U_{om})'_{M1} = I_{CQ1}R'_L = 3\text{ V}$$

**【例 2-7】** 放大电路如图 2-45（a）所示，晶体管的输出特性和直流负载线 $MN$ 以及交流负载线 $M'N'$ 如图 2-45（b）所示。已知 $U_{BEQ} = 0.7\text{ V}$，试求：（1）基极电阻 $R_B$、集电极电阻 $R_C$ 和负载电阻 $R_L$ 的值；（2）最大不失真输出电压 $(U_{om})_M$。

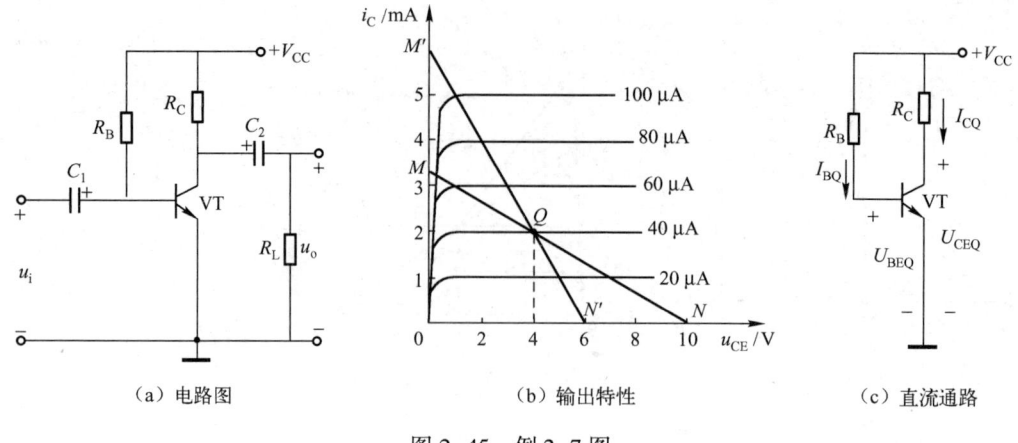

（a）电路图　　　　　　　　（b）输出特性　　　　　　　　（c）直流通路

图 2-45　例 2-7 图

**解**：（1）图 2-45（b）中的静态工作点 $Q$ 在 $I_{BQ}=40\ \mu A$ 的曲线上，对应 $U_{CEQ}=4\ V$，$I_{CQ}=2\ mA$；直流负载线 $MN$ 与横轴的交点 $N(10,0)$，$N$ 点横坐标即电源电压 $V_{CC}=10\ V$；交流负载线 $M'N'$ 与横轴的交点 $N'(6,0)$，$N'$ 点横坐标 $V'_{CC}=6\ V$。又因为

$$V'_{CC}=U_{CEQ}+I_{CQ}R'_L=4\ V+2\ V$$

$$I_{CQ}R'_L=2\ V$$

图 2-45（a）电路中的直流通路如图 2-45（c）所示，输入回路满足：$V_{CC}=I_{BQ}R_B+U_{BEQ}$，所以

$$R_B=\frac{V_{CC}-U_{BEQ}}{I_{BQ}}=\frac{10\ V-0.7\ V}{40\ \mu A}=232.5\ k\Omega$$

输出回路（即直流负载线 $MN$）满足 $V_{CC}=I_{CQ}R_C+U_{CEQ}$，可求得

$$R_C=\frac{V_{CC}-U_{CEQ}}{I_{CQ}}=\frac{10\ V-4\ V}{2\ mA}=3\ k\Omega$$

由 $I_{CQ}R'_L=2\ V$ 可得　　　　　　　　$R'_L=2\ V/2\ mA=1\ k\Omega$

又 $R'_L=\dfrac{R_CR_L}{R_C+R_L}$，所以　　　　$R_L=\dfrac{R_CR'_L}{R_C-R'_L}=\dfrac{3\times1}{3-1}=1.5\ k\Omega$

（2）因 $Q$ 点靠近截止区，受截止失真的限制，从交流负载线可知，最大不失真输出电压为

$$(U_{om})_M=I_{CQ}R'_L=2\ V$$

图解分析法可以直观、全面地表示放大电路的工作情况。通过选择电路参数，在特性曲线上合理地设置静态工作点，可以分析最大不失真输出电压、失真情况并估算动态工作范围。其缺点是，在特性曲线上画图比较烦琐，误差大，信号频率较高时特性曲线不再适用。因此，图解法只适合分析输出幅值比较大且工作频率较低的情况，在分析其他动态指标，如输入电阻、输出电阻等时比较困难。2.5 节将要讨论更为简便、有效的分析方法，即微变等效电路分析法。

**【思考题】**

1. 放大电路的静态工作点对输出波形有什么影响？
2. 交、直流负载线有何区别？
3. 如何在输出特性曲线上求取最大不失真输出电压 $(U_{om})_M$？

## 2.5　放大电路的微变等效电路分析法

晶体管是一个非线性元件，含有晶体管的放大电路是一个非线性电路，而分析非线性电路较为复杂。为了寻求更为有效的分析方法，提出了微变等效电路分析法。其指导思想是，在放大电路输入信号很小（微变）时，晶体管在小范围内的输入、输出特性曲线可近似用直线来代替。即在一个很小的范围内,可认为晶体管的电压、电流变化量之间的关系是线性的,这样就可以给晶体管建立一个小信号的线性模型,把晶体管近似用一个等效的线性电路来代替。将晶体管这个非线性元件进行线性化处理,从而把含有非线性元件晶体管的放大电路,转化为人们熟悉的线性电路来分析。

### 2.5.1 晶体管的低频微变等效模型

#### 1. 低频 H 参数电路模型

晶体管虽然具有非线性的输入、输出特性,但当它工作于小信号时,工作点只在 $Q$ 点附近一个很小的范围内移动。即各电量的总瞬时值 $i_B$、$u_{BE}$、$i_C$ 和 $u_{CE}$ 在直流分量 $I_{BQ}$、$I_{CQ}$、$U_{BEQ}$ 和 $U_{CEQ}$ 的基础上变化时,其变化量(即交流分量)$i_b$、$i_c$、$u_{be}$ 和 $u_{ce}$ 很小。在这一范围内,可近似认为晶体管的输入、输出特性是线性的,因此可以用一个线性的二端口网络来等效非线性的晶体管,如图2-46所示。所谓等效,是指图2-46(a)与(b)二者的输入回路电压和电流及输出回路电压和电流均具有相同的关系。这种方法可以不管电路内部的结构,只需要知道网络的外部特性就可以了。

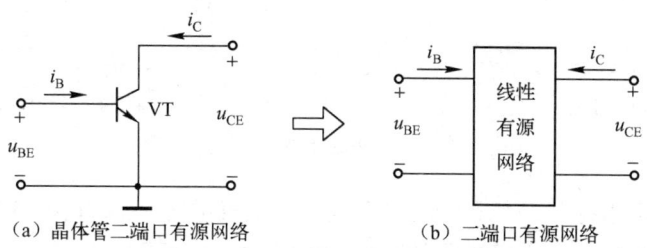

(a) 晶体管二端口有源网络　　　　(b) 二端口有源网络

图 2-46　共发射极晶体管二端口网络

根据晶体管端口电压、电流关系可导出晶体管的 H 参数电路模型。

对于图2-46(a)所示的共发射极晶体管,在低频工作条件下,当把它看成一个二端口网络时,输入和输出回路的电压、电流关系可表示为

$$u_{BE} = f_1(i_B, u_{CE}) \tag{2-52}$$
$$i_C = f_2(i_B, u_{CE}) \tag{2-53}$$

在工作点 $Q$ 处,对以上两式取全微分,则

$$du_{BE} = \frac{\partial u_{BE}}{\partial i_B}\bigg|_{U_{CEQ}} di_B + \frac{\partial u_{BE}}{\partial u_{CE}}\bigg|_{I_{BQ}} du_{CE} \tag{2-54}$$

$$di_C = \frac{\partial i_C}{\partial i_B}\bigg|_{U_{CEQ}} di_B + \frac{\partial i_C}{\partial u_{CE}}\bigg|_{I_{BQ}} du_{CE} \tag{2-55}$$

假设晶体管工作在小信号状态下,其电流和电压的变化没有超过晶体管输入和输出特性曲线的线性范围。式(2-54)及式(2-55)中无限小的增量 $du_{BE}$、$di_B$、$du_{CE}$ 和 $di_C$ 就可以用有限的增量 $\Delta u_{BE}$、$\Delta i_B$、$\Delta u_{CE}$ 和 $\Delta i_C$ 来代替,即可用电压及电流的交流分量 $u_{be}$、$i_b$、$u_{ce}$ 和 $i_c$ 来代替。以上两式可写为

$$u_{be} = h_{11e}i_b + h_{12e}u_{ce} \tag{2-56}$$
$$i_c = h_{21e}i_b + h_{22e}u_{ce} \tag{2-57}$$

其中,$h_{11e} = \dfrac{\partial u_{BE}}{\partial i_B}\bigg|_{U_{CEQ}} \approx \dfrac{\Delta u_{BE}}{\Delta i_B}\bigg|_{U_{CEQ}}$ 是晶体管输出端交流短路($\Delta u_{CE} = 0$,即输出电压恒定 $u_{CE} = U_{CEQ}$)时,b 和 e 间的输入电阻(即输入交流电压与输入交流电流之比)常用符号 $r_{be}$ 表示,单位为 $\Omega$(欧姆)。$h_{11e}$ 在几何意义上表示:输入特性曲线上静态工作点 $Q$ 处切线斜率的倒数,如图2-47(a)所示。

$h_{12e} = \dfrac{\partial u_{BE}}{\partial u_{CE}}\bigg|_{I_{BQ}} \approx \dfrac{\Delta u_{BE}}{\Delta u_{CE}}\bigg|_{I_{BQ}}$ 是晶体管输入端交流开路($\Delta i_B = 0$,输入电流恒定 $i_B = I_{BQ}$)时的反向电压

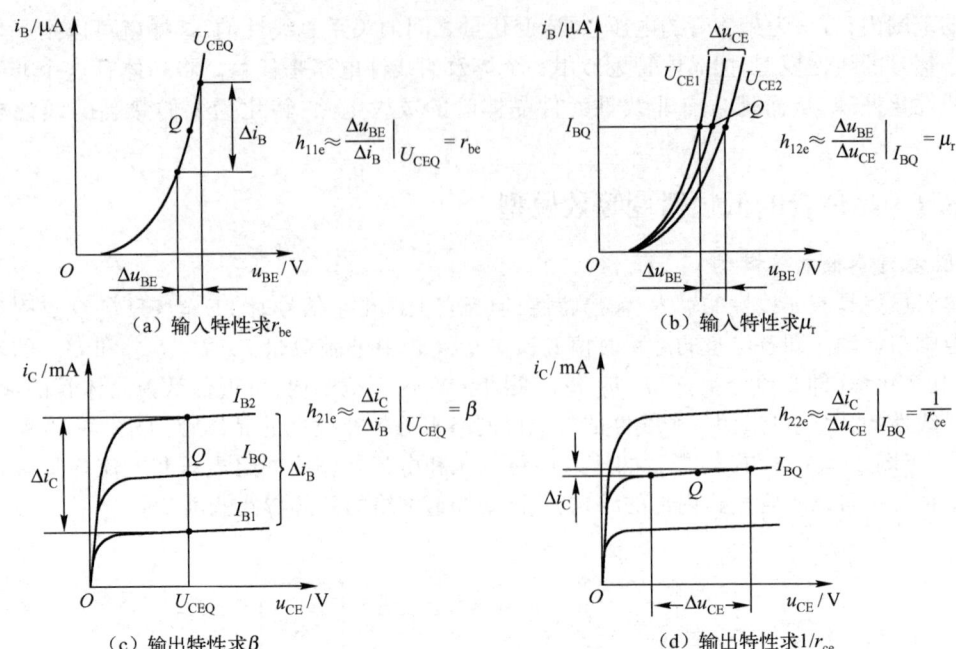

图 2-47　特性曲线上求晶体管 H 参数

传输系数(无量纲),常用符号 $\mu_r$ 表示。$h_{12e}$ 在几何意义上表示:$Q$ 点附近,两条对应于不同 $u_{CE}$(其差值为 $\Delta u_{CE}$)值的输入特性曲线之间的横向距离(如图 2-47(b)所示),$h_{12e}$ 的值通常小于 $10^{-2}$。

$$h_{21e} = \frac{\partial i_C}{\partial i_B}\bigg|_{U_{CEQ}} \approx \frac{\Delta i_C}{\Delta i_B}\bigg|_{U_{CEQ}}$$ 是晶体管输出端交流短路时的正向电流传输系数,即交流共射集-基电流放大系数(无量纲),常用符号 $\beta$ 表示。$h_{21e}$ 在几何意义上表示:$Q$ 点处两条对应于不同 $i_B$ 值的输出特性曲线之间的垂直距离,如图 2-47(c)所示。

$$h_{22e} = \frac{\partial i_C}{\partial u_{CE}}\bigg|_{I_{BQ}} \approx \frac{\Delta i_C}{\Delta u_{CE}}\bigg|_{I_{BQ}}$$ 是晶体管输入端交流开路时的输出电导,即集-射极电压变化对集电极电流的影响,单位为 S(西门子)。其倒数就是晶体管的输出电阻,常用 $r_{ce}$ 表示。$h_{22e}$ 在几何意义上表示:在输出特性曲线上静态工作点 $Q$ 处的斜率(如图 2-47(d)所示)。其值一般很小为 $10^{-5}$ S,即输出电阻 $r_{ce}$ 很大。

上述 4 个参数的下标都标有"e",表示它们是晶体管共射接法下的参数,但是具有不同的量纲,所以称为混合参数,即 H 参数。

用常用符号表示式(2-56)和式(2-57)可得

$$u_{be} = r_{be}i_b + \mu_r u_{ce} \tag{2-58}$$

$$i_c = \beta i_b + \frac{1}{r_{ce}}u_{ce} \tag{2-59}$$

由式(2-58)可知,晶体管输入电压 $u_{be}$ 由两部分电压组成:一部分是电压 $r_{be}i_b$,表示输入电流 $i_b$ 在输入电阻 $r_{be}$ 上的压降;另一部分是电压 $\mu_r u_{ce}$,表示输出电压 $u_{ce}$ 对输入电压 $u_{be}$ 的反作用,可用一个电压控制电压源来等效其作用。由式(2-59)可知,晶体管输出电流 $i_c$ 由两部分电流组成:一部分是电流 $\beta i_b$,表示输入电流 $i_b$ 对输出电流 $i_c$ 的控制作用,可用电流控制电流源来等效其作用;另一部分是电流 $u_{ce}/r_{ce}$,表示输出电压 $u_{ce}$ 在输出电阻 $r_{ce}$ 上产生的电流。晶体管 H 参数等效电路模型如图 2-48(a)所示。由于推导过程把二端口有源网络看做一个黑盒子,因此该模型也适用于 PNP 管。

对于共射接法的晶体管微变等效电路模型,H 参数的数量级一般为:

$$\begin{bmatrix} h_{11e} & h_{12e} \\ h_{21e} & h_{22e} \end{bmatrix} = \begin{bmatrix} r_{be} & \mu_r \\ \beta & 1/r_{ce} \end{bmatrix} = \begin{bmatrix} 10^3\ \Omega & 10^{-3} \sim 10^{-4} \\ 10^2 & 10^{-5}\ S \end{bmatrix}$$

其中，$h_{12e}$和$h_{22e}$相对来说是很小的，即$\mu_r$很小而$r_{ce}$很大。在大多数情况下都有$\mu_r u_{ce} \ll u_{be}$和$r_{ce} \gg R_L$。在计算时可将其忽略，产生的误差很小，从而可大大简化计算。晶体管的简化 H 参数等效电路模型如图 2-48（b）所示。

若晶体管输入为正弦信号，晶体管的 H 参数等效电路模型中的交流分量$i_b$、$u_{be}$、$i_c$和$u_{ce}$可用交流正弦复数量$\dot{I}_b$、$\dot{U}_{be}$、$\dot{I}_c$和$\dot{U}_{ce}$代替，其简化 H 参数等效电路模型如图 2-48（c）所示。

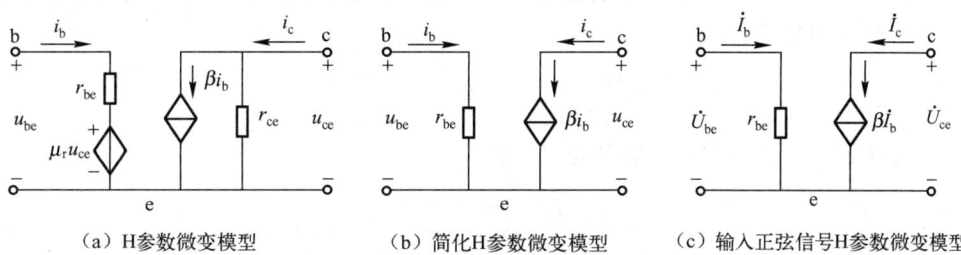

（a）H参数微变模型　　　　（b）简化H参数微变模型　　　　（c）输入正弦信号H参数微变模型

图 2-48　晶体管 H 参数微变等效模型

使用晶体管的简化 H 参数等效电路模型，需要知道其参数值。$\beta$是器件的基本参数，在半导体器件手册上已经给出，$r_{be}$则需要通过估算求得。

**注意**：① 晶体管 H 参数微变等效模型中，$\dot{I}_c = \beta \dot{I}_b$是受控电流源，受$\dot{I}_b$的控制。表示当$\beta$一定时，$\dot{I}_c$电流大小取决于$\dot{I}_b$的值，参考方向与$\dot{I}_b$的参考方向一致。即当$\dot{I}_b$流入基极时，$\dot{I}_c$流入集电极；反之，当$\dot{I}_b$流出基极时，$\dot{I}_c$流出集电极。

② 晶体管微变等效模型中的电量都是微变信号。因此，H 参数模型，即微变等效电路分析法只适用于小信号时分析电路交流特性、求解动态指标，而不能用来分析静态特性，即不能用来求解直流工作点 Q，也不能用来求解总瞬时电压或电流值。

③ 晶体管微变等效模型是在静态工作点 Q 处取全微分推导出来的，因此 H 参数必须用 Q 点的值求出。若 Q 点改变，则 H 参数亦改变。PNP 管与 NPN 管有着相同的 H 参数模型。

④ 晶体管微变等效模型没有考虑结电容的作用，只适用于频率较低的信号，因此也被称为晶体管的低频小信号模型。

**2. $r_{be}$的求取**

晶体管在低频信号下工作时，可略去其结电容的影响，其内部结构可用其物理模型表示，如图 2-49（a）所示。其中，b′为基区内的一个等效点，$r_{b'e'}$和$r_{b'c'}$分别为发射结和集电结的动态电阻，而$r_{bb'}$、$r_e$和$r_c$分别为基区、发射区和集电区的体电阻，$\beta \dot{I}_b$为受控电流源。因为$r_e \ll r_{b'e'}$，$r_c \ll r_{b'c'}$，相对于结电阻$r_{b'e'}$和$r_{b'c'}$，体电阻$r_e$和$r_c$均可略去，即$r_{b'e} = r_{b'e'} + r_e \approx r_{b'e'}$，$r_{b'c} = r_{b'c'} + r_c \approx r_{b'c'}$。根据输入电阻的定义：

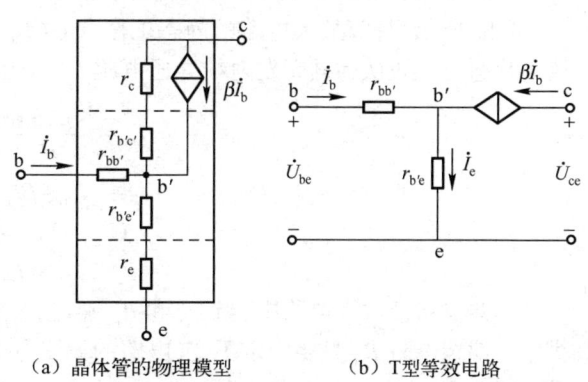

（a）晶体管的物理模型　　　（b）T型等效电路

图 2-49　输入电阻 $r_{be}$ 计算式的导出

$r_{be} = \dfrac{\Delta u_{BE}}{\Delta i_B}\bigg|_{U_{CEQ}} = \dfrac{\dot{U}_{be}}{\dot{I}_b}\bigg|_{\dot{U}_{ce}=0}$，求解$r_{be}$时输出端交流短路$\dot{U}_{ce}=0$，电阻$r_{b'e}$与$r_{b'c}$并联，$r_{b'e}$一般为几欧至几十欧，$r_{b'c}$为几百欧至几十兆欧，$r_{b'e} \ll r_{b'c}$，因此可将$r_{b'c}$略去。这样就得到图 2-49（a）中的 T 型等效电

路,如图 2-49(b)所示。

(1) **发射结电阻 $r_{b'e}$**  根据第 1 章中对 PN 结电流方程的分析可知,发射结电流为

$$i_E = I_S(e^{u_{B'E}/U_T} - 1) \tag{2-60}$$

其中,$u_{B'E}$ 为发射结的电压,$I_S$ 为发射结的反向饱和电流,$u_{B'E} \gg U_T$,所以 $i_E \approx I_S e^{u_{B'E}/U_T}$,则对式(2-60)求导得

$$\frac{1}{r_{b'e}} = \frac{\mathrm{d}i_E}{\mathrm{d}u_{B'E}} = \frac{I_S e^{u_{B'E}/U_T}}{U_T} \approx \frac{i_E}{U_T}$$

发射结电阻 $r_{b'e}$ 为 PN 结伏安特性曲线在静态工作点处切线斜率的倒数。当用 $Q$ 点的切线的斜率取代 $Q$ 点附近的曲线时,则

$$\frac{1}{r_{b'e}} \approx \frac{I_{EQ}}{U_T} \qquad 即 \quad r_{b'e} = \frac{26\ \mathrm{mV}}{I_{EQ}(\mathrm{mA})}$$

(2) **输入电阻 $r_{be}$**  根据输入电阻的定义,则

$$r_{be} = \frac{\dot{U}_{be}}{\dot{I}_b} = \frac{\dot{U}_{bb'} + U_{b'e}}{\dot{I}_b} = \frac{\dot{I}_b r_{bb'}}{\dot{I}_b} + \frac{(1+\beta)\ \dot{I}_b r_{b'e}}{\dot{I}_b} = r_{bb'} + (1+\beta) r_{b'e} \tag{2-61}$$

$$r_{be} = r_{bb'} + (1+\beta) \frac{26\ \mathrm{mV}}{I_{EQ}(\mathrm{mA})} \tag{2-62}$$

$r_{bb'}$ 是从基极引出端 b 到内部端点 b' 之间的基区体电阻,对于低频小功率晶体管,$r_{bb'}$ 为 $100 \sim 300\ \Omega$。估算 $r_{be}$ 时,一般取 $r_{bb'} = 300\ \Omega$,除非题目特别给定。

实验表明,式(2-62)中的 $I_{EQ}$ 有一定的适用范围,$0.1\ \mathrm{mA} < I_{EQ} < 5\ \mathrm{mA}$,超越此范围将给 $r_{be}$ 带来较大误差。

## 2.5.2  共发射极放大电路的分析

微变等效电路分析法,就是利用晶体管微变等效模型分析放大电路,可分三步进行分析。第一步,根据直流通路估算直流工作点 $Q$;第二步,画出放大电路的交流通路,并用晶体管微变等效模型替换晶体管,得出放大电路的微变等效电路;第三步,根据微变等效电路计算放大电路的各项动态性能指标。

### 1. 共发射极放大电路的静态分析

对于图 2-28(a)所示的基本共发射极放大电路做静态分析,就是根据其直流通路(如图 2-28(b)所示)计算放大电路的静态工作点 $Q(I_{BQ}, U_{BEQ}, I_{CQ}, U_{CEQ})$。采用估算法求 $Q$,晶体管处于放大状态时一般认为硅管发射结导通电压 $U_{BEQ} = 0.7\ \mathrm{V}$,则

$$I_{BQ} = \frac{V_{CC} - U_{BEQ}}{R_B} \approx \frac{V_{CC}}{R_B}$$

$$I_{CQ} = \beta I_{BQ}$$

$$U_{CEQ} = V_{CC} - I_{CQ} R_C$$

$$I_{EQ} \approx I_{CQ}$$

基本共发射极放大电路中,当 $V_{CC}$ 和 $R_C$ 确定后,放大电路的静态工作点就由基极偏置电流 $I_{BQ}$ 来决定。偏置电阻 $R_B$ 只要固定不变,电路的偏置电流就是"固定"的。所以,这种电路也叫做固定偏置电路。

### 2. 共发射极放大电路的动态分析

图 2-28(a)中的基本共发射极放大电路的交流通路如图 2-28(c)所示。用晶体管的微变等效模型替换交流通路中的晶体管,就得到基本共发射极放大电路的微变等效电路,如图 2-50(a)所示。对放大电路进行动态分析就是计算放大电路的各项动态性能指标,如 $\dot{A}_u$、$\dot{A}_{us}$、$R_i$ 和 $R_o$ 等。

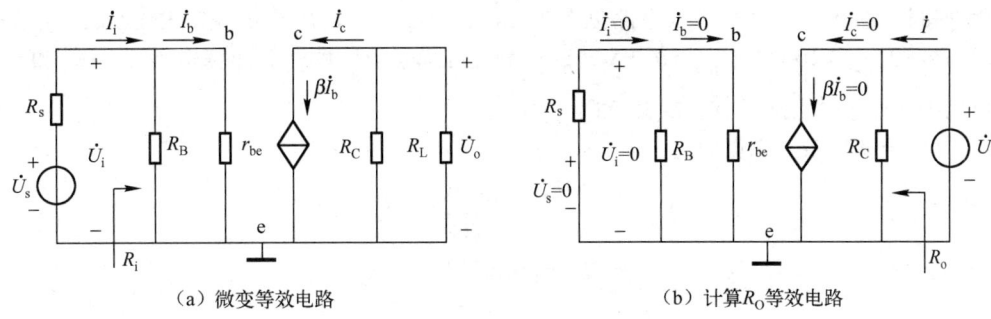

（a）微变等效电路　　　　　　　　　　（b）计算$R_O$等效电路

图 2-50　基本共发射极放大电路的微变等效电路

（1）**电压放大倍数 $\dot{A}_u$**　由图 2-50 中的微变等效电路可知，信号源 $\dot{U}_s$ 为正弦交流信号，放大电路输入端得到的交流输入信号 $\dot{U}_i = \dot{I}_b r_{be}$，负载上得到的交流输出信号 $U_o = -\beta \dot{I}_b (R_C /\!/ R_L) = -\beta \dot{I}_b R'_L$。则该放大电路的电压放大倍数为

$$\dot{A}_u = \frac{\dot{U}_o}{\dot{U}_i} = -\frac{\beta R'_L}{r_{be}} \tag{2-63}$$

其中，$\dot{A}_u$ 为负值，表明共发射极放大电路的输出电压与输入电压反相。

断开负载，空载时（$R_L \to \infty$）的电压放大倍数为

$$\dot{A}_u = \frac{\dot{U}_o}{\dot{U}_i} = -\frac{\beta R_C}{r_{be}} \tag{2-64}$$

（2）**输入电阻 $R_i$**　放大电路的输入电阻是从放大电路输入端看进去的等效电阻。因为图 2-50 中的 $R_B$ 与 $r_{be}$ 并联，流过这个并联等效电阻（$R_B /\!/ r_{be}$）的电流为 $\dot{I}_i$，$\dot{U}_i = \dot{I}_i (R_B /\!/ r_{be})$，故输入电阻为

$$R_i = \frac{\dot{U}_i}{\dot{I}_i} = R_B /\!/ r_{be} \tag{2-65}$$

因为 $r_{be}$ 一般较小，$R_B /\!/ r_{be} \approx r_{be}$，所以 $R_i$ 较小。放大电路的输入电阻 $R_i$ 不包含信号源内阻 $R_S$。

（3）**输出电阻 $R_o$**　放大电路的输出电阻是从放大电路输出端看进去的等效电阻。根据式（2-28）计算输出电阻 $R_o$ 的方法，将图 2-50（a）中的**信号源短路**（即 $\dot{U}_s = 0$，则 $\dot{I}_b = 0$，$\dot{I}_c = \beta \dot{I}_b = 0$，受控电流源所在的 ce 支路电流为零，相当于开路），**保留 $R_S$，断开负载 $R_L$**。此时，从放大电路输出端看进去的等效电阻就是输出电阻 $R_o = R_C$。也可以通过在放大电路的输出端外加电压 $\dot{U}$ 产生相应的电流 $\dot{I}$，则 $\dot{U}$ 与 $\dot{I}$ 的比值 $R_C$ 即为输出电阻（电路如图 2-50（b）所示）

$$R_o = \frac{\dot{U}}{\dot{I}} = R_C \tag{2-66}$$

注意，$R_o$ 常用来考虑放大电路带负载 $R_L$ 的能力，求 $R_o$ 时不包含 $R_L$，要将 $R_L$ 断开。

（4）**源电压放大倍数 $\dot{A}_{us}$**　由 $\dot{A}_{us}$ 的定义及式（2-27）可知

$$\dot{A}_{us} = \frac{\dot{U}_o}{\dot{U}_s} = \frac{R_i}{R_i + R_S} \dot{A}_u \tag{2-67}$$

$|\dot{A}_{us}|$ 总是小于 $\dot{A}_u$。为了提高 $\dot{A}_{us}$ 可以增大输入电阻，$R_i$ 越大，$\dot{U}_i$ 越接近于 $\dot{U}_s$，$|\dot{A}_{us}|$ 也越接近于 $|\dot{A}_u|$。

**【例2-8】** 基本共发射极放大电路见图2-28(a)，$V_{CC}=15$ V，$R_B=560$ kΩ，$R_C=5$ kΩ，$R_S=3$ kΩ，晶体管的 $\beta=80$，$r_{bb'}=100$ Ω，$U_{BEQ}=0.7$ V。试求静态工作点 $Q$，并分别计算空载 $R_L\to\infty$ 和带负载 $R_L=3$ kΩ 时的动态性能指标 $\dot{A}_u$、$R_i$、$R_o$ 和 $\dot{A}_{us}$。

**解：**（1）计算静态工作点 $Q(I_{BQ},I_{CQ},U_{CEQ})$

$$I_{BQ}=\frac{V_{CC}-U_{BEQ}}{R_B}=\frac{15-0.7}{560}=25\ \mu A$$

$$I_{CQ}=\beta I_{BQ}=80\times0.025=2\ mA$$

$$U_{CEQ}=V_{CC}-I_{CQ}R_C=15-2\times5=5\ V$$

$$I_{EQ}\approx I_{CQ}=2\ mA$$

（2）计算晶体管的等效输入电阻 $r_{be}$

$$r_{be}=r_{bb'}+(1+\beta)\frac{26}{I_{EQ}}=100+81\times\frac{26}{2}\approx1.2\ k\Omega$$

（3）计算空载 $R_L\to\infty$ 时的 $\dot{A}_u$、$R_i$、$R_o$ 和 $\dot{A}_{us}$

$$\dot{A}_u=\frac{\dot{U}_o}{\dot{U}_i}=-\frac{\beta R_C}{r_{be}}=-\frac{80\times5}{1.2}=-333.3$$

$$R_i=R_B\ /\!/\ r_{be}\approx r_{be}=1.2\ k\Omega$$

$$R_o=R_C=5\ k\Omega$$

$$\dot{A}_{us}=\frac{\dot{U}_o}{\dot{U}_s}=\frac{R_i}{R_i+R_S}\dot{A}_u\approx-\frac{1.2}{1.2+3}\times333.3=-95.2$$

（4）计算 $R_L=3$ kΩ 时的 $\dot{A}_u$、$R_i$、$R_o$ 和 $\dot{A}_{us}$

$$\dot{A}_u=\frac{\dot{U}_o}{U_i}=-\frac{\beta R'_L}{r_{be}}=-\frac{80\times(5\ /\!/\ 3)}{1.2}=-125$$

$$R_i=R_B\ /\!/\ r_{be}\approx r_{be}=1.2\ k\Omega$$

$$R_o=R_C=5\ k\Omega$$

$$\dot{A}_{us}=\frac{R_i}{R_i+R_S}\dot{A}_u\approx-\frac{1.2}{1.2+3}\times125=-35.7$$

由计算结果可见，带负载时电路的放大倍数比空载时的放大倍数减小了。

从前面的分析可知，共发射极放大电路的特点是：有比较高的电压和电流放大倍数，输出电压与输入电压反相。其缺点是输入电阻较小。它可用于多级放大电路的中间级。

# 2.6  分压式稳定静态工作点电路

## 2.6.1  温度对静态工作点的影响

由前面的讨论可知，放大电路的静态工作点 $Q$ 不但决定了电路是否会产生失真，而且影响着电压放大倍数、输入和输出电阻等动态参数，$Q$ 的位置对其性能有很大影响。因此，合理地选择 $Q$ 点并使之保持稳定，就成为电路正常且稳定工作的关键。

引起 $Q$ 不稳定的因素很多，电源电压的波动、元件的老化和温度的变化都会引起晶体管参数的变化。其中，温度对晶体管参数的影响最为重要。由 2.1.7 节可知，晶体管的参数 $I_{CBO}$、$U_{BE}$ 和 $\beta$ 都随温度的变化而变化。当环境温度升高时，它们变化的总效果是使集电极电流 $I_{CQ}$ 增大，从而引起 $Q$ 点变化。

2.5节介绍的基本共发射极放大电路中，$R_B$固定，其偏置电路应提供固定的基极偏流$I_{BQ} \approx V_{CC}/R_B$。但是当环境温度变化时，$Q$点会发生变化，造成静态工作点的不稳定，从而引起动态参数不稳定。严重时，电路甚至无法正常工作。

## 2.6.2 分压式射极偏置稳定电路

分压式射极偏置稳定电路如图2-51所示。在外界温度变化时，电路能自动调节工作点的位置，从而使$Q$点稳定。下面从静态和动态两方面对其进行分析。

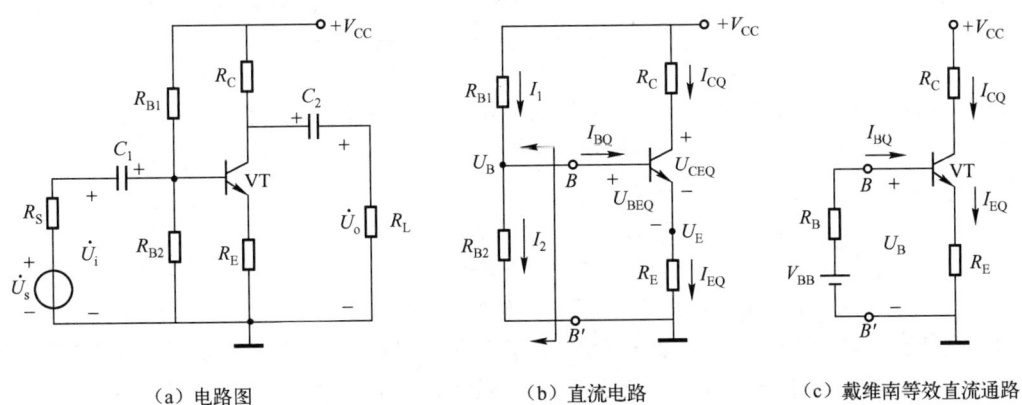

（a）电路图　　　　　　　　　（b）直流电路　　　　　　（c）戴维南等效直流通路

图2-51　分压式射极偏置稳定电路

**1. 静态分析——计算静态工作点**

对于分压式射极偏置稳定电路，计算其静态工作点$Q$。可以采用戴维南等效电路法精确计算，也可以采用估算法。

**方法一：戴维南等效电路法**

首先，画出分压式射极偏置稳定电路的直流通路，如图2-51（b）所示。在$BB'$处断开并向左看，将该二端口网络用戴维南定理等效为一个电压源$V_{BB}$与一个内阻$R_B$串联的形式，求出其等效内阻$R_B$为

$$R_B = R_{B1} /\!/ R_{B2} \tag{2-67}$$

开路电压$V_{BB}$为

$$V_{BB} = \frac{R_{B2}}{R_{B1}+R_{B2}} V_{CC} \tag{2-68}$$

将直流通路等效为图2-51（c）所示电路，输入回路满足方程

$$V_{BB} = I_{BQ}R_B + U_{BEQ} + I_{EQ}R_E \tag{2-69}$$

又因为$I_{EQ} = (1+\beta)I_{BQ}$，可求出

$$I_{BQ} = \frac{V_{BB}-U_{BEQ}}{R_B+(1+\beta)R_E} \tag{2-70}$$

$$I_{CQ} = \beta I_{BQ}$$

$$U_{CEQ} = V_{CC} - I_{CQ}(R_C+R_E) \tag{2-71}$$

**方法二：估算法**

在图2-51（b）所示的直流通路中，采用估算法计算$Q$时，一般要求$I_1 \gg I_{BQ}$，这样就可以忽略$I_{BQ}$的影响，求出基极电位$U_B$。只要参数$R_{B1}$和$R_{B2}$固定，$U_B$就是固定的，即

$$U_B \approx \frac{R_{B2}}{R_{B1}+R_{B2}} V_{CC} \tag{2-72}$$

若满足$U_B \gg U_{BEQ}$，则可求出$I_{CQ}$

$$I_{CQ} \approx I_{EQ} = \frac{U_B - U_{BEQ}}{R_E} \approx \frac{U_B}{R_E} \tag{2-73}$$

$$U_{CEQ} = V_{CC} - I_{CQ}(R_C + R_E)$$

因 $U_B$ 固定,故 $I_{CQ}$ 固定,达到了稳定静态工作点的目的。温度升高时,$Q$ 点自动调整过程如下:假定 $I_C$ 随温度升高而增大,那么 $I_E$ 相应增大,$U_E = I_E R_E$ 同样随之增大。而 $U_B$ 不变,必然使 $U_{BE}$ 比原来小,于是 $I_B$ 将减小,$I_C$ 也相应地减小。上述稳定过程可表示为:

$$T^{\circ}C\uparrow \longrightarrow I_C\uparrow \longrightarrow U_E\uparrow \xrightarrow{\ U_B\text{固定不变}\ } U_{BE}\downarrow$$
$$I_C\downarrow \longleftarrow I_B\downarrow$$

温度下降时,$Q$ 点自动调整过程中各电量的变化与上述相反。这种稳定 $Q$ 点的实质是引入了直流负反馈。为了达到稳定 $Q$ 点的目的,必须满足 $I_1 \gg I_B$ 和 $U_B \gg U_{BE}$,一般取值如下:

| | | |
|---|---|---|
| $I_1 \gg I_B$ | $I_1 = (5 \sim 10)I_B$ | 硅管 |
| | $I_1 = (10 \sim 20)I_B$ | 锗管 |
| $U_B \gg U_{BE}$ | $U_B = (3 \sim 5)\text{V}$ | 硅管 |
| | $U_B = (1 \sim 3)\text{V}$ | 锗管 |

由于锗管的 $I_{CBO}$ 受温度的影响比硅管大,为了保证 $U_B$ 固定,对于 $I_1$ 的相对取值,锗管大于硅管。又因为硅管的发射结导通电压大于锗管,为了保证 $U_B \gg U_{BE}$,硅管 $U_B$ 的取值比锗管大。

在方法一的式(2-70)中,若 $(1+\beta)R_E \gg R_B$,则可忽略 $R_B$ 的作用,从而推出式(2-73),即估算法。

比较两种计算 $Q$ 的方法,估算法的计算结果相对于精确法大约有10%的误差。但考虑到实际元器件参数与其标称值之间往往有 5%~10%(有的甚至更大)的误差,所以10%的计算误差在工程实际中一般是允许的。因为估算法非常简便,所以在工程上被广泛采用。

**2. 动态分析**

分压式射极偏置稳定电路的微变等效电路如图 2-52(a)所示。

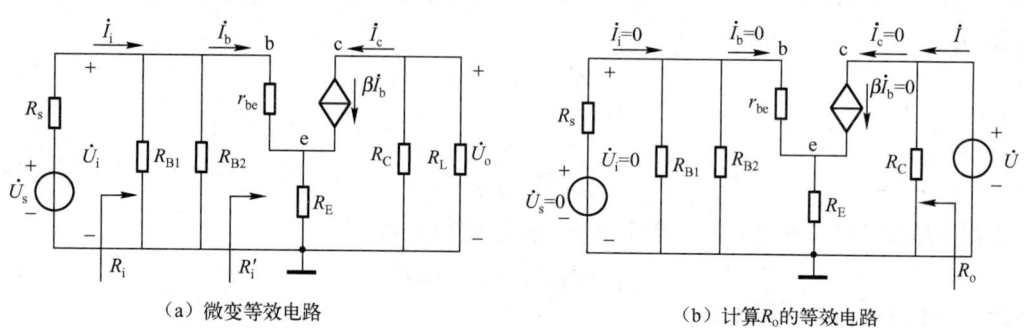

(a) 微变等效电路　　　　　　　(b) 计算 $R_0$ 的等效电路

图 2-52　分压式射极偏置稳定电路的微变等效电路

(1) **电压放大倍数 $\dot{A}_u$**　放大电路交流输入信号 $\dot{U}_i = \dot{I}_b r_{be} + (1+\beta)\dot{I}_b R_E$,负载上得到交流输出信号 $\dot{U}_o = -\beta\dot{I}_b R'_L$,而 $R'_L = R_C \parallel R_L$,则该放大电路的电压放大倍数为

$$\dot{A}_u = \frac{\dot{U}_o}{\dot{U}_i} = -\frac{\beta R'_L}{r_{be} + (1+\beta)R_E} \tag{2-74}$$

将式(2-74)与式(2-63)比较可知,式(2-74)的分母中多了 $(1+\beta)R_E$。所以,分压式射极偏置稳定电路的放大倍数比固定偏置电路的放大倍数减小了,原因就是在电路中引入了射极电阻 $R_E$。$R_E$ 越大,$Q$ 点的稳定性就越好,而 $\dot{A}_u$ 降低得也越多。

（2）**输入电阻 $R_i$** 放大电路的输入电压 $\dot{U}_i = \dot{I}_b r_{be} + (1+\beta) \dot{I}_b R_E$，图 2-52 中的输入电阻 $R'_i$ 为

$$R'_i = \frac{\dot{U}_i}{\dot{I}_b} = r_{be} + (1+\beta) R_E \qquad (2-75)$$

由式（2-75）可见，有 $R_E$ 时 $R'_i$ 提高了。

又因为放大电路的输入电压 $\dot{U}_i = \dot{I}_i(R_{B1} /\!/ R_{B2} /\!/ R'_i)$，所以放大电路的输入电阻 $R_i$ 为

$$R_i = \frac{\dot{U}_i}{\dot{I}_i} = R_{B1} /\!/ R_{B2} /\!/ R'_i \qquad (2-76)$$

（3）**输出电阻 $R_o$** 分压式射极偏置稳定电路，计算 $R_o$ 的等效电路如图 2-52（b）所示。信号源短路，$\dot{U}_s = 0$，$\dot{I}_b = 0$，$\beta \dot{I}_b = 0$，受控电流源所在 ce 支路相当于开路，从放大电路输出端看进去的等效电阻就是 $R_C$，则

$$R_o = \frac{\dot{U}}{\dot{I}} = R_C$$

### 2.6.3 带旁路电容的射极偏置稳定电路

为了解决分压式射极偏置电路放大倍数减小的问题，通常在 $R_E$ 上并联一个大容量的电容 $C_E$，称为射极旁路电容，一般为几十到几百微法，射极带旁路电容的射极偏置电路如图 2-53（a）所示。对于直流而言，$C_E$ 相当于开路，不影响 $R_E$ 对静态工作点的稳定作用，直流通路如图 2-53（b）所示。对交流而言，当 $R_E \gg 1/\omega C_E$ 时，可认为 $C_E$ 对交流短路，微变等效电路如图 2-53（c）所示，射极 e 是交流地，消除了射极电阻 $R_E$ 对放大倍数的影响。但是，引入 $C_E$ 又使放大电路等效的输入电阻减小了，$R_i = R_{B1} /\!/ R_{B2} /\!/ r_{be} \approx r_{be}$。

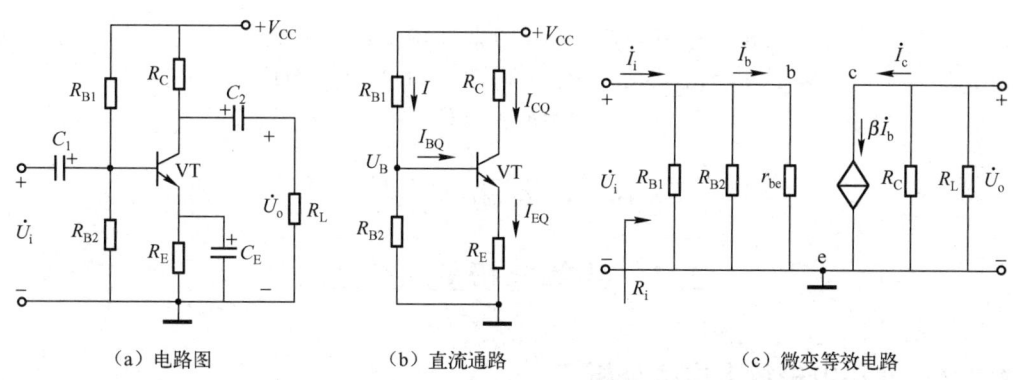

（a）电路图　　　　　　　　（b）直流通路　　　　　　　（c）微变等效电路

图 2-53　带旁路电容的射极偏置稳定电路

为了适当提高输入电阻 $R_i$，又不太影响交流放大倍数，可选择一个折中的办法：在发射极串接两个电阻。一个是小电阻 $R_{E1}$，另一个是大电阻 $R_{E2}$，射极旁路电容 $C_E$ 并联在 $R_{E2}$ 两端，如图 2-54（a）所示。

**【例 2-9】** 放大电路如图 2-54（a）所示。已知 $V_{CC} = 15$ V，$R_S = 500$ Ω，$R_{B1} = 40$ kΩ，$R_{B2} = 20$ kΩ，$R_C = 2$ kΩ，$R_{E1} = 200$ Ω，$R_{E2} = 1.8$ kΩ，$R_L = 2$ kΩ，$C_1 = 10$ μF，$C_2 = 10$ μF，$C_E = 47$ μF。晶体管 VT 的 $\beta = 50$，$r_{bb'} = 300$ Ω，$U_{BE} \approx 0.7$ V。试求：

（1）电路的静态工作点 $Q(I_{CQ}, U_{CEQ})$。

（2）输入电阻 $R_i$、输出电阻 $R_o$ 和电压放大倍数 $\dot{A}_u$ 及 $\dot{A}_{us}$。

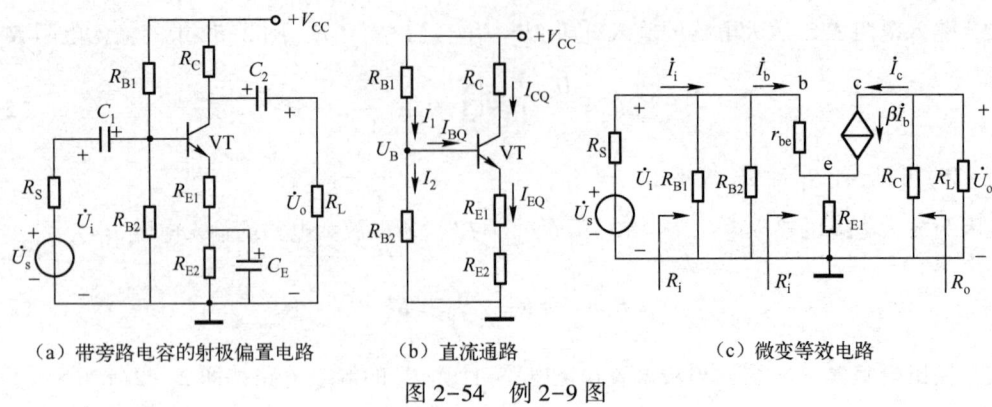

（a）带旁路电容的射极偏置电路　　（b）直流通路　　（c）微变等效电路

图 2-54　例 2-9 图

**解：（1）计算静态工作点 $Q$**　电路的直流通路如图 2-54（b）所示，采用估算法，则

$$U_B \approx \frac{R_{B2}}{R_{B1}+R_{B2}} V_{CC} = \frac{20}{40+20} \times 15 = 5 \text{ V}$$

$$I_{CQ} \approx I_{EQ} = \frac{U_B - U_{BEQ}}{R_{E1}+R_{E2}} = \frac{5-0.7}{0.2+1.8} = 2.15 \text{ mA}$$

$$U_{CEQ} \approx V_{CC} - I_{CQ}(R_C + R_{E1} + R_{E2}) = 15 - 2.15 \times (2+0.2+1.8) = 6.4 \text{ V}$$

**（2）计算动态指标 $\dot{A}_u$、$R_i$、$R_o$ 及 $\dot{A}_{us}$**　电路的微变等效电路，如图 2-54（c）所示，则

$$r_{be} = r_{bb'} + (1+\beta)\frac{26 \text{ mV}}{I_{EQ}(\text{mA})} = 300 \text{ } \Omega + 51 \times \frac{26 \text{ mV}}{2.15 \text{ mA}} = 0.92 \text{ k}\Omega$$

$$R'_L = R_C /\!/ R_L = 2 /\!/ 2 = 1 \text{ k}\Omega$$

$$\dot{A}_u = \frac{\dot{U}_o}{\dot{U}_i} = -\frac{\beta R'_L}{r_{be} + (1+\beta)R_{E1}} = -\frac{50 \times 1}{0.92 + 51 \times 0.2} = -4.5$$

$$R'_i = r_{be} + (1+\beta)R_{E1} = 0.92 + 51 \times 0.2 = 11.1 \text{ k}\Omega$$

$$R_i = R_{B1} /\!/ R_{B2} /\!/ R'_i = 40 /\!/ 20 /\!/ 11.1 \approx 6.1 \text{ k}\Omega$$

$$R_o = R_C = 2 \text{ k}\Omega$$

$$\dot{A}_{us} = \frac{R_i}{R_i + R_S}\dot{A}_u = -\frac{6.1}{6.1+0.5} \times 4.5 = -4.2$$

# 2.7　共集电极放大电路

## 2.7.1　共集电极放大电路分析

共集电极（Common Collector，CC）放大电路是另一种基本放大电路，这种放大电路把输入信号接在基极与公共端"地"之间，又从发射极与"地"之间输出信号。由于信号从发射极输出，所以该电路又称为射极输出器。图 2-55（a）为共集电极放大电路的典型电路，下面对其进行静态和动态分析。

**1. 共集电极放大电路的静态分析**

画出图 2-55（a）中的共集电极放大电路的直流通路，如图 2-55（b）所示，采用分压式稳定偏置电路使晶体管工作在放大状态，并采用估算法分析静态工作点 $Q$。

$$U_B \approx \frac{R_{B2}}{R_{B1}+R_{B2}} V_{CC}$$

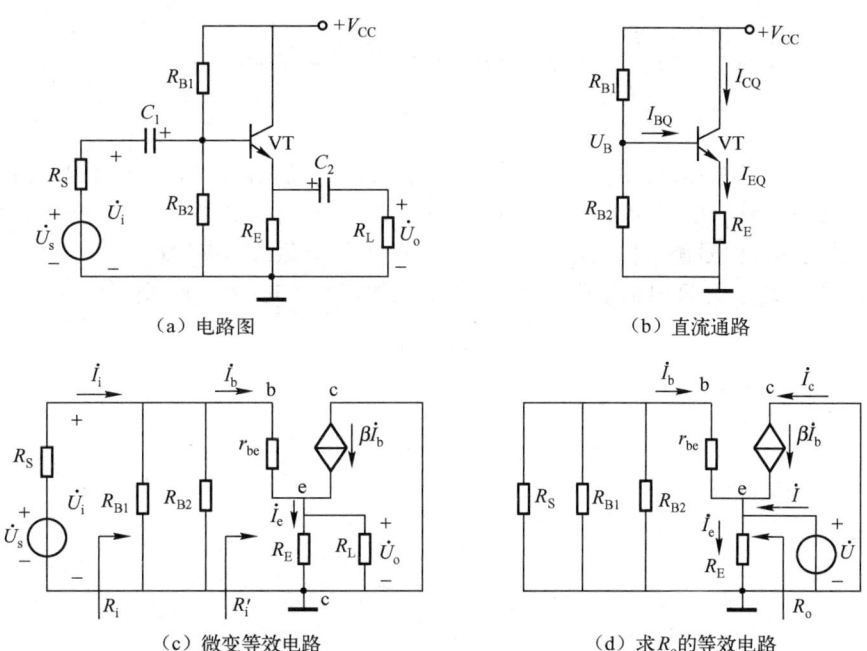

（a）电路图　　　　　　　　　　　　（b）直流通路

（c）微变等效电路　　　　　　　　（d）求$R_o$的等效电路

图 2-55　共集电极放大电路

$$I_{CQ} \approx I_{EQ} = \frac{U_B - U_{BEQ}}{R_E} \approx \frac{U_B}{R_E}$$

$$U_{CEQ} = V_{CC} - I_{EQ}R_E$$

**2. 共集电极放大电路的动态分析**

图 2-55（a）所示共集电极放大电路的微变等效电路如图 2-55（c）所示。

（1）**电压放大倍数 $\dot{A}_u$**　图 2-55（c）负载上得到的交流输出信号 $\dot{U}_o = \dot{I}_e(R_E /\!/ R_L) = (1+\beta)\dot{I}_b R'_L$。

其中，$R'_L = R_E /\!/ R_L$，放大电路交流输入信号 $\dot{U}_i = \dot{I}_b r_{be} + \dot{U}_o = \dot{I}_b r_{be} + (1+\beta)\dot{I}_b R'_L$，则该放大电路的电压放大倍数为

$$\dot{A}_u = \frac{\dot{U}_o}{\dot{U}_i} = \frac{(1+\beta)R'_L}{r_{be} + (1+\beta)R'_L} \tag{2-77}$$

通常，$(1+\beta)R'_L \gg r_{be}$，故　　　$\dot{A}_u = \dfrac{\dot{U}_o}{\dot{U}_i} = \dfrac{(1+\beta)R'_L}{r_{be} + (1+\beta)R'_L} \approx 1$

射极输出器的电压放大倍数 $\dot{A}_u$ 小于 1，但接近于 1。说明 $\dot{U}_o$ 与 $\dot{U}_i$ 同相，$|\dot{U}_o|$ 虽小于 $|\dot{U}_i|$，但接近于 $|\dot{U}_i|$，输出电压 $\dot{U}_o$ 随输入电压 $\dot{U}_i$ 的变化而变化，故又称这种电路为**射极跟随器**。

虽然共集电极放大电路的电压放大倍数小于 1，没有电压放大能力，但是它有电流放大能力和功率放大能力。

（2）**输入电阻 $R_i$**　放大电路的输入电压 $\dot{U}_i = \dot{I}_b r_{be} + (1+\beta)\dot{I}_b R'_L$，图 2-55（c）中的输入电阻 $R'_i$ 为

$$R'_i = \frac{\dot{U}_i}{\dot{I}_b} = r_{be} + (1+\beta)R'_L \tag{2-78}$$

又因为放大电路的输入电压 $\dot{U}_i = \dot{I}_i(R_{B1} /\!/ R_{B2} /\!/ R'_i)$，所以放大电路的输入电阻 $R_i$ 为

$$R_i = \frac{\dot{U}_i}{\dot{I}_i} = R_B /\!/ R'_i = R_{B1} /\!/ R_{B2} /\!/ \left[ r_{be} + (1+\beta) R'_L \right] \tag{2-79}$$

其中，$R_B = R_{B1} /\!/ R_{B2}$。

与共发射极放大电路相比，由于 $R'_i$ 显著增大，故共集电极电路的输入电阻 $R_i$ 大大提高了，一般可达几十到几百千欧。但因为 $R'_i$ 与 $R_B$ 并联，所以 $R_i$ 的提高受到了 $R_B$ 的限制。放大电路的输入电阻高，可以使输入信号源提供的电流较小，从而减小信号源的功率损耗。

（3）**输出电阻 $R_o$** 计算输出电阻 $R_o$ 的等效电路如图 2-55(d) 所示，则

$$\dot{I} = \dot{I}_e - \dot{I}_b - \beta \dot{I}_b = \dot{I}_e - (1+\beta) \dot{I}_b \tag{2-80}$$

$$\dot{I}_e = \frac{\dot{U}}{R_E} \tag{2-81}$$

其中：

$$R'_S = R_S /\!/ R_{B1} /\!/ R_{B2}$$

$$\dot{I} = \frac{\dot{U}}{R_E} + \frac{(1+\beta) \dot{U}}{R'_S + r_{be}}$$

$$\frac{1}{R_o} = \frac{\dot{I}}{\dot{U}} = \frac{1}{R_E} + \frac{1}{\dfrac{R'_S + r_{be}}{1+\beta}}$$

$$R_o = \frac{\dot{U}}{\dot{I}} = R_E /\!/ \frac{R'_S + r_{be}}{1+\beta} \tag{2-82}$$

$$R_o \approx \frac{R'_S + r_{be}}{1+\beta} \tag{2-83}$$

共集电极电路的输出电阻较小，一般在几十到几百欧姆的范围内，使放大电路的带负载能力增强。

共集电极电路（射极输出器）的特点为：① 电压放大倍数小于 1，但接近于 1，无电压放大能力；② $\dot{U}_o$ 与 $\dot{U}_i$ 同相；③ 具有电流放大能力和功率放大能力；④ 具有较高的输入电阻和较低的输出电阻。因此，共集电极电路可以用做阻抗变换，在两级放大电路之间或者在高内阻信号源与低阻抗负载之间起缓冲作用，在多级放大电路中作为输入级和输出级。

### 2.7.2 自举式射极输出器

由 2.7.1 节分析可知，共集电极电路（射极输出器）输入电阻 $R_i$ 的提高受到了偏置电阻 $R_B$ 的限制。为了进一步提高输入电阻 $R_i$，应设法减小偏置电阻 $R_B$ 的并联作用。

自举式射极输出器如图 2-56(a) 所示，可以大大提高射极输出器的输入电阻。自举式射极输出器的偏置电流 $I_{BQ}$ 是通过 $R_{B1}$ 和 $R_{B2}$ 连接处的点 $A$ 经电阻 $R_{B3}$ 提供的，放大电路输出端点 $E$ 与点 $A$ 之间接大电容 $C$。在静态时，电容 $C$ 相当于开路，不起作用。在动态时，电容 $C$ 相当于短路，点 $A$ 与点 $E$ 交流等电位，射极输出器 $\dot{A}_u \approx 1$。输出端点 $E$ 的交流电位跟随输入信号点 $B$ 的交流电位变化，所以 $R_{B3}$ 两端的交流电位接近相等，流过 $R_{B3}$ 的交流电流接近于零。即对交流而言，$R_{B3}$ 相当于一个很大的电阻，从而减小了 $R_{B1}$ 和 $R_{B2}$ 对电路输入电阻的影响。所以，$R_{B3}$ 的引入可以提高该电路的输入电阻。但由于 $I_{BQ}$ 的限制，$R_{B3}$ 也不能取得太大，一般在几百千欧以内。由于大电容 $C$ 的存在，点 $A$ 的交流电位会随着输入信号 $\dot{U}_i$ 而自行举起，因此被称为自举式射极输出器。

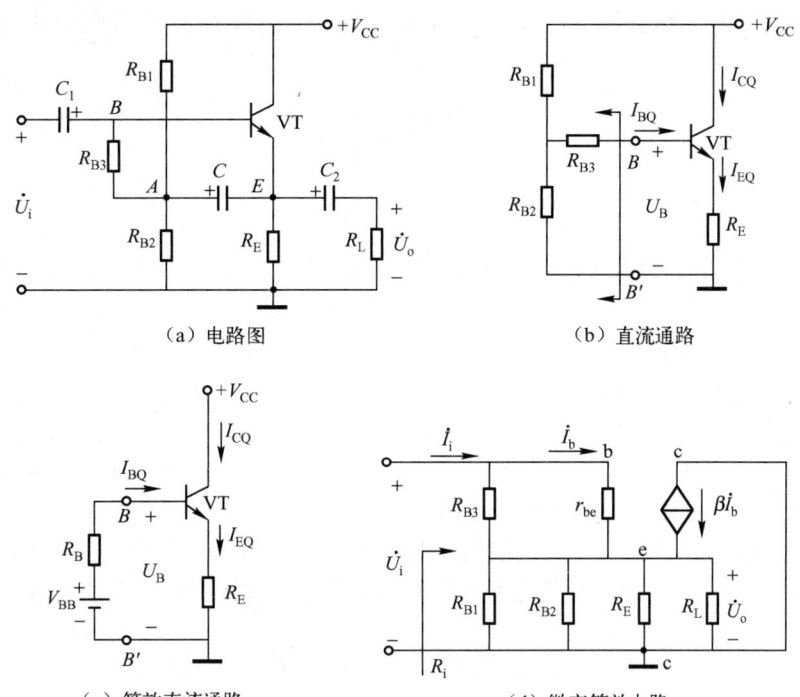

（a）电路图 （b）直流通路

（c）等效直流通路 （d）微变等效电路

图 2-56 自举式射极输出器

**1. 自举式射极输出器的静态分析**

自举式射极输出器的直流通路如图 2-56(b)所示。在 BB′ 处断开并向左看,将该二端口网络用戴维南定理等效为一个电压源 $V_{BB}$ 与一个内阻 $R_B$ 串联的形式,求出其等效内阻 $R_B$ 为

$$R_B = R_{B3} + R_{B1} /\!/ R_{B2} \tag{2-84}$$

开路电压 $V_{BB}$ 为

$$V_{BB} = \frac{R_{B2}}{R_{B1} + R_{B2}} V_{CC} \tag{2-85}$$

将直流通路等效为图 2-56(c)所示电路,输入回路满足方程

$$V_{BB} = I_{BQ} R_B + U_{BEQ} + I_{EQ} R_E$$

可求出

$$I_{BQ} = \frac{V_{BB} - U_{BEQ}}{R_B + (1+\beta) R_E}$$

$$I_{CQ} = \beta I_{BQ}$$

$$U_{CEQ} = V_{CC} - I_{CQ} R_E$$

**2. 自举式射极输出器的动态分析**

自举式射极输出器的微变等效电路如图 2-56(d)所示。

**（1）放大倍数 $\dot{A}_u$** 因为 $R_{B3} \gg r_{be}$,故可忽略 $R_{B3}$ 支路的分流作用,则

$$\dot{U}_i = \dot{I}_b r_{be} + (1+\beta) \dot{I}_b R'_L$$

其中,$R'_L = R_{B1} /\!/ R_{B2} /\!/ R_E /\!/ R_L$,$\dot{U}_o = (1+\beta) \dot{I}_b R'_L$,所以

$$\dot{A}_u = \frac{\dot{U}_o}{\dot{U}_i} = \frac{(1+\beta) R'_L}{r_{be} + (1+\beta) R'_L} \tag{2-86}$$

$\dot{A}_u$ 小于1,接近于1。

（2）**输入电阻 $R_i$** 根据输入电阻的定义计算 $R_i$，首先计算流过并联电阻 $R_{B3} /\!/ r_{be}$ 的电流 $\dot{I}_i$ 为

$$\dot{I}_i = \frac{\dot{U}_i - \dot{U}_o}{R_{B3} /\!/ r_{be}} = \frac{\dot{U}_i(1-\dot{A}_u)}{R_{B3} /\!/ r_{be}}$$

放大电路的输入电阻 $R_i$ 为

$$R_i = \frac{\dot{U}_i}{\dot{I}_i} = \frac{R_{B3} /\!/ r_{be}}{1-\dot{A}_u} \tag{2-87}$$

因为 $\dot{A}_u$ 接近于 1，即式（2-87）中的分母接近于 0，所以输入电阻 $R_i$ 很大。

**【例 2-10】** 自举式射极输出器见图 2-56（a），$V_{CC} = 15\ V$，$R_{B1} = R_{B2} = 100\ k\Omega$，$R_{B3} = 20\ k\Omega$，$R_E = R_L = 10\ k\Omega$，$C_1 = C_2 = 10\ \mu F$，$C = 50\ \mu F$。晶体管 VT 的 $\beta = 60$，$r_{be} = 3\ k\Omega$。试求：

（1）断开电容 $C$ 时，引入自举电路前射极输出器的输入电阻 $R_i$ 和输出电阻 $R_o$。

（2）接上电容 $C$ 时，放大电路的输入电阻 $R_i$。

（3）接上电容 $C$ 时，增大 $R_{B3}$，以便使输入电阻 $R_i$ 提高，它的极限值是多少？

**解：**（1）断开电容 $C$，即引入自举电路前的微变等效电路如图 2-57（a）所示，可求得

$$R_i' = \frac{\dot{U}_i}{\dot{I}_b} = r_{be} + (1+\beta)(R_E /\!/ R_L) = 3 + 61 \times 5 = 308\ k\Omega$$

$$R_i = \frac{\dot{U}_i}{\dot{I}_i} = R_B /\!/ R_i' = (R_{B3} + R_{B1} /\!/ R_{B2}) /\!/ R_i' = (20 + 100 /\!/ 100) /\!/ 308 = 57\ k\Omega$$

$$R_B = R_{B3} + R_{B1} /\!/ R_{B2}$$

可见，射极输出器 $R_i'$ 原来是很大的，但由于偏置电阻 $R_B$ 的并联，使输入电阻 $R_i$ 减小了很多。

计算输出电阻 $R_o$ 的等效电路，如图 2-57（b）所示，则

$$\dot{I} = \dot{I}_{RE} + \dot{I}_b + \beta \dot{I}_b = \dot{I}_{RE} + (1+\beta)\dot{I}_b = \frac{\dot{U}}{R_E} + (1+\beta)\frac{\dot{U}}{r_{be}}$$

$$\frac{1}{R_o} = \frac{\dot{I}}{\dot{U}} = \frac{1}{R_E} + \frac{1}{\dfrac{r_{be}}{1+\beta}}$$

$$R_o = \frac{\dot{U}}{\dot{I}} = R_E /\!/ \frac{r_{be}}{1+\beta} \approx \frac{r_{be}}{1+\beta} = 49\ \Omega$$

可见，射极输出器的输出电阻 $R_o$ 很小，所以带负载能力很强。

（2）接上电容 $C$，即引入自举电路时的微变等效电路如图 2-56（d）所示，由式（2-86）和式（2-87）得

$$R_L' = R_{B1} /\!/ R_{B2} /\!/ R_E /\!/ R_L = 100 /\!/ 100 /\!/ 10 /\!/ 10 = 4.5\ k\Omega$$

$$\dot{A}_u = \frac{\dot{U}_o}{\dot{U}_i} = \frac{(1+\beta)R_L'}{r_{be} + (1+\beta)R_L'} = \frac{61 \times 4.5}{3 + 61 \times 4.5} \approx 0.9892$$

$$R_i = \frac{\dot{U}_i}{\dot{I}_I} = \frac{R_{B3} /\!/ r_{be}}{1-\dot{A}_u} = \frac{20 /\!/ 3}{1-0.9892} = 241.3\ k\Omega$$

可见，接上电容 $C$ 时，自举电路的输入电阻比不接电容 $C$ 时的电阻大 184.3 kΩ。

（3）接上电容 $C$ 时，增大 $R_{B3}$ 可以使输入电阻 $R_i$ 提高。当 $R_{B3} \to \infty$ 时，$R_i$ 的极限值为

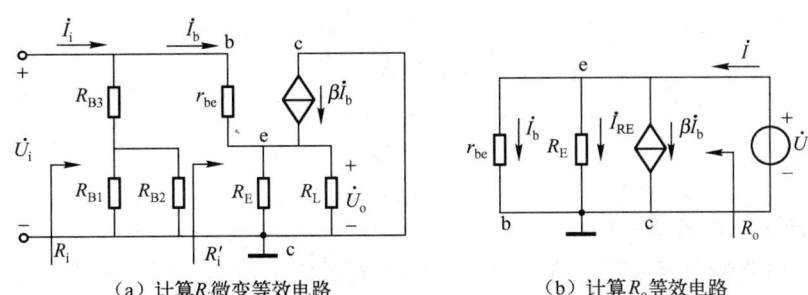

（a）计算$R_i$微变等效电路　　　　（b）计算$R_o$等效电路

图 2-57　断开电容 $C$（引入自举电路前）的等效电路

$$R_i = \frac{U_i}{\dot{I}_i} = \frac{R_{B3} /\!/ r_{be}}{1 - \dot{A}_u} \approx \frac{r_{be}}{1 - \dot{A}_u} = \frac{3}{1 - 0.9892} = 277.8 \text{ k}\Omega$$

增大 $R_{B3}$ 以增大输入电阻 $R_i$ 的极限情况为 277.8 kΩ。即用自举电路提高 $R_i$ 的结果，使 $R_i$ 只取决于从晶体管基极看进去的等效电阻，与偏置电阻 $R_B$ 几乎无关。

结论：① 采用自举式射极输出器，大大削弱了偏置电阻对输入电阻 $R_i$ 的影响，从而使输入电阻 $R_i$ 大幅度提高；② 自举式射极输出器的电压放大倍数 $\dot{A}_u$ 越接近于 1，则输入电阻 $R_i$ 提高的效果就越明显。

**【思考题】**

1. 计算自举式射极输出器的输出电阻 $R_o$。

# 2.8　共基极放大电路

## 2.8.1　共基极放大电路分析

共基极（Common Base，CB）放大电路是将输入信号加在晶体管的发射极，从集电极输出信号。输入/输出信号的公共端一般是基极，电路如图 2-58（a）所示。

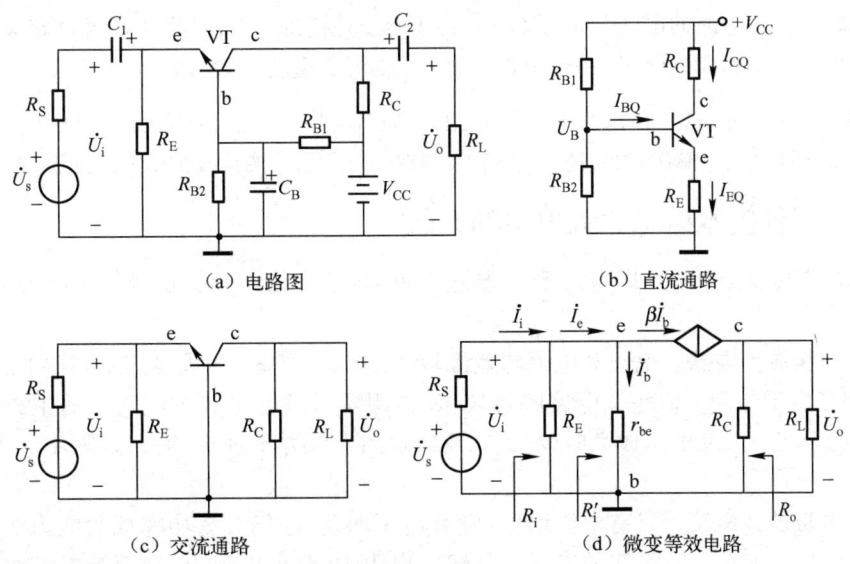

（a）电路图　　　　　　　　　　　（b）直流通路

（c）交流通路　　　　　　　　　　（d）微变等效电路

图 2-58　共基极放大电路

**1. 共基极放大电路的静态分析**

共基极放大电路的直流通路如图 2-58（b）所示，与图 2-51 所示的分压式射极偏置稳定电路的直流通路完全一样，其静态工作点 $Q$ 为：

$$U_B \approx \frac{R_{B2}}{R_{B1}+R_{B2}} V_{CC}$$

$$I_{CQ} \approx I_{EQ} = \frac{U_B - U_{BEQ}}{R_E} \approx \frac{U_B}{R_E}$$

$$U_{CEQ} = V_{CC} - I_{CQ}(R_C + R_E)$$

**2. 共基极放大电路的动态分析**

共基极放大电路的交流通路如图 2-58(c)所示,其微变等效电路如图 2-58(d)所示。

(1) **电压放大倍数 $\dot{A}_u$**   输入电压 $\dot{U}_i = \dot{I}_b r_{be}$,输出电压 $\dot{U}_o = \beta \dot{I}_b R'_L$, $R'_L = R_C // R_L$,所以

$$\dot{A}_u = \frac{\beta R'_L}{r_{be}} \tag{2-88}$$

(2) **输入电阻 $R_i$**

$$\dot{I}_e = \dot{I}_b + \beta \dot{I}_b$$

$$R'_i = \frac{\dot{U}_i}{\dot{I}_e} = \frac{\dot{I}_b r_{be}}{\dot{I}_b + \beta \dot{I}_b} = \frac{r_{be}}{1+\beta} \tag{2-89}$$

这表明晶体管在共基极接法时的输入电阻比共发射极接法时的输入电阻减小了。

$$R_i = \frac{\dot{U}_i}{\dot{I}_i} = R_E // R'_L = R_E // \frac{r_{be}}{1+\beta} \tag{2-90}$$

输入电阻 $R_i$ 由 $R_E$ 与 $r_{be}/(1+\beta)$ 并联组成。其中,$r_{be}$ 为晶体管等效的输入电阻,当折合到发射极回路时,减小为 $r_{be}/(1+\beta)$。因此,共基极放大电路的输入电阻很低,一般为几欧到几十欧。

(3) **输出电阻 $R_o$**   将输入电压短路,$\dot{U}_i = 0$,则 $\dot{I}_b = 0$,$\beta \dot{I}_b = 0$,所以从输出端看进去,放大电路等效的输出电阻为

$$R_o = R_C \tag{2-91}$$

由于共基极放大电路的电流放大系数 $\alpha = \dot{I}_c / \dot{I}_e$ 小于且接近于 1,因此共基极电路又被称为电流跟随器。虽然它不能放大电流,但是可以放大电压,故可实现功率放大。

共基极放大电路的特点:① 没有电流放大能力,但有电压放大能力;② 输出电压 $\dot{U}_o$ 与输入电压 $\dot{U}_i$ 同相;③ 输入电阻 $R_i$ 小,输出电阻 $R_o$ 大。在低频放大电路中,共基极放大电路很少被选用。

## 2.8.2　三种基本组态放大电路的比较

以上分析了共发射极、共集电极和共基极三种组态的基本放大电路。其性能特点总结于表 2-2 中。

① **共发射极放大电路**   电压和电流增益都较大。在三种基本放大电路中,其功率增益是最大的,所以得到了广泛应用。但是该电路频带较窄,常用于低频电压放大电路中的主放大级和多级放大电路中的中间级。在电压放大时,它的输入和输出电阻并不理想,输入电阻不够大,输出电阻又不够小。

② **共集电极放大电路**   只有电流增益,没有电压增益,但仍具有功率放大能力。电压放大倍数小于且接近于 1,具有电压跟随的特点。其输入电阻大,输出电阻小,常用于多级放大电路的输入级和输出级,或作为隔离用的中间级。

③ **共基极放大电路**   只有电压增益,没有电流增益,电流增益小于 1,且具有很低的输入电阻,这使得晶体管的结电容影响不明显。所以其频率特性是三种接法中最好的,常用于宽频带放大电路和高频电压放大的场合。

表 2-2 晶体管三种组态基本放大电路的比较

| 性能 | 共发射极放大电路 | 共集电极放大电路 | 共基极放大电路 |
|---|---|---|---|
| 电路组态 | 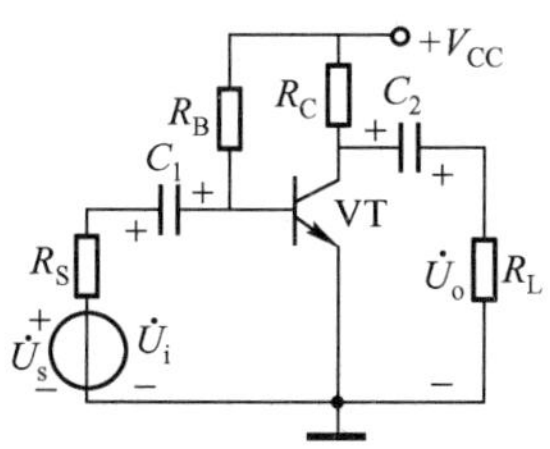 | 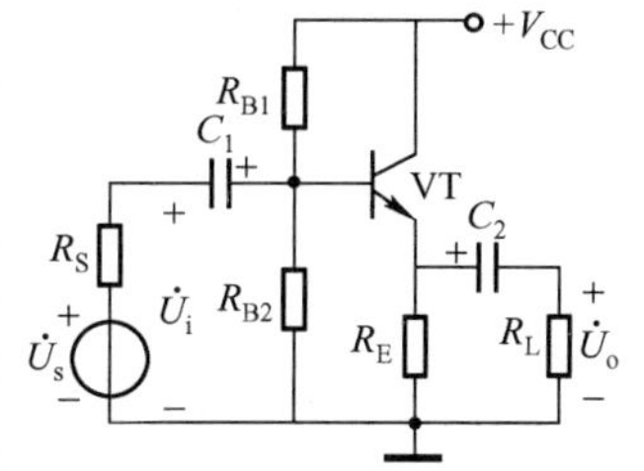 | 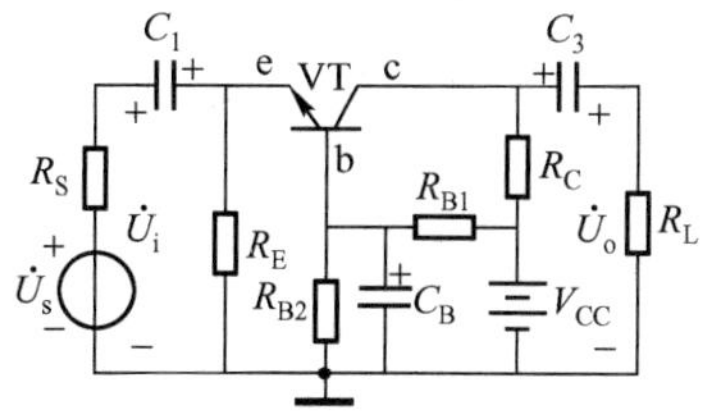 |
| 静态工作点 | $I_{BQ}=\dfrac{V_{CC}-U_{BEQ}}{R_B}\approx\dfrac{V_{CC}}{R_B}$<br><br>$I_{CQ}=\beta I_{BQ}$<br><br>$U_{CEQ}=V_{CC}-I_{CQ}R_C$ | $U_B\approx\dfrac{R_{B2}}{R_{B1}+R_{B2}}V_{CC}$<br><br>$I_{CQ}\approx I_{EQ}=\dfrac{U_B-U_{BEQ}}{R_E}\approx\dfrac{U_B}{R_E}$<br><br>$U_{CEQ}=V_{CC}-I_{EQ}R_E$ | $U_B\approx\dfrac{R_{B2}}{R_{B1}+R_{B2}}V_{CC}$<br><br>$I_{CQ}\approx I_{EQ}=\dfrac{U_B-U_{BEQ}}{R_E}\approx\dfrac{U_B}{R_E}$<br><br>$U_{CEQ}=V_{CC}-I_{CQ}(R_C+R_E)$ |
| $\dot A_u$ | $\dot A_u=-\dfrac{\beta R'_L}{r_{be}}$，$\dot U_o$ 与 $\dot U_i$ 反相<br><br>$R'_L=R_C/\!/R_L$ | $\dot A_u=\dfrac{(1+\beta)R'_L}{r_{be}+(1+\beta)R'_L}\approx1$，$\dot U_o$ 同相<br><br>$R'_L=R_E/\!/R_L$ | $\dot A_u=\dfrac{\beta R'_L}{r_{be}}$，$\dot U_o$ 与 $\dot U_i$ 同相<br><br>$R'_L=R_C/\!/R_L$ |
| $R_i$ | $R_i=R_B/\!/r_{be}\approx r_{be}$<br><br>几百欧到几千欧 | $R_i=R_{B1}/\!/R_{B2}/\!/[r_{be}+(1+\beta)R'_L]$<br><br>大 | $R_i=R_E/\!/\dfrac{r_{be}}{1+\beta}\approx\dfrac{r_{be}}{1+\beta}$<br><br>几欧到几十欧 |
| $R_o$ | $R_o=R_C$，大 | $R_o\approx\dfrac{R'_S+r_{be}}{1+\beta}$，小 | $R_o=R_C$，大 |
| 用途 | 主放大器、中间级 | 输入级、输出极、缓冲级 | 宽频或高频电压放大，恒流源电路 |

# 2.9　组合单元放大电路

实际应用的放大电路除了要有较高的放大倍数，往往还要对输入、输出电阻及其他性能提出要求。放大电路中常用两个晶体管以不同组态相互配合、联合使用，以发挥各自的优势。这样就形成了组合单元放大电路，如共集-共集、共集-共射、共射-共基组合放大电路等。

## 2.9.1　复合管

### 1. 复合管的 $\beta$ 及 $r_{be}$

将两个或两个以上的晶体管组合以后形成复合管结构，可以提高管子的电流放大倍数 $\beta$，从而增大管子的输入电阻，同时扩大管子的输出功率。由两个 NPN 管组成的复合管如图 2-59(a)所示。设两管的共射电流放大系数分别为 $\beta_1$ 和 $\beta_2$，输入电阻分别为 $r_{be1}$ 和 $r_{be2}$，可计算出等效复合管的共射电流放大系数 $\beta$ 和等效输入电阻 $r_{be}$。

（1）**复合管的等效 $\beta$**　由图 2-59(a)所示电路可知

$$i_c=\beta_1 i_b+\beta_2(1+\beta_1)i_b\approx\beta_2\beta_1 i_b$$

$$\beta=\frac{i_c}{i_b}\approx\beta_2\beta_1 \tag{2-92}$$

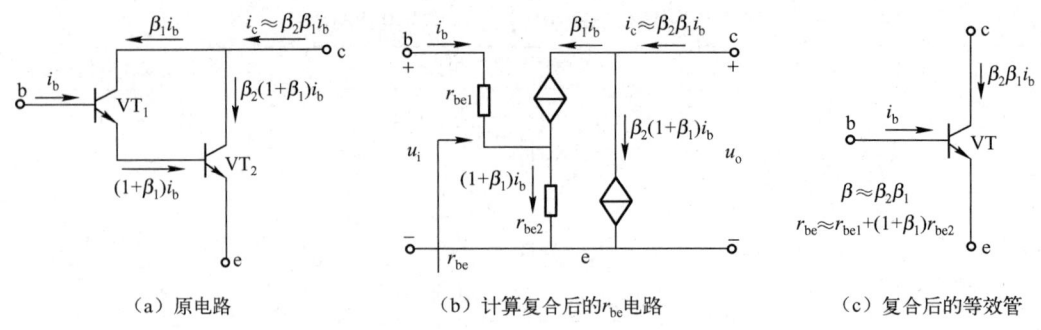

|（a）原电路|（b）计算复合后的$r_{be}$电路|（c）复合后的等效管|

图 2-59 两个 NPN 管组成的复合管

**（2）复合管的等效 $r_{be}$**　由图 2-59（b）所示电路可知

$$u_i = i_b r_{be1} + (1+\beta_1) i_b r_{be2}$$

$$r_{be} = \frac{u_i}{i_b} = r_{be1} + (1+\beta_1) r_{be2} \tag{2-93}$$

在图 2-59（a）所示电路中，两个 NPN 管复合后相当于一个 $\beta \approx \beta_2\beta_1$，$r_{be} = r_{be1} + (1+\beta_1) r_{be2}$ 的 NPN 管。复合后等效的 NPN 管如图 2-59（c）所示。

**2. 复合管的组成原则**

复合管可以由同类型的管子复合，也可以由不同类型的管子复合，如图 2-60 所示。

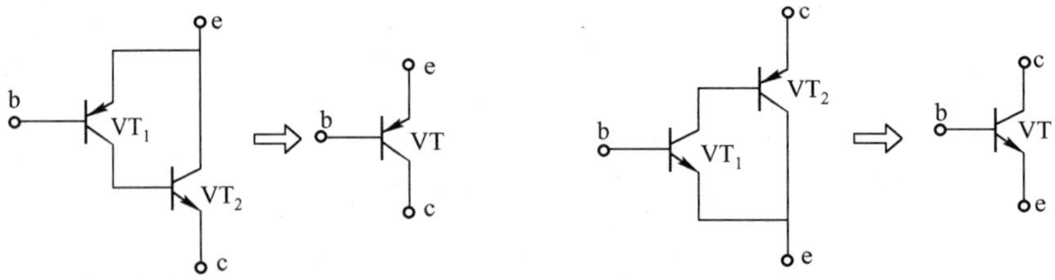

|（a）PNP+NPN→PNP|（b）NPN+PNP→NPN|

图 2-60 不同类型管子组成的复合管

要正确构成复合管需要满足以下原则：① 复合后，管子的 $\beta$ 为两管 $\beta$ 的乘积，为此必须保证两管电流的通路；② 要保证两管都工作在放大区前一个管子的 c 极和 e 极不能跨接在后一管的发射结（be 结）上，否则前一个管子将工作在接近饱和区；③ 复合后管子等效的类型与前一个管子的类型一致。

可见，管子复合以后，电流放大系数 $\beta$ 和等效输入电阻 $r_{be}$ 都提高了很多。

复合管在电子电路中得到了广泛应用，主要用于多级放大电路的输入级、中间级或功率输出级。

### 2.9.2 共集-共射和共射-共集组合放大电路

共集-共射（CC-CE）组合放大电路及其微变等效电路如图 2-61 所示，晶体管 VT$_1$ 和 VT$_2$ 分别接成共集电极和共发射极组态。共集电极电路具有输入电阻高、输出电阻低和 $\dot{A}_u \approx 1$ 的特点。输入级为共集电极电路的组合放大电路具有很高的输入电阻，信号源电压几乎全部输送到共发射极电路的输入端，所以整个电路的电压增益近似为后级共发射极电路的电压增益。

$$\dot{A}_u = \frac{\dot{U}_o}{\dot{U}_i} = \frac{\dot{U}_o}{\dot{U}_{i2}} \cdot \frac{\dot{U}_{o1}}{\dot{U}_i} = \dot{A}_{u2}\dot{A}_{u1} = \frac{-\beta_2 R_{C2}}{r_{be2} + (1+\beta_2) R_{E2}} \times 1 \tag{2-94}$$

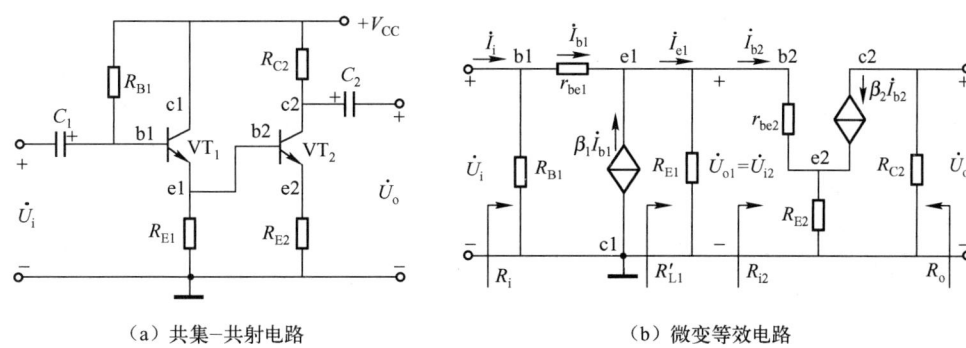

| （a）共集-共射电路 | （b）微变等效电路 |

图 2-61　共集-共射组合放大电路

当 $\beta_2 \gg 1$ 且 $r_{be2} \ll (1+\beta_2)R_{E2}$ 时
$$\dot{A}_u \approx -\frac{R_{C2}}{R_{E2}} \tag{2-95}$$

输入电阻 $R_i$ 为

$$R_i = \frac{\dot{U}_i}{\dot{I}_i} = R_{B1} /\!/ [r_{be1} + (1+\beta_1)R'_{L1}] \tag{2-96}$$

$$R'_{L1} = R_{E1} /\!/ R_{i2}$$
$$R_{i2} = r_{be2} + (1+\beta_2)R_{E2}$$

输出电阻 $R_o = R_{C2}$。

将共集电极电路作为输出级，与共发射极电路构成共射-共集（CE-CC）组合放大电路时，放大电路具有很低的输出电阻。这样在电压放大时，增强了放大电路的带负载能力，相当于将共发射极电路和负载之间加了一级隔离级。整个放大电路的电压增益近似为共发射极电路的电压增益。

### 2.9.3　共射-共基组合放大电路

共射-共基（CE-CB）组合放大电路及其交流通路如图 2-62 所示。

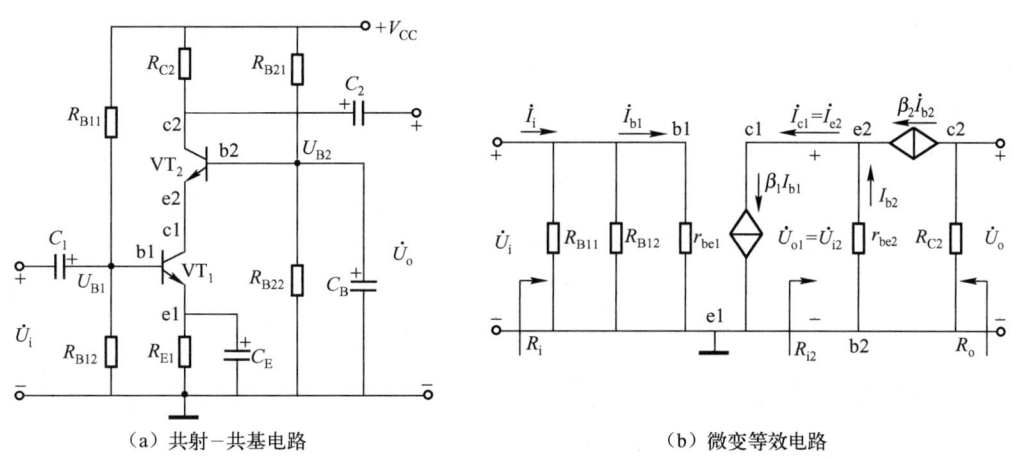

| （a）共射-共基电路 | （b）微变等效电路 |

图 2-62　共射-共基组合放大电路

$$\dot{A}_u = \frac{\dot{U}_o}{\dot{U}_i} = \frac{-\beta_2 \dot{I}_{b2} R_{C2}}{r_{be1} \dot{I}_{b1}} = \frac{-\dot{I}_{c2} R_{C2}}{r_{be1} \dot{I}_{b1}}$$

$$\dot{I}_{c2} \approx \alpha_2 \dot{I}_{e2} = \alpha_2 \dot{I}_{c1} = \alpha_2 \beta_1 \dot{I}_{b1} \approx \beta_1 \dot{I}_{b1} \ (\because \alpha_2 \approx 1)$$

$$\dot{A}_u = -\frac{\beta_1 R_{C2}}{r_{be1}} \qquad (2\text{-}97)$$

$$R_i = R_{B11} /\!/ R_{B12} /\!/ r_{be1}$$

$$R_o = R_{C2}$$

共射-共基组合放大电路中第一级共发射极放大电路负载电阻的减小,有利于该级输出回路时间常数的减小,从而使高频截止频率大大提高,展宽了放大电路的通频带。这种放大电路用做高频放大电路稳定性好,不易自激。

【例2-11】 电路如图2-63所示,图中所有晶体管的电流放大系数 $\beta = 75$,导通时发射结导通电压 $|U_{BE}| = 0.7$ V,试求图中的未知参数。

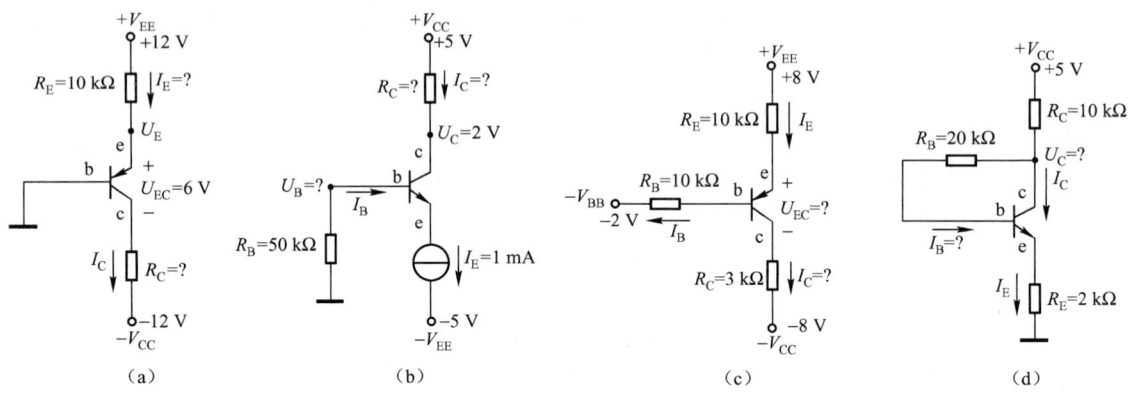

图2-63 例2-11图

**解**:(1) 在图2-63(a)中

$$U_E = U_{EB} = 0.7 \text{ V}$$

$$I_E = \frac{V_{EE} - U_E}{R_E} = \frac{12 - 0.7}{10} = 1.13 \text{ mA}$$

$$U_{R_c} = U_E - U_{EC} - (-V_{CC}) = 0.7 - 6 - (-12) = 6.7 \text{ V}$$

$$R_C = \frac{U_{R_c}}{I_C} = \frac{6.7}{1.13 \div 76 \times 75} = 6 \text{ k}\Omega$$

(2) 在图2-63(b)中,发射极接一恒流源,其电流为1 mA,则

$$I_B = \frac{I_E}{1 + \beta} = \frac{1}{76} = 0.01316 \text{ mA}$$

$$U_B = 0 - I_B U_B = -0.013 \times 50 = -0.658 \text{ V}$$

$$I_C = \beta I_B = 0.987 \text{ mA}$$

$$R_C = \frac{V_{CC} - U_C}{I_C} = \frac{5 - 2}{0.987} \approx 3 \text{ k}\Omega$$

(3) 在图2-63(c)中,输入回路电压方程为

$$V_{EE} = I_E R_E + U_{EB} + I_B R_B + (-V_{BB})$$

$$I_B = \frac{V_{EE} - U_{EB} + V_{BB}}{R_B + (1 + \beta) R_E} = \frac{8 - 0.7 + 2}{10 + 76 \times 10} = 0.012 \text{ mA}$$

$$I_C = \beta I_B = 75 \times 0.012 = 0.906 \text{ mA}$$

$$U_{EC} = V_{EE} - I_E R_E - I_C R_C - (-V_{CC}) = 8 - 76 \times 0.012 \times 10 - 0.906 \times 3 - (-8) = 4.162 \text{ V}$$

(4) 在图2-63(d)中,回路电压方程为

$$V_{CC} = (I_C + I_B) R_C + I_B R_B + U_{BE} + I_E R_E$$

$$I_B = \frac{V_{CC} - U_{BE}}{R_B + (1+\beta)(R_C + R_E)} = \frac{5 - 0.7}{20 + 76 \times (10 + 2)} = 0.0046 \text{ mA}$$

$$U_C = V_{CC} - (I_C + I_B) R_C = 5 - 76 \times 0.0046 \times 10 = 1.5 \text{ V}$$

图 2-63 为晶体管的直流工作电路,通过计算可知晶体管均工作于放大状态,其中图 2-63(a)和(c)为 PNP 管(注意,其电源极性及电流的正方向均与 NPN 管相反);图 2-63(b)和(d)为 NPN 管。

以上电路参数的计算采用的是精确计算的方法,用到电流关系

$$I_E = I_C + I_B, \qquad I_C = \beta I_B, \qquad I_E = (1+\beta) I_B$$

也可以采用近似计算 $I_E \approx I_C$ 和 $I_C = \beta I_B$,来计算上面电路的参数。

**【例 2-12】** 共发射极放大电路如图 2-64(a)所示,晶体管的参数 $\beta = 100$,$r_{bb'} = 0$,发射结导通电压 $U_{BE} = 0.7$ V,耦合电容及旁路电容都认为无穷大。试求:(1)静态工作点 $Q$;(2)电压放大倍数 $\dot{A}_u$、输入电阻 $R_i$、输出电阻 $R_o$ 和源电压放大倍数 $\dot{A}_{us}$。

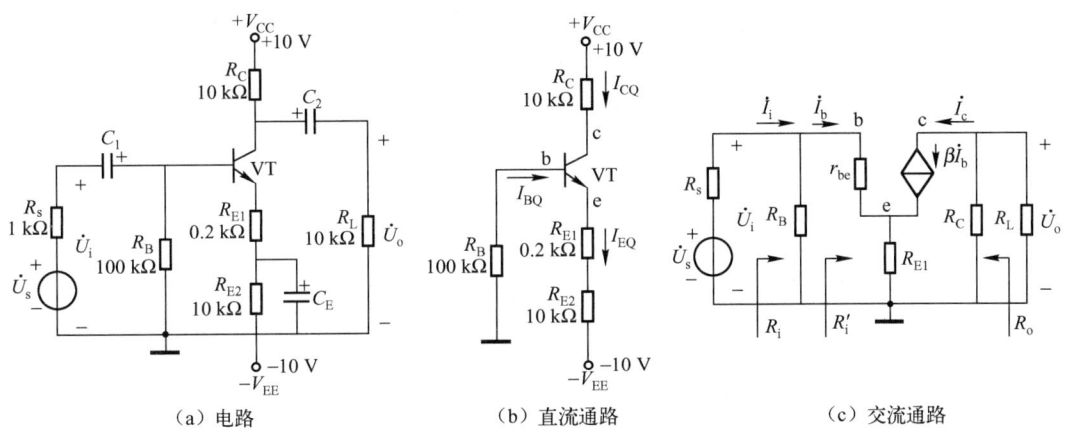

（a）电路　　　　　　（b）直流通路　　　　　　（c）交流通路

图 2-64　例 2-12 图

**解:**(1)计算静态工作点 $Q(I_{BQ}, I_{CQ}, U_{CEQ})$。直流通路如图 2-64(b)所示,列写输入回路电压方程

$$V_{EE} = I_{BQ} R_B + U_{BE} + I_{EQ}(R_{E1} + R_{E2})$$

$$I_{BQ} = \frac{V_{EE} - U_{BE}}{R_B + (1+\beta)(R_{E1} + R_{E2})} = \frac{10 - 0.7}{100 + 101 \times (10 + 0.2)} = 0.0082 \text{ mA}$$

$$I_{CQ} = \beta I_{BQ} = 100 \times 0.0082 = 0.82 \text{ mA}$$

$$U_{CEQ} = V_{CC} + V_{EE} - I_C R_C - I_E(R_{E1} + R_{E2}) = 10 + 10 - 0.82 \times 10 - 101 \times 0.0082 \times 10.2 = 3.35 \text{ V}$$

$$r_{be} = r_{bb'} + (1+\beta)\frac{26 \text{ mV}}{I_{EQ}(\text{mA})} = 0 + \frac{26 \text{ mV}}{I_{BQ}(\text{mA})} = \frac{26 \text{ mV}}{0.0082 \text{ mA}} = 3.17 \text{ k}\Omega$$

(2)计算 $\dot{A}_u$、$R_i$、$R_o$ 和 $\dot{A}_{us}$。微变等效电路如图 2-64(c)所示,则电压放大倍数 $\dot{A}_u$ 为

$$\dot{A}_u = \frac{\dot{U}_o}{\dot{U}_i} = -\frac{\beta(R_C /\!/ R_L)}{r_{be} + (1+\beta)R_{E1}} = -\frac{100(10 /\!/ 10)}{3.17 + 101 \times 0.2} = -21.4$$

输入电阻 $R_i$ 为

$$R_i' = \frac{\dot{U}_i}{\dot{I}_b} = r_{be} + (1+\beta)R_{E1} = 3.17 + 101 \times 0.2 = 23.37 \text{ k}\Omega$$

$$R_i = \frac{\dot{U}_i}{\dot{I}_i} = R_B /\!/ R_i' = 100 /\!/ 23.37 = 18.9 \text{ k}\Omega$$

输出电阻 $R_o$ 为 $\qquad R_o = R_C = 10\ \text{k}\Omega$

源电压放大倍数 $\dot{A}_{us}$ 为 $\qquad \dot{A}_{us} = \dfrac{R_i}{R_i + R_S}\dot{A}_u = -\dfrac{18.9}{18.9+1}\times 21.4 = -20.3$

【**例2-13**】 单级共发射极放大电路如图2-65(a)所示,已知 $\beta = 50$,$r_{bb'} = 100\ \Omega$,$V_{CC} = 12\ \text{V}$,$U_{BEQ} = 0.7\ \text{V}$,$U_{CES} = 0.7\ \text{V}$,$R_B = 377\ \text{k}\Omega$,$R_C = 6\ \text{k}\Omega$,$R_S = 100\ \Omega$,负载电阻 $R_L = 3\ \text{k}\Omega$。试求:(1)电路的静态工作点 $Q(I_{BQ},I_{CQ}$ 和 $U_{CEQ})$;(2)输入电阻 $R_i$ 和输出电阻 $R_o$;(3)电压放大倍数 $\dot{A}_u$ 和 $\dot{A}_{us}$;(4)画出输出回路的直流负载线 $MN$ 和交流负载线 $M'N'$;(5)电路的输出幅度 $(U_{om})_M$,用有效值表示;(6)若 $U_s = 27\sin\omega t\ (\text{mV})$,电路能否正常放大此信号?试分析之;(7)如何调整电路元件参数使该电路有尽可能大的输出幅度 $(U_{om})_M$?其值为多大?

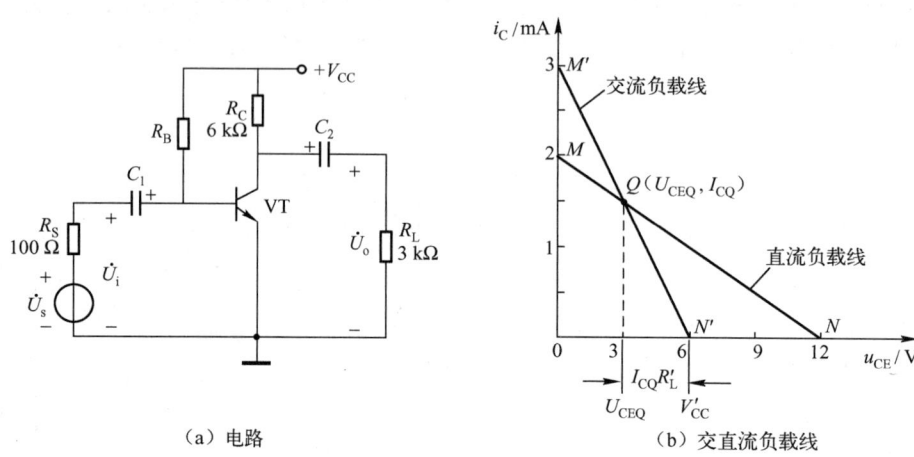

(a)电路　　　　　　　　(b)交直流负载线

图2-65　例2-13图

**解**:(1)计算静态工作点 $Q(I_{BQ},I_{CQ},U_{CEQ})$

$$I_{BQ} = \frac{V_{CC}-U_{BEQ}}{R_B} = \frac{12-0.7}{377} \approx 30\ \mu\text{A}$$

$$I_{CQ} = \beta I_{BQ} = 50\times 0.03 = 1.5\ \text{mA}$$

$$U_{CEQ} = V_{CC} - I_{CQ}R_C = 12 - 1.5\times 6 = 3\ \text{V}$$

$$I_{EQ} \approx I_{CQ} = 1.5\ \text{mA}$$

(2)计算输入电阻 $R_i$ 和输出电阻 $R_o$

$$r_{be} = r_{bb'} + (1+\beta)\frac{26\ \text{mA}}{I_{EQ}(\text{mA})} = 100 + 51\times\frac{26\ \text{mA}}{1.5\ \text{mA}} \approx 1\ \text{k}\Omega$$

$$R_i = R_B /\!/ r_{be} \approx r_{be} = 1\ \text{k}\Omega$$

$$R_o = R_C = 6\ \text{k}\Omega$$

(3)电压放大倍数 $\dot{A}_u$ 和 $\dot{A}_{us}$

$$\dot{A}_u = \frac{U_o}{\dot{U}_i} = \frac{-\beta R_L'}{r_{be}} = -\frac{50\times(6/\!/3)}{1} = -100\ (\text{其中}\ R_L' = R_C /\!/ R_L)$$

$$\dot{A}_{us} = \frac{R_i}{R_i + R_S}\dot{A}_u \approx -\frac{1}{1+0.1}\times 100 = -91$$

(4)直流负载线 $MN$、交流负载线 $M'N'$。直流负载线的做法:列出输出回路方程 $u_{CE} = V_{CC} - i_C R_C = 12 - i_C\times 6$,横坐标定为 $u_{CE}$,纵坐标定为 $i_C$,取两个特殊点 $M(0,2\ \text{mA})$ 和 $N(12\ \text{V},0)$,可画出直流负载线 $MN$,如图2-65(b)所示。

交流负载线的 $M'N'$ 画法:交流负载线过静态工作点 $Q(U_{CEQ},I_{CQ})$,同时过点 $N'(V_{CC}',0)$,$V_{CC}'$ 的表达式为:$V_{CC}' = U_{CEQ} + I_{CQ}R_L' = 3 + 1.5\times 6/\!/3 = 6\ \text{V}$。交流负载线 $M'N'$ 过点 $Q(3\ \text{V},1.5\ \text{mA})$ 和点 $N'$

（6 V，0），如图2-65（b）所示。

（5）电路的最大输出幅度$(U_{om})_M$的有效值。放大电路最大不失真输出电压的峰值除以$\sqrt{2}$可得有效值，即

$$(U_{om})_M = \min\{U_{CEQ}-U_{CES}, I_{CQ}R'_L\}/\sqrt{2} \tag{2-98}$$

$$(U_{om})_M = \min\{3-0.7\text{ V}, 3\text{ V}\}/\sqrt{2} = 2.3/\sqrt{2} = 1.63\text{ V}$$

（6）若$U_s = 27\sin\omega t\text{（mV）}$，则$U_o = U_{om}/\sqrt{2} = \dot{A}_{us}U_{sm}/\sqrt{2} = -91\times 27/\sqrt{2} = 1.74\text{ V}$。由于电路的输出幅度$U_{om}$超过了电路的最大输出幅度$(U_{om})_M$，因此输出波形会出现失真。因为$(U_{CEQ}-U_{CES}) < I_{CQ}R'_L$，波形的失真出现在靠近饱和区，所以失真为饱和失真。

（7）电路元件参数的调整。克服饱和失真的方法：降低静态工作点$Q$的位置，减少$I_{CQ}$。若能调整元件参数，使$Q$点正好处在交流负载线的中部位置，从而使得$U_{CEQ}$两侧的两段线段相等，即

$$U_{CEQ}-U_{CES} = I_{CQ}R'_L \tag{2-99}$$

则该电路可获得最大的输出幅度$(U_{om})_M$。

通常，可通过改变电阻$R_B$的阻值来实现。因$U_{CEQ} = V_{CC}-I_{CQ}R_C$，式（2-99）可变为

$$V_{CC}-I_{CQ}R_C-U_{CES} = I_{CQ}R'_L \tag{2-100}$$

求得$I_{CQ}$

$$I_{CQ} = \frac{V_{CC}-U_{CES}}{R_C+R'_L} = \frac{12-0.7}{6+2} = 1.41\text{ mA}$$

$$I_{BQ} = I_{CQ}/\beta = 1.41/50 = 0.0282\text{ mA}$$

$$R_B = \frac{V_{CC}-U_{BEQ}}{I_{BQ}} = \frac{12-0.7}{0.0282} = 400\text{ k}\Omega$$

从而可得最大输出幅度　　$(U_{om})_M = I_{CQ}R'_L/\sqrt{2} = 1.41\times 2/\sqrt{2} = 2\text{ V}$

# 2.10　分压式共射放大电路的仿真分析

## 2.10.1　静态工作点设置

**1. 测试静态工作点**

在Multisim10中搭建分压式共射放大电路如图2-66所示，XSC1为虚拟示波器，XMM1、XMM2为虚拟万用表。开关J1（A键控制）闭合，旁路电容CE接入电路；开关J1断开，旁路电容CE断开。开关J2（B键控制）闭合，电路带负载；J2断开，电路空载。

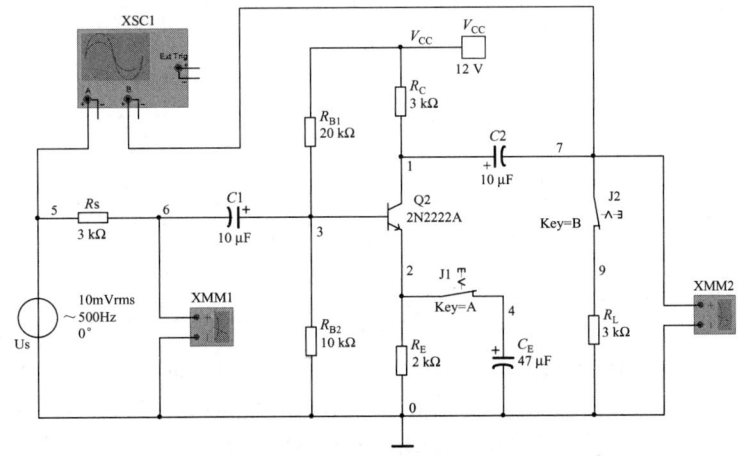

图2-66　分压式共射放大电路Multisim仿真电路

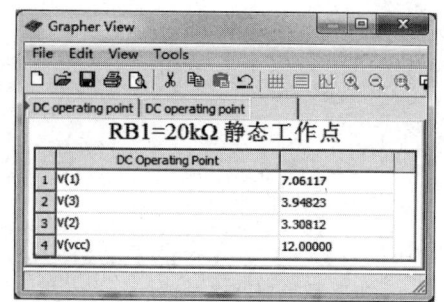

图 2-67 分压式共射放大电路
静态工作点设置

启动 Simulate 菜单中 Analysis 下的 DC Operating Point 命令,将图 2-66 中节点 1、2、3 作为仿真分析节点,仿真结果如图 2-67 所示。晶体管的基极 $U_B$ = V3 = 3.94823 V,$U_{CE}$ = V1−V2 = 7.06112−3.30811 = 3.75301 V,$I_E$ = V2/$R_E$ = 3.30811/2 = 1.654055 mA。电路静态工作点设置合适,晶体管工作在放大区,可以通过示波器观察信号源 $U_s$ = 10 mV 作用下输出波形不失真。

## 2. 静态工作点变化对输出波形的影响

在图 2-66 中,开关 J1 闭合(旁路电容 CE 接入电路),开关 J2 断开,即电路空载时,将信号源 $U_s$ 的电压逐步增大,启动仿真按钮,用示波器观察电路的输出波形,当电路输出波形刚出现失真时,适当减小输入信号,让输出波形刚好不产生失真,这时对应的输入信号为最大不失真输入信号电压 $U_s$ = 30 mV,示波器仿真波形如图 2-68(a)所示。

保持图 2-66 中信号源电压 $U_s$ = 30 mV,双击 RB1 图标,改变 RB1 电阻值为 15 kΩ,启动仿真,可见输出波形底部出现了饱和失真现象,如图 2-68(b)所示;改变 RB1 电阻值为 51 kΩ,输出波形顶部出现了截止失真现象,如图 2-68(c)所示。下面分析失真原因。

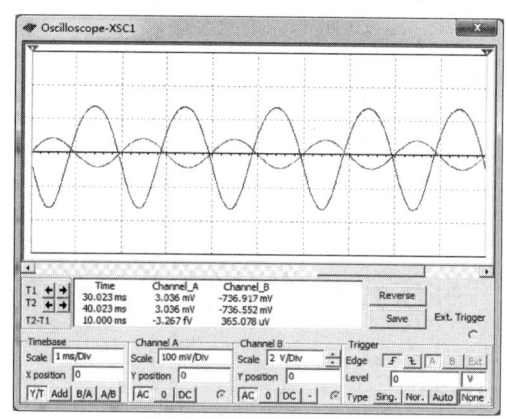

(a)最大不失真输出电压

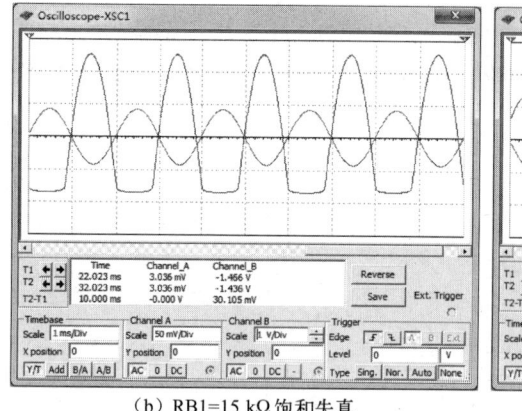

(b)RB1=15 kΩ饱和失真

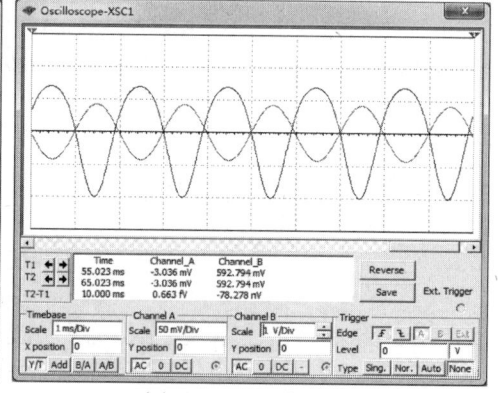

(c)RB1=51 kΩ截止失真

图 2-68 分压式共射放大电路输出波形

在图 2-66 中,分别对 RB1 = 15 kΩ 和 RB1 = 51 kΩ,启动 Simulate→Analysis→DC Operating Point 命令,将节点 1、2、3 作为仿真分析节点,仿真静态工作点结果如图 2-69(a)和(b)所示。仔细对比其静态工作点,可以发现 $U_{CE}$ 电压差别较大。RB1 = 15 kΩ 时,$U_{CE}$ 电压偏小,静态工作点设置偏高,接近晶体管输出特性曲线的饱和区,输出波形易产生饱和失真;RB1 = 51 kΩ 时,$U_{CE}$ 电压偏大,静态工作点设置偏低,接近输出特性曲线的截止区,输出波形易产生截止失真。

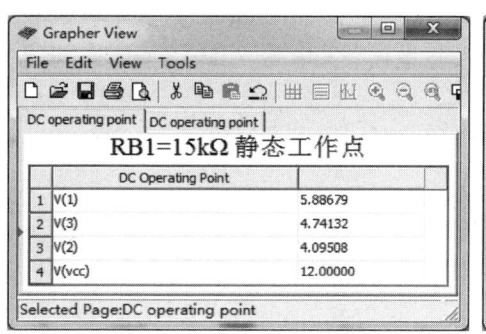
（a）静态工作点设置偏高接近饱和区

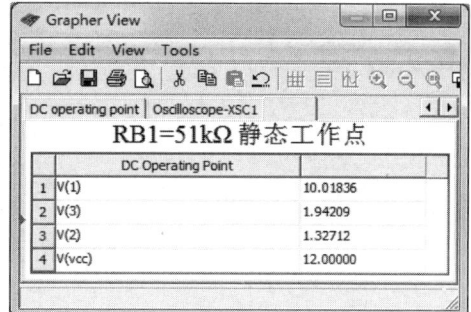
（b）静态工作点设置偏低接近截止区

图 2-69　分压式共射放大电路输出波形

## 2.10.2　有旁路电容时电路的动态性能指标

### 1. 有旁路电容时测量电压放大倍数

在图 2-66 电路中,闭合 J1、J2,接入旁路电容和负载。设置信号源 $U_s = 10$ mV,启动仿真按钮,用虚拟万用表 XMM1、XMM2 交流电压档测电路输入、输出电压有效值,可得如图 2-70（a）和（b）所示结果,$U_i = 4.531$ mV,$U_o = 378.597$ mV。断开 J2,电路空载,启动仿真按钮,用虚拟万用表 XMM2 交流电压档测电路空载输出电压 $U'_o = 741.663$ mV,如图 2-70（c）所示。

有旁路电容带负载时电路电压放大倍数为

$$A_u = \frac{U_o}{U_i} = \frac{378.597}{4.531} = 83.56$$

有旁路电容空载时电路电压放大倍数为

$$A_{uo} = \frac{U'_o}{U_i} = \frac{741.663}{4.531} = 163.69$$

### 2. 有旁路电容时测量输入电阻 $R_i$

利用图 2-70 的仿真结果,信号源 $U_s = 10$ mV,$R_S = 3$ kΩ,电路输入电压 $U_i = 4.531$ mV,则有旁路电容带负载时分压式共射放大电路输入电阻为

$$R_i = \frac{U_i}{U_s - U_i} R_S = \frac{4.531}{10 - 4.531} \times 3 = 2.485 \text{ kΩ} \approx 2.5 \text{ kΩ}$$

### 3. 有旁路电容时测量输出电阻

利用图 2-70 的仿真结果,信号源 $U_s = 10$ mV,电路带负载（$R_L = 3$ kΩ）输出电压 $U_o = 378.597$ mV,电路空载输出电压 $U'_o = 741.663$ mV,则有旁路电容时电路输出电阻为

$$R_o = \left(\frac{U'_o}{U_o} - 1\right) R_L = \left(\frac{741.663}{378.597} - 1\right) \times 3 = 2.88 \text{ kΩ} \approx 3 \text{ kΩ}$$

## 2.10.3　无旁路电容时电路的动态性能指标

### 1. 无旁路电容时测量电压放大倍数

在图 2-66 中,断开 J1,电路无旁路电容。闭合 J2,电路接负载。信号源 $U_s = 10$ mV,启动仿真

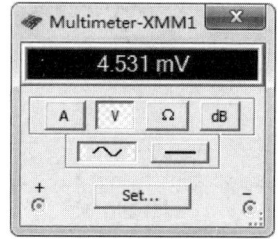
（a）输入电压

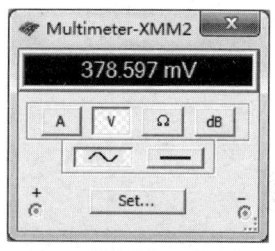
（b）带负载输出电压

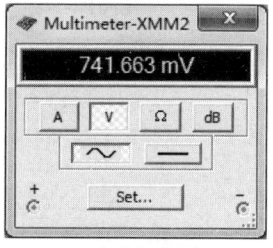
（c）空载输出电压

图 2-70　有旁路电容时
电路输入输出电压

按钮,用虚拟万用表 XMM1、XMM2 交流电压档测电路输入、输出电压有效值,可得如图 2-71(a) 和(b) 所示结果,$U_i = 6.862$ mV,$U_o = 5.078$ mV。断开 J2,电路空载,启动仿真按钮,XMM2 交流电压档测电路空载输出电压 $U'_o = 10.153$ mV,如图 2-71(c) 所示。

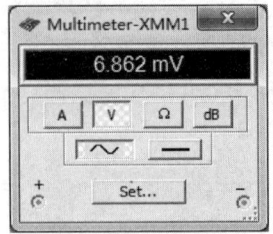

（a）输入电压

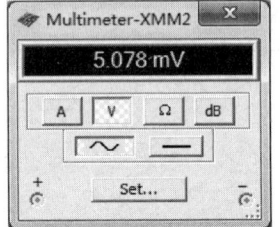

（b）带负载输出电压

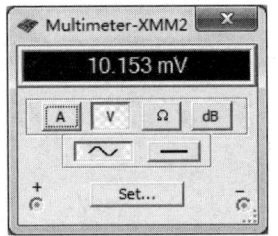

（c）空载输出电压

图 2-71　无旁路电容时电路
输入输出电压

无旁路电容带负载时电路的电压放大倍数为

$$A_u = \frac{U_o}{U_i} = \frac{5.078}{6.862} = 0.74$$

无旁路电容空载时电路的电压放大倍数为

$$A_{uo} = \frac{U'_o}{U_i} = \frac{10.153}{6.862} = 1.48$$

可见,无旁路电容时电路的电压放大倍数减小了很多,几乎无电压放大能力。

**2. 无旁路电容时测量输入电阻 $R_i$**

利用图 2-71 的仿真结果,信号源 $U_s = 10$ mV,$R_s = 3$ kΩ,电路输入电压 $U_i = 6.862$ mV,则无旁路电容带负载时电路输入电阻为

$$R_i = \frac{U_i}{U_s - U_i} R_s = \frac{6.862}{10 - 6.862} \times 3 = 6.56 \text{ kΩ} \approx 6.6 \text{ kΩ}$$

可见,无旁路电容时电路输入电阻比有旁路电容时增大了。

**3. 无旁路电容时测量输出电阻**

利用图 2-71 的仿真结果,信号源 $U_s = 10$ mV,电路带负载输出电压 $U_o = 5.078$ mV,电路空载输出电压 $U'_o = 10.153$mV,则无旁路电容时电路输出电阻为

$$R_o = \left(\frac{U'_o}{U_o} - 1\right) R_L = \left(\frac{10.153}{5.078} - 1\right) \times 3 = 2.998 \text{ kΩ} \approx 3 \text{ kΩ}$$

# 2.11　自举式射极输出器仿真分析

在 Multisim10 中搭建自举式射极输出器放大电路如图 2-72 所示,XMM1、XMM2 为虚拟万用表。开关 J1(A 键控制)闭合,自举电容 C3 接入电路;开关 J1 断开,电路没有接入自举电容 C3。

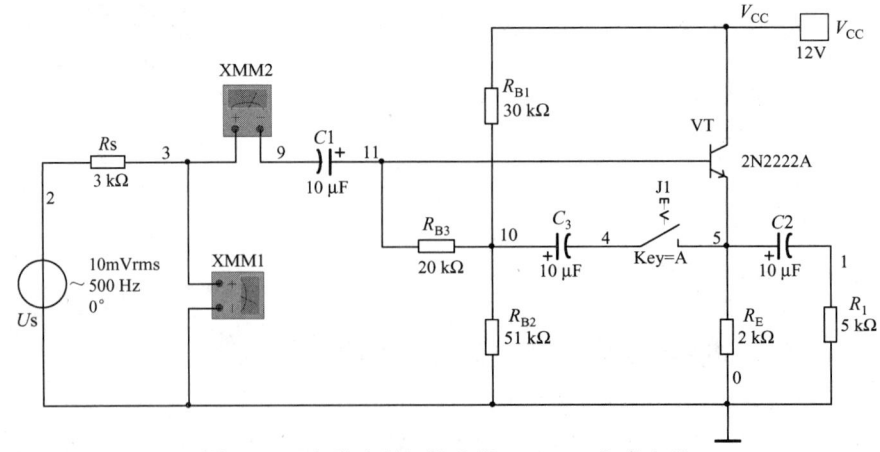

图 2-72　自举式射极输出器 Multisim 仿真电路

### 2.11.1 有自举电容时电路的输入电阻

在图 2-72 电路中,闭合 J1,接入自举电容 C3。设置信号源 $U_s = 10$ mV,启动仿真按钮,用虚拟万用表 XMM1 交流电压档测电路输入电压有效值,XMM2 交流电流档测电路输入电流有效值,仿真结果如图 2-73 所示:输入电压 $U_i = 9.882$ mV,输入电流 $I_i = 38.806$ nA $= 0.038806$ μA。

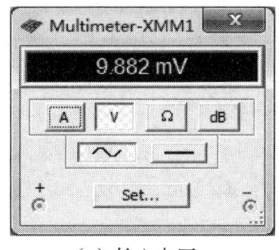 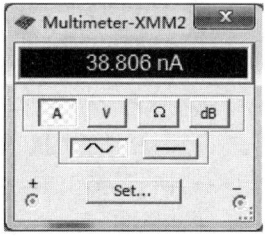

（a）输入电压　　　　　　　　（b）输入电流

图 2-73　有自举电容时电路的输入信号

有自举电容时电路的输入电阻

$$R_i = \frac{U_i}{I_i} = \frac{9.882}{0.038806} = 254.7 \text{ k}\Omega$$

### 2.11.2 无自举电容时电路的输入电阻

在图 2-72 电路中,断开 J1,电路无自举电容 C3。设置信号源 $U_s = 10$ mV,启动仿真按钮,用虚拟万用表 XMM1 交流电压档测电路输入电压有效值,XMM2 交流电流档测电路输入电流有效值,仿真结果如图 2-74 所示:输入电压 $U_i = 9.196$ mV,输入电流 $I_i = 267.323$ nA $= 0.267323$ μA。

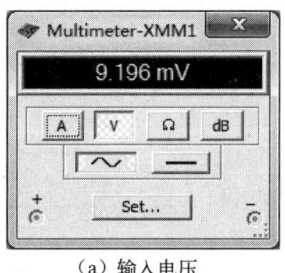 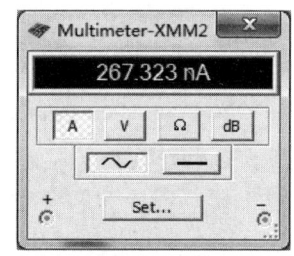

（a）输入电压　　　　　　　　（b）输入电流

图 2-74　无自举电容时电路的输入信号

无自举电容时电路的输入电阻为

$$R_i = \frac{U_i}{I_i} = \frac{9.196}{0.267323} = 23.18 \text{ k}\Omega$$

可见,射极输出器有自举电容时,电路的输入电阻为几百千欧,无自举电容时,输入电阻为几十千欧,比无自举电容时的输入电阻提高了很多倍。

## *2.12　知识拓展——光电晶体管

光电晶体管(Phototransistor),也称为光敏三极管或光电三极管(phototriode),它的电流受外部光照控制,是一种半导体光电器件。光电晶体管是一种相当于在晶体管的基极和集电极之间接入一只光电二极管的三极管。因为具有电流放大作用,光电晶体管比光电二极管灵敏得多,在集电极可以输出很大的光电流。

图 2-75 光电晶体管

光电晶体管有塑封、金属封装(顶部为玻璃镜窗口)、陶瓷、树脂等多种封装结构,引脚分为两脚和三脚型。图 2-75 所示光电晶体管仅引出集电极和发射极,基极作为光接收窗口未引出引脚。当光照强弱变化时,电极之间的电阻会随之变化。光电晶体管可以根据光照的强度控制集电极电流的大小,从而使光电晶体管处于不同的工作状态。在无光照射时,光电晶体管处于截止状态,无电信号输出。当光信号照射光电晶体管的基极时,光电晶体管导通,首先通过光电二极管实现光电转换,再经由三极管实现光电流的放大,从发射极或集电极输出放大后的电信号。

### 1. 工作原理

光电晶体管是采用半导体制作工艺制成的具有 NPN 或 PNP 结构的半导体管,引出电极一般只有两个,也有三个的,通常基极不引出,但也一些光电晶体管的基极有引出,用于温度补偿和附加控制等作用。光电晶体管和普通三极管相似,有电流放大作用,只是它的集电极电流不只是受基极电路和电流控制,同时受光辐射的控制。光电晶体管的结构与普通晶体管类似,不同之处是,光电晶体管必须有一个对光敏感的 PN 结作为感光面,一般用集电结作为受光结,光电晶体管实质上是一种在基极和集电极之间接有光敏二极管的三极管。为适应光电转换的要求,它的基区面积做得较大,发射区面积做得较小,入射光主要被基区吸收,管子的芯片被装在带有玻璃透镜金属管壳内,当光照射时,光线通过透镜集中照射在芯片上。

图 2-76 为 NPN 型光电晶体管内部结构,b-c 结为受光结,吸收入射光,基区面积较大,发射区面积较小。当光入射到基极表面,产生光生电子-空穴对,会在 b-c 结电场作用下,电子向集电极漂移,而空穴移向基极,致使基极电位升高,在 c、e 间外加电压作用下(c 为+、e 为-)大量电子由发射极注入,除少数在基极与空穴复合外,大量电子通过极薄的基极被集电极收集,成为输出光电流。

总之,光电晶体管工作原理分为两个过程:一是光电转换,二是光电流放大。其最大特点是输出电流大,达毫安级,但响应速度比光电二极管慢得多,温度效应也比光电二极管大得多。

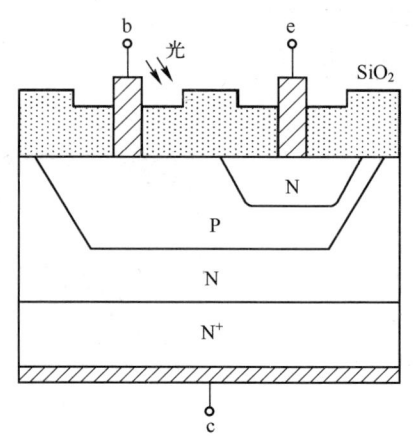

图 2-76 NPN 型光电晶体管内部结构

### 2. 光电特性

光电晶体管的光电特性是指在正常偏压下的集电极的电流与入射光照度之间的关系,如图 2-77 所示。呈现出非线性。这是由于光电晶体管中的晶体管的电流放大倍数不是常数的缘故,$\beta$ 随着光电流的增大而增大。光电晶体管有电流放大作用,它的灵敏度比光电二极管高,输出电流也比光电二极管大,多为毫安级。

### 3. 伏安特性

与一般光电二极管不同,光电晶体管必须在有偏压且保证光电晶体管的发射结处于正向偏置,而集电极结处于反向偏压才能工作。其伏安特性曲线如图 2-78 所示。入射到光电晶体管的照度不同其伏安特性曲线稍有不同,但随着电压升高,输出电流均逐渐达到饱和。

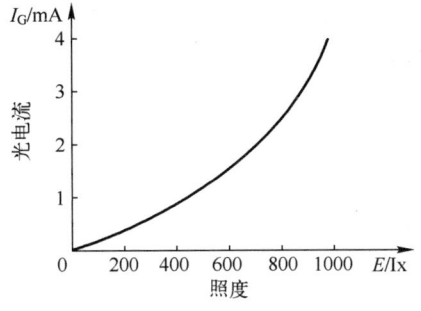

图 2-77 光电晶体管的光电特性曲线

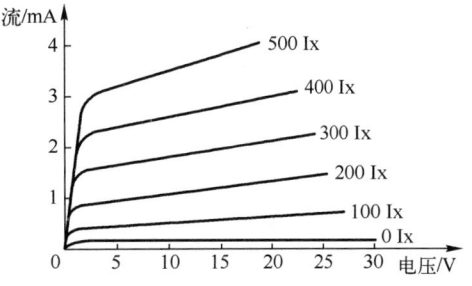

图 2-78 光电晶体管的伏安特性曲线

### 4. 温度特性

硅光电晶体管受温度的影响比硅光电二极管大得多。这是由于光电晶体管有放大作用,随着温度升高,暗电流增加很快,使输出信噪比变差,不利于弱光的检测。在进行光信号检测时,应考虑到温度对光电器件输出的影响,必要时还需要采取适当的恒温或温度补偿措施。

### 5. 频率特性

影响光电晶体管频率响应的因素除了与光电二极管相同,还受基区渡越时间和发射结电容、输出电路的负载电阻的限制,因此频率特性比光电二极管差。

### 6. 种类选择

从外观上,光电晶体管可以分为罐封闭型和树脂封入型,各型又分为透镜型和单纯窗口型;从材料上,可分为硅(Si)和锗(Ge),大部份为硅;从结构上,可分为普通晶体管型和达林顿晶体管型;从用途上,可以分为以交换动作为目的的光电晶体管和需要直线性的光电晶体管。但光电晶体管的主流为交换组件,需要直线性时,通常使用光敏二极管。

在实际选用光电晶体管时,如要求灵敏度高,可选用达林顿型光电晶体管;如要求响应时间快,对温度敏感性小,就不选用光电晶体管而选用光电二极管。探测暗光一定要选择暗电流小的管子,同时可考虑有基极引出线的光电晶体管,通过偏置取得合适的工作点,提高光电流的放大系数。

### 7. 测试方法

(1)电阻测量法(指针式万用表 1 kΩ 档)。黑表笔接 c 极,红表笔接 e 极,无光照时指针微动(接近∞),随着光照的增强电阻变小,光线较强时其阻值可降到几 kΩ~1 kΩ。再将黑表笔接 e 极,红表笔接 c 极,有无光照指针均为∞(或微动),这管子就是好的。

(2)测电流法。工作电压 5 V,电流表串接在电路中,c 极接正,e 极接负。无光照时,电流表测得电流小于 0.3 μA;光照增加时,电流表测得电流增加,可达 2~5 mA。

若用数字式万用表 20 kΩ 档测试,红表笔接 c 极,黑表笔接 e 极,完全黑暗时显示 1,光线增强时阻值随之降低,最小可达 1 kΩ 左右。

### 8. 应用

作为光传感器的敏感部分,光电晶体管已在光的检测、信息的接受、传输、隔离等方面获得广泛的应用,成为各行各业自动控制必不可少的器件。

# 本章小结

### 1. 晶体管的结构、类型及工作状态

双极型晶体管有两个互相影响的 PN 结:发射结和集电结;三个区域:发射区、基区和集电区;相应地引出三个极:发射极、基极和集电极。

晶体管有 NPN 和 PNP 两种类型,它们的区别是形成电流的载流子不同、工作电压的极性相

反,以及各极电流方向相反。它们均有三个工作区:放大区、饱和区和截止区。晶体管主要有三种工作状态:放大状态、饱和状态和截止状态,还有一种倒置状态,较少使用。NPN 硅管的工作状态判别方法如表 2-3 和表 2-4 所示。

**表 2-3　根据管脚电流判断 NPN 硅管的工作状态**

| 工作状态　　管脚电流 | 截止状态 | 放大状态 | 饱和状态 |
|---|---|---|---|
| $I_B$ | $I_B = 0$ | $I_B > 0$ | $I_B > I_{BS} = I_{CS}/\beta$ |
| $I_C$ | $I_C = 0$ | $I_C = \beta I_B$ | $I_C \leqslant I_{CS}$ |

**表 2-4　根据结电压判断 NPN 硅管的工作状态**

| 工作状态　　结名称 | 截止状态 | 放大状态 | 饱和状态 |
|---|---|---|---|
| 发射结 | $U_{BE} \leqslant 0$(反偏) | $U_{BE} > 0$(正偏) | $U_{BE} > 0$(正偏) |
| 集电结 | $U_{BC} \leqslant 0$(反偏) | $U_{BC} \leqslant 0$(反偏) | $U_{BC} > 0$(正偏)或 $U_{CE} \leqslant 0.3\ \text{V}$ |

**2. 晶体管的放大作用**

晶体管是一种电流控制型器件,其放大作用除了满足发射区掺杂浓度高、基区很薄、集电结面积大的内部结构条件,还必须满足发射结正向偏置和集电结反向偏置的外部条件。

放大作用实际是一种能量控制作用:在输入信号的作用下,通过晶体管这种有源元件对直流电源的能量进行控制,使负载从电源中获得的输出信号的能量比信号源向放大电路提供的能量大得多。放大的特征是功率放大。

**3. 晶体管放大电路的组成原则**

(1) 确保晶体管工作于放大区,即满足发射结正向偏置,集电结反向偏置的外部条件。

(2) 确保被放大的交流输入信号能够作用于晶体管的输入回路。

(3) 确保放大后的交流输出信号能传输到负载上。

**4. 放大电路的分析:静态分析和动态分析**

(1) 静态分析:求解静态工作点 $Q$。无外部输入信号时,放大电路的工作状态称为静态。此时,晶体管各极电流、电压值为静态工作点。

(2) 动态分析:求解放大电路的动态性能指标,主要有放大倍数 $\dot{A}$、输入电阻 $R_i$ 和输出电阻 $R_o$ 等。

**5. 放大电路的主要分析方法:图解法和微变等效电路法**

(1) 图解法是一种辅助分析方法,精度低,烦琐,适合大信号的场合。其要点是:首先确定静态工作点 $Q$,然后根据电路的特点画出直流负载线,交流负载线;接着画出各极电流电压的波形;最后求出最大不失真输出电压。

(2) 微变等效电路法是放大电路分析中的基本方法。

首先,用直流通路分析静态工作点 $Q$。其次,画出交流通路,用晶体管的微变模型代替交流通路中的晶体管,得到放大电路的微变等效电路。最后,通过微变等效电路求解动态性能指标:放大倍数 $\dot{A}$、输入电阻 $R_i$ 和输出电阻 $R_o$。

**6. 三种组态基本放大电路:共发射极、共集电极和共基极放大电路**

三种组态基本放大电路的判别方法如表 2-5 所示。

表2-5 三种组态基本放大电路的判别方法

| 输入、输出、地 | 组 态 | | |
|---|---|---|---|
| | 共发射极 CE | 共集电极 CC | 共基极 CB |
| 输入端(接信号源) | 基极 b | 基极 b | 发射极 e |
| 输出端(接负载) | 集电极 c | 发射极 e | 集电极 c |
| 交流公共端(地) | 发射极 e | 集电极 c | 基极 b |

三种基本放大电路的特点见表2-2。

射极偏置稳定静态工作点电路属于共发射极电路。

**7. 组合放大电路**

三种基本放大电路可以根据各自的特点相互组合成多种组合单元放大电路,从而获得更优的性能。

# 自 测 题

**2.1 判断题** 分析下列说法是否正确(用"√"表示正确,用"×"表示错误)

1. PNP 或 NPN 双极型晶体管都是一种对称结构。因此将双极型晶体管的发射极与集电极对调使用,双极型晶体管仍然能正常放大信号。(　　)

2. 若测得工作在放大状态的一只双极型晶体管的电流 $I_B = 50 \ \mu A$,$I_C = 2.5 \ mA$,则该管的 $\bar{\beta} \approx I_C / I_B = 50$。(　　)

3. 只有电路既放大电流又放大电压,才称其具有放大作用。(　　)

4. 电路中各电量的交流成份是交流信号源提供的。(　　)

5. 由于放大的对象是变化量,所以当输入信号为直流信号时,任何放大电路的输出都毫无变化。(　　)

6. 若两个放大电路的电压增益 $\dot{A}_u$ 相同,则接相同的信号源时,输出电压一定相同。(　　)

7. 放大电路的输出电阻是放大电路输出电压与输出电流之比。(　　)

8. 双极型晶体管在放大区满足 $I_C \approx \bar{\beta} I_B$,且 $\bar{\beta} \gg 1$,故双极型晶体管适用于电流放大,不适用于电压放大。(　　)

9. 图 T2.1.9 所示的放大电路要放大交流信号。电路设计正确吗?(　　)

10. 基本共射放大电路中,输出电压与输入电压波形同相。(　　)

11. 放大电路必须加上合适的直流电源才能正常工作。(　　)

12. 放大电路某点为交流地电位,即在放大电路工作时,该点电压为零。(　　)

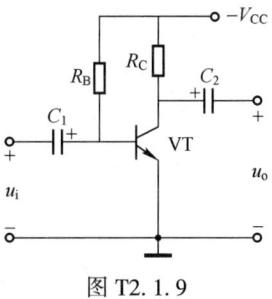

图 T2.1.9

13. 在基本共射放大电路中,当负载开路时,交流负载线与直流负载线重合。(　　)

14. 只要是共射放大电路,输出电压的底部失真都是饱和失真。(　　)

15. 射极输出器的电压增益小于1,因此不宜用来放大信号。(　　)

**2.2 单项选择题**

1. 双极型晶体管能够实现放大的内部结构条件是(　　)。

   A. 两个背靠背的 PN 结

   B. 空穴和电子都参与了导电

   C. 有三个掺杂浓度不一样的域

   D. 发射区杂质浓度远大于基区杂质浓度,并且基区很薄,集电结面积比发射结大

2. 双极型晶体管能够实现放大的外部条件是( )。

    A. 发射结正偏,集电结正偏　　　　　　B. 发射结正偏,集电结反偏

    C. 发射结反偏,集电结正偏　　　　　　D. 发射结反偏,集电结反偏

3. 有关晶体管的说法中,正确的是( )。

    A. 发射区的掺杂浓度小于集电区　　　　B. 基区很薄,掺杂浓度较大

    C. 基区与集电区的接触面积较大　　　　D. 发射极与集电极可以互换

4. 测得工作在放大状态双极型晶体管三个电极的静态电流分别为 0.06 mA,3.66 mA 和 3.6 mA,则该管的 $\overline{\beta}$ 为( )。

    A. 60　　　　　　B. 61　　　　　　C. 100　　　　　　D. 50

5. 工作在放大区的某双极型晶体管,如果当 $I_B$ 从 12 μA 增大到 22 μA 时,$I_C$ 从 1 mA 变为 2 mA,那么它的 β 为( )。

    A. 83　　　　　　B. 91　　　　　　C. 100

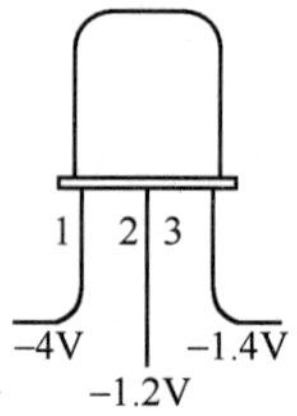

6. NPN 型晶体管工作在放大状态,要求( )。

    A. $U_{BE}>U_{BE(th)}$,$U_{BC}>0$　　　　　　B. $U_{BE}>U_{BE(th)}$,$U_{BC}<0$

    C. $U_{BE}<U_{BE(th)}$,$U_{BC}>0$　　　　　　D. $U_{BE}<U_{BE(th)}$,$U_{BC}<0$

图 T2.2.7

7. 测得放大电路中晶体管各极电位如图 T2.2.7 所示,说明该管是( )。

    A. NPN 锗管　　　　B. NPN 硅管　　　　C. PNP 锗管　　　　D. PNP 硅管

8. 在放大电路中晶体管各极电位如图 T2.2.7 所示,判断管脚 1、2、3 分别是( )极。

    A. c、e、b　　　　B. c、b、e　　　　C. e、b、c　　　　D. b、e、c

9. 测得电路中 PNP 型晶体管 e、b、c 三个电极的电位分别是 2.6 V、2 V、2.4 V,该管工作在( )状态。

    A. 截止　　　　　　B. 饱和　　　　　　C. 放大　　　　　　D. 损坏

10. 随着温度的升高,晶体管的电流放大系数 β 将( )。

    A. 增大　　　　　　B. 减小　　　　　　C. 不变

11. 若要求管子的反向电流小,工作温度高,则应选用( )。

    A. 硅管　　　　　　B. 锗管

12. 当双极型晶体管的型号确定后,应选极间反向电流( )的管子,这样的管子温度稳定性好。

    A. 小　　　　　　B. 大

13. 有两个放大电路 $A_1$ 和 $A_2$ 分别对同一电压信号进行放大。当输出端开路时,$A_1$ 和 $A_2$ 输出电压相同。而接入相同的负载电阻后,$U_{o1}>U_{o2}$。由此可知,$A_1$ 比 $A_2$ 的( )。

    A. 输出电阻大　　B. 输出电阻小　　C. 输入电阻大　　D. 输入电阻小

14. 如果信号源分别是接近理想的电压源和电流源,那么希望放大电路的输入电阻分别是( )。

    A. 大,小　　　　B. 大,大　　　　C. 小,小　　　　D. 小,大

15. 有两个空载放大倍数相同,输入输出电阻不同的放大电路甲和乙,对同一信号源进行放大,在负载开路的情况下测得甲的输出电压小,则说明甲的( )。

    A. 输入电阻大　　B. 输入电阻小　　C. 输出电阻大　　D. 输出电阻小

16. 某放大电路在负载开路时的输出电压为 4 V,接入 3 kΩ 的负载后输出电压降为 3 V。说明放大电路的输出电阻为( )。

    A. 10 kΩ　　　　B. 2 kΩ　　　　C. 1 kΩ　　　　D. 0.5 kΩ

17. 在输出波形不失真的情况下,静态工作点位于交流负载线的( )为最佳。

    A. 中点处　　　　B. 偏高处　　　　C. 偏低处　　　　D. 任意处

18. 基本共射放大电路输出特性曲线以及放大电路的交流负载线 $M'N'$、直流负载线 $MN$ 如图 T2.2.18 所示,该电路最大不失真输出电压的幅值是( )V。

    A. 10　　　　　　B. 6　　　　　　C. 4　　　　　　D. 2

19. 图 T2.2.19 所示的微变等效电路中,输出电压可表示为( )。

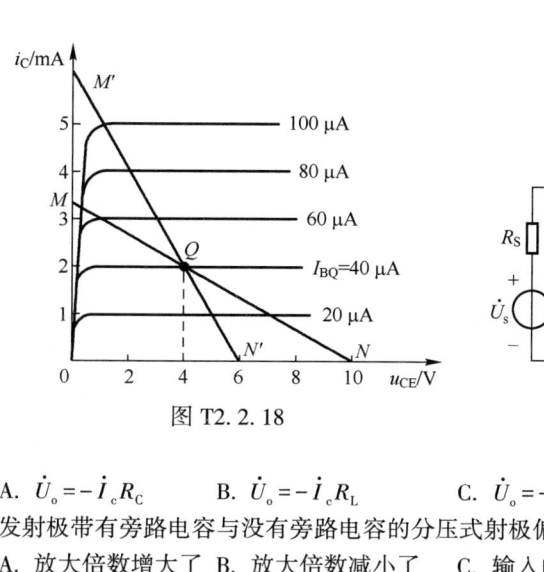

图 T2.2.18

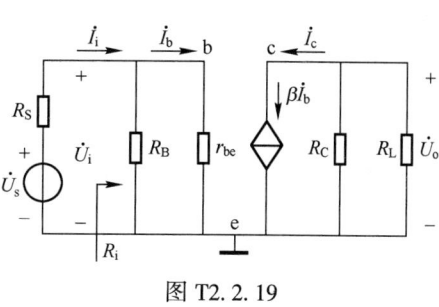

图 T2.2.19

A. $\dot{U}_o = -\dot{I}_c R_C$     B. $\dot{U}_o = -\dot{I}_c R_L$     C. $\dot{U}_o = -\dot{I}_c(R_L /\!/ R_C)$    D. $\dot{U}_o = \dot{I}_c(R_L /\!/ R_C)$

20. 发射极带有旁路电容与没有旁路电容的分压式射极偏置稳定电路比较,前者的缺点( )。

    A. 放大倍数增大了   B. 放大倍数减小了   C. 输入电阻提高了   D. 输入电阻减小了

21. 射极输出器的特点( )。

    A. $\dot{A}_u < 1$,输入电阻小,输出电阻大       B. $\dot{A}_u > 1$,输入电阻小,输出电阻大

    C. $\dot{A}_u < 1$,输入电阻大,输出电阻小       D. $\dot{A}_u > 1$,输入电阻大,输出电阻小

22. 在共基极接法的电路中,体现了( )的控制作用。

    A. $I_B$ 对 $I_C$      B. $I_E$ 对 $I_C$      C. $I_E$ 对 $I_B$      D. $I_C$ 对 $I_E$

23. 共基极电路与共集电极电路比较,两者都是( )。

    A. 输出电压与输入电压反相         B. 输出电压与输入电压同相

    C. 输入电阻大                     D. 输出电阻小

24. 两个晶体管复合以后复合管等效的类型,取决于( )。

    A. 第一个晶体管                  B. 后一个晶体管

**2.3 多项选择题**

1. ( )能够正确反映晶体管的电流分配关系。

    A. $I_C = I_E + I_B$     B. $I_E = I_B + I_C$     C. $I_C = \beta I_B + I_{CEO}$     D. $I_C = \beta I_B + I_{CBO}$

2. 在 NPN 管组成的基本共射放大电路中,在输出特性中下列说法正确的是( )。

    A. 静态工作点,随 $R_B$ 的增大沿直流负载线向上移动

    B. 静态工作点,随 $R_B$ 的增大沿直流负载线向下移动

    C. 静态工作点,随 $R_C$ 的增大沿 $I_{BQ}$ 对应的输出特性曲线向左移动

    D. 静态工作点,随 $R_C$ 的增大沿 $I_{BQ}$ 对应的输出特性曲线向右移动

3. 发射极没有旁路电容的分压式射极偏置稳定电路与固定偏置共射电路比较,前者的优点是( )。

    A. 静态工作点稳定了          B. 放大倍数增大了

    C. 放大倍数减小了          D. 输入电阻增大了      E. 输入电阻减小了

4. 共基极电路的特点( )。

    A. 输出电压与输入电压同相          B. 输出电压与输入电压反相

    C. 输入电阻大                     D. 输入电阻小

5. 共基极电路与固定偏置共发射极电路比较,两者的共同点是( )相同。

    A. 电压放大倍数的绝对值        B. 输入电阻            C. 输出电阻

# 习 题 2

**2.1** 工作在放大状态中的晶体管两个电极的电流如图 P2.1 所示。

(1) 求另一个电极的电流,并在图中标出实际方向。

(2）判断 e、b 和 c 极，并画出该晶体管的符号。

**2.2** 工作在放大状态中的晶体管两个电极的电流如图 P2.2 所示。

（1）求另一个电极的电流，并在图中标出实际方向。

（2）标出 e,b 和 c 极，并判断出该管是 NPN 管还是 PNP 管。

（3）若 $I_{CBO}$ 均为零，试求该管 $\bar{\alpha}$ 及 $\bar{\beta}$ 的值。

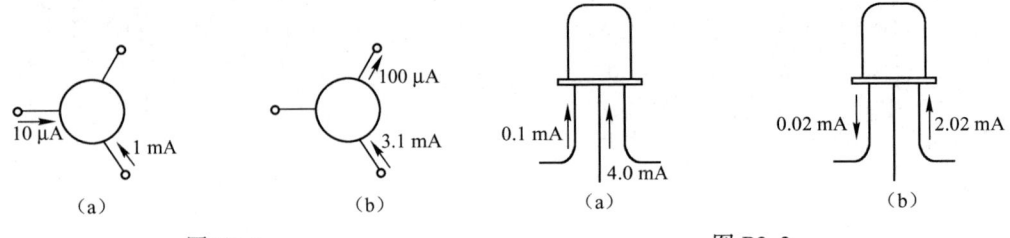

图 P2.1　　　　　　　　　　　　　图 P2.2

**2.3** 测得放大电路中正常工作的晶体管三个电极对地电位分别为 $U_1$,$U_2$ 和 $U_3$,试判断它们是硅管还是锗管? 是 NPN 型还是 PNP 型? 并确定 c,b 和 e 极。

（1）$U_1 = 2.5\ V$,$U_2 = 6\ V$,$U_3 = 1.8\ V$　　　　（2）$U_1 = -6\ V$,$U_2 = -3\ V$,$U_3 = -2.7\ V$

（3）$U_1 = -1.7\ V$,$U_2 = -2\ V$,$U_3 = 0\ V$　　　　（4）$U_1 = -7\ V$,$U_2 = -2\ V$,$U_3 = -2.3\ V$

（5）$U_1 = 0.7\ V$,$U_2 = 0\ V$,$U_3 = 5\ V$　　　　（6）$U_1 = -1.3\ V$,$U_2 = -10\ V$,$U_3 = -2\ V$

（7）$U_1 = 8\ V$,$U_2 = 2.7\ V$,$U_3 = 3\ V$　　　　（8）$U_1 = 6\ V$,$U_2 = 11.3\ V$,$U_3 = 12\ V$

**2.4** 如果在电路中测得晶体管的三个电极对地的电压如图 P2.4 所示,试判断晶体管所处的工作状态。

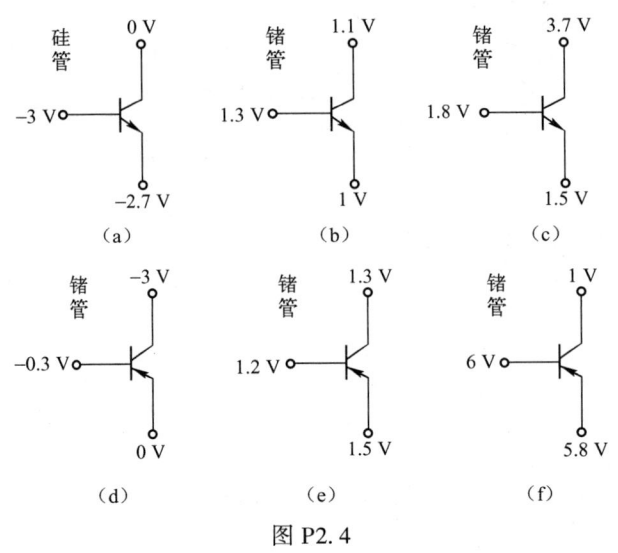

图 P2.4

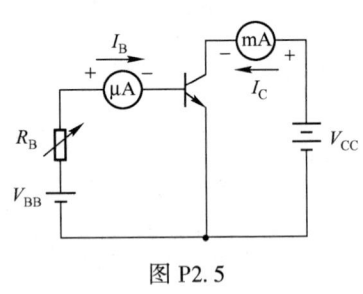

图 P2.5

**2.5** 如图 P2.5 所示电路可以用来测量晶体管的直流参数。改变电阻 $R_B$ 的值,由两只电流表测得两组 $I_B$ 和 $I_C$ 的数值:$I_{B1} = 6\ \mu A$,$I_{C1} = 0.4\ mA$;$I_{B2} = 18\ \mu A$,$I_{C2} = 1.12\ mA$。要求:（1）由所测数据计算 $\bar{\beta}$、$I_{CBO}$,$I_{CEO}$ 和 $\bar{\alpha}$;（2）图中晶体管是硅管还是锗管?

**2.6** 有两只晶体管,一只的参数 $\beta_1 = 200$,$I_{CEO1} = 200\ \mu A$;另一只的参数 $\beta_2 = 100$,$I_{CEO2} = 10\ \mu A$,其他参数大致相同。请问在电路中使用时选用哪只管子更好? 为什么?

**2.7** 画出图 P2.7 所示各电路的直流通路和交流通路。设所有电容对交流信号均可视为短路。

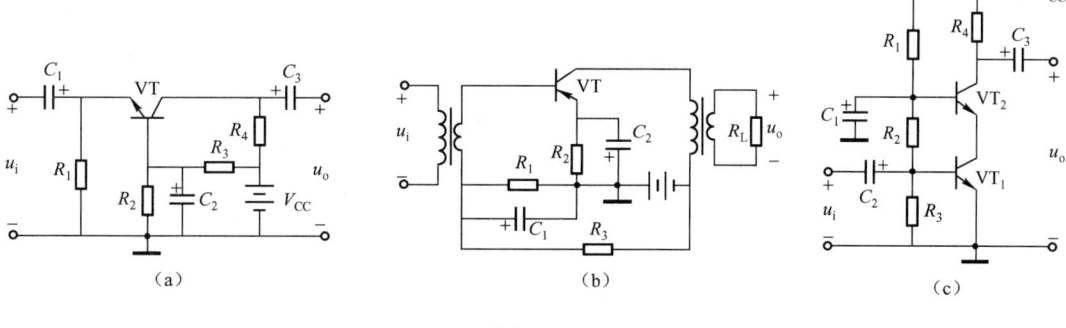

图 P2.7

**2.8** 根据放大电路的组成原则,分析图 P2.8 所示各电路是否具有放大功能,并说明原因。

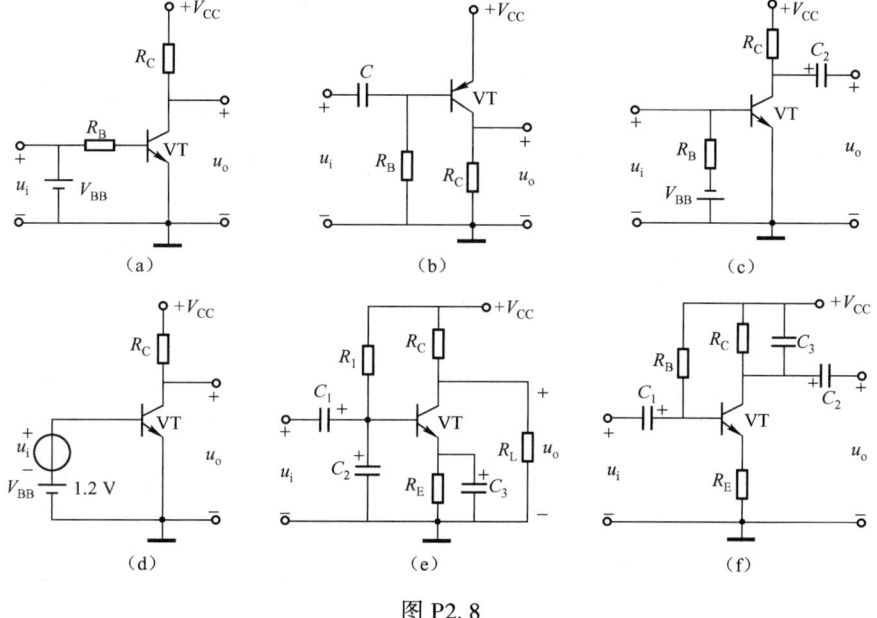

图 P2.8

**2.9** 在如图 P2.9 所示电路中,当开关 S 分别接到 $A,B$ 和 $C$ 各位置时,哪个位置的 $I_B$ 最大?哪个位置的 $I_B$ 最小?分析原因。

**2.10** 在如图 P2.10 所示电路中,$\beta = 100$,$U_{BE} = 0.6\text{ V}$,晶体管 VT 反向饱和电流忽略不计,试分析开关 S 分别接在 $A,B,C$ 和 $D$ 各位置时晶体管的工作状态。

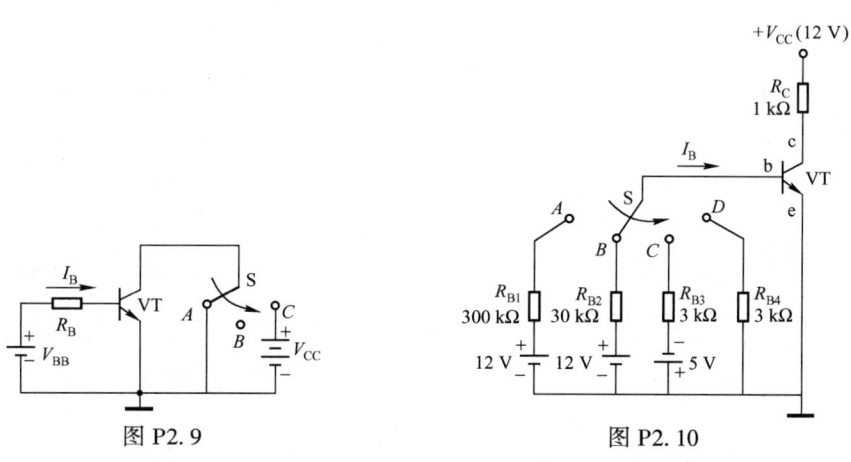

图 P2.9　　　　　　　　　　图 P2.10

**2.11** 晶体管 VT 的输出特性曲线如图 P2.11 所示,在其上确定 $\bar{\alpha},\beta,P_{CM},I_{CEO}$ 和 $U_{(BR)CEO}$。

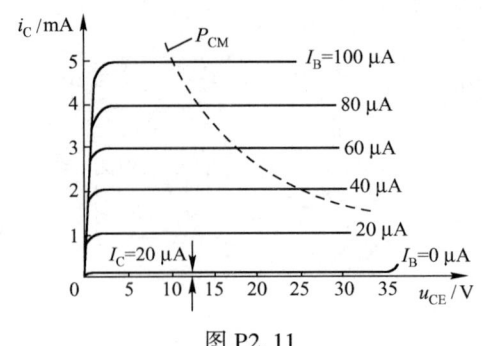

图 P2.11

**2.12** 如果放大电路的电压增压为 40 dB,输入电阻 $R_i = 10$ kΩ,负载电阻 $R_L = 20$ kΩ,其电流增益为多少?

**2.13** 如果某放大电路接负载 $R_{L1} = 10$ kΩ 时的电压增益是接负载 $R_{L2} = 2$ kΩ 时电压增益的 3 倍,那么放大电路的输出电阻 $R_o$ 是多大?

**2.14** 放大电路及晶体管输出特性曲线如图 P2.14 所示,$R_B = 400$ kΩ,$R_C = R_L = 4$ kΩ,$V_{CC} = 20$ V,$U_{CES} = 1$ V。试用图解法求:(1) 放大电路的静态工作点 $Q$;(2) 输入为正弦信号,当 $R_L \to \infty$,最大不失真输出电压的幅度 $(U_{om})_M = ?$ 若接入负载 $R_L = 4$ kΩ,最大不失真输出电压的幅度 $(U_{om})'_M = ?$

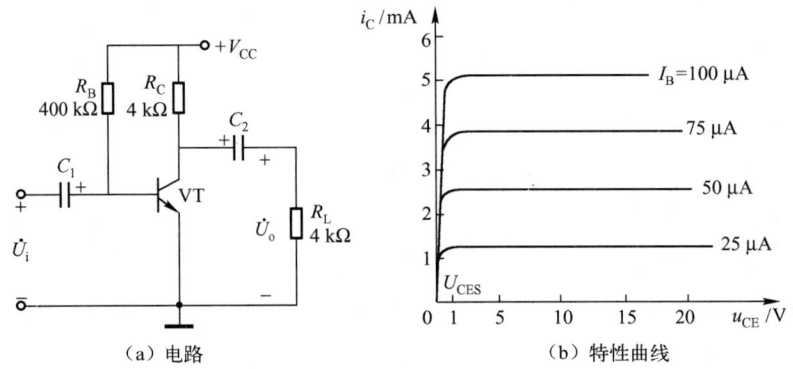

(a) 电路　　　　　　　　　　　　(b) 特性曲线

图 P2.14

**2.15** 放大电路及晶体管输出特性曲线如图 P2.15 所示,$V_{CC} = 16$ V,$R_{B1} = 30$ kΩ,$R_{B2} = 10$ kΩ,$R_E = 3.3$ kΩ,$R_C = R_L = 4.7$ kΩ,$U_{BEQ} = 0.7$ V,电路中电容容量均足够大。要求:(1) 画出直流负载线,确定放大电路的静态工作点 $Q(U_{CEQ}, I_{CQ})$;(2) 画出交流负载线,求最大不失真输出电压的幅度 $(U_{om})_M = ?$ (3) 若输入正弦信号 $\dot{U}_i$ 逐渐增大,输出电压将首先出现什么失真? 画出失真波形示意图。

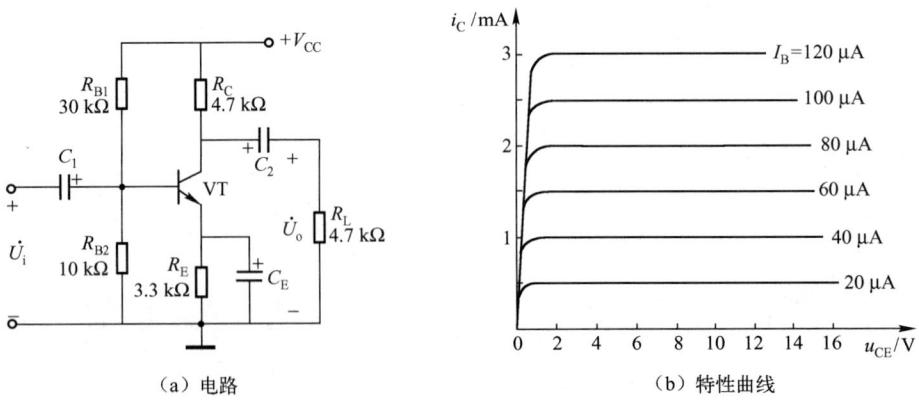

(a) 电路　　　　　　　　　　　　(b) 特性曲线

图 P2.15

**2.16** 电路如图 P2.16 所示,设 NPN 管的 $\beta=100$,$U_{CB}=0.5$ V,求 $I_E$ 的值。

**2.17** 电路如图 P2.17 所示,设硅 PNP 管发射极电压 $U_E=2$ V,试求 $I_E$,$I_C$,$U_{EC}$ 以及晶体管的 $\alpha$ 和 $\beta$ 值。

**2.18** 电路如图 P2.18 所示。

（1）设硅 NPN 晶体管的 $\beta=60$,静态工作点 $Q$ 位于：$I_C=2$ mA,$U_{CE}=12$ V,试求 $R_B$ 和 $R_C$ 的值。

（2）选定 $R_B$ 和 $R_C$ 后,若换一只 $\beta=100$ 的硅 NPN 晶体管,计算静态工作点 $Q(I_C,U_{CE})$（提示：参考例 2-11）。

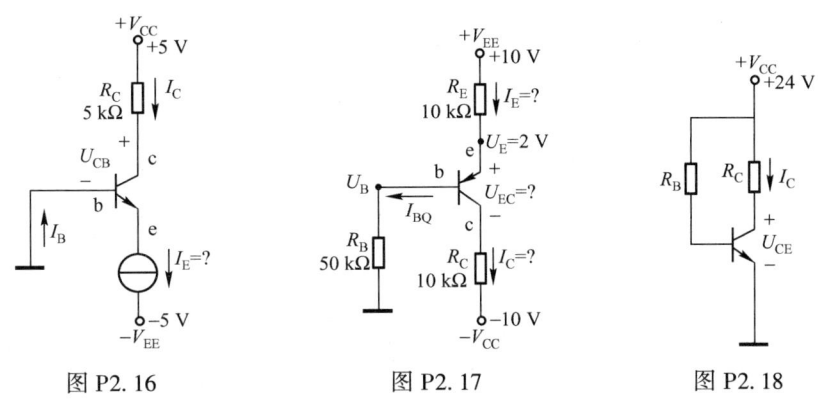

图 P2.16         图 P2.17         图 P2.18

**2.19** 在如图 P2.19 所示电路中,试求硅晶体管的 $\alpha$ 和 $\beta$ 值,以及图中的未知参数（提示：参考例 2-11）。

**2.20** 基本共射放大电路如图 P2.20 所示,晶体管的 $\beta=50$,$r_{bb'}=300\ \Omega$,$R_S=300\ \Omega$,$U_{BE}=0.7$ V,$U_{CES}=0.7$ V,$V_{CC}=12$ V,$R_B=435\ \text{k}\Omega$,$R_C=5\ \text{k}\Omega$,$R_L=5\ \text{k}\Omega$。试求：（1）静态工作点 $Q(I_B,I_C,U_{CE})$；（2）画出微变等效电路；（3）求输入、输出电阻 $R_i$ 和 $R_o$；（4）计算电压放大倍数 $\dot{A}_u$ 和 $\dot{A}_{us}$；（5）画电路的交、直流负载线；（6）求电路的最大不失真输出电压幅度 $(U_{om})_M$；（7）信号增大时,输出电压 $U_o$ 首先出现什么失真？如何消除？（8）调整 $R_B$ 阻值,使电路输出达到最大不失真输出电压 $(U_{om})_M$,此时,$(U_{om})_M=?$ $R_B=?$（提示：参考例 2-13）。

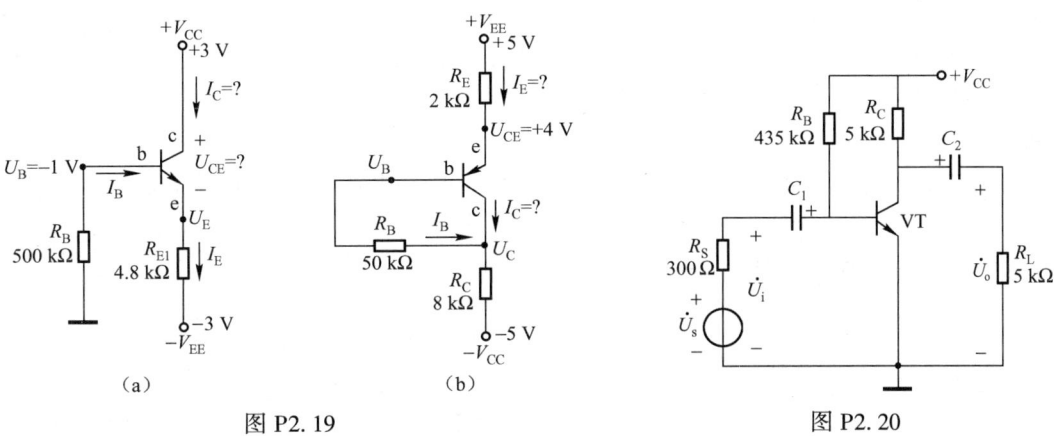

（a）         （b）

图 P2.19         图 P2.20

**2.21** 在图 P2.20 所示电路中,改变电路参数,在信号源电压为正弦波时,测得输出电压波形如图 P2.21 所示。试说明电路分别产生了什么失真,如何消除。

**2.22** 在图 P2.20 所示电路中,设某参数变化时其余参数不变,在表 P2.22 中填入增大、减小或基本不变。（提示：$R_B$ 的变化将引起 $r_{be}$ 的变化,$r_{be}=r_{bb'}+\dfrac{26\text{ mV}}{I_{BQ}\text{ mA}}$,$r_{be}$ 的变化将影响 $|\dot{A}_u|$ 和 $R_i$）

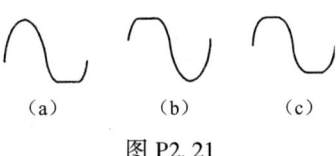

（a）     （b）     （c）

图 P2.21

表 P2.22

| 参数变化 | $I_{BQ}$ | $U_{CEQ}$ | $|\dot{A}_u|$ | $R_i$ | $R_o$ |
|---|---|---|---|---|---|
| $R_B$ 增大 | | | | | |
| $R_C$ 增大 | | | | | |
| $R_L$ 增大 | | | | | |

**2.23** 在如图 P2.23 所示电路中,晶体管的 $\beta=100$, $r_{be}=1\ \text{k}\Omega$, $V_{CC}=12\ \text{V}$, $R_C=3\ \text{k}\Omega$。

(1) 现已测得静态管压降 $U_{CEQ}=6\ \text{V}$,估算 $R_B$ 约为多少千欧? (2) 若测得 $\dot{U}_i$ 和 $\dot{U}_o$ 的有效值分别为 1 mV 和 100 mV,则负载电阻 $R_L$ 为多少千欧?

**2.24** 放大电路如图 P2.24 所示,设晶体管的输入电阻为 $r_{be}$。

(1) 画出电路的微变等效电路;(2) 写出两电路的输入电阻 $R_i$ 和电压放大倍数的表达式,比较其各自有何不同?

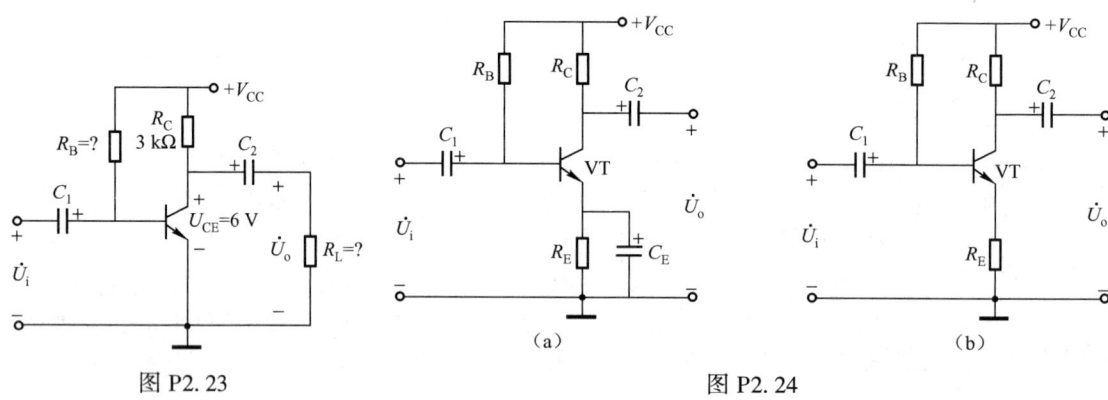

图 P2.23　　　　　　　　　　（a）　　　　　　　　　（b）

图 P2.24

**2.25** PNP 管放大电路如图 P2.25 所示,$-V_{CC}=-12\ \text{V}$,$U_{BE}=-0.2\ \text{V}$,晶体管的 $\beta=50$,$R_B=343\ \text{k}\Omega$,$R_C=4\ \text{k}\Omega$,$R_E=1\ \text{k}\Omega$。求电路的静态工作点 $Q(I_{BQ},I_{CQ},U_{CEQ})$。

**2.26** PNP 管放大电路如图 P2.26 所示,晶体管的 $\beta=60$,$r_{bb'}=100\ \Omega$,$U_{BE}=-0.2\ \text{V}$,$U_{CES}=-0.2\ \text{V}$,$-V_{CC}=-12\ \text{V}$,$R_B=472\ \text{k}\Omega$,$R_C=4\ \text{k}\Omega$,$R_L=6\ \text{k}\Omega$,$R_S=300\ \Omega$。要求:(1) 计算电路的静态工作点 $Q(I_{BQ},I_{CQ},U_{CEQ})$;
(2) 画出电路的微变等效电路;(3) 计算电路的输入电阻 $R_i$ 和输出电阻 $R_o$;(4) 计算电压放大倍数 $\dot{A}_u$ 和 $\dot{A}_{us}$。

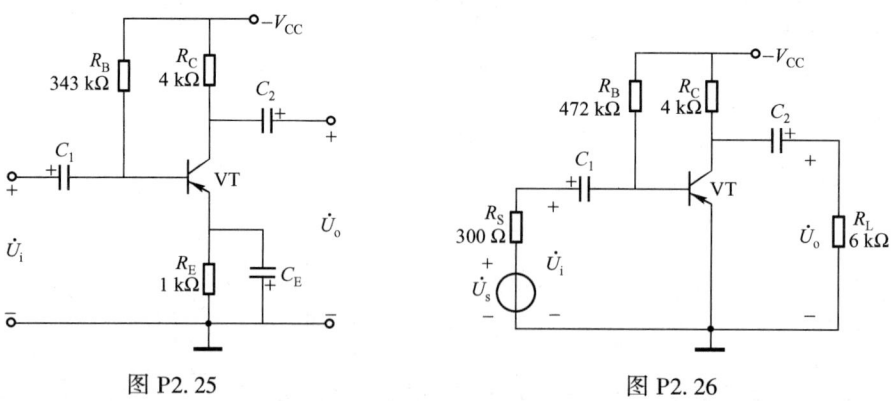

图 P2.25　　　　　　　　　　　图 P2.26

**2.27** NPN 管放大电路如图 P2.27 所示,晶体管的 $\beta=80$,$r_{bb'}=100\ \text{V}$,$U_{BE}=0.7\ \text{V}$,$U_{CES}=0.7\ \text{V}$,$V_{CC}=15\ \text{V}$,$R_B=452\ \text{k}\Omega$,$R_L=4\ \text{k}\Omega$,$R_S=200\ \Omega$。要求:(1) 若要求电压放大倍数 $|\dot{A}_{us}|=100$,试确定电阻 $R_C=?$ (2) 若取电阻 $R_C=3\ \text{k}\Omega$,估算电路的最大不失真输出电压 $(U_{om})_M=?$

**2.28** NPN 管放大电路如图 P2.28 所示，晶体管的 $\beta = 80$，$r_{bb'} = 100\ \Omega$，$U_{BE} = 0.7\ V$，$U_{CES} = 1\ V$，$R_S = 200\ \Omega$，电阻 $R_C = 4\ k\Omega$，$R_L = 6\ k\Omega$，要求电路的最大不失真输出电压 $(U_{om})_M = 6\ V$（峰值）。计算：（1）电源 $V_{CC} = ?$ 基极偏置电阻 $R_B = ?$（2）输入信号 $\dot{U}_s$ 的幅值 $U_{sm}$ 为多少？

**2.29** 在如图 P2.29 所示电路中，$R_B = 300\ k\Omega$，$R_C = 3\ k\Omega$，$R_E = 1\ k\Omega$，$R_L = 3\ k\Omega$，$R_S = 2\ k\Omega$，$V_{CC} = 12\ V$，晶体管的 $U_{BE} = 0.7\ V$，$\beta = 60$，$r_{bb'} = 100\ \Omega$。要求：（1）求解 $Q$ 点，输入电阻 $R_i$、输出电阻 $R_o$ 和电压放大倍数 $\dot{A}_u$；（2）设 $U_s = 10\ mV$（有效值），问：$U_i = ?$ $U_o = ?$ 若 $C_E$ 开路，则 $U'_i = ?$ $U'_o = ?$

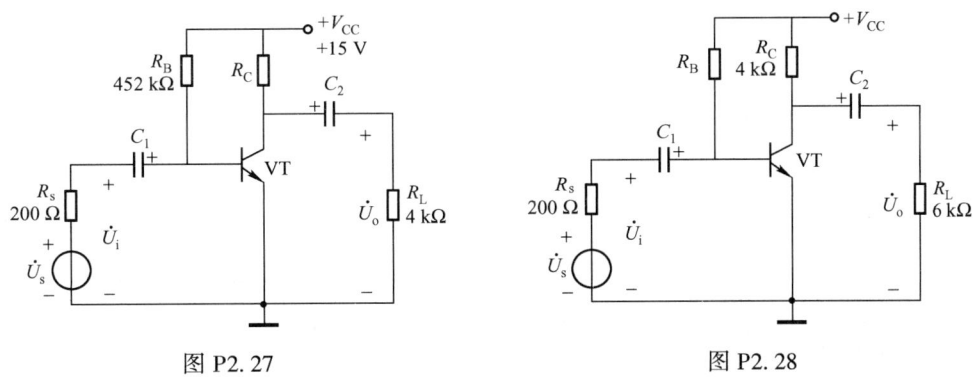

图 P2.27　　　　　　　　　　　　图 P2.28

**2.30** 在如图 P2.30 所示电路中，$R_{B1} = 25\ k\Omega$，$R_{B2} = 5\ k\Omega$，$R_C = 5\ k\Omega$，$R_{E1} = 300\ \Omega$，$R_{E2} = 1\ k\Omega$，$R_L = 5\ k\Omega$，$V_{CC} = 12\ V$，晶体管的 $U_{BE} = 0.7\ V$，$\beta = 100$，$r_{bb'} = 100\ \Omega$。要求：（1）求解电路的静态工作点 $Q$，输入电阻 $R_i$、输出电阻 $R_o$ 和电压放大倍数 $\dot{A}_u$；（2）若电容 $C_E$ 开路，则将引起电路的哪些动态参数发生变化？如何变化？

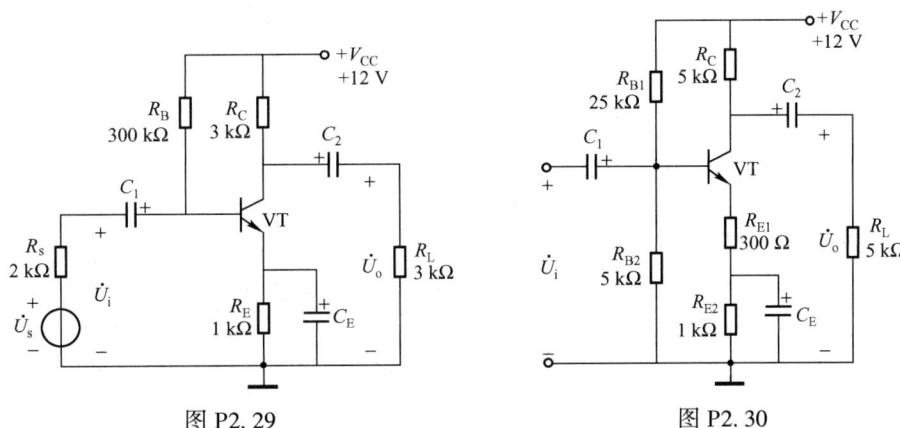

图 P2.29　　　　　　　　　　　　图 P2.30

**2.31** 分压式稳定工作点电路如图 P2.31 所示，要求：

（1）用直流电压表测量集电极电压 $U_C$ 和输出电压 $U_o$ 的数值是否一样？

（2）用直流电压表测量时，若出现 $U_{CE} \approx 0\ V$ 或 $U_{CE} \approx V_{CC}$，说明晶体管工作在什么状态？

（3）用示波器观察 $U_C$ 和 $U_o$ 端波形是否一样？

（4）若 $U_o$ 波形出现图 P2.31(b) 所示的三种情况，各为何种失真？应怎样消除？

**2.32** 共集电极放大电路如图 P2.32 所示，$R_B = 200\ k\Omega$，$R_E = 3\ k\Omega$，$R_S = 2\ k\Omega$，$V_{CC} = 15\ V$，晶体管的 $\beta = 80$，$r_{be} = 1\ k\Omega$。要求：（1）求出 $Q$ 点；（2）分别求出 $R_L = \infty$ 和 $R_L = 3\ k\Omega$ 时电路的 $\dot{A}_u$ 和 $R_i$，并画出微变等效电路；（3）求输出电阻 $R_o$。

**2.33** 在如图 P2.33 所示电路中，$R_B = 100\ k\Omega$，$R_C = 3\ k\Omega$，$R_E = 3\ k\Omega$，输入电压为正弦波。要求：

（1）$\dot{A}_{u1} = \dot{U}_{o1}/\dot{U}_i \approx ?$ $\dot{A}_{u2} = \dot{U}_{o2}/\dot{U}_i \approx ?$（2）画出输入电压 $U_i$ 和输出电压 $U_{o1}$ 和 $U_{o2}$ 的波形。

**2.34** 共集电极电路如图 P2.34 所示，试计算：

（1）静态工作点 $Q(I_{BQ}, I_{CQ}, U_{CEQ})$；（2）画出电路的微变等效电路；（3）输入电阻 $R_i$、输出电阻 $R_o$；（4）电压放大倍数 $\dot{A}_u$ 和 $\dot{A}_{us}$。

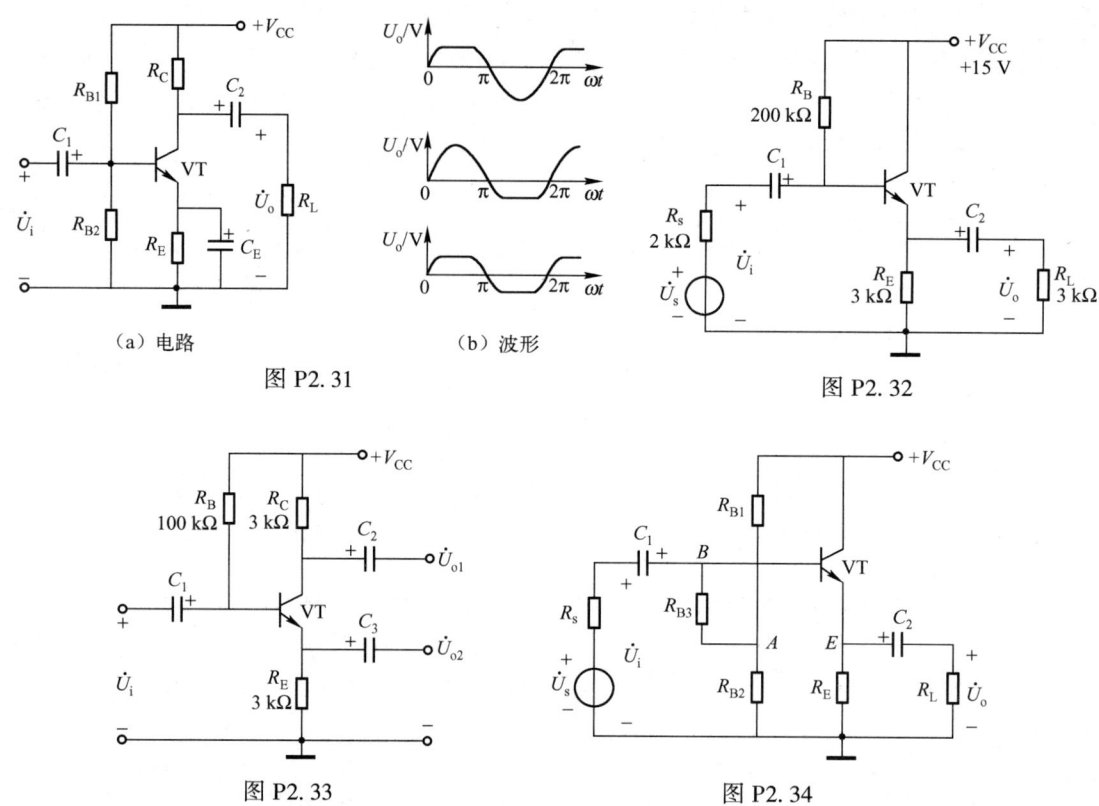

（a）电路　　　　　（b）波形

图 P2.31　　　　　　　　　　　图 P2.32

图 P2.33　　　　　　　　　图 P2.34

**2.35** 晶体管构成自举电路如图 P2.35 所示，晶体管的 $\beta = 100$，$r_{be} = 1\text{ k}\Omega$，$R_E = 2\text{ k}\Omega$，$R_{B1} = 30\text{ k}\Omega$，$R_{B2} = 51\text{ k}\Omega$，$R_{B3} = 20\text{ k}\Omega$，电容 $C = 20\text{ μF}$。试计算：

（1）$A$，$E$ 间接有电容 $C$ 时电路的输入电阻 $R_i$；（2）$A$，$E$ 间断开电容 $C$ 时电路的输入电阻 $R_i$。

**2.36** 共基极放大电路（CB）如图 P2.36 所示，$R_S = 20\ \Omega$，$R_E = 2\text{ k}\Omega$，$R_C = 3\text{ k}\Omega$，$R_{B1} = 22\text{ k}\Omega$，$R_{B2} = 10\text{ k}\Omega$，$R_L = 27\text{ k}\Omega$，$V_{CC} = 10\text{ V}$，晶体管的 $U_{BE} = 0.7\text{ V}$，$\beta = 50$，$r_{bb'} = 100\ \Omega$。试求：（1）电路的静态工作点 $Q(I_{BQ}, I_{CQ}, U_{CEQ})$；（2）画出电路的微变等效电路；（3）电路的输入电阻 $R_i$ 和输出电阻 $R_o$；（4）电压放大倍数 $\dot{A}_u$ 和 $\dot{A}_{us}$。

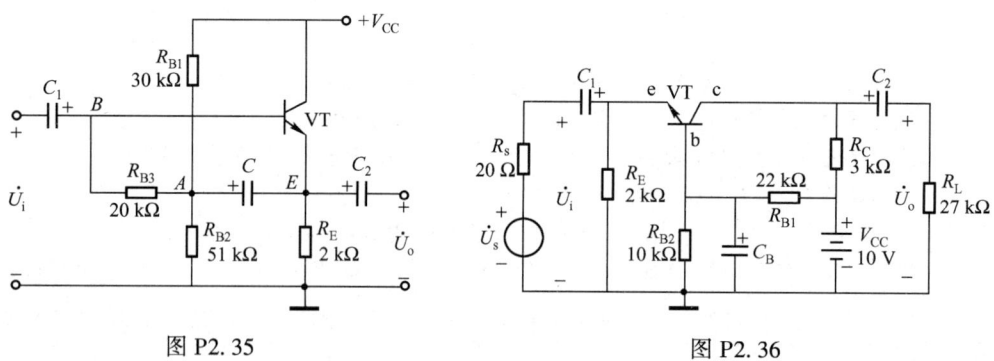

图 P2.35　　　　　　　　　图 P2.36

**2.37** 图 P2.37 中所示的哪些接法可以构成复合管？标出构成复合管等效的类型（如 NPN 型，PNP 型）及管脚（b，e，c）。

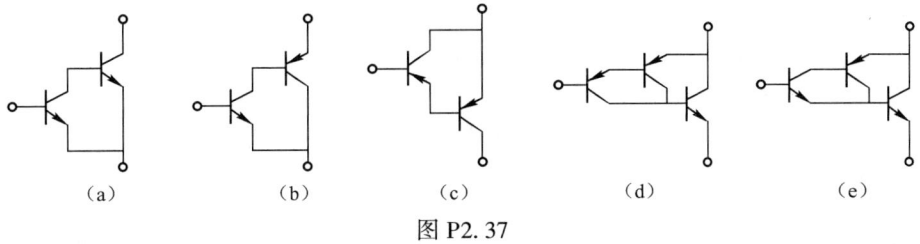

（a）　　　　（b）　　　　（c）　　　　（d）　　　　（e）

图 P2. 37

**2.38** 已知电路如图 P2.38 所示,试求该电路的电压放大倍数 $\dot{A}_u$、输入电阻 $R_i$ 和输出电阻 $R_o$ 的表达式。

**2.39** 在如图 P2.39 所示电路中,试求该电路的电压放大倍数 $\dot{A}_u$、输入电阻 $R_i$ 和输出电阻 $R_o$ 的表达式。

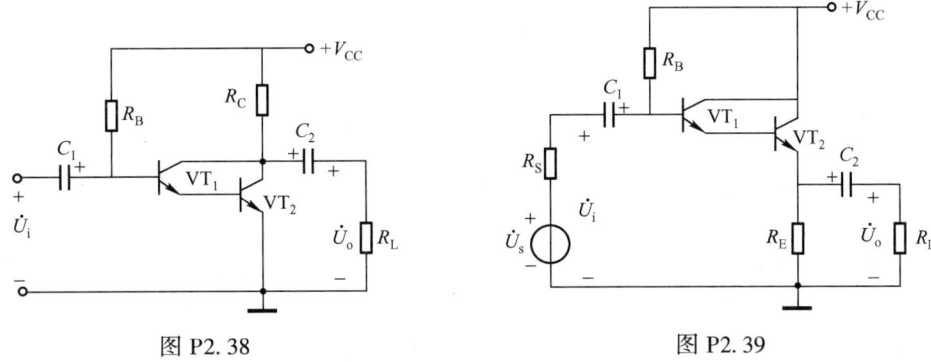

图 P2. 38　　　　　　　　　　　　图 P2. 39

**2.40** 在如图 P2.40 所示电路中,由两只锗 PNP 管 $VT_1$ 和 $VT_2$ 可以组合成一只等效 PNP 管(称为复合管)。已知 $\bar{\beta}_1 = 100, I_{CBO1} = 1\ \mu A; \bar{\beta}_2 = 50, I_{CBO2} = 10\ \mu A$。如果复合管的 $I_B = 10\ \mu A$,试求 $I_C$。(提示:两管均为放大偏置,电流分配关系成立)

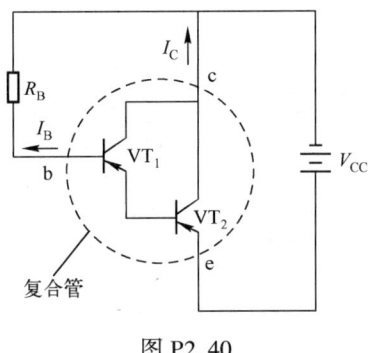

图 P2. 40

# 第3章 场效应管及其基本放大电路

**内容提要**

本章讲述场效应管及其基本放大电路。首先,介绍场效应管的结构、工作原理、伏安特性和主要参数;然后,简单比较场效应管和晶体管;最后,重点讨论由场效应管组成的共源、共漏两种基本放大电路的结构、工作原理、静态和动态分析方法。

**讨论的主要问题**

- 结型场效应管的栅源电压是怎样控制导电沟道的? 漏源电压是如何影响导电沟道的?
- 绝缘栅型场效应管导电沟道是怎样形成的? 为什么导电沟道夹断后还会有漏极电流?
- 场效应管是通过什么方式控制漏极电流的?
- 为什么场效应管可以用于放大?
- 场效应管放大电路的组成原则是什么? 场效应管放大电路有哪几种组态? 在不同场合下,应如何选择电路的类型?
- 晶体管基本放大电路与场效应管基本放大电路有哪些共同点和特殊点?

第2章讨论的晶体管通过基极(或发射极)电流实现对集电极电流的控制,在工作过程中参加导电的有多子和少子两种载流子,是电流控制型器件。场效应管(Field Effect Transistor,FET)也是一种具有 PN 结的半导体器件,是利用输入电压产生的电场效应来控制输出电流的,所以是电压控制型器件。在工作过程中,起主要导电作用的只有一种载流子(多数载流子),故又被称为单极型晶体管。场效应管有很高的输入电阻,还具有热稳定性好、功耗小、噪声低、制造工艺简单和便于集成等优点,因而得到了广泛的应用,特别适用于制造大规模和超大规模集成电路。

根据结构不同,场效应管可以分为结型场效应管(Junction Field Effect Transistor,JFET)和绝缘栅型场效应管(Insulated Gate Field Effect Transistor,IGFET);根据导电沟道的掺杂类型不同,可分为 N 沟道场效应管和 P 沟道场效应管;根据工作方式不同,可分为增强型场效应管和耗尽型场效应管。

$$
\text{场效应管(FET)}\begin{cases} \text{结型场效应管(JFET)}\begin{cases} \text{N 沟道} \\ \text{P 沟道} \end{cases} \\ \text{绝缘栅型场效应管(IGFET)}\begin{cases} \text{耗尽型}\begin{cases} \text{N 沟道} \\ \text{P 沟道} \end{cases} \\ \text{增强型}\begin{cases} \text{N 沟道} \\ \text{P 沟道} \end{cases} \end{cases} \end{cases}
$$

## 3.1 结型场效应管

结型场效应管有 N 沟道和 P 沟道两种类型,下面主要以 N 沟道结型场效应管为例介绍其结构、工作原理和伏安特性。

### 3.1.1 结型场效应管的结构及类型

N 沟道结型场效应管的结构如图 3-1(a)所示,是在一块 N 型半导体的两侧制作高掺杂浓度的

P⁺区,形成 P⁺N 结,两边 P⁺区连接在一起引出电极称为栅极 G,在 N 型半导体的两端各引出一个电极称为漏极 D 和源极 S。两个 P⁺N 结中间的 N 型区域称为导电沟道。图 3-1(b)所示为其图形符号,其中箭头方向是 P⁺N 结的正偏方向。

同理,P 沟道结型场效应管的结构和图形符号如图 3-2 所示。

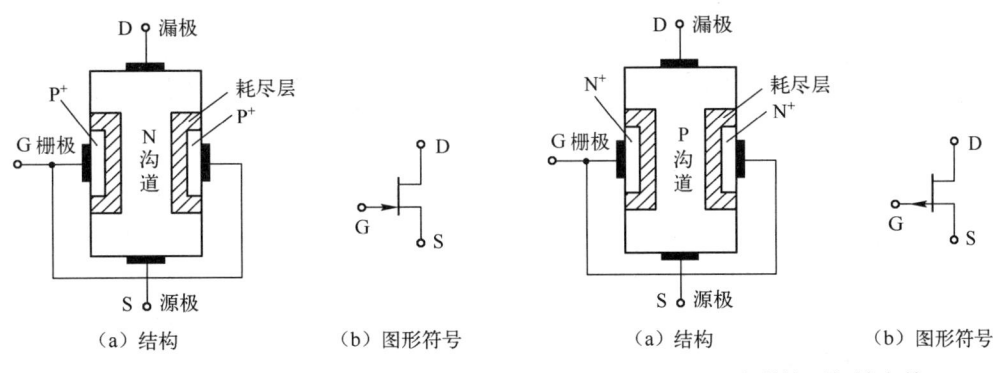

（a）结构　　　　（b）图形符号　　　　　　　（a）结构　　　　（b）图形符号

图 3-1　N 沟道结型场效应管　　　　　　　　　图 3-2　P 沟道结型场效应管

## 3.1.2　结型场效应管的工作原理

为了体现结型场效应管输入电阻高的特点并使其正常工作,使用时,电压控制信号加在栅极 G 和源极 S 之间,使两个 PN 结始终承受反向电压。栅源间仅存在微弱的反向饱和电流,栅极电流基本为零,输入电阻很高。

以 N 沟道结型场效应管为例,栅源间应加反向电压($u_{GS} \leqslant 0$),漏源间加正向电压($u_{DS} > 0$),以实现栅源电压 $u_{GS}$ 对漏极电流 $i_D$ 的控制作用。

**1. $u_{DS} = 0$ 时,栅源电压 $u_{GS}$ 对导电沟道的控制作用**

（1）$u_{GS} = 0$ 时　两个 P⁺N 结均处于零偏状态,耗尽层很窄,导电沟道存在并且沿沟道方向处处等宽,如图 3-3(a)所示。

（2）$U_{GS(off)} < u_{GS} < 0$ 时　两个 P⁺N 结均反偏,随着 $|u_{GS}|$ 增加,耗尽层宽度增加,导电沟道变窄,沟道电阻增大,导电能力减弱,如图 3-3(b)所示。因整个沟道与栅极间的电压相等,沟道仍是平行等宽的。

（3）$u_{GS} \leqslant U_{GS(off)}$ 时　当 $|u_{GS}|$ 继续增大到一定值时,沟道两侧耗尽层相遇,导电沟道消失,称为"夹断",沟道电阻趋于无穷大,如图 3-3(c)所示。使沟道夹断时的栅源电压 $u_{GS}$ 叫作"夹断电压"$U_{GS(off)}$。对 N 沟道器件,其值为负。当 $u_{GS}$ 达到 $U_{GS(off)}$ 后,再继续增大 $|u_{GS}|$,耗尽层不再有明显变化,但 $|u_{GS}|$ 太大会使 P⁺N 结反向击穿。

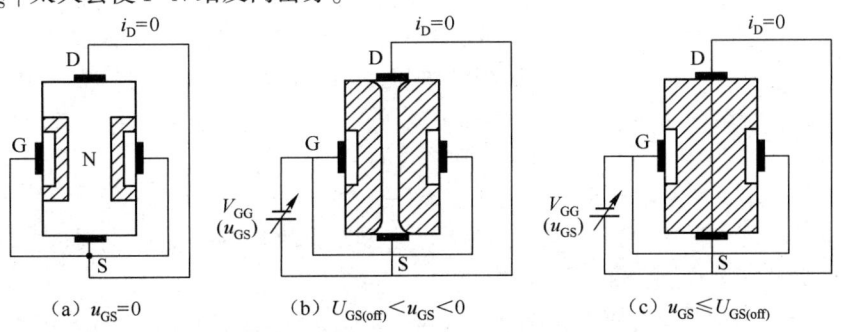

（a）$u_{GS} = 0$　　　（b）$U_{GS(off)} < u_{GS} < 0$　　　（c）$u_{GS} \leqslant U_{GS(off)}$

图 3-3　$u_{DS} = 0$ 时 $u_{GS}$ 对导电沟道的控制作用

由此可见,当 $u_{DS}=0$ 时,随着 G、S 两极间电压 $u_{GS}$ 的改变,沟道两侧耗尽层的宽度也随着改变。沟道宽度发生变化,导致沟道电阻值改变,从而实现了栅源电压 $u_{GS}$ 对导电沟道的控制作用。但由于漏源间电压 $u_{DS}=0$,多子不会产生定向运动,因此漏极电流 $i_D$ 为零。

**2. $u_{GS}=0$ 时,漏源电压 $u_{DS}$ 对导电沟道的影响**

（1）$u_{DS}=0$ 时　如前所述,漏极电流 $i_D=0$。

（2）$|U_{GS(off)}|>u_{DS}>0$ 时　由于漏源之间有导电沟道存在,在 $u_{DS}$ 作用下,有电流 $i_D$ 从漏极流向源极;沿着沟道产生电压降,靠近漏极的电位最高,与栅极的电位差最大,因而加在 $P^+N$ 结上的反向电压最大,耗尽层最宽。而在源极处,耗尽层最窄,造成靠近漏极附近的导电沟道比靠近源极附近的窄,如图 3-4（a）所示。

随着 $u_{DS}$ 的增大,$i_D$ 将增大,靠近漏极一边的导电沟道将随之变窄。只要漏栅间不出现夹断,电流 $i_D$ 就会随 $u_{DS}$ 线性增大,漏源之间呈电阻特性。

（3）$u_{DS} \geqslant |U_{GS(off)}|$ 时　$u_{DS}$ 增大到使 $u_{GD}=U_{GS(off)}$ 时,靠近漏极两侧的耗尽层相遇,称为"预夹断",如图 3-4（b）所示。当 $u_{DS}$ 再增加时,夹断区向源极方向延伸,夹断区加长,如图 3-4（c）所示。随着夹断区的变长,其电阻增大,这样沟道电阻的增大抵消了电压 $u_{DS}$ 的增大,使导电沟道在出现预夹断后,漏极电流基本不再随 $u_{DS}$ 的增大而变化,似乎饱和了。因此,从外部看,在 $u_{DS} \geqslant |U_{GS(off)}|$ 的情况下,当 $u_{DS}$ 增大时,$i_D$ 基本不变,表现出 $i_D$ 的恒流特性。

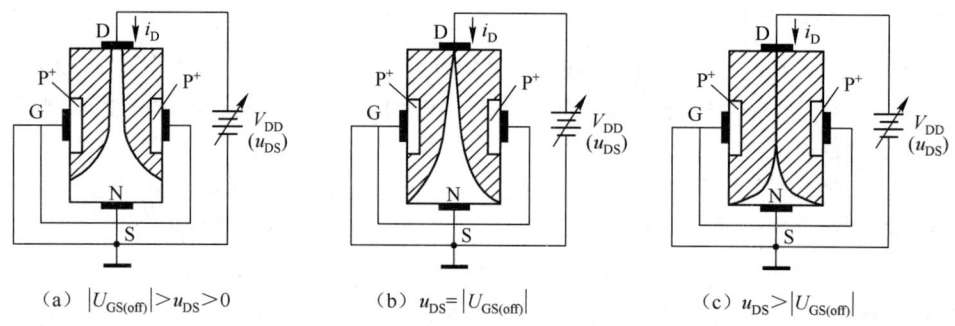

（a）$|U_{GS(off)}|>u_{DS}>0$　　（b）$u_{DS}=|U_{GS(off)}|$　　（c）$u_{DS}>|U_{GS(off)}|$

图 3-4　$u_{GS}=0$ 时 $u_{DS}$ 对导电沟道的影响

当 $u_{GS}=0$ 时,对应导电沟道预夹断时的漏极电流最大,叫作"饱和漏极电流" $I_{DSS}$。

**3. $u_{GS}<0,u_{DS}>0$ 时,栅源电压 $u_{GS}$ 对漏极电流 $i_D$ 的控制作用**

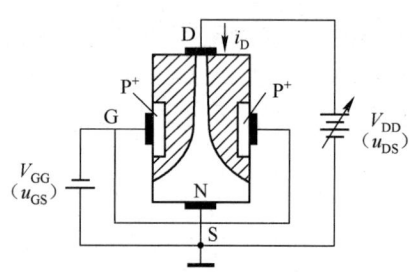

图 3-5　$u_{GS}<0,u_{DS}>0$ 时的情况

如图 3-5 所示,栅源间负电压使耗尽层变宽,导电沟道变窄;漏源正电压使耗尽层和导电沟道变得不等宽。随着栅源电压 $|u_{GS}|$ 的加大,耗尽层变宽,导电沟道变窄,电阻变大。在同样的 $u_{DS}$ 下,$i_D$ 变小;反之,$|u_{GS}|$ 变小,导电沟道变宽,电阻变小,$i_D$ 变大。当 $|u_{GS}|$ 加大到 $U_{GS(off)}$ 后,两侧耗尽层完全汇合使沟道全部消失。此时,$i_D$ 将变为零。可见,栅源电压 $u_{GS}$ 的变化将有效地控制漏极电流 $i_D$ 的变化,即体现了栅源电压 $u_{GS}$ 对漏极电流 $i_D$ 的控制作用,这就是 JFET 最重要的工作原理。

综上所述可知:

① 导电沟道预夹断前,$u_{DS}$ 增大,$i_D$ 增大,漏源间呈现电阻特性。但 $u_{GS}$ 不同,对应的电阻不同。此时,场效应管可被看成受 $u_{GS}$ 控制的可变电阻。

② 导电沟道预夹断后,$u_{DS}$ 增大,$i_D$ 几乎不变。但是,随 $|u_{GS}|$ 增大,$i_D$ 减小,对应不同的 $u_{GS}$,$i_D$ 的值不同,即 $i_D$ 几乎仅仅决定于 $u_{GS}$,而与 $u_{DS}$ 无关。此时,场效应管可被看成受 $u_{GS}$ 控制的电

流源。

### 3.1.3 结型场效应管的伏安特性

与双极型晶体管一样,场效应管的电压和电流关系也是用特性曲线来描述的。但由于结型场效应管的栅极电流几乎为零,故没有必要讨论它的输入特性。其伏安特性包括输出特性和转移特性。

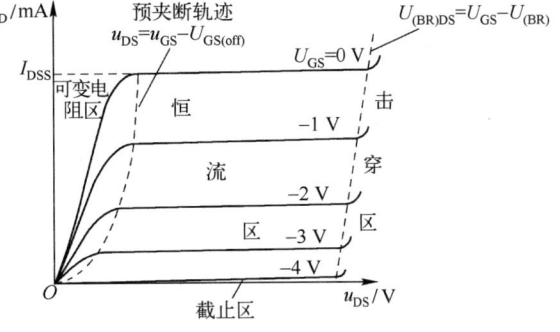

图 3-6　N 沟道结型场效应管的输出特性曲线

**1. 输出特性**

输出特性是指当栅源电压 $u_{GS}$ 为参变量时,漏极电流 $i_D$ 与漏源电压 $u_{DS}$ 之间的关系,即

$$i_D = f(u_{DS}) \Big|_{u_{GS}=常数} \qquad (3-1)$$

图 3-6 为 N 沟道结型场效应管的输出特性曲线。每一个 $u_{GS}$ 就对应一条曲线,因此输出特性是一簇曲线。

场效应管有 4 个区域。

(1) **可变电阻区** 对应预夹断轨迹(使 $u_{GD} = U_{GS(off)}$,即 $u_{DS} = u_{GS} - U_{GS(off)}$ 的点的连线)左侧($u_{DS} < u_{GS} - U_{GS(off)}$)的区域。该区域的 $u_{DS}$ 比较小,导电沟道还没有发生预夹断。

该区域的特点是,当 $u_{GS}$ 确定时,$i_D$ 随 $u_{DS}$ 的增加近似按直线上升;此时,场效应管可被看成一个电阻;当 $u_{GS}$ 改变时,曲线的斜率发生改变,即阻值发生变化。且 $u_{GS}$ 越负,等效阻值越大。因而,该区是一个受 $u_{GS}$ 控制的可变电阻区。工作在该区域的场效应管相当于一个压控电阻。

(2) **恒流区(也称饱和区)** 对应预夹断轨迹右侧($u_{DS} > u_{GS} - U_{GS(off)}$)的区域。该区域的 $u_{DS}$ 比较大,导电沟道已经发生预夹断。

该区域的特点是,当 $u_{GS}$ 固定时,随 $u_{DS}$ 的增加 $i_D$ 几乎不变,特性曲线近似为水平线;而对应于同一个 $u_{DS}$,不同的 $u_{GS}$ 产生不同大小的 $i_D$,即 $i_D$ 的大小只受 $u_{GS}$ 控制。工作在该区域的场效应管相当于一个电压控制的电流源。场效应管作为放大器件应用时,都工作在该区域,因此也叫做"放大区"。

(3) **截止区** 对应 $|u_{GS}| > |U_{GS(off)}|$,输出特性曲线靠近横轴的区域。这个区的特点是,导电沟道被全部夹断,$i_D \approx 0$。

(4) **击穿区** 随着 $u_{DS}$ 增大,靠近漏极的 $P^+N$ 结反偏电压也随之增大,产生雪崩击穿,$i_D$ 会急剧增加,甚至很快烧毁管子。所以,不允许场效应管工作在击穿区。若 $P^+N$ 结的击穿电压为 $U_{(BR)}$,漏极附近产生击穿时的漏源电压为 $U_{(BR)DS}$,则 $U_{(BR)DS} = U_{GS} - U_{(BR)}$ 为放大区和击穿区的分界点。当 $U_{GS}$ 增加时,漏源电压 $U_{(BR)DS}$ 将增大。

**2. 转移特性**

转移特性是指当漏源电压 $u_{DS}$ 为参变量时,漏极电流 $i_D$ 与栅源电压 $u_{GS}$ 之间的关系,即

$$i_D = f(u_{GS}) \Big|_{u_{DS}=常数} \qquad (3-2)$$

转移特性表示栅源电压 $u_{GS}$ 对漏极电流 $i_D$ 的控制作用。

转移特性可以根据输出特性得出。在输出特性曲线中,过某固定的 $u_{DS}$ 做横轴的垂线,将此垂线与各条不同 $u_{GS}$ 的输出特性的交点所对应的 $i_D$ 和 $u_{GS}$ 画在 $i_D$-$u_{GS}$ 坐标系中。把相应的点连接起来,即可得到一条转移特性曲线,如图 3-7 所示。

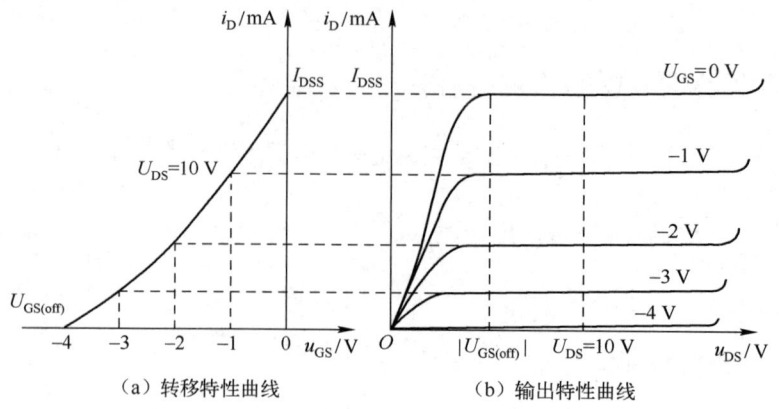

（a）转移特性曲线　　　　　（b）输出特性曲线

图 3-7　由输出特性曲线得到转移特性曲线

$i_D$ 与 $u_{DS}$ 之间不是线性关系，故结型场效应管是一种非线性器件。当然，$u_{DS}$ 为不同值时，可得到一簇转移特性曲线。但由于在恒流区内，$u_{DS}$ 对 $i_D$ 的影响很小，因此不同的 $u_{DS}$ 对应的转移特性曲线基本重合，通常可用一条曲线表示恒流区的转移特性。

实验表明，对 N 沟道结型场效应管，工作在恒流区时，转移特性可近似表示为

$$i_D = I_{DSS}\left(1 - \frac{u_{GS}}{U_{GS(off)}}\right)^2 \tag{3-3}$$

特别强调，为了使输入电阻大（不允许出现栅极电流 $i_G$），也为了使栅源电压对沟道宽度及漏极电流有效地进行控制，PN 结一定要反偏。所以，对 N 沟道 JFET，$u_{GS}$ 必须为负值；对 P 沟道 JFET，$u_{GS}$ 必须为正值。

## 3.1.4　结型场效应管的主要参数

### 1. 直流参数

（1）**夹断电压 $U_{GS(off)}$**　指 $u_{DS}$ 等于测试条件规定的某一值（如 10 V），使 $i_D$ 等于规定的微小电流（如 50 μA）时的 $u_{GS}$。在 $u_{GS}=0$ 的输出特性曲线上，发生预夹断时的漏源电压在数值上等于夹断电压，即 $U_{DS} = |U_{GS(off)}|$；在转移特性曲线上，$i_D=0$ 处的 $u_{GS} = U_{GS(off)}$。

（2）**饱和漏极电流 $I_{DSS}$**　指 $u_{GS}=0$ 时，结型场效应管发生预夹断时的漏极电流。在转移特性曲线上，当 $u_{GS}=0$ 时，$i_D = I_{DSS}$。

（3）**直流输入电阻 $R_{GS(DC)}$**　指漏源电压为 0 时，栅源电压与栅极电流之比。结型场效应管的 $R_{GS(DC)}$ 一般大于 $10^7\ \Omega$。

### 2. 交流参数

（1）**低频跨导 $g_m$**　低频跨导定义为当 $u_{DS}$ 一定时，漏极电流变化量与引起这一变化的栅源电压变化量之比，即

$$g_m = \frac{\partial i_D}{\partial u_{GS}}\bigg|_{u_{DS}=\text{常数}} \tag{3-4}$$

$g_m$ 反映了栅源电压对漏极电流控制作用的强弱，单位是 S（西门子）或 mS。在转移特性曲线上，$g_m$ 就是曲线在各点处的切线的斜率，$g_m$ 随工作点的不同而不同。

（2）**极间电容**　场效应管的电极之间存在着极间电容：栅源极间电容 $C_{GS}$ 和栅漏极间电容 $C_{GD}$。$C_{GS}$ 为 1~3 pF，而 $C_{GD}$ 为 0.1~1 pF。它们是影响高频性能的交流参数，应越小越好。

**3. 极限参数**

（1）**最大漏极电流 $I_{DM}$**　指场效应管在正常工作时允许的最大漏极电流。

（2）**最大漏源电压 $U_{(BR)DS}$**　指漏极附近发生雪崩击穿时的漏源电压。$u_{DS}$ 超过此值会使场效应管损坏。

（3）**最大栅源电压 $U_{(BR)GS}$**　指使栅极与沟道间 PN 结发生反向击穿时的栅源电压 $u_{GS}$。

（4）**最大耗散功率 $P_{DM}$**　指场效应管允许的最大耗散功率，受场效应管的最高工作温度和散热条件的限制。

**【思考题】**

1. 什么是结型场效应管的导电沟道？

2. 为什么结型场效应管在导电沟道夹断后还有漏极电流？

3. 为什么结型场效应管正常工作时应使 PN 结反偏？

# 3.2　绝缘栅型场效应管

绝缘栅型场效应管多采用金属铝作为栅极，采用 $SiO_2$ 作为栅极与半导体之间的绝缘层。这种场效应管称为金属（Metal）-氧化物（Oxide）-半导体（Semiconductor）场效应管，缩写为 MOSFET，简称 MOS 管。与 JFET 相比，MOS 管的栅源电阻大得多，可高达 $10^{10}\ \Omega$ 以上。其温度稳定性也好，便于高密度集成，在大规模和超大规模集成电路中得到广泛应用。

课程思政

MOS 管按照工作方式的不同可以分为增强型和耗尽型两类，每类又有 N 沟道和 P 沟道两种。耗尽型是指当 $u_{GS}=0$ 时，管内已有导电沟道存在，加上漏源电压 $u_{DS}$，就会产生漏极电流 $i_D$；增强型是指当 $u_{GS}=0$ 时，管内尚无导电沟道，即使加上漏源电压 $u_{DS}$，也不会产生漏极电流 $i_D$，即 $i_D=0$。

## 3.2.1　增强型 MOS 管

**1. 增强型 MOS 管的结构**

N 沟道增强型 MOS 管的结构如图 3-8（a）所示。用一块 P 型半导体为衬底，在衬底上面的左右两侧扩散两个高掺杂浓度的 $N^+$ 型区，在这两个 $N^+$ 型区各引出一个电极，分别作为源极 S 和漏极 D。在 S 和 D 之间的 P 型衬底平面上制作一层 $SiO_2$ 绝缘层，在 $SiO_2$ 绝缘层表面再喷上一层金属铝，并引出电极，作为栅极 G。在衬底上也引出电极，为衬底（引线）电极 B。图 3-8（b）为其图形符号，其中的箭头方向是由 P 指向 N，根据箭头的方向可判断沟道的类型。符号中的虚线表示原来没有沟道，是识别增强型 MOS 管的特殊标志。

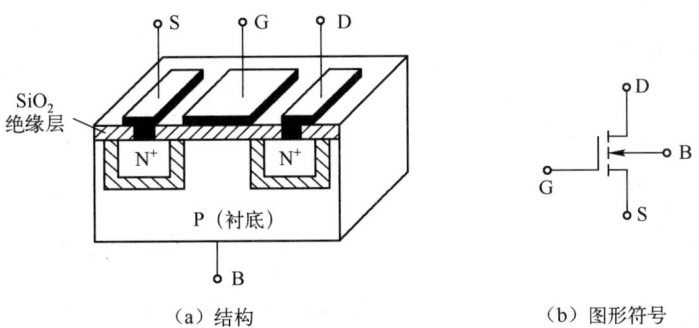

（a）结构　　　　　　　　　（b）图形符号

图 3-8　N 沟道增强型 MOS 管的结构及图形符号

P 沟道增强型 MOS 管是以 N 型半导体为衬底，在衬底上面的左右两侧扩散两个高掺杂浓度的 $P^+$ 型区作为源极 S 和漏极 D，它的结构和图形符号如图 3-9 所示。

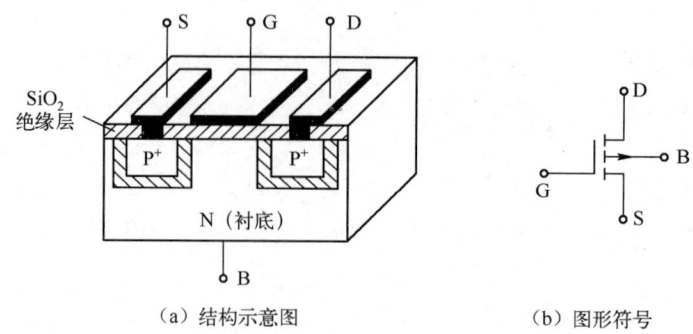

（a）结构示意图　　　　　　　　　　（b）图形符号

图 3-9　P 沟道增强型 MOS 管的结构及图形符号

**2. 工作原理**

（1）**导电沟道的形成**　当栅源电压 $u_{GS}=0$ 时，漏源之间是两个背向的 PN 结，不存在导电沟道，即使漏源之间加电压，也不会产生漏极电流，即 $i_D=0$。

当栅源之间加正向电压（$u_{GS}>0$）时（如图 3-10 所示），由于衬底 B 和源极 S 相连，在栅极与衬底之间产生了一个垂直于半导体表面、由栅极 G 指向衬底 B 的电场。这个电场的作用是排斥 P 型衬底中的空穴而吸引电子到表面层。当 $u_{GS}$ 增大到一定程度时，就会吸引足够多的电子，在栅极一侧 P 型半导体的表面附近形成一个自由电子薄层，称为 N 型反型层。反型层使漏极与源极之间成为一条由电子构成的导电沟道。通常，把开始形成反型层的栅源电压称为开启电压，用 $U_{GS(th)}$ 表示。

显然，栅源电压越大电场越强，反型层就越厚，导电沟道电阻越小。由 P 型衬底感生出的 N 型沟道，称为 N 沟道。

（2）**栅源电压对漏极电流的控制作用**　当 $u_{GS}>U_{GS(th)}$ 并为某固定值时，在漏源之间形成一个相应宽度的导电沟道。加上漏源电压 $u_{DS}$ 之后，就会产生漏极电流 $i_D$。$u_{GS}$ 越大，反型层越厚，电阻越小，在相同的漏源电压 $u_{DS}$ 的作用下，产生的漏极电流 $i_D$ 也越大；反之，$u_{GS}$ 减小，反型层变薄，电阻增大，$i_D$ 减小。所以，改变 $u_{GS}$ 的大小就可以控制导电沟道电阻的大小，从而达到控制漏极电流 $i_D$ 大小的目的。由此实现压控电流的作用。

（3）**漏源电压对漏极电流的影响**　当 $u_{GS}>U_{GS(th)}$ 时，会形成反型层，加漏源电压 $u_{DS}$ 就会产生漏极电流 $i_D$，沿沟道产生了电位梯度，靠近漏极附近的电压 $u_{GD}=u_{GS}-u_{DS}$ 小于靠近源极附近的电压 $u_{GS}$。这样，漏极附近的电场将减弱，反型层变薄，而在源极一侧反型层不变，使沟道不等宽，如图 3-11 所示。

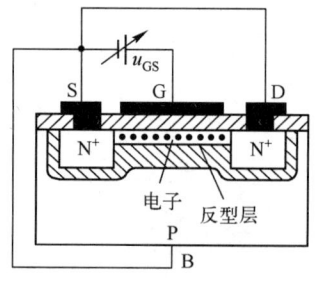

图 3-10　导电沟道的形成

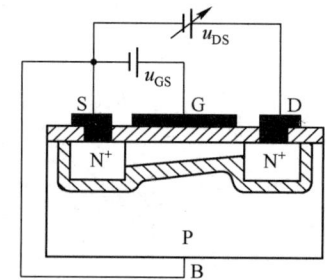

图 3-11　漏源电压对导电沟道的影响

当 $u_{DS}$ 较小时，沟道形状变化不大，沟道电阻近似不变，$i_D$ 随 $u_{DS}$ 的增大而线性增大；若 $u_{DS}$ 继续增大，沟道两端有较大的电压降，漏极附近的沟道将进一步变薄。直至 $u_{GD}=U_{GS(th)}$ 时，沟道在漏极附近被夹断，$i_D$ 不再随 $u_{DS}$ 线性增大。此后，随 $u_{DS}$ 的增大，夹断区向源极方向延伸，漏极电流趋于饱和。

必须强调，当 N 沟道 MOS 管 $u_{GS}<U_{GS(th)}$ 时，反型层（导电沟道）消失，$i_D=0$。只有当 $u_{GS}\geqslant U_{GS(th)}$ 时，才能形成导电沟道，此时，加漏源电压 $u_{DS}$ 就会形成漏极电流 $i_D$。

### 3. 伏安特性

MOS 管的伏安特性有输出特性和转移特性。

（1）**输出特性** MOS 管的输出特性是指当栅源电压 $u_{GS}$ 为参变量时，漏极电流 $i_D$ 与漏源电压 $u_{DS}$ 之间的关系，即 $i_D=f(u_{DS})\mid_{u_{GS=常数}}$。N 沟道增强型 MOS 管的输出特性如图 3-12（a）所示。与结型场效应管一样，MOS 管也有四个区域：可变电阻区、恒流区、截止区和击穿区。

可变电阻区和恒流区的分界由下式确定

$$u_{GS}-u_{DS}=U_{GS(th)}$$

或

$$u_{DS}=u_{GS}-U_{GS(th)} \tag{3-5}$$

当 $u_{GD}>U_{GS(th)}$ 即 $u_{DS}<u_{GS}-U_{GS(th)}$ 时，MOS 管工作在可变电阻区；当 $u_{GD}<U_{GS(th)}$ 即 $u_{DS}>u_{GS}-U_{GS(th)}$ 时，MOS 管工作在恒流区。

（2）**转移特性** MOS 管的转移特性 $i_D=f(u_{GS})\mid_{u_{DS=常数}}$ 也可由输出特性求出。图 3-12（b）为 N 沟道增强型 MOS 管在恒流区的转移特性。在转移特性曲线上，$i_D=0$ 处的栅源电压就是开启电压 $U_{GS(th)}$。

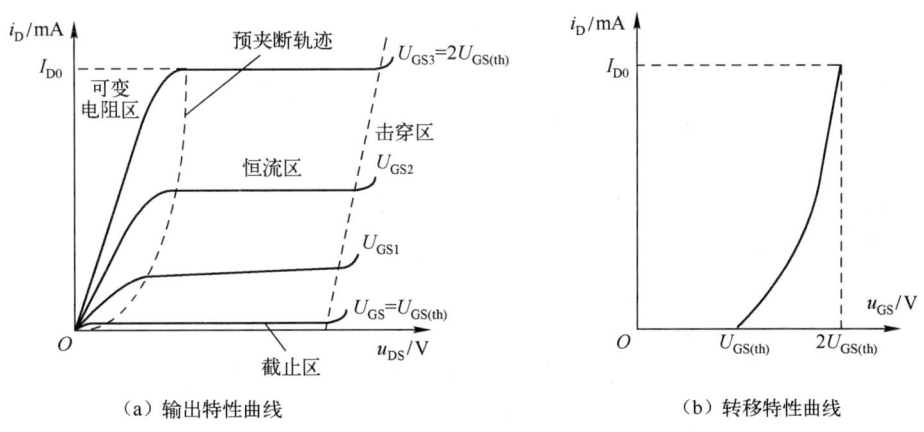

（a）输出特性曲线　　　　　　　　　　（b）转移特性曲线

图 3-12　N 沟道增强型 MOS 管的特性曲线

当增强型 MOS 管工作在恒流区时，转移特性曲线可近似表示为

$$i_D=I_{D0}\left(\frac{u_{GS}}{U_{GS(th)}}-1\right)^2 \tag{3-6}$$

其中，$I_{D0}$ 是 $u_{GS}=2U_{GS(th)}$ 时的 $i_D$。

### 4. 主要参数

增强型 MOS 管的主要参数中没有夹断电压 $U_{GS(off)}$ 和漏极饱和电流 $I_{DSS}$，而有开启电压 $U_{GS(th)}$。开启电压 $U_{GS(th)}$ 是指在 $U_{DS}$ 为某固定值时，能产生 $i_D$（一般为 50 μA）所需的最小 $u_{GS}$ 值。其他参数与结型场效应管的相同。

## 3.2.2 耗尽型 MOS 管

### 1. 结构与工作原理

N 沟道耗尽型 MOS 管的结构与 N 沟道增强型 MOS 管的相似，只是在制造过程中，在 $SiO_2$ 绝缘层中预先掺入大量的正离子（P 沟道耗尽型 MOS 管掺入负离子）。耗尽型 MOS 管的结构和图形符号如图 3-13 所示。

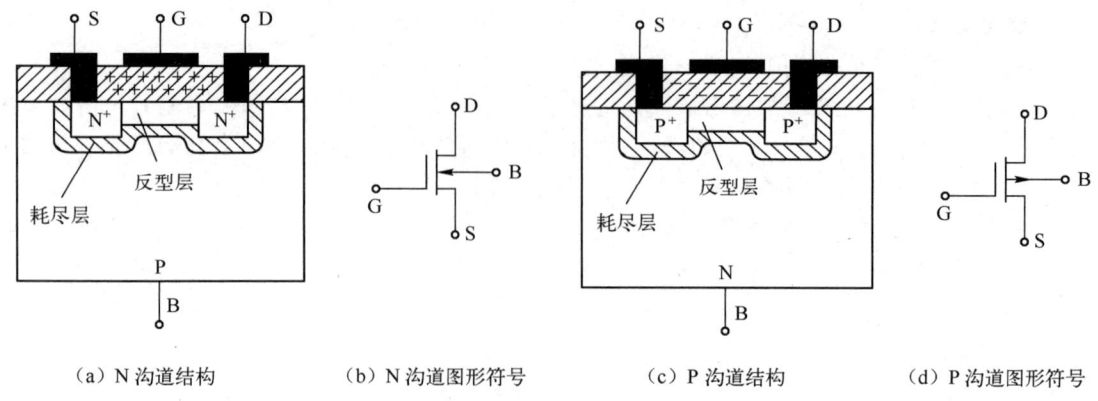

（a）N 沟道结构　　　　　（b）N 沟道图形符号　　　　（c）P 沟道结构　　　　　（d）P 沟道图形符号

图 3-13　耗尽型 MOS 管的结构示意图及图形符号

N 沟道耗尽型 MOS 管因在 $SiO_2$ 绝缘层中掺入了大量的正离子，即使在 $u_{GS}=0$ 时，也有垂直向下的电场产生，吸引自由电子到半导体的表层而形成 N 型导电沟道。接入正向电压 $u_{DS}$，就可产生漏极电流 $i_D$。

对于 N 沟道耗尽型 MOS 管，如果在栅源之间加负电压（$u_{GS}<0$），$u_{GS}$ 所产生的外电场就会削弱正离子所产生的电场，使得沟道变窄。在相同的 $u_{DS}$ 作用下，漏极电流 $i_D$ 减小；反之，栅源之间加正电压（$u_{GS}>0$），$u_{GS}$ 所产生的外电场就会加强正离子所产生的电场，使得沟道变宽，漏极电流 $i_D$ 增加。故这种管子的栅源电压 $u_{GS}$ 可以是正的，也可以是负的。改变栅源电压 $u_{GS}$，就可以改变沟道的宽窄，从而实现对漏极电流 $i_D$ 的控制。

对于 N 沟道耗尽型 MOS 管，当 $u_{GS}$ 从零减小到一定值时，$u_{GS}$ 产生的电场完全抵消了正离子感应的电场，反型层消失，$i_D=0$。此时的栅源电压 $u_{GS}$ 称为夹断电压 $U_{GS(off)}$。对于 P 沟道耗尽型 MOS 管，夹断电压 $U_{GS(off)}$ 为正。

**2. 特性曲线与主要参数**

图 3-14 为 N 沟道耗尽型 MOS 管的输出特性和转移特性曲线。除了耗尽型 MOS 管的 $u_{GS}$ 可正可负，它的特性曲线与 N 沟道结型场效应管的相似。

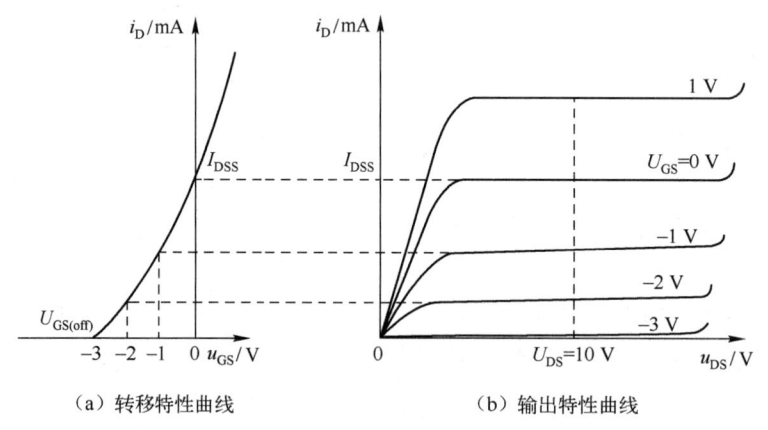

（a）转移特性曲线　　　　　　　　（b）输出特性曲线

图 3-14　N 沟道耗尽型 MOS 管的特性曲线

耗尽型 MOS 管的主要参数和结型场效应管的一样，不再赘述。

与 N 沟道的各种场效应管对应的 P 沟道的管子，除了在结构上各部分半导体的类型相反，外电路所加的 $u_{GS}$ 和 $u_{DS}$ 的极性相反与电流的方向相反外，在特性及工作原理方面与 N 沟道管子的相同。各种类型场效应管的特性曲线和图形符号如表 3-1 所示。

表 3-1  场效应管的图形符号及特性曲线

| 分　类 | 符　号 | 输出特性曲线 | 转移特性曲线 | 恒流区 | | $U_{GS(off)}$ | $U_{GS(th)}$ |
|---|---|---|---|---|---|---|---|
| | | | | $U_{GS}$ | $U_{DS}$ | | |
| 结型场效应管 | N 沟道 | | | − | + | − | |
| | P 沟道 | | | + | − | + | |
| 增强型 MOS 管 | N 沟道 | | | + | + | | + |
| | P 沟道 | | | − | − | | − |
| 耗尽型 MOS 管 | N 沟道 | | | +或− | + | − | |
| | P 沟道 | | | +或− | − | + | |

### 3.2.3 场效应管与晶体管的比较

从控制电流的原理可知,场效应管的栅极 G、漏极 D 和源极 S 分别对应于晶体管的基极 b、集电极 c 和发射极 e,场效应管与晶体管的对比如表 3-2 所示。

表 3-2　场效应管与晶体管的对比

|  | 晶 体 管 | 场 效 应 管 |
|---|---|---|
| 导电机理 | 利用多子和少子导电 | 利用多子导电 |
| 控制方式 | 电流控制 | 电压控制 |
| 放大能力 | 高 | 较低 |
| 直流输入电阻 | 小,约几千欧 | 大,JFET 可达 $10^7$ Ω,MOS 管可达 $10^{10}$ Ω |
| 稳定性 | 受温度和辐射的影响较大 | 温度稳定性好、抗辐射能力强 |
| 噪声 | 中等 | 很小 |
| 结构对称性 | 集电极和发射极不对称,不能互换 | 漏极和源极对称,可互换 |
| 适用范围 | 都可用于放大电路和开关电路等 | |

场效应管工艺简单、耗电少、工作电压范围宽,广泛用于大规模和超大规模集成电路中。另外,MOS 管的栅极是绝缘的,栅源电阻很大,而栅源之间的等效电容只有几皮法到十几皮法。若有感应电荷,则不易释放,从而形成高压,以至将栅源间的绝缘层击穿而损坏管子。存放时,应将各电极短接。焊接时,电烙铁应有良好的接地线,并注意对交流电场的屏蔽。

**【例 3-1】** 已知某场效应管的转移特性曲线如图 3-15 所示,试确定场效应管的类型。

**解**:从管子的转移特性曲线可知,当栅源电压 $u_{GS} = 0$ 时,漏极电流 $i_D = 0$,且 $U_{GS(th)} = 2$ V $> 0$,说明该管为 N 沟道增强型 MOS 管。

**【例 3-2】** 电路如图 3-16(a)所示,场效应管的输出特性曲线如图 3-16(b)所示,分析 $u_1 = 3$ V、8 V 和 12 V 三种情况下场效应管分别工作在什么区域。

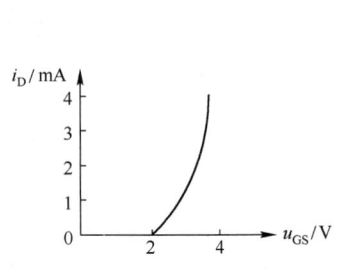

图 3-15　例 3-1 题图

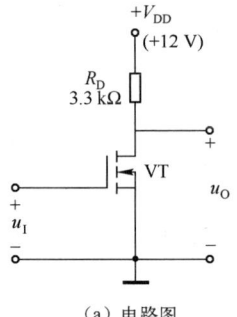

（a）电路图

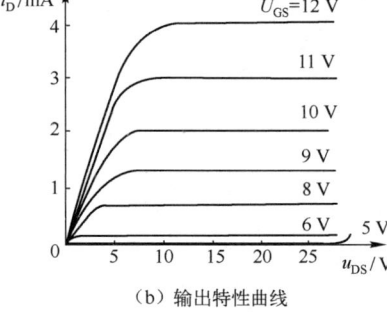

（b）输出特性曲线

图 3-16　例 3-2 图

**解**:根据图 3-16(b)所示场效应管的输出特性曲线可知,其开启电压 $U_{GS(th)} = 5$ V。根据图 3-16(a)所示电路可知,$u_{GS} = u_1$。

当 $u_1 = 3$ V 时,$u_{GS}$ 小于开启电压,即 $u_{GS} < U_{GS(th)}$,故场效应管截止。

当 $u_1 = 8$ V 时,$u_{GS} > U_{GS(th)}$,场效应管导通。假设场效应管工作在恒流区,根据输出特性曲线可知 $i_D \approx 0.6$ mA,则管压降 $u_{DS} \approx V_{DD} - i_D R_D = 12 - 0.6 \times 3.3 \approx 10$ V。

由于 $u_{GS} - U_{GS(th)} = 8$ V $- 5$ V $= 3$ V,因此 $u_{DS} > u_{GS} - U_{GS(th)}$。说明假设成立,即场效应管工作在恒流区。

当 $u_1 = 12$ V 时,$u_{GS} > U_{GS(th)}$,场效应管导通。从输出特性曲线可知,当 $U_{GS} = 12$ V 时,假设场效应管工作在恒流区,$i_D \approx 4$ mA,$u_{DS} = V_{DD} - i_D R_D = 12 - 4 \times 3.3 \approx -1.2$ V。由电路可知,电路实际的 $u_{DS} > 0$。所以,

所设该场效应管工作于恒流区不正确。该场效应管实际的 $i_D$ 小于 4 mA，故场效应管工作在可变电阻区。

表3-3为各种场效应管导通时工作在恒流区和可变电阻区的条件。

**表3-3　各种场效应管导通时工作在恒流区和可变电阻区的条件**

| | N 沟道 | | | P 沟道 | | |
|---|---|---|---|---|---|---|
| | JFET | 耗尽型 MOS | 增强型 MOS | JFET | 耗尽型 MOS | 增强型 MOS |
| 导通 | $U_{GS} > U_{GS(off)}$ | | $U_{GS} > U_{GS(th)}$ | $U_{GS} < U_{GS(off)}$ | | $U_{GS} < U_{GS(th)}$ |
| 可变电阻区 | $U_{DS} < U_{GS} - U_{GS(off)}$ | | $U_{DS} < U_{GS} - U_{GS(th)}$ | $U_{DS} > U_{GS} - U_{GS(off)}$ | | $U_{DS} > U_{GS} - U_{GS(th)}$ |
| 恒流区 | $U_{DS} > U_{GS} - U_{GS(off)}$ | | $U_{DS} > U_{GS} - U_{GS(th)}$ | $U_{DS} < U_{GS} - U_{GS(off)}$ | | $U_{DS} < U_{GS} - U_{GS(th)}$ |

**【例3-3】** 在图 3-17 所示电路中，$R_D = 3.3$ kΩ，$R_G = 100$ kΩ，$V_{DD} = 10$ V，$V_{GG} = 2$ V，场效应管的 $U_{GS(off)} = -5$ V，$I_{DSS} = 3$ mA。试分析场效应管工作在什么区域。

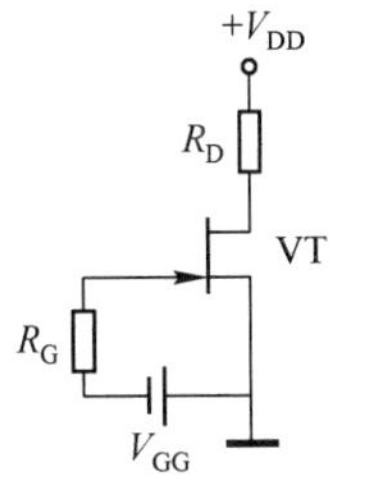

**解：** 因场效应管的栅极电流 $I_G = 0$，根据电路可知 $U_{GSQ} = -V_{GG} = -2$ V$>$ $U_{GS(off)}$，场效应管导通。假设场效应管工作在恒流区，则

$$I_{DQ} = I_{DSS} \left(1 - \frac{U_{GSQ}}{U_{GS(off)}}\right)^2 = 3 \times \left(1 - \frac{-2}{-5}\right)^2 = 1.08 \text{ mA}$$

$$U_{DSQ} = V_{DD} - I_{DQ}R_D = 10 - 1.08 \times 3.3 = 6.436 \text{ V}$$

因 $U_{GSQ} - U_{GS(off)} = -2 - (-5) = 3$ V，故 $U_{DSQ} > U_{GSQ} - U_{GS(off)}$。假设正确，所以场效应管工作在恒流区。

图3-17　例3-3图

**【思考题】**

1. 场效应管有哪些类型？场效应管用于放大时应工作在什么区？
2. 耗尽型场效应管和增强型场效应管的工作方式有何不同？
3. 场效应管预夹断后，漏极电流与栅源电压、漏源电压的关系怎样？
4. 一个无符号的 MOS 管，如何判别它是增强型还是耗尽型？
5. 各类场效应管工作在恒流区的条件是什么？

# 3.3　场效应管放大电路

场效应管通过栅源电压控制漏极电流，具有电压控制下的放大作用。因此，利用场效应管也可以构成放大电路。同晶体管放大电路一样，场效应管放大电路要实现放大作用，电路必须满足两个条件：一是要有合适的静态工作点；二是输入信号能有效地作用于场效应管的输入回路，输出信号能有效地作用于负载。

场效应管有三个电极：栅极、漏极和源极。因此，在组成放大电路时也有三种接法，即共栅放大电路、共漏放大电路和共源放大电路。但共栅放大电路很少使用。

## 3.3.1　场效应管放大电路的直流偏置与静态分析

**1. 场效应管的直流偏置电路**

场效应管放大电路必须设置合适的静态工作点，保证在有信号作用时，场效应管始终工作在恒流区。常用的偏置方式有两种：自给偏置和分压式偏置。

（1）**自给偏置电路** 图3-18(a)为 N 沟道结型场效应管组成的自给偏置的共源放大电路，只适用于耗尽型 MOS 管和结型场效应管。耗尽型 MOS 管和结型场效应管在栅源电压 $U_{GS} = 0$ 时就有导电沟道，加

上相应的漏源电压 $U_{DS}$ 就有漏极电流 $I_D$。利用这一漏极电流 $I_D$ 在源极电阻 $R_s$ 上产生的电压给场效应管提供直流偏置,适当调整元件参数就可使场效应管工作在放大区。这种方式的偏置电压由场效应管的漏极电流 $I_D$ 产生,故称为自给偏置方式。

（2）**分压式偏置电路**　在自给偏置电路的栅极和直流电源之间增加分压电阻就构成了分压式偏置电路,如图 3-18(b)所示。分压式偏置电路在静态工作点设置上具有较大的灵活性,只要选择不同参数的元件,通过调整分压比,就可满足各类场效应管对栅源电压极性的要求,而且调节很方便。这种偏置方式适合各种类型的场效应管。

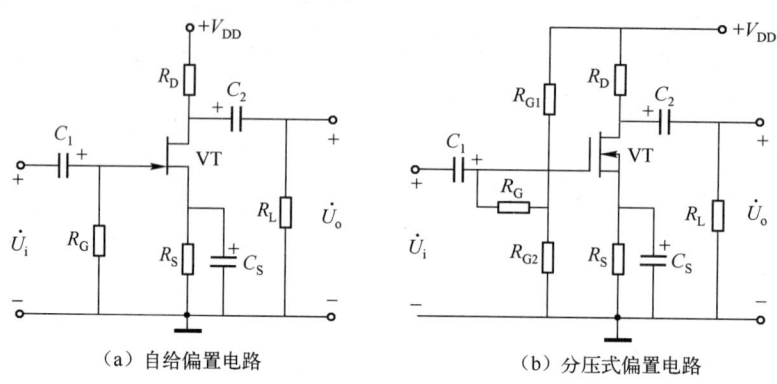

（a）自给偏置电路　　　　　　（b）分压式偏置电路

图 3-18　共源放大电路

### 2. 静态工作点的确定

同晶体管放大电路一样,场效应管放大电路的静态分析可采用图解法和公式计算法。

（1）**图解法**　利用场效应管的特性曲线和直流负载线确定静态工作点。

【**例 3-4**】　电路如图 3-18(a)所示,$R_G = 1\ \mathrm{M\Omega}$,$R_D = 4\ \mathrm{k\Omega}$,$R_S = 1\ \mathrm{k\Omega}$,$V_{DD} = 18\ \mathrm{V}$,场效应管的输出特性曲线如图 3-19(b)所示。试用图解法确定该放大电路的静态工作点。

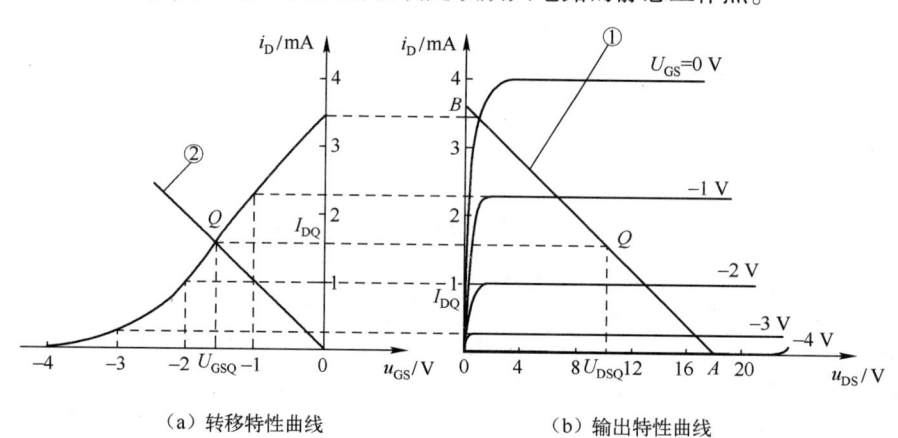

（a）转移特性曲线　　　　　　（b）输出特性曲线

图 3-19　自给偏置电路 $Q$ 点的图解

**解**:① 在输出特性曲线上作直流负载线。写出静态时输出回路的电压方程,即直流负载线方程

$$U_{DS} = V_{DD} - I_D(R_D + R_S) \tag{3-7}$$

即
$$U_{DS} = 18 - I_D(4+1)$$

根据此方程在输出特性曲线上作直流负载线 $AB$,其中 $A$ 点的坐标为（18 V,0 mA）,$B$ 点的坐标为（0 V,3.6 mA）,如图 3-19(b)中的直线①所示。

② 做负载转移特性曲线。由直流负载线 $AB$ 与各条输出特性曲线的交点对应的值画出有负载情况下的转移特性曲线(负载转移特性曲线),如图 3-19(a)所示。

③ 做输入回路的直流负载线。由电路可知,静态时,栅极电阻 $R_G$ 中无电流,所以栅极电位与公共地相同,即 $U_G = 0$。漏极电流 $I_D$ 在电阻 $R_S$ 上的压降在栅源间形成负偏压,则输入回路的直流负载线方程

$$U_{GS} = -I_D R_S \qquad (3-8)$$

在转移特性曲线上做输入回路的直流负载线,如图 3-19(a)中的直线②所示。该直线过 $u_{GS} \sim i_D$ 坐标系的原点,斜率为 $-1/R_S$ (即 $-1$)。

④ 确定静态工作点。转移特性曲线与输入回路的直流负载线的交点即为静态工作点 $Q$, $Q$ 点对应的横坐标值即为 $U_{GSQ}$,纵坐标值即为 $I_{DQ}$。再根据 $I_{DQ}$ 在输出特性曲线上求出静态工作点 $Q$,确定 $U_{DSQ}$。得出 $I_{DQ} = 1.5 \text{ mA}$, $U_{GSQ} = -1.6 \text{ V}$, $U_{DSQ} \approx 10.5 \text{ V}$。

对图 3-18(b)所示的分压式偏置电路利用图解法求 $Q$ 点时,输入回路直流负载线方程为 $U_{GS} = U_G - U_S = \dfrac{R_{G2}}{R_{G1} + R_{G2}} V_{DD} - I_D R_S$。由该方程确定的直线不通过 $u_{GS} \sim i_D$ 坐标系的原点,而是通过点 $\left( \dfrac{R_{G2}}{R_{G1} + R_{G2}} V_{DD}, 0 \right)$,斜率为 $-1/R_S$ 的直线,其他过程与自给偏置电路相同。

(2) **公式计算法** 利用转移特性方程和偏置电路的线性方程联立求解确定静态工作点。

**【例 3-5】** 电路如图 3-18(b)所示, $R_{G1} = 100 \text{ k}\Omega$, $R_{G2} = 10 \text{ k}\Omega$, $R_G = 10 \text{ M}\Omega$, $R_D = 10 \text{ k}\Omega$, $R_S = 2.4 \text{ k}\Omega$, $R_L = 10 \text{ k}\Omega$, $V_{DD} = 20 \text{ V}$,场效应管的 $U_{GS(off)} = -2 \text{ V}$, $I_{DSS} = 2 \text{ mA}$。试计算放大电路的静态工作点。

**解:** 静态时,由于栅极电流 $I_G = 0$,所以电阻 $R_G$ 上的电流为 0,栅极电位为

$$U_{GQ} = \frac{R_{G2}}{R_{G1} + R_{G2}} V_{DD}$$

源极电位为 $U_{SQ} = I_{DQ} R_S$,所以栅源电压为

$$U_{GSQ} = U_{GQ} - U_{SQ} = \frac{R_{G2}}{R_{G1} + R_{G2}} V_{DD} - I_{DQ} R_S \qquad (3-9)$$

根据转移特性方程

$$i_D = I_{DSS} \left( 1 - \frac{u_{GS}}{U_{GS(off)}} \right)^2$$

静态时

$$I_{DQ} = I_{DSS} \left( 1 - \frac{U_{GSQ}}{U_{GS(off)}} \right)^2 \qquad (3-10)$$

输出回路方程为

$$U_{DSQ} = V_{DD} - I_{DQ} (R_D + R_S) \qquad (3-11)$$

把式(3-9)、式(3-10)和式(3-11)联立,则

$$\begin{cases} U_{GSQ} = \dfrac{R_{G2}}{R_{G1} + R_{G2}} V_{DD} - I_{DQ} R_S \\[2mm] I_{DQ} = I_{DSS} \left( 1 - \dfrac{U_{GSQ}}{U_{GS(off)}} \right)^2 \\[2mm] U_{DSQ} = V_{DD} - I_{DQ} (R_D + R_S) \end{cases} \qquad (3-12)$$

代入已知条件求解,得

$$\begin{cases} U_{GSQ1} = -0.587 \text{ V} \\ I_{DQ1} = 1 \text{ mA} \end{cases} \text{ 及 } \begin{cases} U_{GSQ2} = -4.243 \text{ V} \\ I_{DQ2} = 2.52 \text{ mA} \end{cases}$$

第二组解 $U_{GSQ2} = -4.243 \text{ V} < U_{GS(off)}$,舍去。取第一组解 $U_{GSQ} = -0.587 \text{ V}$, $I_{DQ} = 1 \text{ mA}$,可得 $U_{DSQ} = 7.6 \text{ V}$。所以,静态工作点为: $I_{DQ} = 1 \text{ mA}$, $U_{GSQ} = -0.587 \text{ V}$, $U_{DSQ} = 7.6 \text{ V}$。

### 3.3.2 场效应管放大电路的动态分析

当场效应管放大电路在小信号情况下工作时,与晶体管放大电路一样,可用微变等效电路来分析。

**1. 场效应管的低频小信号模型**

场效应管可看成一个双口网络,栅极和源极之间看成输入端口,漏极和源极之间看成输出端口,如图3-20所示。场效应管的栅极电流近似为零,在信号电压作用下也为零。可以把它的交流输入电阻看成无穷大,输入回路栅源间相当于开路。输出回路的等效模型可根据特性曲线求得。

由特性曲线的函数关系可知

$$i_D = f(u_{GS}, u_{DS}) \tag{3-13}$$

对此函数在 $Q$ 点求全微分,得

$$di_D = \frac{\partial i_D}{\partial u_{GS}}\bigg|_{U_{DS}} du_{GS} + \frac{\partial i_D}{\partial u_{DS}}\bigg|_{U_{GS}} du_{DS} \tag{3-14}$$

令式中

$$\frac{\partial i_D}{\partial u_{GS}}\bigg|_{U_{DS}} = g_m \tag{3-15}$$

$$\frac{\partial i_D}{\partial u_{DS}}\bigg|_{U_{GS}} = \frac{1}{r_{ds}} \tag{3-16}$$

当输入信号幅度较小时,管子始终工作在静态工作点附近小范围内,可认为特性曲线是线性的。此时,$g_m$ 和 $r_{ds}$ 为常数,无限小增量 $di_D$、$du_{GS}$ 和 $du_{DS}$ 可用微小增量 $\Delta$ 代替,在正弦交流放大电路中可分别用交流量 $\dot{I}_d$、$\dot{U}_{gs}$ 和 $\dot{U}_{ds}$ 来代替。式(3-14)可表示为

$$\dot{I}_d = g_m \dot{U}_{gs} + \frac{1}{r_{ds}} \dot{U}_{ds} \tag{3-17}$$

由式(3-17)可画出场效应管的低频小信号模型(微变等效电路),如图3-21(a)所示。模型的输入端是开路的,输出端是受电压 $\dot{U}_{gs}$ 控制的电流源与电阻 $r_{ds}$ 的并联。其中,电流源的参考方向必须与 $\dot{U}_{gs}$ 的参考方向一致。由于 $r_{ds}$ 的值较大,在放大电路中,$r_{ds}$ 往往远大于等效的负载电阻。通常将其视为开路,这样可得到场效应管简化的低频小信号模型,如图3-21(b)所示。

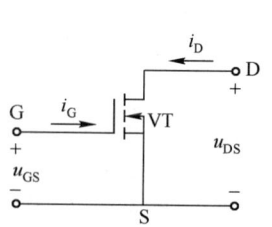

图 3-20 场效应管共源接法时的双口网络

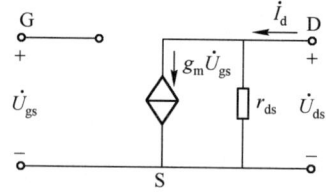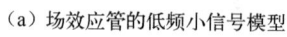（a）场效应管的低频小信号模型

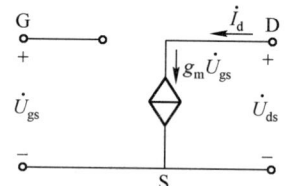（b）场效应管简化的低频小信号模型

图 3-21 场效应管的低频小信号模型

$g_m$ 为低频跨导,反映了场效应管的放大能力。从转移特性曲线可知,$g_m$ 是转移特性曲线在静态工作点 $Q$ 处切线的斜率,如图3-22(a)所示;$r_{ds}$ 为场效应管的共漏极输出电阻,为输出特性曲线在 $Q$ 点处的切线斜率的倒数,如图3-22(b)所示。通常,$r_{ds}$ 在几十千欧到几百千欧之间。

另外,低频跨导 $g_m$ 也可以由转移特性曲线的函数表达式求得。对增强型 MOS 管,根据式(3-6)可得

$$g_m = \frac{\partial i_D}{\partial u_{GS}}\bigg|_{U_{DS}} = \frac{2I_{D0}}{U_{GS(th)}}\left(\frac{u_{GS}}{U_{GS(th)}} - 1\right)\bigg|_{U_{DS}} = \frac{2}{U_{GS(th)}}\sqrt{I_{D0}i_D}$$

在小信号作用时,可用 $I_{DQ}$ 近似代替 $i_D$,得出

$$g_m = \frac{2}{U_{GS(th)}}\sqrt{I_{D0}I_{DQ}} \tag{3-18}$$

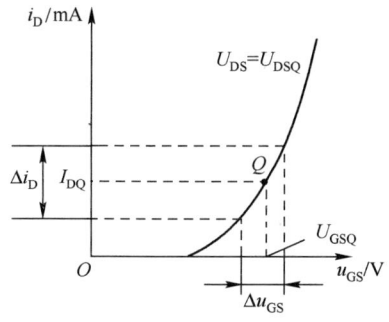

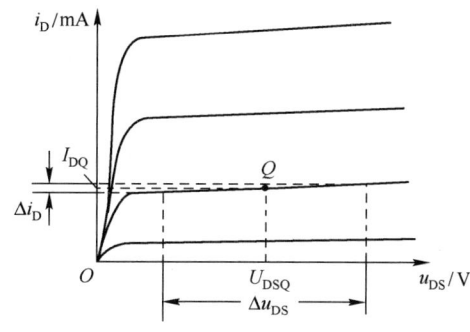

（a）从转移特性曲线求 $g_{\mathrm{m}}$　　　　　　　　　　（b）从输出特性曲线求 $r_{\mathrm{ds}}$

图 3-22　从特性曲线求 $g_{\mathrm{m}}$ 和 $r_{\mathrm{ds}}$

同理,对耗尽型 MOS 管和结型场效应管都可根据式(3-3)得

$$g_{\mathrm{m}}=-\frac{2I_{\mathrm{DSS}}}{U_{\mathrm{GS(off)}}}\left(1-\frac{U_{\mathrm{GSQ}}}{U_{\mathrm{GS(off)}}}\right)=-\frac{2}{U_{\mathrm{GS(off)}}}\sqrt{I_{\mathrm{DSS}}I_{\mathrm{DQ}}} \tag{3-19}$$

**2. 场效应管放大电路的动态分析**

（1）**共源放大电路**　场效应管放大电路的分析方法与晶体管放大电路的相同。先画出放大电路的微变等效电路,然后计算动态性能指标。

图 3-18(a)为共源放大电路,其微变等效电路如图 3-23(a)所示。

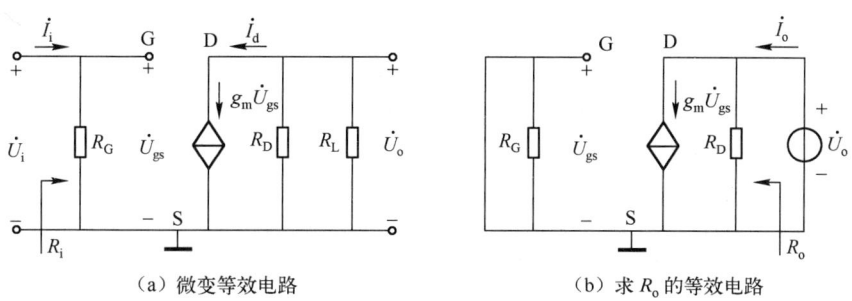

（a）微变等效电路　　　　　　　　　（b）求 $R_{\mathrm{o}}$ 的等效电路

图 3-23　图 3-18(a)的等效电路

分析该电路的动态性能指标如下:

① 电压放大倍数

$$\dot{A}_{\mathrm{u}}=\frac{\dot{U}_{\mathrm{o}}}{\dot{U}_{\mathrm{i}}}=\frac{-g_{\mathrm{m}}\dot{U}_{\mathrm{gs}}R'_{\mathrm{L}}}{\dot{U}_{\mathrm{gs}}}=-g_{\mathrm{m}}R'_{\mathrm{L}} \tag{3-20}$$

式中, $R'_{\mathrm{L}}=R_{\mathrm{L}}/\!/R_{\mathrm{D}}$ ,负号说明共源放大电路的输出电压与输入电压反相。

② 输入电阻

$$R_{\mathrm{i}}=\frac{\dot{U}_{\mathrm{i}}}{\dot{I}_{\mathrm{i}}}=R_{\mathrm{G}} \tag{3-21}$$

③ **输出电阻**　求放大电路输出电阻的等效电路如图 3-23(b)所示。由图得

$$R_{\mathrm{o}}=R_{\mathrm{D}} \tag{3-22}$$

**【例 3-6】**　图 3-18(b)所示电路,已知条件同例 3-5。试计算放大电路的电压放大倍数 $\dot{A}_{\mathrm{u}}$ 、输入电阻 $R_{\mathrm{i}}$ 和输出电阻 $R_{\mathrm{o}}$ 。

**解:**放大电路的微变等效电路如图 3-24 所示。

由例 3-5 求出的静态工作点可知 $I_{\mathrm{DQ}}=1\ \mathrm{mA}$ ,根据式(3-19),求出 $g_{\mathrm{m}}$

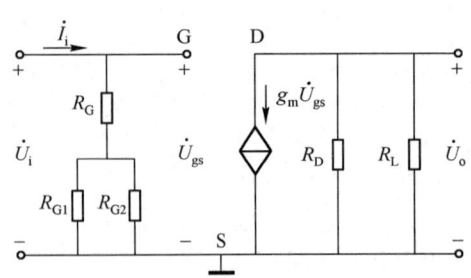

图 3-24　图 3-18(b)的微变等效电路

$$g_{\mathrm{m}} = -\frac{2}{U_{\mathrm{GS(off)}}}\sqrt{I_{\mathrm{DSS}} I_{\mathrm{DQ}}} = -\frac{2}{-2}\sqrt{2 \times 1} = 1.414 \text{ mS}$$

动态性能指标为

$$\dot{A}_{\mathrm{u}} = \frac{\dot{U}_{\mathrm{o}}}{\dot{U}_{\mathrm{i}}} = \frac{-g_{\mathrm{m}} \dot{U}_{\mathrm{gs}} R'_{\mathrm{L}}}{\dot{U}_{\mathrm{gs}}} = -g_{\mathrm{m}}(R_{\mathrm{D}} /\!/ R_{\mathrm{L}})$$

$$= -1.414 \times (10 /\!/ 10) = -7.07$$

$$R_{\mathrm{i}} = \frac{\dot{U}_{\mathrm{i}}}{\dot{I}_{\mathrm{i}}} = R_{\mathrm{G}} + (R_{\mathrm{G1}} /\!/ R_{\mathrm{G2}}) = 10 + 0.1 /\!/ 0.01 \approx 10 \text{ M}\Omega$$

$$R_{\mathrm{o}} = R_{\mathrm{D}} = 10 \text{ k}\Omega$$

从本例可知,场效应管共源放大电路与晶体管共射放大电路类似,有电压放大能力;输出电压与输入电压反相,只是场效应管共源放大电路的输入电阻较高而电压放大倍数较小。

（2）**共漏放大电路**　图 3-25(a)是场效应管共漏放大电路,其微变等效电路如图 3-25(b)所示。

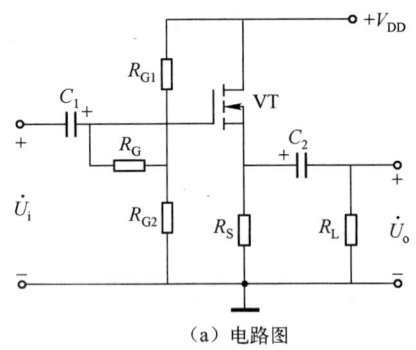

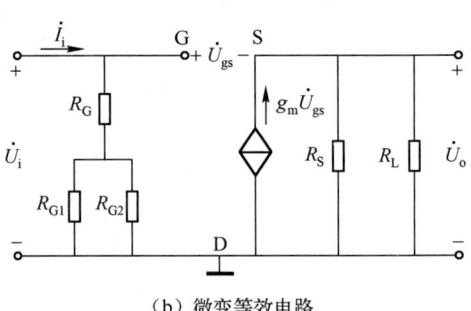

（a）电路图　　　　　　　　　　　（b）微变等效电路

图 3-25　场效应管共漏放大电路

① 电压放大倍数

$$\dot{A}_{\mathrm{u}} = \frac{\dot{U}_{\mathrm{o}}}{\dot{U}_{\mathrm{i}}} = \frac{g_{\mathrm{m}} \dot{U}_{\mathrm{gs}} R'_{\mathrm{L}}}{\dot{U}_{\mathrm{gs}} + g_{\mathrm{m}} \dot{U}_{\mathrm{gs}} R'_{\mathrm{L}}} = \frac{g_{\mathrm{m}} R'_{\mathrm{L}}}{1 + g_{\mathrm{m}} R'_{\mathrm{L}}} \tag{3-23}$$

其中,$R'_{\mathrm{L}} = R_{\mathrm{S}} /\!/ R_{\mathrm{L}}$。因为 $g_{\mathrm{m}} R'_{\mathrm{L}} \gg 1$,所以 $\dot{A}_{\mathrm{u}} \approx 1$,且输出电压与输入电压同相。这种电路又称为漏极跟随器。

② 输入电阻

$$R_{\mathrm{i}} = \frac{\dot{U}_{\mathrm{i}}}{\dot{I}_{\mathrm{i}}} = R_{\mathrm{G}} + (R_{\mathrm{G1}} /\!/ R_{\mathrm{G2}}) \tag{3-24}$$

③ 输出电阻。求输出电阻的等效电路如图 3-26 所示。由电路可得

$$\dot{I}_{\mathrm{o}} = \frac{\dot{U}_{\mathrm{o}}}{R_{\mathrm{S}}} - g_{\mathrm{m}} \dot{U}_{\mathrm{gs}}$$

$$\dot{U}_{\mathrm{gs}} = -\dot{U}_{\mathrm{o}}$$

所以

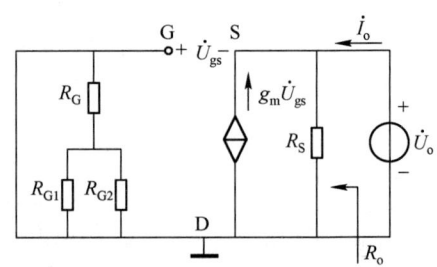

图 3-26　图 3-25(a)求输出电阻的等效电路

$$\dot{I}_{\mathrm{o}} = \frac{\dot{U}_{\mathrm{o}}}{R_{\mathrm{S}}} + g_{\mathrm{m}}\dot{U}_{\mathrm{o}}$$

$$R_{\mathrm{o}} = \frac{\dot{U}_{\mathrm{o}}}{\dot{I}_{\mathrm{o}}} = \frac{1}{1/R_{\mathrm{S}} + g_{\mathrm{m}}} = R_{\mathrm{S}} /\!/ \frac{1}{g_{\mathrm{m}}} \qquad (3-25)$$

可见,共漏放大电路的输出电阻很小。

【例3-7】 由 N 沟道耗尽型 MOS 管构成的放大电路如图3-25(a)所示。已知 $R_{\mathrm{G1}} = 2\ \mathrm{M}\Omega$, $R_{\mathrm{G2}} = 500\ \mathrm{k}\Omega$, $R_{\mathrm{G}} = 1\ \mathrm{M}\Omega$, $R_{\mathrm{S}} = 10\ \mathrm{k}\Omega$, $R_{\mathrm{L}} = 10\ \mathrm{k}\Omega$, $V_{\mathrm{DD}} = 20\ \mathrm{V}$, 管子工作点处的跨导 $g_{\mathrm{m}} = 1.2\ \mathrm{mS}$。试计算放大电路的电压放大倍数 $\dot{A}_{\mathrm{u}}$、输入电阻 $R_{\mathrm{i}}$ 和输出电阻 $R_{\mathrm{o}}$。

**解:** 根据式(3-23)、式(3-24)和式(3-25)得出

$$\dot{A}_{\mathrm{u}} = \frac{\dot{U}_{\mathrm{o}}}{\dot{U}_{\mathrm{i}}} = \frac{g_{\mathrm{m}}R'_{\mathrm{L}}}{1 + g_{\mathrm{m}}R'_{\mathrm{L}}} = \frac{g_{\mathrm{m}}(R_{\mathrm{S}} /\!/ R_{\mathrm{L}})}{1 + g_{\mathrm{m}}(R_{\mathrm{S}} /\!/ R_{\mathrm{L}})} = \frac{1.2 \times (10 /\!/ 10)}{1 + 1.2 \times (10 /\!/ 10)} = 0.86$$

$$R_{\mathrm{i}} = \frac{\dot{U}_{\mathrm{i}}}{\dot{I}_{\mathrm{i}}} = R_{\mathrm{G}} + (R_{\mathrm{G1}} /\!/ R_{\mathrm{G2}}) = 1 + 0.5 /\!/ 2 = 1.4\ \mathrm{M}\Omega$$

$$R_{\mathrm{o}} = R_{\mathrm{S}} /\!/ \frac{1}{g_{\mathrm{m}}} = 10 /\!/ \frac{1}{1.2} \approx 0.77\ \mathrm{k}\Omega$$

【例3-8】 场效应管具有输入电阻很大的优点,但它的跨导一般不大,工作频率也不高。在实际使用中,常常将场效应管和晶体管组合使用。如图3-27(a)所示电路,已知 $VT_1$ 的 $g_{\mathrm{m}}$,$VT_2$ 的 $\beta$ 和 $r_{\mathrm{be}}$,试写出电路的电压放大倍数 $\dot{A}_{\mathrm{u}}$、输入电阻 $R_{\mathrm{i}}$ 和输出电阻 $R_{\mathrm{o}}$ 的表达式。

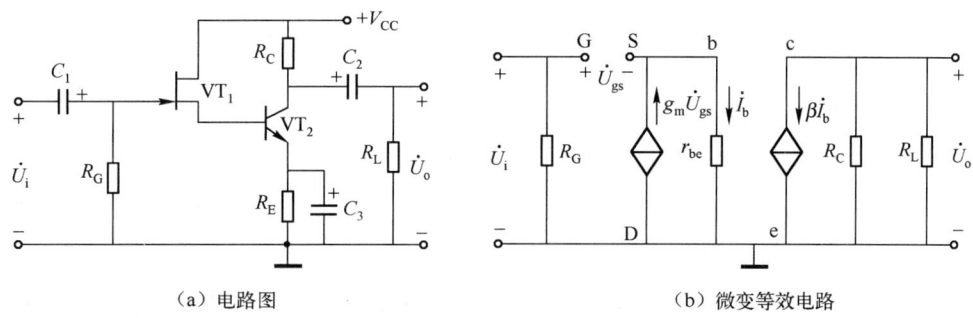

(a) 电路图　　　　　　　　(b) 微变等效电路

图3-27　例3-8图

**解:** 该电路的微变等效电路如图3-27(b)所示,则

$$\dot{U}_{\mathrm{i}} = \dot{U}_{\mathrm{gs}} + \dot{I}_{\mathrm{b}}r_{\mathrm{be}}$$

$$\dot{I}_{\mathrm{b}} = g_{\mathrm{m}}\dot{U}_{\mathrm{gs}}$$

$$\dot{U}_{\mathrm{o}} = -\beta\dot{I}_{\mathrm{b}}(R_{\mathrm{C}} /\!/ R_{\mathrm{L}})$$

所以,电压放大倍数为

$$\dot{A}_{\mathrm{u}} = \frac{\dot{U}_{\mathrm{o}}}{\dot{U}_{\mathrm{i}}} = -\frac{\beta\dot{I}_{\mathrm{b}}(R_{\mathrm{C}} /\!/ R_{\mathrm{L}})}{\dot{U}_{\mathrm{gs}} + \dot{I}_{\mathrm{b}}r_{\mathrm{be}}} = -\frac{\beta g_{\mathrm{m}}\dot{U}_{\mathrm{gs}}(R_{\mathrm{C}} /\!/ R_{\mathrm{L}})}{\dot{U}_{\mathrm{gs}} + g_{\mathrm{m}}\dot{U}_{\mathrm{gs}}r_{\mathrm{be}}} = -\frac{\beta g_{\mathrm{m}}(R_{\mathrm{C}} /\!/ R_{\mathrm{L}})}{1 + g_{\mathrm{m}}r_{\mathrm{re}}}$$

输入电阻为 $\qquad\qquad\qquad R_{\mathrm{i}} = R_{\mathrm{G}}$

输出电阻为 $\qquad\qquad\qquad R_{\mathrm{o}} = R_{\mathrm{C}}$

# *3.4  知识拓展——其他场效应管

## 1. 双栅 MOS 管

双栅 MOS 管有一个源极、一个漏极和两个栅极，两个栅极是互相独立的，具有工作频率高、增益可控、高输入阻抗、低噪声系数、低反馈电容、大动态范围等优点，能在超高频和甚高频范围内稳定地工作。

### （1）双栅 MOS 管的结构、符号及等效电路

耗尽型双栅 MOS 管结构和图形符号如图 3-28(a) 和 (b) 所示。在 P 型衬底上有三个高掺杂的 $N^+$ 型区，两边分别引出源极 S 和漏极 D，源极 S 和漏极 D 之间有两个栅极 G1 和 G2，有两个 N 沟道，两沟道由中间的 $N^+$ 型扩散岛 I 连接，其中每一个沟道都有它自己单独的栅极来控制。两个栅极之间的 $N^+$ 型扩散岛 I 既作为由 S、G1、I 组成的 FET1 的漏极，又作为由 I、G2、D 组成的 FET2 的源极。因此，双栅 MOS 管可以看作由两个场效应管串联而成，如图 3-28(c) 所示。

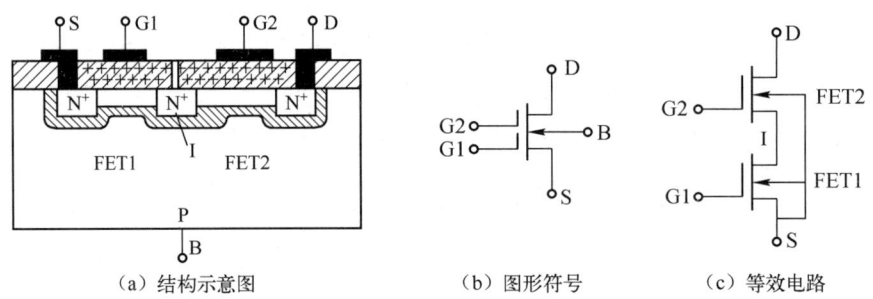

（a）结构示意图　　　　（b）图形符号　　　　（c）等效电路

图 3-28　耗尽型双栅 MOS 管的结构示意图、图形符号及等效电路

### （2）双栅 MOS 管的工作原理

双栅 MOS 管的两个栅极的偏置电压对导电沟道均有控制作用。其中，FET2 的导电沟道只受 $U_{G2}$ 调制，而不受 $U_{G1}$ 调制，而 FET1 的导电沟道不仅受 $U_{G1}$ 调制，还受 $U_{G2}$ 调制，因为 $U_{G2}$ 不同，FET2 的导电沟道不同，电阻不同，使得 FET1 的漏源电压 $U_{D1S}$ 也不同，即可影响 FET1 的导电沟道。所以漏极电流 $i_D$ 不但与 $U_{G1}$ 有关，而且受 $U_{G2}$ 控制，因而跨导 $g_m$ 也受 $U_{G2}$ 控制。当 $U_{G1}$ 一定时，$g_m$ 随着 $U_{G2}$ 的增大而增大，即通过改变第二个栅极的偏压可以容易地实现自动增益控制（Automatic Gain Control，AGC）。

### （3）双栅 MOS 管的应用

双栅 MOS 管有良好的小信号放大能力、高频特性和良好的自动增益控制特性，被广泛地用在超高频和甚高频的通信电路中，构成高频放大器、混频器、解调器及增益控制放大器等。

## 2. VMOS 管

### （1）VMOS 管的结构

VMOS 场效应管（VMOSFET）简称 VMOS 管或功率场效应管，全称为 V 型槽 MOS 场效应管。根据结构不同，VMOS 管分为两大类：VVMOS 管，即垂直导电 V 型槽 MOS 管；VDMOS 管，即垂直导电双扩散 MOS 管。根据导电沟道不同，VMOS 管分为 N 沟道和 P 沟道两种。N 沟道 VVMOS 管结构和 N 沟道 VDMOS 管结构如图 3-29 所示。

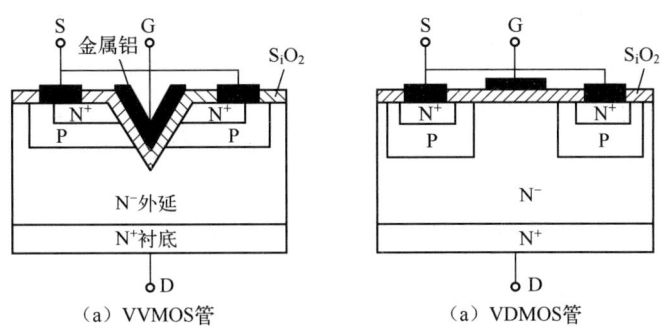

（a）VVMOS管　　　　　　　　（a）VDMOS管

图 3-29　VMOS 管结构

（2）**VMOS 管的工作原理**

当 $u_{GS}>U_{GS(th)}$ 时,由于电荷感应,在 P 型区感应出电子,由于电子的积累,形成了 N 型沟道,该沟道连通了 N$^+$ 型区和 N$^-$ 型区,当给漏极和源极间加上电压 $u_{DS}$,在漏极和源极之间便产生了电流,电流的大小取决于栅极正电压的大小。显而易见,VMOS 管的电流流向不是沿着表面横向流动,而是垂直表面纵向流动,电流 $i_D$ 的流向为:从漏极出发,经轻掺杂的 N$^-$ 区,通过 N 沟道,然后到达重掺杂 N$^+$ 型区源极。

（3）**VMOS 管的特点及应用**

① $u_{GS}$ 控制沟道的厚度。导电沟道为在 P 型衬底区打开了漏极到源极的电子导电通道,使电流 $i_D$ 流通。当 $u_{DS}$ 增大到饱和状态后,这个通道与 $u_{DS}$ 关系很小,即沟道调制效应极小,恒流特性非常好。

② 在恒流区,当 $u_{GS}$ 较小时,$i_D$ 随 $u_{GS}$ 的升高呈平方律增长,与一般的 MOS 管相同。当 $u_{GS}$ 增大到某数值时,其导电沟道不再为楔形,而近似于矩形,且矩形的高度随 $u_{GS}$ 线性增加,故转移特性也为线性增加。

③ VMOS 管的漏区面积大,散热面积大(它的外型与三端稳压器相似,便于安装散热器),沟道长度可以做得比较短,而且利用集成工艺将多个沟道并联,所以允许流过的漏极电流 $i_D$ 很大(可达200 A),其最大耗散功率 $P_{CM}$ 可达数百瓦,乃至上千瓦。

④ 因为轻掺杂的外延层电场强度低,电阻率高,使 VMOS 管能承受的反压可达上千伏。

⑤ 因金属栅极与低掺杂外延层相覆盖的部分很小,所以栅、漏极之间的电容很小,因而 VMOS 管的工作速度很快(其开关时间只有数十纳秒),允许的工作频率可高达数十兆赫。

VMOS 管的上述性能不仅使 MOS 管跨入了功率器件的行列,被广泛用于放大器、开关电源和逆变器,在计算机接口、通信、微波、雷达等方面也获得了广泛的应用。

# 本章小结

本章首先介绍了场效应管的结构、类型、工作原理、伏安特性及其主要参数,然后讨论了由场效应管构成的放大电路的工作原理以及电路的静态和动态分析。

**1. 场效应管**

场效应管是一种半导体器件,通过栅源电压 $u_{GS}$ 来实现对漏极电流 $i_D$ 的控制,是电压控制型器件。在场效应管中,沟道是唯一的导电通道,导电过程中只有一种载流子(多子)参加导电,因此具有较好的温度稳定性、抗辐射性和较低的噪声。

场效应管的种类很多。按结构,分为结型和绝缘栅型两大类,每类又分为两种沟道:N 沟道和 P 沟道,而 MOS 管又分为增强型和耗尽型两种。

场效应管的伏安特性包括输出特性和转移特性。输出特性描述 $u_{GS}$,$u_{DS}$ 和 $i_D$ 三者之间的关系,而转移特性描述栅源电压 $u_{GS}$ 对漏极电流 $i_D$ 的控制作用。场效应管有四个区:可变电阻区、恒流区、截止区和击穿区。用于放大时,应工作在恒流区。场效应管的电参数分为直流参数、交流参数和极限参数,其中 $g_m$ 反映了场效应管的放大能力。

**2. 场效应管放大电路**

场效应管常用的直流偏置方式有自给偏置和分压式偏置。自给偏置方式只适用于结型场效应管和耗尽型 MOS 管,而分压式偏置方式对各种场效应管都是适用的。场效应管的静态工作点可通过图解法和计算法分析。

场效应管放大电路有共源极、共漏极和共栅极三种组态。共源放大电路具有一定的电压放大能力,输入电阻大,且输出电压与输入电压反相。共漏放大电路的电压放大倍数小于1,输入电阻大,输出电阻小,输出电压与输入电压同相。共栅放大电路的应用较少。

# 自　测　题

**3.1 判断题** 分析下列说法是否正确(用"√"表示正确,用"×"表示错误)

1. 结型场效应管外加栅源电压 $u_{GS}$ 应使栅源间的耗尽层承受反偏电压,才能保证其输入电阻 $R_G$ 大的特点。(　　)

2. 耗尽型 MOS 管在栅源电压 $u_{GS}$ 为正或为负时均能实现压控电流的作用。(　　)

3. 若耗尽型 N 沟道 MOS 管的栅源电压 $u_{GS}$ 大于零,则其输入电阻会明显变小。(　　)

4. 工作于恒流区的场效应管,低频跨导 $g_m$ 与漏极电流 $I_{DQ}$ 成正比。(　　)

5. 增强型 MOS 管采用自给偏压时,漏极电流 $i_D$ 必为零。(　　)

**3.2 填空题**

1. 已知图 T3.2.1 所示电路中各场效应管工作在恒流区,请将场效应管的类型、静态偏置栅源电压 $U_{GS}$ 的极性($\geqslant 0, >0, \leqslant 0, <0,$任意)、电源电压 $V_{DD}$ 极性($+,-$)分别填写在表 T3.2.1 中。

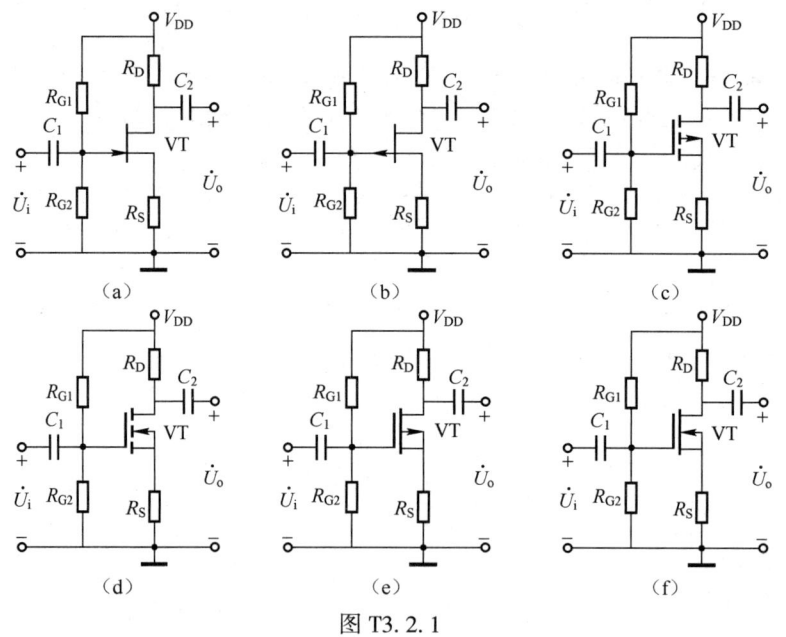

图 T3.2.1

表 T3.2.1

| 题　　号 | (a) | (b) | (c) | (d) | (e) | (f) |
|---|---|---|---|---|---|---|
| 场效应管类型 | | | | | | |
| $U_{GS}$ 极性 | | | | | | |
| $V_D$ 极性 | | | | | | |

2. 将性能相同的两个 N 沟道增强型 MOS 管并联后,仍等效于一个 N 沟道增强型 MOS 管,这个等效管的开启电压和跨导与单管参数的关系为 $U_{GS(th)} =$ _____,跨导 $g_m =$ _____。(设单管开启电压为 $U_{GS(th)1}$,跨导为 $g_{m1}$)

3. 已知某 N 沟道增强型 MOS 管的开启电压 $U_{GS(TH)} = 2\,V$,给出四种情况下的 $u_{GS}$ 和 $u_{DS}$ 值,判断每种情况下管子工作在什么区(可变电阻区、恒流区、截止区)?

| 情 况 | A | B | C | D |
|---|---|---|---|---|
| $u_{GS}/V$ | 1 | 5 | 6 | 6 |
| $u_{DS}/V$ | 10 | 2 | 5 | 8 |
| 工作区 | | | | |

4. 已知 N 沟道增强型 MOS 管的参数 $U_{GS(th)} = 1\,V$,$i_D = 0.8\,mA$,$I_{D0} = 0.2\,mA$,则此时的预夹断点栅源电压 $u_{GS} =$ _____,漏源电压 $u_{DS} =$ _____。

### 3.3 选择题

1. 场效应管的栅-源之间的电阻比晶体管基-射之间的电阻____。

    A. 大            B. 小            C. 差不多

2. 场效应管是通过改变____来改变漏极电流的。所以是____控制型器件。

    A. 栅源电压            B. 漏源电压            C. 栅极电流

    D. 电压            E. 电流

3. 用于放大时,场效应管工作在特性曲线的____。

    A. 可变电阻区            B. 恒流区            C. 截止区

4. N 沟道结型场效应管中参加导电的载流子是____。

    A. 自由电子和空穴             B. 自由电子            C. 空穴

5. 对于结型场效应管,当 $|u_{GS}| > |U_{GS(off)}|$ 时,管子一定工作在____。

    A. 恒流区            B. 可变电阻区            C. 截止区     D. 击穿区

6. 当栅源电压 $u_{GS} = 0\,V$ 时,能够工作在恒流区的场效应管有____。

    A. 结型场效应管            B. 增强型 MOS 管            C. 耗尽型 MOS 管

7. 某场效应管的开启电压 $U_{GS(th)} = 2\,V$,则该管是____。

    A. N 沟道增强型 MOS 管            B. P 沟道增强型 MOS 管

    C. N 沟道耗尽型 MOS 管            D. P 沟道耗尽型 MOS 管

8. 共源极场效应管放大电路,其输出电压与输入电压____;共漏极场效应管放大电路,其输出电压与输入电压____。

    A. 同相            B. 反相

# 习 题 3

**3.1** 已知场效应管的转移特性曲线如图 P3.1 所示,试判断场效应管的类型。

**3.2** 场效应管的特性曲线如图 P3.2 所示,指出它们属于哪种场效应管。

**3.3** 已知结型场效应管具有下列参数:$I_{DSS} = 2\,mA$,$U_{GS(off)} = -6\,V$,$U_{(BR)} = -20\,V$,$P_{DM} = 100\,mW$。

(1)试大致画出其转移特性曲线和输出特性曲线,并确定安全工作区和三个工作区。

(2)当管压降 $u_{DS} = 0.5\,V$ 时,要求压控电阻为 $2.5\,k\Omega$,由转移特性曲线估算其栅源电压 $u_{GS}$。

**3.4** 在如图 P3.4 所示电路中,$R_D = 3.3\,k\Omega$,$R_G = 100\,k\Omega$,$|V_{DD}| = 10\,V$,$|V_{GG}| = 2\,V$,$VT_1$ 的 $U_{GS(th)} = 3\,V$,$VT_2$ 的 $U_{GS(off)} = 3\,V$,$I_{DSS} = -5\,mA$,$VT_3$ 的 $U_{GS(off)} = 2\,V$,$I_{DSS} = -2\,mA$。试分析场效应管分别工作在什么区域。

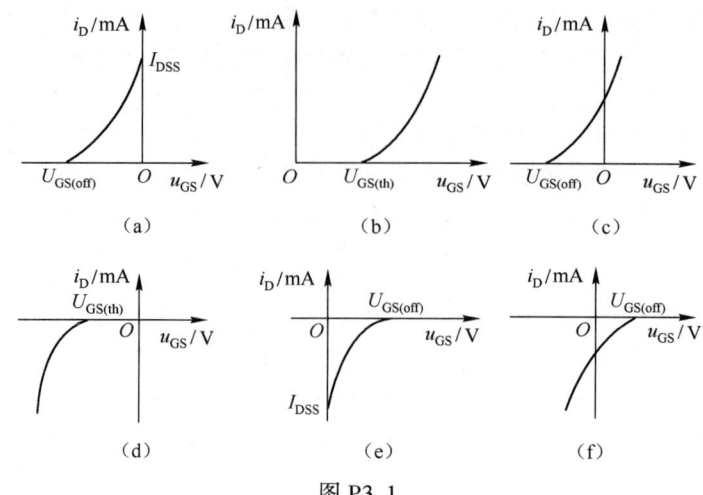

图 P3.1

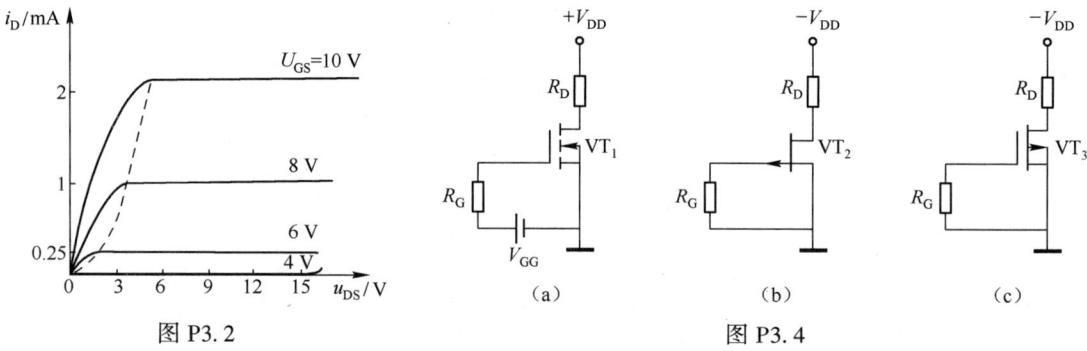

图 P3.2　　　　　　　　　　　　图 P3.4

**3.5**　判断如图 P3.5 所示各电路中,哪些场效应管有可能工作在恒流区。

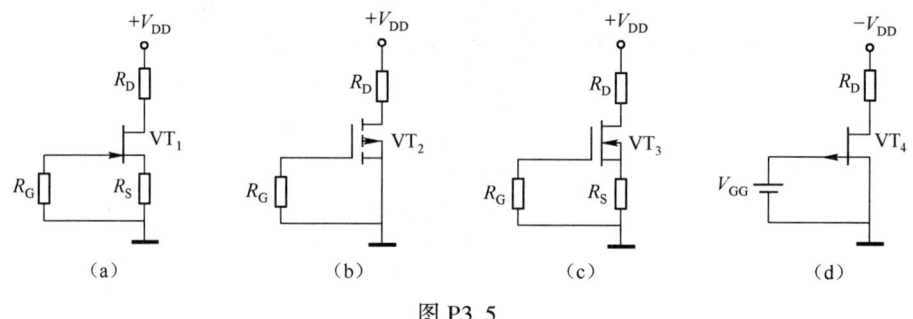

图 P3.5

**3.6**　判断图 P3.6 所示各电路能否进行正常放大? 如果不能,指出其中错误,并加以改正。

**3.7**　在如图 P3.7 所示电路中,$R_D = 16\ \text{k}\Omega$,$R_G = 1\ \text{M}\Omega$,$R_S = 4\ \text{k}\Omega$,$V_{DD} = 20\ \text{V}$,场效应管的 $I_{DSS} = 2\ \text{mA}$,$U_{GS(off)} = -4\ \text{V}$,计算 $I_{DQ}$ 和 $U_{DSQ}$ 的值。

**3.8**　试画出与图 3-18(b)对应的 P 沟道耗尽型 MOS 管共源放大电路,标出静态电流的实际方向,并说明 P 沟道耗尽型 MOS 管导通的条件。

**3.9**　在如图 P3.9(a)所示电路中,$R = 18\ \text{k}\Omega$,$R_G = 10\ \text{M}\Omega$,$R_S = 2\ \text{k}\Omega$,$R_L = 18\ \text{k}\Omega$,$V_{DD} = 20\ \text{V}$,场效应管的输出特性如图 P3.9(b)所示。

(1) 利用图解法求解 $Q$ 点;(2) 计算电路的电压放大倍数 $\dot{A}_u$、输入电阻 $R_i$ 和输出电阻 $R_o$。

**3.10**　在如图 P3.10 所示电路中,$R_D = 3\ \text{k}\Omega$,$R_G = 1\ \text{M}\Omega$,$R_S = 1\ \text{k}\Omega$,$R_L = 18\ \text{k}\Omega$,$V_{DD} = 30\ \text{V}$,$I_{DSS} = 7\ \text{mA}$,$U_{GS(off)} = -8\ \text{V}$。试求:(1) 电路的静态工作点;(2) 低频跨导 $g_m$;(3) 画出其微变等效电路;(4) 电压放大倍

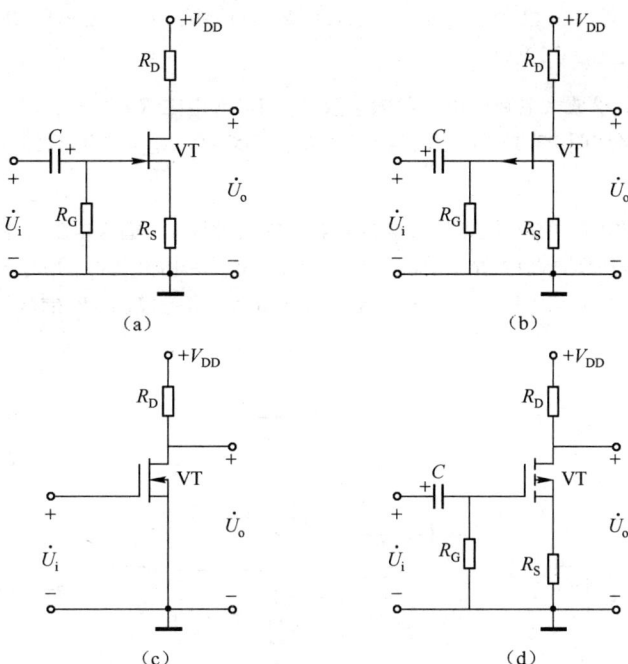

图 P3.6

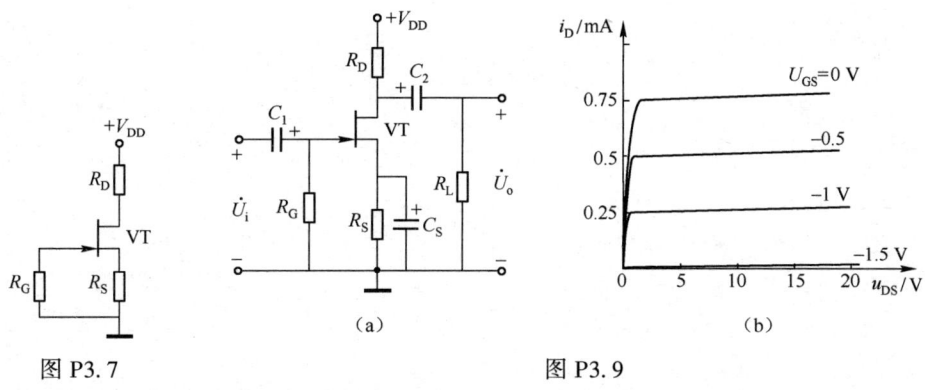

图 P3.7

图 P3.9

数 $\dot{A}_u$、输入电阻 $R_i$ 和输出电阻 $R_o$。

**3.11** 在如图 P3.11 所示的场效应管放大电路中，$R_D = 10 \text{ k}\Omega$，$R_G = 2 \text{ M}\Omega$，$R_{G1} = 300 \text{ k}\Omega$，$R_{G2} = 100 \text{ k}\Omega$，$R_{S1} = 2 \text{ k}\Omega$，$R_{S2} = 10 \text{ k}\Omega$，$R_L = 10 \text{ k}\Omega$，$-V_{DD} = -20 \text{ V}$，$g_m = 1 \text{ mS}$。画出其微变等效电路，并估算放大电路的电压放大倍数 $\dot{A}_u$ 和输入电阻 $R_i$。

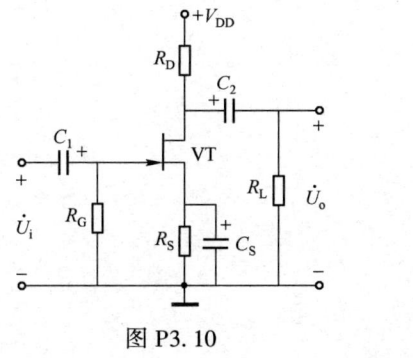

图 P3.10

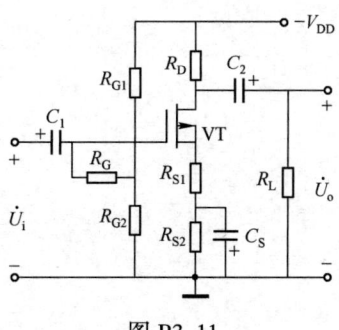

图 P3.11

**3.12** 放大电路如图 P3.12 所示，$R_D = 18\ \text{k}\Omega$，$R_G = 1\ \text{M}\Omega$，$R_{S2} = 2\ \text{k}\Omega$，$R_L = 18\ \text{k}\Omega$，$V_{DD} = 24\ \text{V}$，$I_{DSS} = 1\ \text{mA}$，$U_{GS(off)} = -5\ \text{V}$，$U_{DQ} = 9\ \text{V}$。

（1）求电阻 $R_{S1}$；（2）求放大电路的电压放大倍数 $\dot{A}_u$ 和输入电阻 $R_i$。

**3.13** 共漏放大电路如图 P3.13 所示，$R_G = 2\ \text{M}\Omega$，$R_{G1} = 300\ \text{k}\Omega$，$R_{G2} = 100\ \text{k}\Omega$，$R_S = 12\ \text{k}\Omega$，$R_L = 12\ \text{k}\Omega$，$V_{DD} = 20\ \text{V}$，$g_m = 1\ \text{mS}$。

（1）画出其微变等效电路；（2）估算放大电路的电压放大倍数 $\dot{A}_u$、输入电阻 $R_i$ 和输出电阻 $R_o$。

**3.14** 在如图 P3.14 所示电路中，$R_G = 1\ \text{M}\Omega$，$V_{DD} = 30\ \text{V}$，$-V_{SS} = -18\ \text{V}$，$VT_1$ 的 $I_{DSS} = 12.5\ \text{mA}$，$U_{GS(off)} = -6\ \text{V}$，$VT_2$ 的 $I_{DSS} = 8\ \text{mA}$，$U_{GS(off)} = -4\ \text{V}$，$VT_1$ 的 $I_{D1Q} = 2\ \text{mA}$，$U_{DS1Q} = 10\ \text{V}$。试求 $R_S$ 和 $R_D$ 的数值。

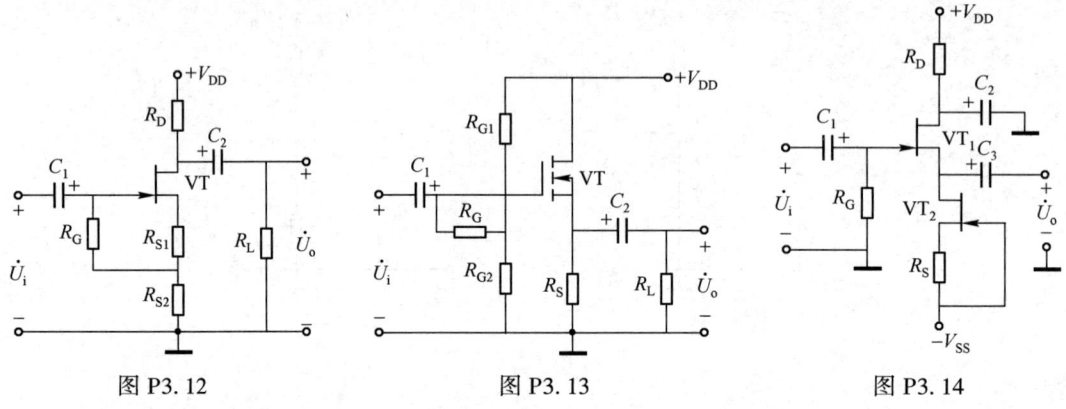

图 P3.12　　　　　　　　图 P3.13　　　　　　　　图 P3.14

# 第4章　多级放大电路和集成运算放大器

**内容提要**

　　本章介绍多级放大电路、集成运算放大器,其中包括:多级放大电路的耦合方式;静态工作点的分析计算、电压放大倍数、输入电阻和输出电阻等动态指标的分析计算方法;差动放大电路的工作原理、主要参数的分析方法和四种接法下电路主要性能指标的计算;电流源电路、通用集成运算放大器、理想运算放大器的概念和特点等。

**讨论的主要问题**

- 实际工程应用中为什么采用多级放大电路? 多级放大电路通常有哪几种耦合方式,各自应用于什么场合?
- 怎样分析多级放大电路的静态工作点与动态性能?
- 集成运算放大器一般由哪几个基本单元电路模块组成? 单元模块之间为什么采用直接耦合方式?
- 什么是零点漂移,在工程上有什么危害,如何抑制放大电路的零点漂移?
- 为什么采用差动放大电路,其工作原理是什么? 怎样分析计算其四种接法下的动态性能指标?
- 集成运算放大器偏置电路中常用的电流源电路有哪些,各有什么特点?
- 集成运算放大器的主要性能指标有哪些?

## 4.1　多级放大电路

　　前面讨论的都是由单个晶体管或场效应管构成的单级基本放大电路,其电压放大倍数一般为几十倍。实际应用的电子设备中往往需要放大非常微弱的信号,要求电压放大倍数很大,几十倍的电压放大倍数远远不够,因此需要把若干基本的单级放大电路串接在一起,构成"多级放大电路"。图4-1所示为 $N$ 级放大电路的基本框图,其中第1级为输入级,最后一级(第 $N$ 级)为

图4-1　$N$ 级放大电路的基本框图

输出级,其余的都为中间级,其中每"一级"都是一个基本放大电路。

### 4.1.1　级间耦合

　　在图4-1所示的多级放大电路中,各级电路之间的连接方式称为"耦合方式"。实际上,单级放大电路中也存在电路与信号源以及负载之间的耦合问题。耦合方式有多种,都应满足如下条件:① 各级电路都应该有合适的静态工作点,以免信号失真;② 前级信号尽可能多地传递给后级放大电路中,尽量减少信号损失。

　　对输入级的要求,与信号源的性质有关。例如,当输入信号源为电压源时,则要求输入级也必须有高的输入电阻,如用共集电极放大电路,以减少信号在自身内阻上的损失。如果输入信号为电流源,为了充分利用信号电流,就要求输入级有较低的输入电阻,如用共基极放大电路。

中间级的主要任务是电压放大。多级放大电路的放大倍数,主要取决于中间级,它本身就可能由几级放大电路组成。

输出级主要是推动负载。当负载仅需较大的电压时,则要求输出具有大的电压动态范围。在更多场合下,输出级推动扬声器或电机等执行部件,需要输出足够大的功率,常称为功率放大电路。

多级放大电路中常见的耦合方式有直接耦合、阻容耦合、变压器耦合和光电耦合等。

### 1. 直接耦合

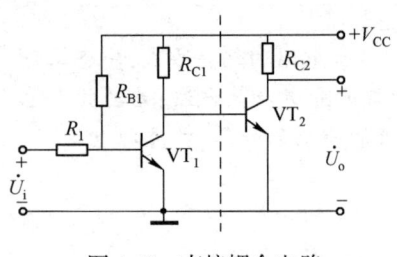

图 4-2　直接耦合电路

把前一级电路的输出端和后一级电路的输入端直接相连在一起,就是直接耦合,如图 4-2 所示。它的特点是既能放大交流信号,也可以放大缓慢变化信号甚至直流信号。它的低频特性很好,因此又叫做直流放大器。由于电路简单,没有大电容、变压器等附加元件,便于集成化,因此在集成电路中得到广泛采用。然而,直接耦合方式存在两个特殊的问题:

(1) **静态工作点的设置**　由于直接耦合放大电路的各级之间无耦合电容或耦合变压器等隔离直流信号的"隔直"措施,故各级电路的静态工作点互相影响,使电路在设计、分析和调试方面的复杂程度提高。

由图 4-2 可知,虽然有信号的传输通道,但由于各静态工作点不能独立、互相影响,输入信号并不能被很好地放大。由于电压 $U_{CE1} = U_{BE2} = 0.7$ V(对硅管),这时第一级的静态工作点已接近饱和区,为了使直接耦合多级放大电路各级的晶体管能工作在放大区并有合适的静态工作点,常用的直接耦合方法有以下三种。

① **提高后一级的发射极电位**　在第二级的发射极接入射极电阻或稳压二极管,如图 4-3(a) 和(b)所示。这样既提高了第二级的基极电位,也使第一级的集电极静态电位抬高,脱离饱和工作区。但是,发射极电阻会使得第二级的电压放大倍数下降。

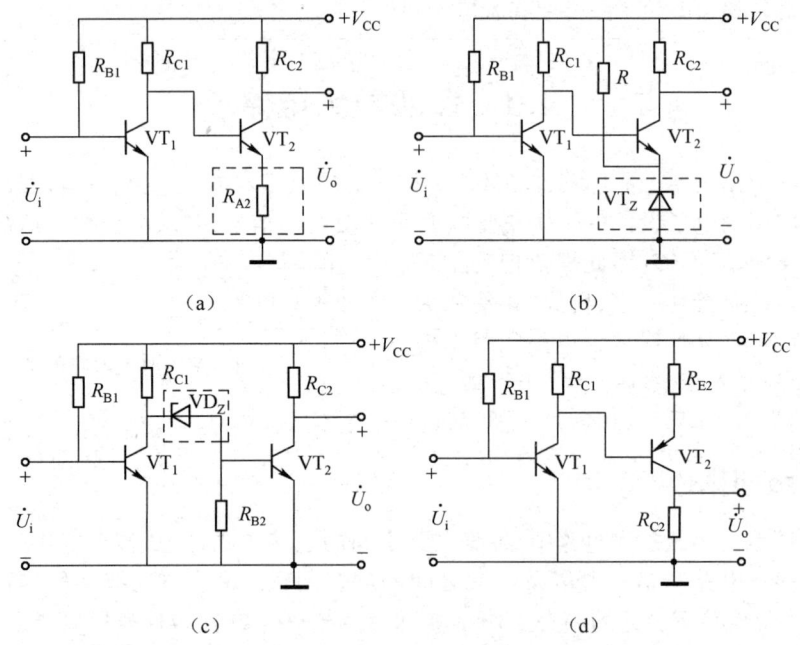

(a)

(b)

(c)

(d)

图 4-3　直接耦合的多级放大电路

② **降低前级输出端电平**　在第一级的输出端和第二级的输入端之间接上电阻或稳压管,如图 4-3(c) 所示,利用电阻或稳压管上的压降使前级输出直流电压降低后再与后级的输入配合,让

两管均有较合适的静态工作点。

③ **NPN 型与 PNP 型的交错组合方式** 使用同一类型的管子组成多级放大电路时,会出现各级输出电位逐级提高,以至要求直流电源电压过高,同时限制了可能有的级数等问题。如果采用 NPN 与 PNP 的交错组合方式,就可以克服集电极电位逐级提高(或降低)带来的麻烦,如图 4-3(d)所示。加之使用"正""负"两种电源,还可使电路在静态时,输入端的直流电位近似为零,输出端的直流电位也近似为零,这称为零电平输入、零电平输出。这种做法的好处是比较容易解决直接耦合的多级放大电路与信号源及负载之间的耦合问题。

(2) 零点漂移

一个直接耦合多级放大电路的输入端短路时输出电压并非始终不变,而是会出现电压的随机漂动,这就是**零点漂移**,简称零漂。

① **产生零点漂移的原因** 一方面,由于元器件参数,特别是晶体管的参数会随温度的变化而变化;另一方面,即使温度不变化,元器件长期使用后也会出现老化,参数会有变化。由温度变化引起的漂移称为温漂,由元器件老化引起的零漂称为时漂。影响直接耦合放大电路零漂的主要是温漂,所以通常情况下往往把温漂说成零漂。零漂使放大电路的静态工作点不稳定而产生漂移。在多级放大电路各级的漂移中,第一级的漂移影响最为严重,它将被逐级放大,以至影响整个放大电路的工作。因此,零点漂移是直接耦合放大电路的特殊问题。

② **零点漂移的表示方法** 零点漂移的大小用折合到输入端的零点漂移电压大小来衡量。温度变化越大,放大电路的级数越多,则输出端的零点漂移就越大。为了比较放大电路在这方面的性能质量,应排除电压放大倍数的影响。例如,有一个直接耦合放大电路,将其输入端短路,把温度每变化 1℃ 时,放大电路输出端的漂移电压折合到输入端,即

$$\Delta u_{\text{Idr}} = \frac{\Delta u_{\text{Odr}}}{A_{\text{u}} \Delta T} \tag{4-1}$$

其中,$\Delta u_{\text{Odr}}$ 是输出端的漂移电压,$\Delta T$ 是温度的变化,$A_{\text{u}}$ 是电路的电压放大倍数,$\Delta u_{\text{Idr}}$ 就是温度每变化 1℃ 时折合到放大电路输入端的零点漂移电压。

③ **抑制零点漂移的方法** 当放大电路有信号输入时,这种漂移就伴随信号共处于放大电路中,使人无法分辨是有效信号电压还是漂移电压。零点漂移严重时甚至会淹没有效信号,使放大电路无法正常工作。要使多级放大电路达到设计要求,就必须解决这个问题。为了抑制零点漂移,工程实践中通常采用下面几种方法:

- 采用恒温措施,使晶体管工作温度稳定。这需要恒温室(或恒温槽),设备复杂且成本高。
- 引入直流负反馈来稳定静态工作点 $Q$,以减小零点漂移(见第 6 章)。
- 利用温度元件补偿放大管的零点漂移。利用热敏电阻或二极管来与工作管的温度特性相补偿。但是,大范围的温度补偿很难实现。
- 用特性基本完全相同的管子构成对称的一种专用电路——**差动放大电路**,使输出的零点漂移互相抵消,这是最有效的方法。这种电路结构形式在集成运算放大器中得到广泛采用。

【**例 4-1**】 一个多级直接耦合放大电路,电压放大倍数为 250。在温度为 25℃ 时,输入信号 $u_i$ 为零,输出端口的电压为 5 V;当温度升高到 35℃ 时,输出端口的电压为 5.1 V。试求放大电路折合到输入端的温度漂移(μV/℃)。

**解:**

$$\Delta u_{\text{o}} = 5.1 - 5 = 0.1 \text{ V}$$
$$A_{\text{u}} = 250$$
$$\Delta T = 35 - 25 = 10℃$$

由式(4-1)可得温度漂移为

$$\Delta u_{\text{Idr}} = \left| \frac{\Delta u_{\text{Odr}}}{A_{\text{u}} \Delta T} \right| = \frac{0.1 \text{ V}}{250 \times 10℃} = 40 \text{ μV/℃}$$

**2. 阻容耦合**

通过电阻和电容将前级输出接至下级输入,相当于只接入了一个电容。但考虑到输入电阻,则每个电容都与电阻相连,故称这种连接为阻容耦合。

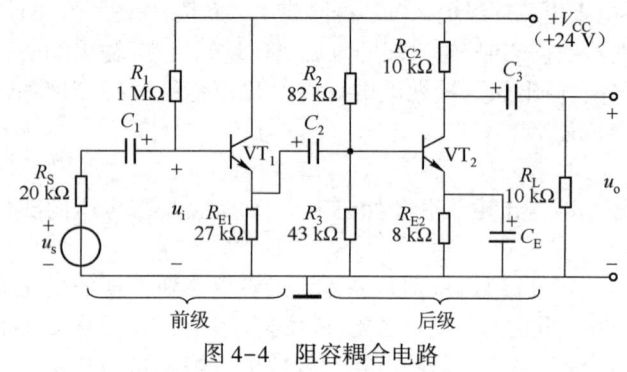

图 4-4 阻容耦合电路

图 4-4 为一个典型的阻容耦合多级放大电路,前级电路通过电容和后级电路的输入电阻(或负载)实现前后级耦合。耦合电容起"隔直流通交流"的作用,因此,各级静态工作点彼此独立、互不影响。只要耦合电容足够大,前级信号就能在一定的频率范围内几乎无衰减地传送到下一级。当然,此电路形式不适于放大缓慢变化的信号和直流信号,通常被称为"交流放大器"。

**(1) 阻容耦合方式的优点**

① 各级电路的直流静态工作点相互独立。由于电容器隔直流而通交流,因此它们的直流通路是相互隔离、相互独立的,这样就给放大电路的设计、调试和分析计算带来很大方便。

② 在传输过程中,交流信号损失少,放大倍数高。只要耦合电容的电容量选得足够大,在一定频率范围内,就可以做到把前级的交流输出信号几乎无损失(不衰减)地传到后一级去放大,从而使信号得到充分利用,使放大倍数提高。

③ 由于耦合电容的隔直流作用,电路的温度漂移小。

④ 体积小、成本低,不会因耦合电容而使放大电路的体积加大。

**(2) 阻容耦合方式的缺点**

① 低频特性差。阻容耦合放大电路不适合放大缓慢变化的信号或直流信号。由于有耦合电容,当信号频率太低(或变化太缓慢)时,电容器的容抗非常大,因而信号很难通过,放大电路也就失去了放大能力。

② 不便于制作成集成电路。因为在集成电路的制造工艺中,制造大容量的电容是有困难的,而在阻容耦合放大电路中所用的电容器的电容量一般为几微法到几百微法的大电容。

**3. 变压器耦合**

变压器可以通过磁路的耦合把原边(或初级线圈)的交流信号传送到副边(或次级线圈),因此可以作为耦合元件。如图 4-5 所示,通过变压器,把原边(或初级线圈)的交流信号传送到副边(或次级线圈),而直流电压和电流不能通过变压器,因为变压器在传送交流信号的同时,可以实现电流、电压和阻抗变换。变压器耦合主要用于阻抗变换电路和功率放大电路。

**(1) 工作原理** 两级放大电路之间通过变压器连接起来,如图 4-6 所示,通过变压器的磁路耦合将原边(或初级线圈)的前级交流输出传送到副边(或次级线圈)作为后级的输入。如果输出级电路与负载之间采用变压器耦合形式,还可以实现阻抗变换的作用,见式(4-4)。音频功率放大电路中有时利用这个特点使负载获得尽量高的输出功率。

$$\frac{U_1}{U_2} = n \tag{4-2}$$

$$\frac{I_1}{I_2} = \frac{1}{n} \tag{4-3}$$

$$R'_L = \frac{U_1}{I_1} = \frac{nU_2}{\dfrac{I_2}{n}} = n^2 \frac{U_2}{I_2} = n^2 R_L \tag{4-4}$$

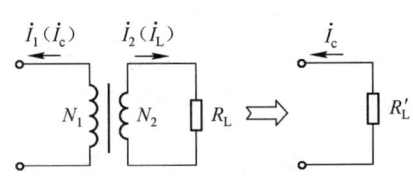

图 4-5　变压器耦合电路

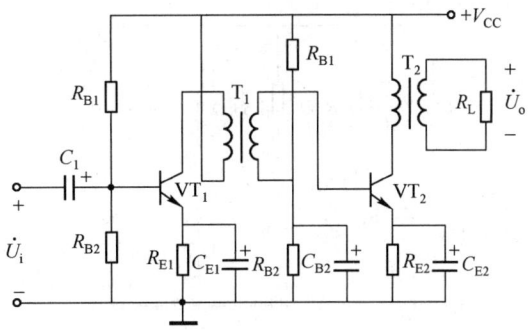

图 4-6　变压器耦合的两级放大电路原理图

（2）变压器耦合的优点

① 各级直流通路相互独立,变压器通过磁路,把原边（或初级线圈）的交流信号传到副边（或次级线圈）,直流电压或电流无法通过变压器传给副边（或次级线圈）。因此,变压器耦合多级放大电路基本上没有温度漂移现象。

② 变压器耦合方式的多级放大电路是通过"电－磁－电"的转换实现耦合的,因此各级静态工作点彼此独立、互不影响。

③ 变压器在传递信号的同时,可变换电压和实现阻抗变换。

（3）变压器耦合的缺点

① 由于制作材料与工艺特性,造成体积大、质量大、成本高,因而不能实现集成化。

② 由于频率特性比较差,而频率太低的信号不能通过变压器,因此一般只应用于低频功率放大和中频调谐放大电路中。

**4. 光电耦合**

光电耦合方式是通过光电耦合器件实现的,如图 4-7 所示。光电耦合器件由发光二极管和光电三极管（又叫光敏三极管）构成。在光电耦合放大电路中,前级的负载就是发光二极管,前级输出电流的变化影响发光二极管的发光强弱。通过光耦合,使光电三极管输出电流也发生变化,经后级放大后,就有放大信号输出。因为光电耦合是通过"电－光－电"的转换实现级间耦合的,所以前后级间处于电隔离状态。因其便于集成,所以应用越来越广泛。

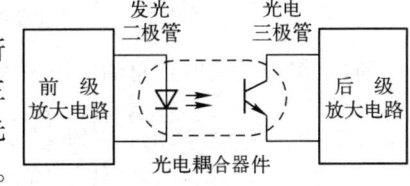

图 4-7　光电耦合电路

## 4.1.2　多级放大电路的分析方法

**1. 静态工作点分析**

在阻容耦合、变压器耦合和光电耦合的多级放大电路中,由于各级的直流通路是彼此隔离、互不关联的,因此各级静态工作点的计算可以独立进行。这与单级放大电路的情况相同,不再赘述。下面仅介绍直接耦合多级放大电路静态工作点的分析。

在直接耦合多级放大电路中,由于各级的直流通路是相互关联的,因此各级的静态工作点无法单独计算,要综合考虑前后级电压和电流之间的关系。一般情况下是画出直流通路,根据电路的约束条件和晶体管 $I_B$、$I_C$、$I_E$ 的相互关系,列出方程组求解。如果电路中有特殊电位点,就应以此为突破口,简化求解过程。

**【例 4-2】**　图 4-8 为一个输入端短路的两级直接耦合放大电路,计算对应两级静态工作点的 $I_{BQ1}$、$I_{CQ1}$、$U_{CEQ1}$ 和 $I_{BQ2}$、$I_{CQ2}$、$U_{OQ}$。设 $VT_1$ 和 $VT_2$ 的 $\beta$ 值分别是 $\beta_1 = 50$ 和 $\beta_2 = 35$,稳压管 $VD_Z$ 的稳定电压 $U_Z = 4\ V$, $U_{BEQ1} = U_{BEQ2} = 0.7\ V$。

**解**:由图 4-8 可知

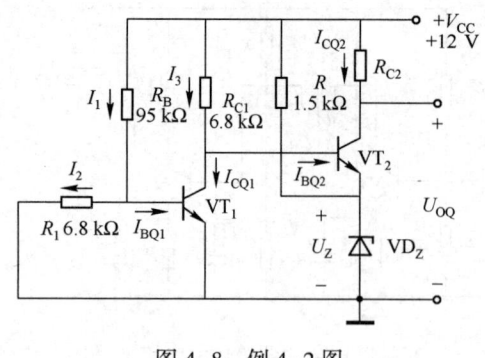

图 4-8 例 4-2 图

$$I_1 = \frac{V_{CC} - 0.7}{R_B} = \frac{12 - 0.7}{95 \times 10^3} \text{ mA} = 0.12 \text{ mA}$$

$$I_2 = \frac{0.7}{R_1} = \frac{0.7}{6.8 \times 10^3} \text{ mA} \approx 0.1 \text{ mA}$$

$$I_{BQ1} = I_1 - I_2 = 0.02 \text{ mA}$$

$$I_{CQ1} = \beta_1 I_{BQ1} = 50 \times 0.02 \text{ mA} = 1 \text{ mA}$$

$$U_{CEQ1} = U_{BEQ2} + U_Z = 4.7 \text{ V}$$

所以

$$I_3 = \frac{V_{CC} - U_{CEQ1}}{R_{C1}} = \frac{12 - 4.7}{6.8 \times 10^3} \text{ mA} = 1.07 \text{ mA}$$

$$I_{BQ2} = I_3 - I_{CQ1} = 1.07 \text{ mA} - 1 \text{ mA} = 0.07 \text{ mA}$$

$$I_{CQ2} = \beta_2 I_{BQ2} = 35 \times 0.07 \text{ mA} = 2.45 \text{ mA}$$

$$U_{OQ} = V_{CC} - I_{CQ2} R_{C2} = 12 \text{ V} - (2.45 \times 2) \text{ V} = 7.1 \text{ V}$$

**2. 动态性能分析**

多级放大电路动态性能分析主要是计算多级放大电路的电压放大倍数、输入电阻和输出电阻。

（1）**电压放大倍数的计算**　在多级放大电路中，各级放大电路互相连接，前级的输出是后级的输入，如图 4-9 所示。

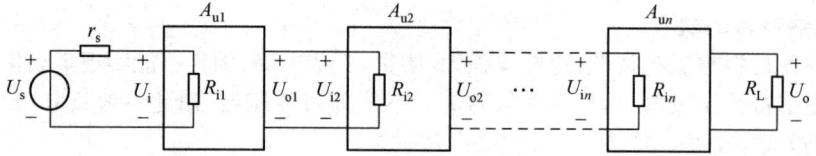

图 4-9　多级放大电路连接方式

所以，多级放大电路总的电压放大倍数应该是各级放大电路电压放大倍数的乘积，即

$$\dot{A}_u = \frac{\dot{U}_o}{\dot{U}_i} = \frac{\dot{U}_{o1}}{\dot{U}_{i1}} \times \frac{\dot{U}_{o2}}{\dot{U}_{i2}} \times \cdots \times \frac{\dot{U}_{on}}{\dot{U}_{in}} = \dot{A}_{u1} \dot{A}_{u2} \cdots \dot{A}_{un} = \prod_{k=1}^{n} \dot{A}_{uk} \qquad (4-5)$$

其中，$n$ 为放大电路的级数，$\dot{U}_{i1} = \dot{U}_i$，$\dot{U}_{i2} = \dot{U}_{o1}$，$\cdots$，$\dot{U}_{ok} = \dot{U}_{i(k+1)}$，$\cdots$，$\dot{U}_{on} = \dot{U}_o$。$\dot{A}_{u1}$、$\dot{A}_{u2}$、$\cdots$、$\dot{A}_{un}$ 分别为第 1 级、第 2 级、$\cdots$、第 $n$ 级的电压放大倍数，如用分贝（dB）表示，则

$$20 \lg A_u = 20 \lg A_{u1} + 20 \lg A_{u2} + \cdots + 20 \lg A_{un} = \sum_{k=1}^{n} 20 \lg A_{uk} \qquad (4-6)$$

即总的放大倍数为每一级放大倍数之积或分贝之和。

**注意**：$\dot{A}_{uk}$（$k$ 为 1~$n$ 之间的任意一个数）并不指独立的各级的电压增益，而是必须考虑前后级对它的影响。具体有两种分析计算方法，现以两级放大电路为例加以说明。

**方法 1**：在计算第一级的电压放大倍数 $\dot{A}_{u1}$ 时，把第二级的输入电阻（包括偏置电阻）$R_{i2}$ 作为第一级的负载，即 $R_{L1} = R_{i2}$。

**方法 2**：在计算第一级的电压放大倍数 $\dot{A}_{u1}$ 时，先认为 $R_{L1} \to \infty$，即先计算第一级空载的电压放大倍数 $\dot{A}_{uo1}$。然后，在计算第二级的电压放大倍数 $\dot{A}_{u2}$ 时，把第一级的输出电阻 $R_{o1}$ 作为第二级的信号源电阻 $R_{s2}$，计算出 $\dot{A}_{us2}$。

这两种方法计算得到的各级电压放大倍数虽然不同，但两级总的电压放大倍数是一样的。可以证明如下：

对第一种方法，$\dot{A}_{u1} = \dot{A}_{uo1} \cdot \frac{R_{L1}}{R_{L1} + R_{o1}} = \dot{A}_{uo1} \cdot \frac{R_{i2}}{R_{i2} + R_{o1}}$，第二级的电压放大倍数为 $\dot{A}_{u2}$，总的电压放大

倍数为 $\dot{A}_{u} = \dot{A}_{uo1} \cdot \dfrac{R_{L1}}{R_{L1}+R_{o1}} \cdot \dot{A}_{u2} = \dot{A}_{uo1} \cdot \dfrac{R_{i2}}{R_{i2}+R_{o1}} \cdot \dot{A}_{u2}$。

对第二种方法，$\dot{A}_{u1} = \dot{A}_{uo1}$，$\dot{A}_{us2} = \dot{A}_{u2} \cdot \dfrac{R_{L1}}{R_{L1}+R_{o1}} = \dot{A}_{u2} \cdot \dfrac{R_{i2}}{R_{i2}+R_{o1}}$，所以总的电压放大倍数也为 $\dot{A}_{u} = \dot{A}_{uo1} \cdot$

$\dfrac{R_{L1}}{R_{L1}+R_{o1}} \cdot \dot{A}_{u2} = \dot{A}_{uo1} \cdot \dfrac{R_{i2}}{R_{i2}+R_{o1}} \cdot \dot{A}_{u2}$。

（2）**输入/输出电阻的计算**　　计算多级放大电路输入和输出电阻的方法，与计算 $\dot{A}_{u}$ 的方法一样，可以用微变等效电路的方法，也可以通过直接观察的公式计算法。由于计算并不复杂，故一般用观察法。在一般情况下，多级放大电路中，输入级的输入电阻就是多级放大电路的输入电阻；输出级的输出电阻就是多级放大电路的输出电阻。这里也应注意前后级之间的联系，特别是在采用射极输出器的时候。如果输入级是射极输出器，那么输入电阻与后面几级有关；如果输出级是射极输出器，那么输出电阻不仅取决于最后一级，还与前面几级有关系。

【**例 4-3**】　两级放大电路如图 4-10 所示。

（1）求对应两级静态工作点的 $I_{BQ1}$，$I_{CQ1}$，$U_{CEQ1}$，$I_{BQ2}$，$I_{CQ2}$ 和 $U_{CEQ2}$，设 $V_{CC} = 12$ V，$\beta_1 = \beta_2 = 100$，$U_{BE1} = U_{BE2} = 0.7$ V；

（2）求电路的电压放大倍数 $\dot{A}_{u}$、输入电阻 $R_{i}$ 和输出电阻 $R_{o}$。

**解**：（1）求静态工作点

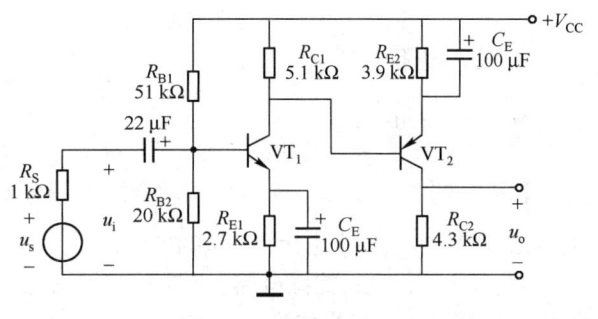

图 4-10　例 4-3 图

$$U_{B1} \approx \dfrac{R_{B2}}{R_{B1}+R_{B2}} \cdot V_{CC} = \dfrac{20 \times 10^3}{51 \times 10^3 + 20 \times 10^3} \times 12 = 3.38 \text{ V}$$

$$I_{EQ1} = \dfrac{U_{B1}-U_{BE1}}{R_{E1}} = \dfrac{3.38-0.7}{2.7 \times 10^3} = 0.99 \text{ mA}$$

$$I_{CQ1} \approx I_{EQ1}$$

$$I_{BQ1} = \dfrac{I_{CQ1}}{\beta_1} = 9.9 \text{ μA}$$

$$U_{C1} \approx V_{CC}-I_{CQ1}R_{C1} = 12-0.99 \times 5.1 = 7.2 \text{ V}$$

$$U_{CEQ1} = V_{CC}-I_{CQ1}(R_{C1}+R_{E1}) = 12-0.99 \times 7.8 = 4.6 \text{ V}$$

$$U_{B2} = U_{C1} = 7.2 \text{ V}$$

$$U_{E2} = U_{B2}+U_{BE2} = 7.2+0.7 = 7.9 \text{ V}$$

$$I_{CQ2} \approx I_{EQ2} = \dfrac{V_{CC}-U_{E2}}{R_{E2}} = \dfrac{12-7.9}{3.9 \times 10^3} = 1.05 \text{ mA}$$

$$I_{BQ2} = \dfrac{I_{CQ2}}{\beta_2} = \dfrac{1.05 \times 10^{-3}}{100} = 10.5 \text{ μA}$$

$$U_{C2} = I_{CQ2} \times R_{C2} = 1.05 \times 4.3 = 4.5 \text{ V}$$

$$U_{CEQ2} = U_{C2}-U_{E2} = 4.5-7.9 = -3.4 \text{ V}$$

（2）求电路的电压放大倍数 $\dot{A}_{u}$、输入电阻 $R_{i}$ 和输出电阻 $R_{o}$。

① 三极管的输入电阻

$$r_{be1} = r_{bb'}+(1+\beta_1)\dfrac{26}{I_{EQ1}} \approx 300+101 \times \dfrac{26}{0.99} = 3.1 \text{ k}\Omega$$

$$r_{be2} = r_{bb'}+(1+\beta_2)\dfrac{26}{I_{EQ2}} \approx 300+101 \times \dfrac{26}{1.04} = 2.8 \text{ k}\Omega$$

② 电压放大倍数

$$\dot{A}_{u1} = -\frac{\beta_1(R_{C1} \mathbin{/\mkern-5mu/} R_{i2})}{r_{be1}} = -\frac{100 \times (5.1 \mathbin{/\mkern-5mu/} 2.8)}{3.1} = -58.3$$

其中，$R_{i2} = r_{be2}$，则

$$\dot{A}_{u2} = -\frac{\beta_2 R_{c2}}{r_{be2}} = -\frac{100 \times 4.3}{2.8} = -153.6$$

$$\dot{A}_u = \dot{A}_{u1} \cdot \dot{A}_{u2} = -58.3 \times (-153.6) = 8955$$

如果计算从 $u_s$ 算起的电压增益，需计算第一级的输入电阻：

$$R_{i1} = r_{be1} \mathbin{/\mkern-5mu/} R_{B1} \mathbin{/\mkern-5mu/} R_{B2} = 3.1 \mathbin{/\mkern-5mu/} 51 \mathbin{/\mkern-5mu/} 20 \approx 2.55 \text{ k}\Omega$$

$$\dot{A}_{us1} = \frac{R_{i1}}{R_S + R_{i1}} \cdot \dot{A}_{u1} = \frac{2.55}{1+2.55} \times (-58.3) \approx -41.9$$

$$\dot{A}_{us} = \dot{A}_{us1} \dot{A}_{u2} = -41.9 \times (-153.6) = 6436$$

③ 输入电阻

$$R_i = R_{i1} \approx 2.55 \text{ k}\Omega$$

④ 输出电阻

$$R_o = R_{C2} = 4.3 \text{ k}\Omega$$

【例 4-4】 对于图 4-4 所示的两级阻容耦合电路，设 $\beta_1 = \beta_2 = 50$，$r_{be1} = 2.9$ k$\Omega$，$r_{be2} = 1.7$ k$\Omega$，求电压放大倍数 $\dot{A}_{us}$、输入电阻 $R_i$ 和输出电阻 $R_o$。

**解：** 为分析方便，重画电路，如图 4-11 所示，并画其微变等效电路，如图 4-12 所示。在计算时把第二级的输入电阻当作第一级的负载。

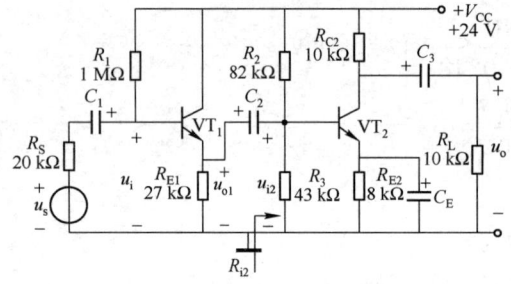

图 4-11　例 4-4 图

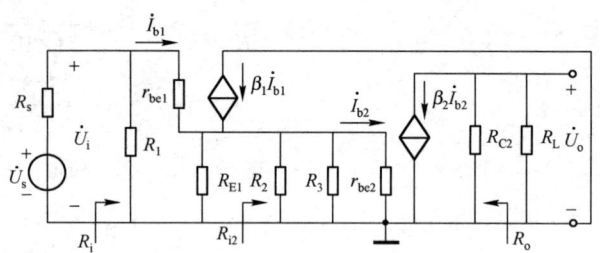

图 4-12　图 4-11 电路的微变等效电路

（1）计算输入电阻

$$R_i = R_1 \mathbin{/\mkern-5mu/} [r_{be1} + (1+\beta_1) R'_{L1}] \approx 82 \text{ k}\Omega$$

其中，$R'_{L1} = R_{E1} \mathbin{/\mkern-5mu/} R_2 \mathbin{/\mkern-5mu/} R_3 \mathbin{/\mkern-5mu/} r_{be2} \approx 1.7$ k$\Omega$。

（2）计算输出电阻

$$R_o = R_{C2} = 10 \text{ k}\Omega$$

（3）计算电压放大倍数

$$A_{u1} = \frac{(1+\beta_1) R'_{L1}}{r_{be1} + (1+\beta_1) R'_{L1}} = \frac{51 \times 1.7}{2.9 + 51 \times 1.7} \approx 0.968$$

$$A_{us1} = \frac{R_i}{R_i + R_s} \cdot A_{u1} = \frac{82}{82+20} \times 0.968 = 0.778$$

$$A_{u2} = \frac{-\beta_2(R_{C2} \mathbin{/\mkern-5mu/} R_L)}{r_{be2}} = \frac{-50 \times 5}{1.7} \approx -147$$

从而可得电路总的电压放大倍数

$$A_{us} = A_{us1} A_{u2} \approx -114$$

### 4.1.3 其他多级放大电路

某些应用场合要求放大系统有很高的输入电阻。在三极管放大电路的组态中,共集组态(射极跟随器)的输入电阻最大,多级放大电路的输入级可采用共集组态,但其输入电阻最高只能达到几百千欧。对输入电阻要求极高的场合常以场效应管放大电路作为输入级。

**【例4-5】** 两级放大电路如图4-13所示。已知 $VT_1$ 为 N 沟道耗尽型绝缘栅场效应管,$g_m = 1\ \text{mS}$,$r_{gs} \to \infty$,$VT_2$ 为双极型晶体三极管,$\beta = 50$,$r_{be} = 1\ \text{k}\Omega$。试求:放大电路的电压增益、输入电阻和输出电阻。

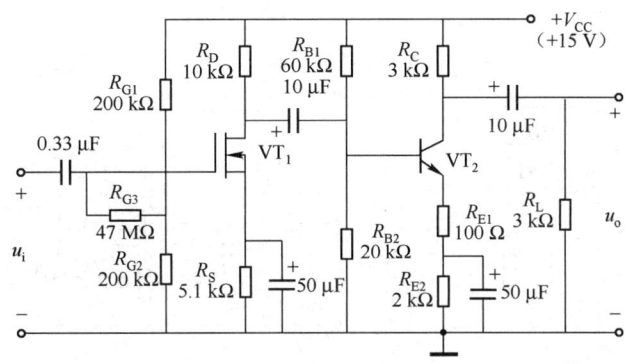

图 4-13　例 4-5 图(一)

**解:** 这是一个阻容耦合的两级放大电路,各级静态工作点相互独立,可分别求解。题目中已给出了与静态工作点有关的参数,可直接画出微变等效电路(如图4-14所示),然后可以求得放大电路的交流性能指标。

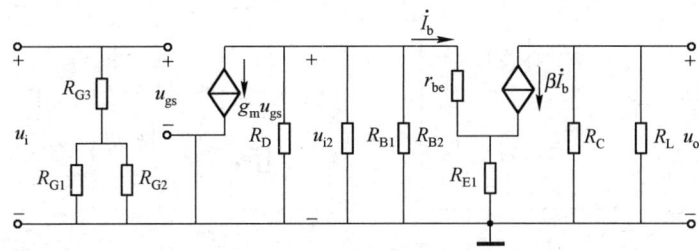

图 4-14　例 4-5 图(二)

第一级电路的电压增益为

$$\dot{A}_{u1} = -g_m(R_D /\!/ R_{i2}) \approx -3.02$$

其中,$R_{i2} = R_{B1} /\!/ R_{B2} /\!/ [r_{be} + (1+\beta)R_{E1}] \approx 4.34\ \text{k}\Omega$。

第二级电路的电压增益为

$$\dot{A}_{u2} = \frac{-\beta(R_C /\!/ R_L)}{r_{be} + (1+\beta)R_{E1}} = -12.3$$

总的电压增益为

$$\dot{A}_u = \dot{A}_{u1}\dot{A}_{u2} = 36.9$$

输入电阻为

$$R_i = R_{G3} + R_{G1} /\!/ R_{G2} \approx R_{G3} = 47\ \text{M}\Omega$$

输出电阻为

$$R_o \approx R_C = 3\ \text{k}\Omega$$

显然,场效应管输入级的输入电阻是极高的,且通过提高 $R_{G3}$ 的阻值可进一步提高放大电路的输入电阻。集成电路中的放大电路都采用直接耦合方式,为了抑制零漂,其输入级一般都采用特殊电路结构的**差动放大电路**。

【例 4-6】 设如图 4-15 所示各电路的静态工作点均合适,分别画出它们的交流通路,并写出电压放大倍数 $\dot{A}_u$、输入电阻 $R_i$ 和输出电阻 $R_o$ 的表达式。

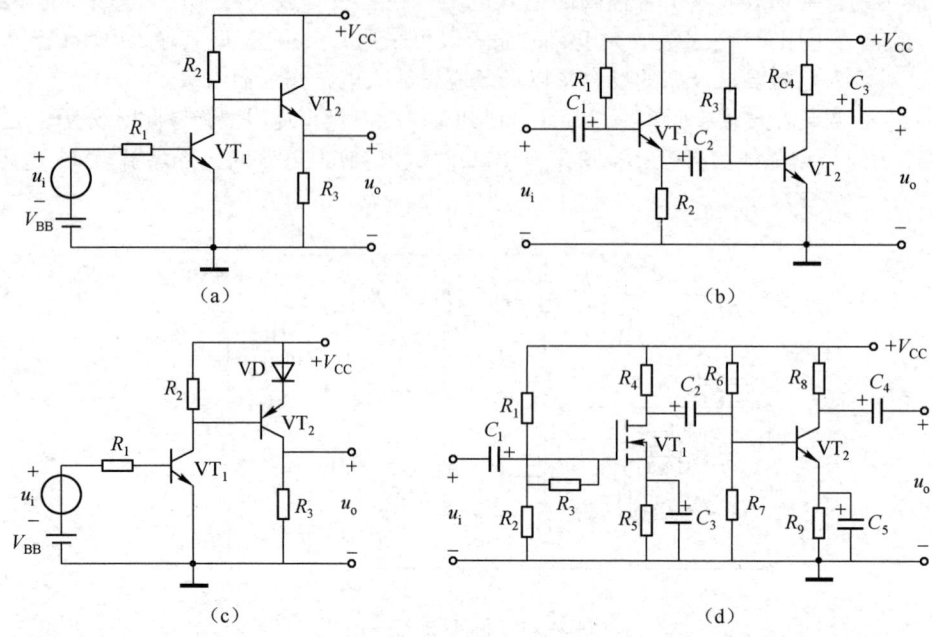

图 4-15 例 4-6 图(一)

**解:** 将所有电容和直流电源交流短路,即可得出它们的交流通路。图 4-16 画出了与图 4-15 对应的交流通路。

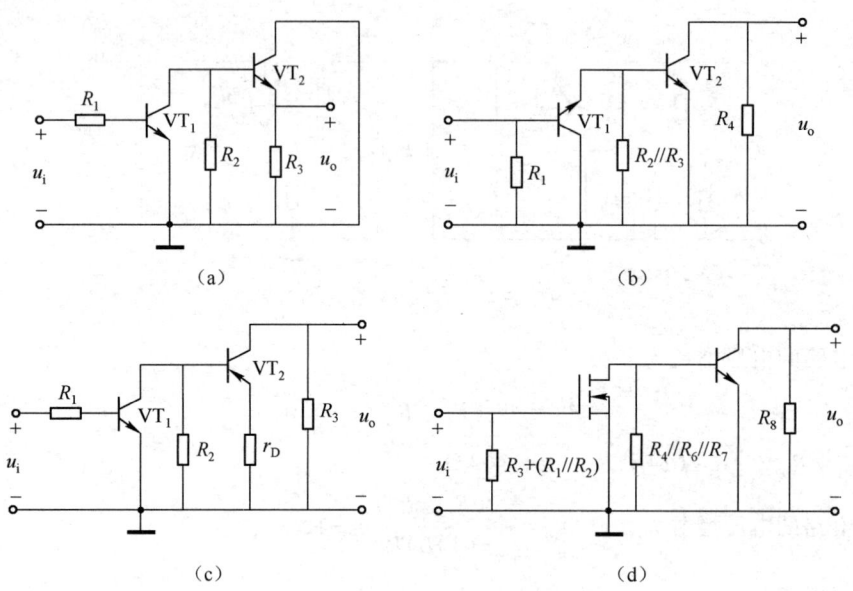

图 4-16 例 4-6 图(二)

图 4-16(a) 所示为共射-共集组合

$$\dot{A}_u = -\frac{\beta_1\{R_2 /\!/ [r_{be2}+(1+\beta_2)R_3]\}}{R_1+r_{be1}} \times \frac{(1+\beta_2)R_3}{r_{be2}+(1+\beta_2)R_3}$$

$$R_i = R_1 + r_{be1}$$

$$R_{o} = R_3 \,/\!/\, \frac{r_{be2} + R_2}{1 + \beta_2}$$

图 4-16(b)所示为共集–共射组合

$$\dot{A}_u = +\frac{(1+\beta_2)(R_2 \,/\!/\, R_3 \,/\!/\, r_{be2})}{r_{be1} + (1+\beta_1)(R_2 \,/\!/\, R_3 \,/\!/\, r_{be2})} \times \left(-\frac{\beta_2 R_4}{r_{be2}}\right)$$

$$R_i = R_1 \,/\!/\, [\, r_{be1} + (1+\beta_1)(R_2 \,/\!/\, R_3 \,/\!/\, r_{be2}) \,]$$

$$R_o = R_4$$

图 4-16(c)所示为共射–共射变形组合

$$\dot{A}_u = -\frac{\beta_1 \{ R_2 \,/\!/\, [\, r_{be2} + (1+\beta_2) r_D \,] \}}{R_1 + r_{be1}} \times \left[ -\frac{\beta_2 R_3}{r_{be2} + (1+\beta_2) r_D} \right]$$

$$R_i = R_1 + r_{be} \qquad R_o = R_3$$

图 4-16(d)所示为共源–共射组合

$$\dot{A}_u = -[\, g_m (R_4 \,/\!/\, R_6 \,/\!/\, R_7 \,/\!/\, r_{be2}) \,] \times \left(-\frac{\beta_2 R_8}{r_{be2}}\right)$$

$$R_i = R_3 + R_1 \,/\!/\, R_2$$

$$R_o = R_8$$

由本例可知,多级放大电路动态性能的计算以掌握典型的基本放大电路为前提。在计算放大倍数时,前级的负载一定要计入后级的输入电阻。输入电阻由第一级决定,但对第一级为共集电路时不要忘记后一级的输入电阻也影响第一级;输出电阻由最后级决定,对共集电路来说不要忘记前级输出电阻应作为信号源内阻考虑。图 4-15(b)所示的输入电阻和图 4-15(a)所示的输出电阻容易出错,应特别注意。

**【思考题】**

1. 为提高电压放大倍数或改善电路性能指标,实际应用中往往将多个单级放大电路级联组成多级放大电路。多级放大电路有哪几种基本耦合方式?它们各有什么特点和问题?

2. 什么是零点漂移?直接耦合放大电路为什么会存在零点漂移?其输出级的特点是什么?

3. 一个带宽为 0.1 Hz~10 MHz 的宽频带多级放大电路应该选用阻容耦合方式还是直接耦合方式?为什么?

4. 多级放大器的电压放大倍数 $\dot{A}_u = \dot{A}_{u1} \dot{A}_{u2} \cdots \dot{A}_{un}$,试问在计算 $\dot{A}_u$ 时应注意什么问题?

5. 多级放大电路的动态参数与组成它的各个单级放大电路有什么关系?怎样分析多级放大电路?其电压放大倍数和输入、输出电阻如何计算?

# 4.2 集成运算放大器概述

## 4.2.1 集成电路简介

### 1. 集成电路的概念

前面所介绍的放大电路均是由相互独立的电阻、电容、二极管和三极管等元器件,用导线或印制电路连接成的一个完整电路,这种电路统称为分立元器件电路。

集成电路是 20 世纪 60 年代发展起来的一种微型电子器件或部件。采用半导体制造工艺将晶体管、场效应管和电阻等元器件以及电路的连线都集中制作在一小块半导体硅基片上,并封装在一个管壳内,构成一个完整的具有一定功能的微型结构器件,称为集成电路。由于集成电路中所有元器件在结构上已组成一个整体,元器件密度高、连线短、体积小、质量轻、功耗低、外部连线及焊点大为减少,从而使电子元器件向着微小型化、低功耗和高可靠性方面迈进了一大步。其综合性能大大高于分立元器件电路,实现了元器件、电路和系统的三结合,为电子技术的应用开辟了一个新时代。

随着电子工业的飞速发展,集成电路已经逐步取代了分立元器件电路。除了上述特点,集成电路成本低,便于大规模生产。目前,在各类电子仪器和设备所采用的电子线路中,集成运算放大电路是应用最为普遍的电子元器件之一,不仅在工业、民用电子设备如收录机、电视机、计算机等方面得到广泛的应用,在军事、通信、遥控等方面也得到广泛应用。用集成电路来装配电子设备,其装配密度比晶体管可提高几十倍至几千倍,设备的稳定工作时间也可大大提高。

**2. 集成电路的种类**

集成电路按照单个芯片上能集成的元器件数目的多少可分为 4 类:小规模(SSI)、中规模(MSI)、大规模(LSI)和超大规模(VLSI)。

按功能、结构的不同,集成电路可以分为模拟集成电路和数字集成电路两大类。模拟集成电路用来产生、放大和处理各种模拟信号(指幅度随时间连续变化的信号,如半导体收音机的音频信号、录放机的磁带信号等);而数字集成电路用来产生、处理各种数字信号(指在时间上和幅度上离散取值的信号,如 VCD、DVD 的音频信号和视频信号)。

模拟集成电路的种类很多,有集成运算放大器、宽频带放大器、集成功率放大器、集成模拟乘法器、集成模拟锁相环、集成稳压器、模数和数模转换器,以及音像设备中常用的其他模拟电路等。其中,集成运算放大器发展最早,应用也最为广泛,是一种高放大倍数的直接耦合放大器。由于它最初应用于运算和放大使用,因此被取名为运算放大器,简称运放。目前,它的应用范围早已超出模拟运算的范畴,广泛应用在自动控制、通信、测量、信号变换与处理等领域。本节主要介绍集成运算放大器的组成、工作原理、技术参数和基本单元电路。

模拟集成运算放大器的种类和型号也很多,按制造工艺分类,可分为双极型、CMOS 型和 BiFET 型。双极型运算放大器的输入偏置及器件功耗较大,但因采用了各种改进技术,种类多、功能强;CMOS 型运算放大器可在低电源下工作,且输入阻抗大、功耗小;BiFET 型运算放大器采用了双极型和单极型管混合搭配的生产工艺,以场效应管作为输入级,使得输入电阻达到 $10^{12}\ \Omega$ 以上。

**3. 模拟集成电路的特点**

① 采用直接耦合方式。

② 为克服直接耦合方式带来的温漂现象,采用了一种特殊的温度补偿手段——输入级是差动放大电路。

③ 大量采用 BJT 或 FET 构成恒流源,代替大阻值 $R$,或用于设置静态电流。

④ 采用复合管接法改进单管性能。

## 4.2.2 集成运算放大器的基本组成

集成运放的内部实际上是一个双端输入、单端输出、直接耦合的具有高放大倍数的多级放大电路。电路的结构一般包括四部分:输入级、中间级、输出级和偏置电路,如图 4-17 所示。

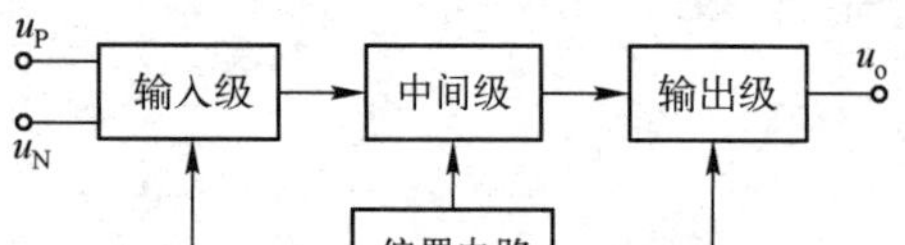

图 4-17 集成运算放大电路的组成框图

**1. 输入级**

集成运放的输入级对整个运算放大器的性能指标影响较大,是提高集成运放质量的关键部分,要求其有高输入电阻,能减小零点漂移和抑制干扰。因为在集成电路制造工艺中很难制造电感与大电容,所以在集成运放的各级之间通常采用直接耦合方式。为了有效地抑制直接耦合产生的零点漂移并且提高输入电阻,其输入级一般均采用差动放大电路。这种电路结构有同相和反相两个输入端,理想情况下,运放在零输入时输出也为零,差动放大电路将在 4.3 节重点介绍。

**2. 中间级**

中间级主要完成电压放大任务,要求有较高的电压增益,一般采用带有源负载(恒流源)的共发射极电压放大电路。

### 3. 输出级

输出级的任务是进行功率放大,以驱动负载工作,要求输出电阻低、带负载能力强、能输出足够大的电压和电流、波形失真小、电源转换效率高,一般采用互补对称的功率放大电路(在第10章介绍)。

### 4. 偏置电路

偏置电路主要为各级放大电路提供合适的静态工作电流,以确定各级的静态工作点。不同的放大级对偏置电流的要求有所不同。对于输入级,为了提高集成运放的输入电阻,降低输入偏置电流、失调电压及其温漂等。通常,要求设置一个比较低而非常稳定的偏置电流,一般为微安数量级。偏置电路一般由各种恒流源组成。

除了上述主要组成部分,某些运放中还集成了一些辅助电路,如内电源稳压电路、温控电路、温度补偿电路、输入过压保护电路及输出过流过热保护电路等,目的是提高运放的稳定性和承受过载的能力。

【思考题】

1. 什么是集成运算放大电路? 将分立元器件直接耦合放大电路做在一个硅片上就是集成运放吗?
2. 集成运放电路结构有什么特点? 集成运放由哪几部分组成,各部分的作用是什么?
3. 模拟集成电路有什么特点?
4. 集成运算放大电路实际上是一个高增益的多级直接耦合放大电路,直接耦合放大电路存在零点漂移问题,怎样衡量放大电路的零点漂移?

## 4.3 差动放大电路

### 4.3.1 电路组成及抑制零点漂移的原理

#### 1. 电路组成

许多传感器(温度、压力等)的输出都是微弱的直流信号,如高保真扩音机信号中的低频成分就是相对缓慢变化的信号。要放大缓慢变化的信号甚至放大直流信号,用阻容耦合、变压器耦合都不行,只能用直接耦合。

为了抑制直接耦合放大电路中的零点漂移,通常采用一种崭新结构的电路——差动放大电路。差动放大电路能把有用输入信号与环境因素引起的变化区分开来。理论上,差动放大电路可以只对有用的输入信号做出响应,这样就极大地提高了直接耦合放大电路抵抗环境干扰的能力。差动放大电路就其功能来说,是放大两个输入信号之差。由于它在电路性能方面有许多优点,因而成为集成运放的主要组成单元。

用两只特性完全相同的晶体管,组成两半结构完全对称的电路,使信号从两管的基极输入,从两管的集电极输出,这样就组成了一种最基本的差动放大电路,简称差放,如图 4-18 所示。$VT_1$ 和 $VT_2$ 各自组成一个共射放大电路,它们都没有稳定静态工作点的措施,因此都有比较大的零点漂移,但从两管的集电极之间输出 $\dot{U}_o$ 来看,电路很好地抑制了零点漂移。

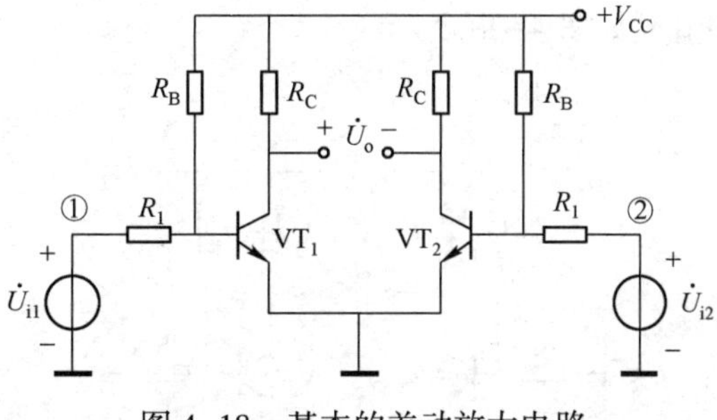

图 4-18 基本的差动放大电路

#### 2. 抑制零点漂移的原理

静态时,输入信号为零,即把电路输入端①和②短接。由于两个管子特性理论上完全相同,所以当温度或其他外界条件发生变化时,两管的集电极电流 $I_{CQ1}$ 和 $I_{CQ2}$ 的变化规律始终相同。结果使得两管的集电极电位 $U_{CQ1}$ 和 $U_{CQ2}$ 也始终相等,从而使得 $U_{OQ} = U_{CQ1} - U_{CQ2} = 0$,因此消除了零点漂移。其实质就是使用特性完全相同的两个管子组成两半结构完全对称的电路,利用互相补偿来抑制零点漂移。

实际上,挑选特性完全相同的两个管子是非常困难的,特别是当温度在大范围内变化时。因此,生产厂家制造了所谓的"**差分对管**",即使用完全相同的工艺在同一块半导体材料上同时制作两个管子,而且封装在同一管壳中,使得两管所处温度大致相同。这种管子专用于差动放大电路,可免去选管的困难。两半电路中对应的电阻可用电桥精密选配,尽可能保证阻值对称性精度的要求。

即使采取了上述措施,差动放大电路的两半电路仍然不可能完全对称。也就是说,零点漂移不可能完全消除,只能被抑制到很小。

### 3. 信号的输入/输出特点:差模信号与共模信号

（1）**四种输入/输出模式** 差放有两个输入端和两个输出端。当①和②两个输入端都有信号输入时,称为"**双端输入**";当一个输入端接地,另一个输入端有信号输入时,称为"**单端输入**"。类似地,当输出取之于两个三极管的集电极之间,如图 4-18 所示 $\dot{U}_o$,称为"**双端输出**";当输出取之于单个管子的集电极（$C_1$ 或 $C_2$）与地之间,称为"**单端输出**"。

（2）**差模信号与共模信号** 定义差放的两个输入信号之差的一半为差模输入信号,简称"**差模信号**",用 $\dot{U}_{id}$ 表示;定义差放的两个输入信号的平均值为共模输入信号,简称"**共模信号**",用 $\dot{U}_{ic}$ 表示。这样,就有

$$\dot{U}_{id} = \frac{1}{2}(\dot{U}_{i1} - \dot{U}_{i2}) \tag{4-7}$$

$$\dot{U}_{ic} = \frac{1}{2}(\dot{U}_{i1} + \dot{U}_{i2}) \tag{4-8}$$

如果用 $\dot{U}_{id}$ 和 $\dot{U}_{ic}$ 来表示 $\dot{U}_{i1}$ 和 $\dot{U}_{i2}$,那么

$$\dot{U}_{i1} = \dot{U}_{ic} + \dot{U}_{id} \tag{4-9}$$

$$\dot{U}_{i2} = \dot{U}_{ic} - \dot{U}_{id} \tag{4-10}$$

由式（4-9）和式（4-10）可知,双端输入模式下,差动放大电路的输入信号 $\dot{U}_{i1}$ 与 $\dot{U}_{i2}$ 可分别看成一对差模信号和一对共模信号的叠加。因此,只需分别求得差放对差模和共模输入信号的响应特性之后,应用电压叠加定理即可求得在任意输入信号的情况下总的响应特性。

特殊地,如果 $\dot{U}_{i1} = -\dot{U}_{i2} = \dot{U}_i$,那么 $\dot{U}_{id} = \dot{U}_i$, $\dot{U}_{ic} = 0$。可见,只有差模信号输入时,两输入电压大小相等而相位相反,如图 4-19 所示。

如果 $\dot{U}_{i1} = \dot{U}_{i2} = \dot{U}_i$,那么 $\dot{U}_{id} = 0$, $\dot{U}_{ic} = \dot{U}_i$。可见,只有共模信号输入时,两输入电压的大小和相位均相同,如图 4-20 所示。

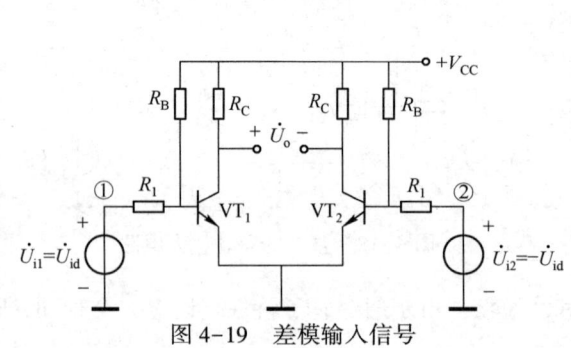

图 4-19　差模输入信号

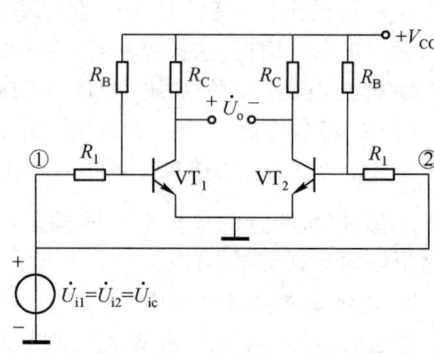

图 4-20　共模输入信号

单端输入模式是双端输入的一个特例。设 $\dot{U}_{i1} = \dot{U}_i, \dot{U}_{i2} = 0$，则 $\dot{U}_{id} = \dot{U}_i/2, \dot{U}_{ic} = \dot{U}_i/2$，这样就可以把它等效成双端输入了。

**4. 差动放大电路的差模放大作用和共模抑制作用**

从差动放大电路组成的分析可知，电路参数的对称性起了相互补偿的作用，抑制了温度漂移。静态（$\dot{U}_{i1} = \dot{U}_{i2} = 0$）时，两管的 $Q$ 点相同，故其双端输出电压 $\dot{U}_o = 0$，而单端输出电压 $\dot{U}_{o1} = \dot{U}_{o2} = \dot{U}_{C1Q} = \dot{U}_{C2Q}$。

（1）**差模输入方式**　差模信号输入时，$\dot{U}_{i1} = -\dot{U}_{i2} = \dot{U}_{id}$，两管电流增量大小相等，方向相反。两个输出端上的电压增量也大小相等，方向相反。因此，双端输出的电压增量是单端输出电压增量的两倍。所以，差动放大电路对差模信号具有放大作用。

（2）**共模输入方式**　共模信号输入时，$\dot{U}_{i1} = \dot{U}_{i2} = \dot{U}_{ic}$，两管基极电流和集电极电流增量大小相等、方向相同，即 $\Delta i_{B1} = \Delta i_{B2}, \Delta i_{C1} = \Delta i_{C2}$；两个输出端（集电极）上的电压增量也大小相等，方向相同，即 $\Delta u_{C1} = \Delta u_{C2}$；因此，双端输出的电压增量为零，即 $\dot{U}_o = 0$。可见，如果电路绝对对称，温度变化导致管子的电流变化完全相同，双端输出时，共模信号可以被完全抑制。

在我们周围存在着种种电气干扰，常常影响放大器的正常工作，特别是在放大微弱信号时，这种干扰的危害就更大。对于差放而言，外界干扰将同时作用于它的两个输入端，相当于输入了共模信号。如果将有用信号以差模形式输入，那么上述干扰就将被抑制得很小。此外，在电路对称条件下，两管的零点漂移折算到输入端的漂移电压相同，相当于输入了共模信号。因此，差放也能很好地抑制零点漂移。

**5. 存在的问题及改进方案**

以上研究的是基本差动放大电路。在电路参数理想对称的情况下，该电路很好地抑制了零点漂移。但在实际工程电气应用中，许多电器都有接地要求。因此，信号需要从 $\mathrm{VT}_1$ 或 $\mathrm{VT}_2$ 的集电极与地之间输出。在这种单端输出情况下，电路不能利用两半电路互相补偿的原理。与单管共射放大电路一样，电路对零点漂移毫无抑制能力。

为了解决这个问题，可以借鉴工作点稳定电路中采用过的方法，即在管子的发射极上接偏置电阻。其实，所谓稳定静态工作点，就是要减小 $I_{CQ}$ 的变化，这与抑制零点漂移的目的是一致的。这样，图 4-18 所示的电路就改进为图 4-21（a）所示的形式。实际上，在共模输入信号作用下，两管的发射极电流始终相等，因而两管的射极电位也相等。所以，两管的射极电阻就可以共用一个电阻 $R_E$，电路进一步改进为图 4-21（b）所示的形式。

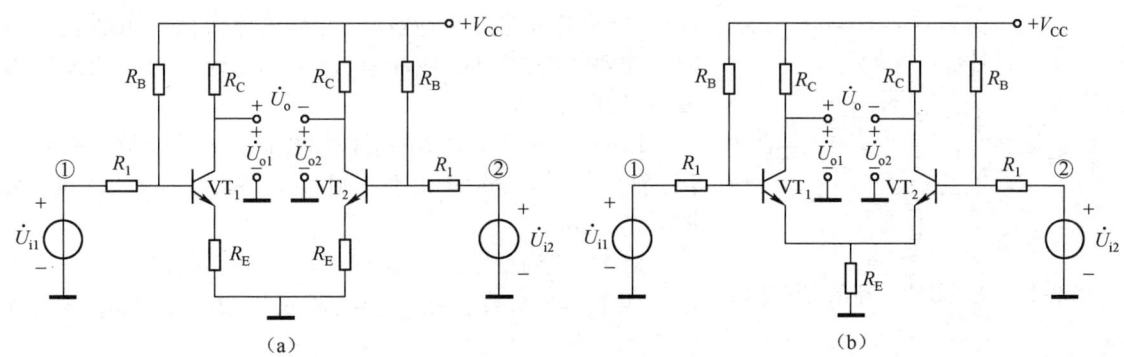

图 4-21　改进的差动放大电路

在共模输入下，两只管子发射极电流的增量大小相等、方向相同，即 $\Delta i_{E1} = \Delta i_{E2} = \Delta i_E$；在射极电阻 $R_E$ 上电流的增量显然是 $2\Delta i_E$，产生的电压增量也是单管情况下的 2 倍，即有 $\Delta u_E = 2\Delta i_E R_E$。$\Delta u_E$

的变化方向与输入共模信号 $u_{ic}$ 的变化方向相同,从而使得晶体管的基极-发射极之间的净输入信号 $\Delta u_{BE}$ 减小,最终使两管的电流增量减小,输出受到抑制,削弱对输入共模信号的放大作用。例如,设共模输入电压 $u_{ic}$ 为正,相当于环境温度 $T$ 升高晶体管各极之间电流、电压的变化过程如图 4-22 所示。

由上面的分析可知,射极电阻 $R_E$ 越大,则工作点越稳定,零点漂移越小。但如果 $R_E$ 太大,在一定的静态工作电流下,$R_E$ 上的压降也将增大,管子的动态工作范围将随之减小。为了保证一定的静态工作电流和动态工作范围,同时又希望 $R_E$ 取值大一些,常采用双电源供电,用电源 $V_{EE}$ 提供 $R_E$ 上所需的电压。由于是双电源供电,所以原电路中的基极偏流电阻 $R_B$ 也可以去掉,$I_{BQ}$ 由 $V_{EE}$ 提供,最终得到如图 4-23 所示的一种典型的差动放大电路。

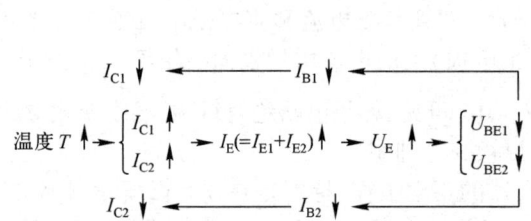

图 4-22　$R_E$ 对共模信号抑制作用过程关系图

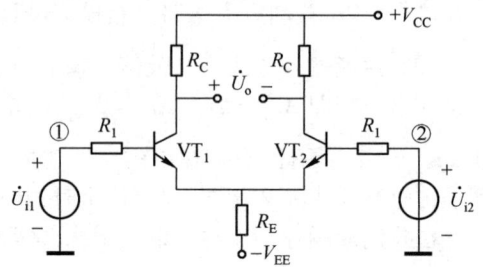

图 4-23　长尾式差动放大电路

由电路结构可知,该差动放大电路具有两个明显特征。

① **对称性**:理想情况下,电路左右两部分完全对称,而且 $VT_1$ 晶体管与 $VT_2$ 晶体管的特性完全相同,$\beta_1 = \beta_2 = \beta$,$r_{be1} = r_{be2} = r_{be}$。

② **长尾特点**:由于电路采用双电源供电,$R_E$ 上所需的电压由负电源 $-V_{EE}$ 提供,就像拖着一个长长的尾巴,因此这种电路被称为长尾式差动放大电路。

在长尾式差动放大电路中,$R_E$ 对共模输入信号起负反馈作用;而且,对于每个晶体管而言,发射极等效电阻为 $2R_E$。电路的匹配精度越高,长尾电阻 $R_E$ 越大,负反馈作用越强,集电极电流变化就越小,因而集电极电位的变化也就越小,差放的共模抑制能力就越强。长尾的上述作用称为共模负反馈(见第 6 章)。

### 4.3.2　射极耦合差动放大电路的静态分析

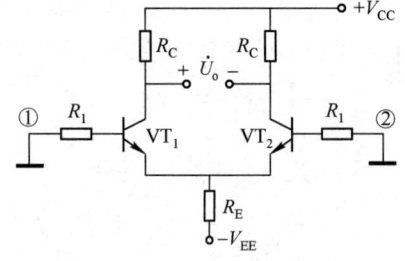

图 4-24　差动放大电路的直流通路

静态工作点应在输入信号为零的条件下求取:若信号源是电压源,应将其短路;若信号源是电流源,应将其开路。两种情况下,都要保留信号源的直流内阻。在列电路方程时,应注意 $R_E$ 中的电流为两个三极管的发射极电流之和。

以图 4-23 所示典型的射极耦合长尾式差动放大电路为例,静态时,信号源接地,画出电路的直流通路,如图 4-24 所示。

对 $VT_1$ 管子的输入回路列写电压方程式,得

$$V_{EE} = I_B R_1 + U_{BE} + 2I_E R_E = I_B R_1 + U_{BE} + 2(1+\beta)I_B R_E \quad (4-11)$$

则

$$I_{BQ} = \frac{V_{EE} - U_{BE}}{R_1 + 2(1+\beta)R_E} \quad (4-12)$$

上式是运用电路回路方程的一般求解法,通常情况下可以利用工程近似的方法求得。一般而言,$R_1$ 阻值很小(很多情况下 $R_1$ 为信号源内阻,$R_1 \ll 2(1+\beta)R_E$),所以

$$I_{BQ} = \frac{V_{EE} - U_{BE}}{R_1 + 2(1+\beta)R_E} \approx \frac{V_{EE} - U_{BE}}{2(1+\beta)R_E} \tag{4-13}$$

通常情况，$V_{EE} \gg U_{BE}$，所以

$$I_{EQ} = \frac{V_{EE} - U_{BE}}{\dfrac{R_1}{1+\beta} + 2R_E} \approx \frac{V_{EE} - U_{BE}}{2R_E} \approx \frac{V_{EE}}{2R_E} \tag{4-14}$$

上面两式表明：温度变化对 $I_{EQ}$（或者 $I_{BQ}$）的影响很小，静态工作点 $Q$ 是基本稳定的。

两管的基极电位为 $U_{BQ1} = U_{BQ2} = -I_{BQ}R_1$，此值很小，可近似认为 $U_{BQ1} = U_{BQ2} \approx 0$。

两管的集电极电位为

$$U_{CQ1} = U_{CQ2} = V_{CC} - I_{CQ}R_C \tag{4-15}$$

电路的输出电压为

$$U_o = U_{CQ1} - U_{CQ2} = 0 \tag{4-16}$$

两管的管压降为

$$U_{CEQ1} = U_{CEQ2} = (V_{CC} + V_{EE}) - I_{CQ}R_C - 2I_{EQ}R_E \tag{4-17}$$

或者用 $U_{CEQ} = U_{CQ} - U_{EQ}$ 的关系导出

$$\begin{aligned} U_{CEQ1} = U_{CEQ2} &= V_{CC} - I_{CQ}R_C - (U_{BQ} - U_{BE}) \\ &= V_{CC} - I_{CQ}R_C + I_{BQ}R_1 + U_{BE} \end{aligned} \tag{4-18}$$

由式（4-14）可见，长尾式差动放大电路静态工作点的计算从尾巴估算着手：首先估算两管的发射极电流，然后据此计算其他静态工作点参数。

### 4.3.3 射极耦合差动放大电路的动态分析

在图 4-23 所示电路中，信号由①、②两端输入，由 $VT_1$、$VT_2$ 的集电极 $C_1$、$C_2$ 之间输出 $\dot{U}_o$，这种接法称为"双端输入、双端输出"，如图 4-25 所示。

**1. 差模电压放大倍数 $\dot{A}_d$**

此时，加在两管输入端①、②对地之间的电压分别是 $\dot{U}_{i1} = \dot{U}_{id}$，$\dot{U}_{i2} = -\dot{U}_{id}$。由于 $\dot{U}_{i1}$ 和 $\dot{U}_{i2}$ 大小相等、相位相反，双端输入的差模信号为 $\dot{U}_{i1} - \dot{U}_{i2} = 2\dot{U}_{id}$；在图示的双端输出情况下，差模输出信号为 $\dot{U}_{od}$。$\dot{U}_{od}$ 与 $2\dot{U}_{id}$ 的比值叫做差模电压放大倍数，用 $\dot{A}_d$ 表示，即

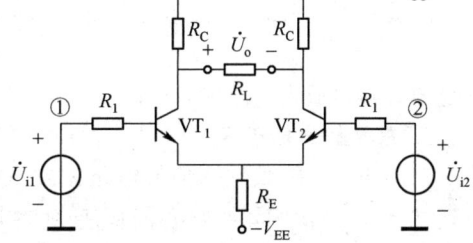

图 4-25 双端输入双端输出差动放大电路

$$\dot{A}_d = \frac{\dot{U}_{od}}{2\dot{U}_{id}} \tag{4-19}$$

采用小信号等效电路法分析差放的动态特性。由于电路是对称的，可以先研究一个管子（半电路）的电压放大倍数。分析的关键是画出差模输入电压作用下，半电路的交流通路和微变等效电路，谓之半等效电路。在画半等效电路时，必须考虑另一半的影响。

在差模输入信号作用下，如果一个管子的发射极电流增大 $\Delta i_E$，那么另一个管子的射极电流必然减小 $\Delta i_E$，因而流过射极电阻 $R_E$ 的总电流不变。所以，两个管子的发射极电位恒定，从电位的观点看相当于交流接地。另外，如果一个管子的集电极电位增加 $\Delta u_C$，那么另一个管子的集电极电位必然降低 $\Delta u_C$。负载电阻 $R_L$ 接在 $C_1$ 和 $C_2$ 之间，其两端电位总是一端升高，另一端降低，中间点非常类似跷跷板的中间固定支点，理想状态下其电位保持恒定。所以，$R_L$ 的中间点也相当于交流接地，如图 4-26 所示。电源 $V_{CC}$ 对交流接地。因而可以画出在差模输入时半电路的交流通路，如图 4-27 所示。

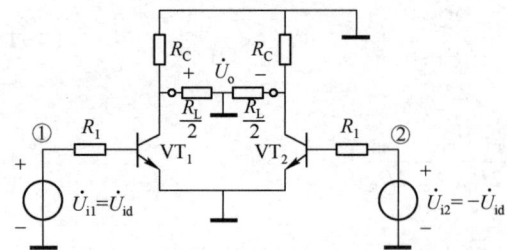

图 4-26　差模输入下的等效电路

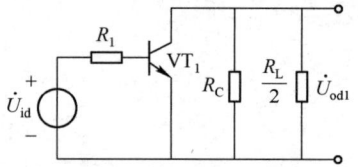

图 4-27　在差模输入时半电路的交流通路

由图 4-27 可求得半电路的电压放大倍数

$$\dot{A}_{d1} = \frac{\dot{U}_{od1}}{\dot{U}_{id}} = -\frac{\beta R_L'}{R_1 + r_{be}} \tag{4-20}$$

其中，$R_L' = R_C \,/\!/\, (R_L/2)$。

由于整个差动放大电路的差模输出电压为

$$\dot{U}_{od} = \dot{U}_{od1} - \dot{U}_{od2} = \dot{A}_{d1}\dot{U}_{id} - \dot{A}_{d1}(-\dot{U}_{id}) = \dot{A}_{d1} \cdot 2\dot{U}_{id} \tag{4-21}$$

因此整个差动放大电路的差模放大倍数为

$$\dot{A}_d = \frac{\dot{U}_{od}}{2\dot{U}_{id}} = -\frac{\beta R_L'}{R_1 + r_{be}} \tag{4-22}$$

上式表明，整个差动放大电路的差模放大倍数与半电路的放大倍数相同。实际上，差动放大电路正是通过多用一半电路来换取对零点漂移抑制的。一般 $A_d$ 可达几十倍，所以差动放大电路对差模输入信号有较强的电压放大作用。

**2. 差模输入电阻 $R_{id}$**

$R_{id}$ 是由图 4-25 中①、②两个输入端看进去的动态电阻，显然可得

$$R_{id} = 2(R_1 + r_{be}) \tag{4-23}$$

它是单管共射放大电路输入电阻的 2 倍。

**3. 差模输出电阻 $R_{od}$**

在图 4-25 中，使输入信号短路并去掉负载 $R_L$，然后由两个输出端 $C_1$ 和 $C_2$ 两端看进去的动态电阻就是 $R_{od}$。由图 4-25 可知，$R_{od}$ 是电路上下两个电阻的并联；上面一个是 $2R_C$，下面一个电阻是 $2r_{ce}$，由于 $r_{ce} \gg R_C$，因此

$$R_{od} \approx 2R_C \tag{4-24}$$

差模输出电阻也是单管共射放大电路输出电阻的 2 倍。

**4. 共模电压放大倍数 $\dot{A}_c$**

加在图 4-25 所示电路两管子输入端①、②对地之间的电压分别是 $\dot{U}_{i1} = \dot{U}_{i2} = \dot{U}_{ic}$，$\dot{U}_{i1}$ 和 $\dot{U}_{i2}$ 大小相等、相位相同。这种输入方式称为共模输入方式。在图 4-25 所示的双端输出情况下，共模输出信号为 $\dot{U}_{oc}$。$\dot{U}_{oc}$ 与 $\dot{U}_{ic}$ 的比值叫做共模电压放大倍数，用 $\dot{A}_c$ 表示，即有

$$\dot{A}_c = \frac{\dot{U}_{oc}}{\dot{U}_{ic}} \tag{4-25}$$

理论上，由于两半电路完全对称，在共模输入信号作用下，差动放大电路的两半电路中电流和电压的变化完全相同。因此，如果在静态时 $U_{OQ} = 0$，在有 $\dot{U}_{ic}$ 作用时，电路的共模输出电压 $\dot{U}_{oc} = \dot{U}_{oc1} - \dot{U}_{oc2} = 0$，即电路无共模输出信号，从而 $\dot{A}_c = 0$。

温度变化或电源电压波动引起两管集电极电流的变化可以等效地视为在输入端加入共模信号的结果。差动放大电路对温度漂移具有很强的抑制作用,其实质是用一管的温度漂移去补偿另一管的温度漂移。

但是,由于实际上两半电路不可能做到完全对称,因此电路仍可能有微弱的共模输出信号。一般情况下,$|\dot{A}_c| \ll 1$。

**5. 共模抑制比 $K_{CMR}$**

为了综合考核一个差动放大电路对差模信号的放大能力和对共模信号的抑制能力,特引入了一个综合性能指标——共模抑制比,记作 $K_{CMR}$。其定义为差模电压放大倍数 $\dot{A}_d$ 与共模电压放大倍数 $\dot{A}_c$ 绝对值之比,即

$$K_{CMR} = \left| \frac{\dot{A}_d}{\dot{A}_c} \right| \tag{4-26}$$

若用分贝表示,则

$$K_{CMR} = 20 \lg \left| \frac{\dot{A}_d}{\dot{A}_c} \right| \tag{4-27}$$

其值越大,说明电路性能越好。对于图 4-25 所示的双端输入双端输出电路,在电路参数理想对称的情况下,$K_{CMR} \to \infty$。

**6. 实际差动放大电路的输出电压 $\dot{U}_o$**

一般情况下,实际差动放大电路的输出电压不仅取决于两个输入信号 $\dot{U}_{i1}$ 和 $\dot{U}_{i2}$ 的差模信号 $\dot{U}_{id}$,还与两个输入信号的共模信号 $\dot{U}_{ic}$ 有关。由前面输入信号的特点可知,$\dot{U}_{id}$ 和 $\dot{U}_{ic}$ 可分别由式(4-7)和式(4-8)表示。

在差模信号和共模信号同时存在的情况下,对于线性放大电路来说,可利用电压叠加原理求出总的输出电压,即

$$\dot{U}_o = \dot{A}_d \times 2 \dot{U}_{id} + \dot{A}_c \times \dot{U}_{ic} \tag{4-28}$$

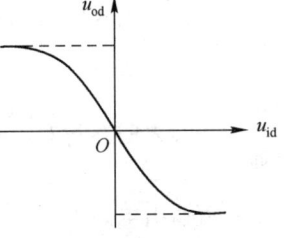

图 4-28　差动放大电路的电压传输特性曲线

**7. 电压传输特性**

传输特性是描述差动放大电路输出信号电压(或电流)随差模输入电压(或电流)变化的规律。研究差动放大电路的传输特性可以帮助我们认识差模输入信号的线性工作范围和大信号输入时的输出特性。图 4-25 所示差动放大电路的电压传输特性曲线如图 4-28 所示。

由传输特性曲线可见,只有中间一段差模输出电压与输入电压呈线性关系,传输特性的斜率就是差动放大电路的差模电压增益。当信号幅值过大时,输出电压就会产生失真。若再加大输入电压 $\dot{U}_{id}$,则输出电压 $\dot{U}_o$ 趋于恒定,其数值取决于电源电压。

### 4.3.4　差动放大电路的四种接法

在图 4-25 所示电路中,输入端与输出端均没有接地点,这种双端输入双端输出接法的电路对某些不需要一端接地的信号源(如输入端为热电偶信号)和负载(如输出端接电压表)是合适的,可用于直接耦合多级放大电路的输入级和中间级。在实际应用中,为了防止干扰,很多信号源通常都要求一端接地;而对于大多数负载往往也要求有接地端。

由于差动放大电路有两个输入端和两个输出端,因此,除了前面讨论过的双端输入双端输出方式,差动放大电路的连接方式还有以下三种。

**1. 双端输入单端输出**

由于长尾式差动放大电路中引入了较大的射极电阻 $R_E$，而它能够较好地稳定电路的静态工作点，因此这种电路的两半电路的零点漂移都相对较小。这样，就可以从单个管子的集电极（$C_1$ 或 $C_2$）与地之间输出信号，即双端输入单端输出连接方式（如图 4-29 所示）。单端输出的优点在于它有一个输出端是地，便于与其他基本放大电路级联。这种接法常用于前级是差放、后级是基本放大电路的场合，将双端输入转换成单端输出，常作为直接耦合多级放大电路的输入级和中间级。

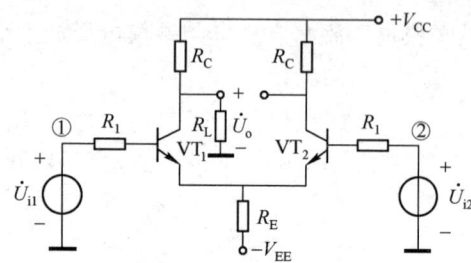

图 4-29　双端输入单端输出差动放大电路

由于 $\dot{U}_o$ 从 $VT_1$ 管的集电极与地之间输出，故两管集电极回路是不对称的，但其余部分仍然对称。所以静态分析仍有

$$I_{EQ} \approx \frac{V_{EE}}{2R_E} \tag{4-29}$$

$$I_{C1} = I_{C2} = I_{CQ} \approx I_{EQ} \tag{4-30}$$

$$U_{BQ1} = U_{B2Q} \approx 0 \tag{4-31}$$

$$U_{CQ2} = V_{CC} - I_{CQ}R_C \tag{4-32}$$

由于集电极回路不对称，故

$$U_{CQ1} = V'_{CC} - I_{CQ}R'_C \tag{4-33}$$

其中，$V'_{CC} = \dfrac{R_L}{R_C + R_L} \cdot V_{CC}$，$R'_C = R_C /\!/ R_L$。

因为在差模信号作用下，该管的输出电压仅是其中一管对地的电压，而另一管对地的电压没有得到利用，故其差模电压放大倍数将减小一半。

$$\dot{A}_d = -\frac{1}{2}\frac{\beta(R_C /\!/ R_L)}{R_1 + r_{be}} \tag{4-34a}$$

如果信号由 $VT_2$ 管的集电极与地之间输出，那么

$$\dot{A}_d = +\frac{1}{2}\frac{\beta(R_C /\!/ R_L)}{R_1 + r_{be}} \tag{4-34b}$$

因为输入回路与双端输入双端输出电路完全相同，所以差模输入电阻不变，仍为

$$R_{id} = 2(R_1 + r_{be}) \tag{4-35}$$

差模输出电阻为

$$R_{od} \approx R_C \tag{4-36}$$

在单端输出时，两管零点漂移互相补偿的作用不复存在，电路仅仅是靠发射极电阻 $R_E$ 来抑制零点漂移的，因此零点漂移较大，即 $\dot{A}_c$ 较大，而共模抑制比 $K_{CMR}$ 则较小。

输入共模信号时，两管发射极电流变化幅值相等，方向相同，与差模输入信号时的情况不同。此时，流过 $R_E$ 中的电流不再是常数，其交流分量的变化量为单管射极电流变化量的 2 倍，即认为 $\dot{U}_E = 2\dot{I}_E R_E$。这样，在画半电路对共模输入信号的交流通路时，根据等效原则，等效到每个三极管射极的电阻为 $2R_E$，原来流过 $2\dot{I}_E$ 的发射极电阻 $R_E$ 必须等效为流过 $\dot{I}_E$ 的 $2R_E$，如图 4-30 所示。

由图 4-30 可得，单端输出时的共模电压放大倍数为

$$\dot{A}_c = \frac{\dot{U}_{oc}}{\dot{U}_{ic}} = -\frac{\beta(R_c /\!/ R_L)}{R_1 + r_{be} + (1+\beta)2R_E} \tag{4-37}$$

一般，为了有效地抑制零点漂移，$R_E$ 常取得很大，一般可达 $10 \sim 20$ kΩ，所以有 $(1+\beta)2R_E \gg R_1 + r_{be}$，因而

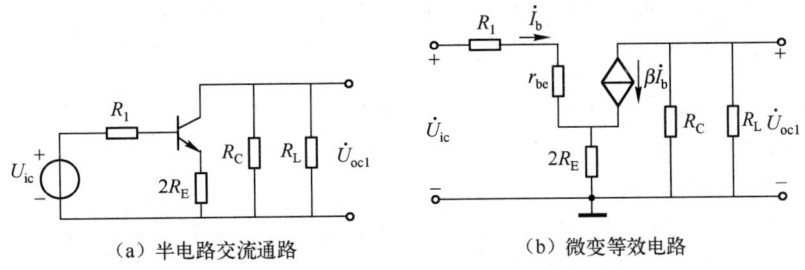

（a）半电路交流通路　　　　　　　（b）微变等效电路

图 4-30　双端输入单端输出差放对共模信号的半电路交流通路及其微变等效电路

$$\dot{A}_{c} \approx -\frac{R_{c} /\!/ R_{L}}{2R_{E}} \tag{4-38}$$

共模抑制比 $K_{CMR}$ 为

$$K_{CMR} = \left| \frac{\dot{A}_{d}}{\dot{A}_{c}} \right| = \frac{R_{1}+r_{be}+(1+\beta)2R_{E}}{2(R_{1}+r_{be})} \approx \frac{\beta R_{E}}{R_{1}+r_{be}} \tag{4-39}$$

由式（4-38）和式（4-39）可知，$R_E$ 越大，$\dot{A}_c$ 越小，$K_{CMR}$ 越大。可见，增加 $R_E$ 对提高单端输出的共模抑制比是有利的。

**2. 单端输入双端输出**

单端输入双端输出差动放大电路如图 4-31（a）所示。信号由①端输入，②端接地，输出端的接法与双端输入双端输出相同。

单端输入是双端输入的一个特例，此时 $\dot{U}_{i1} = \dot{U}_{i}$，而 $\dot{U}_{i2} = 0$。可以按照双端输入双端输出分析的方式，把输入信号分解为差模分量 $\dot{U}_{id} = \dot{U}_{i}/2$ 和共模分量 $\dot{U}_{ic} = \dot{U}_{i}/2$，从而从两个输入端看进去仍然有

$$\dot{U}_{i1} = \dot{U}_{ic} + \dot{U}_{id} = \dot{U}_{i}$$

$$\dot{U}_{i2} = \dot{U}_{ic} - \dot{U}_{id} = 0$$

这样就可以把它等效成如图 4-31（b）所示的双端输入双端输出电路，左、右两边分别获得的差模信号为 $+\dfrac{\dot{U}_{i}}{2}$、$-\dfrac{\dot{U}_{i}}{2}$；同时，两边相当于输入了 $+\dfrac{\dot{U}_{i}}{2}$ 的共模信号。电路的静态工作点与动态交流性能参数的计算同双端输入双端输出。

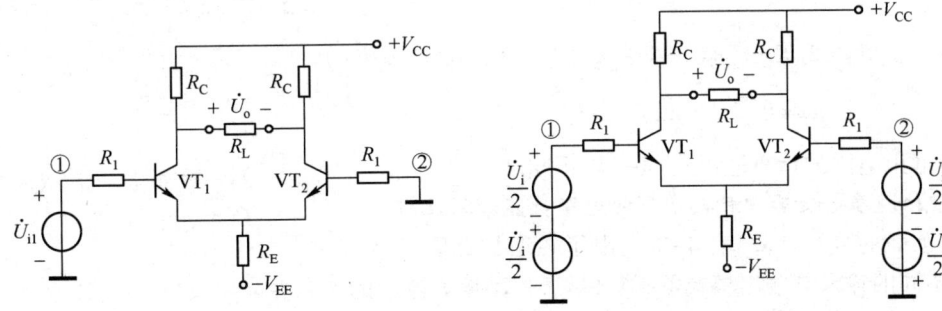

（a）单端输入双端输出差动放大电路　　　　（b）单端输入信号的等效变换

图 4-31　单端输入双端输出差动放大电路

可见，单端输入电路与双端输入电路的区别在于：在差模信号输入的同时，伴随着共模信号输入。因此，在共模放大倍数 $\dot{A}_c$ 不为零时，输出端不仅有差模信号作用而得到的差模输出电压，

还有共模信号作用而得到的共模输出电压。由式(4-28)可得此时实际差动放大电路的输出电压为

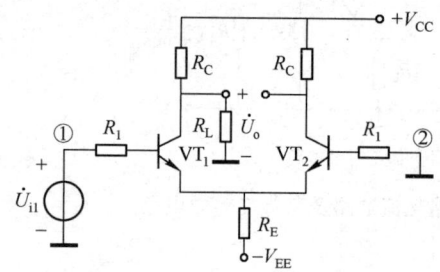

图 4-32　单端输入单端输出
差动放大电路

$$\dot{U}_o = \dot{A}_d \times \dot{U}_i + \dot{A}_c \times \frac{\dot{U}_i}{2} \qquad (4-40)$$

理想情况下,如电路参数理想对称,则 $\dot{A}_c = 0$, 式(4-40)中的共模输出成分不存在,此时 $K_{CMR}$ 为无穷大。

单端输入双端输出适用于将单端输入信号转换成双端输出的应用场合。例如,示波器将单端信号放大后,双端输出送到示波管的偏转板。

**3. 单端输入单端输出**

这种接法用在要求输入和输出都有一端接地的场合, 如图 4-32 所示。差动放大电路前后级都是基本放大电路的情况。单端输入单端输出电路的性能参数计算等同于双端输入单端输出,不再赘述。

## 4.3.5　差动放大电路的调零

**1. 增加调零电阻**

由于实际电路中器件的特性不可能完全相同,也就是电路不可能做到完全对称,即使双端输入双端输出情况下,在差模输入为零时,晶体管 $VT_1$ 和 $VT_2$ 的 $U_{C1}$ 和 $U_{C2}$ 也不可能完全相等,从而 $U_o = U_{C1} - U_{C2} \neq 0$,即这时的差模输出不为零。

在图 4-23 所示差动放大电路中,增加一个调零电阻,调零电阻 $R_P$ 连接在 $VT_1$ 和 $VT_2$ 管的发射极回路,如图 4-33 所示;调节 $R_P$ 滑动点的位置,就可以使在静态时 $U_{C1} = U_{C2}$,从而使静态时的差模输出为零,但调零也只能在一定范围内补偿电路不对称所产生的影响。

在有差模输入信号的情况下,电阻 $R_P$ 上有差模压降,不像电阻 $R_E$ 上的差模压降为零。设 $R_P$ 的滑动端在中点位置,从电位的角度看 $R_P$ 的中点也相当于交流地。在双端输入双端输出情况下差模电压放大倍数和差模输入电阻为

$$\dot{A}_d = \frac{-\beta R'_L}{R_1 + r_{be} + (1+\beta)\dfrac{R_P}{2}} \qquad (4-41)$$

$$R_{id} = 2\left[ R_1 + r_{be} + (1+\beta)\frac{R_P}{2} \right] \qquad (4-42)$$

其中
$$R'_L = R_C // (R_L/2)$$

差模输出电阻的计算遵循式(4-24)不变。

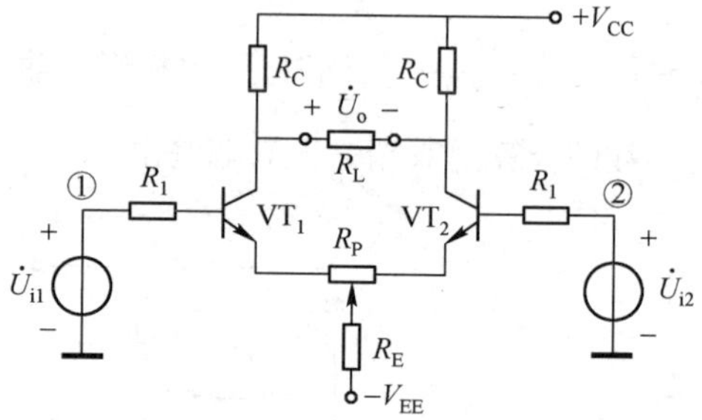

图 4-33　增加调零电阻 $R_P$
的差动放大电路

**2. 增加调零电阻后四种接法下的电路性能分析比较**

综合前面的分析计算,表 4-1 列出了在增加调零电阻后,不同的输入与输出模式下,射极耦合差动放大电路的动态性能比较。

（1）**差模电压放大倍数**　取决于电路的输出方式,与输入方式无关。只要是双端输出,差模电压放大倍数与单管基本放大电路相同;如为单端输出,差模电压放大倍数是单管基本电压放大倍数的一半。

（2）**差模输入电阻**　与电路的输入、输出方式都无关。差模输入电阻是单管基本放大电路输入电阻的两倍。

表 4-1 不同接法下电路性能的比较

| | 双(单)端输入双端输出 | 双(单)端输入单端输出 |
|---|---|---|
| 差模放大倍数 $\dot{A}_d$ | $\dfrac{-\beta\left(R_C /\!/ \dfrac{R_L}{2}\right)}{R_1+r_{be}+(1+\beta)\dfrac{R_P}{2}}$ | $\pm\dfrac{1}{2}\dfrac{\beta(R_C /\!/ R_L)}{R_1+r_{be}+(1+\beta)\dfrac{R_P}{2}}$ |
| 差模输入电阻 $R_{id}$ | \multicolumn{2}{c} $2\left[R_1+r_{be}+(1+\beta)\dfrac{R_P}{2}\right]$ |
| 差模输出电阻 $R_{od}$ | $2R_C$ | $R_C$ |
| 共模放大倍数 $\dot{A}_c$ | $\approx 0$ | $\approx -\dfrac{R_C /\!/ R_L}{2R_E}$ |
| 共模抑制比 $K_{CMR}$ | $\rightarrow\infty$ | $\approx\dfrac{\beta R_E}{R_1+r_{be}+(1+\beta)\dfrac{R_P}{2}}$ |
| 实际输出电压 $\dot{U}_o$ | \multicolumn{2}{c} $\dot{A}_d\times 2\,\dot{U}_{id}+\dot{A}_c\times\dot{U}_{ic}$ |

（3）**差模输出电阻** 取决于电路的输出方式，与输入方式无关。单端输出时，$R_{od}=R_C$；双端输出时，$R_{od}=2R_C$。

（4）**共模电压放大倍数** 理想情况下，双端输出差动放大电路的共模放大倍数为 0；单端输出的共模放大倍数为一个很小的有限值。

（5）**共模抑制比** 双端输出模式下，共模抑制比趋于无穷大；单端输出的共模抑制比为一很大值。

**结论**：差动放大电路的四种形式的性能与输入方式无关，只与输出方式有关。

【**例 4-7**】 在如图 4-34 所示电路中，设 $R_P$ 的滑动端处于中间位置，管子的 $\beta=100$，$r_{be}=10.3\ \text{k}\Omega$。分析计算：

（1）静态工作点参数 $I_{B1}$，$I_{C1}$ 和 $U_{C1}$ 的值。静态时 $R_L$ 中是否有电流通过？

（2）动态性能指标：差模电压放大倍数 $\dot{A}_d$、差模输入电阻 $R_{id}$ 和差模输出电阻 $R_{od}$。

**解**：这是一个典型的双端输入双端输出差动放大电路。

（1）静态工作点计算

**方法 1**：针对 $VT_1$ 管子的输入回路列出电压方程式，由式（4-12）可得

$$I_{B1}=\frac{V_{EE}-U_{BE}}{R_1+(1+\beta)\dfrac{R_P}{2}+2(1+\beta)R_E}=2.6\ \mu A$$

$$I_{C1}=\beta I_{B1}=0.26\ \text{mA}$$

**方法 2**：用尾巴估算，由式（4-14）可得

$$I_{C1}\approx I_{E1}\approx\frac{V_{EE}}{2R_E}\approx 0.26\ \text{mA}$$

$$I_{B1}=\frac{I_{C1}}{\beta}=2.6\ \mu A$$

**注意**：以上两种方法，计算结果可能略有偏差。

$$U_{C1}=V_{CC}-I_{C1}R_C=5.64\ \text{V}$$

静态时，$U_{C1}=U_{C2}$，所以 $R_L$ 中无电流通过。

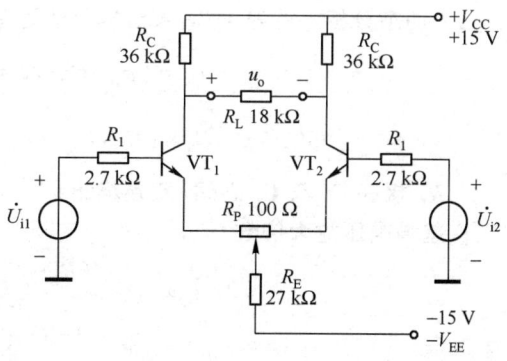

图 4-34 例 4-7 图

（2）动态性能计算：由式（4-41）、式（4-42）和式（4-24）分别可得

$$\dot{A}_d = \frac{-\beta R_C // (R_L/2)}{R_1 + r_{be} + (1+\beta)\dfrac{R_P}{2}} = -40$$

$$R_{id} = 2\left[R_1 + r_{be} + (1+\beta)\frac{R_P}{2}\right] = 36 \text{ k}\Omega$$

$$R_{od} = 2R_C = 72 \text{ k}\Omega$$

**【例4-8】** 在图4-33电路中，$V_{CC} = V_{EE} = 12$ V，$R_C = 15$ kΩ，$R_L = 10$ kΩ，$R_E = 10$ kΩ，$R_P = 100$ Ω，$R_1 = 0$，两管的 $\beta = 50$，输入信号为 $U_{i1} = 16$ mV，$U_{i2} = 10$ mV。求负载电阻 $R_L$ 接在两管集电极 $C_1$ 与 $C_2$ 之间以及接在 $C_1$ 与地之间的输出电压和电路的共模抑制比。

**解：** 分析差动放大电路和其他放大电路一样，首先必须确定静态工作点，然后求管子的 $r_{be}$，进而求出电压放大倍数。在做动态分析时，对于任意输入方式，要先将输入信号分解为差模分量和共模分量。然后，应用相应的计算公式求出差模电压放大倍数和共模电压放大倍数，从而求出输出电压和共模抑制比。

（1）**静态分析** 根据式（4-14），首先估算发射极电流

$$I_{EQ} \approx \frac{V_{EE}}{2R_E} = \frac{12}{2 \times 10 \times 10^3} \approx 0.57 \text{ mA}$$

从而可得集电极与基极电流

$$I_{CQ} \approx I_{EQ} = 0.57 \text{ mA}$$

$$I_{BQ} \approx \frac{I_{CQ}}{\beta} \approx 11 \text{ μA}$$

计算 $U_{CQ}$ 时应注意，如果 $R_L$ 接在两管集电极 $C_1$ 与 $C_2$ 之间，即双端输出时，$R_L$ 中的静态电流为零，所以

$$U_{CQ} = V_{CC} - I_{CQ}R_C = (12 - 0.5525 \times 15) \text{ V} = 3.7 \text{ V}$$

如果 $R_L$ 接在 $C_1$ 与地之间，那么在计算 $U_{CQ1}$ 时要考虑 $R_L$，此时，可先列出下式

$$\frac{V_{CC} - U_{CQ1}}{R_C} - \frac{U_{CQ1}}{R_L} = I_{CQ1}$$

由此可得

$$U_{CQ1} = 1.48 \text{ V}$$

根据 $I_{EQ}$ 便可求得管子的 $r_{be}$

$$r_{be} = r'_{bb'} + (1+\beta)\frac{U_T}{I_{EQ}} = 300 + 51 \times \frac{26}{0.57} = 2.65 \text{ k}\Omega$$

（2）**动态分析** 首先，把输入信号分解为差模分量和共模分量，即

$$\dot{U}_{id} = (\dot{U}_{i1} - \dot{U}_{i2})/2 = (16-10)/2 \text{ mV} = 3 \text{ mV}$$

$$\dot{U}_{ic} = (\dot{U}_{i1} + \dot{U}_{i2})/2 = (16+10)/2 \text{ mV} = 13 \text{ mV}$$

1）**$R_L$ 接在 $C_1$ 与 $C_2$ 之间（双端输出）**
① **差模电压放大倍数**

$$\dot{A}_d = -\frac{\beta R'_L}{r_{be} + (1+\beta)\dfrac{R_P}{2}} = -\frac{50 \times 3.75}{2.65 + 51 \times \dfrac{0.1}{2}} = -36$$

其中，$R'_L = R_C // (R_L/2) = 3.75$ kΩ。

② 共模电压放大倍数

因为是双端输出，故$\dot{A}_c \approx 0$。

③ 共模抑制比
$$K_{CMR} \rightarrow \infty$$

④ 输出电压
$$\dot{U}_o = \dot{A}_d \times 2\dot{U}_{id} = -36 \times 2 \times 3 \text{ mV} = -216 \text{ mV}$$

2) $R_L$ 接在 $C_1$ 与地之间(单端输出)

① 差模电压放大倍数
$$\dot{A}_d = -\frac{1}{2} \times \frac{\beta R_L'}{r_{be} + (1+\beta)\dfrac{R_P}{2}} = -\frac{1}{2} \times \frac{50 \times 6}{2.65 + 51 \times \dfrac{0.1}{2}} = -28.9$$

其中，$R_L' = R_C // R_L = 6 \text{ k}\Omega$。

② 共模电压放大倍数

因为是单端输出，故
$$\dot{A}_c \approx -\frac{R_L'}{2R_E} = -\frac{6}{2 \times 10} = -0.3$$

③ 共模抑制比
$$K_{CMR} = \left| \frac{\dot{A}_d}{\dot{A}_c} \right| = 96.33 = 39.6 \text{ dB}$$

④ 输出电压
$$\dot{U}_{o1} = \dot{A}_d \times 2\dot{U}_{id} + \dot{A}_c \times \dot{U}_{ic} = -28.9 \times 6 \text{ mV} - 0.3 \times 13 \text{ mV} = -177.3 \text{ mV}$$

如果从 $C_2$ 与地之间输出，那么
$$\dot{U}_{o2} = -\dot{A}_d \times 2\dot{U}_{id} + \dot{A}_c \times \dot{U}_{ic} = 28.9 \times 6 \text{ mV} - 0.3 \times 13 \text{ mV} = 169.5 \text{ mV}$$

## 4.3.6 采用恒流源的差动放大电路

在长尾差动放大电路中，发射极电阻 $R_E$ 的阻值越大，则电路的共模抑制比就越大，即抑制温漂的能力就越强。但增大 $R_E$ 的阻值后，要使晶体管的工作点保持不变，则要增大电源电压 $V_{EE}$ 的值，这使 $R_E$ 的增大受到限制。由于恒流源的动态内阻很大，如果用恒流源代替长尾电阻 $R_E$，就可进一步提高 $K_{CMR}$，使得差放具有更强的共模抑制能力；同时，由于晶体管的静态电流只由电流源的电流决定，与输入端的直流电位无关，这样就稳定了工作点。

**1. 三极管电流源**

图 4-35(a)为一种由三极管构成的电流源。实际上，它就是由第 2 章讨论的射极偏置电路演变而来的，与放大电路不同的是，它并非双口网络，而是单口网络，没有信号输入端。

当 $V_{CC}$、$R_{B1}$、$R_{B2}$ 和 $R_E$ 确定后，基极电位$\left(U_B = \dfrac{R_{B2}}{R_{B1}+R_{B2}} \cdot V_{CC}\right)$固定，在一定范围内 $I_C$ 基本恒定，而与负载电阻 $R_L$ 的大小无关。可以证明，电流源的直流电阻小；可通过画出图 4-35(a)的微变等效电路后，按输出电阻的定义可求出它的交流电阻

$$R_o = r_{ce}\left(1 + \frac{\beta R_E}{R_{B1} // R_{B2} + r_{be} + R_E}\right) \tag{4-43}$$

假设 $r_{ce} = 200 \text{ k}\Omega$，$r_{be} = 1 \text{ k}\Omega$，$\beta = 50$，可算得交流电阻 $R_o \approx 2.2 \text{ M}\Omega$。

式(4-43)说明，三极管电流源的交流电阻很大。三极管电流源常用图 4-35(b)所示符号来表

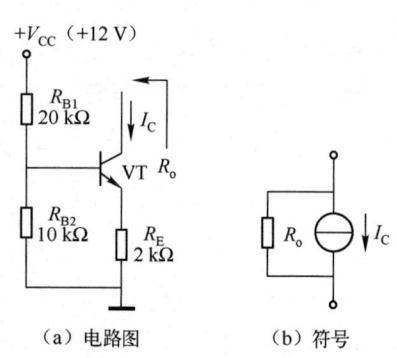

图 4-35　三极管电流源电路

示,圆圈外的箭头表示电流的方向。

为了提高偏置电路的稳定性,常利用二极管来补偿三极管 $U_{BE}$ 随温度变化的影响,如图4-36所示。当二极管 PN 结与三极管发射结具有相同温度系数时,可达到较好的补偿效果。

### 2. 采用恒流源的差动放大电路

图4-37所示电路是两个具有电流源的差动放大电路。

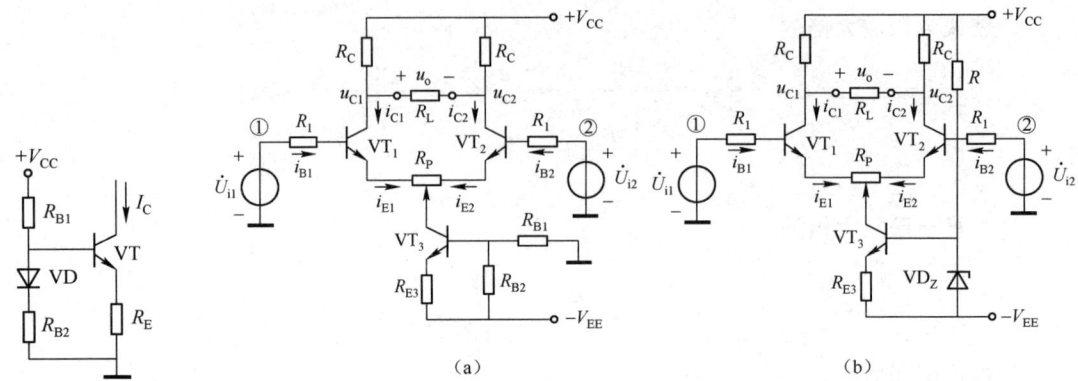

图4-36 带二极管
补偿的电流源电路

图4-37 具有电流源的差动放大电路

对于图4-37(a)所示电路,静态工作点可按以下方法估算:

$$U_{RB2} \approx \frac{R_{B2}}{R_{B1}+R_{B2}} \cdot V_{EE} \tag{4-44}$$

$$I_{C3} \approx I_{E3} = \frac{U_{RB2}-U_{BEQ3}}{R_{E3}} \tag{4-45}$$

$$I_{CQ1} = I_{CQ2} \approx \frac{I_{C3}}{2} \tag{4-46}$$

对于动态性能的分析,由于发射极接入了恒流源,$I_{C3}$ 电流恒定,因而在差模信号作用下 $VT_1$ 和 $VT_2$ 的发射极仍为交流地电位。对共模信号来说,相当于在射极接有一个数值很大的电阻。所以,带射极恒流源的长尾电路的动态分析与带射极电阻时一样。

而且,由于电流源输出端电位可在很宽的范围内变化,因此也扩大了共模电压输入的范围。

【例4-9】 假设图4-37(b)所示电路的元器件参数为 $V_{CC} = 12\ V$,$U_Z = 8\ V$,$U_{BE3} = 0.7\ V$,$\beta_1 = \beta_2 = 100$,$R_1 = 1\ k\Omega$,$R_C = 5\ k\Omega$,$R_L = 10\ k\Omega$,$R_{E3} = 3.6\ k\Omega$,$R_P = 100\ \Omega$,$r_{be} = 300\ \Omega$。试分析计算:(1) 静态工作点参数;(2) 差模电压放大倍数 $\dot{A}_d$,以及差模输入电阻 $R_{id}$ 和输出电阻 $R_{od}$ 的值。

**解**:(1) 静态工作点计算

$$I_{C3} \approx I_{E3} = \frac{U_Z - U_{BE3}}{R_{E3}} = \frac{8-0.7}{3.6} \approx 2\ mA$$

$$I_{CQ1} = I_{CQ2} = I_{CQ} = \frac{I_{C3}}{2} = 1\ mA$$

$$I_{BQ1} = I_{BQ2} = I_{BQ} = \frac{I_{CQ}}{\beta} = 10\ \mu A$$

$$U_{BQ1} = U_{BQ2} = U_{BQ} = -I_{BQ}R_1 = -10\ \mu A \times 1\ k\Omega \approx 0\ V$$

$$U_{CQ1} = U_{CQ2} = U_{CQ} = V_{CC} - I_{CQ}R_C = 7\ V$$

(2) 动态分析 在差模输入情况下,由式(4-41)、式(4-42)、式(4-24)可求得电压放大倍数 $\dot{A}_d$、差模输入电阻 $R_{id}$ 和输出电阻 $R_{od}$。

$$\dot{A}_{d} = -\frac{\beta R_{L}'}{R_{1}+r_{be}+(1+\beta)\dfrac{R_{P}}{2}} = -\frac{100\times2.5}{1+0.3+101\times0.05} \approx -39.37$$

其中，$R_{L}' = R_{C} /\!/ (R_{L}/2) = 2.5 \text{ k}\Omega$。

$$R_{id} = 2\left(R_{1}+r_{be}+(1+\beta)\frac{R_{P}}{2}\right) = 12.7 \text{ k}\Omega$$

$$R_{od} = 2R_{C} = 10 \text{ k}\Omega$$

**【例 4-10】** 图 4-38 所示电路参数理想对称，$\beta_{1}=\beta_{2}=\beta$，$r_{be1}=r_{be2}=r_{be}$，求：

（1）$R_{W}$ 的滑动端在中点时 $\dot{A}_{d}$ 的表达式；（2）$R_{W}$ 的滑动端在最右端时 $\dot{A}_{d}$ 的表达式，比较两个结果有什么不同。

**解：** 这是一个基本差动放大电路，发射极"虚地"（对交流输入信号），$R_{W}$ 的滑动端若在中点，放大倍数等于一个单管的放大倍数；$R_{W}$ 的滑动端若不在中点，则需由定义求出。

（1）当 $R_{W}$ 的滑动端在中点时

$$\dot{A}_{d} = \frac{\dot{U}_{o}}{\dot{U}_{i}} = -\frac{\beta(R_{C}+R_{W}/2)}{r_{be}}$$

（2）当 $R_{W}$ 的滑动端在最右端时

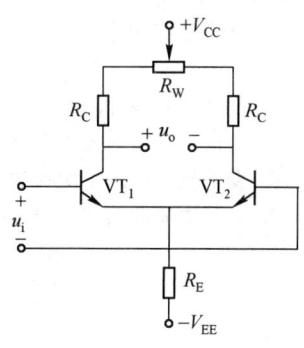

$$\dot{U}_{C1} = -\frac{\beta(R_{C}+R_{W})}{r_{be}} \cdot \frac{\dot{U}_{i}}{2}$$

$$\dot{U}_{C2} = \frac{\beta R_{C}}{r_{be}} \cdot \frac{\dot{U}_{i}}{2}$$

$$\dot{U}_{o} = \dot{U}_{C1} - \dot{U}_{C2}$$

$$\dot{A}_{d} = \frac{\dot{U}_{o}}{\dot{U}_{i}} = -\frac{\beta(R_{C}+R_{W}/2)}{r_{be}}$$

图 4-38　例 4-10 图

显而易见，两个结果相同。$R_{W}$ 的动端位置不影响 $\dot{A}_{d}$。但对共模放大倍数有影响，在 $R_{C}$ 已对称的情况下，滑动端不在中点，抑制零点漂移能力差。

**【例 4-11】** 差动放大电路如图 4-39（a）所示。设结型场效应管 VT$_{1}$ 和 VT$_{2}$ 参数相同，且 $g_{m} = 1 \text{ mS}$，$r_{ds} \to \infty$。试估算：（1）差模电压放大倍数 $\dot{A}_{d}$；（2）共模电压放大倍数 $\dot{A}_{c}$ 和共模抑制比 $K_{CMR}$。

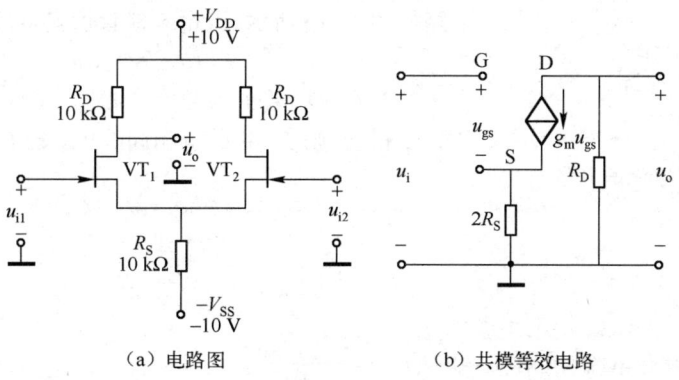

（a）电路图　　　　　　（b）共模等效电路

图 4-39　例 4-11 图

**解：** 这是一个由结型场效应管构成的差动放大电路，其分析方法完全类似双极型晶体管构成的差动放大电路。

（1）差模电压放大倍数

$$\dot{A}_{\mathrm{d}} = -\frac{1}{2}g_{\mathrm{m}}R_{\mathrm{D}} \approx -5$$

（2）画出共模等效电路如图4-39（b）所示

$$\dot{A}_{\mathrm{c}} = \frac{u_{\mathrm{oc}}}{u_{\mathrm{ic}}} = \frac{-g_{\mathrm{m}}u_{\mathrm{GS}}R_{\mathrm{D}}}{u_{\mathrm{GS}} + g_{\mathrm{m}}u_{\mathrm{GS}} \cdot 2R_{\mathrm{S}}} = \frac{-g_{\mathrm{m}}R_{\mathrm{D}}}{1 + g_{\mathrm{m}}2R_{\mathrm{S}}} = -0.476$$

$$K_{\mathrm{CMR}} = \left| \frac{\dot{A}_{\mathrm{c}}}{\dot{A}_{\mathrm{d}}} \right| \approx 10.5$$

由前面例题的分析计算，我们可以概括指出：对于差动放大电路，**计算静态指标一般从"尾巴"（估算）着手**；差模动态特性的分析用"躯干"半电路。具体讲，在计算静态工作点时，首先用尾巴估算发射极电流，一切以此为突破口，然后再据此计算其他静态参数；在差模输入信号作用下分析动态性能（$\dot{A}_{\mathrm{d}}$，$R_{\mathrm{id}}$，$R_{\mathrm{od}}$）时，仅仅取决于电路上部"躯干"的半电路参数，与"尾巴"没有关系。

**【思考题】**

1. 差动放大电路具有抑制零点漂移的作用，因此它常作为集成运算放大器的输入级。什么是差动放大电路？差动放大电路有何特性？差动放大电路为什么能有效地克服温漂？

2. 什么是差动放大电路的差模放大作用和共模抑制作用？

3. 对于差动放大电路输入/输出的四种接法模式，如何计算各自的静态工作点和动态指标？

4. 什么是共模抑制比，如何计算？

5. 射极耦合差动放大电路中的 $R_{\mathrm{E}}$ 起什么作用，该电路为什么要采用双电源供电模式？

6. 差动放大电路中增加的调零电阻起到什么作用？

7. 采用恒流源的差动放大电路在性能上有什么改进？如何计算其静态工作点和动态性能指标？

# 4.4  电流源电路

在电子电路特别是在模拟集成电路中广泛使用不同类型的电流源，为集成运放中的各级放大电路提供稳定的偏置电流或作为有源负载。常见的电流源电路有三极管电流源、镜像电流源、微电流源和多路电流源等。三极管电流源已在4.3.6节介绍，下面讨论其他几种常见的电流源。

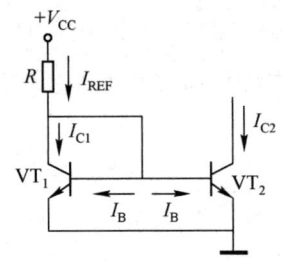

图4-40　基本镜像电流源电路

## 4.4.1  镜像电流源

### 1. **基本镜像电流源**

电路如图4-40所示，根据二极管伏安特性方程式，可得

$$I = I_{\mathrm{S}}(\mathrm{e}^{U_{\mathrm{BE}}/U_{\mathrm{T}}} - 1) \tag{4-47}$$

由于 $VT_1$ 和 $VT_2$ 管的参数完全相同，而且发射结并联在一起，$U_{\mathrm{BE}}$ 相同，$I_{\mathrm{B}}$ 相同，则 $I_{\mathrm{E}}$ 和 $I_{\mathrm{C}}$ 也相同。$VT_2$ 的 $I_{\mathrm{C2}}$ 为

$$I_{\mathrm{C2}} = I_{\mathrm{C1}} = I_{\mathrm{REF}} - 2I_{\mathrm{B}} = I_{\mathrm{REF}} - \frac{2I_{\mathrm{C}}}{\beta}$$

从而

$$I_{\mathrm{C2}} = \frac{I_{\mathrm{REF}}}{1 + 2/\beta} \tag{4-48}$$

其中，$I_{\mathrm{REF}}$ 为基准电流源电流，由图4-40有 $I_{\mathrm{REF}} = \frac{V_{\mathrm{CC}} - U_{\mathrm{BE1}}}{R}$。

当电流放大系数 $\beta \gg 1$ 时

$$I_{\mathrm{C2}} \approx I_{\mathrm{REF}} = \frac{V_{\mathrm{CC}} - U_{\mathrm{BE1}}}{R} \approx \frac{V_{\mathrm{CC}}}{R} \tag{4-49}$$

由上式可知,当 $R$ 确定后,基准电流 $I_{REF}$ 就确定,$I_{C2}$ 也随之而定。把 $I_{C2}$ 看做 $I_{REF}$ 的镜像,所以称图 4-40 为镜像恒流源电路。

**2. 改进的镜像电流源**

基本镜像电流源电路的优点是结构简单,两管的 $U_{BE}$ 具有一定的相互温度补偿作用。但该电路也有缺点,当 $\beta$ 值较小时,$I_{C2}$ 和 $I_{REF}$ 的差别就较大。为克服此矛盾,可在该电路的基础上接一个三极管 $VT_3$,如图 4-41 所示。它是带有缓冲级的镜像电流源,是针对基本镜像电流源缺点进行的改进,增加三极管 $VT_3$ 的目的是减少三极管 $VT_1$、$VT_2$ 的 $I_B$ 对 $I_R$ 的分流作用,提高镜像精度,减少 $\beta$ 值不够大时带来的影响。

$$I_{REF} = I_{C1} + I_{B3} = \beta_1 I_{B1} + I_{B3} = \beta_1 I_{B1} + \frac{I_{E3}}{\beta_3 + 1}$$

$$= \beta_1 I_{B1} + \frac{2 I_{B1}}{\beta_3 + 1} = \frac{I_{C2}}{\beta_1}\left(\beta_1 + \frac{2}{\beta_3 + 1}\right)$$

所以

$$I_{C2} = \frac{I_{REF}}{1 + 2/\beta_1(\beta_3 + 1)} \tag{4-50}$$

其中

$$I_{REF} = \frac{V_{CC} - 2U_{BE}}{R}$$

**3. 多路输出比例电流源**

前面讨论的电流源是用一个基准电流源去获得另一个固定电流。可以推广一下,用一个基准电流来获得多个电流,这就是多路输出比例电流源,如图 4-42 所示。

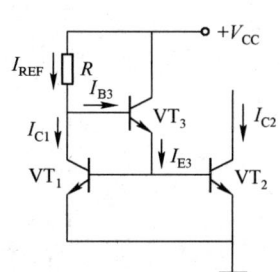

图 4-41 带缓冲级的镜像电流源电路    图 4-42 多路输出比例电流源电路

在图 4-42 所示的电路中,$VT_1$ 的 $U_{BE1}$、$R$ 和 $R_1$ 决定基准电流

$$I_{REF} = \frac{V_{CC} - U_{BE1}}{R + R_1}$$

$VT_1$、$VT_2$ 和 $VT_3$ 管的基极电位相等,即

$$U_{BE1} + I_{E1} R_1 = U_{BE2} + I_{E2} R_2 = U_{BE3} + I_{E3} R_3$$

由于各管的 $U_{BE}$ 近似相等,因此

$$I_{C2} \approx I_{E2} = \frac{I_{E1} R_1}{R_2} = \frac{I_{REF} R_1}{R_2} \tag{4-51a}$$

$$I_{C3} \approx I_{E3} = \frac{I_{E1} R_1}{R_3} = \frac{I_{REF} R_1}{R_3} \tag{4-51b}$$

可见,改变射极电阻的大小可以获得不同比例的输出电流。

## 4.4.2 微电流源

如图 4-43 所示,$VT_1$ 的参数和 $R$ 决定基准电流,即 $U_{BE1} = U_{BE2} + I_{E2} R_{E2}$,则

$$I_{E2} = \frac{U_{BE1} - U_{BE2}}{R_{E2}}$$

由于 $U_{BE1} - U_{BE2}$ 很小，故用阻值不大的 $R_E$ 就可获得微小的工作电流。

### 4.4.3　场效应管电流源

用场效应管代替半导体三极管可以构成上述各种恒流源电路。图 4-44 为场效应管多路输出电流源电路。其中 $VT_1$、$VT_2$ 和 $VT_3$ 都是 P 沟道增强型 MOS 管，由 $VT_1$ 和 $R$ 构成基准电流源，$I_{D2}$ 和 $I_{D3}$ 与 $I_{REF}$ 成比例，其关系决定于场效应管的几何尺寸。

### 4.4.4　电流源用做有源负载

前面提到，增大 $R_C$ 可以提高共射放大电路的电压增益，但是 $R_C$ 不能太大，因为在集成工艺中制造大电阻的代价太高，而且在电源电压不变的情况下，$R_C$ 越大，导致输出幅度越小。那么，能否找到一种元件代替 $R_C$，其动态电阻大，使得电压增益增大，但静态电阻较小，从而不至减小输出幅度呢？由于电流源具有直流电阻小、交流电阻大的特点，在模拟集成电路中广泛地把它作为负载使用——有源负载，可提高电路的电压增益及动态输出范围。例如，在图 4-45 所示的电路中，$VT_1$ 是共射极接法的放大管，$VT_2$ 和 $VT_3$ 组成的镜像电流源就是放大电路的集电极负载，称为有源负载。在集成电路中采用有源负载，可使共发射极电路本级的电压增益达 $10^3$，甚至更高。

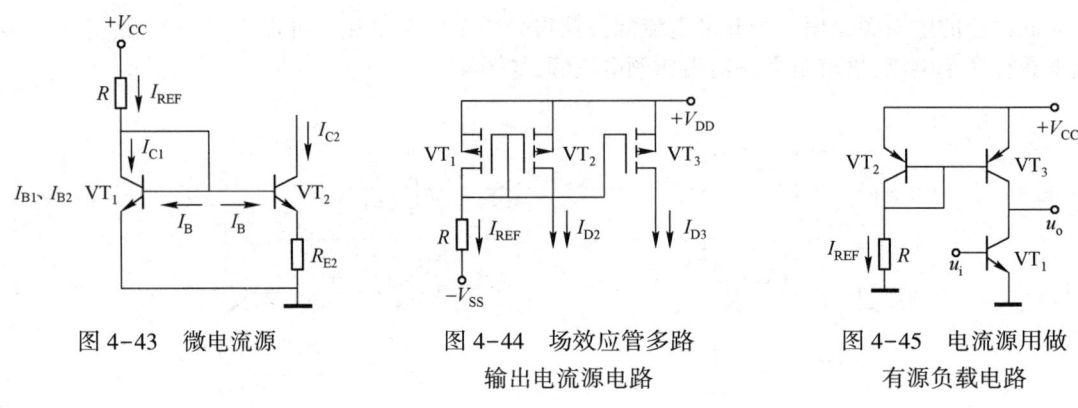

图 4-43　微电流源　　　　图 4-44　场效应管多路　　　　图 4-45　电流源用做
　　　　　　　　　　　　　　　　输出电流源电路　　　　　　　有源负载电路

## 4.5　通用集成运算放大器

### 4.5.1　集成运算放大器的发展概况

集成运放产品到现在已经发展到了第四代。

第一代产品基本沿用了分立元件放大电路的设计思想，采用了集成数字电路的制造工艺。但是，它的各方面性能都远远优于分立元件放大电路，具备中等精确的技术指标，以 μA709 为代表，其开环增益为 45000 倍，许多指标已经标准化，因而得到了广泛应用。其主要缺点是内部缺乏过电流保护，输出短路容易损坏。

第二代产品以 1966 年制造的 μA741 型高增益运放（10 万倍左右）为代表，普遍采用了有源负载，简化了电路的设计，并使得开环增益有了明显提高，各方面性能指标比较均衡，属于通用型运放，应用非常广泛。第二代集成运放虽然有较高的增益，但输入失调参数和共模抑制比指标不理想。

第三代产品出现于 20 世纪 70 年代末，输入级采用超 $\beta$ 管（$\beta = 1000 \sim 5000$），且工作电流很低，从而使输入失调电流及温漂大大减小，输入电阻大大提高。典型产品有国产的 4E325 和国外的 AD508 等。但是，第三代产品的抑制零点漂移思路仍跳不出双极型管电路参数相互补偿的老框框。

第四代产品出现于 20 世纪 80 年代,采用了斩波稳零和动态稳零技术,将场效应管、双极型三极管和自稳零放大技术兼容在一块硅片上,得到了极佳的抑制零点漂移效果。一般情况下不需调零就能正常工作,大大提高了精度。其产品有国外的 HA29000、SN62088 和国产的 5G7650 等。它们属于高阻、高精度、低漂移型的集成运放,性能已逼近理想的运算放大器,现广泛应用于精密仪表中的微弱信号测量以及自动控制系统。

## 4.5.2 通用集成运算放大器的典型电路

近代集成运放产品可以说已相当迫近理想参数的要求,下面以典型的通用型集成运放产品 F007(5G24 和 μA741)为例来简单介绍。F007 是国内应用较广的一种双极型集成运放,其电路组成和特性参数与国际上通用的集成运放 μA741 基本相同。图 4-46(a)是 F007 集成运放的内部原理电路。

**1. 输入级**

输入级是由 $VT_1 \sim VT_6$ 组成的差动式放大电路,由 $VT_6$ 的集电极输出,$VT_1 \sim VT_4$ 组成共集-共基差动放大电路,以便有较高的输入阻抗和电压增益。$VT_5$、$VT_6$ 及 $VT_7$(射极输出器)组成镜像电流源,作为输入级差动电路的有源负载,提高电压增益的同时把双端输入转化为单端输出到中间级。$VT_8$ 和 $VT_9$ 也组成镜像电流,$I_{C8}$ 为输入级提供恒定的静态工作点电流。

输入级有 5 个管脚。2 为反相输入端($u_o$ 与 $u_i$ 反相),3 为同相输入端($u_o$ 与 $u_i$ 同相);管脚 1、5 和 4 接入电位器 $R_P$,作为外接调零电位器,使静态时 $u_i = 0$,$u_o = 0$。

**2. 中间放大级**

由 $VT_{16}$ 和 $VT_{17}$ 两个三极管组成共射接法的复合管放大电路。其电流放大倍数 $\beta = \beta_{16} \times \beta_{17}$ 相当高,加上集电极负载为 $VT_{13}$ 组成的有源负载,其交流电阻很大,故中间级的电压放大倍数很大,保证了整个集成运放的开环电压放大倍数达到几万倍。

复合管的集电极与基极之间所加的电容 C(30pF)用来增加放大电路的工作稳定性,消除可能出现的自激振荡。

**3. 偏置电路**

图 4-46(a)中由电源 $+V_{CC} \rightarrow VT_{12} \rightarrow R_5 \rightarrow VT_{11} \rightarrow -V_{EE}$ 构成主偏置电路,决定偏置电路的基准电流 $I_{REF}$。主偏置电路中的 $VT_{11}$ 和 $VT_{10}$ 及 $R_4$ 组成微电流源电路($I_{REF} \approx I_{C11}$),由 $I_{C10}$ 供给输入级中 $VT_3$ 和 $VT_4$ 的偏置电流。$I_{C10}$ 满足下式

$$I_{C10} = I_{C9} + I_{B3} + I_{B4}$$

因此,工作电流 $I_{C3}$、$I_{C4}$ 和 $I_{C8}$、$I_{C9}$ 都相当稳定,提高了输入级抑制零点漂移的能力。

$VT_{12}$ 与 $VT_{13}$ 也构成镜像电流源,为中间级的 $VT_{16}$ 和 $VT_{17}$ 管提供集电极有源负载。

**4. 输出级**

为了保证集成运放有一定的输出功率和较小的输出电阻,故输出级采用 NPN 型 $VT_{14}$ 管和 PNP 型 $VT_{20}$ 管组成的互补功率输出电路,两个管子都接成射极输出器。

在图 4-46(a)中,$VT_{18}$ 和 $VT_{19}$ 为输出级的偏置电路,恒流源 $VT_{13}$ 的另一路向它们提供工作电流。$VT_{18}$ 和 $VT_{19}$ 的管压降因此相当稳定,加在 $VT_{14}$ 和 $VT_{20}$ 两管的基极之间,可以克服它们的死区电压,避免了输出交流电压经过零点附近的截止失真——交越失真。

为了防止输出管 $VT_{14}$ 和 $VT_{20}$ 在 $R_L$ 短路或短时的过载,或输入电流过大时的过电流而损坏,在 F007 运放中,由 $VT_{15}$、$VT_{21}$、$VT_{22}$、$VT_{23}$ 和电阻 $R_9$、$R_{10}$ 组成过载保护电路。发生过电流式过载时,$R_9$ 或 $R_{10}$ 两端压降都会增大,促使 $VT_{15}$ 或 $VT_{21}$ 由截止变为导通,将 $VT_{14}$ 或 $VT_{20}$ 的基极电流分流掉,从而限制了两管的电流,保护了输出管 $VT_{14}$ 和 $VT_{20}$。集成运放的第 6 脚为输出端,第 7 脚为正电源端,第 4 脚为负电源端。各管脚排列如图4-46(b)和(c)所示。

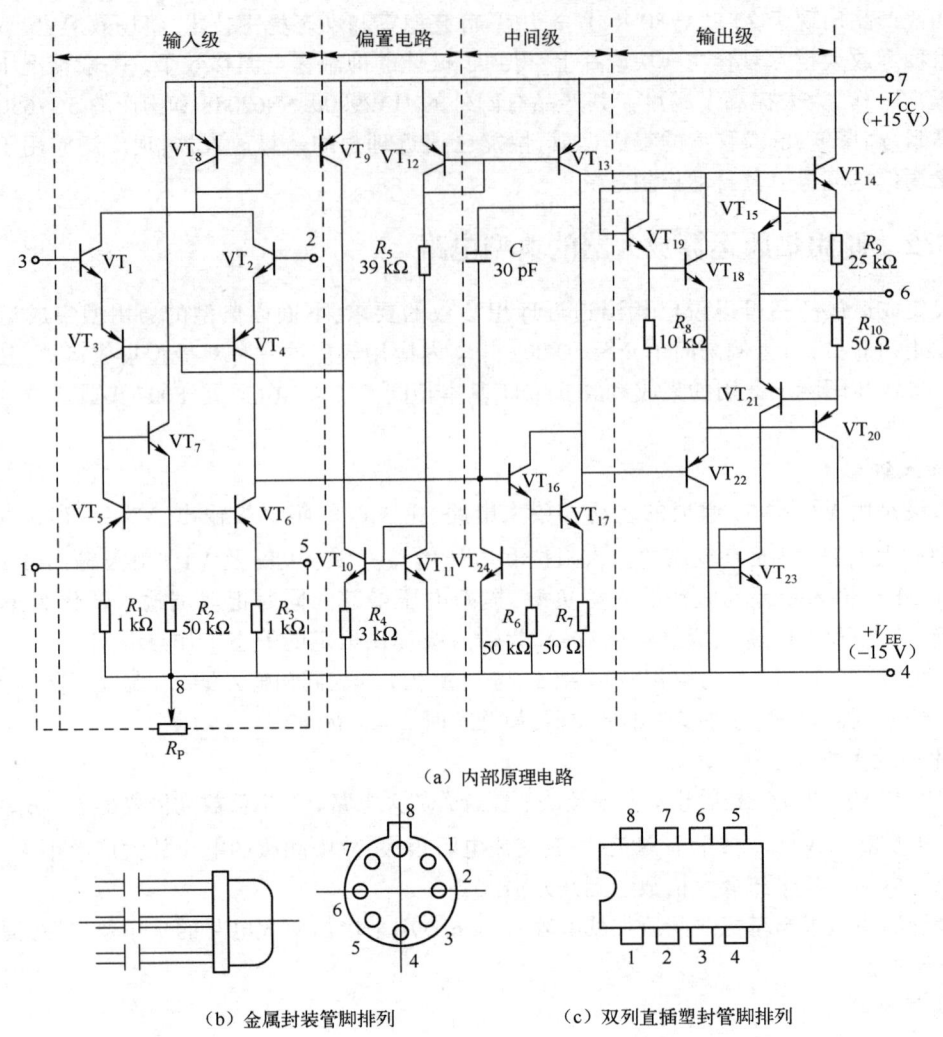

（a）内部原理电路

（b）金属封装管脚排列          （c）双列直插塑封管脚排列

图 4-46    F007(5G24)集成运放的内部原理电路及外形图

# 4.6    集成运算放大器的主要参数和低频等效电路

## 4.6.1    集成运算放大器的主要参数

为了表征集成运放各方面的技术性能,制造厂家制定出 20 多项技术指标,其中常用的有以下 13 种。

### 1. 开环差模电压增益 $\dot{A}_{od}$

$\dot{A}_{od}$ 是指运放在开环(无反馈)状态下的差模电压放大倍数,即 $\dot{A}_{od} = \dot{U}_{od}/\dot{U}_{id}$,用分贝数表示则为 $20\lg|\dot{A}_{od}|$。性能较好的集成运放 $\dot{A}_{od}$ 可达 140 dB。开环差模电压增益越大越好。

### 2. 共模抑制比 $K_{CMR}$

$K_{CMR}$ 主要取决于输入级差动放大电路的共模抑制比。其定义为: $K_{CMR} = |\dot{A}_{od}/\dot{A}_{oc}|$,用分贝数表示,性能好的集成运放其 $K_{CMR}$ 可达 120 dB 以上。共模抑制比越大越好。

### 3. 差模输入电阻 $r_{id}$

$r_{id}$ 是在输入差模信号时运放的输入电阻。性能好的集成运放是运放输入级向差模输入信号源索取电流大小的标志。$r_{id}$ 越大，集成运放从信号源索取的电流越小。

### 4. 输入失调电压 $U_{IO}$

输入失调电压 $U_{IO}$ 是指在无调零电位器时，为使静态输出电压为零而在输入端应加的补偿电压，其大小反映了输入级差分对管 $U_{BE}$ 的对称程度。$U_{IO}$ 愈小，表明对称性愈好。

### 5. 输入失调电压的温漂 $\dfrac{du_{IO}}{dT}$

$\dfrac{du_{IO}}{dT}$ 是输入失调电压 $u_{IO}$ 的温度系数，其值越小，表明集成运放的温漂越小。应该注意虽然 $U_{IO}$ 可用调零电位器补偿，但 $\dfrac{du_{IO}}{dT}$ 却无法去掉。

### 6. 输入失调电流 $I_{IO}$

$I_{IO}$ 是反映运放输入级差分对管输入电流对称性的参数，$I_{IO} = |I_{B1} - I_{B2}|$。$I_{IO}$ 越小，表明差分对管 $\beta$ 的对称性越好。

### 7. 输入失调电流的温漂 $\dfrac{di_{IO}}{dT}$

$\dfrac{di_{IO}}{dT}$ 是输入失调电流 $i_{IO}$ 的温度系数，越小越好。

### 8. 输入偏置电流 $I_{IB}$

$I_{IB}$ 是输入级差分对管的基极（栅极）偏置电流，其值为 $I_{IB} = (I_{B1} + I_{B2})/2$。若 $I_{IB}$ 大，则在信号源内阻不同时，对集成运放工作点的影响大，同时使输入失调电流 $I_{IO}$ 及其温漂 $\dfrac{di_{IO}}{dT}$ 也大，因而影响运算精度，其值越小越好。

### 9. 最大共模输入电压 $U_{ICM}$

$U_{ICM}$ 与差动放大电路的 $U_{ICM}$ 意义相同，为输入级能正常工作的情况下允许输入的最大共模信号。当共模输入电压高于此值时，集成运放便不能对差模输入信号进行放大。因此，在实际使用时，要特别注意输入信号中共模信号部分的大小。

### 10. 最大差模输入电压 $U_{IDM}$

$U_{IDM}$ 与差动放大电路的 $U_{IDM}$ 意义相同。当集成运放所加差模信号大到一定程度时，输入级至少有一个 PN 结承受反方向电压，$U_{IDM}$ 是不至于使 PN 结反向击穿所允许的最大差模输入电压。当输入电压大于此值时，输入级将损坏。

### 11. −3 dB 带宽 $f_H$

$f_H$ 是集成运放的上限截止频率。随着输入信号频率的升高，放大器的放大倍数将有所下降，当频率上升使得放大器的增益下降为直流增益（或中频增益）的 0.707 时，对应的频率称为运放的 −3 dB 带宽频率。

### 12. 单位增益带宽 $f_o$

$f_o$ 是指 $20\lg|\dot{A}_{od}|$ 下降到零分贝（即 $|\dot{A}_{od}| = 1$）时的频率，也称为集成运放的增益带宽积。

### 13. 转换速率 $S_R$

$S_R$ 反映集成运放对于高速变化的输入信号的响应情况，定义为 $S_R = |du_o/dt|_{Max}$。也就是说，只有输入信号的变化速率小于 $S_R$ 时，运放的输出才能跟上输入的变化。$S_R$ 越高，表明集成运放的高频性能越好。

除了以上各指标，运算放大器还有最大输出电压幅值 $U_{om}$、额定输出电流 $I_o$、输出电阻 $R_o$ 和静态功耗 $P_W$ 等指标，它们的意义比较明确，就不再一一介绍。

## 4.6.2　集成运算放大器的低频等效电路

在分立元器件放大电路的交流通路中,若用晶体管、场效应管的交流等效模型取代管子,则电路的分析与一般线性电路完全相同。同理,如果在集成运放应用电路中用运放的等效模型取代运放,那么电路的分析也将与线性电路完全相同。如果在运放电路中将所有管子都用其等效模型取代去构造运放的模型,那么势必使等效电路非常复杂。例如 F007 电路中有 19 只晶体管,在计算机辅助分析中,若采用晶体管的瞬态(EM2)模型,每只管子均由 11 个元器件构成,则 19 只管子共 $11 \times 19 = 209$ 个元器件。可以想象电路的复杂程度。因此,人们常构造集成运放的宏模型,即在一定的精度范围内构造一个等效电路,使之与运放(或其他复杂电路)的输入端口和输出端口的特性相同或相似。

### 1. 集成运放的低频等效电路

图 4-47 为集成运放的低频等效电路。对于输入回路,考虑了差模输入电阻 $r_{id}$、偏置电流 $I_{IB}$、失调电压 $U_{IO}$ 和失调电流 $I_{IO}$ 四个参数;对于输出回路,考虑了差模输出电压 $u_{od}$、共模输出电压 $u_{oc}$ 和输出电阻 $r_o$ 三个参数。

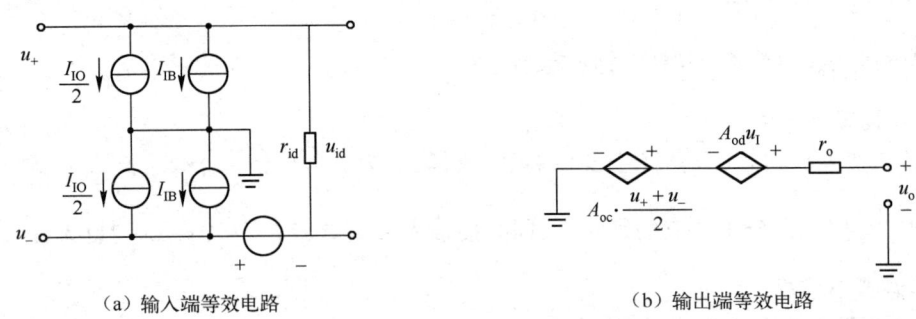

（a）输入端等效电路　　　　　　　（b）输出端等效电路

图 4-47　集成运放的低频等效电路

显然,图 4-47 所示电路中没有考虑管子的结电容及分布电容和寄生电容等的影响,因此只适用于输入信号频率不高情况下的电路分析。

如果仅研究对输入信号(即差模信号)的放大问题,而不考虑失调因素对电路的影响,那么可用简化的集成运放低频等效电路,如图 4-48 所示。这时,从运放输入端看进去,等效为一个电阻 $r_{id}$;从输出端看进去,等效为一个电压 $u_1$(即 $u_+ - u_-$)控制的电压源 $A_{od}u_1$,内阻为 $r_o$。若将集成运放理想化,则 $r_o = 0$。

在大多数工程计算中,常用运算放大器的理想模型来代替实际模型,这种理想模型计算所带来的误差是非常小的,在工程上忽略该误差完全可以满足要求,并且使分析计算大大简化。这样,我们就可以把集成运放的参数理想化,建立运放的理想模型。

### 2. 理想运放的电路符号

理想运放的电路符号如图 4-49 所示。

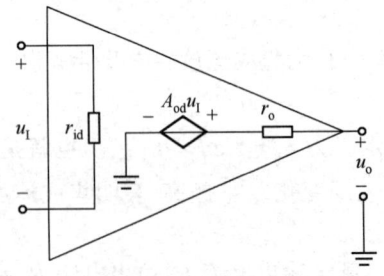

图 4-48　简化的集成运放低频等效电路

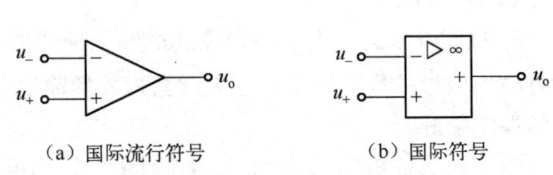

（a）国际流行符号　　　　　　（b）国际符号

图 4-49　理想运放的电路符号

**3. 理想运放的参数**

理想运放应具有以下一些特征。

（1）开环差模电压增益： $A_{od} \rightarrow \infty$

（2）差模输入电阻： $r_{id} \rightarrow \infty$

（3）共模抑制比： $K_{CMR} \rightarrow \infty$

（4）输出电阻： $r_o \rightarrow 0$

（5）输入失调电压及其温漂： $U_{IO} = 0, \dfrac{du_{IO}}{dT} = 0$

（6）输入失调电流及其温漂： $I_{IO} = 0, \dfrac{di_{IO}}{dT} = 0$

（7）开环带宽： $f_H \rightarrow \infty$

（8）转换速率： $S_R \rightarrow \infty$

# 4.7 CMOS 集成运算放大器

除了前述的输入级采用双极型晶体管差动放大电路构成的运放，集成运放还有以下几种。

**1. 结型场效应管输入级运放**

基本上由双极型构成，但输入差动电路采用结型场效应管。其特点是输入阻抗高，输入偏流小，动态输入范围较大，但是失调电压、温漂及共模抑制比等性能比双极型输入级运放差。这种运放用 JFET-BJT 表示。

**2. MOS 型场效应管输入级运放**

输入差动放大电路采用 MOS 场效应管，因此输入阻抗可视为无穷大。其输入信号漏泄电流用 0.1 pA 数量级的微小值表示。运放符号用 MOSFET-BJT 表示。

**3. CMOS 型运放**

晶体管全部用 CMOS 场效应管构成，特点是输入阻抗高、静态电流小和工作速度高，用 CMOS-FET 表示。

C14573 是由场效应管组成的集成运算放大器，由于采用 N 沟道与 P 沟道互补的场效应管，故称为 CMOS（即互补 MOS）型。与双极型晶体管组成的集成运放相比，CMOS 集成运放具有集成度高、输入电阻高和电源适应范围宽的特点。C14573 是四个运放制作在同一块基片上并封装成一个器件的，它们具有相同的温度系数，可以方便地进行补偿而组成性能较好的电路。

图 4-50 为 C14573 中一个运放的原理电路，下面结合此电路图进行分析。

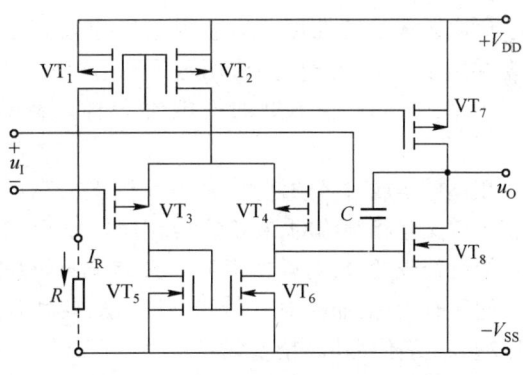

图 4-50　C14573 中一个运放的电路原理图

（1）**电路组成**　根据与晶体管对应的关系可看出，这是两级放大电路，全部是增强型 MOS 管。

第一级是由 $VT_3$、$VT_4$（P 沟道管）组成的共源差动放大电路、$VT_5$、$VT_6$（N 沟道管）构成镜像电流源作为有源负载。$VT_2$ 作为电流源提供偏置电流。

第二级是由 $VT_8$ 组成的带有源负载（$VT_7$）的共源放大电路。

$VT_2$ 和 $VT_7$ 的电流由 $VT_1$ 确定。这是一个多路电流源电路，$VT_1$ 的电流大小是通过外接电阻 $R$ 确定的。

在图 4-50 中，C 为消振电容，与 F007 中的 C 作用一样，也是起相位补偿作用的。

$V_{DD}$ 与 $V_{SS}$ 为直流电源，它们的差值要求不大于 15 V，不小于 5 V，可以是单电源供电（正或负），也可以正负电源不对称。但要注意，输出电压的范围将随电源的选择而改变。

（2）**工作原理**　确定电路的静态电流只须先确定流过 $VT_1$ 的电流 $I_R$，其他电流则可随之而定了。设 $VT_1$ 的开启电压为 $U_{GS(th)}$，则 $I_R \approx (V_{DD} + V_{SS} + U_{GS(th)})/R$，$I_R$ 一般为 $20 \sim 200$ μA。

下面分析交流性能。

第一级电路可以直接求出互导增益 $\dot{A}_G$，设 $VT_3$ 和 $VT_4$ 参数相同，$VT_5$ 和 $VT_6$ 参数相同，则

$$\dot{A}_G = \frac{\Delta I_{O1}}{\Delta U_I} = \frac{-2\Delta I_{D4}}{\Delta U_I} = \frac{-\Delta I_{D4}}{\frac{1}{2} \cdot \Delta U_I} = -g_{m4}$$

由于第二级是接在 $VT_8$ 管的栅源之间，$R_{i2}$ 很大，而第一级的输出电阻是 $r_{ds4} /\!/ r_{ds6}$，因此第一级的电压放大倍数

$$\dot{A}_{u1} \approx -g_{m4} \cdot r_{ds7} /\!/ r_{ds6}$$

第二级为有源负载共源放大电路，容易求出在负载开路时的电压放大倍数为

$$\dot{A}_{u2} \approx -g_{m8} \cdot r_{ds7} /\!/ r_{ds8}$$

$$\dot{A}_u = \dot{A}_{u1} \cdot \dot{A}_{u2} \approx g_{m4} \cdot g_{m8} \cdot (r_{ds7} /\!/ r_{ds8}) \cdot (r_{ds4} /\!/ r_{ds6})$$

此电路输出开路时的电压放大倍数可达 $10^4$（即 80 dB）以上。由于它的输出电阻比较大，故带负载能力较差，但它多用于场效应管为负载的电路或负载电阻较高的场合，故作为电压放大电路还是很好的。

以图 4-50 所示的电压极性，得到 $\dot{A}_u$ 为正值，则"+"为同相输入端，"–"为反相输入端。

C14573 输入电阻很高，输入的静态电流约为 1 nA。

由于 $V_{DD}$ 与 $V_{SS}$ 可在一定范围内选择数值，因此输出电压范围可变，一般为：下限值 $\approx -V_{SS} + 1.05$ V，上限值 $\approx V_{DD} - 2.0$ V。

集成运放按特性可分为通用型和特殊型两大类。一般认为，在没有特殊参数要求的运放可列为通用型。由于通用型应用范围宽、产量大，因此价格便宜。作为一般应用，首先考虑的是选择通用型，但并非通用型的性能都一样。特殊型，又称为高性能型，是指部分性能特别好的运放。

在选择运放时必须注意，并不是档次愈高的产品质量愈好。仔细分析可以发现，不少指标是互相矛盾又互相制约的，在实际应用时一定要按整机或系统的技术要求出发考虑，只需对其中几项指标有特殊要求，对其他指标不必苛求，尽量选用通用型运放。特殊类型的集成运放不是针对运放的所有指标，而是对其中部分指标刻意提高，研制了特殊类型的集成运放，有高速型、高阻型、高压型、低功耗型和高精度型等。

# 4.8　差动放大电路的仿真分析

## 4.8.1　射极耦合差动放大电路仿真分析

【**例 4-12**】　在如图 4-51 电路中，晶体管选用元器件库中的 2N2222A，$V_{CC} = 12$ V，$V_{EE} = -12$ V，$R_C = 15$ kΩ，$R_L = 10$ kΩ，$R_E = 10$ kΩ，输入信号为 $U_{i1} = 16$ mV，$U_{i2} = 10$ mV。用 EDA 仿真软件测试分析

其差模输出与共模输出波形,如负载接在 $C_1$、$C_2$ 点对地单端输出,波形又将如何?

**解**:(1)双入双出差模信号测试

用双通道示波器测试,A 通道接两个三极管的基极 $B_1$、$B_2$ 双端输入端口,B 通道接集电极 $C_1$、$C_2$ 双端输出端口,测试波形如图 4-52 所示。输出波形与输入反相,利用 T1 时刻测试结果计算:

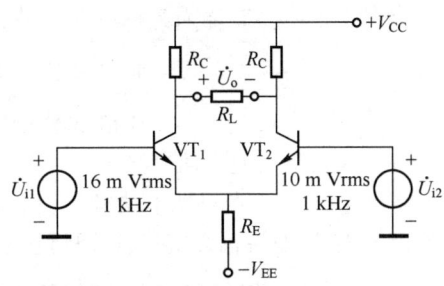

图 4-51　例 4-12 电路

$$\dot{A}_d = \frac{\text{通道 B 代表的差模输出电压}\,\dot{U}_{od}}{\text{通道 A 代表的差模输入电压}\,2\,\dot{U}_{id}} = \frac{-0.6731}{0.0085} \approx -79$$

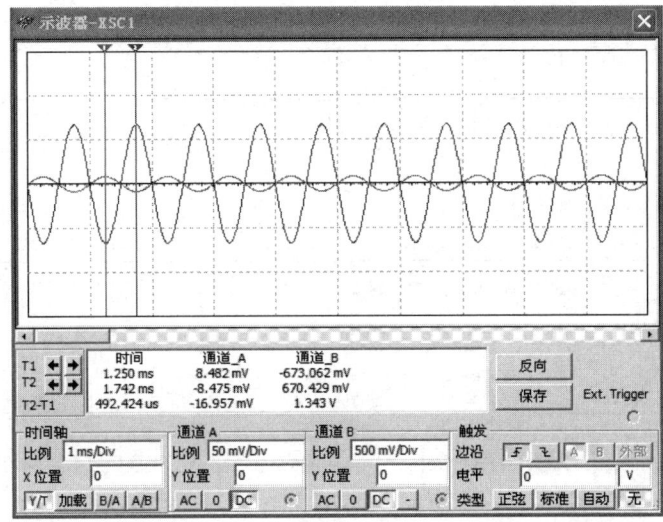

图 4-52　双入双出差模信号波形测试

(2)双入双出共模信号测试

将两个输入信号源电压有效值都改为 13 mV 共模输入,示波器 A 通道接基极 $B_1$ 与地单端输入端口,B 通道接集电极 $C_1$ 与 $C_2$ 双端输出端口,测试波形如图 4-53 所示。

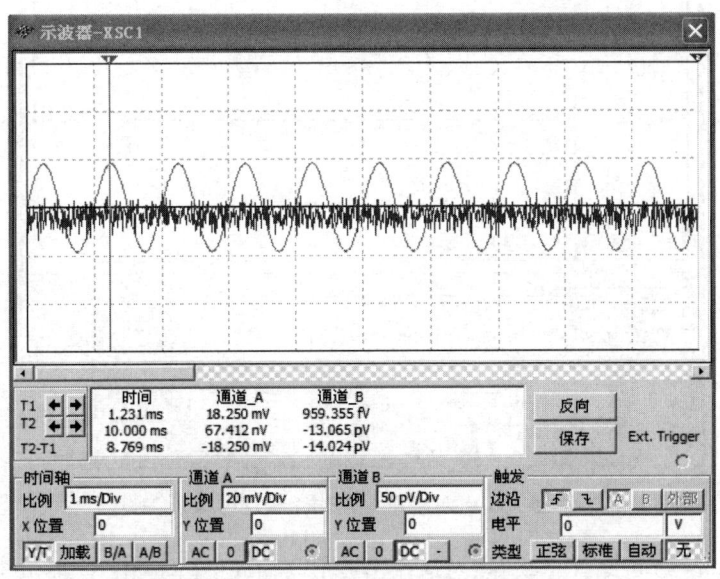

图 4-53　双入双出共模信号波形测试

由图 4-53 可知,输入为标准正弦波,而输出为弱噪声信号,利用 T1 时刻测试结果计算:

$$\dot{A}_c = \frac{\text{通道 B 代表的共模输出电压} \dot{U}_{oc}}{\text{通道 A 代表的共模输入电压} \dot{U}_{ic}} = \frac{959 \times 10^{-12}}{18 \times 10^{-3}} \approx 0$$

（3）双入单出差模信号测试

将电路改为 $C_1$ 点对地单端输出,左右两端输入电压的有效值为 16 mV 与 10 mV,示波器通道 A 接基极 $B_1$ 与 $B_2$ 双端输入端口,B 通道接 $C_1$ 与地单端输出端口,测试差模输出波形如图 4-54 所示。

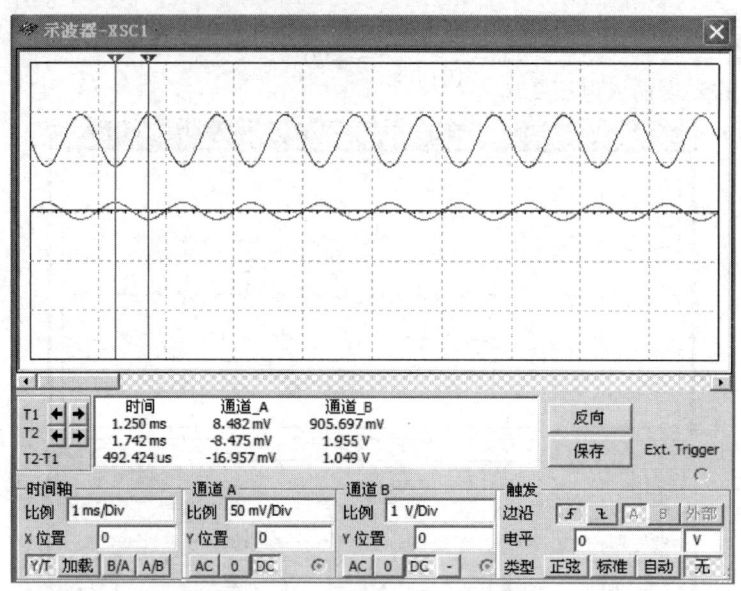

图 4-54　$C_1$ 点对地单端输出差模信号波形测试

将电路改为 $C_2$ 点对地单端输出,输入信号不变,示波器通道 A 仍然接 $B_1$ 与 $B_2$ 双端输入端口,B 通道接 $C_2$ 与地单端输出端口,测试差模输出波形如图 4-55 所示。

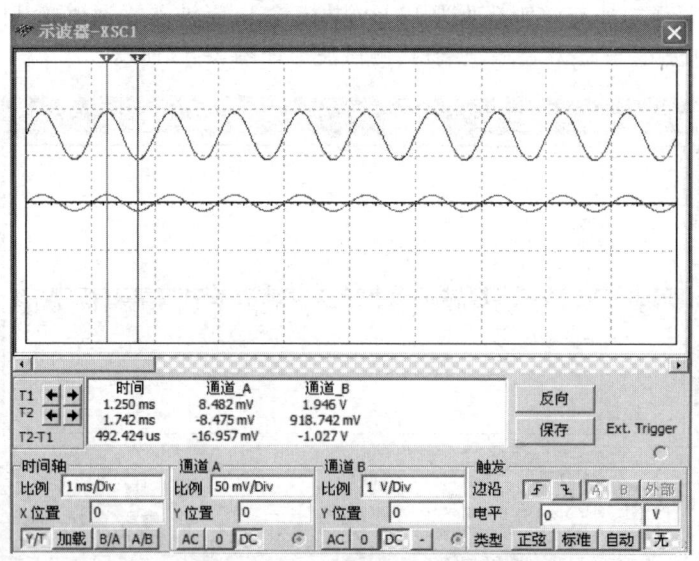

图 4-55　$C_2$ 点对地单端输出差模信号波形测试

由图 4-54、图 4-55 可知,$C_1$（$C_2$）点对地输出波形与输入反(同)相,且都包含有很大的直流分量,导致输出波形整体上移很多,这是因为单端输出时没有隔直措施,输出信号既包含放大的交流分量,也包含放大的直流分量。为此令左右两输入端直接接地,然后单独测试单端输出的集电极静态工作点电压。$C_1$点对地静态工作点测试如图4-56所示。

由图4-56可见,无交流信号输入时,$C_1$点对地输出的静态工作点电压为1.432 V,从$C_2$点测试同样得到1.432 V。

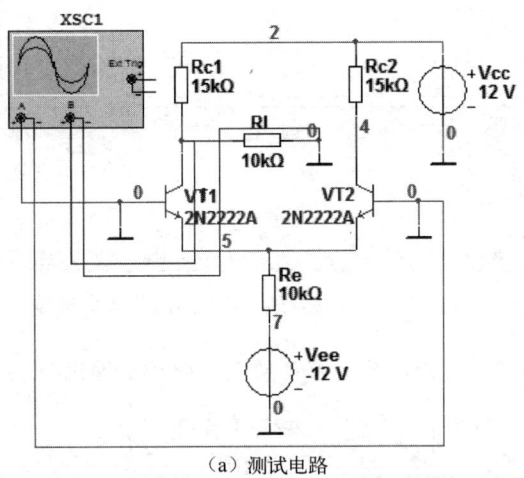

（a）测试电路

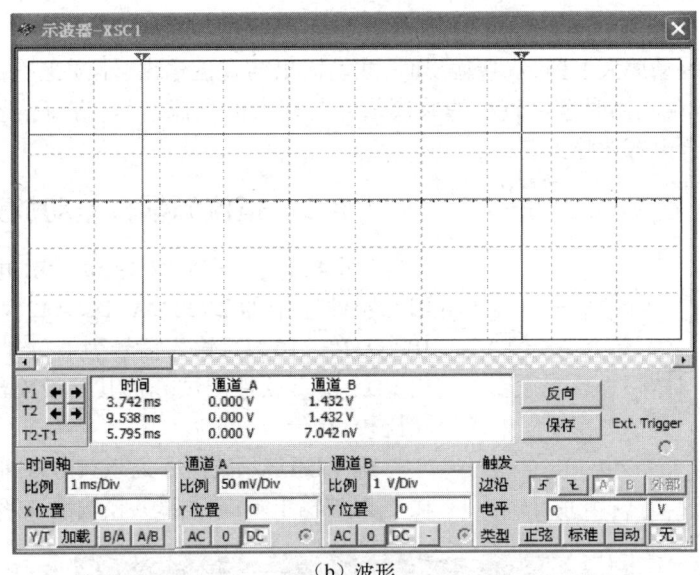

（b）波形

图4-56　双入单出($C_1$点对地)直流信号测试

分别利用图4-54、图4-55的T1时刻测试结果计算差模电压放大倍数

$$\dot{A}_{d1} = \frac{\dot{U}_{od1}}{2\dot{U}_{id}} = \frac{0.906 - 1.432}{0.0085 \times 10^{-3}} \approx -62$$

$$\dot{A}_{d2} = \frac{\dot{U}_{od2}}{2\dot{U}_{id}} = \frac{1.946 - 1.432}{0.0085 \times 10^{-3}} \approx 61$$

（4）双入单出共模信号测试

将两个输入信号源电压有效值都改为13 mV输入,A通道接$B_1$点对地端口,B通道接$C_1$点对地端口,测试$C_1$点对地单端输出的共模信号波形如图4-57所示。

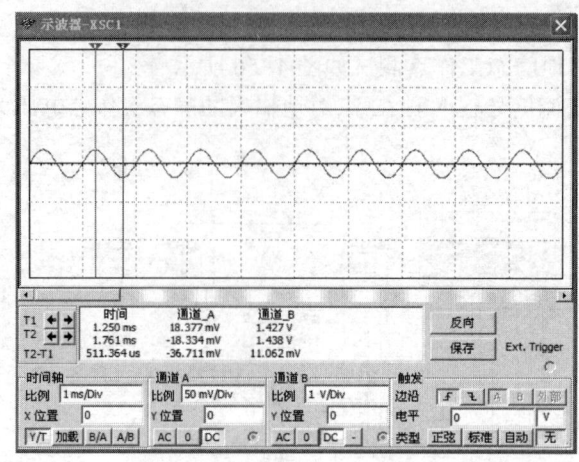

图 4-57 双入单出（$C_1$点对地单端输出）共模信号波形测试

由图 4-57 和图 4-56 可知，射极耦合的差动放大电路单端输出（$C_1$对地）时，共模放大倍数为

$$\dot{A}_{c1} = \frac{\dot{U}_{oc1}}{\dot{U}_{ic}} = \frac{1.427 - 1.432}{18 \times 10^{-3}} \approx -0.3$$

同样方法可测算得到 $\dot{A}_{c2} \approx 0.3$。

对于射极耦合差动放大电路，双端输出时，共模输出与直流输出（本质上直流信号也为共模信号）几乎为零。而单端输出时有比较小的共模信号与很大的直流信号，直流信号在差放与下级电路级联时可通过耦合电容滤除掉。

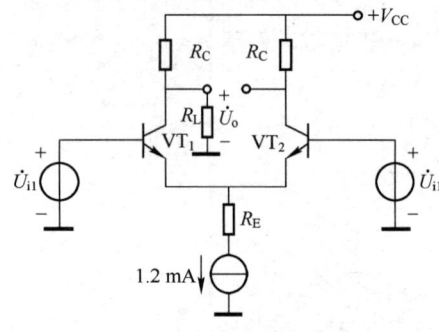

图 4-58 例 4-13 电路

## 4.8.2 恒流源耦合差动放大电路仿真分析

【例 4-13】 在如图 4-58 所示电路中，晶体管均选用元器件库中的 2N2222A，$V_{CC} = 12$ V，$R_C = 15$ kΩ，$R_L = 10$ kΩ，$R_E = 10$ kΩ，输入信号为 $U_{i1} = 13$ mV，$U_{i2} = 13$ mV。用 EDA 仿真软件测试分析其共模输出波形，与例 4-12 相比较，有什么改进？

**解：**双通道示波器 A 通道接 $B_1$ 对地输入端口，B 通道接 $C_1$ 对地输出端口，测试共模输出波形如图 4-59 所示。

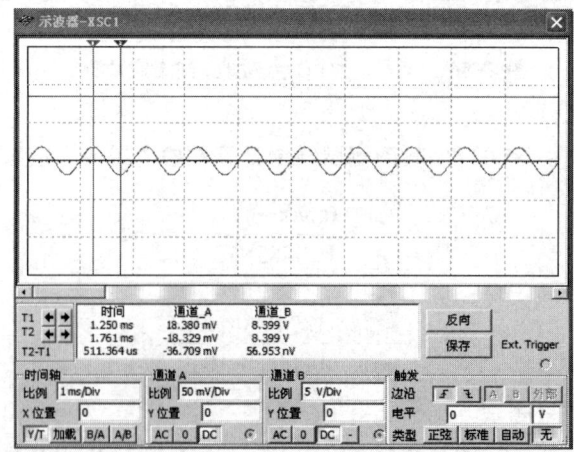

图 4-59 恒流源差放双入单出（$C_1$点对地）共模信号测试

与例 4-12 相似,图 4-59 的输出信号中既包含共模放大分量,也包含直流放大分量,进一步测试其无交流信号输入时的直流输出如图 4-60 所示。

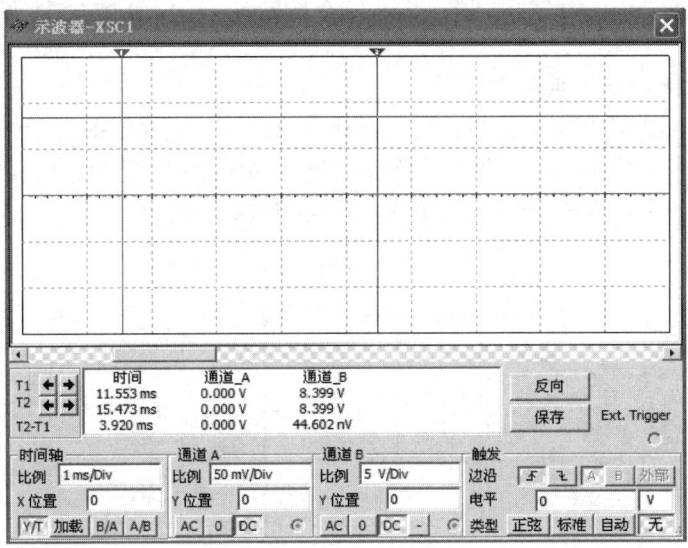

图 4-60　恒流源差放双入单出(C₁点对地)直流信号测试

由图 4-59 并结合图 4-60,恒流源差放单端输出($C_1$对地)时,共模放大倍数为

$$\dot{A}_{c1} = \frac{\dot{U}_{oc1}}{\dot{U}_{ic}} = \frac{8.399-8.399}{18\times10^{-3}} = 0$$

由表 4-1 可知,差动放大电路单端输出时,共模放大倍数与射极偏置电阻 $R_E$ 成反比,由于恒流源等效电阻趋于无穷大,故其共模放大倍数趋于 0,性能优于射极耦合差动放大电路。

# *4.9　知识拓展

## 4.9.1　电流源电路应用举例

### 1. 简易型 LED 照明恒流源电路

LED 属于电压敏感型器件,对电流精度要求较高,电流是影响发光效率和 LED 灯珠使用寿命的主要因素,如不采取恒流措施,LED 发光不稳定且易损坏。因此,恒流源是 LED 照明驱动的最佳选择。

一款采用简易型恒流源的 LED 驱动电路如图 4-61 所示,$R_2$ 为三极管 VT 的电流反馈电阻,稳压二极管 $VD_Z$ 提供电压基准。

$R_2$ 的阻值可根据公式 $R = 1.25/I$ 得到(I 为流过 LED 灯串的电流),这里 I 取 15 mA,则 $R_2$ 的阻值约为 80 kΩ;三极管 VT 选用耐压超过 350 V 的 NPN 三极管,如 1300 系列、3DD15D 等,$VD_Z$ 选用稳压值为 2.0 V 的二极管,$C_2$ 的作用是在加电过程中让 VT 的基极电压缓慢上升,从而使输出电流缓慢上升,以保护 LED,要

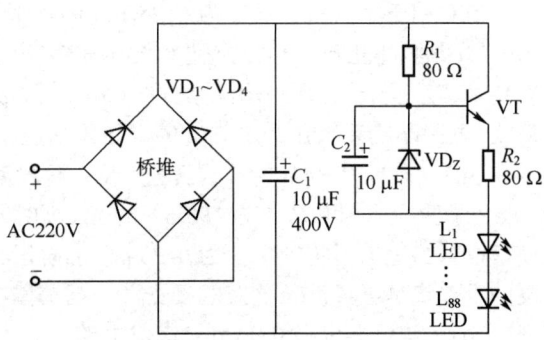

图 4-61　简易型 LED 照明恒流源电路

求其耐压值不低于 10 V、容量不小于 100 μF。

该电路的优点是成本低、电路简单,缺点是若输入电压波动大,则恒流值会有波动,即恒流精度不高。另外,该电路的效率完全取决于串联 LED 的数量,若 LED 数量少,则效率低,反之则效率高。

**2. 采用恒流管的 LED 照明电路**

CL1920 是一款 LED 专用宽电压线性稳流驱动管,有 TO-92、SOT-89-3 和 SOT-223 三种封装形式,输出电流在 10 ~ 20 mA 内可调。只要输入电压减去 LED 灯串总电压的值不超过 90 V,CL1920 就能起到恒流驱动作用,其应用电路非常简单,如图 4-62 所示。

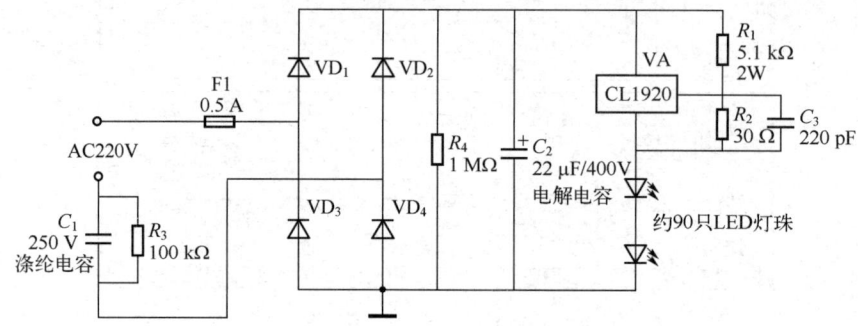

图 4-62 采用恒流管的 LED 照明电路

AC220V 市电经过桥式整流及 R₃、C₁ 降压后,在 C₂ 两端得到一直流电压,只需该直流电压减去 LED 灯串总电压所得值不超过 CL1920 的输入,输出最大压差(90 V),该电路就能恒流驱动 LED 灯串。由于该电路结构简单、成本低廉、稳定可靠,因此广泛用于小功率的 LED 灯具产品中。

## 4.9.2 集成电路高新制造技术简介

**1. 光刻技术**

光刻是加工集成电路微图形结构的关键工艺技术,在集成电路生产工艺中对各种薄膜层和掺杂区域的图形,光刻起着决定性的作用。可用光刻次数及所需掩膜的个数来表示某生产工艺的难易程度,通常用特征尺寸来评价集成电路生产线的工艺技术水平。目前,国外一些技术,领先的芯片制造商在超大规模集成电路设计和生产制造中已经普遍使用 0.35 μm 的线宽技术,并能进行规模化生产,可以制作包含上亿个元器件(如 64M DRAM 中元器件数已达到 1.28 亿个)的集成电路芯片。我国已对 0.35 μm 技术的设计、生产进行了配套,完全实现了中国国内一条龙生产。

目前对用于生产特征尺寸为 0.25 μm 的集成电路,设备选型工作已经完成,并将开始批量生产,光学光刻技术也已经可以制造 0.25 μm 特征尺寸的集成电路。光刻通常使用精密的自动套刻对准技术,曝光源也必须采用深紫外线(λ = 248 nm)以下的紫外光源。芯片厂将逐渐采用 DUV(深紫外线)电路印刷系统作为最先进的半导体制造技术。

在 64Mb 及 256 DRAM 的技术已进入生产阶段后,由于 i 线(365 nm)及深紫外线波长为 248 nm 的 KrF 准分子激光光源和波长为 193 nm 的 ArF 的准分子激光光源与"移相式掩膜"的作用,已使超大规模集成电路进入了特征尺寸为 0.25 μm 的阶段,在向特征尺寸为 0.18 μm 以下更小阶段发展时,开发的重点将是寻找波长更短的曝光源。据美国半导体工业协会(SIA)1998 年的半导体技术发展规划,最近几年将要发展 0.13 μm 集成电路。届时,表现在 DRAM 上密集的导线相邻两线中心之间的距离将是 100 nm。那么下一代将采用哪些光刻技术呢?采用相对较短的 134 nm 波长光源的极紫外线(UV)、电子束投射、X 射线投射和离子束投射。目前已有研究表明:采用 157 nm 准分子激光光源(使用含 5%氟的氦和纯氦两种气体混合,比例为 1:40),选择高纯 CaF2 晶体作为制造光学投影系统的透明材料,使用 0.3 μm 厚的聚乙烯酚作为抗蚀剂,可以实现 0.08 μm 特征尺寸的光刻。这可能是到目前为止光学光刻达到的最高精度。采用角度限制散射投影电子束光刻(SCAL-PEL)技术,抗蚀剂使用远紫外线光刻所用的商用化学放大抗蚀剂,在套准、临界尺寸控制、曝光等方面都能够满足 100 nm 以下光刻的要求,该工艺也成为制造 0.13 μm 集成电路的有力候选者,但目前仍处于实验阶段。特征尺寸在 0.1 μm 以下的集成电路,角度限制散射投影电子束光刻(SCALPEL)和极紫外线光刻以及离子投影光刻等光刻技术是较佳的候选者。

目前,Intel、Motorola、AMD 等公司正在共同合作开发用极紫外线(EUV)作为曝光源的电路板印刷技术来生产 0.15 μm 以下的芯片。极紫外线作为下一代最佳光刻系统,是由于极紫外线是能够延伸到 30 nm 技术的唯一选择。它能够通过采用复式掩膜和标准光照,把 30 nm 的隔离特性转移到芯片上,而不需借助于分辨率增强技术。

如果最小特征尺寸 0.35 μm 技术为 1995 年的水平,那么接下来的时代就是 0.25 μm、0.18 μm、0.12 μm,最小特征尺寸以相同的比例均匀地减小。假设保持现在的技术进步速度,每三年更新一代,每个芯片上具有数千兆位的 DRAM 存储器已近在眼前。目前,日本已投入开发 0.13 μm 的产品,并预计在年内普及。

### 2. 掺杂工艺技术

在超大规模集成电路生产工艺中,最主要的掺杂技术有传统的扩散法和较先进的离子注入法等。由于离子注入法能提供较佳的杂质轮廓,再加上能对注入的杂质浓度高低的分布进行有效而精确的控制,因此已成为现在超大规模集成电路制作中不可缺少的最主要的掺杂工艺技术。随着集成电路的线宽日益变窄,未来离子注入技术发展的主要方向是在高能量(400 keV,甚至高达 MeV 级以上)与低能量(几个 keV)离子注入领域。

### 3. 薄膜淀积与刻蚀技术

随着集成电路芯片的特征尺寸越来越小,速度越来越快,二氧化硅层就越来越薄,逐渐接近物理极限。当二氧化硅层厚度小于 3 nm 时,将失去它的绝缘能力,使电子能通过邻近的栅产生隧穿效应或泄漏。于是采用分子束外延系统(MBE),在高温真空环境下使三氧化锶钛(SrTiO3)淀积结晶在硅片上来取代普通二氧化硅,用这种工艺制成场效应晶体管(FET)的技术已逐渐成熟。

超大规模集成电路工艺中的电子蒸镀及溅射的薄膜淀积技术是两种现在最主要的物理气相薄膜淀积技术。这两种技术,尤其是电子束蒸镀法,所淀积薄膜的阶梯覆盖能力较 CVD 差,因此在超大规模集成电路工艺中,PVD 技术的应用仅局限在金属的镀膜上。磁控溅射膜改进的重心是如何提高金属溅射的台阶覆盖和填充的能力,使传统铝及钛或氮化钛(Ti/TiN)溅射的工艺不会因为工艺不断的发展而被其他方法替代。如何淀积可靠且耐用的 TiN 薄膜阻挡层是溅射技术的发展目标。CVD 工艺除了继续发展 200 mm 以上的大尺寸晶片淀积技术,主要是寻找新的淀积材料和开发新的淀积技术,以及如何改善淀积薄膜的台阶覆盖能力并简化工艺,降低反应所需的温度及对等离子体的损害,提高 CVD 淀积的安全性。目前,用于淀积 TiN 的 CVD 工艺已接近实用阶段。

由于集成电路芯片内的器件尺寸不断减小,各种膜的厚度变薄和圆片直径尺寸的增大,刻蚀选择性及在圆片内的刻蚀均匀性变得越来越重要,0.5 μm 工艺使常规干法刻蚀几何尺寸延伸到了极限,0.25 μm 以下的工艺技术中,刻蚀工艺仍将是有相当难度的技术领域。将来的刻蚀系统需要更高程度的控制和自诊断能力,以便保持更高的稳定性,需要有实时反馈控制来改进可靠性和降低维护工艺时间。目前,在等离子体刻蚀中所用的控制只是终点检测。用基于实时检测等离子体和圆片状态的自动反馈控制,可以保持最佳的工艺效果。对等离子体刻蚀工艺各个方面的计算机模拟,能够帮助更好地了解刻蚀的机理,并提高系统的设计能力和工艺的开发能力。

拥有百万至千万个器件数的超大规模集成电路技术主要是围绕着 CMOS 工艺发展起来的,过去曾占主导地位的双极技术在超大规模集成电路上找到了合适的位置。有意思的是,双极 IC 技术在战略上使用竞争者的技术来使自己前进,也就是说,大多数新的 MOS 工艺设备和技术都可以用于双极技术。离子注入、外延生长、多晶硅淀积技术的新发展使生产超薄基极双极晶体管成为可能。目前,基极在硅中的扩散深度已经可以做到小于 150 nm。

## *4.10  过程考核  模块 1——音频信号获取及前置放大电路设计

音频信号获取及前置放大电路设计(理论分析、电路设计、制作及调试、性能分析)

设计要求:

课程思政

(1) 选取合适的声传感器,频率范围为:100 Hz~20 kHz。

(2) 根据声传感器输出信号的电压大小(毫伏级),设计分立元器件构成的多级放大电路,放大倍数为:20~50 倍,输入阻抗范围为:大于 30 kΩ;输出阻抗范围为:小于 3 kΩ。

(3) 设计电路,计算元件参数并选择元器件。

(4) 完成电路原理的仿真验证。

(5) 基于实验箱/面包板/PCB 等完成电路制作,并进行电路调试和参数测试。

(6) 撰写实验分析报告。

注意:上述电路在学习完第 7 章后,可应用集成运放进行放大电路设计,学习完第 8 章后,可加入滤波电路,进一步提高输出信号质量。

## 本章小结

本章是全书的重点之一,介绍了多级放大电路的级间耦合问题、多级放大电路的分析方法,重点阐述了多级放大电路动态性能指标的计算方法;介绍了集成运放内部电路组成、理想集成运放的特点和实际集成运放的主要参数,重点讨论了作为输入级的差动放大电路的分析计算方法。

① 将基本放大电路级联或适当组合可以构成各具特点的多级放大电路。多级放大电路的电压放大倍数为每一单级电路放大倍数的乘积,但在计算每级电压放大倍数时应将后级输入电阻作为其负载。多级放大电路的输入电阻为第一级的输入电阻,而输出电阻为末级的输出电阻。

② 多级放大电路的耦合方式主要有四种:直接耦合、阻容耦合、变压器耦合以及光电耦合。几种耦合方式各有优缺点,只有直接耦合适用于集成放大电路。

③ 集成运放是利用半导体制造工艺将放大电路中的管子、电阻、连线等集成在一块芯片上制成的,是一种高增益直接耦合多级放大电路,它通常由差动输入级、中间放大级、互补射极跟随器输出级以及电流源电路组成。由于具有体积小、性能好、价格便宜等优点,它在模拟电路中获得广泛应用。

④ 直接耦合放大电路的特点是能够放大直流或变化缓慢的信号,但容易产生零点漂移。

⑤ 差动放大电路是解决零点漂移最有效的办法。在其发射极电路中接入的公共电阻,对共模信号会造成强烈负反馈,且具有抑制共模信号的作用,从而有效克服零点漂移。

⑥ 差动放大电路按输入、输出方式的不同可组成四种典型电路。差动放大电路的四种形式的性能与输入方式无关,只与输出方式有关。在电路具体分析时,静态工作点从尾巴估算着手;差模动态特性用躯干分析。

⑦ 电流源对提高集成运放的性能有重要的作用。电流源是根据晶体管工作在放大状态下具有恒流特性来实现的。镜像电流源、比例电流源、微电流源等是集成电路中常用的电流源,其作用主要有两个:一是稳定偏流,二是作为放大电路的有源负载。

⑧ 集成运放作为一个基本的信号处理器件,有两个输入端(一个为同相端,另一个为反相端)

和一个输出端,其外特性是由其性能指标来表征的。因此,只有理解了各项指标的含义,在实际应用中才能合理地选择集成运放。

# 自 测 题

**4.1 判断题** 分析下列说法是否正确(用"√"表示正确,用"×"表示错误)

1. 现测得两个共射放大电路空载时的电压放大倍数均为 $-100$,将它们连成两级放大电路,其电压放大倍数应为 10000。(　　)

2. 阻容耦合多级放大电路各级的 $Q$ 点相互独立,它只能放大交流信号。(　　)

3. 直接耦合多级放大电路各级的 $Q$ 点相互影响,它只能放大直流信号。(　　)

4. 只有直接耦合放大电路中晶体管的参数才随温度变化。(　　)

5. 互补输出级应采用共集或共漏接法。(　　)

6. 一个理想对称的差动放大电路,只能放大差模输入信号,不能放大共模输入信号。(　　)

7. 共模信号都是直流信号,差模信号都是交流信号。(　　)

8. 对于长尾式差动放大电路,不论是单端输入还是双端输入,在差模交流通路中,发射极电阻 $R_E$ 一律可视为短路。(　　)

9. 在长尾式差动放大电路单端输入情况时,只要发射极电阻 $R_E$ 足够大,则 $R_E$ 可视为开路。(　　)

10. 带有理想电流源的差动放大电路,只要工作在线性范围内,不论是双端输出还是单端输出,其输出电压值均与两个输入端电压的差值成正比,与两个输入端电压本身的大小无关。(　　)

**4.2 填空题**

1. 集成运算放大电路是一种采用＿＿＿＿＿＿＿耦合方式的放大电路,因此低频性能＿＿＿＿＿＿＿,最常见的问题是＿＿＿＿＿＿＿。

2. 理想集成运算放大电路的放大倍数 $\dot{A}_u$ 为＿＿＿＿＿＿＿,输入电阻 $R_i$ 为＿＿＿＿＿＿＿,输出电阻 $R_o$ 为＿＿＿＿＿＿＿。

3. 通用型集成运算放大器的输入级大多采用＿＿＿＿＿＿＿电路。

4. 集成运算放大电路的两个输入端分别为＿＿＿＿＿＿＿和＿＿＿＿＿＿＿输入端,前者的极性与输出端＿＿＿＿＿＿＿,后者的极性与输出端＿＿＿＿＿＿＿。

**4.3 选择题**

1. 直接耦合放大电路存在零点漂移的主要原因是(　　)。
   A. 电阻阻值有误差　　　　　　　B. 晶体管参数的分散性
   C. 晶体管参数受温度影响　　　　D. 电源电压不稳定

2. 集成放大电路采用直接耦合方式的原因是(　　)。
   A. 便于设计　　　　　　　　　　B. 放大交流信号
   C. 不易制作大容量电容　　　　　D. 电路具有最佳性能

3. 选用差动放大电路的原因是(　　)。
   A. 克服温漂　　　　　　　　　　B. 提高输入电阻
   C. 稳定放大倍数　　　　　　　　D. 提高放大倍数

4. 差动放大电路的差模信号是两个输入端信号的(　　),共模信号是两个输入端信号的(　　)。
   A. 差　　　B. 和　　　C. 平均值　　　D. 无关

5. 用恒流源取代长尾式差动放大电路中的发射极电阻 $R_E$,单端输出电路的(　　)。
   A. 差模放大倍数数值增大　　　　B. 抑制共模信号能力增强
   C. 差模输入电阻增大　　　　　　D. 差模输出电阻增大

6. 互补输出级采用共集形式是为了使(　　)。
   A. 电压放大倍数的数值大　　　　B. 最大不失真输出电压大
   C. 带负载能力强　　　　　　　　D. 改善电路的静态工作点

7. 直接耦合放大电路的特点是(　　)。(多项选择)

A. 工作点互相独立      B. 便于集成

C. 存在零点漂移      D. 能放大缓慢变化的信号

E. 不便调整

8. 关于集成运算放大器，下列说法正确的是(     )。

  A. 集成运放是一种高电压放大倍数的直接耦合放大器

  B. 集成运放只能放大直流信号

  C. 希望集成运放的输入电阻大、输出电阻小

  D. 集成运放的 $K_{CMR}$ 大

  E. 集成运放只能用于模拟信号的运算

9. 为了放大变化缓慢的微弱信号，放大电路应采用(     )耦合方式；为了实现阻抗变换，放大电路内采用(     )耦合方式。

  A. 直接      B. 阻容      C. 变压器      D. 光电

10. 阻容耦合与直接耦合多级放大器之间的主要不同是(     )。

  A. 所放大的信号不同      B. 交流通路不同

  C. 直流通路不同      D. 微变等效电路不同

11. 因为阻容耦合电路(     )，所以这类电路(     )，但是(     )。

A1. 各级静态工作点相互影响      B1. 各级静态工作点独立

C1. 各级放大倍数互相影响      D1. 各级放大倍数互不影响

A2. 温漂小      B2. 能放大直流信号

C2. 放大倍数稳定      D2. 放大倍数不稳定

A3. 温漂大      B3. 不能放大直流信号

C3. 放大倍数不稳定      D3. 易于集成

# 习 题 4

**4.1** 场效应管构成的电流源工作原理与双极型三极管电流源工作原理相似。试用类比的方法，画出场效应管组成的各种电流源电路，并写出其交流等效电阻 $R_o$ 的表达式。

**4.2** 理想运放工作在线性区和非线性区时各有什么特点？什么是"虚短"和"虚断"？

**4.3** 多级放大电路的电压放大倍数 $\dot{A}_u = \dot{A}_{u1}\dot{A}_{u2}\cdots\dot{A}_{un}$。试问在计算 $\dot{A}_u$ 时应注意什么问题？已知图 P4.3 中，$\beta_1 = 30$，$\beta_2 = 20$，$r_{be1} = r_{be2} = 1\ \mathrm{k\Omega}$，试用两种方法计算电路的电压放大倍数。

**4.4** 阻容耦合两级放大电路如图 P4.4 所示，已知 $\beta_1 = \beta_2 = 50$，$U_{BE1} = U_{BE2} = 0.7\ \mathrm{V}$。试指出每级各是什么组态的电路，并计算电路的输入电阻 $R_i$。

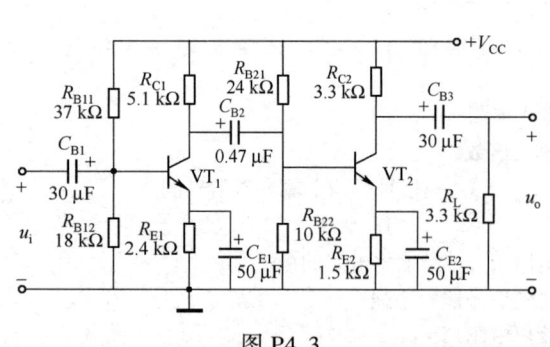

图 P4.3

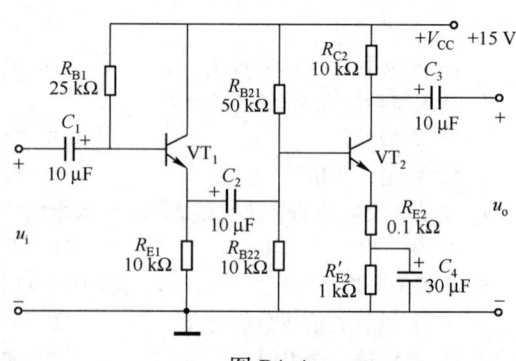

图 P4.4

**4.5** 试写出图 P4.5 所示的 RC 耦合共集–共集放大电路输出电阻 $R_o$ 的表达式。

**4.6** 为提高放大电路的带负载能力，多级放大电路的末级经常采用共集电路。共射–共集两级阻容耦合放大电路如图 P4.6 所示，$\beta_1 = \beta_2 = 50$，$U_{BE1} = U_{BE2} = 0.7\ \mathrm{V}$。（1）求各级的静态工作点；(2) 求电路的输入电

阻 $R_i$ 和输出电阻 $R_o$；(3) 分别计算当 $R_L$ 接在第一级输出端和第二级输出端时，两级放大电路的电压放大倍数。

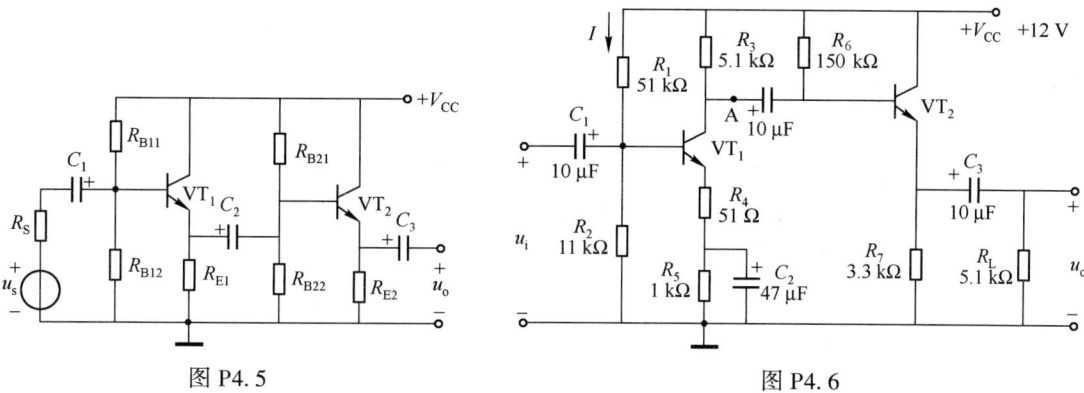

图 P4.5          图 P4.6

**4.7** 在如图 P4.7 所示电路中，三极管的 $\beta_1 = \beta_2 = 50$，设 $U_{BE1} = U_{BE2} = 0.7\ \text{V}$。求：（1）各级静态工作点；
（2）动态性能：$\dot{A}_u$，$R_i$ 和 $R_o$。

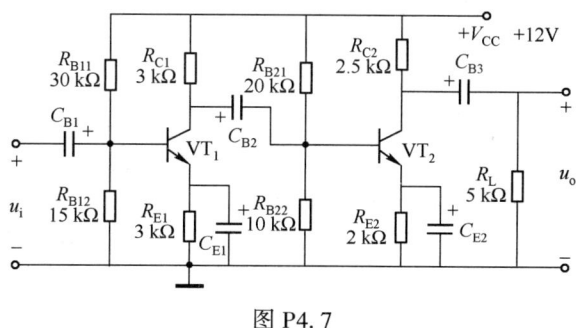

图 P4.7

**4.8** 场效应管具有较高的输入阻抗，用场效应管放大电路作为多级放大电路的输入级，可大大提高电路的输入电阻。由场效应管和晶体管组成的放大电路如图 P4.8 所示，$\beta_1 = \beta_2 = 50$，$r_{be1} = 1.5\ \text{k}\Omega$，$r_{be2} = 1\ \text{k}\Omega$，设电容 C 的容量足够大。当要求电路总的电压放大倍数 $|\dot{A}_u| \geqslant 100$ 时，场效应管的跨导 $g_m$ 至少应为多少？

**4.9** 恒流源在集成电路中除作为偏置电路外，还可作为放大电路的有源负载，以提高电压增益。图 P4.9 所示电路是用恒流源作有源负载的共射放大电路。说明恒流源作为负载，对放大电路的动态性能有何改善？

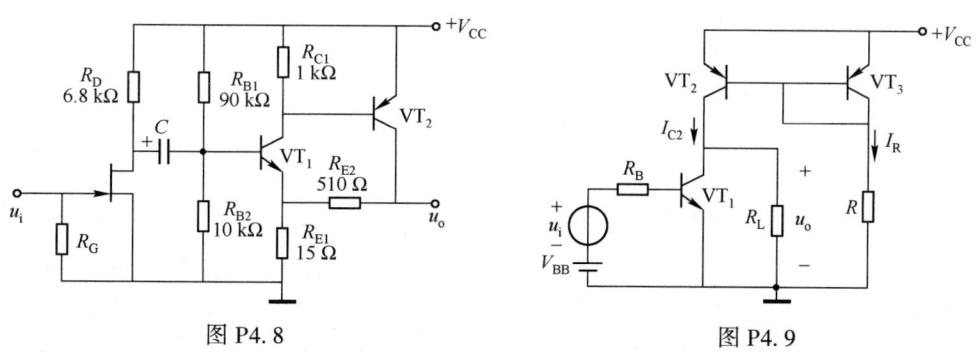

图 P4.8          图 P4.9

**4.10** 图 P4.10 所示电路的参数理想对称，晶体管的 $\beta$ 均为 80，$r_{bb'} = 100\ \Omega$，$U_{BEQ} \approx 0.7\ \text{V}$，$R_W$ 滑动端在中

点。计算:(1) $VT_1$ 管和 $VT_2$ 管的发射极静态电流 $I_{EQ}$;(2) 差模电压放大倍数 $\dot{A}_d$、差模输入电阻 $R_i$、差模输出电阻 $R_o$、共模电压放大倍数 $\dot{A}_c$。

**4.11** 在图 P4.11 所示电路中,晶体管的 $\beta$ 均为 80,$r_{be} = 7\ k\Omega$,$U_{BEQ} \approx 0.7\ V$;$VT_1$ 管和 $VT_2$ 管的发射极静态电流 $I_{EQ} = 0.3\ mA$。估算:(1) $R_{E3}$;(2) 集电极静态电位 $U_{CQ1}$ 和 $U_{CQ2}$;(3) 差模电压放大倍数 $\dot{A}_d$、共模电压放大倍数 $\dot{A}_c$、差模输入电阻 $R_i$ 和输出电阻 $R_o$ 的值;(4) 若直流信号 $u_1 = 10\ mV$,则 $\dot{U}_o = ?$

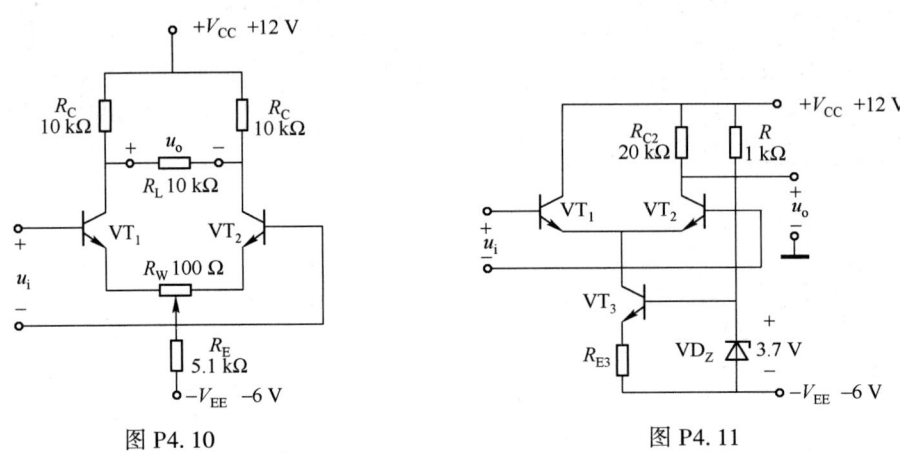

图 P4.10　　　　　　　　　　图 P4.11

**4.12** 在如图 P4.12 所示电路中,$R_{E1} = R_{E2} = 100\ \Omega$,三极管的 $\beta_1 = \beta_2 = 100$,$U_{BE1} = U_{BE2} = 0.7\ V$。(1) 求静态工作点 $Q(I_{B1}、I_{C1}、U_{CE1})$;(2) 当 $u_{i1} = 0.01\ V$,$u_{i2} = -0.01\ V$ 时,求输出电压 $u_o = u_{o1} - u_{o2}$ 的值;(3) 当 $C_1$ 和 $C_2$ 间接入负载电阻 $R_L = 5.6\ k\Omega$ 时,求 $u_o$ 的值;(4) 求电路的差模输入电阻 $R_{id}$ 和输出电阻 $R_{od}$。

**4.13** 在如图 P4.13 所示电路中,管子的 $\beta = 50$,$r_{bb'} = 100\ \Omega$,$R_1$ 上的电压可以忽略不计,$U_{BE} = 0.7\ V$。(1) 计算静态时的 $I_{C1}、I_{C2}、U_{C1}$ 和 $U_{C2}$ 的值;(2) 计算电路的 $\dot{A}_d$、$R_{id}$ 和 $R_{od}$ 的值;(3) 求当 $U_i = -1\ V$ 时输出 $U_o$ 的值。

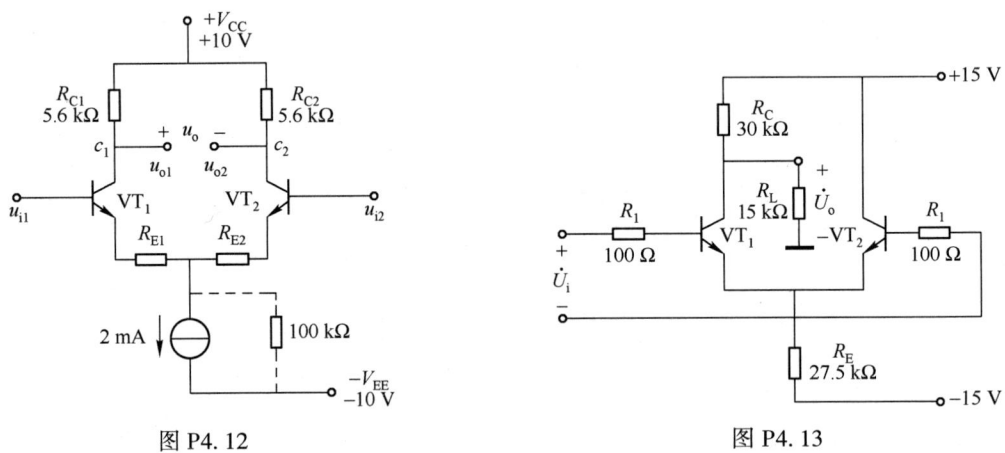

图 P4.12　　　　　　　　　　图 P4.13

**4.14** 在如图 P4.14 所示电路中,设 $R_P$ 的滑动端处于中间位置,所有管子的 $\beta = 100$。(1) 求静态工作点参数 $I_{C1}、I_{C2}、U_{C1}$ 和 $U_{C2}$ 的值;(2) 计算电路的动态性能指标:差模电压放大倍数 $\dot{A}_d$、差模输入电阻 $R_i$ 和输出电阻 $R_o$ 的值。

**4.15** 在如图 P4.15 所示电路中,晶体管 $VT_1 \sim VT_4$ 的电流放大系数为 $\beta_1 \sim \beta_4$,b-e 间的动态电阻为 $r_{be1} \sim r_{be4}$。试求解差模电压放大倍数 $\dot{A}_d$、差模输入电阻 $R_i$ 和输出电阻 $R_o$ 的表达式。

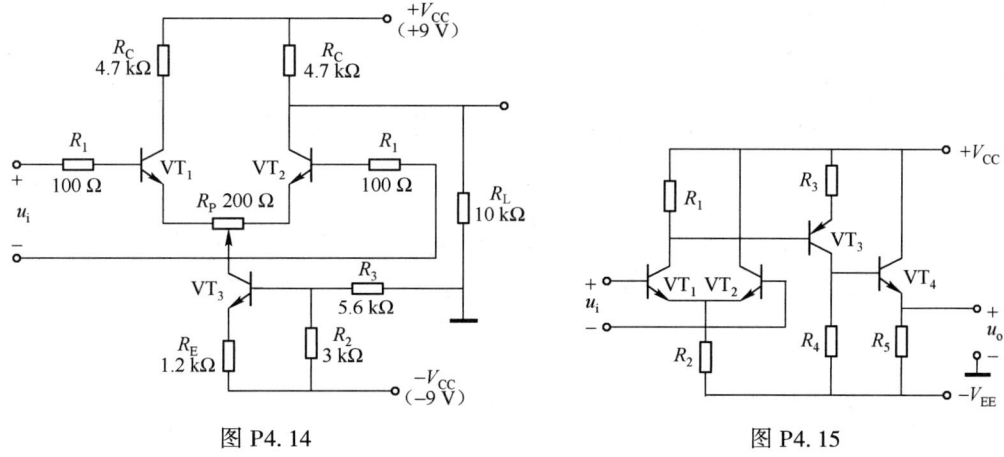

图 P4.14                                    图 P4.15

**4.16** 在如图 P4.16 所示电路中,所有晶体管均为硅管,$\beta$ 均为 60,$r_{bb'} = 100\ \Omega$,静态时 $|U_{BEQ}| = 0.7\ \text{V}$。求:(1) 静态时 $VT_1$ 管和 $VT_2$ 管的发射极电流;(2) 若静态时 $u_o > 0$,则应如何调节 $R_{C2}$ 的值才能使 $u_o = 0$,若静态时 $u_o = 0$,则 $R_{C2}$ 为多少? 电压放大倍数为多少?

**4.17** 多路电流源电路如图 P4.17 所示,所有晶体管的特性均相同,$U_{BE}$ 均为 0.7 V,求:(1) $I_{C1}$,$I_{C2}$ 各为多少? (2) $VT_3$ 管的作用是什么,简述理由。

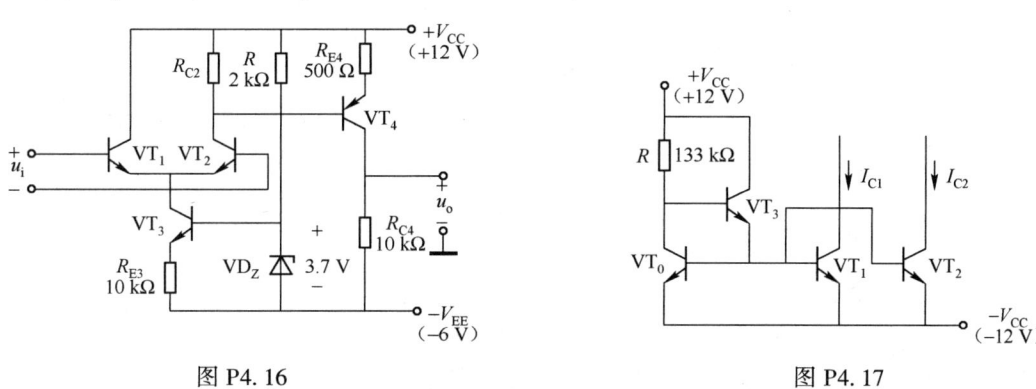

图 P4.16                                    图 P4.17

# 第 5 章　放大电路的频率特性

　　**内容提要**

　　任何放大电路的放大倍数均为频率的函数,仅适应于一定频率范围内信号的放大。本章首先重点介绍频率特性的基本概念与基础知识、晶体管的高频等效模型、放大电路截止频率的求解方法和波特图的分析方法;其次简单介绍多级放大电路的频率特性;然后深入讨论晶体三极管的高频小信号混合Ⅱ型等效电路模型、单管共射放大电路的频率特性。

　　**讨论的主要问题**

- 为什么要分析电路的频率特性? 影响频率特性的因素有哪些?
- 何谓放大电路的频率特性,什么是频率失真、相位失真?
- 怎样求放大电路的上限、下限截止频率?
- 为什么采用波特图分析放大电路的频率特性? 怎样画波特图?
- 如何分析单管共射放大电路的频率特性? 如何用波特图表示?
- 如何分析放大电路的增益带宽积与多级放大电路的频率特性?

## 5.1　概　　述

### 5.1.1　频率特性的基本概念

#### 1. 频率特性与通频带

　　在实际的放大电路中,输入信号都不是简单的单一频率信号,而是含有丰富的谐波,是由许多不同相位、不同频率分量组成的复杂信号,占有一定的频谱,如语音信号、电视信号和生物信号等。但是放大电路中一般都存在电抗性元件,如晶体管的极间电容、耦合电容、旁路电容、电路的负载电容与分布电容等,它们的容抗$\dot{X}_{\mathrm{C}}\left(=\dfrac{1}{\mathrm{j}\omega C}\right)$随频率而变化,因而放大电路对不同频率信号的放大倍数和延迟时间不同。放大电路对不同频率的正弦信号的稳态响应特性简称为**频率特性**。放大倍数是频率的函数,通常用一个复数$\dot{A}_{\mathrm{u}}(f)$来表示不同频率时的电压放大倍数

$$\dot{A}_{\mathrm{u}}(f) = \mid \dot{A}_{\mathrm{u}}(f) \mid \angle\varphi(f) \tag{5-1}$$

其中,$\mid \dot{A}_{\mathrm{u}}(f) \mid$表示放大倍数的模随频率的变化关系,叫做**幅频特性**;$\varphi(f)$表示放大倍数的幅角随频率的变化关系,叫做**相频特性**。对于图 5-1(a)所示的阻容耦合共射放大电路,图 5-1(b)表示其幅频特性$\mid \dot{A}_{\mathrm{u}}(f) \mid$和相频特性$\varphi(f)$,统称为频率特性。由图 5-1 可见,在一个较宽的频率范围内,$\mid \dot{A}_{\mathrm{u}}(f) \mid$基本不随频率的变化而变,且$\dot{U}_{\mathrm{o}}$和$\dot{U}_{\mathrm{i}}$相位差基本恒定为 180°。前面几章讨论的放大电路,就是工作在这一频率范围内,叫做中频区,此时,$\mid \dot{A}_{\mathrm{u}}(f) \mid$叫做中频电压放大倍数。工程上规定,当放大倍数下降到中频放大倍数的$1/\sqrt{2}$(或 0.707)时,相应的低频频率和高频频率分别叫做**下限截止频率**$f_{\mathrm{L}}$和**上限截止频率**$f_{\mathrm{H}}$。中频区的频率范围$f_{\mathrm{BW}}=f_{\mathrm{H}}-f_{\mathrm{L}}$,叫做**通频带**或**带宽**。

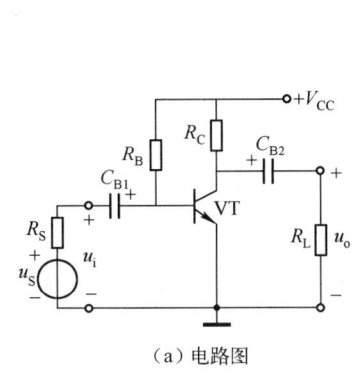
（a）电路图

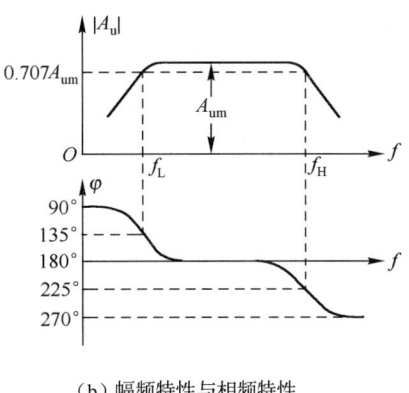
（b）幅频特性与相频特性

图 5-1　阻容耦合共射放大电路的频率特性

$f_L$ 以下的频率范围叫做低频区。当频率降低时,容抗增加,由于极间电容与电路参数并联,其影响可以忽略;而耦合电容与电路参数串联,分压作用增加,加到放大元件两端的有效信号减少,致使 $|\dot{A}_u(f)|$ 下降,并产生 $0° \sim 90°$ 的超前附加相移（以 $-180°$ 为基准）。

$f_H$ 以上的频率范围叫做高频区。当频率升高时,容抗降低,耦合电容的影响可以忽略;而极间电容的影响必须考虑。并联结果,使信号源电流增加,信号源内阻压降增加,放大元件两端有效信号减少。同时,由于极间电容的分流作用,使其真正起控制电流源的部分也减少,放大倍数下降,且产生 $0° \sim 90°$ 的滞后附加相移。

**2. 频率失真**

频率特性是衡量放大电路对信号频率适应能力的性能指标。如果一个放大电路的通频带不够宽,而输入信号的频谱分布又很广,那么输入信号的不同频率成分,就会得不到同倍数的放大,输出波形就会产生失真。其中,由于放大倍数模的不同所造成的失真称为**幅频失真**,而由附加相移不同造成的失真称为**相频失真**,这两种失真总称为**频率失真**。区别于放大器件的非线性特性所引起的非线性失真,电路中由于线性的电抗元件(电容、电感等)引起的频率失真称为**线性失真**。

**3. 波特图**

**（1）用分贝（dB）表示放大倍数**　放大倍数用分贝的表达式为

$$L_A = 20 \lg |\dot{A}_u| \quad (\text{dB}) \tag{5-2}$$

例如,对于放大倍数 $A_u = 10^5$ 倍,用分贝表示则为 $L_A = 20\lg 10^5 = 100 \text{ dB}$。又如,对应上、下限频率的放大倍数是中频的 0.707,用分贝表示为 $L_A = 20\lg 0.707 = -3 \text{ dB}$。所以 $f_H$ 和 $f_L$ 又分别叫做上、下端的 $-3 \text{ dB}$ 频率。

**（2）波特图**　电子技术领域,信号频率大致是几赫兹（Hz）至几十兆赫兹（MHz）,放大倍数大致是几倍到几百万倍。画频率特性曲线时,为了缩短坐标、扩大视野、简化分析,代表频率的横坐标采用对数刻度。此时,每一个十倍频率范围(如 1~10 Hz、10~100 Hz 等频率段,简称为**十倍频程**)在横坐标轴上所占的长度是相等的;用分贝表示放大倍数和用角度表示相位的纵坐标采用线性分度。这种半对数坐标图称为**对数频率特性**。频率特性的这种画法是由 H. W. Bode 提出来的,所以又被称为"波特图"。

## 5.1.2　放大电路频率特性的研究方法

由前面的分析可知,放大电路的电压放大倍数之所以会成为频率的函数,是因为放大电路中存在电抗性元件,主要是电容元件,它们的容抗 $\dot{X}_C$ 随频率的变化而变化。研究放大电路的频率特性,可以采取画出放大电路的交流等效电路,在频域中推导出放大倍数 $\dot{A}_u$ 的表达式,进而画出其波特图。但是该方法比较麻烦。实际上,放大电路中的电容可分为两类:一类是电容量比较大的耦合电容和射极旁路电容(用 $C_1$ 表示),通常为几十微法到几百微法,它们只在低频时起作用;另一类是晶体管的结电容和线路分布电容(用 $C_2$ 表示),它们的电容量很小,通常只有几皮法到几百皮法或更小,只在高频时起作用。下面采用**"分频段研究"**的方法从不同频段来分析各种电容对放大倍数 $\dot{A}_u$ 的影响。

① **中频段**:可理解为 $\omega$ 比较大,由于 $C_1$ 也较大,故容抗 $|\dot{X}_{C1}| = \dfrac{1}{\omega C_1}$ 很小,对串联回路不造成影响,可以看作短路;同时,由于 $C_2$ 很小,从而 $|\dot{X}_{C2}| = \dfrac{1}{\omega C_2}$ 相对很大,其并联效应也可以忽略,可以看作开路。在这个频率范围内,可以认为 $\dot{A}_u$ 与 $f$ 无关,特性是平坦的。

② **低频段**:$\omega$ 很小,$|\dot{X}_{C2}|$ 变得比中频段更大,其所在的并联支路仍然看作开路;随着 $\omega$ 的降低,$|\dot{X}_{C1}|$ 增大,它对输入信号的串联分压作用不可忽略,使得电压放大倍数的模减小,同时产生超前的附加相位移,最大可达 $+90°$。这时电路等效为 RC 高通电路。

③ **高频段**:$\omega$ 很大,故 $|\dot{X}_{C1}|$ 变得比中频段更小,仍然看作短路;随着 $\omega$ 的增大,$|\dot{X}_{C2}|$ 趋于有限值,同样使得电压放大倍数的模减小,同时产生滞后的附加相位移,最大可达 $-90°$。这时电路等效为 RC 低通电路。

## 5.1.3 单时间常数 RC 电路的频率特性

单时间常数的 RC 电路是指由一个电容与一个电阻组成的,或者最终可以简化成由一个电容和一个电阻组成的 RC 等效电路,它们的时间常数 $\tau = RC$。虽然单时间常数 RC 电路十分简单,但它们在设计和分析线性电路及数字电路时起着重要作用。例如,在频率特性中将看到,阻容耦合放大电路的低频区,耦合电容和放大电路的输入电阻,形成一个高通电路;而在高频区,极间电容又形成一个低通电路。为此,先研究这两种 RC 电路的频率特性。

### 1. RC 低通电路

图 5-2 给出了一个无源 RC 串联电路,输出电压 $\dot{U}_o$ 是电容 $C$ 两端的电压,是输入电压 $\dot{U}_i$ 经 $R$ 和 $C$ 分压后得到的,所以这种分压关系将随输入信号的频率而变化。当频率为零(直流)时,电容元件的容抗 $X_C$ 趋向于无穷大,因此,$\dot{U}_o = \dot{U}_i$,而电路的电压传输系数 $\dot{A}_u = \dfrac{\dot{U}_o}{\dot{U}_i} = 1$。随着频率升高,电容元件的 $X_C$ 下降,电路的 $\dot{U}_o$ 和 $|\dot{A}_u|$ 都减小,而 $\dot{U}_o$ 在相位上越来越滞后于 $\dot{U}_i$。由于只有在直流或频率很低时,输入信号才能顺利通过电路传输到输出端,所以这种电路叫做**低通电路**。

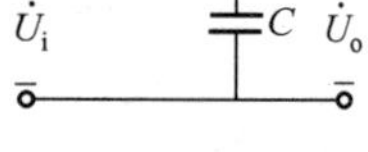

图 5-2　无源 RC 低通
电路

在图 5-2 所示的 RC 电路中,输出 $\dot{U}_o$ 与输入电压 $\dot{U}_i$ 的传输关系为

$$\dot{A}_u = \frac{\dot{U}_o}{\dot{U}_i} = \frac{\dfrac{1}{j\omega C}}{R + \dfrac{1}{j\omega C}} = \frac{1}{1 + j\omega RC} \tag{5-3}$$

其中,$\omega$ 为输入信号的角频率,令 $\omega_H = \dfrac{1}{RC} = \dfrac{1}{\tau}$,则

$$f_H = \frac{\omega_H}{2\pi} = \frac{1}{2\pi RC} \tag{5-4}$$

将 $f_H$ 代入式(5-3)可得

$$\dot{A}_u = \frac{1}{1+j\dfrac{\omega}{\omega_H}} = \frac{1}{1+j\dfrac{f}{f_H}} \qquad (5-5)$$

将复数 $\dot{A}_u$ 分别用其模和相位角表示,可得

$$\begin{cases} |\dot{A}_u| = \dfrac{1}{\sqrt{1+\left(\dfrac{f}{f_H}\right)^2}} \\[4mm] \varphi = -\arctan\left(\dfrac{f}{f_H}\right) \end{cases} \qquad (5-6)$$

进而,对 $\dot{A}_u$ 的模取对数,可得对数幅频特性和相位表达式

$$\begin{cases} 20\lg|\dot{A}_u| = -20\lg\sqrt{1+\left(\dfrac{f}{f_H}\right)^2} \\[4mm] \varphi = -\arctan\left(\dfrac{f}{f_H}\right) \end{cases} \qquad (5-7)$$

如果按照式(5-7)逐点画出波特图是非常麻烦的。在实际应用中,在满足工程精度要求的前提下,通常采用工程近似的方法。对式(5-7)讨论可以得到表5-1。

表 5-1 RC 低通电路的对数幅频特性、相位和信号频率的关系

| 信号频率 $f$ | 对数幅频特性 $20\lg|\dot{A}_u|$ | 相位 $\varphi$ |
| --- | --- | --- |
| $\ll f_H$ | 0 dB | 0° |
| $0.1f_H$ | ≈0 dB | −5.71° |
| $f_H$ | ≈−3 dB | −45° |
| $10f_H$ | ≈−20 dB | −84.29° |
| $100f_H$ | ≈−40 dB | −90° |
| $\gg f_H$ | $-20\lg\dfrac{f}{f_H}$ dB | −90° |

根据以上分析可绘出低通 RC 电路的波特图。对于幅频特性,如果忽略 $f=f_H$ 时的−3 dB,可用两条直线构成的折线来近似:当 $f<f_H$ 时,可用一条与横坐标平行的零分贝直线来近似;当 $f>f_H$ 时,可用一条**−20 dB/十倍频程**的直线来近似。两条直线相交于横坐标 $f=f_H$ 处。

对于相频特性,近似认为 $f=0.1f_H$ 时 $\varphi=-5.71°\approx0°$,在 $f=10f_H$ 时 $\varphi=-84.29°\approx-90°$,则可用3 条直线构成的折线来近似:当 $f<0.1f_H$ 时,$\varphi\approx0°$;当 $f>10f_H$ 时,$\varphi\approx-90°$;当 $0.1f_H<f<10f_H$ 时,用斜率为**−45°/十倍频程**的直线来近似。

通常把 $f_H$ 称为上限截止频率,幅频特性在 $f_H$ 处的误差达到最大,为−3 dB;相频特性在 $0.1f_H$ 和 $10f_H$ 处的误差达到最大,分别为 5.71° 和−5.71°。

RC 低通电路的波特图如图 5-3 所示。由图可见,只要求得上限截止频率 $f_H$,按照上述规律,就可以很容易地得到足够准确的 RC 低通电路的波特图。

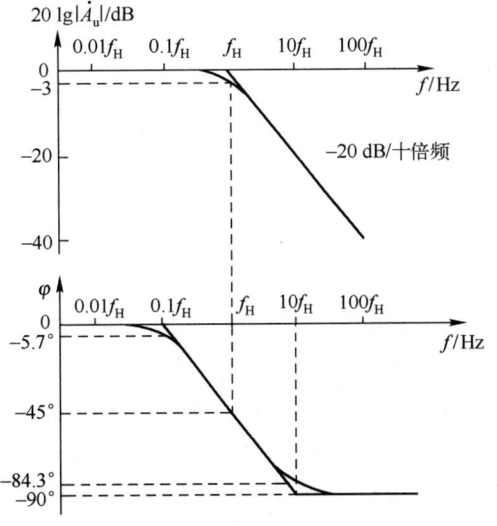

图 5-3 RC 低通电路的波特图

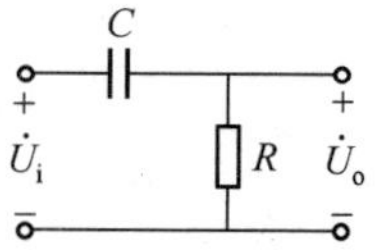

### 2. RC 高通电路

图 5-4　无源 RC 高通电路

图 5-4 所示电路为无源 RC 高通电路，输出电压 $\dot{U}_\text{o}$ 是电阻 $R$ 两端的电压，它与输入电压 $\dot{U}_\text{i}$ 的关系为

$$\dot{A}_\text{u} = \frac{\dot{U}_\text{o}}{\dot{U}_\text{i}} = \frac{R}{R + \dfrac{1}{\text{j}\omega C}} = \frac{\text{j}\omega RC}{1 + \text{j}\omega RC} \tag{5-8}$$

其中，$\omega$ 为输入信号的角频率，令 $\omega_\text{L} = \dfrac{1}{RC} = \dfrac{1}{\tau}$，则

$$f_\text{L} = \frac{\omega_\text{L}}{2\pi} = \frac{1}{2\pi RC} \tag{5-9}$$

将 $f_\text{L}$ 代入式（5-8）可得

$$\dot{A}_\text{u} = \frac{\text{j}\dfrac{\omega}{\omega_\text{L}}}{1 + \text{j}\dfrac{\omega}{\omega_\text{L}}} = \frac{\text{j}\dfrac{f}{f_\text{L}}}{1 + \text{j}\dfrac{f}{f_\text{L}}} = \frac{1}{1 - \text{j}\dfrac{f_\text{L}}{f}} \tag{5-10}$$

将复数 $\dot{A}_\text{u}$ 的模取对数，可得对数幅频特性和相位表达式

$$\begin{cases} 20\lg|\dot{A}_\text{u}| = -20\lg\sqrt{1 + \left(\dfrac{f_\text{L}}{f}\right)^2} \\ \varphi = \arctan\left(\dfrac{f_\text{L}}{f}\right) \end{cases} \tag{5-11}$$

对式（5-11）讨论可以得到表 5-2。

表 5-2　RC 高通电路的对数幅频特性、相位和信号频率的关系

| 信号频率 $f$ | 对数幅频特性 $20\lg|\dot{A}_\text{u}|$ | 相位 $\varphi$ |
|---|---|---|
| $\gg f_\text{L}$ | 0 dB | 0° |
| $10f_\text{L}$ | $\approx 0$ dB | 5.71° |
| $f_\text{L}$ | $\approx -3$ dB | 45° |
| $0.1f_\text{L}$ | $\approx -20$ dB | 84.29° |
| $0.01f_\text{L}$ | $\approx -40$ dB | 90° |
| $\ll f_\text{L}$ | $-20\lg\dfrac{f_\text{L}}{f}$ dB | 90° |

根据以上分析可绘出高通 RC 电路的波特图。类似低通电路，对于高通电路的幅频特性仍可用两条直线构成的折线来近似：当 $f > f_\text{L}$ 时，可用零分贝线来近似；当 $f < f_\text{L}$ 时，可用 +20 dB/十倍频程的直线来近似。两条直线相交于横坐标 $f = f_\text{L}$ 处。

同样，对于相频特性可用 3 条直线构成的折线来近似：当 $f > 10f_\text{L}$ 时，$\varphi \approx 0°$；当 $f < 0.1f_\text{L}$ 时，$\varphi \approx +90°$；当 $0.1f_\text{L} < f < 10f_\text{L}$ 时，用斜率为 $-45°$／十倍频程的直线来近似。

通常把 $f_\text{L}$ 称为下限截止频率，幅频特性在 $f_\text{L}$ 处的误差达到最大，为 $-3$ dB；相频特性在 $0.1f_\text{L}$ 和 $10f_\text{L}$ 处的误差达到最大，分别为 5.71° 和 $-5.71°$。

RC 高通电路的波特图如图 5-5 所示。分析比较 RC 低通和高通电路的电压传输系数表达式（5-3）和式（5-8）以及各自对应的波特图可知，画 RC 电路的波特图的关键就是求出对数频率特性的转折频率，即电路的上下限截止频率 $f_\text{H}$ 和 $f_\text{L}$，而 $f_\text{H}$ 和 $f_\text{L}$ 值的大小取决于电路的时间常数 $\tau$。

### 3. 时间常数 $\tau$ 的估算

在许多情况下，快速求出单时间常数 RC 电路的时间常数 $\tau$ 是极为重要的。由以上分析可知，

RC 电路的时间常数 $\tau(=RC)$ 决定了电路的截止频率。$f_H$ 和 $f_L$ 分别如式(5-4)和式(5-9)所示,在画波特图时,先确定其上下限截止频率,也就是折线的转折点。为了达到此目的,一个简单的方法是先将电路中的激励源视为零。即如果激励源是电压源,就将它短路,但保留其串联内阻;如果激励源是电流源,就将它开路,但保留其并联内阻。然后,将电路中各电阻和电容最终归并为一个总的电阻 $R$ 和电容 $C$ 的串联,这个 $R$ 和 $C$ 的乘积就是时间常数 $\tau$。这就是求时间常数 $\tau$ 的规则。下面分三种情况进一步说明时间常数 $\tau$ 的求法。

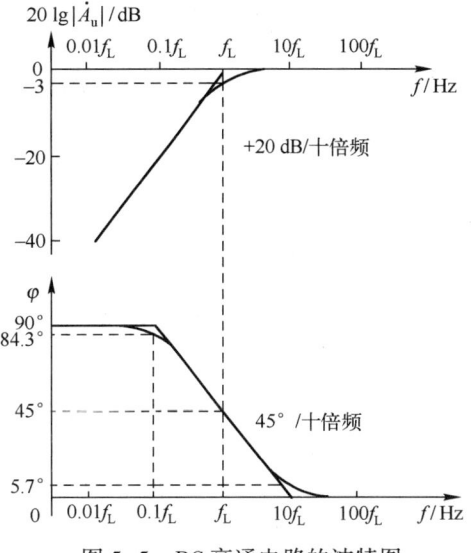

图 5-5　RC 高通电路的波特图

**(1) 单个电容多个电阻**

如图 5-6 所示,电路中有一个电容和多个电阻,则应"抓住"电容的两端,求出由该电容两端看进去的等效电阻,则 $\tau=RC$。

电路中激励源 $u_i$ 是电压源,将其短路。然后求出由该电容两端看进去的等效电阻 $R$,显然这时有 $R=R_4\,/\!/\,(R_3+R_1\,/\!/\,R_2)$,则

$$\tau=RC=\left[R_4\,/\!/\,(R_3+R_1\,/\!/\,R_2)\right]C \tag{5-12}$$

**(2) 单个电阻多个电容**

如图 5-7 所示,电路中有一个电阻和多个电容,则应"抓住"电阻的两端,求出由该电阻两端看进去的等效电容 $C$,则 $\tau=RC$。

将电路中电压源 $u_i$ 短路,然后求出由电阻两端看进去的等效电容 $C$。因 $C_1$ 和 $C_2$ 并联,故 $C=C_1+C_2$,则

$$\tau=RC=R(C_1+C_2) \tag{5-13}$$

**(3) 多个电阻多个电容**

同样存在一个电路中含有多个电阻和多个电容的情况,如图 5-8 所示。将该电路中的电压源 $u_i$ 短路后,从输出端看进去,电阻 $R_1$ 和 $R_2$ 并联,电容 $C_1$ 和 $C_2$ 并联,故总电阻 $R=R_1\,/\!/\,R_2$,总电容 $C=C_1+C_2$。于是,时间常数为

$$\tau=RC=(R_1\,/\!/\,R_2)(C_1+C_2) \tag{5-14}$$

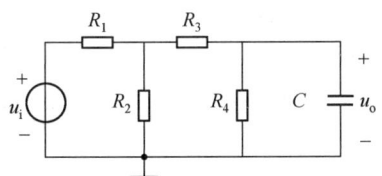

图 5-6　单个电容多个电阻
等效电路

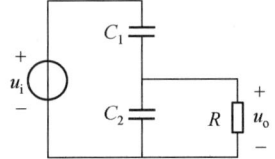

图 5-7　单个电阻多个电容
等效电路

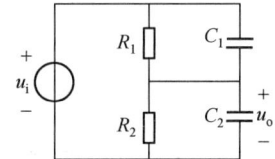

图 5-8　多个电容多个
电阻等效电路

**【思考题】**

1. 为什么说频率特性是放大电路的一项重要性能指标?其含义是什么?影响频率特性的因素有哪些?为什么要研究放大电路的频率特性?幅频特性与相频特性又指什么?

2. 什么是放大电路的通频带?影响通频带的因素有哪些?如何确定放大电路的通频带?在实际应用中通频带有什么意义?

3. 怎样求放大电路的上限、下限截止频率?什么是放大电路的-3 dB 频率?

4. 什么是频率失真?什么是幅频失真和相频失真?

5. 为什么采用"分频段"方法分析放大电路的频率特性？

6. 三极管放大电路工作在低频段时，影响电路工作性能的电容有哪些？影响高频段工作特性的又是哪些电容？低频段与高频段各自可以等效为什么样的电路？

7. 什么是波特图？为什么要采用波特图研究放大电路的频率特性？

8. 对数幅频特性的含义是什么？

9. 如何测定一个 RC 网络的频率特性？如何画出频率特性曲线？

10. 单时间常数 RC 电路的时间常数的确定有什么规则？

# 5.2 晶体管的高频小信号等效电路

## 5.2.1 晶体管混合 Π 形等效电路的引出

由前面的分析可知，在中频段，所有电容元件都不起作用；在低频段，只有耦合电容和射极旁路电容起作用；在高频段，只有结电容和线路分布电容起作用。

在各频段中，根据相应的交流等效电路找出各独立的 RC 低通或高通电路，求出相应的时间常数和截止频率，画出各频段的频率特性。那么，对放大电路频率特性问题的研究就变为如何求得电路合理的交流等效电路模型。

在此以前，分析放大电路所使用的 $h$ 参数模型是低频等效模型。当信号频率较高时，由于三极管极间电容的存在，不仅放大作用要受到影响，电压和电流之间也将产生附加相移。晶体管的 $h$ 参数模型没有考虑极间电容，故不适用高频段的分析。下面从三极管的物理结构出发，并考虑三极管内部各极间存在的电容效应，引出晶体管的高频小信号模型——**混合参数 Π 形等效电路**(简称混合 Π 形等效电路)，然后来分析放大电路的频率特性。

三极管的物理结构如图 5-9(a)所示。$b'$ 点是基区内的一个等效点，是为了分析方便引出的，三极管的发射结和集电结用 PN 结的高频等效电路代替。

① 将结电阻 $r_{be}$ 分为 $r_{bb'}$ 和 $r_{b'e}$ 两部分，$r_{bb'}$ 是基区的体电阻，其值在几欧到几百欧范围内，对小功率晶体管大约为 300 Ω；$r_{b'e}$ 是发射结动态电阻，其中，电阻 $r_{b'e}$ 上的压降 $\dot{U}_{b'e}$ 是对 $\dot{i}_c$ 起控制作用的电压。

② $r_e$ 是发射区的体电阻，其值很小，可以略去；$r_c$ 是集电区的体电阻，其值与相串联反偏的集电结电阻 $r_{b'c}$ 相比，也可以略去。

③ 集电结的电容 $C_{b'c}$ 和发射结的电容 $C_{b'e}$ 虽然很小，但在高频时不能忽略。

④ 这时 $\dot{i}_b$ 由 $r_{b'e}$ 和 $C_{b'e}$ 两个支路的电流组成，而 $C_{b'e}$ 支路电流对放大没有作用。所以，集电极回路的受控电流源该由电压 $\dot{U}_{b'e}$ 控制，系数为 $g_m$，称为跨导，单位是 mS。这是晶体管的一个参数，表征 $\dot{U}_{b'e}$ 对 $\dot{i}_c$ 的控制能力，这时的受控电流源为 $\dot{i}_c = g_m \dot{U}_{b'e}$。

⑤ $r_{ce}$ 仍然表示三极管的输出电阻。

这样得到的混合 Π 形等效电路如图 5-9(b)所示。Π 形等效电路既适合高频时的情况，也适合中频和低频的工作情况。

进一步，由于 $r_{b'c}$ 是集电结的反偏电阻，其值一般是兆欧数量级，可近似认为开路。同时，$r_{ce}$ 是与负载 $R_L$ 并联的，$r_{ce}$ 表征两个背靠背的 PN 结的串联电阻，一般 $r_{ce} \gg R_L$，因此 $r_{ce}$ 也可忽略。最后，得到如图 5-9(c)所示的晶体管高频小信号模型。因其形状像希腊字母 Π，且电路中的各个参数具有不同的量纲，所以叫做晶体管的**混合参数 Π 形等效电路**。为分析与查阅手册方便起见，在图 5-9 中，$C_\pi$ 表示 $C_{b'e}$，$C_\mu$ 表示 $C_{b'c}$。

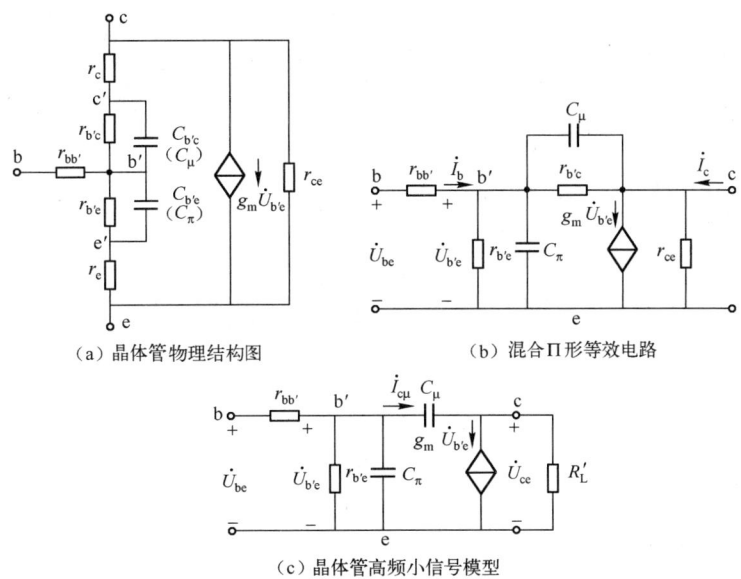

（a）晶体管物理结构图　　　　　　（b）混合Π形等效电路

（c）晶体管高频小信号模型

图 5-9　晶体管混合 Π 形等效电路

## 5.2.2　晶体管混合 Π 形等效电路的参数

将简化的混合 Π 形等效电路用于低频信号,则由于两个极间电容在低频时容抗很大,可以视为开路,则此时的电路应该和 $h$ 参数等效电路一样,如图 5-10（b）所示。所以可利用 $h$ 参数容易获得的特点,通过 $h$ 参数计算混合 Π 形等效电路中的一些参数。

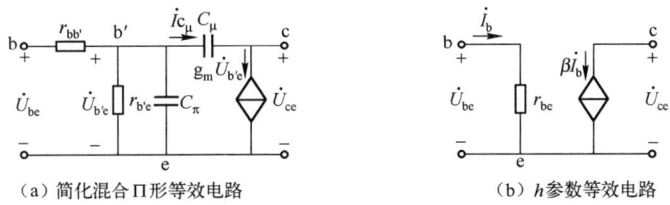

（a）简化混合 Π 形等效电路　　　　　　（b）$h$ 参数等效电路

图 5-10　两个等效模型的比较

由比较可得 $r_{be} = r_{bb'} + r_{b'e}$。电阻 $r_{bb'}$、$r_{b'e}$ 和 $h$ 参数等效电路电阻参数是完全相同的,$r_{bb'}$ 可从手册中查得,而

$$r_{b'e} = (1+\beta)\frac{26(\text{mV})}{I_{EQ}(\text{mA})} \approx \beta\frac{26(\text{mV})}{I_{EQ}(\text{mA})}$$

在低频时,电流源 $g_m \dot{U}_{b'e}$ 应和 $h$ 参数等效电路的参数是完全相同的,即 $g_m \dot{U}_{b'e} = \beta \dot{I}_b$。如低频时 $\beta$ 用 $\beta_0$ 表示,$\dot{U}_{b'e} = \dot{I}_b r_{b'e}$（低频时 $C_\pi$ 可忽略）,则

$$g_m = \frac{\beta_0 \dot{I}_b}{\dot{U}_{b'e}} = \frac{\beta_0}{r_{b'e}} \approx \frac{I_{EQ}(\text{mA})}{26(\text{mV})} \tag{5-15}$$

在通常情况下,$\beta_0 \gg 1$。

## 5.2.3　晶体管混合 Π 形等效电路的简化

由于 $C_\mu$ 连在 $b'$ 和 $c$ 之间,使得等效电路失去信号传输的单向性。上述等效电路输入和输出回路都不是独立的,从而使电路的计算复杂。利用电路的密勒定理,将电容 $C_\mu$ 分别折合到输入回路和输出回路,使得该电路单向化。

· 187 ·

设 $\dfrac{\dot{U}_{ce}}{\dot{U}_{b'e}} = \dot{K}$，这里的 $\dot{U}_{ce}$ 和 $\dot{U}_{b'e}$ 分别是 $C_{\mu}$ 两端对公共端 e 的电压。根据密勒定理，$C_{\mu}$ 折合到输入回路后，它的容抗将减小 $1-\dot{K}$，也就是电容增大 $1-\dot{K}$ 倍；$C_{\mu}$ 折合到输出回路后，它的容抗将减小 $1/\left(1-\dfrac{1}{\dot{K}}\right)$，也就是电容增大 $1-\dfrac{1}{\dot{K}}$ 倍，即 $\dfrac{\dot{K}-1}{\dot{K}}$ 倍。经过等效变换后，电路如图 5-11(a) 所示。其中

$$C'_{\mu} = (1-\dot{K})C_{\mu}$$

$$C''_{\mu} = \left(1-\frac{1}{\dot{K}}\right)C_{\mu}$$

如果 $\dot{K}$ 用中频时的值来近似，那么 $\dot{K} = |\dot{K}|$ 且一般 $|\dot{K}| \gg 1$，所以

$$C'_{\mu} = (1+|\dot{K}|)C_{\mu} \tag{5-16a}$$
$$C''_{\mu} = C_{\mu} \tag{5-16b}$$

在输入回路将 $C_{\pi}$ 和 $C'_{\mu}$ 合并，另外 $C'_{\mu} \gg C''_{\mu}$，且一般情况下 $C''_{\mu}$ 的容抗远小于与它并联的 $R'_{L}$，故 $C''_{\mu}$ 电流可忽略不计，看做开路。这样，简化后的电路如图 5-11(b) 所示。其中

$$C'_{\pi} = C_{\pi} + (1+|\dot{K}|)C_{\mu} \tag{5-17}$$

式中，$\dot{K} = \dfrac{\dot{U}_{ce}}{\dot{U}_{b'e}} = -g_{m}R'_{L}$。上述表明 $C_{\mu}$ 折合到输入回路后增大了很多倍，这称为密勒效应。

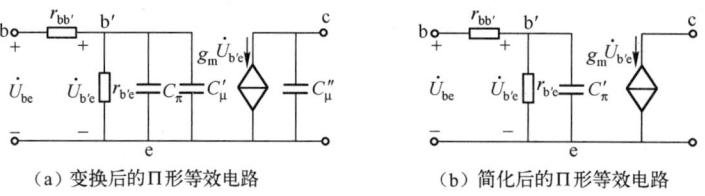

(a) 变换后的 Π 形等效电路　　　　　(b) 简化后的 Π 形等效电路

图 5-11　Π 形等效电路的化简

对于极间电容 $C_{\mu}$ 和 $C_{\pi}$，$C_{\mu}$ 的数值可从晶体管手册中查到(有的手册给出晶体管共基接法且发射极开路时 c-b 之间的结电容 $C_{cb}$ 值，可近似认为 $C_{\mu} \approx C_{cb}$)。手册中一般不提供 $C_{\pi}$ 值，但它可由手册中给出的晶体管特征频率 $f_{T}$，通过下面将要导出的公式来计算得到。

$$C_{\pi} = \frac{g_{m}}{2\pi f_{T}} \tag{5-18}$$

一般情况下，$C_{\pi} \gg C_{\mu}$。

### 5.2.4　晶体管电流放大系数 $\dot{\beta}$ 的频率特性

在信号频率不高时，我们把晶体管的共射电流放大系数 $\dot{\beta}$ 看做常数。随着晶体管电流工作频率的提高，集电极电流 $\dot{I}_{c}$ 变化跟不上基极电流 $\dot{I}_{b}$ 的变化，所以电流放大系数 $\dot{\beta}$ 也是频率的函数，频率越高，$\dot{\beta}$ 的模就越小，$\dot{I}_{c}$ 和 $\dot{I}_{b}$ 的相位差会越大。根据电流放大系数的定义，$\dot{\beta}$ 是晶体管在共射接法下输出端交流短路时的电流放大系数，即

$$\dot{\beta} = \left.\frac{\dot{I}_{c}}{\dot{I}_{b}}\right|_{U_{ce}}$$

由图 5-11(b) 可知，由于 c 和 e 短路，则 $\dot{I}_{c} = g_{m}\dot{U}_{b'e}$，$\dot{I}_{b} = \dfrac{\dot{U}_{b'e}}{r_{b'e}} + j\omega C'_{\pi}\dot{U}_{b'e}$，因此

$$\dot{\beta} = \frac{\dot{I}_c}{\dot{I}_b}\bigg|_{U_{ce}} = \frac{g_m \dot{U}_{b'e}}{\dot{U}_{b'e}\left(\dfrac{1}{r_{b'e}}+j\omega C'_\pi\right)} = \frac{g_m r_{b'e}}{1+j\omega r_{b'e} C'_\pi} \tag{5-19}$$

由式(5-15)可知,在频率较低时,$g_m r_{b'e} = \beta_0$,令

$$f_\beta = \frac{1}{2\pi r_{b'e} C'_\pi} \tag{5-20}$$

则

$$\dot{\beta} = \frac{\beta_0}{1+j\dfrac{f}{f_\beta}} \tag{5-21}$$

与低通 RC 电路的频率响应表达式相比较,可知 $f_\beta$ 是 $\dot{\beta}$ 的**截止频率**,称为晶体管共射电流放大系数 $\dot{\beta}$ 的上限截止频率。

由式(5-21)可得,$\dot{\beta}$ 的对数幅频特性和相频特性的表达式为

$$\begin{cases} 20\lg|\dot{\beta}| = 20\lg\beta_0 - 10\lg\left[1+\left(\dfrac{f}{f_\beta}\right)^2\right] \\[2mm] \varphi = -\arctan\left(\dfrac{f}{f_\beta}\right) \end{cases} \tag{5-22}$$

根据式(5-22)可以画出 $\dot{\beta}$ 的波特图,如图 5-12 所示。当 $\dot{\beta}$ 的频率曲线以 $-20$ dB/十倍频程的斜率下降到增益为 0 dB 时,对应的频率称为晶体管的**特征频率** $f_T$。此时,频率特性曲线与横坐标轴相交。所以,$f_T$ 就是 $\dot{\beta}$ 下降到 1 时的频率。由式(5-22)可得

$$20\lg\beta_0 - 10\lg\left[1+\left(\frac{f}{f_\beta}\right)^2\right] = 0$$

即

$$\beta_0 = \sqrt{1+\left(\frac{f}{f_\beta}\right)^2}$$

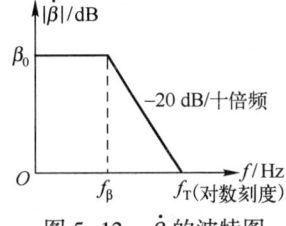

图 5-12　$\dot{\beta}$ 的波特图

由于频率坐标是对数坐标,因此 $f_T \gg f_\beta$,可得 $f_T \approx \beta_0 f_\beta$,即特征频率是共射截止频率的 $\beta_0$ 倍。考虑到式(5-15)和式(5-20),有

$$f_T \approx \beta_0 f_\beta = \frac{\beta_0}{2\pi r_{b'e}(C_\pi + C'_\mu)} = \frac{g_m}{2\pi(C_\pi + C'_\mu)} \tag{5-23}$$

一般,$C_\pi \gg C'_\mu$,即 $C_\pi + C'_\mu \approx C_\pi$,所以从上式可得前面的式(5-18)。

这样,混合参数 $\Pi$ 形等效电路中的全部参数都可以算出,统一归纳如下

$$\begin{cases} r_{b'e} = (1+\beta)\dfrac{26(\text{mV})}{I_{EQ}(\text{mA})} \approx \dfrac{\beta 26(\text{mV})}{I_{EQ}(\text{mA})} \\[3mm] r_{bb'} = r_{be} - r_{b'e} \\[3mm] g_m = \dfrac{\beta_0}{r_{b'e}} \approx \dfrac{I_{EQ}(\text{mA})}{26(\text{mV})} \\[3mm] C'_\pi = C_\pi + (1+|\dot{K}|)C_\mu \\[3mm] \dot{K} = \dfrac{\dot{U}_{ce}}{\dot{U}_{b'e}} = -g_m R'_L \\[3mm] C_\pi = \dfrac{g_m}{2\pi f_T} \end{cases} \tag{5-24}$$

1. 为什么采用高频小信号混合 $\Pi$ 形等效电路分析放大电路的高频特性?
2. 晶体管混合 $\Pi$ 形等效电路与 $h$ 参数模型有什么区别?其参数如何计算?
3. 特征频率 $f_{\mathrm{T}}$ 表征什么含义?

# 5.3 单管共射放大电路的频率特性

图 5-13(a)是单级阻容耦合共射放大电路,若不考虑输入端的耦合电容,它的混合 $\Pi$ 形等效电路如图 5-13(b)所示。

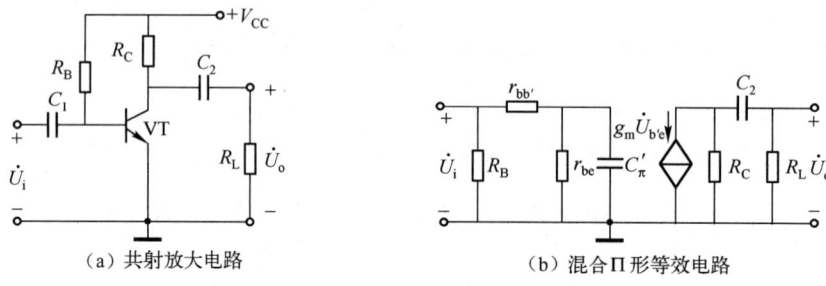

(a) 共射放大电路　　　　　　　　　(b) 混合 $\Pi$ 形等效电路

图 5-13　单管共射放大电路的频率响应

下面先分别讨论该电路在中频、高频和低频时的频率特性,画出波特图,然后把它们叠加起来,得到整个放大电路的幅频和相频特性曲线。

**1. 中频区 $(f_{\mathrm{L}} \le f \le f_{\mathrm{H}})$**

在中频区时,电容 $C'_{\pi}$ 很小,可看做开路,而电容 $C_1$ 和 $C_2$ 容抗很小,可看做短路。这时,所得的等效电路如图 5-14 所示。由图 5-14 可见

$$\dot{U}_{\mathrm{b'e}} = \frac{r_{\mathrm{b'e}}}{r_{\mathrm{bb'}} + r_{\mathrm{b'e}}} \dot{U}_{\mathrm{i}}$$

$$\dot{U}_{\mathrm{o}} = -g_{\mathrm{m}} \dot{U}_{\mathrm{b'e}} (R_{\mathrm{C}} /\!/ R_{\mathrm{L}})$$

因此,中频段的电压增益为

$$\dot{A}_{\mathrm{um}} = \frac{\dot{U}_{\mathrm{o}}}{\dot{U}_{\mathrm{i}}} = -g_{\mathrm{m}} (R_{\mathrm{C}} /\!/ R_{\mathrm{L}}) \frac{r_{\mathrm{b'e}}}{r_{\mathrm{bb'}} + r_{\mathrm{b'e}}} \tag{5-25}$$

用分贝(dB)表示,则为

$$\begin{cases} 20\lg |\dot{A}_{\mathrm{um}}| = 20\lg \left[ g_{\mathrm{m}} (R_{\mathrm{C}} /\!/ R_{\mathrm{L}}) \frac{r_{\mathrm{b'e}}}{r_{\mathrm{bb'}} + r_{\mathrm{b'e}}} \right] \\ \varphi = -180° \end{cases} \tag{5-26}$$

在中频段的波特图是一条水平线,$A_{\mathrm{um}}$ 是一个实数,输出与输入相位差为 $-180°$。

**2. 高频区 $(f \ge f_{\mathrm{H}})$**

在高频区时,电容 $C_1$ 和 $C_2$ 可看做短路,但 $C'_{\pi}$ 必须考虑,所得的等效电路如图 5-15 所示。这时

$$\dot{U}_{\mathrm{o}} = -g_{\mathrm{m}} \dot{U}_{\mathrm{b'e}} (R_{\mathrm{C}} /\!/ R_{\mathrm{L}})$$

$$\dot{U}_{\mathrm{i}} = \frac{\dot{U}_{\mathrm{b'e}}}{r_{\mathrm{b'e}} /\!/ \dfrac{1}{\mathrm{j}\omega C'_{\pi}}} \left( r_{\mathrm{bb'}} + r_{\mathrm{b'e}} /\!/ \dfrac{1}{\mathrm{j}\omega C'_{\pi}} \right)$$

其中,$C'_{\pi} = C_{\pi} + (1 + |\dot{K}|) C_{\mu} = C_{\pi} + (1 + g_{\mathrm{m}} R'_{\mathrm{L}}) C_{\mu}$。

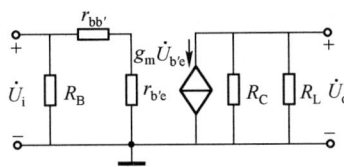

图 5-14　在中频区时的等效电路

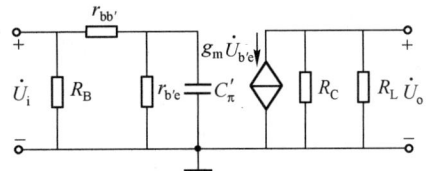

图 5-15　在高频区时的等效电路

高频区电压增益为

$$\dot{A}_{uh}=\frac{\dot{U}_o}{\dot{U}_i}=-\frac{g_m(R_C//R_L)\left(r_{b'e}//\dfrac{1}{j\omega C'_\pi}\right)}{r_{bb'}+r_{b'e}//\dfrac{1}{j\omega C'_\pi}}=-g_m(R_C//R_L)\frac{r_{b'e}}{r_{bb'}+r_{b'e}}\cdot\frac{1}{1+j\omega C'_\pi\dfrac{r_{bb'}r_{b'e}}{r_{bb'}+r_{b'e}}}$$

$$=\frac{\dot{A}_{um}}{1+j\omega C'_\pi(r_{bb'}//r_{b'e})} \tag{5-27}$$

令

$$f_H=\frac{1}{2\pi(r_{bb'}//r_{b'e})C'_\pi} \tag{5-28}$$

则

$$\dot{A}_{uh}=\frac{\dot{A}_{um}}{1+j\dfrac{f}{f_H}} \tag{5-29}$$

这就与低通 RC 电路的频率响应表达式相同,波特图也与它一致,其上限截止频率即式(5-28)的 $f_H$。

写出式(5-29)中 $\dot{A}_{uh}$ 波特图的表达式

$$\begin{cases}20\lg|\dot{A}_{uh}|=20\lg|\dot{A}_{um}|-10\lg\left[1+\left(\dfrac{f}{f_H}\right)^2\right]\\[3mm]\varphi=-180°-\arctan\left(\dfrac{f}{f_H}\right)\end{cases} \tag{5-30}$$

### 3. 低频区($f<f_L$)

在低频区时,电容 $C'_\pi$ 可看做开路,电容 $C_1$ 和 $C_2$ 因容抗增大,不能忽略,这时的等效电路如图 5-16(a)所示。输入回路和输出回路各有一个 RC 电路,将输入回路的电阻合并为一个 $R_i=R_B//(r_{bb'}+r_{b'e})$,将输出回路的电流源 $g_m\dot{U}_{b'e}$ 和并联电阻 $R_C$ 变换为电压源 $\dot{U}_o=-g_m\dot{U}_{b'e}R_C$ 和串联电阻 $R_C$,等效变换后如图 5-16(b)和(c)所示。

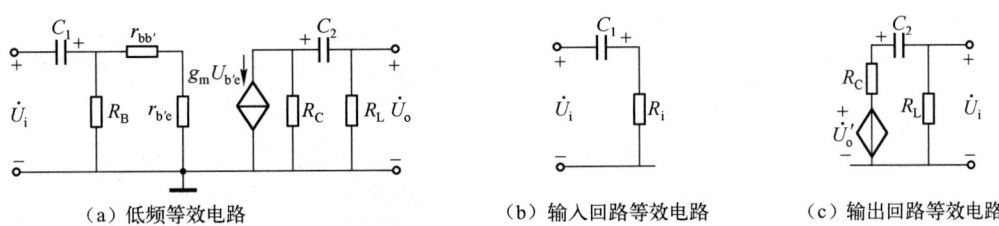

　(a)低频等效电路　　　　　　　　(b)输入回路等效电路　　　　　(c)输出回路等效电路

图 5-16　在低频区时的等效电路

这时,输入回路和输出回路都是高通 RC 电路,它们的 RC 时间常数分别为

$$\tau_1 = R_i C_1 = \left[ R_B /\!/ (r_{bb'} + r_{b'e}) \right] C_1$$

$$\tau_2 = (R_C + R_L) C_2$$

则它们引起的下限截止频率分别为

$$
\begin{cases}
f_{L1} = \dfrac{1}{2\pi \left[ R_B /\!/ (r_{bb'} + r_{b'e}) \right] C_1} \\[4mm]
f_{L2} = \dfrac{1}{2\pi (R_C + R_L) C_2}
\end{cases}
\tag{5-31}
$$

在设计电路时,一般使其中一个下限截止频率远大于其他的下限截止频率,设 $f_{L2} \gg f_{L1}$,即 $\tau_1 \ll \tau_2$。这时主要考虑输出回路的频率响应,而输入回路 $C_1$ 的影响可以忽略。由图 5-16 可得

$$\dot{U}_o = \dfrac{R_L}{R_C + R_L + \dfrac{1}{j\omega C_2}} \dot{U}_o'$$

$$\dot{U}_i = \dfrac{r_{bb'} + r_{b'e}}{r_{b'e}} \dot{U}_{b'e}$$

其中,$\dot{U}_o' = -g_m \dot{U}_{b'e} R_C$,这样在低频区时的电压增益为

$$\dot{A}_{ul} = \dfrac{\dot{U}_o}{\dot{U}_i} = -g_m (R_C /\!/ R_L) \cdot \dfrac{r_{b'e}}{r_{bb'} + r_{b'e}} \cdot \dfrac{1}{1 - j\dfrac{1}{\omega (R_C + R_L) C_2}}$$

令 $f_L = f_{L2}$,则

$$\dot{A}_{ul} = \dfrac{\dot{A}_{um}}{1 - j\dfrac{f_L}{f}} \tag{5-32}$$

这就与高通 RC 电路的频率响应表达式相同,波特图也与它一致,其下限截止频率即式(5-31)中的 $f_{L2}$。

式(5-32)中 $\dot{A}_{ul}$ 波特图的表达式为

$$
\begin{cases}
20\lg |\dot{A}_{ul}| = 20\lg |\dot{A}_{um}| - 10\lg \left[ 1 + \left( \dfrac{f_L}{f} \right)^2 \right] \\[4mm]
\varphi = -180° + \arctan\left( \dfrac{f_L}{f} \right)
\end{cases}
\tag{5-33}
$$

**4. 波特图**

图 5-17 为阻容耦合共射放大电路的波特图。幅频特性曲线是将中频时的一条水平直线,与高频时低通 RC 电路幅频响应的折线及低频时高通 RC 电路幅频响应的折线分段相叠加而得到的,两个转折点分别是 $f_H$ 和 $f_L$。相频特性曲线也是高通 RC 电路的相频特性曲线和低通 RC 电路的相频特性曲线这两条折线相叠加而得到的。这样完整地得到该放大电路的波特图。

实际上,由于 $C_1$、$C_2$ 和 $C_\pi'$ 不会同时起作用,可以将式(5 - 25)、式(5 - 29)与式(5-32)合在一起,得出单管共射放大电

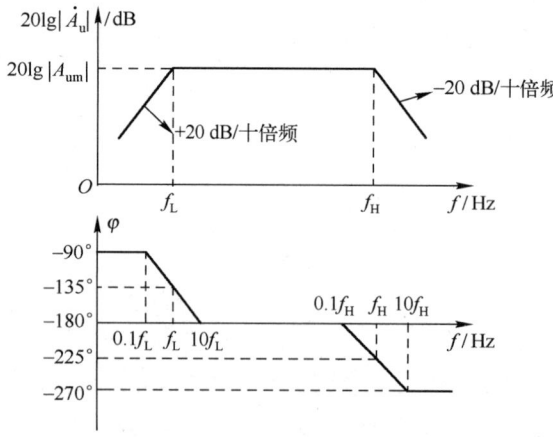

图 5-17　阻容耦合共射放大电路的波特图

路完整的电压放大倍数表达式

$$\dot A_{\mathrm u}=\frac{\dot A_{\mathrm{um}}}{\left(1-\mathrm j\dfrac{f_{\mathrm L}}{f}\right)\left(1+\mathrm j\dfrac{f}{f_{\mathrm H}}\right)}\tag{5-34}$$

由图 5-17 可知,画单管共射放大电路的频率特性时,关键在于算出下限和上限截止频率 $f_{\mathrm L}$ 和 $f_{\mathrm H}$。只要能正确地画出低频段和高频段的交流等效电路,求得各自的时间常数 $\tau_{\mathrm L}$ 和 $\tau_{\mathrm H}$,就可以方便地画出放大电路的频率特性(波特)图。

**对数幅频特性**:$f_{\mathrm L}$ 到 $f_{\mathrm H}$ 之间是一条 $20\lg|\dot A_{\mathrm{um}}|$ 的水平直线;$f<f_{\mathrm L}$ 时,是一条斜率为 +20 dB/十倍频程的直线;$f>f_{\mathrm H}$ 时,是一条斜率为 -20 dB/十倍频程的直线。放大电路的通频带为 $f_{\mathrm{BW}}=f_{\mathrm H}-f_{\mathrm L}$。

**相频特性**:$10f_{\mathrm L}\leqslant f\leqslant 0.1f_{\mathrm H}$ 时,$\varphi=-180°$;$f<0.1f_{\mathrm L}$ 时,$\varphi=-90°$;$f\geqslant 10f_{\mathrm H}$ 时,$\varphi=-270°$;而 $0.1f_{\mathrm L}<f<10f_{\mathrm L}$ 和 $0.1f_{\mathrm H}<f<10f_{\mathrm H}$ 时,相频特性都是斜率为 -45°/十倍频程的直线。

前面已经指出,在画波特图时,用折线代替实际的曲线是有一定误差的。对数幅频特性的最大误差为 3 dB,相频特性的最大误差为 ±5.71°,都出现在线段转折处。

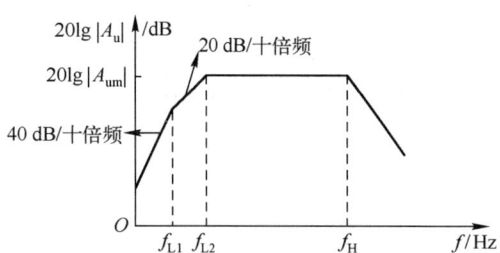

图 5-18 考虑电容 $C_1$ 的幅频特性曲线

如果在低频时要考虑输入回路电容 $C_1$ 和输出回路电容 $C_2$ 的影响,这时应有两个下限截止频率 $f_{\mathrm{L1}}$ 和 $f_{\mathrm{L2}}$。设 $f_{\mathrm{L2}}>f_{\mathrm{L1}}$,其幅频特性曲线如图 5-18 所示,它在低频段有 $f_{\mathrm{L1}}$ 和 $f_{\mathrm{L2}}$ 两个转折点。相频特性曲线相应地也可以用 3 条折线分段叠加后获得,读者可自行画出。

共基放大电路和共集放大电路的频率特性也可做相似分析。共基放大电路因没有密勒效应,因此它的上限截止频率要高得多,而共集放大电路上限截止频率要更高。

**【例 5-1】** 画出下面频率特性函数的波特图。

$$\dot A_{\mathrm u}=\frac{10^3}{\left(1+\mathrm j\dfrac{f}{f_{\mathrm H}}\right)\left(1-\mathrm j\dfrac{f_{\mathrm L}}{f}\right)}$$

**解**:这是一个有两级 RC 电路频率特性的表达式,$\dot A_{\mathrm u}$ 可以看做由三部分因子相乘,它的幅频特性和相频特性分别为

$$20\lg|\dot A_{\mathrm u}|=20\lg10^3+20\lg\left|\frac{1}{1+\mathrm j\left(\dfrac{f}{f_{\mathrm H}}\right)}\right|+20\lg\left|\frac{1}{1+\mathrm j\left(\dfrac{f_{\mathrm L}}{f}\right)}\right|$$

$$=60-20\lg\sqrt{1+\left(\frac{f}{f_{\mathrm H}}\right)^2}-20\lg\sqrt{1+\left(\frac{f_{\mathrm L}}{f}\right)^2}$$

$$\varphi=\arctan\left(\frac{f_{\mathrm L}}{f}\right)-\arctan\left(\frac{f}{f_{\mathrm H}}\right)$$

幅频特性曲线由一条直线和两条折线组成,可以先画出 60 dB 的直线、低通 RC 电路的幅频特性曲线和高通 RC 电路的幅频特性曲线,它们的转折点分别是 $f_{\mathrm H}$ 和 $f_{\mathrm L}$。然后,分段进行叠加得到总的幅频特性曲线。

相频特性曲线也是两部分之和。一条是低通 RC 电路的相频特性曲线,另一条是高通 RC 电路的相频特性曲线。先画出这两条折线,然后分段叠加得到总的相频特性曲线,如图 5-19 所示。

由以上分析可知,对于有两个 RC 电路的波特图有两个转折点。

**【例 5-2】** 已知某电路的波特图如图 5-20 所示,试写出 $\dot{A}_u$ 的表达式。

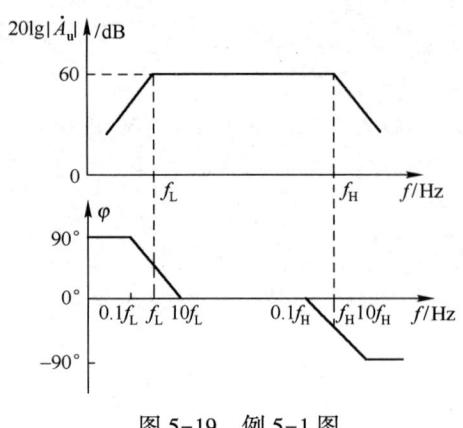

图 5-19　例 5-1 图

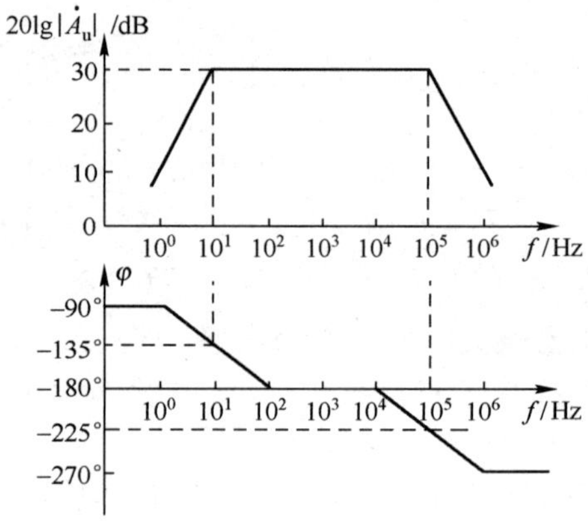

图 5-20　例 5-2 图

**解:** 由中频段的相位 $\varphi = -180°$ 可知 $\dot{A}_u$ 一定为负值,而且中频段的电压增益为 30 dB,即 $A_{um} = 10^{1.5} \approx 31.6$。再由图可知 $f_L = 10$ Hz, $f_H = 10^5$ Hz,根据单管共射的标准形式可得

$$\dot{A}_u = \frac{-31.6}{\left(1-j\dfrac{10}{f}\right)\left(1+j\dfrac{f}{10^5}\right)}$$

**【例 5-3】** 分析如图 5-21 所示电路的频率特性,分别求出上限截止频率、下限截止频率和通频带。已知晶体管的 $\beta = 50$, $U_{BEQ} = 0.7$ V, $r_{bb'} = 100$ Ω, $f_T = 1170$ MHz, $C_\mu = 2$ pF。

**解:** (1) 直流工作点和中频电压增益的计算

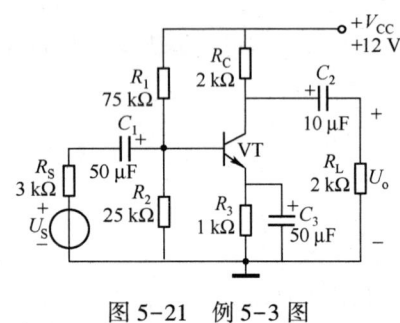

图 5-21　例 5-3 图

$$U_{BQ} = \frac{R_2}{R_1 + R_2} V_{CC} = 3 \text{ V}$$

$$I_{EQ} = \frac{U_{BQ} - U_{BEQ}}{R_3} = 2.3 \text{ mA}$$

$$r_{b'e} = (1+\beta)\frac{26}{I_{EQ}} \approx 576 \text{ Ω}$$

$$g_m = \frac{\beta}{r_{b'e}} \approx 0.09 \text{ S}$$

$$\dot{A}_{um} = -g_m R'_L \frac{r_{b'e}}{r_{bb'} + r_{b'e}} \approx -77.5$$

(2) 上限截止频率的计算

$$C_\pi = \frac{g_m}{2\pi f_T} = 10 \text{ pF}$$

$$C'_\pi = C_\pi + (1+g_m R'_L) C_\mu = 194 \text{ pF}$$

输入电路的等效电阻

$$R = r_{b'e} // [r_{bb'} + (R_1 // R_2 // R_S)] \approx 0.36 \text{ Ω}$$

时间常数

$$\tau_H = R C'_\pi = 7 \times 10^{-8} \text{ S}$$

则

$$f_H = \frac{1}{2\pi \tau_H} = 2.27 \text{ MHz}$$

(3) 下限截止频率的计算

这里电容 $C_1$、$C_2$ 和 $C_3$ 组成 3 个高通 RC 回路。电容 $C_1$ 引进的 RC 时间常数和下限截止频

率为

$$\tau_{L1} = C_1(R_S + (R_1 /\!/ R_2 /\!/ r_{be})) = 12.5 \times 10^{-3} \text{ S}$$

$$f_{L1} = \frac{1}{2\pi\tau_{L1}} = 12.7 \text{ Hz}$$

电容 $C_2$ 引进的 RC 时间常数和下限截止频率为

$$\tau_{L2} = C_2(R_C + R_L) = 40 \times 10^{-3} \text{ S}$$

$$f_{L2} = \frac{1}{2\pi\tau_{L2}} = 4 \text{ Hz}$$

电容 $C_3$ 引进的 RC 时间常数和下限截止频率为

$$\tau_{L3} = C_3(R_3 /\!/ R'_E) = 1.47 \times 10^{-3} \text{ S}$$

$$f_{L3} = \frac{1}{2\pi\tau_{L3}} = 108 \text{ Hz}$$

其中，$R'_E$ 为晶体管基极回路的电阻折合到射极回路后的电阻，即

$$R'_E = \frac{r_{be} + R_1 /\!/ R_2 /\!/ R_S}{1 + \beta} \approx 30 \ \Omega$$

由以上分析可知，$f_{L3} \gg f_{L1} > f_{L2}$，则下限截止频率取决于 $f_{L3} = 108$ Hz，带宽为

$$f_{BW} = f_H - f_{L3} \approx 2.27 \text{ MHz}$$

根据以上计算可得

$$\dot{A}_u = \frac{\dot{A}_{um}}{\left(1 - j\dfrac{f_{L1}}{f}\right)\left(1 - j\dfrac{f_{L2}}{f}\right)\left(1 - j\dfrac{f_{L3}}{f}\right)\left(1 + j\dfrac{f}{f_H}\right)}$$

$$= \frac{-77.5}{\left(1 - j\dfrac{12.7}{f}\right)\left(1 - j\dfrac{4}{f}\right)\left(1 - j\dfrac{108}{f}\right)\left(1 + j\dfrac{f}{2.27 \times 10^6}\right)}$$

如果在低频时忽略输入、输出回路电容 $C_1$ 和 $C_2$ 的影响，那么上式可以表示为

$$\dot{A}_u = \frac{\dot{A}_{um}}{\left(1 - j\dfrac{f_{L3}}{f}\right)\left(1 + j\dfrac{f}{f_H}\right)}$$

【思考题】

1. 放大电路的高频特性除与电路结构形式有关外，在很大程度上还取决于三极管的性能。其中，三极管的频率参数是重要指标。试问三极管的主要频率参数有哪些？它们之间的关系如何？

2. 单管共射放大电路工作在低频段和高频段时，对电路性能产生影响的分别是哪些电容？

3. 怎样得到单管共射放大电路工作在不同频段的等效电路？在低频段和高频段时，分别等价于哪种单时间常数的 RC 电路？

4. 单管共射放大电路的对数幅频特性曲线与相频特性曲线有什么特点，怎样快速画出？

# 5.4 放大电路的增益带宽积

## 5.4.1 对放大电路频率特性的要求

只有在通频带的范围内，放大电路的电压放大倍数才有不变的幅值和相位，才能对不同频率的信号进行同样放大。在通频带以外，放大电路对不同频率信号的放大效果是不同的。因此，如果输入信号包含很多频率分量，输出信号就不能完全复现输入信号的波形而产生频率失真。对不同频率的信号，电压放大倍数的幅值不同，有的频率分量放大较多，有的较少，有的甚至不能通过。因此在输出信号中，不同频率分量的相对幅值发生变化，由此产生幅值失真。又由于放大电路对信

号的不同频率分量产生的相移不同,因此在输出信号中不同频率分量的相位关系将发生变化,由此产生相位失真。相位失真严重时,输出信号会面目全非,所以它的影响是比较大的。

为了减少频率失真,必须对放大电路的频率特性提出要求。很明显,为了实现不失真的放大,放大电路的通频带应该覆盖输入信号占有的整个频率范围。换言之,放大电路的 $f_L$ 要低于输入信号中的最低频率分量,而 $f_H$ 要高于输入信号中的最高频率分量。当然,放大电路的通频带也不能太宽,因为外界的干扰和内部的噪声往往是高频的,放大电路通频带越宽,它受干扰和噪声的影响也越大。

### 5.4.2 放大电路频率特性的改善

#### 1. 减小 $f_L$,改善低频特性

要想改善放大电路的低频特性,应该降低下限截止频率,由式(5-31)可知,应使耦合电容 $C_1$ 和 $C_2$(或射极旁路电容 $C_E$)所在回路的时间常数变大。一方面应使 $C_1$ 和 $C_2$ 的电容量加大,另一方面应使相应的回路电阻加大。但是这种改善是有限的,最好是去掉耦合电容而改用直接耦合的方式。此时,放大电路的 $f_L=0$,即使对直流或变化十分缓慢的信号也能有同样的放大。

#### 2. 增大 $f_H$,改善高频特性

要改善放大电路的高频特性,应该提高上限截止频率。由式(5-28)可知,应使 $C_\pi$ 和 $C_\pi'$ 所在电路的电阻 $R$ 小些。若 $R_S=0$ 并选取 $r_{bb'}$ 小的管子,则 $R$ 变小。另外,$C_\pi'=C_\pi+(1+K)C_\mu$,而且在一般情况下,$(1+K)C_\mu \gg C_\pi$。因此,要使 $C_\pi'$ 小,不仅应选用特征频率 $f_T$ 高、$C_\mu$ 小的高频管,还要减小 $g_m R_L'$。但是减小 $g_m R_L'$ 会使放大电路的 $A_{usm}$ 下降。可见,扩展频带和提高电压放大倍数是有矛盾的。

#### 3. 引入负反馈

第 6 章将介绍,在放大电路中引入"负反馈"可以扩大放大电路的通频带,这是常用方法之一。

### 5.4.3 放大电路的增益带宽积

放大电路的增益与带宽的乘积称为**增益带宽积**,以 GBP 表示。一般情况下,$f_H \gg f_L$,故带宽 $f_{BW}=f_H-f_L \approx f_H$,增益如以中频时的电压增益 $\dot{A}_{um}$ 计算,则共射放大电路的增益带宽积由式(5-25)和式(5-28)可得

$$\text{GBP} = |\dot{A}_{um}f_H| = g_m R_L' \frac{r_{b'e}}{r_{bb'}+r_{b'e}} \cdot \frac{1}{2\pi(r_{bb'} // r_{b'e})C_\pi'}$$

$$= \frac{g_m R_L'}{2\pi r_{bb'}[C_\pi+(1+g_m R_L' C_\mu)]}$$

其中,$R_L'=R_C // R_L$,$C_\pi'=C_\pi+(1+g_m R_L')C_\mu$。考虑到 $C_\pi \ll (1+g_m R_L')C_\mu$,$g_m R_L' \gg 1$,则

$$\text{GBP} \approx \frac{1}{2\pi r_{bb'} C_\mu} \tag{5-35}$$

这表明在晶体管确定的情况下,增益带宽积是一个常数,如放大电路的增益提高了,带宽就要减小,这是一对矛盾。要提高放大电路的性能,即提高增益带宽积,则应选用 $r_{bb'}$ 和 $C_\mu$ 均较小的晶体管。

## 5.5 多级放大电路的频率特性

多级放大电路是由若干单级放大电路级联而成的,因此由多个高通和低通 RC 回路级联组成。

### 5.5.1　多级放大电路频率特性的表达式和截止频率

设一个 $n$ 级放大电路各级的电压增益分别为为 $\dot{A}_{u1}, \dot{A}_{u2}, \cdots, \dot{A}_{un}$，则总电压增益为

$$\dot{A}_u = \dot{A}_{u1} \dot{A}_{u2} \cdots \dot{A}_{un} \tag{5-36}$$

则它的幅频特性和相频特性分别为

$$\begin{cases} 20\lg \mid \dot{A}_u \mid = 20\lg \mid \dot{A}_{u1} \mid + 20\lg \mid \dot{A}_{u2} \mid + \cdots + 20\lg \mid \dot{A}_{un} \mid \\ \varphi = \varphi_1 + \varphi_2 + \cdots + \varphi_n \end{cases} \tag{5-37}$$

根据每级放大电路的波特图，利用分段叠加，就可以得到总的放大电路的波特图。

在频率响应表达式中有多个转折频率时，可以采取类似单级放大电路分析中的方法来处理。例如，设单级放大电路的下限截止频率满足 $f_{L1} > f_{L2} > \cdots > f_{Ln}$ 且 $f_{L1} > (4 \sim 5) f_{L2}$ 时，总放大电路的下限频率 $f = f_{L1}$。同样，对上限截止频率也可以做类似的处理。

当各单级放大电路的截止频率很接近时，可用下面的公式来近似计算总放大电路的截止频率（证明略）。

$$f_L \approx 1.1 \sqrt{f_{L1}^2 + f_{L2}^2 + \cdots + f_{Ln}^2} \tag{5-38}$$

$$\frac{1}{f_H} \approx 1.1 \sqrt{\frac{1}{f_{H1}^2} + \frac{1}{f_{H2}^2} + \cdots + \frac{1}{f_{Hn}^2}} \tag{5-39}$$

**【例 5-4】**　某多级放大电路的幅频特性曲线如图 5-22 所示，试分别求出其下限、上限截止频率 $f_L$ 和 $f_H$，并写出电压放大倍数 $\dot{A}_u$ 的表达式。

**解：**幅频特性曲线在低频段有两个转折点，折线斜率分别为 +40 dB/十倍频程和 +20 dB/十倍频程，且 $f_{L1} = 10$ Hz，$f_{L2} = 100$ Hz。由于 $f_{L2} \gg f_{L1}$ Hz，故取 $f_L \approx f_{L2}$。

幅频特性曲线在高频段虽然只有一个转折点，但折线的斜率为 -40 dB/十倍频程，说明有两级低通 RC 电路，即有两级上限频率相同的放大电路，$f_{H1} = f_{H2} = 10^5$ Hz，则根据式（5-39）可得

$$f_H \approx \frac{1}{1.1 \sqrt{\frac{1}{f_{H1}^2} + \frac{1}{f_{H2}^2}}} \approx 64.3 \text{ kHz}$$

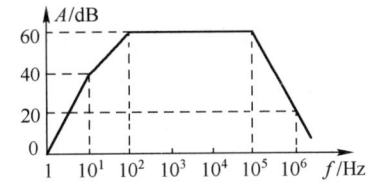

图 5-22　例 5-4 图

由图 5-22 可知，中频段的电压增益为 60 dB，即 $A_{um}$ 为 1000，但例中只有幅频特性曲线而没有相频特性曲线，故 $A_{um}$ 可为正，也可为负，所以 $A_{um} = \pm 10^3$。故电压放大倍数为

$$\dot{A}_u = \frac{\pm 10^3}{\left(1 - j\dfrac{10}{f}\right)\left(1 - j\dfrac{100}{f}\right)\left(1 + j\dfrac{f}{10^5}\right)^2}$$

**【例 5-5】**　已知两级共射放大电路的电压放大倍数

$$\dot{A}_u = \frac{10^3}{\left(1 - j\dfrac{5}{f}\right)\left(1 + j\dfrac{f}{10^4}\right)\left(1 + j\dfrac{f}{2.5 \times 10^5}\right)}$$

求：（1）中频段的电压放大倍数 $\dot{A}_{um}$，下限、上限截止频率 $f_L$ 和 $f_H$；（2）画出波特图。

**解：**（1）与标准形式比对可得

$$\dot{A}_{um} = 1000$$

$$f_L = 5 \text{ Hz}$$

$$f_{H1} = 10^4 \text{ Hz}$$

$$f_{H2} = 2.5 \times 10^5 \text{ Hz}$$

由于元件单独产生的上限频率有两个,因此利用式(5-37)可以近似计算得出电路总的上限频率

$$\frac{1}{f_H} \approx 1.1\sqrt{\frac{1}{f_{H1}^2}+\frac{1}{f_{H2}^2}}$$

$$=\sqrt{\left(\frac{1}{10^4}\right)^2+\left(\frac{1}{2.5\times10^5}\right)^2}$$

$$f_H = 9080 \text{ Hz}$$

(2)由表达式可画出如图5-23所示的波特图。

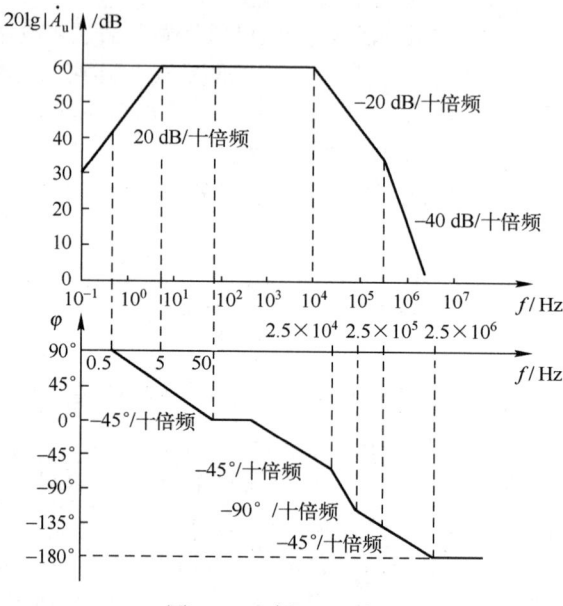

图5-23　例5-5图

### 5.5.2　多级放大电路的通频带

设某两级放大电路是由两个相同的单级放大电路所组成的,每级的中频电压增益、上限频率和下限频率都为 $A_{um1}$、$f_{H1}$ 和 $f_{L1}$,则每级的上限频率 $f_{H1}$ 和下限频率 $f_{L1}$ 对应的电压增益分别为 $0.707A_{mu1}$。这时,两级放大电路中频时的电压增益为 $A_{um1}^2$,两级放大电路的上限频率 $f_H$ 和下限频率 $f_L$ 对应的增益是 $0.707A_{um1}^2$。而 $f_{H1}$ 和 $f_{L1}$ 这两个频率对应的电压增益将是 $0.707A_{um1}\times0.707A_{um1}\approx 0.5A_{um1}^2$,如图5-24中 $f_{H1}$ 和 $f_{L1}$ 两点所示。

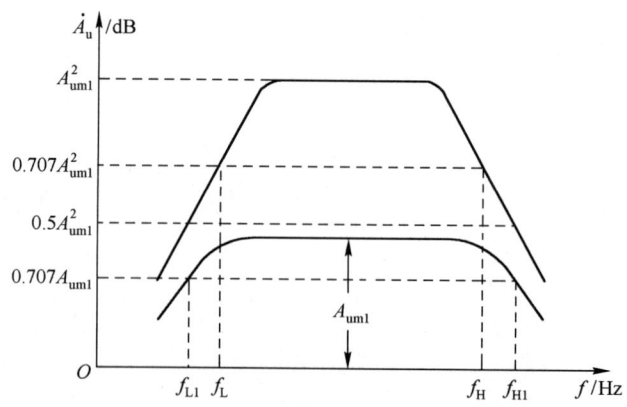

图5-24　单级与两级放大电路频率响应的比较

由图 5-24 可见，$f_L > f_{L1}$，而 $f_H < f_{H1}$，即两级放大电路总通频带要比组成它的单级放大电路的通频带窄，而且级数越多，通频带越窄。所以，多级放大电路的增益提高了，但通频带变窄了。

**【思考题】**

1. 增益带宽积表征什么含义？对于管子与信号源都确定的电路，增益与通频带符合一个什么样的关系？

2. 如何计算多级放大电路的总电压增益，其幅频特性和相频特性怎样表示？

3. 怎样计算多级放大电路的下限和上限截止频率？

4. 如何画出多级放大电路的频率特性曲线的波特图？

5. 多级放大电路的通频带与组成它的单级放大电路的通频带有什么关系？

# *5.6　场效应管的频率特性

## 5.6.1　场效应管低频响应

场效应管放大电路的低频区分析与晶体管放大电路的低频区分析十分相似。图 5-25 中仍然有三个电容是主要研究对象：$C_G$、$C_D$ 和 $C_S$。尽管图 5-25 用于推导基本公式，但是这些过程和结论可以用于大多数场效应管电路。

$C_G$ 为信号源与有源器件之间的耦合电容，交流等效电路如图 5-26 所示。由 $C_G$ 确定的截止频率为

$$f_{L_G} = \frac{1}{2\pi(R_{sig}+R_i)C_G} \tag{5-40}$$

对于图 5-25 中的电路，一般来说，$R_i = R_G$，低频截止频率主要取决于 $R_G$ 和 $C_G$。由于 $R_G$ 很大，要维持较低的截止频率 $f_{L_G}$，则 $C_G$ 可以较小。

$C_D$ 为有源器件和负载之间的耦合电容，如图 5-27 所示的电路截止频率为：

$$f_{L_D} = \frac{1}{2\pi(R_o+R_L)C_D} \tag{5-41}$$

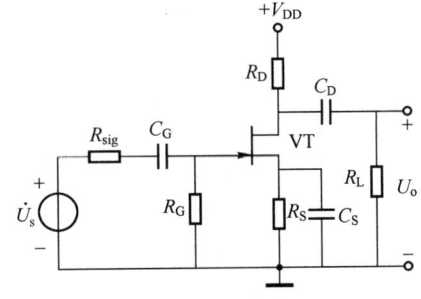

图 5-25　影响 JFET 放大器低频响应的电容元件

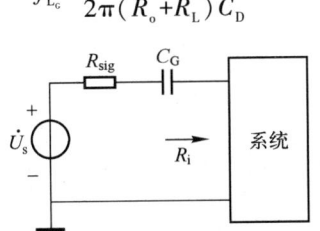

图 5-26　确定 $C_G$ 对低频响应的影响

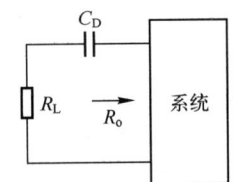

图 5-27　确定 $C_D$ 对低频响应的影响

对于图 5-25 中的电路，

$$R_o = R_D // r_d \tag{5-42}$$

$C_S$ 为源极旁路电容，阻抗由图 5-28 定义，截止频率为：

$$f_{L_S} = \frac{1}{2\pi R_{eq}C_S} \tag{5-43}$$

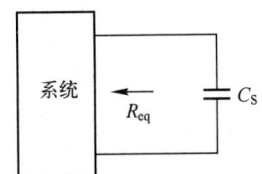

图 5-28　确定 $C_S$ 对低频响应的影响

对于图 5-28 中的电路，$R_{eq}$ 的值为：

$$R_{eq} = \frac{R_S}{1 + R_S(1 + g_m r_d)/(r_d + R_D // R_L)} \quad (5-44)$$

当 $r_d \to \infty$ 时，

$$R_{eq} = R_s // \frac{1}{g_m} \quad (5-45)$$

### 5.6.2 场效应管高频响应

场效应管放大器的高频响应的分析与 BJT 放大器相似。如图 5-29 所示，极间电容和分布电容将决定放大器的高频特性。电容 $C_{gs}$ 和 $C_{gd}$ 一般为 1~10 pF，而 $C_{ds}$ 一般比较小，为 0.1~1 pF。

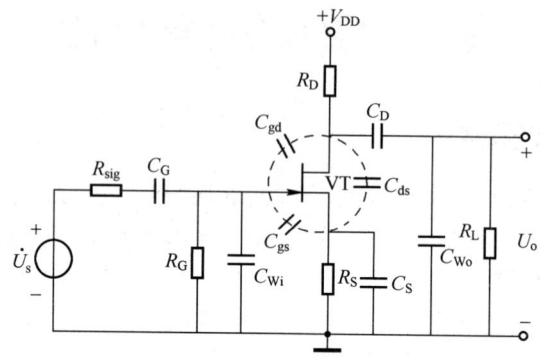

图 5-29　影响 JFET 放大器高频响应的电容元件

由于图 5-29 中的电路是反相放大器，密勒效应电容会出现在高频交流等效电流中，如图 5-30 所示。在高频区，$C_i$ 接近短路等效，$\dot{U}_{gs}$ 的值会下降，从而使总的增益减小。在 $C_o$ 接近短路的频率点，并联输出电压 $\dot{U}_o$ 的幅度将下降。

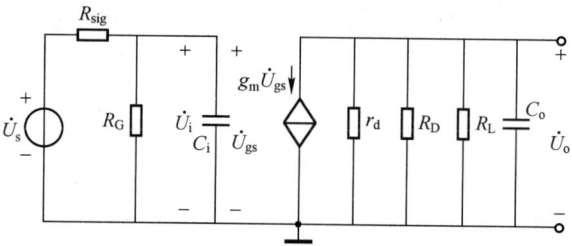

图 5-30　图 5-29 的高频交流等效电路

输入和输出电路的截止频率可以按这样的方式获得：首先找到输入电路和输出电路的戴维南等效电路，如图 5-31 所示。

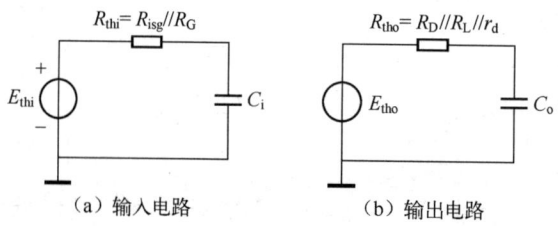

（a）输入电路　　　　　　　　（b）输出电路

图 5-31　戴维南等效电路

对于输入电路

$$f_{H_i} = \frac{1}{2\pi R_{Th_i} C_i} \tag{5-46}$$

且

$$R_{Th_i} = R_{sig} // R_G \tag{5-47}$$

和

$$C_i = C_{Wi} + C_{gs} + C_{M_i} \tag{5-48}$$

及

$$C_{M_i} = (1 - A_u) C_{gd} \tag{5-49}$$

对于输出电路

$$f_{H_o} = \frac{1}{2\pi R_{Th_o} C_o} \tag{5-50}$$

且

$$R_{Th_o} = R_D // R_L // r_d \tag{5-51}$$

和

$$C_o = C_{W_o} + C_{ds} + C_{M_o} \tag{5-52}$$

及

$$C_{M_o} = \left(1 - \frac{1}{A_u}\right) C_{gd} \tag{5-53}$$

## 5.7 放大电路的频率特性仿真

共射放大电路静态工作点指标和动态放大倍数的 EDA 仿真已在第 2 章的 2.10 节详细分析，本节重点仿真分析、比较单级和两级共射放大电路的幅频与相频响应特性。

### 5.7.1 单管共射放大电路的频率特性仿真

【例 5-6】 单管共射放大电路如图 5-32 所示，用 EDA 仿真软件求：(1) 交流放大倍数；(2) 上限截止频率、下限截止频率、通频带。

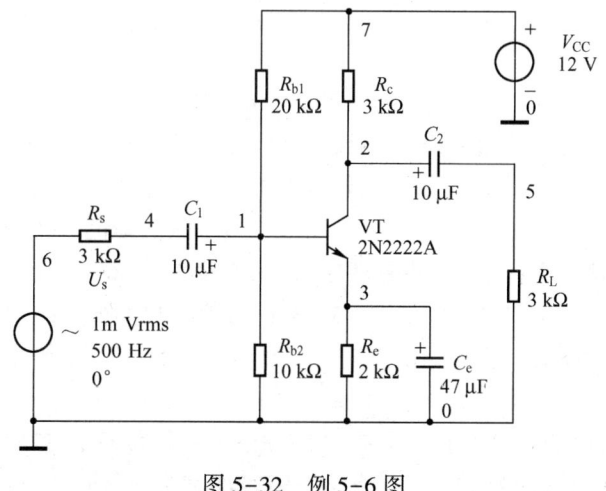

图 5-32 例 5-6 图

**解**：(1) 通过波形比较测试交流放大倍数

为了获得图 5-32 中放大电路的幅频特性,可首先利用 EDA 仿真分析获得其交流放大倍数 $\dot{A}_{us}$,然后利用公式 $20\lg|\dot{A}_{us}|$ 获得其幅频特性。图 5-33 给出了输入信号和放大后输出信号的波形示意。

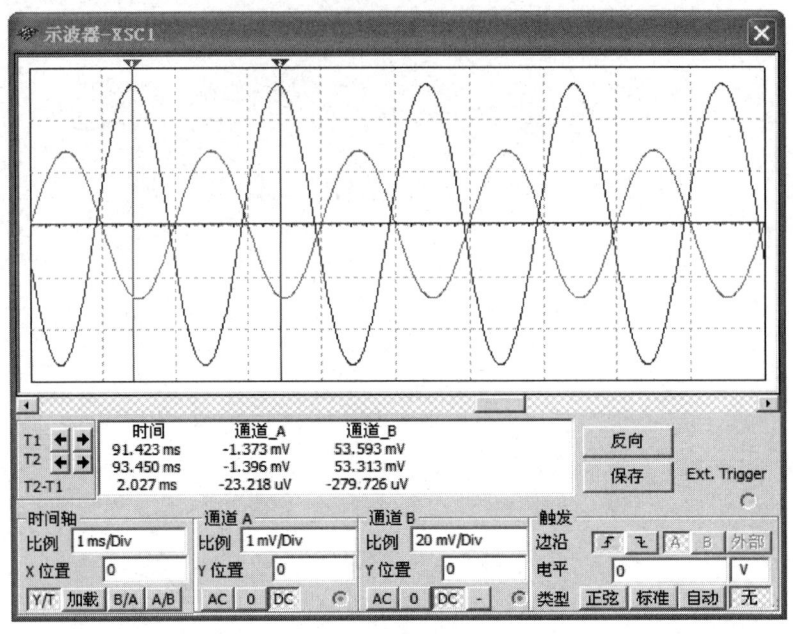

图 5-33　波形测试示意

由图 5-33 可知,输出信号与输入信号的波形为反向放大关系,利用测试结果计算如下

T1 时刻：$\dot{A}_{us}' = \dfrac{\text{通道 B(深颜色)代表的输出电压信号}}{\text{通道 A(浅颜色)代表的输入电压信号}} = \dfrac{53.593}{-1.373} \approx -39.0$

T2 时刻：$\dot{A}_{us}'' = \dfrac{\text{通道 B 代表的输出电压信号}}{\text{通道 A 代表的输入电压信号}} = \dfrac{53.313}{-1.396} \approx -38.2$

取两个时刻的平均值,可得

$$\dot{A}_{us} = \frac{\dot{A}_{us}' + \dot{A}_{us}''}{2} = \frac{39.0 + 38.2}{2} = -38.6$$

$$20\lg|\dot{A}_{us}| = 20\lg 38.6 \approx 31.7 \text{ dB}$$

（2）用波特图仪测试上限截止频率、下限截止频率,测算通频带

由图 5-34 可知,放大电路的通频带电压增益为 31.892 dB、相位 -179.061°,与前面用波形测算得到的结果相符。理论上,当电压增益从通频带下降 3 dB 时,对应的频率分别为放大电路的上、下限截止频率。上、下限截止频率的进一步测试如图 5-35 和图 5-36 所示。

由图 5-35 可知,在通频带右边大约 -3 dB（28.854 dB）处,对应的上限截止频率约为 269.22 kHz。上限截止频率处对应的相位为 134.725°（即 -225.275°）,相比于通频带,相位滞后大约 45°。

当频率为 $0.1f_H \approx 26.9$ kHz 时,电压增益约为 31.8 dB,相位约为 175°（即 -185°）；当频率为 $10f_H \approx 2692$ kHz 时,电压增益约为 12 dB,相位约为 95°（即 -265°）。

上述仿真分析验证了图 5-35 波特图的高频特性：$f > f_H$ 时,对数幅频特性是一条斜率为 -20 dB/十倍频程的直线；$0.1f_H < f < 10f_H$ 时,相频特性是斜率为 -45°/十倍频程的直线。

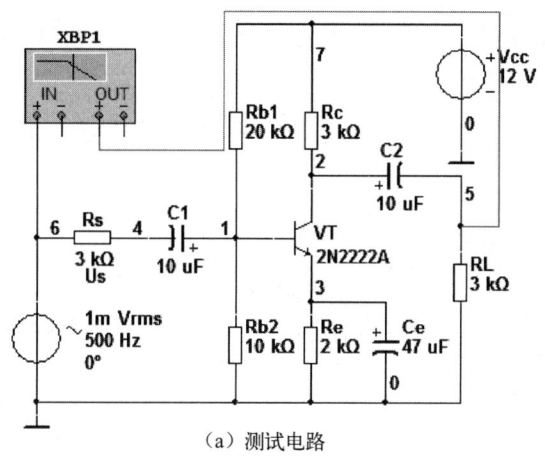

（a）测试电路

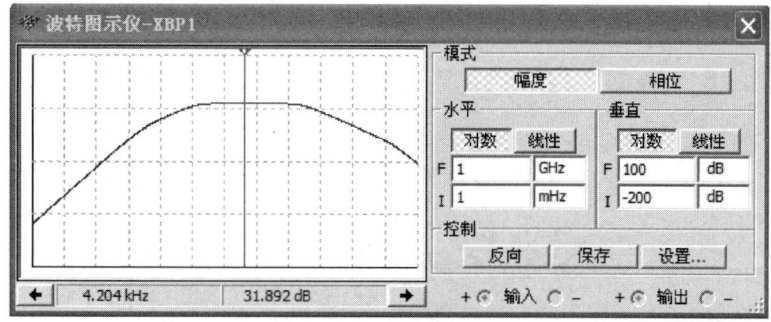

（b）幅频特性

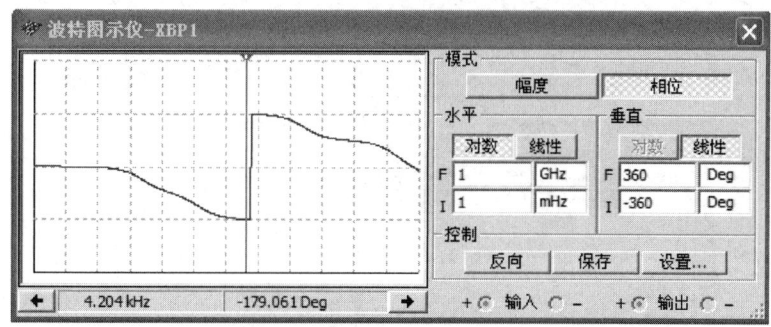

（c）相频特性

图 5-34　波特图

由图 5-36 可知,在通频带左边大约 -3 dB(28.842 dB)处,对应的下限截止频率约为 131.304 Hz。下限截止频率处对应的相位为 -133.611°,相比于通频带,相位超前大约 45°。

当频率为 $0.1f_L \approx 13$ Hz 时,电压增益约为 13 dB,相位约为 -84°;当频率为 $10f_L \approx 1.31$ kHz 时,电压增益约为 31.8 dB,相位约为 -175°。

上述仿真分析验证了图 5-29 波特图的低频特性:$f < f_L$ 时,对数幅频特性是一条斜率为 +20 dB/十倍频程的直线;$0.1f_L < f < 10f_L$ 时,相频特性是斜率为 -45°/十倍频程的直线。

根据图 5-35、图 5-36 的测试结果,计算电路的通频带宽为

$$f_{BW} = f_H - f_L \approx 269 \text{ kHz}$$

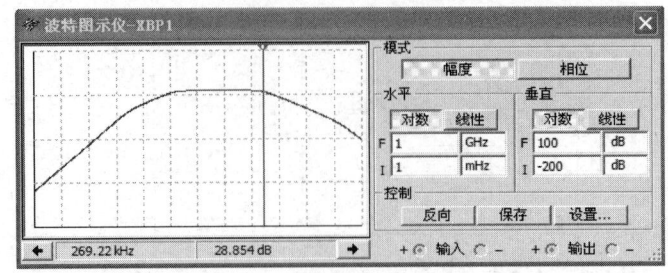

（a）幅频特性

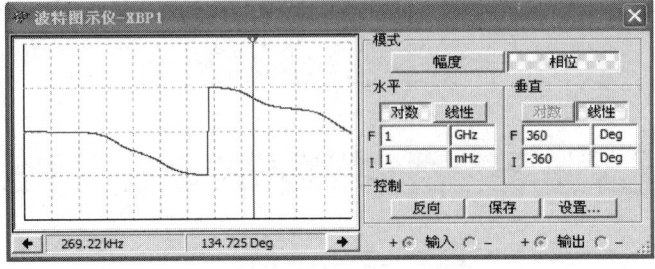

（b）相频特性

图 5-35　波特图测试上限频率

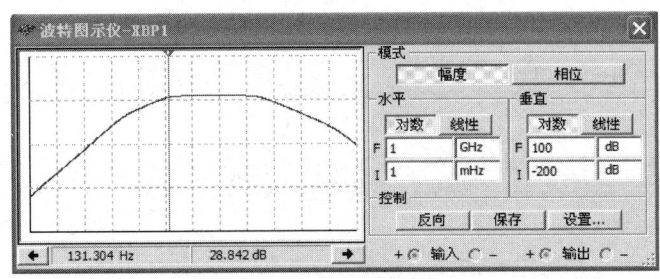

（a）幅频特性

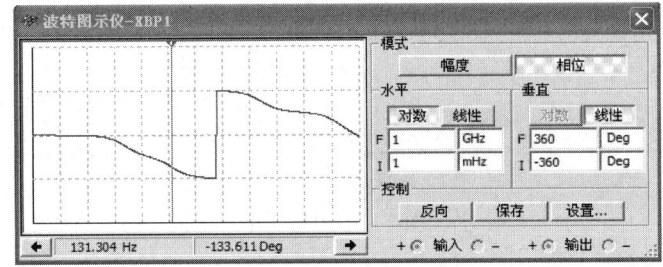

（b）相频特性

图 5-36　波特图测试下限频率

## 5.7.2　共射-共射两级放大电路的频率特性仿真

**【例 5-7】**　将两个完全相同的类似图 5-32 的电路级联构成共射-共射两级放大电路，如图 5-37 所示，用 EDA 仿真软件分析其频率特性，包括：（1）交流放大倍数；（2）上限截止频率、下限截止频率、通频带。

**解：**（1）通过波形比较测试交流放大倍数

由图 5-38 可知，输出波形与输入波形同相，利用测试结果计算如下：

$$\text{T1 时刻：}\quad \dot{A}'_{us}=\frac{\text{通道 B（深颜色）代表的输出电压信号}}{\text{通道 A（浅颜色）代表的输入电压信号}}=\frac{413.861\times10^{-3}}{139.557\times10^{-6}}\approx2966$$

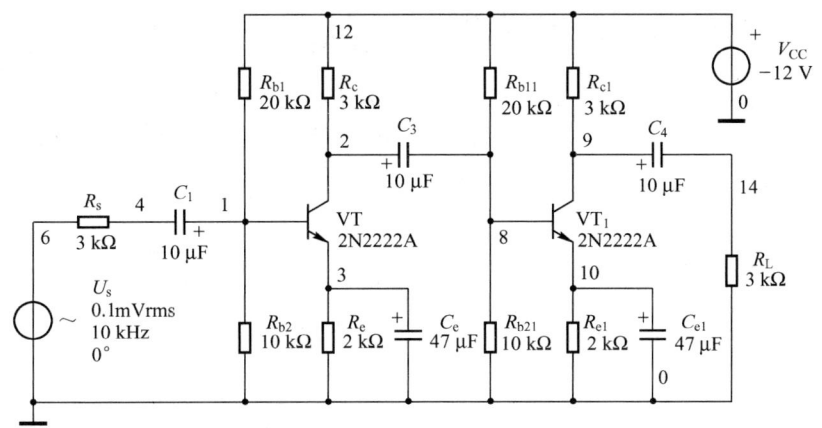

图 5-37　例 5-7 图

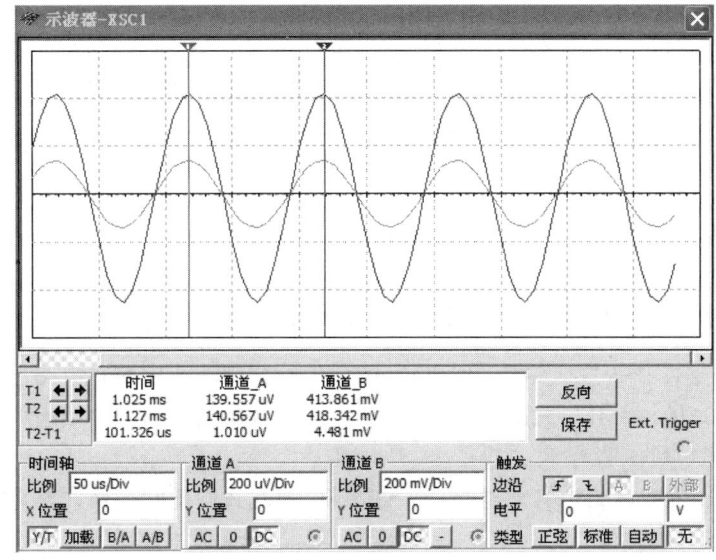

图 5-38　输入输出波形同相测试结果

T2 时刻：$\dot{A}''_{us} = \dfrac{\text{通道 B（深颜色）代表的输出电压信号}}{\text{通道 A（浅颜色）代表的输入电压信号}} = \dfrac{418.342 \times 10^{-3}}{140.567 \times 10^{-3}} \approx 2976$

取 T1、T2 时刻的平均值，可得

$$\dot{A}_{us} = \frac{\dot{A}'_{usm} + \dot{A}''_{usm}}{2} = \frac{2966 + 2976}{2} = 2971$$

$$20\lg |\dot{A}_{us}| = 20\lg 2969 \approx 70 \text{ dB}$$

（2）用波特图仪测试上限截止频率、下限截止频率，计算通频带

由图 5-39 可知，放大电路的通带电压增益约为 70 dB（图中显示 69.829 dB），相位约为 0°（图中显示 0.189°），与前面用示波器测算得到的结果相符。理论上，当电压增益从通频带下降 3 dB 时，对应的频率分别为放大电路的上、下截止频率。进一步测试可得，上限截止频率约为 $f_H \approx 159 \text{ kHz}$，下限截止频率约为 $f_L \approx 203 \text{ Hz}$。

根据测试结果，计算电路的通频带宽为

$$f_{BW} = f_H - f_L \approx 159 \text{ kHz}$$

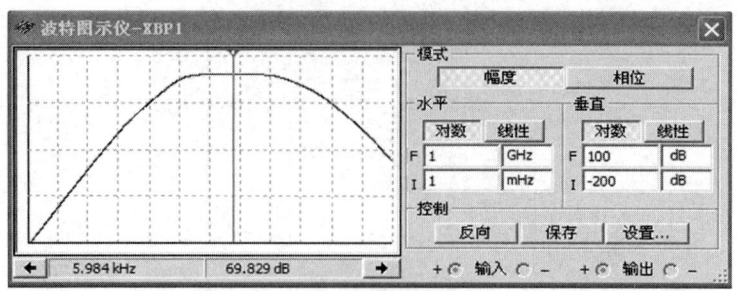

（a）幅频特性

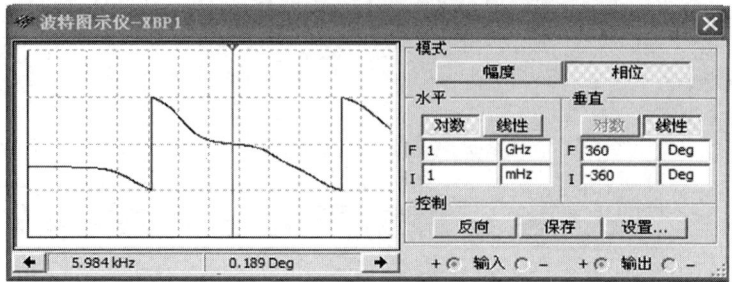

（b）相频特性

图 5-39　波特图

# *5.8　知识扩展

## 5.8.1　晶体管混合 Π 形等效电路的单向化

在 5.2 节的混合 Π 形等效电路中，$r_{b'c}$ 和 $C_\mu$ 把输出回路与输入回路在电路上连接了。这样，根据已知的输入信号求输出电压、电流时，就必须通过解联立方程式才能得出解答来。为了简化计算，我们可以从简化等效电路着手。

首先，由于 $r_{b'c}$ 比等效电路中其他电阻都大许多倍，因此我们把它当作开路。

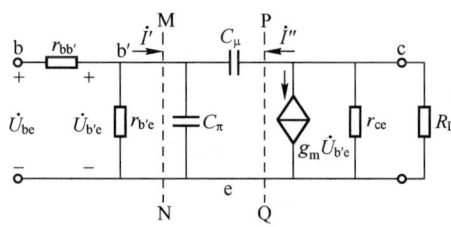

图 5-40　对 $C_\mu$ 进行简化的电路图

其次，对 $C_\mu$ 进行简化。在图 5-40 中，先计算从 M–N 两点向右看过去的等效阻抗是什么。显然，加在 M–N 两端的电压仍然是 $\dot{U}_{b'e}$，假定流入 M 点的电流为 $\dot{I}'$，则

$$\dot{I}' = \frac{\dot{U}_{b'e}}{\dfrac{1}{\mathrm{j}\omega C_\pi}} + \frac{\dot{U}_{b'e} - \dot{U}_{ce}}{\dfrac{1}{\mathrm{j}\omega C_\mu}} \approx \frac{\dot{U}_{b'e}}{\dfrac{1}{\mathrm{j}\omega C_\pi}} + \frac{(1 + g_m R'_L)\dot{U}_{b'e}}{\dfrac{1}{\mathrm{j}\omega C_\mu}} \quad (5\text{-}54)$$

其中，$R'_L = R_L // r_{ce}$，在计算 $\dot{U}_{be}$ 时忽略了流过 $C_\mu$ 的电流。

如令 $\dfrac{\dot{U}_{ce}}{\dot{U}_{b'e}} \approx -g_m R'_L = -K$，则上式可改写为

$$\dot{I}' = \frac{\dot{U}_{b'e}}{\dfrac{1}{\mathrm{j}\omega C_\pi}} + \frac{(1+K)\dot{U}_{b'e}}{\dfrac{1}{\mathrm{j}\omega C_\mu}} = \left[\mathrm{j}\omega C_\pi + (1+K)\mathrm{j}\omega C_\mu\right]\dot{U}_{b'e} \quad (5\text{-}55)$$

故

$$\frac{\dot{U}_{b'e}}{\dot{I}'} = \frac{1}{\mathrm{j}\omega\left[C_\pi + (1+K)C_\mu\right]} \quad (5\text{-}56)$$

这个结论说明，从 M–N 两端向右看过去，相当于 $C_\pi$ 和 $(1+K)C_\mu$ 并联。换句话说，原来跨接在

b-c 之间的电容 $C_\mu$ 对于输入端的影响,可以用一个与输入端并联的电容 $(1+K)C_\mu$ 来代替。这就是通常所说的"密勒效应"。

那么,从 P-Q 两点向左看过来,等效阻抗又是什么呢? 假定从 P 点流进的电流为 $\dot{I}''$,则

$$\dot{I}'' = \frac{\dot{U}_{ce} - \dot{U}_{b'e}}{\dfrac{1}{\mathrm{j}\omega C_\mu}} = \frac{\dot{U}_{ce} + \dfrac{1}{K}\dot{U}_{ce}}{\dfrac{1}{\mathrm{j}\omega C_\mu}} = \left(\frac{K+1}{K}\mathrm{j}\omega C_\mu\right)\dot{U}_{ce} \tag{5-57}$$

故

$$\frac{\dot{U}_{ce}}{\dot{I}''} = \frac{1}{\dfrac{K+1}{K}\mathrm{j}\omega C_\mu} = \frac{1}{\mathrm{j}\omega\left(\dfrac{K+1}{K}C_\mu\right)} \tag{5-58}$$

也就是说,从 P-Q 两端向左看过去相当于有一个 $\dfrac{K+1}{K}C_\mu$ 的电容。

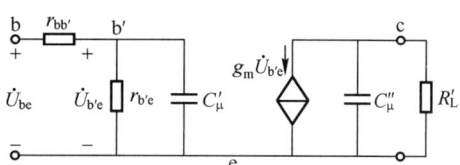

利用式(5-56)、式(5-58)的结论,就可以得到图 5-41 的形式,这就是简化的混合 Π 型等效电路。由于在这个等效电路中,输入回路与输出回路在电路上是相互独立的,因此也被称为单向化等效电路。

图 5-41　简化的混合 Π 形等效电路

## 5.8.2　集成运放频率特性

集成运放是直接耦合多级放大电路,具有很好的低频特性($f_L=0$),可以放大直流信号,它的各级半导体管的极间电容将影响它的高频特性。由于输入级和中间级均有很大的电压增益(高达几百倍,甚至上千倍),尽管结电容的数值很小,但等效电容 $C_x'$ 或 $C_{gs}'$ 却很大;并且,通常集成运放内部必须接补偿电容;上述两个原因使得上限频率很低,通用型运放的 $-3$ dB 带宽只有几赫兹到十几赫兹。

在实用电路中,集成运放常引入负反馈。当负反馈网络是纯电阻网络即信号频率从零到无穷大网络没有附加相移时,在高频段整个电路的附加相移将来源于集成运放。设使集成运放开环差模增益下降为 0 dB 的频率为 $f_c$(即单位增益带宽),若存在频率 $f_0$,当 $f=f_0$ 时,因极间电容所引起的附加相移为 $\pm 180°$ 且 $f_0$ 小于 $f_c$,则电路将产生频率为 $f_0$ 的自激振荡从而使电路不能正常工作。自激振荡的条件是:存在 $f_0$ 且 $f<f_0$。

对于绝大多数集成运放,由于半导体管数目很多,通常均存在 $f_0$,又由于开环差模增益很大,因而能满足 $f_0<f_c$ 的条件。换言之,集成运放引入负反馈后产生自激振荡的可能性极大,这就是为什么在集成运放内部(或外部)必须加频率补偿电容的原因。集成运放加补偿电容后改变了其频率响应,从而破坏其自激振荡的条件。

图 5-42 为集成运放内部电路(三级放大电路)且未加频率补偿电容时的频率响应,它们开环差模增益为 100 dB(即 $A_{od}=10^5$),三个上限频率分别为 30 Hz、100 Hz 和 1000 Hz,且 $f_0<f_c$,当 $f=f_0$ 时增益接近 60 dB。

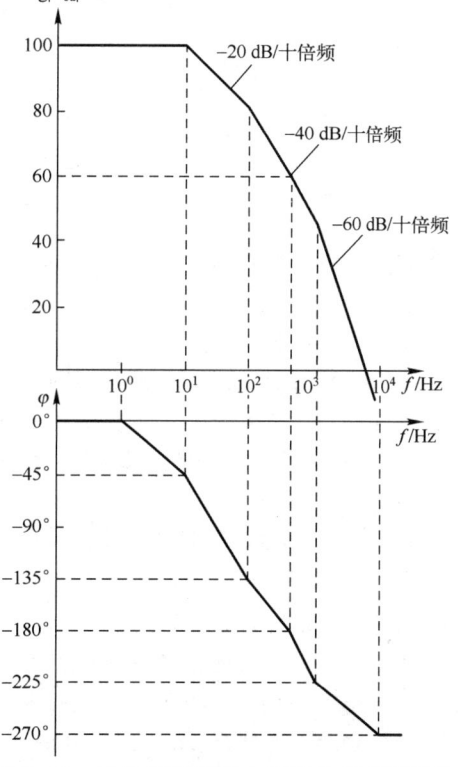

图 5-42　未加频率补偿电容时的集成运放的频率响应

**【思考题】**

1. 增益带宽积表征什么含义？对于管子与信号源都确定的电路,增益与通频带符合一个什么样的关系？
2. 如何计算多级放大电路的总电压增益,其幅频特性和相频特性怎样表示？
3. 怎样计算多级放大电路的下限、上限截止频率？
4. 如何画出多级放大电路的频率特性曲线(波特图)？
5. 多级放大电路的通频带与组成它的单级放大电路的通频带有什么关系？

# 本章小结

本章首先介绍了频率特性的基本概念;在分析 RC 低通和高通电路的基础上,引出了晶体管混合参数 Π 形高频小信号电路模型,以分频段的方法对单管共射放大电路进行了分析;最后,讨论了多级放大电路的频率特性。

本章的重点是讨论影响放大电路频率特性的因素、研究频率特性的必要性、求解单管放大电路下限截止频率和上限截止频率的方法、波特图的画法、多级放大电路的频率参数与各级放大电路频率参数的关系。

### 1. 频率特性的基本概念

由于放大电路存在电抗性元件耦合电容和旁路电容,以及电路的分布电容和管子的极间电容,因而对不同频率的信号所呈现的阻抗不同。放大电路对不同频率成分的放大倍数和相位移不同,放大倍数与频率的关系称为幅频特性,相位与频率的关系称为相频特性。

放大电路放大的信号一般会有若干不同频率的成分,因此放大电路对不同频率信号放大倍数的不同将引起幅频失真;放大电路对不同频率的相移不同,将引起相频失真。上述失真统称为频率失真,由于它们都是由线性元器件引起的,故又常称为线性失真。

### 2. 影响频率特性的因素

(1) 低频段的频率特性,主要受耦合电容和旁路电容的影响。

(2) 高频段的频率特性,主要受三极管的极间电容和电路分布电容的影响。

### 3. 上限截止频率 $f_H$ 和下限截止频率 $f_L$

通常,定义放大倍数下降到中频区放大倍数的 0.707 倍时对应的频率为截止频率。如用分贝(dB)表示,对应截止频率的分贝数,比中频区下降 3 dB,故截止频率又称为 3 分贝频率。低频段的截止频率称为下限频率 $f_L$,高频段的截止频率称为上限频率 $f_H$。即 $f=f_L$ 或 $f=f_H$ 时,$\dot{A}_u = \frac{1}{\sqrt{2}}\dot{A}_{um}$,或者 $20\lg|\dot{A}_u| = 20\lg|\dot{A}_{um}| -3$ dB。

截止频率的确定按以下原则:某电容确定的截止频率与该电容所在回路的时间常数 $\tau$ 的关系为 $f=(2\pi\tau)^{-1}$。定义 $f_{BW}=f_H-f_L$ 为频带宽度。输入信号的频率范围在频带宽度 $f_{BW}$ 内,放大电路的放大倍数和相位移为常数不产生线性失真;若输入信号的频率范围超出了频带宽度,则将产生线性失真。

### 4. 放大电路频率特性的分析方法

放大电路频率特性的分析是按频率段进行的。中频段求中频电压放大倍数 $A_{um}$,高频段求上限频率 $f_H$,而低频段求下限频率 $f_L$。

多级放大电路总的上限频率 $f_H$ 比其中任何一级的上限频率都要低,下限频率 $f_L$ 比其中任何一级的下限频率都要高。即多级放大电路使得总的放大倍数增大了,但总的频带宽度变窄了。因此,在设计多级放大电路时,必须保证每一级的通频带都比总的通频带宽。若各级通频带不同,则总的上限频率基本取决于最低的一级,而总的下限频率主要取决于最高的一级。故要提高总的上限频率,主要是提高上限频率最低那一级的上限频率,因为它对上限频率起主导作用。

通信专业、电子技术专业对本章的知识点要求较高。例如,学生应知道放大电路的通频带将影响通话质量和音像设备的音、像质量等。

由于本章引入了新概念且对放大电路频率参数的分析估算较为复杂,使得初学者在学习本章时普遍感到困难。主要问题是:如何理解在分析下限频率时结电容看作开路,而分析上限截止频率时将耦合电容和旁路电容看作短路;为什么截止频率决定于电容所在回路的时间常数;如何求解电容所在回路的等效电阻;如何根据波特图写出放大倍数的表达式和根据放大倍数的表达式画出波特图;等等。

在学习本章时,读者首先要正确地定性理解决定放大电路频率特性的因素,掌握有关概念,然后进行定量估算。

# 自 测 题

### 5.1 填空题

1. 电路的频率特性,是指对于不同频率的输入信号,其放大倍数的变化情况。高频时放大倍数下降,主要是受_____的影响;低频时放大倍数下降,主要是受_____的影响。

2. 当输入信号频率为 $f_L$ 或 $f_H$ 时,放大倍数的幅值下降为中频时的_____,或者是下降了_____dB。此时与中频时相比,放大倍数的附加相移约为_____。

3. 两个放大电路其上限频率均为 10 MHz,下限频率均为 100 Hz,当它们组成二级放大电路时,总的上限频率 $f_H$ = _____,下限频率 $f_L$ = _____。

4. 两极放大电路中,已知 $A_{u1} = 40$ dB,$f_{L1} = 4$ Hz,$f_{H1} = 20$ kHz;$A_{u2} = 30$ dB,$f_{L2} = 400$ Hz,$f_{H2} = 150$ kHz。则总电压增益 $A_u$ = _____,总上限频率 $f_H$ = _____,总下限频率 $f_L$ = _____。

5. 某放大电路,下限截止频率 $f_L = 60$ Hz,上限截止频率 $f_H = 60$ kHz,中频电压放大倍数为 $A_{um} = 100$。那么当输入信号频率 $f = 30$ kHz 的时候,其放大倍数为_____。

6. 当单级阻容耦合放大电路放大频率为 $f_H$ 和 $f_L$ 的输入信号时,电压增益的幅值比中频时下降_____dB。高、低频输出电压与中频时相比的附加相移分别为_____和_____。

7. 在单级阻容耦合放大电路的幅频特性中,高频区的斜率为_____,低频区的斜率为_____,附加相移的斜率为_____。

8. 在阻容耦合电路中增加耦合电容,则中频电压放大倍数绝对值_____,下限截止频率 $f_L$_____,上限截止频率 $f_H$_____,通频带_____,高频区附加相移_____。

### 5.2 选择题

1. 某放大器频率特性为:$f_L = 60$ Hz,$f_H = 60$ kHz。下列输入信号中,产生线性失真的是(　　)。

    A. $u_i = U_{im} \sin 2\pi 10^5 t$                  B. $u_i = U_{im1} \sin 2\pi 100t + U_{im2} \sin 2\pi 10^4 t$

    C. $u_i = U_{im} \sin 2\pi 100t$                   D. $u_i = U_{im1} \sin 2\pi 10^3 t + U_{im2} \sin(2\pi \times 2 \times 10^5 t)$

2. 多级放大电路放大倍数的波特图是(　　)。

    A. 各级波特图的叠加                        B. 各级波特图的乘积

    C. 各级波特图中通频带最窄者           D. 各级波特图中通频带最宽者

3. 具有相同参数的相同放大电路的两级放大器,在组成它的各个单级放大器的截止频率处,总的电压放大倍数下降(　　)。

    A. 3 dB            B. 6 dB            C. 20 dB            D. 9 dB

4. 直接耦合多级放大电路与阻容耦合多级放大电路相比,低频特性(　　)。

    A. 好               B. 差               C. 相同

5. 多级放大电路与单级放大电路相比,总的通频带一定比它任何一级都(　　)。级数越多,则上限截止频率 $f_H$ 越(　　),高频附加相移越(　　)。

    A. 大               B. 小               C. 宽               D. 窄

6. 在考虑放大电路的频率失真时,若输入信号 $u_i$ 为正弦波,则 $u_o$(　　)。

A. 会产生线形失真                  B. 会产生非线形失真

C. 为正弦波                            D. 不会产生失真

7. 测试放大电路输出电压幅值与相位的变化,可以得到它的频率特性,条件是( )。

A. 输入电压幅值不变,改变频率          B. 输入电压频率不变,改变幅值

C. 输入电压的幅值与频率同时变化       D. 输入电压的幅值与频率都不变化

# 习 题 5

**5.1** 什么叫通频带、上限截止频率和下限截止频率?有一放大器的通频带为 $0 \sim 20$ kHz,$A_{um} = 200$,若输入电压信号 $u_i = 20\sin(2\pi \times 20 \times 10^3 t)$ (mV),则输出电压峰值是多少,输出波形是否会失真?

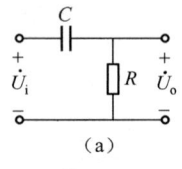

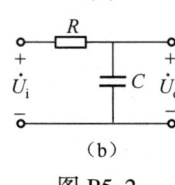

图 P5.2

**5.2** 图 P5.2 所示的两个无源电路各自在什么情况下 $\dot{U}_o / \dot{U}_i$ 趋于 1,又在什么情况下 $\dot{U}_o / \dot{U}_i$ 趋于 0?据此可得出这两个电路分别为什么电路(低通或高通)?

**5.3** 三个两级放大电路如图 P5.3 所示,已知图中所有晶体管的 $\beta$ 均为 100,$r_{be}$ 均为 1 kΩ,所有电容均为 10 μF,$V_{CC}$ 均相同。

(1) 三个电路的每一级各自为共什么极的放大电路?

(2) 三个电路中输入电阻最大与最小的分别是哪个?

(3) 三个电路中输出电阻最大与最小的分别是哪个?

(4) 哪个电路的电压放大倍数数值最大?

(5) 哪个电路的低频特性最好?

(6) 若能调节 $Q$ 点,则最大不失真输出电压最大的电路是哪个?

(7) 输出电压与输入电压同相的电路是哪个?

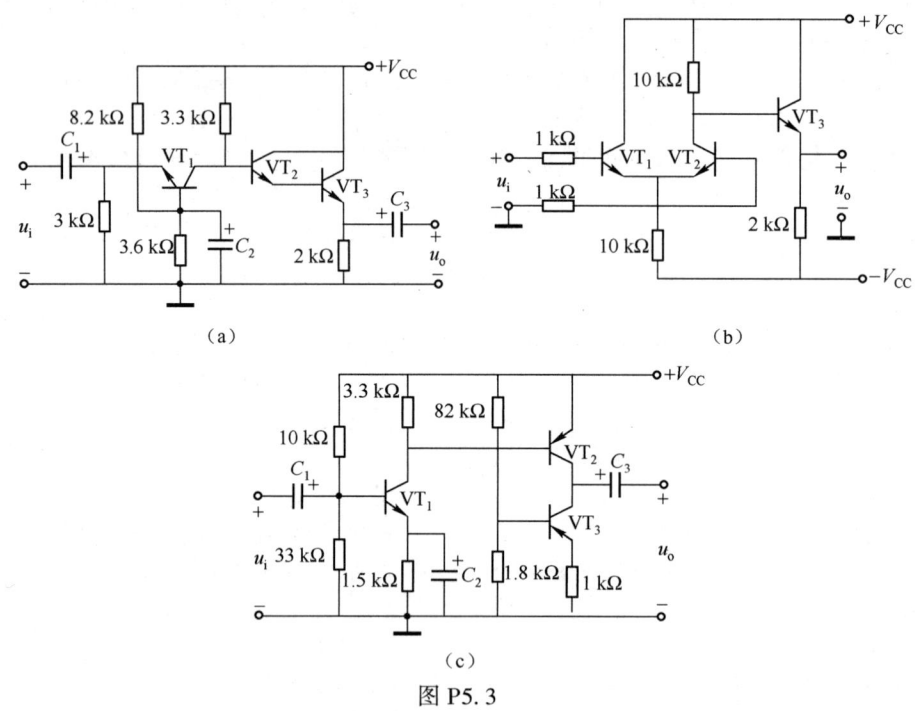

图 P5.3

**5.4** 多级放大电路的放大倍数是各级放大倍数的乘积。随级数的增加,$f_L$ 增大,$f_H$ 减小,通频带变窄,级数变多,通频带变窄。采用工程观点,近似估算一般多级放大器的 $f_L$ 和 $f_H$ 为多少?问当各级上、下限截止频率相差较大时,总的 $f_L$ 和 $f_H$ 主要决定于哪一级?

**5.5** 电路如图 P5.5 所示。已知:晶体管的 $\beta$、$r_{bb'}$、$C_\mu$ 和 $f_\beta$ 均相等,所有电容的容量均相等,静态时所有

电路中晶体管的发射极电流 $I_{EQ}$ 均相等,定性分析各电路:(1) 低频特性最差即下限频率最高的电路是哪个?(2) 低频特性最好即下限频率最低的电路是哪个?(3) 高频特性最差即上限频率最低的电路是哪个?

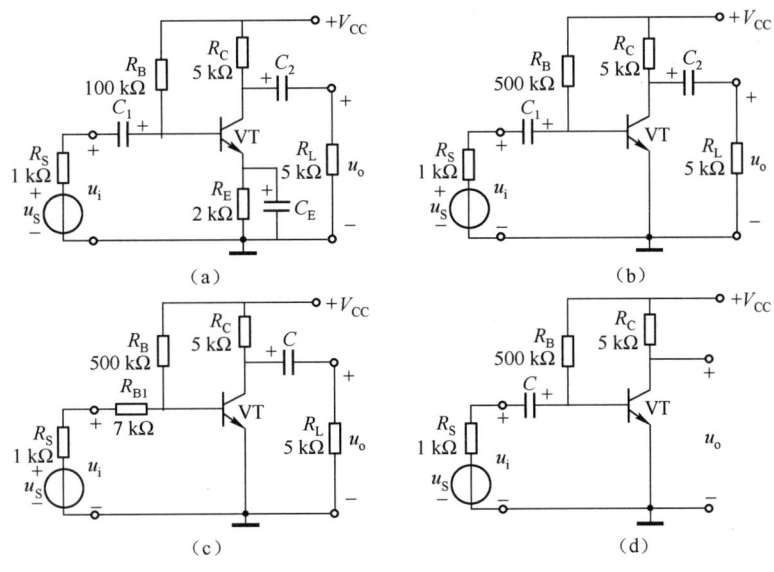

图 P5.5

**5.6** 在实际应用中,常以分贝(dB)为单位来表示放大电路的电压增益。分贝与电压增益的换算关系为 $A_u(\text{dB}) = 20\lg|A_u|$。已知两级放大电路,第一级与第二级的电压增益分别为 20 dB 和 40 dB。问总的电压增益为多少 dB?相当于把信号放大了多少倍?如果另有一放大电路的电压放大倍数为 5000,则用分贝表示应是多少?

**5.7** 两个放大电路,上限频率均为 10 MHz,下限频率均为 100 Hz,当它们组成二级放大电路时,总的上限频率 $f_H$ 和下限频率 $f_L$ 为多少?

**5.8** 某单级阻容耦合共射放大电路的中频电压放大倍数为 40 dB,通频带是 20 Hz~20 kHz,最大不失真输出电压范围为 $-3 \sim +3$ V。

(1) 若输入电压信号 $u_i = 20\sin(2\pi \times 10^3 t)$ mV,输出电压的峰值是多少?输出波形是否会出现失真?

(2) 若输入为非正弦波,其谐波频率范围为 1~30 kHz,最大幅值为 50 mV。问输出信号是否会产生失真?若失真,是什么失真?

**5.9** 当输入信号频率 $f = 5 \sim 40$ kHz 时,单级放大电路的电压放大倍数均为 100;而当 $f = 500$ kHz 时,电压放大倍数降为 10。问该电路的上限截止频率 $f_H$ 为多少?

**5.10** 某放大电路 $\dot{A}_u$ 的对数幅频特性如图 P5.10 所示。

(1) 求该电路的中频电压增益 $|\dot{A}_{um}|$、上限截止频率 $f_H$ 和下限截止频率 $f_L$;

(2) 当输入信号频率为 $f_L$ 或 $f_H$ 时,该电路实际的电压增益是多少分贝?

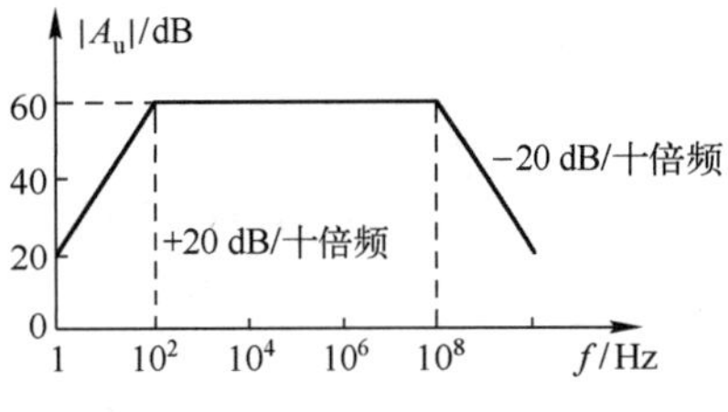

图 P5.10

**5.11** 电路如图 P5.11 所示,定性分析下列问题,并简述理由。

(1) 若要改善电路的低频特性,应首先改变哪一个电容的容量,如何改?

(2) 若 $VT_1$ 和 $VT_2$ 静态时发射极电流相等且 $r_{bb'}$ 和 $C'_\pi$ 相等,则哪一级的上限截止频率低?

**5.12** 下限截止频率为 10 Hz 的两个相同的单级放大电路连接成一个两级放大电路,如图 P5.12 所示。在信号频率为 10 Hz 时,放大倍数的幅值下降到中频放大倍数的多少倍,或者说下降了多少 dB?放大倍数的相位与中频时相比,附加相移约为多少度?

**5.13** 已知图 P5.13 所示放大电路的中频电压放大倍数 $|\dot{A}_{um}| = 50$,上限截止频率为 500 kHz,下限截止频率为 500 Hz,最大不失真输出电压幅值为 3 V。当输入电压分别为下列三种情况时,针对每种情况回答输

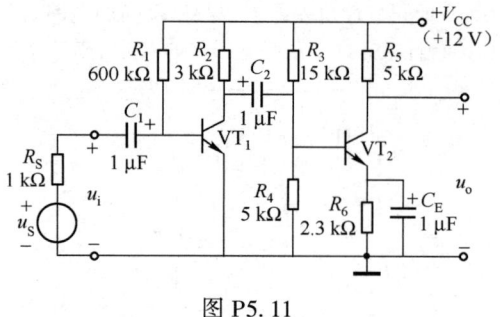

图 P5.11

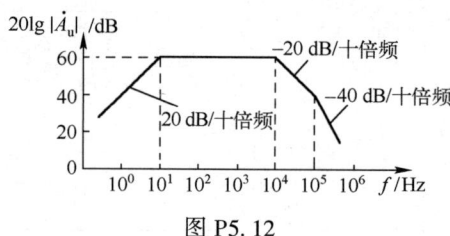

图 P5.12

出电压幅值为多大? 输出电压波形是否存在非线性失真? 若不失真,输出电压与输入电压之间的相位差约等于多少度?

(1) $u_{i1} = 50\sin(10^4\pi t)\,\text{mV}$; (2) $u_{i2} = 100\sin(10^3\pi t)\,\text{mV}$; (3) $u_{i3} = 100\sin(10^7\pi t)\,\text{mV}$。

**5.14** 已知某放大电路的中频电压放大倍数 $\dot{A}_{um} = 50$,折线近似相频特性曲线如图 P5.14 所示。

(1) 写出复数电压放大倍数 $\dot{A}_u$ 的表达式; (2) 画出该放大电路的幅频特性曲线(用折线近似)。

**5.15** 某阻容耦合放大电路的电压放大倍数复数表达式为

$$\dot{A}_u = \frac{0.1f^2}{\left(1+j\dfrac{f}{10}\right)\left(1+j\dfrac{f}{100}\right)\left(1+j\dfrac{f}{10^6}\right)}$$

式中 $f$ 的单位为 Hz。

(1) 该放大电路中包含几级阻容耦合电路? (2) 该放大电路的中频电压放大倍数 $\dot{A}_{um}$ 等于多少? (3) 该放大电路的上、下限截止频率 $f_H$ 和 $f_L$ 各等于多少?

**5.16** 在如图 P5.16 所示电路中,晶体管 $\beta = 100$, $r_{bb'} = 100\,\Omega$, $C_\mu = 5\,\text{pF}$,共射截止频率 $f_{\beta'} = 400\,\text{kHz}$;静态时集电极电流 $I_{CQ} = 1\,\text{mA}$。求: (1) 中频电压放大倍数 $\dot{A}_{usm}$; (2) $f_L$ 和 $f_H$; (3) $\dot{A}_{us}$; (4) 画出波特图。

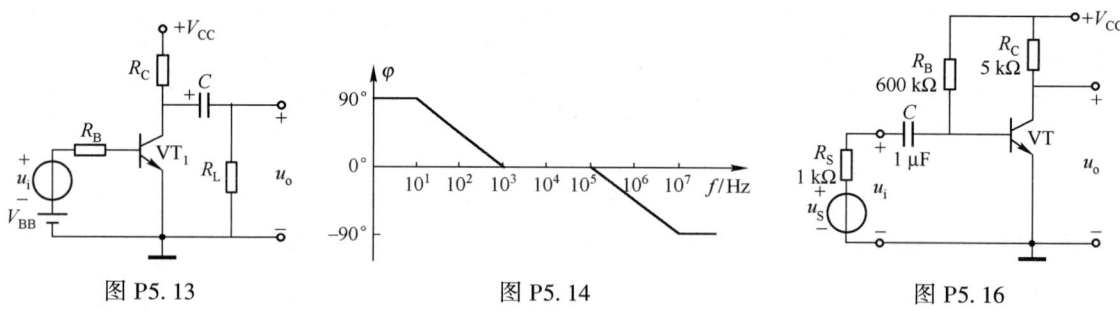

图 P5.13        图 P5.14        图 P5.16

**5.17** 图 P5.17(a)所示的共射单级放大电路的幅频特性如图 P5.13(b)所示。对电路的幅频特性进行定性分析。

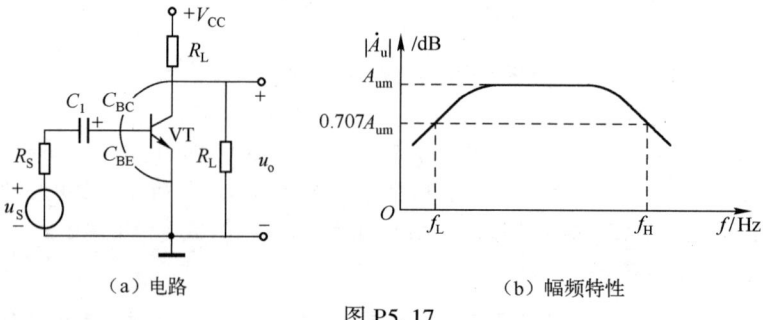

(a) 电路        (b) 幅频特性

图 P5.17

# 第6章　反馈及负反馈放大电路

## 内容提要

反馈不仅是改善放大电路性能的重要手段,也是电子技术和自动控制原理中的一个基本概念。本章以静态工作点稳定电路为例,引出反馈的基本概念,着重介绍反馈的判断方法和四种常用的负反馈组态,归纳出反馈的一般表达式;同时,讨论负反馈对放大电路性能的影响,引入反馈的原则及方法;对于反馈放大电路的分析计算,着重介绍较实用的深度负反馈放大电路的近似估算法;最后,给出负反馈放大电路产生自激振荡的条件、原因和常用的校正措施。

## 讨论的主要问题

- 什么是反馈? 为什么要引入反馈?
- 如何判断电路中有无引入反馈? 反馈的极性? 引入的反馈类型?
- 交流负反馈放大电路的框图及一般表达式是什么?
- 放大电路中引入不同组态的负反馈后,将对其性能分别产生什么样的影响?
- 放大电路中应如何正确引入反馈?
- 什么是深度负反馈? 在深度负反馈条件下,如何估算电压放大倍数?
- 什么是自激振荡? 什么样的反馈放大电路容易产生自激振荡? 如何消除自激振荡?

## 6.1　反馈的基本概念

课程思政

### 1. 反馈的概念

放大电路中的反馈就是将放大电路的输出量(电压或电流)的全部或者一部分,通过一定的电路(网络)送回输入回路,与输入量(电压或电流)进行比较。通过影响放大电路净输入量从而影响放大电路输出量的措施称为反馈。

按照反馈放大电路各部分电路的主要功能,可将其分为基本放大电路和反馈网络两部分,如图6-1所示。前者的主要功能是放大信号,后者的主要功能是传输反馈信号。基本放大电路的输入信号称为净输入量,它不但取决于输入信号(输入量),还与反馈信号(反馈量)有关。

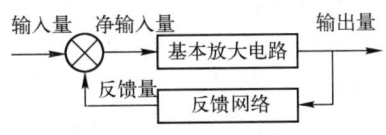

图6-1　反馈放大电路框图

### 2. 为什么引入反馈

放大电路在工作时,由于多种原因影响会使输出量变化(忽大忽小),严重时使电路不能正常工作,引入(负)反馈可以改变上述缺点。因此,几乎所有实用电路中都要引入这样或那样的反馈,使输出量稳定。

为了使放大电路在输入量一定时,输出量也保持一定,我们需要引入反馈。将变化了的输出量通过一定方式引回到输入回路,在输入量和反馈量的共同作用下,使输出量基本保持不变。

### 3. 反馈举例

反馈的现象和运用在第2章中我们已经遇到过,图6-2所示的静态工作点稳定电路就是一例。

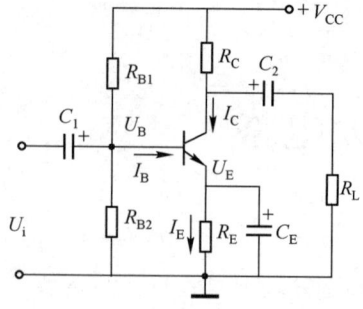

图 6-2　静态工作点稳定电路

在该电路中,通过电阻 $R_{B1}$ 和 $R_{B2}$ 分压,将基极电位 $U_B$ 固定。然后,通过射极电阻 $R_E$ 两端的电压 $U_E$ 来反映 $I_C$ 的大小和变化。这种措施能够使电路的静态工作电流保持稳定。

例如,当环境温度上升使三极管的参数 $I_{CBO}$,$\beta$ 和 $U_{BE}$ 发生变化引起 $I_C$ 增加时,$I_E$ 也随之增加,则 $U_E = I_E R_E$ 必然增加。由于固定了 $U_B$,加到基极和发射极之间的电压 $U_{BE} = U_B - U_E$ 将随之减小,从而使 $I_B$ 减小,$I_C$ 也随之减小。这样就牵制了 $I_C$ 和 $I_E$ 的增加,使它们基本上不随温度改变而改变。其过程可以表示如下:

$$T(\text{℃}) \uparrow \longrightarrow I_C \uparrow \longrightarrow I_E \uparrow \longrightarrow U_E \uparrow \xrightarrow{U_B \text{固定不变}} U_{BE} \downarrow \longrightarrow I_B \downarrow$$
$$I_C \downarrow \longleftarrow$$

上面的具体例子有助于理解反馈的概念。这里,放大电路的输出量是电流 $I_C$。$I_E (\approx I_C)$ 在 $R_E$ 上产生的压降把输出量反送到放大电路的基极回路,改变了 $U_{BE}$,才使 $I_C$ 基本稳定的。

由此可见,如欲稳定某电量,则应采取措施将该电量反馈回去。当由于某些因素引起该电量发生变化时,这种变化将反映到放大电路的输入端,从而牵制原来的电量,使之基本保持稳定。

## 6.2　反馈的分类及其判断

正确判断反馈的性质是研究反馈放大电路的基础。

### 6.2.1　反馈的分类

#### 1. 直流反馈与交流反馈

若反馈量只含有直流量,则称为直流反馈。如图 6-2 所示电路的 $R_E$ 上电压为直流电压,因而电路引入的是直流反馈;若反馈量只含有交流量,则为交流反馈。或者说,仅在直流通路中存在的反馈称为直流反馈,仅在交流通路中存在的反馈称为交流反馈。在很多放大电路中,常常是交、直流反馈兼而有之。如果在图 6-2 所示电路中去掉旁路电容 $C_E$,那么电阻 $R_E$ 上的电压就既有直流量又有交流量,因而电路中既引入了直流反馈又引入了交流反馈。

直流负反馈主要用于稳定放大电路的静态工作点,本章的重点是研究交流负反馈。

【例 6-1】判断图 6-3 所示电路中,哪些元件引入了直流反馈?哪些元件引入了交流反馈?

**解:** 由图 6-3 可知,该电路是一个由集成运放组成的电路。其中有两个反馈,一个从输出端直接连到集成运放反相输入端。很明显,它在交直流工作时都起作用,是交直流反馈。另一个反馈从输出端经 $C_2$、$R_1$ 和 $R_2$ 连到运放的同相输入端。由于这个反馈网络中有电容元件 $C_2$,它在直流工作时相当于开路,因此这个反馈只是交流反馈。

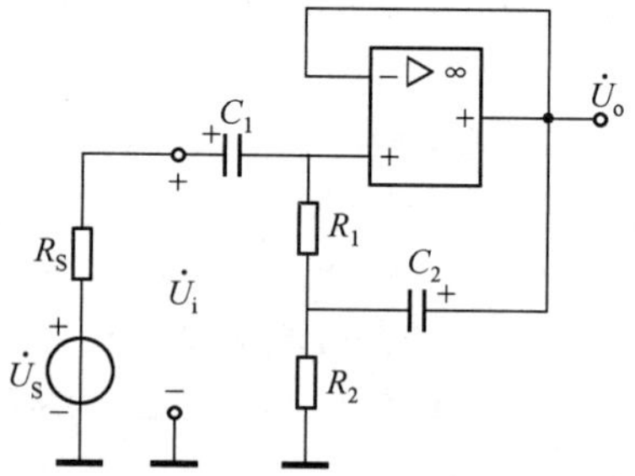

图 6-3　例 6-1 图

#### 2. 正反馈和负反馈

根据反馈极性的不同,反馈可以分为正反馈和负反馈。

由图 6-1 所示的反馈放大电路框图可知,反馈量送回到输入回路,与原输入量共同作用后,对净输入量的影响有两种效果:一种是在输入量不变时,引入反馈后,使净输入量增加,输出量增加,此种反馈称为正反馈;另一种是在输入量不变时,引入反馈后,使净输入量减小,输出量减小,称为负反馈。引入负反馈可改善放大电路的性能,因此,负反馈是本章讨论的重点。

**3. 电压反馈和电流反馈**

输出量有输出电压和输出电流之分。若引入的反馈信号与输出电压有直接关系或成正比,则为电压反馈(也称电压采样);若反馈信号与输出电流有直接关系或成正比,则为电流反馈(也称电流采样)。

**4. 串联反馈和并联反馈**

反馈信号与输入信号的连接方式有串联和并联两种情况,因此有串联反馈和并联反馈之分。

串联反馈:在输入回路中,反馈量和输入量都以电压的形式出现,并以串联方式在输入回路相加减,即由电压求和的方式来反映反馈对输入信号的影响,此种反馈方式称为串联反馈。

并联反馈:在输入回路中,反馈量和输入量都以电流的形式出现,并以并联方式在输入回路相加减,即用电流求和的方式来反映反馈对输入信号的影响,此种反馈方式称为并联反馈。

### 6.2.2 反馈的判断

**1. 判断有无反馈**

找出反馈网络,若在电路中存在信号反向流通的渠道,也就是反馈通路,则一定有反馈。

【**例 6-2**】试判断图 6-4 所示各电路是否存在反馈。

**解:**在图 6-4(a)所示电路中,集成运放的输出端与同相输入端、反相输入端均无通路,故电路中没有引入反馈。在图 6-4(b)所示电路中,电阻 $R_2$ 将集成运放的输出端与反相输入端相连接,因而集成运放的净输入量不仅决定于输入信号,还与输出信号有关,所以该电路中引入了反馈。在图 6-4(c)所示电路中,虽然电阻 $R$ 跨接在集成运放的输出端与同相输入端之间,但是由于同相输入端接地,因此 $R$ 只不过是集成运放的负载,而不会使 $u_o$ 作用于输入回路。可见,电路中没有引入反馈。

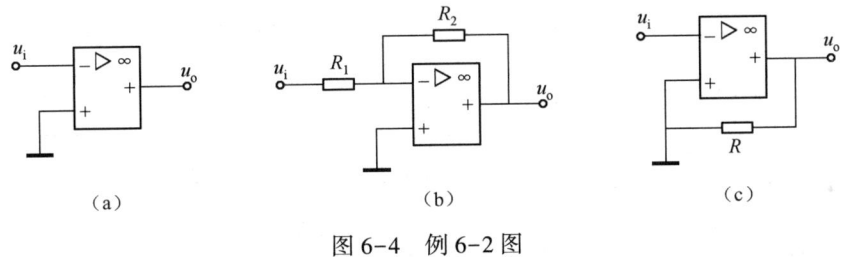

图 6-4　例 6-2 图

由以上分析可知,通过寻找电路中有无反馈通路即可判断出电路是否存在反馈。

**2. 用瞬时极性法判断反馈的极性**

判断反馈极性的基本方法是瞬时变化极性法,简称瞬时极性法。"瞬时极性法"是指同一瞬间各交流量的相对极性,在电路图上用⊕和⊖表示。用瞬时极性法判断反馈极性的步骤是:

(1) 先假定输入量的瞬时极性。

(2) 根据放大电路输出量与输入量的相位关系,决定输出量和反馈量的瞬时极性。

(3) 将反馈量与输入量比较,即可推断反馈的正、负极性。

【**例 6-3**】试判断图 6-5 所示各电路中交流反馈的极性。

**解:**图 6-5(a)所示电路中,因射极电容 $C_E$ 的旁路作用,电阻 $R_{E2}$ 上不存在交流反馈信号,所以对交流反馈而言,只有 $R_{E1}$ 构成反馈通路。设输入信号 $u_i$ 的瞬时极性为正,如图 6-5(a)中所标示,经 VT 倒相放大后,其集电极电位为负,发射极电位(即反馈信号 $u_f$)为正。因而使该放大电路的净输入信号电压 $u_{be}$ 比没有反馈(即没有 $R_{E1}$)时的 $u_{be}$ 减小了。所以,由 $R_{E1}$ 引入的交流反馈是负反馈。

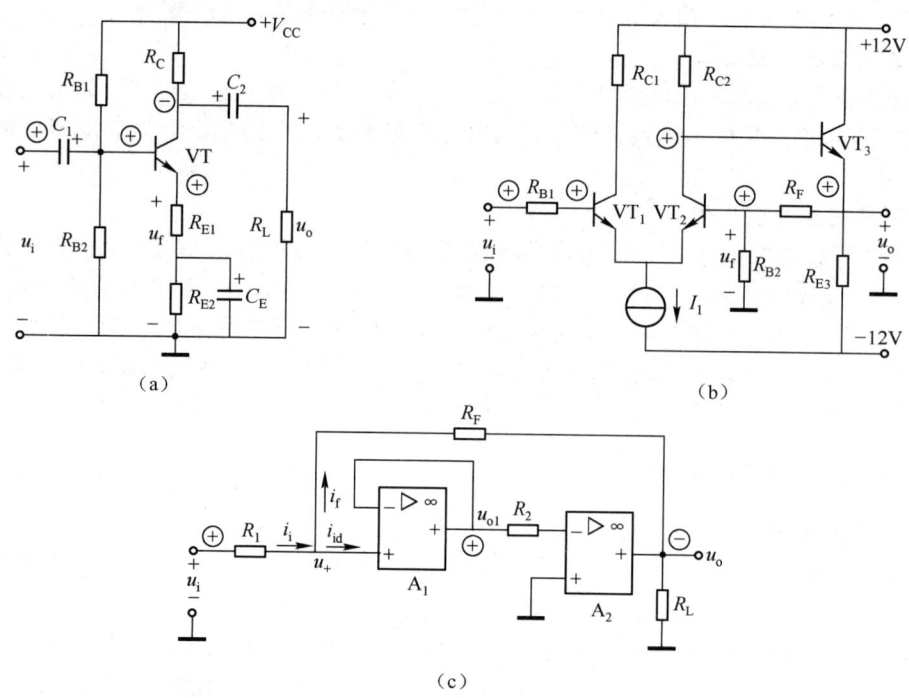

图 6-5 例 6-3 和例 6-4 图

在图 6-5(b)所示电路中,第一级为单端输入-单端输出的差分放大电路。其输入信号与输出信号分别在 VT$_1$ 的基极与 VT$_2$ 的集电极,它们的相位相同。第二级为 VT$_3$ 组成的共集电极电路,其输出信号与输入信号的相位相同。对级间交流反馈而言的 $R_F$ 与 $R_{B2}$ 为反馈网络的元件。设输入信号 $u_i$ 的瞬时极性为⊕,则基极的交流电位 $u_{b1}$ 也为⊕。第一级的输出信号 $u_{c2}$ 为⊕,第二级的输出信号 $u_{e3}$ 为⊕,经 $R_F$ 与 $R_{B2}$ 反馈到 VT$_2$ 管基极的反馈信号 $u_f = u_{b2}$ 也为⊕,因而使该电路的净输入信号电压 $u_{id} = u_{b1} - u_{b2}$ 比没有反馈时减小了。所以,$R_F$ 与 $R_{B2}$ 引入的是负反馈。

在图 6-5(c)所示电路中,$R_F$ 是反馈网络的元件。对交流信号而言,设 $u_i$ 的瞬时极性为⊕,则运放 A$_1$ 同相端电位 $u_+$ 的极性也为⊕,由 A$_1$ 组成的电压跟随器的输出电压 $u_{o1}$ 也为⊕,第二级输出电压 $u_o$ 与其输入电压 $u_{o1}$ 反相为⊖。根据上述分析,可画出输入电流 $i_i$、净输入电流 $i_{id}$ 和反馈电流 $i_f$ 的瞬时流向如图中箭头所示,因而净输入电流 $i_{id} = i_i - i_f$ 比没有反馈时减小了。所以,该电路中 $R_F$ 引入了负反馈。

**3. 判断反馈的串并联形式**

反馈放大电路是串联还是并联反馈,由反馈网络在放大电路输入端的连接方式判定。

**【例 6-4】** 判断图 6-5(b)和图 6-5(c)所示电路中的级间交流反馈是串联反馈还是并联反馈。

**解:** 在图 6-5(b)所示电路中,$R_F$ 与 $R_{B2}$ 一起引入级间交流负反馈,反馈信号是 $u_o$ 在 $R_{B2}$ 上的分压,加在 VT$_2$ 管的基极,而输入信号 $u_i$ 加在 VT$_1$ 管的基极。这显然是以电压形式进行比较的,因此是串联反馈。

在图 6-5(c)所示电路中,$R_F$ 引入级间交流负反馈,反馈信号与输入信号均接至同一个节点(运放 A$_1$ 的同相输入端)。显然,这是以电流形式进行比较的,因此是并联反馈。

**4. 判断电压或电流反馈的形式**

判断电压与电流反馈的常用方法有以下两种。

方法一:根据定义写出反馈信号的表达式。若反馈信号正比于输出电压,则为电压反馈;若反馈信号正比于输出电流,则为电流反馈。

方法二:输出短路法。即假设输出电压 $u_o = 0$,或令负载电阻 $R_L = 0$,看反馈信号是否还存在。若反馈信号不存在,则说明反馈信号与输出电压成比例,是电压反馈;若反馈信号还存在,则说明反馈信号不是与输出电压成比例,而是与输出电流成比例,是电流反馈。

**【例6-5】** 判断图6-6所示各电路中的交流反馈是电压反馈还是电流反馈。

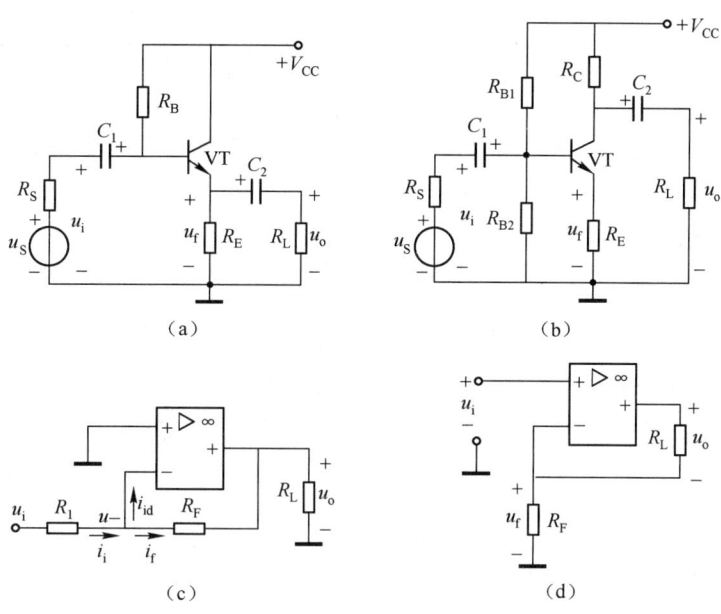

图 6-6    例 6-5 图

**解:** 如图6-6(a)所示电路中,显然电阻 $R_E$ 和 $R_L$ 构成反馈通路。由它们送回到输入回路的交流反馈信号是电压 $u_f$,而且 $u_f = u_o$,故用"输出短路法"。令 $R_L = 0$,即 $u_o = 0$,$u_f = 0$,是电压反馈。

在图6-6(b)所示电路中,送回到输入回路的交流反馈信号是电阻 $R_E$ 上的电压信号,且 $u_f = i_e R_E \approx i_c R_E$。用"输出短路法",令 $u_o = 0$,即令 $R_L$ 短路时,$i_c \neq 0$(因 $i_c$ 受 $i_b$ 控制)。因此,反馈信号 $u_f$ 仍然存在,说明反馈信号与输出电流成比例,是电流反馈。

在图6-6(c)所示电路中,交流反馈信号是流过反馈元件 $R_F$ 的电流 $i_f$(并联反馈),且 $i_f = \dfrac{u_- - u_o}{R_F} \approx \dfrac{-u_o}{R_F}$,因为 $u_o \gg u_-$。令 $R_L = 0$,即 $u_o = 0$,有 $i_f = 0$,故该电路中引入的交流反馈是电压反馈。

在图6-6(d)所示电路中,交流反馈信号是输出电流 $i_o$ 在电阻 $R_F$ 上的压降 $u_f$,且 $u_f = i_o R_F$,令 $R_L = 0$ 时,$u_o = 0$,但运放的输出电流 $i_o \neq 0$,故 $u_f \neq 0$,说明反馈信号与输出电流成比例,是电流反馈。

## 6.2.3  负反馈的四种类型

根据放大电路输出端采样的情况和输入端反馈量与输入量的接法,负反馈可分为四种类型。

### 1. 电压串联负反馈

如图6-7所示,在电压串联负反馈中,放大电路的作用是把净输入电压 $u_{id}$ 放大为输出电压 $u_o$,而反馈网络的作用是把输出电压 $u_o$ 变换为反馈电压 $u_f$,$u_f$ 在输入端与输入电压 $u_i$ 串联相减。

### 2. 电压并联负反馈

如图6-8所示,在电压并联负反馈中,放大电路的作用是把净输入电流 $i_{id}$ 放大成输出电压 $u_o$,而反馈网络的作用是把输出电压 $u_o$ 变换为反馈电流 $i_f$,$i_f$ 在输入端与输入电流 $i_i$ 并联相减。

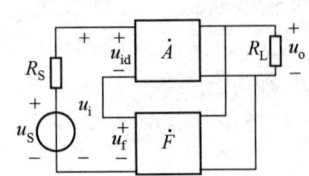
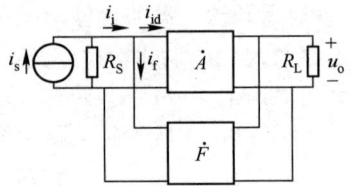

图 6-7　电压串联负反馈方框图　　　　图 6-8　电压并联负反馈方框图

**3. 电流串联负反馈**

如图 6-9 所示,在电流串联负反馈中,放大电路的作用是把净输入电压 $u_{id}$ 放大成输出电流 $i_o$,而反馈网络的作用是把输出电流 $i_o$ 变换为反馈电压 $u_f$。

**4. 电流并联负反馈**

如图 6-10 所示,在电流并联负反馈中,放大电路的作用是把净输入电流 $i_{id}$ 放大成输出电流 $i_o$,而反馈网络的作用是把输出电流 $i_o$ 变换为反馈电流 $i_f$。

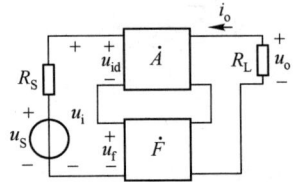
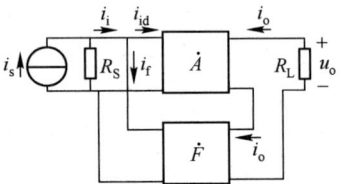

图 6-9　电流串联负反馈方框图　　　　图 6-10　电流并联负反馈方框图

**【例 6-6】** 判断图 6-11 所示电路的反馈类型。

**解:** 在图 6-11(a)中,$u_o$ 经 $R_F$ 与 $R_1$ 分压反馈到输入回路,故有反馈。当 $R_L = 0$ 时,无反馈,故为电压反馈。另外,由反馈网络得 $u_f = u_o \dfrac{R_1}{R_1 + R_F}$,这也说明是电压反馈。在输入回路有 $u_{id} = u_i - u_f$,反馈使净输入电压 $u_{id}$ 减小,故为串联负反馈。所以,图 6-11(a)所示电路为电压串联负反馈电路。

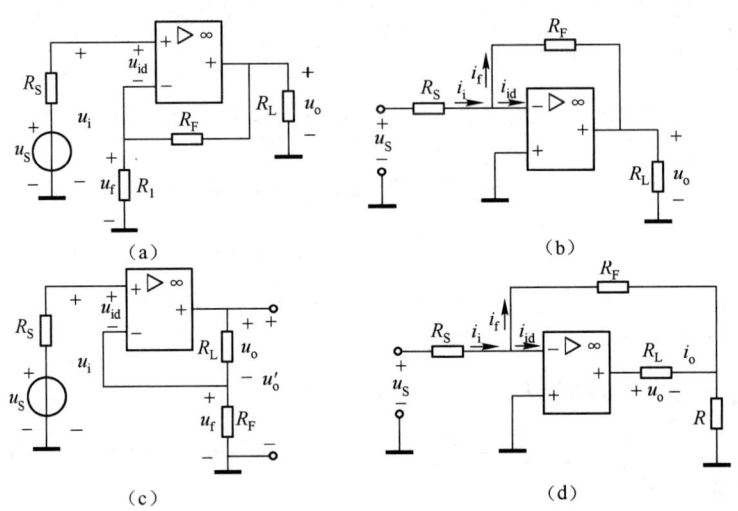

图 6-11　例 6-6 图

在图 6-11(b)中,$R_F$ 为输入回路和输出回路的公共电阻,故有反馈。其中,当 $R_L = 0$ 时,无反馈,故为电压反馈。输入回路有 $i_{id} = i_i - i_f$,反馈使净输入电流 $i_{id}$ 减小,故为并联负反馈。所以,图 6-11(b)所示电路为电压并联负反馈电路。

在图 6-11(c)中，$R_F$ 为输入回路和输出回路的公共电阻，故有反馈。其中，当 $R_L = 0$ 时，反馈存在，故为电流反馈。另外，由反馈网络得 $u_f = i_o R_F$，这也说明是电流反馈。输入回路有 $u_{id} = u_i - u_f$，反馈使净输入电压 $u_{id}$ 减小，故为串联负反馈。所以，图 6-11(c)所示电路为电流串联负反馈电路。

在图 6-11(d)中，$R_F$ 为输入回路和输出回路的公共电阻，故有反馈。其中，当 $R_L = 0$ 时，反馈存在，故为电流反馈。输入回路有 $i_{id} = i_i - i_f$，反馈使净输入电流 $i_{id}$ 减小故为并联负反馈。所以，图 6-11(d) 所示电路为电流并联负反馈电路。

【例 6-7】判断图 6-12 所示各电路中级间交流反馈的类型。

**解**：在图 6-12(a)中，电阻 R 构成级间交流反馈通路。在放大电路的输入回路，反馈电阻 R 的上端接 $VT_1$ 管的源极，而输入信号 $u_i$ 接 $VT_1$ 的栅极，显然是串联反馈；反馈信号是 $VT_2$ 的集电极输出电压，而且有 $u_f = u_o$，所以是电压反馈。用瞬时极性法判断该反馈极性：设 $u_i$ 对"地"的极性为 ⊕，则经 $VT_1$ 倒相放大，使 $VT_2$ 的基极电位为 ⊖，因 $VT_2$ 组成共射电路，所以 $u_o$ 和 $u_f$ 为 ⊕。结果使基本放大电路的净输入电压 $u_{gs} = u_i - u_f$ 比没有反馈时减小了，是负反馈。

综上分析可知，该电路由 R 引入了电压串联负反馈。

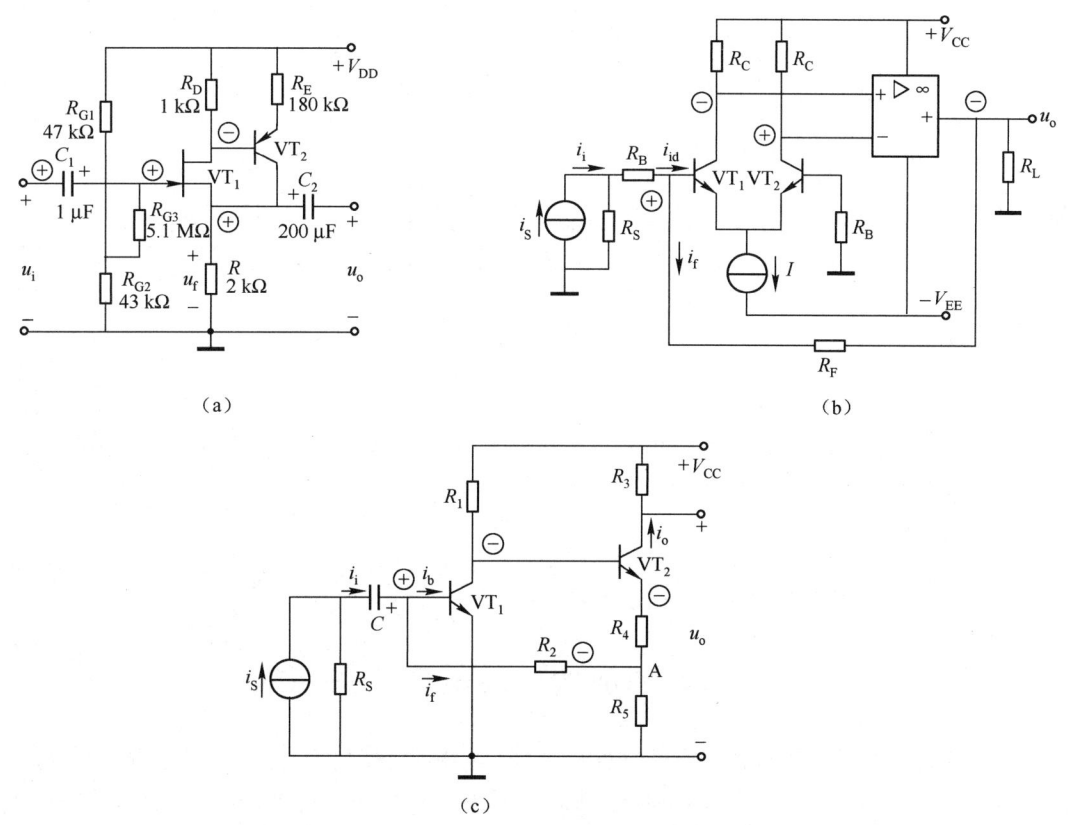

（a）　　　　　　　　　　　（b）

（c）

图 6-12　例 6-7 图（为简化起见，图中只标出交流分量）

在图 6-12(b)所示电路中，第一级是由 $VT_1$ 和 $VT_2$ 组成的单端输入-双端输出式差分放大电路，第二级是运放构成的放大电路，电阻 $R_F$ 是联系输出回路与输入回路的反馈元件。设 $VT_1$ 基极交流电位 $u_{b1}$ 的瞬时极性为 ⊕，则 $VT_1$ 集电极的 $u_{c1}$ 为 ⊖，$VT_2$ 集电极的 $u_{c2}$ 为 ⊕，第二级的输出电压 $u_o$ 为 ⊖。由此可画出电流 $i_i$、$i_f$ 和 $i_{b1}$ 的瞬时流向如图中所示。因为净输入电流 $i_{id} = i_{b1} = i_i - i_f$ 比无反馈时减小，是负反馈。反馈信号与输入信号以电流形式求和，故是并联反馈。由电路可见 $i_f = \dfrac{u_{b1} - u_o}{R_F} \approx \dfrac{-u_o}{R_F}$（因为经放

大后 $u_o \gg u_{b1}$ ),用"输出短路法",令 $R_L = 0$ 时,则 $u_o = 0$,故它是电压反馈。综上所述,图 6-12(b)所示电路中引入了级间交流电压并联负反馈。

图 6-12(c)电路中引入了级间交流电流并联负反馈。电阻 $R_5$ 和 $R_2$ 为反馈元件,用瞬时极性法不难判断出引入的是负反馈(各有关点电位的瞬时极性及各有关支路电流的瞬时流向均已在图中标出)。在输入端,反馈信号与输入信号以电流形式求和,所以是并联反馈。当用输出短路法令 $R_L = 0$ 时,$u_o = 0$,但 $i_o = i_{c2} \approx i_{e2} \neq 0$,图中电位 $u_A \neq 0$,$i_f = \dfrac{u_{b1} - u_A}{R_2} \approx \dfrac{-u_A}{R_2} \neq 0$(经放大后有 $u_A \gg u_{b1}$),这说明 $R_2$ 与 $R_5$ 相当于并联。因而,$i_f$ 是 $R_5$ 和 $R_2$ 对 $i_o$ 的分流,是 $i_o$ 的一部分,属于电流反馈。

综上所述,可归纳出各种反馈类型的定义及判别方法,如表 6-1 所示。

表 6-1　放大电路中反馈类型的定义和判别方法

| 反馈类型 | 定　义 | 判　别　方　法 |
|---|---|---|
| 正反馈 | 反馈信号使净输入信号加强 | 反馈信号与输入信号作用于同一个节点时,瞬时极性相同;作用于不同节点时,瞬时极性相反 |
| 负反馈 | 反馈信号使净输入信号减弱 | 反馈信号与输入信号作用于同一个节点时,瞬时极性相反;作用于不同节点时,瞬时极性相同 |
| 直流负反馈 | 反馈信号为直流信号 | 直流通路中存在反馈 |
| 交流负反馈 | 反馈信号为交流信号 | 交流通路中存在反馈 |
| 电压负反馈 | 反馈信号从输出电压取样 | 令负载电阻短路,反馈信号将消失 |
| 电流负反馈 | 反馈信号从输出电流取样 | 令负载电阻短路,反馈信号依然存在 |
| 串联负反馈 | 反馈信号在输入回路与输入信号串联 | 输入信号与反馈信号在不同节点引入 |
| 并联负反馈 | 反馈信号在输入端与输入信号并联 | 输入信号与反馈信号在同一节点引入 |

【思考题】

1. 什么是反馈?为什么要引入反馈?如何判断电路中有无反馈?

2. 什么叫做直流反馈和交流反馈?为什么要引入直流负反馈?

3. 什么叫做正反馈和负反馈?如何判断引入的反馈是正反馈还是负反馈?若在放大电路中仅引入较强的交流正反馈,电路能正常工作吗?为什么?

4. 串联反馈与并联反馈有何区别?为了使负反馈的效果更佳,对信号源内阻应有什么要求?

5. 什么是电压反馈和电流反馈?如何判断引入的反馈是电压反馈还是电流反馈?

6. 反馈的四种类型是什么?如何判断反馈类型?

# 6.3　负反馈放大电路的基本关系式

反馈放大电路的形式是多种多样的,反馈的性质也不完全相同。我们讨论反馈放大电路的目的是从众多的电路形式中进行抽象和概括,从而揭示出各种反馈的普遍规律,以便为反馈放大电路的使用和设计提供更加灵活有效的手段。

## 6.3.1　方框图表示法

### 1. 方框图的组成

如图 6-13 所示,各种反馈放大电路均可概括为三部分,即基本放大电路(开环放大电路)、反馈网络和比较环节。这三部分组成一个反馈环,也叫闭环放大电路。

### 2. 各部分的功能及符号的意义

(1) **基本放大电路**　将偏差信号(净输入信号)进行放大输出的环节,把信号从输入端传输到输出端,称为正向传输。

（2）**反馈网络**　把输出信号的一部分或全部取样为反馈信号。对整个放大电路来说,它是将信号从输出端传输到输入端,称为反向传输。

（3）**比较环节**　将反馈信号与输入信号进行比较,求得偏差信号的环节。

（4）**符号的意义**　$\dot{X}$ 表示一般电信号,可为电压,也可为电流。箭头表示信号的传输方向和各部分之间的连线。各符号的含义表示如下:

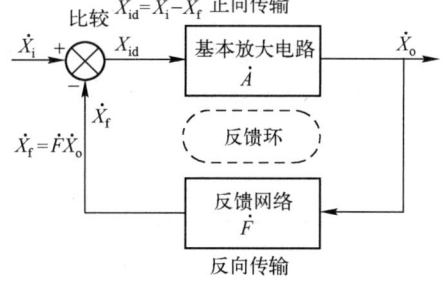

图 6-13　反馈放大电路基本框图

$\dot{X}_{i}$——反馈环的输入信号;　　　　　　　　$\dot{X}_{f}$——反馈信号;

$\dot{X}_{id}$——比较后的偏差信号(净输入信号);　　$\dot{X}_{o}$——反馈放大电路的输出信号;

$\dot{A}$——基本放大电路的放大倍数(开环增益);　$\dot{F}$——反馈网络的反馈系数。

## 6.3.2　基本关系式

**1. 闭环增益 $A_f$ 基本关系式的推导**

由图 6-13 可知,当开环(无反馈)时,基本放大电路的放大倍数应为输出信号与净输入信号之比

$$\dot{A} = \frac{\dot{X}_{o}}{\dot{X}_{id}} \tag{6-1}$$

反馈网络的反馈系数应为反馈信号与输出信号之比

$$\dot{F} = \frac{\dot{X}_{f}}{\dot{X}_{o}} \tag{6-2}$$

因此,将式(6-1)和式(6-2)相乘得

$$\dot{A}\dot{F} = \frac{\dot{X}_{o}}{\dot{X}_{id}} \cdot \frac{\dot{X}_{f}}{\dot{X}_{o}} = \frac{\dot{X}_{f}}{\dot{X}_{id}} \tag{6-3}$$

其中,$\dot{A}\dot{F}$ 表示从输入端的净输入量 $\dot{X}_{id}$ 经正向通道 $\dot{A}$ 和反向通道 $\dot{F}$,沿反馈形成的闭合环路绕行一周后,作为反馈量 $\dot{X}_{f}$ 出现在输入端的信号传输系数,通常叫做"环路增益"。

另外,比较环节的输出偏差信号,即基本放大电路的净输入信号

$$\dot{X}_{id} = \dot{X}_{i} - \dot{X}_{f} \tag{6-4}$$

由式(6-1)得

$$\dot{X}_{o} = \dot{A}\dot{X}_{id} \tag{6-5}$$

将式(6-4)代入式(6-5)整理后,再把由式(6-2)求得的 $\dot{X}_{f}$ 代入,即可得到负反馈闭环增益的基本关系式

$$\dot{A}_{f} = \frac{\dot{X}_{o}}{\dot{X}_{i}} = \frac{\dot{A}}{1 + \dot{A}\dot{F}} \tag{6-6}$$

在式(6-6)中,$\dot{A}_f$ 为负反馈放大电路的闭环增益,是负反馈放大电路的一个很重要的表达式。其中,$1 + \dot{A}\dot{F}$ 的值是衡量负反馈程度、表征负反馈放大电路性能改善程度的重要参数,称为反馈深度,也是反馈电路进行定量分析的基础。通过以后的讨论,读者会逐渐加深对它的理解和认识。

同时,对于不同的反馈类型,$\dot{X}_i$、$\dot{X}_o$、$\dot{X}_f$ 和 $\dot{X}_{id}$ 代表的电量不同,因而四种负反馈放大电路的 $\dot{A}$,$\dot{A}_f$ 和 $\dot{F}$ 相应地具有不同的含义和量纲,如表6-2所示。其中,$\dot{A}_u$ 和 $\dot{A}_i$ 分别表示电压增益(无量纲)和电流增益(无量纲);$\dot{A}_r$ 和 $\dot{A}_g$ 分别表示互阻增益(量纲为欧姆)和互导增益(量纲为西门子)。相应的反馈系数 $\dot{F}_u$、$\dot{F}_i$、$\dot{F}_g$ 和 $\dot{F}_r$ 的量纲各不相同,但环路增益 $\dot{A}\dot{F}$ 总是无量纲的。

**表6-2　负反馈放大电路各种信号量的含义**

| 信号量或信号传递比 | 反馈类型 | | | |
|---|---|---|---|---|
| | 电压串联 | 电流并联 | 电压并联 | 电流串联 |
| $x_o$ | 电压 | 电流 | 电压 | 电流 |
| $x_i, x_f, x_{id}$ | 电压 | 电流 | 电流 | 电压 |
| $\dot{A}=x_o/x_{id}$ | $\dot{A}_u=u_o/u_{id}$ | $\dot{A}_i=i_o/i_{id}$ | $\dot{A}_r=u_o/i_{id}$ | $\dot{A}_g=i_o/u_{id}$ |
| $\dot{F}=x_f/x_o$ | $\dot{F}_u=u_f/u_o$ | $\dot{F}_i=i_f/i_o$ | $\dot{F}_g=i_f/u_o$ | $\dot{F}_r=u_f/i_o$ |
| $\dot{A}_f=\dfrac{x_o}{x_i}=\dfrac{\dot{A}}{1+\dot{A}\dot{F}}$ | $\dot{A}_{uf}=u_o/u_i=\dfrac{\dot{A}_u}{1+\dot{A}_u\dot{F}_u}$ | $\dot{A}_{if}=i_o/i_i=\dfrac{\dot{A}_i}{1+\dot{A}_i\dot{F}_i}$ | $\dot{A}_{rf}=u_o/i_i=\dfrac{\dot{A}_r}{1+\dot{A}_r\dot{F}_g}$ | $\dot{A}_{gf}=i_o/u_i=\dfrac{\dot{A}_g}{1+\dot{A}_g\dot{F}_r}$ |
| 功能 | $u_i$ 控制 $u_o$ | $i_i$ 控制 $i_o$ | $i_i$ 控制 $u_o$ | $u_i$ 控制 $i_o$ |

**2. 关于基本关系式的讨论**

式(6-6)建立了开环放大倍数与闭环放大倍数之间的关系,是分析负反馈放大电路的出发点。特别是反馈深度 $|1+\dot{A}\dot{F}|$ 在以后的讨论中要经常用到,与负反馈放大电路的各项性能指标有着极其密切的关系。现分几种情况加以讨论。

① 当 $|1+\dot{A}\dot{F}|<1$ 时,由式(6-6)可以得到 $|\dot{A}_f|>|\dot{A}|$。这说明引入反馈后,闭环放大倍数大于开环放大倍数。根据反馈的定义知道,这是反馈信号与输入信号比较后,使净输入信号增大,放大倍数增加的结果,叫做正反馈。

② 当 $|1+\dot{A}\dot{F}|=0$ 时,由式(6-6)可以得到 $|\dot{A}_f|\rightarrow\infty$。这说明,当放大电路在没有输入信号时,也会有输出信号,产生了自激振荡,使放大电路不能正常工作。在负反馈放大电路中是要设法消除的。

③ 当 $|1+\dot{A}\dot{F}|>1$ 时,由式(6-6)可以得到 $|\dot{A}_f|<|\dot{A}|$。即引入反馈后,使放大倍数有所下降。根据反馈的定义,这是反馈信号与输入信号比较后,使净输入信号减小的结果,叫做负反馈。

④ 当 $|1+\dot{A}\dot{F}|\gg1$ 时,即 $|\dot{A}\dot{F}|\gg1$,则式(6-6)可表示为

$$\dot{A}_f=\frac{\dot{A}}{1+\dot{A}\dot{F}}\approx\frac{\dot{A}}{\dot{A}\dot{F}}=\frac{1}{\dot{F}} \tag{6-7}$$

式(6-7)的物理意义是:当 $|\dot{A}\dot{F}|\gg1$ 时,电路处于深度负反馈。这时闭环放大倍数 $\dot{A}_f$ 几乎与开环放大倍数 $\dot{A}$ 无关,而仅取决于反馈系数 $\dot{F}$ 的倒数。这是一个很有启发性和重要实用价值的概念,其意义在于:

第一,闭环放大倍数 $\dot{A}_f\approx\dfrac{1}{\dot{F}}$,这说明只要反馈网络稳定,就能保证 $\dot{A}_f$ 的稳定。而反馈网络通常是由高稳定电阻组成的,这就为构成性能优良的反馈放大电路提供了理论依据。

第二,分析电路、求取 $\dot{A}_f$ 的过程变得简单,给工程估算带来很大方便。因为由式(6-7)可得

$$\dot{X}_i \approx \dot{F} \dot{X}_o$$

由式(6-2)得

$$\dot{X}_f = \dot{F} \dot{X}_o$$

所以在深度负反馈时,反馈信号近似等于输入信号,即

$$\dot{X}_i \approx \dot{X}_f \tag{6-8}$$

从以上分析可以看出,上述结果是建立在深度负反馈条件下的。那么,怎样才能建立深度负反馈的工作状态呢?

我们知道,反馈网络一般由无源元件组成,反馈系数最大不会超过 1,一般比 1 还小得多,所以要使 $|\dot{A}\dot{F}| \gg 1$,放大电路的开环增益必须非常大。集成运放的开环差模增益 $\dot{A}_{od} \geqslant 10^5$ (F007)。即使 $F = 10^{-3}$,$AF \geqslant 10^2$,仍然比 1 大得多(一般 $AF > 10$ 就可认为是深度负反馈)。所以,在采用集成运放时容易实现深度负反馈,反之,在单级放大电路中要实现深度负反馈是比较难的。

从反馈深度 $|1+\dot{A}\dot{F}|$ 还可以看出,要使反馈对放大电路的影响越大,那么反馈所包围的放大级数应该越多。

【例6-8】已知某电压串联负反馈放大电路在中频区的反馈系数 $F_u = 0.01$,输入信号 $u_i = 10\ \text{mV}$,开环电压增益 $A_u = 10^4$。试求该电路的闭环电压增益 $A_{uf}$、反馈电压 $u_f$ 和净输入电压 $u_{id}$。

**解:** 方法一:由式(6-6)可求得该电路的闭环电压增益为

$$A_{uf} = \frac{A_u}{1+A_u F_u} = \frac{10^4}{1+10^4 \times 0.01} \approx 99.01$$

反馈电压为

$$u_f = F_u u_o = F_u A_{uf} u_i = 0.01 \times 99.01 \times 10\ \text{mV} \approx 9.9\ \text{mV}$$

净输入电压为

$$u_{id} = u_i - u_f = 10\ \text{mV} - 9.9\ \text{mV} = 0.1\ \text{mV}$$

方法二:求 $A_{uf}$ 的方法同方法一。由式(6-4)推出如下关系式

$$x_{id} = x_i - x_f = x_i - Fx_o = x_i - FAx_{id}$$

整理得

$$x_{id} = \frac{x_i}{1+AF}$$

对于本例,则

$$u_{id} = \frac{u_i}{1+A_u F_u} = \frac{10\ \text{mV}}{1+10^4 \times 0.01} \approx 0.099\ \text{mV} \approx 0.1\ \text{mV}$$

而

$$u_f = u_i - u_{id} = 10\ \text{mV} - 0.1\ \text{mV} = 9.9\ \text{mV}$$

由此例可知,在深度负反馈 $|1+\dot{A}\dot{F}| \gg 1$ 条件下,反馈信号与输入信号的大小相差甚微,净输入信号则远小于输入信号。

【思考题】
1. 在中频区,负反馈放大电路的闭环增益与其开环增益相比,是增加了还是减小了?
2. 负反馈放大电路的闭环增益的一般表达式是在什么条件下推导出来的?
3. 什么是深度负反馈?什么是环路增益?

# 6.4 负反馈对放大电路性能的影响

放大电路中引入交流负反馈后,其性能会得到多方面的改善,如可以稳定放大倍数,展宽频

带,减小非线性失真,改变输入电阻和输出电阻等。下面将分别加以讨论。

### 6.4.1 提高放大倍数的稳定性

**1. 定性分析**

负反馈放大电路的基本特点是它的自动调整作用。例如,当环境温度、电源、电路参数发生变化从而引起输出电压(或电流)增大时,负反馈则按比例将增大量返送到输入回路,抵消一部分输入信号,减小净输入信号,达到降低输出信号的目的。相反,当输出信号减小时,反馈的信号也减小。在输入回路进行比较时少抵消一些输入信号,使净输入信号增大,从而导致输出信号的回升。这样,在输入信号一定的条件下,负反馈就能缩小输出信号的波动范围,提高了放大倍数的稳定性。

**2. 定量计算**

当电路工作在中频区时,对整个电路而言,由于电容的附加相移为零,因此可写成

$$A_f = \frac{A}{1+AF} \tag{6-9}$$

所谓稳定度,是指开环的相对稳定程度与闭环时相对稳定程度的比较。

先看当一个放大电路开环的放大倍数有一个变化 $dA$ 时,其闭环放大倍数变化的情况。为此,将式(6-9)对 $A$ 求导

$$\frac{dA_f}{dA} = \frac{1}{1+AF} - \frac{AF}{(1+AF)^2} = \frac{1}{(1+AF)^2}$$

$$dA_f = \frac{dA}{(1+AF)^2} \tag{6-10}$$

由式(6-10)可知,对同一个放大电路来说,当开环放大倍数变化 $dA$ 时,加入负反馈后的闭环放大倍数相应的变化量 $dA_f$ 只有 $dA$ 的 $\dfrac{1}{(1+AF)^2}$ 倍。

通常,用开环相对变化量 $\dfrac{dA}{A}$ 与闭环相对变化量 $\dfrac{dA_f}{A_f}$ 来描述电路的稳定度。用式(6-9)等号两边分别去除式(6-10)等号两边得

$$\frac{dA_f}{A_f} = \frac{dA}{A} \cdot \frac{1}{1+AF} \tag{6-11}$$

式(6-11)说明,一个放大电路加入负反馈后的闭环不稳定性为其开环不稳定性的 $\dfrac{1}{1+AF}$ 倍。

也就是说,放大电路的闭环放大倍数的稳定度比其开环时提高了 $1+AF$ 倍。反馈深度越深,闭环的稳定度就越高,增益的变动减小。

【例6-9】 一个放大电路的开环放大倍数为10000,由于某种原因下降为8000。当引入反馈后,当其反馈系数 $F$ 为 0.2 时,求其闭环的相对变化量为多少?

**解:** 由式(6-11)得,闭环时,放大倍数稳定度为

$$\frac{dA_f}{A_f} = \frac{10000-8000}{10000} \times \frac{1}{1+10000\times0.2} = 0.2 \times \frac{1}{2000} = 0.01\%$$

开环时放大倍数稳定度为

$$\frac{dA}{A} = \frac{10000-8000}{10000} = 20\%$$

可见,加入负反馈提高了放大倍数稳定度。

### 6.4.2 扩展通频带

**1. 定性分析**

在第 5 章中已提到,由于放大电路中耦合电容、旁路电容和晶体管结电容的存在,在低频段和高频段其放大倍数都要下降。当放大电路引入负反馈后,在一定的输入信号条件下,因为中频段的输出信号较大,其反馈信号也较强,于是输入信号被抵消的也较多,导致输出信号降低得也多;在高频段或低频段,由于输出信号已经减小,按比例反馈的也小,输入信号被反馈信号抵消的也少,使其输出信号降低得也较少。这样,放大电路的放大倍数的中频段降低得多,高频段和低频段降低得少,相当于提高了高、低频段的放大倍数,使高、中、低频段的放大倍数趋向平坦,即加宽了通频带,如图 6-14 所示。

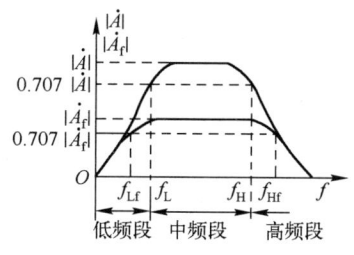

图 6-14 负反馈对幅频特性的影响

**2. 定量计算**

加入负反馈后,从第 5 章中关于单级阻容耦合放大器的分析已知,其高频段与中频段电压放大倍数之间的关系是

$$\dot{A}_{H} = \frac{\dot{A}_{M}}{1+j\dfrac{f}{f_{H}}} \tag{6-12}$$

其中,$A_{M}$ 为中频段的开环电压放大倍数,$f_{H}$ 为开环上限截止频率。

由负反馈放大器的基本关系式知道,高频段的闭环电压放大倍数与高频段开环电压放大倍数的关系如下

$$\dot{A}_{Hf} = \frac{\dot{A}_{H}}{1+\dot{A}_{H}\dot{F}} \tag{6-13}$$

将式(6-12)代入式(6-13)得

$$\dot{A}_{Hf} = \frac{\dfrac{\dot{A}_{M}}{1+j\dfrac{f}{f_{H}}}}{1+\dfrac{\dot{A}_{M}\dot{F}}{1+j\dfrac{f}{f_{H}}}} = \frac{\dot{A}_{M}}{1+\dot{A}_{M}\dot{F}+j\dfrac{f}{f_{H}}} = \frac{\dot{A}_{M}/(1+\dot{A}_{M}\dot{F})}{\left(1+\dot{A}_{M}\dot{F}+j\dfrac{f}{f_{H}}\right)/(1+\dot{A}_{M}\dot{F})}$$

$$= \frac{\dfrac{\dot{A}_{M}}{1+\dot{A}_{M}\dot{F}}}{1+j\dfrac{f}{f_{Hf}}} \tag{6-14}$$

式(6-14)反映了闭环高频放大倍数与开环中频放大倍数间的关系。考虑到反馈网络由纯阻元件构成,所以

$$\dot{A}_{Mf} = \frac{\dot{A}_{M}}{1+\dot{A}_{M}\dot{F}} = \frac{\dot{A}_{M}}{1+\dot{A}_{M}\dot{F}} \tag{6-15}$$

即为闭环中频放大倍数与开环中频放大倍数之间的关系。而

$$f_{Hf} = f_{H}(1+\dot{A}_{M}\dot{F}) \tag{6-16}$$

式(6-16)说明,闭环上限截止频率比开环上限截止频率增加了 $1+\dot{A}_{M}\dot{F}$ 倍。

按照上述方法,可得到加入负反馈后闭环下限截止频率,比其开环下限截止频率减小了 $1+\dot{A}_{\mathrm{M}}\dot{F}$ 倍,表达式为

$$f_{\mathrm{Lf}}=\frac{f_{\mathrm{L}}}{1+\dot{A}_{\mathrm{M}}\dot{F}} \tag{6-17}$$

通常在放大电路中,可以近似认为通频带只取决于上限截止频率。因此,对开环,$f_{\mathrm{BW}}\approx f_{\mathrm{H}}$,对闭环,$f_{\mathrm{BWf}}=f_{\mathrm{Hf}}$,如果用式(6-15)和式(6-16)两边分别相乘,会得到一个很有意义的结果

$$A_{\mathrm{Mf}}f_{\mathrm{BWf}}=A_{\mathrm{M}}f_{\mathrm{BW}} \tag{6-18}$$

式(6-18)的物理意义是:闭环中频放大倍数与闭环带宽的乘积等于开环中频放大倍数与开环带宽之积,称为放大电路的增益-带宽积,它是一个常数,与有无反馈无关。

### 6.4.3 减小非线性失真

**1. 定性分析**

放大电路在传输正弦信号时使波形产生失真是常见的现象,如图6-15(a)所示。矫正的办法是加入负反馈,如图6-15(b)所示。当一个不失真的正弦信号 $x_{\mathrm{i}}$ 经 $A$ 放大后变成一个上大下小的失真波形 $x_{\mathrm{o}}$ 时,经 $F$ 得到的反馈信号 $x_{\mathrm{f}}$ 也必然是一个与 $x_{\mathrm{o}}$ 成比例的上大下小的信号。$x_{\mathrm{f}}$ 与 $x_{\mathrm{i}}$ 比较后,得到的净输入信号 $x_{\mathrm{id}}$ 一定是上小下大的与输出失真相反的信号,再经过放大电路,使输出信号的波形接近对称,达到消除失真的目的。

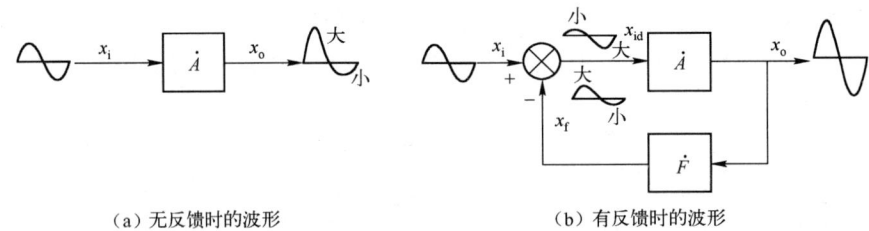

(a) 无反馈时的波形　　　　　　　　(b) 有反馈时的波形

图6-15　负反馈改善非线性失真

可见,减小非线性失真,也是依靠了负反馈的自动调整作用。

**2. 定量计算**

图6-16完全是为了分析的方便而画出的。假如不加反馈,输入信号为正弦 $\dot{X}_{\mathrm{id}}$ 时,放大器的输出应包括两部分。一部分是从1端输出的基波线性放大的有用信号 $\dot{A}\dot{X}_{\mathrm{id}}$,另一部分是放大器新产生的从2端输出的高次谐波(主要是二次谐波)$\dot{X}_{\mathrm{o1}}$,则这时的输出信号为 $\dot{X}_{\mathrm{o}}'=\dot{A}\dot{X}_{\mathrm{id}}+\dot{X}_{\mathrm{o1}}$。当加入负反馈后,整个放大器的放大倍数要减小。在保证输出信号中的基波有用信号不变的情况下,整个反馈放大器输出端 $\dot{X}_{\mathrm{o}}$ 中的谐波成分有什么变化呢? 设其中的谐波成分为 $\dot{X}_{\mathrm{o1f}}$,则 $\dot{X}_{\mathrm{o1f}}$ 中应包括两部分:一是放大器在输出不变(输入仍为 $\dot{X}_{\mathrm{id}}$)的情况下,同时产生的高次谐波仍为 $\dot{X}_{\mathrm{o1}}$;二是从输出端上次输出的谐波 $\dot{X}_{\mathrm{o1}}$ 中反馈到放大器的输入端,又经过基本放大器的放大(设在放大反馈后的谐波时不再产生新的谐波成分)后而出现在输出端的 $-\dot{A}\dot{F}\dot{X}_{\mathrm{o1f}}$。这样,$\dot{X}_{\mathrm{o}}$ 中的谐波成分为

$$\dot{X}_{\mathrm{o1f}}=\dot{X}_{\mathrm{o1}}-\dot{A}\dot{F}\dot{X}_{\mathrm{o1f}}$$

$$\dot{X}_{\mathrm{o1f}}=\frac{\dot{X}_{\mathrm{o1}}}{1+\dot{A}\dot{F}} \tag{6-19}$$

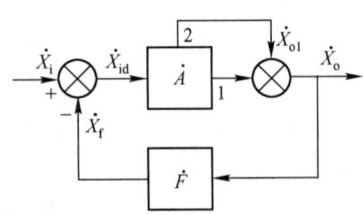

图6-16　减小非线性失真

整个电路的输出为

$$\dot{X}_o = \dot{A}\dot{X}_{id} + \dot{X}_{o1} - \dot{A}\dot{F}\dot{X}_{o1f}$$

$$\dot{X}_o = \dot{A}\dot{X}_{id} + \frac{\dot{X}_{o1}}{1 + \dot{A}\dot{F}} \tag{6-20}$$

式（6-20）说明，在保持输出基波有用信号不变的情况下，负反馈使谐波成分减小为开环时谐波成分的 $(1+\dot{A}\dot{F})^{-1}$。

**3. 结论**

① 反馈深度越深，减小非线性失真的效果越好，这取决于 $1+\dot{A}\dot{F}$ 的大小。

② 用负反馈改善的非线性失真必须是产生在基本放大电路内，对环路以外信号源的非线性失真则无能为力。

③ 只有在非线性失真不太严重时，负反馈才有效，对工作在严重非线性区放大电路产生的失真，则无明显效果。

## 6.4.4　抑制内部噪声和干扰

放大电路内部产生的各种无用信号统称为噪声。噪声对有用信号也要产生干扰，利用负反馈减小内部干扰和噪声，其原理及物理过程与减小非线性失真一样，闭环噪声输出减小为开环噪声输出的 $(1+\dot{A}\dot{F})^{-1}$。

应该说明的是：噪声对有用信号的干扰并不取决于噪声的绝对大小，而是由放大电路输出信号与噪声的比值来决定的，称为

$$信噪比 = \frac{信号电平}{噪声电平}$$

通常用分贝表示，即

$$N_{dB} = 10\lg\frac{P_{信号功率}}{P_{噪声功率}} \quad 或 \quad N_{dB} = 20\lg\frac{U_{信号电平}}{U_{噪声电平}}$$

必须指出，负反馈只能削弱放大电路内部产生的噪声与干扰，对外部混入的干扰和噪声则不起作用；负反馈将噪声缩小为原来的 $(1+\dot{A}\dot{F})^{-1}$，放大电路的放大倍数也减小为原来的 $(1+\dot{A}\dot{F})^{-1}$，故不能提高信噪比，只有用改进电路或加大有用信号的输入来提高信噪比。

## 6.4.5　对输入电阻和输出电阻的影响

放大电路的重要指标之一是输入、输出电阻，下面分别讨论。

**1. 对输入电阻的影响**

**（1）串联负反馈使输入电阻增加**

定性分析：串联负反馈削弱了放大电路的输入电压，使真正加到放大电路输入端的净输入电压下降。因此，在同样的输入电压下，输入电流将下降。换言之，串联负反馈使输入电阻增大。

定量计算：此时放大电路的输入可表示为图 6-17 所示的形式。

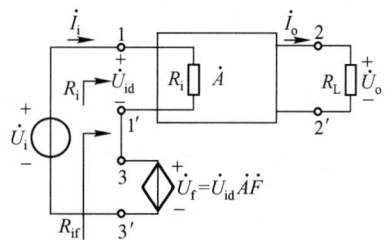

图 6-17　串联负反馈对输入电阻的影响

如前所述，串联负反馈是使净输入信号 $\dot{X}_{id} = \dot{X}_i - \dot{X}_f$ 减小的过程。从图 6-17 可以明显看出：当无反馈时，放大电路的输入电阻为从 1-1′ 间向右看的电阻 $R_i$；加入反馈后，输入电阻 $R_{if}$ 为从 1-3′ 间向右看的电阻，其值为 $R_i$ 与 3-3′ 间电阻串联之和，所以有 $R_{if} > R_i$。信号源内阻 $R_S$ 已划入基本放大电路，所以 $R_i$ 和 $R_{if}$ 中已含 $R_S$。

$R_{if}$ 比 $R_i$ 大多少呢？在没有加入反馈时的输入电阻

$$R_i = \frac{\dot{U}_{id}}{\dot{I}_i}$$

加入负反馈后的输入电阻

$$R_{if} = \frac{\dot{U}_i}{\dot{I}_i} = \frac{\dot{U}_{id} + \dot{U}_f}{\dot{I}_i} = \frac{\dot{U}_{id} + \dot{F}\dot{U}_o}{\dot{I}_i} = \frac{\dot{U}_{id} + \dot{A}\dot{F}\dot{U}_{id}}{\dot{I}_i} = \frac{\dot{U}_{id}(1 + \dot{A}\dot{F})}{\dot{I}_i}$$

$$= R_i(1 + \dot{A}\dot{F}) \tag{6-21}$$

即闭环输入电阻比开环输入电阻增大了 $1 + \dot{A}\dot{F}$ 倍。

当深度负反馈 $|1 + \dot{A}\dot{F}| \gg 1$ 时，则

$$R_{if} \gg R_i$$

应该注意，$R_{if}$ 与 $R_i$ 的不同在于，$R_{if}$ 是放大电路输入端与地之间的输入电阻，包含了反馈电压 $\dot{U}_f$ 的影响；而 $R_i$ 是放大电路两输入端之间的电阻，不包含 $\dot{U}_f$ 的影响。

（2）**并联负反馈使输入电阻减小**

定性分析：并联负反馈削弱了放大电路的输入电流，使真正流入放大电路输入端的净输入电流减小了。或者说，在同样的输入电压下，为了保持同样的净输入电流，总的输入电流将增大。换言之，并联负反馈使输入电阻减小。

定量计算：如图 6-18 所示，并联反馈在输入回路中进行比较的形式是电流相减，即 $\dot{I}_{id} = \dot{I}_s - \dot{I}_f$。由于加入负反馈，$\dot{I}_s$ 除供给基本放大器输入驱动电流外，还要被反馈支路所分流。也就是说，并联反馈时在原开环输入电阻 $R_i$（信号源内阻 $R_s$ 已并入了 $R_i$ 中）上又并联了一个电阻支路，所以其输入电阻要减小。

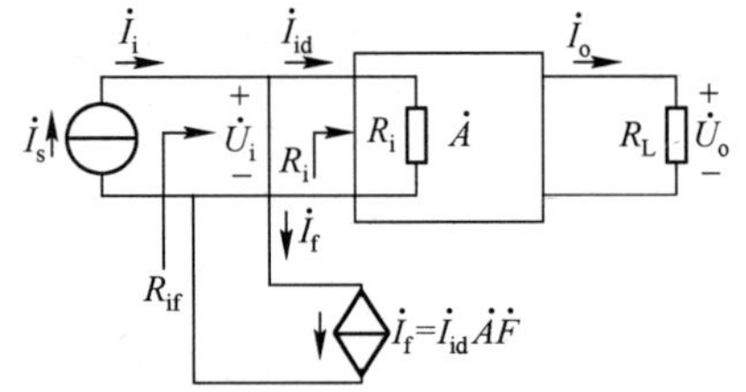

图 6-18　并联负反馈对输入电阻的影响

输入电阻减小了多少呢？在未加反馈时，输入电阻 $R_i = \dfrac{\dot{U}_i}{\dot{I}_{id}}$，其中包括了信号源内阻 $R_s$。

加入负反馈后的输入电阻，在图示正方向时，其值为

$$R_{if} = \frac{\dot{U}_i}{\dot{I}_s} = \frac{\dot{U}_i}{\dot{I}_{id} + \dot{I}_f} = \frac{\dot{U}_i}{\dot{I}_{id} + \dot{I}_o\dot{F}} = \frac{\dot{U}_i}{\dot{I}_{id} + \dot{A}\dot{F}\dot{I}_{id}} = \frac{\dot{U}_i}{\dot{I}_{id}(1 + \dot{A}\dot{F})}$$

$$= \frac{R_i}{1 + \dot{A}\dot{F}} \tag{6-22}$$

（3）**结论**

① 负反馈放大电路闭环输入电阻的变化，只取决于输入端的比较方式，与取样对象无直接关系。

② 串联负反馈使输入电阻增加 $|1 + \dot{A}\dot{F}|$ 倍。

③ 并联负反馈使输入电阻减小 $|1 + \dot{A}\dot{F}|$ 倍。

**2. 对输出电阻的影响**

输出电阻的变化取决于反馈信号的取样对象（电压或电流），与输入回路的比较方式无直接关系。

（1）**电压负反馈使输出电阻减小**

定性分析：由电路分析课程中知道，一个电压源的外特性是内阻越小越好，内阻越小越接近为

恒压源。反过来，即一个稳定的信号电压源的内阻一定很小，否则输出电压将随着输出电流的增加而减小，失去恒压源的性质。前面已经论证过，电压负反馈具有稳定输出电压的作用，既然能使输出电压稳定，那一定是降低了输出电阻。所以说，凡是电压负反馈都有使输出电阻减小的作用，而与比较方式无直接关系。

定量计算：图6-19是电压串联负反馈求输出电阻的框图，$\dot{U}_{\mathrm{id}}$是基本放大电路的净输入电压，$\dot{A}_{\mathrm{o}}$为负载开路（$R_{\mathrm{L}} \to \infty$）时的开环增益，$\dot{A}_{\mathrm{o}} \dot{U}_{\mathrm{id}}$为负载开路时的输出电压，$R_{\mathrm{o}}$是基本放大电路的输出电阻。现在计算带负反馈时的输出电阻$R_{\mathrm{of}}$。从图6-19可以得到

$$\dot{U}_{\mathrm{id}} = -\dot{U}_{\mathrm{f}} = -\dot{F}\dot{U}_{\mathrm{o}}$$

在输出回路，用基尔霍夫电压定律，可以写出如下关系式

$$\dot{U}_{\mathrm{o}} = \dot{I}_{\mathrm{o}}R_{\mathrm{o}} + \dot{A}_{\mathrm{o}}\dot{U}_{\mathrm{id}} = \dot{I}_{\mathrm{o}}R_{\mathrm{o}} - \dot{A}_{\mathrm{o}}\dot{U}_{\mathrm{f}}$$
$$= \dot{I}_{\mathrm{o}}R_{\mathrm{o}} - \dot{A}_{\mathrm{o}}\dot{F}\dot{U}_{\mathrm{o}}$$

由上式可以求得开环输出电阻

$$R_{\mathrm{o}} = \frac{\dot{U}_{\mathrm{o}}}{\dot{I}_{\mathrm{o}}}(1 + \dot{A}_{\mathrm{o}}\dot{F}) = R_{\mathrm{of}}(1 + \dot{A}_{\mathrm{o}}\dot{F})$$

于是

$$R_{\mathrm{of}} = \frac{R_{\mathrm{o}}}{1 + \dot{A}_{\mathrm{o}}\dot{F}} \tag{6-23}$$

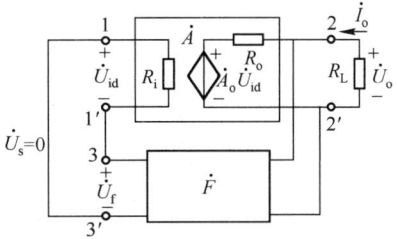

图6-19　电压串联负反馈求输出电阻的影响

式(6-23)的物理意义是引入电压负反馈后的闭环输出电阻比其开环输出电阻减小了$1 + \dot{A}\dot{F}$倍。对电压并联负反馈可推出类似公式。

**（2）电流负反馈使输出电阻增大**

定性分析：电路理论已经论证，恒流源的内阻越大，它的外特性就越稳定。也就是说，只要一个电流源的输出电流近似为恒流源，其内阻一定是很大的。从前面的分析可知，电流负反馈具有稳定输出电流的能力，而被稳定后的电流恰似一个恒流源，这就意味着电流负反馈增大了其输出电阻，对此并不难理解。

定量计算：电流串联负反馈电路如图6-20(a)所示，$\dot{U}_{\mathrm{id}}$是基本放大电路的净输入电压，$\dot{A}_{\mathrm{s}}$为负载短路（$R_{\mathrm{L}} = 0$）时的开环增益，$\dot{A}_{\mathrm{s}}\dot{U}_{\mathrm{id}}$为负载短路时的输出电流，$R_{\mathrm{o}}$是基本放大电路的输出电阻。现在计算带负反馈时的输出电阻$R_{\mathrm{of}}$。如前所述，电流反馈，反馈网络只从输出信号中取样电流不取电压。在输出回路应用基尔霍夫电流定律，可得如下关系式

$$\dot{I} = \frac{\dot{U}}{R_{\mathrm{o}}} + \dot{A}_{\mathrm{s}}\dot{U}_{\mathrm{id}}$$

由图6-20(a)可知，$\dot{U}_{\mathrm{id}} = -\dot{U}_{\mathrm{f}} = -\dot{F}_{\mathrm{r}}\dot{I}$，将其代入上式得

$$\dot{I} = \frac{\dot{U}}{R_{\mathrm{o}}} - \dot{A}_{\mathrm{s}}\dot{F}_{\mathrm{r}}\dot{I}$$

所以

$$R_{\mathrm{of}} = \frac{\dot{U}}{\dot{I}} = R_{\mathrm{o}}(1 + \dot{A}_{\mathrm{s}}\dot{F}_{\mathrm{r}}) \tag{6-24}$$

应用类似的方法，令$\dot{I}_{\mathrm{s}} = 0$，由图6-20(b)可以求得电流并联负反馈放大电路的输出电阻

$$R_{\mathrm{of}} = \frac{\dot{U}}{\dot{I}} = R_{\mathrm{o}}(1 + \dot{A}_{\mathrm{s}}'\dot{F}_{\mathrm{i}}) \tag{6-25}$$

上面两式说明，加入电流负反馈后，输出电阻比开环时的输出电阻增大了$1 + \dot{A}\dot{F}$倍。

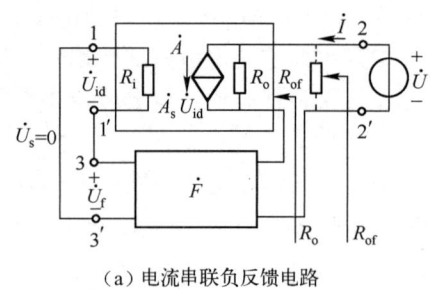
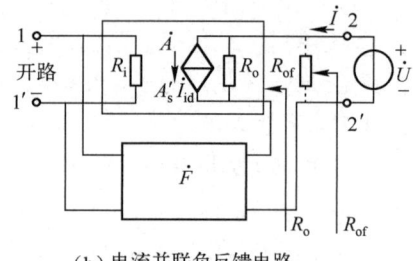

（a）电流串联负反馈电路　　　　　　　　　（b）电流并联负反馈电路

图 6-20　电流负反馈对输出电阻的影响

**（3）结论**

① 负反馈放大电路的 $R_{of}$ 大小取决于取样对象（电压或电流），与比较方式无直接关系。

② 电压负反馈使 $R_{of}$ 减小 $1+\dot{A}\dot{F}$ 倍；电流负反馈使 $R_{of}$ 增大了 $1+\dot{A}\dot{F}$ 倍。

③ 必须时刻注意，在分析过程中的 $\dot{A}$、$\dot{A}_f$ 和 $\dot{F}$ 在不同反馈类型中的具体含义。

综上所述，负反馈对放大电路的影响都与反馈深度有关：

① 反馈使基本放大电路的放大倍数下降了 $1+\dot{A}\dot{F}$ 倍。这是最基本的一点，由此使闭环放大电路的性能产生了一系列与此有关的变化。

② 为便于比较和应用，现将负反馈对放大电路性能的影响归纳于表 6-3 中。

表 6-3　负反馈对放大电路性能的影响

| 反馈类型 | $x_i$ | $x_o$ | 稳定的增益 | 输入电阻 $R_{if}$ | 输出电阻 $R_{of}$ | 放大类型 |
|---|---|---|---|---|---|---|
| 电压串联 | $u_i$ | $u_o$ | $\dot{A}_{uf}$ | $(1+\dot{A}_u\dot{F}_u)R_i$ 增大 | $R_o/(1+\dot{A}_{uo}\dot{F}_u)$ 减小 | 电压 |
| 电压并联 | $i_i$ | $u_o$ | $\dot{A}_{rf}$ | $R_i/(1+\dot{A}_r\dot{F}_g)$ 减小 | $R_o/(1+\dot{A}_{ro}\dot{F}_g)$ 减小 | 互阻 |
| 电流串联 | $u_i$ | $i_o$ | $\dot{A}_{gf}$ | $(1+\dot{A}_g\dot{F}_r)R_i$ 增大 | $(1+\dot{A}_{gs}\dot{F}_r)R_o$ 增大 | 互导 |
| 电流并联 | $i_i$ | $i_o$ | $\dot{A}_{if}$ | $R_i/(1+\dot{A}_i\dot{F}_i)$ 减小 | $(1+\dot{A}_{is}\dot{F}_i)R_o$ 增大 | 电流 |

注：所列的 $R_{if}$ 和 $R_{of}$ 是指反馈环内的输入和输出电阻表达式。

**【例 6-10】** 分析图 6-21 所示电路的输入与输出电阻。

**解：** 图 6-21（a）所示电路，整体反馈为电压并联负反馈，反馈元件 $R_2$，且为深度负反馈。从运放 $A_1$ 的反相输入端与地之间往右看进去的输入电阻 $R_{if}$ 近似为零。从反馈放大器输入端 $u_i$ 看进去的总输入电阻为 $R_5$。

图 6-21（b）所示电路，整体反馈为电压串联负反馈，反馈元件 $R_2$，且为深度负反馈。从输入端 $u_i$ 看进去的输入电阻为无穷大。

不论图 6-21（a）还是图 6-21（b），因均是电压反馈，所以其输出电阻均近似为零。

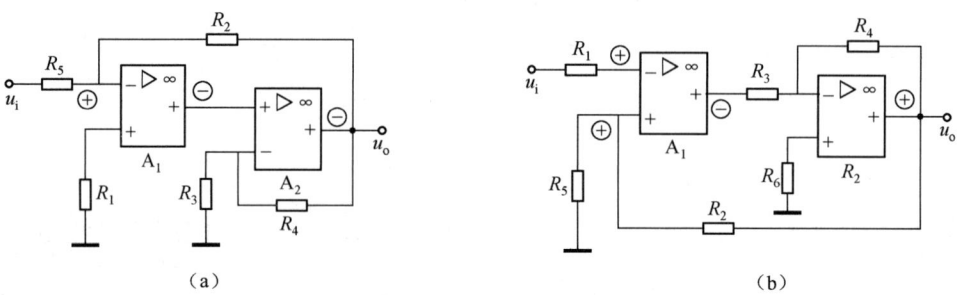

（a）　　　　　　　　　　　　　　　　（b）

图 6-21　例 6-10 图

通过以上分析可知,负反馈对放大电路性能的影响均与反馈深度 $1+\dot{A}\dot{F}$ 有关。应当指出,以上定量分析是为了更好地理解反馈深度与电路性能指标的定性关系。从某种意义上讲,对负反馈放大电路的定性分析比定量计算更重要;这是因为在分析实用电路时,几乎均可认为它们引入的是深度负反馈。如当基本放大电路为集成运放时,便可认为 $1+\dot{A}\dot{F}$ 趋于无穷大;因此,对负反馈的定性分析,将在电路设计中起重要作用。

**【思考题】**

1. 负反馈对放大电路有哪些影响?
2. 引入负反馈能否减少系统的热噪声?
3. 负反馈对输入/输出电阻的影响与电路的信号源及负载的关系如何?

# 6.5 负反馈的正确引入

引入负反馈可以改善放大电路多方面的性能,而且反馈种类和类型不同,所产生的影响也各不相同。因此,在设计放大电路时,应根据需要和目的引入合适的反馈,以满足放大电路静态和动态性能的要求。下面介绍引入反馈的一般原则和方法。

## 6.5.1 引入原则

① 为稳定静态工作点,应引入直流负反馈,要改善交流性能,则应引入交流负反馈。

② 为稳定输出电压,应引入电压负反馈,要稳定输出电流,则应引入电流负反馈。

③ 为稳定整个电路的最后输出量,应引入整体负反馈;要稳定某一级放大电路的输出量,则应引入局部负反馈。

④ 为提高放大电路的输入电阻,应引入串联负反馈,要减小放大电路的输入电阻,则应引入并联负反馈。

⑤ 为减小输出电阻,应引入电压负反馈,要提高输出电阻,则应引入电流负反馈。

⑥ 当信号源内阻小时,宜用串联负反馈;当信号源内阻大时,宜用并联负反馈。

## 6.5.2 举例

下面通过几个例子说明引入反馈的方法。

**【例6-11】** 电路如图6-22所示。为了达到下列目的,分别说明应引入哪种组态的负反馈以及电路如何连接。

(1)减小放大电路从信号源索取的电流并增强带负载能力。

(2)将输入电流 $i_i$ 转换为与之成稳定线性关系的输出电流 $i_o$。

(3)将输入电流 $i_i$ 转换为成稳定的输出电压 $u_o$。

**解:**(1)电路需要增大输入电阻并减小输出电阻,故应引入电压串联负反馈。

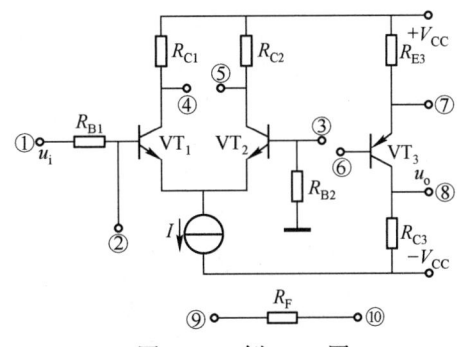

图6-22 例6-11图

反馈信号从输出电压取样,故将⑧与⑩相连接;反馈量应为电压量,故将③与⑨相连接;这样,$u_o$ 作用于 $R_F$ 和 $R_{B2}$ 回路,在 $R_{B2}$ 上得到反馈电压 $u_f$。为保证电路引入的为负反馈,当 $u_i$ 对地为"+"时,$u_f$ 对地为上"+"下"−",即⑧的电位为"+",⑥为"−"。因此,④与⑥相连接起来。

结论:电路中应将④与⑥、③与⑨、⑧与⑩分别连接起来。

（2）电路应引入电流并联负反馈。

将⑦与⑩、②与⑨分别相连接，$R_F$ 与 $R_{E3}$ 对 $i_o$ 分流，$R_F$ 中的电流为 $i_f$。为保证电路引入的是负反馈，当 $u_i$ 对地为"+"时，$i_f$ 应自输入端流出，即应使⑥端的电位为"−"。因此，应将④与⑥相连接起来。

结论：电路中应将④与⑥、⑦与⑩、②与⑨分别连接起来。

（3）电路应引入电压并联负反馈。

电路中应将②与⑨、⑧与⑩、⑤与⑥分别连接起来。

【例 6-12】要求用运放设计一个电流放大和测量电路，待测电流为 10 μA，测量仪表是量程为 1 mA、内阻 $R_m = 1\ k\Omega$ 的毫安表。

解：因测量电流，要求输出电流唯一地取决于输入电流，不受其他因素的影响，应选用电流负反馈；又因信号源为微电流源，内阻一般较大，故应选用并联负反馈。由此可选择图 6-23 所示电路。

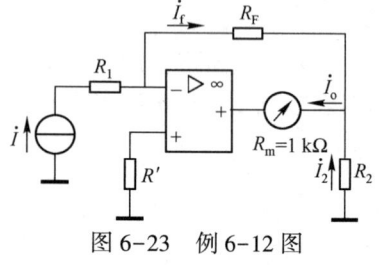

图 6-23　例 6-12 图

图中已标明各电流对应于输入电流的方向。

因 $\dot{I} = 10\ \mu A$ 时 $\dot{I}_o = 1\ mA$，故

$$\dot{I}_2 = \dot{I}_o - \dot{I}_f \approx \dot{I}_o - \dot{I} = 1000 - 10 = 990\ \mu A$$

因同相端交流近似接地，反相端为虚地，$\dot{I}_2 R_2 = \dot{I}_f R_F$，所以

$$\frac{R_F}{R_2} = \frac{\dot{I}_2}{\dot{I}_f} = 99。$$

若取 $R_2 = 1\ k\Omega$（考虑到 $I_2 \approx I_o$，而毫安表内阻是 1~2 kΩ），则 $R_F = 99\ k\Omega$。电阻 $R_1$ 和 $R'$ 的值可根据输入电流源的内阻确定，并选 $R' = R_1 \parallel (R_F + R_2)$。

【例 6-13】要求在一个集成运放（主要参数为 $A_{od} = 2 \times 10^5$，$r_i = 2\ M\Omega$，$r_o = 1\ k\Omega$）中引入负反馈，使之成为一个阻抗变换电路。把输入电阻提高到大于 10 MΩ，把输出电阻降低到小于 10 Ω，闭环增益为 1。

解：因为要求提高输入电阻，在输入端应采用串联接法；因为要求降低输出电阻，在输出端应采用电压采样。总之应该引入电压串联负反馈。根据集成运放电路的特点，此时输入信号必须从同相端加入，而反馈信号加到反相端。

又因为要求 $A_{uf} = 1$，集成运放电路应接成电压跟随器，如图 6-24 所示。为了限制电流，在输入端和反馈回路中各接入电阻 $R_1 = R_F = 10\ k\Omega$。

最后，检验图 6-24 所示的电路能否满足所提出的要求。为此，先求反馈深度

$$|1 + \dot{A}_{od}\dot{F}| = |1 + 2 \times 10^5 \times 1| \approx 2 \times 10^5$$

由于是深度负反馈，根据串联负反馈的特点，从式（6-21）可求出

$$R_{if} = r_i |1 + \dot{A}_{od}\dot{F}| = 2 \times 10^5 \times 2\ M\Omega \gg 10\ M\Omega$$

根据电压负反馈的特点，从式（6-23）可求出

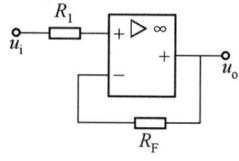

图 6-24　例 6-13 图

$$R_{of} = \frac{r_o}{|1 + \dot{A}_{od}\dot{F}|} = \frac{10^3}{2 \times 10^5} = 5 \times 10^{-3}\ \Omega \ll 10\ \Omega$$

所以，图 6-24 的电路完全满足要求。

【思考题】

1. 要想正确引入负反馈，应注意哪些因素？

2. 通常在什么情况下需要引入负反馈？请举例说明。

3. 请问在负反馈的电路中是否一定没有正反馈？请举例说明。

# 6.6 负反馈放大电路的分析计算

任何复杂的放大电路均可用等效电路来求解放大倍数和输入、输出电阻等指标。放大电路在引入负反馈后,由于增加了输入与输出之间的反馈网络,使电路在结构上出现多个回路和多个节点,必须解联立方程,使计算变得十分复杂。虽然可以采用计算机求解,但缺乏明确的物理概念,所得结果对实际工作无指导意义。所以,除了单级负反馈电路,一般都不采用此法对负反馈放大电路进行计算。

另一种方法是将负反馈放大电路分解成为基本放大电路和反馈网络两部分,然后分别求出基本放大电路的放大倍数 $A$ 和反馈系数 $F$,最后按前面介绍的有关反馈放大电路的公式计算。

在深度负反馈条件下,放大电路的分析计算变得比较简单。在多数情况下,常采用多级负反馈放大电路。尤其是在广泛使用集成运放的情况下,均能满足深度负反馈条件。下面介绍在深度负反馈条件下放大电路的分析计算。这是常用的方法,也是本节讨论的重点。

## 6.6.1 估算的依据

一般来说,当 $|1+\dot{A}\dot{F}| \geqslant 10$ 时,就可以满足深度负反馈的条件,则

$$\dot{A}_f = \frac{\dot{A}}{1+\dot{A}\dot{F}} \approx \frac{1}{\dot{F}} \tag{6-26}$$

即放大电路的闭环放大倍数等于反馈系数的倒数。

另外,在负反馈放大电路中,有

$$\dot{X}_i = \dot{X}_{id} + \dot{X}_f = (1+\dot{A}\dot{F})\dot{X}_{id}$$

当满足深度负反馈条件时,上式可写成

$$\dot{X}_i \approx \dot{X}_f \tag{6-27}$$

式(6-26)和式(6-27)深刻反映了负反馈放大电路中输入量 $\dot{X}_i$、输出量 $\dot{X}_o$、反馈量 $\dot{X}_f$ 和净输入量 $\dot{X}_{id}$ 之间的关系,是进行深度负反馈放大电路估算时的基本依据。对于由分立元件组成的深度负反馈放大电路,可以主要依据式(6-26)来估算。由运放构成的深度负反馈电路可以主要用式(6-27)估算。其实,式(6-27)刚好就是运放"虚短"和"虚断"概念的准确表达。用这个公式来分析由运放构成的深度负反馈放大电路,物理概念清楚,计算简单明了。当然,在实际分析过程中,这两个公式经常配合使用。

## 6.6.2 深度负反馈放大电路的近似计算

实际工作中,为了迅速简便地求得大致正确结果,在不需精确的情况下,对于深度负反馈放大电路的求解可以采用如下两种方法进行估算。

**方法一** 主要采用式(6-26)分析,计算的步骤是:① 先求反馈系数 $\dot{F}$;② 求闭环放大倍数 $\dot{A}_f$;③ 计算闭环电压放大倍数 $\dot{A}_{uf}$。

**【例6-14】** 在图6-25所示电路中,$R_1 = 10 \text{ k}\Omega$,$R_2 = 100 \text{ k}\Omega$,$R_3 = 2 \text{ k}\Omega$,$R_L = 5 \text{ k}\Omega$。求解在深度负反馈条件下的闭环增益。

**解:** 图6-25所示电路中引入了电流串联负反馈,$R_1$,$R_2$ 和 $R_3$ 组成了反馈网络,则输出电流 $i_o$ 在 $R_1$ 上的分流为反馈电流。

因此,反馈电流为

$$i_{R1} = \frac{R_3}{R_1+R_2+R_3} i_o$$

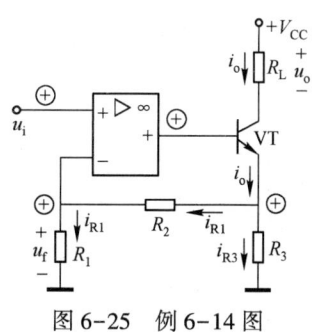

图6-25 例6-14图

反馈电压为

$$u_f = i_{R1} R_1 = \frac{R_3}{R_1 + R_2 + R_3} i_o R_1$$

则反馈系数及电压放大倍数分别为

$$\dot{F}_r = \frac{u_f}{i_o} = \frac{R_1 R_3}{R_1 + R_2 + R_3}$$

$$\dot{A}_{uf} = \frac{u_o}{u_i} \approx \frac{u_o}{u_f} = \frac{i_o R_L}{u_f} = \frac{1}{\dot{F}_r} R_L = \frac{R_1 + R_2 + R_3}{R_1 R_3} \times R_L$$

$$= \frac{10 + 100 + 10}{10 \times 2} \times 5 = 30$$

**方法二** 主要利用式(6-27)分析,对于运放组成的负反馈放大电路,式(6-27)在不同反馈组态下的表现形式不尽相同。

对于串联负反馈,有

$$\dot{U}_i \approx \dot{U}_f, \ \dot{U}_{id} \approx 0 \tag{6-28}$$

它表明的物理意义是指在集成运放的同相输入端和反相输入端之间的净输入电压 $\dot{U}_{id}$ 近似为 0。此时两输入端接近于短路,但又不是真正的短路。这种状态简称"虚短"。

对于并联负反馈有

$$\dot{I}_i \approx \dot{I}_f, \ \dot{I}_{id} \approx 0 \tag{6-29}$$

它的物理意义是指在深度负反馈状态下,流经集成运放的同相输入端和反相输入端的电流几乎为0。这种状态简称"虚断"。从式(6-28)和式(6-29)可以找出输出电压和输入电压的关系,从而估算出电压放大倍数。

下面通过四种负反馈组态的分析,说明如何利用上述近似条件进行估算。

**1. 电压串联负反馈**

图 6-26 所示电路为电压串联负反馈放大电路。

由于是串联负反馈,故根据式(6-28),有

$$u_{id} \approx 0, u_i \approx u_f \quad \text{虚短}$$

输出电压 $u_o$ 经 $R_F$ 和 $R_1$ 分压后反馈至输入回路,即

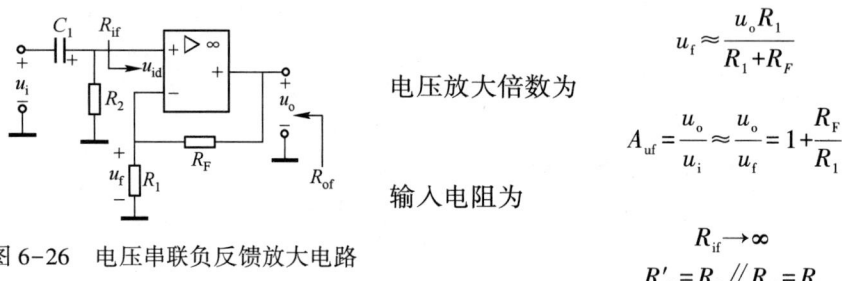

图 6-26 电压串联负反馈放大电路

电压放大倍数为

$$u_f \approx \frac{u_o R_1}{R_1 + R_F}$$

$$A_{uf} = \frac{u_o}{u_i} \approx \frac{u_o}{u_f} = 1 + \frac{R_F}{R_1}$$

输入电阻为

$$R_{if} \to \infty$$

$$R'_{if} = R_2 /\!/ R_{if} = R_2$$

因为是电压负反馈,去掉负载后向左看进去的闭环输出电阻为

$$R_{of} = \left| \frac{\Delta u_o}{\Delta i_o} \right| \to 0$$

**2. 电压并联负反馈**

图 6-27 所示电路为电压并联负反馈放大电路。由于是并联负反馈,故根据式(6-29)及虚断的含义,有

$$i_- = i_+ \approx 0, i_1 \approx i_F \quad \text{虚断}$$

又因为 $u_- \approx u_+ = 0$,这时反相输入端的电位接近于地而又不是真正的地。这种状态称为反相输入

端处于"虚地"。"虚地"是"虚短路"在反相输入运放电路中的特殊表现形式。

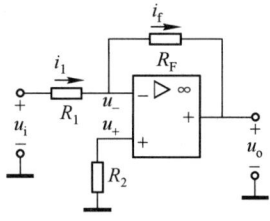

$u_- \approx 0$，立即可以看出 $i_1 \approx \dfrac{u_i}{R_1}$ 和 $i_f \approx -\dfrac{u_o}{R_F}$，因此

$$i_1 \approx \frac{u_i}{R_1} = i_f \approx -\frac{u_o}{R_F}$$

从而得出该电路的电压放大倍数

图 6-27　电压并联负反馈放大电路

$$A_{uf} = -\frac{R_F}{R_1}$$

在图 6-27 中，$u_{id} \approx 0$，所以从信号源内阻 $R_1$ 的右端向放大电路看进去的输入电阻为

$$R_{if} = \frac{u_{id}}{i_1} \longrightarrow 0$$

放大电路输入电阻为 $\qquad\qquad R'_{if} = R_1 + R_{if} = R_1$

因为是电压负反馈，去掉负载后向左看进去的输出电阻为

$$R_{of} = \left| \frac{\Delta u_o}{\Delta i_o} \right| \longrightarrow 0$$

**3. 电流串联负反馈**

图 6-28 所示电路为电流串联负反馈放大电路。在深度负反馈条件下，根据前面介绍的虚短与虚断的概念可以得出

$$u_{id} \approx 0, \quad u_i \approx u_f \quad 虚短$$
$$i_- \approx i_+ \approx 0 \qquad 虚断$$

由图 6-28 可知，输出电流 $i_o$ 经 $R_F$ 和 $R_L$ 反馈至输入回路，即

$$u_f \approx i_o R_F = \frac{u_o}{R_L} R_F$$

则由 $u_i \approx u_f$ 得

$$A_{uf} = \frac{u_o}{u_i} \approx \frac{u_o}{u_f} = \frac{R_L}{R_F}$$

$$R_{if} = \frac{u_i}{i_i} \longrightarrow \infty$$

因为是电流负反馈，能稳定输出电流，所以从输出端向放大电路看进去的闭环输出电阻 $R_{of} \longrightarrow \infty$。

**4. 电流并联负反馈**

图 6-29 所示电路为电流并联负反馈放大电路。

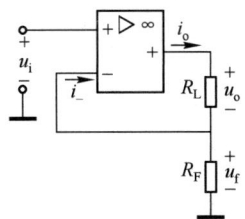

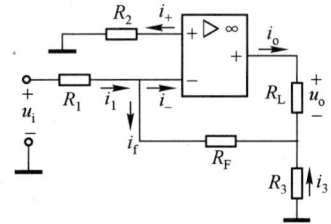

图 6-28　电流串联负反馈放大电路　　　　图 6-29　电流并联负反馈放大电路

根据深度负反馈条件下，虚短与虚断的概念可以得出

$$i_1 \approx i_f \qquad 虚断$$

$$u_+ \approx u_- = 0 \qquad 虚短(虚地)$$

$$i_1 \approx i_f = \frac{u_i}{R_1}$$

由图 6-29 可知,输出电流 $i_o$ 经 $R_L$、$R_3$ 和 $R_F$ 反馈至输入回路,即

$$u_o \approx i_o R_L = (-i_f - i_3)R_L = \left(-i_f + \frac{-i_f R_F}{R_3}\right)R_L$$

则把 $i_f = \dfrac{u_i}{R_1}$ 代入上式,得

$$A_{uf} = \frac{u_o}{u_i} = -\frac{R_3 + R_F}{R_1 R_3}R_L$$

放大电路输入电阻

$$R'_{if} = R_1$$

$$R_{of} \rightarrow \infty$$

【例 6-15】 在图 6-30 所示电路中,已知 $R_2 = 10\ \text{k}\Omega$,$R_4 = 100\ \text{k}\Omega$,求解深度负反馈条件下的电压放大倍数 $\dot{A}_{uf}$。

**解:** 图 6-30 所示电路中引入了电压串联负反馈,$R_2$ 和 $R_4$ 组成反馈网络,所以

$$\dot{F}_u = \frac{u_f}{u_o} = \frac{R_2}{R_2 + R_4}$$

$$\dot{A}_{uf} = \frac{u_o}{u_i} \approx \frac{1}{\dot{F}_u} = 1 + \frac{R_4}{R_2} = 1 + \frac{100}{10} = 11$$

【例 6-16】 电路如图 6-31 所示。

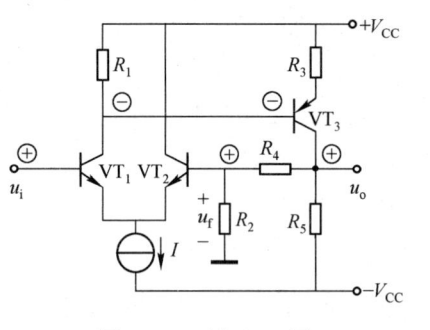

图 6-30　例 6-15 图　　　　　图 6-31　例 6-16 图

(1) 判断电路中引入了哪种组态的交流负反馈;(2) 求出在深度负反馈条件下的 $\dot{A}_f$ 和 $\dot{A}_{uf}$。

**解:** (1) 图 6-31 所示电路为两级共射放大电路,$u_o$ 与 $u_i$ 同相;$R_{E1}$ 和 $R_F$ 组成反馈网络,$u_o$ 作用于反馈网络,在 $R_{E1}$ 上获得的电压为反馈电压 $u_f$,电路引入了电压串联负反馈。因此,$\dot{A}_f = \dot{A}_{uf}$。

(2) 因为 $u_o$ 与 $u_i$ 同相,所以 $\dot{A}_f$ 和 $\dot{A}_{uf}$ 均为正。

$$\dot{F}_u = \frac{u_f}{u_o} = \frac{R_{E1}}{R_{E1} + R_F}$$

$$\dot{A}_f = \dot{A}_{uf} = \frac{u_o}{u_i} \approx \frac{1}{\dot{F}_u} = 1 + \frac{R_F}{R_{E1}}$$

【例 6-17】 图 6-32 所示为一个比较复杂的 OCL 准互补功率放大电路的一部分,计算电路的闭环增益。

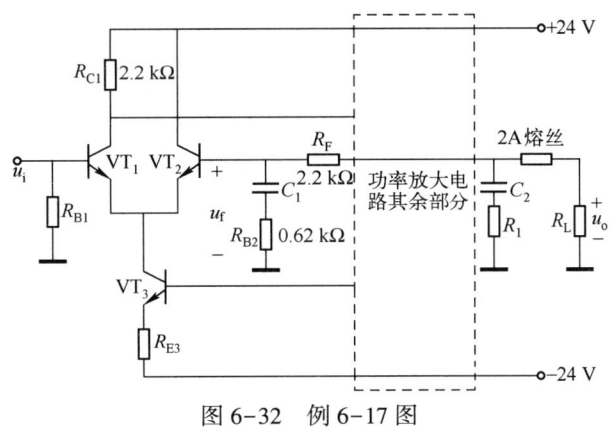

图 6-32　例 6-17 图

**解：**不管该电路多么复杂,在深度负反馈的条件下关键是找出它的反馈网络。从输出端的非接地端 $u_o$ 经 $R_F$、$C_1$、$R_{B2}$ 接到差动输入级 $VT_2$ 管的 b 极,是电压串联负反馈。因为满足深度负反馈条件,又是串联反馈,应用式(6-28)可以立即得出该功率放大电路的闭环电压增益为

$$\dot{A}_{uf} = \frac{u_o}{u_i} \approx \frac{u_o}{u_f} = \frac{u_o}{u_o \dfrac{0.62}{2.2+0.62}} = 36.5$$

从上面几个放大电路的例子可以明显看出,尽管原来的放大电路比较复杂,但在深度负反馈的条件下,只需要注意分析它的反馈网络,就可直接求出放大电路的闭环增益。

**【思考题】**

1. 何谓"虚短"和"虚断"?

2."虚地"的含义是什么?

3. 简化放大电路计算的前提条件是什么?

4. 在深度负反馈条件下,应如何求得四种反馈组态 $\dot{A}_{uf}$ 的表达式?

# 6.7　负反馈放大电路的自激振荡

从前面的讨论得知,交流负反馈对放大电路性能的影响程度由反馈深度或环路增益的大小决定,$|1+\dot{A}\dot{F}|$ 或 $|\dot{A}\dot{F}|$ 越大,放大电路的性能越好。然而反馈过深不但不能改善放大电路的性能,反而会使电路产生自激振荡而不能稳定地工作。下面分析负反馈放大电路产生自激振荡的原因和条件,研究负反馈放大电路稳定工作的条件,最后介绍消除自激振荡的方法——频率补偿。

## 6.7.1　负反馈放大电路的自激振荡及稳定工作条件

### 1. 产生自激振荡的原因及条件

前面讨论的负反馈放大电路都是假定其工作在中频区。这时,电路中各电抗性元件的影响均可忽略。按照定义,引入负反馈后,放大电路的净输入信号 $\dot{X}_{id}$ 将减小。因此,$\dot{X}_f$ 与 $\dot{X}_i$ 必然是同相的,即 $\varphi_A + \varphi_F = 2n \times 180°$,$n = 0,1,2,\cdots$($\varphi_A$、$\varphi_F$ 分别是 $\dot{A}$、$\dot{F}$ 的相角)。可是在高频区或低频区,电路中各种电抗性元件的影响不能再被忽略。$\dot{A}$、$\dot{F}$ 是频率的函数,它们的幅值和相位都会随频率而变化。相位的改变,使 $\dot{X}_f$ 与 $\dot{X}_i$ 不再同相,产生了附加相移 $\Delta\varphi_A + \Delta\varphi_F$。可能在某频率下 $\dot{A}$、$\dot{F}$ 的附加相移达到 180°,使 $\varphi_A + \varphi_F = (2n+1)180°$,$n = 0,1,2,\cdots$。这时,$\dot{X}_f$ 与 $\dot{X}_i$ 必然由中频区的同相变为反相,使放大电路净输入信号由中频时的减小而变为增大,放大电路就由负反馈变成了正反馈。当正反馈较强,以至使 $\dot{X}_{id} = -\dot{X}_f = -\dot{A}\dot{F}\dot{X}_{id}$,也就是 $\dot{A}\dot{F} = -1$ 时,即使输入端不加输入信号,输出端也会产生输出

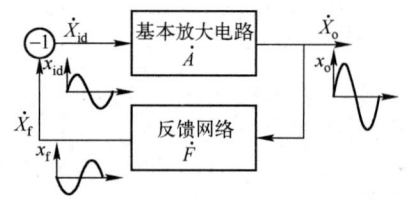

图 6-33 负反馈放大电路的自激振荡现象

信号,电路产生自激振荡,如图 6-33 所示。这时电路会失去正常的放大作用。

由上述分析可知,负反馈放大电路产生自激振荡的条件是环路增益

$$\dot{A}\dot{F} = -1 \tag{6-30}$$

它包括幅值条件和相位条件,即

幅值条件
$$|\dot{A}\dot{F}| = 1 \tag{6-31}$$

相位条件
$$\varphi_A + \varphi_F = \pm(2n+1)\pi \quad (n=0,1,2,\cdots) \tag{6-32}$$

为了突出附加相移,相位条件也常写成

$$\Delta\varphi_A + \Delta\varphi_F = \pm 180° \tag{6-33}$$

当幅值条件和相位条件同时得到满足时,负反馈放大电路就会产生自激振荡。在 $\Delta\varphi_A + \Delta\varphi_F = \pm 180°$ 及 $|\dot{A}\dot{F}| > 1$ 时,更加容易产生自激振荡。

**2. 自激振荡的判断方法**

从自激振荡的两个条件看,一般来说,相位条件是主要因素。当相位条件得到满足之后,在绝大多数情况下只要 $|\dot{A}\dot{F}| \geqslant 1$,放大电路就将产生自激振荡。当 $|\dot{A}\dot{F}| > 1$ 时,输入信号经过放大再放大,其输出正弦波的幅度要逐步增长。直到由电路元件的非线性所确定的某个限度为止,输出幅度才不再继续增长。为了分析方便,画出放大电路 $\dot{A}\dot{F}$ 的对数幅频特性及相频特性,如图 6-34 所示。

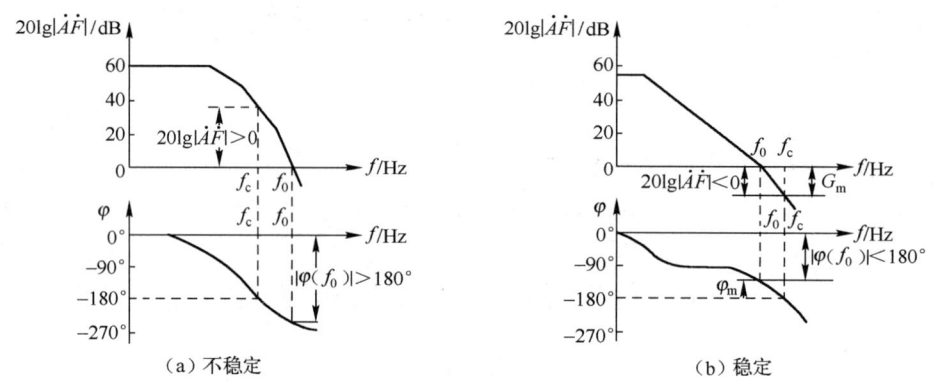

（a）不稳定　　　　　　　　　　　　（b）稳定

图 6-34　反馈放大电路的幅频特性及相频特性

根据图 6-34 和反馈放大电路的自激条件,可以得出如下方法来判断放大电路是否能产生自激振荡。

（1）当 $f=f_c$（在此频率,$\varphi(f_c)=180°$）时,若 $|\dot{A}\dot{F}| \geqslant 1$,即 $L(f_c) = 20\lg|\dot{A}\dot{F}| \geqslant 0$ dB,则放大电路自激(见图 6-34(a));若 $L(f_c) = 20\lg|\dot{A}\dot{F}| < 0$ dB,则放大电路不自激(见图 6-34(b))。

（2）当 $f=f_0$（在此频率,$|\dot{A}\dot{F}|=1$）,即 $L(f_0) = 20\lg|\dot{A}\dot{F}| = 0$ dB 时,若 $|\varphi(f_0)| < 180°$,则 $|\dot{A}\dot{F}|$ 降到 1 时,相位不足 180°;而当相移达到 180°时,$|\dot{A}\dot{F}|$ 又降到小于 1。因此,放大电路不能自激。

（3）当 $f_c < f_0$ 时,放大电路自激;当 $f_c > f_0$ 时,放大电路不自激。

上述三种判断方法都是从放大电路的自激条件得到的,其实质是一样的。在判断放大电路是否振荡时,可以根据具体情况选用一种。

## 6.7.2　负反馈放大电路的稳定裕度

为了使设计的反馈放大电路能稳定可靠地工作,不但要求它能在预定的工作条件下满足稳定条件,而且当环境温度、电路参数及电源电压等因素发生变化时也能满足稳定条件。为此,对稳定

程度需要有一定的表达方式,通常采用幅度裕度和相位裕度作为衡量的标准。现在结合图6-34(b)来说明。

**1. 幅度裕度 $G_m$**

前面提到,当$f=f_c$时,$L(f_c) = 20\lg|\dot{A}\dot{F}|$应小于0 dB,放大电路才稳定。通常,用幅度裕度来表示稳定的程度,定义为

$$G_m = 20\lg|\dot{A}\dot{F}|\Big|_{f=f_c}(\text{dB})$$

对于稳定的放大电路来说,$G_m$为负值,数值越大,表示越稳定。一般,反馈放大电路通常要求$G_m \leqslant -10$ dB。

**2. 相位裕度 $\phi_m$**

当$f=f_0$时,$|\varphi(f_c)|$应小于180°放大电路才稳定。通常,用相位裕度$\phi_m$表示稳定的程度,定义为

$$\phi_m = 180° - |\varphi(f_0)|$$

对于稳定的反馈放大电路,其$|\varphi(f_0)| < 180°$,故$\phi_m$必须是正值。$\phi_m$越大,表示反馈放大电路越稳定,一般要求$\phi_m \geqslant 45°$。

### 6.7.3 常用消除自激的方法

对于一个负反馈放大电路而言,消除自激的方法就是采取措施破坏自激的幅度或相位条件。

最简便的方法是减小其反馈系数或反馈深度,附加相移$\varphi = 180°$时,$|\dot{A}\dot{F}| < 0$。这样虽然能够达到消振的目的,但是反馈深度下降不利于放大电路其他性能的改善,为此希望采取某些措施,使电路既有足够的反馈深度,又能稳定地工作。

**1. 滞后补偿**

**(1) 简单滞后补偿**

设某负反馈放大电路环路增益的幅频特性如图6-35中虚线所示,在电路中找出产生$f_{H1}$的那级电路,加补偿电路,如图6-36(a)所示。其高频等效电路如图6-36(b)所示。

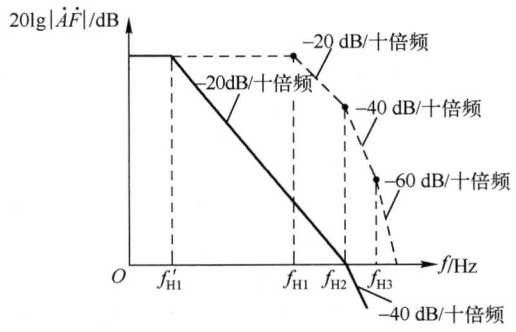

图6-35 简单滞后补偿前后基本放大
电路的幅频特性

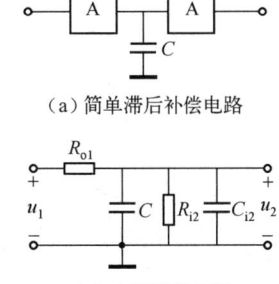

(a) 简单滞后补偿电路

(b) 高频等效电路

图6-36 放大电路中的简单滞后补偿

$R_{o1}$为前级输出电阻,$R_{i2}$为后级输入电阻,$C_{i2}$为后级输入电容,因此加补偿电容前的上限频率

$$f_{H1} = \frac{1}{2\pi(R_{o1}/\!/R_{i2})C_{i2}} \tag{6-34}$$

加补偿电容$C$后的上限频率

$$f'_{H1} = \frac{1}{2\pi(R_{o1}/\!/R_{i2})(C_{i2}+C)} \tag{6-35}$$

如果补偿后,使$f=f_{H2}$时,$20\lg|\dot{A}\dot{F}| = 0$ dB,且$f_{H2} \geqslant 10f'_{H1}$,如图6-35中实线所示,那么表明$f=f_c$时,$|\varphi_A + \varphi_F|$趋于$-135°$,即$f_0 < f_c$,并具有45°的相位裕度,所以电路一定不会产生自激振荡。

**（2）RC 滞后补偿**

简单滞后补偿方法虽然可以消除自激振荡，但以频带变窄为代价，如图 6-35 所示，上限频率由 $f_{H1}$ 变为 $f'_{H1}$。RC 滞后补偿不仅可以消除自激振荡，还可以使带宽的损失有所改善。具体方法如图 6-37（a）所示，其高频等效电路如图 6-37（b）所示；通常选择 $R \ll (R_{o1} /\!/ R_{i2})$，$C \gg C_{i2}$，因而简化电路如图 6-37（c）所示，其中

$$u'_1 = \frac{R_{i2}}{R_{o1}+R_{i2}} \times u_1,\ R' = R_{o1} /\!/ R_{i2}$$

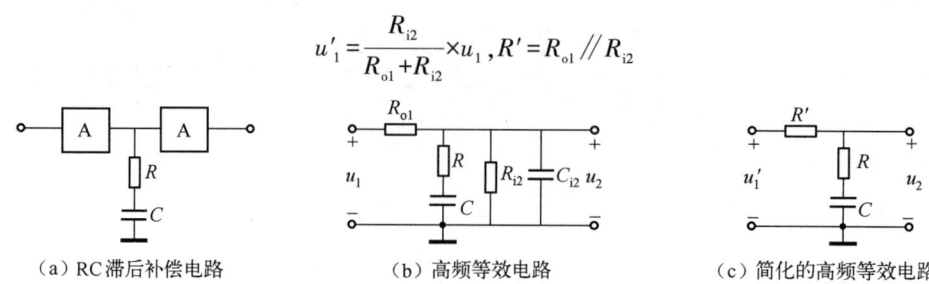

（a）RC 滞后补偿电路　　　　（b）高频等效电路　　　　（c）简化的高频等效电路

图 6-37　负反馈放大电路中的 RC 滞后补偿

因此，

$$\frac{u_2}{u'_1} = \frac{R+\dfrac{1}{\mathrm{j}\omega C}}{R'+R+\dfrac{1}{\mathrm{j}\omega C}} = \frac{1+\mathrm{j}\omega RC}{1+\mathrm{j}\omega(R+R')C} = \frac{1+\mathrm{j}\dfrac{f}{f'_{H2}}}{1+\mathrm{j}\dfrac{f}{f'_{H1}}}$$

其中 $f'_{H1} = \dfrac{1}{2\pi(R'+R)C}$，$f'_{H2} = \dfrac{1}{2\pi RC}$。若补偿前放大电路的环路增益表达式为

$$\dot{A}\dot{F} = \frac{\dot{A}_m \dot{F}}{\left(1+\mathrm{j}\dfrac{f}{f_{H1}}\right)\left(1+\mathrm{j}\dfrac{f}{f_{H2}}\right)\left(1+\mathrm{j}\dfrac{f}{f_{H3}}\right)} \tag{6-36}$$

并且 RC 的取值使 $f'_{H2} = f_{H2}$，则补偿后放大电路的环路增益表达式为

$$\dot{A}\dot{F} = \frac{\dot{A}_m \dot{F}}{\left(1+\mathrm{j}\dfrac{f}{f'_{H1}}\right)\left(1+\mathrm{j}\dfrac{f}{f_{H3}}\right)} \tag{6-37}$$

式（6-37）表明，补偿后环路增益幅频特性曲线中只有两个拐点，因而电路不可能产生自激振荡。

图 6-38 为 RC 补偿前后放大电路的幅频特性，与简单电容补偿相比，带宽有所改善，其中 $f''_{H1}$ 为简单电容补偿后幅频特性的第一拐点频率。实际上，当 $f = f_{H3}$ 时，即使 $20\lg|\dot{A}\dot{F}| > 0$ dB，电路也不可能产生自激振荡。因此，RC 补偿后的幅频特性曲线还可向右平移，即频带还可更宽些。

**2. 超前补偿**

若改变负反馈放大电路在环路增益为 0 dB 点的相位使之超前，也能破坏其自激振荡条件，使 $f_0 < f_c$。这种补偿方法称为超前补偿方法，通常将补偿电容加在反馈回路，如图 6-39 所示。

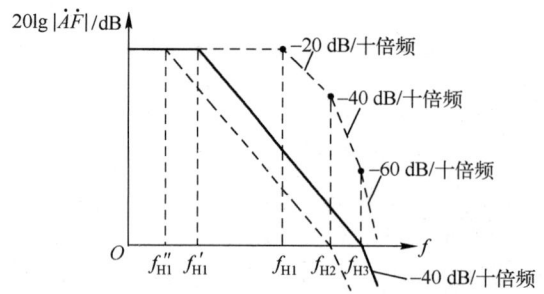

图 6-38　RC 滞后补偿前后放大电路的幅频特性

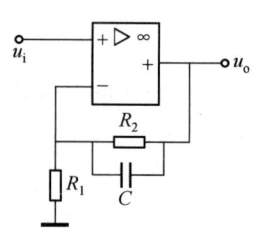

图 6-39　超前补偿电路

未加补偿电容时电路的反馈系数

$$\dot{F}_0 = \frac{R_1}{R_1+R_2}$$

加了补偿电容后的反馈系数

$$\dot{F} = \frac{R_1}{R_1+R_2 /\!/ \dfrac{1}{j\omega C}} = \frac{R_1}{R_1+R_2} \cdot \frac{1+j\omega R_2 C}{1+j\omega(R_1 /\!/ R_2)C} = \dot{F}_0 \cdot \frac{1+j\dfrac{f}{f_1}}{1+j\dfrac{f}{f_2}} \qquad (6\text{-}38)$$

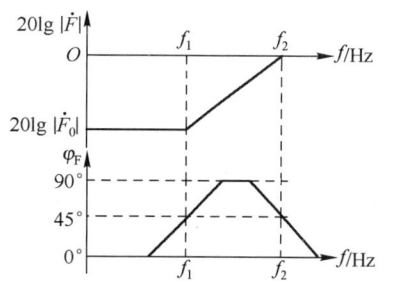

图 6-40 加补偿电容后反馈系数的频率特性

其中,$f_1 = \dfrac{1}{2\pi R_1 C}$,$f_2 = \dfrac{1}{2\pi(R_1 /\!/ R_2)C}$,显然 $f_1 < f_2$。画出 $\dot{F}$ 的波特图,近似为图 6-40 所示。

由相频特性曲线可知,在 $f_1$ 与 $f_2$ 之间,相位超前,最大超前相移为 90°。如果补偿前 $f_1 < f_c < f_2$,且 $f_0 < f_c$,那么补偿后,$f_0$ 将因超前相移而增大。当所取参数合适时,就可以做到 $f_0 < f_c$,从而使电路消除了自激振荡。

综上所述,无论是滞后补偿还是超前补偿,都可以用很简单的电路来实现。补偿后对带宽的影响由小到大依次为超前补偿、RC 滞后补偿和电容滞后补偿。在实际进行补偿时,由于元件的分散性较大,往往要经过多次反复调试,才能得到较好的补偿效果。

**【思考题】**

1. 什么是自激振荡?负反馈放大电路产生自激振荡的条件是什么?

2. 放大电路由负反馈变成了正反馈,就一定会产生自激吗?

3. 什么是幅度裕度?什么是相位裕度?

4. 频率补偿的含义是什么?

# 6.8 负反馈放大电路性能的仿真研究

本节通过 Multisim10 仿真软件研究放大电路在开环状态和引入负反馈状态下电路的动态性能指标:电压放大倍数、输入电阻、输出电阻、上限截止频率、下限截止频率及通频带。

在 Multisim10 中搭建两级共射放大电路,如图 6-41 所示。开关 J1(A 键控制)断开时,电路为开环状态,J1 闭合时,电路引入电压串联负反馈形成闭环。开关 J2(B 键控制)断开、J3(C 键控制)闭合时电路接负载电阻 $R_L = 10\ \text{k}\Omega$;J2、J3 都闭合时电路等效负载电阻 $R'_L = R_L /\!/ R_{L1} = 5\ \text{k}\Omega$;J2、J3 都断开时电路空载。XSC1 为虚拟示波器,两级共射放大电路的输入端接示波器的 A 通道设置为红色,电路的输出端接示波器的 B 通道设置为蓝色,示波器 A、B 通道都选择 AC 档观察交流信号。XMM1 和 XMM2 为虚拟数字万用表,置于交流电压档,用于测量电路的交流电压。XBP1 为虚拟波特图仪。电源 $V_{CC} = 12\ \text{V}$,信号源 $U_S$ 为 4 mV、500 Hz 的正弦交流信号。

## 6.8.1 放大电路开环特性仿真研究

### 1. 测量开环带负载电压放大倍数 $A_u$

**(1) 电路开环时等效负载电阻**

为了对比放大电路在开环和引入负反馈电路的动态性能指标,需要考虑引入负反馈产生的负载效应,也就是将反馈网络作为放大电路输入端和输出端的等效负载。考虑反馈网络在输入端的负载效应时,应使输出量的作用为零;考虑反馈网络在输出端的负载效应时,应使输入量的作用为零。

对于图 6-41 电路,在实际工作中考虑引入反馈和开环状态保持同样的负载效应,因此,电路

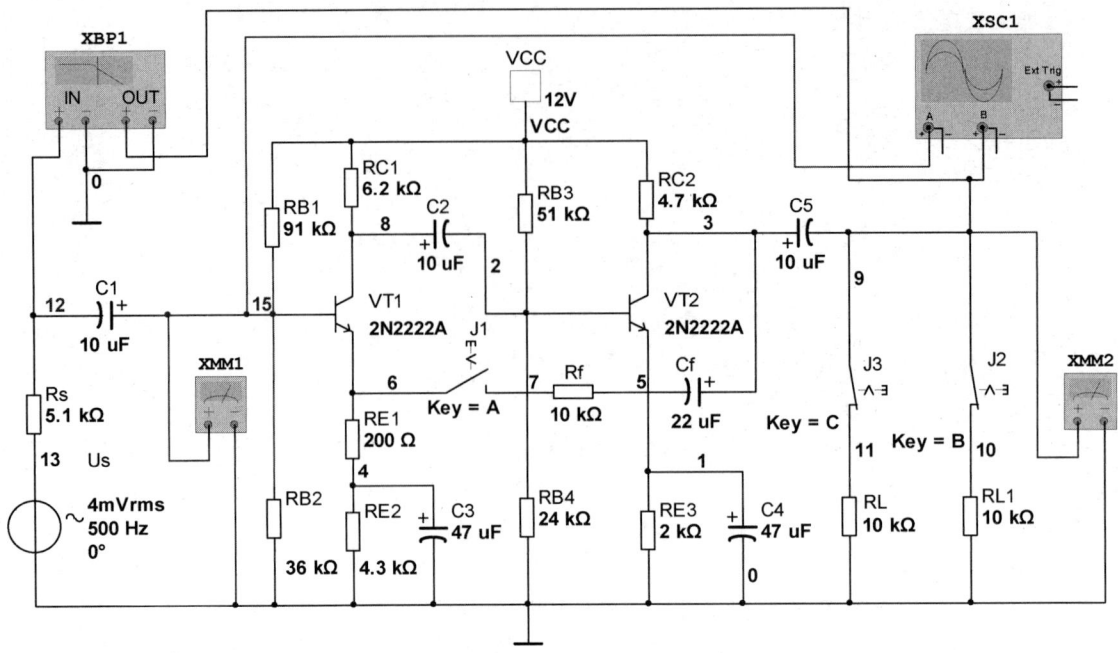

图 6-41　两级共射放大电路仿真电路

在开环时必须同时将 $R_f$ 并联于输入、输出回路,由于 $R_f \gg R_{e1}$,因此可忽略 $R_f$ 对输入回路的影响;对于输出回路,将 $R_f$ 与 $R_L$ 并联,开环状态下反馈等效负载电阻为 5 kΩ。

（2）**观察电路输入 $U_s = 4$ mV、$f = 500$ Hz 正弦波信号的输出波形**

保持图 6-41 开关 J1 断开,电路在开环状态。令 J2、J3 闭合,电路等效负载电阻 $R'_L = 5$ kΩ。信号源 $U_s = 4$ mV、$f = 500$ Hz 正弦波信号。启动仿真按钮,从示波器 XSC1 的 B 通道观察电路的输出波形(如图 6-42 所示)已经出现了严重的失真。

（3）**测量开环带负载最大不失真输出电压**

开环状态下测电压放大倍数时应确保输出信号不失真,对于图 6-41,应逐步减小输入正弦波信号的幅值,启动仿真按钮,从示波器 B 通道观察电路的输出波形,看到输出波形基本不失真时,可用示波器上的游标测量输出波形正负半波的幅值大小是否一致,直到输出波形正负半波的幅值大小一致时输出波形就不失真了。如图 6-43 所示,用示波器的游标测量得到的输出电压为开环带负载时的最大不失真输出电压幅值 $(U_{om})_M = 1.354$ V,对应的输入信号幅值 $(U_{im})_M = 1.310$ mV,此时信号源电压有效值 $U_s = 1.2$ mV。

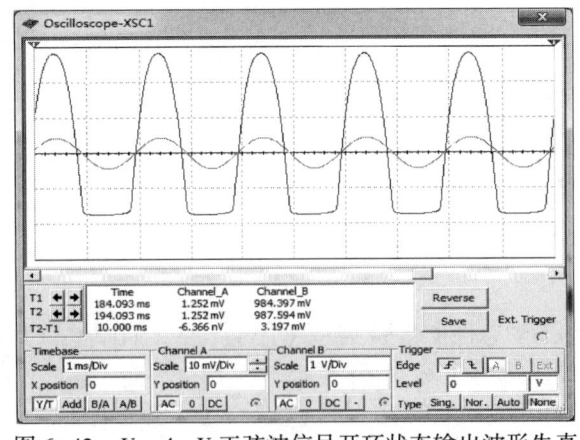

图 6-42　$U_s = 4$ mV 正弦波信号开环状态输出波形失真

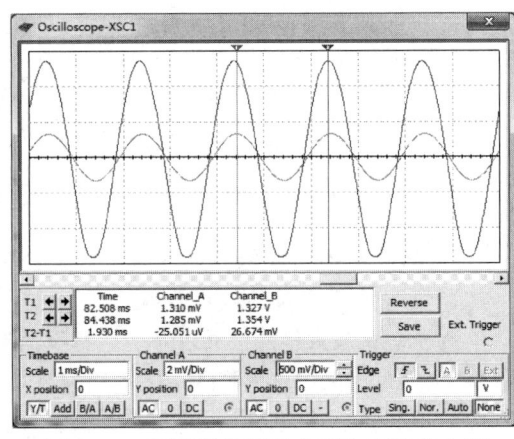

图 6-43　开环带负载最大不失真输出电压

测量开环电压放大倍数时,应确保输出信号不失真,即保证信号源电压 $U_s \leqslant 1.2\ \mathrm{mV}$。输入、输出信号的电压值可通过示波器或数字万用表读出。

**(4) 开环电压放大倍数 $A_u$ 的测量**

在图 6-41 的开环带负载状态下,确保输出信号不失真,用数字万用表交流档读出输出、输入正弦波电压的有效值,相除即开环电压放大倍数。如图 6-44 所示,记录虚拟万用表 XMM1 电路输入电压有效值 $U_i = 926.439\ \mu\mathrm{V}$、XMM2 电路输出电压有效值 $U_o = 994.871\ \mathrm{mV}$。开环带负载电压放大倍数

$$A_u = \frac{U_o}{U_i} = \frac{994.871}{0.926439} = 1073.9$$

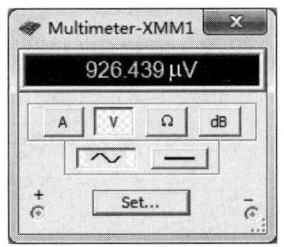 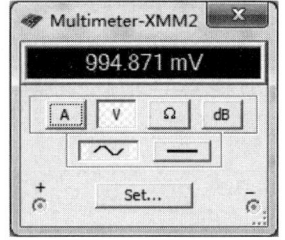

（a）输入电压 $U_i$ （b）输出电压 $U_o$

图 6-44　万用表测量开环带负载电压放大倍数

**2. 测量开环带负载输入电阻 $R_i$**

在图 6-41 的电路开环带负载时,确保输出不失真,设置信号源 $U_s = 1.2\ \mathrm{mV}$,利用图 6-44 的仿真结果,电路的输入电压 $U_i = 926.439\ \mu\mathrm{V}$,计算电路的输入电阻

$$R_i = \frac{U_i}{U_s - U_i} R_S = \frac{0.926}{1.2 - 0.926} \times 5.1 = 17.2\ \mathrm{k\Omega}$$

**3. 测量开环输出电阻 $R_o$**

图 6-41 的电路开环(断开 J1),确保输出不失真,设定信号源 $U_s = 1.2\ \mathrm{mV}$,启动仿真按钮,用虚拟万用表 XMM2 交流电压档测电路开环带负载(闭合 J2、J3)$R_L' = 5\ \mathrm{k\Omega}$,输出电压 $U_o = 994.871\ \mathrm{mV}$,空载(断开 J2、J3)输出电压 $U_o' = 1.479\ \mathrm{V}$,如图 6-45 所示,则输出电阻为

$$R_o = \left( \frac{U_o'}{U_o} - 1 \right) R_L' = \left( \frac{1479}{994.871} - 1 \right) \times 5 = 2.43\ \mathrm{k\Omega}$$

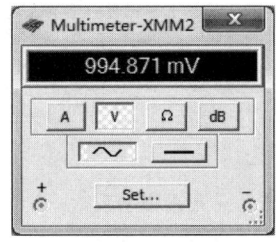 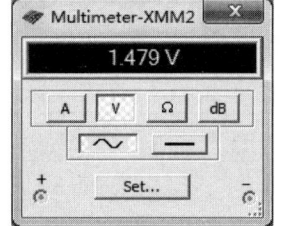

（a）带负载输出电压 $U_o$ （b）空载输出电压 $U_o'$

图 6-45　用万用表测量开环输出电阻

**4. 测量开环带负载上限、下限截止频率以及通频带**

**(1) 测量开环中频增益**

图 6-41 开环带负载状态,打开波特图仪,启动仿真按钮,调节参数得如图 6-46 所示开环幅频特性。在中频段反复移动游标,当增益最大时停止移动,记录中频的增益值 60.908 dB。

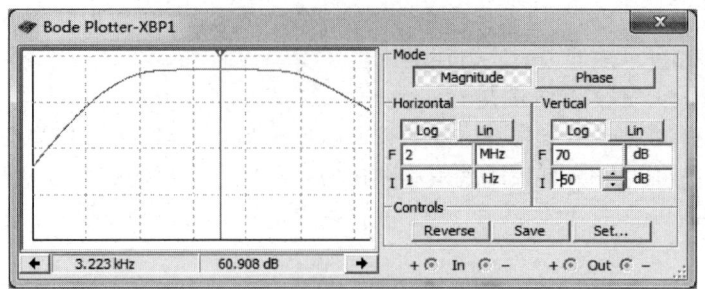

图 6-46　开环带负载波特图（中频放大倍数 60.908 dB）

**（2）测量开环下限截止频率 $f_L$**

利用（1）中的仿真结果，中频增益 60.908 dB，往左移动波特图仪游标直到增益下降 3 dB（即 57.908 dB）时，记录此时的频率即为下限截止频率。如图 6-47 所示，游标指在 57.895 dB，$f_L$ = 90.374 Hz。（仪表存在误差，不能精确读出 57.908 dB，本次测得的下限截止频率 $f_L$ 偏小。）

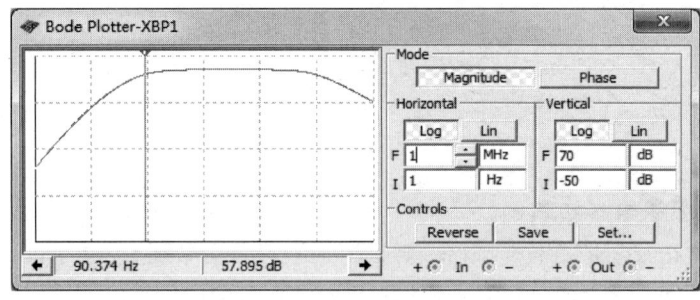

图 6-47　开环带负载下限截止频率 $f_L$

**（3）测量开环上限截止频率 $f_H$**

利用（1）中的仿真结果，中频增益 60.908 dB，往右移动波特图仪游标直到增益下降 3 dB（即 57.908 dB），记录此时的频率即为上限截止频率。如图 6-48 所示，游标指在 57.882 dB，$f_H$ = 92.69 kHz，本次测得的上限截止频率偏大。

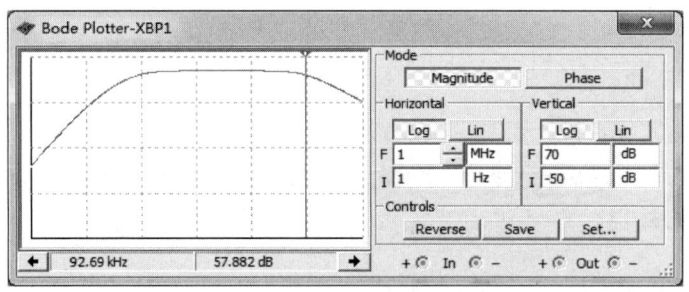

图 6-48　开环带负载上限截止频率 $f_H$

**（4）开环通频带 $f_{BW}$**

开环带负载通频带：$f_{BW} = f_H - f_L$ = 92.69 kHz - 90.374 Hz ≈ 92.6 kHz。

**（5）开环频率特性**

在图 6-41 所示电路中，断开 J1、闭合 J2、J3，使电路处于开环带负载状态，选择菜单 Simulate→ Analyses→AC Analyses，单击仿真按钮，电路开环带负载频率特性如图 6-49 所示。

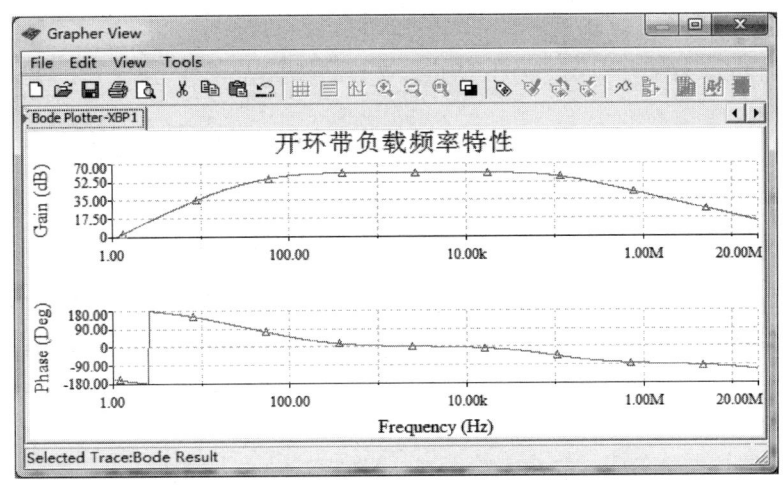

图 6-49　开环带负载频率特性

### 6.8.2　放大电路闭环特性仿真研究

对于图 6-41 的电路,开关 J1 闭合,电路引入电压串联负反馈,构成闭环,令 J2 闭合、J3 断开,负载电阻 $R_L = 10\ k\Omega$。信号源 $U_s = 4\ mV$、$f = 500\ Hz$ 正弦波信号。在此约定下,对放大电路的闭环特性进行仿真研究。

**1. 测量闭环放大倍数 $A_{uf}$**

**（1）观察输入 $U_s = 4\ mV$、$f = 500\ Hz$ 正弦波信号时闭环电路输出波形**

对图 6-41 电路依据上述约定,启动仿真按钮,从示波器 XSC1 的 B 通道观察电路的输出波形（如图 6-50 所示）没有出现失真。而同样的信号源作用下,电路在开环时输出波形严重失真,说明引入负反馈可以改善非线性失真。

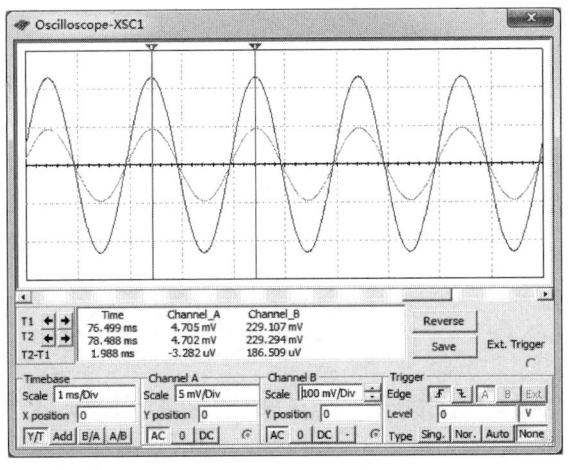

图 6-50　输入 $U_s = 4\ mV$ 正弦波信号闭环输出波形

**（2）测量闭环带负载电压放大倍数 $A_{uf}$**

对图 6-41 电路,闭环带负载,启动仿真,用数字万用表 XMM1、XMM2 分别测试电路输入、输出正弦波电压有效值:$U_{if} = 3.327\ mV$,$U_{of} = 162.238\ mV$。闭环电压放大倍数为

$$A_{uf} = \frac{U_{of}}{U_{if}} = \frac{162.238}{3.327} = 48.7$$

可见,引入负反馈后闭环放大倍数比开环下降了很多。

**2. 测量闭环带负载输入电阻 $R_{if}$**

启动仿真按钮,记录数字万用表 XMM1 的示数 $U_{if} = 3.327$ mV(闭环电路的输入电压),信号源 $U_s = 4$ mV。计算闭环输入电阻为

$$R_{if} = \frac{U_{if}}{U_s - U_{if}} R_s = \frac{3.327}{4 - 3.327} \times 5.1 = 25.2 \text{ k}\Omega$$

可见,引入串联负反馈后闭环输入电阻比开环时增大了。

**3. 测量闭环输出电阻 $R_{of}$**

启动仿真按钮,记录数字万用表 XMM1 的示数 $U_{if} = 3.327$ mV(闭环电路的输入电压);XMM2 的示数:带负载时,输出电压 $U_{of} = 162.238$ mV;空载时,输出电压 $U'_{of} = 164.035$ mV。计算闭环输出电阻

$$R_{of} = \left(\frac{U'_{of}}{U_{of}} - 1\right) R_L = \left(\frac{164.035}{162.238} - 1\right) \times 10 = 0.11 \text{ k}\Omega$$

可见,引入电压负反馈后闭环输出电阻比开环时减小了。

**4. 测量闭环频率特性及带宽**

**(1)测量闭环中频增益**

在图 6-41 中双击 XBP1 波特仪图,启动仿真按钮,电路闭环带负载幅频特性如图 6-51 所示。在中频段反复移动游标,记录闭环中频增益值 33.855 dB,比开环增益减小了 27.053 dB。

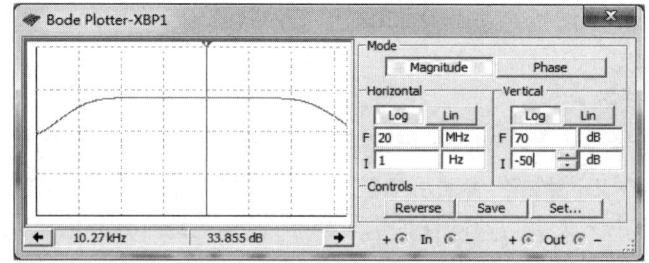

图 6-51 闭环带负载幅频特性

**(2)测量闭环下限截止频率 $f_{Lf}$**

利用(1)中的仿真结果,中频增益 33.855 dB,往左移动波特图仪游标使放大倍数下降 3 dB 时,记录闭环下限截止频率 $f_{Lf} \approx 18.07$ Hz。闭环比开环下限截止频率减小了很多。

**(3)测量闭环上限截止频率 $f_{Hf}$**

利用(1)中的仿真结果,中频增益 33.855 dB,往右移动波德图仪游标使放大倍数下降 3 dB 时,记录闭环上限截止频率 $f_{Hf} \approx 2.179$ MHz。闭环比开环上限截止频率增大了很多。

**(4)闭环通频带 $f_{BW}$**

闭环带负载通频带:$f_{BWf} = f_{Hf} - f_{Lf} \approx 2.179$ MHz,比开环通频带宽很多。

# *6.9　知识拓展——负反馈电路工程应用实例

**1. 音调控制电路**

负反馈音调控制电路是用来调节音响放大器输出信号中高低频率分量的电路,电路如图 6-52 所示。$R_1$、$R_{P1}$、$C_1$、$C_2$ 组成低音音调控制电路,$R_3$、$R_{P2}$、$C_3$ 组成高音音调控制电路,它们共同构成电压并联负反馈电路。在低频区,频率很低,$C_1$、$C_2$、$C_3$ 容抗很大,可视为开路,使高音音调控制电路不起作用,低音音调控制电路起作用。当 $R_{P1}$ 的滑动端在 A 点时,输入电阻为 $R_1$,反馈电阻为 $R_{P1} + R_2$,此时增益最大,对应于低音频提升最大的情况。当 $R_{P1}$ 的滑动端在 B 点时,反馈电阻为 $R_2$,此时增益最小,对应于低音衰减最大的情况。

在高频区,频率高,$C_1$、$C_2$、$C_3$ 的容抗很小,可视为短路,结果使 $R_{P1}$ 短接,低音音调控制电路不

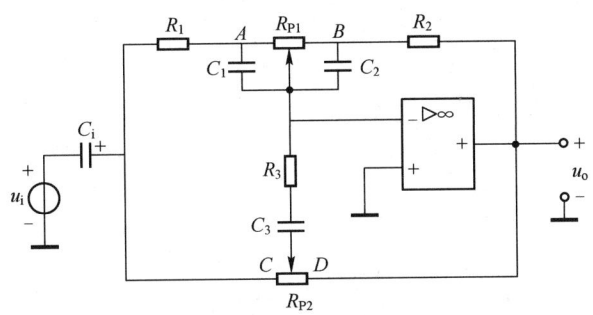

图 6-52　负反馈音调控制电路

起作用,高音音调控制电路起调节作用。当 $R_{P2}$ 滑动端在 D 点时,对应于高音衰减最大的情况;当 $R_{P2}$ 的滑动端在 C 点时,对应于高音提升最大的情况。

### 2. 交流电压测量放大电路

图 6-53 所示电路是 MF20 型万用表交流电压测量放大电路。为了稳定两级放大电路静态工作点,从 $VT_2$ 发射极至 $VT_1$ 基极通过 $R_{b1}$ 引入了直流负反馈。从 $VT_2$ 集电极经过 $VD_1$、$VD_2$、$R_5$、$R_6$ 组成的整流桥路至 $VT_1$ 发射极,引入了交流电流串联负反馈,其作用是提高放大电路的输入电阻和稳定输出电流。

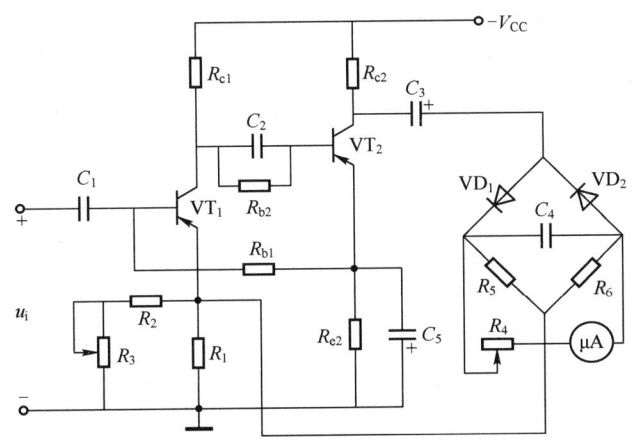

图 6-53　MF20 型万用表交流电压测量放大电路

在交流负反馈电路中,直流微安表是输出负载,电容 $C_4$ 起滤波作用,使表针在低频工作时不至抖动。当 $VT_2$ 集电极与地之间的交流电压极性为上正下负时,$VD_1$ 正偏导通,$VD_2$ 截止,电流路径为:$VT_2$ 集电极至 $VD_1$ 至 $R_5$(同时通过 $R_4$ 表头至 $R_6$),再至 $VT_1$ 发射极,然后到地。在 $VT_2$ 的集电极与地之间的交流电压极性为下正上负时,$VD_2$ 正偏导通,$VD_1$ 截止,电流路径为:地至 $VT_1$ 的发射极,再至 $R_6$(同时通过 $R_5$ 至 $R_4$ 至表头),再至 $VD_2$,然后到 $VT_2$ 的集电极。由此可见,流经微安表的电流方向是一致的,电流的大小反映了输入正弦电压的幅度。由于二极管正向伏安特性的非线性,在电路中采用交流电流串联负反馈后,当 $VT_2$ 输出电压较小时,二极管电流很小,反馈电压($R_1$ 上的电压)也很小,从而提高了输出电压的幅度,使流经二极管的电流与输入电压有很好的线性关系。

# 本章小结

放大电路中的反馈是电子技术课程中的重要内容之一。本章介绍了反馈的基本概念,反馈的判断,负反馈对放大电路性能的影响,反馈的正确引入,反馈放大电路的分析方法,负反馈放大电路中的自激振荡现象和校正措施等内容。

(1)几乎在所有实用的放大电路中均引入负反馈。放大电路中的反馈就是将放大电路的输出量(电压或电流)的全部或者一部分,通过一定的网络送回到输入回路或输入端,再与输入量(电压或电流)进行比较,用来影响放大电路输入量。反馈放大电路由基本放大电路和反馈网络组成,通常假设反馈环内的信号是单向传输的,即信号从输入到输出正向传输只通过基本放大电路,反馈网络的正向传输作用忽略不计,而信号从输出到输入的反向传输只通过反馈网络,基本放大电路的反向传输作用被忽略。

(2) 反馈类型及组态的判别方法:根据输入与输出电路之间是否存在反馈网络,判断是否存在反馈;存在于放大电路直流通路中的反馈为直流反馈,存在于交流通路中的反馈为交流反馈;用瞬时极性法判断正、负反馈;根据反馈信号与输出信号的依赖关系,用短路法判断是电压反馈还是电流反馈;根据反馈信号与输入信号在输入回路的连接方式判断是串联反馈还是并联反馈。

在实际的反馈放大电路中,有四种组态:电压串联负反馈、电流串联负反馈、电压并联负反馈和电流并联负反馈。

(3) 不同类型的反馈对放大电路产生不同的影响。正反馈使放大倍数增大,负反馈使放大倍数减小,但负反馈可以使放大电路各项性能获得改善。

引入负反馈后,放大电路的许多性能得到了改善,如提高了放大倍数的稳定性,减小非线性失真,展宽频带和改变电路的输入、输出电阻等。改善的程度取决于反馈深度 $|1+\dot{A}\dot{F}|$。负反馈越强,$|1+\dot{A}\dot{F}|$ 越大,放大倍数降低得越多,但上述各项性能的改善也越明显。

电压负反馈使输出电压保持稳定,因而降低了电路的输出电阻;电流负反馈使输出电流稳定,因而提高了输出电阻。串联负反馈提高电路的输入电阻,并联负反馈则降低电路的输入电阻。

直流负反馈的主要作用是稳定静态工作点,一般可不区分它的组态。

对一个实际电路要能正确判断它的反馈类型,从而定性地估计它的性能,也要能根据电路的技术条件选定电路的反馈类型(负反馈的正确引入),并画出电路的结构。这两点在实际应用中是十分重要的。

(4) 反馈放大电路的分析方法:

① 微变等效法。原则上可用于分析任何反馈放大电路,但是对于复杂电路有时需要解联立方程组,十分麻烦。实际上,只适用于分析简单的反馈放大电路。

② 近似估算法。对于满足深度负反馈条件的放大电路,可以利用 $A_f \approx \dfrac{1}{F}$ 和 $x_i \approx x_f$ 近似估算,可以大大简化深度负反馈放大电路放大倍数的计算,具有较大的实用意义。利用虚短与虚断的概念可求四种负反馈放大电路的闭环增益。

(5) 负反馈放大电路在一定条件下可能转化为正反馈,甚至产生自激振荡,自激的条件是 $\dot{A}\dot{F} = -1$。或分别用幅值条件和相位条件表示为

$$|\dot{A}\dot{F}| = 1$$
$$\varphi_A + \varphi_F = \pm(2n+1)\pi \quad (n = 0, 1, 2, \cdots)$$

常用的校正措施有滞后补偿和超前补偿等。校正措施的指导思想是破坏产生自激振荡的条件,使之稳定工作。

学完本章后应在深刻理解反馈基本概念的基础上,会判断电路中是否引入了反馈和反馈的性质;理解负反馈放大电路放大倍数在四种组态下的物理意义,并能够估算深度负反馈条件下的电压放大倍数;在理解负反馈对放大电路性能影响的基础上,能根据实际需要引入合适反馈;理解负反馈放大电路中产生自激振荡的原因和条件,并了解消振措施。

# 自 测 题

**1. 判断题** 分析下列说法是否正确(用"√"表示正确,用"×"表示错误)

(1) 任何实际放大电路严格说都存在某种反馈。(    )

(2) 所有放大电路都必须接入反馈,否则无法正常工作。(    )

(3) 反馈通路可由电阻器、电容器、电感器等无源元件组成。（　　）

(4) 反馈通路可由晶体管、运放等有源器件组成。（　　）

(5) 共集（或共源）放大电路由于 $A_u<1$，故没有反馈。（　　）

(6) 若放大电路的放大倍数为负，则引入的反馈一定是负反馈。（　　）

(7) 负反馈放大电路的放大倍数与组成它的基本放大电路的放大倍数量纲相同。（　　）

(8) 只有当开环放大电路引入负反馈后形成的反馈环，才叫闭环放大电路。（　　）

(9) 反馈所包围的放大电路级数越多，反馈对放大电路的影响越大。（　　）

(10) 在集成运放电路中，很容易实现深度负反馈。（　　）

(11) 若放大电路引入负反馈，则负载电阻变化时，输出电压基本不变。（　　）

(12) 只要在放大电路中引入反馈，就一定能使其性能得到改善。（　　）

(13) 放大电路的级数越多，引入的负反馈越强，电路的放大倍数也就越稳定。（　　）

(14) 引入负反馈对于非线性失真的减小程度和反馈深度的大小有关。（　　）

(15) 增益带宽积是一个常数，与有无反馈无关。（　　）

(16) 负反馈对于放大电路性能的影响均与反馈深度有关。（　　）

(17) 一般来说，当 $|1+\dot{A}\dot{F}|\geqslant10$ 就可以满足深度负反馈的条件。（　　）

(18) 当满足深度负反馈条件时，放大电路的分析计算变得简单。（　　）

(19) 负反馈放大电路不可能产生自激振荡。（　　）

## 2. 填空题

(1) 反馈放大电路的含义是_____。

(2) 为了使放大电路在输入量一定时，输出量也保持一定，需要引入_____。

(3) 反馈放大电路可概括为两个部分_____和_____。

(4) 负反馈放大电路 $\dot{A}_f$ 的基本方程式是_____。

(5) 负反馈放大电路的一般表达式为 $\dot{A}_f = \dfrac{\dot{A}}{1+\dot{A}\dot{F}}$，当 $|1+\dot{A}\dot{F}|>1$ 时，表明放大电路引入了_____；当 $|1+\dot{A}\dot{F}|<1$ 时，表明放大电路引入了_____。

(6) 引入负反馈后，频带展宽了_____倍。

(7) 引入并联负反馈后，输入电阻减小_____倍。

(8) 引入电压负反馈后的闭环输出电阻与开环相比减小了_____倍。

(9) 某仪表放大电路，要求 $R_i$ 大，输出电流稳定，应选_____。

(10) 某传感器产生的是电压信号（几乎不能提供电流），经放大后希望输出电压与信号成正比，则放大电路应选_____。

(11) 要得到一个由电流控制的电流源应选_____。

(12) 要得到一个由电流控制的电压源应选_____。

(13) 需要一个阻抗变换电路，$R_i$ 大，$R_o$ 小，应选_____。

(14) 稳定放大电路的放大倍数（增益），应引入_____。

(15) 为了稳定放大电路的静态工作点，应引入_____。

(16) 在深度负反馈放大电路中，估算的依据是_____和_____。

(17) 在图 T6.2.17 所示电路中若存在级间反馈，则闭环电压放大倍数 $\dot{A}_{uf}=$_____。

(18) 在图 T6.2.18 所示电路中若存在反馈，则闭环电压放大倍数 $\dot{A}_{uf}=$_____。

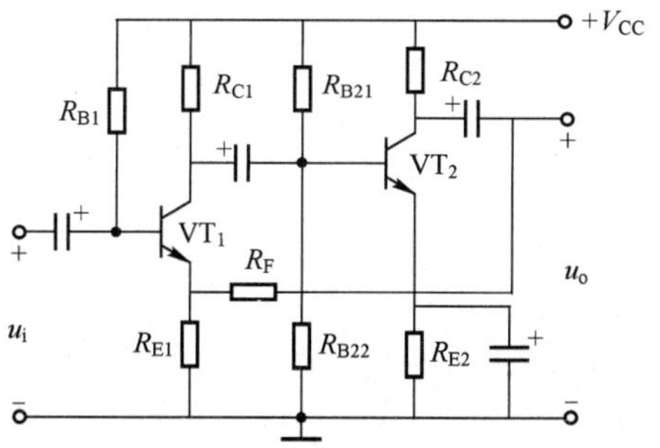

图 T6.2.17

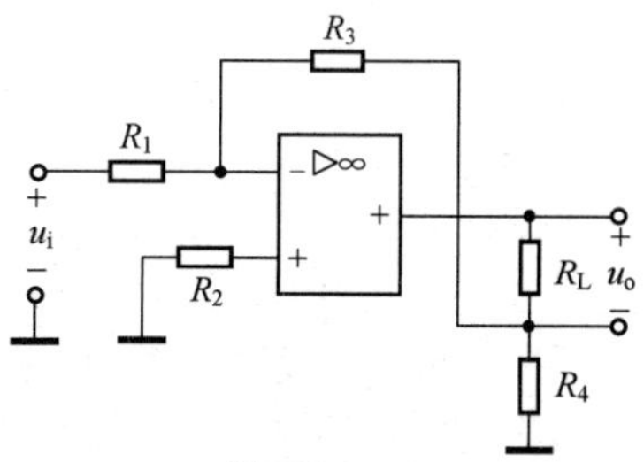

图 T6.2.18

(19) 负反馈自激振荡的幅值条件是_____,相位条件是_____。

**3. 选择题**

1. 对于放大电路,在输入量不变的情况下,若引入反馈后( ),说明引入的是负反馈。
   A. 净输入量增大　　　B. 净输入量减小　　　C. 输入电阻增大

2. 并联反馈的反馈量以( )形式馈入输入回路,并与输入( )相比较而产生净输入量。
   A. 电压　　　B. 电流　　　C. 电压或电流

3. 对于放大电路,所谓开环是指( )。
   A. 无信号源　　　B. 无反馈通路　　　C. 无电源

4. 在负反馈放大电路的表达式中,$\dot{A}\dot{F}$ 叫做( )。
   A. 开环增益　　　B. 闭环增益　　　C. 环路增益

5. 电压负反馈可稳定输出( ),串联负反馈可使( )提高。
   A. 电压　　　B. 电流　　　C. 输入电阻　　　D. 输出电阻

6. 负反馈所能抑制的干扰和噪声是( )。
   A. 输入信号所包含的干扰和噪声　　　　B. 反馈环内的干扰和噪声
   C. 反馈环外的干扰和噪声　　　　D. 输出信号中的干扰和噪声

7. 交流负反馈放大电路可以改善电路的( )性能。
   A. 提高增益的稳定性　　　B. 减少非线性失真　　　C. 抑制反馈环内噪声　　　D. 扩展频带

8. 在图 T6.2.17 所示电路中如果存在级间反馈,引入负反馈后电路性能如何变化( )。
   A. 稳定输出电流　　　B. 稳定输出电压　　　C. 输入电阻增大　　　D. 输入电阻减小
   E. 输出电阻增大　　　F. 输出电阻减小

9. 在图 T6.2.18 所示电路中,如果存在反馈,对于引入反馈后电路的性能变化,下列说法中正确的是( )。
   A. 引入负反馈后稳定了输出电流,输入电阻增大,输出电阻减小
   B. 引入负反馈后稳定了输出电流,输入电阻减小,输出电阻增大
   C. 引入负反馈后稳定了输出电压,输入电阻增大,输出电阻减小
   D. 引入负反馈后稳定了输出电压,输入电阻减小,输出电阻减小

10. 稳定放大电路的放大倍数(增益),应引入( )。
    A. 直流负反馈　　　B. 交流负反馈　　　C. 正反馈

11. 已知信号源内阻很高,要求充分发挥负反馈作用,合理接法是( )。
    A. 并联负反馈　　　B. 串联负反馈　　　C. 电压负反馈　　　D. 电流负反馈

12. 要提高放大电路的输入电阻及减小输出电阻,应采用( )负反馈。
    A. 电流串联　　　B. 电压串联　　　C. 电流并联　　　D. 电压并联

13. 能够提高输入电阻的负反馈是( )。
    A. 串联负反馈　　　B. 并联负反馈　　　C. 电压串联负反馈　　　D. 电流并联负反馈
    E. 电流串联负反馈

14. 为了稳定放大电路的输出电流,那么对于低内阻的信号源来说,放大电路应引入( )负反馈。
    A. 电流串联　　　B. 电流并联　　　C. 电压串联　　　D. 电压并联

15. 为了稳定放大电路的输出电压,那么对于高内阻的信号源来说,放大电路应引入( )负反馈。
    A. 电压并联　　　B. 电流并联　　　C. 电压串联　　　D. 电流串联

16. 负反馈放大电路产生自激振荡条件是( )。
    A. $\dot{A}\dot{F}=1$　　　B. $\dot{A}\dot{F}=-1$　　　C. $\dot{A}\dot{F}>1$

17. 常用消除自激的方法有( )。
    A. 电容滞后补偿　　　B. RC滞后补偿　　　C. 超前补偿

18. 关于负反馈放大电路的自激振荡,下列说法中正确的是( )。
    A. 负反馈放大电路的反馈深度越大越好,不会对电路产生不好的影响
    B. 在高频或低频区电路中的电抗元件会产生附加相移,使放大电路由负反馈变成正反馈
    C. 在幅值条件和相位条件同时满足时,负反馈放大电路会产生自激振荡

# 习 题 6

**6.1** 如何判断反馈的正负极性？如何区分电压反馈和电流反馈？反馈有哪几种组态？各举一个实际电路的例子。

**6.2** 在图 P6.2 所示的各电路中,说明有无反馈,由哪些元器件组成反馈网络,是直流反馈还是交流反馈?

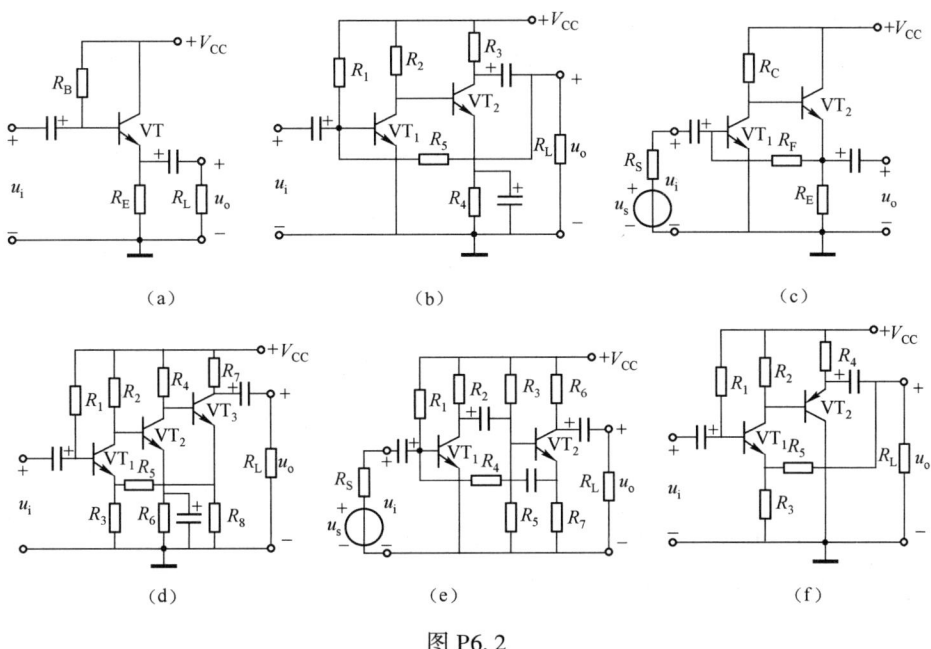

图 P6.2

**6.3** 在图 P6.3 所示的各电路中,说明有无反馈,由哪些元器件组成反馈网络,是直流反馈还是交流反馈?

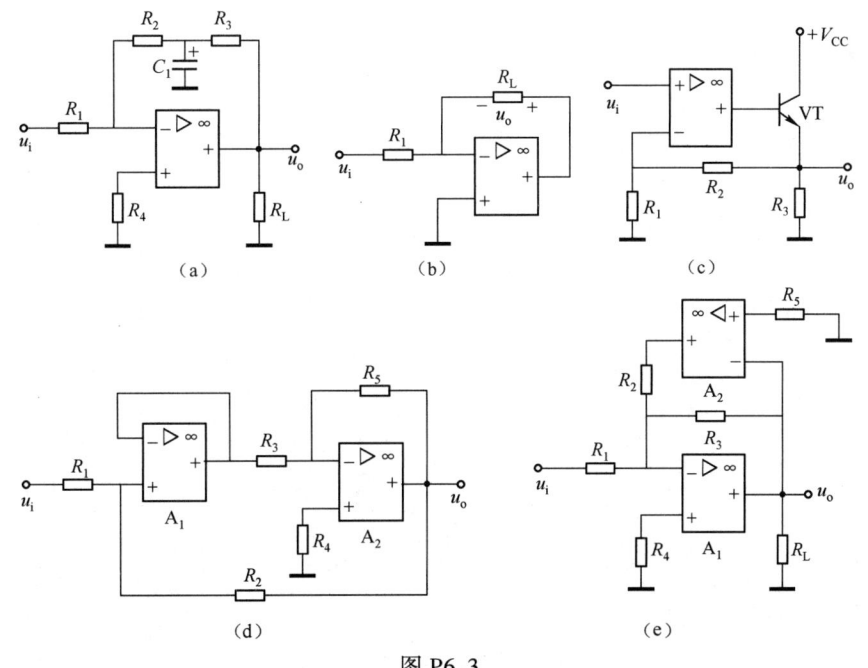

图 P6.3

**6.4** 判断图 P6.2 所示各电路的反馈类型,哪些用于稳定输出电压?哪些用于稳定输出电流?哪些可以提高输入电阻?哪些可以降低输出电阻?

**6.5** 判断图 P6.3 所示各电路的反馈类型,哪些用于稳定输出电压?哪些用于稳定输出电流?哪些可以提高输入电阻?哪些可以降低输出电阻?

**6.6** 判断图 P6.6 级间交流反馈的极性和组态。如果是负反馈,则计算在深度负反馈条件下的反馈系数和闭环电压放大倍数 $\dot{A}_{uf} = \dfrac{\dot{U}_o}{\dot{U}_i}$(设各三极管的参数 $\beta$,$r_{be}$ 为已知,电容足够大)。

**6.7** 估算图 P6.2 所示各电路在深度负反馈条件下的电压放大倍数。

**6.8** 估算图 P6.3(a)、(b)、(c)、(d) 所示各电路在深度负反馈条件下的电压放大倍数。

**6.9** 分析图 P6.9 所示电路,说明电路中有哪些级间交、直流反馈?各是什么极性和类型?起什么作用?并计算电路的闭环电压放大倍数。

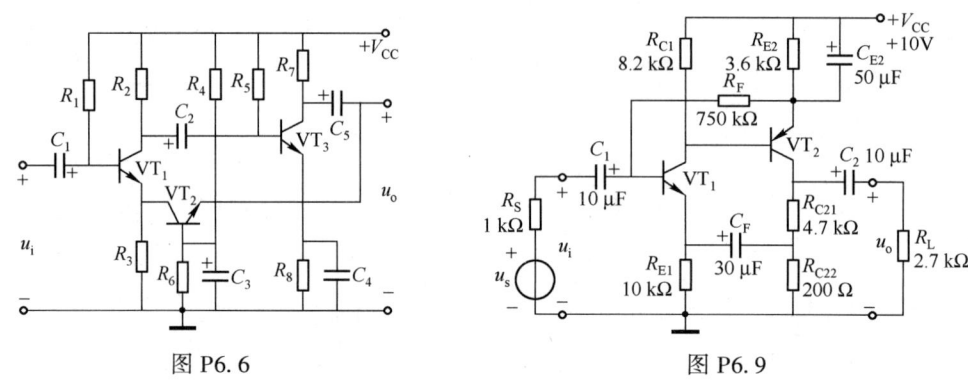

图 P6.6          图 P6.9

**6.10** 如图 P6.10 所示,假设在深度负反馈条件下,估算所示各电路的闭环电压放大倍数。

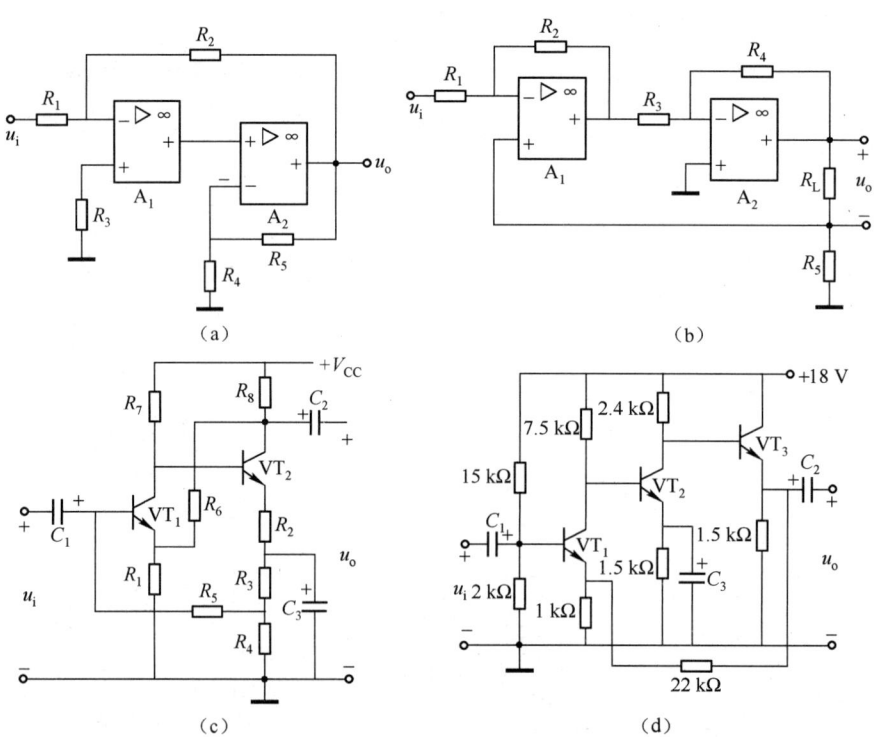

(a)          (b)

(c)          (d)

图 P6.10

**6.11** 已知一个电压串联负反馈放大电路的电压放大倍数 $\dot{A}_{uf}=20$,其基本放大电路的电压放大倍数 $\dot{A}_u$ 的相对变化率为 10%,$\dot{A}_{uf}$ 的相对变化率为小于 0.1%。试问 $\dot{F}$ 和 $\dot{A}_u$ 各为多少?

**6.12** 请以集成运放作为放大电路,引入合适的负反馈,分别达到下列目的(要求画出电路图)。

(1)实现电流-电压转换电路;(2)实现电压-电流转换电路;(3)实现输入电阻高,输出电压稳定的电压放大电路;(4)实现输入电阻低,输出电流稳定的电流放大电路。

**6.13** 放大电路如图 P6.13 所示,试解答:(1)为保证构成负反馈,请将运放的两个输入端的 +、- 号添上;(2)判断反馈的组态;(3)请按深度负反馈估算电压增益。

**6.14** 电路如图 P6.14 所示,试求:(1)合理连线,接入信号源和反馈,使电路的输入电阻增大,输出电阻减小;(2)若 $\mid\dot{A}_u\mid=20$,则 $R_F$ 应取多少千欧?

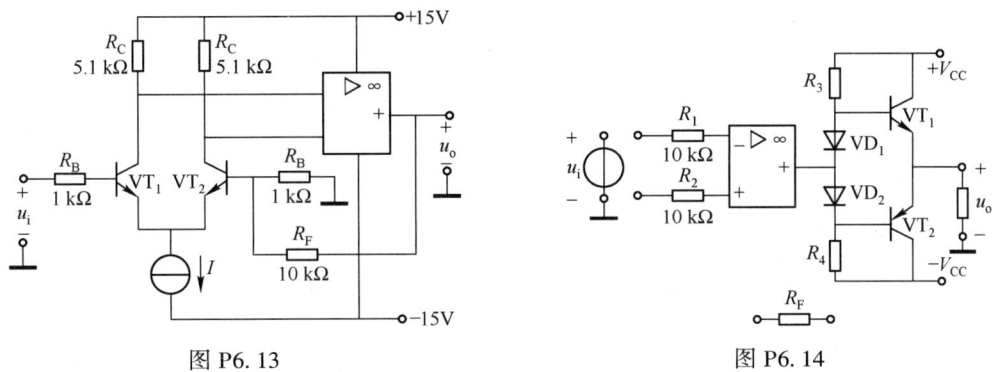

图 P6.13                    图 P6.14

**6.15** 三级放大电路如图 P6.15 所示,为使放大电路有较大的带负载能力和向信号源索取较小的信号电流,该放大器中应引入什么类型的反馈?在电路图上画出反馈支路,但反馈支路不能影响原电路的静态工作点。

**6.16** 负反馈放大器的框图如图 P6.16 所示,试求其闭环增益 $\dot{A}_f$ 的表达式。

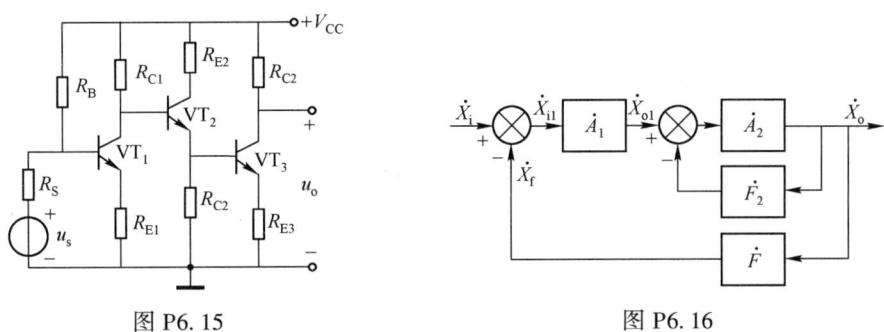

图 P6.15                    图 P6.16

**6.17** 已知放大电路幅频特性近似如图 P6.17 所示,引入负反馈时,反馈网络为纯电阻网络,且其参数的变化对基本放大电路的影响可以忽略不计。回答下列问题:

(1)当 $f=10^3$ Hz 时,$20\lg\mid\dot{A}\mid\approx?$ $\varphi_A\approx?$

(2)若引入反馈后反馈系数 $\dot{F}=1$,则电路是否会产生自激振荡?

(3)若想引入负反馈后电路稳定,则 $\mid\dot{F}\mid$ 的上限值约为多少?

**6.18** 反馈放大电路如图 P6.18 所示,试回答:(1)哪些元器件组成反馈网络?(2)总体反馈属于何种极性和组态?

**6.19** 电路如图 P6.19 所示。

(1)试通过电阻引入合适的交流负反馈,使输入电压 $u_i$ 转换成稳定的输出电流 $i_L$。

(2)若 $u_i=0\sim5$ V,$i_L=0\sim10$ mA,则反馈电阻 $R_F$ 应取多少?

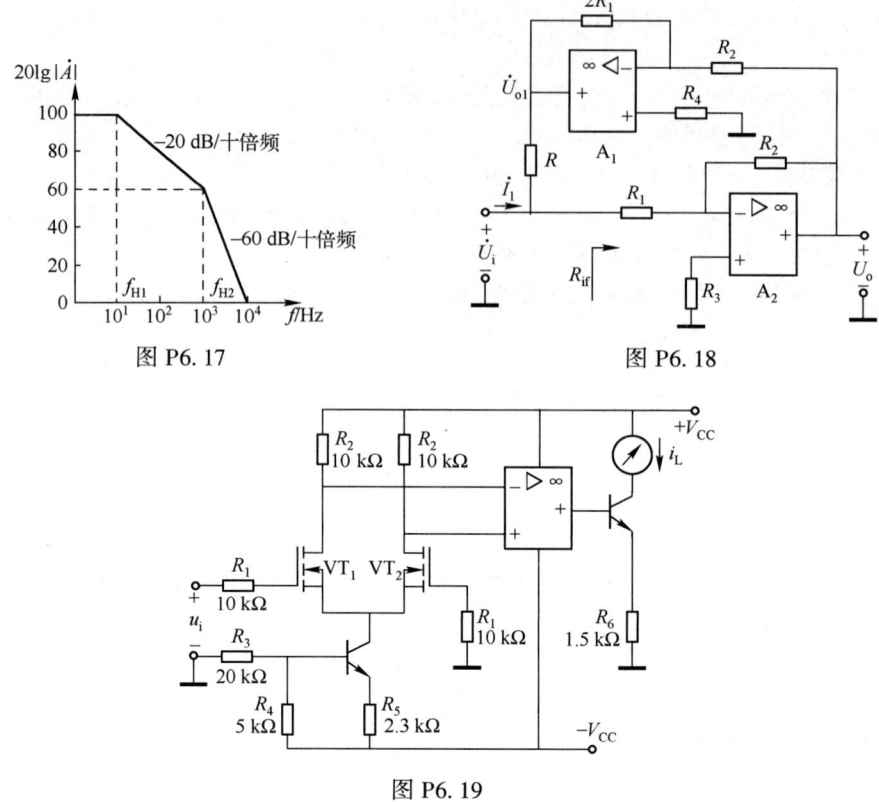

图 P6.17

图 P6.18

图 P6.19

**6.20** 电路如图 P6.20 所示,它的最大跨级反馈可从晶体管的集电极或发射极引出,接到的基极或发射极,共有 4 种接法(①和③、①和④、②和③、②和④相连)。试判断这 4 种接法各为何种组态的反馈?是正反馈还是负反馈?设各电容可视为交流短路。

**6.21** 电路如图 P6.21 所示。试问:若以稳压管的稳定电压 $U_Z$ 作为输入电压,则当 $R_2$ 的滑动端位置变化时,输出电压 $U_o$ 的调节范围是多少?

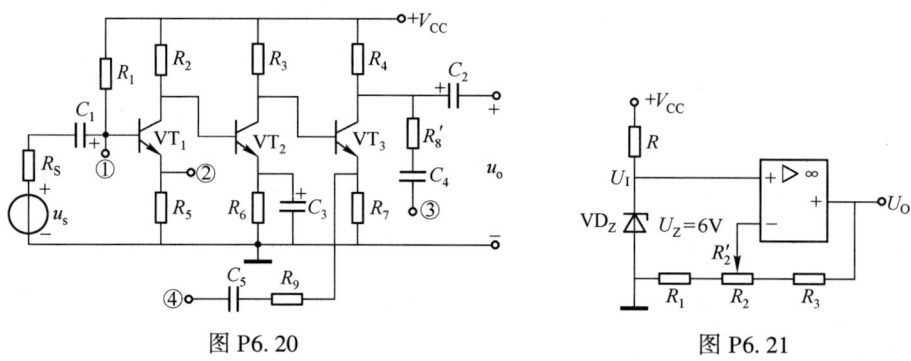

图 P6.20

图 P6.21

# 第7章 集成运放组成的运算电路

**内容提要**

集成运放最早应用于信号的运算,可对信号完成加、减、乘、除、对数、反对数、微分、积分等基本运算,所以称为运算放大器。但是随着集成运放技术的发展,各项技术指标不断改善,价格日益低廉,而且制造出适应各种特殊要求的专用电路。目前,集成运放的应用几乎渗透到电子技术的各个领域。本章介绍运算电路的典型电路、原理和分析方法及其应用,可以为读者进一步学习和应用集成运算放大器打下基础。

**讨论的主要问题**

- 集成运放线性应用和非线性应用的特点是什么?
- 基本运算电路的构成及运算关系是什么?
- 对数及指数运算电路的构成原则及运算关系是什么?
- 模拟乘法器的构成原则及应用范围是什么?
- 集成运放应用时需要注意哪些问题?

## 7.1 概　　述

集成运算放大器与外部电阻、电容和半导体器件等一起构成闭环电路,能对各种模拟信号进行加法、减法、积分、微分、对数和指数等运算,这类电路称为模拟信号的运算电路。在模拟集成运算放大器发展的初期阶段,模拟信号的运算是模拟线性集成电路的主要应用领域,这就是把这类模拟线性集成电路称为"集成运算放大器"的原因。

由于实际集成运放与理想集成运放比较接近,因此在分析和计算应用电路时,用理想集成运放代替实际集成运放所带来的误差并不严重,在一般工程计算中是允许的。本章中凡未特别说明,均将集成运放视为理想集成运放。

集成运放的应用是多种多样的。在不同的应用场合,集成运放处于不同的工作状态,呈现出不同的特点。据此,集成运放的应用可以划分为两大类:**线性应用和非线性应用**。

### 7.1.1 线性应用及其特点

线性应用中集成运放或是深度负反馈或是兼有正反馈而以负反馈为主。此时,集成运放本身处于线性工作状态,即其输出量与净输入量成线性关系,但是整个应用电路(包括集成运放本身或外加的反馈网络或多个集成运放)的输出和输入也可能是非线性关系。

由集成运放组成的运算电路和有源滤波电路都属于集成运放的线性应用电路。

集成运算放大器有两个输入端,即同相输入端和反相输入端(如图 7-1 所示)。当集成运放工作在线性区时,作为一个线性放大器件,它的输出信号和输入信号之间满足如下关系

$$U_o = A_{od}(U_+ - U_-) \tag{7-1}$$

由于集成运放的开环电压放大倍数极大,而输出电压为有限值,故其输入信号的变化范围很小。在前面章节中已讲述过 F007 的传输特性,其输入信号变化范围仅为 $\pm 0.1$ mV。超过这个范

围,输出不是 $U_{om} = 10$ V 就是 $U_{om} = -10$ V。显然,这样小的线性范围无法进行线性放大等任务。

为了扩展集成运放的线性工作范围,必须通过外部元件引入负反馈,这是各种线性应用电路的共同点。

例如,F007 开环时,$A_{od} = 10^5$,输入信号的变化范围仅有 0.1 mV。若引入负反馈后,其闭环增益 $A_{uf} = 100$,则反馈深度为

$$| 1 + A_{od} F | = \frac{A_{od}}{A_{uf}} = 10^3$$

考虑 $A_{od} = \frac{U_o}{U_{id}}, A_{uf} = \frac{U_o}{U_i}$,则

$$U_i = (1 + A_{od} F) U_{id} = 10^3 U_{id}$$

即将输入信号的变化范围扩大了 1000 倍,可在 $-0.1 \sim 0.1$ V 范围内工作在线性区。上述关系用传输特性表示,如图 7-2 所示。

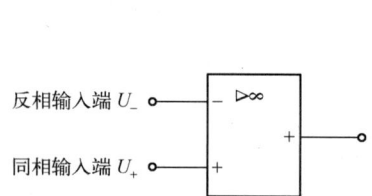

图 7-1　集成运算放大器的符号

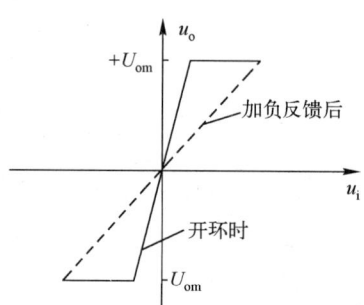

图 7-2　利用负反馈扩展线性区

由于理想集成运放 $A_{od} \to \infty$,而 $U_o$ 是有限值,故由式(7-1)可得 $U_- - U_+ \approx 0$,即

$$U_- \approx U_+ \qquad (7-2)$$

满足式(7-2),称为"虚短",即同相输入端与反相输入端的电位相等,但不是短路。

又由于理想集成运放 $r_{id} \to \infty$,因此集成运放输入端不取电流,即

$$I_- = I_+ \approx 0 \qquad (7-3)$$

满足式(7-3),称为"虚断"。

由上述分析,归纳如下特点:① 线性应用的条件是必须引入深度负反馈,使运放工作在线性区;② 在理想情况下,该电路同时满足虚短和虚断。

## 7.1.2　非线性应用及其特点

非线性应用中集成运放工作在非线性区,此时它的输出量与净输入量成非线性关系,集成运放一般均开环运用或者加正反馈加速转换过程。其电路结构特点为开环或为正反馈。

非线性运用时,显然放大关系已不存在,即

$$U_o \neq A_{od}(U_+ - U_-)$$

由于 $A_{od} \to \infty$,输入端有很微小的变化量,其输出电压不是正向饱和就是负向饱和,饱和电压接近正、负电源电压。即

$$\begin{cases} U_o = U_{OL}, & U_- > U_+ \\ U_o = U_{OH}, & U_- < U_+ \end{cases}$$

$U_- = U_+$ 为两种状态的转折点。

由于 $r_{id} \to \infty$,因此输入电流仍为 0,即

$$I_- = I_+ \approx 0$$

由上述分析,归纳如下特点:① 非线性应用的条件是集成运放组成的电路处于无反馈(开环)

或带正反馈的工作状态;② 输出量与输入量成非线性关系,输出量不是处于正饱和值就是处于负饱和值;③ 在理想情况下,该电路满足虚断。

# 7.2 基本运算电路

集成运放加上适当的反馈网络,可以实现模拟信号的数学运算。在分析这类电路时,集成运放通常是作为理想放大器来处理的。这样可使分析过程大为简化,只有在分析误差时才考虑运放的具体参数。

## 7.2.1 比例运算电路

输出电压和输入电压成比例关系的电路称为比例运算电路。根据输入接法的不同,比例电路有三种基本形式:反相输入、同相输入以及差分输入比例运算电路。

### 1. 反相输入比例运算电路

(1) **基本电路** 反相输入比例运算电路如图 7-3 所示。该电路是一个电压并联负反馈电路。由于集成运放的输入级是差动放大电路,要求两输入回路参数对称,即 $R_N = R_P$,这里 $R_N = R_1 /\!/ R_F$。根据"虚短"和"虚断"的概念,$u_- \approx u_+ = 0$、$i_1 \approx i_F$。因此"虚地"是反相输入的重要特点。

$$\frac{u_1}{R_1} = -\frac{u_O}{R_F}$$

电压放大倍数为

$$A_{uf} = -\frac{R_F}{R_1} \tag{7-4}$$

输入电阻为

$$R_{if} = R_1 + \frac{r_{id}}{1+AF} \approx R_1 \tag{7-5}$$

理想情况下,$R_{if} = R_1$,$R_1$ 一般为几千欧到几十千欧。输出电阻为

$$R_{of} = \frac{r_o}{1+AF} \approx 0 \tag{7-6}$$

该电路输入端是并联反馈,电路的输入电阻低,$R_{if} = R_1$。由于该电路基本放大器的共模输入信号电压为零,因此该电路对集成运放的共模抑制比要求低。

(2) **T 形网络反相比例运算电路** 为了提高上面讨论的基本电路的输入电阻,在放大倍数不变的情况下必将加大 $R_F$,但不希望 $R_F$ 过高,因为电阻过大会产生较大的误差。利用图 7-4 所示的 T 形网络比例运算电路可以得到解决,使组成 T 形网络的电阻都不会太大,而等效的反馈电阻可满足电压放大倍数的要求,且提高了输入电阻。

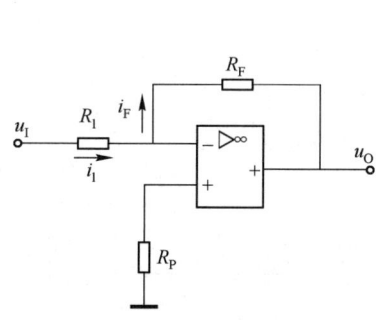

图 7-3 反相输入比例运算电路

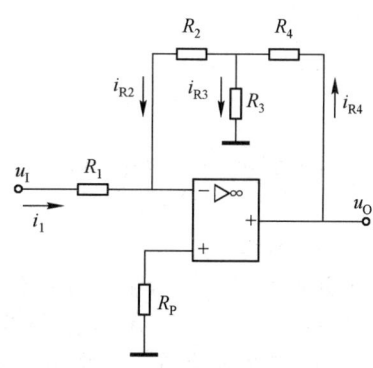

图 7-4 T 形网络比例运算电路

根据"虚地"的概念,有

$$i_{R_4} = \frac{u_O}{R_4 + R_2 /\!/ R_3}$$

于是

$$i_{R_2} = \frac{i_{R_4} R_3}{R_2 + R_3} = \frac{u_O}{R_4 + R_2 /\!/ R_3} \cdot \frac{R_3}{R_2 + R_3} = -i_1$$

得

$$\frac{u_I}{R_1} = -\frac{u_O}{R_4 + R_2 /\!/ R_3} \cdot \frac{R_3}{R_2 + R_3}$$

$$A_{uf} = \frac{u_O}{u_I} = -\frac{R_2 R_3 + R_2 R_4 + R_3 R_4}{R_3 R_1} \tag{7-7}$$

T形网络等效为一个反馈电阻

$$R_F = \frac{R_2 R_3 + R_2 R_4 + R_3 R_4}{R_3} \tag{7-8}$$

此时,同相输入端的补偿电阻为

$$R_P = R_1 /\!/ (R_2 + R_3 /\!/ R_4)$$

显然,由于 $R_3$ 的引入使负反馈程度降低,改变了反馈深度,从而使电压并联负反馈的输入电阻提高。这就是说,通过牺牲反馈深度来换取输入电阻的提高。

### 2. 同相输入比例运算电路

(1) **基本电路** 同相输入比例运算电路如图 7-5 所示。该电路是一个电压串联负反馈电路。要求两输入回路参数对称,同样有 $R_N = R_P$,$R_N = R_1 /\!/ R_F$,$R_P = R_2$。

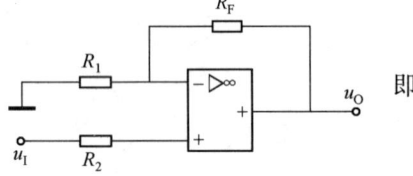

图 7-5 同相输入比例运算电路

根据"虚短"的概念,有

$$u_- \approx u_+$$

即

$$u_- = \frac{u_O}{R_1 + R_F} \cdot R_1$$

$$u_+ = u_I$$

$$u_I = \frac{u_O}{R_1 + R_F} R_1$$

电压放大倍数

$$A_{uf} = \frac{u_O}{u_I} = 1 + \frac{R_F}{R_1} \tag{7-9}$$

输入电阻为

$$R_{if} \approx \infty \tag{7-10}$$

输出电阻为

$$R_{of} = \frac{r_o}{1 + AF} \approx 0 \tag{7-11}$$

(2) **电压跟随器** 电压跟随器的电路如图 7-6 所示,这是设同相比例运算电路 $R_1 = \infty$ 的特例。此时,有

$$A_{uf} = 1 \tag{7-12}$$

值得注意的是,电压跟随器反馈系数 $F = 1$,反馈深度深,输入电阻高,输出电阻低,常用做阻抗变换或缓冲级。

同相比例运算电路有输入电阻高的特点,但输入共模信号电压高,对集成运放的共模抑制比要求也高。另一方面,如

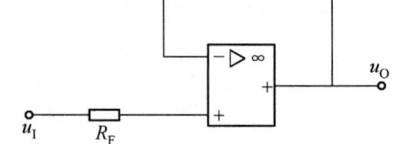

图 7-6 电压跟随器的电路

果共模电压超过允许的数值,电路也无法正常工作。

**3. 差分比例运算电路**

在图7-7中,输入电压 $u_1$ 和 $u_1'$ 分别加在集成运放的反相输入端和同相输入端,反馈信号从输出端通过反馈电阻 $R_F$ 接回到反相输入端。为了保证运放两个输入端对地的电阻平衡,同时为了避免降低共模抑制比,通常要求

$$R_1 = R_1' \qquad R_F = R_F'$$

在理想情况下,由于"虚断", $i_- = i_+ \approx 0$,利用叠加定理可求得反相输入端的电压为

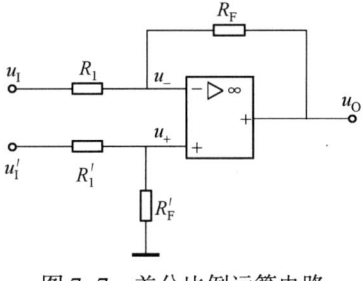

$$u_- = \frac{R_F}{R_1 + R_F} u_1 + \frac{R_1}{R_1 + R_F} u_O$$

而同相输入端的电压为

$$u_+ = \frac{R_F'}{R_1' + R_F'} u_1'$$

图 7-7  差分比例运算电路

因为"虚短",即 $u_- \approx u_+$,所以

$$\frac{R_F}{R_1 + R_F} u_1 + \frac{R_1}{R_1 + R_F} u_O = \frac{R_F'}{R' + R_{F1}'} u_1' \qquad (7-13)$$

当满足条件 $R_1 = R_1'$, $R_F = R_F'$ 时,整理上式,可求得差分比例运算电路的电压放大倍数为

$$A_{uf} = \frac{u_O}{u_1 - u_1'} = -\frac{R_F}{R_1} \qquad (7-14)$$

式(7-13)又可以写成

$$u_O = \frac{R_F}{R_1}(u_1' - u_1) \qquad (7-15)$$

式(7-14)说明,输出电压 $u_O$ 与两个输入电压的差值成正比。又当电路的 $R_1 = R_F$ 时,则可以写成

$$u_O = u_1' - u_1 \qquad (7-16)$$

这是一个减法运算电路,将在后面的章节介绍。

由式(7-15)可知,电路的输出电压与两个输入电压之差成正比,实现了差分比例运算。其比值 $|A_{uf}|$ 同样取决于电阻 $R_F$ 和 $R_1$ 之比,而与集成运放内部参数无关。由以上分析还可以知道,差分比例运算电路中集成运放的反相输入端和同相输入端可能加有较高的共模输入电压,电路中不存在"虚地"现象。

差分比例运算电路除了可以进行减法运算,还经常用在测量放大器上。差分比例运算电路的缺点是对元件的对称性要求比较高。如果元件失配,不仅在计算中带来附加误差,而且将产生共模电压输出。电路的另一个缺点是输入电阻不够高。

**4. 比例运算电路的应用**

**(1) 电压–电流变换电路**  有些应用场合需要产生与电压成比例的电流。例如,阴极射线示波器内驱动磁偏转线圈就属于这种情况。这种变换电路要求输入电阻高,以减小对电压信号的负载。同时,要求输出电阻也高,接近于理想的电流源,还要求运放的互导大。图7-8为反相输入的 $U$-$I$ 变换电路。利用"虚地和虚断分析法",则

$$I_L = -\frac{U_i}{R_1}\left(1 + \frac{R_F}{R}\right)$$

即负载电流 $I_L$ 与输入电压 $U_i$ 成比例。这个电路因为信号从反相端输入,所以输入电阻很小。为了提高输入电阻,可以改用图7-9所示的同相输入的 $U$-$I$ 变换电路。在这里,负载电流 $I_L = \frac{U_i}{R}$。

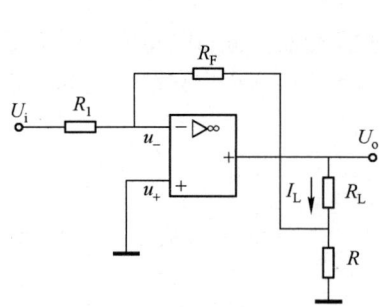

图 7-8　反相输入的 $U\text{-}I$ 变换电路

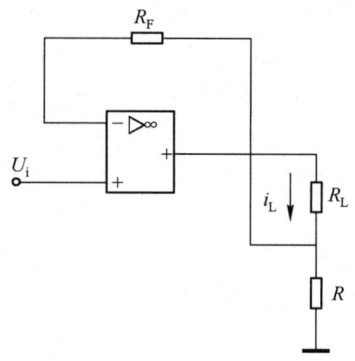

图 7-9　同相输入的 $U\text{-}I$ 变换电路

在这两种 $U\text{-}I$ 变换电路中,负载电流 $I_L$ 与负载电阻 $R_L$ 无关,所以是一个恒流源。

**(2) 电流-电流变换电路**

图 7-10 所示的电路输入量为信号电流 $I_S$,输出量为流过负载电阻 $R_L$ 的电流 $I_L$。因为运放的净输入电流 $I_{id}=0$,所以

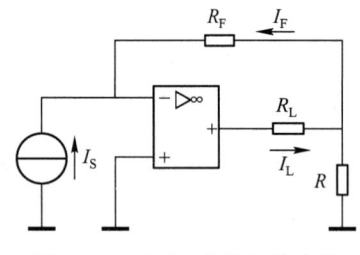

图 7-10　电流-电流变换电路

$$I_S+I_F=I_S+I_L\times\frac{R}{R+R_F}=0$$

即

$$I_L=-I_S\left(1+\frac{R_F}{R}\right)$$

通过负载的电流 $I_L$ 只与 $I_S$ 和 $\dfrac{R_F}{R}$ 有关,而与 $R_L$ 无关。负载可以看做内阻无穷大的理想电流源。

## 7.2.2　加法运算电路和减法运算电路

**1. 加法运算电路**

加法运算电路的输出量反映多个模拟输入量相加的结果。

**(1) 反相输入加法运算电路**　反相输入加法运算电路如图 7-11 所示。根据"虚短""虚断"和"虚地"的概念,有

$$u_-\approx u_+=0$$
$$i_1+i_2=i_F$$

因此

$$\frac{u_{I_1}}{R_1}+\frac{u_{I_2}}{R_2}=-\frac{u_o}{R_F}$$

于是

$$u_O=-R_F\left(\frac{u_{I_1}}{R_1}+\frac{u_{I_2}}{R_2}\right) \tag{7-17}$$

**(2) 同相输入加法运算电路**　同相输入加法运算电路如图 7-12 所示。要求两输入回路参数对称,同样有 $R_N=R_P$,即 $R_N=R/\!/R_F$,$R_P=R_1/\!/R_2/\!/R_3$。根据"虚断"的概念,有

$$\frac{u_{I_1}-u_+}{R_1}+\frac{u_{I_2}-u_+}{R_2}=\frac{u_+}{R_3}$$

解得

$$u_+=\left(\frac{u_{I_1}}{R_1}+\frac{u_{I_2}}{R_2}\right)(R_1/\!/R_2/\!/R_3)$$

$$=\left(\frac{u_{I_1}}{R_1}+\frac{u_{I_2}}{R_2}\right)R_P$$

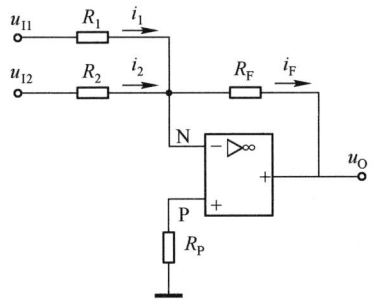

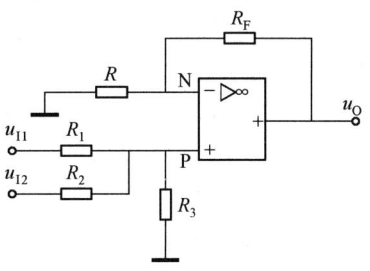

图 7-11　反相输入加法运算电路　　　　　图 7-12　同相输入加法运算电路

于是,根据同相比例运算电路的关系,有

$$u_O = \left(1 + \frac{R_F}{R}\right) u_+$$

$$= \left(1 + \frac{R_F}{R}\right) R_P \left(\frac{u_{I1}}{R_1} + \frac{u_{I2}}{R_2}\right)$$

$$= R_F \frac{R_P}{R_N} \left(\frac{u_{I1}}{R_1} + \frac{u_{I2}}{R_2}\right)$$

$$= R_F \left(\frac{u_{I1}}{R_1} + \frac{u_{I2}}{R_2}\right) \tag{7-18}$$

**2. 减法运算电路**

（1）**单运放减法运算电路**　运放在同相输入时,输出与输入同相。在反相输入时,输出与输入反相。因此,多个信号同时作用在同相输入端和反相输入端,就可能形成减法运算电路,如图 7-13 所示。

假设 $R_N = R_P$ , 即 $R_1 /\!/ R_2 /\!/ R_F = R_3 /\!/ R_4 /\!/ R$。当电路只有同相输入端输入时,输出电压为

$$u_{O1} = R_F \left(\frac{u_{I3}}{R_3} + \frac{u_{I4}}{R_4}\right)$$

当电路只有反相输入端输入时,输出电压为

$$u_{O2} = -R_F \left(\frac{u_{I1}}{R_1} + \frac{u_{I2}}{R_2}\right)$$

利用叠加原理得

$$u_O = R_F \left(\frac{u_{I3}}{R_3} + \frac{u_{I4}}{R_4} - \frac{u_{I1}}{R_1} - \frac{u_{I2}}{R_2}\right) \tag{7-19}$$

（2）**双运放减法运算电路**　单运放的减法运算电路一是调整不方便,二是输入电阻低。为此,可采用两级反相输入加法运算电路,组成减法运算电路如图 7-14 所示。

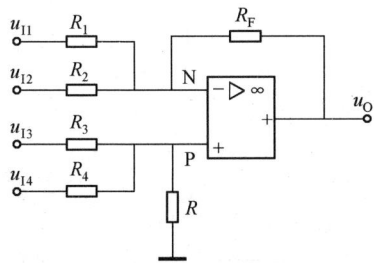

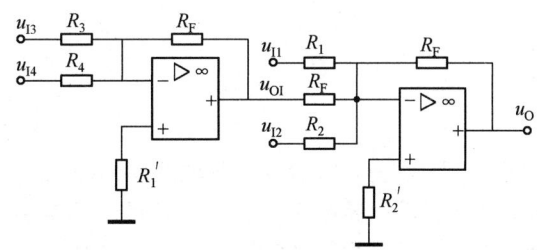

图 7-13　单运放减法运算电路　　　　　图 7-14　双运放减法运算电路

由于理想集成运放输出电阻 $r_o = 0$ ,因此多级集成运放相连时,后级对前级基本不影响,计算十分方便。

首先,对前一级进行分析得

$$u_{O1} = -\left(\frac{R_F}{R_3}u_{I3} + \frac{R_F}{R_4}u_{I4}\right)$$

对后一级进行分析得

$$u_O = -\left(\frac{R_F}{R_1}u_{I1} + \frac{R_F}{R_2}u_{I2} + \frac{R_F}{R_F}u_{O1}\right)$$

最后,得

$$u_O = R_F\left(\frac{u_{I3}}{R_3} + \frac{u_{I4}}{R_4} - \frac{u_{I1}}{R_1} - \frac{u_{I2}}{R_2}\right) \tag{7-20}$$

由于双运放组成减法运算电路时,两级采用的都是反相加法运算电路,均存在虚地,故共模输入信号均为零。所以对集成运放共模抑制比要求低,且电阻计算十分方便,电路调整容易。因此,双运放减法运算电路比单运放减法运算电路的应用更为广泛。

### 7.2.3 反相输入运算电路的一般规律

在大多数运算电路中,运放是反相端输入的,因此有必要进一步研究构成反相端输入的运算电路的一般规律。

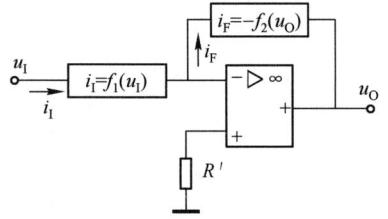

图 7-15 是一个一般性的反相输入运算电路,为此把输入端的电阻用函数元件 1 代替,其 $i_I = f_1(u_I)$;把反馈回路中的电阻用函数元件 2 代替,其 $i_F = -f_2(u_O)$,因为在反相输入电路中具有虚地。这样,$i_I$ 只与 $u_I$ 有关,而 $i_F$ 只与 $u_O$ 有关。再利用虚断路概念,就不难导出 $i_I = f_1(u_I) \approx i_F = -f_2(u_O)$。所以

图 7-15　一般性的反相输入运算电路

$$f_2(u_O) \approx -f_1(u_I) \tag{7-21}$$

式(7-21)就是反相输入运算电路的输出与输入运算关系的一般表达式。可以看出,采用不同类型的元件 1 和元件 2 就可使运算电路的 $u_O$ 与 $u_I$ 之间具有不同的运算关系。

**1. 正函数型的运算电路**

若在输入回路中采用函数元件 1,使 $i_I = f_1(u_I)$,在反馈回路中采用电阻元件 2,使 $i_F = -\frac{u_O}{R_F}$,则可得

$$u_O = -R_F f_1(u_I)$$

此时,$u_O$ 与 $u_I$ 之间的运算关系就是输入回路中函数元件 1 的 $i_I$ 与 $u_I$ 的函数关系。这一类反相输入运算电路叫做"正函数型"的运算电路。

**2. 反函数型的运算电路**

若在输入回路中采用电阻元件 1,使 $i_I = \frac{u_I}{R_1}$,在反馈回路中采用函数元件 2,使 $i_F = -f_2(u_O)$,则可得

$$\frac{u_I}{R_1} = -f_2(u_O)$$

$$u_O = f_2^{-1}\left(-\frac{u_I}{R_1}\right)$$

此时,$u_O$ 与 $u_I$ 之间的运算关系就是反馈回路中函数元件 2 的 $i_F$ 与 $u_O$ 之间关系的反函数。这一类反相输入运算电路叫做"反函数型"的运算电路。

现在用这一组成规律来看反相输入的比例运算电路。若在输入回路中接 $R_1$,在反馈回路中接 $R_F$,则

$$u_O = -\frac{R_F}{R_1}u_I \tag{7-22}$$

这种运算电路只能实现比例运算。

## 7.2.4 积分和微分运算电路

### 1. 积分运算电路

积分运算电路是一种应用比较广泛的模拟信号运算电路,是组成模拟计算机的基本单元,用于实现对微分方程的模拟。同时,积分运算电路也是控制和测量系统中的重要单元,利用其充放电过程可以实现延时、定时和各种波形的产生。

（1）**基本积分运算电路** 按照上面的组成规律,如果把反相输入比例运算电路中的反馈电阻 $R_F$ 换成电容 $C_F$,就构成基本的积分运算电路,如图 7-16 所示。

根据虚地的特点,可以得到

$$i_1 \approx \frac{u_I}{R_1}$$

$$i_I \approx i_f$$

则

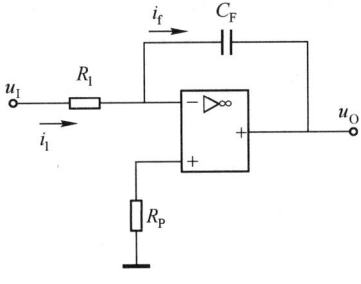

图 7-16 基本积分运算电路

$$u_O = -u_C \approx -\frac{1}{C_F}\int i_f \mathrm{d}t \approx -\frac{1}{R_1 C_F}\int u_1 \mathrm{d}t = -\frac{1}{\tau_i}\int u_1 \mathrm{d}t \tag{7-23}$$

式(7-23)表明,$u_O$ 与 $u_I$ 是积分运算关系,负号反映 $u_O$ 与 $u_I$ 的相位关系。$\tau_i = R_1 C_F$,称为积分时间常数。它的数值越大,到达某一 $u_O$ 值所需要的时间越长。

当 $u_I = E_1$（直流）时,得

$$u_O = -\frac{E_1}{R_1 C_F}t \tag{7-24}$$

若 $u_i$ 是一个正阶跃电压信号 $E_1$,则 $u_O$ 随时间近似线性关系下降,其最大数值可接近积分电路的电源端电压值。输入/输出波形如图 7-17 所示。

（2）**求和积分运算电路** 在上述基本的积分运算电路基础上,增加若干输入回路,就构成求和积分运算电路。

图 7-18 为具有两个输入信号的求和积分运算电路。不难证明,该电路的输入/输出关系式为

$$u_O \approx -\frac{1}{C_F}\int\left(\frac{u_{I1}}{R_1} + \frac{u_{I2}}{R_2}\right)\mathrm{d}t$$

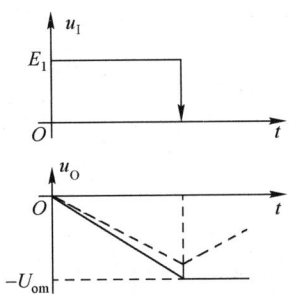

图 7-17 阶跃电压的输入/输出波形

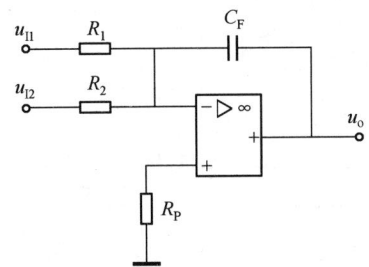

图 7-18 两输入的求和积分运算电路

当 $R_1 = R_2 = R$ 时,有

$$u_O \approx -\frac{1}{RC_F}\int(u_{I1} + u_{I2})\mathrm{d}t \tag{7-25}$$

（3）**积分电路存在的问题** 应该注意,在图 7-17 中,当 $u_O$ 向负方向增大到运放输出电压负向饱和值 $-U_{om}$ 时,运放进入非线性工作状态,$u_O = -U_{OM}$,并保持不变。此后,积分作用停止,运放同相和反相输入端之间不再是虚短路,也不再处于虚地的电位。在理想情况下,即使 $u_I = 0$,仍保持为 $-U_{OM}$。直

至 $u_I$ 为负时,电路才向相反方向积分,$u_0$ 才由$-U_{OM}$向正方向变化。但是,在实际电路中,由于电容器漏电等原因,$u_0$ 在到达$-U_{OM}$以后,如果 $u_I=0$,$u_0$ 不能保持$-U_{OM}$,其绝对值将按图 7-17 中的虚线下降。积分电容器 $C$ 的漏电是积分电路产生误差的主要原因之一,选用漏电电阻大的薄膜电容器和聚苯乙烯电容器等可以减小这种误差。电容器 $C$ 的漏电可用 $C$ 两端的一个并联电阻来模拟。

造成积分电路有误差的另一个原因是:实际的集成运放存在着输入失调电压 $U_{IO}$、失调电流 $I_{IO}$ 和它们的温漂。因此,即使输入信号 $u_I=0$,积分电路输出电压仍不断向某一方向缓慢变化,直至输出电压达到饱值,这就是所谓的"积分漂移"。解决的方法是在电容 $C$ 上并联电阻 $R_F$,引入直流负反馈,从而有效地抑制 $U_{IO}$ 和 $I_{IO}$ 所造成的积分漂移。但是,此时在 $u_0(0)=0$ 和 $u_I=E_I$ 的条件下,$u_0$ 随时间的变化规律已不再是线性积分,而是

$$u_0 = -\frac{R_F}{R}E_I(1-e^{-t/R_FC}) \tag{7-26}$$

只有在积分时间 $t_p \ll R_FC$ 时,$u_0$ 才接近于与 $E_I$ 成积分关系。

(4)积分运算电路的应用　积分电路是电子模拟计算机中关键性的运算部件之一。这种计算机可以用来解各种微分方程式,并可通过电量模拟的方式,研究各种可用微分方程式描述的系统的动态性能。

如果把积分电路的输出电压作为电子开关或其他类似装置的输入控制电压,那么积分电路可以起延时作用。即当积分电路的输出电压达到一定值时,才使受控制的装置动作。

积分电路可以用在模-数转换装置中,把电压量转化为与之成比例的时间量。它可以使正弦输入信号移相,也可以用做波形变换电路,把输入的方波信号变换为三角波。

【例 7-1】电路如图 7-19 所示,试写出该电路 $u_0$ 与 $u_I$ 的关系式。

**解**:电路存在虚地,则

$$i_C+i_f \approx -i_1 \approx C\frac{du_0}{dt}+\frac{u_0}{R_F} \approx -\frac{u_I}{R_1}$$

故

$$u_I \approx -R_1C\frac{du_0}{dt}-\frac{R_1}{R_F}u_0$$

【例 7-2】把图 7-16 所示积分电路用于波形变换,若输入信号为图 7-20(a)所示的方波,试画出输出波形 $u_0$,设电路参数为 $R_1=10\ \text{k}\Omega$,$C=0.1\ \mu\text{F}$(且电容器初始电压为零)。

**解**:对输入波形分段积分,并把输出波形 $u_0$ 示于图 7-20(b)中。

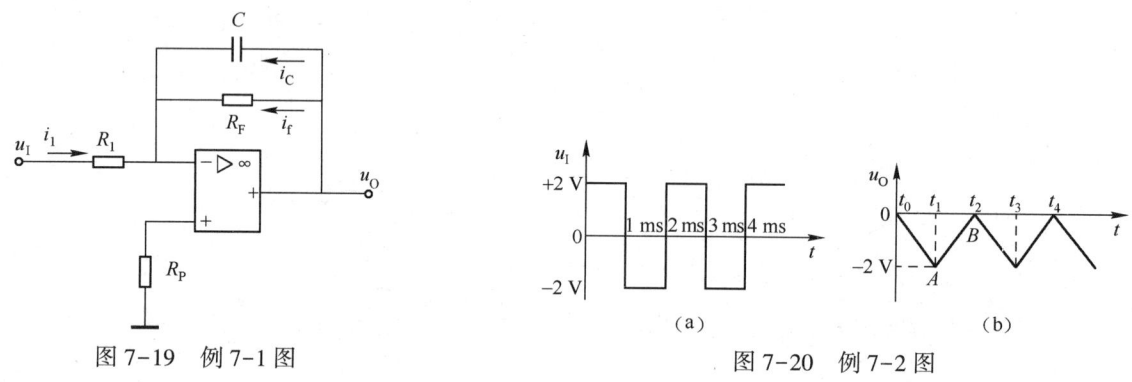

图 7-19　例 7-1 图　　　　　图 7-20　例 7-2 图

$t_0-t_1$ 段:

$$u_0 = -\frac{1}{R_1C}\int u_i dt = -\frac{1}{10^4 \times 10^{-7}}\int 2dt = -2000t+C_0$$

由初始条件,当 $t=0$ 时,$u_0=-u_C=0$,确定常数项:$C_0=0$ V,故 $u_0=-2000t$,当 $t_1=1$ ms 时,$u_0=-2$ V,画出 OA 段波形。

$t_1-t_2$ 段:

$$u_0 = -\frac{1}{R_1C}\int u_1 dt = -\frac{1}{10^4 \times 10^{-7}}\int(-2)dt = 2000t + C_1$$

由初始条件,当 $t_1 = 1$ ms($t_1$ 时刻)时,$u_0 = -2$ V,确定常数项:$C_1 = -4$ V,故 $u_0 = 2000t - 4$,并由此画出 AB 段波形。当 $t_2 = 2$ ms($t_2$ 时刻)时,$u_0 = 0$ V。

$t_2-t_3$ 段:重复 $t_0-t_1$ 段,以此类推,输出为三角波。

**2. 微分运算电路**

（1）**基本微分运算电路** 微分运算是积分运算的逆运算。图 7-21(a)所示为基本的微分运算电路。根据电路可得

$$u_0 \approx -i_f R_F \approx -i_1 R_F \approx -R_F C_1 \frac{du_1}{dt} = -\tau_d \frac{du_1}{dt} \tag{7-27}$$

$\tau_d = R_F C_1$,称为微分时间常数。

式(7-27)表明,$u_0$ 与 $u_1$ 对时间的微分成正比。若输入信号电压为负的阶跃信号,由于信号源总是有内阻存在,当 $t = 0$ 时,输出电压 $u_0$ 的幅值为一个有限值。随着电容器 $C_1$ 的充电,$u_0$ 逐渐衰减,最后趋于 0。$u_1$ 与 $u_0$ 的波形如图 7-21(b)所示。若输入信号 $u_1 = \sin\omega t$(V),则 $u_0 = -R_F C_1 \omega \cos\omega t$(V)。这个式子表明,$u_0$ 的幅值随频率的增加而线性地增加,所以微分电路对快变信号特别敏感。

上述基本的微分运算电路有如下缺点:① 微分电路对输入信号的变化速率非常敏感。因为对电路的干扰往往是一些迅速变化的高频信号,所以微分电路的抗干扰能力差,使电路输出端的信噪比大大下降,可能出现输出噪声淹没微分信号的现象;② 由于电路中的反馈网络构成 $R_F C_1$ 的滞后环节,它与集成运算放大器的滞后环节合在一起,使电路容易引起自激;③ 突变的输入信号电压可能超过集成运算放大器所允许的共模电压,以至于产生堵塞现象,造成自锁状态,使电路不能正常工作。因此,上述基本的微分运算电路需要改进才有实用价值。

解决这些问题的办法有:① 在输入回路中加一个小电阻与电容串联,以限制输入电流;② 在反馈回路的电阻两端并联具有一定稳压值的稳压管,以限制输出电压;③ 平衡电阻 $R_P$ 和反馈电阻 $R_F$ 两端各并联一个小电容,起相位补偿作用。

（2）**改进型的微分运算电路** 图 7-22 为改进型的微分运算电路,输入回路的电阻 $R_1$ 限制了噪声干扰和突变的输入信号,且 $R_1$ 的引入加强了负反馈的作用。反馈电路引入 $C_F$ 和 $R_F$ 并联是用来进行相位补偿的,适当地选取电路参数能使电路稳定工作。

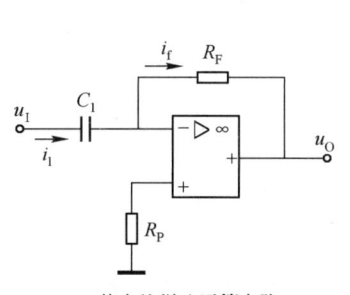

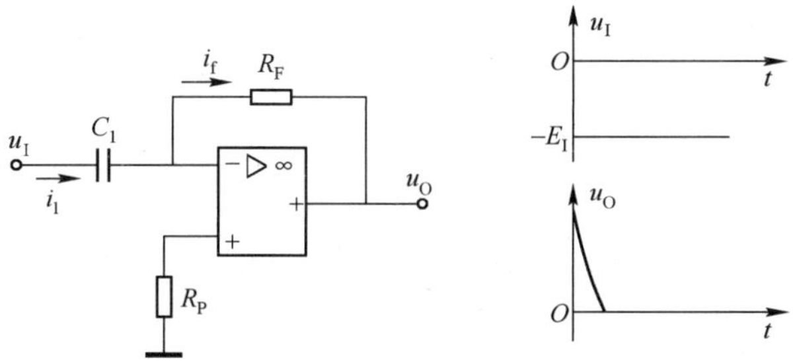

(a) 基本的微分运算电路　　(b) $u_1$ 与 $u_0$ 的波形

图 7-21　基本微分运算电路

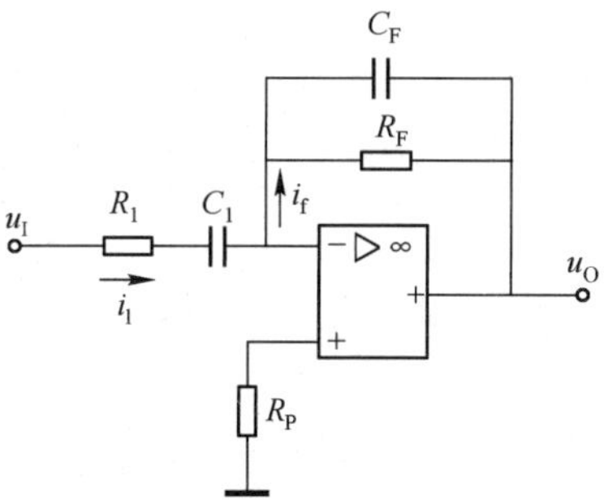

图 7-22　改进型的微分电路

**【思考题】**

1. 比例运算电路有哪些?其计算放大倍数的关键是什么?

2. 减法运算的两种方法有何差别?请分析说明。

3. 积分和微分电路存在哪些问题?应如何解决?

4. 请结合已学习的知识,举出基本运算电路的应用实例。

# 7.3 对数和指数运算电路

## 7.3.1 对数运算电路

### 1. 基本运算电路

对数运算电路的输出电压是输入电压的对数函数。二极管的电流与其两端的电压有如下关系

$$i_D = I_S(e^{u_D/U_T} - 1)$$

当 $u_D \gg U_T$ 时

$$i_D \approx I_S e^{u_D/U_T}$$

所以,将反相比例运算电路中的 $R_F$ 用二极管或三极管代替,即可组成对数运算电路,如图7-23所示。当二极管正向导通时

$$i_1 = i_D \approx I_S e^{u_D/U_T} \tag{7-28}$$

而由"虚地"可得

$$i_1 \approx \frac{u_1}{R}$$

输出电压为

$$u_O = -u_D \tag{7-29}$$

则由式(7-28)和式(7-29)得出如下关系

$$u_O \approx -U_T \ln \frac{u_I}{RI_S} \tag{7-30}$$

### 2. 电路存在的问题和解决的措施

(1) 二极管 VD 的电流 $i_D$ 与两端电压 $u_D$ 只是在一定范围内才成指数关系。当 $u_D$ 太小时,$e^{u_D/U_T}$ 与 1 相比差别不是很大,此时 $i_D = I_S(e^{u_D/U_T} - 1)$ 与指数关系差别较大。当通过二极管的电流较大时,其伏安特性又与指数曲线差别较大。

为了解决这一问题,可以用双极型晶体管来代替图 7-23 中的二极管,如图 7-24 所示。利用晶体管发射结的指数特性

$$i_E \approx I_S e^{u_{BE}/U_T}$$

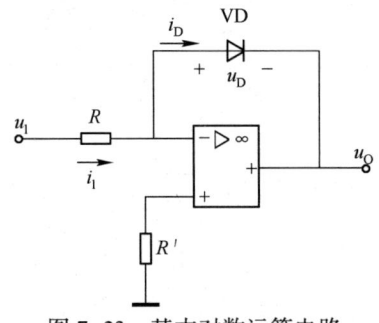

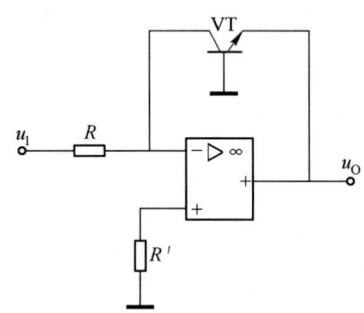

图 7-23  基本对数运算电路　　　　图 7-24  用双极型晶体管的对数运算电路

同样,可使电路的输出电压 $u_O$ 与输入电压 $u_I$ 成对数关系。而且由于在集电结零偏时,晶体管还有电流放大作用,因此电流的工作范围较宽。

(2) 由于对数关系式中含有二极管的反向饱和电流 $I_S$,它是温度的函数,因此电路的运算精度受温度的影响。那么,怎样消除这种影响呢?

从式(7-30)看出,$I_S$ 出现在取对数的量的分母上。若把两个这样的对数电路输出相减,则因对数相减等于取对数的量相除,就可消去 $I_S$,即消除了 $I_S$ 随温度变化的影响。这种对数运算电路

如图 7-25 所示。

在图 7-25 中，$VT_1$ 和 $VT_2$ 是封装在同一管壳内的对管，$A_1$ 和 $A_2$ 是在同一组件内的集成运放，$U_R$ 是数值一定的参考电压。在 $u_I>0$ 的条件下可得

$$u_{O1} = -U_T \ln \frac{u_I}{RI_S}$$

$$u_{O2} = -U_T \ln \frac{u_R}{RI_S}$$

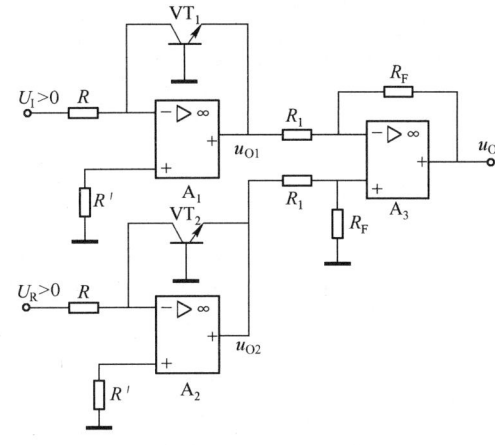

图 7-25　利用差放克服零漂的对数运算电路

因此

$$u_O = \frac{R_F}{R_1}(u_{O2} - u_{O1}) = \frac{R_F}{R_1}U_T \ln \frac{u_I}{U_R} \qquad (7-31)$$

式（7-31）中还含有随温度而变化的因子 $U_T$。为了消除 $U_T$ 对运算精度的影响，可以采用热敏电阻代替运算电路中的某些电阻。只要参数选得合适，原则上可补偿因 $U_T$ 而受温度的影响。

## 7.3.2　指数运算电路

指数运算电路是对数运算的逆运算。将对数运算电路中的二极管 VD 和电阻 $R$ 对换即得指数运算电路，如图 7-26 所示。

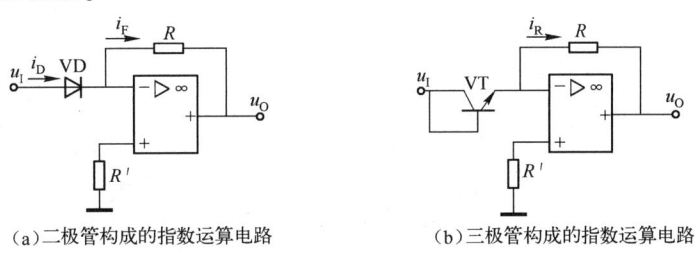

（a）二极管构成的指数运算电路　　　　　　（b）三极管构成的指数运算电路

图 7-26　指数运算电路

由图 7-26（a）可以看出，利用"虚地"，$u_I = u_D$，设 $u_I \gg U_T$，则

$$i_D \approx I_S e^{u_I/U_T}$$

而

$$u_O \approx -i_F R, \ i_F = i_D$$

所以

$$u_O \approx -RI_S e^{u_I/U_T} \qquad (7-32)$$

同样，指数运算电路也存在与对数运算电路相同的问题。

在图 7-26（b）中，同样根据"虚地"，$u_- \approx u_+$，$i_R = I_S e^{u_{BE}/u_{BE}}$，又 $u_I = u_{BE}$，于是

$$u_O = -i_R R = -RI_S e^{u_I/U_T} \qquad (7-33)$$

**【思考题】**

1. 对数运算电路和指数运算电路如何组成？
2. 实用的对数运算电路应如何设计？

# 7.4　模拟乘法器及其应用

## 7.4.1　模拟乘法器电路

### 1. 功能和分类

乘法运算电路用来实现 $z = xy$ 的运算。有同相和反相两种，它们的输出与输入的关系分别是

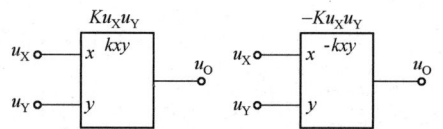

(a) 表示同相乘法器　　(b) 表示反相乘法器

图 7-27　模拟乘法器的功能符号

$$u_O = Ku_X u_Y$$
$$u_O = -Ku_X u_Y \qquad (7-34)$$

其中，$K$ 为正值。图 7-27 是常用的模拟乘法器的功能符号。

按输入电压允许的极性分类，乘法运算电路有：① **四象限乘法电路**，它的两个输入电压极性可正可负，或者正、负交替；② **两象限乘法电路**，它只允许两个输入电压之一极性可正可负，另一个应是单极性的；③ **单象限乘法电路**，两个输入电压都只能是单极性的。

如果适当增加外接电路，单象限或两象限乘法电路就可以转换成四象限的。

实现乘法运算的方法很多，下面介绍主要的两种，利用对数运算电路和指数运算电路构成的乘法电路和变跨导式模拟乘法器。尤其是后一种乘法器自从做成单片集成器件后，被公认为是优良的通用型模拟乘法器，国内的典型产品有 BG314 和 F24 等型号。

**2. 利用对数和指数电路的乘法电路**

乘法运算 $z = xy$ 可以化为

$$z = \ln^{-1}(\ln x + \ln y)$$

所以，模拟乘法电路可以由对数运算电路、加法运算电路和指数（反对数）运算电路组成，如图 7-28 所示。

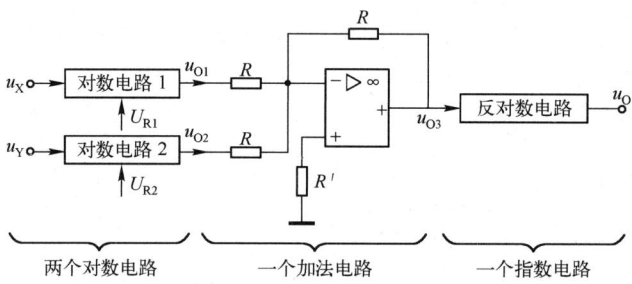

图 7-28　利用对数和指数电路的乘法电路

设 $u_{O1} = -K_1 \ln \dfrac{u_X}{U_{R1}}$ 和 $u_{O2} = -K_2 \ln \dfrac{u_Y}{U_{R2}}$，经过简单的推导可以得出

$$u_O = -K_4 \mathrm{e}^{\frac{u_{O3}}{K_3}} = -K_4 \left(\frac{u_X}{U_{R1}}\right)^{\frac{K_1}{K_3}} \left(\frac{u_Y}{U_{R2}}\right)^{\frac{K_2}{K_3}} = -K(u_X)^{\frac{K_1}{K_3}}(u_Y)^{\frac{K_2}{K_3}} \qquad (7-35)$$

其中，各 $K$ 和 $U_R$ 均为常值。由式（7-35）可见，图 7-28 所示的运算电路的输出电压是两个输入电压的任意次方的乘积。

令 $\dfrac{K_1}{K_3} = \dfrac{K_2}{K_3} = 1$，则 $u_O = -Ku_X u_Y$，即实现了乘法运算。

由于对数和指数运算电路的正常工作条件一般都要求输入电压是有固定极性的，因此图 7-28 所示为单象限乘法电路。

**3. 变跨导式模拟乘法器**

变跨导式模拟乘法器是在带恒流源的差动放大器的基础上形成的，如图 7-29 所示。在一定范围内，差动放大器的输出电压与输入电压成正比，与管子发射结的交流电阻 $r_{be}$ 成反比。$r_{be}$ 与流过每个管子的静态射极电流 $I_{EQ}$ 有关。在差动放大电路两边对称的情况下，上述的 $I_{EQ}$ 就是射极恒流源电流 $I$ 的一半，即

$$r_{be} = r_{bb'} + (1+\beta)\frac{U_T}{I_{EQ}} = r_{bb'} + (1+\beta)\frac{2U_T}{I}$$

当 $I_{EQ}$ 较小时，上式中的 $r_{bb'}$ 与第二项相比可以忽略不计，从而

$$r_{be} \approx 2(1+\beta)\frac{U_T}{I} \qquad (7-36)$$

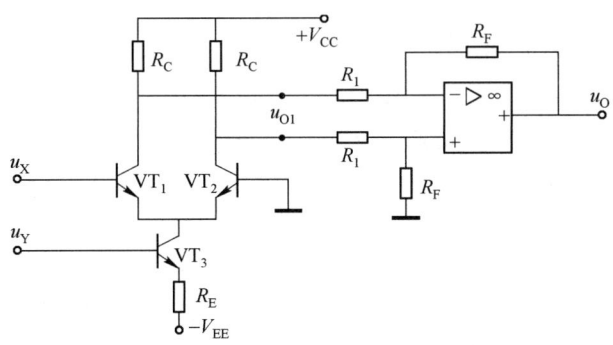

图 7-29　变跨导式模拟乘法器的基本电路

式(7-36)给了我们一个启示,即带恒流源的差动放大器的输出电压与输入电压以及恒流源电流 $I$ 的乘积成正比。如果恒流源的电流 $I$ 受第二个输入电压 $u_Y$ 的控制,即 $I$ 是电压控制电流源,则差动放大器的输出电压就与两个输入电压的乘积成正比,实现了乘法运算。由于恒流源电流 $I$ 和第二个输入电压成正比,两者的比值具有电导量纲,所以这种乘法运算电路叫做"变跨导式"乘法电路。在图 7-29 所示的电路中,左边是一个单端输入、双端输出的差动放大电路,其中 $VT_3$ 的射极电流通过射极跟随作用与 $u_Y$ 线性相关。事实上,如果在 $u_Y$ 加到 $VT_3$ 的 b 极之前,通过适当的电平位移(图中未表示出),$VT_3$ 的射极电流可以做得与 $u_Y$ 成正比,即

$$I = K_y u_Y / R_E$$

其中,差动放大电路的输出电压为

$$u_{O1} = K' u_X I = K'' u_X u_Y$$

为得到对地输出,将 $u_{O1}$ 转换为 $u_O$ 输出,如图 7-29 的右边电路所示

$$u_O = \frac{R_F}{R_1} u_{O1} = K u_X u_Y \tag{7-37}$$

其中,$K_y$,$K'$,$K''$ 和 $K$ 是取决于电路参数的常数。

根据上述分析可以看出,在该电路工作时,电流 $I$ 只能大于 $0$,$u_X$ 的极性可正可负,是一个两象限的模拟乘法电路。它的缺点是 $u_X$ 的取值范围小。为了扩大 $u_X$ 的变化范围,可用 $u_X$ 经过变换后的形式加在差动对管的输入端。另外,为了组成四象限模拟乘法电路,可使 $u_Y$ 的输入也采用差动形式,即用对管和另一个恒流源代替 $VT_3$ 和 $R_E$。同时,在 $VT_1$ 和 $VT_2$ 组成的差动放大部分增加两个三极管,组成集电极交叉连接的双差动对,使两个输入量都可正可负,即成为一种四象限的模拟乘法电路。

图 7-30 为一个四象限变跨导式模拟乘法电路,由两个并联工作的差动放大电路($VT_1$,$VT_2$ 和 $VT_3$,$VT_4$ 组成)及有内部电流负反馈的 $VT_5$ 和 $VT_6$ 管等组成。

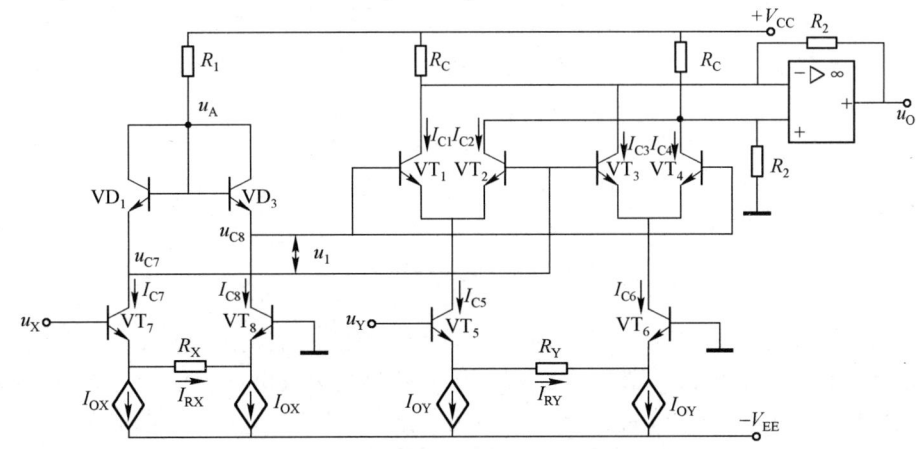

图 7-30　四象限变跨导式模拟乘法电路

## 7.4.2  单片集成模拟乘法器

实用变跨导式模拟乘法器由两个具有压控电流源的差分电路组成,称为双差分对模拟乘法器或双平衡模拟乘法器。属于这一类的单片集成模拟乘法器有国内的 BG314,国外的同类产品有 MC1496 和 MC1595 等。其 BG314 内部电路如图 7-31 所示。

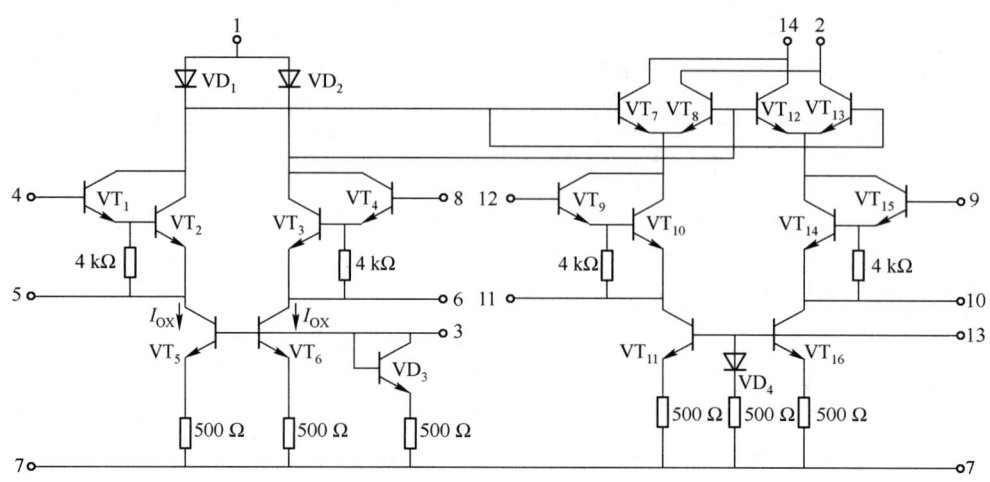

图 7-31　BG314 内部电路

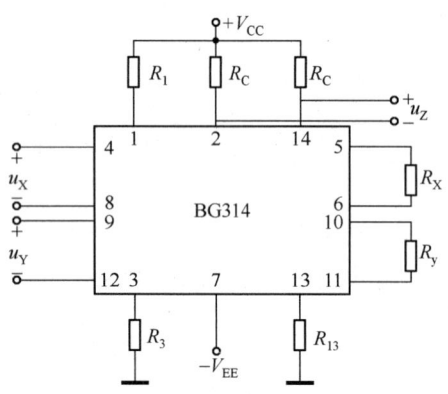

图 7-32　BG314 外接元件接线

BG314 外接元件接线如图 7-32 所示,有 14 个端子,端子 4 和 8、9 和 12 分别为 $u_X$ 和 $u_Y$ 的输入端子,$u_X$ 和 $u_Y$ 的最大幅度为 10 V。2 和 14 是输出端子,如果要单端输出,则应将双端转换为单端输出电路。端子 3 和 13 分别接 $R_3$ 和 $R_{13}$,以提供合适的恒定电流 $I_A$ 和 $I_{EE}$。端子 5 和 6、10 和 11 分别接反馈电阻 $R_x$ 和 $R_y$。

外接元件的选取要根据输入、输出电压动态范围,以及静态工作点的大小来定。设 $V_{CC} = 15$ V,$u_X$ 和 $u_Y$ 的动态范围为 ±10 V,乘法器的增益系数 $K = 0.1$ V$^{-1}$。这时,外接元件的选取如下。

**（1）偏值电阻 $R_3$ 和 $R_{13}$**　一般恒流源的电流在0.5~2 mA 之间,现取 1 mA,即 $I_A/2 = I_{EE}/2$。由图 7-32 可得

$$R_3 = R_{13} = \frac{(15 - 0.6)\,\text{V}}{1\,\text{mA}} - 0.5\,\text{k}\Omega = 13.9\,\text{k}\Omega$$

**（2）反馈电阻 $R_x$ 和 $R_y$**　$R_x$ 和 $R_y$ 的大小决定于输入信号允许的最大幅度。现要求 $|U_{Xmax}| = |U_{Ymax}| = 10$ V,所以 $0.5 I_{EE} R_y > |u_{Ymax}| = 10$ V,$0.5 I_A R_x > |u_{Xmax}| = 10$ V。可见,$R_x = R_y >$ 10 kΩ。从提高精度来说,$R_x$ 和 $R_y$ 越大越好,现取 $R_x = R_y = 15$ kΩ。

**（3）负载电阻**　根据公式 $u_O = \dfrac{4 R_C u_X u_Y}{I_A R_x R_y}$ 可得

$$R_C = \frac{K I_A R_x R_y}{4} = \frac{0.1 \times 2 \times 15 \times 15}{4} = 11.25\,\text{k}\Omega$$

**（4）$V_{CC}$ 和 $R_1$ 电阻**　为保证 $u_X$ 通道的差分对管正常工作,当输入电压 $u_X$ 为最大值 10 V 时,差分对管的集电极电压应比 $u_{Xmax}$ 高 2~3 V,设差分对管的集电极电压为 13 V,则集电极电压应为 16 V。考虑到负载电阻 $R_C$ 上有 1 mA×11.25 kΩ = 11.25 V 的压降,应选用电源电压为

$$V_{CC} = 16 + 11.25 = 27.25\,\text{V}$$

$V_{CC}$选取 32 V,则

$$R_1 = \frac{V_{CC}-0.6-13}{I_A} = 9.2 \text{ k}\Omega$$

在实际使用时,BG314 需外接单端化电路,输入失调调节和输出失调调节,如图 7-33 所示,10 kΩ 电位器和 12 kΩ 电位器分别为输入和输出失调调节。

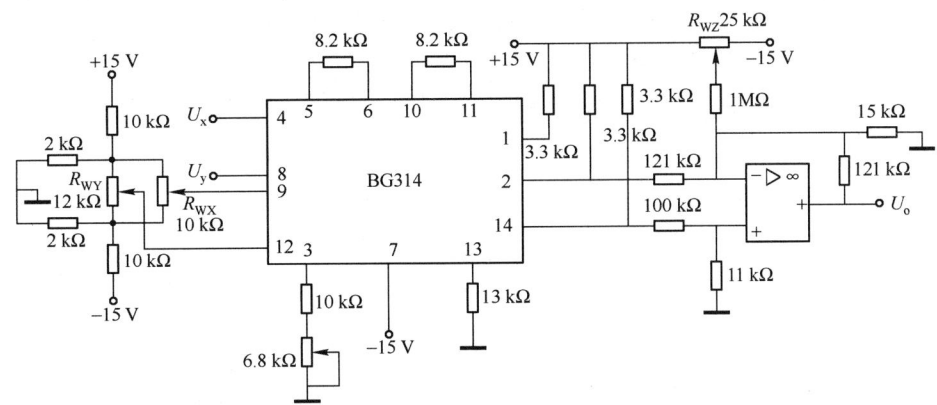

图 7-33　BG314 外接单端化及失调调节的接线图

BG314 的输入范围宽、工作频率高、温度稳定性好,得到了广泛应用,但是它的外接元件较多,使用不便,精度不高。目前,如 AD532,MC1594 和 AD534 等增加了双-单端转换电路、有源负反馈差动放大器等部件,它们的性能更好,精度更高,调节也方便。这里不再叙述,可参考有关文献。

### 7.4.3　模拟乘法器的应用

利用模拟乘法器和运放相结合,再加上各种不同的外接电路,可以组成实现求平方、平方根、高次方和高次方根的运算电路。把模拟乘法器接在运放的反馈回路中,可以组成反函数型的除法运算电路。利用模拟乘法器还可以组成各种函数发生器,例如,作为电子模拟计算机的部件。在通信电路中,模拟乘法器还可用于振幅调制、混频、倍频、同步检波、鉴相、鉴频和自动增益控制等。当然,这些应用已不是运算电路的范畴了。

**1. 平方运算电路**

如果模拟乘法器的两个输入端接同一个输入信号,就可以组成平方运算电路。

图 7-34 所示为平方运算电路,其输出电压与输入电压的关系为

$$u_O = K(u_I)^2 \tag{7-38}$$

若平方运算电路的输入信号是正弦波

$$u_I = U_{im}\sin\omega t$$

则输出电压将是

$$u_O = K(U_{im}\sin\omega t)^2 = \frac{K}{2}U_{im}^2(1-\cos2\omega t) \tag{7-39}$$

此时,只要在电路输出端接一个电容器以隔断直流分量,就可得到频率为输入信号频率两倍的正弦波,即实现了正弦波倍频作用。

**2. 平方根运算电路**

把平方运算电路接在运放的反馈回路中,可以构成反函数型的平方根运算电路,如图 7-35 所示。

根据虚地和虚断路的特点,可得

$$\frac{u_I}{R} \approx -\frac{u_O'}{R} = -K\frac{u_O^2}{R}$$

即

$$u_0 = -\sqrt{-u_1/K} \tag{7-40}$$

由上式看出，$u_0$ 是 $(-u_1)$ 的平方根。因此，输入信号 $u_1$ 必须为负值。实际上，不管 $u_0$ 为正或负，$u_0'$ 必为正值。因此，当 $u_1$ 为正值时，反馈极性变正，将使运放不能正常工作。

如果输入信号 $u_1$ 为正，为了使运放反馈极性为负，必须采用反相乘法器，使 $u_0' = -K(u_0)^2$。

同理，如果把几个乘法器级联，就可以组成求高次方的运算电路。图 7-36 为一个立方运算电路。

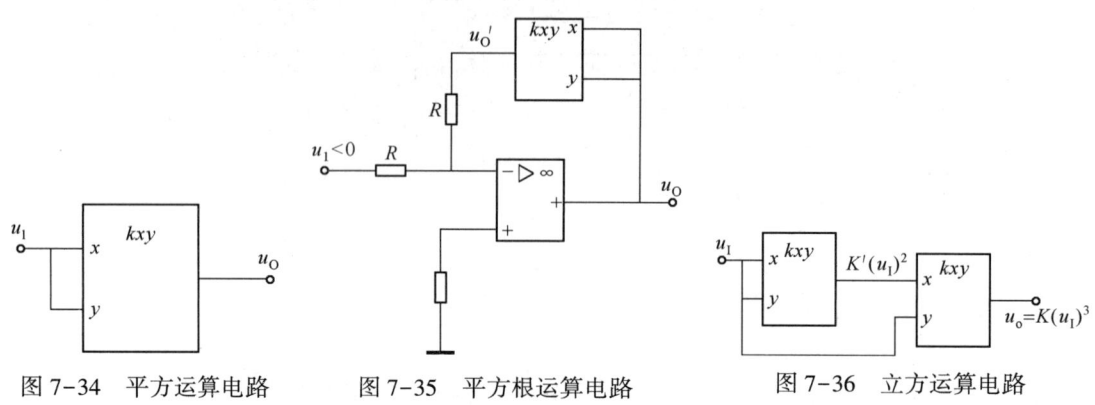

图 7-34　平方运算电路　　　　图 7-35　平方根运算电路　　　　图 7-36　立方运算电路

如果把高次方运算电路接在运放的反馈回路中，就可组成反函数型的高次方根运算电路。

**3. 均方根运算电路**

信号电压的均方根值(有效值)反映了它的能量和功率。均方根运算电路常用于信号电压和噪声电压测量。对于任意波形的周期性交流电压或噪声电压 $u_1(t)$，其均方根值为

$$U_I = \sqrt{\overline{u_I^2(t)}} = \sqrt{\lim_{T \to \infty} \frac{1}{T} \int_0^T u_I^2(t)\,dt} \tag{7-41}$$

其中，$T$ 是取平均的时间间隔。

实现均方根运算的电路如图 7-37 所示，其中求平均值的电路可以是一个由集成运放构成的一阶低通滤波器(将在后面章节介绍)。应该指出，一般的交流电压表只能测正弦电压有效值，而按上述原理构成的均方根运算电路则可测任意波形的周期性电压，包括噪声电压的有效值。

$$u_1(t) \rightarrow \boxed{平方} \xrightarrow{u_I^2(t)} \boxed{平均} \xrightarrow{\overline{u_I^2(t)}} \boxed{平方根} \xrightarrow{U_I}$$

图 7-37　均方根运算电路框图

**4. 函数发生电路**

函数发生电路的输出电压与输入电压之间具有以方程式、曲线或表格形式给出的函数关系。函数发生电路是重要的模拟运算电路，也是电子模拟计算机中的重要部件。

任意给定的函数可用项数有限的级数(如幂级数)来近似地表示，即

$$f(x) = a_0 + a_1 x + a_2 x^2 + \cdots + a_n x^n \tag{7-42}$$

这样，函数关系就可以用加、减、乘、除和求平方及平方根的运算电路来实现。

**【例 7-3】** 实现函数 $f(x) = a_0 + a_1 x + a_2 x^2 + a_3 x^3$ 的运算电路如图 7-38 所示。由于最高方次为 3，因此只需要两个乘法运算电路和一个加法运算电路。常数项 $a_0$ 由外接直流电源产生，集成运放 $A_2$ 则起反相作用，使输出电压

$$u_0 = a_0 + a_1 u_I + a_2 u_I^2 + a_3 u_I^3$$

要产生正弦函数，可将它近似表示为

$$\sin x = x - \frac{x^3}{3!} + \frac{x^5}{5!} - \frac{x^7}{7!} + \cdots$$

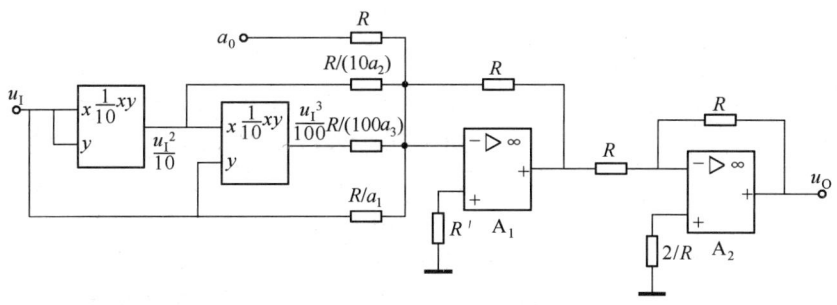

图 7-38   例 7-3 图

然后,利用相应的运算电路来实现。

**5. 放大倍数(增益)可控的放大器**

如果使模拟乘法器的一个输入端接输入信号电压,另一个输入端接直流控制电压,那么乘法器输出电压与输入电压之间的放大倍数将与直流控制电压的大小成正比。当直流控制电压可调时,就形成可控增益放大器。它可用在通信接收机中实现自动增益控制。

**6. 电功率测量器**

如果使模拟乘法器的两个输入电压分别与被测电路的电压和电流成正比,那么乘法器的输出电压将与待测电路的功率成正比。

# 7.5   除法运算电路

## 7.5.1   对数和指数电路组成的除法运算电路

除法运算 $z = \dfrac{x}{y}$ 可以化为

$$z = \ln^{-1}(\ln x - \ln y)$$

所以与模拟乘法器一样,除法运算电路也可由对数和指数电路组成,如图 7-39 所示。

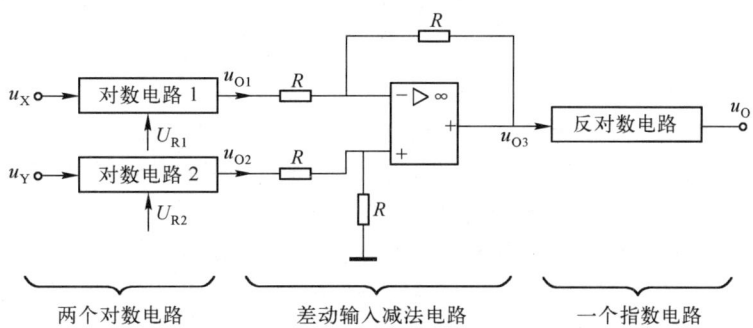

图 7-39   利用对数和指数电路的除法电路框图

## 7.5.2   反函数型除法运算电路

在介绍模拟乘法器的应用时提到,把乘法器接在集成运放的反馈回路中,可以组成反函数型除法运算电路,如图 7-40 所示。

设所用乘法器是反相的,即 $u'_O = -K u_{I2} u_O$。不难推导出在图 7-40 中有

$$u'_O = -u_{I1} = -K u_{I2} u_O$$

而电路的输出电压为

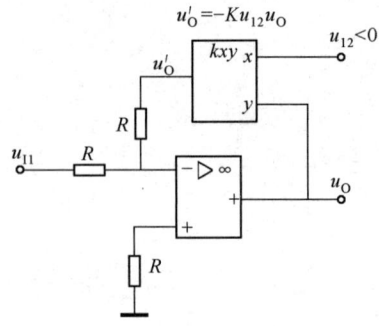

$$u_O = \frac{1}{K}\frac{u_{I1}}{u_{I2}} \qquad (7-43)$$

即输出电压与两个输入电压之商成正比。

前面已经强调指出,运算电路的正常工作条件是:运放的反馈极性必须为负。在图 7-40 中,由 $u_{I1}$ 从运放的反相端输入,$u_O$ 与 $u_-$ 已经反相,因此 $u_O$ 从 $u_O'$ 到不能再反相。又由于所用的是反相乘法器,$u_O' = -Ku_{I2}u_O$,所以得出结论:在图 7-40 所示的除法电路中,$u_{I2}$ 必须为负,换言之,这样的除法器是两象限的。

不难由此类推,如果在图 7-40 中采用同相乘法器,则电路正常工作的条件变为 $u_{I2} > 0$。

图 7-40  反函数型除法运算电路

【思考题】

1. 说明变跨导式乘法器的基本原理。
2. 说明 BG314 的引脚功能和外接元件参数如何计算。
3. 乘法器的应用有哪些?

# 7.6  集成运放实际应用中的几个问题

集成运放在实际应用时,为了使电路能正常、安全地工作,充分发挥组件的性能,常常需要解决一些实际问题。如器件的选用、自激振荡的消除、零点的调整、对集成运放采取保护措施以及考虑单电源等。

## 7.6.1  器件的选用

选择集成运放器件主要是从"精度"和"速度"两方面入手。与精度有关的指标是开环增益、共模抑制比、输入阻抗、输入失调电压和失调电流,以及输入偏置电流等;与速度有关的指标是开环带宽、单位增益带宽和转换速率(压摆率)等。一般的选择原则是:

① 如果没有特殊的要求,通常选用通用型集成运放,有单运放、双运放和四运放可供选择。若在一个电路中含有两个或两个以上的集成运放,特别是在要求几路电路对称设置时,可以选择双运放和四运放,这样有助于简化电路、缩小体积和降低成本。

② 如果系统要求精密度高、温漂小、噪声干扰低,如微弱信号放大和检测、精密计算、自动化仪表、高精密稳压电源等应用场合,就可选择高精度、低漂移和低噪声的集成运放。

③ 如果系统要求集成运放输入阻抗高,输入偏置电流小,如取样/保持、峰值检波、高质量积分器、光电流检测等应用电路中,就可选择高输入阻抗的集成运放。

④ 若系统对功耗有严格要求,则可选择低功耗集成运放;若系统的工作频率高,则可选择高速集成运放。此类集成运放具有高单位增益带宽和高转换速率,可满足系统高频工作的要求。

## 7.6.2  自激振荡的消除

有时集成运放虽然接成负反馈,但由于在高频区将产生附加相移,可能由负反馈变成正反馈,就会产生自激振荡。为使集成运放稳定工作,必须消除自激振荡。

一般集成运放都有消振补偿端,只要在消振端按规定接入补偿电容 C 或 RC 校正网络,破坏电路产生自激振荡的条件,就能使运放在闭环时稳定地工作。

目前,由于集成工艺水平的提高,一些集成运放产品,如 F007,F3193 和 F1556 等,在设计时已把消振网络集成在内部,故外部不需要再接校正网络。按照技术要求使用这些器件时,一般不会出现自激振荡。

### 7.6.3　调零

由于集成运放组件内部不完全对称,因而存在着失调电压和失调电流,即当输入为零时,输出不为零。故必须设置调零电路,做到在静态条件下的零输入和零输出。但因温度变化等原因所产生的失调漂移则不能通过调零电路消除。

调零方式可以多种多样,有的组件有调零输出端,则可在调零输出端接入规定阻值的调零电位器进行调零,如图7-41所示为F007的调零电路。这种调零方法属于集电极调零,通过调节运放第一级的集电极电位来达到调零的目的。调零电位器的阻值应适当,如果选得过大,调零变化太快,调整困难;如果选得过小,又不易调到零。有些组件无调零输出端,则可用外电路来实现调零,如图7-42所示。

图7-42(a)利用电位器活动触头处提供一个补偿电压来抵消失调电压,就可使输出电压为零。图7-42(b)为将补偿电压引到同相端。同样,调节电位器可使输出电压为零。图7-42(c)可利用晶体管给运放组件的反相输入端注入附加电流(晶体管的基极电流)来抵消失调电流。

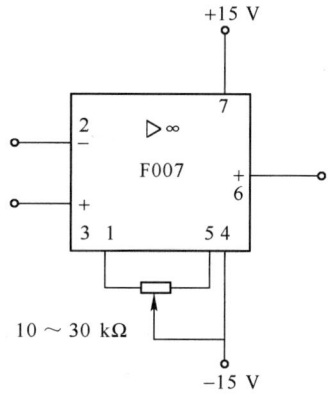

图7-41　F007的调零电路

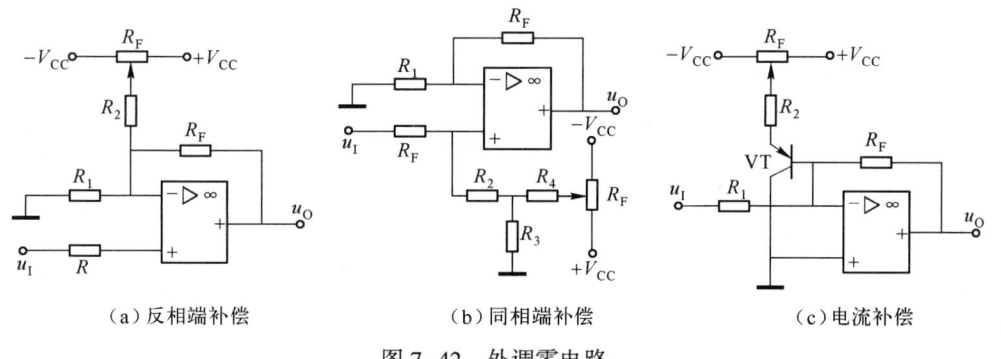

（a）反相端补偿　　　　（b）同相端补偿　　　　（c）电流补偿

图7-42　外调零电路

实际工程调零的方法有两种。一种是在无输入时调零,即将集成运放的两个输入端接地,然后将输出电压调零。但当调零后接入信号源时,由于内电阻的影响,会使实际的零点有所变化。另一种是在有输入时调零,即在加入信号前,将显示输出电压的示波器的扫描线调到荧光屏的中心位置。加入信号后如发现扫描线偏离,就调节调零电路,使扫描线回到中心位置。

### 7.6.4　保护措施

为避免集成运放在工作中因意外情况造成损坏,一般应采取一定的保护措施。常用的有以下保护电路。

#### 1. 输入端保护电路

当输入差模或共模信号电压超过一定值后,可能使输入级的管子性能变坏或被击穿而损坏。采用图7-43所示电路可以对输入端起限幅保护。在图7-43(a)所示电路中,运放两个输入端之间接入两个二极管,这样可使加在运放组件两个输入端之间的电压不超过二极管的导通电压。在图7-43(b)所示电路中,输入电压过大时,两个二极管中必有一个导通,使组件上的共模电压限制在一定值。

输入端限幅保护还可以避免运算放大器的"堵塞现象"。所谓"堵塞现象",是指放大器加入过大的信号电压或干扰后,使输出电压幅值过大而达到饱和值,对随后的输入信号不再反应。这时,即使将输入信号减小到零也不能使输出电压回到零,必须断开电源并重新通电,组件才能恢复正常工作。

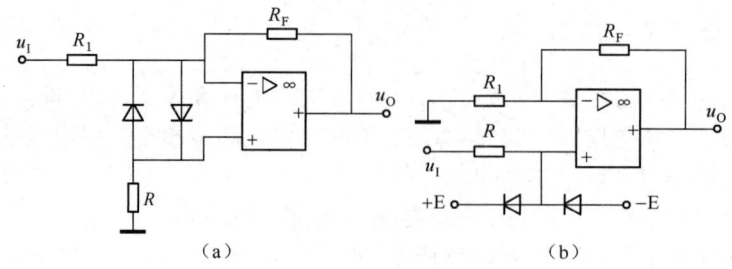

图 7-43 输入端保护电路

### 2. 输出端保护电路

输出端保护电路用以防止运算放大器输出端对地短路而损坏，或输出端碰到高电位而被击穿。按图 7-44 接线可防止输出端误碰高电位而造成组件损坏。一旦组件输出端接触高电位，稳压管就被击穿，使组件输出端的电压限制为 $U_Z$。如果输出端不慎对地短路，那么限流电阻 $R$ 可起限制短路电流的作用。

### 3. 防止电源极性接错的保护电路

图 7-45(a)为防止电源极性接错的保护电路。当电源接反时，二极管 $VD_1$ 和 $VD_2$ 都截止可防止组件因接反向电压而损坏。如果一个系统中有很多运放组件，可以采用图 7-45(b)所示的保护电路。如电源接反，则 $VD_1$ 和 $VD_2$ 导通，各运放组件上仅得到很小的反向电压。

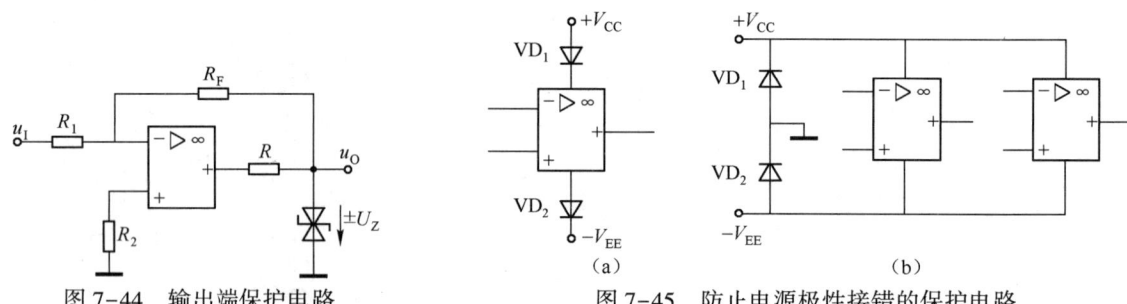

图 7-44　输出端保护电路　　　　　图 7-45　防止电源极性接错的保护电路

## 7.6.5　单电源供电时的偏置问题

在某些特殊应用场合，需要双电源供电的集成运放在单电源的情况下工作。此时，集成运放内部各点对地的电位都将相应提高，因而输入为零时，输出不为零。为使集成运放能正常工作，必须将输入端的电位提升，使输入和输出的静态电位同为 $\frac{1}{2}V_{CC}$。

需要注意的是，这种单电源供电的电路中输入和输出的静态电位为 $\frac{1}{2}V_{CC}$，在用来放大直流信号时，应注意与前后级的静态电位配合。

**【思考题】**
1. 集成运放在使用时应注意哪些问题？
2. 为避免集成运放在工作中因意外情况造成损坏，一般应采取哪些保护措施？举例说明。
3. 集成运放应如何调零？哪种方式比较可靠？

# *7.7　基本运算电路的典型应用实例

## 7.7.1　简易电流电压转换器

在工业控制中各类传感器通常输出标准电流信号 4~20 mA，为此常先将其转换成 ±10 V 的电压信号,以便送给各类设备进行处理。这种转换电路以 4 mA 为满量程的 0% 对应 $-10\,V$,12 mA 为 50% 对应 0 V,20 mA 为 100% 对应 $+10\,V$,如图 7-46 所示。

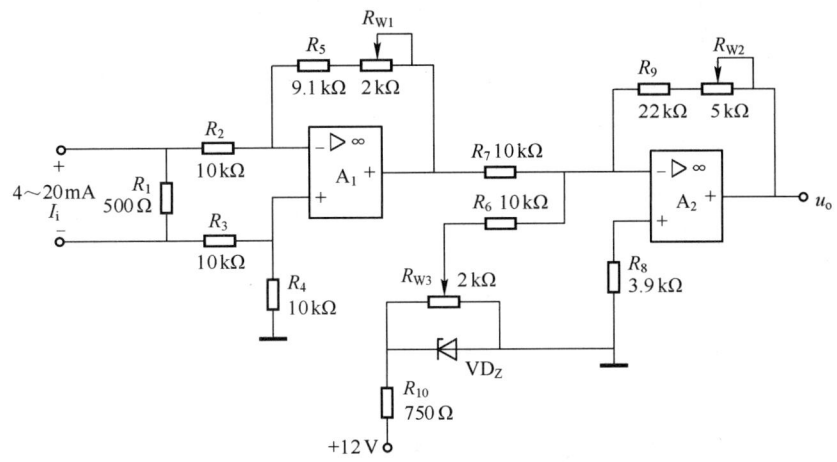

图 7-46 电流/电压变换电路

$A_1$ 运放采用差动输入,其转换电压用电阻 $R_1$ 两端接电流环两端得到,这样输入电流 4 mA 对应电压 2 V,输入电流 20 mA 对应电压 10 V。$A_1$ 设计增益为 1,对应输出电压为 $-2\sim-10\,V$。故要求电阻 $R_2$、$R_3$、$R_4$ 和 $R_5+R_{W1}$ 阻值相等。这里选 $R_2=R_3=R_4=10\,k\Omega$,选 $R_5=9.1\,k\Omega$,$R_{W1}=2\,k\Omega$。$R_{W1}$ 是用于调整由于电阻元件不对称造成的误差,使输出电压对应 $-2\sim-10\,V$。变化范围为 $-2-(-10)=8\,V$。

而最终输出应为 $-10\sim+10\,V$,变化范围 $10\,V-(-10\,V)=20\,V$,故 $A_2$ 级增益为 20 V/8 V=2.5 倍,又当输入电流为 12 mA 时,$A_1$ 输出电压为 $-12\,mA\times500\,\Omega=-6\,V$。此时要求 $A_2$ 输出为 0 V,故在 $A_2$ 反相输入端加入一个 $+6\,V$ 的直流电压,使 $A_2$ 输出为 0。$A_2$ 运放采用反相加法器,增益为 2.5 倍。取 $R_6=R_7=10\,k\Omega$,$R_9=22\,k\Omega$,$R_{W2}=5\,k\Omega$,$R_8=R_6//R_7//R_9=4\,k\Omega$,取标称值 $R_8=3.9\,k\Omega$。

反相加法器引入电压为 6V,通过稳压管经电阻分压取得。稳压管可选稳定电压介于 $6\sim8\,V$ 的系列。这里取稳定电压为 6.2 V,工作电流定在 5 mA 左右的稳压管。电位器电流控制为 $1\sim2\,mA$。这里,$I_{R_{W3}}=6.2\,V/2\,k\Omega=3.1\,mA$,则 $(12\,V-U_Z)/R_{10}=I_Z+I_{R_{W3}}$,故 $R_{10}=\dfrac{12\,V-U_Z}{I_Z+I_{R_{W3}}}=\dfrac{(12-6.2)\,V}{(5+3.1)\,mA}=0.71\,k\Omega$。

取标称值 $R_{10}=750\,\Omega$,12 V 为电路工作电压。$R_{W2}$ 用于设置改变增益或变换的斜率(4 mA 为 $-10\,V$,20 mA 为 $+10\,V$),通过 $R_{W2}$ 调整使变换电路输出满足设计要求。

### 7.7.2 测温电路

测温电路如图 7-47 所示。感温探头采用一只硅三极管 3DG6,把它接成二极管形式。硅晶体管发射结电压的温度系数约为 $-2.5\,mV/℃$,即温度每上升 1℃,发射结电压便会下降 2.5 mV。运放连接成同相直流放大形式,温度越高,晶体管 VT 压降越小,运放同相输入端的电压就越低,输出端的电压也越低。这是一个线性放大过程。在输出端接上测量或处理电路,便可对温度进行指示或进行其他自动控制。

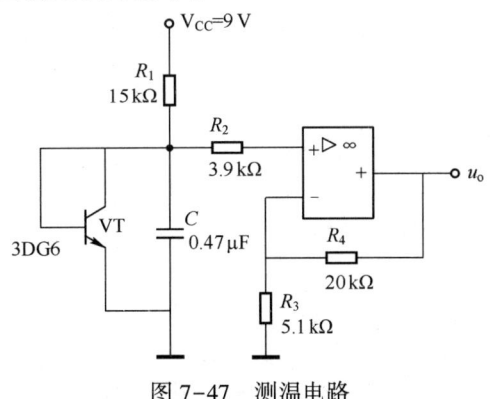

图 7-47 测温电路

### 7.7.3 晶体管 $\beta$ 测试电路

$\beta$ 测试电路如图7-48所示,设该电路被测管 $U_{BE} = 0.7\,\mathrm{V}$,由于运放 $A_1$ 两输入端的电压相等,

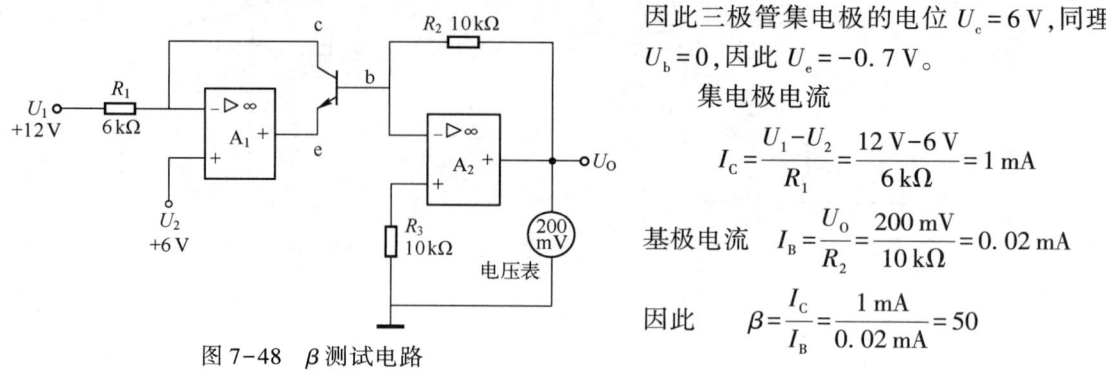

图7-48 $\beta$ 测试电路

因此三极管集电极的电位 $U_c = 6\,\mathrm{V}$,同理 $U_b = 0$,因此 $U_e = -0.7\,\mathrm{V}$。

集电极电流

$$I_C = \frac{U_1 - U_2}{R_1} = \frac{12\,\mathrm{V} - 6\,\mathrm{V}}{6\,\mathrm{k\Omega}} = 1\,\mathrm{mA}$$

基极电流 $I_B = \dfrac{U_o}{R_2} = \dfrac{200\,\mathrm{mV}}{10\,\mathrm{k\Omega}} = 0.02\,\mathrm{mA}$

因此 $\beta = \dfrac{I_C}{I_B} = \dfrac{1\,\mathrm{mA}}{0.02\,\mathrm{mA}} = 50$

## 7.8 运算放大电路的仿真分析

在 Multisim10 中搭建运算放大电路的仿真电路如图7-49所示,主要由两片集成器组成,每片集成器包含有两个 LM358 集成运算放大器,电路中用到了 4 个 LM358,其中 U1A 组成反相比例运算电路,U1B 组成同相比例运算电路,U2A 组成差分比例运算电路,U2B 组成积分运算电路。XFG1 和 XFG2 为虚拟信号发生器,其输出信号分别作为反相和同相比例运算电路的输入信号。XSC1、XSC2 和 XSC3 为虚拟示波器,分别用来观察反相、积分和同相比例运算电路的输入输出仿真波形。

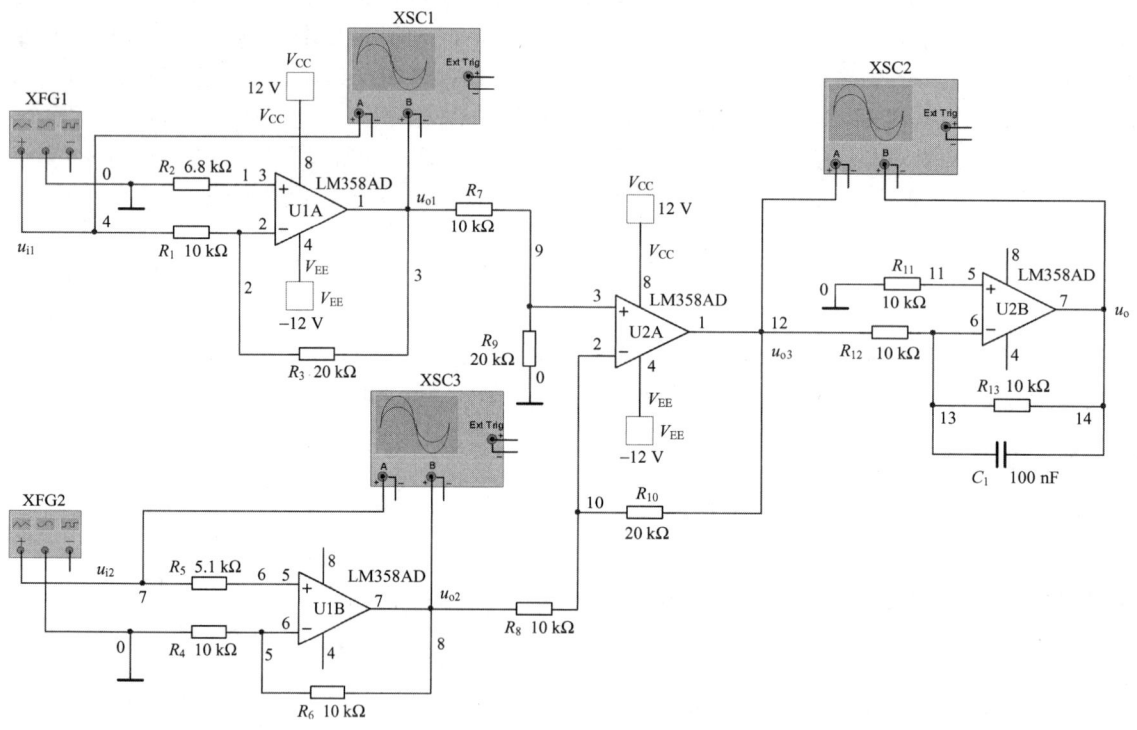

图7-49 运算放大电路的仿真电路

### 7.8.1 反相比例运算电路

由运放 U1A、$R_1 \sim R_3$ 构成反相比例运算电路。输入信号 $u_{i1}$ 设置如图7-50(a)所示,为幅值2 V、频率

500 Hz 的方波信号。选择 Multisim 菜单中 Analysis 下的 AC Analysis 命令,单击 Simulate 仿真按钮,从 XSC1 虚拟示波器上可看到反相比例运算电路仿真结果如图 7-51(a)所示,有三角标志的波形为电路的输入信号 $u_{i1}$(送入 XSC1 的 A 通道),电路输出信号 $u_{o1}$(送入 XSC1 的 B 通道)为幅值 4 V、频率 500 Hz 的方波信号,$u_{o1}$ 相位与 $u_{i1}$ 反相。仿真结果与理论推算结果一致,即 $u_{o1} = -(R_3/R_1) u_{i1} = -2u_{i1}$。

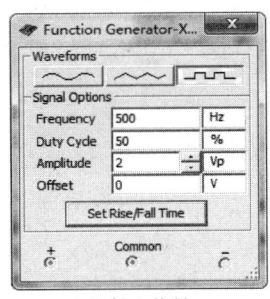

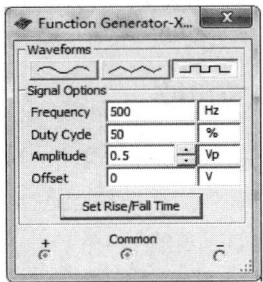

（a）输入信号 $u_{i1}$ 　　　　　　　　　（b）输入信号 $u_{i2}$

图 7-50　信号发生器设置

## 7.8.2　同相比例运算电路

由运放 U1B、$R_4 \sim R_6$ 构成同相比例运算电路。输入信号 $u_{i2}$ 设置如图 7-50(b)所示,为幅值 0.5 V、频率 500 Hz 的方波信号。从 XSC3 虚拟示波器上可看到同相比例运算电路仿真结果如图 7-51(b)所示,有三角标志的波形为电路的输入信号 $u_{i2}$(送入 XSC3 的 A 通道),输出信号 $u_{o2}$(送入 XSC3 的 B 通道)为幅值 1 V、频率 500 Hz 的方波信号,$u_{o2}$ 相位与 $u_{i2}$ 同相。仿真结果与理论推算结果一致,即 $u_{o2} = (1 + R_6/R_4) u_{i2} = 2u_{i2}$。

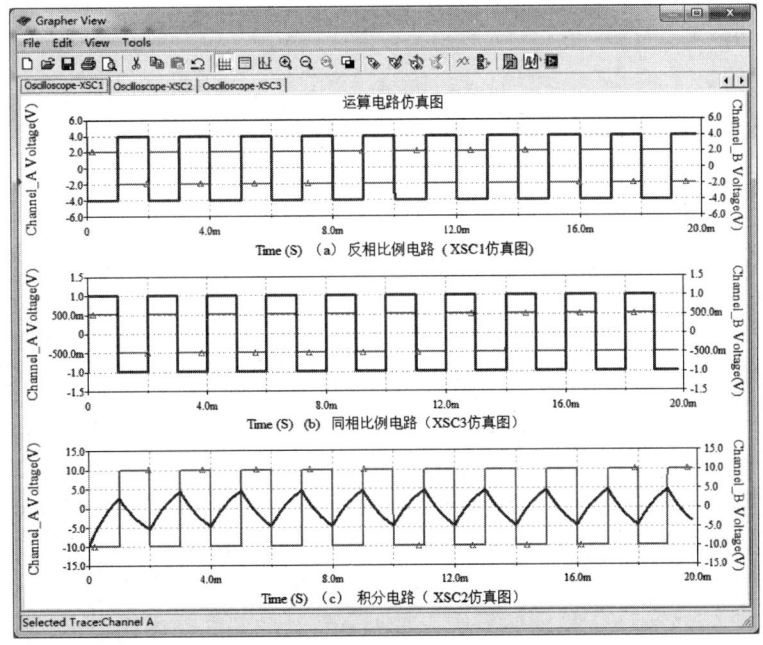

图 7-51　运算放大电路仿真波形

### 7.8.3 差分比例运算电路(减法运算电路)

由 U2A、$R_7 \sim R_{10}$ 构成差分比例运算电路,即减法运算电路。反相比例运算电路的输出信号 $u_{o1}$ 和同相比例运算电路的输出信号 $u_{o2}$ 作为减法运算电路的输入信号,减法运算电路的输出信号 $u_{o3}$,其仿真结果如图 7-51(c)所示,从 XSC2 的 A 通道看出输出信号 $u_{o3}$ 为幅值 10 V、频率 500 Hz 的方波信号(波形上有三角标志),仿真结果与理论推算结果一致,即:$u_{o3} = (R_{10}/R_8)(u_{o1} - u_{o2}) = 2(u_{o1} - u_{o2})$。

### 7.8.4 积分运算电路

由 U2B、$R_{11} \sim R_{13}$ 和 $C_1$ 构成积分电路。减法电路的输出信号 $u_{o3}$ 作为积分电路的输入信号,送入 XSC2 的 A 通道。积分电路仿真结果如图 7-51(c)所示,从 XSC2 的 B 通道看到输出信号 $u_o$ 为频率 500 Hz 的锯齿波(或近似三角波)信号。

图 7-51 是把图 7-49 中三个示波器 XSC1、XSC2 和 XSC3 的仿真结果复制在了一张图上,便于对比观看几个电路的仿真结果。运算电路的输入信号分别送入相应示波器的 A 通道,其波形有三角标志,输出信号送入示波器的 B 通道。

## *7.9  知识拓展

### 7.9.1 集成运放的放大器应用电路设计

**【例 7-4】**　假设需要一个交流放大器,要求放大倍数 $A_u = 500$,输入电阻 $R_i \geq 100 \text{ k}\Omega$。电路设计的第一步是方案选择,可以采用反相输入,也可采用同相输入,那么,用哪种更好呢?

**解**:若采用反相输入形式,电路可如图 7-52(a)所示。为保证 $R_i = R_1 \geq 100 \text{ k}\Omega$,则 $R_1$ 至少取 100 kΩ;为保证 $A_u = 500$,则 $R_F = 500R_1 = 50 \text{ M}\Omega$,且 $R_2 = R_1 // R_F = 100 \text{ k}\Omega // 50 \text{ M}\Omega \approx 100 \text{ k}\Omega$。

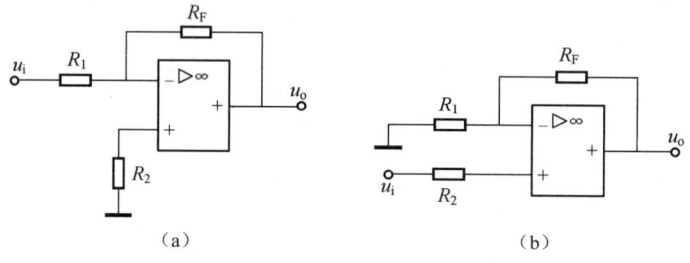

图 7-52　例 7-4 图

若采用同相输入形式,如图 7-52(b)所示,由于同相输入阻抗近似为无穷大,因此选多大的 $R_1$ 和 $R_2$ 都可以。例如,取 $R_1 = 1 \text{ k}\Omega$,则 $R_F = 499 \text{ k}\Omega$,即可满足 $A_u = 500$,$R_2$ 也近似取 1 kΩ。

这两种方案有什么优缺点,各适用于什么场合呢?

采用反相输入形式的优点是:运算放大器不管有无输入信号,其两输入端电位始终近似为零,两输入端之间只有 μV 级的差动信号。而在同相输入形式中,因 $u_+ = u_- = u_i$,在 $u_i$ 不为零时,运算放大器两输入端间除有极小的差模信号(如:$u_+ - u_- = 5.00001 \text{ V} - 4.99999 \text{ V} = 20 \text{ μV}$)外,还同时存在较大的共模电压 $(u_+ + u_-)/2 = 5 \text{ V}$。集成运算放大器虽有较高的共模抑制能力,但其共模放大倍数总是大于零,多少会带来一点误差,这是同相输入的缺点。但在本例中要求放大器有较高的 $R_i$ 和 $A_u$,若采用反相输入,则 $R_1$ 和 $R_F$ 至少要取到 100 kΩ 和 50 MΩ,而在运算放大器电路中,通常不希望使用这么大的电阻,因为哪怕是很微小的干扰电流(如随温度而漂移的失调电流)流过大的电阻,也会形成较大的干扰电压,并影响整个电路的工作精度,因此本例取同相输入更好。

针对同相输入形式的特点,取 $R_1 = 1 \text{ k}\Omega$,$R_F = 4.99 \text{ k}\Omega$ 或 $R_1 = 1 \Omega$,$R_F = 499 \Omega$,或 $R_1 = 100 \text{ k}\Omega$,$R_F$

=49.9 MΩ,都能保证放大倍数为 $A_u=500$。那么 $R_1$ 和 $R_F$ 是取大一些好,还是小一些好呢?上述已分析了 $R_1$ 和 $R_F$ 过大可能带来较大的电流漂移干扰,那么 $R_F$ 是不是越小越好呢?答案也是否定的。从减小偏置电流、失调电流及其漂移所造成的误差来看,$R_1$、$R_F$ 取小一些为好。但在电路中,$R_F$、$R_1$ 又是放大器的负载,当输出电压不为零时,运算放大器除向负载提供电流外,同时向 $R_F$ 支路提供电流。例如,若取 $R_F+R_1=500\ \Omega$,则当输出电压 $u_o=10\ V$ 时,就将有 20 mA 的电流自运算放大器流入 $R_F$、$R_1$,而集成运算放大器的最大输出电流通常只有 ±10 mA 左右,过重的负载可能使管耗增大,发热严重将造成损坏器件。因此,$R_F$ 和 $R_1$ 的阻值既不宜过大,也不宜过小。在适当的阻值范围内,$R_1$、$R_F$ 取大一些或小一些无所谓,只要其比例关系符合要求,如 $R_1$、$R_F$ 分别取 100 Ω、49.9 kΩ,1 kΩ、499 kΩ 均可。

应如何选取 $R_1$、$R_F$ 和 $R_2$ 等级精度?在对放大倍数要求不严格的应用场合,如一般音响电路的前置放大级,选取 ±5% 精度已足够用。如果对放大倍数要求极严,例如要求 $A_u$ 的精度为 ±1%,则 $R_1$、$R_F$ 至少应选 ±0.5% 精度才能保证 $A_u$ 的精度要求。

**【例7-5】** 假设需要一个增益为 500,输入电阻 ≥100 kΩ 的直流放大器,且要求输入、输出反相。那么,如何解决反相输入方式反馈电阻高达 50 MΩ 的问题呢?

**解:**在图7-53所示电路中,反馈电阻 $R_F$ 接至输出端 $R_1$、$R_2$ 分压器中点 A,分压比 $R_1/(R_1+R_2)=1/500$,且 $R_1\ll R_F$。由"虚短"和"虚断"不难分析出 $I_i=U_i/100\ \mathrm{k\Omega}=I_f$,且 $U_A=-U_i$。

由 A 点可列出节点电流方程:

$$I_1+I_f=I_2 \ \text{及} \ I_1=\frac{0-U_A}{R_1}=\frac{U_i}{100\ \Omega}$$

故 $I_2=\dfrac{U_i}{100\ \Omega}+\dfrac{U_i}{100\ \mathrm{k\Omega}}\approx\dfrac{U_i}{100\ \Omega}$。

由此可推出 $U_o=U_A-I_2R_2=-U_i-\dfrac{U_i}{100\ \Omega}\times49.9\ \mathrm{k\Omega}=-500U_i$,即图7-53所示电路的放大倍数在图示的参数下,$A_u\approx-500$。计算中略去 $I_f$ 虽会造成误差,但因 $R_F\gg R_1$,$I_f$ 在本例中仅为 $I_1$ 的千分之一,故这种近似通常是能容许的。

本例中如需输出、输入同相,也可采用同相输入方式如图7-54所示。读者不妨自行推导其电压放大倍数表达式,并分析图7-54(a)、(b)电路的优缺点。

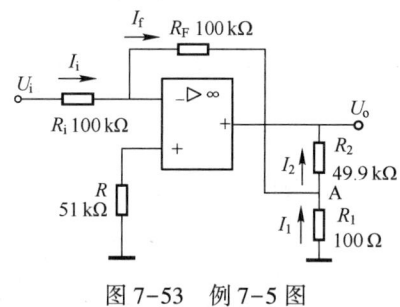

图 7-53 例 7-5 图

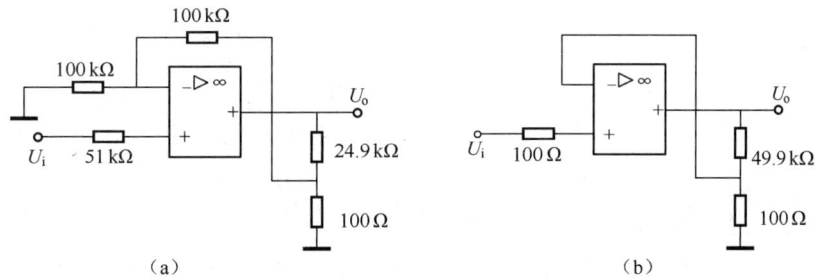

图 7-54 同相输入直流放大器

### 7.9.2 单电源供电集成运放应用电路设计

典型的集成运放在组成电路时,通常是基于双电源供电方式,这时信号的输入和输出都是参考双电源的地给出的。但在有些场合,例如在电池供电或强调低功耗的设计中,常采用单电源供电的方式。当采用单电源供电时,则应将正电源 $V_{CC}$ 通过电阻分压,将正电源 $V_{CC}$ 的一半电压作为运放的参考电压,如图 7-55 所示。

这样处理后,运放的参考地变为 $\frac{1}{2}V_{CC}$,使得运放供电所采用的单电源相对地变为双电源。这里必须注意:通常信号的输入、输出总是以电源的地为参考点,所以在信号输入时接入隔直电容耦合,但电路中接入电阻和电容会影响放大电路低频特性。本节仅介绍几种信号采用交流耦合的单电源集成运放组成的电路。

### 1. 反相比例放大器

单电源供电的反相比例放大器如图 7-56 所示。静态时,由于存在耦合电容 $C_i$,则电阻 $R_1$ 所在支路断开,$R_1$ 上没有电流,运放的反相端仅通过电阻 $R_2$ 与输出端连接,此时电路可等效为电压跟随器。由图可知,运放的同相端参考电位为 $\frac{1}{2}V_{CC}$,所以输出电压的直流分量 $U_O = \frac{1}{2}V_{CC}$。

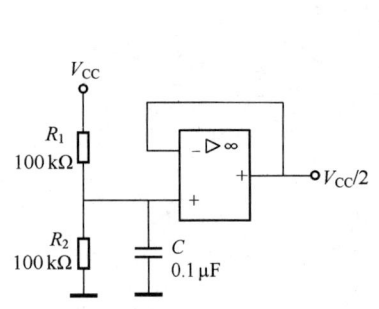

图 7-55  单电源供电的参考电路

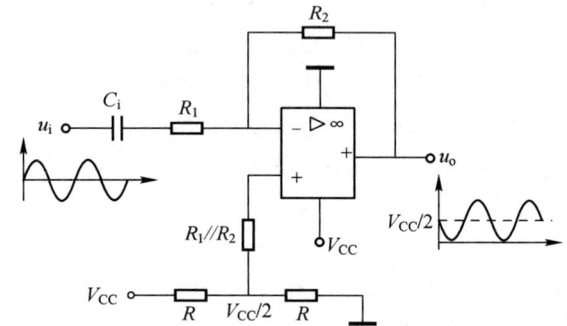

图 7-56  单电源供电的反向比例放大器

电路的动态分析与双电源供电电路相同,即

$$u_o = -\frac{R_2}{R_1}u_i$$

因此,电路总的输出电压为

$$u_O = U_O + u_o = \frac{1}{2}V_{CC} - \frac{R_2}{R_1}u_i \tag{7.44}$$

式(7.44)表明,单电源供电的反相比例放大器的输出电压是在双电源供电电路的基础上向上平移了 $\frac{1}{2}V_{CC}$。

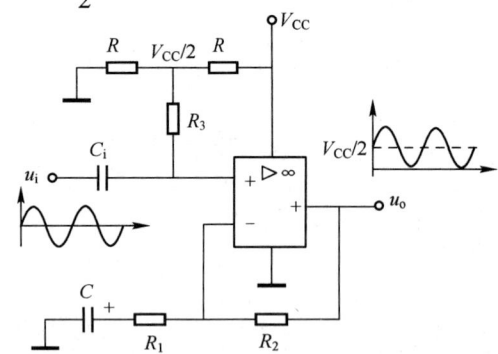

图 7-57  单电源供电的同相比例放大器

### 2. 同相比例放大器

单电源供电的同相比例放大器如图 7-57 所示。静态时,耦合电容 $C_i$ 和 $C$ 所在支路均断开,电路等效为电压跟随器。因为运放同相端的参考电位为 $\frac{1}{2}V_{CC}$,所以输出电压的直流分量 $U_O$ 也为 $\frac{1}{2}V_{CC}$。动态时,输出电压的交流分量 $u_o = \left(1 + \frac{R_2}{R_1}\right)u_i$。因此,电路总的输出电压为

$$u_o = U_o + u_o = \frac{1}{2}V_{CC} + \left(1 + \frac{R_2}{R_1}\right)u_i \qquad (7.45)$$

依然是双电源供电电路的基础上向上平移了 $\frac{1}{2}V_{CC}$。

### 3. 差分放大器

单电源供电的差分放大器如图 7-58 所示。分析方法如前，静态时，$U_o = \frac{1}{2}V_{CC}$；动态时，设 $R_1 \gg R$，$u_o = u_{i2} - u_{i1}$，电路总的输出电压为

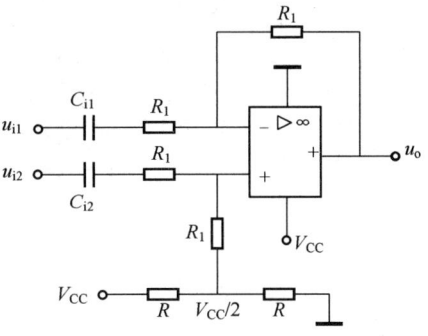

图 7-58　单电源供电的差分放大器

$$u_o = U_o + u_o = \frac{1}{2}V_{CC} + u_{i2} - u_{i1} \qquad (7.46)$$

# 本章小结

本章介绍了比例、加减、积分、微分、对数、指数和乘法等模拟运算电路，它们的共同特点是集成运放接成负反馈形式，工作在线性放大状态。其中运放两个输入端之间的电压几乎相等，称为虚短（若有一端为地，则又称为虚地）；运放两个输入端的电流几乎等于零，称为虚断。虚短和虚断是两个十分重要的概念，在分析或设计由集成运放（工作在线性状态）组成的电路时，经常用到这两个概念，因此必须熟练掌握。

比例电路是各种运算电路的基础。反相比例电路的反馈属于电压并联负反馈的形式，在深度负反馈和理想情况下，运放的反相输入端为虚地点，它的输入电阻等于 $R_1$，输出电阻等于零，流过反馈电阻的电流等于输入电流，电压放大倍数是 $-R_F/R_1$。同相比例电路的反馈则属于电压串联负反馈的形式，在深度负反馈和理想情况下，运放两个输入端的对地电压等于输入电压，输入电阻为无穷大，电压放大倍数是 $(1 + R_F/R_1)$，输出电阻等于零。

求解运算电路输出与输入函数关系的一般方法是：

① 首先判断运放是否工作在线性放大状态。通常检查是否存在足够强的负反馈，以及运放输出是否处于极限状态。

② 除考虑运算电路的误差外，一般可将运算电路中的集成运放视为理想运放。

③ 在运算电路具有深度负反馈的前提下，可运用虚短和虚断概念，求解输出与输入的函数关系。

④ 对于积分器等含有电容的运算电路，必要时可运用拉氏变换。先求出运算电路的传递函数或输出电压的象函数，再进行拉氏反变换，得出输出与输入的函数关系。

⑤ 对于多级运算电路，可抓住它们具有电压深度负反馈，输出电阻可视为零的特点，一般可不考虑后级输入电阻对前级的影响，分别列出各级输出与输入的函数关系，再联立求解，得出输出电压与各输入信号的函数关系。

学完本章后，读者应能运用虚短和虚断概念分析各种运算电路输出电压与输入电压的函数关系，掌握比例、加减、积分运算电路的工作原理和输出与输入的函数关系，以及乘法器的应用，了解微分运算电路、对数运算电路、指数运算电路和模拟乘法器等电路的工作原理和输出与输入的函数关系，并能根据需要合理选择上述有关电路。

# 自 测 题

**7.1 判断题**　分析下列说法是否正确（用"√"表示正确，用"×"表示错误）

1. 运算放大器作非线性电路应用时，必须使它处于开环或正反馈状态。（　　）

2. 运算放大器在深度负反馈条件下的放大特性,决定于外接电路的元件参数,而与运算放大器本身参数无关,因此在应用中不需要对运算放大器作任何要求。( )

3. 只要是作线性应用,不管是哪种放大电路,运算放大器都应接成负反馈形式。( )

4. 集成运算放大器构成的放大电路不但可以放大交流信号,也可以放大直流信号。( )

5. 同相加法电路与同相比例放大器一样,各输入信号的电流几乎等于零。( )

## 7.2 填空题

1. _____运算电路可将三角波电压转换成方波电压。

2. 就反馈类型来说,反相输入放大电路是_____,使输入电阻_____;同相输入放大电路是_____,使输入电阻_____。

3. 调零时,运算放大器必须处于_____工作状态,并将运算放大器的两输入端_____路,通过调节外接调零电位器,使其_____电压为零。

4. 在运算放大器的应用中,电压比较器是属于在_____反馈或_____条件下的_____应用;电压跟随器是属于在_____反馈条件下的_____应用。

5. 输入限幅保护的作用是防止输入信号_____损坏运算放大器的输入级,其方法是在输入端接两个_____将输入电压钳制在正向导通压降内。

6. 输出限幅保护的作用是防止输出端引入_____电压,其方法是将两个稳压器反向接在_____之间做限幅保护。

## 7.3 选择题

1. 当集成运放处于( )状态时,可运用( )和( )概念。( )是( )的特殊情况。

   A. 线性放大　　B. 开环　　　C. 深度负反馈　　　D. 虚断　　　E. 虚短　　　F. 虚地

2. ( )比例电路中集成运放反相输入端为虚地点,而( )比例电路中集成运放两个输入端对地的电压基本上等于输入电压。

   A. 同相　　　　B. 反相

3. ( )比例电路的输入电流基本上等于流过反馈电阻的电流,而( )比例电路的输入电流几乎等于零。

   A. 同相　　　　B. 反相

4. 若要实现 $u_o = u_{i1} + 4u_{i2}$,应该选用( )运算电路。

   A. 比例　　　　B. 积分　　　C. 微分　　　　D. 求和

5. 要将方波变换成三角波,应该选用( )运算电路。

   A. 乘法　　　　B. 积分　　　C. 微分　　　　D. 除法

6. 欲将正弦波电压转换成二倍频电压,应选用( )运算电路。

   A. 对数　　　　B. 指数　　　C. 除法　　　　D. 乘方

7. 欲将正弦波电压移相+90°,应选用( )运算电路。

   A. 反相比例　　B. 积分　　　C. 微分　　　　D. 减法

8. 实际运放的开环增益为 $10^6$,开环带宽 5 Hz,用它构成闭环增益为 50 倍的同相放大器,则其闭环带宽是( )Hz。

   A. 5　　　　　　B. 250　　　　C. $10^5$　　　　D. $5 \times 10^5$

9. 多输入求和电路一般多采用两级反相输入形式,而较少采用同相输入形式,是因为后者( )。

   A. 运放承受的共模电压大　　　　B. 运放承受的差模电压大

   C. 运放承受的共模电压为零　　　D. 电路比较复杂

10. 如果运放的开环增益有限,则( )。

   A. 虚短不成立　　　　　　　　　B. 虚断不成立

   C. 虚断仍成立　　　　　　　　　D. 虚短仍成立

11. 对集成运放共模抑制比要求最高的运算电路是( )电路。

   A. 同相比例放大　　　　　　　　B. 反相比例放大

   C. 微分　　　　　　　　　　　　D. 积分

12. 集成运放组成的电压跟随器可以运用在需要(　　)的场合。

    A. $R_o$ 大　　　　　B. $R_i$ 大　　　　　C. $A_u$ 大　　　　　　　　D. 电压和电流转换

13. 测量信号的变化速率可以选用(　　)运算电路。

    A. 乘法　　　　　　B. 加法　　　　　　C. 微分　　　　　　　　D. 积分

# 习　题　7

**7.1**　设计一个比例运算电路,要求输入电阻 $R_i = 20\ \mathrm{k\Omega}$ ,比例系数 $A_{uf} = -100$ 。

**7.2**　设计一个加减法运算电路,实现 $u_O = 2u_{I1} + 3u_{I2} - 4u_{I3} - 5u_{I4}$ 功能。

**7.3**　电路如图 P7.3 所示。求:(1) 输入电阻;(2) 比例系数。

**7.4**　电路如图 P7.4 所示。(1) 写出 $u_O$ 与 $u_{I1}$ 和 $u_{I2}$ 的运算关系式;(2) 当 $R_W$ 的滑动端在最上端时,若 $u_{I1} = 10\ \mathrm{mV}$ , $u_{I2} = 20\ \mathrm{mV}$ ,则 $u_O = ?$ (3) 若 $u_O$ 的最大幅值为 $\pm 14\ \mathrm{V}$ ,输入电压最大值 $u_{I1max} = 10\ \mathrm{mV}$ , $u_{I2max} = 20\ \mathrm{mV}$ ,最小值均为 $0\ \mathrm{V}$ 。为了保证集成运放工作在线性区, $R_2$ 的最大值为多少?

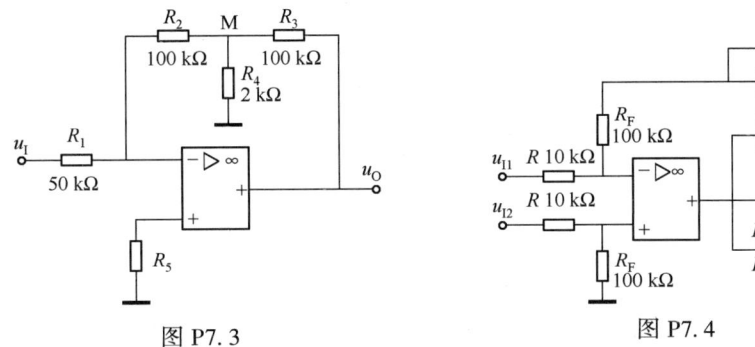

图 P7.3　　　　　　　　　　　　　　　　　图 P7.4

**7.5**　求图 P7.5 所示各电路输出电压与输入电压的运算关系式。

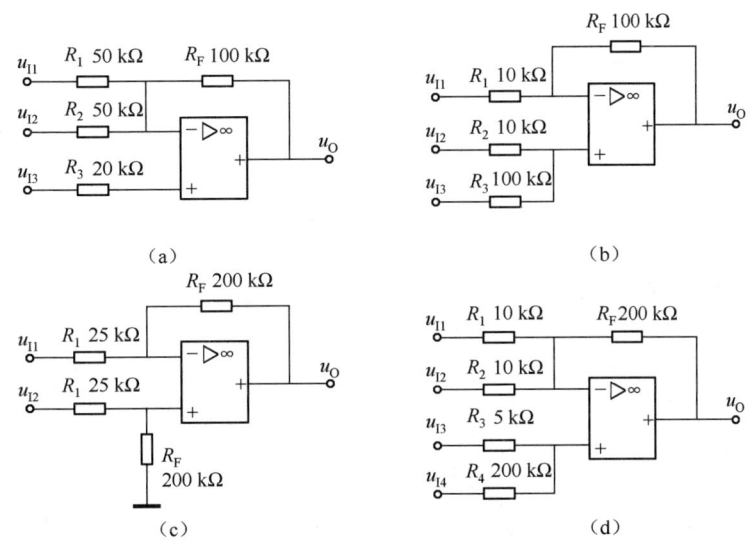

图 P7.5

**7.6**　分别求图 P7.6 所示各电路的运算关系。

**7.7**　运算电路如图 P7.7 所示,分别求出各电路输出电压的大小。

**7.8**　写出图 P7.8 所示各电路的名称,分别计算它们的电压放大倍数和输入电阻。

**7.9**　运放应用电路如图 P7.9 所示,分别求出各电路的输出电压。

**7.10**　在图 P7.10 所示的电路中,当 $u_I = 1\ \mathrm{V}$ 时, $u_O = -10\ \mathrm{V}$ 。求电阻 $R_F$ 的值。

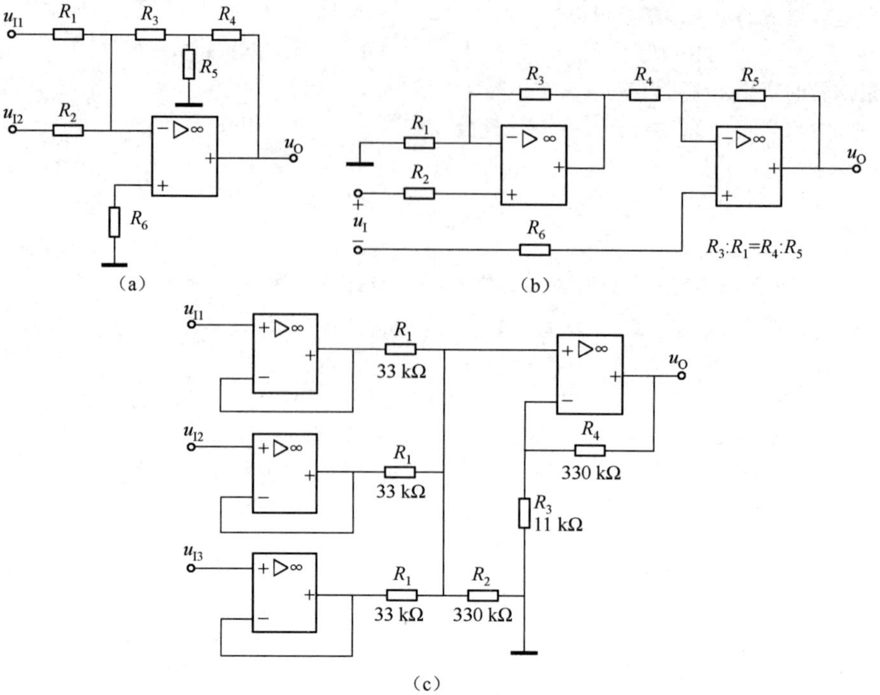

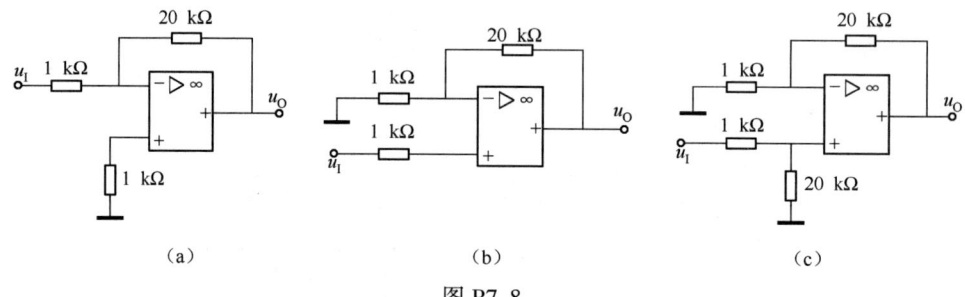

图 P7.6

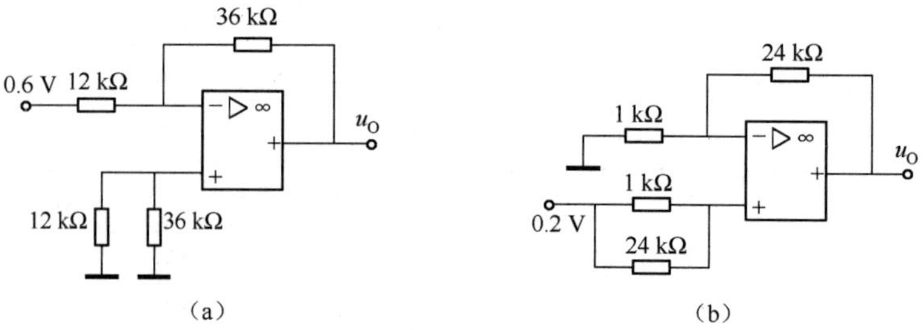

图 P7.7

图 P7.8

**7.11** 反相加法电路如图 P7.11(a)所示,输入电压 $u_{I1}$ 和 $u_{I2}$ 的波形如图 P7.11(b)所示。画出输出电压 $u_O$ 的波形(注明其电压变化范围)。

**7.12** 在图 P7.12 所示电路中,当 $t = 0$ 时,$u_C = 0$,写出 $u_o$ 与 $u_{I1}$,$u_{I2}$ 之间的关系式。

**7.13** 在图 P7.13 所示的积分与微分运算电路中,已知输入电压波形如图所示且 $t = 0$ 时,$u_C = 0$,集成运放最大输出电压为 $\pm 15$ V。分别画出各电路的输出电压波形。

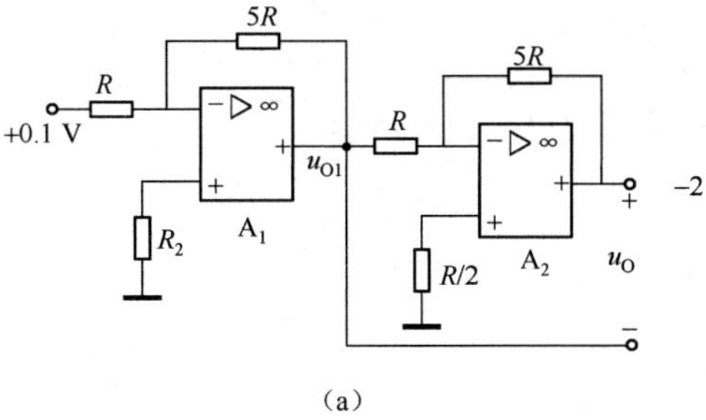

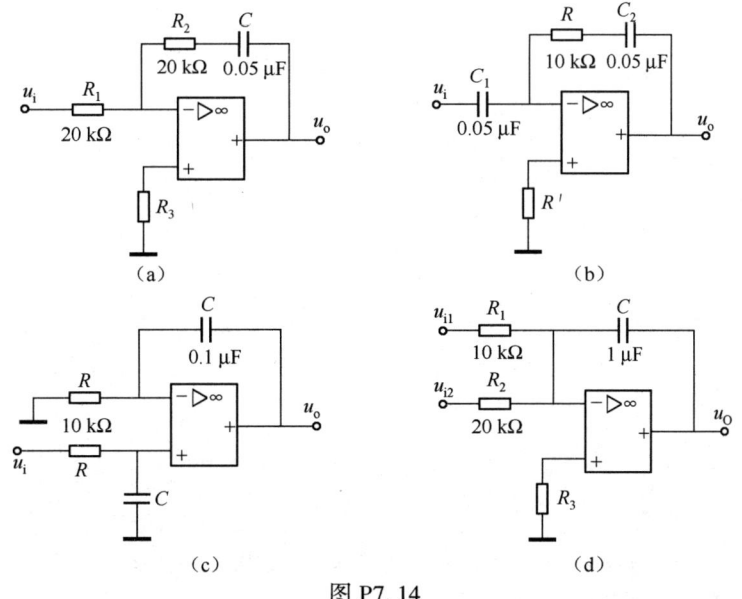

图 P7.9

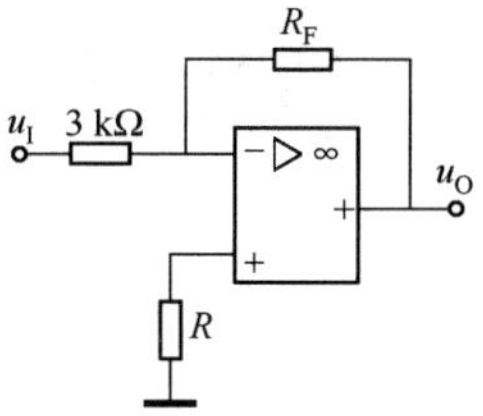

图 P7.10

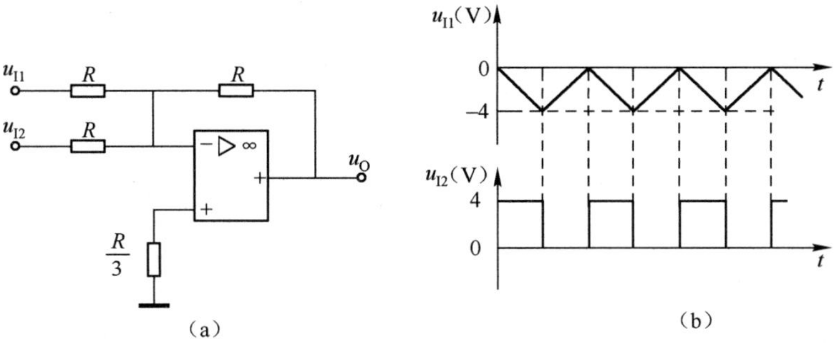

图 P7.11

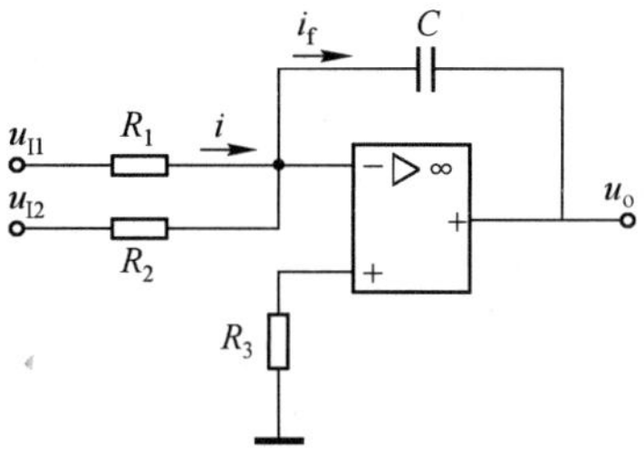

图 P7.12

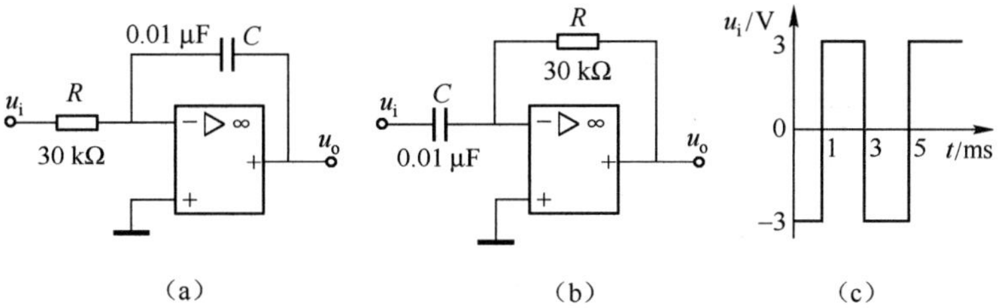

图 P7.13

**7.14** 分别求图 P7.14 所示各电路的运算关系。

（a）

（b）

（c）

（d）

图 P7.14

**7.15** 在图 P7.15 所示电路中,已知 $R_1 = R = R' = 100\ \text{k}\Omega$,$R_2 = R_F = 100\ \text{k}\Omega$,$C = 1\ \mu\text{F}$。

(1) 求出 $u_o$ 与 $u_i$ 的运算关系。

(2) 设 $t = 0$ 时 $u_o = 0$,且 $u_i$ 由 0 跃变为 $-1$ V。求输出电压由 0 上升到 $+6$ V 所需的时间。

**7.16** 求出图 P7.16 所示电路的运算关系。

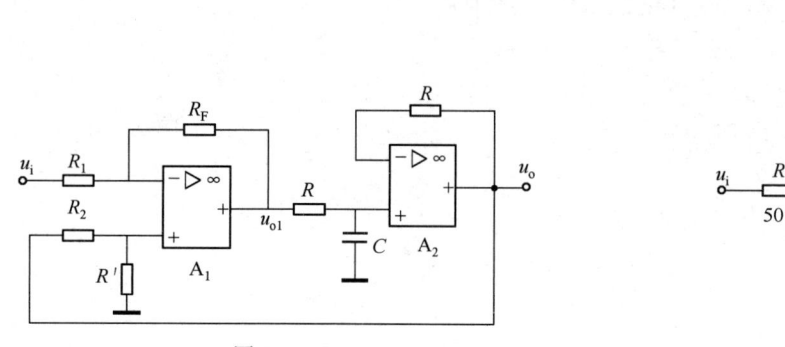
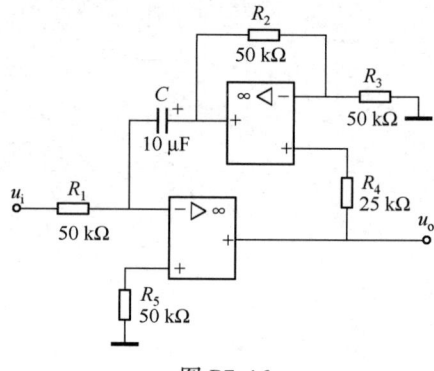

图 P7.15　　　　　　　　　　　　　　　　图 P7.16

**7.17** 电路如图 P7.17 所示,求输出电压 $u_O$ 的表达式,并说明对输入电压 $u_1$ 和 $u_2$ 有什么要求?

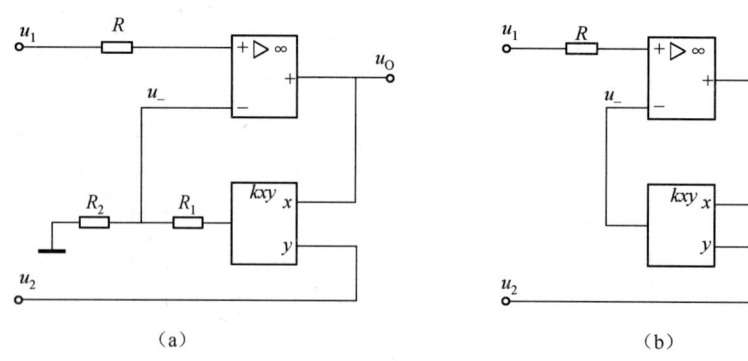

(a)　　　　　　　　　　　　　　　　(b)

图 P7.17

**7.18** 电路如图 P7.18 所示,已知模拟乘法器的增益系数 $K = 0.1\ \text{V}^{-1}$,当 $u_I = 2$ V 时,$u_O = ?$　当 $u_I = -2$ V 时,$u_O = ?$

**7.19** 正电压开方运算电路如图 P7.19 所示,证明 $u_I > 0$ 时输出电压等于 $u_O = \sqrt{\dfrac{R_2}{KR_1}u_I}$。

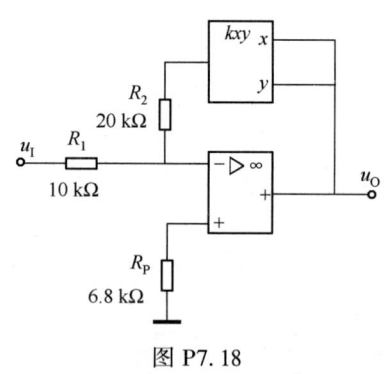
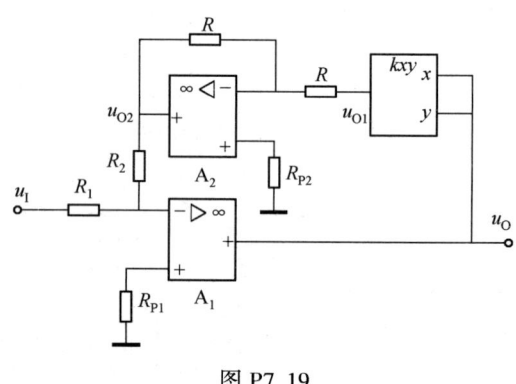

图 P7.18　　　　　　　　　　　　　　　　图 P7.19

**7.20** 画出利用对数运算电路、指数运算电路和加减运算电路实现除法运算的原理图。

**7.21** 求出图 P7.21 所示电路的运算关系。

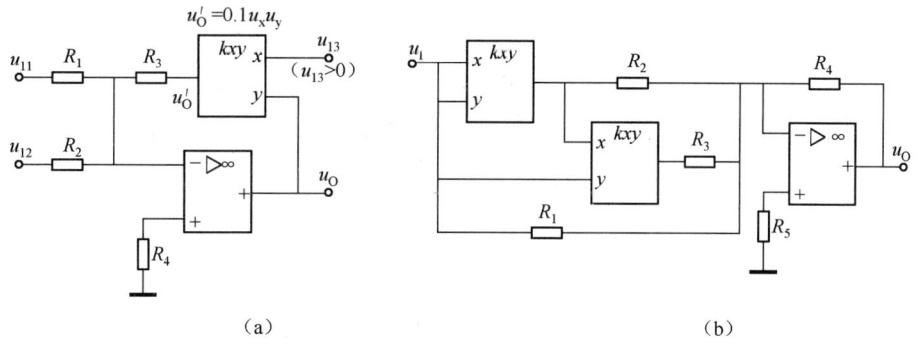

（a）　　　　　　　　　　　　　　　　（b）

图 P7.21

**7.22** 电路如图 P7.22 所示，求出 $u_o$ 与 $u_{i1}$ 和 $u_{i2}$ 的函数关系。

**7.23** 电路如 P7.23 所示，求：（1）$A_{u1} = \dfrac{u_{O1}}{u_I} = ?$ （2）$A_{u2} = \dfrac{u_{O2}}{u_I} = ?$

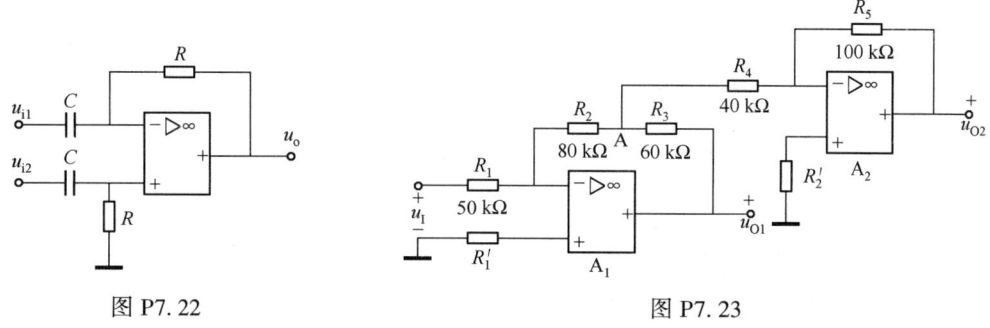

图 P7.22　　　　　　　　　　　　　　图 P7.23

**7.24** 利用图 P7.24 所示方框图的思路，分别设计 5 次方运算电路和 5 次方根运算电路。

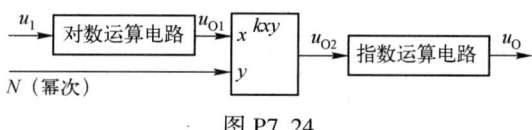

图 P7.24

**7.25** 用理想运放和模拟乘法器为基本单元设计一个能实现 $u_O = K\sqrt{u_X^2 + u_Y^2}$ 的电路，并验证之。

# 第8章 信号检测与处理电路

### 内容提要

　　本章重点讲述集成运放在信号检测与处理中的应用,介绍集成运放在解决实际工程问题中的作用,并以信号检测系统中常用的仪用放大电路、有源滤波器电路、电压比较器电路等为例,讲述上述各电路的组成结构、工作原理和工程应用。

### 讨论的主要问题

- 精密仪用放大器的作用、组成结构和分析方法是什么?
- 电荷放大器的作用是什么?
- 采样保持电路是如何工作的? 它主要用于什么领域?
- 精密整流电路如何实现低于二极管开启电压的信号整流?
- 滤波电路的功能是什么?
- 滤波器的分类有哪些?
- 有源滤波与无源滤波有什么区别?
- 有源滤波器有哪些主要性能指标?
- 在实际应用过程中,有源滤波器如何选择?
- 高阶滤波器与一阶滤波器有哪些本质区别?
- 高阶滤波器的品质因数和电路中主要器件的参数如何选择?
- 电压比较器与放大电路有什么区别?
- 为了增强电压比较器的抗干扰能力,如何改进电路?
- 在需要进行分类检测的领域,电压比较器如何应用?

## *8.1　信号检测系统中的放大电路

　　在电子信息系统中,通过传感器或其他途径所采集的信号往往很小,不能直接进行运算和滤波等处理,而必须进行放大。下面介绍信号检测中常用的放大电路。

### 8.1.1　精密仪用放大器

　　由集成运放组成的基本放大电路把集成运放看做理想参数的器件,但实际的运放器件 $A_{od}$、$R_i$、$K_{CMR}$ 和 BW 等不可能为无穷大,$R_o$、$U_{Io}$、$I_{Io}$ 及温漂等不可能为零。另外,电路外接的电阻器、电源的电压等也会随温度和时间而变,而且连接导线存在电阻、引线存在分布电容和分布电感、印制电路板的绝缘介质存在漏电等,这些因素均会引起集成运放组成的放大电路运算误差。仪用放大器(也称为精密放大器)主要是完成微弱小信号的精密放大。

#### 1. 精密仪用放大器的特点

　　在实际信号检测系统中,通常前端用传感器获取信号,即把被测物理量通过传感器转换为电信号,然后进行放大。但是,根据传感器的基本原理,作为信号源的传感器,多数等效电阻均不是常量,它们随所测物理量和环境的变化而变。这样,对于放大电路而言,相当于信号源内阻 $R_s$ 是变

量。根据前述源电压放大倍数的表达式

$$A_{us} = \frac{R_i}{R_i + R_s} A_u$$

可以看出:放大器的放大能力将随 $R_s$ 或被测物理量和环境的变化而变化。为了保证放大器对不同测试物理量具有稳定的放大倍数,或者说为了降低 $R_s$ 对放大倍数的影响,就必须使得放大器的输入电阻 $R_i \gg R_s$。$R_i$ 越大,因信号源内阻变化而引起的放大误差就越小。

此外,从传感器所获得的信号常为差模小信号,并含有较大共模部分,其数值有时远大于差模信号。因此,放大器应具有较强的抑制共模信号的能力。

综上所述,精密仪用放大器除了具备足够大的放大倍数,还应具有高输入电阻和高共模抑制比。

**2. 精密仪用差分放大器电路**

(1) **电路组成和工作原理** 精密仪用放大器的电路多种多样,最常用的为由三个集成运放组成的差分测量放大电路,其他种类电路大多由该类电路演变而来。

差分测量放大器电路如图 8-1 所示,由两个高阻型集成运放 $A_1$、$A_2$ 和低失调集成运放 $A_3$ 组成。由于 $A_1$、$A_2$ 各自组成同相输入的电压串联负反馈电路,故具有较高输入阻抗。$A_3$ 组成后级差分放大电路。

在图 8-1 所示电路中,由于 $A_1$、$A_2$ 组成了对称的差分式放大电路,因此可把 $R_2$ 的中点看成零电位,相当于虚地。这样,$A_1$、$A_2$ 各自构成了同相比例放大电路。故其输出为

$$u_{o1} = \left(1 + \frac{R_1}{R_2/2}\right) u_{i1}, \quad u_{o2} = \left(1 + \frac{R_1}{R_2/2}\right) u_{i2}$$

第二级 $A_3$ 组成差分放大电路,则

$$u_o = -\frac{R_F}{R}(u_{o1} - u_{o2})$$

$$= -\frac{R_F}{R}\left(1 + \frac{2R_1}{R_2}\right)(u_{i1} - u_{i2}) \quad (8-1)$$

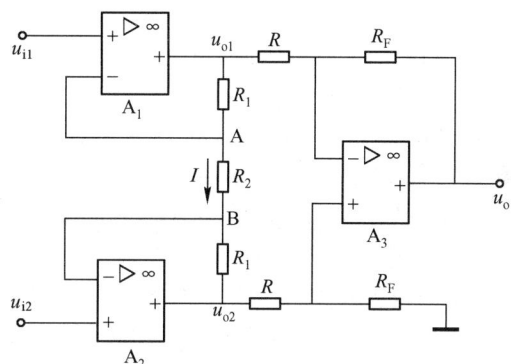

图 8-1 差分测量放大器电路

当 $u_{i1} = u_{i2} = u_{ic}$ 时,由于 $u_A = u_B = u_{ic}$,$R_2$ 中电流为零,$u_{o1} = u_{o2} = u_{ic}$,输出电压 $u_o = 0$。可见,图 8-1 所示电路放大了差模信号,抑制了共模信号。当输入信号中含有共模噪声时,也将被抑制;差模放大倍数越大,共模抑制比越高时,效果就越好。同时,调节 $R_2$ 可改变电路的放大倍数。为了减小误差,要求采用精密电阻。由于测量放大电路具有较高精度和良好性能,在微弱信号检测中得到广泛应用。

(2) **应用举例** 图 8-2 为一实际测量温度的电路,由电阻温度变换器 $R_t$ 和 $R$ 组成测量桥路。当电桥平衡时,$u_{s1} = u_{s2}$,相当于共模信号,故输出 $u_o = 0$。这表明测量放大器有较高的共模抑制比和较小的温漂。若测量桥臂 $R_t$ 感受到温度变化后,产生与 $\Delta R_t$ 相应的微小信号变化 $\Delta u_{s1}$,则相当于差模信号,能进行有效放大。相反,若取 $u_{s1} + \Delta u_{s1}$ 一端对地信号,用一般单管组成的直流放大电路进行放大,则其输出难以反映微小变化量的放大信号,因放大后的 $u_{s1}$ 将 $\Delta u_{s1}$ 淹没了。

(3) **集成仪用放大器** 在图 8-1 所示测量放大电路中,$A_1$ 和 $A_2$ 运放特性难以匹配,电阻值也不可能特别精确,因此放大还有一定的误差。目前,混合集成工艺可将高性能集成运放和精密电阻都集成在一个单片电路中,使电阻的阻值和运放特性匹配达到极高精度和相对温度的稳定性。

常用集成精密测量放大器型号有 LH0036、LH0037、LH0038C、LF352、AD521、AD522,超高精度有 INA101、IN104,低功耗型有 IN102,精密型有 LM163、LM363,数字可控增益有 LH0086,低漂

移型有 3626、3629 等。

图 8-3 是型号为 INA102 的集成仪用放大器,图中各电容均为相位补偿电容。第一级电路由 $A_1$ 和 $A_2$ 组成,与图 8-1 所示电路中的 $A_1$ 和 $A_2$ 对应,第二级电路的电压放大倍数为 1。

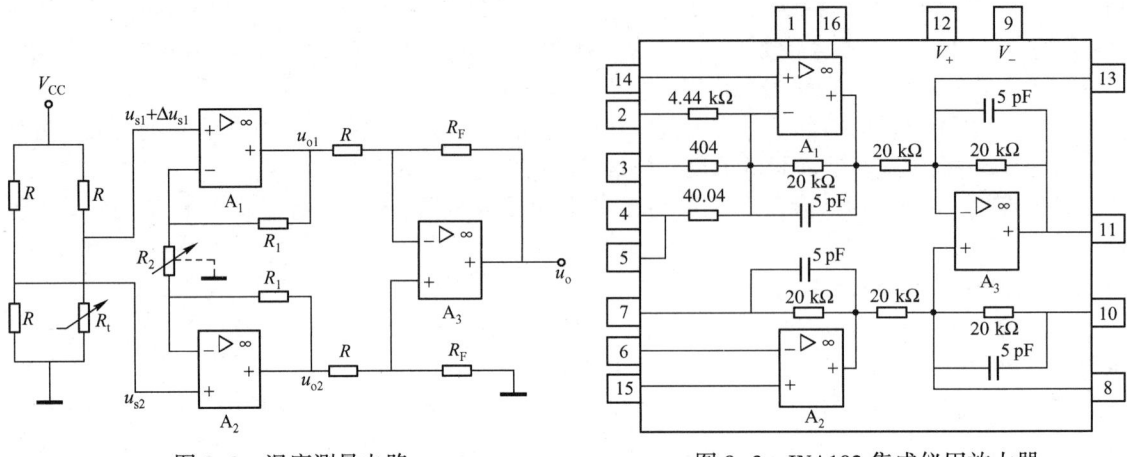

图 8-2 温度测量电路          图 8-3 INA102 集成仪用放大器

INA102 是高精度单片仪表放大器,设计用于低静态功率条件下的信号放大。单片集成电路内部的精密镀膜电阻提供卓越的温度特性和稳定性,特有的激光校正技术确保了高的增益精度和共模抑制,避免在集成电路外部使用昂贵的元件。这些特性使得 INA102 广泛应用于电池供电和高容量应用的领域。INA102 使用方便,只需简单地选择连接适当的引脚,就可得到增益 1(管脚 6 和 7 相连)、10(管脚 2,6 和 7 相连)、100(管脚 3,6 和 7 相连)或 1000(管脚 4 和 7,5 和 6 相连)。当要求共模抑制比高于芯片自身共模抑制比时,芯片引脚外部提供调节以满足要求,在输出部分完成平衡滤波。INA102 可用于各种信号源的放大,如应变计量器(质量计的应用)、热电偶和桥路传感器,还可用于远程传感器放大、低电平信号放大、多通道系统和电池供电设备等。

INA102 的输入电阻可达 $10^4$ MΩ,共模抑制比为 100 dB,输出电阻为 0.1 Ω,小信号带宽为 300 kHz;当电源电压为 ±15 V 时,最大共模输入电压为 ±12.5 V。

## 8.1.2 电荷放大器

常见的压电式加速度传感器、压力传感器、CCD 等传感器属于电容性传感器。这类传感器的阻抗非常高、呈容性、输出电压很微弱。它们工作时,将产生正比于被测物理量的电荷量,且具有较好的线性度。

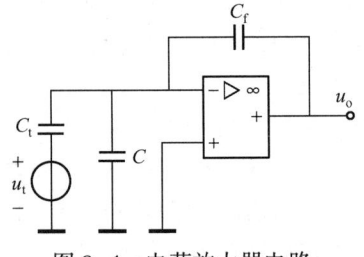

图 8-4 电荷放大器电路

积分运算电路可以将电荷量转换成电压量,电路如图 8-4 所示。电容性传感器可等效为因存储电荷而产生的电动势 $u_t$ 与一个输出电容 $C_t$ 串联。$u_t$、$C_t$ 和电容上的电量 $q$ 之间的关系为

$$u_t = \frac{q}{C_t} \qquad (8-2)$$

在理想运放情况下,根据"虚短"和"虚断"的基本概念,$u_+ = u_- = 0$,为虚地。将传感器对地的杂散电容 $C$ 短路,消除因 $C$ 而产生的误差。输出电压为

$$u_o = -\frac{\dfrac{1}{\mathrm{j}\omega C_f}}{\dfrac{1}{\mathrm{j}\omega C_t}} u_t = -\frac{C_t}{C_f} u_t \qquad (8-3)$$

将式(8-2)代入上式可得

$$u_o = -\frac{q}{C_f} \tag{8-4}$$

为防止因 $C_f$ 长时间充电导致集成运放饱和,常在 $C_f$ 上并联电阻 $R_f$,如图 8-5 所示。并联电阻 $R_f$ 后,为了使 $\frac{1}{\omega C_f} \ll R_f$,传感器输出信号频率不能过低,$f$ 应大于 $(2\pi R_f C_f)^{-1}$。

在实用电路中,为了减少传感器输出电缆的电容对放大电路的影响,一般将电荷放大器装在传感器内;为了防止传感器在过载时有较大的输出,则在集成运放输入端加保护二极管。

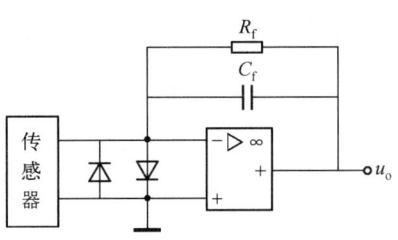

图 8-5　改进后的电荷放大器

## 8.1.3　采样保持电路

在数据采集系统中,通常将连续变化的模拟信号转换成离散的数字信号,这个过程称为 A/D 转换。在 A/D 转换前,需要及时地跟踪采样模拟信号;在 A/D 转换过程中,需要保持采样值不变,直至 A/D 转换结束;然后开始下一个采样阶段。实现这种功能的电路叫做采样保持电路(Sample and Hold,S/H)。

**1. 电路工作原理**

基本 S/H 电路如图 8-6(a)所示,由模拟电子开关 S、保持电容 $C_h$、输出缓冲器 A 及开关控制逻辑电路等组成。S 接通时为采样节拍,S 断开时为保持节拍。对理想 S/H 电路,当模拟开关 S 闭合(电路进入采样期)时,输出 $u_o$ 应等于输入信号 $u_i$;当模拟开关 S 断开(电路进入保持期)时,输出 $u_o$ 应保持开关断开时刻的 $u_i$ 而始终不变。

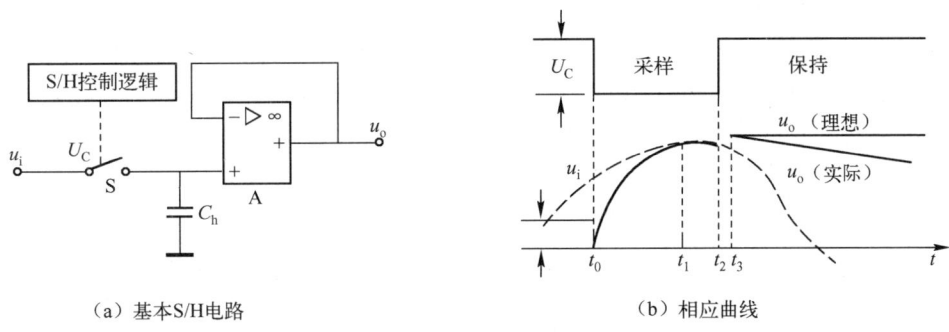

(a) 基本 S/H 电路　　　　　　　　　　(b) 相应曲线

图 8-6　基本 S/H 电路及相应曲线

在实际采样保持电路中,上述要求是很难实现的。如图 8-6(b)所示,设在 $t_0$ 时刻,开关闭合,电路进入采样期,输出电压 $u_o$ 随着 $C_h$ 被输入信号 $u_i$ 充电而逐渐上升,直到 $t_1$ 时刻 $u_o$ 才等于 $u_i$,并在以后的时间里继续跟踪输入信号的变化。$t_{AC} = t_1 - t_0$ 称为捕捉时间,显然捕捉时间和信号源的输出电阻、模拟开关的导通电阻、保持电容 $C_h$ 的容量有关。设在 $t_2$ 时刻,模拟开关 S 断开,电路进入保持期,由于模拟开关 S、保持电容 $C_h$ 和输出缓冲器 A 均存在漏电,$C_h$ 上的电压并不能始终保持不变,而是随时间逐渐衰减的,衰减速度和漏电阻及保持电容 $C_h$ 的容量有关。减小 $C_h$ 的容量可提高捕捉速度,但不利于信号的保持;增大 $C_h$ 的容量,可提高保持精度,但增大了捕捉时间。选择 $C_h$ 时,应兼顾速度和精度两方面的要求。

**2. 实用的采样保持电路**

为了使信号源与 S/H 电路之间有良好的隔离,减小信号源内阻对捕捉时间的影响,通常信号先经一电压跟随器,再接入 S/H 电路,如图 8-7 所示。$A_1$ 为输入缓冲器,$A_2$ 为输出缓冲器,结型场效应管 VT 为电子开关,$U_c$ 是它的控制电压。当 $U_c > U_{imax}$ 时,$VD_1$ 截止,VT 导通,电路工作在采样期;

当 $U_c < U_{imin} < U_{GS(off)}$ 时,$VD_1$ 导通而 VT 截止,电路工作在保持期。在这个电路中,$A_1$ 和 $A_2$ 各构成跟随器形式,整个电路是开环的,具有较高的工作速度。但是,由于场效应管栅-漏沟道电容将夺取保持电容 $C_h$ 上的部分电荷,从而造成一定的电压误差。为了提高整个电路的精度,不得不适当地加大 $C_h$ 的容量,而这又会降低工作速度。

在要求精度较高的情况下,可采用如图 8-8 所示的反馈型 S/H 电路。$VD_1$ 和 VT 的作用与图 8-7 所示电路相同。

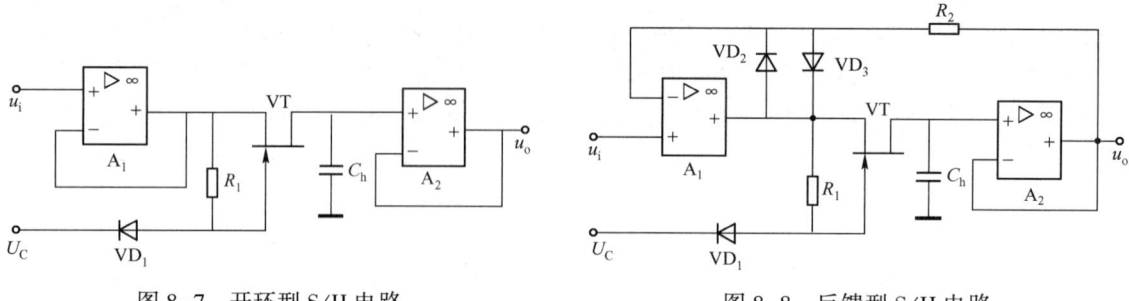

图 8-7　开环型 S/H 电路　　　　　　　　图 8-8　反馈型 S/H 电路

在采样期,VT 导通,输出电压 $u_o$ 通过 $R_2$ 反馈到输入缓冲放大器 $A_1$ 的反相端,若 $u_o$ 不等于 $u_i$,则差值将 $A_1$ 放大,直至 $u_o$ 等于 $u_i$,因此可以消除模拟开关不理想及运放失调等因素带来的精度误差。在此阶段,因为 $VD_2$ 与 $VD_3$ 两端的电压近似相等,所以均不导通。

在保持期,$u_o$ 维持不变,但因 VT 断开将 $A_1$ 使处于开环状态,如果没有 $VD_2$ 或 $VD_3$,$A_1$ 的 $u_{o1}$ 将趋于饱和值。$VD_2$ 和 $VD_3$ 的作用就是防止 $A_1$ 进入饱和状态。当 $u_{o1}$ 增大到一定值时,$VD_2$ 或 $VD_3$ 强制导通,使 $A_1$ 变成跟随器,避免了饱和。

### 8.1.4　精密整流电路

由于硅二极管的起始导通电压约为 0.7 V,因此在用二极管组成的普通整流电路中,当被整流的信号电压在 1 V 以下时,将产生很大的整流误差,面对小于二极管起始导通电压的交流信号,就无法整流。用二极管和运算放大器组成的精密整流电路可以克服上述缺点,如图 8-9(a) 所示。

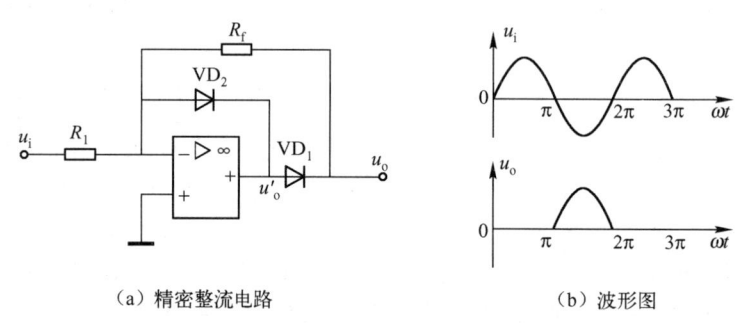

（a）精密整流电路　　　　　　　　　　　（b）波形图

图 8-9　精密整流电路及波形图

在图 8-9(a) 所示电路中,设被整流电路为正弦信号 $u_i$。当 $u_i$ 为正值时,运放输出端电压 $u_o'$ 为负值,这时 $VD_2$ 导通而 $VD_1$ 截止。在电阻 $R_f$ 上无电流流过,故输出 $u_o$ 为零。当 $u_i$ 为负值时,运放输出端电压 $u_o'$ 为正值,这时 $VD_1$ 导通而 $VD_2$ 截止,图 8-9(a) 组成了反向比例运算电路,则输出电压 $u_o = -\dfrac{R_f}{R_1} u_i$,当 $R_1 = R_f$ 时,$u_o = -u_i$,其输入与输出波形如图 8-9(b) 所示。这是一个精密半波整流电路,有时也称为理想二极管电路。

将理想二极管电路和加法器结合,就构成如图 8-10(a) 所示的精密全波整流电路。运放 $A_1$ 和 $VD_1$、$VD_2$ 构成理想二极管电路,运放 $A_2$ 组成一反相加法器。显然,当 $u_i$ 为正时,$VD_1$ 导通而 $VD_2$ 截止,理想二极管电路的输出 $u_{o2} = -u_i$,而加法器的输出电压 $u_o = -2R\left(\dfrac{u_{o1}}{R} + \dfrac{u_i}{2R}\right) = -(2u_{o2} + u_i) =$ $-(-2u_i + u_i) = u_i > 0$。当 $u_i$ 为负时,$VD_2$ 导通而 $VD_1$ 截止,理想二极管电路的输出 $u_{o2} = 0$,加法器的输出 $u_o = -u_i > 0$。因此,无论 $u_i$ 为正或负,电路的输出总是为正,所以被称为绝对值电路。从图 8-10(b)所示的波形图也可看出,这是全波整流形式。

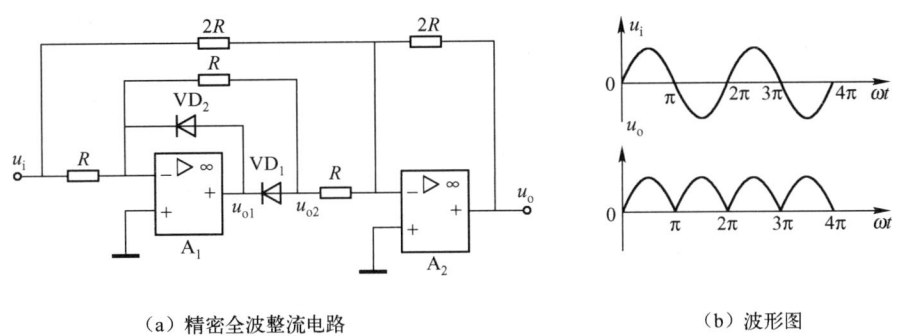

（a）精密全波整流电路　　　　　　　　　　（b）波形图

图 8-10　精密全波整流电路及波形图

【思考题】
1. 精密仪用放大器除了需具备足够大的放大倍数,还需具备什么要求?为什么?
2. 实用的电荷放大电路还需要考虑哪些因素?
3. 采样保持电路基本工作原理是什么?
4. 精密整流电路适用于什么工作场合,是利用何种原理来实现的?

## 8.2　有源滤波电路

对于信号的频率具有选择性的电路称为滤波电路。它是一种能使有用频率信号通过,同时抑制无用频率成分的电路。在实际的电子系统中,外来的干扰信号多种多样,应当设法将其滤除或衰减到足够小的程度。而在有些场合,有用信号与其他信号混在一起,必须设法把有用信号挑选出来。为了解决上述问题,可采用滤波电路。滤波电路在通信、电子工程和信号处理等领域得到了广泛应用。

只采用 R、L 和 C 等元件组成的滤波器称为无源滤波器。有源滤波器由集成运放和 R、C 组成,通常不用电感。由于集成运放的开环增益和输入阻抗很高,输出阻抗低,因此有源滤波电路还能实现电压放大和缓冲的功能。但是因为集成运放带宽有限,所以有源滤波电路的工作频率难以做得很高。

按所处理的信号是连续变化还是离散的,滤波电路可分为模拟滤波电路和数字滤波电路。本书只介绍模拟滤波电路。

### 8.2.1　滤波电路的基础知识

通常用频率特性(或传递函数)来表示滤波器的特性。假设滤波器的输入信号为 $u_i(t)$,输出信号为 $u_o(t)$,则在复频域内有

$$\dot{A}(s) = \frac{u_o(s)}{u_i(s)}$$

其中,$\dot{A}(s)$ 是滤波器的电压传递函数,一般为复数。对于实际频率来说($s = j\omega$),频率特性可以表示为

$$\dot{A}(j\omega) = \frac{u_o(j\omega)}{u_i(j\omega)} = |A(j\omega)|\, e^{j\varphi(\omega)} \tag{8-5}$$

其中，$|\dot{A}(j\omega)|$ 称为幅频特性，$\varphi(\omega)$ 称为相频特性。对于幅频特性，通常把能够通过的信号频率范围定义为滤波器的通带，而把受阻或衰减的信号频率范围称为阻带，通带和阻带的界限频率叫做截止频率。相频特性常常用时延（或相位延迟）来表示。由式(8-5)可见，滤波电路的频率特性和我们熟悉的放大器的增益是一样的，只是这里强调滤波器对不同的频率信号具有不同的增益。

理想滤波器在通带内应具有零衰减的幅频响应和线性的相位响应，而在阻带内应具有无限大的幅度衰减。按照通带和阻带的位置分布，滤波器常分为以下几类。

（1）**低通滤波器（Low Pass Filter，LPF）**  理想和实际幅频响应如图 8-11(a) 所示，$A_0$ 表示通带增益。其功能是通过从零到某一截止频率 $\omega_H$ 的低频信号，而对于频率大于 $\omega_H$ 的信号则衰减。其带宽为 $BW = \omega_H$。

（2）**高通滤波器（High Pass Filter，HPF）**  理想和实际幅频响应如图 8-11(b) 所示。其功能是通过频率高于 $\omega_L$ 的高频信号，而对于频率小于 $\omega_L$ 的信号则衰减。理论上，其带宽 $BW = \infty$，实际上由于受器件带宽的限制，高通滤波器的带宽也是有限的。

（3）**带通滤波器（Band Pass Filter，BPF）**  理想和实际幅频响应如图 8-11(c) 所示。其功能是通过频率在 $\omega_L$ 和 $\omega_H$ 之间的信号，其通带为 $\omega_L < \omega < \omega_H$，带宽 $BW = \omega_H - \omega_L$。

（4）**带阻滤波器（Band Elimination Filter，BEF）**  理想和实际幅频响应如图 8-11(d) 所示。其功能是禁止频率在 $\omega_L$ 和 $\omega_H$ 之间的信号通过，有两个通带（$0 < \omega < \omega_L$ 和 $\omega > \omega_H$）和一个阻带（$\omega_L < \omega < \omega_H$）。

（5）**全通滤波器（All Pass Filter，APF）**  理想和实际幅频响应如图 8-11(e) 所示。其通带从零到无穷大，但相移会随频率变化。通常，用于通信领域的相位均衡等领域。

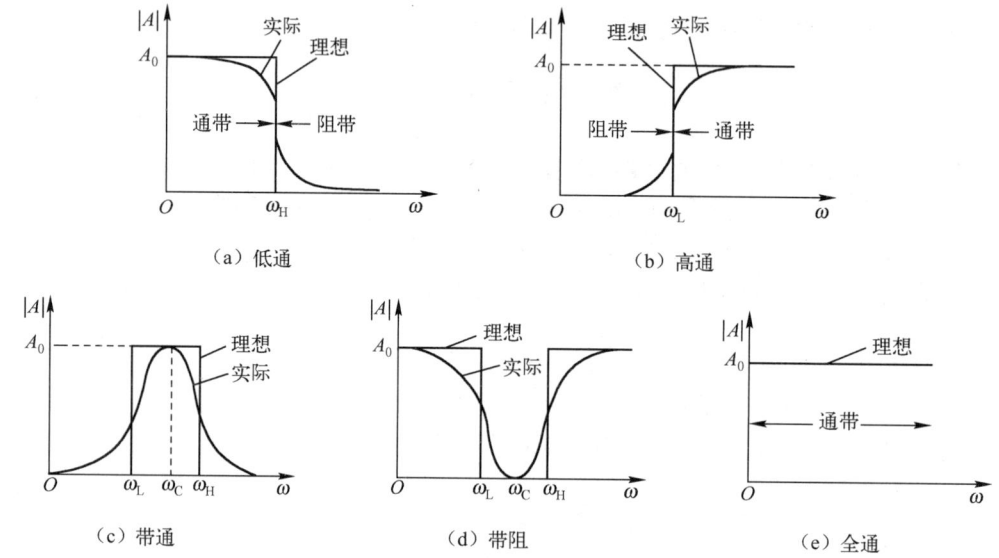

图 8-11  各种滤波器的幅频特性

从图 8-11 还可以看出，各种滤波器的实际频响特性与理想频响特性有一定的差别，滤波器设计的任务是力求向理想特性逼近。

实际上，任何滤波器均不可能具备如图 8-11 所示的理想幅频特性，在通带和阻带之间存在着过渡带。通带中输出电压与输入电压之比 $\dot{A}_{up}$ 称为通带放大倍数。在低通滤波器中 $\dot{A}_{up}$ 是频率等于零时输出电压与输入电压之比，使 $|\dot{A}_u| \approx 0.707|\dot{A}_{up}|$ 的频率为通带截止频率 $f_p$，从 $f_p$ 到 $|\dot{A}_u|$ 接近零的频段称为过渡带，使 $|\dot{A}_u|$ 趋近于零的频段称为阻带。过渡带愈窄，电路的选择性愈好，滤波特性愈理想。

分析滤波电路，就是求解电路的频率特性，对于 LPF、HPF、BPF 和 BEF，就是求解出 $\dot{A}_{up}$ 和 $f_p$ 以及过渡带的斜率。

### 8.2.2 低通滤波器

**1. 一阶有源低通滤波器**

如果在一级 RC 无源低通滤波电路的输出端加上一个电压跟随器,使之与负载很好隔离开来,就构成了一个简单的一阶有源低通滤波电路,如图 8-12(a)所示。由于电压跟随器的输入阻抗高、输出阻抗很低,因此其带负载能力很强。如果希望电路不仅有滤波功能,还有放大作用,那么只要将电路中的电压跟随器改为同相比例放大电路即可,如图 8-12(b)所示。

图 8-12(b)所示电路的传递函数为

$$\dot{A}_u(s) = \frac{u_o(s)}{u_i(s)} = \left(1 + \frac{R_f}{R_1}\right)\frac{u_+}{u_i} = \left(1 + \frac{R_f}{R_1}\right)\frac{1}{1 + sRC} \tag{8-6}$$

用 $j\omega$ 取代 $s$,且令 $f_0 = \frac{1}{2\pi RC}$,得出电压放大倍数为

$$\dot{A}_u = \left(1 + \frac{R_f}{R_1}\right)\frac{1}{1 + j\frac{f}{f_0}} \tag{8-7}$$

上式为一阶 LPF 的频率特性,$f_0$ 称为特征频率,大小由 $R$ 和 $C$ 的值决定。令 $f=0$,可得到通带放大倍数为

$$\dot{A}_{up} = 1 + \frac{R_f}{R_1} \tag{8-8}$$

当 $f=f_0$ 时,$|\dot{A}_u| \approx 0.707|\dot{A}_{up}|$,故通带截止频率 $f_H = f_0$,即 $-3$ dB,电路衰减斜率可达 $-20$ dB/十倍频。幅频特性如图 8-13 所示。

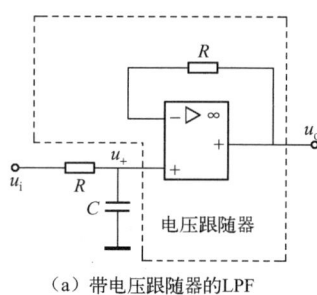

(a)带电压跟随器的LPF　　　　(b)带同相比例放大电路的LPF

图 8-12　同相输入的 LPF

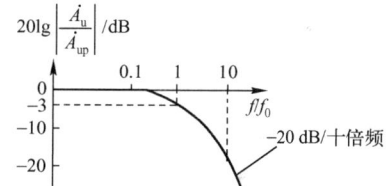

图 8-13　LPF 的幅频特性图

图 8-12 所示两电路均为同相输入的 LPF。同理,也可连接成为反相输入的 LPF,如图 8-14 所示,该电路实际上利用了积分电路的低通特性。但由于积分电路当频率趋于零时电压放大倍数的数值趋于无穷大,故在积分电路中电容上并联一个电阻(该电阻实际上组成负反馈网络),使得当频率趋于零时电路电压放大倍数取决于由电阻组成的负反馈网络而不是无穷大。令信号频率为零,得到通带放大倍数为

$$\dot{A}_{up} = -\frac{R_f}{R_1} \tag{8-9}$$

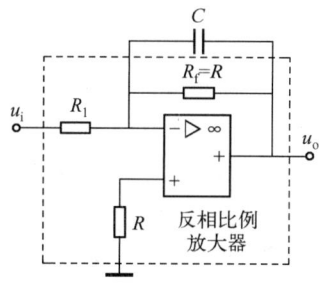

图 8-14　反相输入的 LPF 电路

电路的传递函数为

$$\dot{A}_u(s) = \frac{u_o(s)}{u_i(s)} = -\frac{R_f /\!/ \frac{1}{sC}}{R_1} = -\frac{R_f}{R_1}\frac{1}{1 + sR_fC} \tag{8-10}$$

用 $j\omega$ 取代 $s$,且令 $f_0 = \frac{1}{2\pi R_fC}$,得到电压放大倍数为

$$\dot{A}_\mathrm{u} = -\frac{R_\mathrm{f}}{R_1}\frac{1}{1+\mathrm{j}\dfrac{f}{f_0}} \tag{8-11}$$

其中,通带截止频率即-3 dB 截止频率 $f_\mathrm{H}=f_0$。

**2. 简单二阶有源低通滤波器**

一阶滤波器电路过渡带较宽,幅频特性的最大衰减斜率仅为-20 dB/十倍频。为使有源滤波器的滤波特性接近理想特性,即在通频带内特性曲线更平缓,在通频带外特性曲线衰减更陡峭,只有增加滤波网络的级数。

将串联的两节 RC 低通网络直接与同相比例电路相连,可构成如图 8-15 所示的简单二阶 LPF。在过渡带可获得-40 dB/十倍频的衰减特性。

与一阶 LPF 相同,令 $f=0$,可得通带放大倍数

$$\dot{A}_\mathrm{up}=1+\frac{R_\mathrm{f}}{R_1}$$

$$\dot{A}_\mathrm{u}(s)=\left(1+\frac{R_\mathrm{f}}{R_1}\right)\cdot\frac{u_\mathrm{p}(s)}{u_\mathrm{i}(s)}=\left(1+\frac{R_\mathrm{f}}{R_1}\right)\cdot\frac{u_\mathrm{p}(s)}{u_\mathrm{M}(s)}\cdot\frac{u_\mathrm{M}(s)}{u_\mathrm{i}(s)} \tag{8-12}$$

当 $C_1=C_2=C$ 时,有

$$\frac{u_\mathrm{p}(s)}{u_\mathrm{M}(s)}=\frac{1}{1+sRC},\qquad \frac{u_\mathrm{M}(s)}{u_\mathrm{i}(s)}=\frac{\dfrac{1}{sC}/\!/\left(R+\dfrac{1}{sC}\right)}{R+\left[\dfrac{1}{sC}/\!/\left(R+\dfrac{1}{sC}\right)\right]}$$

把上述两式代入式(8-12),整理可得

$$\dot{A}_\mathrm{u}(s)=\left(1+\frac{R_\mathrm{f}}{R_1}\right)\cdot\frac{1}{1+3sRC+(sRC)^2} \tag{8-13}$$

用 $\mathrm{j}\omega$ 取代 $s$,且令 $f_0=\dfrac{1}{2\pi RC}$,得到电压放大倍数为

$$\dot{A}_\mathrm{u}=\frac{\dfrac{R_1+R_\mathrm{f}}{R_1}}{1-\left(\dfrac{f}{f_0}\right)^2+\mathrm{j}3\dfrac{f}{f_0}} \tag{8-14}$$

由于分母为信号频率二次幂的函数式,故为二阶 LPF。设通带截止频率为 $f_\mathrm{H}$,则当 $f=f_\mathrm{H}$ 时,式(8-14)的分母的模应等于 $\sqrt{2}$,可解出二阶 LPF 的上限截止频率为

$$f_\mathrm{H}\approx 0.37f_0 \tag{8-15}$$

幅频特性如图 8-16 所示。图 8-15 所示电路虽然衰减斜率可达-40 dB/十倍频,但是由于 $f_\mathrm{H}$ 远离 $f_0$,即在 $f=f_0$ 处,信号的放大倍数已急剧下降。可见,该滤波器的斜率衰减是以降低滤波器通频带或在 $f_0$ 处信号放大倍数急剧下降为代价的。要解决上述问题,即在滤波器下降斜率不变的情况下,要求在 $f=f_\mathrm{H}$ 附近的电压放大倍数数值增大,使 $f_\mathrm{H}$ 接近 $f_0$,而使滤波器趋于理想特性,主要通过引入正反馈,增大放大倍数来实现。为此,下面介绍实现电路——压控电压源二阶低通滤波电路。

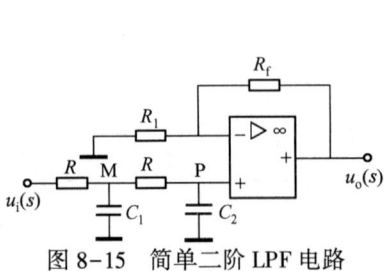

图 8-15　简单二阶 LPF 电路

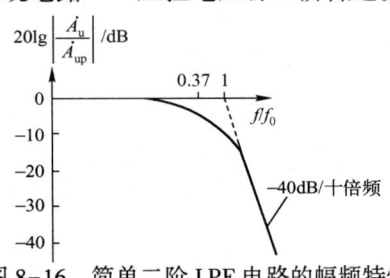

图 8-16　简单二阶 LPF 电路的幅频特性

### 3. 压控电压源二阶低通滤波电路

压控电压源二阶低通滤波电路如图 8-17 所示,实际上就是把图 8-15 所示电路中的 $C_1$ 的接地端改接到集成运放的输出端。电路中既引入了负反馈,又引入了正反馈。当信号频率趋于零时,由于 $C_1$ 的电抗趋于无穷大,因而正反馈很弱;当信号频率趋于无穷大时,由于 $C_2$ 的电抗趋于零,因而 $u_p(s)$ 趋于零。只要电路参数选择得当,就既可能在 $f=f_0$ 时使电压放大倍数增大,又不会因正反馈过强而产生自激振荡。因为同相输入端电位控制由集成运放和 $R_1$、$R_f$ 组成的电压源,所以被称为压控电压源滤波电路。

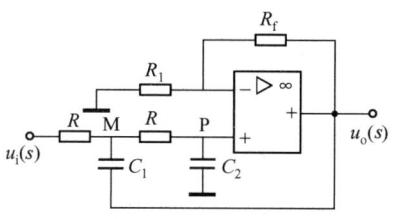

图 8-17 压控电压源二阶 LPF 电路

根据同相比例放大电路可知,滤波器通带电压放大倍数为

$$\dot{A}_{up}(s) = \frac{u_o(s)}{u_+(s)} = 1 + \frac{R_f}{R_1} \tag{8-16}$$

同时,设 $C_1 = C_2 = C$,则 M 点的电流方程为

$$\frac{u_i(s) - u_M(s)}{R} = \frac{u_M(s) - u_o(s)}{1/sC} + \frac{u_M(s) - u_P(s)}{R} \tag{8-17}$$

P 点的电流方程为

$$\frac{u_M(s) - u_P(s)}{R} = \frac{u_P(s)}{1/sC} \tag{8-18}$$

上述两式联立,可解出滤波器的传递函数为

$$\dot{A}_u(s) = \frac{\dot{A}_{up}(s)}{1 + (3 - \dot{A}_{up}(s))sRC + (sRC)^2} \tag{8-19}$$

在式(8-19)中,当且仅当 $\dot{A}_{up}(s) < 3$ 时,即分母中 $s$ 的一次项系数大于零时,电路才能稳定工作而不产生自激振荡。

用 $j\omega$ 取代 $s$,且令 $f_0 = \dfrac{1}{2\pi RC}$,得出电压放大倍数为

$$\dot{A}_u = \frac{\dot{A}_{up}}{1 - \left(\dfrac{f}{f_0}\right)^2 + j\dfrac{1}{Q} \cdot \dfrac{f}{f_0}} \tag{8-20}$$

其中,$Q$ 被称为等效品质因数,定义为当外加信号频率 $f=f_0 = \dfrac{1}{2\pi RC}$ 时,电压放大倍数 $\dot{A}_u$ 的模与通带电压放大倍数 $A_{up}$ 之比。对图 8-17 所示电路可证明得到

$$Q = \frac{|\dot{A}_u|_{f=f_0}}{\dot{A}_{up}} = \left|\frac{1}{3 - \dot{A}_{up}}\right| \tag{8-21}$$

根据式(8-20)模的对数幅频特性函数式和式(8-16),可得到和图 8-18 所示的 LPF 对数幅频特性曲线。

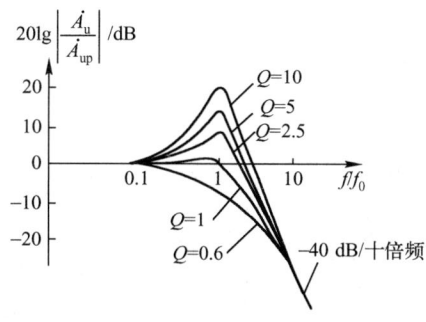

图 8-18 压控电压源二阶 LPF 电路的幅频特性

从图 8-18 中可观察到压控电压源二阶 LPF 电路的特点如下:① 当 $f=f_0$ 时,$|\dot{A}_u|_{f=f_0} = Q\dot{A}_{up}$,要求 $\dot{A}_{up}$ 处于 2~3 之间;若 $Q>1$,则 $|\dot{A}_u|_{f=f_0} > \dot{A}_{up}$,在 $f=f_0$ 处幅频特性曲线出现凸峰;② 当 $f<0.2f_0$ 时,$|\dot{A}_u| \approx \dot{A}_{up}$ 为通带放大倍数;③ 当 $f>10f_0$ 时,特性以 $-40$ dB/十倍频衰减,性能好于一阶 LPF;④ 当 $\dot{A}_{up} = 3$ 时,$Q$ 将趋于无穷

大,意味着该 LPF 将产生自激现象,因此电路参数必须满足 $\dot{A}_{up}<3$。根据式(8-16)可知,实际上是要求 $R_f<2R_1$,且要求元器件参数性能稳定。

**【例8-1】** 若要求二阶压控电压源 LPF 的 $f_0=400\ \text{Hz}$,$Q=0.7$,试求图8-17所示电路中各电容和电阻的值。

**解:**(1)滤波网络的电阻 $R$ 和电容 $C$ 确定特征频率 $f_0$ 的值。$C$ 的容量一般低于 1 μF,取 $C=0.1\ \text{μF}$,根据 $f_0=\dfrac{1}{2\pi RC}$ 可得

$$R=\frac{1}{2\pi f_0 C}=\frac{1}{2\pi\times400\times0.1\times10^{-6}}=3979\ \Omega$$

(2)根据 $Q=\left|\dfrac{1}{3-\dot{A}_{up}}\right|=0.7$,可求得 $\dot{A}_{up}=1.57$。

(3)根据集成运放两个输入端外接电阻的对称条件及 $\dot{A}_{up}(s)=1+\dfrac{R_f}{R_1}$,可得

$$\begin{cases}\dot{A}_{up}(s)=1+\dfrac{R_f}{R_1}=1.57\\[2mm]R_1\ /\!/\ R_f=R+R=2R\end{cases}$$

由上式可以解出 $R_1=5.51R$,$R_f=3.14R$。前面已经求得了 $R$ 的值,代入可求得 $R_1=21.5\ \text{k}\Omega$,$R_f=12.2\ \text{k}\Omega$。

**4. 高阶有源低通滤波器**

为了使 LPF 的幅频特性更接近理想情况,可采用高阶 LPF。构成高阶 LPF 有两种方法:

① 多个二阶或一阶 LPF 串联法。例如,将两个二阶压控电压源 LPF 串联起来,就是四阶 LPF,其幅频特性的衰减斜率是 -80 dB/十倍频。

② RC 网络与集成运放直接连接法。该方法节省元件,但设计和计算较复杂。

## 8.2.3 高通滤波器

**1. 一阶高通滤波器**

根据高通滤波器(HPF)与低通滤波器(LPF)的对偶原则,可将图8-12所示一阶有源 LPF 中 $R$ 和 $C$ 的位置互换,就变成如图8-19(a)所示的一阶有源 HPF,其传递函数为

$$\dot{A}_u(s)=\frac{u_o(s)}{u_i(s)}=\frac{u_+(s)}{u_i(s)}\cdot\frac{u_o(s)}{u_+(s)}=\frac{R}{1/sC+R}\left(1+\frac{R_f}{R_1}\right)=\frac{1}{1+1/sRC}\dot{A}_{up} \qquad (8-22)$$

其中,$\dot{A}_{up}=1+\dfrac{R_f}{R_1}$ 为滤波器通带电压放大倍数。

其幅频特性如图8-19(b)所示,$f=f_0$ 为转折频率。当 $f<f_0$ 时,特性曲线按 +20 dB/十倍频的斜率上升,可以对频率小于 $f_0$ 的信号进行抑制。

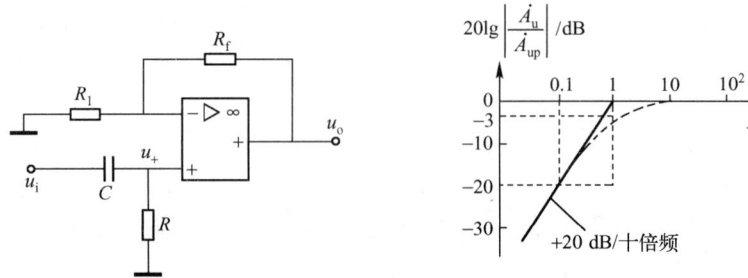

(a)一阶有源 HPF 电路图  (b)一阶有源 HPF 幅频特性

图8-19 一阶有源 HPF 电路及幅频特性

用 $j\omega$ 取代 $s$，且令 $f_0 = \dfrac{1}{2\pi RC}$（根据一阶 LPF 介绍的基本理论，式中 $f_0$ 实际上就是 HPF 的下限截止频率），得出电压放大倍数为

$$\dot{A}_u = \frac{\dot{u}_o}{\dot{u}_i} = \dot{A}_{up} \frac{1}{1 - j\dfrac{f_0}{f}} \tag{8-23}$$

### 2. 压控电压源二阶高通滤波电路

与一阶有源 LPF 类似，一阶有源 HPF 也存在诸如过渡带较宽等缺陷，图 8-20 也是利用 LPF 和 HPF 的对称特性，由二阶压控电压源 LPF 变换成的二阶压控电压源 HPF。

当频率 $f$ 很高时，电容 $C$ 可视为短路，可得到其通带放大倍数为

$$\dot{A}_{up}(s) = 1 + \frac{R_f}{R_1}$$

根据对偶原则，将式(8-19)中的 $sRC$ 换成 $\dfrac{1}{sRC}$，则可得到图 8-20 所示高通滤波器的传递函数为

$$\dot{A}_u(s) = \dot{A}_{up}(s) \frac{(sRC)^2}{1 + [3 - \dot{A}_{up}(s)]sRC + (sRC)^2} \tag{8-24}$$

用 $j\omega$ 取代 $s$，且令 $f_0 = \dfrac{1}{2\pi RC}$，得到电压放大倍数为

$$\dot{A}_u = \frac{A_{up}}{1 - \left(\dfrac{f_0}{f}\right)^2 - j\dfrac{1}{Q} \cdot \dfrac{f_0}{f}} \tag{8-25}$$

其中，$Q$ 为等效品质因数，即

$$Q = \left| \frac{1}{3 - A_{up}} \right| \tag{8-26}$$

其幅频特性曲线如图 8-21 所示。同理，也有类似二阶有源 LPF 的特性。

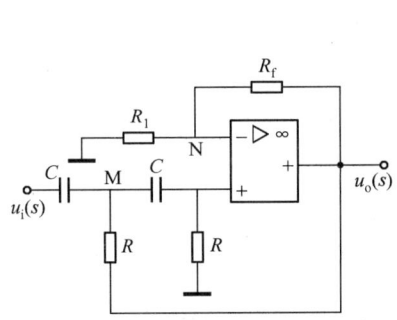

图 8-20 压控电压源二阶 HPF 电路

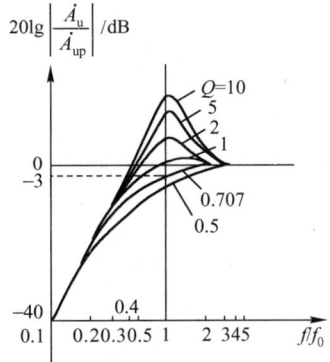

图 8-21 压控电压源二阶高通滤波电路的幅频特性

## 8.2.4 带通、带阻及全通滤波器

若将低通滤波电路与高通滤波电路进行适当组合，即可构成带通和带阻滤波电路。

### 1. 带通滤波器(BPF)

带通滤波器用来使某频段内的有用信号通过，而高于或低于此频段的信号将被抑制或衰减。带通滤波器可由低通和高通滤波器串联而成，两者如果是覆盖同一频段，形成带通频段，即构成带

通滤波器。其构成原理如图 8-22 所示。

设低通滤波器的上限截止频率为 $f_{p1}$,高通滤波器的下限截止频率为 $f_{p2}$,构成带通滤波器的条件是 $f_{p1}>f_{p2}$。

$f>f_{p1}$ 的信号被 LPF 滤掉,$f<f_{p2}$ 的信号被 HPF 滤掉,只有 $f_{p2}<f<f_{p1}$ 的信号才能通过,通频带为 $f_{p1}-f_{p2}$。实用电路中也常采用单个集成运放构成压控电压源二阶带通滤波电路,如图 8-23 所示。

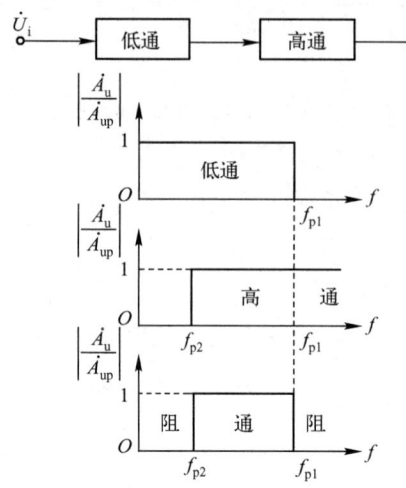

图 8-22　BPF 构成原理图

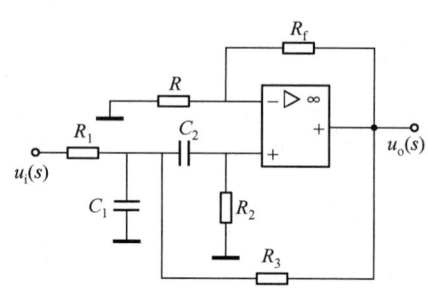

图 8-23　压控电压源二阶带通滤波电路

设 $\dot{u}_p$ 为同相比例运算电路的输入,则比例系数为

$$\dot{A}_{uf} = \frac{\dot{u}_o}{\dot{u}_p} = 1 + \frac{R_f}{R} \tag{8-27}$$

当 $C_1 = C_2 = C, R_1 = R, R_2 = 2R, R_3 = R$ 时,电路的传递函数为

$$\dot{A}_u(s) = \dot{A}_{up}(s) \cdot \frac{sRC}{1 + [3 - A_{uf}(s)]sRC + (sRC)^2} \tag{8-28}$$

用 $j\omega$ 取代 $s$,且令 $f_0 = \dfrac{1}{2\pi RC}$,得到电压放大倍数为

$$\dot{A}_u = \frac{\dot{A}_{uf}}{3 - \dot{A}_{uf}} \frac{1}{1 + j\dfrac{1}{3 - \dot{A}_{uf}}\left(\dfrac{f}{f_0} - \dfrac{f_0}{f}\right)} \tag{8-29}$$

当 $f=f_0$ 时,得出通带放大倍数为

$$\dot{A}_{up} = \frac{\dot{A}_{uf}}{|3 - A_{uf}|} = Q\dot{A}_{uf} \tag{8-30}$$

其中,$Q$ 为等效品质因数,即

$$Q = \left|\frac{1}{3 - A_{uf}}\right| \tag{8-31}$$

为求带通滤波器的上下限截止频率,令式(8-29)分母的模为 $\sqrt{2}$,即其分母虚部的绝对值为 1,则可得到

$$\left|\frac{1}{3 - \dot{A}_{uf}}\left(\frac{f}{f_0} - \frac{f_0}{f}\right)\right| = 1 \tag{8-32}$$

解方程,取正根,就可得到上限截止频率 $f_{p1}$ 和下限截止频率 $f_{p2}$ 分别为

$$\begin{cases} f_{p1} = \dfrac{f_0}{2}\left[\sqrt{(3 - \dot{A}_{uf})^2 + 4} + (3 - \dot{A}_{uf})\right] \\[4mm] f_{p2} = \dfrac{f_0}{2}\left[\sqrt{(3 - \dot{A}_{uf})^2 + 4} - (3 - \dot{A}_{uf})\right] \end{cases} \tag{8-33}$$

因此,滤波器的通频带为

$$BW = f_{p1} - f_{p2} = |3 - \dot{A}_{uf}| f_0 = \frac{f_0}{Q} \qquad (8-34)$$

电路的幅频持性如图 8-24 所示。$Q$ 值愈大,通带放大倍数数值愈大,频带愈窄,选频特性愈好。调整电路的 $\dot{A}_{uf}$ 能够改变频带宽度。

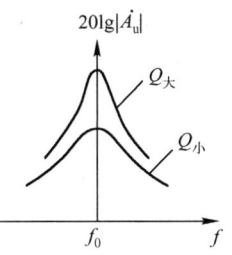

图 8-24 有源 BPF 电路幅频特性

### 2. 带阻滤波器(BEF)

构成 BEF 的总原则是 LPF 与 HPF 并联,条件是 LPF 的通带截止频率 $f_{p1}$ 小于 HPF 的 $f_{p2}$,只有 $f_{p1}<f<f_{p2}$ 的信号无法通过。阻带宽度 $BW = f_{p2} - f_{p1}$。BEF 的构成原理如图 8-25 所示。

构成 BEF 的 LPF 与 HPF 并联有两种情况。① 将有源 LPF 与有源 HPF 直接并联,这种方法实现较困难,而且电路元器件用得多,不宜采用。② 用两节 RC 网络(即一个无源 LPF 和一个无源 HPF)并联,构成无源 BEF,再将它与同相比例电路直接相连,这种方法应用广泛。由于两个无源滤波器电路均由三个元件构成英文字母 T,故被称为双 T 网络。常用的带阻滤波器电路如图 8-26 所示,其通带放大倍数为

$$\dot{A}_{up} = 1 + \frac{R_f}{R_1} \qquad (8-35)$$

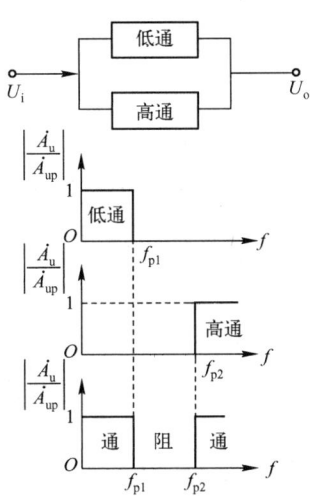

图 8-25 BEF 构成原理

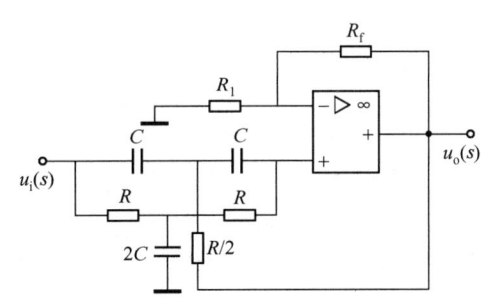

图 8-26 有源 BEF 电路

传递函数为

$$\dot{A}_u(s) = \dot{A}_{up}(s) \cdot \frac{1 + (sRC)^2}{1 + 2[2 - A_{up}(s)]sRC + (sRC)^2} \qquad (8-36)$$

用 $j\omega$ 取代 $s$,且令 $f_0 = \frac{1}{2\pi RC}$,得到电压放大倍数为

$$\dot{A}_u = \dot{A}_{up} \frac{1 - \left(\frac{f}{f_0}\right)^2}{1 - \left(\frac{f}{f_0}\right)^2 + j2(2 - \dot{A}_{up})\frac{f}{f_0}} = \frac{\dot{A}_{up}}{1 + j2(2 - \dot{A}_{up})\frac{ff_0}{f_0^2 - f^2}} \qquad (8-37)$$

通带截止频率为

$$\begin{cases} f_{p1} = f_0\left[\sqrt{(2 - \dot{A}_{up})^2 + 1} - (2 - \dot{A}_{up})\right] \\ f_{p2} = f_0\left[\sqrt{(2 - \dot{A}_{up})^2 + 1} + (2 - \dot{A}_{up})\right] \end{cases} \qquad (8-38)$$

阻带宽度为

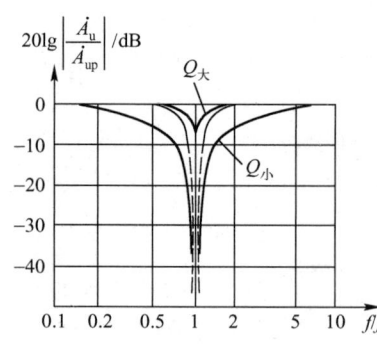

图 8-27　BEF 电路幅频特性

$$BW = f_{p2} - f_{p1} = 2 \mid 2 - \dot{A}_{up} \mid f_0 = \frac{f_0}{Q} \qquad (8-39)$$

其中，$Q$ 为等效品质因数，即

$$Q = \frac{1}{2} \left| \frac{1}{2 - \dot{A}_{up}} \right| \qquad (8-40)$$

不同 $Q$ 值时的幅频特性如图 8-27 所示。

**【例 8-2】** 在工业检测仪表中，为了消除 50 Hz 的交流干扰，在电路中串入了如图 8-26 所示的带阻滤波器。要求 $Q = 10$，试求电路中各电阻和电容值。

**解：**已知 BEF 的中心频率 $f_0 = 50$ Hz，设 $C = 47\,000$ pF，根据 $f_0 = \dfrac{1}{2\pi RC}$ 可得

$$R = \frac{1}{2\pi f_0 C} = \frac{1}{2\pi \times 50 \times 47\,000 \times 10^{-12}} \approx 67.7\ \text{k}\Omega$$

取标称值 $R = 68$ kΩ，$\dfrac{1}{2}R$ 用两只 68 kΩ 的电阻并联，电容 $2C$ 可用两只 47000 pF 电容并联。

由式（8-40）可得 $Q = 10$，则 $A_{up} = 1.95$。而 $\dot{A}_{up} = 1 + \dfrac{R_f}{R_1} = 1.95$，则 $R_f = 0.95 R_1$。

又从运放同相和反相两输入端外接直流通路电阻平衡要求，即

$$R_1 \mathbin{/\mkern-5mu/} R_f = R + R = 2R = 2 \times 68\ \text{k}\Omega = 136\ \text{k}\Omega$$

联立上述两个方程可求出，$R_1 = 279.15$ kΩ。取标称值 $R_1 = 270$ kΩ$+9.1$kΩ。故 $R_f = 0.95 R_1 = 256.5$ kΩ，取标称值 $R_f = 240$ kΩ$+16$ kΩ。

### 3. 全通滤波器（APF）

全通滤波器是指能使所有频率都通过的滤波器，其带宽理论上为无穷大。也就是说，在整个频率范围内该有源滤波器的增益为固定值。有源全通滤波器虽然在信号幅值上没有造成变化，但它能使信号的相位随着输入信号频率的变化而变化，因而常被用于一些需要相位补偿的领域。图 8-28 所示为两个一阶全通滤波电路。

在图 8-28(a) 所示电路中，根据同相比例运算和反相比例运算的公式，可得

$$u_p = \frac{R}{\dfrac{1}{j\omega C} + R} \cdot u_i = \frac{j\omega RC}{1 + j\omega RC} \cdot u_i \qquad (8-41)$$

因而，进一步可求得输出电压为

$$u_o = -\frac{R}{R} \cdot u_i + \left(1 + \frac{R}{R}\right) \frac{j\omega RC}{1 + j\omega RC} \cdot u_i \qquad (8-42)$$

其中，第一项是 $u_i$ 对集成运放反相输入端作用的结果，第二项是 $u_i$ 对同相输入端作用的结果，所以电压放大倍数为

$$\dot{A}_u = -\frac{1 - j\omega RC}{1 + j\omega RC} \qquad (8-43)$$

求出式（8-43）的模和相位可得

$$\begin{cases} \mid \dot{A}_u \mid = 1 \\ \varphi = 180° - 2\arctan \dfrac{f}{f_0} \qquad f_0 = \left(\dfrac{1}{2\pi RC}\right) \end{cases} \qquad (8-44)$$

上式表明，信号频率从零到无穷大，输出电压的数值与输入电压的幅值相等。当 $f = f_0$ 时，$\varphi = 90°$；$f$ 趋于零时，$\varphi$ 趋于 180°；$f$ 趋于无穷大时，$\varphi$ 趋于 0°。图 8-28(a) 所示有源全通滤波器的相频

特性如图8-29中的实线所示。用上述方法可以得出图8-28(b)所示电路的相频特性如图8-29中的虚线所示。

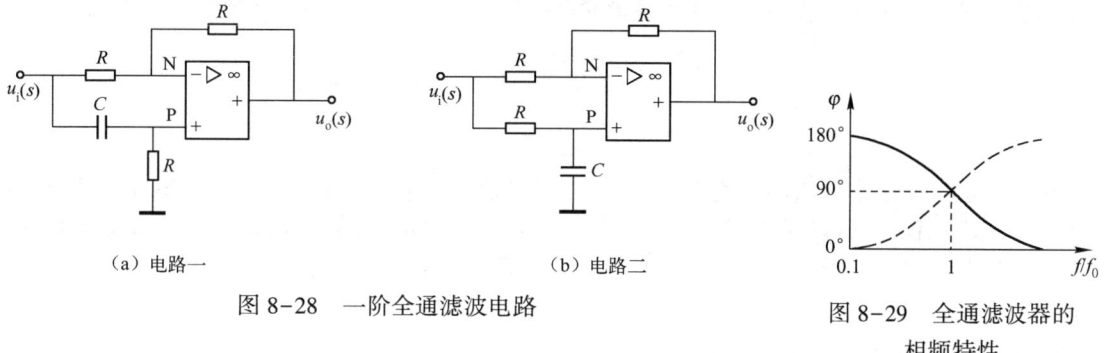

（a）电路一　　　　　　　　　　　（b）电路二

图 8-28　一阶全通滤波电路

图 8-29　全通滤波器的
相频特性

## *8.2.5　开关电容滤波器

以上介绍的由 R、C 元件和集成运放组成的有源滤波电路,由于需要较大的电容和精确的 R、C 值,同时大电阻和大电容不可能做成集成电路,因而上述滤波器不容易集成。随着 MOS 工艺的迅速发展,由 MOS 开关电容和运放组成的开关滤波器已于 1975 年实现了单片集成化。这种滤波器不需要进行模/数转化,与数字滤波器比较省略了量化过程,因而具有处理速度快、结构简单等优点。此外,它制造简易、价廉,因而得到了广泛的发展,已达到了相当高的水平。

开关电容电路由受时钟脉冲信号控制的模拟开关、电容器和运算放大电路三部分组成。所谓开关电容滤波电路,是采用工作于开关状态的 MOS 管(构成电子开关)和小电容组成的开关电容来获得的等效电阻取代有源滤波电路中的电阻元件。这种电路的特性与电容器的精度无关,而仅与各电容器电容量之比的准确性有关。在集成电路中,可以通过均匀地控制硅片上氧化层的介电常数及其厚度,使电容量之比主要取决于每个电容电极的面积,从而获得准确性很高的电容比。自 20 世纪 80 年代以来,开关电容电路广泛地应用于滤波器、振荡器、平衡调制器和自适应均衡器等各种模拟信号处理电路之中。

开关电容滤波电路如图 8-30 所示,其 MOS 管 $VT_1$ 和 $VT_2$ 及小电容 $C_1$ 等效成图 8-30(b)所示一阶低通滤波电路中的等效电阻 $R_{eq}$。其工作原理如下:

两相控制时钟脉冲 $\Phi_1$ 和 $\Phi_2$ 互补,即 $\Phi_1$ 为高电平时 $\Phi_2$ 为低电平,$\Phi_1$ 为低电平时 $\Phi_2$ 为高电平;它们分别控制电子开关 $VT_1$ 和 $VT_2$,因此两个开关不可能同时闭合或断开。当 $VT_1$ 闭合

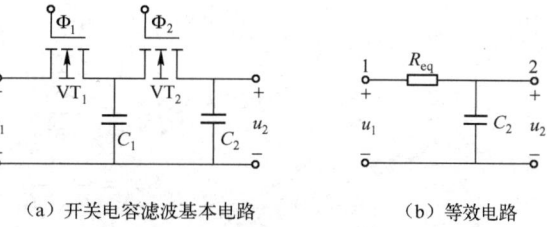

（a）开关电容滤波基本电路　　　（b）等效电路

图 8-30　开关电容滤波电路基本原理

时,$VT_2$ 必然断开,$u_1$ 对 $C_1$ 充电,充电电荷 $Q_1 = C_1 u_1$;而当 $VT_1$ 断开时,$VT_2$ 必然闭合,$C_1$ 放电,放电电荷 $Q_2 = C_1 u_2$。设开关的周期为 $T_c$,节点从左到右传输的总电荷为

$$\Delta Q = C_1 \Delta u = C_1 (u_1 - u_2) \tag{8-45}$$

等效电流为

$$i = \frac{\Delta Q}{T_c} = \frac{C_1}{T_c} (u_1 - u_2) \tag{8-46}$$

如果时钟脉冲的频率足够高(远大于输入信号的频率),以至可以认为在一个时钟周期内两个端口的电压基本不变,那么基本开关电容单元就可以等效为电阻,其阻值为

$$R_{eq} = \frac{u_1 - u_2}{i} = \frac{T_c}{C_1} \tag{8-47}$$

若 $C_1 = 1\ \text{pF}$,时钟频率 $f_c = 100\ \text{kHz}$,则等效电阻 $R_{eq} = 10\ \text{M}\Omega$。利用 MOS 工艺,电容只需硅片面积 $0.01\ \text{mm}^2$,所占面积极小,所以解决了集成运放不能直接制作大电阻的问题。

由式(8-47)可知,图 8-30 所示的低通滤波器电路的时间常数 $\tau$ 及通带截止频率 $f_p$ 等效于:

$$\tau = R_{eq}C_2 = \frac{C_2}{C_1}T_c$$

$$f_p = \frac{1}{2\pi\tau} = \frac{C_1}{C_2}f_c \tag{8-48}$$

由于 $f_c$ 是时钟脉冲,频率相当稳定;而且 $C_1/C_2$ 是两个电容的电容量之比,在集成电路制作时易于做到准确和稳定,所以开关电容电路容易实现稳定准确的时间常数,从而使滤波器的截止频率稳定。把图 8-30(a)所示电路的后面加电压跟随器或同相比例运算电路,就可构成实际可用的有源滤波电路。

## 8.2.6　无限增益的有源滤波电路

在上面讨论的同相型有源滤波器电路中,运算放大器是作为一个有限增益为 $A_{up}$ 的电压控制电压源来工作的。而现在,把运放看做无限增益的放大器与 $RC$ 结合,构成多端负反馈式的有源滤波器。那么,增益到多大时才能算做无限增益呢?一般认为,运算放大器的直流开环增益大于等于 120 dB 时,可以称为无限增益,或者滤波器的上限频率是运算放大器增益带宽的 1/100 时,运算放大器亦可作为无限增益考虑。无限增益多路反馈型二阶有源滤波器的一般结构如图 8-31 所示。因为电路中有两条反馈路径,所以称之为无限增益多路反馈型有源滤波器。

假设运放是理想的,则其传递函数为

$$\dot{A}_u(s) = \frac{-Y_1(s)Y_3(s)}{Y_5(s)\left[Y_1(s) + Y_2(s) + Y_3(s) + Y_4(s)\right] + Y_3(s)Y_4(s)} \tag{8-49}$$

如图 8-32 所示为按这种结构组成的带通滤波器。将有关元件导纳代入式(8-49),可得到带通滤波器的传递函数为

$$\dot{A}_u(s) = \frac{A_{uo}s\dfrac{\omega_o}{Q}}{s^2 + \dfrac{\omega_o}{Q}s + \omega_o^2} \tag{8-50}$$

其中

$$A_{uo} = \frac{-1}{\dfrac{R_1}{R_3}\left(1 + \dfrac{C_2}{C_1}\right)}$$

$$\omega_o^2 = \frac{1}{R_3C_1C_2}\left(\frac{1}{R_1} + \frac{1}{R_2}\right)$$

$$Q = \frac{\omega_o}{\dfrac{1}{R_3}\left(\dfrac{1}{C_1} + \dfrac{1}{C_2}\right)}$$

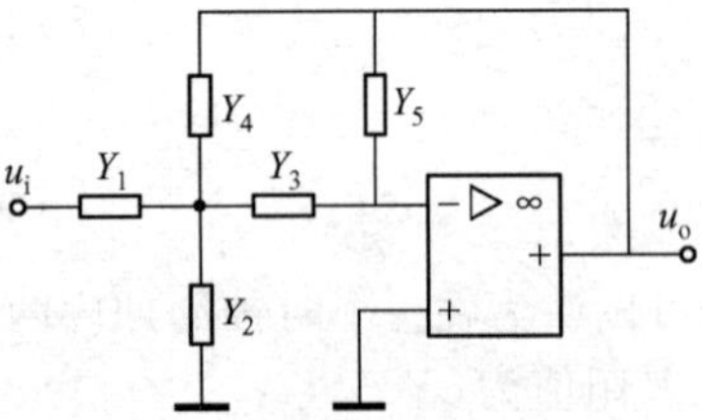

图 8-31　无限增益多路反馈型
二阶有源滤波器的一般结构

（a）电路　　　　（b）幅频特性

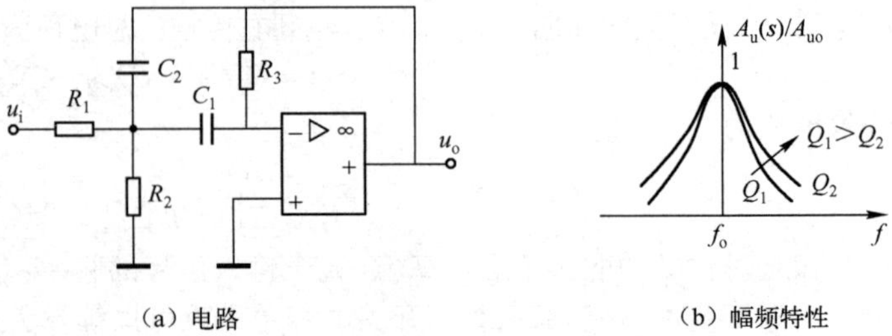

图 8-32　无限增益多路反馈二阶 BPF

在图 8-32(b)所示带通滤波器的幅频特性中，$f_o = \omega_o/2\pi$ 称为带通滤波器的中心频率，$A_{uo}$ 是中心频率 $f_o$ 处的电压增益。可以看到，$Q$ 值越大，曲线越尖锐，通带越窄。

相比之下，多路反馈型有源滤波器的灵敏度低，但元件值的离散性较大，并且通带增益 $A_{uo}$ 和 $\omega_o$ 相关，不能分别独立地调节。

### 8.2.7　集成有源滤波器

美国 Burr-Brown 公司生产的集成有源滤波器 UAF42 是代表性产品之一，其内部电路结构和引脚如图 8-33 所示，可方便地构成各种类型的滤波电路，如切比雪夫(Chebyshev)、巴特沃思(Butterworth)和贝塞尔(Bessel)等滤波器。从图 8-33 可知，UAF42 内部包含 4 个运放、4 个电阻及 2 个电容，只需外接 4 个电阻，就能获得同相型或反相型的低通、高通和带通滤波器。

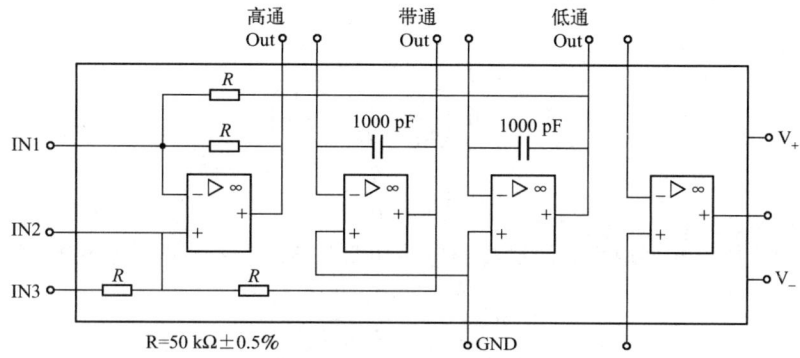

图 8-33　UAF42 通用集成有源滤波器电路结构和引脚

其低通滤波器的传递函数为

$$A_u(s) = \frac{u_{olp}(s)}{u_i(s)} = \frac{A_{ulp}\omega_0^2}{s^2 + \dfrac{\omega_0}{Q}s + \omega_0^2} \tag{8-51}$$

高通滤波器的传递函数为

$$A_u(s) = \frac{u_{ohp}(s)}{u_i(s)} = \frac{A_{uhp}s^2}{s^2 + \dfrac{\omega_0}{Q}s + \omega_0^2} \tag{8-52}$$

带通滤波器的传递函数为

$$A_u(s) = \frac{u_{obp}(s)}{u_i(s)} = \frac{A_{ubp}\dfrac{\omega_0}{Q}s}{s^2 + \dfrac{\omega_0}{Q}s + \omega_0^2} \tag{8-53}$$

由 UAF42 组成的同相型通用有源滤波器电路如图 8-34 所示。在该电路中，有

$$\omega_0 = \frac{R_2}{R_1 R_{F1} R_{F2} C_1 C_2} \tag{8-54}$$

$$Q = \frac{1 + \left(R_4 \dfrac{R_G + R_Q}{R_G R_Q}\right)}{1 + \dfrac{R_2}{R_1}}\sqrt{\frac{R_2 R_{F1} C_1}{R_1 R_{F2} C_2}} \tag{8-55}$$

$$A_{ulp} = \frac{1 + \dfrac{R_1}{R_2}}{R_G\left(\dfrac{1}{R_G} + \dfrac{1}{R_Q} + \dfrac{1}{R_4}\right)} \tag{8-56}$$

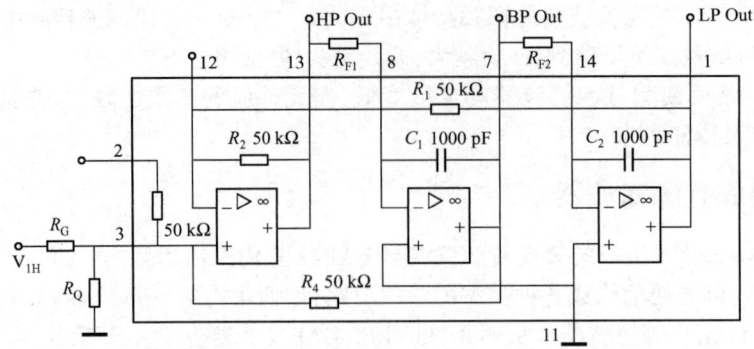

图 8-34　UAF42 组成的同相型通用有源滤波器电路

$$A_{uhp} = \frac{1 + \dfrac{R_2}{R_1}}{R_G\left(\dfrac{1}{R_G} + \dfrac{1}{R_Q} + \dfrac{1}{R_4}\right)} \tag{8-57}$$

$$A_{ubp} = \frac{R_4}{R_G} \tag{8-58}$$

由 UAF42 组成的反相型通用有源滤波器电路如图 8-35 所示。在该电路中,有

$$\omega_0 = \frac{R_2}{R_1 R_{F1} R_{F2} C_1 C_2} \tag{8-59}$$

$$Q = \frac{1 + \dfrac{R_4}{R_Q}}{\dfrac{1}{R_1} + \dfrac{1}{R_2} + \dfrac{1}{R_G}} \sqrt{\frac{R_{F1} C_1}{R_1 R_2 R_{F2} C_2}} \tag{8-60}$$

$$A_{ulp} = \frac{R_1}{R_G} \tag{8-61}$$

$$A_{uhp} = \frac{R_2}{R_G} \tag{8-62}$$

$$A_{ubp} = \frac{1 + \dfrac{R_4}{R_Q}}{R_G\left(\dfrac{1}{R_1} + \dfrac{1}{R_2} + \dfrac{1}{R_G}\right)} \tag{8-63}$$

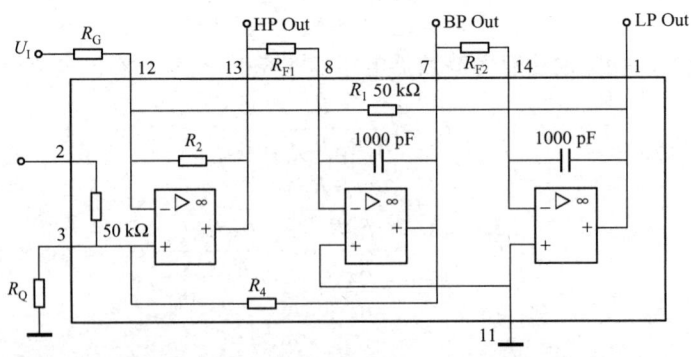

图 8-35　UAF42 组成的反相型通用有源滤波器电路

若要用 UAF42 获得带阻滤波器,可利用 UAF42 中的第 4 个运放,对低通和高通的输出求和来实现。在此不做详细说明,有兴趣的读者可参阅 UAF42 的相关器件手册。

**【思考题】**

1. 分析滤波器时一般需要哪些参数？大致步骤包括哪些？

2. 假设实际工作有以下要求,试选择滤波电路的类型(低通、高通、带通、带阻)。

(1) 有效信号为 40 Hz 到 200 kHz 的音频信号,消除其他频率的干扰及噪声。

(2) 去除频率高于 10 MHz 的噪声信号。

(3) 抑制频率低于 50 Hz 的工频干扰。

(4) 抑制频率低于 40 Hz 的工频干扰,并去除频率高于 20 MHz 的噪声信号。

3. 何谓开关电容滤波电路？是利用什么原理来实现的？

4. 何谓无限增益有源滤波？

# 8.3 电压比较器

## 8.3.1 概述

电压比较器是能够对输入的模拟量信号进行鉴别和比较的电路,能够根据输入信号是大于还是小于参考电压而决定电路的输出状态。这种电路能把输入的模拟信号转换为输出的脉冲信号。电压比较器是一种模拟量到数字量的接口电路,广泛应用于模/数转换、数字仪表、自动控制和自动检测等技术领域,以及波形产生和变换等场合。对电压比较器的基本要求是:① 判别输入信号电平灵敏、准确;② 判别可靠,具备抗干扰能力;③ 反应灵敏,即从检测出输入电平逾限开始,到输出完成状态翻转为止,时间尽可能短。

在电压比较器电路中,绝大多数集成运放不是处于开环状态就是只引入了正反馈。对于理想运放,由于差模增益无穷大,只要同相输入端与反相输入端之间有无穷小的差值电压,输出电压就将达到正的最大值或负的最大值,即输出电压 $u_o$ 与输入电压($u_+ - u_-$)之间不再是线性关系,称集成运放工作在非线性工作区。若集成运放输出电压 $u_o$ 的最大幅值为 $\pm U_{OM}$,则当 $u_+ > u_-$ 时,$u_o = +U_{OM}$;当 $u_+ < u_-$ 时,$u_o = -U_{OM}$。并且,由于理想运放的差模输入电阻无穷大,故净输入电流为零,即 $i_+ = i_- = 0$。

电压比较器是集成运放非线性应用的典型电路,可分为单阈值电压比较器、滞回电压比较器和窗口比较器等。

在分析电压比较器时,通常用阈值电压和电压传输特性来描述比较器的工作特性。分析方法可大致归纳为以下步骤。

(1) **求阈值电压 $U_{TH}$**  阈值电压(又称为门限电压)是使比较器输出电压发生跳变时的输入电压值,用符号 $U_{TH}$ 表示。估算阈值电压主要应抓住输入信号使输出电压发生跳变时的临界条件,这个临界条件是令集成运放两个输入端的电位相等。即写出集成运放同相输入端、反相输入端电位 $u_+$ 和 $u_-$ 的表达式,令 $u_+ = u_-$,解得的输入电压就是阈值电压 $U_{TH}$。

应注意这不同于"虚短",运放在负反馈条件下工作时,只要工作正常,两输入端间总是"虚短";而运放在开环或正反馈条件下工作时,只能在瞬间经过这个状态转换点,而不能始终稳定工作于这一点。

(2) **求输出低电平 $U_{OL}$ 和输出高电平 $U_{OH}$**  通过研究集成运放输出端所接的限幅电路来确定电压比较器的输出低电平 $U_{OL}$ 和输出高电平 $U_{OH}$。

(3) **画电压传输特性**  电压传输特性是以 $u_I$ 为横坐标,$u_o$ 为纵坐标画出的反映输出电压与输入电压关系的曲线。画电压传输特性曲线的一般步骤是:根据阈值电压,分析在输入电压由最低变到最高(正向过程)和输入电压由最高变到最低(负向过程)两种情况下,输出电压的变化规律,然后画出电压传输特性。

$u_o$ 在 $u_I$ 过 $u_{TH}$ 时的跃变方向决定于 $u_I$ 作用于集成运放的哪个输入端。当 $u_I$ 从反相输入端(或通过电阻)输入时,$u_I < U_{TH}$,$u_o = U_{OH}$,$u_I > U_{TH}$,$u_o = U_{OL}$;当 $u_I$ 从同相输入端(或通过电阻)输入时,$u_I >$

$U_{TH}$ , $u_O = U_{OH}$ , $u_I < U_{TH}$ , $u_O = U_{OL}$ 。

### 8.3.2 单阈值电压比较器

#### 1. 过零比较器

电压比较器是将一个模拟输入信号 $u_I$ 与一个固定的参考电压进行比较和鉴别的电路。参考电压为零的比较器称为过零比较器。按输入方式的不同,电压比较器可分为反相输入和同相输入两种过零比较器,如图 8-36(a)和(b)所示。

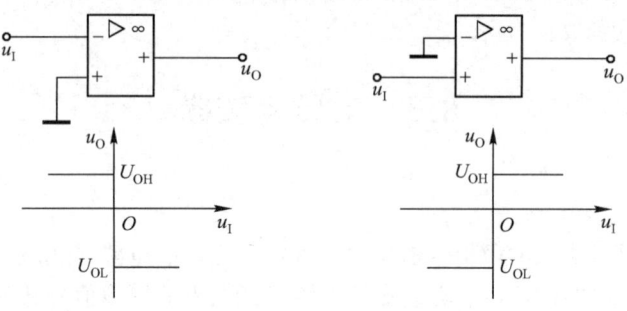

（a）反相输入的过零比较器　　　　（b）同相输入的过零比较器

图 8-36　过零比较器

因参考电压 $U_{REF} = 0$ ,故输入电压与零进行比较。当 $u_I$ 变化经过零时,输出电压 $u_O$ 从一个电平跳变至另一个电平,这就是过零比较器。

对于图 8-36(a)所示电路,输出信号发生跳变的输入信号条件是 $u_+ = u_-$ ,而 $u_+ = 0$ , $u_- = u_I$ ,所以该电路阈值电压 $U_{TH} = 0$ 。

对于图 8-36(a)所示的电压传输特性表明,输入电压从低逐渐升高经过零时,输出电压将从高电平跳到低电平。相反,当输入电压从高逐渐降低经过零时,输出电压将从低电平跳变为高电平。

实际应用过程中,为了限制集成运放的差模输入电压,保护其输入级,可加二极管限幅电路,如图 8-37(a)所示。同时,为了满足负载的需要,常在集成运放的输出端加稳压管限幅电路,从而获得合适的输出电压,如图 8-37(b)所示。

限幅电路的稳压管还可跨接在集成运放的输出端和反相输入端之间,如图 8-38 所示。假设稳压管截止,则集成运放必然工作在开环状态,输出电压不是 $+U_{OM}$ ,就是 $-U_{OM}$ 。这样必将导致稳压管击穿而工作在稳压状态, $VD_Z$ 构成负反馈通路,使反相输入端为"虚地",限流电阻上的电流 $i_R$ 等于稳压管的电流 $i_Z$ ,输出电压 $u_O = \pm U_Z$ 。可见,虽然图 8-38 所示电路中引入了负反馈,但它仍具有电压比较器的基本特征。

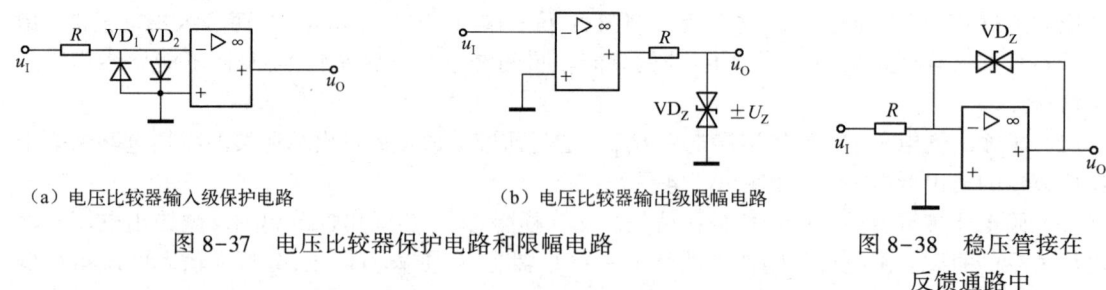

（a）电压比较器输入级保护电路　　　（b）电压比较器输出级限幅电路

图 8-37　电压比较器保护电路和限幅电路

图 8-38　稳压管接在
反馈通路中

【例 8-3】　电路如图 8-39(a)所示,当输入信号为如图 8-39(c)所示的正弦波时,试定性画出图中 $u_O$ , $u'_O$ 及 $u_L$ 的波形。

**解:**该图所示的运放构成同相输入过零比较器,正弦波输入信号每过零一次,比较器的输出电压就跳变一次,因而该比较器电路将正弦波输入信号变换成正负极性的方波,如图 8-39(d)所示。

方波经 RC 微分电路输出,则输出电压就将为一系列的正、负相间的尖峰脉冲,如图 8-39(e)所示。

双向尖峰脉冲又经二极管接到负载 $R_L$ 上,利用二极管单向导电性,在负载上 $R_L$ 只剩下正向尖峰脉冲,如图 8-39(f)所示,其时间间隔等于输入正弦波的周期。

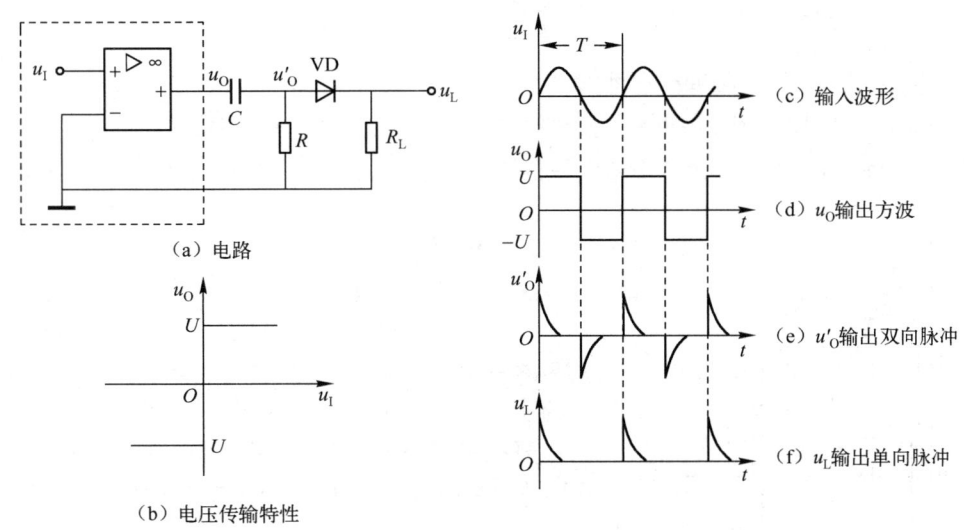

(a) 电路

(b) 电压传输特性

(c) 输入波形

(d) $u_O$ 输出方波

(e) $u'_O$ 输出双向脉冲

(f) $u_L$ 输出单向脉冲

图 8-39　例 8-3 图

### 2. 通用单阈值电压比较器

将图 8-36 所示过零比较器中的接地端改接为一个参考电压 $U_{REF}$。由于 $U_{REF}$ 的大小和极性均可调整,电路成为通用单阈值电压比较器。通用单阈值电压比较器电路如图 8-40(a)所示。

当输入电压大于参考电压时输出为正的最大值,当输入电压小于参考电压时输出为负的最大值,即阈值电压 $U_{TH} = U_{REF}$。其电压传输特性曲线如图 8-40(b)所示,与过零比较器的电压传输特性相比,右移了一个参考电压 $U_{REF}$。

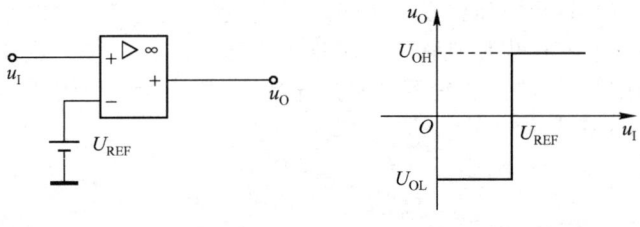

(a) 通用电平比较器电路

(b) 电压传输特性曲线

图 8-40　通用单阈值电压比较器电路及其传输特性曲线

通用单阈值电压比较器也可接成反相输入方式,如图 8-41(a)所示,$U_{REF}$ 为外加参考电压。根据叠加原理,集成运放反向输入端的电位为

$$u_- = \frac{R_1}{R_1 + R_2}u_1 + \frac{R_2}{R_1 + R_2}u_{REF}$$

根据前面介绍的基本理论,比较器电压发生跳变的时刻实际上就是 $u_+ = u_-$ 时刻,而 $u_+ = 0$,可以推出阈值电压为

$$U_{TH} = -\frac{R_2}{R_1}U_{REF} \tag{8-64}$$

当 $u_I < U_{TH}$ 时,$u_0 = U_Z$;当 $u_I > U_{TH}$ 时,$u_0 = -U_Z$。电压传输特性如图 8-41(b)所示。

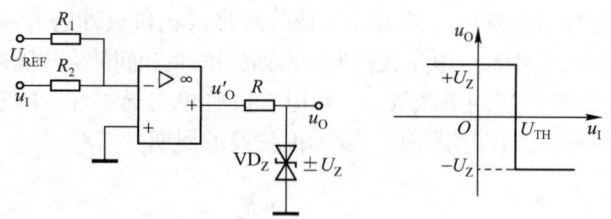

（a）反相输入方式通用电平比较器电路　　　　（b）电压传输特性

图 8-41　反相输入方式通用电平比较器电路及电压传输特性

根据式（8-62）可知，只要改变参考电压的大小和极性，以及电阻 $R_1$ 和 $R_2$ 的阻值，就可以改变阈值电压的大小和极性。

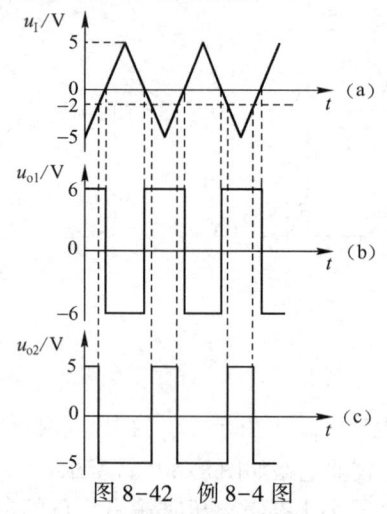

图 8-42　例 8-4 图

**【例 8-4】**　在图 8-38 所示电路中，稳压管的稳定电压 $U_Z = \pm 6$ V；在图 8-41（a）所示电路中，$R_1 = R_2 = 5$ kΩ，参考电压 $U_{REF} = 2$ V，稳压管的稳定电压 $U_Z = \pm 5$ V；它们的输入电压均为图 8-42（a）所示的三角波。试分别画出两电路输出电压的波形。

**解：**根据图 8-38 所示电路可知，当 $u_1 < 0$ 时，$u_{o1} = +U_Z = 6$ V；当 $u_1 > 0$ 时，$u_{o1} = -U_Z = -6$ V；所以画出其输出电压 $u_{o1}$ 的波形如图 8-42（b）所示。根据式（8-64）可知，$U_{TH} = -\dfrac{R_2}{R_1} U_{REF} = -2$ V。因此，当 $u_1 < -2$ V 时，$u_{o2} = +U_Z = 5$ V；当 $u_1 > -2$ V 时，$u_{o2} = -U_Z = -5$ V；所以其输出电压 $u_{o2}$ 的波形如图 8-42（c）所示。

## 8.3.3　滞回比较器

单阈值电压比较器结构简单，灵敏度高，但它的抗干扰能力差。也就是说，如果输入信号因干扰在阈值电压附近变化时，输出电压将在高、低两个电平之间反复跳变，如图 8-43 所示，造成检测结果不稳定，可能使输出状态产生误动作。为了提高电压比较器的抗干扰能力，本节介绍有两个不同阈值电压的滞回比较器。滞回比较器具有迟滞特性，抗干扰能力强，是具有正反馈的电压比较器，电路如图 8-44(a)所示。

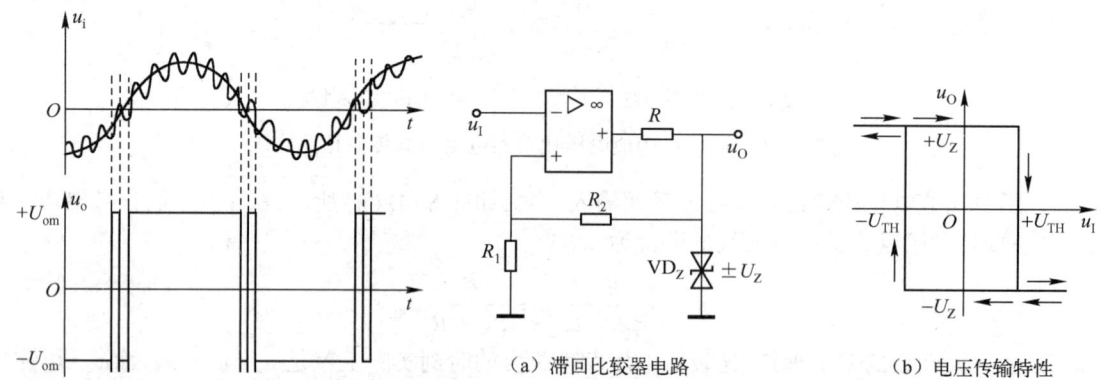

图 8-43　单阈值电压比较器对有干扰信号的输出

（a）滞回比较器电路　　　　（b）电压传输特性

图 8-44　滞回比较器及电压传输特性

滞回比较器是在电压比较器的基础上，通过 $R_2$ 把输出电压反馈到放大器的同相输入端形成正反馈。输入电压加到反相输入端的迟滞比较器为反相输入迟滞比较器，加到同相输入端的称为同相迟滞比较器。图 8-44(a)所示电路是反相输入迟滞比较器，$R_1$、$R_2$ 组成正反馈电路。当输入信号

电压 $u_I$ 增大到略大于同相端电压 $u_+$ 时，输出将由高电平下降，输出电压经 $R_1$、$R_2$ 反馈到同相端，迫使同相端电压减小，致使输出电压进一步减小，从而加速了输出电压的跳变过程。因此，正反馈的引入加速了比较器的翻转过程，改善波形在跃变时的陡度。

从集成运放输出端的限幅电路可以看出，$u_O = \pm U_Z$。集成运放反相输入端电位 $u_- = u_I$，同相输入端电位

$$u_+ = \frac{R_1}{R_1 + R_2} U_O \tag{8-65}$$

令 $u_- = u_+$，求出的 $u_I$ 就是阈值电压。因此，得出

$$U_{TH} = \frac{R_1}{R_1 + R_2} U_O = \pm \frac{R_1}{R_1 + R_2} U_Z \tag{8-66}$$

从上式可以看出，与单阈值电压比较器相比，滞回比较器的阈值电平为两个。为了得到滞回比较器电路的电压传输特性，下面分析输出电压在两个阈值工作下的变化情况。

假设 $u_I$ 小于阈值电平，则输出电压 $u_O = +U_Z$，此时的阈值电压 $U_{TH} = +\frac{R_1}{R_1+R_2} U_Z$。只有当输入电压大于阈值电压即 $u_I > \frac{R_1}{R_1+R_2} U_Z$ 时，输出电压 $u_O$ 才会从 $+U_Z$ 跳变为 $-U_Z$。同理，假设 $u_I$ 大于阈值电平，则输出电压 $u_O = -U_Z$，此时的阈值电压 $U_{TH} = -\frac{R_1}{R_1+R_2} U_Z$。只有当输入电压小于阈值电压，即 $u_I < -\frac{R_1}{R_1+R_2} U_Z$ 时，输出电压 $u_O$ 才会从 $-U_Z$ 跳变为 $+U_Z$。由上述分析可见，输出电压 $u_O$ 从 $+U_Z$ 跳变为 $-U_Z$ 和从 $-U_Z$ 跳变为 $+U_Z$ 的阈值电压不同，得到的电压传输特性如图 8-44(b) 所示。

为使滞回比较器的电压传输特性曲线向左或向右平移，需将两个阈值电压叠加相同的正电压或负电压。把电阻 $R_1$ 的接地端接参考电压 $U_{REF}$，可达到此目的。电路如图 8-45(a) 所示。

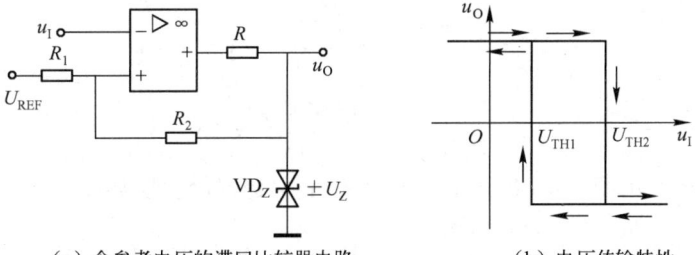

(a) 含参考电压的滞回比较器电路　　　　　(b) 电压传输特性

图 8-45　含参考电压的滞回比较器电路及电压传输特性

图 8-45(a) 中同相输入端的电位为

$$u_+ = \frac{R_2}{R_1 + R_2} U_{REF} \pm \frac{R_1}{R_1 + R_2} U_Z \tag{8-67}$$

令 $u_- = u_+$，求出的 $u_I$ 就是阈值电压。因此，得出

$$\begin{cases} U_{TH1} = \dfrac{R_2}{R_1 + R_2} U_{REF} - \dfrac{R_1}{R_1 + R_2} U_Z \\[2mm] U_{TH2} = \dfrac{R_2}{R_1 + R_2} U_{REF} + \dfrac{R_1}{R_1 + R_2} U_Z \end{cases} \tag{8-68}$$

当 $U_{REF} > 0$ 时，由上式可得电压传输特性如图 8-45(b) 所示，两个阈值的差值 $\Delta U_{TH} = U_{TH1} - U_{TH2}$ 称为回差。由上式可知，改变 $R_1$ 和 $R_2$ 的值可改变回差大小，改变 $U_{REF}$ 的极性即可改变曲线平移的方向。同理，为了使电压传输特性曲线上、下平移，则应改变稳压管的稳定电压。滞回比较器由于有回差电压存在，大大提高了电路的抗干扰能力。回差 $\Delta U_{TH}$ 越大，抗干扰能力越强。因为输入信号因受干扰

或其他原因发生变化时,只要变化量不超过回差 $\Delta U_{\text{TH}}$,这种比较器的输出电压就不会来回变化。

**【例 8-5】** 已知电路如图 8-45(a)所示的反相输入滞回比较器,其参数 $R_1 = 15\ \text{k}\Omega$,$R_2 = 30\ \text{k}\Omega$,$R = 3\ \text{k}\Omega$,$U_{\text{REF}} = 0\ \text{V}$,$U_Z = 6\ \text{V}$,输入信号波形如图 8-46(a)所示,试画出输出 $u_o$ 的波形。

**解:** 根据式(8-68),可以计算出图 8-45(a)所示电路的两个阈值分别为

$$
\begin{cases}
U_{\text{TH1}} = \dfrac{R_1}{R_1 + R_2}U_{\text{REF}} - \dfrac{R_1}{R_1 + R_2}U_Z = -\dfrac{15}{15 + 30} \times 6 = -2\ \text{V} \\[3mm]
U_{\text{TH2}} = \dfrac{R_1}{R_1 + R_2}U_{\text{REF}} + \dfrac{R_1}{R_1 + R_2}U_Z = \dfrac{15}{15 + 30} \times 6 = 2\ \text{V}
\end{cases}
$$

根据输入波形,则可得输出波形如图 8-46(b)所示。

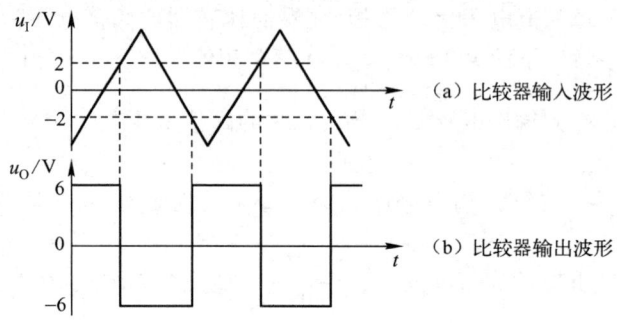

图 8-46 例 8-5 图

**【例 8-6】** 设电路参数如图 8-47(a)所示,输入信号 $U_1$ 的波形如图 8-47(b)所示。试画出其传输特性和输出电压 $U_0$ 的波形。

**解:**(1)求阈值电压。

由于 $U_{\text{REF}} = 0$,根据式(8-66)可得

$$
U_{\text{TH1}} = -\frac{R_1 U_Z}{R_1 + R_3} = \frac{-15 \times 6}{15 + 15}\ \text{V} = -3\ \text{V}
$$

$$
U_{\text{TH2}} = \frac{R_1 U_Z}{R_1 + R_3} = \frac{15 \times 6}{15 + 15}\ \text{V} = 3\ \text{V}
$$

(2)画传输特性。由图 8-47 所示的电路结构可得其传输特性,如图 8-47(d)所示。

(3)画出 $U_0$ 波形,如图 8-47(c)所示。

由图 8-47 可得,尽管输入电压波形很不整齐,但得到的输出电压是一近似矩形波。可见,具有迟滞特性的电压比较器电路在控制系统和波形产生器中有非常广泛的应用。

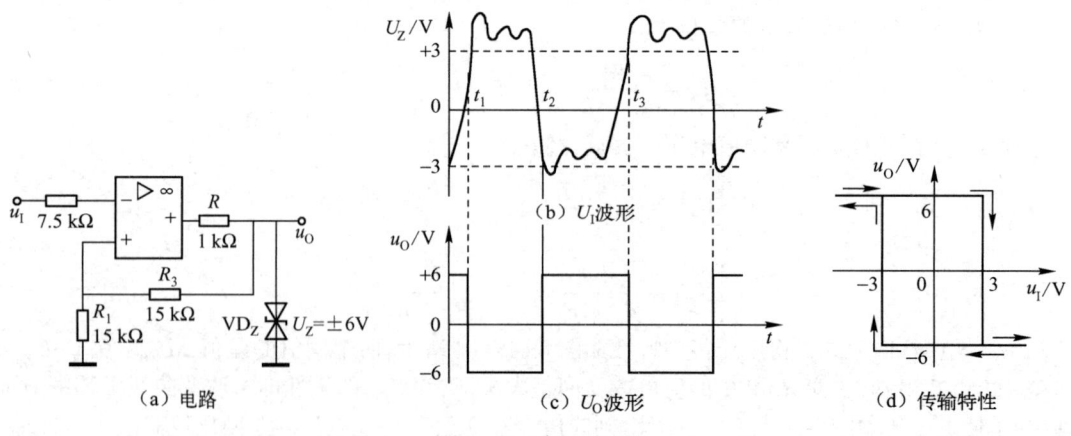

图 8-47 例 8-6 图

### 8.3.4 窗口比较器

简单比较器和滞回比较器有一个共同特点,即输入信号 $u_I$ 单方向变化(正向过程或负向过程)时,输出电压 $u_O$ 只跳变一次,只能检测一个输入信号的电平。而窗口比较器的特点是输入信号单方向变化时,可使输出电压跳变两次,典型电路如图8-48(a)所示。

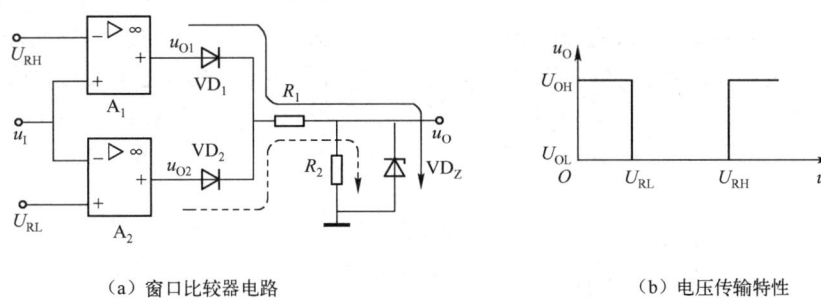

(a)窗口比较器电路　　　　　　　　　　　(b)电压传输特性

图8-48　窗口比较器电路图及电压传输特性

在图8-48所示窗口比较器中,设外加参考电压 $U_{RH}>U_{RL}$。当输入电压 $u_I>U_{RH}$ 时,必然有 $u_I>U_{RL}$,所以集成运放 $A_1$ 的输出 $u_{O1}=+U_{OM}$,$A_2$ 的输出 $u_{O2}=-U_{OM}$。使得二极管 $VD_1$ 导通,$VD_2$ 截止,稳压管 $VD_Z$ 工作在稳压状态,输出电压 $u_O=+U_Z$。

同理,当 $u_I<U_{RL}$ 时,集成运放 $A_1$ 的输出 $u_{O1}=-U_{OM}$,$A_2$ 的输出 $u_{O2}=+U_{OM}$。使得二极管 $VD_1$ 截止,$VD_2$ 导通,稳压管 $VD_Z$ 工作在稳压状态,输出电压 $u_O=+U_Z$。

当 $U_{RL}<u_I<U_{RH}$ 时,$u_{O1}=u_{O2}=-U_{OM}$,所以 $VD_1$ 和 $VD_2$ 都截止,稳压管截止,$u_O=0$ V。

根据上述分析,图8-48(a)所对应的电压传输特性如图8-48(b)所示,它形似窗口,故称为窗口比较器。窗口比较器提供了两个阈值电压和两种输出稳定状态,可用来判断输入信号是否在某两个电平之间。

**【例8-7】** 要求设计一个三极管 $\beta$ 值分选电路。当 $50 \leqslant \beta \leqslant 100$ 时,分选指示的 LED 不亮,表示该三极管在所选范围之内。当 $\beta>100$ 或 $\beta<50$ 时,分选指示的 LED 发亮,表示该三极管不在所选范围之内,应该剔除。

**解:** 利用窗口比较器能提供两个阈值电压和两种输出稳定状态来判断,输入信号是否在某两个电平之间的特性来设计该检测电路。实际设计完成的电路如图8-49所示。

如图所示,首先由一个三极管静态工作电路把三极管的 $\beta$ 值转化为电压。根据图示参数,可得到

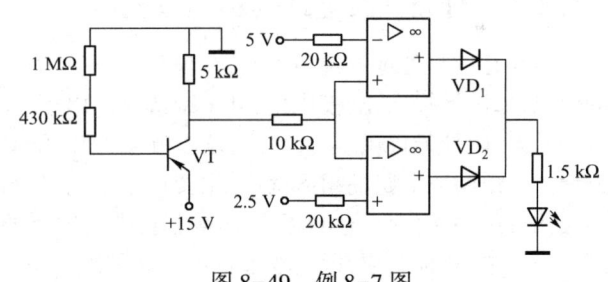

图8-49　例8-7图

$$I_B = \frac{15-0.7}{10^6+430 \times 10^3} = 0.01 \text{ mA}$$

当 $\beta<50$ 时,$I_C=\beta I_B<0.5$ mA,$U_C<2.5$ V,$VD_2$ 导通,LED 灯亮。

当 $\beta>100$ 时,$I_C=\beta I_B>1$ mA,$U_C>5$ V,$VD_1$ 导通,LED 灯亮。

当 $50 \leqslant \beta \leqslant 100$ 时,$2.5$ V$<U_C<5$ V,$VD_1$ 和 $VD_2$ 都截止,LED 灯不亮。完成检测和分选任务。

### 8.3.5 单片集成电压比较器

单片集成电压比较器是根据比较器的工作特点和要求设计的专用集成电路。表8-1中列出了几种典型的集成电压比较器的主要性能参数。

表 8-1    几种典型的集成电压比较器的主要性能参数

| | 电源电压/V | 失调电压/mV | 输入电流/μA | 失调电流/μA | 电压增益/(V/mA) | 响应时间/ns |
|---|---|---|---|---|---|---|
| LM311 | +5~±15 | 2 | 0.25 | 0.06 | 200 | 200 |
| LF311 | +5~±15 | 10 | 0.15 | 0.000 075 | 200 | 200 |
| LM339 | +2~±18 | 5 | 0.25 | 0.05 | 200 | 1300 |
| LM393 | +2~±18 | 5 | 0.25 | 0.05 | 200 | 1300 |

LM311 是双极型产品,LF311 是 FET 输入型产品,LM393 和 LM339 分别是双比较器和四比较器,它们都是集电极开路输出,均可采用双电源或单电源方式供电。图 8-50 为 LM311 的引脚图和典型接线图。

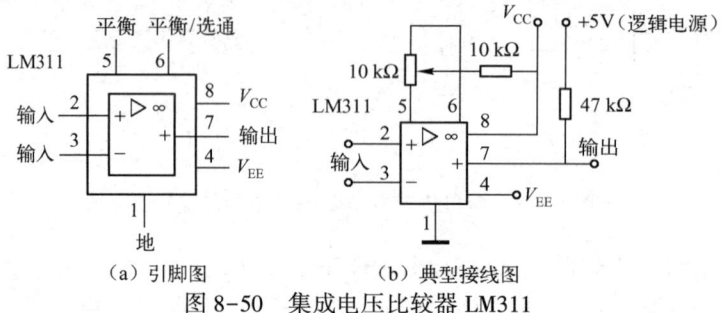

（a）引脚图          （b）典型接线图

图 8-50    集成电压比较器 LM311

**【思考题】**

1. 分析电压比较器需要哪些步骤?

2. 何为过零比较器?

3. 滞回电压比较器的特点是什么? 为什么比较器适用于波形的整形?

4. 窗口比较器有什么特点?

# 8.4    有源滤波电路和电压比较器的仿真分析

滤波电路与电压比较电路在近代电信设备和各类控制系统中,应用极为广泛,因此本节主要对这两种电路进行仿真分析。

## 8.4.1    有源滤波电路的仿真分析

滤波器是信号处理的重要单元,在现代电子技术中得到了广泛的应用。有源滤波器有许多独特的优点,如设计标准化、模块化、易于制造等。由于运算放大器具有增益高和输入电阻高、输出电阻低的特点,因此能提供一定的信号增益和缓冲作用,并可用简单的级联得到高阶滤波器,且调谐很方便。有源滤波电路的用途很广,主要用于小信号处理,可作为抑制干扰、噪声、衰减无用频率信号而突出有用频率信号,达到提高信噪比或选频的目的。在工程中,有用信号往往夹杂在高频与低频噪声之中,难以获取,因此本节将仿真这种现象,对有源滤波器就工程应用方面进行结果的分析,如图 8-51 和图 8-52 所示。

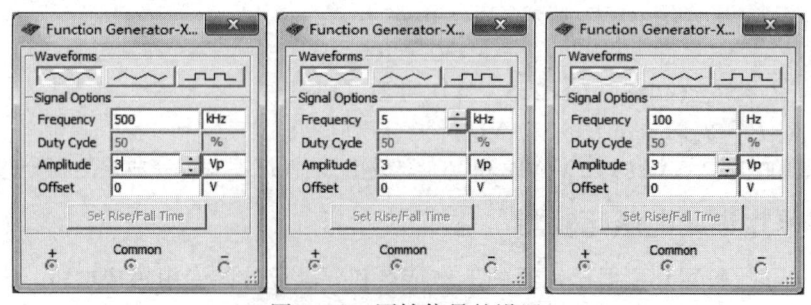

图 8-51    原始信号的设置

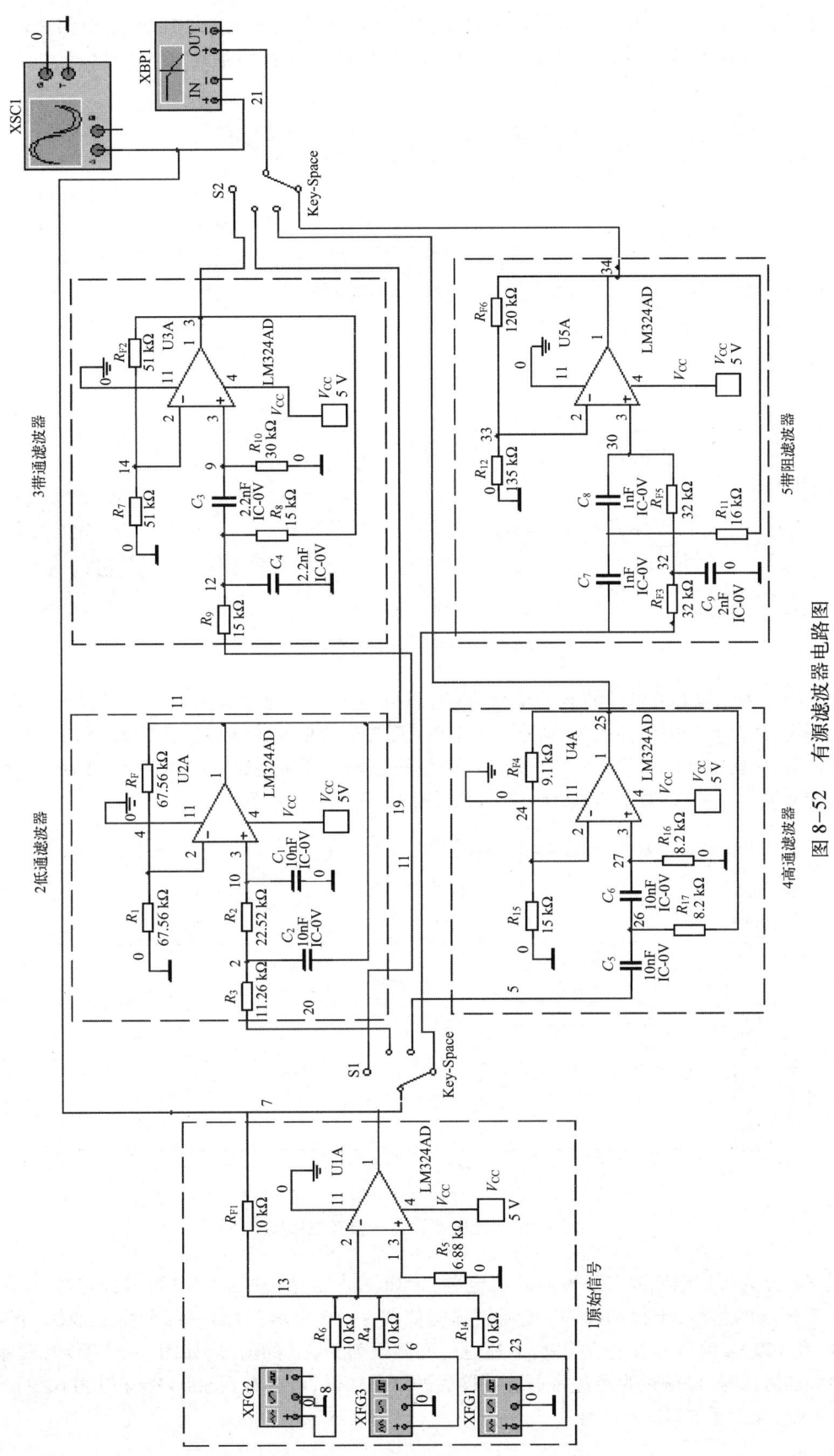

图 8-52 有源滤波器电路图

图 8-52 中第一部分为原始信号生成电路,由 500 kHz、5 kHz 和 100 Hz 且幅值为 3 V 的三个正弦信号(函数发生器的设置如图 8-51 所示),分别经加法器叠加生成原始信号,如图 8-53 所示。

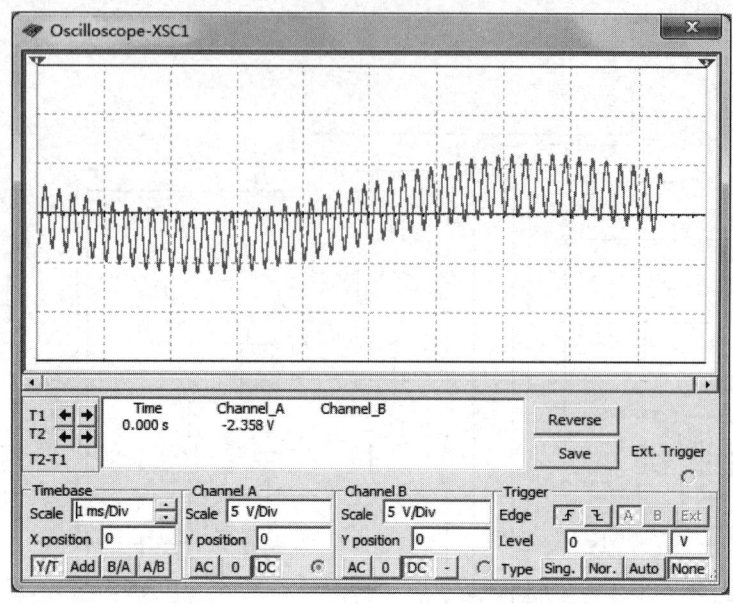

图 8-53　叠加后的原始信号

第二部分为二阶有源低通滤波器电路,低通滤波器是一个通过低频信号,而衰减或抑制高频信号的部件,其幅频响应图如图 8-54 所示,对第一部分生成的原始信号中 500 kHz 和 5 kHz 的信号会进行抑制,保留 100 Hz 的信号,如图 8-55 所示,浅颜色为原始叠加后信号,深颜色为经过低通滤波器后的结果信号,可以看到 500 kHz 和 5 kHz 的信号得到有效抑制。

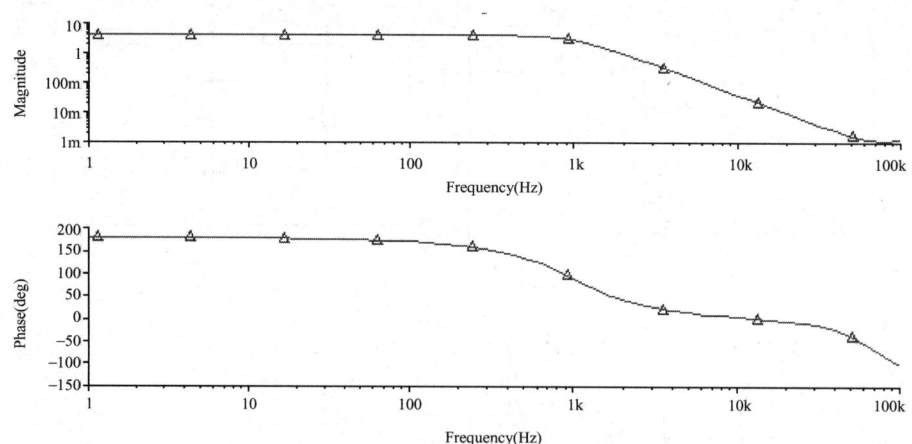

图 8-54　低通滤波器的幅频响应图

第三部分为压控电压源二阶带通滤波电路,带通滤波器允许一定频段的信号通过,抑制低于或高于该频段的信号、干扰和噪声,其幅频响应如图 8-56 所示,对第一部分生成的原始信号中 500 kHz 和 100 Hz 的信号会进行抑制,只通过中间频段为 5 kHz 的信号,如图 8-57 所示,浅颜色仍为原始叠加后信号,深颜色为经过带通滤波器后的结果信号,可以看到 500 kHz 和 100 Hz 的信号得到有效抑制,保留了 5 kHz 的信号。

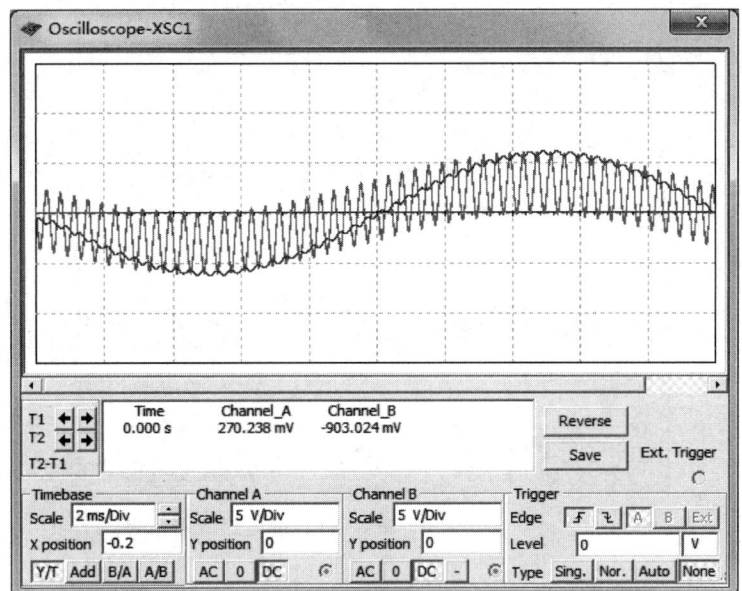

图 8-55　低通滤波器结果

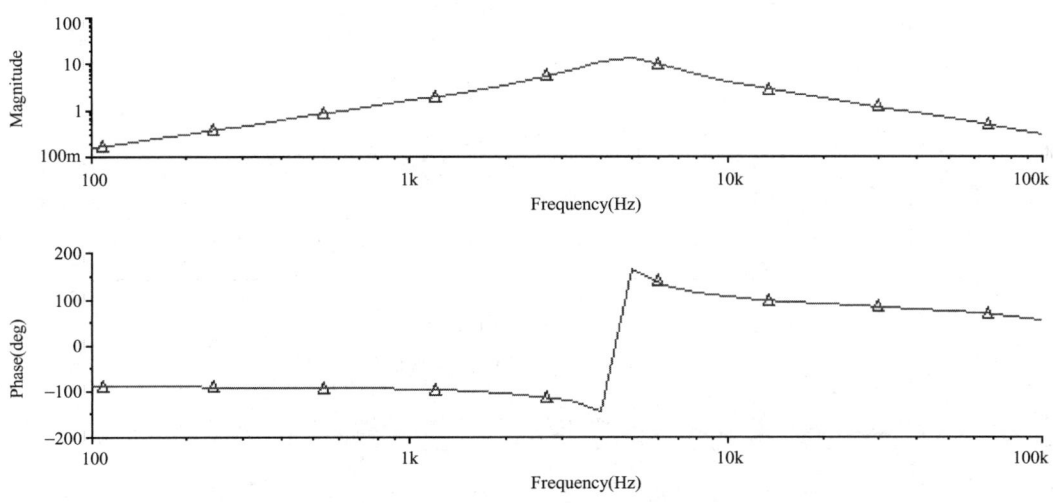

图 8-56　带通滤波器幅频响应图

第四部分为二阶有源高通滤波器电路,高通滤波器允许信号中的高频分量通过,抑制低频或直流分量,常用作去除工程中的趋势项噪声。其幅频响应图如图 8-58 所示,对第一部分生成的原始信号中 100 Hz 的信号会进行抑制,通过频段 5 kHz 和 500 kHz 的信号,如图 8-59 所示,浅颜色仍为原始叠加后信号,深颜色为经过高通滤波器后的结果信号,可以看到 100 Hz 的趋势项信号得到有效抑制,保留了 5 kHz 和 500 kHz 的叠加信号。

第五部分为压控电压源二阶带阻滤波电路,带阻滤波器抑制一定频段内的信号,允许该频段以外的信号通过。其幅频响应图如图 8-60 所示,对第一部分生成的原始信号中 5 kHz 的信号会进行抑制,通过频段 500 kHz 和 100 Hz 的信号,如图 8-61 所示,浅颜色仍为原始叠加后信号,深颜色为经过带阻滤波器后的结果信号,可以看到 5 kHz 的信号得到有效抑制,保留了 100 Hz 和 500 kHz 的叠加信号。

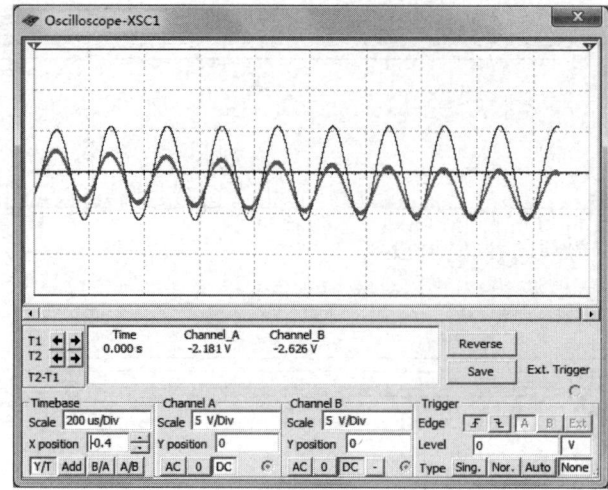

图 8-57　带通滤波器结果

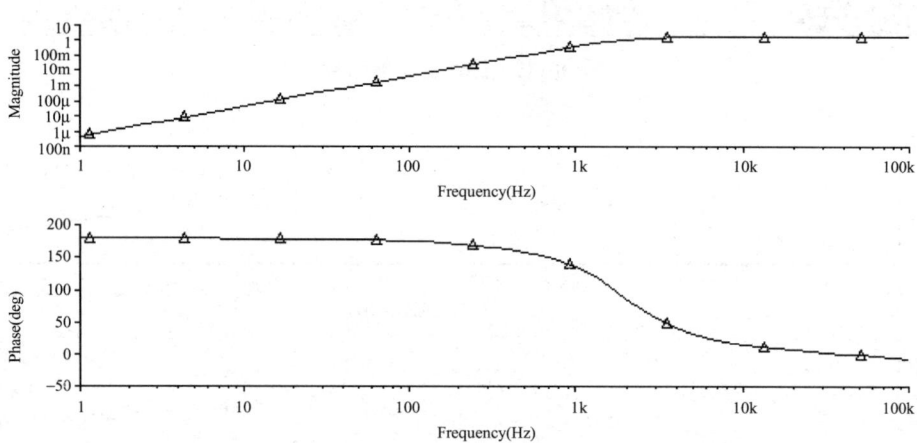

图 8-58　高通滤波器幅频响应图

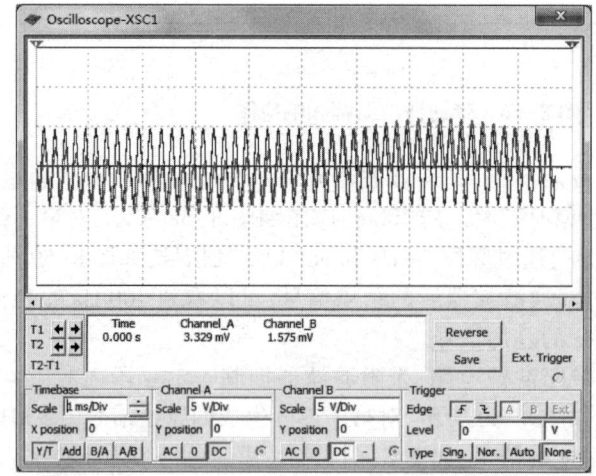

图 8-59　高通滤波器结果

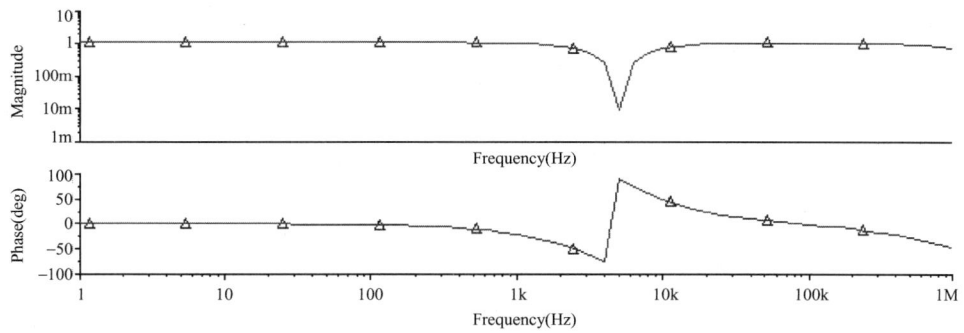

图 8-60　带阻滤波器幅频响应图

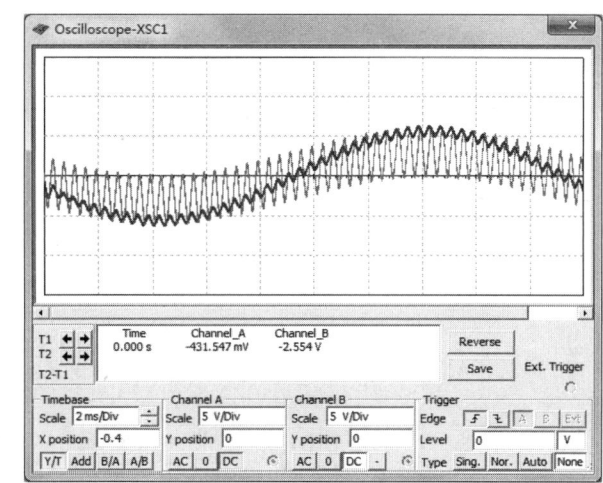

图 8-61　带阻滤波器结果

## 8.4.2　电压比较器的仿真分析

图 8-62 为含参考电压的滞回电压比较器电路图,图 8-63 为前端的原始信号设置,利用频率为 1 kHz,幅值为 1 V 的正弦信号仿真噪声信号,叠加在频率为 10 Hz,幅值为 5 V 的正弦信号上作为原始信号,如图 8-65 所示。图 8-64 为含参考电压的滞回电压比较器的电压传输特性图。图 8-65 中矩形波为比较器输出结果。

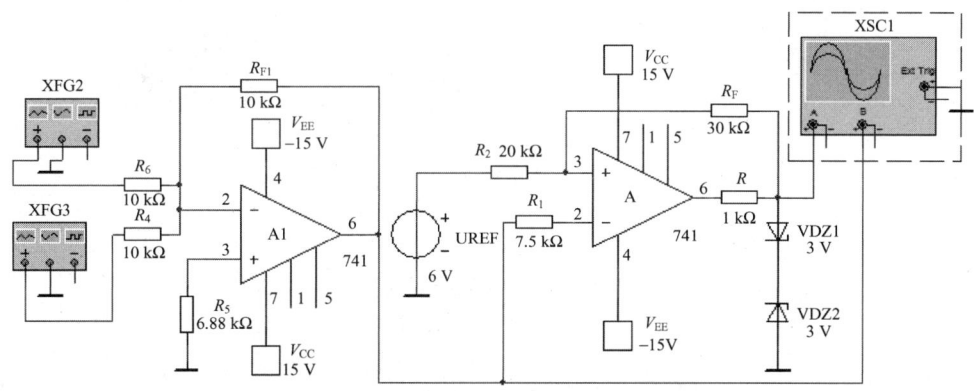

图 8-62　含参考电压的滞回电压比较器

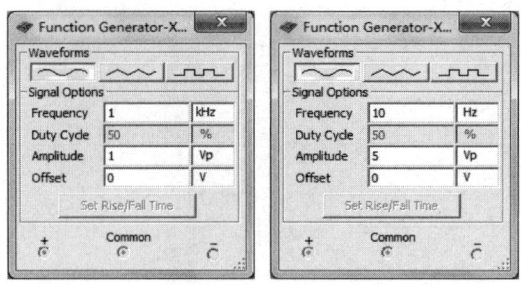

图 8-63　原始信号设置

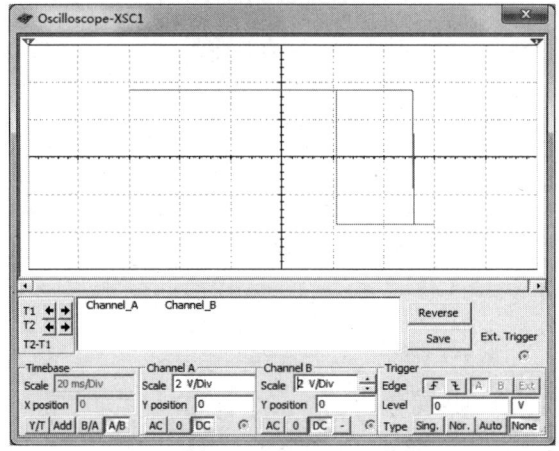

图 8-64　含参考电压的滞回电压比较器电压传输特性

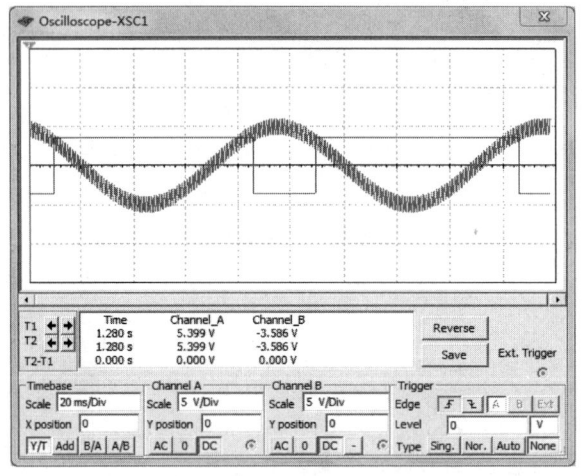

图 8-65　含参考电压的滞回电压比较器结果

图 8-66 为窗口比较器的电路图,图 8-67 为窗口比较器的电压传输特性,将幅值为 10 V,频率为 10 Hz 的正弦信号经窗口比较器后所得波形图如图 8-68 所示。

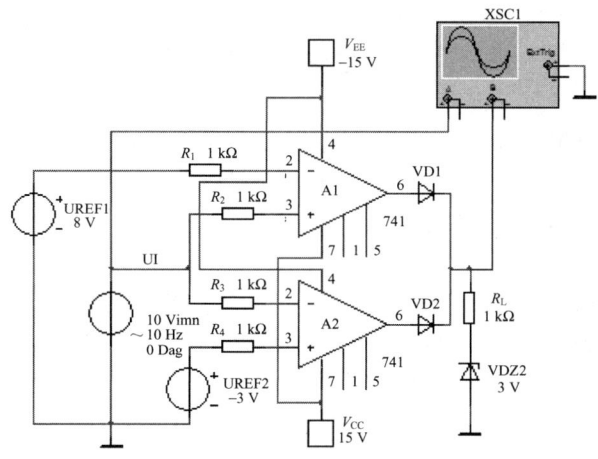

图 8-66 窗口比较器电路

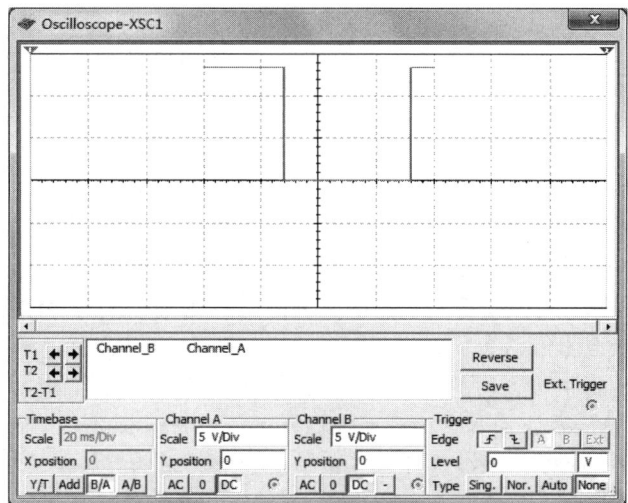

图 8-67 窗口比较器电压传输特性

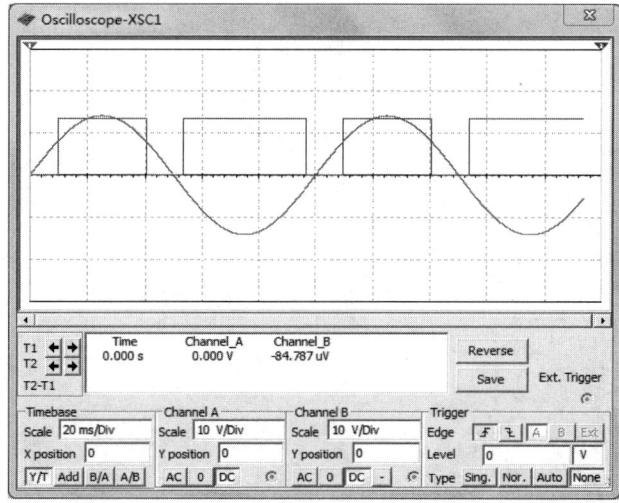

图 8-68 窗口比较器结果

# 8.5　数据采集电路实例

滤波器大量应用于数据的采集过程中,因此以心电采集系统为例,进一步说明在工程中的具体应用。

## 8.5.1　心电采集系统总体电路

心电信号的各种生理参数都是复杂生命体(人体)发出的强噪声条件下的弱信号(除体温等直接测量的参数外),从人体体表获取的心电信号非常微弱,一般只有 0.1 ~ 3 mV,频率范围为 0.05 ~ 100 Hz,而 90%的心电信号频谱能量集中在 0.25 ~ 35 Hz 之间,具有不稳定性、低频特性、随机性等特点,且非常容易受到外界环境的干扰。心电信号的干扰主要有工频干扰、高频电磁场干扰、电极极化干扰、测量设备本身的干扰等。基于以上特点,设计心电信号获取电路整体结构如图 8-69 所示。

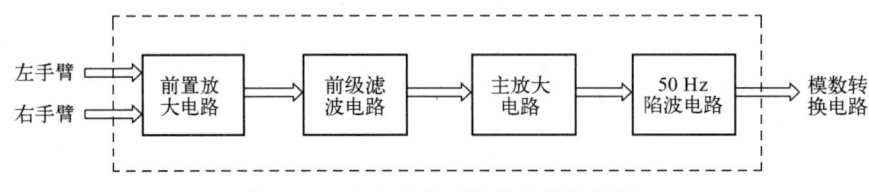

图 8-69　心电采集系统整体设计框图

心电信号被心电极片获取后送入前置放大电路进行初步放大,由高性能的差分前置放大电路对共模干扰信号进行抑制。经过前置放大电路初步放大以后的心电信号送入截止频率分别为 0.5 ~ 100 Hz 的高通、低通滤波电路,保留有效频率范围内的心电信号。接着将信号输入主放大器,实现 100 倍放大,使信号放大到 0.08 ~ 2.7 V 的范围。为了消除在信号放大过程引入噪声,同时滤除信号中的 50 Hz 工频信号,将主放大后的信号进行 50 Hz 陷波,从而得到清晰的波形。最后送入模拟/数字转换电路中,以便满足微处理器或控制系统进行进一步分析、存储和传输的要求。

利用如图 8-70 的参数设置,图 8-71 中第一部分电路为心电信号的仿真信号生成电路,30 Hz 为仿真的有效心电信号,在此之上叠加了 1 kHz 的高频噪声,0.3 Hz 的低频噪声和 50 Hz 的工频干扰信号。

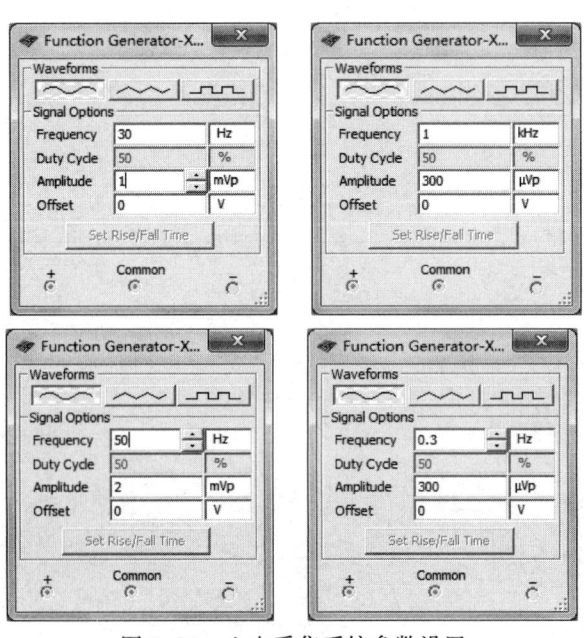

图 8-70　心电采集系统参数设置

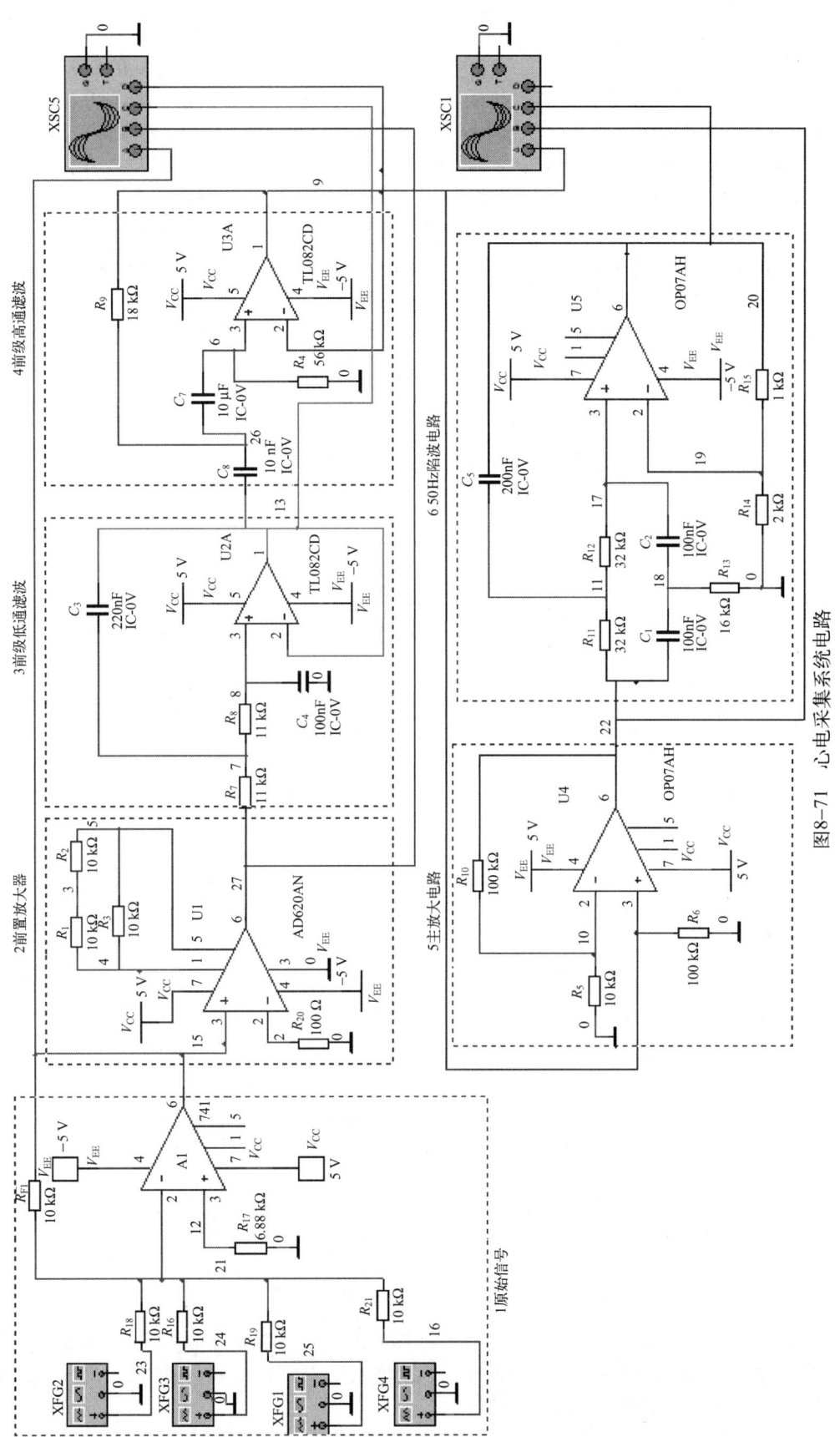

图8-71 心电采集系统电路

### 8.5.2　前置放大电路设计

由于心电信号属于高强噪声下的低频微弱信号,因此要求前置放大器应具有高输入阻抗、高共模抑制比、低噪声、低漂移、具有一定的电压放大能力等特点,本设计选用低成本集成仪表放大器 AD620 实现,AD620 的增益取值范围为 1~1 000 倍,对 AD620 增益大小的控制是通过调节 1 引脚和 8 引脚之间的电阻 $R_G$ 来实现的,计算公式为:$G=49.4\text{ k}\Omega/R_G+1$。为了提高被监护对象的安全系数且前置放大器不工作在截止区,前置放大器的增益不能过大。设计电路 $R_G=6.67\text{ k}\Omega$,计算得增益 $G$ 为 8.41。如图 8-70 中第二部分所示,处理结果如图 8-72 所示,其中浅颜色为生成的原始信号,深颜色为前置放大后的信号。

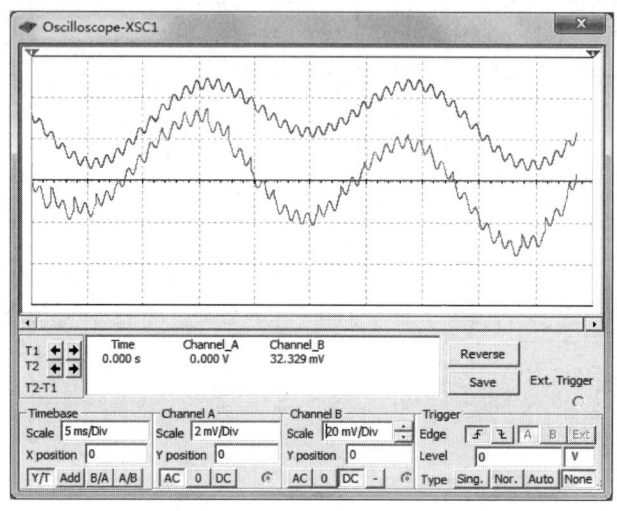

图 8-72　前置放大结果

### 8.5.3　前置滤波电路设计

对心电信号的特征分析发现,滤波电路的频带范围应为 0.5~100 Hz。选择低通和高通两个滤波器串联在一个通道上,选用频带范围较宽的 TL082 作为滤波器的运放,组成带通滤波器对心电信号进行滤波。其中低通滤波器的截止频率为 100 Hz,电路如图 8-71 中第三部分所示,其幅频响应图如图 8-73 所示,处理结果如图 8-74 所示。其中深颜色为前置放大结果,浅颜色为低通滤波的结果,可以看到 100 Hz 的高频噪声信号得到有效抑制。

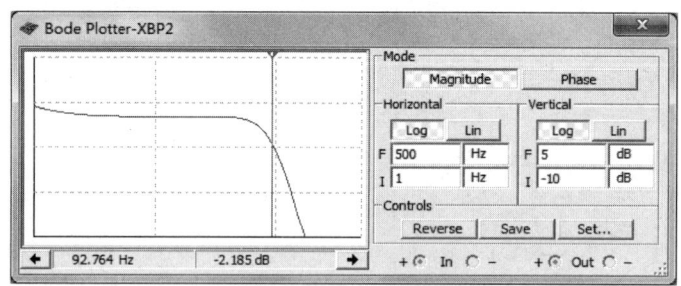

图 8-73　低通滤波器幅频响应图

其中高通滤波器的截止频率为 0.5 Hz,电路如图 8-71 中第四部分所示,其幅频响应图如图 8-75 所示,处理结果如图 8-76 所示。其中浅颜色为低通滤波的结果,深颜色为高通滤波结果,可以看到 0.3 Hz 的低频噪声信号得到有效抑制。

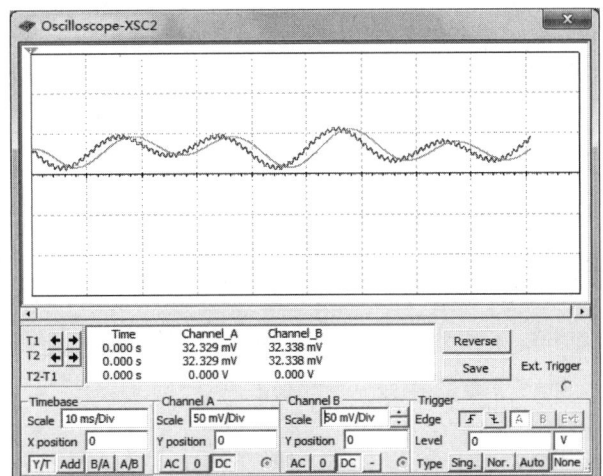

图 8-74　低通滤波结果

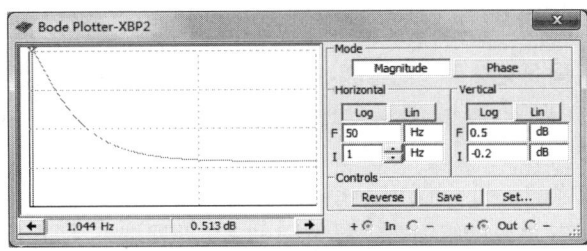

图 8-75　高通滤波器幅频响应图

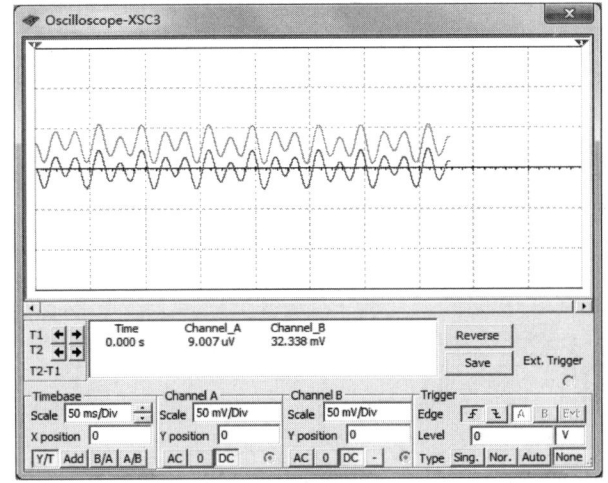

图 8-76　高通滤波器结果

### 8.5.4　主放大电路设计

系统后续采用的模拟/数字转换电路一般范围为 0~3.3 V,为了提高采集精度,设计了主放大电路对信号进一步放大。该电路采用低偏置电压,低漂移的集成运放 OP07 来承担。电路如图 8-71 中第五部分所示,增益由反向输入端的 R1 和 R2 的电阻决定,同相输入端采用 R3 = 100 kΩ 电阻以平衡两端电压并增大共模抑制比。处理结果如图 8-77 所示,其中辐值显示较小的为高通滤波结果,辐值显示较大的为主放大后的结果,可以看出已经在后续电路要求范围之内。

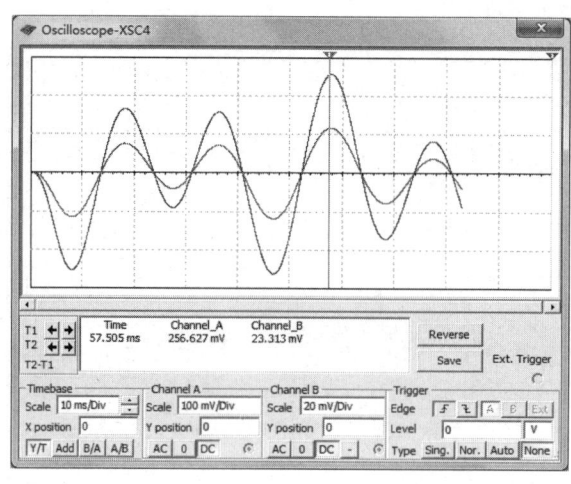

图 8-77　主放大电路结果

### 8.5.5　50 Hz 陷波电路设计

工频干扰主要是由人体和测量系统耦合周围环境中 50 Hz 工频及其谐波成分而引入的,是心电信号的主要干扰之一,对心电波形的影响较大。虽然前置放大电路对共模干扰具有较强的抑制作用,但仍有部分工频干扰是以差模信号方式进入电路。另外,由于输入回路和电极不稳定等因素,初级电路输出的心电信号仍存在较强的工频干扰,因此有必要进行陷波处理。设计电路如图 8-71 中第 6 部分所示。图 8-78 为 50 Hz 陷波电路的幅频响应图,图 8-79 为处理结果,图中浅色为主放大电路的波形图,黑色为陷波电路处理结果图,也是总电路最终处理结果图。可以看出,最终结果只保留了原始信号中的 30 Hz 正弦信号波形图,即有效地保留了所仿真的心电图信号。

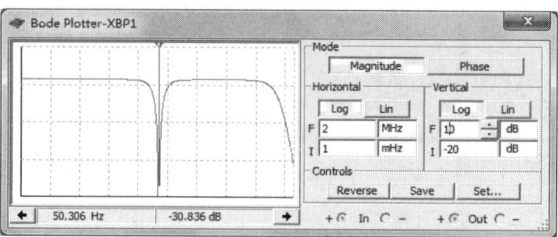

图 8-78　50 Hz 陷波电路幅频响应

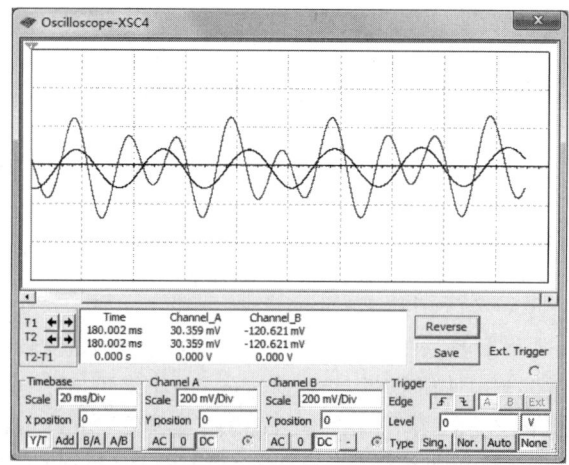

图 8-79　50 Hz 陷波电路结果

## *8.6 知识拓展——音调控制器中滤波电路的应用

音调控制器的功能是按一定的规律控制放大器输出信号的频率响应。其特性曲线如图8-80(a)所示，$f_0 = 1\,\mathrm{kHz}$ 为中心(中音)频率，$f_{L1}$ 为低音转折频率，$f_{L2} = 10f_{L1}$ 为低中音转折频率，$f_{H1}$ 为高中音转折频率，$f_{H2} = 10f_{H1}$ 为高音转折频率。音调控制器只对低音或高音的增益进行提升或衰减，而保持中音的增益不变。因此，音调控制器的电路可由低通滤波器和高通滤波器组成，如图8-80(b)所示。

通常，$C_1 = C_2 \gg C_3$，在中音频区，$C_3$ 视为开路，$C_1$、$C_2$ 视为短路。中音频区等效电路如图8-80(c)所示。通常取 $R_1 = R_2$，则中音区放大倍数等于1。

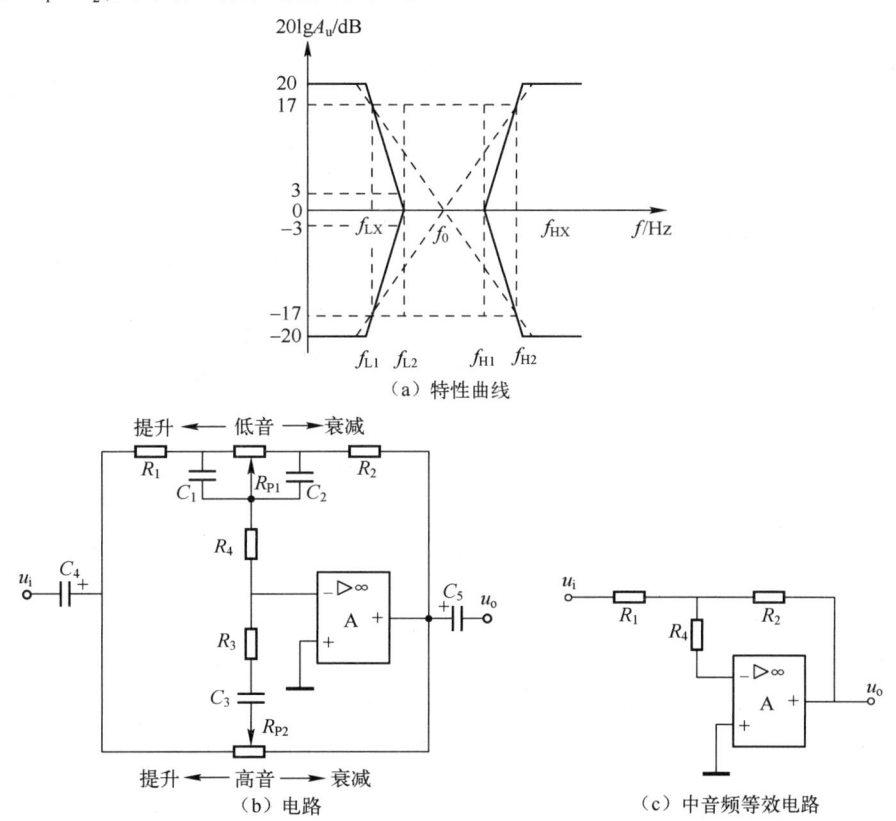

(a) 特性曲线

(b) 电路

(c) 中音频等效电路

图8-80 音调控制器

低音频区 $C_3$ 视为开路，低频区等效电路如图8-81所示。其中，图(a)为 $R_{P1}$ 的中心抽头在左端，对应低音频提升最大的情况；图(b)为 $R_{P1}$ 的中心抽头在最右边，对应低音频衰减最大的情况。

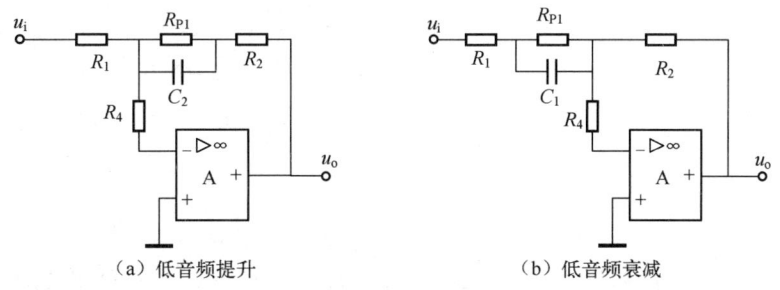

(a) 低音频提升

(b) 低音频衰减

图8-81 音调控制器低音频等效电路

低音频等效电路是反相型放大器。电路增益的绝对值等于反馈电阻(集成运放输出端与反相端之间的电阻)与输入电阻(电路输入端与反相端之间的电阻)之比。图中，$R_1 = R_2$，对于图8-81(a)，反馈电阻大于输入电阻,电路放大倍数大于1,所以输出提升。对于图8-81(b),反馈电阻小于输入电阻,电路放大倍数小于1,所以输出衰减。

高频区 $C_1$、$C_2$ 视为短路,其等效电路如图8-82(a)所示。通常取 $R_1 = R_2 = R_4$。$R_{P2}$ 中心抽头置于最左端和最右端时的等效电路分别如图8-82(b)、(c)所示。

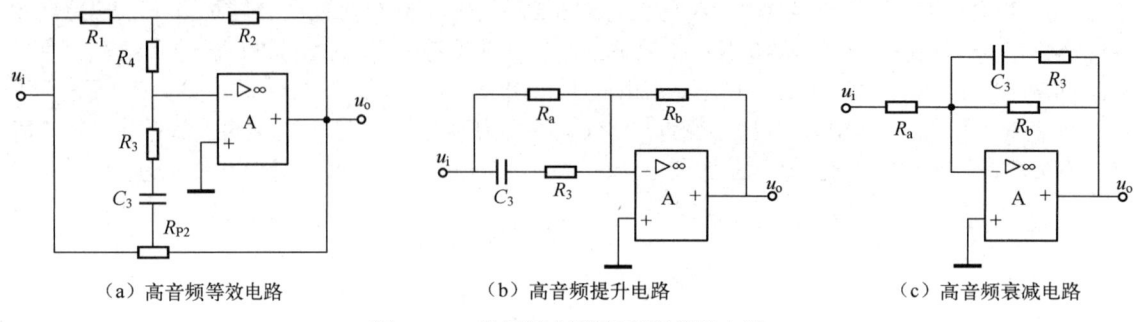

(a) 高音频等效电路　　　　　　(b) 高音频提升电路　　　　　　(c) 高音频衰减电路

图8-82　音调控制器高音频等效电路

高音频等效电路也是反相型放大器,$R_1 = R_2 = R_4$,$R_a = R_b = 3R_1 = 3R_2 = 3R_4$。对于图8-82(b),反馈电阻大于输入电阻,电路放大倍数大于1,所以输出提升;对于图8-82(c),输入电阻大于反馈电阻,所以输出衰减。

实际设计时,一般给出低频区某频率 $f_{LX}$ 和高频区某频率 $f_{HX}$ 处的提升量或衰减量。

# 本章小结

本章主要介绍集成运放在信号检测与处理中的应用,描述运放在解决实际工程问题中的作用,讲述包括信号检测系统中的放大电路、有源滤波器电路、电压比较器电路等内容。

**1. 信号检测系统中的放大电路**

在电子信息系统中,通过传感器或其他途径所采集的信号往往很小,不能直接进行运算、滤波等处理,而是必须进行放大。

首先重点讲述了由集成运放组成的精密仪用放大器电路,讲述了该电路的组成原理、分析方法和在仪器仪表中的应用;介绍了用于电容类传感器电荷放大的电荷放大器;介绍了用于 A/D 转换过程中的采样保持电路;介绍了实用的精密整流电路。

**2. 有源滤波电路**

对于信号的频率具有选择性的电路称为滤波电路,是一种能使有用频率信号通过,同时抑制无用频率成分的电路。滤波电路在通信、电子工程和信号处理等领域得到了广泛应用。只采用 R、L 和 C 等元件组成的滤波器称为无源滤波器。有源滤波器由集成运放和 R、C 组成,通常不用电感。

首先介绍了滤波电路的基础知识,介绍了低通、高通、带通、带阻、全通滤波器的基本概念和特点;然后根据分类,着重讲述了低通、高通、带通、带阻、全通滤波器的电路的组成、分析方法和应用;根据常用有源滤波电路出现的问题,介绍了开关电容滤波器的组成和基本原理;最后介绍了常用的集成有源滤波器以及应用。

**3. 电压比较器**

电压比较器是能够对输入的模拟量信号进行鉴别和比较的电路,能够根据输入信号是大于还是小于参考电压而决定电路的输出状态,这种电路能把输入的模拟信号转换为输出的脉冲信号。电压比较器是一种模拟量到数字量的接口电路,广泛应用于模/数转换、数字仪表、自动控制和自动检测等技术领域,以及波形产生和变换等场合。电压比较器是集成运放非线性应用的典型电路,它可分为单阈值电压比较器、滞回电压比较器以及窗口比较器等。

首先讲述了单阈值电压比较器的基本组成和电压传输特性,介绍了该比较器的应用;从单阈值电压比较器应用存在的缺点出发,着重讲述了滞回电压比较器的组成和电压传输特性,介绍了它在波形整形中的应用;从工程检测出发,介绍了用于产生分类判别的窗口比较器以及应用。

### 4. 电路的仿真分析

工程中大量应用到有源滤波电路及电压比较器,其中有源滤波电路主要用于小信号处理,可作为抑制干扰、噪声、衰减无用频率信号而突出有用频率信号,达到提高信噪比或选频的目的。电压比较器常用于对输入信号进行鉴别与比较,可将正弦波变为同频率的方波或矩形波。

首先仿真工程中夹杂在高频与低频噪声之中的有用信号,然后采用有源滤波器中的低通,高通,带通及带阻滤波器进行了滤波分析;其次对含参考电压的滞回电压比较器和窗口比较器的电路进行了仿真前后的波形比较;最后以心电采集系统为例,进一步说明集成运放在工程中的应用。

## 自 测 题

**8.1 判断题** 分析下列说法是否正确(用"√"表示正确,用"×"表示错误)

1. 为使电压比较器的输出电压不是高电平就是低电平,就应在其电路中使集成运放不是工作在开环状态,就是仅仅引入正反馈。 ( )

2. 如果一个滞回比较器的两个阈值电压和一个窗口比较器的相同,那么当它们的输入电压相同时,它们的输出电压波形也相同。 ( )

3. 输入电压在单调变化的过程中,单限比较器和滞回比较器的输出电压均只可能跃变一次。 ( )

4. 单限比较器比滞回比较器抗干扰能力强,而滞回比较器比单限比较器灵敏度高。 ( )

**8.2 填空题**

1. 一阶低通滤波器可以构成一阶高通滤波器,只要把_____互换位置就行。

2. 有源滤波器中所谓能让有用频率信号通过,而对无用或干扰频率信号加以抑制,这都是指_____波形信号而言,对非正弦被信号可看作_____频率信号来理解。

3. 在某个信号处理系统中,要求让输入信号中 5~10 kHz 信号通过,应该选用_____滤波器,如果要抑制 50 Hz 干扰信号,不使其通过,可采用_____滤波器。

4. 为了使滤波电路的输出电阻足够小,保证负载电阻变化时滤波特性不变,应选用_____滤波电路。

5. 把低通滤波器和高通滤波器_____,就能实现带通滤波器,把低通滤波器和高通滤波器_____,就能实现带阻滤波器。

6. 用低通滤波器和高通滤波器实现带通滤波器的条件是_____。

7. 用低通滤波器和高通滤波器实现带阻滤波器的条件是_____。

8. 全通滤波器在整个频率范围内,幅值_____,相位_____。

**8.3 选择题**

1. 精密差分测量三运放放大电路;对( )能有效放大,对( )有效抑制。

    A. 差模信号             B. 差模信号和共模信号          C. 共模信号

2. 一阶低通或高通有源滤波电路,其截止频率与 R、C 有关,表达式为( )。

    A. $\dfrac{1}{RC}$             B. $\dfrac{1}{2\sqrt{RC}}$             C. $\dfrac{1}{2\pi RC}$

3. 在下列各种情况下,应分别采用哪种类型的滤波电路。

(a) 抑制 50 Hz 交流电源的干扰( )

(b) 处理具有 1 Hz 固定频率的有用信号( )

(c) 从输入信号中取出低于 2 kHz 的信号( )

(d) 抑制频率为 100 kHz 的高频干扰( )

    A. 低通             B. 高通             C. 带通             D. 带阻

4. 为使低通或高通有源滤波电路更趋近于理想频率特性性,达到 80 dB/十倍频程,应选用哪种滤波电

路。(　　　)

    A. 二阶               B. 四阶                       C. 八阶

5. 为了能实现对同一种产品的分选,一般选择(　　　)比较器。

    A. 单门限电压比较器     B. 滞回电压比较器               C. 窗口比较器

6. 二阶压控电压源 LPF 的通带增益必须(　　　)。

    A. 小于 3               B. 大于 3                 C. 等于 3            D. 大于零

7. 与无源滤波相比,有源滤波的优点是(　　　)。

    A. 无负载效应                             B. 通带放大倍数小于 1

    C. 有负载效应                             D. 截止频率与负载有关

8. 为要设计高频率稳定度和高精度的滤波器,应选用(　　　)滤波电路。

    A. 高通               B. 有源                  C. 无源            D. 开关电容

9. 能将正弦波信号变换为方波信号的集成运放应用电路是(　　　)。

    A. 比例运算电路                         B. 积分运算电路

    C. 微分运算电路                         D. 过零电压比较器电路

10. 在如下由集成运放组成的应用电路中,运放处于线性区的电路是(　　　)。

    A. 二阶压控低通滤波器                   B. 过零电压比较器

    C. 迟滞型电压比较器                     D. 三角波发生电路

11. 分析各种电压比较器的要点是:① 计算阈值电压 $U_{TH}$(或者 $U_{TH1}$, $U_{TH2}$);② 抓住(　　　)。

    A. $u_i$ 使 $u_o$ 发生跳变的临界条件            B. "虚短路"的概念

    C. 积分电路的充、放电延迟时间            D. 电压传输特性

12. 一个过零比较器的输入信号接在反相端,另一个过零比较器的输入信号接在同相端,则二者的

(　　　)。

    A. 传输特性相同                        B. 传输特性不同,但门限电压相同

    C. 传输特性和门限电压都不同            D. 传输特性和门限电压都相同

13. 下面说法中正确的是(　　　)。

    A. 单限电压比较器只有一个门限电压,迟滞比较器有两个门限电压

    B. 当电压从小到大逐渐增大时,单限电压比较器的输出发生一次跳变,迟滞比较器的输出发生两次
       跳变

    C. 门限电压的大小与输入电压的大小有关

    D. 只要有两个门限电压就是迟滞比较器

14. 某迟滞比较器的回差电压为 6 V,其中一个门限电压为 -3 V,则另一门限电压可能为(　　　)。

    A. 3 V             B. -9 V                C. 3 V 或 -9 V         D. 9 V

15. 由迟滞比较器构成的方波产生电路,电路中(　　　)。

    A. 需要正反馈和选频网络                   B. 需要正反馈和 RC 积分电路

    C. 不需要正反馈和选频网络              D. 不需要正反馈和 RC 积分电路

# 习　题　8

**8.1**　电路如图 P8.1 所示,要求二阶压控电压源 LPF 的 $f_0 = 500$ Hz,$Q = 0.7$,试求图中各电容、电阻的值。

**8.2**　通过总结,简述下列问题:

(1) 滤波器的分类有哪些?

(2) 有源滤波器有哪些主要性能指标?

(3) 在实际应用过程中,有源滤波器如何选择?

(4) 高阶滤波器与一阶滤波器有哪些本质区别?

**8.3**　指出如图 P8.3 所示电路是什么滤波器,并求出它的通带增益函数和截止频率。

**8.4**　一阶低通滤波器电路如图 8-12(b)所示,已知 $R_1 = 50$ kΩ,$R = R_f = 150$ kΩ,$C = 0.033$ μF。

（1）试求通带电压放大倍数；（2）计算通带截止频率；（3）若在输入端加入信号 $u_1 = 5\sin 120t$ 时，试求在此信号频率下的电压放大倍数。

**8.5** 图 P8.5 所示电路为施密特触发器，稳压管稳压值 $U_Z = 6\text{ V}$。求施密特触发器的电压传输特性和回差电压。

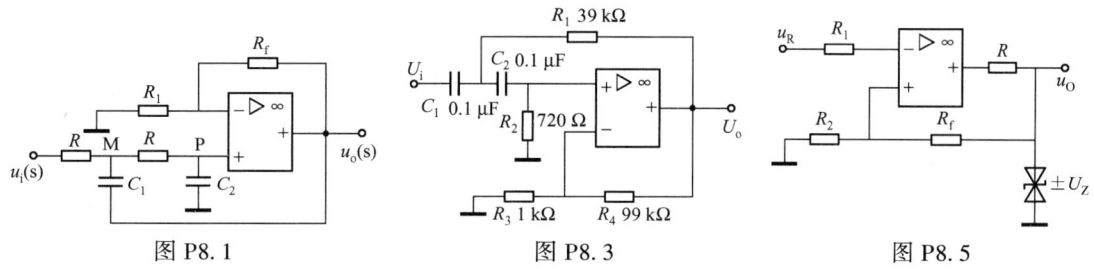

图 P8.1        图 P8.3        图 P8.5

**8.6** 在如图 P8.6 所示电路中，设运放为理想的，稳压管的稳压值是 6 V，二极管是锗开关管，其正向压降可忽略不计。试求该电压比较器的阈值电平，并画出它的电压传输特性曲线。

**8.7** 二阶低通滤波器如图 P8.7 所示，已知 $R_1 = 10\text{ k}\Omega$，$R_F = 15\text{ k}\Omega$，$R = 10\text{ k}\Omega$，$C = 0.01\text{ μF}$。试求：

（1）通带电压放大倍数；（2）截止频率；（3）已知 $R_1 = 10\text{ }\Omega$，$C = 0.1\text{μF}$。若希望截止频率为 40 Hz，$Q = 0.8$，电阻 $R$ 和 $R_F$ 应取何值？

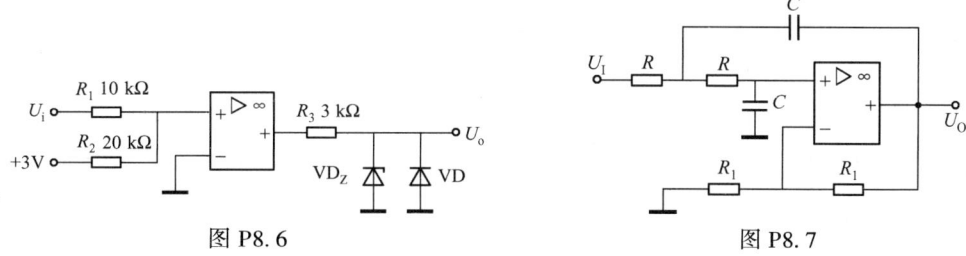

图 P8.6        图 P8.7

**8.8** 试说明图 8-9（a）所示电路之所以能实现小信号精密整流的工作原理。若 $R_1 = 5\text{ k}\Omega$，$R_f = 10\text{ k}\Omega$，输入信号为 $u_1 = 0.7\sin\omega t$，试画出输出信号波形。

**8.9** 设一阶 LPF 和二阶 HPF 的通带放大倍数均为 2。通带截止频率分别为 2 Hz 和 50 kHz。试用它们构成一个带通滤波电路，并画出幅频特性。

**8.10** 在图 P8.10 所示电容测试电路中，输入电压是频率为 100 Hz、幅值为 ±5 V 的锯齿波，$C_X$ 为被测电容，通过测量输出电压的直流电压得到 $C_X$ 的容量；$C_1$ 为消振电容。

（1）设 $C_X = 0.05\text{ μF}$ 时，$u_o = -10\text{ V}$，试选取 $R$ 的阻值；

（2）根据选取 $R$ 的阻值，试分析该电路的测量范围以及测量范围与相关器件的关系。

**8.11** 试求如图 P8.11 所示电压比较器的阈值电平，并画出它的电压传输特性曲线。设稳压管的稳压值是 10 V，运放的饱和输出电压为 ±15 V。

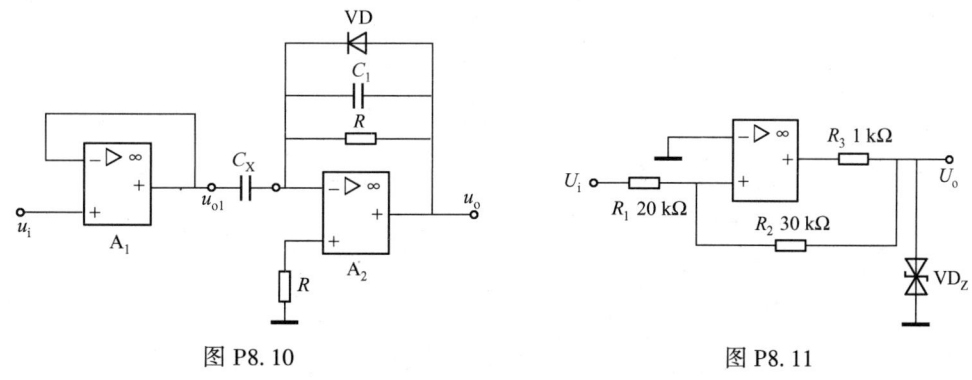

图 P8.10        图 P8.11

**8.12** 某理想运放组成的电路如图 P8.12 所示,画出电路的电压传输特性。已知运放输出 $U_{OM} = \pm 12$ V。

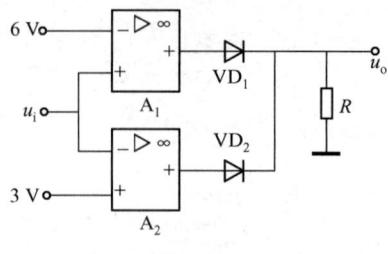

图 P8.12

**8.13** 图 P8.13 所示电路均为理想集成运算放大器。

(1) 指出它们分别是什么类型的电路;(2) 画出它们的电压传输曲线。

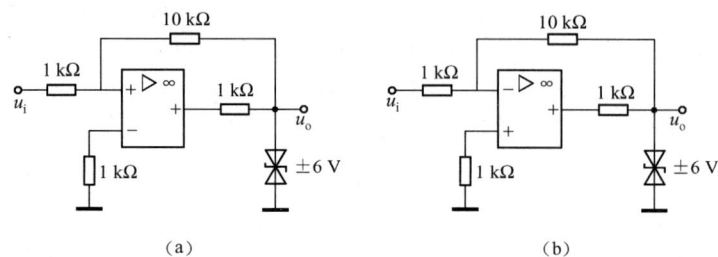

图 P8.13

**8.14** 在如图 P8.14 所示电路中,双向稳压管的 $U_Z = \pm 6$ V,输入电压为 $u_1 = 0.5\sin\omega t$。试画出 $u_{o1}$,$u_{o2}$ 以及 $u_o$ 的波形,并指出集成运放的工作状态。

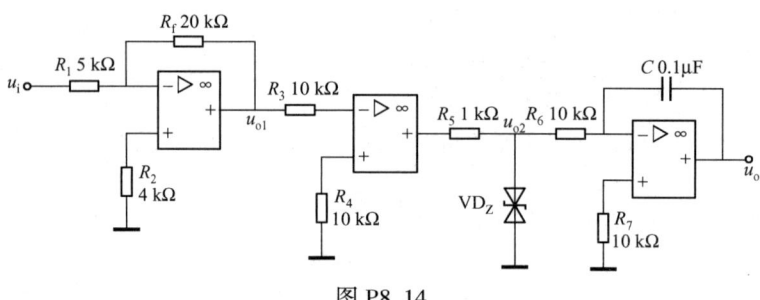

图 P8.14

**8.15** 试分析具有滞回特性的比较器电路,电路如图 P8.15(a) 所示,输入三角波如图 P8.15(b) 所示。设输出饱和电压 $U_{OM} = \pm 10$ V,试画出输出波形。

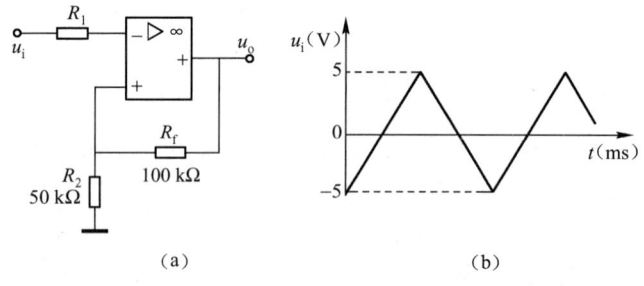

图 P8.15

**8.16** 图 P8.16 所示电路为监控报警装置，$u_{REF}$ 为参考电压，$u_i$ 为被监控量的传感器送来的监控信号。当 $u_i$ 超过正常值时，指示灯亮报警。请说明其工作原理，及图中的稳压二极管和电阻起何作用？

**8.17** 图 P8.17 所示电路为一监控报警电路，试说明其工作原理。并说明该监控电路关键器件参数选择的基本原则。

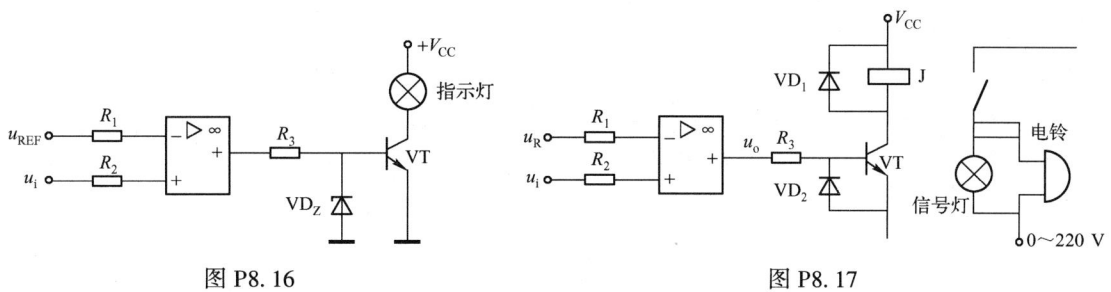

图 P8.16　　　　　　　　　　　　　　图 P8.17

**8.18** 图 P8.18 所示为一个电平识别电路。当输入电平在上、下阈值之间时，绿发光二极管亮；当输入电平在上、下阈值之外时，红发光二极管亮。试求上、下阈值电平值及第二级电路的滞后电压宽度。设 LM393 的输出高电平为 12 V，低电平为 0 V，741 的输出饱和电平是 ±10 V，发光二极管的导通电压为 1.2 V。

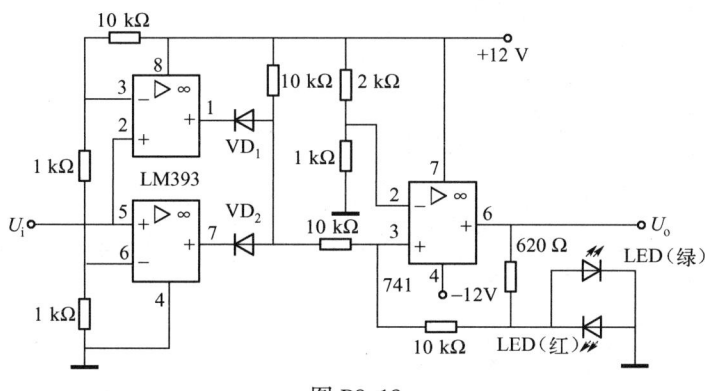

图 P8.18

# 第9章 波形发生电路

## 内 容 提 要

在测量、自动控制、通信和遥控等许多技术领域都要用到各种各样的波形信号,这些不同的波形信号是由波形发生电路产生的。本章主要讲述正弦波信号发生器和非正弦波信号发生器(包括方波、矩形波、三角波和锯齿波等)的电路组成、工作原理和主要参数等。

## 讨论的主要问题

- 波形发生器与普通放大电路有什么区别?
- 产生正弦波振荡的幅值和相位平衡条件是什么?
- 正弦波信号起振和稳定的条件是什么?
- 正弦波振荡电路的一般组成有哪些?
- 振荡电路能否起振的一般步骤有哪些?
- 串并联选频网络的选频特性是什么?
- 如何组成桥式正弦波振荡电路? 其电路特点如何?
- 怎样使桥式正弦波振荡电路振荡频率可调?
- 为什么振荡频率较高时需采用 LC 正弦波振荡电路?
- 为什么 LC 正弦波振荡电路常采用分立元件放大电路,有时还采用共基放大电路?
- 如何组成三点式 LC 正弦波振荡电路?
- 石英晶体正弦波振荡电路工作的基本原理是什么?
- RC、LC、石英晶体正弦波振荡电路各有什么特点?
- 矩形波产生的基本原理是什么? 振荡频率和振荡幅值如何计算?
- 三角波和锯齿波产生的基本原理是什么?
- 如何利用波形变换的手段构成函数发生器?

# 9.1 概 述

在测量、自动控制、通信和遥控等许多技术领域都要用到各种各样的波形信号,这些不同的波形信号是由波形发生电路产生的。波形发生电路又称为信号源或振荡器,在生产实践和科技领域中有着广泛的应用。在工业、农业、生物医学等领域,如高频感应加热、熔炼、淬火、超声波焊接、超声诊断、核磁共振成像等,都需要功率或大或小、频率或高或低的振荡器。振荡器实际上是一种能量转换器,它不需外加激励信号,就能将直流电源的能量转变为交流电能。振荡器与放大器最本质的区别在于不需外加信号的推动就能工作。

振荡电路按波形分为正弦波和非正弦波振荡器两大类。目前常用的正弦波振荡器为 LC 振荡器、RC 振荡器和石英晶体振荡器。LC 振荡器是用电感和电容作为选频网络,多用于产生高频信号;RC 振荡器是用电阻和电容作为选频网络,多用于产生几百千赫以下的低频信号;石英晶体振荡器相对前两种而言,能产生频率更稳定的正弦波。正弦波振荡器广泛应用于无线电通信、广播、测量、自动控制和遥控遥测等方面。实验室中经常用到低频信号发生器和高频信号发生器,正弦振荡器就是其中的核心部分。常用的非正弦波振荡器有矩形波、三角波和锯齿波等发生器。非正弦波振荡器被广泛应用于计算机和自动控制中。

本章先讨论 RC、LC 和石英晶体振荡器三种类型的正弦波振荡电路,其次介绍方波、三角波、锯齿波等非正弦波产生电路,讲述有关波形发生电路的组成原则、工作原理以及主要参数。

# 9.2 正弦波振荡电路

## 9.2.1 正弦波振荡电路的基本工作原理

正弦波振荡电路用来产生一定频率和幅度的正弦交流信号,其频率范围很广。在反馈放大电路一章中,由负反馈放大器的讨论可知,当负反馈太深时,由于进入高频区和低频区,环路增益产生附加相移,可能使负反馈变为正反馈,从而在电路中产生自激振荡。在放大电路中,自激是非正常工作状态,必须设法消除它。本节讨论的振荡电路正是利用自激振荡产生一定幅度、一定频率的正弦波。但正弦波振荡电路的自激振荡并不是附加相移引起的,而是人为地在电路中引入正反馈使电路产生自激振荡。正反馈的引入只是为振荡提供了必要条件,而非充分条件。下面就来讨论产生正弦波的条件。

### 1. 产生正弦波振荡的平衡条件

通常,正弦波振荡电路方框图如图 9-1 所示,上一个方框为放大电路,下一个方框为反馈网络,反馈极性为正。当输入量为零时,反馈量等于净输入量。即电路无外加输入信号,靠反馈信号维持一定输出信号 $\dot{X}_o$。设电路处在稳定工作状态,在电路结构和参数不变的情况下,要维持 $\dot{X}_o$ 不变,必须使 $\dot{X}_f = \dot{X}_i'$ 不变,则 $\dot{X}_o = \dot{A}\dot{X}_i' = \dot{A}\dot{X}_f = \dot{A}\dot{F}\dot{X}_o$。由此可得到电路稳定振荡的条件为

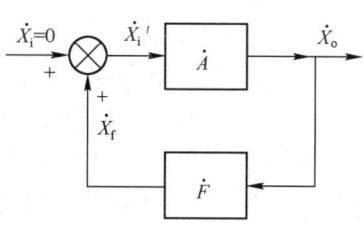

图 9-1　正弦波振荡电路方框图

$$\dot{A}\dot{F} = 1 \tag{9-1}$$

上式写成模与相位的形式为

$$\begin{cases} |\dot{A}\dot{F}| = 1 \\ \varphi_A + \varphi_F = 2n\pi \,(n \text{ 为整数}) \end{cases} \tag{9-2}$$

式(9-2)描述了产生正弦波振荡的幅值平衡条件和相位平衡条件,简称幅值条件和相位条件。

值得注意的是,负反馈放大器的自激条件为 $\dot{A}\dot{F} = -1$,与式(9-1)差一个负号。这是由于输入端规定的反馈信号正方向不同而造成的。即正弦波振荡电路是直接接成正反馈,而不是在负反馈情况下产生的。

### 2. 振荡的建立和稳定

上述在分析振荡平衡条件时,假设在如图 9-1 所示环路的输出端已存在一定频率、一定幅值的正弦波信号。事实上,对于一个实际的正弦波振荡器,当电源接通时不可能立即出现特定幅度的正弦信号,而总是从无到有逐步建立起来的。那么,正弦振荡器是如何使信号从无到有并达到稳定的呢?

一个实际的正弦振荡器的初始信号是由电路内部噪声和瞬态过程的扰动引起的。当振荡电路接通电源时,电路中总会有一些微小的电压、电流波动,如电源接通时的瞬变过程、电路中的热噪声等,都会在放大电路输入端造成一个小的输入信号。通常,这个输入信号的频谱很宽而幅度很小。这个幅度较小的输入信号经过放大电路到达输出端,经反馈回路得到反馈量 $\dot{X}_f$。若此时 $\varphi_A + \varphi_F = 2n\pi$,同时 $|\dot{A}\dot{F}| = 1$,根据产生正弦波振荡的平衡条件的说明,则电路的输出电压将维持不变。为了能使振荡从小到大建立起来,即要使电路的振幅逐渐增大,则初始时必须使反馈信号的幅值大于净输入信号的幅值,则起振条件应是

$$\dot{A}\dot{F} > 1 \tag{9-3}$$

与振荡的平衡条件一样,起振条件也可分解为幅度起振和相位起振条件,即

$$\begin{cases} |\dot{A}\dot{F}| > 1 \\ \varphi_A + \varphi_F = 2n\pi \ (n \ 为整数) \end{cases} \tag{9-4}$$

由式(9-4)可知,振荡一旦建立,每经过一次反馈,信号就由小到大不断增大。然而这个过程不会无限继续下去,因为电路中含有非线性器件,即当幅度逐渐增大时,放大电路的放大倍数逐渐减小。所以当振荡增长到一定程度时,信号幅度将受到非线性器件的限制而不再增大,最终使 $|\dot{A}\dot{F}| = 1$ 达到幅值平衡条件,成为等幅振荡。这种利用放大电路自身的非线性来达到稳幅目的的稳幅方式称为内稳幅。也可采用外接非线性元件组成稳幅电路来达到稳幅,这种稳幅方式称为外稳幅。

同时,由于起振时电路中的初始信号往往是频谱很宽的非正弦波信号,为了使振荡电路输出单一频率的正弦波,振荡电路必须依靠选频网络,只允许一种频率的信号通过而抑制其他频率的信号,从而输出单一频率的正弦波信号。

**3. 正弦波振荡电路的组成**

通过上述分析可知,要产生正弦波,振荡电路一般由以下四部分组成。

(1) 放大电路:保证电路能够有从起振到动态平衡的过程,使电路获得一定幅值的输出量,实现能量的控制。

(2) 正反馈网络:使放大电路的输入信号等于反馈信号。

(3) 稳幅环节:也就是非线性环节,作用是使输出信号幅值稳定。

(4) 选频网络:确定电路的振荡频率,使电路产生单一频率的振荡,即保证电路产生正弦波振荡。

正弦波振荡电路常用选频网络所用元件来命名。选频网络通常可用 R、C 元件组成或 L、C 元件组成,还可用石英晶体组成。相应的振荡器分别称为 RC 振荡器、LC 振荡器和石英晶体振荡器。RC 振荡电路的振荡频率较低,一般在 1 MHz 以下;LC 振荡电路的振荡频率多在 1 MHz 以上;石英晶体正弦波振荡电路也可等效为 LC 振荡电路,其特点是振荡频率非常稳定。

**4. 判断电路能否产生正弦波的分析方法**

判断能否产生正弦振荡,要求必须熟悉电路结构,其分析步骤如下。

(1) 检查电路中是否含有放大电路、选频网络、正反馈网络和稳幅环节四个组成部分。通常,在不少电路中正反馈网络和选频网络合二为一,因此分析时需注意。

(2) 检查电路是否满足相位平衡条件,估算电路振荡频率。如前所述,振荡的相位平衡条件实质就是正反馈。因此,用瞬时极性法来判断电路是否满足相位平衡条件。

(3) 分析幅度起振条件。幅度起振条件由 $|\dot{A}\dot{F}| > 1$ 结合具体电路求得。实际应用中常通过电路调试使电路满足幅度起振条件。

(4) 分析稳幅环节。一般来说,RC 振荡器常采用外稳幅,而 LC 振荡器常采用内稳幅。

## 9.2.2 RC 正弦波振荡电路

RC 正弦波振荡电路可分为 RC 串并联式、移相式和双 T 式电路等。最典型的是 RC 串并联式振荡电路,也称为文氏桥振荡电路。本节主要介绍它的电路组成、工作原理和振荡频率。

**1. RC 串并联选频网络**

RC 串并联选频网络如图 9-2(a)所示。电阻 $R_1$ 和电容 $C_1$ 构成串联支路,电阻 $R_2$ 和电容 $C_2$ 构成并联支路。因为 RC 串并联选频网络在正弦波振荡电路中既为选频网络,又为正反馈网络,所以其输入电压为 $\dot{U}_o$,输出电压为 $\dot{U}_f$。

(1) 定性分析

当信号频率足够低时,电容的等效阻抗足够大,$R_1$ 和 $C_1$ 的串联支路等效为电容 $C_1$,$R_2$ 和 $C_2$ 并联支路等效为电阻 $R_2$。网络的简化电路及其电压和电流的相量图如图 9-2(b)所示,输出电压 $\dot{U}_f$ 超前输入电压 $\dot{U}_o$。当频率趋近于零时,相位超前趋近于 90°,且 $\dot{U}_f$ 趋近于零。

同理,当信号频率足够高时,电容的等效阻抗足够小,$R_1$ 和 $C_1$ 的串联支路等效为电阻 $R_1$,$R_2$ 和 $C_2$ 并联支路等效为电容 $C_2$。网络的简化电路及其电压和电流的相量图如图 9-2(c) 所示,输出电压 $\dot{U}_f$ 滞后输入电压 $\dot{U}_o$。

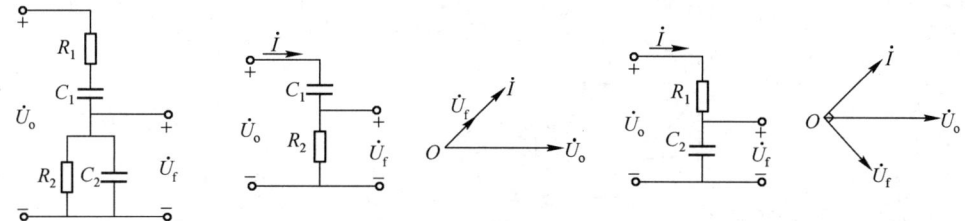

（a）RC 串并联选频网络　　　（b）低频段等效电路及其相量图　　　（c）高频段等效电路及其相量图

图 9-2　RC 串并联选频网络及其在低频段和高频段的等效电路

当频率为某一值(起振频率)时,输出电压 $\dot{U}_f$ 和输入电压 $\dot{U}_o$ 同相,且 $\dot{U}_f$ 达到最大值。

（2）定量推导

下面定量推导其频率特性表达式。设

$$Z_1 = R_1 + \frac{1}{j\omega C_1} \tag{9-5}$$

$$Z_2 = R_2 // \frac{1}{j\omega C_2} = \frac{R_2}{1+j\omega R_2 C_2} \tag{9-6}$$

则 RC 串并联电路的输出电压 $\dot{U}_f$ 与输入电压 $\dot{U}_o$ 的关系为

$$\dot{F} = \frac{\dot{U}_f}{\dot{U}_o} = \frac{Z_2}{Z_1+Z_2} = \frac{R_2/(1+j\omega R_2 C_2)}{R_1 + 1/j\omega C_1 + R_2/(1+j\omega R_2 C_2)}$$

$$= \frac{1}{\left(1+\dfrac{R_1}{R_2}+\dfrac{C_2}{C_1}\right)+j\left(\omega R_1 C_2 - \dfrac{1}{\omega R_2 C_1}\right)} \tag{9-7}$$

在实际电路中,通常选取 $R_1 = R_2 = R$,$C_1 = C_2 = C$,则式(9-7)可简化为

$$\dot{F} = \frac{1}{3+j\left(\omega RC - \dfrac{1}{\omega RC}\right)} \tag{9-8}$$

令 $\omega_0 = \dfrac{1}{RC}$,则

$$f_0 = \frac{1}{2\pi RC} \tag{9-9}$$

代入式(9-8),可得

$$\dot{F} = \frac{1}{3+j\left(\dfrac{f}{f_0}-\dfrac{f_0}{f}\right)} \tag{9-10}$$

幅频特性为

$$|\dot{F}| = \frac{1}{\sqrt{3^2+\left(\dfrac{f}{f_0}-\dfrac{f_0}{f}\right)^2}} \tag{9-11}$$

相频特性为

$$\varphi_F = -\arctan\frac{1}{3}\left(\frac{f}{f_0}-\frac{f_0}{f}\right) \tag{9-12}$$

（3）频率特性

由式(9-11)和式(9-12)可画出 $\dot{F}$ 的幅频特性和相频特性，如图9-3所示。

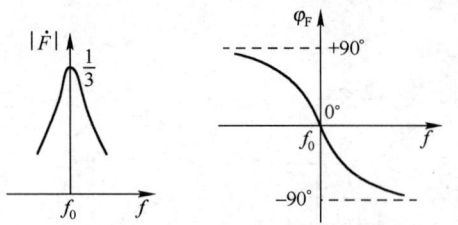

图9-3　RC串并联选频网络的频率特性

当 $f=f_0$ 时，式(9-10)的虚部为零，电路达到谐振，此时的特点是 $|\dot{F}|$ 达到最大，为

$$|\dot{F}|_{max}=\frac{1}{3} \tag{9-13}$$

且

$$\varphi_F=0° \tag{9-14}$$

电路特性呈"电阻性"，$\varphi_F=0°$，无相移，$\dot{U}_f=\frac{1}{3}\dot{U}_o$，达到最大。当 $f$ 偏离 $f_0$ 时，$|\dot{F}|$ 迅速下降，且相移增加，最后趋近 $\pm 90°$。

**2. RC桥式正弦波振荡电路**

根据式(9-1)，同时因为当 $f=f_0$ 时，$|\dot{F}|=\frac{1}{3}$，所以要求：

$$|\dot{A}|=|\dot{A}_u|=3 \tag{9-15}$$

理论上，任何满足上述放大倍数要求的放大电路与RC串并联选频网络都可组成正弦波振荡电路。但是，实际上，所选用的放大电路应具有尽可能大的输入电阻和尽可能小的输出电阻，以减小放大电路对选频特性的影响，使振荡频率几乎仅仅决定于选频网络。因此，通常选用引入电压串联负反馈的放大电路。由RC串并联选频网络和同相比例运算电路组成的RC桥式正弦波振荡电路如图9-4所示。

在图9-4所示电路中，负反馈网络的 $R_1$、$R_f$ 以及正反馈网络串联的 $R$ 和 $C$、并联的 $R$ 和 $C$ 各为一臂构成桥路，所以这种形式的电路称为RC桥式正弦波振荡电路。电路中，RC串并联网络的输出端接在集成运放的同相输入端，将反馈信号送给放大电路。电阻 $R_1$ 和 $R_f$ 是同相比例电路本身的电压串联负反馈，用来使集成运放工作在线性状态并稳定输出电压和减小非线性失真。同时，串联反馈还可以提高放大电路的输入电阻，降低输出电阻以减轻对反馈网络的影响。

由同相放大电路可知

$$|\dot{A}_u|=1+\frac{R_f}{R_1}$$

由选频网络可知，若 $f=f_0$，谐振时

$$|\dot{F}|=\frac{1}{3}$$

由幅度起振条件 $|\dot{A}\dot{F}|>1$ 结合上两式，可推出

$$|\dot{A}_u|=1+\frac{R_f}{R_1}>3 \text{ 或 } R_f>2R_1$$

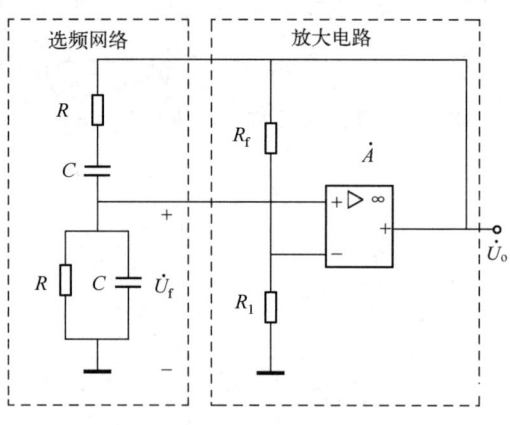

图9-4　RC桥式正弦波振荡电路

为了既使电路起振，又使得在电路达到平衡时输出波形失真较小，$R_f$ 的取值通常只需要略大于 $2R_1$。应当指出，由于 $\dot{U}_f$ 与 $\dot{U}_o$ 具有良好的线性关系，因此为了稳定输出电压的幅值，一般应在电路中加入非线性环节，如可选用 $R_1$ 为正温度系数的热敏电阻，当 $\dot{U}_o$ 增大时，流过 $R_1$ 上的电流增大，$R_1$ 上的功耗随之增大，导致温度升高。因而 $R_1$ 的阻值增大，从而使放大倍数数值减小，$\dot{U}_o$ 也随之减小。同理，当 $\dot{U}_o$ 因某种原因而减小时，各物理量与上述变化相反，从而使输出电压稳定。当然，也可选用 $R_f$ 为负温度系数的热敏电阻。此外，可利用二极管在流经它的电流增大时动态电阻减小、电流减小时动态电阻增大的特点，加入非线性环节，从而使输出电压稳定。

图 9-5 所示电路是用场效应管稳幅和频率连续可调电路。当场效应管工作于可变电阻区时,相当于由栅源电压控制的可变电阻。所以,只要 $u_{DS}$ 较小,就可将场效应管当做可变电阻来使用,以起到稳幅的作用。此外,图中还采用了双刀波段开关,通过切换电容器来实现振荡频率的粗调。再用双联同轴电位器实现频率的细调。该电路产生的正弦振荡频率范围约为 10 Hz ~ 10 kHz。

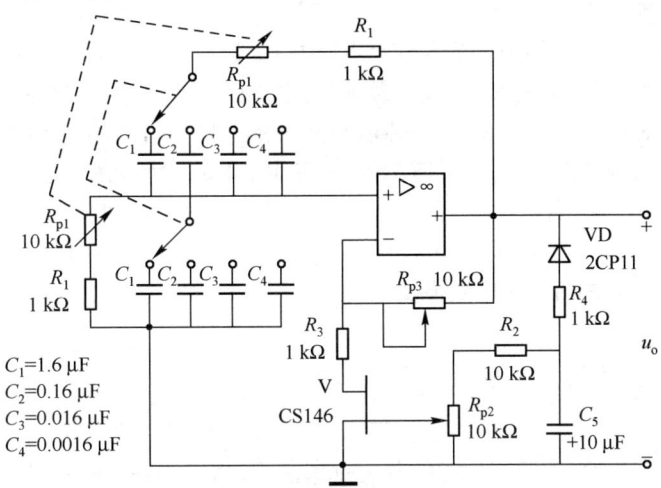

图 9-5　场效应管稳幅和频率连续可调电路

【例 9-1】　根据相位条件判断图 9-6 所示电路能否起振(假设电路可以满足起振的幅度条件)。如能起振,计算该电路的振荡频率。

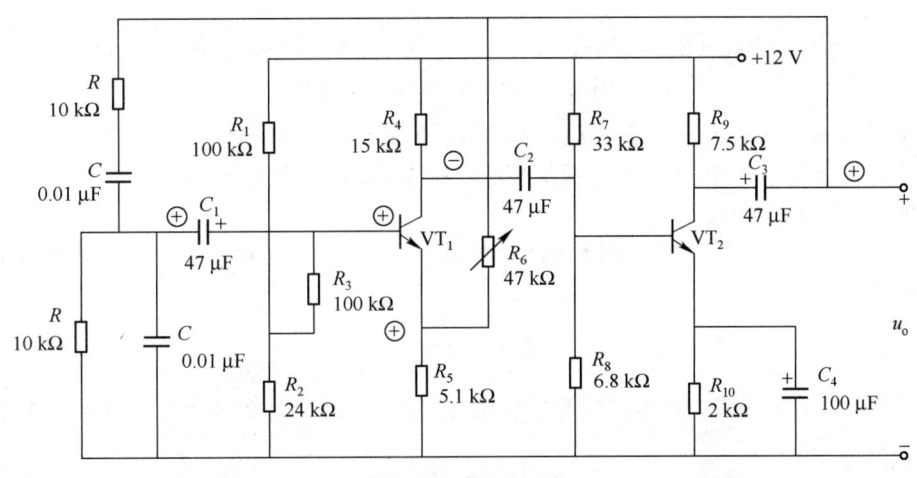

图 9-6　例 9-1 图

**解**:由于图中的电路为信号产生电路,没有输入信号,因此不像放大电路那样可以从输入端开始标注瞬时极性。但不管何种振荡电路都将构成一个闭合的环路,所以,从理论上说,可以从电路的任意一点开始。一般习惯上还是从放大器件的输入端开始标注,比如三极管的基极或集成运放的输入端。

例 9-1 的瞬时极性标注如图 9-6 所示。可以看出,由于 RC 串并联网络的移相范围为 -90° ~ 90°,因此对于频率 $f=f_0$ 的信号可以满足正反馈的起振条件。所以,该电路能够起振。

振荡频率为

$$f_0 = \frac{1}{2\pi RC} \approx 1592.3 \text{ Hz}$$

需要注意,本例中的电容 $C_1 \sim C_4$ 分别为级间耦合电容和旁路电容,因为它们的值较大,所以对于交流振荡频率来说可以看成是短路的,一般为电解电容。而 RC 串并联网络中的电容值较小,常用几微法以下的无极性电容,对于交流信号有选频作用,不能看成短路。

### 3. RC 移相式正弦波振荡电路

RC 移相式正弦波振荡电路是最简单的振荡器形式,根据移相电路的不同,有相位超前和相位滞后两种移相振荡电路。

通常,在 RC 移相式振荡电路中,基本放大电路在其通频带内的相移为 $\varphi_A = 180°$,而 RC 移相电路既作为相移网络又兼正反馈网络。显然,为满足相位平衡条件,要求反馈网络对某一特定频率信号的相移为 $\varphi_F = \pm 180°$,即要求移相电路必须使某一特定频率信号移相 180°。一阶 RC 电路的最大相移不超过 90°,因此不能满足相位平衡条件;二阶 RC 电路的最大相移虽然可以达到 180°,但在接近 180° 时,RC 电路的输出电压已接近于零,因此不满足振荡的幅度条件。所以实际上至少要用三阶 RC 电路来移相 180°,才能满足振荡条件。如图 9-7 所示电路分别给出了相位超前的 RC 移相式振荡电路和相位滞后的 RC 移相式振荡电路。

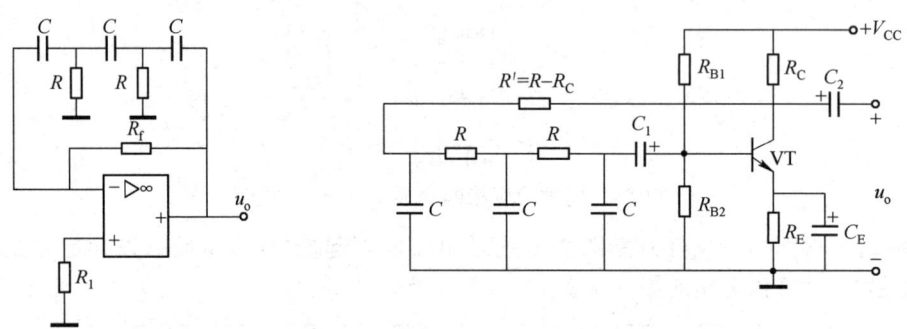

（a）相位超前的 RC 移相式振荡电路　　　　（b）相位滞后的 RC 移相式振荡电路

图 9-7　RC 移相式振荡电路

当移相网络的参数 $R$、$C$ 一定时,这个移相网络只能对某个特定频率 $f_0$ 产生 $\varphi_F = 180°$ 的相移角。也就是说,只有这个特定频率才能满足相位平衡条件;如果也能满足振幅平衡条件,就能在这个特定频率 $f_0$ 产生自激振荡。

对于图 9-7(a)所示的三阶 RC 移相网络,电路理论分析指出:能够产生 180° 超前相移角的特定振荡频率为

$$f_0 = \frac{1}{2\sqrt{6}\,\pi RC} \tag{9-16}$$

对于图 9-7(b)所示的三阶 RC 移相网络,电路理论分析指出:能够产生 180° 滞后相移角的特定振荡频率为

$$f_0' = \frac{\sqrt{6}}{2\pi RC} \tag{9-17}$$

RC 移相式振荡电路具有结构简单等优点,缺点是选频作用较差、频率调节不方便、输出幅度不够稳定和输出波形较差,故它一般用于振荡频率固定且稳定性要求不高的场合,其频率范围为几赫兹到几十千赫兹。

## 9.2.3　LC 正弦波振荡电路

RC 正弦波振荡器的振荡频率取决于 $R$ 和 $C$ 的数值,要想得到较高的振荡频率,必须选择较小的 $R$ 和 $C$ 值。但是,$R$ 的减小将使放大电路的负载加重,$C$ 的减小又受到晶体管结电容和分布电容的限制,这些因素限制了 RC 振荡器只能用做低频振荡器(1 Hz~1 MHz)。一般在要求振荡频率高于 1 MHz 时,大多采用 LC 并联回路作为选频网络,组成 LC 正弦波振荡器。LC 振荡电路以电感电容元件构成选频网络,可以产生几十 MHz 以上的正弦波。根据选频网络结构的不同,

LC正弦波振荡电路可分为变压器反馈式、电感三点式和电容三点式正弦波振荡器。

　　LC正弦波振荡电路与RC桥式正弦波振荡电路的组成原则在本质上是相同的,只是选频网络采用LC电路。在LC振荡电路中,当$f=f_0$时,放大电路的放大倍数数值最大,而其余频率的信号均被衰减到零;引入正反馈后,使反馈电压作为放大电路的输入电压,以维持输出电压,从而形成正弦波振荡。由于LC正弦波振荡电路的振荡频率较高,所以放大电路多采用分立元件电路,必要时还应采用共基极放大电路。

**1. LC谐振回路的选频特性**

　　由电感和电容构成的单个振荡电路称为单振荡回路。信号源与电容和电感串(并)接,就构成串(并)联振荡回路。电感的感抗值$\omega L$随信号频率的升高而增大,电容的容抗值随信号频率的升高而减小。与感抗或容抗的变化规律不同,串(并)联谐振回路的阻抗在某特定频率上具有最小(大)值,而偏离特定频率时的阻抗将迅速增大(减小)。单振荡回路的这种特性称为谐振特性,这特定的频率称为谐振频率。

　　**(1) LC串联谐振回路的选频特性**　　由电容和电感串接所构成的串联谐振回路如图9-8所示。由于串联谐振回路在谐振时阻抗具有最小值,因而在谐振频率处信号源在串联谐振回路中产生的电流达到最大值,而在其他频率处回路电流都要下降,所以谐振回路有选频作用。

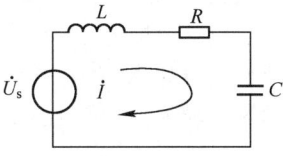

图9-8　LC串联谐振回路

　　① 定性分析

　　当外加激励信号的角频率变化时,串联回路各参量也相应变化。当$f<f_0$时,回路中容抗大于感抗,所以回路的总电抗,回路呈电容性。随着频率的增加,回路的容抗减小,而感抗增加,当$f$增加(或调节$L$、$C$的参数)到某一频率时,串联回路呈纯阻性,相角为0,此时称串联回路发生了串联谐振,对应的谐振角频率用符号$\omega_0$表示。

　　② 定量推导

　　下面讨论回路发生谐振的条件。电路的复数阻抗为

$$Z = j\omega L + R + \frac{1}{j\omega C} = R + j\left(\omega L - \frac{1}{\omega C}\right) \tag{9-18}$$

在某特定频率上,若回路电抗满足下列条件:

$$X = \omega_0 L - \frac{1}{\omega_0 C} = 0 \tag{9-19}$$

则电流$\dot{I} = \dot{I}_0 = \dfrac{\dot{U}_s}{R}$为最大值,回路发生谐振。所以,式(9-19)称为串联谐振回路的谐振条件。

　　由此可以导出回路发生串联谐振的角频率$\omega_0$和频率$f_0$分别为

$$\omega_0 = \frac{1}{\sqrt{LC}}$$

$$f_0 = \frac{1}{2\pi\sqrt{LC}} \tag{9-20}$$

$$\omega_0 L = \frac{1}{\omega_0 C} = \frac{1}{\sqrt{LC}} \cdot L = \sqrt{\frac{L}{C}} = \rho \tag{9-21}$$

其中,$\rho$称为谐振电路的特性阻抗。

　　串联谐振回路具有如下特性:

　　〈1〉谐振时,回路电抗$X=0$,阻抗$Z=R$为最小值且为纯阻。在其他频率时,回路电抗$X\neq0$。当外加电压的频率$\omega>\omega_0$时,$\omega L>\dfrac{1}{\omega C}$,回路呈感性;当$\omega<\omega_0$时,回路呈容性。

〈2〉谐振时，回路电流最大，$\dot{I}_0 = \dfrac{\dot{U}_s}{R}$，即电流与外加电压同相。

〈3〉谐振时，回路的感抗值和容抗值相等。谐振时的回路感抗值（或容抗值）与回路电阻 $R$ 的比值被称为回路的品质因数，以 $Q$ 表示，简称 $Q$ 值，则

$$Q = \frac{\omega_0 L}{R} = \frac{1}{\omega_0 CR} = \frac{1}{R}\sqrt{\frac{L}{C}} \tag{9-22}$$

通常，回路的 $Q$ 值可达几十到几百，谐振时电感线圈和电容器两端的电压相等，因此必须注意到元件的耐压问题。这是串联谐振时特有的现象，所以串联谐振又称为电压谐振。

③ 频率特性

当串联回路参数（$R$、$L$、$C$）和激励源电压幅度及角频率确定后，可确定电流的大小和相位。用电压源激励串联谐振回路时，响应电流的幅度是激励信号角频率的函数。当激励信号的频率 $\omega$ 偏离回路谐振频率 $\omega_0$ 时，称为失谐。$\omega$ 离 $\omega_0$ 越远，失谐越严重，电流减小越明显。

可以给出以 $f$ 为自变量，$\alpha$ 为因变量，$Q$ 为参变量的串联谐振幅频特性曲线，如图 9-9 所示，相频特性曲线如图 9-10 所示。由图 9-9（a）可知，串联谐振电路中，回路 $Q$ 值的大小对谐振特性曲线的影响较大。$Q$ 值越高，谐振曲线越尖锐，选频特性越好，即选择性越好，抑制干扰的能力越强。

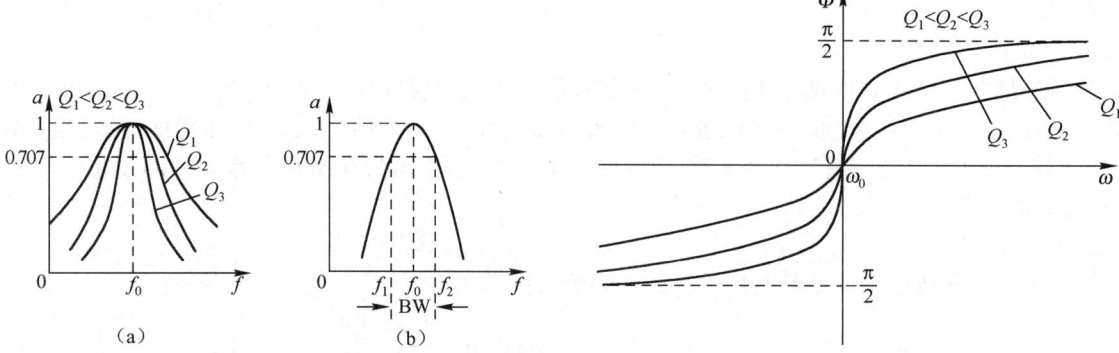

图 9-9　LC 串联谐振回路幅频特性　　　　　图 9-10　LC 串联谐振回路的相频特性

无线电信号占有一定的频带宽度，因而对回路的通频带有一定的要求，即需要考虑回路的通频带。通常规定：当 $\alpha$ 从 1 降到 0.707 处时，对应的频率 $f_1$ 和 $f_2$ 之间的频率范围称为通频带。

可见，串联谐振回路的通频带取决于品质因素 $Q$。$Q$ 值越高，通频带越窄，选择性越好。若要保证较宽的通频带，只能降低 $Q$ 值，牺牲回路的选择性。

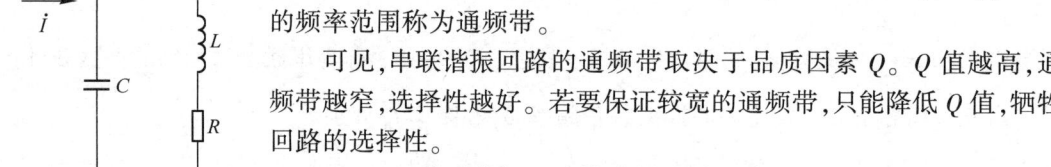

图 9-11　LC 并联谐振回路

（2）**LC 并联谐振回路的选频特性**　常见的 LC 正弦波振荡电路中的选频网络多采用 LC 并联网络，如图 9-11 所示。电阻 $R$ 表示回路损耗的等效电阻，其值一般很小。

① 定性分析

当 LC 并联回路两端所加信号的频率改变时，电路的阻抗 $Z$ 也将随之变化。在信号的频率很低时，电容支路容抗很大，而电感支路的感抗很小。当加入信号后，电流主要流过电感支路，故电路的总阻抗性质取决于电感支路，呈感抗性质。在信号频率很高时，电感支路感抗很大，而电容支路容抗很小，所以加入信号后电流主要流过电容支路。故电路的总阻抗性质取决于电容支路，呈容抗性质。

上述两种情况下，无论呈感抗还是呈容抗，总阻抗值都较小。而且频率越向高、低两端变化，阻抗值越小。相反，信号频率向中间频率范围变化时，阻抗值会逐渐增大。当在某频率 $f=f_0$ 时，两支

路容抗相等而相互抵消,并联回路呈纯阻性,而且总阻抗达到最大值。

综上所述,LC 并联回路中,信号频率低时呈感抗,频率越低总阻抗值越小;信号频率高时呈容抗,频率越高总阻抗值也越小。只有中间某一频率 $f_0$ 时,呈纯阻性,总的等效阻抗值最大。LC 并联回路在信号频率为 $f_0$ 时,称电路发生了谐振,此频率称为谐振频率。

② 定量推导

并联谐振频率的数值取决于电路的参数,由图 9-11 可求得电路的复数导纳为

$$\dot{Y} = j\omega C + \frac{1}{R+j\omega L} = \frac{R}{R^2+(\omega L)^2} + j\left[\omega C - \frac{\omega L}{R^2+(\omega L)^2}\right] \tag{9-23}$$

设 $\omega = \omega_0$ 时,产生并联谐振,此时上式的虚部为零,即

$$\omega_0 C - \frac{\omega_0 L}{R^2+(\omega_0 L)^2} = 0$$

从而解得

$$\omega_0 = \frac{1}{\sqrt{\left(\frac{R}{\omega_0 L}\right)^2+1}} \cdot \frac{1}{\sqrt{LC}} = \frac{1}{\sqrt{1+\frac{1}{Q^2}}} \cdot \frac{1}{\sqrt{LC}} \tag{9-24}$$

$$Q = \frac{\omega_0 L}{R} \tag{9-25}$$

其中,$Q$ 为品质因数,是 LC 电路的一项重要指标。一般的 LC 谐振电路的 $Q$ 值约为几十到几百。

当 $Q \gg 1$ 时,$\omega_0 \approx \frac{1}{\sqrt{LC}}$,所以谐振频率为

$$f_0 \approx \frac{1}{2\pi\sqrt{LC}} \tag{9-26}$$

将式(9-26)代入式(9-25),可得

$$Q \approx \frac{1}{R}\sqrt{\frac{L}{C}} \tag{9-27}$$

上式表明,相同谐振频率下,选频网路回路损耗越小,电容容量越小,电感数值越大,则品质因数越大,选频特性也就越好。

当 $f = f_0$ 时,LC 并联谐振回路的等效电抗为

$$Z_o = \frac{1}{Y_o} = \frac{R^2+(\omega_0 L)^2}{R} = R+Q^2R \tag{9-28}$$

根据上式,当 $Q \gg 1$ 时,$Z_o \approx Q^2 R$,将式(9-27)代入,整理可得

$$Z_o \approx QX_L \approx QX_C \tag{9-29}$$

$X_L$ 和 $X_C$ 分别是电感和电容的电抗。因此,当 $Q \gg 1$ 且网络的输入电流为 $\dot{i}$ 时,电容和电感上流经的电流相等(这个结论对于分析 LC 振荡电流极为有用),即

$$|\dot{I}_C| \approx |\dot{I}_L| \approx Q\dot{i} \tag{9-30}$$

③ 频率特性

下面来分析不同 $Q$ 值时 LC 并联回路的频率特性。LC 并联回路的等效阻抗表达式为

$$\dot{Z} = \frac{1}{\dot{Y}} = \frac{-j\frac{1}{\omega C}(R+j\omega L)}{-j\frac{1}{\omega C}+R+j\omega L} \approx \frac{-j\frac{1}{\omega C} \cdot j\omega L}{R+j\left(\omega L - \frac{1}{\omega C}\right)} = \frac{\frac{L}{RC}}{1+j\frac{\omega L}{R}\left(1-\frac{1}{\omega^2 LC}\right)} \tag{9-31}$$

当 $\omega = \omega_0$ 时,上式可近似表示为

$$Z \approx \frac{Z_0}{1+\mathrm{j}Q\left(1-\dfrac{\omega_0^2}{\omega^2}\right)} \tag{9-32}$$

由此可以得到 LC 并联谐振电路的幅频特性和相频特性,如图 9-12 所示。

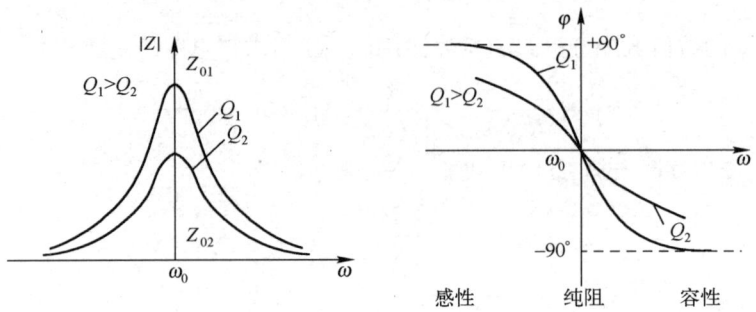

图 9-12　LC 并联谐振回路的频率特性

由以上的分析可得出以下结论:

〈1〉LC 并联回路具有选频特性。当 $f=f_0$ 时,回路总阻抗为纯阻性,阻值最大。当 $f<f_0$ 时,总阻抗呈感性,阻抗值随 $f$ 降低而减小,相角为正值;当 $f>f_0$ 时,总阻抗呈容性,阻抗值随 $f$ 提高也减小,相角为负值。

〈2〉LC 回路的谐振频率 $f_0$ 与回路参数有关,当回路品质因数 $Q$ 较高时,$f_0 \approx \dfrac{1}{2\pi\sqrt{LC}}$。

〈3〉LC 回路的品质因数 $Q$ 值越大,则幅频特性越尖锐,选频特性越好。同时,相频特性越陡,回路谐振时电阻值也越大。

**2. 变压器反馈式振荡电路**

(1) **电路组成和工作原理**　引入正反馈最简单的方法是采用变压器反馈方式。图 9-13 为一种变压器反馈式振荡电路的典型电路,三极管 VT 接成共射极电路,变压器的原线圈 $L$ 和电容 $C$ 组成并联谐振电路,作为晶体管的集电极负载,具有选频特性,变压器的绕组 $N_2$ 构成正反馈支路,绕组 $N_3$ 是输出网络,能将振荡波形送至负载 $R_L$。

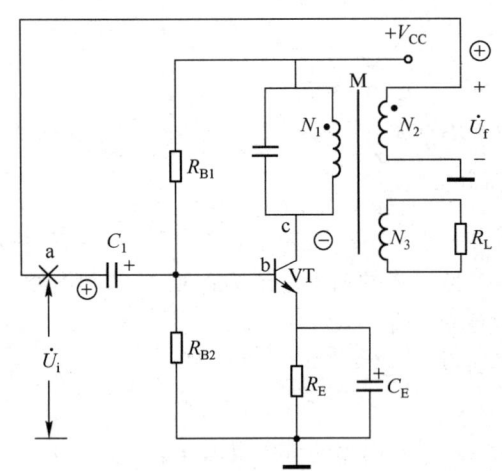

图 9-13　变压器反馈式振荡电路

要知晓这个电路能否产生自激振荡,需判断其是否满足自激振荡的两个条件。首先用瞬时极性法判断它是否具有正反馈,将图 9-13 中的反馈电路从 a 点断开,并向放大电路输入端加信号,假设 $u_i$ 的相位为零,用 ⊕ 表示。由于 LC 并联回路谐振时为纯阻性,故集电极 c 点与基极 b 点相位差为 180°,所以 c 点相位用 ⊖ 表示。根据变压器绕组间同名端极性相同的规定,$N_2$ 引入的反馈电压 $u_f$ 与 c 点电压的相位又相差 180°,故用 ⊕ 表示。可见,$u_f$ 与 $u_i$ 的相位相同,电路引入正反馈,所以放大反馈环路能满足相位平衡条件,电路能产生振荡。

再从振幅平衡条件看,适当调整 $N_2$ 的圈数,使电路有足够的反馈量即可使频率为 $f_0$ 的信号满足平衡条件。

(2) **振荡频率和起振条件**　变压器反馈式 LC 振荡电路具有良好的选频性,只能在某一频率下产生自激振荡,因而可以输出正弦波信号。在 LC 并联回路中,信号频率低时呈感抗,频率越低总阻抗值越小;信号频率高时呈容抗,频率越高总阻抗值越小。只有在中间某一频率 $f_0$ 时,呈纯阻性且总等效阻抗值最大，放大电路的电压放大倍数最大。因此，LC 并联回路在信号频率为 $f_0$ 时发生并联谐振，谐振频率为

$$f_0 \approx \frac{1}{2\pi \sqrt{LC}} \tag{9-33}$$

当将振荡电路与电源接通时，在集电极电路中可激励一个微小的电流变化。它一般不是正弦量，但包含一系列频率不同的正弦分量，其中总会有与谐波频率相等的分量。谐振回路对频率为 $f_0$ 的分量发生并联谐振，即对 $f_0$ 这个频率的信号来说，正反馈电压 $u_f$ 的值最大，该值加到放大器的基极被放大，输出更大的电压，然后再反馈、再放大，最终产生恒定幅度的正弦波。对于其他频率的分量，不能发生并联谐振，这样就达到了选频的目的，在输出端得到的只是频率为 $f_0$ 的正弦波信号。

同时，为了满足幅度平衡条件，对放大管的放大倍数也有一定要求。根据振荡电路的起振条件 $|AF| = \left| \dfrac{u_f}{u_i} \right| > 1$，可得到变压器反馈式振荡电路的起振条件为

$$\beta > \frac{r_{be} R' C}{M} \tag{9-34}$$

其中，$r_{be}$ 为三极管 b 和 e 间的等效电阻，$M$ 为绕组 $N_1$ 和 $N_2$ 之间的互感，$R'$ 为折合到谐振回路中的等效总损耗电阻。实际上，振荡电路对三极管 $\beta$ 值的要求并不太高，一般情况下比较容易满足。关键要保证变压器绕组的同名端接线正确，以满足相位平衡条件。如果电路的接线不发生错误，则 LC 振荡电路很容易起振。若不能起振，一般是相位平衡条件不满足。

变压器反馈式振荡器的优点是易于起振，且频率调节方便，但缺点是输出波形不太好，一般超外差收音机中的本机振荡器多采用这种振荡电路。

**3. LC 三点式振荡电路**

三点式振荡器是广泛应用的 LC 振荡器之一。所谓三点式振荡器，就是把并联 LC 回路中的 C 或 L 变成两个，则 LC 回路就有三个端点。在电路中三极管或运放的三个电极分别与 LC 谐振回路的这三个端点相连接，就形成了 LC 三点式正弦波发生电路。根据是把 C 变成两个还是把 L 变成两个，LC 三点式正弦波发生电路又常分为电感三点式和电容三点式两类。

**（1）组成 LC 三点式振荡电路的规律**

LC 三点式振荡电路的一般形式如图 9-14 所示。图 9-14（a）为反向放大电路，图 9-14（b）为同向放大电路，$Z_1$、$Z_2$ 和 $Z_3$ 表示电容或电感的阻抗。

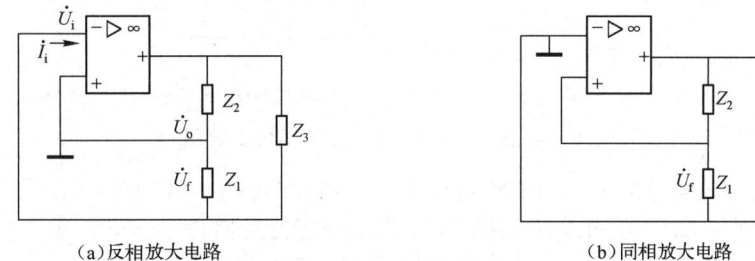

（a）反相放大电路　　　　　　　　　（b）同相放大电路

图 9-14　LC 三点式振荡电路的一般形式

下面以反向放大的 LC 三点式振荡电路为例，分析一下组成 LC 三点式振荡电路的一般规律。

由图 9-14（a）所示电路可知，整个电路的负载阻抗为

$$Z_L = Z_2 /\!/ (Z_1 + Z_3) \tag{9-35}$$

设运放输出电阻为 $r_0$，则无反馈的是放大倍数和反馈系数为

$$A_u = -A_{u0} Z_L / (r_0 + Z_L)$$

$$F_u = Z_1 / (Z_1 + Z_3)$$

由上两式可得

$$A_u F_u = -\frac{A_{u0} Z_1 Z_2}{r_0(Z_1 + Z_2 + Z_3) + Z_2(Z_1 + Z_3)}$$

$$= \frac{A_{u0} X_1 X_2}{-X_2(X_1 + X_3) + jr_0(X_1 + X_2 + X_3)} \tag{9-36}$$

其中,$Z_1 = jX_1$,$Z_2 = jX_2$,$Z_3 = jX_3$。

当输入信号频率恰好为谐振频率,为了使电路振荡,应有 $A_u F_u = 1$。因此,谐振时要求式(9-36)分母的虚部应为零,即

$$X_1 + X_2 + X_3 = 0$$

或

$$X_3 = -(X_1 + X_2) \tag{9-37}$$

将式(9-37)代入式(9-36),可得

$$A_u F_u = -\frac{A_{u0} X_1 X_2}{X_2(X_1 + X_3)} = -\frac{A_{u0} X_1}{X_1 + X_3} = \frac{A_{u0} X_1}{X_2} \tag{9-38}$$

式(9-37)和式(9-38)说明,在 LC 三点式振荡电路中,为了产生振荡,$X_1$ 和 $X_2$ 的符号必须相同,而 $X_3$ 必须与 $X_1$ 和 $X_2$ 的符号相反。换言之,若 $Z_1$、$Z_2$ 为感性,则 $Z_3$ 必须为容性(电感三点式);若 $Z_1$、$Z_2$ 为容性,则 $Z_3$ 必须为感性(电容三点式)。也可描述为:在 LC 三点式正弦波发生电路中,为了满足产生振荡的相位平衡条件,同性质电抗的中间点必须接集成运放的同相输入端(对应于三极管的发射极 e)。

**(2)电感三点式振荡电路**

电感反馈式正弦波振荡电路如图 9-15 所示。这种电路的 LC 并联电路中的电感有首端、中间抽头和尾端三个端点,分别与放大器件的集电极、发射极(地)和基极相连。其反馈信号取自电感 $N_2$ 上的电压,因其电感中间点接放大电路的同相输入端,构成正反馈,所以习惯上将图 9-15 所示电路称为电感三点式 LC 正弦波振荡器,或电感反馈式振荡器(又称为哈特莱(Hartley)振荡器)。

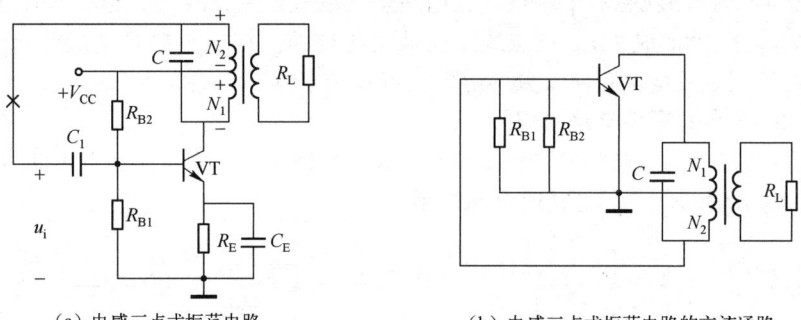

（a）电感三点式振荡电路　　　　　　（b）电感三点式振荡电路的交流通路

图 9-15　电感三点式振荡电路及其交流通路

电感三点式 LC 正弦波电路将 $N_1$ 和 $N_2$ 合并为一个线圈,把图 9-13 所示电路中线圈 $N_1$ 接电源的一端和 $N_2$ 接地的一端相连,作为中间抽头,克服了变压器反馈式振荡电路中变压器原边线圈和副边线圈耦合不紧密的缺点;将电容 $C$ 跨接在整个线圈两端,加强了谐振效果。

接下来,利用判断电路能否产生正弦波振荡的方法来分析此电路。首先观察电路,它包含了放大电路、选频网络、反馈网络和非线性元件——晶体管四部分,而且放大电路能够正常工作。然后,用瞬时极性法判断电路是否满足正弦波振荡的相位条件:断开反馈,加频率为谐振频率的输入电压,给定其极性,判断出从 $N_2$ 上获得的反馈电压极性与输入电压相同,放大电路满足正弦波振荡的相位条件,各点瞬时极性如图中所标注。只要电路参数选择得当,电路就可满足幅值条件,而产生正弦波振荡。(同样,上述电路也可直接用三点式振荡电路组成规律来判断。)

设 $N_1$ 的电感量为 $L_1$,$N_2$ 的电感量为 $L_2$,$N_1$ 与 $N_2$ 之间的互感为 $M$,且品质因数远大于 1,则振

荡频率为

$$f_0 \approx \frac{1}{2\pi\sqrt{(L_1+L_2+2M)C}} \tag{9-39}$$

反馈系数的数值为

$$\left|\dot{F}\right| = \left|\frac{\dot{U}_f}{\dot{U}_o}\right| \approx \frac{j\omega L_2 + j\omega M}{j\omega L_1 + j\omega M} = \frac{L_2+M}{L_1+M} \tag{9-40}$$

当 $f=f_0$ 且 $Q$ 值较高时，LC 回路产生振荡，等效电阻非常大，所以电流可忽略不计。因此，可估算出放大电路的放大倍数为

$$\dot{A}_u = -\beta \frac{R'_L}{r_{be}} \tag{9-41}$$

其中，$R'_L$ 是折合到管子集电极和发射极间的等效并联总电阻。

根据 $|\dot{A}\dot{F}|>1$，可得起振条件为

$$\beta > \frac{L_1+M}{L_2+M} \cdot \frac{r_{be}}{R'_L} \tag{9-42}$$

实际上并不常按 $\beta$ 公式去挑选管子，只要适当选取 $L_2/L_1$ 的数值，即改变线圈抽头的位置就可以使电路起振。一般取反馈线圈的匝数为电感线圈总匝数的 1/8～1/4 即可起振。

电感反馈式振荡电路中 $N_1$ 和 $N_2$ 之间耦合紧密，振幅大；当 $C$ 采用可变电容时，可以获得调节范围较宽的振荡频率，最高振荡频率可达几十兆赫。由于反馈电压取自电感，对高频信号具有较大的电抗，输出电压波形中常含有高次谐波，因此电感反馈式振荡电路常用在对波形要求不高的设备之中，如高频加热器、接收机的本机振荡器等。

**【例 9-2】** 如图 9-16 所示电路是由共基极放大电路构成的电感反馈式正弦波振荡电路。因为共基极电路的高频特性较好，所以这种电路形式的振荡频率可以做得更高。试用瞬时极性法判断该电路是否满足相位起振条件。

**解：**虽然图中的电路为共基组态，但从电路的任何地方开始标注瞬时极性都可以得到正确的结论。所以从比较习惯的基极输入开始标注，如图中所示。由瞬时极性可知，该电路满足相位条件，因此该电路可以起振。输出振荡频率为

$$f_0 = \frac{1}{\sqrt{2\pi LC}} \approx \frac{1}{2\pi\sqrt{(L_1+L_2+2M)C}}$$

### （3）电容三点式振荡电路

根据组成 LC 三点式振荡电路的一般规律，将电感反馈式振荡电路中的电容换成电感，电感换成电容，就可得到如图 9-17 所示电路。因为反馈电压取自电容，所以称为电容反馈式振荡电路。从图中还可看出，交流时谐振回路的三个端点仍然与晶体管的三个电极相连，与电感三点式类似。因此，该电路也被称为电容三点式振荡电路或考毕兹（Colpitts）振荡电路。

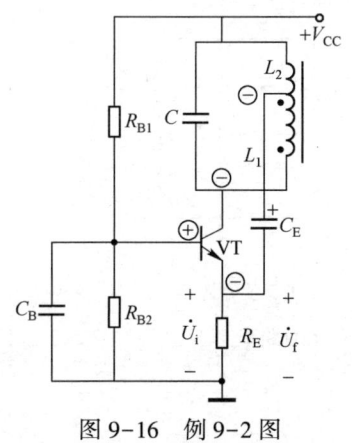

图 9-16 例 9-2 图

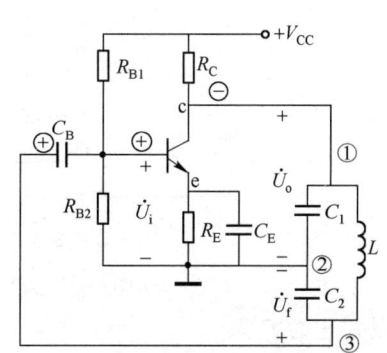

图 9-17 电容三点式振荡电路

电容三点式的电路形式和电感三点式振荡电路对称,其工作原理也与电感三点式振荡器基本相同:在 LC 回路谐振时,集电极输出电压与基极输入电压反相,谐振回路中的两个电容顺序相连,①端和③端瞬时极性相反,所以送回三极管基极③端的反馈电压与输入电压同相,是正反馈。满足相位平衡条件,可以起振。

当由 $L$、$C_1$ 和 $C_2$ 所构成的选频网络的品质因数 $Q$ 远大于 1 时,振荡频率为

$$f_0 \approx \frac{1}{2\pi\sqrt{L\dfrac{C_1 C_2}{C_1 + C_2}}} \tag{9-43}$$

可以证明,当满足起振条件时,应使三极管的 $\beta$ 满足

$$\beta > \frac{C_2}{C_1} \cdot \frac{r_{be}}{R'_L} \tag{9-44}$$

其中,$R'_L$ 是折合到管子集电极和发射极间的等效并联总电阻。在实际应用中一般只要保证管子的 $\beta$ 值达到几十倍以上,并适当选取 $\dfrac{C_2}{C_1}$(通常使之大于等于 1)的值,就可以使电路起振。

由于电容三点式正弦波振荡器的反馈电压取自电容 $C_2$,且由于电容对高次谐波呈现的阻抗很小,因此反馈电压中谐波分量小,输出波形较好。而且电容 $C_1$ 和 $C_2$ 的容量可以选得较小,振荡频率可达 100 MHz 以上。

### 4. 改进型电容三点式振荡器

上述电路在调节振荡频率时,要同时调节 $C_1$ 和 $C_2$ 的值,否则会使振荡条件遭到破坏而停振。电容三点式正弦波振荡器的输出波形好,但若用改变电容的方法来调节振荡频率,则会影响电路的起振条件;若用改变电感的方法来调节振荡频率,则较困难。为了使电容反馈式振荡电路易于调节频率,同时为了克服在 $C_1$ 和 $C_2$ 较小(产生的信号频率较高)情况下晶体管级间电容和电路杂散电容的影响,通常在电感 $L$ 支路中串接一个较小的电容 $C$,使振荡频率主要由 $L$ 和 $C$ 决定,而 $C_1$ 和 $C_2$ 只起分压作用。并且前面所介绍的 LC 振荡器,其频率稳定度一般在 $10^{-3}$ 数量级,这有时还达不到我们的要求。由于改进型电容三点式振荡器减弱了双极型晶体管与谐振回路的耦合,所以其频率稳定度可达 $10^{-4} \sim 10^{-5}$ 数量级。常见的有克拉泼(Clapp)振荡器和西勒(Seiler)振荡器两种。

#### (1) 克拉泼振荡器

克拉泼振荡器如图 9-18(a)所示,图 9-18(b)为它的交流通路。克拉泼振荡器的特点是在考毕兹振荡器的谐振回路中,加入一个与电感相串联的电容 $C_3$。为了减小管子与回路间的耦合,$C_3$ 取值比较小,而 $C_1$ 和 $C_2$ 取值比较大,且通常满足 $C_3$ 远小于 $C_1$ 和 $C_2$。在图 9-18(b)中,$C_o$ 和 $C_i$ 分别表示双极型晶体管的输出电容和输入电容。

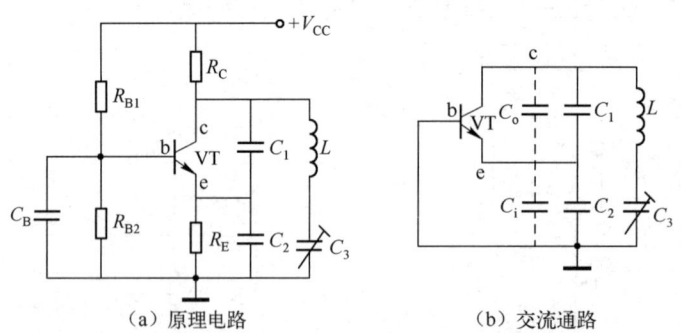

(a)原理电路    (b)交流通路

图 9-18 克拉泼振荡器及其交流通路

回路的总电容 $C$ 为

$$C = \cfrac{1}{\cfrac{1}{C_1 + C_o} + \cfrac{1}{C_2 + C_i} + \cfrac{1}{C_3}} \approx C_3 \qquad (9-45)$$

该振荡器的振荡频率 $f_0$ 为

$$f_0 \approx \frac{1}{2\pi\sqrt{LC_3}} \qquad (9-46)$$

由此可见,振荡频率主要由 $C_3$ 和 $L$ 决定,即 $C_1$ 和 $C_2$ 对频率的影响大大减小。同理,与 $C_1$ 和 $C_2$ 并联的双极型晶体管的极间电容对振荡频率的影响也将显著减小。所以当管子的级间电容及杂散电容改变时,对 $f_0$ 的影响也很小。这种电路的频率稳定度可达 $10^{-4} \sim 10^{-5}$。可以证明。当利用 $C_3$ 进行频率调节时,会出现频率越高(即 $C_3$ 越小),振荡幅度越小。若 $C_3$ 进一步减小,就有可能使电路不满足振幅平衡条件而出现停振现象。出于克拉泼振荡器的频率覆盖系数(即高端频率与低端频率之比)不可能做得很高,一般约为 $1.2 \sim 1.3$。因此,该振荡器主要适用于产生固定频率的场合。

（2）西勒振荡器

为了克服克拉泼振荡器的缺点,可采用西勒振荡器,图 9-19 为西勒振荡器的原理图。它与克拉泼振荡器相比,仅在电感 $L$ 上并联了一个可调电容 $C_4$,用来调整振荡频率,而 $C_3$ 用固定的电容(一般与 $C_4$ 同数量级)。在通常情况下,$C_1$ 和 $C_2$ 都远大于 $C_3$,所以其振荡频率近似为

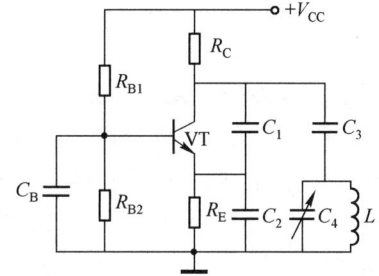

图 9-19　西勒振荡器的原理

$$f_0 \approx \frac{1}{2\pi\sqrt{L(C_3 + C_4)}} \qquad (9-47)$$

在西勒振荡器中,调节 $C_4$ 可改变西勒振荡器的振荡频率。由于此时 $C_3$ 不变,可以证明,调节 $C_4$ 对放大器增益的影响不大,从而可以保证振荡幅度的稳定。所以,其频率覆盖系数较大,可达 $1.6 \sim 1.8$。因此,该电路适用于对波形和频率要求比较高的场合,如用做电视机的本机振荡电路。

若将 LC 振荡电路中的放大电路部分用集成运算放大器代替,就可以得到集成运放构成的 LC 正弦波振荡电路。从频率特性来讲,分立件组成的 LC 正弦波振荡电路比采用集成运算放大器要好,而且成本也低。但采用集成运算放大器构成的 LC 正弦波振荡电路可以提高输出振幅和频率的稳定性,使输出波形更好,并且还可以增加其他控制功能。

分析以上几种 LC 三点式振荡器,可以发现这样一个规律:不论电感三点式还是电容三点式振荡器,其双极型晶体管集电极–发射极之间和基极–发射极之间回路元件的电抗性质都是相同的。两者同为电感性,或者同为电容性,它们与集电极–基极之间回路元件的电抗性质总是相反的。上述这一规律具有普通意义,是判断三点式振荡器是否满足相位平衡条件的基本法则,现归纳如下。

**在三点式振荡器的三个电抗中,与发射极相接的是两个同性质的电抗,剩下的那一个则是异性质的电抗。**

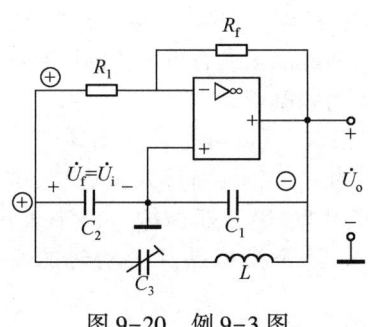

图 9-20　例 9-3 图

利用这一法则,容易判断电路是否满足振荡的相位条件,也有助于在分析复杂电路时,找出振荡回路元件。在实际三点式振荡电路中,这三个电抗往往都不是单一的电抗元件,可能是由不同电抗性质的元件串、并联组成。分析时,只要考虑在振荡频率下,双极型晶体管各电极间等效电抗的性质是否符合上述法则,就可以判断电路是否满足振荡所需的相位平衡条件。

**【例 9-3】** 根据相位条件判断图 9-20 中由集成运放组成的克拉泼振荡电路能否起振。

**解:**从集成运算放大器的反相输入端开始将瞬时极性标

注于图中。由瞬时极性可见,对于并联谐振回路的谐振频率满足相位条件可以起振,振荡频率为

$$f_0 \approx \frac{1}{2\pi\sqrt{L \Big/ \Big(\dfrac{1}{C_1}+\dfrac{1}{C_2}+\dfrac{1}{C_3}\Big)}} \approx \frac{1}{2\pi\sqrt{LC_3}}$$

### 9.2.4　石英晶体振荡电路

在许多应用领域,要求振荡器的振荡频率十分稳定,如通信系统中的射频振荡器、数字系统中的时钟发生器等。一般用频率的相对变化量 $\Delta f/f_0$ 来表征频率稳定程度(其中 $f_0$ 为振荡频率,$\Delta f$ 为频率偏移),叫做频率稳定度。频率稳定度是衡量信号产生电路的一个重要质量指标。

由于电源电压波动、温度变化和其他因素的影响,以上各种正弦波振荡电路产生的振荡信号频率都不够稳定。由前述可知,LC 振荡电路中的 LC 并联回路的 $Q$ 值越大,频率的稳定度就越高。但回路的 $Q$ 值是有限的,即使采取了稳频措施,其频率稳定度一般也小于 $10^{-5}$。而采用石英晶体作为选频网络的振荡器的频率稳定度一般可达 $10^{-9} \sim 10^{-11}$。因此,石英晶体振荡器通常用在数字电路和计算机中的时钟脉冲发生器、标准频率发生器、脉冲计数器等对频率稳定度要求较高的场合。

#### 1. 石英晶体的基本特性

石英晶体的主要成分是 $SiO_2$,是一种各向异性的结晶体。$SiO_2$ 是矿物质硅石的一种,也可以人工制造,其化学、物理性质都相当稳定。从一块晶体上按一定方位角切下薄片(称为晶体片),再在晶体片的两个对应表面上镀银并引出两个金属电极,最后用金属外壳封装就组成石英晶体。石英晶体的外形、结构和电路符号如图 9-21 所示。

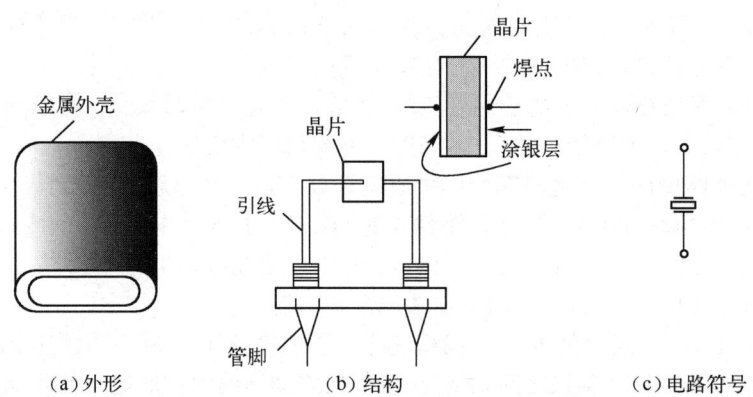

(a)外形　　　　　(b)结构　　　　(c)电路符号

图 9-21　石英晶体的外形、结构和电路符号

石英晶体的主要特点是具有压电效应:在石英晶片两电极间加一个交变电压,晶体会产生与该交变电压频率相同的机械形变振动。同时,机械形变振动会产生交变电场,在其两个电极间产生交变电压。这种机电相互转换的物理现象称为压电效应。在一般情况下,这种机械振动和交变电压的幅度极其微小,但当外加交变电压的频率与晶体的固有频率相等时,振幅才会急剧增大,这种现象称为压电谐振。因此,石英晶体又被称为石英晶体谐振器,简称晶振。石英晶体的固有频率决定于晶片的外形、尺寸和切割方向等。石英晶体的体积越小,振荡频率越高。

石英晶体的压电谐振现象与 LC 串联回路的谐振现象十分相似,所以可将石英晶体等效为如图 9-22 所示的电路。晶体不振动时,可等效为平板电容器,用 $C_0$ 表示,而等效金属层、电极支架等构成的分布电容,称为晶体的静态电容;晶体振动时,可用 LC 串并联谐振电路来表示。其中,电感 $L$ 模拟机械振动的惯性,电容 $C$ 模拟晶片的弹性,电阻 $R$ 模拟晶片振动时的摩擦损耗。

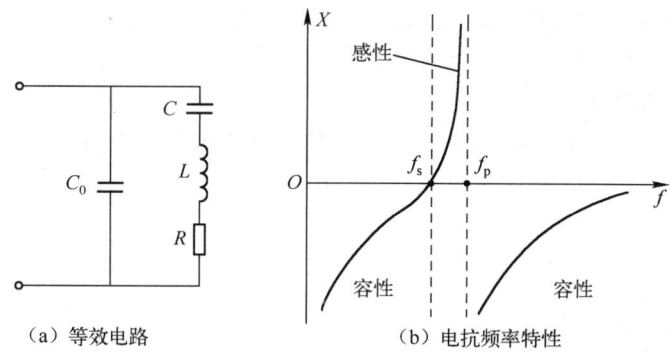

（a）等效电路　　　　　（b）电抗频率特性

图 9-22　石英晶体的等效电路及电抗频率特性

晶片等效的电感量 $L$ 较大,约为 $10^{-3} \sim 10^{2}$ H;等效的电容 $C$ 较小,约为 $10^{-4} \sim 10^{-1}$ pF;等效电阻 $R$ 一般只有几到几百欧姆。$C_0$ 约为几到几十皮法。所以,由 $C_0$、$C$ 和 $L$ 可组成一个并联谐振回路,其谐振频率由回路总电容与 $L$ 决定。由于等效电感量大,而损耗电阻又小,因此石英晶体等效电路的 $Q$ 值极高,可达 $10^{4} \sim 10^{6}$。所以,用石英晶体选频的石英晶体振荡器的选频特性好、频率稳定度相当高,在不加稳频措施的情况下,频率稳定度就可达 $10^{-9}$ 以上。

根据图 9-22(a)所示的等效谐振回路,可列出 $X$ 与 $f$ 的关系式如下

$$X = \frac{-\dfrac{1}{\omega C_0}\left(\omega L - \dfrac{1}{\omega C}\right)}{-\dfrac{1}{\omega C_0} + \left(\omega L - \dfrac{1}{\omega C}\right)} = \frac{\omega^2 LC - 1}{\omega(C + C_0 - \omega^2 LCC_0)} \tag{9-48}$$

根据式(9-48)可画出石英晶体的电抗频率特性如图 9-22(b)所示。它有两个固有频率,由 $X$ 的公式可知,当 $X = 0$ 时,$\omega = \omega_s = \dfrac{1}{\sqrt{LC}}$ 或 $f_s = \dfrac{1}{2\pi\sqrt{LC}}$,即 $f_s$ 为 LC 形成的串联谐振频率。当 $X \to \infty$ 时,$\omega = \omega_p = 1\Big/\sqrt{\dfrac{CC_0}{C+C_0}L} = \dfrac{1}{\sqrt{LC}}\sqrt{1+\dfrac{C}{C_0}}$ 或 $f_p = \dfrac{1}{2\pi\sqrt{L\dfrac{CC_0}{C+C_0}}} = f_s\sqrt{1+\dfrac{C}{C_0}}$,即 $f_p$ 为 $L$、$C$、$C_0$ 形成的并联谐振频率。

由于 $C \ll C_0$,因此 $f_s$ 和 $f_p$ 两个频率非常接近,基本上都由 LC 乘积决定。若忽略石英晶体等效电路中的电阻 $R$,则石英晶体在串联谐振时,其电抗为 0;在并联谐振时,其电抗为 $\infty$,在 $f_s < f < f_p$ 之间,晶体呈感性,为正,在其他范围内之外的其他频率上晶体呈容性,电抗为负。石英谐振器就是利用 $f_s$ 与 $f_p$ 之间的等效电感与其等效总电容来决定振荡频率的。对于工作频率为几兆赫兹的石英振荡器来说,$f_s$ 和 $f_p$ 之间只差几十至几百赫兹。

**2. 石英晶体振荡电路**

根据石英晶体的串联谐振和并联谐振特性,采用石英晶体选频的正弦波振荡器有串联型石英晶体振荡器和并联型石英晶体振荡器两种基本形式。对于前者,石英晶体工作在串联谐振频率 $f_s$ 处,利用阻抗为纯电阻且最小的特性来构成振荡电路;对于后者,石英晶体工作在 $f_s$ 和 $f_p$ 之间,利用晶体作为电感和外接电容产生并联谐振来组成振荡电路。

**（1）串联型晶体振荡电路**

串联谐振时,石英晶体振荡器的等效阻抗最小且为纯电阻。所以,用石英晶体作为反馈元件时,对等于串联谐振频率的信号正反馈最强且没有附加相移。图 9-23 为由共基极形式的电容反馈式正弦波振荡电路组成的串联型石英晶体振荡器电路。

由 $C_1 /\!/ C_3$、$C_2$ 和 $L$ 构成并联谐振回路,石英晶体支路将反馈信号送回三极管的发射极,只有石英晶体为纯电阻时才满足起振的相位条件。即只有等于石英晶体的串联谐振的那个频率成分,才

能得到最大的正反馈量。而其他的频率成分,因石英晶体不能谐振且产生附加相移而被衰减,所以振荡器可以产生频率为 $f_s$ 的正弦振荡输出。

**（2）并联型晶体振荡电路**

把电容三点式振荡电路中的电感换成石英晶体便可构成如图 9-24 所示的并联型晶体振荡电路。

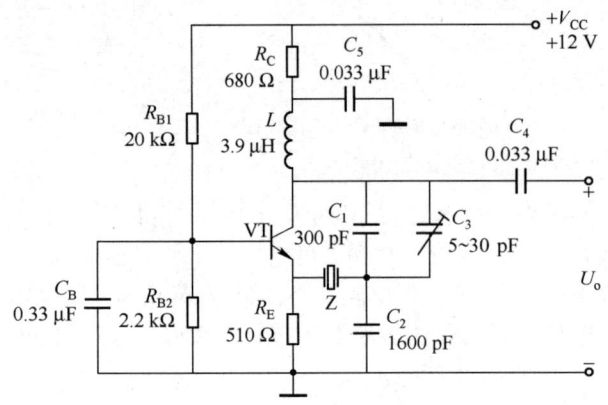

图 9-23 串联型石英晶体振荡器

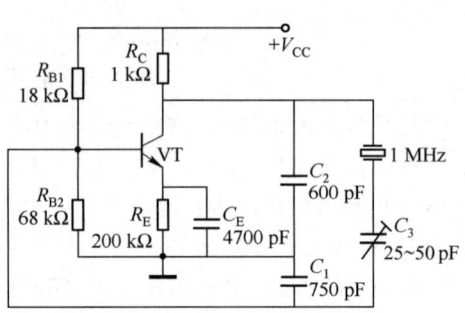

图 9-24 并联型石英晶体振荡器

此时,石英晶体工作在 $f_s$ 和 $f_p$ 之间呈感性,构成电容三点式振荡电路。只有在晶体的 $f_s$ 和 $f_p$ 之间的频率范围内,本电路才满足起振的相位平衡条件。该电路的振荡频率即为石英晶体和 $C_1$、$C_2$、$C_3$ 组成回路的并联谐振频率,可根据石英晶体的等效电路来求得。由于 $f_s$ 和 $f_p$ 十分接近,因此电路的振荡频率只取决于晶体本身的固有频率,并且十分稳定。

实际上,上述描述也可通过下面推导来说明。由于 $C_1$、$C_2$ 和 $C_0$（晶体静态电容）均远大于 $C$（晶体弹性等效电容）,管子与回路间的耦合很小,电路振荡频率主要由 $C$ 决定,因此谐振频率近似为

$$f_0 \approx \frac{1}{2\pi\sqrt{LC}} = f_s \tag{9-49}$$

由此也可推出,振荡频率基本上由晶体的固有频率 $f_s$ 决定,因此振荡频率稳定度很高。同时,在石英晶体支路串联一个电容量较小的微调电容,可以微调电路的振荡频率。

**【思考题】**

1. 振荡的建立和稳定需要什么条件?

2. 正弦波振荡电路的组成包括哪些部分?

3. 试述判断电路能否产生正弦波的分析方法。

4. RC 串并联振荡电路的组成及器件选择的基本准则。

5. 如何判断 LC 三点式振荡器电路是否满足振荡的相位条件?

6. 为什么电感三点式振荡电路的输出波形易产生失真,而电容三点式振荡电路的输出波形则不会失真呢?

7. 石英晶体振荡电路的优点是什么?组成石英晶体振荡电路的原则是什么?

# 9.3 非正弦波发生电路

在实际信号使用中,除了常见的正弦波,还有方波、矩形波、三角波、锯齿波、尖顶波和阶梯波等非正弦波。

本节主要介绍模拟电子电路中常用的矩形波（方波）、三角波和锯齿波等非正弦波波形发生电

路的组成、工作原理、波形分析和主要参数。

### 9.3.1 非正弦波发生电路的基本概念

常见的非正弦波发生器有矩形波、三角波和锯齿波发生器等。由于非正弦波发生器所产生的波形不是正弦波，因此它的工作原理、电路结构和分析方法都与正弦波振荡器不同。

**1. 工作原理框图**

图 9-25 为产生矩形波的原理示意图，单刀双位开关的两个定端 H 和 L 分别接正电源和负电源，开关的动端 M 和两个电源的公共端 G 作为输出。由于除跳变过程外，矩形波 $u_0$ 只有高电平和低电平两个状态，因此只要开关能自动地周期性动作，就可以自动地连续产生矩形波。实际使用时，将开关换成具有开关特性的器件，再引入适当的反馈，就可以自动地连续产生矩形波。其基本原理是，当输出电压为高电平时，通过具有延迟作用的反馈网络，使反馈电压 $u_F$ 随时间逐渐升高，经过一定时间升高到一定程度后使具有开关特性的器件动作，输出由高电平跳变为低电平。同理，当输出电压为低电平时，反馈电压 $u_F$ 随时间下降，经过一定时间下降到一定程度后使开关器件动作，输出由低电平又跳变为高电平。如此周而复始，可连续不断地产生矩形波。

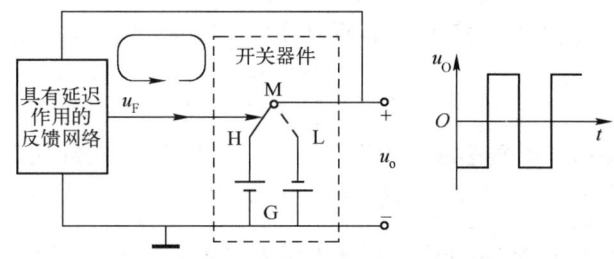

图 9-25 产生矩形波的原理示意图

如果将方波经过积分电路积分后，就可以变为三角波，而三角波发生器稍加改动就成了锯齿波发生器。因此，矩形波发生器是非正弦波发生器的基础。

由上述分析可知，非正弦波发生器必须包含具有开关特性的器件，如：① 电压比较器、集成模拟开关、TTL 与非门等，具有开关特性的双极型晶体管也可以起开关作用；② 反馈网络，在非正弦波发生器中，必须设法将输出电压恰当地反馈给具有开关特性的器件，才能使具有开关特性的器件改变状态；③ 延迟环节，如利用 RC 电路的充放电特性来实现延迟，有了延迟环节，才能获得所需要的振荡频率。如果要求产生三角波或锯齿波，还应加积分环节。

**2. 振荡条件及分析方法**

非正弦波发生器的振荡条件比较简单，即无论开关器件的输出电压为高电平或低电平时，如果经过一定的延迟时间后可使开关器件的输出改变状态，便能产生周期性的振荡，否则不能振荡。

分析非正弦波发生器能否发生振荡的基本方法，一是检查电路是否具有非正弦波发生器的基本组成部分，二是分析电路是否满足非正弦波发生器的振荡条件。

### 9.3.2 矩形波发生电路

矩形波产生电路是一种能够直接产生矩形波的非正弦信号产生电路，是其他非正弦波发生电路的基础。由于矩形波包含极丰富的谐波，因此这种电路又被称为多谐振荡电路，被广泛应用于脉冲和数字系统中。

**1. 矩形波电路组成及工作原理**

因为矩形波信号只有两种状态，不是高电平就是低电平。通过前面章节中关于比较器的讨论可知，只要在滞回比较器的信号输入端引入适当的信号电压，就可在其输出端得到相应的高、低电平矩形波电压。图 9-26(a)就是由滞回型电压比较器和 RC 电路构成的矩形波发生器。

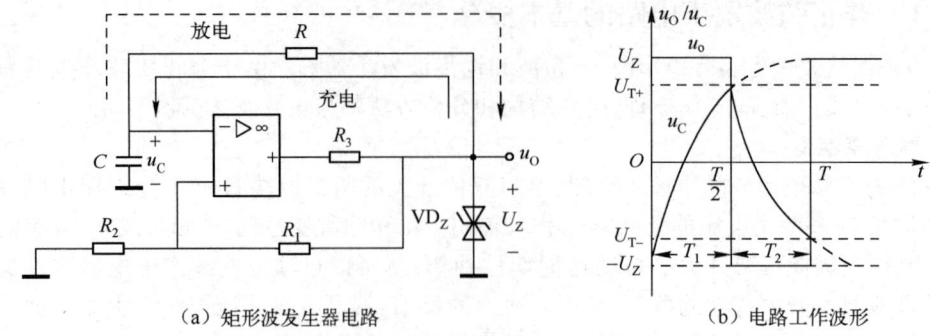

（a）矩形波发生器电路　　　　　　　（b）电路工作波形

图 9-26　矩形波发生器电路及电路工作波形

在图 9-26(a)所示电路中,滞回型比较器起开关作用,RC 电路起延迟兼反馈作用。利用 RC 积分电路充放电需要一定时间的特点,将输出电压经 RC 电路反馈到运放的反相输入端,电容端的电压就是所需的输入电压。下面描述该电路的工作原理。

根据如图 9-26(a)所示电路的接法,可以得到滞回比较器的阈值电压为

$$U_{\rm T} = \pm \frac{R_2}{R_1 + R_2} U_{\rm Z} \tag{9-50}$$

在接通电源瞬间,输出电压究竟偏向于正向饱和还是负向饱和,纯属偶然。设接通电源瞬间输出电压为正向饱和值 $+U_{\rm Z}$(忽略稳压管的正向导通压降),则由正反馈加于同相端的电压为 $U_{\rm T+} = \frac{R_2}{R_1 + R_2} U_{\rm Z}$。同时,正向的输出电压通过反馈电阻 $R$ 对电容 $C$ 充电使电容上的电压 $u_{\rm C}$ 增加,充电过程如图 9-26(a)中实线所示。随着充电的进行, $u_{\rm C}$ 不断增加,当 $u_{\rm C}$ 增加到略大于 $U_{\rm T+}$ 时,输出电压立即由正饱和值翻转到负饱和值 $-U_{\rm Z}$,并反馈回同相端,使同相端的阈值电压变为 $U_{\rm T-} = -\frac{R_2}{R_1 + R_2} U_{\rm Z}$。由于输出为负向饱和值,电容 $C$ 开始通过电阻 $R$ 放电,放电过程如图 9-26(a)中的虚线所示。当电容放电至 $u_{\rm C}$ 略小于 $U_{\rm T-}$ 时,输出状态再次翻转回正饱和值。如此循环往复,电路产生了自激振荡,形成了幅值为 $U_{\rm Z}$ 的矩形波。电路的工作波形如图 9-26(b)所示。

通过调整充放电的时间常数,就可以改变如图 9-26(b)所示波形的宽窄。当充放电时间增大时,充放电较为缓慢,到达阈值电压的时间变长,波形变宽,输出矩形波的频率降低。当充放电时间减小时,输出矩形波的频率提高。而输出电压幅度可以通过改变稳压管的稳定电压来实现。

**2. 主要参数**

在介绍电路的工作参数之前,首先介绍矩形波占空比的概念。

如图 9-26(b)所示波形,$T_1$ 为高电平的持续时间,$T_2$ 为低电平的持续时间,则矩形波的周期为 $T = T_1 + T_2$。将高电平的持续时间与矩形波周期的比值定义为占空比,记为 $q$,则

$$q = \frac{T_1}{T} \tag{9-51}$$

占空比为 0.1~0.9 的波形定义为矩形波。其中,占空比为 0.5 的矩形波又称为方波,是矩形波的特例。

由于图 9-26(a)所示电路中电容正向充电与反向放电的时间常数均为 $RC$,而且充放电的总幅值也相等,因而在一个周期内 $u_{\rm o} = +U_{\rm Z}$ 的时间与 $u_{\rm o} = -U_{\rm Z}$ 的时间相等,即占空比 $q = 0.5$。因此,$u_{\rm o}$ 为对称的方波,图 9-26(a)所示电路也称为方波发生电路。

根据电容上电压波形可知,在二分之一周期内,电容充电的起始值为 $-U_{\rm T}$,终了值为 $+U_{\rm T}$,时间常

数为 $RC$;时间 $t$ 无穷时，$u_c$ 趋于 $+U_Z$，利用一阶 RC 电路的三要素法可列出方程

$$U_T = (U_Z + U_T)(1 - e^{-\frac{T/2}{RC}}) + (-U_T) \tag{9-52}$$

将式(9-50)代入上式，可得矩形波振荡周期为

$$T = 2RC\ln\left(1 + 2\frac{R_2}{R_1}\right) \tag{9-53}$$

对于 10 Hz~10 kHz 的低频范围固定频率输出来说，上述矩形波产生电路性能较好，为获得更陡峭的上升沿和下降沿，可以选择高转换速率的集成运放来实现。

**3. 占空比可调电路**

通过对方波发生电路的分析可以看出，要改变输出电压的占空比，输出占空比不为 0.5 的矩形波，就必须使充放电的时间常数不同，即充电和放电回路应分开而且对应的参数应不同。利用二极管的单向导电性可以引导电流流经不同的通路，占空比不为 0.5 的矩形波发生电路如图 9-27 所示。

当输出 $u_o = +U_Z$ 时，$u_o$ 通过 $VD_2$ 和 $R_5$ 对电容正向充电。若忽略二极管导通时的等效电阻，则时间常数为 $\tau_1 \approx R_5C$。当输出 $u_o = -U_Z$ 时，$u_o$ 通过 $R_4$ 和 $VD_1$ 对电容放电。若忽略二极管导通时的等效电阻，则时间常数为 $\tau_2 \approx R_4C$。

利用一阶 RC 电路的三要素法可得输出高电平保持时间 $T_1$ 和输出低电平保持时间 $T_2$ 为

$$\begin{cases} T_1 \approx \tau_1\ln\left(1 + \dfrac{2R_2}{R_1}\right) \\ T_2 \approx \tau_2\ln\left(1 + \dfrac{2R_2}{R_1}\right) \end{cases} \tag{9-54}$$

进而可得矩形波振荡周期为

$$T = T_1 + T_2 \approx (R_4 + R_5)C\ln\left(1 + 2\frac{R_2}{R_1}\right) \tag{9-55}$$

占空比为

$$q = \frac{T_1}{T} \approx \frac{R_5}{R_4 + R_5} \tag{9-56}$$

由式(9-55)和式(9-56)可以看出，通过调整电阻 $R_4$ 或 $R_5$ 的值可以改变矩形波的占空比。当 $R_4$ 和 $R_5$ 的取值不同时，充放电回路的时间常数不同，因而占空比不为 0.5。若将 $R_4$ 或 $R_5$ 中的其中一个电阻改为滑动变阻器，则图 9-27 所示电路就可变为一个占空比连续可调的矩形波发生电路。但是由式(9-55)也可以看出，调整 $R_4$ 或 $R_5$ 虽然可以改变矩形波的占空比，但是也改变了矩形波的振荡周期 $T$。一种既不改变矩形波的振荡周期 $T$ 又能连续进行占空比调整的矩形波信号发生电路如图 9-28 所示。

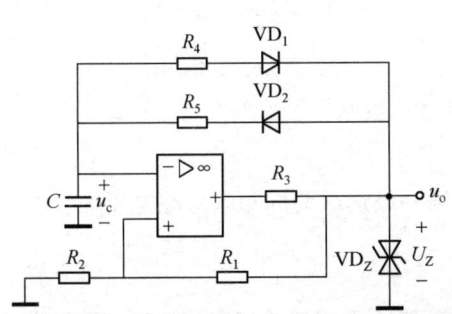

图 9-27　占空比不为 0.5 的矩形波发生电路　　　图 9-28　改进的占空比可调电路

该电路的充放电时间常数分别为

$$\begin{cases} \tau_1 \approx (R_{w1}+R)C \\ \tau_2 \approx (R_{w2}+R)C \end{cases} \tag{9-57}$$

则输出高电平保持时间 $T_1$ 和输出低电平保持时间 $T_2$ 为

$$\begin{cases} T_1 \approx \tau_1 \ln\left(1+\dfrac{2R_2}{R_1}\right) \\ T_2 \approx \tau_2 \ln\left(1+\dfrac{2R_2}{R_1}\right) \end{cases} \tag{9-58}$$

进而可得矩形波振荡周期为

$$T = T_1 + T_2 \approx (R_w + 2R)C\ln\left(1+2\dfrac{R_2}{R_1}\right) \tag{9-59}$$

占空比为

$$q = \frac{T_1}{T} \approx \frac{R_{w1}+R}{R_w+2R} \tag{9-60}$$

式(9-59)和式(9-60)表明,改变电位器的滑动端可以改变占空比,但矩形波信号周期不变。

### 9.3.3 三角波发生电路

正如方波是矩形波的特例一样,三角波也是一种特殊的锯齿波。把上升时间(斜率)和下降时间(斜率)相同的锯齿波称为三角波。

**1. 三角波发生电路组成和工作原理**

三角波信号可通过方波信号积分得到,因此三角波信号发生电路可在方波发生电路的输出端加上一个积分电路得到,如图9-29(a)所示。该电路由滞回比较器和反相积分器构成。积分器的作用是将滞回比较器输出的方波转换为三角波,同时反馈给比较器的同相输入端,使比较器产生随三角波的变化而翻转的方波。这里的滞回比较器和前述方波发生器的区别在于是从同相端输入信号,但基本原理相同。

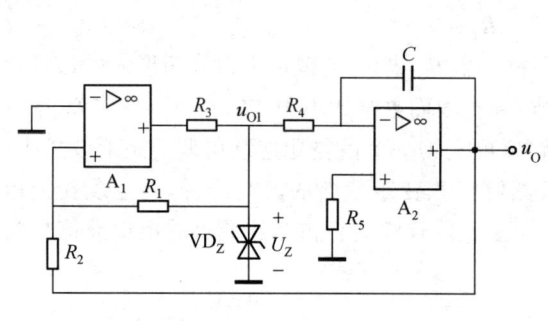

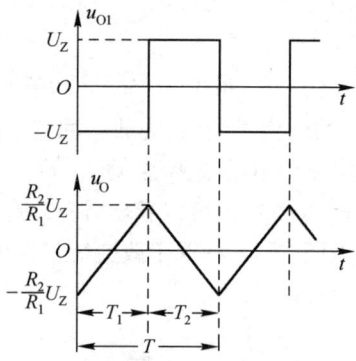

(a) 三角波发生电路　　　　　　　　　　　　(b) 工作波形

图9-29　三角波发生电路及工作波形

下面分析该电路的工作原理。

设 $t=0$ 时,电容 $C$ 两端的电压 $u_C=0$,则 $u_O=-u_C=0$,第一级运放的同相端对地电压为

$$u_+ = \frac{U_Z R_2}{R_1+R_2} + \frac{u_O R_1}{R_1+R_2} \tag{9-61}$$

此时,$u_{O1}$ 通过 $R$ 向 $C$ 恒流充电,$u_C$ 线性上升,$u_O$ 线性下降。由于运放反向端接地,因此当 $u_+$ 下降到略小于0时,第一级运放的输出翻转,$u_{O1}$ 跳变为 $-U_Z$。根据式(9-61)可知,此时 $u_O$ 略小

于 $-\dfrac{R_2}{R_1}U_z$。

同理,当 $u_C = -u_0 = \dfrac{R_2}{R_1}U_z$, $u_{01} = -U_z$ 时,第一级运放的同相对地电压为

$$u_+ = -\frac{U_z R_2}{R_1+R_2} + \frac{u_0 R_1}{R_1+R_2} \tag{9-62}$$

此时,电容恒流放电,$u_C$ 线性下降,$u_0$ 线性上升,则 $u_+$ 也上升。当 $u_+$ 上升到略大于 0 时,第一级输出发生翻转,$u_{01}$ 跳变为 $U_z$。根据式(9-62)可知,此时 $u_0$ 略大于 $\dfrac{R_2}{R_1}U_z$。如此周而复始,就可在 $u_0$ 端输出幅度为 $\dfrac{R_2}{R_1}U_z$ 的三角波,同时在 $u_{01}$ 端得到频率相同幅度为 $U_z$ 的方波。电路的工作波形如图 9-29(b)所示。

**2. 三角波发生电路的主要参数**

方波的幅度由稳压管限幅电路决定为 $\pm U_z$,则三角波的正负向峰值为

$$u_0 = \pm\frac{R_2}{R_1}U_z \tag{9-63}$$

由于三角波是对产生的方波进行积分而得到的,因此与方波的周期和频率相同。可以证明,三角波的振荡周期和振荡频率为

$$T = T_1 + T_2 = \frac{4R_2}{R_1}R_4 C \tag{9-64}$$

$$f = \frac{1}{T} = \frac{R_1}{4R_2 R_4 C} \tag{9-65}$$

调节电路中的 $R_1$、$R_2$、$R_4$ 的阻值和电容的容量,可以改变振荡频率;调节 $R_1$ 和 $R_2$ 的值,可以改变三角波的幅值。

## 9.3.4 锯齿波发生电路

在各种数字仪表、示波器、雷达装置等电子设备及测量技术中,均需要随时间线性变化的锯齿波,用于信号变换或扫描。由于集成运算放大器可以构成积分电路,如果在积分电路的输入端加入方波信号或矩形波,就会输出三角波或锯齿波。所以,将矩形波产生电路稍加改动再配合积分电路,就可以构成能同时输出矩形波和锯齿波的信号产生电路。

**1. 锯齿波发生电路组成和工作原理**

锯齿波与三角波相比,锯齿波的上升时间(斜率)与下降时间(斜率)不同,一般下降时间远小于上升时间或上升时间远小于下降时间。即要求积分电路正向积分的时间常数远大于反向积分的时间常数,或者反向积分的时间常数远大于正向积分的时间常数。对应于方波和矩形波,对输出方波信号的积分就是三角波信号,而锯齿波信号是对矩形波信号的积分。即把图 9-27 或图 9-28 所示矩形波发生电路后面接上积分器就得到锯齿波信号发生器。或者因为三角波波形上升和下降的速率不同,就成为锯齿波波形。所以,只要令三角波波形发生器积分器的正、负向积分常数不同,就可以得到锯齿波。具体电路如图 9-30 和图 9-31 所示,电路是可以同时产生矩形波和锯齿波的电路。其工作

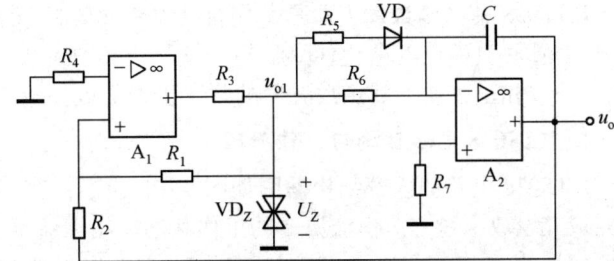

图 9-30　上升、下降时间比固定的锯齿波发生电路

原理和三角波产生电路相同,仅为积分器的电阻有两条通路,这两条通路的阻值差异很大,以至于正、负向积分的速率明显不同。

图 9-30 所示电路产生的锯齿波上升、下降时间及时间比不可调,若将 $R_6$ 或 $R_5$ 中的其中一个电阻改为滑动变阻器,可以改变锯齿波上升、下降时间比,但同时会改变锯齿波信号频率;图 9-31 所示锯齿波信号发生电路,不仅可以改变锯齿波上升、下降时间比,在改变过程还能保持锯齿波信号频率不变。图 9-32 为锯齿波发生电路工作波形。

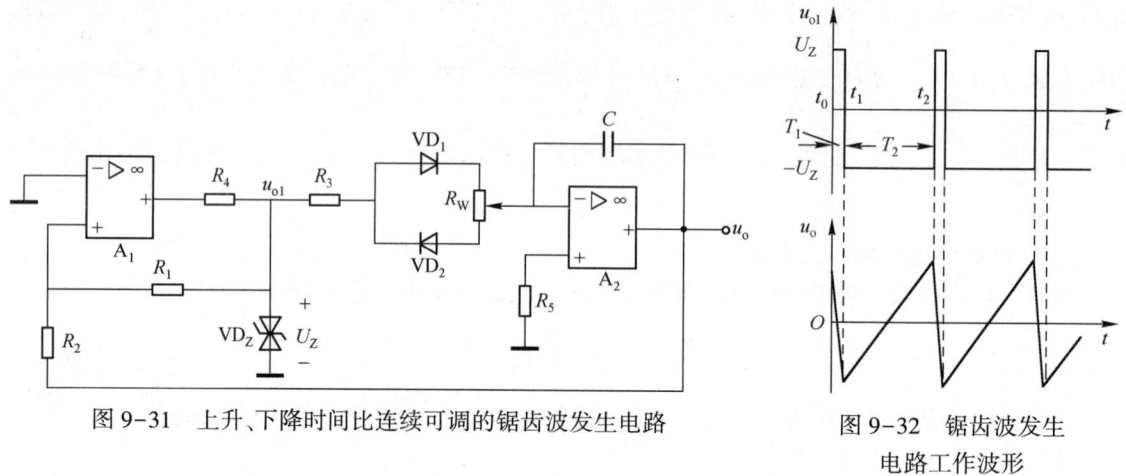

图 9-31　上升、下降时间比连续可调的锯齿波发生电路　　　图 9-32　锯齿波发生
电路工作波形

**2. 锯齿波发生电路的主要参数**

由于锯齿波信号是由矩形波信号积分而来的,因此两信号频率相同。可推导出图 9-31 所示电路产生的锯齿波信号周期和频率为

$$T = \frac{2R_2(2R_3+R_w)C}{R_1} \tag{9-66}$$

$$f = \frac{1}{T} = \frac{R_1}{2R_2(2R_3+R_w)C} \tag{9-67}$$

由上式可知,改变 $R_1$、$R_2$、$R_3$、$R_w$ 的阻值和电容 $C$ 的容量,可以改变振荡频率;调整电位器滑动端的位置,可以改变 $u_{o1}$ 的占空比以及锯齿波上升和下降的斜率。

## 9.3.5　集成函数发生器

ICL8038 是一种集波形产生与波形变换于一体的多功能单片集成函数发生器,能产生 4 种基本波形:正弦波、矩形波、三角波和锯齿波。矩形波的占空比可任意调节,它的输出频率范围非常宽,可以为 0.001 Hz~1 MHz。典型应用情况下,输出波形的失真度小于 1%,线性度优于 0.1%,且输出信号的频漂很小。下面以型号为 ICL8038 的函数发生器为例,介绍其电路结构、工作原理、参数特点和使用方法。

ICL8038 精密函数发生器是采用肖特基势垒二极管等先进工艺制成的单片集成电路芯片,电源电压范围宽、稳定度高、精度高、易于使用。外部只需接入很少的元件即可工作,可同时产生方波、三角波和正弦波。其函数波形的频率受内部或外电压控制,可用于压控振荡和 FSK 调制器等。

**1. ICL8038 电路结构与工作原理**

ICL8038 电路的内部结构框图如图 9-33 所示。其中,电容由外部接入,它由内部两个恒流源来完成充电放电过程。恒流源 2 的工作状态是由恒流源 1 对电容连续充电,增加电容电压,从而改变比较器的输入电平,比较器的状态改变,带动触发器翻转来连续控制的。当触发器的状态使恒流源 2 处于关闭状态,电容电压达到比较器 1 输入电压规定值的 2/3 时,比较器 1 状态改变,使触发器工作状态发生翻转,将模拟开关 K 由 B 点接到 A 点。由于恒流源 2 的工作电流值为 $2I$,是恒流源 1 的 2 倍,电容器处于放电状态,在单位时间内电容器端电压将线性下降。当电容电压下降到比较器 2 的输入电压规定值的 1/3 时,比较器 2 状态改变,使触发器又翻转回到原来的状态。这样周期性地循环,完成振荡过程。

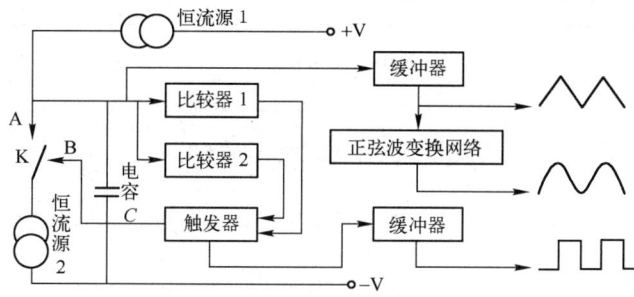

图 9-33  ICL8038 电路的内部结构

在以上基本电路中很容易获得三种函数信号。假如电容器在充电过程和在放电过程的时间常数相等,而且在电容器充放电时,电容电压就是三角波函数,则三角波信号由此获得。由于触发器的工作状态变化时间也是由电容电压的充放电过程决定的,因此触发器的状态翻转,就能产生方波函数信号。在芯片内部,这两种函数信号经缓冲器功率放大,并从引脚 3 和引脚 9 输出。

适当选择外部的电阻和电容可以满足方波函数等信号在频率、占空比调节的全部范围。因此,对两个恒流源在 $I$ 和 $2I$ 电流不对称的情况下,可以循环调节,从最小到最大,任意选择调整。所以,只要调节电容器充放电时间不相等,就可获得锯齿波等函数信号。

正弦函数信号由三角波函数信号经过非线性变换而获得。利用二极管的非线性特性,可以将三角波信号的上升成下降斜率逐次逼近正弦波的斜率。ICL8038 中的非线性网络是由 4 级击穿点的非线性逼近网络构成。一般来说,逼近点越多得到的正弦波效果越好,失真度也越小。在本芯片中逼近点为 4,失真度可以小于 1。在实测中得到正弦信号的失真可达 0.5 左右,其精度效果相当满意。

**2. 常用接法**

图 9-34 为 ICL8038 的引脚图,其中引脚 8 为频率调节(简称调频)电压输入端,电路的振荡频率与调频电压成正比。引脚 7 输出调频偏置电压,数值是引脚 7 与电源之差,它可作为引脚 8 的输入电压。

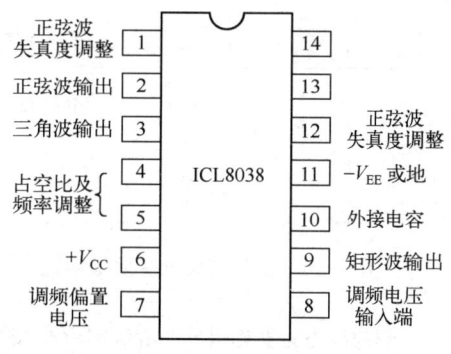

图 9-34  ICL8038 的引脚图

**(1) 函数信号频率和占空比的调节**

由于 ICL8038 单片函数发生器有两种工作方式,即输出函数信号的频率调节电压可以由内部供给,也可以由外部供给。如图 9-35 所示为几种由内部供给偏置电压调节的接线图。

在以上应用中,由于引脚 7 频率调节电压偏置一定,所以函数信号的频率和占空比由 $R_A$,$R_B$ 和 $C$ 决定。其频率为 $f$,周期为 $T$,$\tau_1$ 为振荡电容充电时间,$\tau_2$ 为放电时间,则

$$T = \tau_1 + \tau_2$$
$$f = 1/T$$

三角函数信号在电容充电时,电容电压上升到比较器规定输入电压的 1/3 倍,分得的时间为

$$\tau_1 = \frac{C \cdot \dfrac{V_{CC}}{3} R_A}{\dfrac{V_{CC}}{5}} = \frac{5}{3} R_A C$$

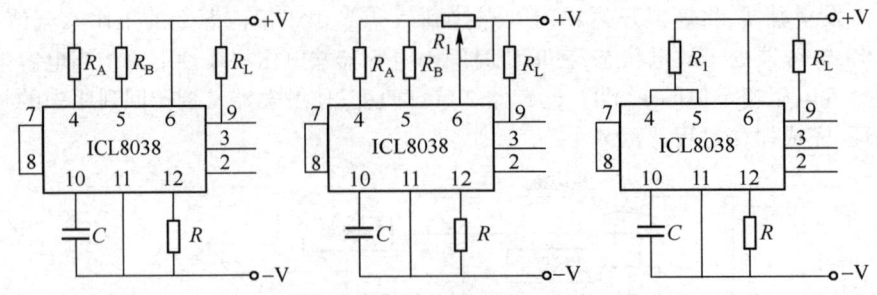

图 9-35  ICL8038 典型应用

同理,在电容放电时,电压降到比较器输入电压的 1/3 时,分得的时间为

$$\tau_2 = \frac{\frac{5}{3}R_A R_B C}{2R_A - R_B}$$

则振荡频率为

$$f = \frac{1}{T} = \frac{1}{\tau_1 + \tau_2} = \frac{3}{5R_A C \left(1 + \frac{R_B}{2R_A - R_B}\right)}$$

如果 $R_A = R_B$,就可以获得占空比为 50% 的方波信号,其频率为 $f = \frac{1}{T} = \frac{3}{10R_A C}$。

通过调节 $R_A$、$R_B$ 和 $C$ 的值就可实现信号频率和占空比等的参数调节。

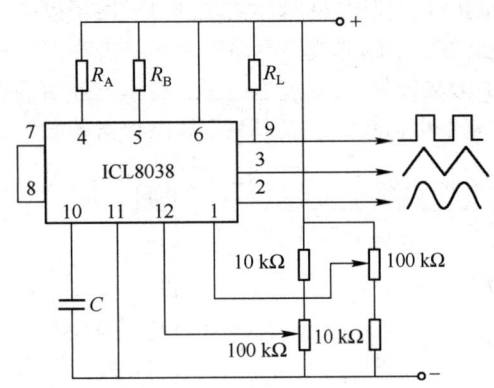

图 9-36  正弦波失真度调节电路

（2）正弦函数信号的失真度调节

由于 ICL8038 单片函数发生器所产生的正弦波是由三角波经非线性网络变换而获得,该芯片的引脚 1 和引脚 12 就是为调节输出正弦波失真度而设置的。图 9-36 为一个调节输出正弦波失真度的典型应用,其中引脚 1 调节振荡电容充电时间过程中的非线性逼近点,引脚 12 调节振荡在电容的放电时间过程中的非线性逼近点。实际应用中,两只 100 kΩ 的电位器应选择多圈精度电位器,反复调节,可以达到很好的效果。

【思考题】

1. 非正弦波发生器的基本构成包括哪些部分?

2. 锯齿波发生器如果要产生倒锯齿波,即上升时间小于下降时间,如何处理?

3. 为什么说矩形波发生电路是产生其他非正弦波信号的基础? 为什么非正弦波发生电路中几乎都含有电压比较器?

4. 电压比较器与放大电路有什么区别? 集成运放在电压比较器电路和运算电路中的工作状态一样吗? 为什么? 如何判断电路中集成运放的工作状态?

# 9.4  正弦波振荡电路的仿真与测试

RC 桥式振荡电路如图 9-37 所示,调整电位器 $R_W$ 可以改变负反馈深度,以满足振荡的振幅条件并改善波形。图 9-38 为所产生的正弦波形,频率如图 9-39 频率计中所示。

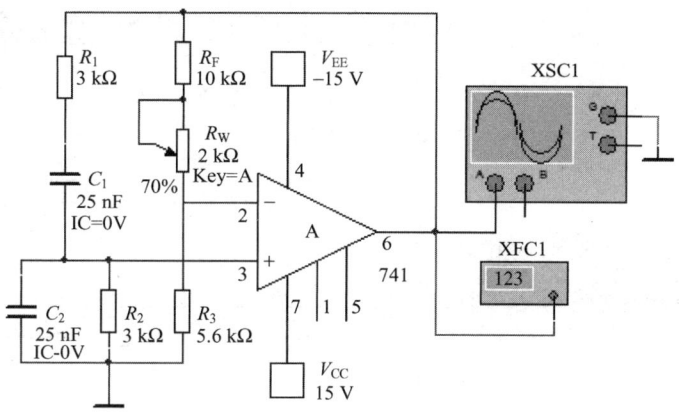

图 9-37　RC 桥式振荡电路

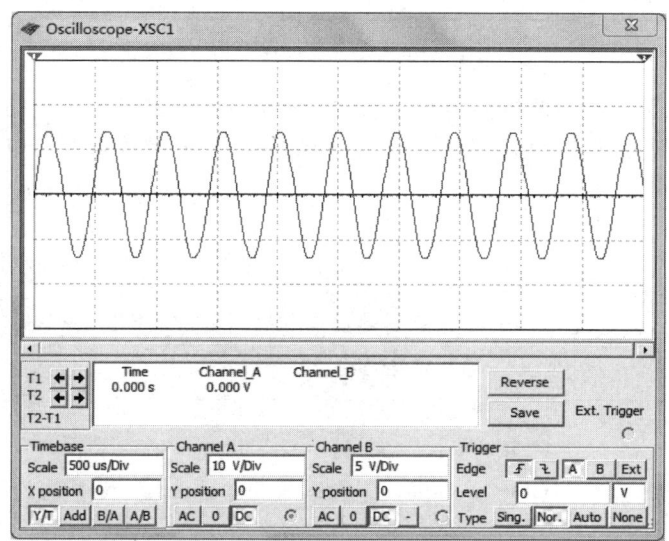

图 9-38　RC 桥式振荡产生波形

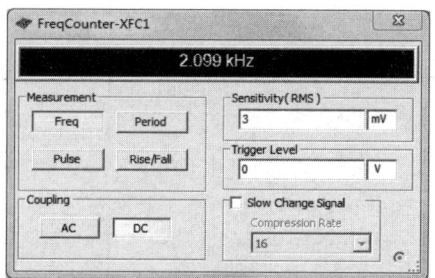

图 9-39　RC 桥式振荡波形频率

　　RC 振荡电路一般只能用作低频振荡器,在要求频率较高时,一般利用 LC 振荡电路,图 9-40 为电容三点式振荡器——考毕兹振荡电路,图 9-41 为其输出波形的振荡频率,图 9-42 为振荡电路的输出结果波形。

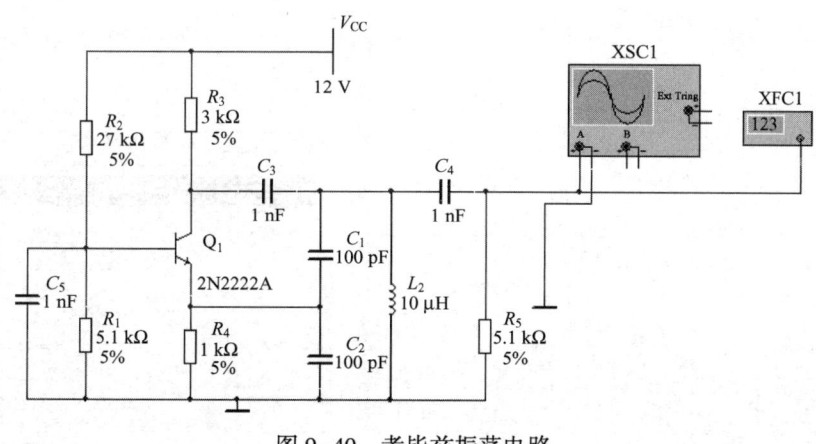

图 9-40　考毕兹振荡电路

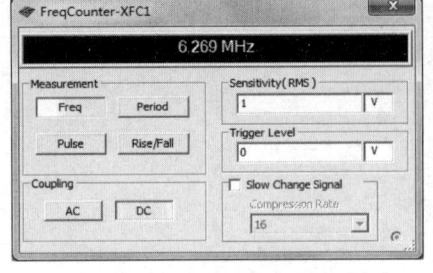

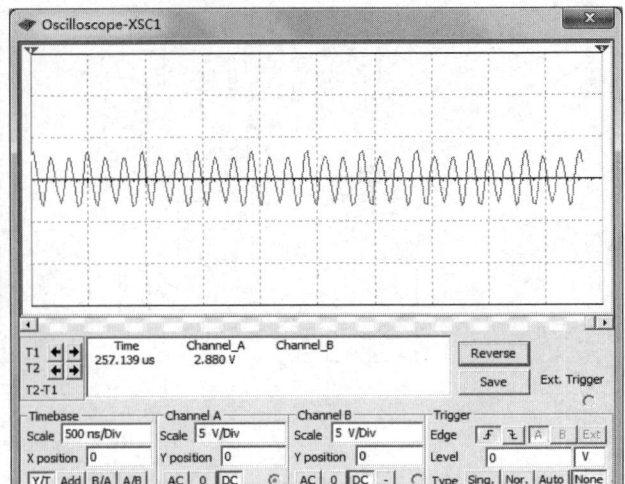

图 9-41　考毕兹振荡波形频率

图 9-42　考毕兹振荡波形

考毕兹电路的振荡频率调节不方便,因此利用改进型电容三点式振荡器——克拉泼振荡电路和西勒电路来实现振荡,调节可调电容,便可以调节输出信号的频率。图 9-43 为克拉泼振荡器电路,图 9-44 和图 9-45 分别为振荡波形和振荡频率。

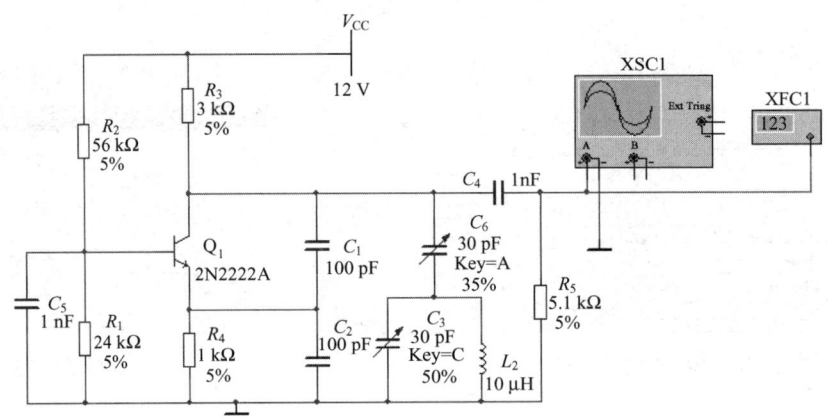

图 9-43　克拉泼振荡器电路

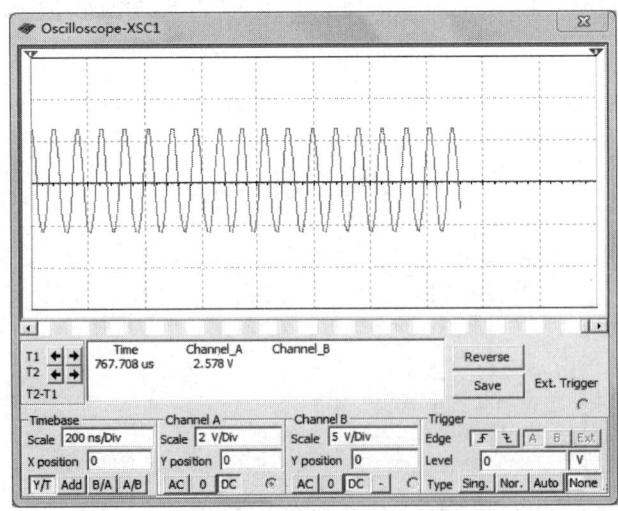

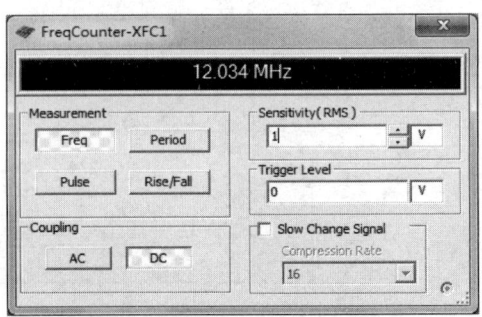

图 9-44　克拉泼振荡器波形

图 9-45　克拉泼振荡器波形频率

图 9-46 为西勒振荡器电路,图 9-47 和图 9-48 分别为振荡波形和振荡频率。

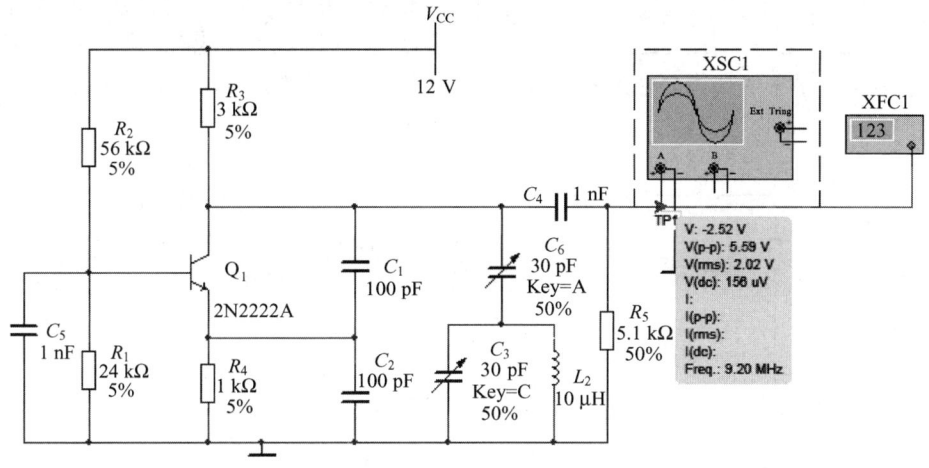

图 9-46　西勒振荡器电路

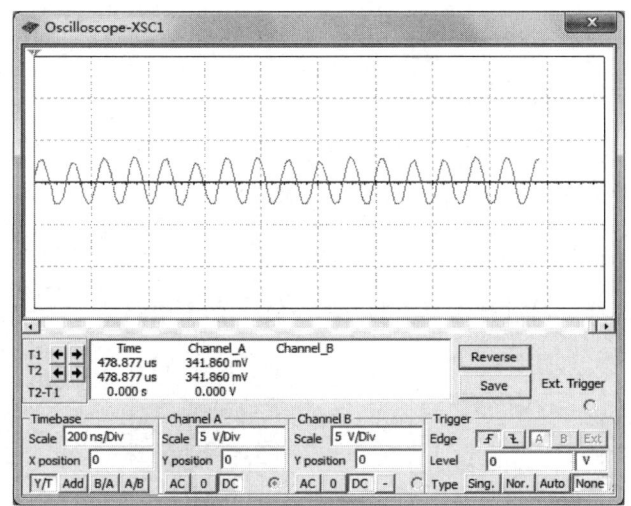

图 9-47　西勒振荡器波形

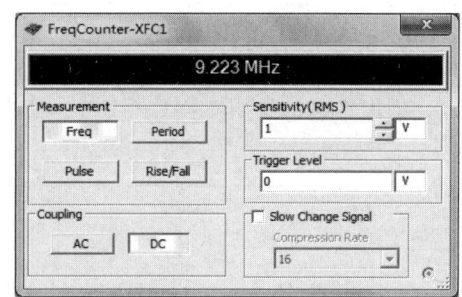

图 9-48　西勒振荡器波形频率

# 9.5　典型应用实例——调频无线话筒设计

振荡电路应用场合很多,如函数发生器,无线电话筒等。现以无线电话筒的电路为例来说明振荡电路的应用。

## 9.5.1　调频无线话筒工作原理及电路图

调频无线话筒基本工作原理是,调频收音机的调频接收范围是 88～108 MHz。因此,无线话筒应将声音调制在这个范围。人的声音又称为音频信号,其频率为 20～20000 Hz。当用无线电发射出去时,必须将音频信号放在载波上。这一过程称为无线电调制,相对于载波而言,音频信号称调制信号。调制有两种方式,即调幅和调频,所谓调幅即用调制信号去影响(或改变)载波的幅度,从而完成调制信号与载波的叠加形成无线电波。所谓调频,是用调制信号去影响(或改变)载波的频率,从而完成调制信号与载波的叠加,形成无线电波,如图 9-49所示。

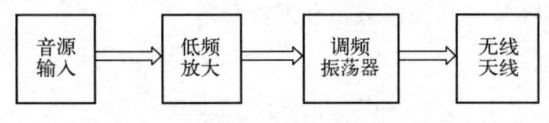

图 9-49 调频无线话筒工作方案

图 9-50 为调频无线话筒的电路,其中 S 为驻极体话筒,将声音变为音频电信号,由晶体管 $Q_2$ 等组成共射极音频放大器,将音频信号放大。放大后的音频信号送入振荡级的基极。

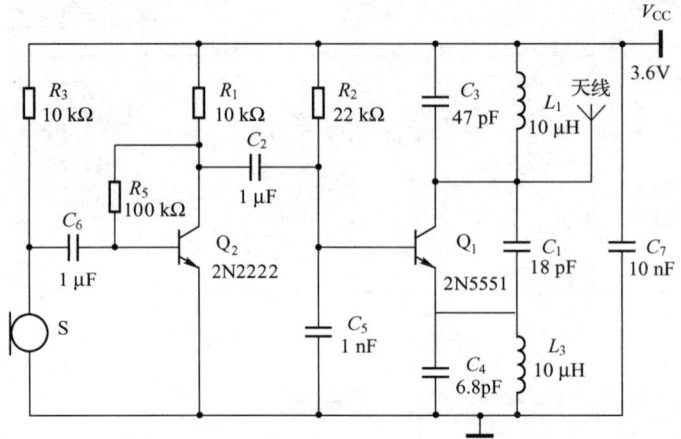

图 9-50 调频无线话筒的电路

由 $Q_1$ 等组成振荡级,其频率主要由振荡线圈 $L_1$ 和 $C_3$ 决定,同时受晶体管工作状态、电容器 $C_4$、$L_3$ 和 $C_7$ 的影响,音频信号经 $C_2$ 馈入 $Q_1$,产生 FM 信号,然后通过天线发射出去。

### 9.5.2 仿真结果

用正弦波代替输入的音频信号,对调频无线话筒进行仿真实验,图 9-51 为仿真电路。

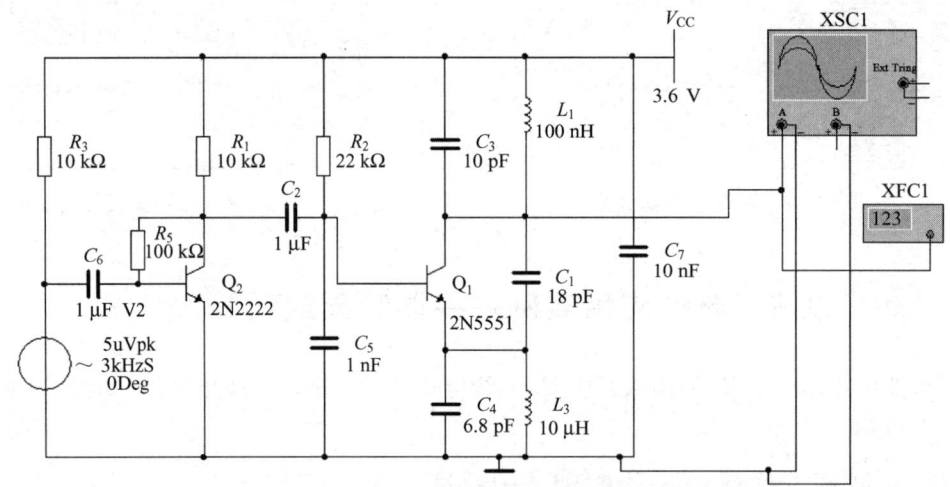

图 9-51 调频无线话筒仿真电路

无线话筒的前置放大电路采用共发射极放大电路,是因为共发射极放大电路的放大倍数比较大,而且放大失真小。此前置放大电路是由三极管放大电路组成,加上一些耦合电容和偏置电阻构成。首先,声音从高灵敏度的话筒感应出电信号,再经过一个耦合电容 $C_6$ 后加到了一个 2N2222 的三极管的基极,通过 2N2222 的三极管共发射极电路放大后从集电极的一端输出,输出后再通过一个耦合电容 $C_2$ 输送到下一级,能够调节话筒的灵敏度,从而实现方便可用的一个无线话筒。如图 9-52 为前端放大器的输出结果。

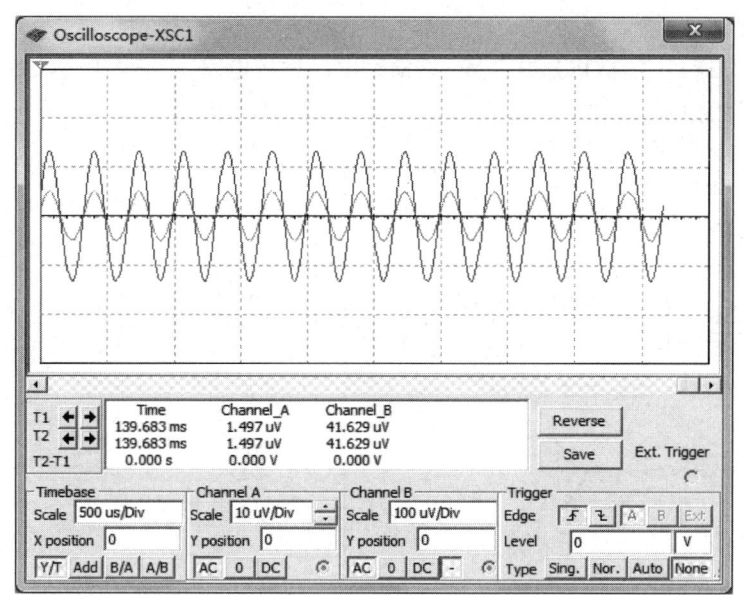

图 9-52　前端放大电路结果

调频调制就是让已调信号的频率随着基带信号的频率变化而变化,而它的幅度和相位不变。它的波形反映的是基带信号的频率变化。要产生一个调制信号就需要一个特殊的电路,即振荡信号,而振荡信号的产生要一个振荡器,在这个电路中,由 2N5551 组成电容三点式振荡器电路,对载波信号进行调制,最终通过天线发射出去。这里调整 $L_1$ 和 $C_3$ 的值,从而调整振荡频率,得到输出波形如图 9-53 所示,图 9-54 为输出波形频率。

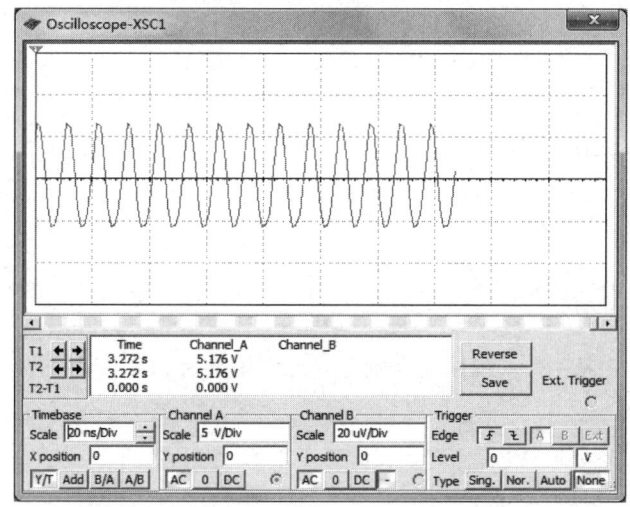

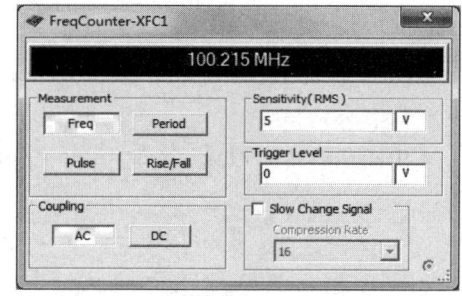

图 9-53　电路输出波形

图 9-54　电路输出波形频率

在实际电路调试中,可以改变线圈 $L_1$ 圈距,也可以在 $C_3$ 与 $C_7$ 两端并联一个微调电容,可实现频率调节。

## *9.6　知识拓展——压控振荡器

如果振荡器的输出频率可以用一个外加电压来控制,则可构成压控振荡器,它的振荡波形可以是正弦波、方波或三角波等。如果控制电压是直流信号,那么频率的调节将十分方便。

### 1. 压控振荡器的工作原理

压控振荡器的原理见图9-55(a),包括积分电路$A_1$、迟滞型电压比较电路$A_2$和模拟开关S等。开关位置的转换受$A_2$输出信号的控制。

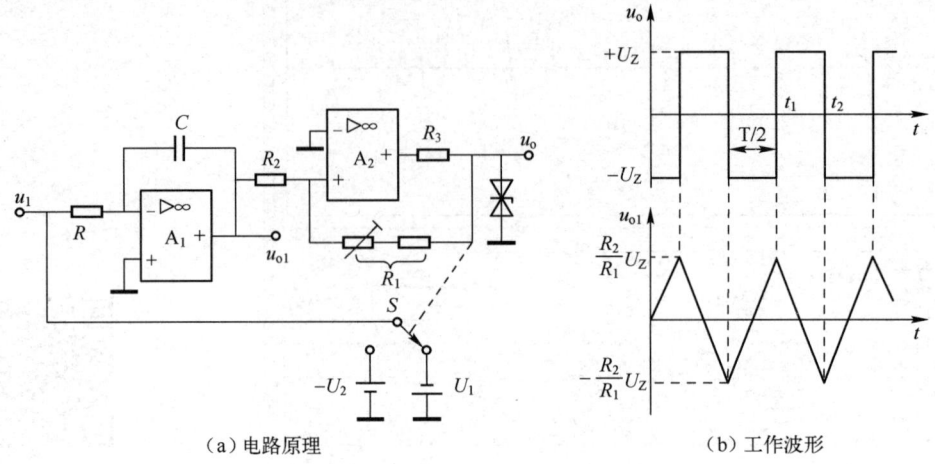

(a)电路原理　　　　　　　　　　　　(b)工作波形

图9-55　压控振荡器电路及工作原理

当比较电路$A_2$的输出$u_o = +U_Z$时,S接通$+U_1$,使积分电路$A_1$的输入$u_1$为$+U_1$。反之,当$u_o = -U_Z$时,S接通$-U_2$,使$A_1$的$u_1$为$-U_2$。

假定开始时比较电路$A_2$的$u_o = -U_Z$,此时$A_1$的$u_1 = -U_2$,它经$R$使$C$充电,$A_1$的输出$u_{o1}$向正方向线性上升。当$u_{o1}$上升到使$A_2$的$u_+$过零(注意:$u_- = 0$ V),即$u_{o1} = U_Z R_2/R_1$时,$u_o$跳变到$+U_Z$,开关S换接$+U_1$。同理,可类似地分析下面的过程。

对于积分电路$A_1$,有

$$u_{o1} = -\frac{1}{RC}\int u_1 \mathrm{d}t$$

设$U_1 = U_2 = U$,每当S换接时,$u_1$的变化为$2U$,此时

$$\Delta u_{o1} = \frac{2U\Delta t}{RC}$$

$$\Delta t = \frac{RC}{2U}\Delta u_{o1}$$

由图9-55(b)可见,当$\Delta t = t_2 - t_1 = \dfrac{T}{2}$时,$u_{o1}$从$-U_Z\dfrac{R_2}{R_1}$线性上升到$U_Z\dfrac{R_2}{R_1}$,变化量为$2U_Z\dfrac{R_2}{R_1}$,故

$$\frac{T}{2} = t_2 - t_1$$

$$= \frac{RC}{2U}\times 2U_Z\frac{R_2}{R_1}$$

$$= \frac{RC}{U}\frac{R_2}{R_1}U_Z$$

振荡频率为

$$f_0 = \frac{1}{T} = \frac{R_1 U}{2RCR_2 U_Z} \tag{9-68}$$

由式(9-68)可见,信号发生电路的振荡频率与输入控制电压$U$成正比。当改变$U$时,可获得振荡频率可变而幅值恒定的三角波和方波输出。由于电压可控制振荡频率,故这种电路称为压控

振荡器。

### 2. 模拟开关的实现

一种实现模拟开关 S 的电路如图 9-56 所示。图中 $u_i$ 为外加输入信号，$A_3$、$A_4$ 是两个串接的反相输入比例运算电路，它们的输出电压大小相等、极性（或相位）相反，即 $u_{o4} = -u_{o3} = u_i$。二极管 $VD_3$、$VD_4$ 的导通和截止受图 9-55(a) 中比较电路 $A_2$ 输出信号的控制。忽略二极管正向导通压降，当比较电路 $A_2$ 输出为高电平时，其值大于 $u_{o4}$，则 $VD_4$ 导通，$VD_3$ 截止，相当于图 9-55(a) 中 S 接 $+U_1$。反之，当 $A_2$ 输出为低电平时，$VD_3$ 导通，$VD_4$ 截止，相当于开关 S 接 $-U_2$。

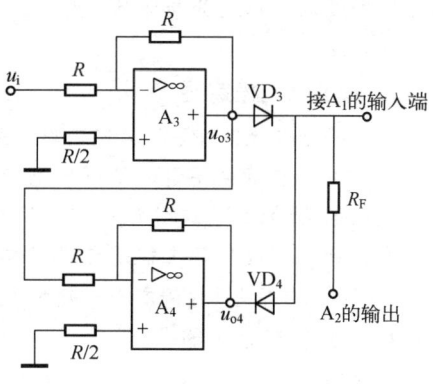

图 9-56 一种实现模拟开关的电路

# *9.7 过程考核 模块 2——音频信号发生电路设计

音频信号发生电路设计（理论分析、电路设计、制作及调试、性能分析）。

设计要求：

(1) 利用集成运放设计频率范围为（100 Hz～20 KHz）的正弦波发生电路；

(2) 输出信号幅度范围为 20 mV～2 V；

(3) 设计电路，计算元件参数并选择元器件；

(4) 完成电路原理的仿真验证；

(5) 基于实验箱/面包板/PCB 等完成电路制作，并进行电路调试和参数测试；

(6) 撰写实验分析报告。

# 本章小结

在测量、自动控制、通信和遥控等许多技术领域都要用到各种各样的波形信号，这些不同的波形信号是由波形发生电路产生的。波形发生电路又称为信号源或振荡器。本章主要讲述正弦波信号发生器和非正弦波信号发生器（包括方波、矩形波、三角波、锯齿波等）的电路组成、工作原理、主要参数等，具体内容如下。

### 1. 正弦波振荡器

正弦波振荡电路是用来产生一定频率和幅度的正弦交流信号的，其频率范围很广。正弦波振荡电路利用自激振荡产生一定幅度、一定频率的正弦波。正弦波振荡电路的自激振荡并不是附加相移引起的，而是人为地在电路中引入正反馈使电路产生自激振荡。

首先介绍了产生正弦波的条件，得到起振和保持振荡所需的相位和幅值条件。要产生正弦波振荡电路必须包含四部分——放大电路、正反馈网络、稳幅环节和选频网络。然后介绍了判断电路能否产生正弦波的一般分析方法。

根据选频网络的不同，正弦波振荡电路可以分为 RC、LC 和晶体正弦波振荡电路。分析了 RC 串并联选频网络以及 RC 桥式、移相式正弦波振荡器电路，而 RC 正弦波振荡器电路一般产生较低频率的正弦波。接着，讲述了 LC 并联谐振回路的选频特性，根据所选 LC 反馈的连接方式，分别介绍了变压器耦合式 LC 正弦波振荡电路、电容三点式正弦波振荡电路以及电感三点式正弦波振荡电路。虽然 LC 正弦波振荡电路可产生较高频率的正弦波，但频率稳定度不好。最后介绍了石英晶体的等效电路以及分析方法,讲述了由石英晶体作为选频网络组成的振荡电路基本原理、分析方法和特点。

**2. 非正弦波振荡器**

在实际信号使用中,除了常见的正弦波外,还有方波、矩形波、三角波、锯齿波、尖顶波和阶梯波等非正弦波。本节主要讲述了模拟电子电路中常用的方波、矩形波、三角波和锯齿波等非正弦波波形发生电路的组成、工作原理、波形分析和主要参数。

方波和矩形波实际上就是延迟网络加上滞回电压比较器组成。当占空比为 0.5 时,输出信号为方波,否则为矩形波;在方波和矩形波输出后面分别跟上一级积分器,则产生了三角波和锯齿波。

**3. 集成函数发生器**

ICL8038 精密函数发生器是采用肖特基势垒二极管等先进工艺制成的单片集成电路芯片,电源电压范围宽、稳定度高、精度高、易于使用,外部只需接入很少的元件即可工作,可同时产生方波、三角波和正弦波。其函数波形的频率受内部或外电压控制,可应用于压控振荡和 FSK 调制器等。其产生的矩形波占空比可任意调节,输出频率范围非常宽,可以为 0.001 Hz ~ 1 MHz。典型应用情况下,输出波形的失真度小于 1%,线性度优于 0.1%,且输出信号的频漂很小。本章以型号为 ICL8038 的函数发生器为例,介绍了它的电路结构、工作原理、参数特点和使用方法。

**4. 电路的仿真与典型应用**

首先对 RC 桥式振荡电路,产生低频正弦信号进行了仿真测试。其次对电容三点式振荡器——考毕兹振荡电路,产生高频正弦信号进行了仿真测试,同时利用改进型电容三点式振荡器——克拉波振荡电路和西勒电路来实现振荡,调节可调电容,以调节输出信号的频率。最后以调频无线电话筒的电路为典型应用实例,来说明振荡电路在工程中的应用。

# 自 测 题

**9.1 判断题** 分析下列说法是否正确(用"√"表示正确,用"×"表示错误)

1. 因为 RC 串并联选频网络作为反馈网络时的 $\varphi_F = 0$,单管共集放大电路的 $\varphi_A = 0$,满足正弦波振荡的相位条件,故合理连接它们可构成正弦波振荡电路。( )

2. 电路只要满足 $|\dot{A}\dot{F}| = 1$,就一定会产生正弦波振荡。( )

3. 负反馈放大电路不可能产生自激振荡。( )

4. 在 LC 正弦波振荡电路中,不用通用型集成运放作放大电路的原因是其上限截止频率太低。( )

5. 只要集成运放引入正反馈,就一定工作在非线性区。( )

**9.2 填空题**

1. 利用正反馈产生正弦波振荡电路,其电路主要由 _____、_____、_____、_____ 四部分组成。

2. 正弦波振荡电路产生振荡的相位平衡条件是 _____,为使其便于起振,幅值条件是 _____。

3. 正弦波振荡电路的起振条件和稳定振荡条件的异同点为 _____,若电路不能满足稳定振荡的幅值(或相位)条件时,电路会产生 _____ 现象。

**9.3 选择题**

1. 选择下面一个答案填入空内,只需填入 A、B 或 C:

A. 容性        B. 阻性        C. 感性

(1) LC 并联网络在谐振时呈( ),在信号频率大于谐振频率时呈( ),在信号频率小于谐振频率时呈( )。

(2) 当信号频率等于石英晶体的串联谐振频率或并联谐振频率时,石英晶体呈( ),当信号频率在石英晶体的串联谐振频率和并联谐振频率之间时,石英晶体呈( ),其余情况下石英晶体呈( )。

(3) 当输入信号频率等于谐振频率时,RC 串并联网络呈( )。

2. RC 桥式振荡电路中 RC 串并联网络的作用是(　　)。
  A. 选频
  B. 引入正反馈
  C. 稳幅和引入正反馈
  D. 选频和引入正反馈
3. 对于 RC 桥式振荡电路,(　　)。
  A. 若无稳幅电路,将输出幅值逐渐增大的正弦波
  B. 只有外接热敏电阻或二极管才能实现稳幅功能
  C. 利用三极管的非线性不能实现稳幅
  D. 利用振荡电路中放大器的非线性能实现稳幅

# 习　题　9

**9.1**　改正图 P9.1 所示各电路中的错误,使电路能产生正弦波振荡。要求不能改变放大电路的基本接法(共射、共基、共集)。

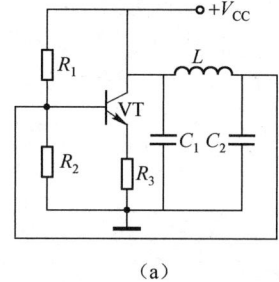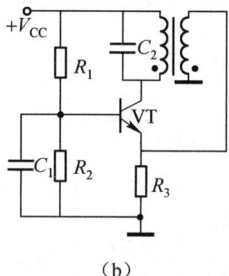

　　　　　　（a）　　　　　　　　　　　　　　　　（b）

图 P9.1

**9.2**　用相位条件判断图 P9.2 所示各正弦波振荡电路能否起振,并说明原因。

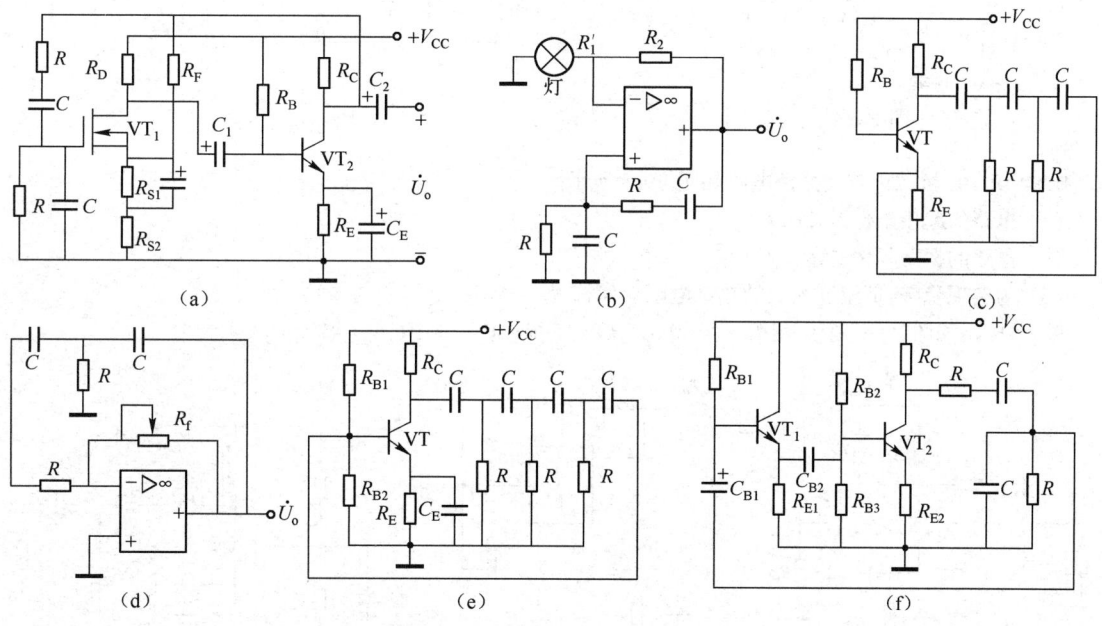

图 P9.2

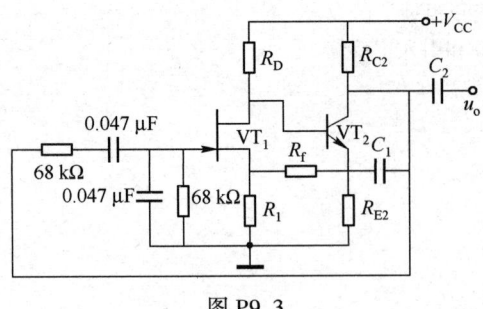

图 P9.3

**9.3** 电路如图 P9.3 所示。

（1）试分析电路能否产生正弦波振荡。

（2）若能振荡，$R_f$ 和 $R_1$ 的阻值应有何关系？振荡频率是多少？为了稳幅，电路中哪个电阻可采用热敏电阻，其温度系数如何？

**9.4** 电路如图 P9.4 所示。

（1）试从相位平衡条件说明电路可否振荡。

（2）图中的 VD1、VD2 在电路中有何作用？

（3）如能振荡，试计算振荡频率。

**9.5** 分析如图 P9.5 所示电路中如何连接才能产生正弦波振荡。

**9.6** 如图 P9.5 所示电路连接好后，则：

（1）若 $L = 0.2$ mH，$C_1 = C_2 = 300$ pF，$C_3 = 10$ pF，求电路的振荡频率。

（2）若 $C_3$ 短路，估算频率。

**9.7** 某差分电路和 RC 网络组成的正弦波振荡器如图 P9.7 所示，问电路能否振荡？若能振荡，振荡频率是多少？

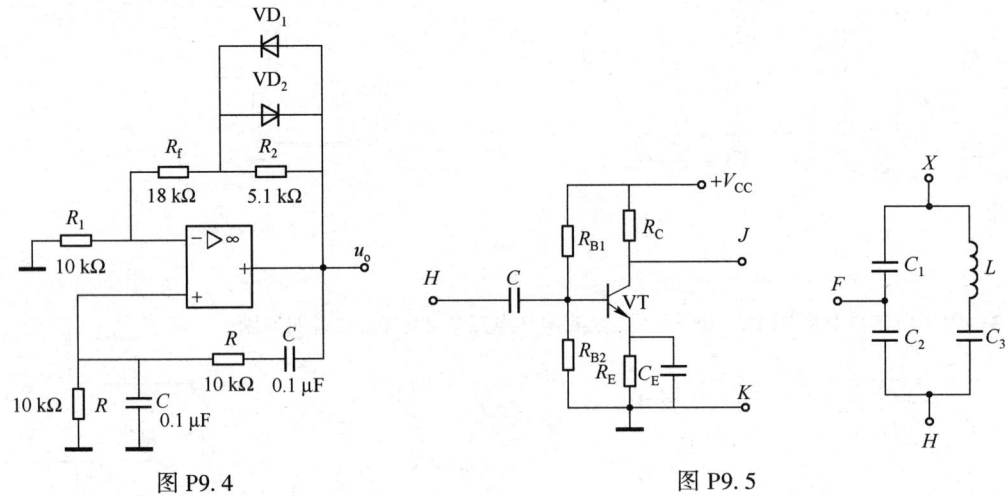

图 P9.4          图 P9.5

**9.8** 某 RC 桥式正弦波振荡电路如图 P9.8 所示。

（1）电路的起振条件是什么？

（2）电路的振荡频率是多少？

（3）为实现稳幅，负温度系数的热敏电阻应代替 $R_1$ 还是 $R_2$？

**9.9** 电路如图 P9.9 所示，已知 $L_1 = 40$ μH，$L_2 = 15$ μH，$M = 10$ μH，$C_0 = 470$ pF。

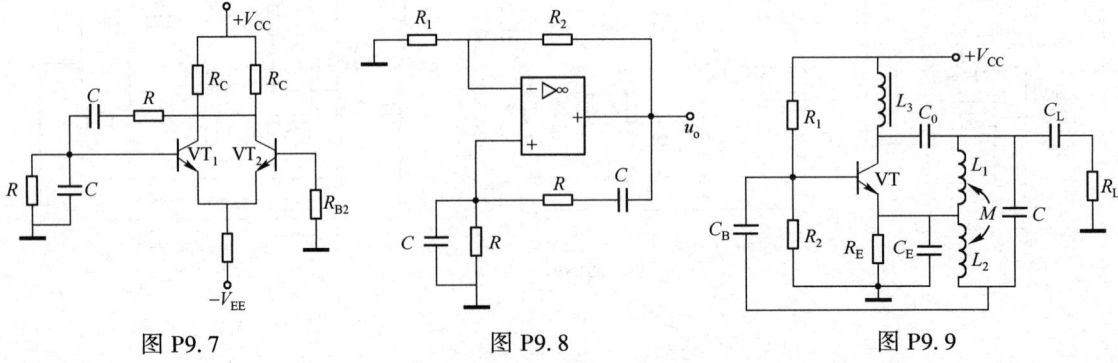

图 P9.7          图 P9.8          图 P9.9

（1）画出其交流通路（偏置电路和负载电路可不画出），并用相位条件判别该电路能否振荡。图中电容 $C_B$、$C_E$、$C_0$ 和 $C_L$ 为隔直、耦合或旁路电容。

（2）电路如能振荡，试指出电路类型，并计算振荡器的振荡频率 $f_0$。

（3）说明图中 $L_3$ 在电路中的作用。

**9.10** 根据相位平衡条件，判断图 P9.10 所示各电路能否振荡，并予以简要说明。

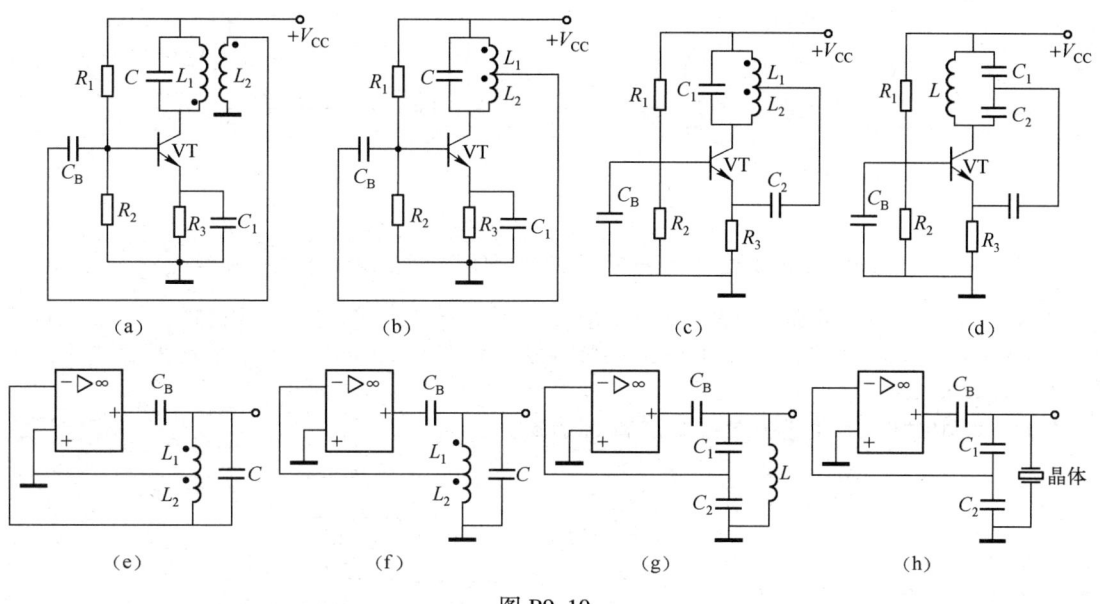

图 P9.10

**9.11** 图 P9.11 所示电路为一晶体管收音机中的振荡电路，试分析：

（1）它属于什么类型的振荡器？

（2）说明电路中 3 个电容器（$C_1$，$C_2$，$C_3$）各起什么作用。

（3）标出振荡线圈初级、次级的同名端。

（4）若振荡频率值为 1257 kHz，估算谐振回路电感 $L$ 的值。

**9.12** 分析如图 P9.12 所示的振荡电路，分析石英晶体的阻抗——频率特性，求电路的振荡频率。

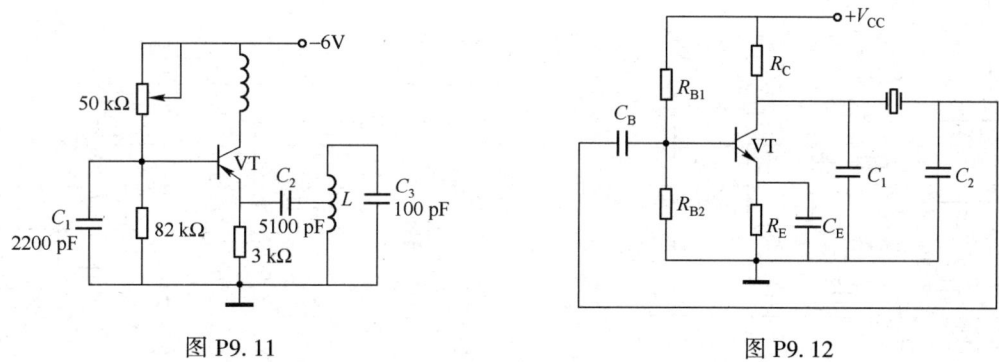

图 P9.11                        图 P9.12

**9.13** 图 T9.13 所示电路为方波发生电路，试找出图中的错误并改正。

**9.14** 图 P9.14 为一方波发生器，$R_1 = 20$ kΩ，$R_2 = 10$ kΩ，$R = 6.7$ kΩ，$C = 0.01$ μF，双向稳压管的稳压值为 ±6 V。

（1）试画出电容器上的电压 $u_C$ 和输出电压 $u_0$ 的波形。

（2）写出振荡周期表达式并计算其值。

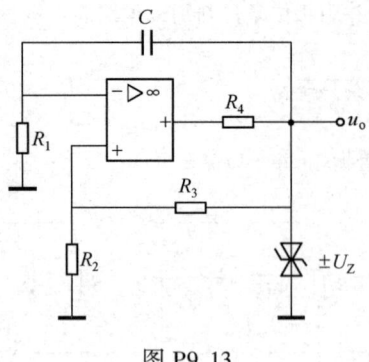

图 P9.13

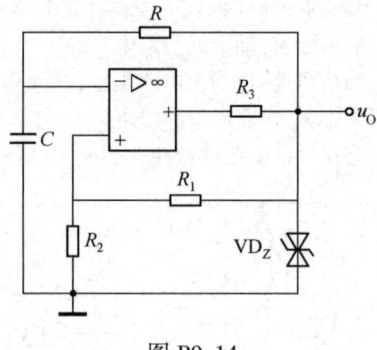

图 P9.14

**9.15** 图 P9.15 所示为三角波发生器,请说明其工作原理并证明三角波的频率为 $f=\dfrac{R_1+R_2}{4R_3R_4C}$。

**9.16** 设图 9-29 所示电路中的 $R_1=15\ \text{k}\Omega$，$R_4=17.5\ \text{k}\Omega$，$C=0.05\ \mu\text{F}$。若希望振荡频率为 1 kHz,试求电阻 $R_2$ 应为多大? 若希望电路输出的三角波的峰-峰值为 16 V,频率为 250 Hz。试问:电阻 $R_1$ 和 $R_4$ 各应改为多大(设 $\text{VD}_\text{Z}=6\ \text{V}$)?

**9.17** 试画出如图 P9.17 所示电路的 $u_{O1}$ 和 $u_{O2}$ 的波形。

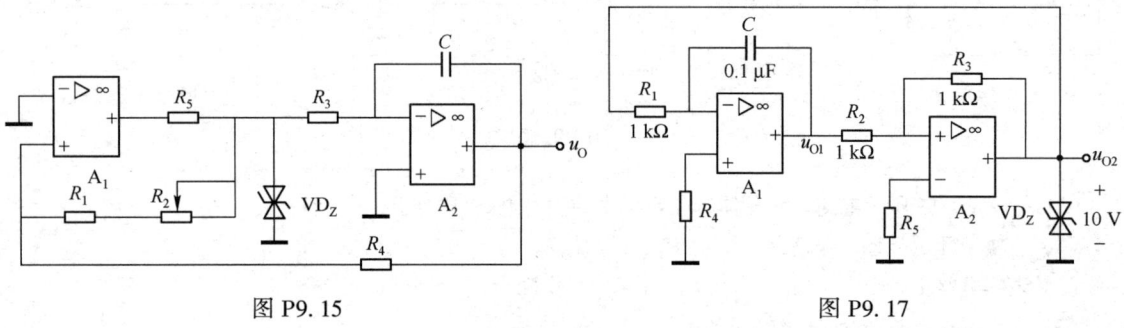

图 P9.15                    图 P9.17

**9.18** 电路如图 P9.18 所示。设二极管导通电阻忽略不计,试估算电路的 $u_{O1}$ 和 $u_{O2}$ 的峰值及频率。

**9.19** 电路如图 P9.19 所示。如要求电路输出的三角波的峰-峰值为 16 V,频率为 250 Hz,试问:电阻 $R_3$ 和 $R$ 应该为多大?

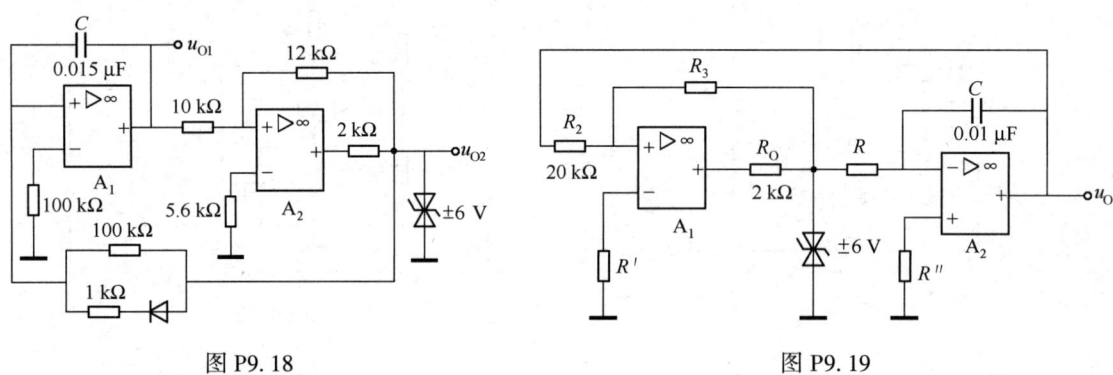

图 P9.18                    图 P9.19

**9.20** 电路如图 P9.20 所示。

(1) 定性画出 $u_{O1}$ 和 $u_{O2}$ 的波形;(2) 估算振荡频率与 $u_1$ 的关系式。

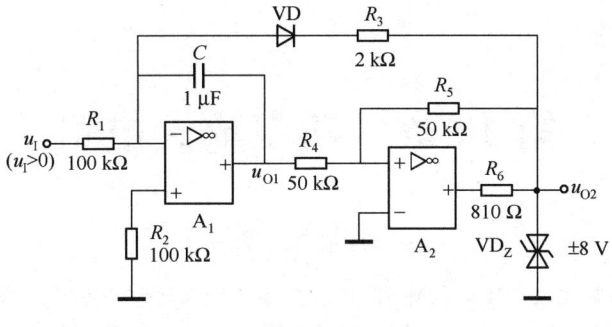

图 P9.20

**9.21** 请分析如图 P9.21 所示压控振荡器电路的工作原理。

**9.22** 试将正弦波电压转换为二倍频锯齿波电压。要求画出原理框图,并定性画出各部分输出电压的波形。

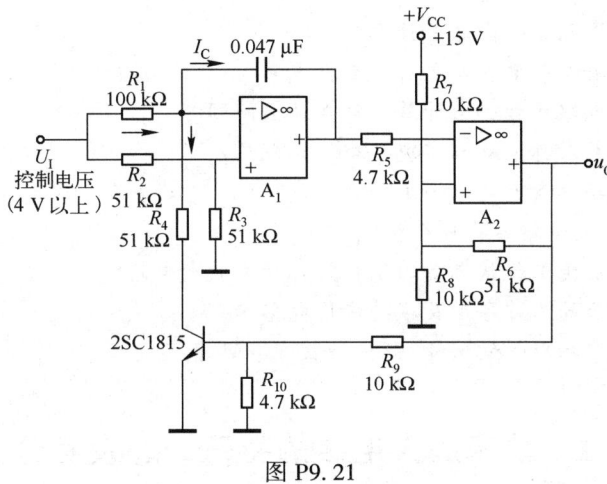

图 P9.21

**9.23** 使用一片 LM324(四运放)和一片 SN74LS00((四与非门)芯片设计制作一个多路信号发生器,如图 P9.22 所示。

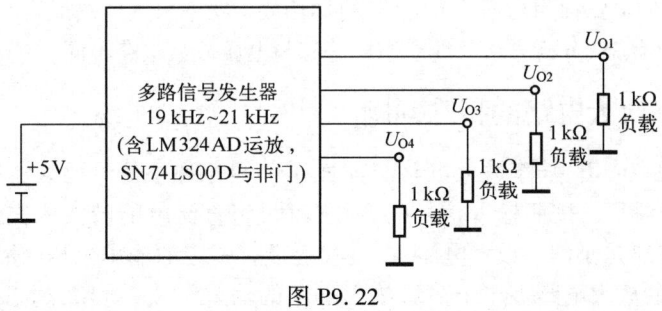

图 P9.22

设计任务及指标要求:

(1) $U_{O1}$ 为方波,要求频率为 19~21 kHz 连续可调,幅度不小于 3.2 V。

(2) $U_{O2}$ 为占空比连续可调窄脉冲,要求与方波同频率,占空比 5%~15% 连续可调,幅度不小于 3.2 V。

(3) $U_{O3}$ 为正弦波,要求与方波同频率,输出电压失真度不大于 5%,峰–峰值(Vpp)不小于 1 V。

(4) $U_{O4}$ 为余弦波,要求与正弦波正交,相位误差不大于 5°,输出电压 Vpp 不小于 1 V。

(5) 各路信号输出均需接 1 kΩ 负载电阻,便于测试。

# 第 10 章　功率放大电路

**内 容 提 要**

　　本章主要介绍功率放大电路的特殊问题、分类方法和几种常用功率放大电路,重点对互补对称功率放大电路进行详细介绍,其中包括电路的引出、工作原理、参数计算及功率管的选择,并介绍集成功率放大器实例,最后简要讨论功率器件的散热和二次击穿问题等。

**讨论的主要问题**

- 为什么要用功率放大电路?
- 功率放大电路中的特殊问题是什么?
- 功率放大电路有哪些类型? 各有什么特点?
- 甲类功率放大电路参数如何计算? 存在什么问题?
- 为什么采用互补对称电路来实现功率放大电路?
- 乙类互补对称功率放大电路的工作原理是什么? 参数如何计算?
- OCL、OTL 及 BTL 电路各有什么特点?
- 为什么采用甲乙类工作状态下的互补对称功率放大电路?
- 集成功率放大器的工作原理及主要应用电路。
- 功率放大电路中功率管的选择、保护和散热等问题。

## 10.1　功率放大电路的特殊问题及其分类

　　多级放大电路输出的信号往往都要送到负载,去驱动或控制某些装置。因此,要求最后的输出级能输出一定的交流功率。这就不仅要求输出较大的电压,还要输出一定的电流。这种主要用于向负载提供一定交流功率的电路称为功率放大电路,简称功放。功率放大电路通常在大信号状态下工作,因此其电路结构、工作状态、分析方法及性能指标等都与电压放大电路不同。

### 10.1.1　功率放大电路的特殊问题

　　从能量转换的观点来看,功率放大电路与前面讨论的各种小信号放大电路没有本质的区别,都是在输入信号的控制下,按照输入信号的变化规律,将直流电能转换成交流电能传送给负载。不管是功率放大电路还是小信号放大电路,在负载上都有一定的输出电压、输出电流,或者说输出功率,只是前面讨论的放大电路多用于多级放大电路的输入级或中间级,主要用来放大微弱的电压或电流信号,为后级放大电路提供一定幅度的电压或电流,因此称为电压放大电路或电流放大电路。而功率放大电路强调的是有足够的功率输出,不仅要求有一定的电压输出幅度,还要有一定的电流输出幅度。由于侧重的输出对象不同,因此功率放大电路在性能要求和器件运用特性上是不同的,对功率放大电路的特殊要求如下所述。

**1. 安全地提供尽可能大的输出功率**

　　为了获得足够大的输出信号功率,晶体管就必须工作在大的动态电压和大的动态电流下,并往往接近于管子的极限运用。因此,必须选用合适的功率管,保证其安全工作。

所谓最大输出功率,是指在正弦输入信号下,输出波形不超过规定的非线性失真指标时,放大电路最大输出电压和最大输出电流有效值的乘积,即

$$(P_o)_M = \frac{(U_{om})_M}{\sqrt{2}} \cdot \frac{(I_{om})_M}{\sqrt{2}} = \frac{1}{2}(U_{om})_M(I_{om})_M \quad\quad (10-1)$$

其中,$(P_o)_M$ 表示最大输出功率,$(U_{om})_M$ 表示最大输出电压的幅值,$(I_{om})_M$ 表示最大输出电流的幅值。

### 2. 提供尽可能高的功率转换效率

由于输出功率大,因此直流电源消耗的功率也大,转换时功率管和电路中的耗能元件都要消耗功率,这就存在一个效率问题。效率就是负载得到的交流信号功率和电源 $V_{cc}$ 供给的直流功率的比值,即

$$\eta = \frac{P_o}{P_{V_{cc}}} \quad\quad (10-2)$$

其中,$\eta$ 表示效率,$P_o$ 表示交流输出功率,而 $P_{V_{cc}}$ 表示电源提供的直流功率。

例如,某放大电路的效率 $\eta = 50\%$,说明电源提供的功率只有一半转换成输出功率传给了负载,另一半消耗在电路内部。这部分电能使管壳和元件等的温度升高,严重时会烧坏晶体管。可见,效率低不仅造成能量浪费,还对电路的工作造成不利影响。因此,如何提高效率是功率放大电路的一个关键问题。

### 3. 允许一定的非线性失真

功率放大电路是在大信号下工作,所以不可避免地会产生非线性失真。而且同一功率管输出的功率越大,相应的动态电压和电流就越大,非线性失真也就越严重。因此,输出功率和非线性失真是一对矛盾,但可以根据应用场合的不同来调和这对矛盾。比如,在测量系统和电声设备中,必须把非线性失真限制在允许范围内;而在驱动电动机或控制继电器等工业控制场合,可以允许一定的非线性失真,而以输出功率为主要目的。

### 4. 分析方法采用图解法

由于功率放大电路中的晶体管通常工作在大信号状态,因此在进行分析时,一般不采用微变等效电路法,而常常采用图解法来分析放大电路的静态和动态工作情况。

### 5. 功率管的散热和保护问题

在功率放大电路中,有相当大的功率消耗在管子上,使结温和管壳温度升高。为了充分利用允许的管耗使管子输出足够大的功率,功率管的散热就是一个需要重视的问题。为了保证功率管安全工作,常常要给大功率管加装散热片,必要时还可采用风冷、水冷、油冷等方式来散热。加装散热片后,可使功率管的最大输出功率成倍提高。比如某功率管加装了散热片后,管子的最大输出功率可由 2 W 提高到 10 W。

此外,在功率放大电路中,为了输出较大的功率,管子承受的电压高,通过的电流大,管子损坏的可能性也就比较大。所以,功率管的保护问题也不容忽视。

### 6. 负载匹配问题

为了获得较大的输出功率和效率,功率放大电路与负载要匹配。传统的功率放大电路与负载之间采用变压器耦合。这类功率放大电路的优点是便于实现阻抗匹配和输出功率大等,但由于变压器体积大、重量重、频率特性差而又不利于集成,在现在生产的功率放大器中已很少采用,并逐渐由互补对称功率放大电路所取代。互补对称电路省去了笨重的变压器,具有电路结构简单、效率高、频率响应好和易于集成等优点。

## 10.1.2 功率放大电路的分类

功率放大电路的种类很多,根据不同的标准有不同的分类方法。

**1. 按放大信号频率分类**

按放大信号频率的不同,放大电路可分为低频功率放大电路和高频功率放大电路。低频功率放大电路用于放大的音频范围为几十赫兹到几十千赫兹,高频功率放大电路用于放大的射频范围为几百千赫兹到几十兆赫兹。

**2. 按晶体管导通时间分类**

在小信号放大电路中,在保证输出信号不失真的情况下,应将放大电路的工作点选得尽可能低,以便减小静态工作点电流,降低静态功率损耗。损耗小了,电路的效率自然就提高了。所以,放大电路的效率与静态工作点的位置有着密切的关系。

按照晶体管的工作状态,也就是静态工作点的位置,一般可分为甲类(A 类)、乙类(B 类)、甲乙类(AB 类)和丙类(C 类)功率放大电路。丙类功放适用于高频信号放大,本章主要分析低频功率放大电路中的甲类、乙类和甲乙类三种工作状态。

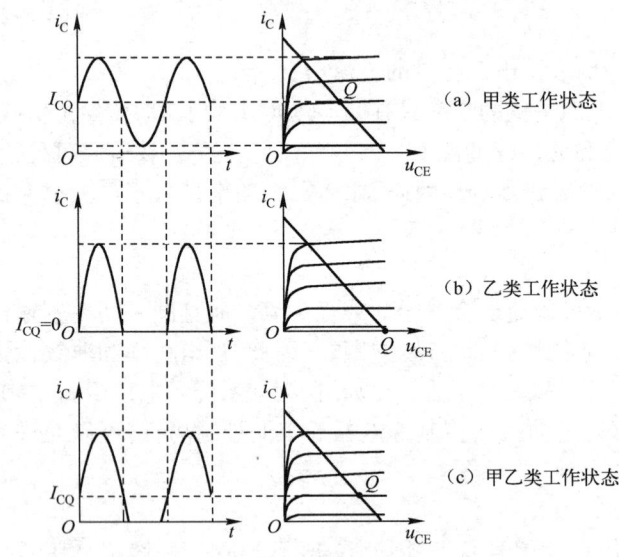

图 10-1 三种工作状态的集电极电流波形

**(1)甲类(A 类)**

小信号放大电路中,在输入正弦信号的一个周期里,晶体管都处于导通状态,即在输入信号的一个周期中,晶体管都有电流流过,则称晶体管的导通角 $\theta = 360°$。晶体管的这种工作状态称为甲类工作状态,如图 10-1(a)所示。在甲类放大电路中,不管有无输入信号,也不管输入信号的大小,直流电源始终向放大电路输出一固定的直流功率 $P_{V_{cc}} = I_{CQ} V_{CC}$。当交流输入信号为零时,这个直流功率将全部损耗在电路的管耗和电阻发热上。当有交流输入信号时,电路会将其中的一部分直流功率转换成交流输出功率。由于损耗较大,甲类工作状态的效率较低,理想情况下,其最高效率也仅能达到 50%。所以,甲类工作状态的特点是非线性失真较小,但损耗大、效率低。既然静态电流是造成管耗的主要原因,那么,将静态工作点下移就可以降低损耗,如图 10-1(b)和(c)所示。

**(2)乙类(B 类)**

图 10-1(b)中所示静态工作点设置在截止区内负载线与横轴的交点上,晶体管只在输入正弦信号的半个周期导通($\theta = 180°$),而在另外半个周期截止,这种工作状态称为乙类工作状态。其特点是无输入信号时,静态电流为零,电源供给的功率也等于零,此时管子不消耗功率;当有正弦信号输入时,管子仅在半个周期内导通,故减小了管子的消耗,提高了效率,但波形失真严重。

**(3)甲乙类(AB 类)**

图 10-1(c)中所示静态工作点设置在放大区且接近截止区的位置,晶体管在输入正弦信号的大半个周期导通($180° < \theta < 360°$)。晶体管的工作情况介于甲类和乙类之间,导通时间比正弦信号的一个周期短而比半个周期长,这种工作状态称为甲乙类工作状态。其特点是效率较高,但波形失真较严重。

随着静态工作点的下移,集电极电流波形产生了较严重的截止失真。但通过采取适当的电路结构,可以使后两类电路既保持管耗小的优点,又不至产生较大的失真。这样就解决了提高效率和非线性失真严重之间的矛盾。

**3. 按构成放大电路的器件分类**

按构成放大电路器件的不同,放大电路可分为分立元件功率放大电路和集成功率放大电路。由分立元件构成的功率放大电路,所用元件较多、电路设计严格、对称性强,并且对元件的精度要求较高。采用单片集成功率放大芯片,如 TDA2030、LA4112、LM386 等设计放大电路,主要优点是简洁方便、性能容易满足要求、生产的方便性尤为突出。但一般输出功率偏小,耐电压和电流能力都比较弱,主要应用于 50 W 特别是 30 W 以内的音响。超过 50 W 以上的放大电路很少采用集成块方式。

#### 4. 按电路形式分类

按电路形式不同,功率放大电路可以分为变压器耦合的功率放大电路和无输出变压器的功率放大电路,后者又有无输出变压器(Output Transformerless,OTL)、无输出电容(Output Capacitorless,OCL)和平衡式无输出变压器(Blanced Transformerless,BTL)三种形式。

【思考题】

1. 什么是功率放大电路?与一般电压放大电路相比,对功率放大电路有何特殊要求?

2. 设置小信号放大电路的静态工作点时,要求在不失真的情况下,应将静态工作点的位置设置得尽量低一些,为什么?

## 10.2 互补对称功率放大电路

### 10.2.1 互补对称功率放大电路的引出

前述放大电路都是属于甲类放大电路。下面以图 10-2(a)所示的基本共射极放大电路为例,分析甲类放大电路的输出功率与效率。

#### 1. 共射放大电路构成的甲类放大电路

图 10-2(a)为小功率共射放大电路实现的甲类放大电路,其图解分析如图 10-2(b)所示。若将静态工作点设置在直流负载线的中点,则晶体管的基极电流可忽略不计。

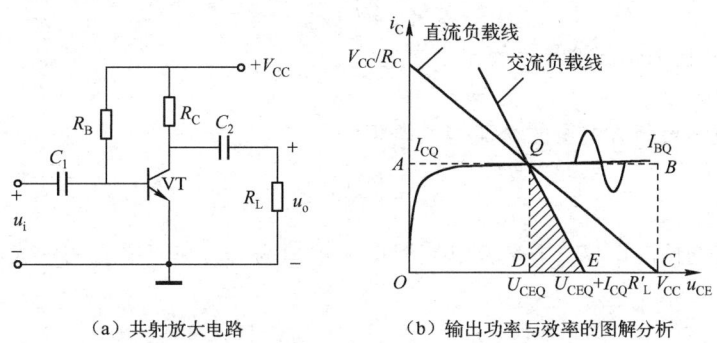

(a)共射放大电路          (b)输出功率与效率的图解分析

图 10-2 甲类放大电路输出功率与效率分析

(1)**直流电源提供的直流功率 $P_{V_{cc}}$**

$P_{V_{cc}} = I_{CQ} V_{CC}$,即图 10-2(b)中矩形 $ABCO$ 的面积。

(2)**集电极电阻 $R_C$ 的功率损耗 $P_{R_C}$**

$P_{R_C} = I_{CQ} U_{R_C}$,即图 10-2(b)中矩形 $QBCD$ 的面积。

晶体管集电极耗散功率为 $I_{CQ} U_{CEQ}$,即矩形 $AQDO$ 的面积。

(3)**电路可能的最大交流输出功率 $(P_o)'_M$**

在理想情况下(忽略 $U_{CES}$ 和 $I_{CEO}$),甲类功放中等效负载电阻 $R'_L$ 上可能的最大交流输出功率 $(P_o)'_M$ 为图 10-2(b)中三角形 $QDE$ 的面积。

$$(P_o)'_M = \frac{1}{2}(U_{om})_M (I_{om})_M = \frac{1}{2}(I_{CQ} R'_L)(I_{CQ} - I_{CEO}) \approx \frac{1}{2} I_{CQ}^2 R'_L \qquad (10-3)$$

其中,$R'_L = R_C // R_L$。

负载电阻 $R_L$ 上所获得的功率(即输出功率)$(P_o)_M$ 仅为 $(P_o)'_M$ 的一部分。

（4）甲类功放的最大效率 $\eta_M$

$$\eta_M = \frac{(P_o)_M}{P_{V_{cc}}} < \frac{(P_o)'_M}{P_{V_{cc}}} = \frac{I_{CQ}R'_L}{2V_{CC}} \tag{10-4}$$

若 $R_L$ 数值很小，则 $I_{CQ}R'_L$ 必然很小，电路不但输出功率很小，而且由于电源提供的功率始终不变，使得效率也很低。可见，甲类放大电路不宜作为功率放大电路使用。

**2. 单管变压器耦合功率放大电路**

为了提高输出功率和效率，可以去掉集电极电阻 $R_C$，直接将负载接在晶体管的集电极，并利用变压器实现阻抗变换，同时调节 $Q$ 点使晶体管达到极限工作状态。图 10-3（a）为单管变压器耦合功率放大电路。

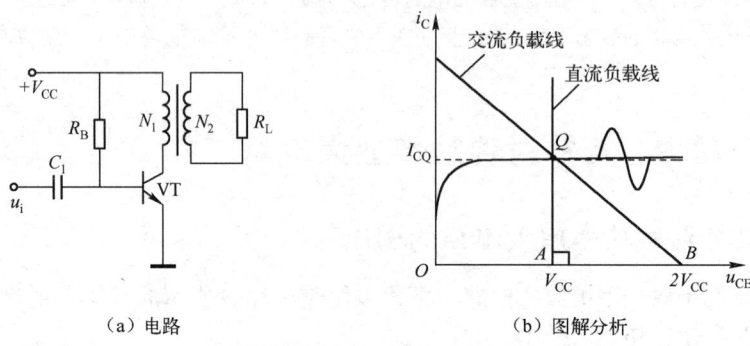

（a）电路　　　　　　（b）图解分析

图 10-3　单管变压器耦合功率放大电路

（1）**直流电源提供的直流功率** $P_{V_{cc}}$

若忽略晶体管基极回路的损耗，则电源提供的功率为

$$P_{V_{cc}} = I_{CQ}V_{CC} \tag{10-5}$$

静态时，电源提供的功率全部消耗在管子上。

（2）**最大输出功率** $(P_o)_M$

从变压器原边向负载方向看的交流等效电阻为

$$R'_L = \left(\frac{N_1}{N_2}\right)^2 R_L \tag{10-6}$$

在理想变压器的情况下，$R'_L$ 中交流电流的最大幅值为 $I_{CQ}$，交流电压的最大幅值约为 $V_{CC}$。最大输出功率为

$$(P_o)_M = \frac{(I_{om})_M}{\sqrt{2}} \cdot \frac{(U_{om})_M}{\sqrt{2}} = \frac{I_{CQ}}{\sqrt{2}} \cdot \frac{V_{CC}}{\sqrt{2}} = \frac{1}{2} I_{CQ}V_{CC} \tag{10-7}$$

（3）**功放的最大效率** $\eta_M$

$$\eta_M = \frac{(P_o)_M}{P_{V_{cc}}} = \frac{1}{2} \tag{10-8}$$

由于电源提供的功率不变，因此输入电压为零时，效率也为零；输入电压越大，$i_C$ 幅值越大，负载获得的功率就越大，管子的损耗就越小，因此转换效率就越高。但是，人们通常希望输入信号为零时电源不提供功率，输入信号越大，负载获得的功率也越大，电源提供的功率也随之增大，从而提高效率。为了达到上述目的，在输入信号为零时，应使管子处于截止状态。

**3. 互补对称功率放大电路的引出**

图 10-4（a）所示电路为射极跟随器，其特点是输出电阻较小，带负载能力较强，适合功率输出级。但是它并不能满足对功率放大电路的要求，因为它的静态电流较大，所以管耗和电阻上的损耗都较大，致使能量转换效率较低。为了提高效率，必须将晶体管的静态工作点设置在截止区，如图 10-4（b）所示，即零偏置，$I_{BQ} = 0$，$I_{CQ} = 0$。

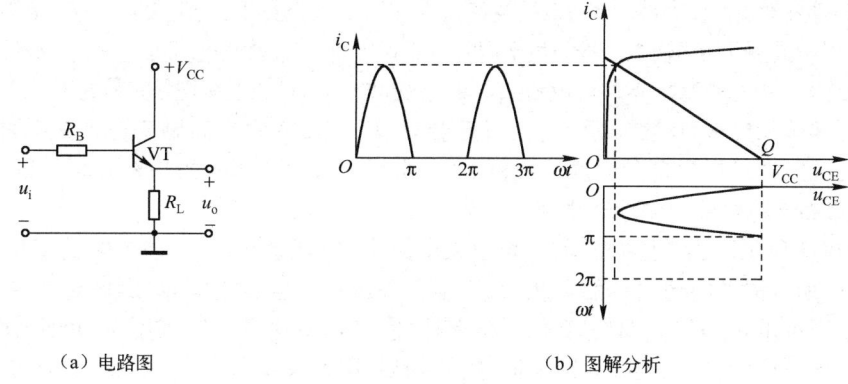

(a) 电路图　　　　　　　　　　　(b) 图解分析

图 10-4　射极跟随器功率放大电路

　　静态时电路不工作,静态损耗为零。在动态时,随着输入信号的幅值增加,就会产生输出电压,直流电源提供的功率也会相应增大,从而克服了射极跟随器效率低的缺点。从图 10-4(b) 所示的曲线可知,静态工作点 Q 设在横轴上,由 $V_{CC}$ 确定。当有输入信号 $u_i$ 时,正半周晶体管导通,其集电极电流随输入信号 $u_i$ 的变化而变化,在负载 $R_L$ 上产生输出电压 $u_o$。当 $u_i$ 为负半周时晶体管截止,不工作。所以在输入信号 $u_i$ 的一个周期内,输出电压只有半个周期有波形,造成了输出波形严重截止失真。为了补上被截掉的半个周期的输出波形,可用 PNP 管组成极性相反的射极跟随器,对负半周信号进行放大。这样,两个极性相反的射极跟随器互补组合,就构成互补对称功率放大电路。

## 10. 2. 2　乙类互补对称功率放大电路

　　如何消除乙类功率放大电路中的非线性失真?一个有效的方法是,采用两个特性相同的晶体管接成一种互补电路,使之都工作在乙类状态,但一个晶体管在正弦信号的正半周工作,而另一个晶体管在负半周工作,从而在负载上得到一个完整的正弦波形。这种两管交替导通的工作方式称为推挽工作方式,这种电路称为乙类互补对称推挽功率放大电路,简称乙类互补对称电路。可见,乙类互补对称电路必须具有"两管交替工作"和"输出波形合成"两个功能。

　　根据输出波形合成的方法不同,乙类互补对称功率放大电路有两种结构,分别称为变压器耦合乙类互补对称功率放大电路和无输出变压器乙类互补对称功率放大电路。

**1. 变压器耦合乙类互补对称功率放大电路**

　　变压器耦合乙类互补对称功率放大电路如图 10-5 所示,由 $VT_1$ 和 $VT_2$ 两个功率管及输入变压器 $T_{r1}$ 和输出变压器 $T_{r2}$ 组成,$VT_1$ 和 $VT_2$ 两管接成对称形式,两变压器初级或次级绕组的匝数相同。

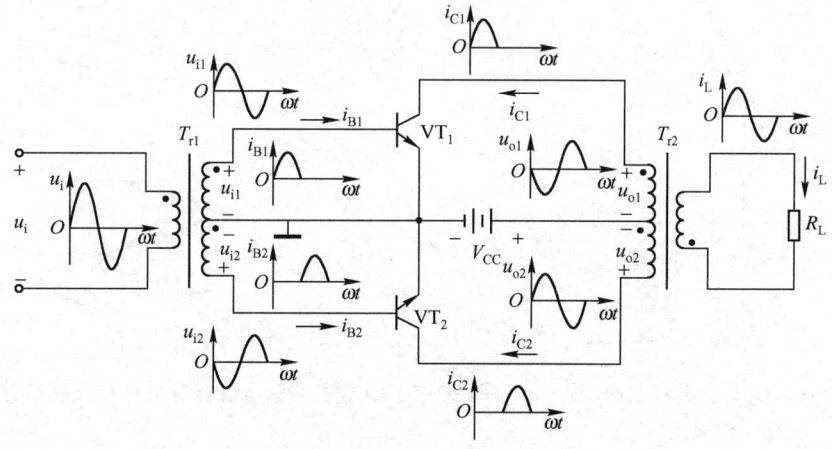

图 10-5　变压器耦合乙类互补对称功率放大电路

静态时,两管发射极偏置为零,工作在乙类状态。在正弦信号激励下,当输入信号为正半周时,VT$_1$管导通,VT$_2$管截止,形成电流$i_{C1}$;当输入信号为负半周时,VT$_2$管导通,VT$_1$管截止,形成电流$i_{C2}$,波形如图10-5所示。可见,基极、集电极的电流均是半个正弦波,而集电极的电压与负载电流均是完整的正弦波。

由于变压器体积庞大,比较笨重,消耗有色金属,而且在低频和高频部分产生移相,使放大电路在引入负反馈时容易产生自激振荡。所以,现在常用无输出变压器的功率放大电路。

### 2. OCL 乙类互补对称功率放大电路

在如图10-6所示的乙类互补对称功率放大电路中,在理想情况下,该电路的正负电源和电路结构完全对称,所以静态时输出端的电压为零,不必采用耦合电容来隔直,因此称为无输出电容电路(Output Capacitorless,OCL),具有较好的频率特性。另外,这个电路采用正、负两个直流电源供电。一般情况下,这两个直流电源大小相同,极性相反,因此又被称为乙类双电源互补对称功率放大电路。在图10-6中,VT$_1$、VT$_2$分别为 NPN 型和 PNP 型管,两管的基极和发射极相互接在一起,信号从基极输入,从发射极输出,$R_L$为负载。

(1) 工作原理

当$u_i = 0$时,有$u_{BE1} = u_{BE2} = 0$,$i_{C1} = i_{C2} = 0$和$u_o = 0$。当$u_i \neq 0$时,信号处于正弦信号的正半周时,VT$_2$截止,VT$_1$发射结正偏导通,有电流$i_{C1}$通过负载$R_L$,如图10-6中的实线所示;而当信号处于负半周时,VT$_1$截止,VT$_2$发射结正偏导通,有$i_{C2}$通过负载$R_L$,如图10-6中的虚线所示。这样,就实现了在静态($u_i = 0$)时晶体管不取电流,而在有输入信号($u_i \neq 0$)时,VT$_1$和VT$_2$轮流导通,在负载$R_L$上得到一个完整的波形。

(2) 参数计算

由于电路对称,静态时$R_L$上的压降为零,两管集电极电流为零,即

$$I_{CQ1} = I_{CQ2} = 0 \tag{10-9}$$

$$U_{CEQ1} = V_{CC} \tag{10-10}$$

$$U_{CEQ2} = -V_{CC} \tag{10-11}$$

因此,VT$_1$管的静态工作点在VT$_1$管输出特性曲线坐标的横轴上,即$u_{CE1} = V_{CC}$的点;VT$_2$管的静态工作点在VT$_2$管输出特性曲线坐标的横轴上,即$-u_{CE2} = V_{CC}$的点,如图10-7所示。

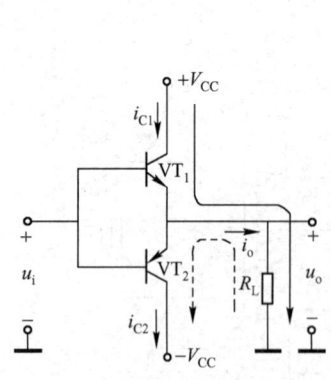

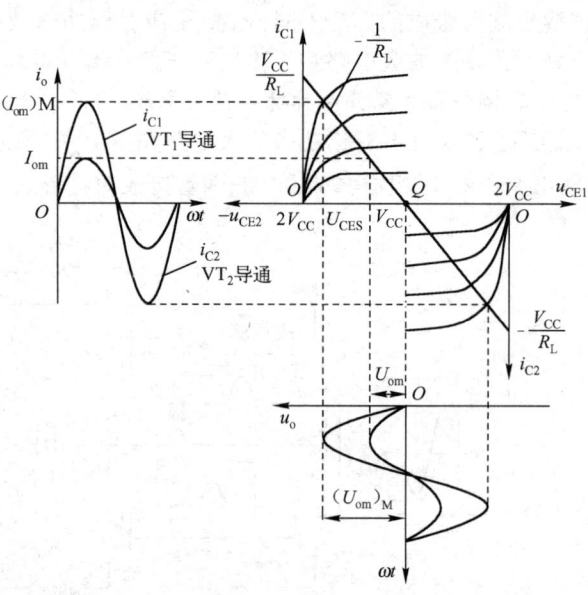

图 10-6　OCL 乙类双电源　　　　图 10-7　OCL 乙类双电源互补对称电路图解分析
　　　　互补对称电路

进行动态分析时,先要通过两管的静态工作点 $Q$ 分别作出两管的交流负载线,交流负载线的斜率均为 $-\dfrac{1}{R_L}$。若输入信号 $u_i$ 足够大,则可求出 $u_o$ 的最大幅值 $(U_{om})_M = V_{CC} - U_{CES} = (I_{om})_M \cdot R_L$ 和 $i_o$ 的最大幅值 $(I_{om})_M = \dfrac{(U_{om})_M}{R_L} = \dfrac{V_{CC} - U_{CES}}{R_L}$。在理想情况下,忽略饱和压降 $U_{CES}$,则 $(U_{om})_M = V_{CC}$,$(I_{om})_M = \dfrac{V_{CC}}{R_L}$。

① **最大输出功率** $(P_o)_M$

当有信号输入时,输出功率 $P_o$ 按照定义可写为

$$P_o = \frac{I_{om}}{\sqrt{2}} \cdot \frac{U_{om}}{\sqrt{2}} = \frac{1}{2} I_{om} U_{om} = \frac{1}{2} \frac{U_{om}^2}{R_L} \tag{10-12}$$

由上式可知,乙类互补对称功率放大电路的输出功率和输入激励信号有关,激励信号越大,输出功率就越大。当正弦输入信号幅度足够大,功率管处于极限运用时,$U_{om} = (U_{om})_M$,$I_{om} = (I_{om})_M$。如果输出信号基本不失真,此时的输出功率就是最大不失真输出功率,即

$$(P_o)_M = \frac{1}{2} (I_{om})_M (U_{om})_M = \frac{1}{2} \cdot \frac{(U_{om})_M}{R_L} \cdot (U_{om})_M = \frac{1}{2} \cdot \frac{(U_{om})_M^2}{R_L} = \frac{1}{2} \cdot \frac{(V_{CC} - U_{CES})^2}{R_L} \tag{10-13}$$

在理想情况下,晶体管的饱和压降 $U_{CES}$ 忽略不计,此时的最大输出功率为

$$(P_o)'_M = \frac{1}{2} \cdot \frac{V_{CC}^2}{R_L} \tag{10-14}$$

② **管耗** $P_V$

考虑到 $VT_1$ 和 $VT_2$ 在信号的一个周期内各导通约 $180°$,且通过两管的电流和两管两端的电压 $u_{CE}$ 在数值上都分别相等(只是在时间上相差半个周期)。因此,设 $u_o = U_{om} \sin\omega t$,则 $VT_1$ 的管耗为

$$P_{V1} = \frac{1}{2\pi} \int_0^\pi (V_{CC} - u_o) \frac{u_o}{R_L} d(\omega t)$$

$$= \frac{1}{2\pi} \int_0^\pi (V_{CC} - U_{om} \sin\omega t) \frac{U_{om} \sin\omega t}{R_L} d(\omega t)$$

$$= \frac{1}{R_L} \left( \frac{V_{CC} U_{om}}{\pi} - \frac{U_{om}^2}{4} \right) \tag{10-15}$$

而两管的管耗为

$$P_V = P_{V1} + P_{V2} = \frac{2}{R_L} \left( \frac{V_{CC} U_{om}}{\pi} - \frac{U_{om}^2}{4} \right) \tag{10-16}$$

③ **直流电源提供的直流功率** $P_{V_{CC}}$

直流电源供给的功率包括负载得到的功率和 $VT_1$、$VT_2$ 消耗的功率两部分。

当 $u_i = 0$ 时,$P_{V_{CC}} = 0$;当 $u_i \neq 0$ 时,由式(10-12)和式(10-16)可得

$$P_{V_{CC}} = P_o + P_V = \frac{2 V_{CC} U_{om}}{\pi R_L} \tag{10-17}$$

在理想情况下,忽略饱和压降 $U_{CES}$,输出电压幅值最大,即 $U_{om} = V_{CC}$,则得到电源最大供给功率为

$$(P_{V_{CC}})'_M = \frac{2 V_{CC}^2}{\pi R_L} \tag{10-18}$$

④ **效率** $\eta$

一般情况下,放大电路的效率为

$$\eta = \frac{P_o}{P_{V_{CC}}} = \frac{\pi}{4} \cdot \frac{U_{om}}{V_{CC}} \qquad (10-19)$$

当放大电路输出最大功率时,即 $U_{om} = (U_{om})_M$,此时效率为

$$\eta_M = \frac{(P_o)_M}{(P_{V_{CC}})_M} = \frac{\pi}{4} \cdot \frac{(U_{om})_M}{V_{CC}} \qquad (10-20)$$

在理想情况下,忽略饱和压降 $U_{CES}$,即 $(U_{om})_M = V_{CC}$,则最大效率为

$$\eta_M' = \frac{\pi}{4} \approx 78.5\%$$

（3）功率管的选择

设功率管的饱和压降 $U_{CES}$ 可忽略不计,求解功率管的最大集电极电流、最大管压降和最大集电极功耗。

当输入信号幅值不同时,功放电路输出电压 $u_o$ 的幅值 $U_{om}$ 也不同。由式（10-15）求单管管耗 $P_{V1}$ 对 $U_{om}$ 的导数,可得

$$\frac{dP_{V1}}{dU_{om}} = \frac{1}{R_L}\left(\frac{V_{CC}}{\pi} - \frac{U_{om}}{2}\right)$$

令上式为零,得

$$U_{om} = \frac{2V_{CC}}{\pi} \qquad (10-21)$$

即当输出电压幅值 $U_{om} = \dfrac{2V_{CC}}{\pi}$ 时,晶体管的管耗最大;在输出电压幅值为最大时,管耗反而不是最大。

将式（10-21）代入式（10-15）,得到单管的最大功耗为

$$(P_{V1})_M = \frac{1}{\pi^2} \cdot \frac{V_{CC}^2}{R_L} \qquad (10-22)$$

将式（10-22）与式（10-14）进行比较,可得出单管最大功耗与理想情况下最大输出功率的关系为

$$(P_{V1})_M = \frac{2}{\pi^2}(P_o)_M' \approx 0.2(P_o)_M' \qquad (10-23)$$

式（10-23）常作为互补对称放大电路中选择功率晶体管的依据。它表明,如果要求输出功率为 20 W,就需要两只额定管耗功率不小于 4 W 的晶体管。

由于乙类互补对称功率放大电路中的一个晶体管导通时,另一个晶体管截止,当输出电压 $u_o$ 达到最大不失真输出幅度时,截止管子所承受的反向电压为最大,且近似等于 $2V_{CC}$。为了保证功率管不至被反向电压所击穿,要求晶体管的反向击穿电压满足

$$U_{(BR)CEO} > 2V_{CC} \qquad (10-24)$$

放大电路在最大功率输出状态时,集电极电流幅度达到最大值。为使放大电路失真不至太大,则要求功率管最大允许集电极电流应满足

$$I_{CM} > \frac{V_{CC}}{R_L} \qquad (10-25)$$

【例 10-1】 已知互补对称功率放大电路如图 10-6 所示,设 $VT_1$,$VT_2$ 的饱和压降 $|U_{CES}| = 1V$,$V_{CC} = 24\ V$,$R_L = 8\ \Omega$。

（1）试估算其最大输出功率 $(P_o)_M$、直流功率 $P_{V_{CC}}$、每管的管耗 $P_{V1}$ 及效率 $\eta$。

（2）说明该功率放大电路对功率管的要求。

解:（1）输出电压最大幅值

$$(U_{om})_M = V_{CC} - |U_{CES}| = 24 - 1\ V = 23\ V$$

由式(10-13)可得

$$(P_o)_M = \frac{1}{2} \cdot \frac{(U_{om})_M^2}{R_L} = \frac{1}{2} \cdot \frac{23^2}{8} \approx 33 \text{ W}$$

由式(10-17)可得,电源提供的功率为

$$P_{V_{CC}} = \frac{2V_{CC}(U_{om})_M}{\pi R_L} = \frac{2 \times 24 \times 23}{\pi \times 8} \approx 44 \text{ W}$$

管耗为

$$P_{V1} = \frac{1}{2}(P_{V_{CC}} - (P_o)_M) = \frac{1}{2}(44 - 33) = 5.5 \text{ W}$$

由式(10-20)可得

$$\eta_M = \frac{(P_o)_M}{P_{V_{CC}}} = \frac{33}{44} \approx 75\%$$

（2）功率管的选择

由式(10-22)可知,单管实际承受的最大管耗为

$$(P_{V1})_M = \frac{1}{\pi^2} \cdot \frac{V_{CC}^2}{R_L} = \frac{24^2}{\pi^2 \times 8} \approx 7.3 \text{ W}$$

由式(10-24)可得

$$U_{(BR)CEO} > 2V_{CC} = 2 \times 24 = 48 \text{ V}$$

由式(10-25)可得

$$I_{CM} > \frac{V_{CC}}{R_L} = \frac{24}{8} = 3 \text{ A}$$

因此,要求所选用功率管的集电极最大允许损耗功率 $P_{CM} > (P_{V1})_M = 7.3$ W,反向击穿电压 $U_{(BR)CEO} > 48$ V,最大允许集电极电流 $I_{CM} > 3$ A。

【例 10-2】 已知互补对称功率放大电路如图 10-6 所示,设 $V_{CC} = 12$ V,$R_L = 16\ \Omega$。试求放大电路 $\eta = 0.6$ 时的输出功率为多少?

**解:**由式(10-19)可得

$$U_{om} = \eta \cdot 4 \cdot \frac{V_{CC}}{\pi} = \frac{0.6 \times 4 \times 12}{\pi} = 9.2 \text{ V}$$

将其代入式(10-12)可得

$$P_o = \frac{1}{2} \cdot \frac{U_{om}^2}{R_L} = \frac{1}{2} \cdot \frac{9.2^2}{16} = 2.645 \text{ W}$$

【例 10-3】 功率放大电路如图 10-6 所示,设 $R_L = 35\ \Omega$,要求输出功率 $P_o \geq 5$ W。试选择合适的功率管。

**解:**集电极电流幅值为

$$I_{cm} = I_{om} = \sqrt{\frac{2P_o}{R_L}} = \sqrt{\frac{2 \times 5}{35}} = 535 \text{ mA}$$

相应的集电极电压幅值为

$$U_{cem} = U_{om} = I_{cm}R_L = 535 \times 10^{-3} \times 35 = 18.73 \text{ V}$$

考虑功率管的饱和压降等因素,取 $V_{CC} = 22$ V。

由此根据式(10-23)、式(10-24)和式(10-25),可得功率管的选择参数

$$P_{CM} > (P_{V1})_M \approx 0.2(P_o)'_M = 0.2 \times 5 = 1 \text{ W}$$

$$U_{(BR)CEO} > 2V_{CC} = 2 \times 22 = 44 \text{ V}$$

$$I_{CM} > \frac{V_{CC}}{R_L} = \frac{22}{35} \approx 629 \text{ mA}$$

OCL 互补对称功率放大电路的特点是：双电源供电、不需要输出电容、频率特性好，以及可以放大变化较慢的信号。其主要缺点是：电路中两个晶体管的发射极直接连到负载电阻上，假如静态工作点失调或电路内元器件损坏，将会有一个较大的电流流过负载，可能造成电路损坏。为了解决这个问题，实际工作中常常采取保护措施，即在负载回路接入熔断丝。

### 3. OTL 乙类互补对称功率放大电路

OCL 电路具有很多优点，但采用双电源的供电方式很不方便。互补对称电路也可采用单电源供电，即 OTL 电路，如图 10-8 所示。$VT_1$ 为前置放大级，$VT_2$ 和 $VT_3$ 组成互补对称功放的输出电路，它们的基极和发射极相互连接在一起，信号从基极输入、从射极输出。$R_L$ 是共同的负载电阻，$C_L$ 是在电路输出端所接的大容量电容器。

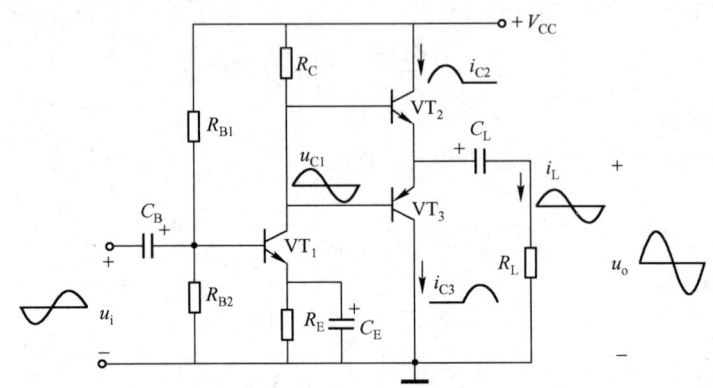

图 10-8　OTL 乙类互补对称功率放大电路

#### （1）工作原理

因为 $VT_2$ 和 $VT_3$ 对称，所以静态时电容 $C_L$ 的电压也就被充电为 $V_{CC}/2$。动态时，由于 $C_L$ 容量很大，在一个信号周期内，只要选择时间常数 $R_L C_L$ 比正弦输入信号的最长周期大得多，则 $C_L$ 上的电压基本不变，可视为一恒定的值 $V_{CC}/2$，因而 $C_L$ 在这里代替了另一个电源。这样少用一个电源，可使电路更简洁轻便，还可降低成本。此外，$C_L$ 还有隔直作用。

该电路的原理同双电源时的情况相似。输入信号 $u_i$ 经 $VT_1$ 放大后，输出 $u_{C1}$ 信号。当 $u_{C1}$ 为正半周时，$VT_2$ 管导通，$VT_3$ 管截止，$V_{CC}$ 经 $VT_2$ 管给电容 $C_L$ 充电，形成电流 $i_{C2}$，即负载 $R_L$ 中的电流。当 $u_{C1}$ 为负半周时，$VT_3$ 管导通，$VT_2$ 管截止，电容 $C_L$ 通过 $VT_3$ 放电，形成电流 $i_{C3}$，波形如图 10-8 中所示。由此可见，$VT_2$ 和 $VT_3$ 轮流工作，使负载获得完整的正弦波信号。

#### （2）参数计算

对于 OTL 电路，静态时，两个晶体管 $VT_2$ 和 $VT_3$ 的集电极电流和集电极电压分别为

$$I_{CQ2} = I_{CQ3} = 0 \tag{10-26}$$

$$U_{CEQ2} = \frac{V_{CC}}{2} \tag{10-27}$$

$$U_{CEQ3} = -\frac{V_{CC}}{2} \tag{10-28}$$

动态时，若输入信号 $u_i$ 足够大，则可求出 $u_o$ 的最大幅值 $(U_{om})_M = V_{CC}/2 - U_{CES} = (I_{om})_M \cdot R_L$ 和 $i_o$ 的最大幅值 $(I_{om})_M = \dfrac{(U_{om})_M}{R_L} = \dfrac{V_{CC}/2 - U_{CES}}{R_L}$。在理想情况下，忽略饱和压降 $U_{CES}$，则 $(U_{om})_M = V_{CC}/2$，$(I_{om})_M = \dfrac{V_{CC}}{2R_L}$。

其他分析计算与 OCL 电路相类似，只需将前面推导出的计算公式中的 $V_{CC}$ 换成 $V_{CC}/2$ 即可。

① **最大输出功率** $(P_o)_M$

$$(P_o)_M = \frac{1}{2}(I_{om})_M(U_{om})_M = \frac{1}{2} \cdot \frac{(U_{om})_M^2}{R_L} = \frac{1}{2} \cdot \frac{(V_{CC}/2 - U_{CES})^2}{R_L} \qquad (10-29)$$

若满足条件 $U_{CES} \ll \dfrac{V_{CC}}{2}$，可将 $U_{CES}$ 忽略，则理想情况下的最大输出功率为

$$(P_o)'_M = \frac{1}{8} \cdot \frac{V_{CC}^2}{R_L} \qquad (10-30)$$

② **管耗** $P_V$

参照 OCL 电路参数计算式(10-15)，则 $VT_2$ 管的管耗为

$$P_{V2} = \frac{1}{R_L}\left(\frac{(V_{CC}/2)U_{om}}{\pi} - \frac{U_{om}^2}{4}\right) \qquad (10-31)$$

而两管的管耗为

$$P_V = P_{V2} + P_{V3} = \frac{2}{R_L}\left(\frac{(V_{CC}/2)U_{om}}{\pi} - \frac{U_{om}^2}{4}\right) \qquad (10-32)$$

③ **直流电源提供的功率** $P_{V_{CC}}$

$$P_{V_{CC}} = P_o + P_V = \frac{V_{CC}U_{om}}{\pi R_L} \qquad (10-33)$$

在理想情况下，即 $U_{om} = V_{CC}/2$，则得到电源最大供给功率为

$$(P_{V_{CC}})'_M = \frac{V_{CC} \cdot (V_{CC}/2)}{\pi R_L} = \frac{V_{CC}^2}{2\pi R_L} \qquad (10-34)$$

④ **效率** $\eta$

一般情况下，放大电路的效率为

$$\eta = \frac{P_o}{P_{V_{CC}}} = \frac{\pi}{2} \cdot \frac{U_{om}}{V_{CC}} \qquad (10-35)$$

当放大电路输出最大功率即 $U_{om} = (U_{om})_M$ 时，效率为

$$\eta_M = \frac{\pi}{2} \cdot \frac{(U_{om})_M}{V_{CC}} \qquad (10-36)$$

在理想情况下，忽略饱和压降 $U_{CES}$，即 $(U_{om})_M = V_{CC}/2$，则最大效率为

$$\eta'_M = \frac{\pi}{4} \approx 78.5\% $$

即此时 OTL 互补对称电路与 OCL 电路效率相同。

**（3）功率管的选择**

设功率管的饱和压降 $U_{CES}$ 可忽略不计，由式(10-31)求单管管耗 $P_{V2}$ 对 $U_{om}$ 的导数，可得

$$\frac{\mathrm{d}P_{V2}}{\mathrm{d}U_{om}} = \frac{1}{R_L}\left(\frac{V_{CC}/2}{\pi} - \frac{U_{om}}{2}\right)$$

令上式为零，得

$$U_{om} = \frac{V_{CC}}{\pi} \qquad (10-37)$$

即当输出电压幅值 $U_{om} = \dfrac{V_{CC}}{\pi}$ 时，晶体管的管耗最大。

把式(10-37)代入式(10-31)，得到单管的最大功耗为

$$(P_{V2})_M = \frac{1}{\pi^2}\frac{(V_{CC}/2)^2}{R_L} \qquad (10-38)$$

将上式与式(10-30)进行比较，可得出单管最大功耗与理想情况下最大输出功率的关系为

$$(P_{V2})_M = \frac{2}{\pi^2}(P_o)'_M \approx 0.2(P_o)'_M \qquad (10-39)$$

与 OCL 电路类似,为了保证功率管不至于被反向电压所击穿,则要求晶体管的反向击穿电压满足

$$U_{(BR)CEO} > V_{CC} \tag{10-40}$$

要求功率管最大允许集电极电流满足

$$I_{CM} > \frac{V_{CC}}{2R_L} \tag{10-41}$$

与 OCL 电路相比,OTL 电路少用一个电源,但由于输出端的耦合电容容量大,则电容器内铝箔卷绕圈数多,呈现的电感效应大。它对不同频率的信号会产生不同的相移,输出信号有附加失真,这是 OTL 电路的缺点。

**【例 10-4】** 单电源互补对称功放电路如图 10-8 所示,设 $u_i$ 为正弦波,$R_L = 8\ \Omega$,管子的饱和压降 $U_{CES}$ 可忽略不计。试求最大不失真输出功率为 9 W 时,电源电压 $V_{CC}$ 至少应为多大? 效率 $\eta$ 为多少?

**解:** 由式(10-30)可得

$$(P_o)'_M = \frac{V_{CC}^2}{8R_L} = 9\ W$$

则

$$V_{CC} = 2\sqrt{2(P_o)'_M R_L} = 2\sqrt{2 \times 9 \times 8} = 24\ V$$

效率为

$$\eta \approx \frac{\pi}{4} \approx 78.5\%$$

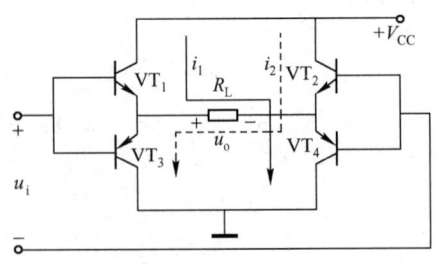

图 10-9　BTL 乙类互补对称功率放大电路

### 4. BTL 乙类互补对称功率放大电路

OTL 和 OCL 两种功放电路的特点是效率很高,但一个明显的缺点是电源电压的利用率不高。在负载上获得的电压最大值分别是 $V_{CC}/2$ 和 $V_{CC}$,它们的电源却分别是 $V_{CC}$ 和 $2V_{CC}$。在电流和电压一定的情况下,电路的最大输出功率就受到限制,不可能很大。因此,为了提高电源的利用率,也就是在较低电源电压的作用下使负载获得较大的输出功率,一般采用平衡式无输出变压器电路,又称为 BTL 电路,如图 10-9 所示。

（1）工作原理

在图 10-9 电路中,$VT_1$ 和 $VT_3$、$VT_2$ 和 $VT_4$ 分别组成一对互补管。可以看出,BTL 电路由两组对称的互补电路组成。它们分别由相位相反的输入信号激励,负载 $R_L$ 接在两个互补电路的输出端之间。静态时,由于四个晶体管参数一致,输出电压为零。

在输入信号 $u_i$ 正半周时,$VT_1$ 和 $VT_4$ 导通,$VT_2$ 和 $VT_3$ 截止,负载电流由 $V_{CC}$ 经 $VT_1$,$R_L$ 和 $VT_4$ 流到虚地端,如图 10-9 中的实线所示。此时,输出电压达到正半周时的最大值,即 $(U_{om})_M = V_{CC} - U_{CES1} - U_{CES4}$,忽略两管的饱和压降 $(U_{om})_M \approx V_{CC}$。同理,在输入信号负半周,$VT_1$ 和 $VT_4$ 截止,$VT_2$ 和 $VT_3$ 导通,负载电流由 $V_{CC}$ 经 $VT_2$,$R_L$,$VT_3$ 流到虚地端,如图 10-9 中的虚线所示。此时,输出电压最大值为 $(U_{om})_M = -(V_{CC} - U_{CES2} - U_{CES3}) \approx -V_{CC}$。

（2）参数计算

可见,该电路仍然为乙类互补功率放大电路,输出功率与 OCL 电路是相同的。

$$P_o = \frac{I_{om}}{\sqrt{2}} \cdot \frac{U_{om}}{\sqrt{2}} = \frac{1}{2} I_{om} U_{om} = \frac{1}{2} \frac{U_{om}^2}{R_L} \tag{10-42}$$

若理想情况下,晶体管的饱和压降忽略不计,此时的最大输出功率为

$$(P_o)'_M = \frac{1}{2} \cdot \frac{V_{CC}^2}{R_L} \tag{10-43}$$

其他参数均同 OCL 电路,效率在理想情况下,仍然近似为 78.5%。

综上所述,与相同特性的晶体管,以及同样大小的电源 $V_{CC}$ 和 $R_L$ 构成的 OTL 电路相比,在理想情况下,BTL 电路的输出电压幅值比 OTL 电路的输出电压幅值大一倍,输出电流的幅值也大一倍。这样,BTL 电路的最大输出功率约为 OTL 电路(同为单电源)的四倍,电源利用率高。此外,由于电路对称,$VT_1$、$VT_4$ 基极与 $VT_2$、$VT_3$ 基极之间的直流电位差始终保持为零。因此,电路输出端与 $R_L$ 之间不需接入耦合电容。这使得 BTL 电路在提高输出功率的同时还保留着 OCL 电路与负载直接耦合的优点。

**5. 乙类互补对称功率放大电路存在的问题**

前面介绍的乙类互补对称功率放大电路可以减小静态损耗、提高效率,但实际上这种电路并不能使输出波形很好地反映输入的变化。

**(1) 交越失真**

在如图 10-6 所示的乙类互补对称功率放大电路中,由于 $VT_1$ 和 $VT_2$ 没有静态偏置电压,输入特性存在非线性。并且,晶体管存在一定的阈值电压 $U_{on}$,在输入信号电压 $|u_i| < |U_{on}|$ 的部分,并不产生基极电流 $i_B$,负载上无电流流过。因此,信号波形在过零点附近的一个区域内出现了严重失真现象,这种现象称为交越失真,如图 10-10 所示。为采取一些措施来解决交越失真现象,提出了甲乙类互补对称功率放大电路,在 10.2.3 节中将详细介绍。

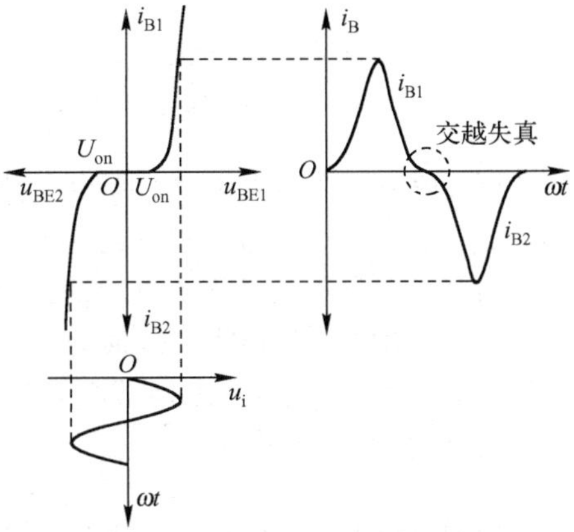

**(2) 对称管难以匹配的问题**

互补对称电路要获得优良的性能,必须保证两个互补管的精确匹配。但两管类型不同,要做到这一点是很不容易的,特别是大功率晶体管,尤其困难。所以,互补推挽输出电路中的两个功率管通常采用复合管。

图 10-10　交越失真的形成

## 10.2.3　甲乙类互补对称功率放大电路

为了消除交越失真,在两管的基极之间加一个较小的偏置电压,其值约为两管的阈值电压之和。静态时,两管处于微导通的甲乙类工作状态,产生很小的静态工作电流。这时,有等值互为反向的静态电流流过负载 $R_L$,所以负载上无静态电流,仍保持 $u_i = 0$ 时,$u_o = 0$。而在正弦信号作用下,输出为一个完整不失真的正弦波信号。

**1. OCL 甲乙类互补对称功率放大电路**

图 10-11 给出了利用二极管偏置克服交越失真的互补对称功率放大电路,$VT_1$ 和 $VT_2$ 为互补对称输出级。静态时,$VD_1$ 和 $VD_2$ 的压降为 $VT_1$ 和 $VT_2$ 提供了一个适当的偏压,这个偏压略大于两管的阈值电压之和,使 $VT_1$ 和 $VT_2$ 处于微导通状态。由于电路对称,集电极电流 $I_{C1} = I_{C2} \neq 0$,发射极电位 $U_E = 0$,使得 $i_L = 0$,$u_o = 0$。动态时,由于 $VD_1$ 和 $VD_2$ 的动态电阻很小,$R_2$ 阻值也很小(几十到一百欧姆左右),所以基极电位 $u_{B1} \approx u_{B2} \approx u_i$。当 $u_i > 0$ 且增大时,$VT_1$ 导通,$VT_2$ 由微导通变为截止;当 $u_i < 0$ 且减小时,$VT_2$ 导通,$VT_1$ 由微导通变为截止。因此,在一个工作周期内功率管有半个周期以上处于导通状态,这种工作状态称为甲乙类工作状态。

采用二极管进行偏置的缺点在于偏置电压是固定的,不易调整,图 10-12 给出了另一种偏置方法。流入 $VT_4$ 的基极电流远小于流过 $R_1$ 和 $R_2$ 的电流,于是偏置电压为 $U_{CE4} = (1 + R_1/R_2) U_{BE4}$。$U_{BE4}$ 基本固定,所以只要适当调节 $R_1$、$R_2$ 的比值,就可改变 $VT_1$ 和 $VT_2$ 的偏压值。这个电路称为 $U_{BE}$ 扩大电路,在集成电路中经常用到。

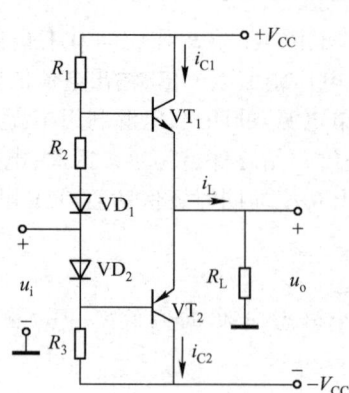

图 10-11　利用二极管偏置克服
交越失真的互补对称电路

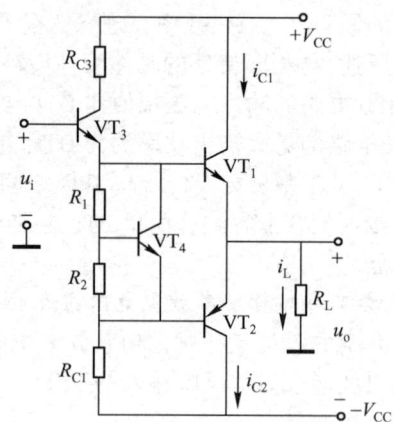

图 10-12　利用 $U_{BE}$ 扩大电路
进行偏置的互补对称电路

【例 10-5】　在图 10-11 所示电路中,已知 $V_{CC}=15$ V,输入电压为正弦波,晶体管的饱和压降 $|U_{CES}|=3$ V,电压放大倍数约为 1,负载电阻 $R_L=4$ Ω。

（1）求解负载上可能获得的最大功率和效率。

（2）若输入电压最大有效值为 8 V,则负载上能够获得的最大功率为多少?

（3）若 $VT_1$ 管的集电极和发射极短路,将产生什么现象?

**解:**（1）由题意可知

$$(U_{om})_M = V_{CC} - |U_{CES}| = 15-3 = 12 \text{ V}$$

根据式（10-13）负载上的最大功率

$$(P_o)_M = \frac{1}{2} \cdot \frac{(U_{om})_M^2}{R_L} = \frac{12^2}{2 \times 4} = 18 \text{ W}$$

根据式（10-20）最大效率

$$\eta_M = \frac{\pi}{4} \cdot \frac{(U_{om})_M}{V_{CC}} = \frac{\pi}{4} \cdot \frac{12}{15} \approx 62.8\%$$

（2）因为 $u_o \approx u_i$,所以输出电压最大有效值 $(U_o)_M \approx (U_i)_M = 8$ V,最大输出功率为

$$(P_o)_M = \frac{(U_o)_M^2}{R_L} = \frac{8^2}{4} = 16 \text{ W}$$

可见功率放大电路的最大输出功率除了决定于功放自身的参数外,还与输入电压是否足够大有关。

（3）若 $VT_1$ 管的集电极和发射极短路,则 $VT_2$ 管静态管压降为 $2V_{CC}$,且从 $+V_{CC}$ 经 $VT_2$ 管的 e-b、$R_3$ 至 $-V_{CC}$ 形成基极静态电流。由于 $VT_2$ 管工作在放大状态,集电极电流势必很大,使之因功耗过大而损坏。

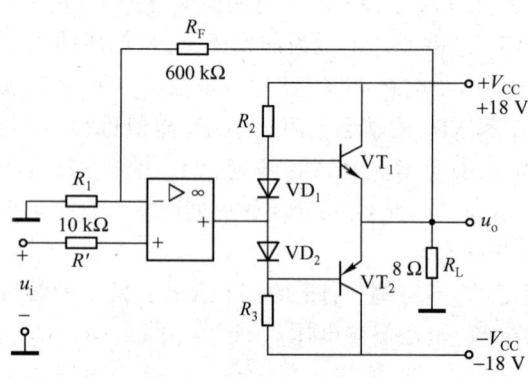

图 10-13　例 10-6 图

【例 10-6】　OCL 互补对称电路及元件参数如图 10-13 所示,已测得 $VT_1$ 和 $VT_2$ 管的饱和压降 $U_{CES} \approx 1$ V。

（1）$u_i$ 的幅值 $U_{im}$ 为多大时,$R_L$ 上可达到最大不失真输出电压 $(U_{om})_M$?

（2）应如何选择晶体管 $VT_1$ 和 $VT_2$ 的参数 $I_{CM}$ 及 $U_{(BR)CEO}$?

**解:**（1）$R_L$ 上的最大不失真输出电压幅值为

$$(U_{om})_M = V_{CC} - U_{CES} = 18-1 = 17 \text{ V}$$

由图 10-13 可知,电路由电阻 $R_F$ 引入了电压串联负反馈,因此

$$U_o = \left(1 + \frac{R_F}{R_1}\right)U_i = \left(1 + \frac{600}{10}\right)U_i = 61U_i$$

则此时最大不失真输入电压幅值为

$$(U_{im})_M = \frac{(U_{om})_M}{61} = \frac{17}{61} = 0.279 \text{ V}$$

（2）晶体管 $VT_1$ 和 $VT_2$ 的参数为

$$I_{CM} > \frac{V_{CC}}{R_L} = \frac{18}{8} = 2.25 \text{ A}$$

$$|U_{(BR)CEO}| > 2V_{CC} = 2 \times 18 = 36 \text{ V}$$

### 2. OTL 甲乙类互补对称功率放大电路

图 10-14 为单电源甲乙类互补对称功率放大电路。其中，$VT_1$ 组成前置放大级，$VT_2$ 和 $VT_3$ 组成互补对称功率放大电路的输出级。二极管 $VD_1$ 和 $VD_2$ 是用来消除交越失真的，为 $VT_2$ 和 $VT_3$ 提供偏置电压。输出回路中，有一个大电容 $C$ 与负载 $R_L$ 串联。在静态时，只需调节 $R_W$ 可使 K 点电位 $U_K = \frac{1}{2}V_{CC}$，给 $VT_2$ 和 $VT_3$ 提供合适的偏置。因此，大电容 $C$ 上的静态电压 $U_C = \frac{1}{2}V_{CC}$，取代了双电源功放的 $V_{CC}$。另外，K 点电位通过 $R_W$、$R_1$ 和 $R_2$ 分压后作为 $VT_1$ 管放大电路的偏置电压。同时，从 K 点到 $VT_1$ 基极引入交、直流负反馈，不仅使工作点稳定性提高，还稳定了输出电压 $u_o$。

由于在晶体管 $VT_2$ 和 $VT_3$ 的基极之间产生一个偏压，因此当 $u_i = 0$ 时，$VT_2$ 和 $VT_3$ 已微导通，在两个晶体管的基极已经各自存在一个极小的基极电流 $i_{B2}$、$i_{B3}$。因而，在两管的集电极回路也各有一个较小的集电极电流 $i_{C2}$、$i_{C3}$，但静态时 $i_L = i_{C2} - i_{C3} = 0$。当加上正弦输入电压 $u_i$ 时，在正半周，$i_{C2}$ 逐渐增大，$i_{C3}$ 逐渐减小，然后 $VT_3$ 截止；在负半周，$i_{C3}$ 逐渐增大，$i_{C2}$ 逐渐减小，然后 $VT_2$ 截止。此时，每管的导通角略大于 $180°$，而小于 $360°$，因此称为 OTL 甲乙类互补对称功率放大电路。

### 3. 具有自举电路的 OTL 甲乙类互补对称功率放大电路

由图 10-14 所示的 OTL 电路可知，当输出 $u_o$ 达到正半周最大幅值时，要求 K 点电位 $U_K$ 接近于 $+V_{CC}$。而实际上从电源 $V_{CC}$ 经过 $R_{C1}$，$U_{BE2}$ 降压后，$U_K$ 不可能为 $+V_{CC}$。为解决这个问题，通常的方法是增设自举电路，图 10-15 为具有自举电路的单电源甲乙类互补对称功率放大电路。

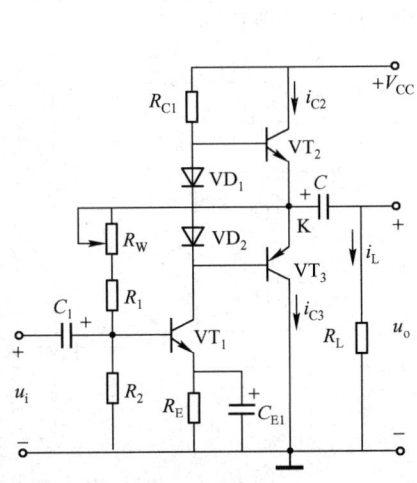
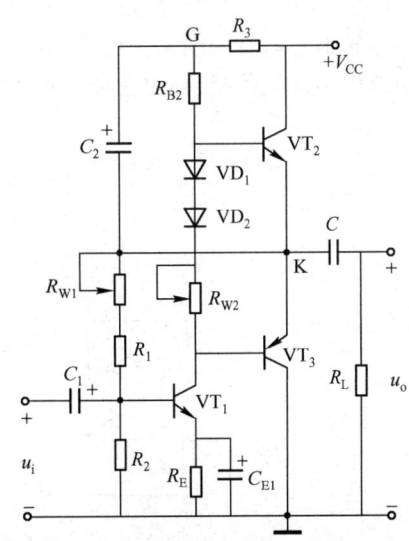

图 10-14　OTL 甲乙类互补对称功率放大电路　　　图 10-15　具有自举电路的 OTL 电路

在静态时,如果不考虑 $R_3$ 上的较小压降,则电容 $C_2$ 两端电压 $U_{C2} = U_G - U_K \approx V_{CC} - \frac{1}{2}V_{CC} = \frac{1}{2}V_{CC}$。在动态时,由于 $R_3$、$C_2$ 的时间常数足够大,电容 $C_2$ 两端电压 $U_{C2}$ 基本保持不变。因此,当 $u_i$ 为负半周,$VT_1$ 集电极输出为正半周,$VT_2$ 导通,$u_K$ 为正半周变化。由于 $u_G = u_{C2} + u_K = U_{C2} + u_K = \frac{1}{2}V_{CC} + u_K$,$u_K$ 在 $\frac{1}{2}V_{CC} \sim V_{CC}$ 之间变化,显然随着 K 点电位在 $\frac{1}{2}V_{CC}$ 基础上升高,G 点电位也随着升高。在 $R_3$ 对 $U_G$ 和电源 $V_{CC}$ 隔离作用下可使 $u_G > V_{CC}$,因而即使输出电压幅度升得很高,也有足够电流 $i_{B2}$ 使 $VT_2$ 充分导通,使 $U_{om}$ 接近 $\frac{1}{2}V_{CC}$。这种工作情况称为自举,即 $U_G$ 随输出电压上升而自动抬高,以增加正半周输出幅度。

### 10.2.4 OCL 准互补对称功率放大电路

甲乙类互补对称功率放大电路,虽然克服了乙类互补功率放大电路存在的交越失真现象,但它也存在着一定的缺点。其主要表现在:集成工艺要制造特性完全相同的异型管 $VT_1$、$VT_2$ 是比较难的,因此输出波形对称性与理想情况有差别。在实际中,要找到性能相同、型号相反(NPN 和 PNP)的一对大功率管比较困难,因此一般可以采用复合管(达林顿管)代替互补对称管,构成 OCL 准互补对称推挽功率放大电路。关于复合管的基本概念和组成在第 2 章已经做过介绍,在此不做详细说明。

复合管虽有电流放大倍数高的优点,但它的穿透电流较大,且高频特性变差。这是因为复合管中第一只晶体管的穿透电流会进入下级晶体管放大,致使总的穿透电流比单管穿透电流大得多。为了减小穿透电流的影响,常在两只晶体管之间并接一个泄放电阻 $R$,如图 10-16 所示。$R$ 的接入可将 $VT_1$ 管的穿透电流分流,$R$ 越小,分流作用越大,总的穿透电流越小。当然,$R$ 的接入同样会使复合管的电流放大倍数下降。

利用复合管所构成的准互补对称功率放大电路,如图 10-17 所示。该电路中 $R_1$、$R_2$ 和 $VT_1$ 构成 $U_{BE}$ 倍增电路。只要选择合适的电路参数 $R_1$ 和 $R_2$,就可以获得 $U_{BE}$ 任意倍数的直流偏压,从而适应不同功率放大电路对偏压的不同要求。该电路在获得符合要求的直流偏压的同时,也获得了 PN 结任意倍数的温度系数,因此可兼做温度补偿电路。用两只异型管 $VT_3$、$VT_4$ 复合成等效的 PNP 管,称之为 $VT_2$(NPN 管)的准互补管,由于 $VT_2$ 和 $VT_4$ 为同型号晶体管,容易制作对称,从而解决了异型管不易对称的问题。当然,两只功率管也可以同时采用复合管。这种准互补功放电路较互补功放电路性能优越,因此在模拟集成电路中获得了较为广泛的应用。

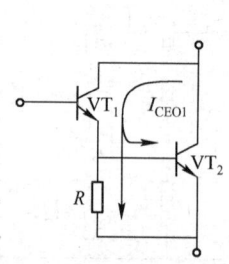

图 10-16　接有泄放电阻的复合管

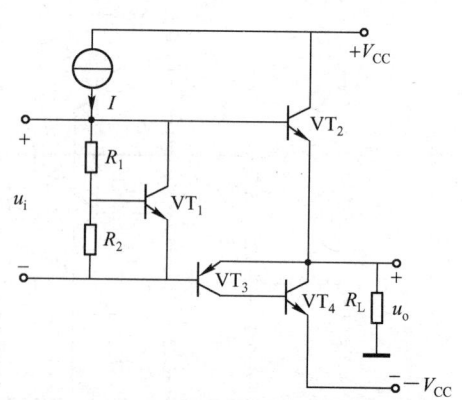

图 10-17　准互补 OCL 电路

1. 利用射极输出器进行功率放大时存在什么问题？为什么要采用互补对称电路来实现功率放大？

2. 功率放大电路中有哪些重要参数？如何估算？

3. OCL 电路在结构上有什么特点？在实现功率放大时有何优缺点？

4. OTL 电路是为克服 OCL 电路的什么不足而提出的？是如何实现的？

5. 什么是 BTL 电路？为什么提出 BTL 电路？

6. 乙类互补对称功率放大电路为什么会产生交越失真？

7. 如何解决互补对称功率放大电路中大功率互补管难以选择的问题？

# 10.3　集成功率放大器

　　集成功率放大器是由集成运算放大器发展而来的，它的内部电路一般也由前置级、中间级、输出级和偏置电路等组成。集成功率放大器具有输出功率大、外围连接元件少及使用方便等优点。因此，在收音机、电视机、收录机、开关功率电路、伺服放大电路中广泛采用各类集成功率放大器。另外，为了改善频率特性、减小非线性失真，很多器件内部还引入了深度负反馈。为了保证器件在大功率工作状态下可靠安全工作，集成功放中还常设有过流、过压和过热保护电路等。

　　集成功率放大器种类很多，可分为通用型和专用型两大类。通用型是指可用于多种场合的电路，如 FX0021 可用于直流伺服系统、录音机主动轮驱动、偏转线圈驱动等。专用型是指用于某种特定场合，如用在收音机、电视中专用的音响集成功放。目前，生产的集成功率放大器内部大多与集成运放相似，按输出功率（由几百毫瓦到几十瓦）可分为小、中、大功率放大器，按可放大的信号频率分为低频功率放大器和高频功率放大器。

　　现以几种低频功率放大器为例，介绍其内部电路结构及典型使用方法。

## 10.3.1　LM386 集成功率放大器

　　LM386 是美国国家半导体公司生产的音频功率放大器，主要应用于低电压消费类产品中，具有自身功耗低、电压增益可调整、电源电压范围大、外接元件少和总谐波失真小等优点，广泛应用于录音机和收音机之中。

### 1. 电路组成

LM386 内部电路如图 10-18 所示。与通用型集成运放相类似，它也是一个三级放大电路。

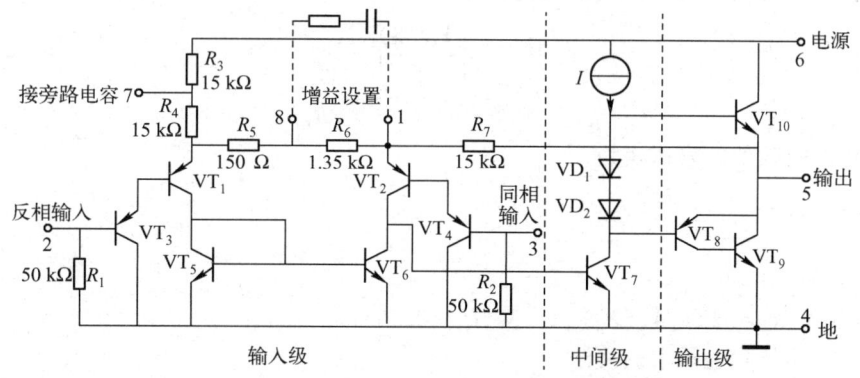

图 10-18　LM386 内部电路原理图

　　第一级为差分放大电路，$VT_1$ 和 $VT_3$、$VT_2$ 和 $VT_4$ 分别构成复合管，作为差分放大电路的放大管；$VT_5$ 和 $VT_6$ 组成镜像电流源，作为 $VT_1$ 和 $VT_2$ 的有源负载；信号从 $VT_3$ 和 $VT_4$ 管的基极输入，从 $VT_2$ 的集电极输出，为双端输入单端输出差分电路。使用镜像电流源作为差分放大电路的有源负载，可使单端输出电路的增益近似等于双端输出电路的增益。

第二级为共射放大电路,$VT_7$ 为放大管,恒流源作为有源负载,以增大放大倍数。

第三级中的 $VT_8$ 和 $VT_9$ 管复合成 PNP 型管,与 NPN 型管 $VT_{10}$ 构成准互补输出级。二极管 $VD_1$ 和 $VD_2$ 为输出级提供合适的偏置电压,可以消除交越失真。

电路由单电源供电,故为 OTL 电路。输出端(引脚5)应外接输出电容后再接负载。电阻 $R_7$ 从输出端连接到 $VT_2$ 的发射极,形成反馈通路,并与 $R_5$ 和 $R_6$ 构成反馈网络,从而引入了深度电压串联负反馈,使整个电路具有稳定的电压增益。

### 2. LM386 的引脚图及特性

LM386 的外形和引脚的排列如图 10-19 所示。常用 LM386 的封装形式有塑封 8 引线双列直插式和贴片式。

引脚 2 为反相输入端,引脚 3 为同相输入端;引脚 5 为输出端;引脚 6 和引脚 4 分别为电源和地;引脚 1 和引脚 8 为电压增益设定端;使用时在引脚 7 和地之间接旁路电容,通常取 10 $\mu$F。

特性:① 静态功耗低,静态电流约为 4 mA,可用电池供电;② 工作电压范围宽,4~12 V 或 5~18 V;③ 外围元件少;④ 电压增益可调,20~200;⑤ 低失真度;⑥ 当电源电压为 12 V 时,在 8 $\Omega$ 的负载情况下,可提供几百毫瓦的功率;⑦ 典型输入阻抗为 50 k$\Omega$。

### 3. LM386 在实际电路中的应用

(1) LM386 电压增益最小的接法

图 10-20 为 LM386 电压增益最小时的接法,也是外接元件最少的一种用法,250 $\mu$F 为输出电容。由于引脚 1 和引脚 8 开路,集成功放的电压放大倍数 $A_u \approx 20$。利用输入端的滑动变阻器可调节扬声器的音量。10 $\Omega$ 电阻和 0.05 $\mu$F 的电容串联,构成校正网络用来进行相位补偿。

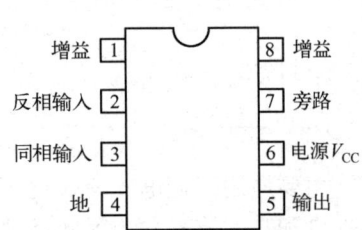

图 10-19　LM386 的外形及引脚图

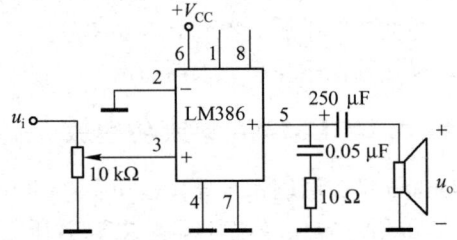

图 10-20　LM386 电压增益最小的接法

静态时输出电容上的电压为 $V_{CC}/2$,LM386 的最大不失真输出电压的峰-峰值约为电源电压 $V_{CC}$。设负载电阻为 $R_L$,最大输出功率表达式为

$$(P_o)_M \approx \frac{\left(\dfrac{V_{CC}/2}{\sqrt{2}}\right)^2}{R_L} = \frac{V_{CC}^2}{8R_L} \tag{10-44}$$

此时的输入电压有效值的表达式为

$$U_i \approx \frac{\dfrac{V_{CC}/2}{\sqrt{2}}}{A_u} \tag{10-45}$$

当 $V_{CC} = 16$ V、$R_L = 32$ $\Omega$ 时,$(P_o)_M \approx 1$ W,$U_i \approx 283$ mV。

(2) LM386 电压增益最大的接法

图 10-21 为 LM386 电压增益最大时的接法。引脚 1 和 8 之间的电容使两引脚在交流通路中短路,使 $A_u \approx 200$;引脚 7 接入的电容为旁路电容;实际使用中,经常在引脚 6 加入去耦电容,滤掉电源的高频交流成分。

当 $V_{CC} = 16$ V、$R_L = 32$ $\Omega$ 时,与图 10-20 相同,$(P_{om})_M \approx 1$ W。但是输入电压的有效值 $U_i$ 却仅需 28.3 mV。

（3）LM386 的一般接法

图 10-22 为 LM386 的一般接法。与图10-21相比,一般接法在引脚 1 和引脚 8 之间加入一电阻,通过改变电阻值可以改变 LM386 的增益。同时,通过调整该电阻的值,还可防止输入信号过强引起的自激啸叫。如果电路中参数如图 10-22 所示,则此时的电压放大倍数 $A_u \approx 50$。

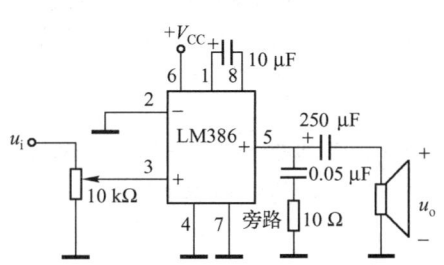

图 10-21　LM386 电压增益最大时的接法

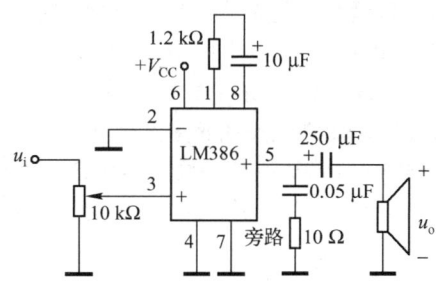

图 10-22　LM386 的一般接法

在绝大多数场合或单独使用时,LM386 比较正常,但在与其他电路结合之后,有可能产生自激从而使电路灵敏度降低。为了防止高频自激引起的啸叫,可在信号输入端与地之间、引脚 8 与地之间各接一电容,同时闲置的输入端不要空接而最好接地。对于低频自激引起的啸叫,可在输入端与地之间接一电阻,同时增大引脚 6 的滤波电容即可。

## 10.3.2　其他集成功率放大器

### 1. SHM1150Ⅱ型集成功率放大器

SHM1150Ⅱ型集成功率放大器是由双极型晶体管和单极型 VMOS 管组成的功率放大器,其内部电路原理如图 10-23 所示。其中,输出级采用的是功率 VMOSFET 管,可以提供较大的功率输出。由于 VMOS 管的输入电阻极高,需要的驱动电流非常小,因此可以达到很高的功率放大倍数。

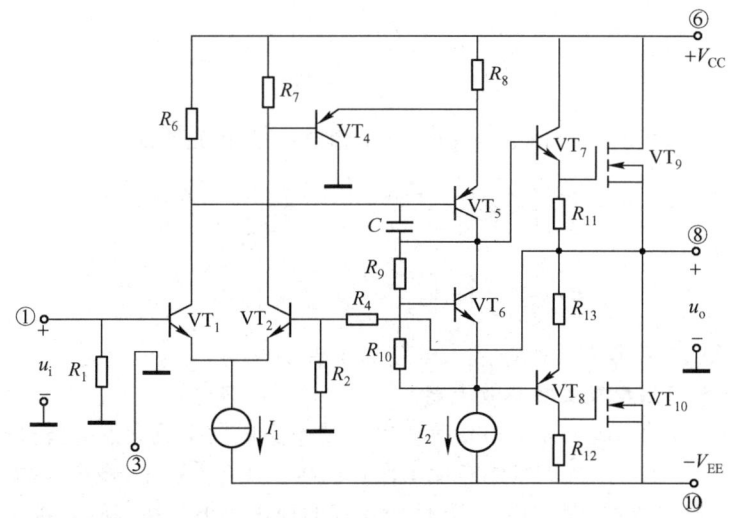

图 10-23　SHM1150Ⅱ型集成功率放大器内部电路

从图 10-23 中可以看出,输入级由 $VT_1$ 和 $VT_2$ 组成带恒流源的差动输入级,为单入双出形式。第二级由 PNP 管 $VT_4$ 和 $VT_5$ 组成双入单出的差动电路。$VT_4$ 和 $VT_5$ 的输入信号分别来自 $VT_1$ 和 $VT_2$ 的集电极信号,是大小相等、方向相反的一对差模信号。由此,$VT_4$ 和 $VT_5$ 完成了将输入级的双端输出信号转换成单端输出信号的功能,并由 $VT_5$ 集电极输出,提供给输出级。$VT_6$ 及 $R_9$ 和 $R_{10}$

构成了可调偏置电压电路,用来使功率输出管工作于甲乙类状态,消除交越失真。输出级为准互补对称功率放大电路,VT$_7$ 和 VT$_9$ 组成复合 NPN 管,VT$_8$ 和 VT$_{10}$ 组成复合 PNP 管。由于输出管是功率 VMOS 管,因此使本电路的输出功率大大增强。负反馈支路由 $R_4$ 和 $R_2$ 组成,构成级间的电压串联负反馈,起到稳定整个电路的静态工作点和放大倍数的作用。电容 $C$ 为相位补偿电容,以消除自激。恒流源 $I_1$ 为输入级提供稳定的静态工作点,并增强了电路抑制零点漂移的能力。

SHM1150II接上电源即可作为双电源互补对称电路直接使用。该电路可在±12～±50 V 电源电压下工作,最大输出功率达 150 W,使用十分方便。

### 2. LM4860 桥式集成功率放大器

LM4860 桥式集成功率放大器内部有两个相同的功率放大器,可以很方便地组成 BTL 电路,如图 10-24 所示。A$_1$ 的输出端与 A$_2$ 的反相输入端相连,两个放大器的同相端加入2.5 V 的偏置电压,以保证正常工作。

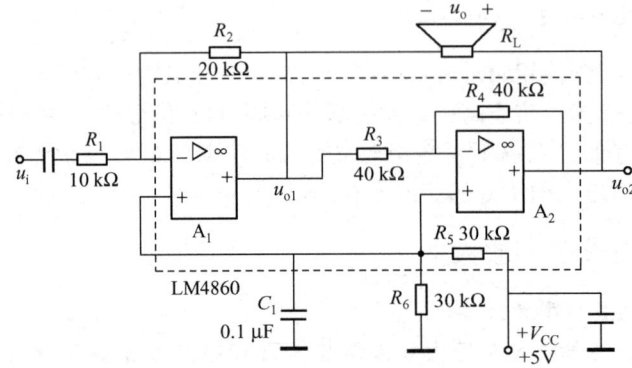

图 10-24 LM4860 集成功率放大器及其外部电路

因为 A$_1$ 和 A$_2$ 都接成反相输入形式,所以

$$u_{o1} = -\frac{R_2}{R_1}u_i = -2u_i$$

$$u_{o2} = -\frac{R_4}{R_3}u_{o1} = 2u_i$$

因为 $u_{o1}$ 和 $u_{o2}$ 大小相同、相位相反,所以负载上得到的输出功率为

$$P_o = \frac{1}{2} \cdot \frac{U_{om}^2}{R_L} = \frac{1}{2} \cdot \frac{(U_{om2} - U_{om1})^2}{R_L} = \frac{1}{2} \cdot \frac{(2U_{om1})^2}{R_L}$$

$$= 2 \cdot \frac{U_{om1}^2}{R_L} = 4 \cdot \left( \frac{1}{2} \cdot \frac{U_{om1}^2}{R_L} \right)$$

可见,电路的输出功率是单个功率放大电路的 4 倍。

### 3. D2002 小功率通用型集成功率放大器

小功率通用型集成功率放大器 D2002 为国产小功率集成功率放大器,其输出级为互补对称结构,只需外接少量元件,不需调试即可满意地工作。D2002 具有失真小、噪声低的优点,并且电源电压可在 8～18 V 之间任意选择,是使用方便、性能良好的通用型集成功率放大器。

图 10-25(a)为集成功放 D2002 的外形及管脚排列,图 10-25(b)为 D2002 构成的低频功率放大电路,该电路的最大不失真输出功率为 5 W。其中,引脚 5 为 D2002 的电源端,接 15 V 正电源,引脚 3 为接地端。输入信号经耦合电容 $C_1$ 加到 D2002 的同相输入端引脚 1,引脚 4 为输出端,经电容 $C_2$ 将输出信号耦合到 4 Ω 扬声器。$R_1$、$R_2$ 和 $C_3$ 组成电压串联负反馈,将输出电压信号送回反相输入端引脚 2,以改善功放的性能。$C_4$ 和 $R_3$ 用来改善放大电路的频率特性。

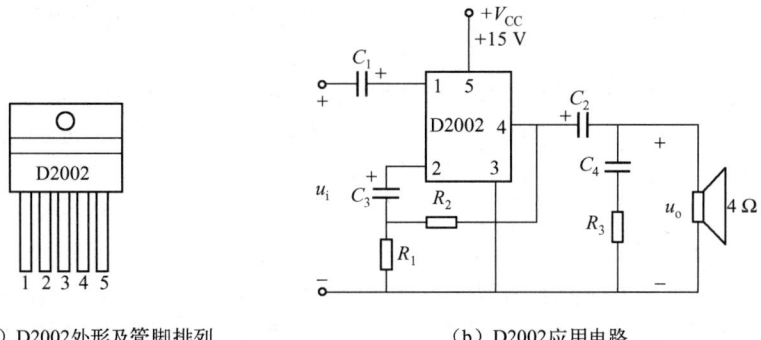

（a）D2002外形及管脚排列　　　　　　　（b）D2002应用电路

图 10-25　D2002 外形、管脚分布及应用电路

# *10.4　功率管的散热与二次击穿

在功率放大电路中,功率管中流过的信号电流较大,管子又存在一定压降,因此功率管功率消耗较大,管子所消耗的功率直接表现为使集电结温度升高。当温度超过手册中规定的最高允许结温时,将使管子损坏,这就限制了功率管的管耗,因此输出功率受到管子允许的最大集电极损耗的限制。如果采用散热措施,在相同结温下,可提高管子允许承受的最大管耗,使功率放大电路有较大功率输出而不损坏管子。所以,研究功率晶体管的散热问题是一个重要的问题。

## 10.4.1　功率管的散热

### 1. 热阻

阻碍热的传导的阻力称为热阻。真空不易传热,即热阻大;金属的传热性好,即热阻小。在晶体管中,管子上的电压压降绝大部分都降在集电极上,它与流过集电极的电流造成集电极功率损耗,使管子产生热量。这个热量要散发到外部空间去,同样受到阻力,这就是热阻。晶体管热阻大小,通常用℃/W 表示,物理意义是每瓦集电极耗散功率使晶体管升高的度数,即热阻越小,表明管子的散热能力越强。

在晶体管中,集电极损耗的功率是产生热量的源泉。它使结温升高到 $T_j$,并沿着管壳把热量散发到环境温度空间中。以晶体管为例,管芯 J 向环境 A 散热的途径有两条:一是管芯 J 到外壳 C,再经外壳以辐射和对流形式到环境 A;二是管芯 J 到外壳 C,再经散热器 S 到环境 A,即 J-C-A 或 J-C-S-A,如图 10-26(a)所示。设 J-C 间热阻为 $R_{jc}$,C-A 间热阻为 $R_{ca}$,C-S 间热阻为 $R_{cs}$,S-A 间热阻为 $R_{sa}$,则反映晶体管散热情况的热阻模型如图 10-26(b)所示。

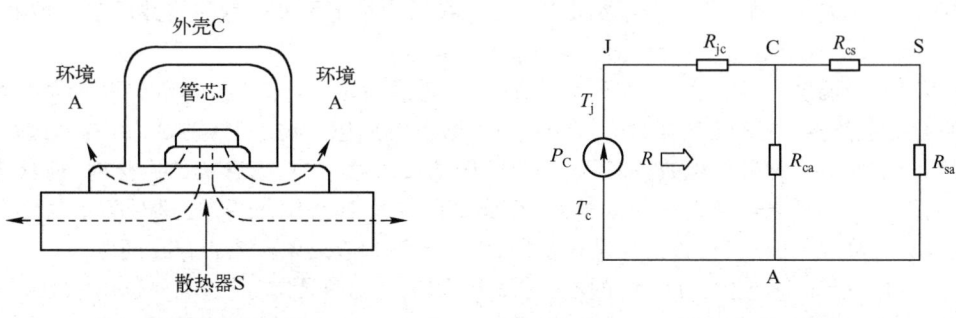

（a）晶体管的散热示意图　　　　　　　（b）晶体管的散热等效电路

图 10-26　晶体管的散热

通常满足 $R_{cs}+R_{sa}\ll R_{ca}$,即外壳的直接散热远小于通过散热器的散热,故热阻近似为

$$R\approx R_{jc}+R_{cs}+R_{sa} \tag{10-46}$$

$R_{jc}$ 主要取决于管子的几何结构和材料,晶体管手册中给出的热阻就是指 $R_{jc}$。$R_{cs}$ 主要取决于管子和散热器之间的接触面积和紧固程度,接触面积越大,接触越紧密,其值就越小。$R_{sa}$ 主要取决于散热器的散热面积、材料、厚度和放置位置。面积越大,厚度越厚,热阻就越小,采用导热率高的铜比采用铝的热阻小;垂直放置比水平放置的对流好,相应的热阻也小;将散热器钝化涂黑,热阻可进一步减小。

**2. 晶体管的散热计算**

为了在相同散热面积下减少散热器所占空间,采用了如图 10-27 所示的常用散热器形状,分别为齿轮形、指状形和板条形。所加散热器面积大小的要求,可参考大功率管产品手册中的规定尺寸。

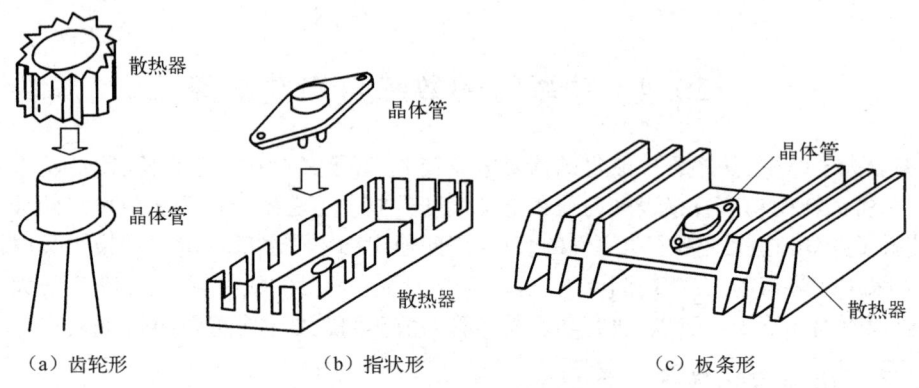

图 10-27 散热器的几种形状

对功率管而言,当集电极消耗功率时,集电结会因发热而使其温度升高。这个热量能通过热传输散发到周围的环境中去。当集电极中产生的热量与传输到周围环境中的热量达到动态平衡时,结温就不再上升,其值满足下列热平衡方程

$$T_j-T_a=RP_C \tag{10-47}$$

$R$ 即为式(10-46)所示的热阻,$T_j$ 为集电结温度,$T_a$ 为环境温度,$P_C$ 为功率管集电极耗散功率。

当晶体管结温功耗达到最大允许值 $T_{jM}$(锗管为 75～100℃,硅管为 150～200℃)时,集电极功耗也达到 $P_{CM}$,则根据式(10-47)有

$$T_{jM}-T_a=RP_{CM}$$

即

$$P_{CM}=\frac{T_{jM}-T_a}{R} \tag{10-48}$$

$T_a$ 常取 25℃ 为基准,晶体管手册中给出的 $P_{CM}$ 是在采用指定尺寸的散热器并规定 $T_a$ 取 25℃ 时的数值。也就是说,管子的型号一旦确定,则 $T_{jM}$ 随之确定。

这说明当环境温度升高后,大功率管允许最大功耗值随之减小。因此,当功率放大电路在工作时,功率管的散热器(或无散热器时的管壳)上的温度较高,感到烫手时,则 $P_{CM}$ 值减小,易引起功率管的损坏。这时应立即分析检查,如果属于原使用功放电路,在功率管突然发热时,应检查和排除电路中的故障。如果属于新设计功放电路,在调试时功率管有发热现象,这时除了需要调整电路参数或排除故障之外,还应检查设计是否合理、管子选型和散热条件是否存在问题。

**【例 10-7】** 已知一个输出为 60 W 的乙类功率放大器,它的两只大功率配对管选用 3AD30,从晶体管手册中查到,$T_{jM}=85℃$,$R_{jc}=1℃/W$。试求当环境温度为 60℃时,散热器的热阻为多少?

**解:** 每个功率管的最大管耗为

$$P_{CM}\approx0.2(P_o)'_M=0.2\times60=12 \text{ W}$$

则由式（10-48）可得

$$R = \frac{T_{jM} - T_a}{P_{CM}} = \frac{85-60}{12} \approx 2.1 \ ℃/W$$

### 10.4.2　功率管的二次击穿

有时功率管并未发热，而出现损坏和性能显著下降现象，大多数是由于功率管的二次击穿所造成。什么是二次击穿？产生的原因是什么以及如何防止呢？

**1. 二次击穿现象**

对于集电极电压超过 $U_{(BR)CEO}$ 而引起的击穿，只要外电路限制击穿后的电流，使管耗不超过允许值，则集电极电压恢复正常后功率管还能工作。因此这种击穿是可逆的，称为一次击穿。

如图 10-28（a）所示，如果击穿后的电流不加限制而任其继续增大，达到 $A$ 点后，集电极电压就会迅速减小到 $B$ 点，并使集电极电流急剧增大。这种从高压小电流迅速转移到低压大电流的现象称为二次击穿。将 $I_B$ 不同时二次击穿的临界点连接起来，便得到二次击穿临界曲线，简称为 S/B 曲线，如图 10-28（b）所示。

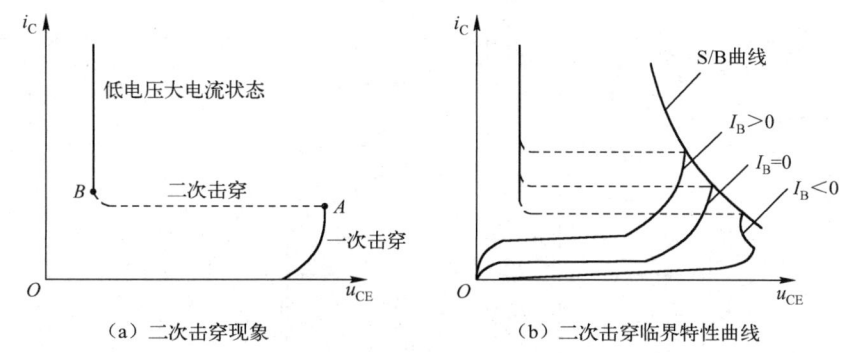

（a）二次击穿现象　　　　　　（b）二次击穿临界特性曲线

图 10-28　晶体管的二次击穿现象

**2. 二次击穿产生的原因**

产生二次击穿的原因主要是管内的结构缺陷，如结面不均匀、晶格缺陷等。功率管一旦发生二次击穿，结区的某些薄弱点上的电流密度就会剧增，形成局部过热点，而局部过热点的温度升高，反过来又使电流密度增大。如此反复作用，最终导致过热点上的晶体熔化，在集电极和发射极间形成低阻通道，结果使 $u_{CE}$ 急剧下降，$i_C$ 急剧增大，导致功率管在没有发烫时就被损坏或性能严重恶化。因此，二次击穿是不可逆的。

**3. 防止二次击穿的措施**

为了避免二次击穿的发生，从电路方面来说，可以采用下面的具体措施：

① 在设计电路时，要设法使晶体管工作在安全区以内，还要留有余地，如增大功率余量、改善散热情况、选用较低的电源电压。

② 使用时要尽量避免产生过压和过流的可能性，不要将负载开路或短路，不要突然加强信号，同时不允许电源电压有很大波动。

③ 采取适当的措施。为了防止由于感性负载而使管子产生过压或过流，可在负载两端并联二极管（或二极管和电容）。此外，也可对晶体管加以保护。保护的方法很多，如可以用稳压管并联在功率管的 c、e 两端，以吸收瞬时的过电压等。

**【思考题】**

1. 什么是热阻？在功率管中是如何估算的？

2. 环境温度升高后，大功率管允许最大功耗值会变大还是减小？为什么？

3. 功率管并未发热，而出现损坏和性能显著下降现象，大多数是什么现象造成的？为什么会产生这种现象？如何防止这种现象的产生？

# 10.5 功率放大电路典型应用实例

本节介绍两个实际的功率放大典型电路。

## 10.5.1 OCL 实用功率放大电路

### 1. 电路组成

图 10-29 为 OCL 高保真功率放大电路,该电路可用于扩音机中,它由输入级、中间级、输出级和偏置电路组成。

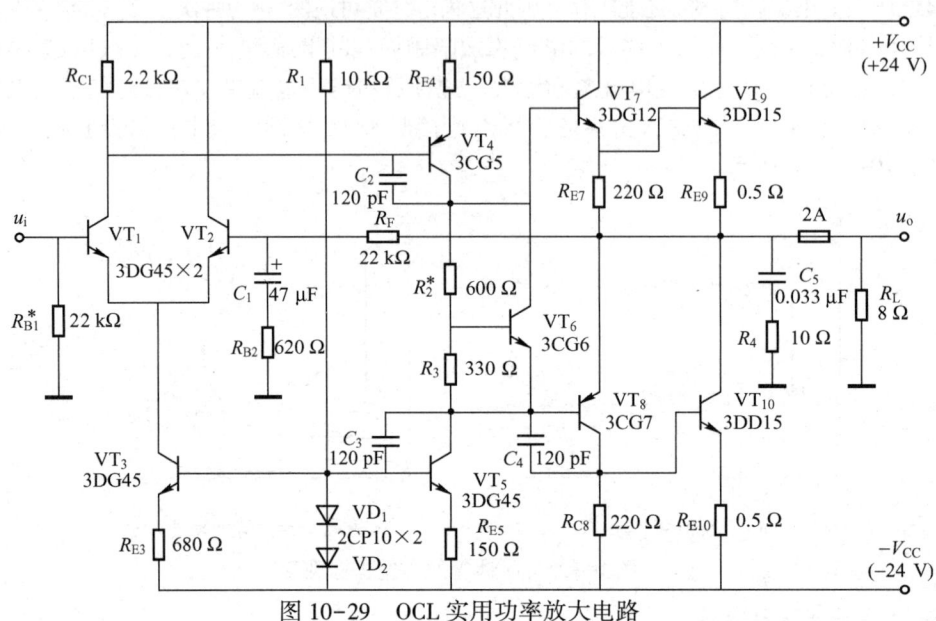

图 10-29　OCL 实用功率放大电路

输入级是由 $VT_1$、$VT_2$ 和 $VT_3$ 组成的单端输入、单端输出的共射组态恒流源式差动放大电路,并从 $VT_1$ 的集电极处取出输出信号加至中间级。

中间级是由 $VT_4$、$VT_5$ 组成的共射组态放大电路,$VT_5$ 是恒流源,作为 $VT_4$ 的有源负载,可以获得很大的电压放大倍数。

输出级是由 $VT_7$、$VT_8$、$VT_9$ 和 $VT_{10}$ 组成的准互补对称电路。其中,$VT_7$、$VT_9$ 为由 NPN-NPN 组成的 NPN 型复合管,$VT_8$、$VT_{10}$ 为由 PNP-NPN 组成的 PNP 型复合管,各管电阻 $R_{E7}$、$R_{C8}$、$R_{E9}$、$R_{E10}$ 的作用是改善温度特性。$VT_6$、$R_2$、$R_3$ 组成了 $U_{BE}$ 扩大电路,只要适当调节 $R_2$、$R_3$ 的比值,就可改变偏压值,为输出级提供所需的静态工作点,使电路工作在甲乙类状态,以消除交越失真。

由 $R_1$、$VD_1$、$VD_2$、$VT_3$、$VT_5$ 组成恒流源电路,提供基准电流。$R_F$、$C_1$、$R_{B2}$ 构成交流电压串联负反馈,可提高输入电阻降低输出电阻,减小非线性失真,展宽频带,增强了带负载的能力。由于本电路的负载 $R_L$ 通常为扬声器,属于感性负载,反馈信号有可能引起电路自激振荡,因此引入了 $C_5$ 和 $R_4$ 进行补偿。$C_2$、$C_3$、$C_4$ 是为了消除自激振荡而引入的消振电容。输出端串接熔丝,用来保护功率管,使它们在输出短路时不至于烧毁。图中带 * 的元件在电路调试时确定。

### 2. 主要技术指标估算

#### (1) 闭环电压放大倍数 $A_{uf}$

在图 10-29 中,通过反馈电阻 $R_F$ 从输出端到 $VT_2$ 的基极引入了一个深度电压串联负反馈,根据深度负反馈条件下放大倍数的估算公式,可得

$$A_{uf} = \frac{\dot{U}_o}{\dot{U}_i} \approx \frac{1}{\dot{F}} = \frac{R_{B2}+R_F}{R_{B2}} = 1+\frac{R_F}{R_{B2}} = 36.5$$

**(2) 最大输出功率$(P_o)_M$**

① 最大正向输出电压。此时可认为 VT$_4$ 接近饱和导通,VT$_7$、VT$_9$ 输出最大电流,VT$_8$、VT$_{10}$ 处于截止状态。设 $U_{RE9} \approx 1V$,$U_{BE7} = U_{BE9} \approx 0.8V$,因 $R_{E4} = R_{E5}$,且 $U_{RE5} \approx U_D \approx 0.7V$,则 $U_{RE4} \approx 0.7V$,再考虑 VT$_4$ 的 $U_{EC4} \approx 1V$,则正向最大输出幅值为 $(U_o)_M = V_{CC} - U_{RE4} - U_{EC4} - U_{BE7} - U_{BE9} - U_{RE9} = 19.7V$。

② 最大负向输出电压。此时可认为 VT$_8$ 接近饱和导通,VT$_{10}$ 输出最大电流,VT$_7$、VT$_9$ 处于截止状态。设 $U_{RE10} \approx 1V$,$U_{BE10} \approx 0.8V$,VT$_8$ 的 $U_{EC8} \approx 2.5V$,则负向最大输出幅值为 $(U_o)_M = -V_{CC} + U_{RE10} + U_{EC8} + U_{BE10} = -19.7V$。

取 19.7 V 作为输出电压的最大值,则

$$(P_o)_M = \frac{(U_o)_M^2}{2R_L} = 24.3 \text{ W}$$

为了避免过大的波形失真,实用中输出功率一般不超过 20 W。

## 10.5.2 OTL 实用功率放大电路

### 1. 电路组成

图 10-30 所示是一个 OTL 互补对称功率放大电路,用于电视机接收部分的音频放大电路,由前置放大级、中间级、输出级组成。

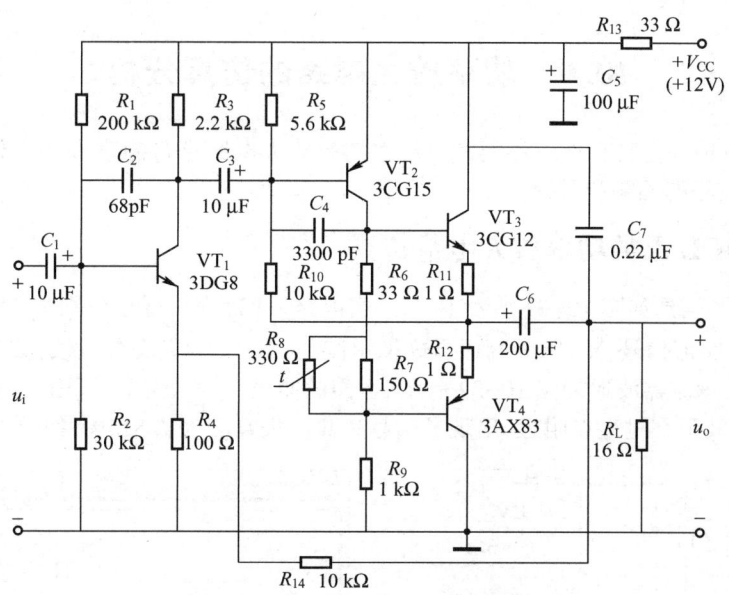

图 10-30 OTL 实用功率放大电路

前置放大级由 VT$_1$ 组成,是一个典型的静态工作点稳定电路。大电容 $C_1$、$C_3$ 作为隔直电容分别与输入信号以及中间级耦合。

中间级是由 VT$_2$ 组成单管共射放大电路,$R_9$ 是其集电极负载电阻。

输出级由 NPN 三极管 VT$_3$ 和 PNP 三极管 VT$_4$ 组成 OTL 互补对称电路,大电容 $C_6$ 是输出电容。静态时,电容 $C_6$ 上的电压为 $V_{CC}/2$。电阻 $R_6$、$R_7$ 和 $R_8$ 接在 VT$_3$ 和 VT$_4$ 的基极之间,在静态时,使 VT$_3$ 和 VT$_4$ 具有一个较小的基极电流,使电路工作在甲乙类工作状态,以减小交越失真。$R_8$ 是一个负温度系数的热敏电阻,若环境温度升高,$R_8$ 的电阻值将减小,则输出级两个功率管的基极之间的电压也下降,从而抑制了静态电流的上升。电阻 $R_{10}$ 连在输出级到中间级 VT$_2$ 的基极之间,构成直流负

反馈,能够稳定该两级的静态工作点。为防止开机时功放管中电流过大而烧坏,接在 $VT_3$ 和 $VT_4$ 发射极的小电阻 $R_{11}$ 和 $R_{12}$ 用来限流。

从输出端通过电阻 $R_{14}$ 到前置放大级 $VT_1$ 的发射极之间引入一个电压串联负反馈,用以改善放大电路的性能,例如减小非线性失真,提高带负载能力以及展宽频带等。

小电容 $C_2$、$C_4$ 和 $C_7$ 是校正电容,作用是避免产生高频自激振荡。$R_{13}$、$C_5$ 是去耦电路,消除电源内耦合而产生的低频自激振荡。

### 2. 主要技术指标估算

**(1) 闭环电压放大倍数 $A_{uf}$**

在图 10-30 中,通过反馈电阻 $R_{14}$ 从输出端到 $VT_1$ 的发射极引入了一个深度电压串联负反馈,根据深度负反馈条件下放大倍数的估算公式,可得

$$A_{uf} = \frac{\dot{U}_o}{\dot{U}_i} \approx \frac{1}{\dot{F}} = \frac{R_4 + R_{14}}{R_4} = 1 + \frac{R_{14}}{R_4} = 101$$

**(2) 最大输出功率 $(P_o)_M$**

OTL 电路的供电电压为 $V_{CC}/2$,设 $U_{CES} = 1\,V$,$U_{R11} = 0.5\,V$,则

$$(U_o)_M = V_{CC}/2 - U_{CES} - U_{R11} = 6 - 1 - 0.5 = 4.5\,V$$

$$(P_o)_M = \frac{(U_o)_M^2}{2R_L} = 0.63\,W$$

为了防止出现严重的非线性失真,功率管也不能工作在接近饱和的区域,因此该电路的正常输出功率不超过 0.5 W。

## 10.6 功率放大电路的仿真分析

本节使用 Multisim 仿真软件对乙类和甲乙类功率放大电路进行静态和动态仿真,从而进一步加深对功率放大电路的理解和掌握。

### 10.6.1 OCL 乙类功率放大电路仿真

在 Multisim 中,构建如图 10-31 所示 OCL 乙类电路。$VT_1$,$VT_2$ 型号分别为 2N3904 和 2N3906,输入为 4 V、1 kHz 交流信号,XSC1 为两通道虚拟示波器,XDA1 为失真分析仪,其余参数如图。

1. 进行仿真,示波器波形如图 10-32 所示,上面的曲线为输入波形,下面的为输出波形。从图中可以看出,输出波形在过零点附近,出现了交越失真。失真度为 7.815%,如图 10-33 所示。

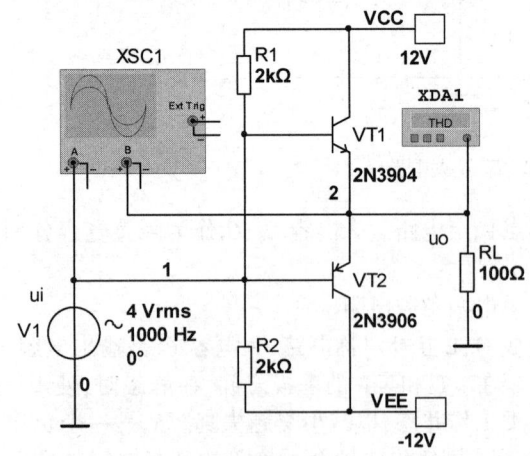

图 10-31 OCL 乙类功率放大仿真电路

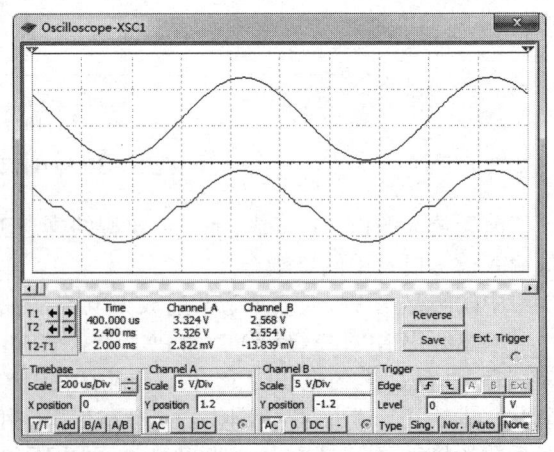

图 10-32 OCL 乙类功放电路仿真示波器波形

## 2. 分析失真原因

利用 Simulate 菜单中的 Analysis 命令下的 DC Operating Point 命令项,进行直流分析,测量静态工作点,如图 10-34 所示。静态时,VT$_1$ 管的发射结电压 $U_{BE1} = V(1) - V(2) \approx 0$ V,VT$_2$ 管的发射结电压 $U_{EB2} = V(2) - V(1) \approx 0$ V,两个管子都处于三极管的死区范围,都处于截止状态,故出现了交越失真。

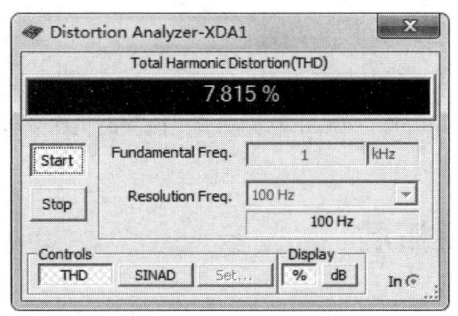

图 10-33 OCL 乙类功放电路仿真失真分析仪　　图 10-34 OCL 乙类功放电路静态工作点分析

## 10.6.2　OCL 甲乙类功率放大电路仿真

在 Multisim 中,构建如图 10-35 所示 OCL 甲乙类电路,为了消除交越失真,在 VT$_1$ 和 VT$_2$ 的基极之间增加了二极管 VD$_1$、VD$_2$ 和 $R_w$。

1. 进行仿真,示波器波形如图 10-36 所示,上面的曲线为输入波形,下面的为输出波形。从图中可以看出,与 OCL 乙类电路相比,甲乙类功率放大电路克服了交越失真,失真明显减小。失真分析仪如图 10-37 所示,失真度仅为 0.098%。

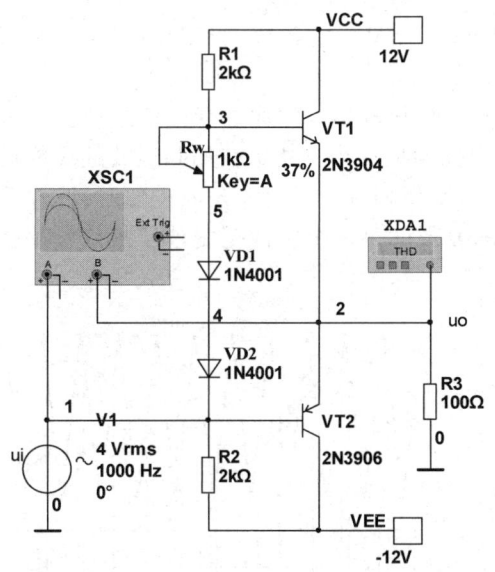

图 10-35 OCL 甲乙类功率放大仿真电路

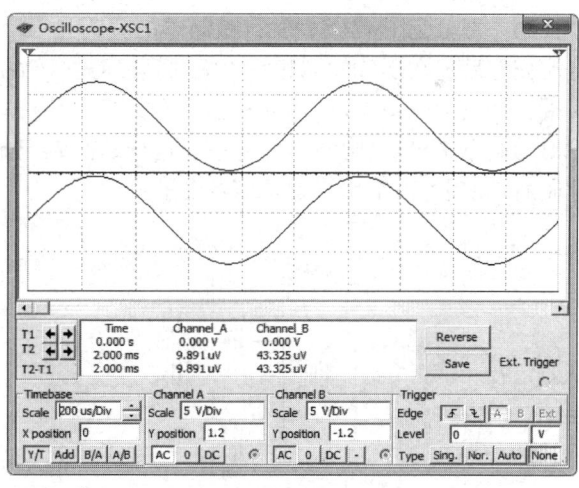

图 10-36 OCL 甲乙类功放电路仿真示波器波形

2. 直流工作点分析,仿真结果如图 10-38 所示。静态时,VT$_1$ 管的发射结电压 $U_{BE1} = V(3) - V(2) = 1.7625 - 0.8862 = 0.8763$ V,VT$_2$ 管的发射结电压 $U_{EB2} = V(2) - V(1) = 0.8862$ V。此时两个管子都处于微导通状态,故明显改善了交越失真。

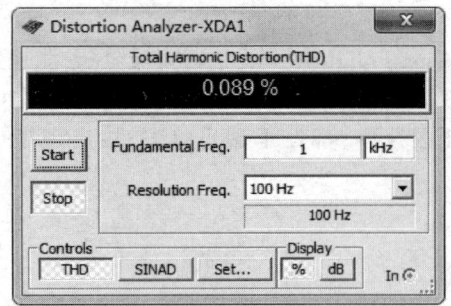

| | DC Operating Point | |
|---|---|---|
| 1 | V(vcc) | 12.00000 |
| 2 | V(2) | 886.21258 m |
| 3 | V(1) | 0.00000 |
| 4 | V(vee) | -12.00000 |
| 5 | V(3) | 1.76250 |
| 6 | V(4) | 563.46666 m |
| 7 | V(5) | 1.12693 |

OCL甲乙类功率放大电路
静态工作点分析

图 10-37　OCL 甲乙类功放电路仿真失真分析仪　　　图 10-38　OCL 甲乙类功放电路静态工作点分析

# *10.7　知识拓展

## 10.7.1　D 类功率放大电路

低频 D 类功率放大电路主要指的是 D 类音频功率放大器,它具有效率高(通常能达到 85% 以上),体积小,无裂噪声接通以及低失真,频率响应曲线好,外围元器件少,便于设计调试等特点,主要用于手机、笔记本电脑、MP3 播放器等消费类电子产品当中。

前面所讲述的甲类(A 类)、乙类(B 类)和甲乙类(AB 类)功率放大电路,功率管工作在线性区,而 D 类功率放大器的晶体管工作方式是非线性的,工作在开关状态。与数字电路的反相器类似,因此 D 类功率放大电路也称为数字功放。D 类功率放大器的晶体管导通时,管子进入饱和区,器件内阻接近于零,不产生功耗;截止时,电流为零,器件内阻接近于无穷大,不消耗能量,因此 D 类放大器的理论效率值是 100%。但是考虑到 MOS 管中寄生电容导致的开关损耗和导通电阻引起的导通损耗,实际的效率达不到 100%。

D 类功放电路通常由脉冲调制(Pulse Width Modulation,PWM)、功率放大与低通滤波电路组成,如图 10-39 所示。

第一部分是 PWM 调制器,最简单的只需用一个运放构成比较器。把原始音频信号加上一定直流偏置后加在运放的同相输入端,另外通过自激振荡电路生成一个三角形波加到运放的反相输入端。如图 10-40 所示,当同相输入端的音频信号电位高于反相输入端的三角波电位时,比较器输出为高电平,反之则输出低电平。这样,比较器输出的波形就是一个脉冲宽度被音频信号幅度调制后的波形,占空比与音频信号电平成正比。

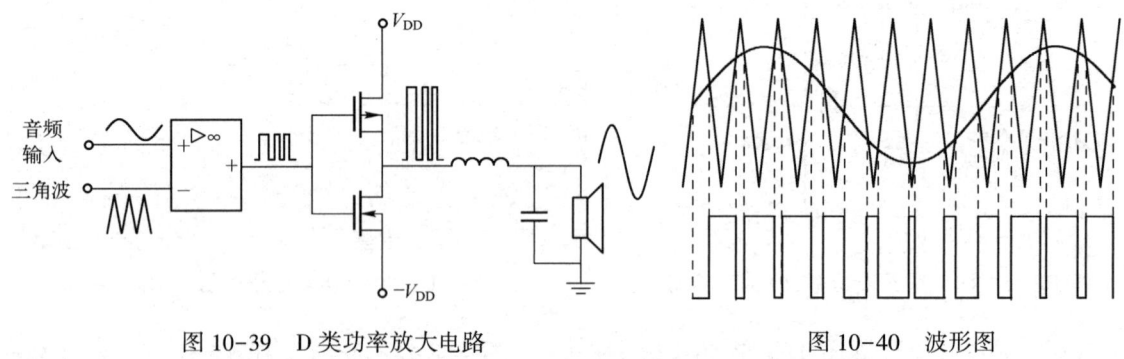

图 10-39　D 类功率放大电路　　　　　　　　图 10-40　波形图

第二部分就是 D 类功放,把比较器输出的 PWM 信号变成高电压、大电流的大功率 PWM 信号。能够输出的最大功率由负载、电源电压和功率管允许流过的电流来决定。

第三部分是低通滤波电路,用于把大功率 PWM 信号中的音频信号解调出来。由于此时电流很大,RC 结构的低通滤波器电阻会耗能,不能采用,因此必须使用 LC 低通滤波器。当占空比大于二分之一的脉冲到来时,C 的充电时间大于放电时间,输出电平上升;窄脉冲到来时,放电时间长,输出电平下降,正好与原音频信号的幅度变化相一致,所以原音频信号被恢复出来。

### 10.7.2　集成功放应用电路的设计方法

集成功率放大电路由集成功率放大器和一些外围阻容元件构成。集成功率放大器和分立元件功放电路相比具有体积小、重量轻、调试简单、效率高、失真小、使用方便等优点,已经成为在音频领域中应用十分广泛的功率放大器。从应用角度出发,集成功率放大器应具有足够高的输出功率,即足够的输出电压和输出电流。在正常工作状态下,应具有尽可能低的输出电压失真,尽可能低的输出噪声。同时要有足够宽的频带,足够大的输入阻抗。

设计一个集成功放应用电路,设计要求如下:负载电阻 $R_L = 8\ \Omega$,最大不失真输出功率 $(P_o)_M \geqslant$ 500 mW,低频截止频率 $f_L \leqslant 80$ Hz。

根据设计要求选择集成功率放大器 TDA2030。集成功放芯片 TDA2030 如图 10-41 所示,有 5 个引脚,分别是:1 脚同相输入端,2 脚反相输入端,3 脚电源负极,4 脚输出端,5 脚电源正极。TDA2030 具有输出功率大、谐波失真小、内部设有过热保护、外围电路简单、开机冲击小、采用超小型封装等特点,可以连接成 OTL 电路,也可以连接成 OCL 电路。TDA2030 的供电电压范围为 6~18 V,静态电流小于 60 μA,频率带宽 10 Hz~140 kHz,谐波失真小于 0.5%,在 $V_{CC} = \pm 14$ V、$R_L = 4\ \Omega$ 时,输出功率为 14 W;在 $R_L = 8\ \Omega$ 时,输出功率为 9 W。

TDA2030 构成的 OCL 功放电路如图 10-42 所示。

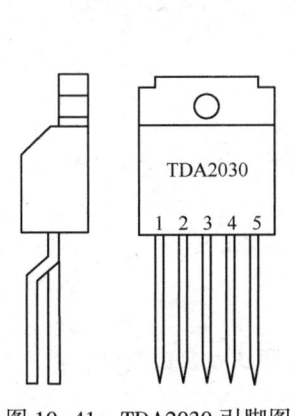

图 10-41　TDA2030 引脚图

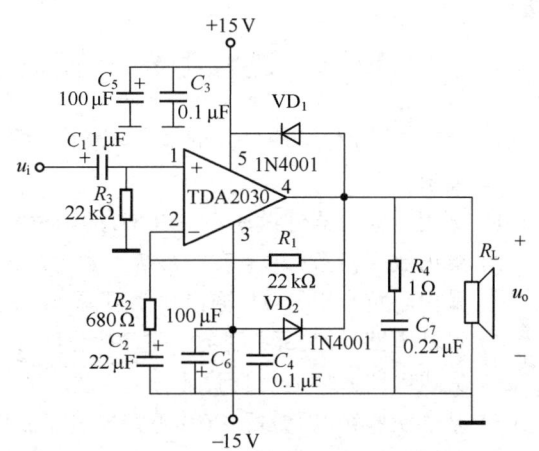

图 10-42　TDA2030 构成的 OCL 功放电路

输入音频信号 $u_i$ 从 1 脚同相输入端输入,$C_1$ 是隔直电容。信号经 TD2030 放大后从 4 脚输出,输出信号经 $R_1$、$R_2$ 和 $C_2$ 送回反相输入端,构成电压串联负反馈,使电路工作稳定,交流电压放大倍数 $\dot{A}_u = 1 + \dfrac{R_1}{R_2} \approx 33$。$R_4$ 和 $C_7$ 组成输出移相校正网络,抑制可能出现的高频自激振荡。二极管 $VD_1$ 和 $VD_2$ 起保护作用,用来限制输入信号的幅值以及防止电源极性接反。$C_3$、$C_4$ 是高频旁路电容,$C_5$、$C_6$ 是低频旁路电容。经过 TDA2030 的放大作用,输入音频信号从 4 脚输出驱动负载扬声器。

### 10.7.3　单片微波功率放大器在高科技领域应用

单片微波集成电路(Monolithic Microwave Integrated Circuit,MMIC)是一种以微波频率(300 MHz

至 300 GHz)工作的集成电路(IC)。它是在半绝缘半导体衬底上用一系列的半导体工艺方法制造出无源和有源元器件,并连接起来构成应用于微波(甚至毫米波)频段的功能电路。MMIC 主要围绕微波信号的产生、放大、控制和信息处理等功能进行,大部分电路都是根据不同整机的要求和微波频段的特点设计的,专用性很强。MMIC 具有电路损耗小、噪声低、频带宽、动态范围大、功率大、可靠性高、一致性好以及尺寸小、重量轻等优点,已被广泛应用于卫星通信、机载雷达、电子对抗、导弹制导系统和其他电子武器装备,而且全球个人移动通信、空中交通管理、汽车防撞雷达、公路交通控制及仪器仪表等民用领域也对 MMIC 的需求日益增长。

单片微波集成电路包括多种功能电路,如单片微波功率放大器、功率放大器、混频器、上变频器、检波器、调制器、压控振荡器、移相器、开关、MMIC 收发前端,甚至整个发射/接收(T/R)组件(收发系统)。

为满足无线通信、雷达、航空航天等对器件高频率、宽带宽、大功率和高效率的要求,20 世纪 90 年代起,以 GaN 和 SiC 为代表的宽禁带新型半导体材料深刻地改变了单片微波功率放大器的性能,并引起了人们的关注和研究。

在微波发射系统中普遍应用多个微波单片集成电路(MMIC)进行功率合成以获得更高的输出功率。而采用 GaN 材料研制的 MMIC 单片功率密度高、电流小、效率高。基于 GaN 单片微波集成电路技术的超高效 RF 功率组合能力,为系统设计者提供了一种高度稳定、可靠、高性能的方案,用于要求高的 5G 通信、机载、电子战、测试和模拟应用,并且在尺寸、重量、性能和成本方面具有显著的优势。

国内已采用 Ku 频段 GaN 材料单片和一款波导合成网络研制出一种功率放大器,并通过多个该放大器进行功率合成,得到了更大的宽带输出功率,在军事及民用领域均可适用。

# *10.8 过程考核 模块 3——功率放大电路设计

功率放大电路设计(理论分析、电路设计、制作及调试、性能分析)

设计要求:

(1)利用分立元器件设计 OCL/OTL 的功率放大电路,最大输出功率不小于 1 W;

(2)电压放大倍数(2~4 倍),系统带宽为(100 Hz~20 KHz);

(3)输出阻抗小于 50 Ω,输出功率可调,非线性失真度小于 10%;

(4)设计电路,计算元件参数并选择元器件;

(5)完成电路原理的仿真验证;

(6)基于实验箱/面包板/PCB 等完成电路制作,并进行电路调试和参数测试;

(7)撰写实验分析报告。

注:功率放大电路的输入信号可用模块 1(或模块 2)的输出信号代替。

# 本章小结

功率放大电路的主要任务是在非线性失真允许的范围内,高效地获得尽可能大的输出功率。其主要功能是向负载提供交流功率,带动一定装置执行动作。

功率放大电路的特点是信号的电流和电压动态范围大,工作时易接近功率管的极限参数和特性曲线的非线性区。所以,功率放大电路的性能指标是最大不失真输出功率、效率和非线性失真等。

甲类功率放大电路的特点是失真小,但因为效率太低,静态功耗高,所以采用乙类互补对称功率放大电路。其理想情况下效率最高,但存在交越失真,且对称管不太容易匹配。

在互补对称电路中,有双电源电路(OCL)和单电源电路(OTL,BTL)。其中,OCL电路效率虽然高,但是管耗也高;OTL电路虽然克服了OCL电路中管耗高的缺点,但是输出功率较低;BTL电路能在单电源的情况下输出与OCL电路一样大的输出功率,可根据需要进行选择。

为了消除交越失真,采用甲乙类互补对称功率放大电路也可以获得接近乙类功率放大电路的效率。

为了解决中大功率管互补配对问题,利用互补复合管获得大电流增益和较为对称的输出特性,保证功放输出级在同一信号下两个输出管交替工作,便形成准互补功率放大电路。

实际功率放大电路主要由输入级、中间级和输出级组成,还有偏置电路负反馈自举等措施。由于集成功率放大器具有体积小、重量轻、安装调试简单以及使用方便的特点,所以在电子设备、家用电器、微机接口、测量仪表和控制电路中得到了广泛应用。

功率放大电路中功率管的散热与保护是一个很重要的问题,关系到它是否能输出足够大的功率以及是否能安全工作。

# 自 测 题

**10.1 判断题** 分析下列说法是否正确(用"√"表示正确,用"×"表示错误)

1. 在功率放大电路中,输出功率越大,输出级晶体管的管耗也越大,所以放大器效率也越小。(    )

2. 功率放大电路的最大输出功率是指电源提供的最大功率。(    )

3. 最大输出功率仅与电源电压 $V_{CC}$ 和负载电阻 $R_L$ 有关,与管子的参数无关。(    )

4. 功率放大电路的最大输出功率是指在基本不失真情况下,负载上可能获得的最大交流功率。(    )

5. 当OCL电路的最大输出功率为1 W时,功率管的集电极最大耗散功率应大于1 W。(    )

6. 功率放大电路与电压放大电路、电流放大电路的共同点是

(1) 都使输出电压大于输入电压。(    )

(2) 都使输出电流大于输入电流。(    )

(3) 都使输出功率大于信号源提供的输入功率。(    )

7. 功率放大电路与电压放大电路的区别是

(1) 前者比后者电源电压高。(    )

(2) 前者比后者电压放大倍数数值大。(    )

(3) 前者比后者效率高。(    )

(4) 在电源电压相同的情况下,前者比后者的最大不失真输出电压大。(    )

(5) 前者比后者的输出功率大。(    )

8. 功率放大电路与电流放大电路的区别是

(1) 前者比后者电流放大倍数大。(    )

(2) 前者比后者效率高。(    )

(3) 在电源电压相同的情况下,前者比后者的输出功率大。(    )

9. OCL电路中输入信号越大,交越失真也越大。(    )

10. 只有当两个晶体管的类型相同时才能组成复合管。(    )

**10.2 填空题**

1. 甲类放大电路晶体管的导通角为_____,乙类放大电路晶体管的导通角为_____,甲乙类放大电路晶体管的导通角为_____,其中_____类放大电路效率最高。

2. 为了能使功率放大电路输出足够大的功率,一般晶体管应工作在_____。

3. 在分析功率放大电路时,由于晶体管工作在大信号状态下,因此一般采用_____法来分析电路的静态和动态工作情况。

4. 乙类互补对称功率放大电路必须具有_____和_____两个功能。

5. 在OCL乙类互补对称功率放大电路中,如果要求输出功率为10 W,则两个功率管的额定管耗功率应

不小于_____。

6. 甲乙类互补对称功率放大电路中,有时功率管用复合管代替是因为_____。

**10.3 选择题**

1. 甲类功放效率低是因为(　　)。

    A. 只有一个功率管　　　　　　　　B. 静态电流过大　　　　　　　　C. 管压降过大

2. 功率放大电路的最大输出功率是在输入电压为正弦波时,输出基本不失真情况下,负载上可能获得的最大(　　)。

    A. 交流功率　　　　　　　　　　　B. 直流功率　　　　　　　　　　C. 平均功率

3. 功率放大电路的转换效率是指(　　)。

    A. 输出功率与晶体管所消耗的功率之比

    B. 最大输出功率与电源提供的直流功率之比

    C. 晶体管所消耗的功率与电源提供的直流功率之比

4. 功率放大电路的效率主要与(　　)有关。

    A. 电源供给的直流功率　　　　　　B. 电路输出最大功率　　　　　　C. 电路的工作状态

5. 在 OCL 乙类功率放大电路中,若最大输出功率为 1 W,则电路中功率管的集电极最大功耗约为(　　)。

    A. 1 W　　　　　　　　　　　　　B. 2 W　　　　　　　　　　　　C. 0.2 W

6. 在选择功率放大电路中的晶体管时,应当特别注意的参数有(　　)。

    A. $\beta$　　　　　　　　　　　　　B. $I_{CM}$　　　　　　　　　　　C. $I_{CEO}$

    D. $U_{(BR)CEO}$　　　　　　　　　　E. $P_{CM}$　　　　　　　　　　　F. $f_T$

7. 为改善交越失真现象,电路上应当(　　)。

    A. 进行相位补偿

    B. 适当增大功率管静态 $|U_{BE}|$,使之处于微导通状态

    C. 适当减小功率管静态 $|U_{BE}|$,使之处于微导通状态

    D. 适当增加负载电阻 $R_L$ 的阻值

8. 功放电路中的晶体管常采用(　　)类工作状态,而不用(　　)类工作状态,因为此类工作状态会引起功放电路的(　　)失真。

    A. 甲类　　　　　　　　　　　　　B. 乙类　　　　　　　　　　　　C. 甲乙类

    D. 饱和失真　　　　　　　　　　　E. 截止失真　　　　　　　　　　F. 交越失真

# 习　题　10

**10.1**　一双电源互补对称电路(OCL 电路)如图 P10.1 所示。设已知 $V_{CC} = 18$ V,$R_L = 12$ Ω,$u_i$ 为正弦波。求:

(1) 在饱和压降 $U_{CES}$ 可以忽略不计的条件下,负载上可能得到的最大输出功率$(P_o)_M$、效率 $\eta$ 和管耗 $P_V$。

(2) 每个管子允许的最大管耗 $P_{CM}$ 至少应为多少?

(3) 每个管子的耐压 $U_{(BR)CEO}$ 应大于多少?

**10.2**　在图 P10.1 所示电路中,设 $u_i$ 为正弦波,$R_L = 12$ Ω,要求最大输出功率$(P_o)_M = 13$ W。在晶体管的饱和压降 $U_{CES}$ 可以忽略不计的条件下,求:

(1) 正、负电源 $V_{CC}$ 的最小值。

(2) 根据所求 $V_{CC}$ 的最小值,计算相应的 $I_{CM}$ 和 $U_{(BR)CEO}$ 最小值。

(3) 输出功率最大$[(P_o)_M = 13$ W$]$时,电源供给的功率 $P_{V_{CC}}$。

(4) 每个管子允许的管耗 $P_{CM}$ 的最小值。

(5) 当输出功率最大$[(P_o)_M = 13$ W$]$时的输入电压有效值。

**10.3**　一单源互补对称电路如图 P10.3 所示。设 $VT_1$ 和 $VT_2$ 的特性完全对称,$u_i$ 为正弦波,$V_{CC} = 24$ V,$R_L = 8$ Ω,试回答下列问题:

(1) 静态时,电容 $C_2$ 两端的电压应是多少?调整哪个电阻能满足这一电压要求?

（2）动态时,若输出电压出现交越失真,应调哪个电阻使之不失真? 如何调整?

（3）若 $R_1 = R_3 = 1.1$ kΩ,VT$_1$、VT$_2$ 的 $\beta = 40$,$|U_{BE}| = 0.7$ V,$U_{CES}$ 可忽略不计,$P_{CM} = 2.5$ W。假设 VD$_1$、VD$_2$、$R_2$ 中任意一个开路,将产生什么后果?

**10.4** 在图 P10.4 所示电路中,已知 $V_{CC} = 16$ V,$R_L = 4$ Ω,VT$_1$ 和 VT$_2$ 管的饱和管压降 $|U_{CES}| = 2$ V,输入电压足够大。试问:

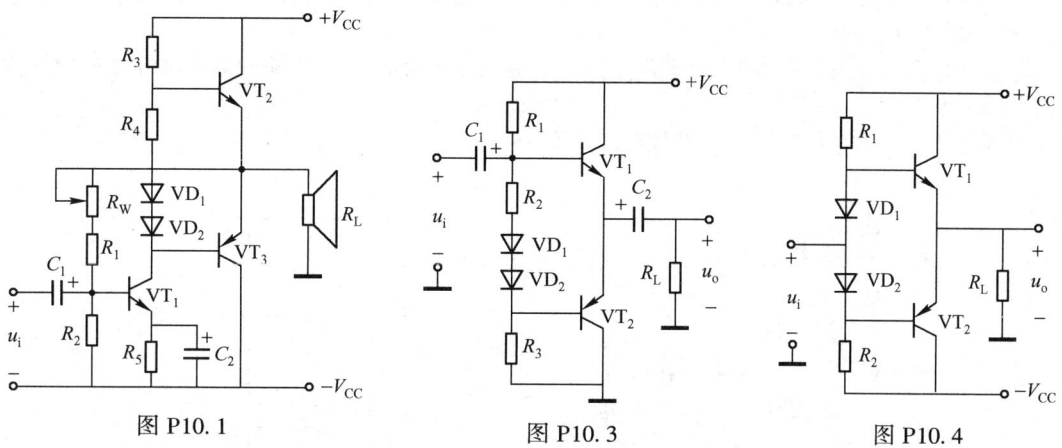

图 P10.1　　　图 P10.3　　　图 P10.4

（1）当静态时,流过负载电阻 $R_L$ 的电流有多大?

（2）$R_1$、$R_2$、VD$_1$、VD$_2$ 各起什么作用?

（3）若 VD$_1$、VD$_2$ 中有一个接反,会出现什么后果?

（4）最大输出功率和效率各为多少?

（5）晶体管的最大功耗为多少?

**10.5** 电路如图 P10.5 所示,已知晶体管为互补对称管,$|U_{CES}| = 1$ V,试求:

（1）电路的电压放大倍数。

（2）最大不失真输出功率。

（3）每个晶体管的最大管耗。

**10.6** 在图 P10.6 所示电路中,已知 $V_{CC} = 15$ V,$R_{B2} = 200$ Ω,$R_L = 8$ Ω,晶体管的饱和管压降 $|U_{CES}| = 1$ V,试求:

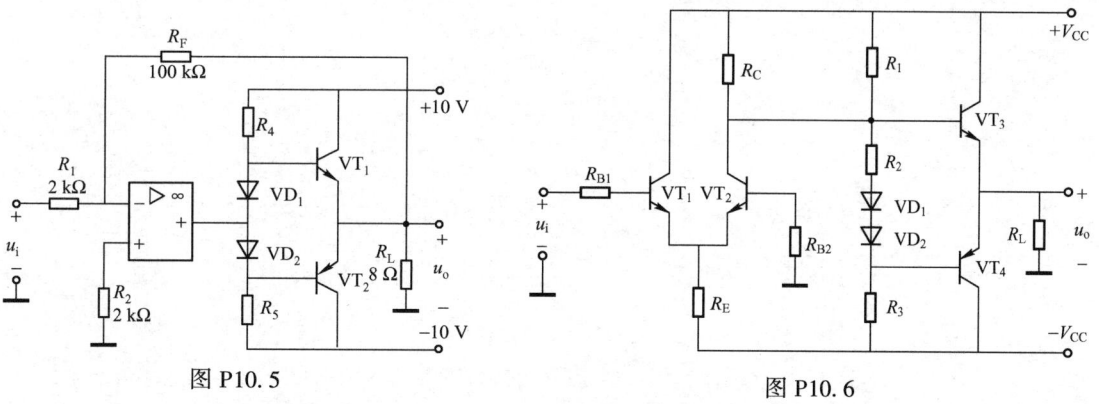

图 P10.5　　　　　　图 P10.6

（1）若输入电压幅值足够大,则电路的最大输出功率为多少?

（2）为了提高带负载能力,减小非线性失真,应引入什么类型的级间反馈,在图中画出来。

（3）如要求引入负反馈后的电压放大倍数 $A_{uf} = 100$,反馈电阻 $R_F$ 应为多大?

**10.7** OTL 准互补对称功率放大电路如图 P10.7 所示。

（1）说明电路为何称为"OTL 准互补",并说明晶体管 VT$_1$～VT$_4$ 的类型。

（2）静态时输出电容 $C$ 两侧的电压应为多大? 调整哪个元件可以达到上述目的?

（3）电阻 $R_2$ 的调节主要解决什么问题?

（4）电路中的电阻 $R_4$ 与 $R_5$ 的作用是什么？

（5）电阻 $R_6$ 与 $R_7$ 有哪些作用？

（6）已知 $|U_{CES}| = 2$ V，$R_6 = R_7 = 0.5$ Ω，$R_L = 4$ Ω。

① 当 $V_{CC} = 18$ V，求负载 $R_L$ 上的最大输出功率；② 若在 $R_L$ 上要得到 8 W 的输出功率，则需要 $V_{CC}$ 为多少？

**10.8** OTL 电路如图 P10.8 所示。

（1）为了使得最大不失真输出电压幅值大，静态时 $VT_2$ 和 $VT_4$ 管的发射极电位应为多少？若不合适，则一般应调节哪个元件参数？

（2）若 $VT_2$ 和 $VT_4$ 管的饱和管压降 $|U_{CES}| = 3$ V，输入电压足够大，则电路的最大输出功率 $(P_o)_M$ 和效率 $\eta$ 各为多少？

（3）$VT_2$ 和 $VT_4$ 管的 $I_{CM}$、$U_{(BR)CEO}$ 和 $P_{CM}$ 应如何选择？

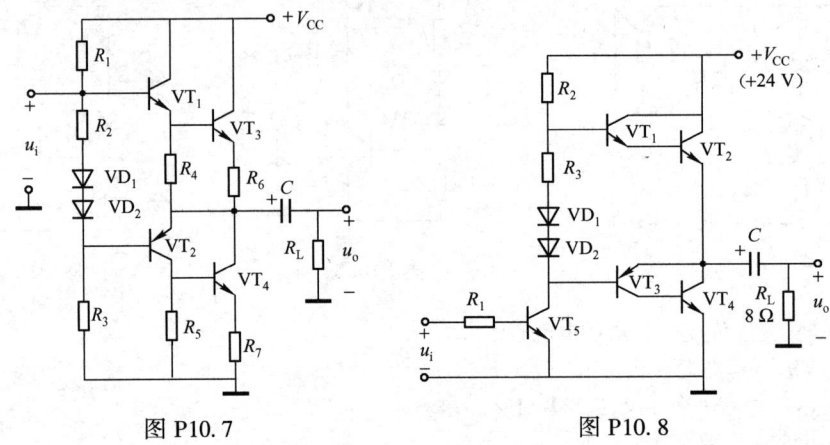

图 P10.7　　　　　　　图 P10.8

# 第11章 直流电源

**内容提要**

　　电源向电子设备提供工作所需的能量,是任何电子设备必不可少的组成部分。除了少数设备用化学电源(电池)供电外,其他设备都用由交流电源转换为直流电的直流电源作为工作电源。

　　本章讨论直流电源的构成、各部分的工作原理及电路分析,其中包括:整流电路中单相半波、全波及桥式整流电路;滤波电路的作用、构成及分析;稳压电路的作用、构成及分析,包括硅稳压管稳压电路、线性串联稳压电路、集成三端稳压器及开关稳压电路。

**讨论的主要问题**

- 常用的直流电源由哪几部分组成?
- 整流电路的主要参数有哪些? 如何计算?
- 各种整流电路各有什么特点?
- 电容滤波电路的主要参数有哪些? 如何计算?
- 稳压器主要有哪些性能参数? 稳压元器件如何选择?
- 线性串联稳压电路由几部分组成? 稳压的基本原理是什么?
- 为什么有的稳压电路可以调整输出电压值,而有的不可以?
- 开关型电源与线性直流电源有何区别? 它们分别应用在什么场合?

## 11.1 概　　述

　　电源是向负载提供功率(一定电压与电流)的电装置,是其他设备的能源。在前面所介绍的各种电子电路中,通常都需要直流电源来供电。而这种电源虽然可以考虑直接使用干电池,但比较经济实用的办法是利用由交流电源经过变换而得到的直流电源。

　　本章所介绍的直流电源为单相小功率电源,它将频率为 50 Hz、有效值为 220 V 的单相交流电压转换为幅值稳定、输出电流较小的直流电压。

　　单相交流电经过电源变压器、整流电路、滤波电路和稳压电路转换成稳定的直流电压,其方框图及各电路的输出电压波形如图 11-1 所示。下面就各部分的作用加以介绍。

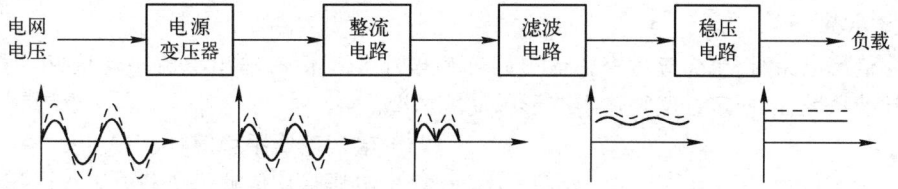

图 11-1　直流稳压电源的组成

### 1. 电源变压器

　　其作用是将交流电源的电压变换为符合整流需要的数值。

　　直流电源的输入为 220 V 的电网电压(即市电)。一般情况下,所需直流电压的数值和电网电压的有效值相差较大,因而需要通过电源变压器降压后,再对交流电压进行处理。变压器副边电压有效值取决于后面电路的需要。目前,有些电路不用变压器,而采用其他方法降压。

**2. 整流电路**

整流电路的作用是利用具有单向导电性能的整流元件,将正负交替的正弦交流电压整流成为单方向的脉动电压,有半波整流电路和全波整流电路之分。但是,这种单向脉动电压往往包含着很大的脉动成分,距离理想的直流电压还差得很远。

**3. 滤波电路**

滤波电路的作用是尽可能将单向脉动电压中的脉动成分滤掉,使输出电压成为比较平滑的直流电压。滤波电路一般由电容、电感等储能元件构成。但是,当电网电压或负载电流发生变化时,滤波电路输出直流电压的幅值也将随之变化。在要求比较高的电子设备中,这种情况不符合要求。

**4. 稳压电路**

交流电压通过整流、滤波后虽然变为交流分量较小的直流电压,但是当电网电压波动或者负载变化时,其平均值也将随之变化。稳压电路的功能是使输出直流电压基本不受电网电压波动和负载电阻变化的影响,从而获得足够高的稳定性。

稳压电路往往利用自动调整的原理,使得输出直流电压在电网电压或负载电流发生变化或二者均发生变化时保持稳定。当起调整作用的器件工作在线性区时,则称之为"线性直流稳压电源";当起调整作用的器件工作在非线性区时,则称之为"开关型直流稳压电源"。

# 11.2　整流电路

## 11.2.1　基本概念

整流电路的任务是利用二极管的单向导电性把正、负交变的电压变成单方向脉动的直流电压。在分析整流电路时,为了突出重点,简化分析过程,一般均假定负载为纯电阻性;整流二极管为理想二极管,即加正向电压导通正向电阻为零,外加反向电压截止,反向电流为零;变压器无损耗,内部压降为零等。

整流电路有单相整流,属于小功率整流(通常指由单相交流电源供电,功率在1 kW以内),其中包括半波整流、全波整流、桥式整流和倍压整流等,还有三相整流(属于大功率整流)及多相整流(属于大功率整流)。

本章只讨论适用于小功率整流的单相整流电路。

## 11.2.2　单相半波整流电路

单相半波整流电路工作基本原理在第1章中已经详细介绍。这里主要介绍该电路的一些主要参数。

**1. 主要参数**

在研究整流电路时,至少应考查整流电路输出电压平均值和输出电流平均值两项指标,有时还需考虑脉动系数,以便定量反映输出波形脉动的情况。

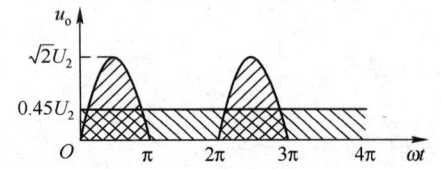

图 11-2　单相半波整流电路输出电压平均值

**(1) 输出电压平均值**

输出电压平均值就是负载电阻上电压的平均值 $U_{O(AV)}$。当 $\omega t = 0 \sim \pi$ 时,$u_o = \sqrt{2}\, U_2 \sin\omega t$;当 $\omega t = \pi \sim 2\pi$ 时,$u_o = 0$。所以,求解 $u_o$ 的平均值 $U_{O(AV)}$,就是将 $0 \sim \pi$ 的电压平均在 $0 \sim 2\pi$ 时间间隔之中,如图 11-2 所示。

写成表达式为

$$U_{O(AV)} = \frac{1}{2\pi} \int_0^\pi \sqrt{2}\, U_2 \sin\omega t\, \mathrm{d}(\omega t) \tag{11-1}$$

解得

$$U_{O(AV)} = \frac{\sqrt{2}\, U_2}{\pi} \approx 0.45 U_2 \tag{11-2}$$

### （2）输出电流平均值

负载电流的平均值

$$I_{O(AV)} = \frac{U_{O(AV)}}{R_L} \approx \frac{0.45 U_2}{R_L} \tag{11-3}$$

例如，当变压器副边电压有效值 $U_2 = 20$ V 时，单相半波整流电路的输出电压平均值 $U_{O(AV)} = 9$ V。若负载电阻 $R_L = 20\ \Omega$，则负载电流平均值 $I_{O(AV)} \approx 0.45$ A。

### （3）脉动系数

整流输出电压的脉动系数 $S$ 定义为整流输出电压的基波峰值 $U_{OLM}$ 与输出电压平均值 $U_{O(AV)}$ 之比，即

$$S = \frac{U_{OLM}}{U_{O(AV)}} \tag{11-4}$$

因而 $S$ 愈大，脉动愈大。

由于半波整流电路输出电压 $u_O$ 的周期与 $U_2$ 相同，$u_O$ 的基波角频率与 $U_2$ 相同，即 50 Hz。通过谐波分析可得 $U_{OLM} = U_2/\sqrt{2}$，故半波整流电路输出电压的脉动系数为

$$S = \frac{U_2/\sqrt{2}}{\sqrt{2}\, U_2/\pi} = \frac{\pi}{2} \approx 1.57 \tag{11-5}$$

说明半波整流电路的输出脉动很大，其基波峰值约为平均值的 1.57 倍。

### 2. 二极管的极限参数选择

当整流电路的变压器副边电压有效值和负载电阻值确定后，电路对二极管参数的要求也就确定了。一般应根据流过二极管电流的平均值和它所承受的最大反向电压来选择二极管的型号。

（1）**最大整流平均电流**　在单相半波整流电路中，二极管的正向平均电流等于负载电流平均值，即

$$I_{D(AV)} = I_{O(AV)} \approx \frac{0.45 U_2}{R_L} \tag{11-6}$$

（2）**最高反向工作电压**　二极管承受的最大反向电压等于变压器副边的峰值电压，即

$$U_{Rmax} = \sqrt{2}\, U_2 \tag{11-7}$$

一般情况下，允许电网电压有 ±10% 的波动，即电源变压器原边电压为 198~242 V。因此在选用二极管时，对于最大整流平均电流 $I_F$ 和最高反向工作电压 $U_R$ 均应至少留有 10% 的余量，以保证二极管安全工作，即选取

$$I_F > 1.1 I_{O(AV)} = 1.1 \frac{\sqrt{2}\, U_2}{\pi R_L} \tag{11-8}$$

$$U_R > 1.1 \sqrt{2}\, U_2 \tag{11-9}$$

【**例 11-1**】　在单向半波整流电路中，已知变压器副边电压有效值 $U_2 = 30$ V，负载电阻 $R_L = 100\ \Omega$。试问：

（1）负载电阻 $R_L$ 上的电压平均值和电流平均值各为多少？

（2）电网电压波动范围是 ±10%，二极管承受的最大反向电压和流过的最大电流平均值各为多少？

**解：**（1）负载电阻上的电压平均值为

$$U_{O(AV)} \approx 0.45 U_2 = 0.45 \times 30 = 13.5 \text{ V}$$

流过负载电阻的电流平均值为

$$I_{O(AV)} = \frac{U_{O(AV)}}{R_L} \approx \frac{13.5}{100} = 0.135 \text{ A}$$

（2）二极管承受的最大反向电压为

$$U_{Rmax} = 1.1 \sqrt{2} U_2 \approx 1.1 \times \sqrt{2} \times 30 \approx 46.7 \text{ V}$$

二极管流过的最大平均电流为

$$I_{D(AV)} = 1.1 I_{O(AV)} \approx 1.1 \times 0.135 \approx 0.15 \text{ V}$$

**【例 11-2】** 在单向半波整流电路中，已知输出电压平均值 $U_{O(AV)} = 15$ V，负载电流平均值 $I_{O(AV)} = 100$ mA。

（1）变压器副边电压有效值 $U_2$ 约为多少？

（2）设电网电压波动范围为 ±10%。在选择二极管的参数时，其最大整流平均电流 $I_F$ 和最高反向电压 $U_{Rmax}$ 的下限值约为多少？

**解：**（1）输出电压平均值 $U_{O(AV)} \approx 0.45 U_2$，因此变压器副边电压有效值为

$$U_2 \approx \frac{U_{O(AV)}}{0.45} \approx 33.3 \text{ V}$$

（2）考虑到电网电压波动范围为 ±10%，整流二极管的参数为

$$I_F > 1.1 \times I_{O(AV)} = 110 \text{ mA}$$

$$U_R > 1.1 \sqrt{2} U_2 \approx 52 \text{ V}$$

单相半波整流电路的优点是结构简单，所用元件数量少。但是也有明显的缺点：输出波形脉动大；直流成分比较低；由于它只利用了交流电压的半个周期，所以输出电压低、交流分量大（即脉动大），而且效率低。因此，这种电路仅适用于整流电流较小，对脉动要求不高的场合。

## 11.2.3　单相桥式整流电路

单相桥式整流电路如图 11-3（a）所示。电路中采用了 4 个二极管，接成电桥形式，故称为桥式整流电路。

**1. 工作原理**

设变压器副边电压 $u_2 = \sqrt{2} U_2 \sin\omega t$，$U_2$ 为其有效值。当 $u_2$ 处于正半周时，电流由 A 点流出，经 $VD_1$、$R_L$ 和 $VD_3$ 流入 B 点。因而负载电阻 $R_L$ 上的电压等于变压器副边电压，即 $u_0 = u_2$，$VD_2$ 和 $VD_4$ 管承受的反向电压为 $-u_2$。当 $u_2$ 为负半周时，电流由 B 点流出，经 $VD_2$、$R_L$ 和 $VD_4$ 流入 A 点。负载电阻 $R_L$ 上的电压等于 $-u_2$，即 $u_0 = -u_2$，$VD_1$ 和 $VD_3$ 承受的反向电压为 $u_2$。

这样，由于 $VD_1$、$VD_3$ 和 $VD_2$、$VD_4$ 管两对二极管交替导通，致使负载电阻 $R_L$ 上在 $u_2$ 的整个周期内都有电流通过，而且方向不变，输出电压 $u_0 = |\sqrt{2} U_2 \sin\omega t|$。图 11-3（b）所示为单相桥式整流电路各部分的电压和电流的波形。与半波整流电路的不同之的是，每个半周均有两个二极管导通，且由于变压器副边只有一个绕组，因而每个二极管截止时所承受的最大反向电压为 $\sqrt{2} u_2$，仅是全波整流电路的一半。

**2. 主要参数**

（1）**输出电压平均值**　根据图 11-3（b）中所示 $u_0$ 的波形可知，输出电压的平均值和全波整形电路是一样的，为

$$U_{O(AV)} = \frac{1}{\pi} \int_0^{\pi} \sqrt{2} U_2 \sin\omega t \, d(\omega t) \tag{11-10}$$

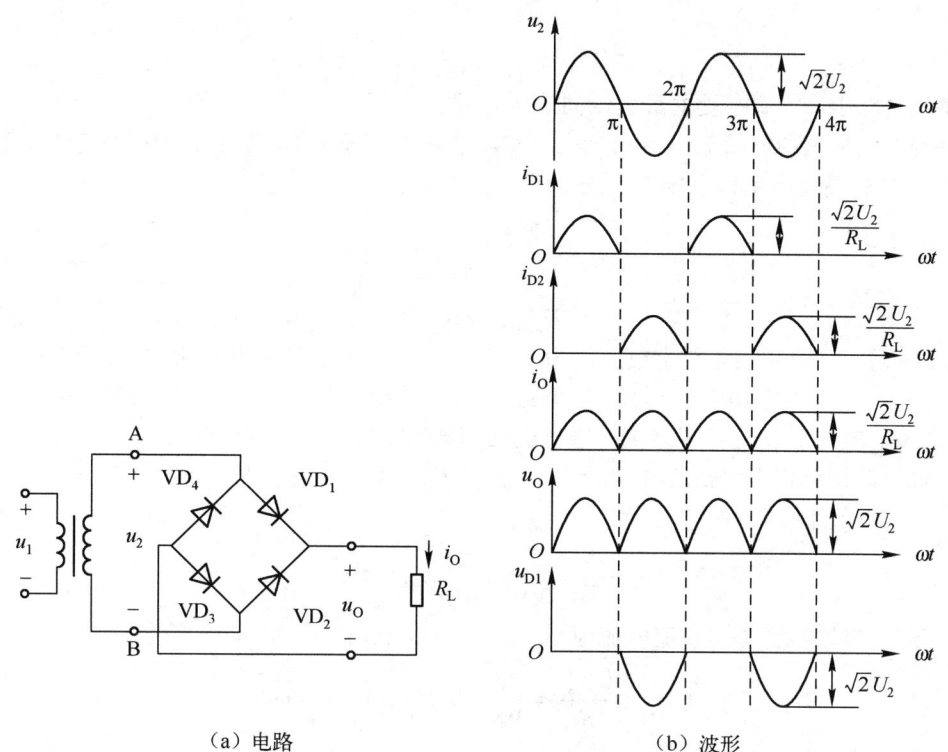

（a）电路　　　　　　　　　　（b）波形

图 11-3　桥式整流电路及波形图

解得

$$U_{O(AV)} = \frac{2\sqrt{2}\,U_2}{\pi} \approx 0.9U_2 \tag{11-11}$$

由于桥式整流电路实现了全波整流电路，它将 $u_2$ 的负半周也利用起来，所以在变压器副边电压有效值相同的情况下，输出电压的平均值是半波整流电路的两倍。

（2）**输出电流平均值**　输出电流的平均值（即负载电阻中的电流平均值）为

$$I_{O(AV)} = \frac{U_{O(AV)}}{R_L} \approx \frac{0.9U_2}{R_L} \tag{11-12}$$

在变压器副边电压相同且负载也相同的情况下，输出电流的平均值也是半波整流电路的两倍。

（3）**脉动系数**　根据谐波分析，桥式整流电路的基波峰值 $U_{OLM}$ 的角频率是 $u_2$ 的 2 倍，即 100 Hz，$U_{OLM} = \frac{2}{3} \times 2\sqrt{2}\,U_2/\pi$。故脉动系数为

$$S = \frac{U_{OLM}}{U_{O(AV)}} = \frac{2}{3} \approx 0.67 \tag{11-13}$$

与半波整流电路相比，输出电压的脉动减小很多。

**3. 二极管的极限参数选择**

（1）**最大整流平均电流**　在单相桥式整流电路中，因为每只二极管只在变压器副边电压的半个周期通过电流，所以每只二极管的平均电流只有负载电阻上电流平均值的一半，即

$$I_{D(AV)} = \frac{I_{O(AV)}}{2} \approx \frac{0.45U_2}{R_L} \tag{11-14}$$

与半波整流电路中二极管的平均电流相同。

（2）**最高反向工作电压**　根据图 11-3 中所示 $u_D$ 的波形可知，二极管承受的最大反向电

压为

$$U_{Rmax} = \sqrt{2}\, U_2 \tag{11-15}$$

与半波整流电路中二极管承受的最大反向电压相同。

考虑到电网电压的波动范围为 ±10%,在实际选用二极管时,应至少有 10% 的余量,选择最大整流电流 $I_F$ 和最高反向工作电压 $U_{Rmax}$ 分别为

$$I_F > \frac{1.1 I_{O(AV)}}{2} = 1.1 \frac{\sqrt{2}\, U_2}{\pi R_L} \tag{11-16}$$

$$U_{Rmax} > 1.1 \sqrt{2}\, U_2 \tag{11-17}$$

【例 11-3】 某电子装置要求电压值为 15 V 的直流电源,已知负载电阻 $R_L$ 等于 100 Ω,试问:

(1) 如果选用单相桥式整流电路,则变压器副边电压 $U_2$ 应为多大?整流二极管的正向平均电流 $I_{D(AV)}$ 最大反向电压 $U_{Rmax}$ 等于多少?输出电压的脉动系数 $S$ 等于多少?

(2) 如果改用单相半波整流电路,则 $U_2$、$I_{D(AV)}$,$U_{Rmax}$ 和 $S$ 各是多少?

**解**:由电路条件可知

$$U_2 = \frac{U_{D(AV)}}{0.9} = \frac{15}{0.9} \approx 16.7\ \text{V}$$

根据给定条件,可得输出直流电流为

$$I_{O(AV)} = \frac{U_{O(AV)}}{R_L} = \frac{15}{100} = 0.15\,(\text{A}) = 150\ \text{mA}$$

由式(11-14)和式(11-15)可得

$$I_{D(AV)} = \frac{1}{2} I_{O(AV)} = \frac{1}{2} \times 150 = 75\ \text{mA}$$

$$U_{Rmax} = \sqrt{2}\, U_2 = \sqrt{2} \times 16.7 \approx 23.6\ \text{V}$$

此时,脉动系数为

$$S = 0.67 = 67\%$$

(3) 如改用单相半波整流电路,则

$$U_2 = \frac{U_{O(AV)}}{0.45} = \frac{15}{0.45} \approx 33.3\ \text{V}$$

$$I_{D(AV)} = I_{O(AV)} = 150\ \text{mA}$$

$$U_{Rmax} = \sqrt{2}\, U_2 = \sqrt{2} \times 33.3 \approx 47.1\ \text{V}$$

$$S = 1.57 = 157\%$$

【例 11-4】 电路如图 11-4 所示。

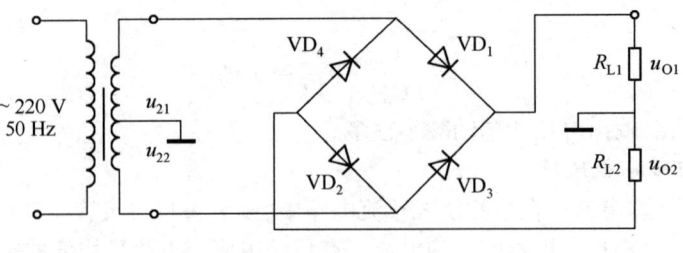

图 11-4 例 11-4 图

(1) 分别标出 $u_{O1}$ 和 $u_{O2}$ 对地的极性。

(2) $u_{O1}$ 和 $u_{O2}$ 分别是半波整流还是全波整流?

(3) 当 $U_{21} = U_{22} = 20$ V 时,$U_{O1(AV)}$ 和 $U_{O2(AV)}$ 各为多少?

（4）当 $U_{21} = 18\,\text{V}, U_{22} = 22\,\text{V}$ 时,画出 $u_{O1}$ 和 $u_{O2}$ 的波形,并求出 $U_{O1(AV)}$ 和 $U_{O2(AV)}$ 各为多少?

**解:**

（1）均为上"+"、下"−"。

（2）均为全波整流。

（3）$U_{O1(AV)}$ 和 $U_{O2(AV)}$ 为

$$U_{O1(AV)} = -U_{O2(AV)} \approx 0.9U_{21} = 0.9U_{22} = 18\,\text{V}$$

（4）$u_{O1}$ 和 $u_{O2}$ 的波形如图 11-5 所示。他们的平均值为

$$U_{O1(AV)} = -U_{O2(AV)} \approx 0.45U_{21} + 0.45U_{22} = 18\,\text{V}$$

单相桥整流电路与半波整流电路相比,在相同的变压器副边电压下,对二极管的参数要求是一样的,并且具有输出电压高、变压器利用率高和脉动小等优点,因此得到相当广泛的应用。它的主要缺点是所需二极管的数量多,由于实际上二极管的正向电阻不为零,必然使得整流电路内阻较大,当然损耗也就较大。

可以想象,如果将桥式整流电路变压器副边中点接地,并将两个负载电阻相连,且连接点接地,如图 11-6 所示;那么根据桥式整流电路的工作原理,当 A 点为"+",B 点为"−"时,$D_1$ 和 $D_3$ 导通,$D_2$ 和 $D_4$ 截止,电流如图 11-6 中的实线所示;而当 B 点为"+",A 点为"−"时,$D_2$ 和 $D_4$ 导通,$D_1$ 和 $D_3$ 截止,电流如图 11-6 中的虚线所示。这样,两个负载上就分别获得正、负电源。可见,利用桥式整流电路可以轻而易举地获得正、负电源,这是其他类型整流电路难以做到的。

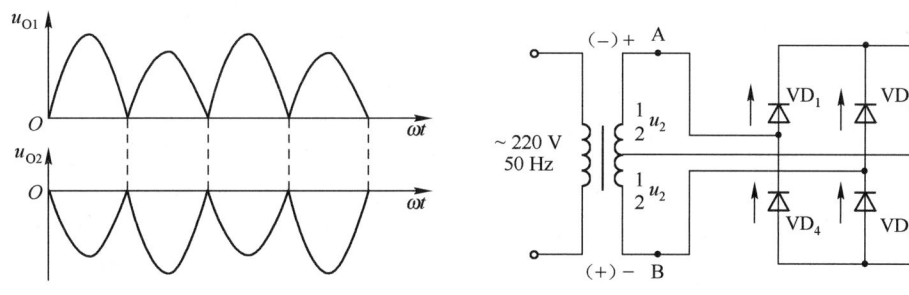

图 11-5　$u_{O1}$ 和 $u_{O2}$ 的波形图　　　　图 11-6　利用桥式整流电路实现正、负电源

在实际应用中,当整流电路的输出功率(即输出电压平均值与电流平均值之积)超过几千瓦且要求脉动较小时,就需要采用三相整流电路。三相整流电路的组成原则和方法与单相桥式整流电路相同,变压器副边的三个端均应接两只二极管,且一只接阴极,另一只接阳极,电路如图 11-7（a）所示;利用前面所述方法分析电路,可以得出其波形,如图 11-7(b)所示。

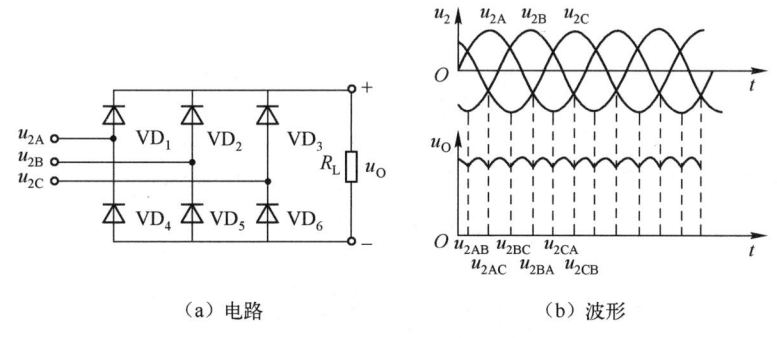

（a）电路　　　　　　　　（b）波形

图 11-7　三相整流电路及其波形

## 11.2.4　倍压整流电路

利用电容的存储作用,由多个电容和二极管可以获得几倍于变压器副边电压的输出电压,称

为倍压整流电路。倍压整流电路的作用是不仅可以将交流电变换成直流电(整流),而且能够在一定的变压器副边电压之下,得到高出若干倍的直流电压(倍压)。实现倍压整流的方法,是利用二极管的整流作用,将较低的直流电压分别存放在多个电容器上,然后将它们按照相同的极性串联起来,从而得到高的输出直流电压,所以倍压整流电路的主要组成元器件是二极管和电容器。下面介绍几种常用的倍压整流电路。

### 1. 二倍压整流电路

图 11-8 所示为二倍压整流电路,$U_2$ 为变压器副边电压有效值。

其工作原理简述如下:当 $u_2$ 处于正半周时,A 点为"+",B 点为"−",使得二极管 $D_1$ 导通,$VD_2$ 截止;$C_1$ 充电,电流如图 11-8 中的实线所示;$C_1$ 上电压的极性是右为"+",左为"−",最大值可达 $\sqrt{2}\,U_2$。当 $u_2$ 处于负半周时,A 点为"−",B 点为"+",$C_1$ 上电压与变压器副边电压相加,使得 $VD_2$ 导通,$VD_1$ 截止;$C_2$ 充电,电流如图 11-8 中的虚线所示;$C_2$ 上电压的极性是下为"+",上为"−",最大值可达 $2\sqrt{2}\,U_2$。可见,$C_1$ 对电荷的存储作用使输出电压(即电容 $C_2$ 上的电压)为变压器副边电压的 2 倍,利用同样原理可以实现所需倍数的输出电压。

### 2. 多倍压整流电路

图 11-9 所示为多倍压整流电路,在空载情况下,根据上述分析方法可得,$C_1$ 上的电压为 $\sqrt{2}\,U_2$,$C_2 \sim C_6$ 上的电压均为 $2\sqrt{2}\,U_2$。因此,以 $C_1$ 两端作为输出端,输出电压的值为 $\sqrt{2}\,U_2$;以 $C_2$ 两端作为输出端,输出电压的值为 $2\sqrt{2}\,U_2$;以 $C_1$ 和 $C_3$ 上的电压相加作为输出,输出电压的值为 $3\sqrt{2}\,U_2$……依此类推,从不同的位置输出,可获得 $\sqrt{2}\,U_2$ 的 4、5、6 倍的输出电压。

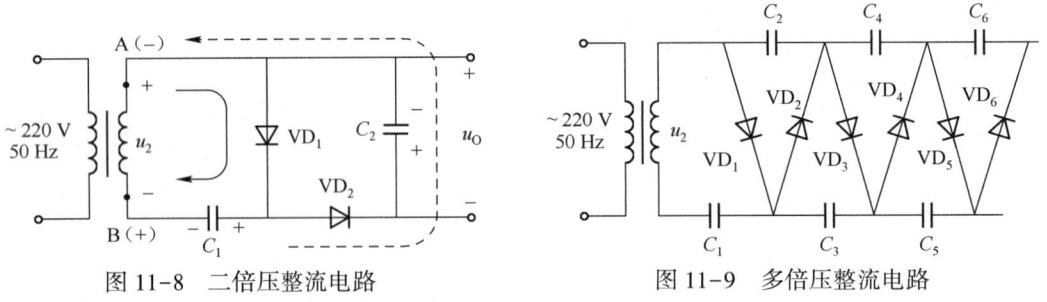

图 11-8　二倍压整流电路　　　　图 11-9　多倍压整流电路

应当指出,为了简便起见,分析这类电路时,总是设电路空载,且已处于稳态;当电路带上负载后,输出电压将不可能达到 $u_2$ 峰值的倍数。

【思考题】

1. 单相全波整流电路中,如果一个二极管断路了,结果如何?

2. 单相桥式整流电路中,如果一个二极管不小心接反了,会出现什么情况?

3. 在整流电路中,二极管的选择应考虑哪些参数值?

4. 分别列出单相半波、全波和桥式整流电路以下几项参数的表达式,并进行比较。

① 输出直流电压;② 脉动系数;③ 二极管正向平均电流;④ 二极管最大反向峰值电压。

5. 在一定的变压器副边电压之下,能够得到高出若干倍的直流电压吗?利用什么工作原理来实现?

## 11.3　滤波电路

整流电路的输出电压虽然是单一方向的,但是脉动较大,含有较大的谐波成分,不能适应大多数电子线路及设备的需要。因此,一般在整流后,通常需要采取一定的措施,一方面尽量降低输出电压中的脉动成分;另一方面要尽量保留其中的直流成分,使输出电压接近于理想的直流电压。这样的措施就是滤波。

滤波的基本工作原理是利用电容或电感在二极管导电时储存一部分能量,再逐渐释放出来,从而得到比较平滑的波形。或者从另一个角度看,电容和电感对于交流成分和直流成分反映出来的阻抗不同,如果把它们合理地安排在电路中,可以达到降低交流成分,保留直流成分的目的,体现出滤波的作用。

实用滤波电路的类型很多,如电容滤波、电感滤波、复式滤波(包括倒 L 型、RC-Π 型和 LC-Π型)等。C 型、RC-Π 型、LC-Π 型滤波均属于电容性滤波,其特点是电容两端的电压不能突变,故滤波电路与负载电阻并联。L 型、倒 L 型属于电感性滤波,其特点是流过电感的电流不能突变,故滤波电路与负载电阻串联。在小功率直流电源中,负载电阻 $R_L$ 一般较大,在相同的滤波效果时,采用电容滤波比采用电感滤波更经济有效。技术指标要求高时,则应采用复式滤波器。现就常用的一些滤波电路进行介绍。

### 11.3.1 电容滤波电路

电容滤波电路是最常见也是最简单的滤波电路,在整流电路的输出端(即负载电阻两端)并联一个电容即构成电容滤波电路,如图 11-10(a)所示。滤波电容容量较大,因此一般均采用电解电容,在接线时要注意电解电容的正、负极。电容滤波电路利用电容的充、放电作用,使输出电压趋于平滑。

**1. 滤波原理**

当变压器副边电压 $u_2$ 处于正半周并且数值大于电容两端电压 $u_C$ 时,二极管 $VD_1$ 和 $VD_3$导通,电流一路流经负载电阻 $R_L$,另一路对电容 $C$ 充电。因为在理想情况下,变压器副边无损耗,二极管导通电压为零,所以电容两端电压 $u_C(u_O)$ 与 $u_2$ 相等,见图 11-10(b)中所示曲线的 $ab$ 段。

当 $u_2$ 上升到峰值后开始下降,电容通过负载电阻 $R_L$ 放电,其电压 $u_C$ 也开始下降,趋势与 $u_2$基本相同,见图 11-10(b)中曲线的 $bc$ 段。但是由于电容按指数规律放电,所以当 $u_2$ 下降到一定数值后,$u_C$ 的下降速度小于 $u_2$ 的下降速度,使 $u_C$ 大于 $u_2$,从而导致 $VD_1$ 和 $VD_3$ 反向偏置而变为截止。此后,电容 $C$ 继续通过 $R_L$ 放电,$u_C$ 按指数规律缓慢下降,见图 11-10(b)中所示曲线的$cd$ 段。

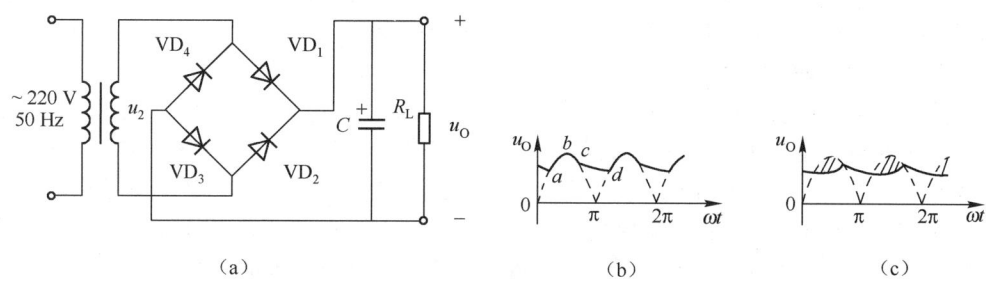

图 11-10 电容滤波电路及波形图

当 $u_2$ 的负半周幅值变化到恰好大于 $u_C$ 时,$VD_2$ 和 $VD_4$ 因加正向电压变为导通状态,$u_2$ 再次对$C$ 充电,$u_C$ 上升到 $u_2$ 的峰值后又开始下降;下降到一定数值时,$VD_2$ 和 $VD_4$ 变为截止,$C$ 对 $R_L$ 放电,$u_C$ 按指数规律下降;放电到一定数值时 $VD_1$ 和 $VD_3$ 为导通,重复上述过程。

从图 11-10(b)所示波形可以看出,经滤波后的输出电压不仅变得平滑,平均值也得到提高。若考虑变压器内阻和二极管的导通电阻,则 $u_C$ 的波形如图 11-10(c)所示,阴影部分为整流电路内阻上的压降。

从以上分析可知,电容充电时,回路电阻为整流电路的内阻,即变压器内阻和二极管的导通电阻,其数值很小,因而时间常数很小。电容放电时,回路电阻为 $R_L$,放电时间常数为 $R_LC$,通常远大

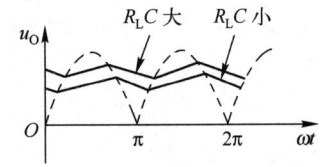

图 11-11 $R_L C$ 不同时 $u_o$ 的波形

于充电的时间常数。因此,滤波效果取决于放电时间。电容愈大,负载电阻愈大,滤波后输出电压愈平滑,并且其平均值愈大,如图 11-11 所示。换言之,当滤波电容容量一定时,若负载电阻减小(即负载电流增大),则时间常数 $R_L C$ 减小,放电速度加快,输出电压平均值随即下降,且脉动变大。

**2. 主要参数**

**(1) 输出电压平均值**

滤波电路输出电压波形难以用解析式来描述,近似估算时,可将图 11-10(c)所示波形近似为锯齿波,如图 11-12 所示。图中 $T$ 为电网电压的周期。设整流电路内阻较小而 $R_L C$ 较大,电容每次充电均可达到 $u_2$ 的峰值(即 $U_{Omax} = \sqrt{2} U_2$),然后按 $R_L C$ 放电的起始斜率直线下降,经 $R_L C$ 交于横轴,且在 $T/2$ 处的数值为最小值 $U_{Omin}$,则输出电压平均值为

$$U_{O(AV)} = \frac{U_{Omax} + U_{Omin}}{2} \tag{11-18}$$

同时,按相似三角形关系可得

$$\frac{U_{Omax} - U_{Omin}}{U_{Omax}} = \frac{T/2}{R_L C} \tag{11-19}$$

$$U_{O(AV)} = \frac{U_{Omax} + U_{Omin}}{2} = U_{Omax} - \frac{U_{Omax} - U_{Omin}}{2} = U_{Omax}\left(1 - \frac{T}{4R_L C}\right) \tag{11-20}$$

因而

$$U_{O(AV)} = \sqrt{2} U_2\left(1 - \frac{T}{4R_L C}\right) \tag{11-21}$$

式(11-21)表明,当负载开路即 $R_L = \infty$ 时,$U_{O(AV)} = \sqrt{2} U_2$。实际电路中通常取 $R_L C = (3 \sim 5) T/2$ 时

$$U_{O(AV)} = 1.2 U_2 \tag{11-22}$$

为了获得较好的滤波效果,在实际电路中,应选择滤波电容的容量满足 $R_L C = (3 \sim 5) T/2$ 的条件。由于采用电解电容,考虑到电网电压的波动范围为 ±10%,电容的耐压值应大于 $1.1\sqrt{2} U_2$。在半整流路中,为获得较好的滤波效果,电容容量应选得更大些。

**(2) 整流二极管的导通角**

在未加滤波电容之前,无论是哪种整流电路中的二极管均有半个周期处于导通状态,也称二极管的导通角 $\theta$ 等于 π。加滤波电容后,只有当电容充电时,二极管才导通。因此,每只二极管的导通角都小于 π。而且,$R_L C$ 的值愈大,滤波效果愈好,导通角 $\theta$ 将愈小。由于电容滤波后输出平均电流增大,而二极管的导通角反而减小,所以整流二极管在短暂的时间内将流过一个很大的冲击电流为电容充电,如图 11-13 所示。这对二极管的寿命很不利,所以必须选用较大容量的整流二极管,通常选择其最大整流平均电流 $I_F$ 大于负载电流 2~3 倍。

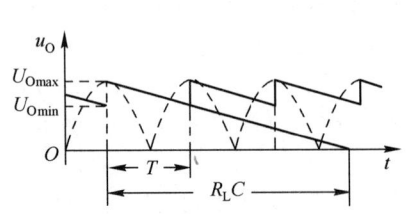

图 11-12 电容滤波电路输出电压平均值的分析

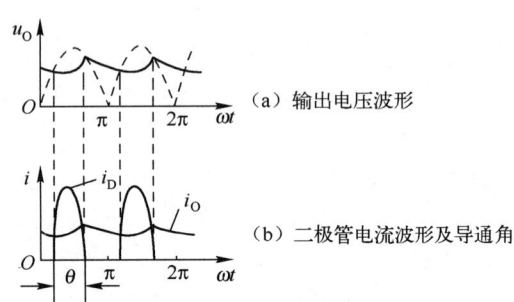

(a) 输出电压波形

(b) 二极管电流波形及导通角

图 11-13 电容滤波电路中二极管的电流和导通角

二极管的导通角 $\theta < \pi$,流过二极管的瞬时电流大,故常串入一个限流电阻 $(1/25)R_{\mathrm{L}}$。

（3）脉动系数

在近似波形中,交流分量的基波的峰-峰值为 $U_{\mathrm{Omax}} - U_{\mathrm{Omin}}$,根据式（11-19）,可得基波峰值为

$$\frac{U_{\mathrm{Omax}} - U_{\mathrm{Omin}}}{2} = \frac{T}{4R_{\mathrm{L}}C} U_{\mathrm{Omax}} \tag{11-23}$$

因此,脉动系数为

$$S = \frac{\dfrac{T}{4R_{\mathrm{L}}C} U_{\mathrm{Omax}}}{U_{\mathrm{Omax}}\left(1 - \dfrac{T}{4R_{\mathrm{L}}C}\right)} = \frac{T}{4R_{\mathrm{L}}C - T}$$

或

$$S = \frac{1}{4R_{\mathrm{L}}C/T - 1} \tag{11-24}$$

应当指出,由于锯齿波所含的交流分量大于滤波电路输出电压实际的交流分量,因而根据式（11-24）计算出的脉动系数大于实际数值。

电容滤波电路通常适用于负载电流变化不大,负载整流电压较高的场合。

（4）**电容滤波电路的输出特性和滤波特性**

当滤波电容 $C$ 选定后,输出电压平均值 $U_{\mathrm{O(AV)}}$ 与输出电流平均值 $I_{\mathrm{O(AV)}}$ 的关系被称为输出特性,脉动系数 $S$ 与输出电流平均值 $I_{\mathrm{O(AV)}}$ 的关系被称为滤波特性。根据式（11-22）和式（11-23）可画出输出特性如图 11-14（a）所示,滤波特性如图 11-14（b）所示。曲线表明,$C$ 愈大电路负载能力愈强,滤波效果愈好;$I_{\mathrm{O(AV)}}$ 愈大（即负载电阻 $R_{\mathrm{L}}$ 愈小）,$U_{\mathrm{O(AV)}}$ 愈低,$S$ 的值愈大。

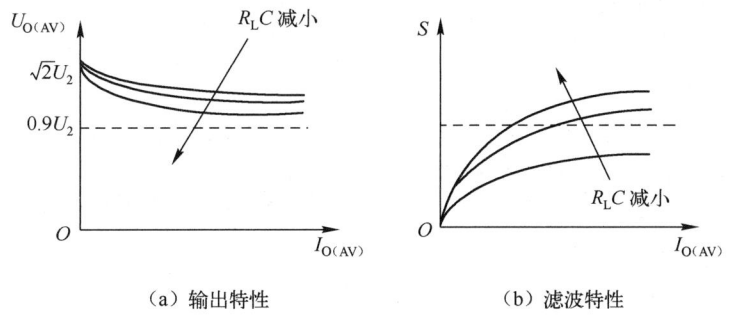

（a）输出特性　　　　　　（b）滤波特性

图 11-14　电容滤波电路的输出特性和滤波特性

【例 11-5】　一个全波整流、电容滤波电路中,$U_2 = 10\ \mathrm{V}$,$C = 1000\ \mu\mathrm{F}$,当 $R_{\mathrm{L}} = 20\ \Omega$ 时,试求 $U_{\mathrm{O(AV)}}$ 和 $S$ 的值,设整流管的压降和整流内阻可忽略。

**解：**

$$U_{\mathrm{O(AV)}} = \sqrt{2}\,U_2\left(1 - \frac{T}{4R_{\mathrm{L}}C}\right) \approx 10.5\ \mathrm{V}, \qquad S = \frac{1}{\dfrac{4R_{\mathrm{L}}C}{T} - 1} \approx 0.33$$

【例 11-6】　在图 11-10（a）所示电路中,要求输出电压平均值 $U_{\mathrm{O(AV)}} = 15\ \mathrm{V}$,负载电流平均值 $I_{\mathrm{L(AV)}} = 100\ \mathrm{mA}$,$U_{\mathrm{O(AV)}} \approx 1.2 U_2$。试问：

（1）滤波电容的大小；（2）考虑到电网电压的波动范围为 $\pm10\%$,滤波电容的耐压值为多少?

**解：**（1）根据 $U_{\mathrm{O(AV)}} \approx 1.2 U_2$ 可知,$C$ 的取值满足 $R_{\mathrm{L}}C = (3 \sim 5)T/2$ 的条件,则

$$R_{\mathrm{L}} = \frac{U_{\mathrm{O(AV)}}}{I_{\mathrm{L(AV)}}} = \frac{15}{100 \times 10^{-3}} = 150\ \Omega$$

电容的容量为

$$C = (3 \sim 5)\frac{20 \times 10^{-3}}{2} \cdot \frac{1}{150} \approx 200 \sim 333\ \mu\text{F}$$

（2）变压器副边电压有效值为

$$U_2 \approx \frac{U_{\text{O(AV)}}}{1.2} = \frac{15}{1.2} = 12.5\ \text{V}$$

电容的耐压值为

$$U > 1.1\sqrt{2}\,U_2 \approx 1.1\sqrt{2} \times 12.5 \approx 19.5\ \text{V}$$

实际可选取容量为 300 μF、耐压为 25 V 的电容作为本电路的滤波电容。

## 11.3.2 其他滤波电路

### 1. 电感滤波电路

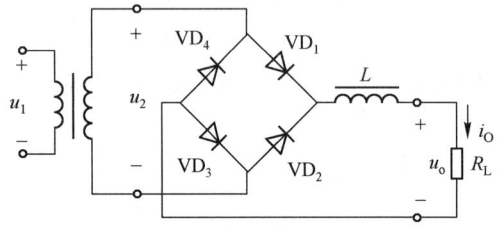

图 11-15 电感滤波电路

在整流电路与负载电阻之间串联一个电感线圈 $L$ 就构成电感滤波，如图 11-15 所示。由于电感线圈的电感量要足够大，所以一般需要采用有铁心的线圈。

电感的基本性质是当流过它的电流变化时，电感线圈中产生的感生电动势将阻止电流的变化。当通过电感线圈的电流增大时，电感线圈产生的自感电动势与电流方向相反，阻止电流的增加，同时将一部分电能转化成磁场能存储于电感之中；当通过电感线圈的电流减小时，自感电动势与电流方向相同，阻止电流的减小，同时释放出存储的能量，以补偿电流的减小。

由于电感的直流电阻很小，交流阻抗很大，因此直流分量经过电感后基本上没有损失。但是对于交流分量，在 $j\omega L$ 和 $R_L$ 上分压以后，很大一部分交流分量降落在电感上，因而降低了输出电压中的脉动成分。$L$ 愈大，$R_L$ 愈小，则滤波效果愈好，所以电感滤波适用于负载电流比较大的场合。采用电感滤波后，有延长整流管导电角的趋势，因此电流的波形比较平滑，避免了过大的冲击电流。电感体积大，成本高，输出电压稍低。电感滤波电路适用于负载所需的直流电压不高，输出电流较大及负载变化较大的场合。为了提高滤波效果，通常采用倒 L 型滤波电路。

### 2. RC-Ⅱ 型滤波电路

RC-Ⅱ 型滤波电路实质上是在上述电容滤波电路的基础上，再增加一级 RC 滤波电路组成的，电路如图 11-16 所示。

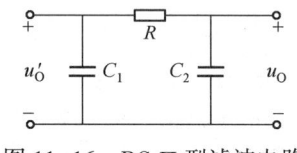

图 11-16　RC-Ⅱ 型滤波电路

RC-Ⅱ 型滤波电路采用简单的电阻、电容元件可以进一步降低输出电压的脉动系数，但是这种滤波电路的缺点是在 $R$ 上有直流压降，因而必须提高变压器的副边电压；而二极管的冲击电流仍然比较大；同时由于 $R$ 上产生压降，只适用于小电流的场合。当负载电流比较大的情况下，可以考虑采用电感滤波。

### 3. RC 有源滤波电路

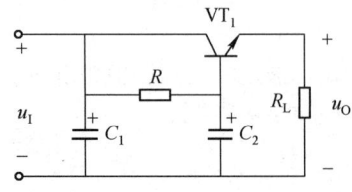

图 11-17　RC 有源滤波电路

为解决 RC-Ⅱ 滤波电路中增大 $R$ 和 $C$ 带来的矛盾，可以采用图 11-17 所示的 RC 有源滤波电路。

在图 11-17 中，$R_L$ 接在三极管 $VT_1$ 的射极回路，滤波元件 $R$ 和 $C_2$ 接在集-基极回路。此时可采用大的电阻 $R$ 与 $C_2$ 配合，以获得较好的滤波效果，使 $C_2$ 两端电压脉动成分减小。由于电路输出电压 $u_O$ 与电容 $C_2$ 的端电压相等（相当于射极输出器中的关系），因此输出电压脉动减小。采用有源滤波电路以后，为了达到同样的滤波效果，可以选用较大的电阻和较小的电容，从而既可避免过大的直流电压损失，又可避免过大的电容体积。

**4. LC 滤波器**

为了进一步改善滤波效果，可以采用 LC 滤波电路，在电感滤波电路的基础上，再在 $R_L$ 上并联一个电容，如图 11-18 所示。

在 LC 滤波电路中，如果电感 $L$ 值太小，或 $R_L$ 太大，则将呈现出电容滤波的特性。为了保证整流管的导电角仍为 180°，参数之间要恰当配合，近似条件是 $R_L<3\omega L$。

LC 滤波电路在负载电流较大或较小时均有良好的滤波作用，也就是说，它对负载的适应性比较强。

**5. LC-Π 型滤波电路**

在上述 LC 型滤波电路上，在其输入端上再增加一个电容，就组成了 LC-Π 型滤波电路，如图 11-19所示。显然，它的脉动系数较 LC 型滤波电路更小，波形更加平滑。又由于在输入端增加了电容，因而提高了输出直流电压。但是此滤波电路的外特性比较软，整流管的冲击电流比较大。其外特性和电容滤波相同，为了得到更好的滤波效果，也可以采用多级串联的方式。

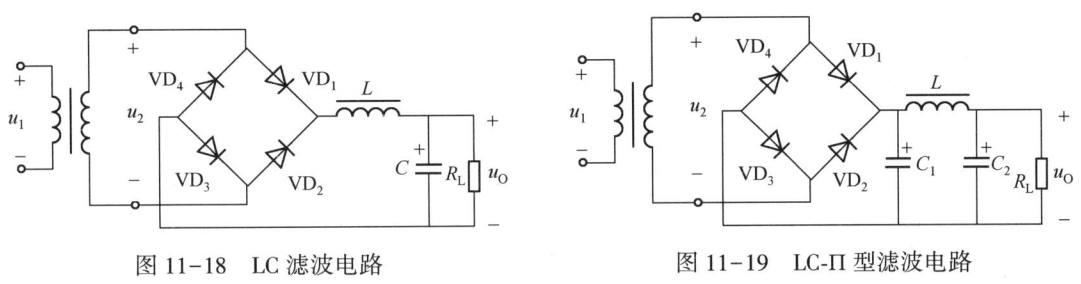

图 11-18　LC 滤波电路　　　　　图 11-19　LC-Π 型滤波电路

**【思考题】**

1. 电容和电感为什么能起滤波作用？它们在滤波电路中应如何与 $R_L$ 连接？
2. 试说明各种滤波电路的特点和应用。

# 11.4　稳压电路

虽然整流滤波电路能将正弦交流电压变换成较为平滑的直流电压，但是输出电压平均值仍有波动。

第一，由于输出电压平均值取决于变压器副边电压有效值，所以当电网电压波动时，输出电压平均值将随之产生相应的波动。

第二，由于整流滤波电路内阻的存在，当负载变化时，内阻上的电压将产生变化，于是输出电压平均值也将随之产生相反的变化。例如，如果负载电阻减小，则负载电流增大，内阻上的电流也就随之增大，其压降必然增大，输出电压平均值必将相应减小。

第三，当温度发生变化时，整流滤波电路参数发生变化，则输出电压平均值必将相应减小。因此，整流滤波电路输出电压会随着电网电压的波动而波动，随着负载电阻的变化而变化，随着温度的改变而发生改变。

为了获得稳定性好的直流电压，必须采取稳压措施。稳压就是指在电网波动、负载变化和温度变化时都能保证输出的直流电压恒定。

## 11.4.1　稳压电路的性能参数

通常用以下参数来衡量稳压电路的性能。

**1. 稳压系数 $S_r$**

$S_r$ 定义为负载一定时稳压电路输出电压相对变化量与其输入电压相对变化量之比,即

$$S_r = \frac{\Delta U_O / U_O}{\Delta U_I / U_I} = \frac{U_I}{U_O} \frac{\Delta U_O}{\Delta U_I} \quad (R_L \text{ 为常量}) \tag{11-25}$$

$S_r$ 表明电网电压波动的影响,其值愈小,电网电压变化时输出电压的变化愈小。式中 $U_I$ 为整流滤波后的直流电压。

**2. 输出电阻 $R_O$**

$R_O$ 定义为稳压电路输入电压一定时输出电压变化量与输出电流变化量之比,即

$$R_O = \frac{\Delta U_O}{\Delta I_O} \quad (U_I \text{ 为常量}) \tag{11-26}$$

$R_O$ 表明输出电流变化对输出电压影响程度的大小。

**3. 电压调整率 $S_U$**

$S_U$ 定义为在额定负载且输入电压产生最大变化的条件下,输出电压产生的变化量,即

$$S_U = \frac{\Delta U_O / U_O}{\Delta U_I} \times 100\% \quad (R_L \text{ 为常量}) \tag{11-27}$$

**4. 电流调整率 $S_I$**

$S_I$ 定义为在输入电压一定且负载电流产生最大变化的条件下,输出电压产生的变化量,即

$$S_I = \frac{\Delta U_O / U_O}{\Delta U_I} \times 100\% \tag{11-28}$$

**5. 温度系数 $S_T$**

定义为输入电压和负载电流不变时,温度变化所引起的输出电压相对变化量与温度变化量之比。

$$S_T = \frac{\Delta U_O / U_O}{\Delta T} \tag{11-29}$$

**6. 纹波电压及纹波抑制比 $S_{inp}$**

纹波电压是指叠加在直流输出电压 $U_O$ 上的交流电压,通常用有效值或峰值表示。在电容滤波电路中,负载电流越大,纹波电压也越大。因此,纹波电压应在额定输出电流情况下测出。

纹波抑制比 $S_{inp}$ 定义为稳压电路输入纹波电压峰值 $U_{inp}$ 和输出纹波电压峰值 $U_{opp}$ 之比,并用对数表示,即

$$S_{inp} = 20 \lg \frac{U_{inp}}{U_{opp}} (\text{dB}) \tag{11-30}$$

$S_{inp}$ 表示稳压电路对其输入端引入的交流纹波电压的抑制能力。

常用的稳压电路有硅稳压管稳压电路、串联型稳压电路、集成稳压器以及开关型稳压电路等。下面首先讨论稳压管稳压电路。

## 11.4.2 稳压管稳压电路

本节将对稳压管稳压电路的组成、工作原理和电路参数的选择一一加以介绍。

**1. 稳压管稳压电路的组成**

由稳压二极管 $VD_Z$ 和限流电阻 $R$ 所组成的稳压电路是一种最简单的直流稳压电源,如图 11-20 中的虚线框内所示。其输入电压 $U_I$ 是整流滤波后的电压,输出电压 $U_O$ 就是稳压管的稳定电压 $U_Z$,$R_L$ 是负载电阻。

从稳压管稳压电路可得两个基本关系式为

$$U_I = U_O + U_R \tag{11-31}$$

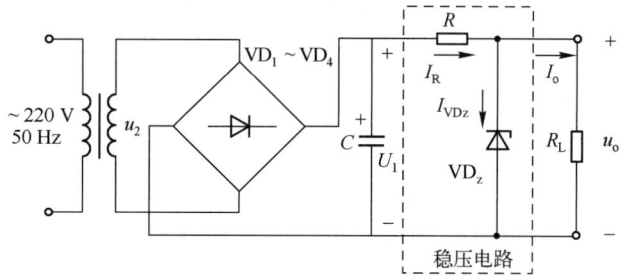

图 11-20　稳压二极管组成的稳压电路

$$I_R = I_{VDZ} + I_0 \qquad (11-32)$$

从前面所学稳压管的伏安特性中可以看出,在稳压管稳压电路中,只要能使稳压管始终工作在稳压区,输出电压 $U_0$ 就基本稳定。

**2. 稳压原理**

对任何稳压电路都应从两个方面考察其稳压特性,一是设电网电压波动,研究其输出电压是否稳定;二是设负载变化,研究其输出电压是否稳定。

关于稳压管稳压的基本原理,在第 1 章已经详细介绍,在此不做过多说明。只是强调一下:在稳压二极管所组成的稳压电路中,利用稳压管所起的电流调节作用,通过限流电阻 $R$ 上电压或电流的变化进行补偿,来达到稳压的目的。限流电阻 $R$ 是必不可少的元件,既限制稳压管中的电流使其正常工作,又与稳压管相配合以达到稳压的目的。在一般情况下,在电路中如果有稳压管存在,就必然有与之匹配的限流电阻。

**3. 稳压管稳压电路的性能指标**

(1) **稳压系数 $S_r$**　在仅考虑变化量时,图 11-20 所示稳压管稳压电路的等效电路如图 11-21 所示,$r_z$ 为稳压管的动态电阻。

由图可得

$$\Delta U_0 = \frac{r_z /\!/ R_L}{(r_z /\!/ R_L) + R} \Delta U_I$$

因而,

$$S_r = \frac{\Delta U_0 / U_0}{\Delta U_I / U_I} = \frac{r_z /\!/ R_L}{(r_z /\!/ R_L) + R} \frac{U_I}{U_0} \approx \frac{r_z}{R + r_z} \frac{U_I}{U_0} \quad (r_z \ll R_L) \qquad (11-33)$$

式(11-33)表明,为使 $S_r$ 数值小,需增大 $R$;而在 $U_0(U_Z)$ 和负载电流确定的情况下,若 $R$ 的取值大,则 $U_I$ 的取值必须大,这势必使 $S_r$ 增大。可见,$R$ 和 $U_I$ 必须合理搭配,$S_r$ 的数值才可能比较小。

(2) **内阻 $R_0$**　根据其定义,估算电路的内阻时,应将负载电阻 $R_L$ 开路。又因 $U_I$ 不变,故其变化量 $\Delta U_I = 0$。此时,图 11-20 所示的交流等效电路如图 11-22 所示。

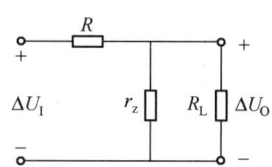

图 11-21　估算 $S_r$ 的等效电路

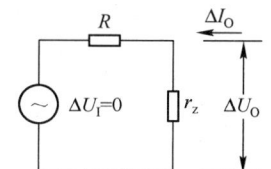

图 11-22　估算稳压电路 $R_0$ 的等效电路

由图 11-22 可得

$$R_0 = \frac{\Delta U_0}{\Delta I_0} = r_z /\!/ R$$

由于一般情况下能够满足 $r_z \ll R$，故上式可以简化为

$$R_0 \approx r_z \tag{11-34}$$

**4. 电路参数的选择**

设计一个稳压管稳压电路，就是合理地选择电路元件的有关参数。在选择元件时，应首先知道负载所要求的输出电压 $U_0$，负载电流 $I_L$ 的最小值 $I_{Lmin}$ 和最大值 $I_{Lmax}$（或者负载电阻 $R_L$ 的最大值 $R_{Lmax}$ 和最小值 $R_{Lmin}$），输出电压 $U_I$ 的波动范围（一般为 $\pm 10\%$）。

（1）**稳压电路输入电压 $U_I$ 的选择**  根据经验，一般选择

$$U_I = (2 \sim 3) U_0 \tag{11-35}$$

$U_I$ 确定后，就可以根据此值选择整流滤波电路的元件参数。

（2）**稳压管的选择**  在稳压管稳压电路中 $U_0 = U_Z$，当负载电流 $I_L$ 变化时，稳压管的电流将产生一个与之相反的变化，即 $\Delta I_{D_z} \approx -\Delta I_L$。所以，稳压管工作在稳压区所允许的电流变化范围应大于负载电流的变化范围，即 $I_{ZM} - I_Z > I_{Lmax} - I_{Lmin}$。当输入电压 $U_I$ 随电网电压升高而增大时，限流电阻 $R$ 的电压增量与 $U_I$ 的增量几乎相等，它所引起的 $I_R$ 的增大部分几乎全部流过稳压管。另外，电路空载时稳压管流过的电流 $I_Z$ 将与 $R$ 上电流 $I_R$ 相等，所以稳压管的最大稳定电流 $I_{ZM}$ 的选取应留有充分的余量。选择稳压管的一般原则可归纳为

$$U_0 = U_Z$$
$$I_{ZM} - I_Z > I_{Lmax} - I_{Lmin}$$
$$I_{ZM} \geqslant I_{Lmax} + I_Z$$

（3）**限流电阻及其选择**  稳压管电路中的限流电阻是一个很重要的组成元件。限流电阻 $R$ 的取值必须选择适当，才能保证稳压电路在电网电压或负载变化时，很好地实现稳压作用。关于限流电阻选择的基本原理和公式，参见本书第 1 章的有关章节。下面通过一个例子说明选择的基本过程。

【**例 11-7**】  在图 11-20 所示的稳压管稳压电路中，设稳压管的 $U_Z = 6$ V，$I_{Zmax} = 40$ mA，$I_{Zmin} = 5$ mA，$U_{Imax} = 15$ V，$U_{Imin} = 12$ V，$R_{Lmax} = 600$ Ω，$R_{Lmin} = 300$ Ω。给定当 $I_Z$ 由 $I_{Zmax}$ 变到 $I_{Zmin}$ 时，$U_Z$ 的变化量为 0.35 V。

（1）试选择限流电阻 $R$；（2）估算在上述条件下的输出电阻和稳压系数。

**解：**（1）由已知条件可知

$$I_{Lmin} = \frac{U_Z}{R_{Lmax}} = \frac{6}{600} = 10 \text{ mA}$$

$$I_{Lmax} = \frac{U_Z}{R_{Lmin}} = \frac{6}{300} = 20 \text{ mA}$$

$$R_{max} = \frac{U_{Imin} - U_Z}{I_{Zmin} + I_{Lmax}} = \frac{12 - 6}{0.005 + 0.02} = 240 \text{ Ω}$$

$$R_{min} = \frac{U_{Imax} - U_Z}{I_{ZM} + I_{Lmin}} = \frac{15 - 6}{0.04 + 0.01} = 180 \text{ Ω}$$

可取电阻 $R = 200$ Ω。

（2）再由给定条件可求得

$$r_z = \frac{\Delta U_Z}{\Delta I_Z} = \frac{0.35}{0.04 - 0.005} = 10 \text{ Ω}$$

则输出电阻为

$$R_0 \approx r_z = 10 \text{ Ω}$$

估算稳压系数时，取 $U_I = \frac{1}{2}(15 + 12) = 13(\text{V})$，则

$$S_{\mathrm{r}} \approx \frac{r_{\mathrm{z}}}{R+r_{\mathrm{z}}} \frac{U_{\mathrm{I}}}{U_{\mathrm{O}}} = \frac{10}{10+200} \frac{13.5}{6} \approx 0.11 = 11\%$$

当输出电压不需要调节,负载电流比较小的情况下,稳压管稳压电路的效果较好,所以在小型的电子设备中经常采用。但其缺点是输出电压由稳压管的型号来决定,不可以随意调节。另外,电压范围和负载电流的变化范围大时,电路将不能适应。

### 11.4.3 串联型稳压电路

稳压管稳压电路输出电流较小,输出电压不可调,不能满足很多场合下的应用。串联型稳压电路以稳压管稳压电路为基础,利用晶体管的电流放大作用增大负载电流;在电路中引入深度电压负反馈使输出电压稳定;并且,通过改变反馈网络参数使输出电压可调。

**1. 串联型稳压电路的基本构成**

实用的串联型稳压电路至少包含调整管、基准电压电路、取样电路和比较放大电路四部分组成。此外,为使电路安全工作,还常在电路中加保护电路。所以串联型稳压电路的方框图如图 11-23 所示。

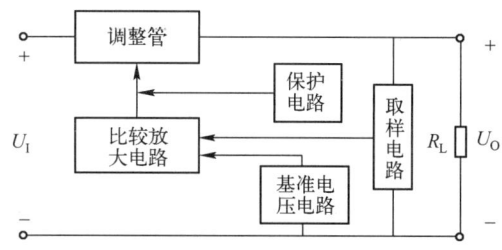

图 11-23　串联型稳压电路的方框图

① 取样电路。当输出电压发生变化时,取样电路会取其变化量的一部分送到放大电路的反相输入端。

② 调整管。调整管接在输入直流电压和输出端的负载电阻之间。若输出电压由于电网电压或负载电流等的变化而发生波动时,其变化量经采样、比较和放大后送到调整管,最终调整输出电压使之基本保持稳定。

③ 比较放大电路。其作用是将稳压电路输出电压变化量进行放大,再送到调整管。如果放大电路的放大倍数比较大,则只要输出电压产生一点微小的变化,即能引起调整管的基极电压发生较大的变化,提高了稳压效果。因此,放大倍数愈大,则输出电压的稳定性愈高。

④ 基准电压电路。基准电压接到放大电路的同相输入端。采样电压与基准电压进行比较后,再将二者的差值进行放大。串联型稳压电路的输出电压取决于基准电压,因而基准电压的稳定性影响着输出电压的稳定性。通常,要求基准电压电路应具有温度系数为零、输出电阻小和噪声低等特点。

⑤ 保护电路。使用稳压电路时,如果输出端过载甚至短路,将使通过调整管的电流急剧增大。假如没有适当的保护措施,可能使调整管造成损坏。所以,在实用的稳压电路中通常加有必要的保护电路。在稳压器电路内部含有各种保护电路,如过流保护、短路保护、调整管安全工作区保护以及芯片过热保护电路等,使集成稳压器在出现不正常情况时不至于损坏。而且,因为串联型稳压电路的调整管是其核心器件,它流过的电流近似等于负载电流,且电网电压波动或输出电压调节时调整管电压将产生相应的变化,所以这些保护电路都与调整管紧密相关。

**2. 工作原理**

一个简单的串联型直流稳压电路的原理图如图 11-24 所示。

在图 11-24 中,晶体管 VT 为调整管,电阻 $R$ 与稳压管 $VD_{\mathrm{Z}}$ 构成基准电压电路,电阻 $R_1$、$R_2$ 和 $R_3$ 为输出电压的采样电路,集成运放作为比较放大电路,如图中所标注。调整管、基准电压电路、取样电路和比较放大电路是串联型稳压电路的基本组成部分。

在图 11-24 中,假设由于 $U_{\mathrm{I}}$ 增大或 $I_{\mathrm{L}}$ 减小而导致输出电压 $U_{\mathrm{o}}$ 增大,则通过采样以后反馈到放大电路反相输入端的电压也按比较增大,但其同相输入端的电压即基准电压 $U_{\mathrm{Z}}$ 保持不变,故放大电路的差模输入电压 $U_{\mathrm{Id}} = U_{\mathrm{Z}} - U_{\mathrm{f}}$ 将减小。于是放大电路的输出电压减小,使调整管的基极输入

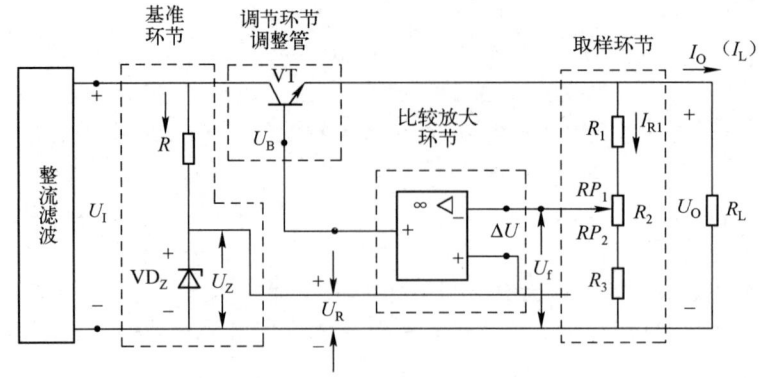

图 11-24　串联型直流稳压电路

电压 $U_{BE}$ 减小,则调整管的集电极电流 $I_C$ 随之减小,同时集电极电压 $U_{CE}$ 增大,结果使输出电压 $U_O$ 保持基本不变。

以上稳压过程可简明表示如下:

$$U_I \uparrow 或 I_L \downarrow \rightarrow U_o \uparrow \rightarrow U_f \uparrow \rightarrow U_{Id} \downarrow \rightarrow U_{BE} \downarrow \rightarrow I_C \downarrow \rightarrow U_{CE} \uparrow$$

$$U_o \downarrow \longleftarrow$$

由此看来,串联型直流稳压电路稳压的过程,实质上是通过电压负反馈使输出电压保持基本稳定的过程。

**3. 输出电压的调节范围**

从电路上看,当 $R_2$ 的滑动端向上移动时,反馈电压增大,放大电路的差模输入电压减小,使调整管的 $U_{BE}$ 减小,则 $U_{CE}$ 增大,于是输出电压减小。反之,若 $R_2$ 的滑动端向下移动,则输出电压增大。输出电压总的调整范围与采样电阻 $R_1$、$R_2$ 和 $R_3$ 三者之间的比例关系以及稳压管的稳压值 $U_z$ 有关。

在 A 为理想运放条件下,且工作在线性区,则可认为其两个输入端"虚短",即 $U_+ = U_-$。在本电路中,即 $U_+ = U_z$,$U_- = U_f$,故 $U_f = U_z$。所以由图 11-24 可得

$$U_z = U_f = \frac{RP_2 + R_3}{R_1 + R_2 + R_3} U_o$$

则

$$U_o = \frac{R_1 + R_2 + R_3}{RP_2 + R_3} U_z$$

当电位器 $R_2$ 的滑动端在最上端时,$RP_2 = R_2$,$RP_1 = 0$,输出电压最小,为

$$U_{omin} = \frac{R_1 + R_2 + R_3}{R_2 + R_3} U_z \tag{11-36}$$

当电位器 $R_2$ 的滑动端在最下端时,$RP_2 = 0$,$RP_1 = R_2$,输出电压最大,为

$$U_{omax} = \frac{R_1 + R_2 + R_3}{R_3} U_z \tag{11-37}$$

若 $R_1 = R_2 = R_3 = 300\,\Omega$,$U_z = 6\,V$,则输出电压 $9\,V \leqslant U_o \leqslant 18\,V$。

**4. 调整管的选择**

调整管一般为大功率管,因而选用原则与功率放大电路中的功放管相同,主要考虑其极限参数 $I_{CM}$、$U_{(BR)CEO}$ 和 $P_{CM}$。调整管极限参数的确定,必须考虑到输入电压 $U_I$ 由于电网电压波动而产生的变化,以及输出电压的调节和负载电流的变化所产生的影响。

（1）**集电极最大允许电流 $I_{CM}$**　从图 11-24 所示电路可知，调整管 VT 的发射极电流 $I_E$ 等于采样电阻 $R_1$ 中电流和负载电流 $I_L$ 之和，即 $I_E = I_{R1} + I_L$；VT 的管压降 $U_{CE}$ 等于输入电压 $U_I$ 与输出电压 $U_O$ 之差，即 $U_{CE} = U_I - U_O$。显然，当负载电流最大时，流过 VT 管发射极的电流最大，即 $I_{Emax} = I_{R1} + I_{Lmax}$。

在选择调整管 VT 时，应保证其最大集电极电流

$$I_{CM} > I_{Lmax} + I_R \tag{11-38}$$

式中，$I_{Lmax}$ 是负载电流的最大值。

（2）**集电极与发射极之间的最大允许反向电压 $U_{(BR)CEO}$**　当负载短路时，稳压电路的输入电压 $U_I$ 全部加到调整管的发射极和集电极两端，一般电容滤波器的输出电压，即稳压电路的输入电压最大可以达到电源变压器二次绕组上的交流电压的峰值，即 $U_I \approx \sqrt{2} U_2$。另外，还要考虑到电网电压可能有 10% 的波动，则要求调整管可能承受的最大反向电压，应选择三极管的参数为

$$U_{(BR)CEO} > U'_{Imax} = 1.1 \times \sqrt{2} U_2 \tag{11-39}$$

（3）**集电极最大允许耗散功率 $P_{CM}$**　当晶体管的集电极（发射极）电流最大，且管压降最大时，调整管的功率损耗量大，即

$$P_{C\,max} = I_{C\,max} U_{C\,emax} \tag{11-40}$$

集电极最大耗散功率

$$P_{CM} > I_{C\,max}(U_{I\,max} - U_{o\,min}) \approx I_{C\,max}(1.1 \times 1.2 U_2 - U_{o\,min}) \tag{11-41}$$

调整管选定以后，为保证调整管工作在放大状态，管子两端的电压降不应太小，通常使 $U_{CE} = 3 \sim 8\ \text{V}$。由于 $U_{CE} = U_I - U_O$，因此稳压电路的输入直流电压应为

$$U_I = U_{omax} + (3 \sim 8)\text{V} \tag{11-42}$$

若采用桥式整流、电容滤波电路，则此电路的输出电压 $U_I$ 与变压器副边电压 $U_2$ 之间近似为如下关系

$$U_I \approx 1.2 U_2$$

考虑到电网电压可能有 10% 的波动，因此要求变压器副边电压为

$$U_2 \approx 1.1 \times \frac{U_I}{1.2} \tag{11-43}$$

实际选用时，不但要考虑一定的余量，而且应按手册上的规定采取散热措施。

**【例 11-8】**　在图 11-24 所示电路中，要求输出电压 $U_O = 10 \sim 15\ \text{V}$，负载电流 $I_L = 0 \sim 100\ \text{mA}$。已选定基准电压的稳压管参数为 $U_Z = 7\ \text{V}$，$I_Z = 5 \sim 33\ \text{mA}$。

（1）假设采样电阻的阻值选定为 2 kΩ，则 $R_1$、$R_2$ 和 $R_3$ 三个电阻分别为多大？

（2）估算电源变压器副边电压的有效值 $U_2$。

（3）估算基准稳压管的限流电阻 $R$ 的阻值。

（4）给出选择调整管的参数。

**解：**（1）由式（11-37）可知

$$U_{Omax} = \frac{R_1 + R_2 + R_3}{R_3} U_Z$$

故

$$R_3 = \frac{R_1 + R_2 + R_3}{U_{Omax}} U_Z = \frac{2}{15} \times 7 = 0.93\ \text{k}\Omega$$

取 $R_3 = 910\ \Omega$。

由式（11-36）可知

$$U_{Omin} = \frac{R_1 + R_2 + R_3}{R_2 + R_3} U_Z$$

故

$$R_2 + R_3 = \frac{R_1 + R_2 + R_3}{U_{Omin}} U_Z = \frac{2}{10} \times 7 = 1.4 \text{ k}\Omega$$

则

$$R_2 = 1.4 - 0.91 = 0.49 \ \Omega$$

取 $R_2 = 510 \ \Omega$（电位器），则

$$R_1 = 2 - 0.91 - 0.51 = 0.58 \text{ k}\Omega$$

取 $R_1 = 560 \ \Omega$。

（2）稳压电路的直流输入电压应为

$$U_I = U_{Omax} + (3 \sim 8) = 18 \sim 23 \text{ V}$$

取 $U_I = 23 \text{ V}$，则变压器副边电压的有效值为

$$U_2 \approx 1.1 \times \frac{U_I}{1.2} = 1.1 \times \frac{23}{1.2} = 21 \text{ V}$$

（3）基准电压支路中的电阻的 $R$ 的作用是保证稳压管的工作电流比较合适，通常使稳压管中的电流略大于其参考电流值 $I_{Zmin}$。在图中可以看出

$$I_Z = \frac{U_I - U_Z}{R}$$

故基准稳压管的限流电流应为

$$R < \frac{U_{Imin} - U_Z}{I_{min}} = \frac{0.9 \times 23 - 7}{5} = 2.74 \text{ k}\Omega$$

故取 $R = 2 \text{ k}\Omega$。

（4）调整管的技术指标应为

$$I_{CM} \geqslant I_{Lmax} + I_R = 100 + \frac{15.23}{0.56 + 0.51 + 0.91} = 108 \text{ mA}$$

$$U_{(BR)CEO} \geqslant 1.1 \times \sqrt{2} \ U_2 = 1.1 \times \sqrt{2} \times 21 = 32.3 \text{ V}$$

$$P_{CM} \geqslant (1.1 \times \sqrt{2} \ U_2 - U_{Omin}) \times I_{Cmax}$$
$$= (1.1 \times 1.2 \times 21 - 9.76) \times 0.108 = 1.94 \text{ W}$$

**5. 保护电路**

（1）**过流保护电路**　过流保护电路能够在稳压电路输出电流超过额定值时，限制调整管发射极电流在某一数值或使之迅速减小，从而保护调整管不会因电流过大而烧坏。凡在过流时使调整管发射极电流限制在某一数值的电路，称为限流型过流保护电路；凡在过流时使调整管发射极电流迅速减小到较小数值的电路，称为截流型（或减流型）过流保护电路。

由三极管所构成的限流电路如图 11-25（a）所示。由取样电阻 $R_S$ 和保护管 $VT_S$ 组成保护电路。当负载电流 $I_O < I_{OM}$，电阻 $R_S$ 上电压 $U_{R_S} = R_S I_O$ 小于 $VT_S$ 管 b，e 极的阈值电压 $U_{on}$，$VT_S$ 截止，不影响稳压电路的正常工作。当 $I_O \geqslant I_{OM}$ 或负载短路时，使 $U_{R_S}$ 增加而大于 $U_{on}$，$VT_S$ 管导通，则 $VT_S$ 管电流 $I_{CS}$ 对调整管的基极电流 $I_{B1}$ 进行分流，使 $I_O$ 和调整管上的电流受到限制。图 11-25（b）所示为稳压电路引入限流保护时的外特性。即使负载短路，$U_O = 0$，而 $I_O = I_{OS}$ 也不再增大。$R_S$ 的取值不同，调整管发射极电流的限定值将不同，其表达式为

$$I_{Smax} \approx I_{Emax} \approx U_{BES} / R_S \tag{11-44}$$

上述分析表明，限流型保护电路虽然组成简单，但是在保护电路起作用后调整管仍有较大的工作电流，因而也就有较大的功耗。在容量较大的稳压电路中，希望一旦发生过载，输出电压和电流都要下降到最低值，即要求输出特性如图 11-26（a）所示，这样的保护电路称为截流型保护。

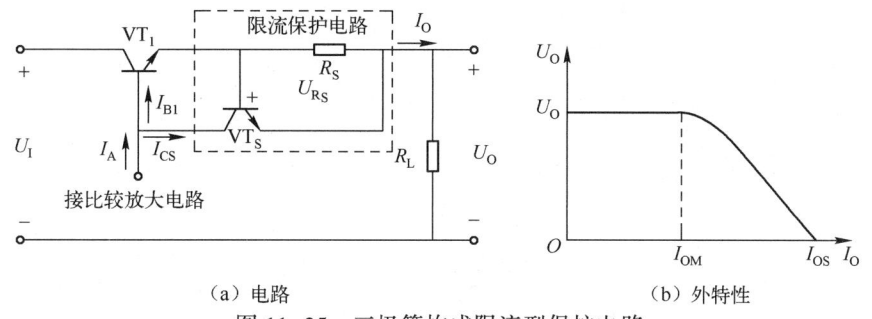

（a）电路 　　　　　　　　　　　　　（b）外特性

图 11-25　三极管构成限流型保护电路

截流型保护电路的特点是当输出电流过载或负载短路时,使输出电压和输出电流都下降到接近零,调整管功耗大力减小。电路如图 11-26（b)所示。

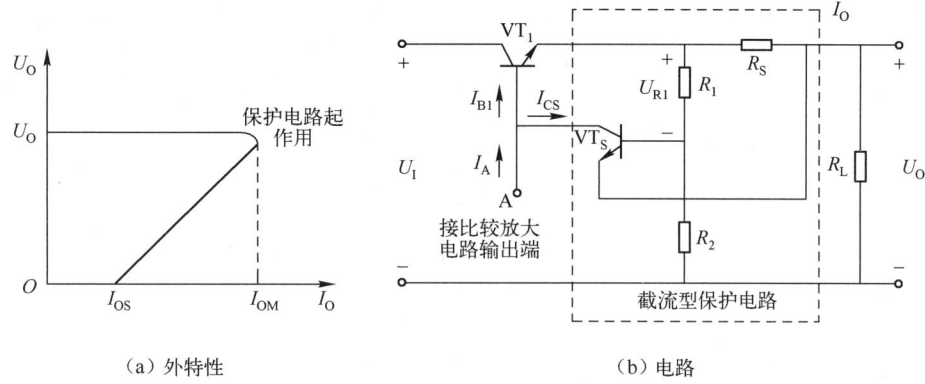

（a）外特性 　　　　　　　　　　　　（b）电路

图 11-26　截流型保护电路

（2）**调整管的安全工作区保护电路**　调整管的安全工作区保护电路可使调整管既不因过电流而烧坏,又不因过电压而击穿。因此,它由过流保护和过压保护两种电路组合而成,最终保证调整管不超过其最大耗散功率。在图 11-27 所示电路中,由晶体管 $VT_2$、$VT_3$ 组成的复合管为调整管,由 $R_3$、$VD_Z$ 和 $R_1$、$R_2$、$R_4$、$VT_1$ 组成保护电路,输出电流如图中所标注。在电路正常工作时,保护电路中的稳压管和晶体管均截止。电阻 $R_2$ 上的电压为

$$U_{R2}=\frac{R_2}{R_4+R_2}U_{BE3}$$

$VT_1$ 的 b-e 间电压为

$$U_{BE1}=U_{R2}+I_OR_1 \tag{11-45}$$

且 $U_{BE1}<U_{on}$。$I_O$ 增大,$R_1$ 上的电压增大,$U_{BE1}$ 将随之增大。

当电路过载或输出端短路时,$R_1$ 上的电压增大使 $U_{BE1}>U_{on}$,$VT_1$ 导通,对调整管的基极分流,实现了过流保护。若 $U_I$ 与 $U_O$ 之间电压(即调整管管压降)超过允许值,则 $VD_Z$ 击穿,使 $VT_1$ 基极电流骤然增大而迅速进入饱和区,$I_1$ 的大部分电流流过 $VT_1$,从而使调整管 $T_3$ 接近截止区,也就使其功耗下降到较小的数值。可见,过压保护电路最终限制了调整管的功耗,使调整管工作在安全区。

（3）**芯片过热保护电路**　芯片损坏的重要原因之一是长期通过大电流而引起结温超过允许值。在集成稳压器中,调整管的结温决定芯片的温度。为此,常利用二极管或晶体管的结温升作为测温元件,让它们靠近调整管,从而反映调整管的温升情况。当调整管温升超过允许值时,测温二极管(或晶体管)启动一个电路,减小其电流,使芯片温度下降至安全值。

在图 11-28 所示电路中,由晶体管 $VT_3$、$VT_4$ 组成的复合管为调整管;$VT_2$ 和 $R_3$ 为测温元件,它们与 $R_1$、$R_2$ 和 $VD_Z$ 组成芯片过热保护电路。$VT_2$ 管 b-e 间电压为

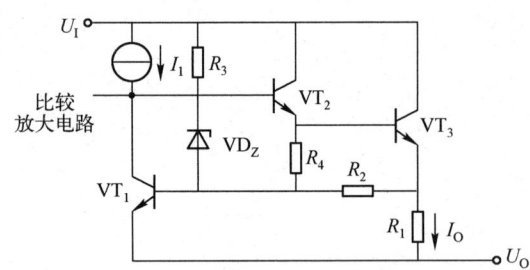

图 11-27  调整管的安全工作区保护电路

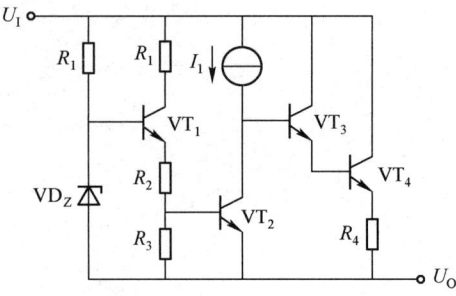

图 11-28  芯片过热保护电路

$$U_{BE2} = U_{R3} = \frac{R_3}{R_2 + R_3}(U_Z - U_{BE1}) \tag{11-46}$$

其中,稳压管具有正温度系数,而晶体管 b-e 间电压具有负温度系数。芯片未过热时 VT$_2$ 截止。芯片温度上升,$U_Z$ 增大,$U_{BE1}$ 减小,即 $U_Z - U_{BE1}$ 增大,而 VT$_2$ 的 b-e 间开启电压 $U_{on}$ 却减小。当芯片温度上升到一定数值(通常为 150℃ ~ 175℃)时,VT$_2$ 导通,对调整管的基极分流,输出电流减小,调整管的功耗下降,使芯片温度被限制在一定数值之下。

**【思考题】**

1. 为什么滤波后要进行稳压?

2. 硅稳压管稳压电路中,稳压管与负载电阻应该串联还是并联?限流电阻 $R$ 起什么作用?

3. 当电网电压波动或负载电流变化时,硅稳压管稳压电路如何保持输出电压基本不变?这种稳压电路在使用中有什么局限性?

4. 串联型线性稳压电路中各部分有什么作用?

5. 各种保护电路在电路实现上有什么相同点和不同点?

# 11.5  三端稳压电路

随着集成电路工艺迅速发展,稳压电路也制成了集成器件,具有集成电路的共同特点,包括体积小、外围元件少、性能稳定可靠、使用和调整方便,内部有限流保护、过热保护和过压保护电路,使用更加安全方法,且价格便宜。这些优点使其广泛应用于仪器、仪表及其他各种电子设备中。

目前,集成稳压器的类型很多,按结构形式,可分为串联型、并联型和开关型;按输出电压类型,可分为固定式和可调式。作为小功率的稳压电源以三端式串联型稳压器的应用最为普遍。三端式是指稳压电路仅有输入、输出和接地三个接线端。

三端集成稳压电源按功能可分为固定输出稳压电路和可调输出稳压电路。前者的输出电压是固定不变的几个电压等级,不能进行调节,而固定输出稳压电路又可分为正输出(W7800 系列)和负输出(W7900 系列)两大类;后者可通过外接元件使输出电压得到很宽的调节范围,同样有正输出(W117 系列)和负输出(W137 系列)两种。型号中最后两位表示输出电压的稳定值,有 5 V、6 V、9 V、12 V、15 V、18 V 和 24 V。例如,输出稳定电压为 5 V,则型号为 W7805 这种稳压器的最大输出电流可达 1.5 A(需安装散热器)。

本节首先对型号为 W7800 的固定式集成稳压器电路加以简要分析,然后介绍型号为 W117 的可调式集成稳压器的特点。

## 11.5.1  固定式三端稳压器

型号为 W7800 系列的三端稳压器为固定式稳压电路,其输出电压有 5 V、6 V、9 V、12 V、15 V、18 V

和 24 V 七个档次,型号后面的两个数字表示输出电压值。输出电流分 1.5 A(W7800)、0.5 A(W78M00) 和 0.1 A(W78L00)三个档次。如 W7805 表示输出电压为 5 V、最大输出电流为 1.5 A;W78M05 表示输出电压为 5 V,最大输出电流为 0.5 A;W78L05 表示输出电压为 5 V,最大输出电流为 0.1 A,其他类推。它因性能稳定、价格低廉而得到广泛应用。

图 11-29 为国产 CW7800 系列三端稳压器外形图。图 11-29(a)为金属封装形式,图 11-29(b)为塑料封装形式。

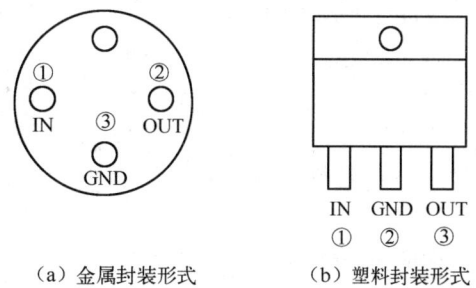

（a）金属封装形式　　　（b）塑料封装形式

图 11-29　CW7800 系列三端稳压器外形图

### 1. 工作原理

本节以 W7805 为例来介绍固定输出式的三端稳压电路的基本工作原理。其电路基本结构图如图 11-30 所示,其中的稳压电路如图 11-31 所示。

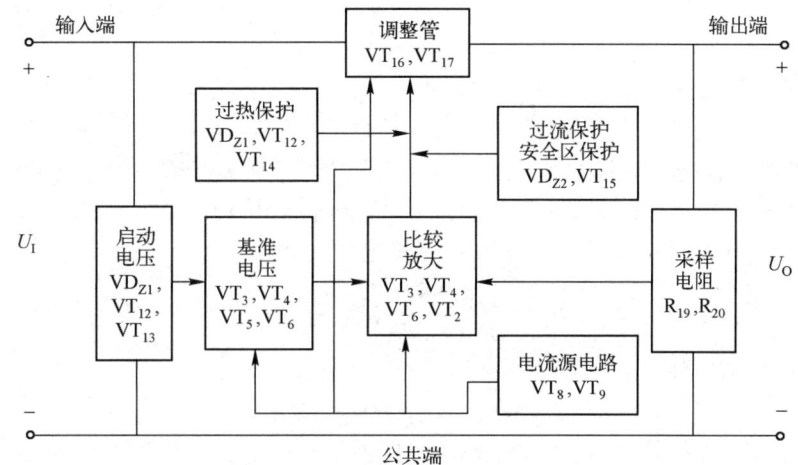

图 11-30　W7805 的电路结构图

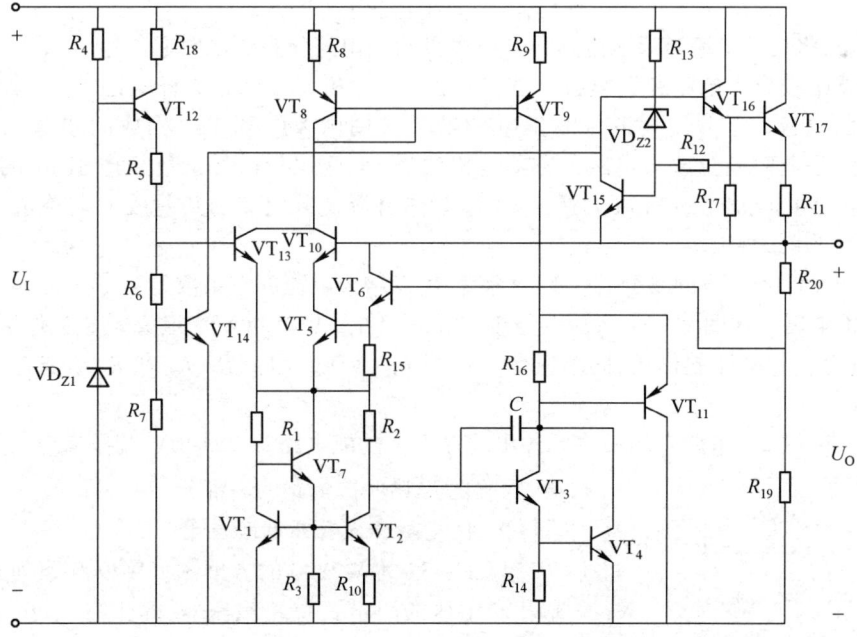

图 11-31　W7805 集成稳压器电路原理图

· 433 ·

各部分工作原理简述如下。

（1）**基准电压**　$VT_3$、$VT_4$、$VT_5$、$VT_6$ 管和电阻 $R_2$ 组成基准电压电路，它是基准电压电路。基准电压为

$$U_{REF} = U_{BE4} + U_{BE3} + I_2 R_2 + U_{BE5} + U_{BE6}$$

在 $VT_3 \sim VT_6$ 特性相同的情况下，得出

$$U_{REF} = 4U_{BE} + I_2 R_2 \tag{11-47}$$

进一步推导可得

$$U_{REF} \approx 4U_{go} + 4aT + \frac{R_2}{R_3} U_T \ln\left(\frac{R_2}{R_1}\right) \tag{11-48}$$

通过调整 $R_1 \sim R_3$ 的阻值，可使式（11-48）中的第二项和第三项相互抵消，从而基准电压仅决定于第一项，为

$$U_{REF} \approx 4U_{go}$$

实现了零温度系数。同时可得

$$U_{REF} \approx 4.82 \text{ V} \tag{11-49}$$

输出电压为

$$U_O = \left(1 + \frac{R_{20}}{R_{19}}\right) U_{REF} \approx 5 \text{ V} \tag{11-50}$$

（2）**启动电路**　启动电路的作用是在 $U_I$ 接入后，为 $VT_8$ 和 $VT_9$ 管提供电流通路，从而使稳压电路各部分建立起正常的工作关系。在 W7805 中，启动电路由 $VD_{Z1}$、$VT_{12}$ 与 $VT_{13}$ 构成。其原理如下：接 $U_I$ 入后，$VD_{Z1}$ 导通，使 $VT_{12}$ 导通。$VT_{13}$ 的基极电位近似为

$$U_{B13} \approx \frac{R_6 + R_7}{R_5 + R_6 + R_7}(U_{Z1} - U_{BE12})$$

电阻 $R_5$、$R_6$、$R_7$ 的取值应使

$$U_{B13} > U_{BE13} + U_{BE7} + U_{BE1} \approx 2.1 \text{ V}$$

从而使 $VT_{13}$、$VT_7$、$VT_1$ 均导通，为 $VT_8$ 和 $VT_9$ 提供基极和集电极电流的通路，建立起稳压电路的工作点。此后，$VT_{13}$ 的发射极电位变为

$$U_{E13} \approx U_{REF} - U_{BF6} - U_{BE5} \approx 3.4 \text{ V} > U_{B13}$$

使得 $VT_{13}$ 截止，将启动电路与稳压电路分开。可见启动电路仅在通电时起作用。

（3）**取样比较放大电路和调整管**　取样电路由 $R_{19}$ 和 $R_{20}$ 组成，取样来的信号电压送到差分放大管 $VT_6$ 的基极。差分放大电路的集电极偏置采用由 $VT_8$ 和 $VT_9$ 构成的镜像电流源提供。射极负载电阻是此时差分放大电路是共集电极组态，采样比较信号从射极电阻 $R_2$ 的下端输出，经过以 $VT_3$ 和 $VT_4$ 复合管作为放大管，以 $VT_9$ 管为有源负载组成的共射放大电路进行放大。电容 $C$ 是供防止自激之用。

由 $VT_{16}$ 和 $VT_{17}$ 管构成的复合管作为调整管，用以增大电流放大系数。

（4）**保护电路**　在图 11-31 所示电路中，$R_{11}$、$R_{12}$、$R_{13}$、$VD_Z$ 和 $VT_{15}$ 组成安全工作区保护电路，在过流、过压时保护电路起作用，同时避免了过损耗。$VD_{Z1}$、$VT_{14}$、$R_5$、$R_6$ 和 $R_7$ 组成芯片过热保护电路。

由以上分析可知，电路中的一些元件出现在多个功能电路中，如 $VD_{Z1}$ 既作为启动电路的一部分，又作为过热保护电路的一部分。

**2. 固定输出式稳压电路应用**

图 11-32 为 W7800 的方框图。W7900 系列芯片是一种输出负电压的固定式三端稳压器，输出有 -5 V、-6 V、-9 V、-12 V、-15 V、-18 V 和 -24 V 七个电压档次，并且也有 1.5 A、

图 11-32　W7800 方框图

0.5 A和0.1 A三个电流档次,使用方法与W7800系列稳压器相同,只是要特别注意输入电压和输出电压的极性。

(1) **基本应用** 图11-33为三端固定式稳压器的基本应用电路。整流滤波后的直流输入电压接在输入端和公共端之间,在输出端即可得到稳定的输出电压$U_O$。其中,图11-33(a)为固定正电压输出,图11-33(b)为固定负电压输出。实际应用时,可根据对输出电压$U_O$数值和极性的要求去选择合适的型号。值得注意的是,$U_I$与$U_O$的电压差在2 V以上,即$|U_I - U_O| > 2$ V。

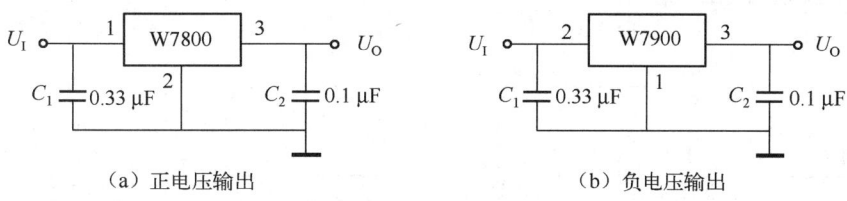

(a) 正电压输出  (b) 负电压输出

图11-33 固定式三端稳压器基本应用电路

图11-33所示电容$C_1$用于抵消输入线较长时的电感效应,以防止电路产生自激振荡。其容量较小,一般小于1 $\mu$F。电容$C_2$用于消除输出电压中的高频噪声,改善负载的瞬态效应,容量可取小于1 $\mu$F的电容,也可取几微法甚至几十微法的电容,以便输出较大的脉冲电流。但是若$C_2$容量较大,一旦输入端断开,$C_2$将从稳压器输出端向稳压器放电,易使稳压器损坏。因此,可在稳压器的输入端和输出端之间跨接一个二极管,其作用是在输入端短路时,使$C_2$通过二极管放电,以便保护集成稳压器内部的调整管。

(2) **正、负输出稳压电路** 当需要同时输出正、负电压时,可用W7800和W7900组成如图11-34所示的具有正、负对称输出两种电源的稳压电路。

(3) **电压扩展电路** W7800和W7900系列是固定输出电压,当所需直流电压高于三端稳压器的额定输出电压时,可通过外接电路进行升压。如图11-35所示,使集成稳压器工作于悬浮状态,即不直接接地,从而扩展输出电压。

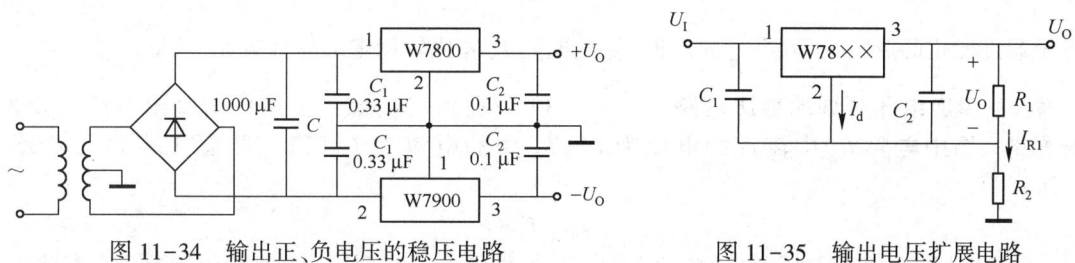

图11-34 输出正、负电压的稳压电路  图11-35 输出电压扩展电路

设W7800的额定输出电压为$U'_O$,其公共端电流为$I_d$(一般约几十微安至几百毫安),则由图11-35可得扩展后的电压为

$$U_O = U'_O\left(1 + \frac{R_2}{R_1}\right) + I_d R_2 \tag{11-51}$$

一般$I_d \ll I_R$,当$R_1$和$R_2$的阻值不是很大时,$U_O$可近似表示为

$$U_O = U'_O\left(1 + \frac{R_2}{R_1}\right) \tag{11-52}$$

(4) **扩大输出电流的稳压电路** 三端式集成稳压器的输出电流有一定限制,如1.5 A、0.5 A或0.1 A等。如果希望在此基础上进一步扩大输出电流,则可以通过外接大功率三极管的方法实现。电路接法如图11-36所示,这是实现输出电流扩展的一种电路。

由图可见,输出电压 $U_O$ 仍由三端固定输出集成稳压器的输出值来决定,而输出电流 $I_O$ 则是集成稳压器输出电流的 $\beta$ 倍($\beta$ 为功率管 VT 的电流放大系数):二极管 VD 用来补偿双极型晶体管 VT 的 $U_{BE}$ 随温度变化对输出电压产生的影响。

图 11-37 所示为另一种扩展输出电流的电路,$VT_1$ 为扩流功率管,$VT_2$ 为限流保护管。当负载电流 $I_O$ 较小时,不需扩流,扩流控制取样电阻 $R_1$ 上的压降不足以使 $VT_1$ 导通。此时 $I_O = I'_O$。当 $I_O$ 较大,需扩流时,$U_{R1}$ 升高使 $VT_1$ 导通,此时 $I_O = I'_O + I_{C1}$。当 $I_O$ 超过最大允许值时,限流保护取样电阻 $R_2$ 上的压降 $U_{R2}$ 使 $VT_2$ 导通,其电压 $U_{EC2}$ 下降,迫使 $VT_1$ 发射结正偏电压 $U_{EB1}$ 下降,从而限制了 $VT_1$ 的电流 $I_{C1}$ 及输出电流 $I_O$。

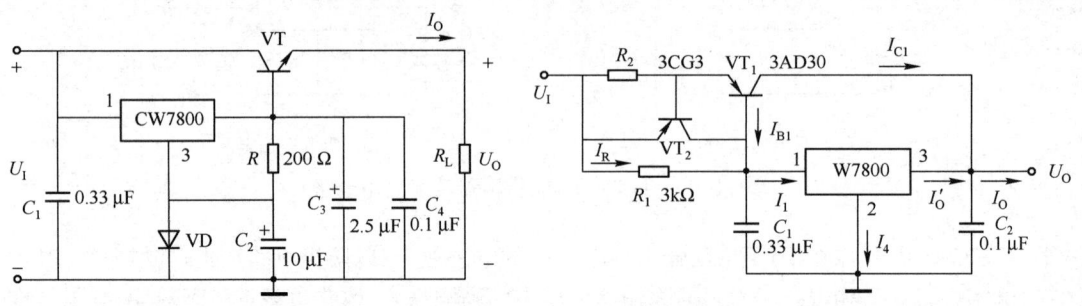

图 11-36　扩展输出电流的电路　　　　图 11-37　另一种扩展输出电流的电路

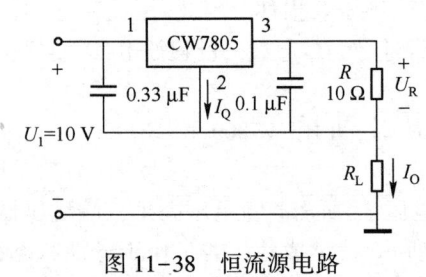

图 11-38　恒流源电路

**(5) 恒流源电路**　图 11-38 所示电路的连接可以作为稳定的直流电流源,其输出电流将不随负载电阻的改变而变动。电阻 $R$ 两端电压 $U_R$ 为集成稳压器输出的稳定电压。只要电阻元件 $R$ 精确,则流过电阻 $R$ 的电流也是稳定的。由图 11-38 可得负载 $R_L$ 中的电流 $I_O$ 为

$$I_O = \frac{U_R}{R} + I_Q \tag{11-53}$$

式中,$I_Q$ 为集成稳压器的静态工作电流。因此,当负载改变时,$I_O$ 不受 $R_L$ 变动的影响。由于 $I_Q$ 受 $U_I$ 及温度变化的影响,所以当 $\dfrac{U_R}{R} \gg I_Q$ 时,输出电流 $I_O$ 才比较稳定。与负载 $R_L$ 无关。

**(6) 输出电压可调的稳压电路**　图 11-39 为利用三端稳压器构成的输出电压可调的稳压电路。图中电阻 $R_2$ 中流过的电流为 $I_{R2}$,$R_1$ 中的电流为 $I_{R1}$,稳压器公共端的电流为 $I_W$,因而

$$I_{R2} = I_{R1} + I_W$$

输出电压 $U_O$ 等于 $R_1$ 上电压与 $R_2$ 上电压之和。所以改变 $R_2$ 滑动端位置,可以调节 $U_O$ 的大小。

在图 11-39 所示电路中,三端稳压器既作为稳压器件,又为电路提供基准电压。其主要缺点是当公共端电流 $I_W$ 变化时将影响输出电压。因此,实用电路中常加电压跟随器将稳压器与取样电阻隔离,如图 11-40 所示。

图中电压跟随器的输出电压等于其输入电压,也等于三端稳压器的输出电压 $U'_O$。也就是说,电阻 $R_1$ 与 $R_2$ 上部分的电压之和为 $U'_O$,是一个常量。因此,以输出电压 $U_O$ 的正端为参考点,当电位器滑动端的位置变化时,输出电压 $U_O$ 将随之变化。其调节范围是

$$\frac{R_1 + R_2 + R_3}{R_1 + R_2} U'_O \leqslant U_O \leqslant \frac{R_1 + R_2 + R_3}{R_1} U'_O \tag{11-54}$$

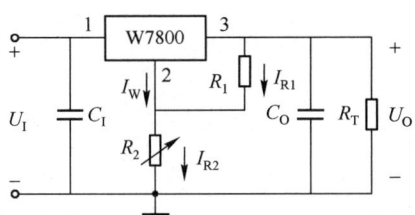

图 11-39 输出电压可调的稳压电路

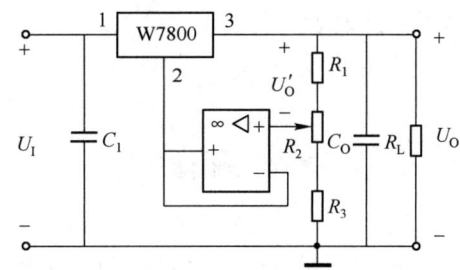

图 11-40 另外一种输出电压可调的稳压电路

可以根据输出电压的调节范围及输出电流大小选择三端稳压器及取样电阻。

（7）**跟踪稳压电源电路** 图 11-41 为一种具有跟踪特性的正、负电压输出的稳压电源电路。W7800 为正电源,用运放和功率管做成可跟踪正电源变化的负电源。

跟踪原理:当 $+U_O$ 和 $-U_O$ 绝对值相等(对称输出),即电源正常工作时,运放 F007 的反相输入端保持为零电位。当 $U_I$ 或负载变化使 $+U_O$ 升高,运放反相输入端电位大于零,运放输出电位(即 $T_2$ 基极电位)下降。由于 $VD_2$ 和 $VT_1$ 组成射极跟随器,所以它的输出电压($-U_O$)绝对值随之增大,从而保持了 $-U_O$ 和 $+U_O$ 对称。反之亦然,从而实现了跟踪关系。

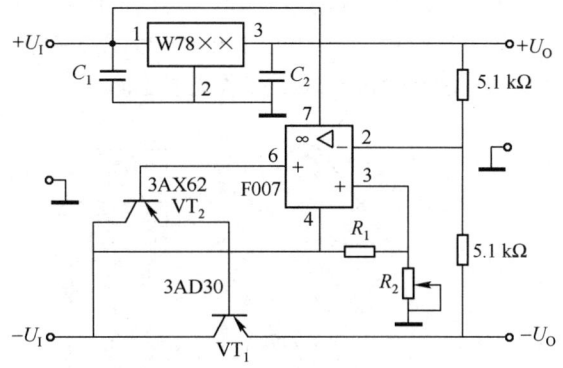

图 11-41 跟踪稳压电源电路

【**例 11-9**】 有一电子装置需配置直流稳压电源,要求电源电压为 +5 V,工作时最大电流为 300 mA。试用三端式集成稳压电路构成。并确定桥式整流电容电路中二极管的参数、滤波电容的参数。

**解**:三端式集成稳压电路可采用图 11-32 所示的固定稳压电路。

（1）确定稳压器型号、输入电压和输入电流。

根据要求 $U_O = +5$ V,故选用 W7805 型号;稳压器压差为 $U_I - U_O > 2$ V,现取 3 V。故输入电压 $U_I = 5 + 3 = 8$ V。稳压器的输入电流即为整流滤波电路的负载电流 $I'_O = I_{Omax} + I_Q = 300 + 8 = 308$ mA。

为确定整流二极管和滤波电容参数需要,先确定电源变压器的副边电压有效值 $U_2$ 和整流滤波电路的等效负载 $R'_L$

$$U_2 = \frac{U_1}{1.2} = \frac{8}{1.2} = 6.7 \text{ V}$$

取 $U_2 = 7$ V,得

$$R'_L = \frac{1.2 U_2}{I'_O} = \frac{1.2 \times 7}{308} = 27.3 \ \Omega$$

（2）**桥式整流二极管参数要求**

正向平均电流:
$$I_F \geq I_D = \frac{1}{2} I'_O = \frac{1}{2} \times 308 = 154 \text{ mA}$$

最大反向电压:
$$U_{RM} \geq U_{Rmax} = \sqrt{2} U_2 = \sqrt{2} \times 7 \approx 10 \text{ V}$$

（3）**滤波电容**

$$C \geq \frac{(3 \sim 5)\frac{T}{2}}{R'_L} = \frac{(3 \sim 5) \times \frac{1}{2} \times 20 \times 10^{-3}}{27.3} = 1000 \sim 1830 \ \mu\text{F}$$

取 $C = 1000 \ \mu\text{F}$。

电容器耐压为

$$U_{CM} \geqslant \sqrt{2} \, U_2 = 10 \ \text{V}$$

## 11.5.2　可调式三端稳压器

前面所述的 W7800 和 W7900 系列为输出电压固定的三端集成稳压器,在有些场合要求扩大输出电压的调节范围,故使用它不太方便。实际运用中还有三端可调式集成稳压器,它是在三端固定输出集成稳压器的基础上发展起来的。集成稳压器的三个端分别为输入端 $U_1$、输出端 $U_O$ 和调整端 ADJ。输入端的电流几乎全部流到输出端,流到调整端的电流非常小。因此,可以用少量的外部元件方便地组成精密可调的稳压电路,应用更为灵活。典型的产品有正电压输出系列 CW117、CW217 和 CW317,负电压输出系列 CW137、CW237 和 CW337 等。外形及管脚排列如图 11-42 所示。同一系列的内部电路和工作原理基本相同,只是工作温度不同。

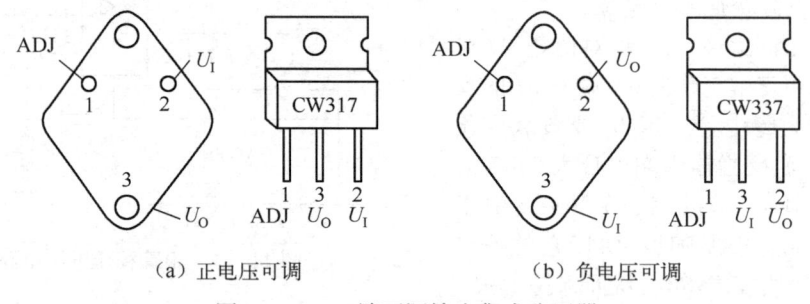

（a）正电压可调　　　　　　　　　（b）负电压可调

图 11-42　三端可调输出集成稳压器

### 1. 工作原理

可调式三端稳压电路内部电路与固定式 W7800 系列相似,所不同的是三个端子为输入端、输出端及调整端。调整端是基准电压电路的公共端。

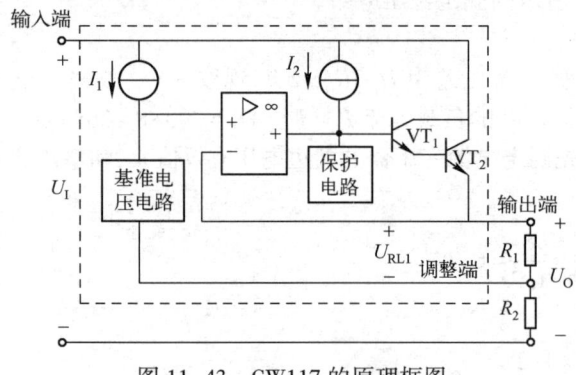

图 11-43　CW117 的原理框图

以 CW117 为例来介绍可调式三端稳压电路的工作原理。其原理框图如图 11-43 所示。$VT_1$ 和 $VT_2$ 组成的复合管为调整管;比较放大电路是共集-共射放大电路;保护电路包括过流保护、调整管安全区保护和过热保护三部分;$R_1$ 和 $R_2$ 为外接的取样电阻,调整端接在它们的连接点上。

当输出电压 $U_O$ 因某种原因(如电网电压波动或负载电阻变化)而增大时,比较放大电路的反相输入端电位(即采样电压)随之升高,使得放大电路输出端电位下降,$U_O$ 势必随之减小;当输出电压 $U_O$ 因某种原因(如电网电压波动或负载电阻变化)而减小时,各部分的变化与上述过程相反;因而输出电压稳定。可见,与一般串联型稳压电路一样,由于 CW117 电路中引入了电压负反馈,使得输出电压稳定。

### 2. CW117 的应用

（1）**基本应用**　三端可调输出集成稳压器的基本应用电路,如图 11-44 所示。只需外接两个电阻 $R_1$ 和 $R_2$ 就可得到所需的输出电压。为了使电路正常工作,一般要求三端可调稳压器的输出电流不小于 5 mA。当输入电压在 2~40 V 范围内变化时,集成稳压器的输出端与调整端间的电压

始终等于基准电压 $U_{REF}$（= 1. 25 V）。调整端的电流 $I_{ADJ}$ 很小，约等于 50 μA，但它的大小不受供电电压的影响，非常稳定。可以看出，如果将调整端直接接地，在电路正常工作时，输出电压就等于基准电压 1. 25 V。

在图 11-44 所示电路中，因 CW117，CW217 和 CW317 的基准电压为 1. 25 V，这个电压在输出端 3 与调整端之间，故输出电压只能从 1. 25 V 上调。由图 11-45 可以得出输出电压表达式为

$$U_O = U_{REF}\left(1+\frac{R_2}{R_1}\right)+I_{ADJ}R_2$$

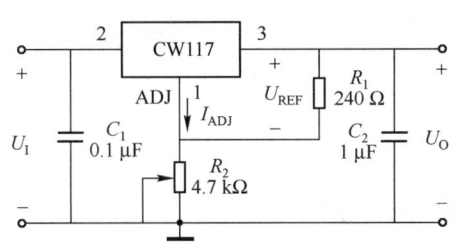

图 11-44　CW117 的基本应用电路

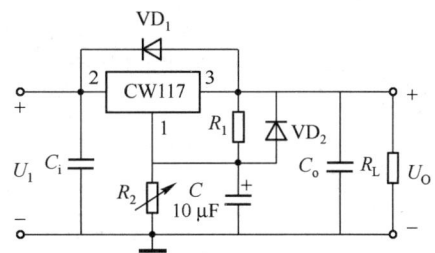

图 11-45　CW117 外加保护电路

由于 $I_{ADJ} \approx 50$ μA，可以忽略，又 $U_{REF} = 1. 25$ V，所以得

$$U_O = 1.25\times\left(1+\frac{R_2}{R_1}\right) \text{ V} \tag{11-55}$$

为了减小 $R_2$ 上的纹波电压，可在其上并联一个 10 μF 电容 $C$。但是，在输出短路时，$C$ 将向稳压器调整端放电，并使调整管发射结反偏。为了保护稳压器，可加二极管 $VD_2$ 提供一个放电回路。

（2）**基准电压源电路**　图 11-46 为由 CW117 组成的基准电压源电路，输出端和调整端之间的电压是非常稳定的，其值为 1. 25 V，输出电流可达 1. 5 A。图中 $R$ 为泄放电阻。

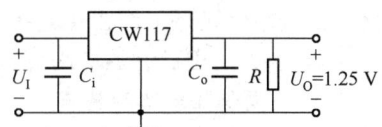

图 11-46　CW117 构成的基准
电压源电路

（3）**输出电流的扩展**　两只可调式三端稳压器可进行并联使用，但需要采用运算放大器来平衡两稳压块之间的输出电流，如图 11-47 所示。

【例 11-10】　在图 11-48 所示直流稳压电源中，已知三极管 VT 的 $U_{BE}$ 与二极管正向导通电压 $U_D$ 大小相等（$-U_{BE} = U_D$），W7815 的最大输出电流 $I_{Omax} = 1. 5$ A，负载电流 $I_L = 4. 5$ A。近似估算 $R_2$ 的值及其功率。

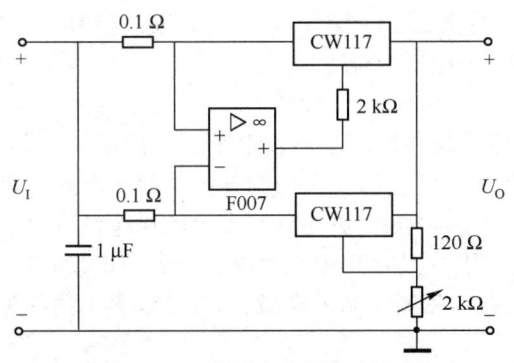

图 11-47　扩展电流的稳压电路

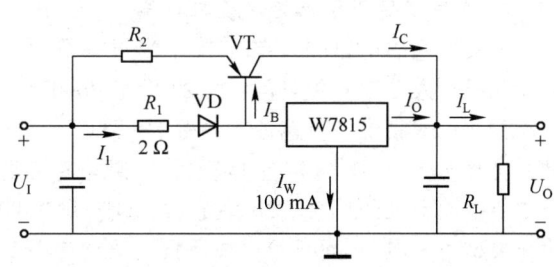

图 11-48　例 11-10 图

**解：** 如图 11-48 所示为一个扩大电流输出的直流稳压电源，由基尔霍夫电流定律得

$$I_1+I_B = I_W+I_O$$
$$I_C+I_O = I_L$$

从而有

$$I_C = I_L - I_O, \quad I_1 = I_O + I_W - I_B$$

忽略 $I_B$ 和 $I_W$ 的影响,则

$$I_E \approx I_C = I_L - I_O = 4.5 - 1.5 = 3 \text{ A}$$
$$I_1 \approx I_O = 1.5 \text{ A}$$

由基尔霍夫电压定律

$$I_1 R_1 + U_D = I_E R_2 - U_{BE}$$

由于 $-U_{BE} = U_D$,所以

$$R_2 = \frac{I_1 R_1}{I_E} = \frac{1.5 \times 2}{3} = 1 \ \Omega$$

$R_2$ 的功率为

$$P_{R2} = I_E^2 R_2 \approx 9 \text{ W}$$

# *11.6 开关型稳压电路

前面介绍的线性直流稳压器的优点是结构简单、调整方便、输出电压脉动较小。但其缺点是效率低,特别是在负载电流较大且输出电压较低时,调整管自身的功耗很大;所以,线性稳压电路的主要缺点是效率很低,甚至仅为 30%~40%。其承受短路与过载的能力很低。而且,为了解决调整管散热问题,需要安装散热器,这就必然增大整个电源设备的体积、重量和成本。

如果调整管工作在开关状态,那么当其截止时,因电流很小(为穿透电流)而管耗很小;当其饱和时,因管压降很小(为饱和管压降)而管耗也很小。这将可以大大提高电路的效率。开关型稳压电路中的调整管正是工作在开关状态,并因此而得名,其效率可达 70%~95%。而开关型稳压电路克服了上述缺点,因而它的应用日益广泛。

### 1. 开关型稳压电路的特点

开关型稳压电路有诸多优点,包括效率高、功能强、体积小、重量轻等。因调整管功耗小,故散热器也可随之减小。而且,许多开关型稳压电路还可省去 50 Hz 工频变压器,而开关频率通常为几十千赫,故滤波电感、电容的容量均可大大减小。所以,与同样功率的线性稳压电路相比,其体积和重量都小得多。

但是开关型稳压电路也存在一些缺点,首先是调整管的控制电路比较复杂。为使调整管工作在开关状态,需要增加控制电路,还需要经过 LC 滤波,因此电路比较复杂,调试比较麻烦。另外,输出电压中纹波和噪声成分较大。因调整管工作在开关状态,将产生尖峰干扰和谐波信号,虽经整流滤波,但输出电压中的纹波和噪声成分仍较线性稳压电路中的大。

### 2. 开关型稳压电路的发展与种类

开关型稳压电路的发展依赖于半导体器件和磁性材料的发展。随着电子工业的发展,高频率、高耐压、大功率开关管问世。20 世纪 70 年代以来,无工频电源变压器的开关型稳压电路在世界各工业化国家中已普遍成为商品,电路可直接从电网整流供电,更显示了突出的优越性;因此,以其自身功耗小、体积小、重量轻,得到越来越广泛的使用,尤其适用于大功率且负载固定、输出电压调节范围不大的场合。20 世纪 80 年代,开关型电路技术不断有新的突破,出现了许多不同种类的开关型稳压电源,而且可以按不同的方法来分类。

(1) 按稳压的控制方式分类 可分为脉冲宽度调制型(PWM)、脉冲频率调制型(PFM)和混合调制(即脉宽-频率调制)型。

PWM 型指开关频率保持不变,控制导通脉冲的宽度;PFM 指开关导通的时间不变,控制开关的工作频率;混合调制型为以上两种控制方式的结合,即脉冲宽度和开关工作频率都将变化。三种方式中以脉冲宽度调制型用得较多。

（2）按是否使用工频变压器分类　低压开关稳压电路，即 50 Hz 电网电压先经工频变压器转换成较低电压后再进入开关型稳压电路。因这种电路需用笨重的工频变压器，且效率较低，目前已很少采用。

高压开关型稳压电路，即无工频变压器的开关稳压电路，由于高压大功率三极管的出现，有可能将 220 V 的交流电网电压直接进行整流滤波，然后再进行稳压，使开关型稳压电路的体积和重量大大减小，而效率更高。目前，实际工作中大量使用的，主要是无工频变压器的开关型稳压电路。

开关型稳压电路按激励的方式分类，有自激式和他激式。按所用开关调整管的种类分，有双极型三极管、MOS 场效应管和可控硅开关电路等。按调整管与负载的连接方式可分为串联型和并联型。

## 11.6.1　串联式开关型稳压电路

一个串联式开关型稳压电路的组成如图 11-49 所示。图中包括开关调整管、滤波电路、脉冲调制电路、比较放大器、基准电压和采样电路等多个组成部分。

图 11-49 中 $U_I$ 是整流输出电压，经过开关调整管将连续电压变成断续的矩形波电压，再通过滤波器将断续的电压变成另一种连续的直流电压，并且通过采样电路、比较放大、基准电压及脉冲调制等环节实现输出电压的稳定。

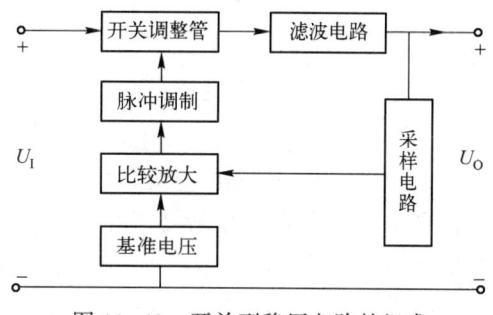

图 11-49　开关型稳压电路的组成

如果由于输入直流电压或负载电流波动而引起输出电压发生变化时，采样电路将输出电压变化量的一部分送到比较放大电路，与基准电压进行比较后，并将二者的差值放大后送至脉冲调制电路，使脉冲波形的占空比发生变化。此脉冲信号作为开关调整管的输入信号，使调整管导通和截止时间的比例也随之发生变化，从而使滤波以后输出电压的平均值基本保持不变。

### 1. 工作原理

图 11-50 为一个脉冲调宽式开关型稳压电路的原理示意图。

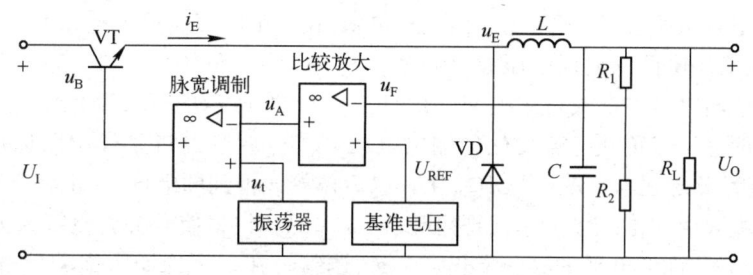

图 11-50　脉冲调宽式开关型稳压电路

图 11-50 中所示三极管 VT 为工作在开关状态的调整管。由电感 $L$ 和电容 $C$ 组成滤波电路，二极管 VD 称为续流二极管。脉冲宽度调制电路由一个比较器和一个产生三角波的振荡器组成。运算放大器 A 作为比较放大电路，基准电源产生一个基准电压 $U_{REF}$，电阻 $R_1$ 和 $R_2$ 组成采样电路。

现分析其工作原理。由采样电路得到的采样电压 $u_F$ 与输出电压成正比，它与基准电压进行比较放大以后得到 $u_A$，被送到比较器的反相输入端。振荡器产生的三角波信号 $u_t$ 加在比较器的同相输入端。当 $u_t > u_A$ 时，比较器输出高电平，即

$$u_B = +U_{Opp}$$

当 $u_t < u_A$ 时，比较器输出低电平，即

$$u_B = -U_{Opp}$$

故调整管 VT 的基极电压 $u_B$ 成为高、低电平交替的脉冲波形,如图 11-51 所示。

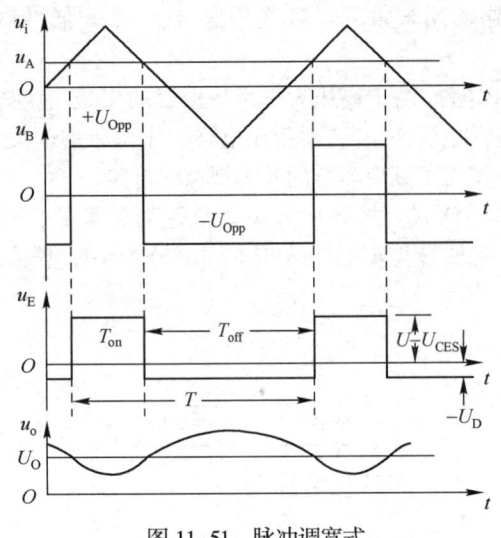

图 11-51 脉冲调宽式
开关型稳压电路波形图

当 $u_B$ 为高电平时,调整管饱和导电,此时发射极电流 $i_B$ 流过电感和负载电阻。这样一方面向负载提供输出电压,同时将能量储存在电感的磁场中。由于三极管 VT 饱和导通,因此其发射极电位 $u_E$ 为

$$u_E = U_I - U_{CES} \qquad (11-56)$$

其中,$U_I$ 为直流输入电压,$U_{CES}$ 为三极管的饱和管压降。$u_E$ 的极性为上正下负,则二极管 VD 被反向偏置,不能导通,故此时二极管不起作用。

当 $u_B$ 为低电平时,调整管截止,$i_E = 0$。但电感具有维持流过电流不变的特性,此时将储存的能量释放出来,在电感上产生的反电势通过负载和二极管继续流通。因此,二极管 VD 称为断流二极管。此时,调整管发射极的电位为

$$u_E = -U_D$$

式中,$U_D$ 为二极管的正向导通电压。

由图 11-50 可见,调整管处于开关工作状态,它的发射极电位 $u_E$ 也是高、低电平交替的脉冲波形。但是,经过 LC 滤波电路以后,在负载上可以得到比较平滑的输出电压 $u_0$。

在理想情况下,输出电压 $u_0$ 的平均值 $U_0$ 即是发射极电压 $u_E$ 的平均值。根据图 11-51 中 $u_E$ 的波形可求得

$$U_0 = \frac{1}{T}\int_0^T u_E \mathrm{d}t = \frac{1}{T}\left[\int_0^{T1}(U_I - U_{CES})\mathrm{d}t + \int_{T1}^T(-U_D)\mathrm{d}t\right]$$

因三极管的饱和管压降 $U_{CES}$ 以及二极管的正向导通电压 $U_D$ 值均很小,与直流输入电压 $U_I$ 相比通常可以忽略,则上式可近似表示为

$$U_0 \approx \frac{1}{T}\int_0^{T1} U_I \mathrm{d}t = \frac{T_1}{T}U_I = DU_I \qquad (11-57)$$

上式中 $D$ 为脉冲波形 $u_E$ 的占空比。由上式可知,在一定的直流输入电压 $U_I$ 之下,占空比 $D$ 的值愈大,则开关型稳压电路的输出电压 $U_0$ 愈高。

下面分析当电网电压波动或负载电流变化时,图 11-50 所示的开关型稳压电路如何起稳压作用。假设由于电网电压或负载电流变化使输出电压 $U_0$ 升高,则经过采样电阻以后得到的采样电压 $u_F$ 也随之升高。此电压与基准电压 $U_{REF}$ 比较以后再放大得到的电压 $u_A$ 也将升高,而 $u_A$ 送到比较器的反相输入端。由图 11-51 所示波形可见,当 $u_A$ 升高时,将使开关调整管基极电压 $u_B$ 的波形中高电平的时间缩短,而低电平的时间增长。于是,调整管在一个周期中饱和导电的时间减少,截止的时间增加,则其发射极电压 $u_E$ 脉冲波形的占空比减小,从而使输出电压的平均值 $U_0$ 减小,最终保持输出电压基本不变。

**【例 11-11】** 图 11-52 所示电路为串联开关型稳压电路原理图。输入电压 $U_I$ 是直流电压;振荡电路输出周期为 $T$ 的三角波 $u_s$,其峰-峰值为 $\pm V_{Smax}$,C 为电压比较器,其输出电压 $u_B$ 使晶体管 VT 工作在开关状态,比较放大器 A 的输出电压 $U_F < 0$;VT 的饱和管压降和穿透电流均可忽略不计,电感 $L$ 上的直流压降可忽略不计。设 $u_B$ 在每个周期内为高电平的时间是 $T_k$。

（1）晶体管 VT 发射极的电位波形是什么？

（2）若取样电压 $U_P$ 升高,则 $u_B$ 的脉宽 $T_k$ 将如何变化？

（3）在同样输出电压的条件下,$u_s$ 的周期 $T$ 减小,则晶体管 VT 的管耗将如何变化？

**解**：（1）由于电压比较器 C 的输出 $u_B$ 为矩形波,晶体管 VT 的发射极与基极仅差 0.6 V,故 VT

的发射极电位波形 $u_E$ 是矩形波。

（2）若取样电压 $U_P$ 升高,则比较放大器 A 的输出电压 $U_F$ 降低。根据如图 11-53 所示的 $u_s$、$u_B$ 和 $U_F$ 的波形图,当 $U_F$ 降低时,脉宽 $T_k$ 将减小。

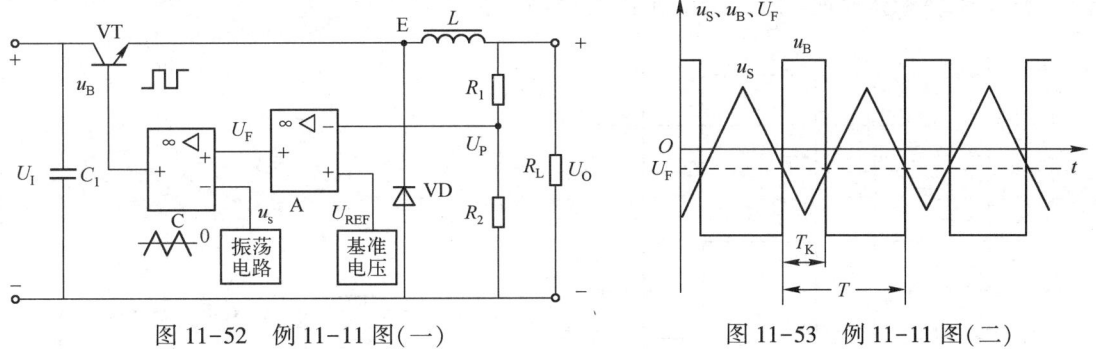

图 11-52　例 11-11 图（一）　　　　　　图 11-53　例 11-11 图（二）

（3）由于晶体管 VT 工作在开关状态,管耗主要发生在状态转换过程中。所以在同样输出电压的条件下,当 $u_s$ 的周期 $T$ 减小时,晶体管 VT 的状态转换次数增加,故其管耗将增大。

### 11.6.2　并联式开关型稳压电路

串联式开关型稳压电路调整管与负载串联,输出电压总是小于输入电压,故称降压型稳压电路。在实际应用中,还需要将输入直流电源经稳压电路转换成大于输入电压的稳定的输出电压,称为升压型稳压电路。在这类电路中,开关管常与负载并联,故称之为并联式开关型稳压电路;它通过电感的储能作用,将感生电动势与输入电压相叠加后作用于负载,因而 $U_O > U_I$。

图 11-54（a）为并联式开关型稳压电路中的电路,输入电压 $U_I$ 为直流供电电压,晶体管 VT 为开关管,$u_B$ 为矩形波,电感 $L$ 和电容 $C$ 组成滤波电路,VD 为续流二极管。

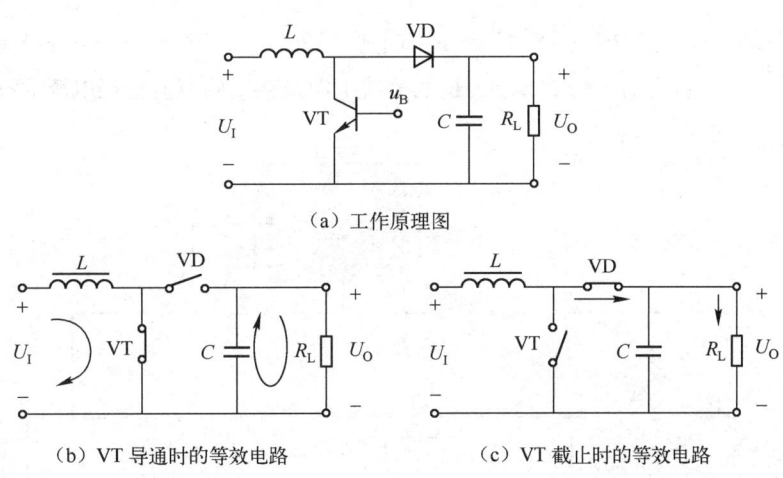

（a）工作原理图

（b）VT 导通时的等效电路　　　（c）VT 截止时的等效电路

图 11-54　并联式开关型稳压电路的基本原理图及其等效电路

VT 管的工作状态受 $u_B$ 的控制。$u_B$ 为高电平时,VT 饱和导通,$U_I$ 通过 VT 给电感 $L$ 充电补能,充电电流几乎是线性增大;VD 因承受反压而截止;滤波电容 $C$ 对负载电阻放电,等效电路如图 11-54（b）所示,各部分电流如图中所标注。当 $u_B$ 为低电平时,VT 截止,$L$ 产生感生电动势,其方向阻止电流的变化,因而与 $U_I$ 同向。这两个电压相加后通过二极管 VD 对 $C$ 充电,等效电路如图 11-54（c）所示。因此,无论 VT 和 VD 的状态如何,负载电流方向始终不变。

根据上述分析,可以画出控制信号 $u_B$、电感上的电压 $u_L$ 和输出电压 $u_o$ 的波形,如图 11-55 所示。从波形分析可知,只有当 $L$ 足够大时,才能升压;并且只有当 $C$ 足够大时,输出电压的脉动才可能足够小;当 $u_B$ 的周期不变时,其占空比愈大,输出电压将愈高。

在图 11-54(a)所示换能电路中加上脉宽调制电路后,便可得到并联式开关型稳压电路,如图 11-56 所示,其稳压原理与图 11-54 所示电路相同。

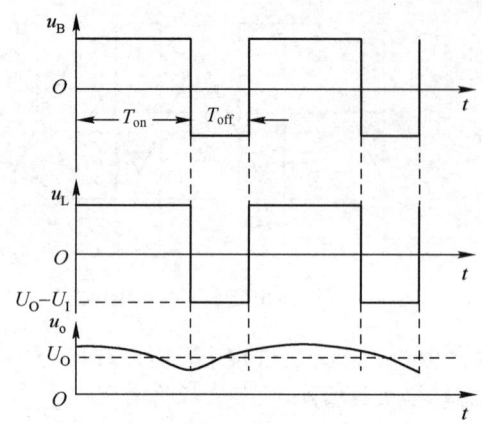

图 11-55　并联型开关稳压电路的波形分析

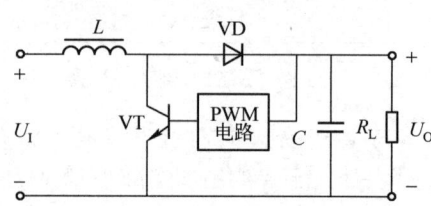

图 11-56　并联型开关稳压电路的简化图

【思考题】

1. 开关型稳压电路和线性串联稳压电路有什么区别?有什么特点?

2. 为什么串联式开关型稳压电路的输出电压会低于其输入电压?而并联式开关型稳压电路的输出电压在一定条件下会高于其输入电压?条件是什么?

# 11.7　直流稳压电源仿真分析

串联直流稳压电源电路如图 11-57 所示,调节电位器 $R_2$ 可以调节输出电压的范围。图 11-58 所示为仿真结果,其中图(a)为输入的 21 V、50 Hz 的交流电源及输出的直流稳压电源,图(b)为电压表所测幅值。

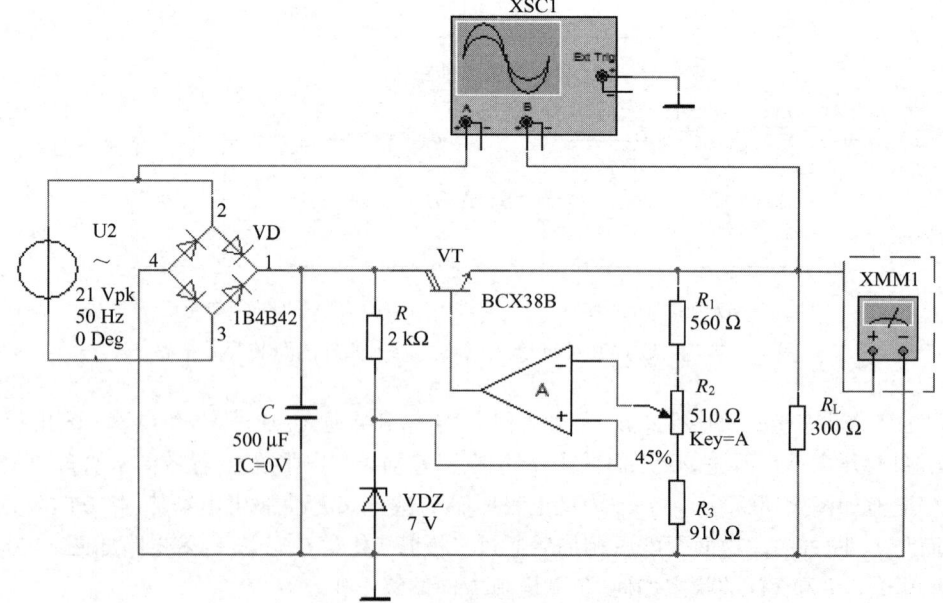

图 11-57　串联直流稳压电源电路

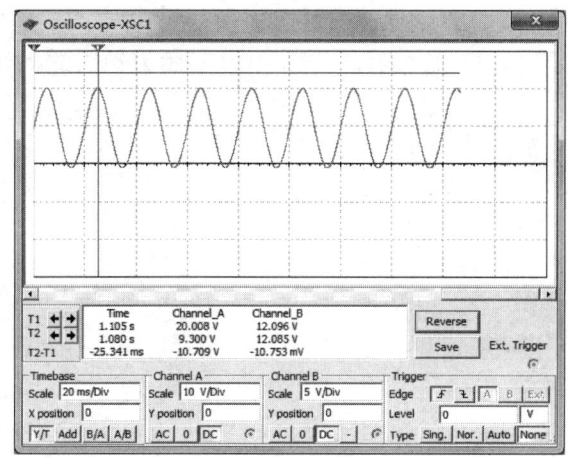

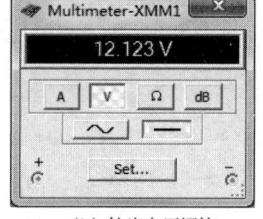

（a）输入/输出仿真波形　　　　　　　　　　　（b）输出电压幅值

图 11-58　串联直流稳压电源电路仿真结果

三端集成稳压电源电路如图 11-59 所示，图 11-60 为仿真结果。其中图 11-60(a)为输入的 21 V、50 Hz 的交流电源及输出的直流稳压电源，图 11-60(b)为电压表所测幅值。

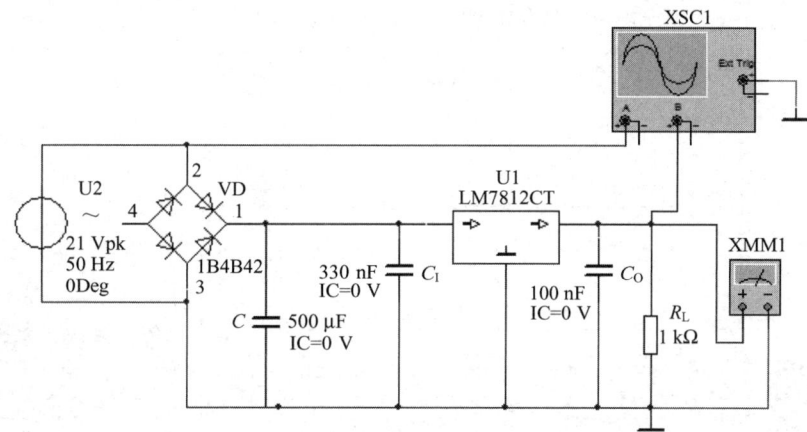

图 11-59　三端集成稳压电源电路

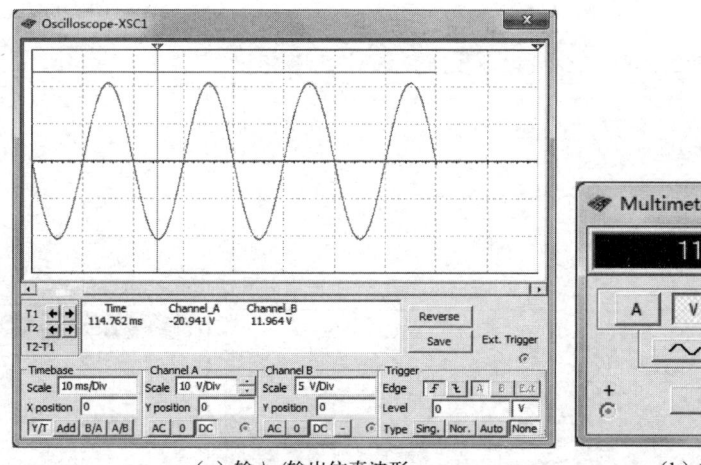

（a）输入/输出仿真波形　　　　　　　　　　　（b）输出电压幅值

图 11-60　三端集成稳压电源电路仿真结果

图 11-61 为具有两种电源调节的集成稳压电源仿真电路。通过调整开关位置,来调整输出电压值。图 11-62 为仿真结果。其中图(a)中为开关拨到右边时的仿真波形,显示为输入的 21 V,

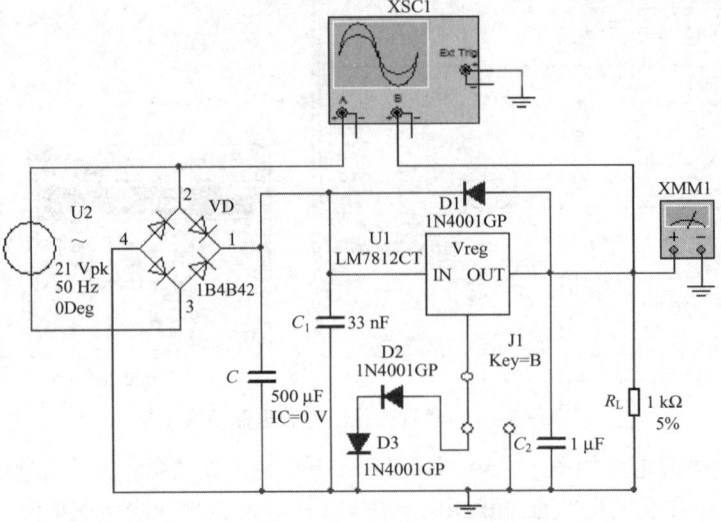

图 11-61　具有两种电源调节的集成稳压电源电路

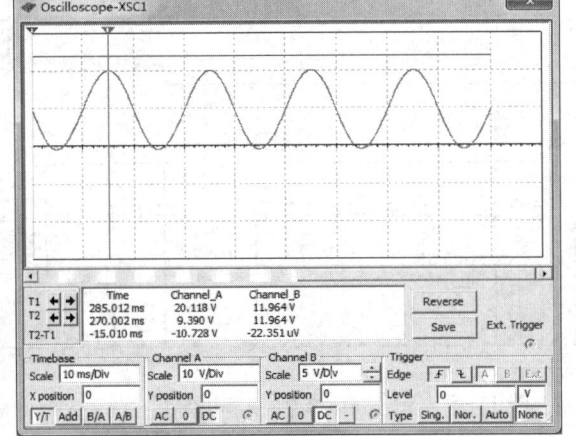

（a）开关拨至右时输入/输出仿真波形

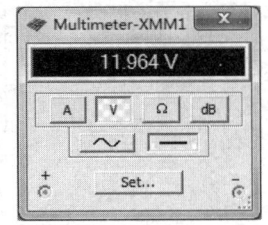

（b）开关拨至右时输出电压幅值

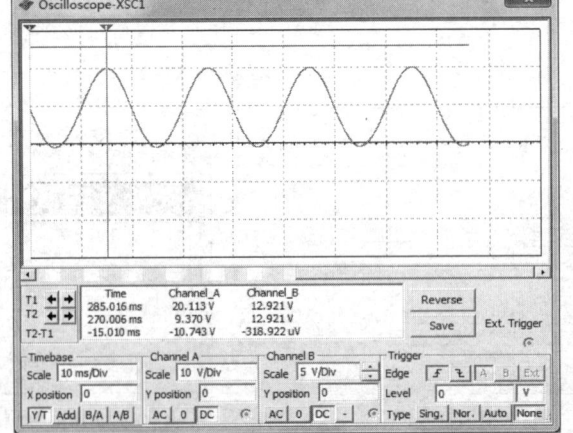

（c）开关拨至左时输入/输出仿真波形

（d）开关拨至左时输出电压幅值

图 11-62　具有两种电源调节的集成稳压电源仿真结果

50 Hz 的交流电源及输出的直流稳压电源,图(b)为开关拨到右边时的电压表所测幅值,图(c)为开关拨到左时的仿真波形,包括输入的 21 V、50 Hz 的交流电源及输出的直流稳压电源,图(d)为开关拨到左边时的电压表所测幅值。

## 11.8　直流稳压电源典型应用实例

直流稳压电源在电子设备中是必不可少的器件。在直流稳压电源电路的基础上,很容易能实现充电器电路的设计工作,如图 11-63 所示。

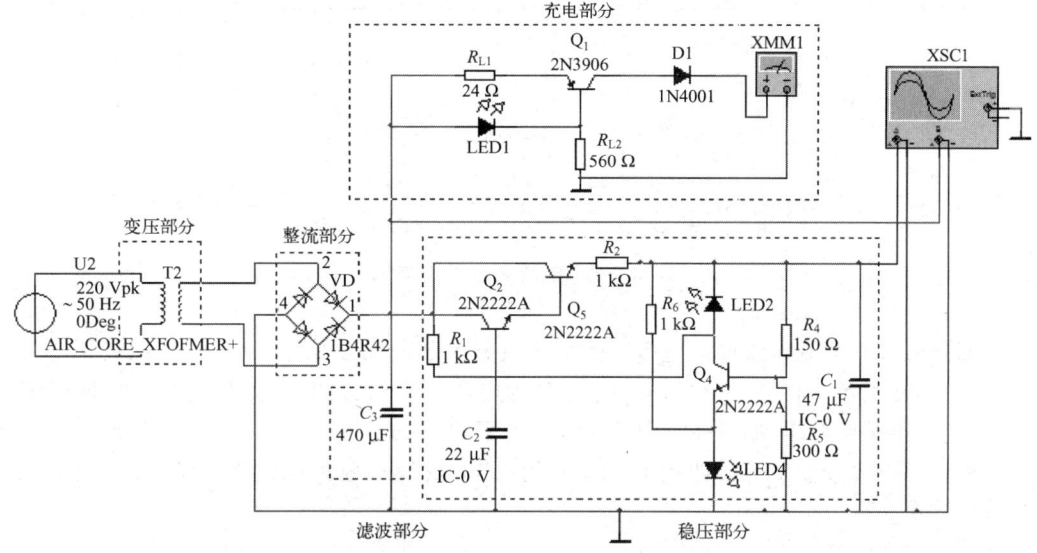

图 11-63　充电器电路

变压部分的作用是将 220 V 的交流电压变换为 7.5 V 的交变电压,设置变压器的变比 num_turns 为 0.034,如图 11-64 所示为变压部分输出结果。将 7.5 V 的交变电压提供给整流电路,由 4 个整流二极管按桥式整流方法连接对输入交流电压进行整流,把 50 Hz 的正弦交流电变换成单方向脉动的直流电压,如图 11-65 所示。

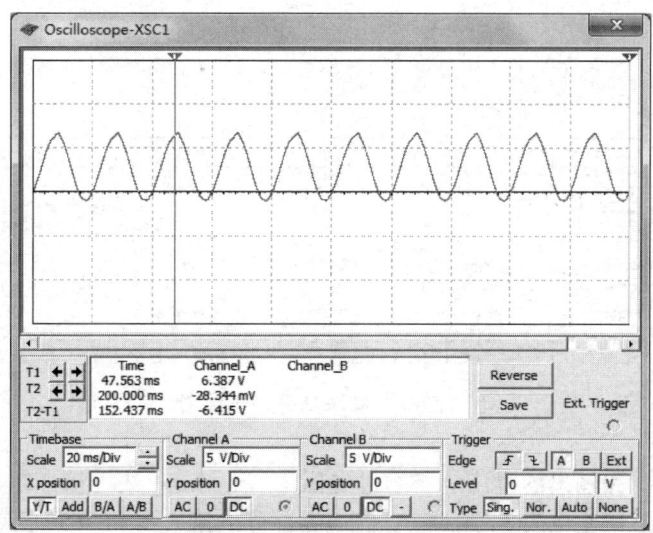

图 11-64　变压部分输出波形

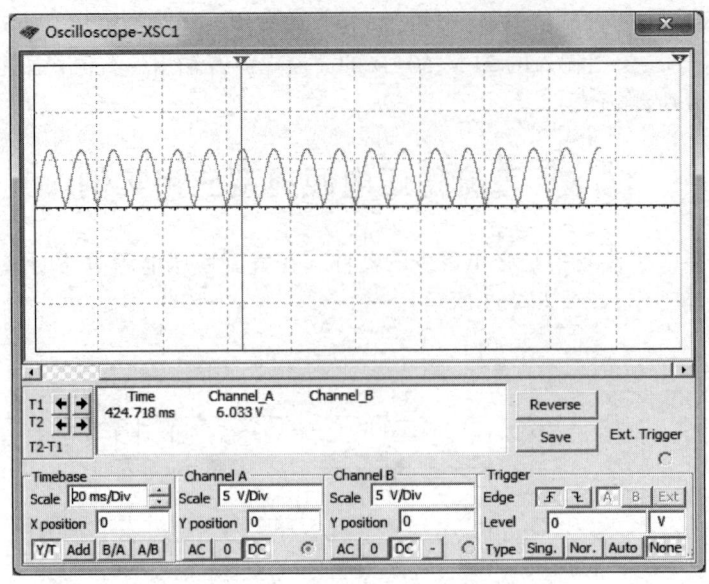

图 11-65　整流部分输出波形

　　滤波部分可以将整流电路输出电压中的交流成分大部分加以滤除,从而得到比较平滑的直流电压,如图 11-66 所示。稳压部分电路 $Q_2$、$Q_3$ 作为电压调整管,LED4 为发光二极管,同时又有稳压管的作用,提供基准电压,$R_6$ 是它的限流电阻,电阻 $R_4$ 和 $R_5$ 组成分压器,可以调整其获得不同的输出结果。稳压部分输出结果如图 11-67 所示,其中较浅颜色为滤波输出结果,较深颜色为稳压部分输出结果。

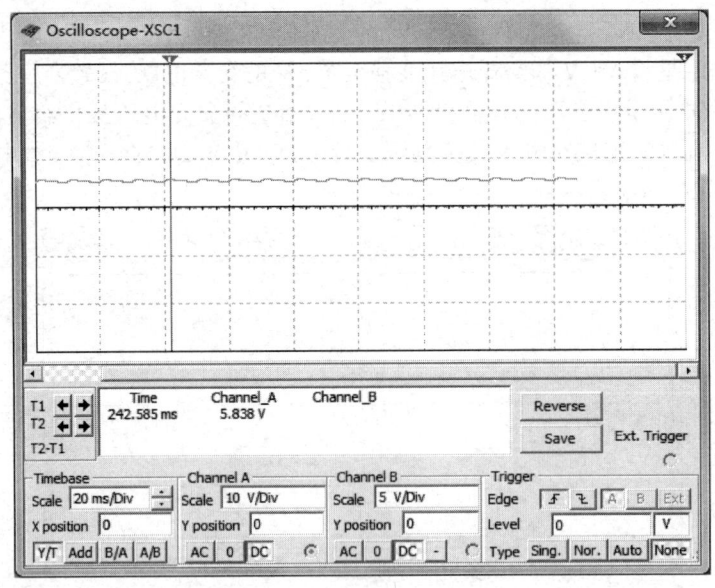

图 11-66　滤波部分输出波形

　　从桥式整流滤波电路输出的直流电压经过电阻 $R_{L1}$ 后,在 $Q_1$ 集电极产生压降,对电池进行充电。充电电流可以通过调整电阻 $R_{L1}$ 来调节。充电器部分电流如图 11-68 所示。

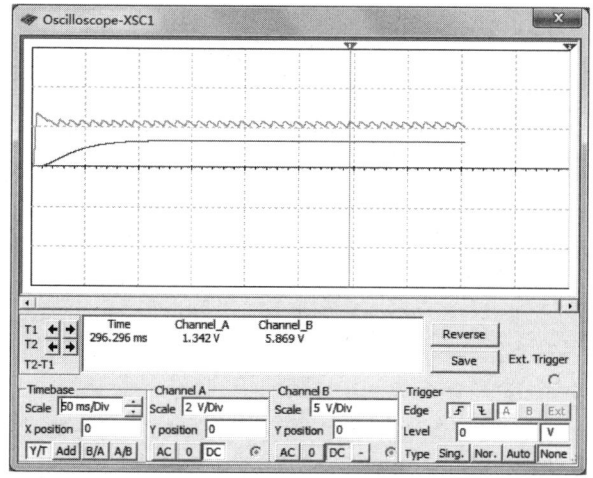

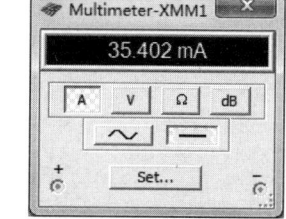

图 11-67　稳压部分输出结果　　　　　　　　　　图 11-68　充电电流

# *11.9　知识拓展

## 11.9.1　开关电源的常用拓扑结构

### 1. 非隔离型开关变换器

（1）降压变换器

Buck 电路：降压斩波器，输入输出极性相同，如图 11-69 所示。

输入输出电压关系为

$$U_0/U_1 = \Delta \text{（占空比）}$$

在开关管 S 接通时，输入电源通过 $L$ 平波和 $C$ 滤波后向负载端提供电流；当 S 关断后，$L$ 通过二极管续流，保持负载电流连续。输出电压因为占空比约束，不会超过输入电源电压。

（2）升压变换器

Boost 电路：升压斩波器，输入输出极性相同，如图 11-70 所示。

输入输出电压关系为

$$U_0/U_1 = 1/(1-\Delta)$$

这个电路的开关管和负载构成并联。在 S 接通时，电流通过 $L$ 平波，电源对 $L$ 充电。当 S 断开时，$L$ 向负载放电，输出电压将是输入电压 $U_1+U_L$，因而有升压作用。

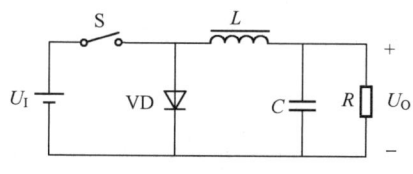

图 11-69　Buck 电路拓扑结构

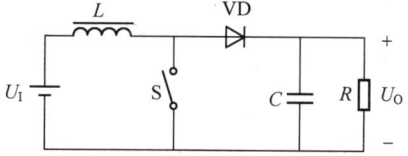

图 11-70　Boost 电路拓扑结构

（3）逆向变换器

Buck-Boost 电路：升/降压斩波器，输入输出极性相反，电感传输，如图 11-71 所示。

输入输出电压关系为

$$U_0/U_1 = -\Delta/(1-\Delta)$$

S 接通时，输入电源仅对电感充电；当 S 断开时，再通过电感对负载放电来实现电流传输。所以,这里的 $L$ 是用于传输能量的器件。

**2. 隔离型开关变换器**

（1）推挽型变换器

图 11-72 是推挽型变换器的电路。

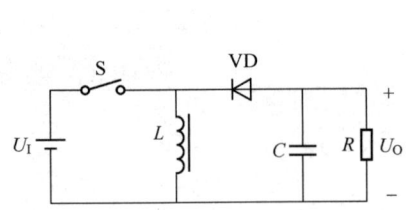

图 11-71　Buck-Boost 电路拓扑结构

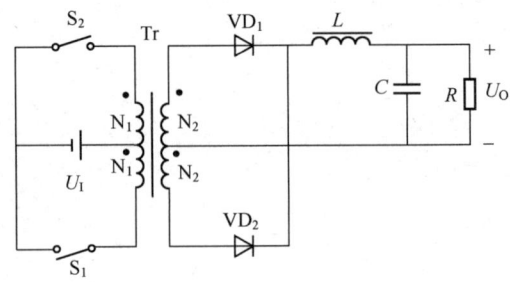

图 11-72　推挽型变换电路

$S_1$ 和 $S_2$ 轮流导通,将在二次侧产生交变的脉动电流,经过全波整流转换为直流信号,再经 $L$、$C$ 滤波,送给负载。

由于电感 $L$ 在开关之后,所以当变比为 1 时,它实际上类似于降压变换器。

（2）全桥型变换器

如图 11-73 是全桥型变换器电路。当 $S_1$、$S_3$ 和 $S_2$、$S_4$ 两两轮流导通时,一次侧将通过电源-$S_2$-$Tr$-$S_4$-电源及电源-$S_1$-$Tr$-$S_3$-电源产生交变电流,从而在二次侧产生交变的脉动电流,经过全波整流转换为直流信号,再经 $L$、$C$ 滤波,送给负载。

另外,其他类型拓扑结构可参阅有关文献和手册。

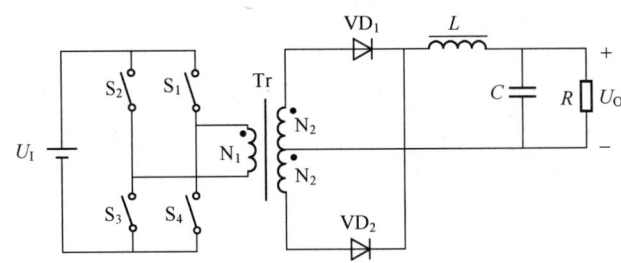

图 11-73　全桥型变换电路

## 11.9.2　直流变换型电源

与前面介绍的直流稳压电源不同,直流变换型电源的输入是直流电压,其任务是将不同的输入电压转换成另一合适的直流电压输出。在某些电子电路应用中没有交流电压输入，例如电池供电系统,这时就需要直流变换型电源。

直流变换型电源也是一种开关型稳压电源,主要包括直流变换器、整流、滤波和稳压电路等。它的电路形式很多,有单管、推挽和桥式等变换器;按激励方式不同可分为自激式和它激式。其中自激式电源的振荡频率及输出电压幅度受负载的影响较大,只适用于小功率电源,而大功率稳压电源则大多采用它激式。图 11-74 给出了一款推挽式自激变换型稳压电路,下面以此为例进行简要介绍。

该电路中变压器 Tr 的一次侧绕组和 $VT_1$、$VT_2$ 等元器件构成了振荡电路,将输入直流电压变换成高频方波。变压器的二次侧绕组耦合振荡输出方波,再经过桥式整流、电容滤波和稳压电路得到稳定的直流输出电压 $U_o$。

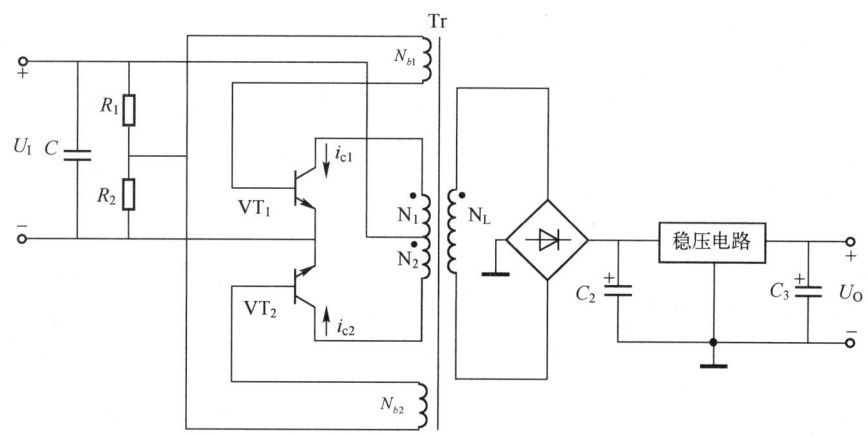

图 11-74 推挽式自激变换型稳压电路

基本工作原理如下:当接通输入电压 $U_I$ 后,分压器 $R_1$、$R_2$ 使变换器启动,$R_2$ 上的正电压同时加到 $VT_1$、$VT_2$ 这两个 BJT 的基极,由于电路存在微小的不对称,两管导通程度不同。假设 $VT_1$ 导通较强,则它的集电极电流 $i_{C1}$ 就较大,$i_{C1}$ 流过 $N_1$ 绕组就使变压器磁化,并在所有的绕组上产生感应电势。其中,绕组 $N_{b1}$ 感应的电势使 $u_{BE1}$ 增大,因而 $VT_1$ 导通更强;而绕组 $N_{b2}$ 的感应电势则使 $u_{BE2}$ 减小,使 $VT_2$ 导通更弱。经过这样一个正反馈过程,$VT_1$ 迅速饱和导通,而 $VT_2$ 迅速截止。这时几乎全部电源电压都加到一次侧绕组 $N_1$ 的两端,因此,$N_1$ 中的激磁电流与变压器铁芯内的磁通近似线性地增加。当铁心磁通趋近饱和值时,磁通的变化接近于 0(或很小),变压器所有绕组上的感应电势亦将接近于 0 V。$N_{b1}$ 两端的感应电压等于 0 V,$VT_1$ 的基极电流 $i_{B1}$ 开始减小,$i_{C1}$ 也开始减小,因而所有绕组上的感应电势均反极性,铁心内的磁通脱离饱和,形成一个相反的正反馈过程,使 $VT_1$ 迅速由饱和转变为截止,而 $VT_2$ 迅速由截止转变为饱和。此后,$N_2$ 的电流 $i_{C2}$ 近似线性地增加,使铁心反向饱和,电路再次翻转。如此周而复始,产生了振荡。

直流变换型电源中的 BJT 工作在开关状态,管耗小,故它具有体积小、重量轻和效率高等优点,因此应用日益广泛。除此之外,变换型开关稳压电源可以将不稳定的直流高压变换成稳定的直流低压或将直流低压变换成直流高压甚至极性倒换。目前应用较多的有脉冲宽度调制(PWM)式、脉冲频率调制(PFM)式和脉宽脉频混合调制式等类型。

## *11.10　过程考核　模块4——直流稳压电源设计

直流稳压电源设计(理论分析、电路设计、制作及调试、性能分析)

设计要求:

(1) 选取合适的直流稳压电源设计方案,输入交流电压(220 V、50 Hz),输出多路直流电压(±12 V,+5 V,3 V~12 V 可调);

(2) 输出功率不小于 1 W,输出电压纹波系数小于 2%;

(3) 设计电路,计算元件参数并选择元器件;

(4) 完成电路原理的仿真验证;

(5) 基于实验箱/面包板/PCB 等完成电路制作,并进行电路调试和参数测试;

(6) 撰写实验分析报告。

## 本章小结

任何电子设备都需要用稳定的直流电源供电。最常用的方法是将交流电网电压转换成恒定的直流电压。为此,要通过整流、滤波、稳压等环节来实现。一个高质量的直流电源,它的输出电压应该基本不受电网波动、负载变化和温度等因素的影响;脉动成分较小,而且由交流转换成直流的效率较高。本章着重讨论如何把交流电转化为直流电,以及如何使直流电压得到稳定。

**1. 整流电路**

整流电路是利用二极管的单向导电性来实现将交流电变成直流电,常见的小功率整流电路有单相半波、全波、桥式和倍压整流电路等。最简单的整流电路是利用二极管单向导电作用所构成的半波整流电路,但其输出电压低,且脉动系数太高。全波整流能提高输出电压和改善波形,但是变压器的利用率很低。单相桥式整流电路除了具备一般全波整流电路的优点外,可以进一步提高变压器的利用率,因此在实际中广泛采用。

**2. 滤波电路**

滤波是利用电容两端电压不能突变或电感中电流不能突变的特性来实现的,用于滤去整流输出电压中的纹波。利用储能元件减小输出波形中的脉动成分,把不均匀地(包括间断地)向负载供电变成连续平滑地供电,即保留直流成分,滤掉交流分量。

最简单的形式是将电容与负载并联或者将电感与负载串联,前者适用于负载电流较小且变化不大的场合,且对整流二极管的冲击电流较大,适用于小负载电流;后者适用于负载电流较大的场合,其冲击电流很小。如果将电容滤波和电感滤波二者结合起来接成复合型电路可以获得较为理想的滤波效果,将二者结合起来并且接成多级 LC 型滤波,能使脉动成分降到更低。在负载电流不大的情况下,还可以采用阻容滤波的形式。

**3. 稳压电路**

经过滤波后的直流电压仍然受电网波动和负载变化的影响,因此还要有稳压的措施。

(1)稳压管稳压电路  利用稳压管的稳压电路最为简单,但稳压值不能任意调节而且稳压性能不好。电路依靠稳压管的电流调节作用和限流电阻使得输出电压稳定。仅适用于负载电流较小且其变化范围也较小的情况。

(2)串联型线性稳压电源  在串联型线性稳压电源中,调整管、基准电压电路、采样电路和比较放大电路是基本组成部分。为了防止负载电流过大,或输出短路造成元器件损坏,在实用的稳压电路中,应加上保护电路,例如限流式和截流式保护电路,还常有调整管安全区和芯片过热等保护电路。

串联型稳压电路可实现输出电压可调、输出电流大、带负载能力强、输出纹波小等效果,但其功率转换效率低。

(3)集成稳压电路  集成稳压电路具有体积小,重量轻,以及设计、组装、调试方便且性能稳定可靠等诸多优点。其中的三端稳压器最为常用,它实质上内部是串联型直流稳压电路的各个组成部分,再加上保护电路和启动电路,集成于一个芯片中。其中包括固定式稳压器(W7800 系列和 W7900 系列)和可调式稳压器(W117/W217/W317 或 W137/W237/W337)。通过外接电路可扩展输出电流和电压。

由于串联型稳压电路的调整管始终工作在线性区(即放大区),功耗较大,因而电路的效率低。

(4)开关型稳压电路  开关型稳压电路中的调整管工作在开关状态,因而功耗小、电路效率高。但其一般输出的纹波电压较大,适用于输出电压调节范围小、负载对输出纹波要求不高的场合。

开关型稳压电源有多种分类方法。如按稳压的控制方式分类可分为脉冲宽度调制型(PWM)、脉冲频率调制型(PFM)和混合调制(即脉宽-频率调制)型。按激励的方式分类,有自激式和他激式。按所用开关调整管的种类分,有双极型三极管、MOS 场效应管和晶闸管开关电路等。按调整管与负载的连接方式可分为串联式和并联式。

（5）直流稳压电源仿真分析及综合应用

首先对串联直流稳压电源电路,三端集成稳压电源电路,以及具有两种电源调节的集成稳压电源电路进行了仿真,给出了输入交流信号和输出直流信号的对比分析以及稳压输出后的电压幅值。最后以充电器电路为例,分析直流稳压电源电路在实际工程的应用。

学习完本章,读者应能达到下列要求:

① 理解直流稳压电源的组成及各部分的作用。

② 能够分析整流电路的工作原理,并能估算半波整流电路、全波整流电路及桥式整流电路的输出电压及电流的平均值和脉动系数等参数。

③ 掌握电容滤波电路的特点和电容 $C$ 的选取原则,以及 $U_{O(AV)}$ 与 $U_2$ 的关系;了解其他滤波电路的工作原理。

④ 掌握稳压管稳压电路的工作原理,估算稳压系数和内阻,能够合理选择限流电阻。

⑤ 掌握串联式稳压电路的工作原理、电路组成及输出电压调节范围的估算方法。

⑥ 掌握三端稳压器的工作原理及使用方法。

⑦ 了解开关型稳压电路的工作原理及特点。

# 自 测 题

**11.1 判断题** 分析下列说法是否正确(用"√"表示正确,用"×"表示错误)

1. 稳压电源的输出电阻越小,意味着输入电源电压变化对输出电压的影响越小。（　　）

2. 由硅稳压管组成的并联稳压电路,必须在与输入电压组成的回路中,串接限流电阻。（　　）

3. 若 $U_2$ 为电源变压器副边电压的有效值,则半波整流电容滤波电路和全波整流电容滤波电路在空载时的输出电压均为 $\sqrt{2}U_2$。（　　）

4. 因为串联型稳压电路中引入了深度负反馈,因此也可能产生自激振荡。（　　）

5. 在稳压管稳压电路中,稳压管的最大稳定电流必须大于最大负载电流（　　）。而且,其最大稳定电流与最小稳定电流之差应大于负载电流的变化范围。（　　）

6. 在变压器副边电压和负载电阻相同的情况下。桥式整流电路的输出电流是半波整流电路输出电流的2 倍（　　）。因此,它们的整流管的平均电流比值为 2∶1。（　　）

7. 一般情况下,开关型稳压电路比线性稳压电路效率高。（　　）

8. 当输入电压和负载电流变化时,稳压电路输出电压是绝对不变的。（　　）

**11.2 填空题**

1. 常用小功率直流稳压电源系统由＿＿＿＿、＿＿＿＿、＿＿＿＿和＿＿＿＿四部分组成。

2. 稳压电源主要是要求在＿＿＿＿和＿＿＿＿发生变化的情况下,其输出电压基本不变。

3. 串联反馈式稳压电路的调整管工作在＿＿＿＿,而开关稳压电源的调整管是工作在＿＿＿＿。

**11.3 选择题**

1. 已知变压器二次电压 $u_2 = 28.28\sin\omega t\,V$,则桥式整流电容滤波电路接上负载时的输出电压平均值约为（　　）。

    A. 28.28 V          B. 10 V          C. 21 V          D. 18 V

2. 已知变压器二次电压为 $u_2 = \sqrt{2}U_2\sin\omega t\,V$,负载电阻为 $R_L$,则半波整流电路流过二极管的平均电流为（　　）。

    A. $0.45\dfrac{U_2}{RL}$          B. $0.9\dfrac{U_2}{RL}$          C. $\dfrac{U_2}{2RL}$          D. $\dfrac{\sqrt{2}U_2}{2RL}$

3. 已知变压器二次电压为 $u_2 = \sqrt{2}U_2\sin\omega t\,V$,负载电阻为 $R_L$,则桥式整流电路流过每只二极管的平均电流为（　　）。

    A. $0.9\dfrac{U_2}{R_L}$          B. $\dfrac{U_2}{R_L}$          C. $0.45\dfrac{U_2}{R_L}$          D. $\dfrac{\sqrt{2}U_2}{R_L}$

4. 串联型稳压电路中,用做比较放大器的集成运算放大器工作在(    )状态。

    A. 线性放大             B. 饱和或截止           C. 开环           D. 正反馈

5. 直流稳压电源中滤波电路的目的是_____。

    A. 将交流变为直流                            B. 将高频变为低频

    C. 将交、直流混合量中的交流成分滤掉      D. 将低频滤掉

6. 直流稳压电源中滤波电路应选用_____。

    A. 高通滤波电路                           B. 低通滤波电路

    C. 带通滤波电路                           D. 带阻滤波电路

7. 串联型稳压电路中的放大环节所放大的对象是_____。

    A. 基准电压                            B. 采样电压

    C. 基准电压与采样电压之差          D. 基准电压与采样电压之和

8. 在脉宽调制式串联型开关稳压电路中,为使输出电压增大,对调整管基极控制信号的要求是_____。

    A. 周期不变,占空比增大          B. 频率增大,占空比不变

    C. 在一个周期内,高电平时间不变,周期增大    D. 仅频率增大

**11.4** 试分析在下列几种情况下,选用哪一种滤波电路更合适。

1. 负载电阻为 $1\,\Omega$,电流为 $10\,A$,要求脉动系数 $S=10\%$。

2. 负载电阻为 $1\,K\Omega$,电流为 $10\,mA$,要求脉动系数 $S=0.1\%$。

3. 负载电阻从 $20\,\Omega$ 变到 $100\,\Omega$,要求脉动系数 $S=1\%$,且输出电压 $U_0$ 变化不超过 $20\%$。

4. 负载电阻为 $100\,\Omega$ 可调,电流从零变到 $1\,A$,要求脉动系数 $S=1\%$,且希望 $U_2$ 尽可能低。

# *过程考核　模块 5——系统集成及综合性能测试

系统综合性能测试,将模块 1~4 级联成系统进行联调,并按照系统实现的基本功能、指标性能、工程性转化要求三个层次进行评价。

设计要求:

(1) 考虑输入输出阻抗的影响,设计合理的接口电路,完成多模块的级联并进行仿真验证;

(2) 系统指标:根据任务要求,测试系统的指标,并与单独模块电路进行比较分析;

(3) 系统功能:根据任务要求,评价整个系统功能的完成情况;

(4) 工程化性能:评价整个系统的指标性能、制作工艺、工程化水平;

(5) 撰写实验分析报告。

扩展功能:

(1) 使用集成器件完成上述电路设计;

(2) 实现双声道音频功率放大;

(3) 实现高频、中频、低频信号的音调控制。

# 习　题　11

**11.1** 已知在图 P11.1 所示电路中标注的电压均为交流有效值,现将一纯电阻负载接入电路不同的位置,测得其平均电压的数值分别为 18 V 和 36 V。

试问,上述两个电压值是负载电阻分别接在哪两点之间? 要求答出所有可能的情况。

**11.2** 整流电路及参数如图 P11.2 所示。负载电阻 $R_{L1}=R_{L2}=300\,\Omega$。

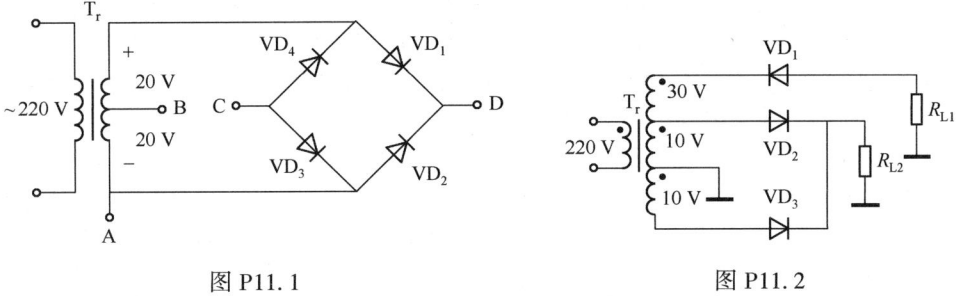

图 P11.1                                     图 P11.2

(1) 求负载电阻 $R_{L1}$ 和 $R_{L2}$ 两端电压的平均值。
(2) 求流过二极管 VD$_1$、VD$_2$ 和 VD$_3$ 的电流平均值。
(3) 求二极管 VD$_1$、VD$_2$ 和 VD$_3$ 所承受的最大反向电压。

**11.3** 桥式整流电路如图 P11.3 所示,要求输出直流电压 $U_O$ 为 25 V,输出直流电流为 200 mA。试问:

(1) 输出电压是正是负? 电解电容 $C$ 的极性如何连接?
(2) 变压器次级绕组输出电压 $U_2$ 的有效值为多大?
(3) 电容 $C$ 至少应选多大数值?
(4) 整流管的最大平均整流电流和最高反向电压如何选择?

**11.4** 在图 P11.4 所示电路中,已知 $U_2 = 20$ V (有效值), $R_L = 40\ \Omega$, $C = 1000\ \mu$F。

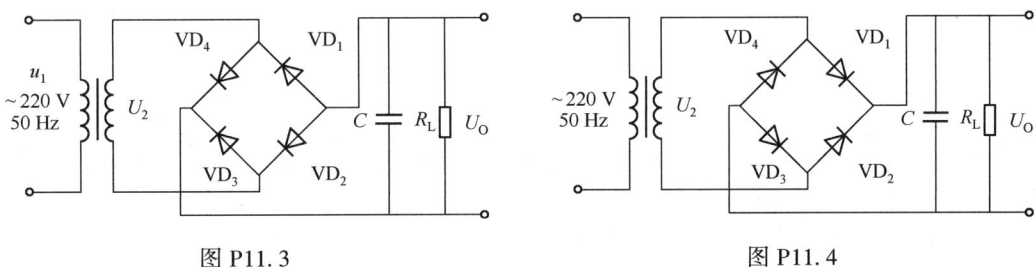

图 P11.3                                     图 P11.4

(1) 求 $U_O$ 的值为多少?
(2) 如果电路中有一个二极管开路, $U_O$ 是否为正常值的一半?
(3) 如果电路中测得直流输出电压 $U_O$ 为下列数值时,可能出现什么故障?

    A. 18 V              B. 28 V              C. 9 V

**11.5** 分析如图 P11.5 所示的倍压整流电路。

(1) 电容 $C_1$ 和 $C_2$ 上电压的极性如何?
(2) 电容 $C_1$ 和 $C_2$ 上的电压平均值 $U_{C1}$ 和 $U_{C2}$ 为多少?
(3) 二极管 VD$_1$ 和 VD$_2$ 的最高反向工作电压 $U_{RM1}$ 和 $U_{RM2}$ 为多少?
(4) 倍压整流电路适用于何种场合?

**11.6** 分别判断图 P11.6 所示各电路能否作为滤波电路,简述理由。

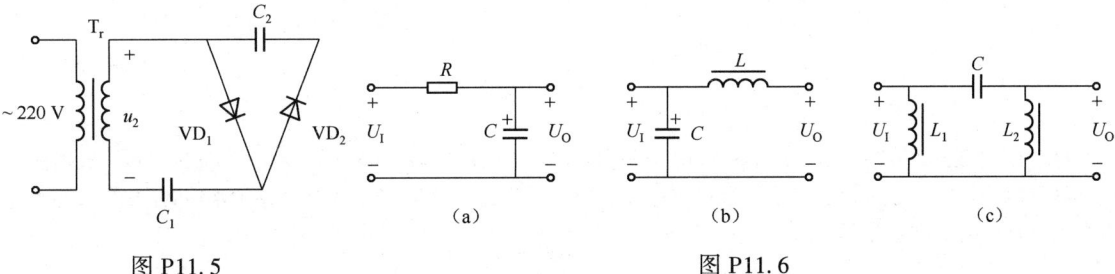

图 P11.5                              图 P11.6

**11.7** 硅稳压管稳压电路如图 P11.7 所示。已知电路输入电压 $U_I = 18$ V，$VD_Z$ 的稳压值 $U_Z = 6$ V，负载电流 $I_0$ 在 10~30 mA 范围内变化。限流电阻 $R$ 的阻值为 $R = 200$ Ω。

（1）假定负载电流 $I_L = 15$ mA，则允许输入直流电压 $U_I$ 的变化范围为多大才能保证稳压电路正常工作？

（2）假设给定输入直流电压 $U_I = 13$ V，则允许负载电流 $I_L$ 的变化范围为多大？

**11.8** 某电子设备要求一台 $U_0 = 9$ V 的直流电源，负载电流 $I_L = 0~20$ mA。拟采用桥式整流电容滤波，并用硅稳压管稳压电路。已知变压器副边电压额定值 $U_2 = 15$ V，电网电压波动 ±10%。设滤波电容 $C$ 足够大，稳压管 $U_Z = 9$ V，$P_{ZM} = 1$ W，$I_{Zmin} = 30$ mA，$R_Z = 7$ Ω。要求：

（1）选择限流电阻 $R$，并确定电阻功率。

（2）根据最后确定的参数估算稳压电路的内阻 $R_0$ 和稳压系数 $S_U$。

**11.9** 串联式稳压电路如图 P11.9 所示，稳压管的稳定电压 $U_Z = 5.3$ V，电阻 $R_1 = R_2 = 200$ Ω，三极管的 $U_{BE} = 0.7$ V。

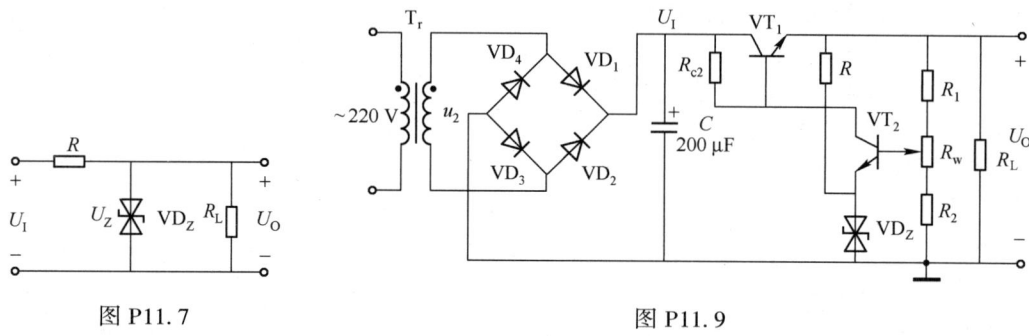

图 P11.7　　　　　　　　　　图 P11.9

（1）说明电路的如下四个部分分别由哪些元器件构成：① 调整管；② 基准电压；③ 取样环节；④ 放大环节。

（2）当 $R_W$ 的滑动端在最下端时 $U_0 = 15$ V，求 $R_W$ 的值。

（3）若 $R_W$ 的滑动端移至最上端时，问 $U_0 = $？

**11.10** 稳压电路如图 P11.10 所示。

（1）设变压器次级电压的有效值 $U_2 = 20$ V，稳压管的稳压值 $U_Z = 6$ V，三极管的 $U_{BE} = 0.7$ V，$R_1 = R_2 = R_W = 300$ Ω，电位器 $R_W$ 在中间位置，计算 A、B、C、D、E 点的电位和 $U_{CE1}$ 的值。

（2）计算输出电压的调节范围。

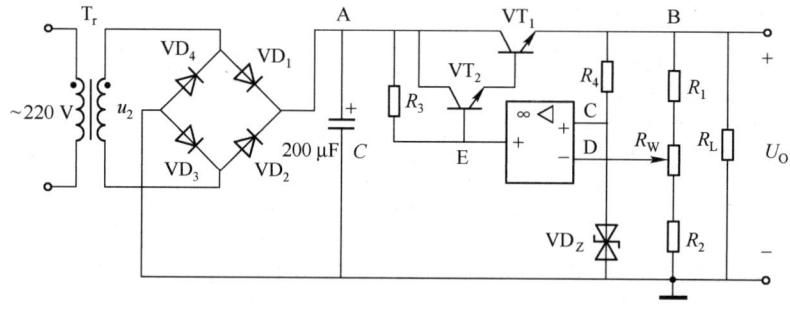

图 P11.10

**11.11** 串联反馈式稳压电路如图 P11.11 所示。$U_Z = 6$ V，$I_{Zmin} = 10$ mA，试指出电路中存在的六处错误。

**11.12** 图 T11.12 所示为一个三端集成稳压器组成的直流稳压电路。试说明各元器件的作用，并指出电路在正常工作时的输出电压值。

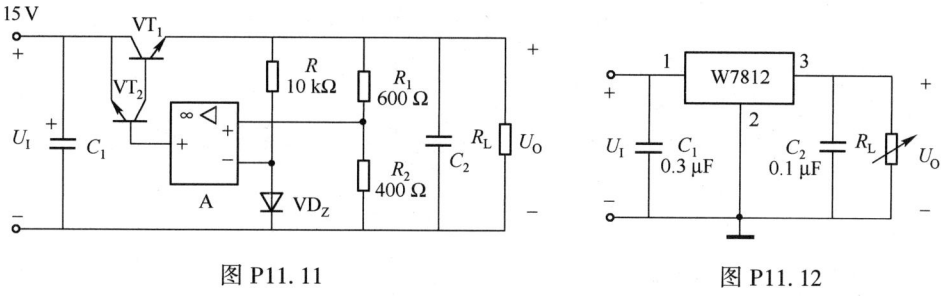

图 P11.11                 图 P11.12

**11.13** 某直流稳压电源如图 P11.13 所示,选用的元器件及其参数均合适,但接线有误。已知 W7812 的 1 端为输入端,3 端为公共端,2 端为输出端。改正图中错误,使之能够正常工作。

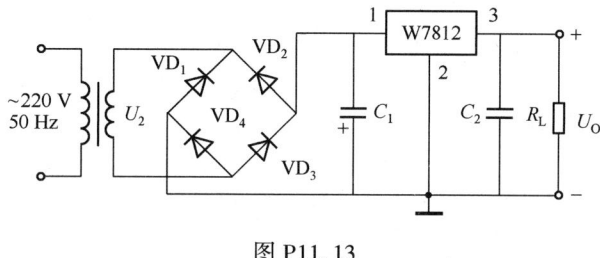

图 P11.13

# 附录　半导体分立器件的命名方法

半导体在世界学术界命名方法有多种,本附录介绍国际上使用较为频繁的几种。

## A.1　我国半导体分立器件的命名法

半导体器件型号由五部分(场效应器件、半导体特殊器件、复合管、PIN 型管、激光器件的型号命名只有第三、四、五部分)组成。五个部分意义如表 A-1 所示。

**表 A-1　国产半导体分立器件型号命名法**

| 第一部分 | | 第二部分 | | 第三部分 | | | | 第四部分 | 第五部分 |
|---|---|---|---|---|---|---|---|---|---|
| 用数字表示器件电极的数目 | | 用汉语拼音字母表示器件的材料和极性 | | 用汉语拼音字母表示器件的类型 | | | | 用数字表示器件的序号 | 用汉语拼音字母表示规格的区别代号 |
| 符号 | 意义 | 符号 | 意义 | 符号 | 意义 | 符号 | 意义 | | |
| 2 | 二极管 | A | N 型,锗材料 | P | 普通管 | D | 低频大功率管<br>($<3\ \text{MHz}, P_C \geqslant 1\ \text{W}$) | | |
| | | B | P 型,锗材料 | V | 微波管 | | | | |
| | | C | N 型,硅材料 | W | 稳压管 | | | | |
| | | D | P 型,硅材料 | C | 参量管 | A | 高频大功率管<br>($\geqslant 3\ \text{MHz}, P_C \geqslant 1\ \text{W}$) | | |
| | | | | Z | 整流管 | | | | |
| 3 | 三极管 | A | PNP 型,锗材料 | L | 整流堆 | | | | |
| | | B | NPN 型,锗材料 | S | 隧道管 | T | 半导体闸流管<br>(可控硅整流器) | | |
| | | C | PNP 型,硅材料 | N | 阻尼管 | | | | |
| | | D | NPN 型,硅材料 | U | 光电器件 | Y | 体效应器件 | | |
| | | E | 化合物材料 | K | 开关管 | B | 雪崩管 | | |
| | | | | X | 低频小功率管<br>($<3\ \text{MHz}, P_C < 1\ \text{W}$) | J | 阶跃恢复管 | | |
| | | | | | | CS | 场效应器件 | | |
| | | | | | | BT | 半导体特殊器件 | | |
| | | | | G | 高频小功率管<br>($\geqslant 3\ \text{MHz}, P_C < 1\ \text{W}$) | FH | 复合管 | | |
| | | | | | | PIN | PIN 型管 | | |
| | | | | | | JG | 激光器件 | | |

**例 A-1**

（1）锗材料 PNP 型低频大功率三极管：

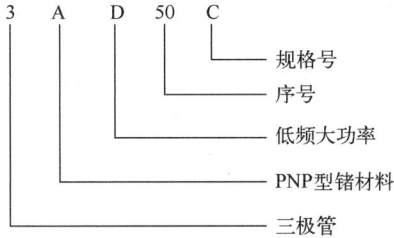

```
3  A  D  50  C
            └─ 规格号
         └──── 序号
      └─────── 低频大功率
   └────────── PNP型锗材料
└───────────── 三极管
```

（2）硅材料 NPN 型高频小功率三极管：

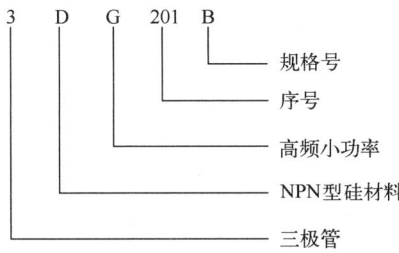

```
3  D  G  201  B
             └─ 规格号
          └──── 序号
       └─────── 高频小功率
    └────────── NPN型硅材料
 └───────────── 三极管
```

（3）N 型硅材料稳压二极管：

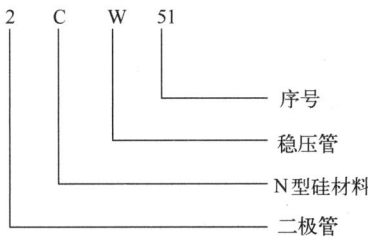

```
2  C  W  51
         └─ 序号
      └──── 稳压管
   └─────── N型硅材料
└────────── 二极管
```

（4）单结晶体管：

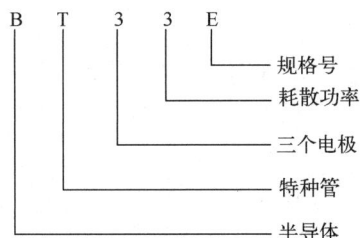

```
B  T  3  3  E
            └─ 规格号
         └──── 耗散功率
      └─────── 三个电极
   └────────── 特种管
└───────────── 半导体
```

## A.2　国际电子联合会半导体器件命名法

　　德国、法国、意大利、荷兰、比利时等欧洲国家以及匈牙利、罗马尼亚、南斯拉夫、波兰等东欧国家，大都采用国际电子联合会半导体分立器件型号命名方法。这种命名方法由四个基本部分组成，各部分的符号及意义见表 A-2。

表 A-2 国际电子联合会半导体器件型号命名法

| 第一部分 | | 第二部分 | | | | 第三部分 | | 第四部分 | |
|---|---|---|---|---|---|---|---|---|---|
| 用字母表示使用的材料 | | 用字母表示类型及主要特性 | | | | 用数字或字母加数字表示登记号 | | 用字母对同一型号的分挡 | |
| 符号 | 意义 | 符号 | 意义 | 符号 | 意义 | 符号 | 意义 | 符号 | 意义 |
| A | 锗材料 | A | 检波、开关和混频二极管 | M | 封闭磁路中的霍尔元件 | 三位数字 | 通用半导体器件的登记序号(同一类型器件使用同一登记号) | A B C D E | 同一型号器件按某一参数进行分挡的标志 |
| | | B | 变容二极管 | P | 光敏元件 | | | | |
| B | 硅材料 | C | 低频小功率三极管 | Q | 发光器件 | | | | |
| | | D | 低频大功率三极管 | R | 小功率晶闸管 | | | | |
| C | 砷化镓 | E | 隧道二极管 | S | 小功率开关管 | 一个字母加两位数字 | 专用半导体器件的登记序号(同一类型器件使用同一登记号) | | |
| | | F | 高频小功率三极管 | T | 大功率晶闸管 | | | | |
| D | 锑化铟 | G | 复合器件及其他器件 | U | 大功率开关管 | | | | |
| | | H | 磁敏二极管 | X | 倍增二极管 | | | | |
| R | 复合材料 | K | 开放磁路中的霍尔元件 | Y | 整流二极管 | | | | |
| | | L | 高频大功率三极管 | Z | 稳压二极管即齐纳二极管 | | | | |

**例 A-2**

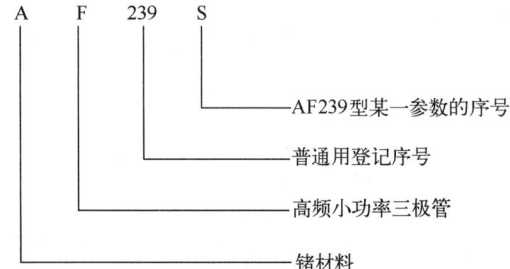

国际电子联合会晶体管型号命名法的特点:

(1) 这种命名法被欧洲许多国家采用。因此,凡型号以两个字母开头,并且第一个学母是 A,B,C,D 或 R 的晶体管,大都是欧洲制造的产品,或是按欧洲某一厂家专利生产的产品。

(2) 第一个字母表示材料(A 表示锗管,B 表示硅管),但不表示极性(NPN 型或 PNP 型)。

(3) 第二个字母表示器件的类别和主要特点。如 C 表示低频小功率管,D 表示低频大功率管,F 表示高频小功率管,L 表示高频大功率管,等等。若记住了这些字母的意义,不查手册也可以判断出类别。例如,BL49 型,一见便知是硅大功率专用三极管。

(4) 第三部分表示登记顺序号。三位数字为通用品;一个字母加两位数字为专用品,顺序号相邻的两个型号的特性可能相差很大。例如,AC184 为 PNP 型,而 AC185 则为 NPN 型。

(5) 第四部分字母表示同一型号的某一参数(如 $h_{FE}$ 或 $N_F$)进行分挡。

(6) 型号中的符号均不反映器件的极性(指 NPN 或 PNP)。极性的确定需查阅手册或测量。

## A.3 美国半导体器件型号命名法

美国晶体管或其他半导体器件的型号命名法较混乱。这里介绍的是美国晶体管标准型号命名法,即美国电子工业协会(EIA)规定的晶体管分立器件型号的命名法、如表 A-3 所示。

| 第一部分 | | 第二部分 | | 第三部分 | | 第四部分 | | 第五部分 | |
|---|---|---|---|---|---|---|---|---|---|
| 用符号表示用途的类型 | | 用数字表示PN结的数目 | | 美国电子工业协会(EIA)注册标志 | | 美国电子工业协会(EIA)登记顺序号 | | 用字目表示器件材料 | |
| 符号 | 意义 | 符号 | 意义 | 符号 | 意义 | 符号 | 意义 | 符号 | 意义 |
| JAN或J | 军用品 | 1 | 二极管 | N | 该器件已在美国电子工业协会注册登记 | 多位数字 | 该器件在美国电子工业协会登记的顺序号 | A B C D | 同一型号的不同档别 |
| | | 2 | 三极管 | | | | | | |
| 无 | 非军用品 | 3 | 三个PN结器件 | | | | | | |
| | | n | n个PN结器件 | | | | | | |

**例 A-3**

1) JAN2N2904

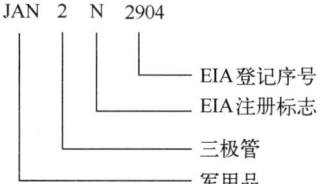

JAN 2 N 2904
— EIA登记序号
— EIA注册标志
— 三极管
— 军用品

2) 1N4001

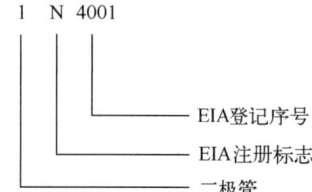

1 N 4001
— EIA登记序号
— EIA注册标志
— 二极管

美国晶体管型号命名法的特点:

(1) 型号命名法规定较早,又未作过改进,型号内容很不完备。例如,对于材料、极性、主要特性和类型,在型号中不能反映出来。例如,2N开头的既可能是一般晶体管,也可能是场效应管,因此,仍有一些厂家按自己规定的型号命名法命名。

(2) 组成型号的第一部分是前缀,第五部分是后缀,中间的三部分为型号的基本部分

(3) 除去前缀以外,凡型号以 1N、2N 或 3N……开头的晶体管分立器件,大都是美国制造的,或按美国专利在其他国家制造的产品。

(4) 第四部分数字只表示登记序号,而不含其他意义。因此,序号相邻的两器件可能特性相差很大。例如,2N3464 为硅 NPN,高频大功率管,而 2N3465 为 N 沟道场效应管。

(5) 不同厂家生产的性能基本一致的器件,都使用同一个登记号。同一型号中某些参数的差异常用后缀字母表示。因此,型号相同的器件可以通用。

(6) 登记序号数大的通常是近期产品。

# A.4  日本半导体器件型号命名法

日本半导体分立器件(包括晶体管)或其他国家按日本专利生产的这类器件,都是按日本工业标准(JIS)规定的命名法(JIS-C-702)命名的。

日本半导体分立器件的型号,由五至七部分组成。通常只用到前五部分。前五部分符号及意义如表 A-4 所示。第六、七部分的符号及意义通常是各公司自行规定。

| 第一部分 | | 第二部分 | | 第三部分 | | 第四部分 | | 第五部分 | |
|---|---|---|---|---|---|---|---|---|---|
| 用数字表示类型或有效电极数 | | S 表示日本电子工业协会（EIAJ）的注册产品 | | 用字母表示器件的极性及类型 | | 用数字表示在日本电子工业协会登记的顺序号 | | 用字母表示对原来型号的改进产品 | |
| 符号 | 意义 | 符号 | 意义 | 符号 | 意义 | 符号 | 意义 | 符号 | 意义 |
| 0 | 光电（即光敏）二极管及其组合管 | S | 表示已在日本电子工业协会（EIAJ）注册登记的半导体分立器件 | A | PNP 型高频管 | 四位以上的数字 | 从 11 开始，表示在日本电子工业协会注册登记的顺序号，不同公司性能相同的器件可以使用同一顺序号，其数字越大越是近期产品 | ABCDEF… | 用字母表示对原来型号的改进产品 |
| 1 | 二极管 | | | B | PNP 型低频管 | | | | |
| 2 | 三极管、具有两个以上 PN 结的其他晶体管 | | | C | NPN 型高频管 | | | | |
| | | | | D | NPN 型低频管 | | | | |
| 3 … | 具有四个有效电极或具有三个 PN 结的晶体管 | | | F | P 控制极可控硅 | | | | |
| | | | | G | N 控制极可控硅 | | | | |
| | | | | H | N 基极单结晶体管 | | | | |
| n-1 | 具有 n 个有效电极或具有 n-1 个 PN 结的晶体管 | | | J | P 沟道场效应管 | | | | |
| | | | | K | N 沟道场效应管 | | | | |
| | | | | M | 双向可控硅 | | | | |

**例 A-4**

（1）2SC502A（日本收音机中常用的中频放大管）。

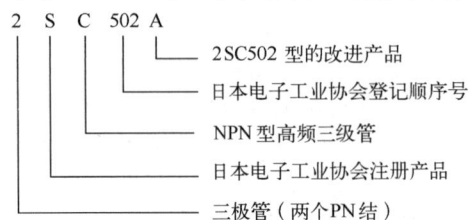

（2）2SA495（日本夏普公司 GF-9494 收录机用小功率管）。

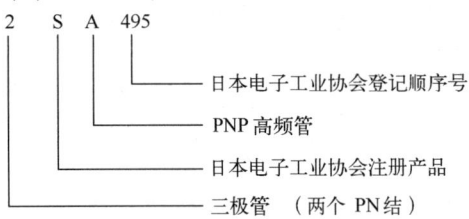

日本半导体器件型号命名法有如下特点：

（1）型号中的第一部分是数字，表示器件的类型和有效电极数。例如，用"1"表示二极管，用"2"表示三极管。而屏蔽用的接地电极不是有效电极。

（2）第二部分均为字母 S，表示日本电子协会注册产品，而不表示材料和极性。

（3）第三部分表示极性和类型。例如用 A 表示 PNP 型高频管，用 J 表示 P 沟道场效应三极管。但是，第三部分既不表示材料，也不表示功率的大小。

（4）第四部分只表示在日本工业协会（EIAJ）注册登记的顺序号，并不反映器件的性能，顺序号相邻的两个器件的某一性能可能相差很远。例如，2SC2680 型的最大额定耗散功率为 200 mW，而 2SC2681 的最大额定耗散功率为 100 W。但是，登记顺序号能反映产品时间的先后，登记顺序号的数字越大，越是近期产品。

（5）第六、七两部分的符号和意义各公司不完全相同。

（6）日本有些半导体分立器件的外壳上标记的型号，常采用简化标记的方法，即把 2S 省略。例如，2SD764，简化为 D764，2SC502A 简化为 C502A。

（7）在低频管（2SB 和 2SD 型）中，也有工作频率很高的管子。例如，2SD355 的特征频率为 100 MHz，所以，它们也可当高频管用。

（8）日本通常把 $P_{cm} \geqslant 1\ W$ 的管子，称做大功率管。

## A.5　欧洲早期半导体分立器件型号命名法

欧洲其他国家命名方法比较简单，主要有四部分构成：

第一部分：O—表示半导体器件。

第二部分：A—二极管、C—三极管、AP—光电二极管、CP—光电三极管、AZ—稳压管、RP—光电器件。

第三部分：多位数字表示器件的登记序号。

第四部分：A、B、C—表示同一型号器件的变型产品。

# 参 考 文 献

[1]  华中科技大学电子技术课程组，康华光主编．电子技术基础：模拟部分（第六版）．北京：高等教育出版社，2013.

[2]  清华大学电子学教研组编，华成英，童诗白主编．模拟电子技术基础（第四版）．北京：高等教育出版社 2006.

[3]  张林，陈大钦．模拟电子技术基础（第三版）．北京：高等教育出版社，2014.

[4]  哈尔滨工业大学电子学教研组编，王淑娟，蔡惟铮，齐明主编．模拟电子技术基础．北京：高等教育出版社，2009.

[5]  西安交通大学电子学教研组编，杨栓科主编．模拟电子技术基础，北京：高等教育出版社，2010.

[6]  王远．模拟电子技术（第 2 版）．北京：机械工业出版社，2000.

[7]  毕满清．模拟电子技术基础（第 2 版）．北京：电子工业出版社，2015.

[8]  李哲英．电子技术及其应用基础．北京：高等教育出版社，2003.

[9]  江晓安，董秀峰．模拟电子技术（第三版）．西安：西安电子科技大学出版社，2008.

[10]  王卫东，李旭琼．模拟电子电路基础（第二版）．北京：电子工业出版社，2010.

[11]  毕满清，高文华．模拟电子技术基础学习指导及习题详解（第 2 版）．北京：电子工业出版社，2016.

[12]  王成华．电子线路基础教程．北京：科学出版社，2000.

[13]  刘光祜．《模拟电路基础》课程辅导．成都：电子科技大学出版社，2005.

[14]  杨栓科，赵进全．模拟电子技术基础学习指导与解题指南．北京：高等教育出版社，2004.

[15]  谢沅清，邓钢．电子电路基础．北京：电子工业出版社，2006.

[16]  庄效桓，李燕民．模拟电子技术．北京：机械工业出版社，1998.

[17]  王成华，王友仁，胡志忠．现代电子技术基础（模拟部分）．北京：北京航空航天大学出版社，2005.

[18]  毕满清．电子技术实验与课程设计（第 5 版）．北京：机械工业出版社，2019.

[19]  Donald A Neamen. 电子电路分析与设计．北京：电子工业出版社，2003.

[20]  Thomas L. Floyd, David Buchla. 清华版双语教学用书：电路、器件及应用（第 8 版）．于歆杰译．北京：清华大学出版社，2014.

[21]  Thomas L. Floyd, David Buchla. Fundamentals of Analog Circuit. 影印版，北京：高等教育出版社，2004.

[22]  A. J. Peyton V. Walsh. Analogue electronics with Op Amps. A source book of practical. New York：Campridge university press，1993.

[23]  Rayender Goyal. High－frequency Analog Integrated Circuit Design. New York：John Wiley&Sons. Inc，1995.

[24]  Adel S Sedra, Keneth C. Smith. Microelectronic Circuits. 5rd ed. New York：Oxford University Press，2004.

[25]  Allan R. Hambley. Electronics, Second Edition. USA：Prentice-Hall Inc.，2000.

[26]  刘润华，任旭虎．模拟电子技术基础（第 3 版）．山东：中国石油大学出版社，2012.

[27]  周跃庆．模拟电子技术基础教程．天津：天津大学出版社，2005.

[28]  成立，王振宇．模拟电子技术基础（第 2 版）．南京：东南大学出版社，2015.

[29]  熊伟林．模拟电子技术及应用．北京：机械工业出版社，2003.

[30]  吴新杰，吕殿基等．模拟电子技术项目教程．北京：北京邮电大学出版社，2017.

[31]  姜俐侠．模拟电子技术项目式教程．北京：机械工业出版社，2011.

[32]  宋燕飞．模拟电子技术项目驱动教程．兰州：兰州大学出版社，2010.

[33]  陈娇英，黄飞．模拟电子技术．北京：北京理工大学出版社，2011.

[34]  王骥，王立成，杜爽．模拟电路分析与设计．北京：清华大学出版社，2012.